मीडिया समग्र
(Media : A Complete Overview)

मीडिया समग्र

(Media : A Complete Overview)

डॉ. अर्जुन तिवारी

वाणी प्रकाशन

वाणी प्रकाशन
4695, 21-ए, दरियागंज, नयी दिल्ली 110 002
फ़ोन : +911123273167 फ़ैक्स : +911123275710
शाखाएँ
अशोक राजपथ, पटना 800 004, बिहार
कॉफ़ी हाउस कैम्पस, महात्मा गांधी मार्ग, इलाहाबाद 211 001, उत्तर प्रदेश
महात्मा गांधी अन्तरराष्ट्रीय हिन्दी विश्वविद्यालय, वर्धा 442 001, महाराष्ट्र
सुल्तानिया रोड, मोतिया पार्क, भोपाल 462 001, मध्य प्रदेश
www.vaniprakashan.in
marketing@vaniprakashan.in
sales@vaniprakashan.in

MEDIA SAMAGRA
(Media : A Complete Overview)
by Dr. Arjun Tiwari

ISBN : 978-93-89012-12-5
Media

प्रथम संस्करण 2019

मूल्य : ₹ 700

सिटी प्रेस, दिल्ली-110 095 में मुद्रित

वाणी प्रकाशन का लोगो मक़बूल फ़िदा हुसेन की कूची से

सत्य के उद्‌गाता, स्वतन्त्रता के अनुष्ठाता
'इंडियन ओपीनियन', 'यंग इंडिया', 'हरिजन'
'नवजीवन' के सर्वस्व
'न्यू इंडिया' (नया भारत) के मन्त्रद्रष्टा
महामानव महात्मा गाँधी
की डेढ़ सौवीं जयन्ती पर
सादर समर्पण

–अर्जुन तिवारी

प्राक्कथन

मीडिया युगबोध के साथ मानवता के विकास और विचारोत्तेजन का राजमार्ग है। समाज, संस्कृति, साहित्य, विज्ञान, प्रौद्योगिकी एवं अन्तरिक्ष के व्यापक प्रसार के साथ मानव-संघर्ष, प्रगति-दुर्गति वाले जीवन-सागर में आये ज्वार-भाटा को संसूचित करने में मीडिया ही सक्षम है। अविश्वास, अन्धविश्वास, अन्धेरगर्दी को मिटाकर सभ्य, सदाशय समाज के निर्माता संचार-संसाधन ही हैं जो अद्यतन घटनाओं के उद्घोषक, वैचारिक आन्दोलन के पुरोधा सिद्ध हो रहे हैं। पल-पल पर परिवर्तित जीवन और जगत् की अनन्त जिज्ञासा का सूत्रधार यही मीडिया है जो अभिव्यक्ति का समग्र विज्ञान तथा मनोरम कला है।

'देश की धड़कन के साथ धड़कता सूचना-स्रोत', 'नया नज़रिया-नयी तकनीक' से सम्पुष्ट मीडिया 'मिशन', 'प्रोफ़ेशन' और 'एम्बिशन' है जिसमें सुप्रशिक्षित होकर सम्पादक, उपसम्पादक, ब्यूरोचीफ़, वार्ताकार, कमेंटेटर, स्तम्भ लेखक, कार्टूनिस्ट, पी.आर.ओ., हिन्दी अधिकारी तथा प्रोफ़ेसर के रूप में जीवन को समुज्ज्वल बनाया जा सकता है। इंडियन इन्फार्मेशन सर्विस, डी.ए.वी.पी., फ़िल्म्स डिवीजन, नेशनल फ़िल्म डेवलपमेंट कॉरपोरेशन, प्रेस इन्फार्मेशन ब्यूरो, पब्लिकेशन डिवीजन, प्रसार भारती के विविध पदों पर वही आसीन हो सकता है जो मीडिया विशेषज्ञ हो। मल्टीमीडिया के विभिन्न स्वरूपों में दक्षता प्राप्त कर युवा पीढ़ी गोल्ड, ग्लोरी, ग्लैमर का हकदार बन सकती है जिसके निमित्त ही इस ग्रन्थ को प्रस्तुत किया जा रहा है।

देश की राजधानी स्थित वाणी प्रकाशन के प्रबन्ध निदेशक अरुण माहेश्वरी ने एक वार्त्ता के क्रम में बतलाया कि जन-जन के चिन्तन तथा चरित्र को प्रभावित करने में पत्रकारिता अग्रगण्य है। अधुनातन बोध, नये तेवर, नये कलेवर में सुसज्ज मीडिया से सुपरिचित होने लिए आप ही एक विशिष्ट ग्रन्थ लिखें। उनके सत्परामर्श के अनुरूप 79 अध्यायों में परम्परागत, प्रिंट तथा इलेक्ट्रॉनिक मीडिया के समग्र आयामों को एकसूत्र में पिरोने का कार्य सम्पन्न हुआ जिससे प्रशिक्षु पत्रकार लाभान्वित होंगे।

संचार क्रान्ति के दौर में तीव्र वैचारिकता का प्रतिफलन पत्रकारिता है जो लहरों पर आधारित है। आंगिक, मौखिक, लिखित, मुद्रित साइबर लहरों ने विश्व को दो वर्गों में विभक्त कर दिया है। सूचना-समृद्ध और सूचना-दरिद्र प्राणियों हेतु रोटी, कपड़ा, मकान के साथ बिजली, पानी और संचार अब मूलभूत आवश्यकता है। बहुविध रस-गन्ध से परिपूर्ण मीडिया विषय-वस्तु, शिल्प, प्रौद्योगिकी एवं दृष्टिबोध के चलते विस्तृत आयामी है। जीव-जगत् की आशा-निराशा, मोह-मोहभंग को अभिव्यक्ति देकर मीडिया 'सबजन हिताय, सबजन सुखाय' समर्पित है। राष्ट्रवाणी हिन्दी के विकास के साथ नवोन्मेष,

कलात्मक अभिरुचि से पूर्ण ज्ञान-विस्तार की दिशा में प्रतिपल मीडिया ही अग्रसर है जिसके सम्यक् अनुशीलन से पत्रकार यशस्वी हो सकता है।

गौरवमयी अद्यतन सूचना प्रौद्योगिकी से सुपरिचित होकर भावी पीढ़ी शुभदृष्टि, समदृष्टि से गौरवान्वित मीडिया-जगत् में उल्लेख बनें। विश्व-मंच पर वे 'सत्यं शिवं सुन्दरम्' के उद्घोष से भारत को तेजोदीप्त करें—यही हमारी शुभकामना है।

अर्जुन तिवारी
मानद निदेशक
काशी पत्रकारिता पीठ
एन-10/29 के-1, जानकी नगर
वाराणसी-221109
मो. : 08765847085

अनुक्रम (Index)

1

मीडिया की अवधारणा
(The Concept of Media)

मीडिया विश्व का इतिहास बदल सकता है।
पाप और पुण्य का विश्वास बदल सकता है।
इसकी वजूद पर भरोसा कर लो
यह धरती क्या पूरा आकाश बदल सकता है।

× × ×

Let us not fear globlization
Closed societies breed closed minds
Let us be open to change.

× × ×

सूचना, समाचार, विचार का व्यापक सचित्र स्रोत और संवाहक मीडिया है।

–डॉ. अर्जुन तिवारी

'Media–The meUns of communication that reach lUrge number of people' तात्पर्य यह समाचार-पत्र, रेडियो, टी. वी. एवं समस्त जनसंचार माध्यम मीडिया हैं। मीडिया स्टडीज वह मीडिया विमर्श है जिसमें मुद्रित, पारम्परिक तथा इलेक्ट्रॉनिक माध्यमों का अध्ययन-अध्यापन होता है। मीडिया अंग्रेज़ी के मीडियम का बहुवचन है। अभिव्यक्ति-माध्यमों का समाहार ही मीडिया है जिसका कार्य जन समूहों के बीच सूचना-संचार है। विद्युत्-तरंगायित या मुद्रित सभी जनसंचार के माध्यम मीडिया कहलाते हैं।[1]

"Something by or through which an effect is produced."

मास मीडिया या जनसंचार-माध्यम ऐसे माध्यम हैं जिनके द्वारा जनता तक समाचार, सूचना का सम्प्रेषण टी. वी., रेडियो और प्रेस से होता है।[1] वस्तुत : मीडिया अभिव्यक्ति का सम्पूर्ण विज्ञान है, आदर्श कला है, एक स्पृहणीय व्यवसाय है तथा मानव-चेतना को उद्दीप्त करने का सशक्त साधन है। युग बोध के प्रमुख तत्त्वों के साथ ही मानवता के बहुआयामी विकास और विचारोत्तेजन का राजमार्ग यही मीडिया है। समाज, संस्कृति, साहित्य, दर्शन, विज्ञान, प्रौद्योगिकी, उपग्रह के व्यापक प्रसार

1. Mass Media–meUns by which news information is communicated to the public by telivision, radio and the press collectively.

और मानव-संघर्ष, क्रान्ति-प्रति क्रान्ति, प्रगति-दुर्गति का मुखर वक्ता मीडिया ही है। जीवन-सागर में उठने वाले ज्वार-भाटा का दिग्दर्शक मीडिया है जो भ्रम-विभ्रम, अविश्वास-अन्धविश्वास, अँधेरगर्दी को मिटाता है। मीडिया नूतनतम घटनाओं का उद्घोषक, प्रदर्शक, वैचारिक आन्दोलन का अभिव्यंजक तथा नये जीवन-दर्शन का वाहक है। आज मीडिया सभी का गुरु तथा विश्व का नियन्ता है।

किसी समाचार, सूचना, मत, विचार एवं कथन को जन-जन तक सम्प्रेषित करने का साधन ही मीडिया है। टी. वी. , रेडियो तथा मुद्रित माध्यमों से सूचनाओं का सम्प्रेषण ही नहीं होता अपितु उनके द्वारा प्रभावित भी किया जाता है। यह प्रभावकारी माध्यम ही मीडिया है। मीडिया सूचना पहुँचाने वाला, शिक्षित करने वाला, मनोरंजन करने वाला ऐसा संस्थान है जिसके द्वारा समाज और राष्ट्र का नव-निर्माण सम्भव है।

लोकप्रिय मीडिया समाचार-पत्र है। अधिकांश लोगों की दिनचर्या समाचार-पत्र के साथ शुरू होती है। हत्या, बलात्कार, डकैती, नेताओं के आरोप-प्रत्यारोप इत्यादि समाचार-पत्र के स्थायी स्तम्भ हैं। समाचार-पत्र, सिर्फ़ समाज के अँधेरे पक्ष को दिखाने का ही बीड़ा उठाया है अपितु सकारात्मक ख़बरों को नजर अन्दाज कर पत्रों ने विचित्र स्थिति पैदा कर दी है।

जब से इलेक्ट्रॉनिक मीडिया आया है सूचना-संचार क्रान्ति आयी है। इसकी अपरिमित और बहुआयामी शक्ति अकल्पनीय हैं। घटनाएँ कम समय में इतनी तीव्र गति से घटित हो रही हैं कि आम आदमी एक सम्मोहन के वातावरण से घिरा हुआ है। नित नये आविष्कारों और प्रयोगों की नयी प्रविधियों के विकास ने मीडिया को इतनी शक्ति दे दी है कि समाज के सभी वर्ग इस सर्वशक्तिमान की स्तुति कर रहे हैं।

मीडिया और पत्रकारिता

आजकल चरित्र हनन और यौन आकर्षण से मीडिया का मानवर्द्धन हो रहा है। कभी पत्रकारिता सूचना, शिक्षा और मनोरंजन देती थी अब मीडिया मनगढ़न्त, असत्य, बदचलनी, अपराधवृत्ति और समाज से अलगाव दे रहा है। पत्रकार *श्री अखिलेश मिश्र* ने स्पष्ट किया है :

> ''फिर भी ले-देकर पत्रकारिता की उदात्त परिभाषाएँ चलती रहीं। अशोभन, तत्त्वहीन, मनगढ़न्त, पक्षपातपूर्ण, उत्तेजक और चरित्र हनन करने वाली लेखनी पर रोक लगी रही। पूँजी के स्वार्थ को छोड़कर अन्य मामलों में पत्रकारिता स्वच्छन्द और स्वच्छ बनी रही। अशोभन विज्ञापनों का भी तिरस्कार होता रहा।
>
> तब तक मीडिया शब्द नहीं चलता था। सरकारी प्रकाशनों में नौकर या आकाशवाणी के समाचार कक्ष में नौकर, समाचार-सूत्र राज्य कर्मचारी थे। उन्हें पत्रकार नहीं माना जाता था। नौकरी की शर्तों के कारण वे प्रशासन और सत्ता की पोल नहीं खोल सकते थे। निष्पक्षता, स्वतन्त्रता, गरीब और पीड़ित की पक्षधरता उनके लिए मुश्किल थी। पत्रकार क़ानून ने भी उन्हें पत्रकार नहीं माना। वहाँ सम्पादक सर्वोपरि नहीं हो सकता जो क़ानूनन होना चाहिए। क़ानून ने पत्रकारिता को मीडिया भी नहीं माना है।
>
> मीडिया शब्द का चलन बहुत बाद में हुआ। चला भी तो आरम्भ में विज्ञापन विभाग पर लागू हुआ। सरकारीतन्त्र ने मीडिया शब्द की गिरफ्त में पत्रकारिता को इसलिए लिया कि उसके सेवक भी पत्रकारिता की गरिमा पा जायें। सन् 1987 में मैं एक छोटे दैनिक पत्र का सम्पादक था। एक सरकारी प्रशिक्षण संस्था ने 'मीडिया और क़ानून' विषय पर बोलने के लिए मुझे तार भेजकर आमन्त्रित किया। तार गेट पर ही लेकर विज्ञापन मैनेजर मेरे कक्ष में आकर बोले, "इसमें तो मुझे जाना चाहिए आप क्यों जायेंगे, क्या जवाबी तार भेज दूँ?" मैंने उनका भूल सुधार किया तो उन्हें भी विस्मय हुआ। लेकिन अब तो पत्रकारिता रही ही नहीं, सब कुछ मीडिया है : प्रिंट और

इलेक्ट्रॉनिक मीडिया यानि सब धान बाइस पसेरी। फोर्थ इस्टेट है ही सत्ता द्वारा दी गयी जागीरदारी तो पत्रकार हुए चौथे नम्बर के मनसबदार। सत्ता की पक्षधारिता सब के सिर पर चढ़ी जा रही हैं। प्रबन्धतन्त्र का लाभ है, पत्रकार की भी सम्पदा है। परम्परा अलग पटक दी गयी है। आदर्श ताक पर रख दिये गये हैं। वो बस बघारे जाते हैं। अब स्रोत गुप्त नहीं रहता उसका डंका पिटता है क्योंकि इसी में लाभ है। चाटुकारिता समाचार गढ़ती है। देश से और गरीब से मीडिया बेख़बर है।''

गाँधी जी ने 'माई पिक्चर ऑफ फ्री इंडिया' में कहा : "समाचार-पत्रों के शब्दों ने लोगों के बीच गीता, बाइबिल और कुरान का स्थान ले लिया है। उनके लिए लिखे हुए अक्षर ब्रह्मवाक्य के समान हैं।" आज अख़बारों के पृष्ठों में अक्षर क्षरित हो रहे हैं उनमें विश्वसनीयता का अभाव है। मीडिया उद्योग हो चुका है। गाँधी, पराड़कर, माखनलाल, गणेश शंकर, तिलक की बात बेमानी है। पूँजी के साथ आर्थिक स्वार्थ का चोली दामन का सम्बन्ध है। पत्र-समूहों की व्यास-पीठ पर जब कुबेर बैठते हैं तो सम्पादक एक किरानी, बाबू, क्लर्क या मुनीम बन जाता है। उद्योगों के रूप में मीडिया के विकास से स्पष्ट है कि इसमें नम्बर दो का काम शुरू हो गया है। उद्योग में नम्बर एक और नम्बर दो के पैसे का हिसाब रख जाता है। उद्योगपति जब तक पुलिस, गुंडे, पंडे तथा राजनीतिक हथकण्डे नहीं अपनाता वह सफल नहीं होता, हमें ईमानदारी से सोचना है कि क्या उद्योगपति अपने स्वार्थ साधन हेतु चतुर्थ स्तम्भ का उपयोग नहीं करते? अपराधी उतना दोषी नहीं, जितना अपराध बढ़ाने वाला, उसे संरक्षण देने वाला, मध्यस्थता करने वाला मीडिया मेन दोषी है जो अपराध कर्म में 'वाया मीडिया' 'मिडल मैन' या माध्यम बनते हैं।

मास मीडिया

मास मीडिया जिसका आधार समूह होता है विशाल समूह, आधुनिक युग का आविष्कार है। पूर्व में सभ्यता, लोकल मीडिया और सामुदायिक मीडिया तक सीमित थी। समय के अन्तराल में सभ्यता के विकास के साथ, संस्कृति के उभरते हुए आयाम और बदलते हुए मूल्यों तथा जीवन की गुणवत्ता की बेहतरी के सतत प्रयास के कारण ही, मास मीडिया का जन्म हुआ था।

मास मीडिया की निम्नलिखित विशेषताएँ हैं :

(i) यह सापेक्ष होता है।

(ii) मास मीडिया समस्त समूह के लिए होता है, सीमित वर्ग के लिए नहीं।

(iii) यद्यपि वह सीमित वर्ग को सम्बोधित कर सकता है, समस्त समूह के हित की सूचना के लिए।

(iv) यह समस्त समूह के लिए गीतिशील रहता है और वास्तव में समस्त समूह ही उसे प्रायोजित करता है, आगे बढ़ाता है।

(v) मास मीडिया असल में सभ्यता के आयाम तय करता है, सुन्दर जीवन्त, व्यापक मानदण्ड बनाता है, संस्कृति के विकास के लिए तथा राष्ट्रीयता के लिए कार्य करते हुए समस्त मानवता का सम्बल बन जाता है।

मास मीडिया के प्रकार

सामान्य रूप से मास मीडिया के तीन प्रकार होते हैं :

(i) प्रिंट मीडिया

(ii) फ़िल्म मीडिया

(iii) इलेक्ट्रॉनिक मीडिया

प्रिंट मीडिया की चर्चा से पूर्व हम फ़िल्म मीडिया और इलेक्ट्रॉनिक मीडिया की बात करेंगे। लेकिन उससे भी पहले हमें जानना है, मास मीडिया की व्यवस्था के बारे में पड़ताल करनी है, जाँच करनी है।

वर्तमान युग मास मीडिया का युग है। भारत में संचार क्रान्ति के बाद सब कुछ बदल गया है। प्रिंट मीडिया का भी स्वरूप बदल गया है। लेकिन मुख्य रूप से इलेक्ट्रॉनिक मीडिया के क्षेत्र में यह बदलाव आया है।

फ़िल्म मीडिया : फ़िल्म मीडिया का स्वरूप वह नहीं जो हुआ करता था। एक पर्दे वाले सिनेमाघर एक स्थान पर कई पर्दे वाले सिनेमाघर मल्टीप्लेक्स के नाम से खोले गये हैं। वर्तमान में फ़िल्म उद्योग का राजस्व 3000 करोड़ के आस-पास है।

एक परिवर्तन और आया है। पूर्व में 16 एम और 35 एम.एम. पर फ़िल्म कवरेज, न्यूजरील, फ़िल्म समाचार का संकलन किया जाता था यद्यपि टेलीविजन की शुरुआत हो चुकी थी, दूरदर्शन समाचार के लिए फ़िल्म का प्रयोग होता था। यहाँ तक 16 एम.एम. कैमरा से समाचार के दृश्य खींचे जाते और उनकी धुलायी की पॉजिटिव रसायनशालाएँ (प्रासेसिंग लैब)। प्रिंटिंग नहीं होता था। सीधे पॉजिटिव फ़िल्म को प्रासेसिंग के बाद दिखा दिया जाता था।

फ़िल्म प्रभाग मुम्बई 35 एम.एम. गेज पर काम करता था। सिनेमाघरों में फ़िल्म प्रभाग की न्यूजरील, नियमित रूप से दिखाई जाती थी। इसके अतिरिक्त, प्रसार विभाग, कई बार फ़िल्में ख़रीदता था। करीब-करीब सभी विभाग वृत्तचित्र का निर्माण करवाया करते थे।

संचार उतना ही पुराना है, जितना पुराना मानव सभ्यता का इतिहास है। यह कहना बेहतर होगा कि संचार मानव-समाज की बुनियाद है। यह संचार हमारे जीवन को सचेतन रखता है, यह मानव सभ्यता को गतिशीलता और अभिव्यक्ति प्रदान करता है, यह अच्छे और बेहतर जीवन के लिए प्रेरणा प्रदान करता है संचार का काम जितना सूक्ष्म होता है उतना ही जटिल होता है। इसीलिए यह माना गया है कि आम आदमी की ज़रूरतें पूरी करने, उत्पीड़न तथा भय से मुक्ति प्राप्त करने, समाज की समझ बढ़ाने और स्वन्त्रता को मजबूत करने में संचार सबसे बुनियादी काम सम्पन्न करता है। इसी दृष्टि से संचार ने जनसंचार का रूप ग्रहण किया है। सामाजिक, आर्थिक और राजनीतिक तथा सार्वजनिक वातावरण में जनसंचार सार्वदेशिक रूप ग्रहण करता है। जनसंचार में विभिन्न सन्देशों का आदान-प्रदान होता है। यह व्यक्तियों के सामूहिक प्रयासों का प्रतिफल होता है इसलिए जनसंचार मानव सभ्यता की शुरुआत से लेकर आज तक निरन्तर प्रगति करता रहा है। आज जनसंचार में समाचार-पत्र, रेडियो, टेलीविजन, केबल टी. वी. और कम्प्यूटर जैसे समस्त संचार साधन शामिल हैं। किन्तु यहाँ यह भी बराबर याद रहे कि संचार के लोक माध्यम हर समय में महत्त्वपूर्ण बने रहते हैं। इस बात पर गौर करें तो मीडिया सर्वव्यापी साधन है।

मीडिया अर्थात् माध्यम की पूर्वापेक्षा, वृद्धिगत विराट भूमिका एवं उसका उभरा शक्तिशाली स्वरूप अपनी स्वाभाविक ऊँचाई से हट कर कुछ ऐसा स्वरूप ले चुका है कि उसमें जहाँ जन-जीवन के समक्ष अभेद जाल बिछा दिया है वहीं उससे प्राण की गुहार कभी सुनाई दे रही है। प्रिंट-मीडिया अभी भी कुछ दायरों एवं स्वानुशासन को लेकर चर्चित है, मीडिया की विशालता को सभी स्वीकारते हैं पर यह भी सत्य है कि चाहे स्टिंग आपरेशन पीड़ित सांसद हों या राजनीति के सत्ताधिकार पर कब्जा रखने की ललक रखने वाले राजनेता, धनिक या बाहुबली, सभी मीडिया से त्रस्त हैं। कुछ ने तो उसे काबू में रखने के लिए उस पर धनसत्ता से सवारी तक कसनी शुरू कर दी है।

मीडिया का सम्बन्ध मुख्य रूप से मुद्रण (समाचार-पत्र, पत्रिकाओं), प्रसारण (रेडियो-टेलीविजन, केबल टी. वी.), सामान्य संचार (चिट्ठी पत्री, टेलीफोन, टेलीग्राफ), तथा कम्प्यूटर-संचार (ई-मेल, इंटरनेट) से है। किन्तु मीडिया-क्षेत्र के सन्दर्भ में लोक माध्यमों—जैसे लोकगीत, लोकनाट्य पर भी ध्यान देना ज़रूरी है। मीडिया मानव समाज के विकास की बुनियाद है। जीवन के लिए परिवर्तन अपरिहार्य है और शिक्षा इस परिवर्तन को व्यवस्थित ढंग से सम्पन्न करने का साधन है। शान्तिपूर्वक सामाजिक परिवर्तन का एकमात्र साधन शिक्षा है। चुनौतियाँ हैं :आधुनिकीकरण, नवीनतम तकनीकी विकास, ज्ञान के विस्फोट और भूमण्डलीकरण के कारण आने वाले परिवर्तन को अपनी परम्परा, संस्कृति, जीवन मूल्यों और जीवन शैली से सम्बन्धित करना।

सम्भावना के रूप में मीडिया के असीमित आयाम और नये उद्घाटित होते क्षितिज हैं। व्यावसायिक दक्षता, तकनीकी कुशलता और सृजनात्मक क्षमता का उपयोग कर श्रेष्ठ स्तर अर्जित किया जा सकता है। हर संस्था में शीर्ष पर सदैव जगह खाली रहती है, बस ज़रूरत है, वहाँ तक पहुँचने की, क्षमता, योग्यता और अनुभव अर्जित करने की। मीडिया एक समावेशी क्षेत्र है जिसका सम्बन्ध समाज के हर पहलू से है।

मीडिया और सच

सच्चाई, सत्य, हकीकत, तथ्य तथा वास्तविकता को परोसने वाले मीडिया विशेषज्ञ अपने-अपने रूप में सत्य को व्याख्यायित करते रहते हैं। अख़बार या इलेक्ट्रॉनिक मीडिया की उद्घोषणा यही है कि "ख़बर वही जो सच दिखाये"। इस सच को विज्ञापित करने का आकर्षक रूप द्रष्टव्य है :

एक साफ-सुथरा देश चाहते हैं हम
इसलिए सनसनी नहीं, सच दिखाते हैं हम।

× × ×

संस्कारों से भरा देश चाहते हैं हम
इसलिए अश्लीलता नहीं, सच दिखाते हैं हम।

× × ×

एक जागरूक देश चाहते हैं हम
इसलिए उत्तेजना नहीं, सच दिखाते हैं हम।

× × ×

सच वो है जिसे देख अन्याय लज्जित हो
ना कि आपके घर वाले।

× × ×

सच वो है जिसे देख आँखें खुल जायें
ना कि घरवालों की नजरें शर्म से झुक जायें।

× × ×

सच वो है जिसे देख आवाज़ उठे
ना कि एक अटपटा सन्नाटा छा जाये॥

एनडीटीवी-इंडिया के इस दावे में कितनी सच्चाई है, इसे पाठक, दर्शकगण स्वयं समझ लेते हैं। सनसनी, अश्लीलता, उत्तेजना परोसने से अन्याय लज्जित हो जाते हैं, नजरें शर्म से झुक जाती हैं, आवाज़ उठने के बदले सन्नाटा-सा छा जाता है।

"तथ्य को सच्चाई के साथ रिपोर्ट करना अब पर्याप्त नहीं रह गया है; अब तथ्य के बारे में सत्य क्या है, इसको रिपोर्ट करना आवश्यक हो गया है।"

—प्रेस स्वातन्त्र्य पर गठित आयोग संयुक्त राज्य अमेरिका

सत्य तुम्हें स्वतन्त्र और निर्भीक बनाएगा।

× × ×

Falsehood flies and truth comes limping after it —*Swift.*

(असत्य बड़ी तेज़ी से फैलता है और
सत्य उसके पीछे लँगड़ाता आता है।)

कपट और झूठ परीक्षा से दूर भागते हैं। सच उनका स्वागत करता है।

—*टामस कूपर*

× × ×

विचार में शक्ति है और विचार जब छप जाता है तो एक हथियार बन जाता है।

—*अटल बिहारी वाजपेयी*

अब तो पत्रकारिता के 'मिशन' पर 'मशीन' चढ़ बैठा है। पत्रकारिता के आलोचक भी विचित्र हैं। कांड का होना वे बुरा नहीं मानते पर उस कांड का छप जाना बुरा है। मधु कोड़ा, ए. राजा, तेलगी कांड बुरा नहीं है उसका छपना यानी मीडिया में आना ही बुरा है।

मीडिया के कार्य

प्रेस, रेडियो, टेलीविजन, सिनेमा तथा इंटरनेट डिजिटल उपक्रम जनसंचार के माध्यम माने जाते हैं। इनमें हम वह मुद्रित सामग्री भी शामिल कर सकते हैं जो समाज के बड़े वर्ग तक पहुँचती है। ये समस्त माध्यम दूर-दूर फैले विषमवर्गीय श्रोताओं, दर्शकों व पाठकों के बीच विशिष्ट तकनीक तथा उपकरणों जैसे प्रिंटिंग मशीन, कैमरा, ट्रांसमीटर्स, कम्प्यूटर्स, प्रसारण सेटेलाइट्स द्वारा सन्देशों का प्रचार-प्रसारण करते हैं। इसी कारण इनकी भूमिका मध्यस्थ की होती है। सामाजिक संचारशास्त्रियों ने इन माध्यमों की प्रकृति के अनुरूप ही इनके कार्यों का सैद्धान्तिक विवेचन किया है। आधुनिक जनसंचार माध्यमों के कार्यों तथा पारम्परिक माध्यमों के मूल कार्यों में काफ़ी एकरूपता मिलती है। अमरीकन सामाजिक संचारशास्त्री डब्ल्यू. एल. रिबर्स, डब्ल्यू. स्क्राम तथा सी.जी. क्रिश्चन ने जनसंचार माध्यमों के तीन मुख्य कार्य बताये हैं :

1. सामाजिक परिस्थितियों पर निगरानी रखना।
2. सूचनाओं की व्याख्या तथा उनका सामाजिक आचार-व्यवहार में निर्धारण।
3. विरासत का हस्तान्तरण।

उपर्युक्त कार्यों को विस्तार से निम्नलिखित रूप में समझा जा सकता है :

1. मीडिया शिक्षा, ज्ञान तथा सूचनओं का एकत्रीकरण तथा उनका प्रचार-प्रसार करता है।
2. मतैक्य अथवा सर्वसम्मति के निर्धारण में मीडिया महत्त्वपूर्ण कार्य करता है। जनसंचार माध्यमों का यह सामाजिक दायित्व है कि वे समाज की अपेक्षाओं को पूरा करने के लिए समाज के सदस्यों में मतैक्य का निर्माण करें।
3. मीडिया समाज की संस्कृति और विरासत को जीवित रखते हुए, अगली पीढ़ी को उनके हस्तान्तरण में सहायता करता है।
4. मनोरंजन मीडिया का महत्त्वपूर्ण कार्य है। पारम्परिक लोक माध्यमों की तरह तनाव मुक्ति तथा मानसिक सन्तुष्टि के लिए मनोरंजन प्रदान करना जनसंचार माध्यमों के लिए आवश्यक है।
5. जार्ज गर्बनर के मत में मीडिया समाज या राष्ट्र विशेष की सभ्यता व संस्कृति के प्रतीक रूप में भी कार्य करता है।
6. आधुनिक व्यावसायिक समाजों में विज्ञापन इन माध्यमों का प्रमुख कार्य बन गया है।
7. तीसरी दुनिया के विकासशील देशों में मीडिया का सर्वाधिक उपयोगी कार्य विकास की प्रक्रिया में योगदान देना है।

वरिष्ठ पत्रकार *राजदीप सरदेसाई* मीडिया में कार्यरत बुद्धिजीवियों हेतु आत्म-चिन्तन की बात करते हैं :

आज 24 घण्टे ख़बर देने वाले न्यूज़ चैनलों की संख्या 375 है। प्रतियोगिता के इस दौर में 24 घण्टे चलने वाले चैनलों को दिखाने के लिए हमेशा कुछ-न-कुछ चाहिए, लेकिन 24 घण्टे में क्या दिखायें? यही वजह है ख़बरों की मात्राएँ तो बढ़ गयी हैं, लेकिन गुणवत्ता गिरने लगी है। आगे बढ़ने की होड़ में आज ख़बरों को ड्रामा बनाकर प्रस्तुत करने का ट्रेंड चल निकला है, मीडिया सूचनाएँ तो दे रहा है, लेकिन उसका स्वरूप मनोरंजक हो गया है। ख़बरों को ड्रामे की तरह पेश करना, हल्की बातों को ब्रेकिंग न्यूज़ बनाना आज के मीडिया का फॉर्मेट हो गया है और गम्भीर मुद्दों पर बहस सिरे से गायब होता जा

रहा है। एक समय माना गया था कि मीडिया समाज को बदलेगा। लेकिन आज मनोरंजन का जरिया बन गया है। सवाल उठता है कि क्या मीडिया की यही भूमिका है? पत्रकारिता के नाम पर क्या हमारी प्राथमिकता बदल गयी है? हम किसे प्रमुखता देते हैं, सारी समस्याओं के हल की खोज यहीं से शुरू होनी चाहिए, हमें मीडिया को मनोरंजन का जरिया बनाना है, या हम चाहते हैं कि यह सुधार का जरिया बने। इसके बारे में सोचना होगा, क्योंकि आज मीडिया एक जाल में फँस गया है।

मीडिया ताकतवर है, इस ताकत को सही दिशा में इस्तेमाल करना होगा। तभी लोग मीडिया की इज्जत करेंगे और इसमें विश्वास करेंगे। मीडिया अपनी खोई हुई आत्मा को वापस पा सकता है। आप न्यूज़ चैनल को मनोरंजन का जरिया नहीं बना सकते। एक अख़बार को उत्पाद की तरह पेश नहीं कर सकते। राष्ट्रीय चैनलों को देश के हर क्षेत्र की घटना को प्रमुखता देनी होगी। आज देश के कई क्षेत्रों की समस्याओं और वहाँ हो रही अच्छी चीजों को दिखाना चाहिए।

मीडिया को नकारात्मक चीजों की बजाय सकारात्मक चीजों को दिखाना होगा। लेकिन इसके लिए हमें अपनी प्राथमिकता निर्धारित करनी होगी। भले ही अब मीडिया का समाजसेवा का काम नहीं रहा। लेकिन मीडिया को ज्ञान और लोगों को जागरूक करने का काम करना चाहिए।

'प्रभात ख़बर' (4 जनवरी 2013) में प्रकाशित उपर्युक्त तथ्यों पर सकारात्मक चिन्तन से अपनी खोई हुई आत्मा को पुन : प्राप्त करने में मीडिया की सफलता निश्चित है।

सम्प्रति न्यू मीडिया, ऑन-लाइन मीडिया, साइबर मीडिया, वेब जर्नलिज़्म शब्दों और चित्रों के लिए विकल्प देता है, साथ ही श्रव्य-दृश्य के प्रसारण समय को अपनी मुट्ठी में करने की शक्ति देता है। अब कम्प्यूटर के हार्ड डिस्क के स्थान पर मोबाइल फोन अधिक कारगर सिद्ध हो रहा है।

वेब पत्रकारिता प्रिंट और ब्राडकास्टिंग मीडिया का मिला-जुला रूप है। इसमें टेक्स्ट, पिक्चर्स, आडियो और वीडियो के जरिये स्क्रीन सामग्री प्रकाशित प्रसारित करने की क्षमता है। वेब पत्रकारिता के क्षेत्र में विकीलीक्स को बड़ा नाम माना जा सकता है। विकीलीक्स ने खोजी पत्रकारिता के लिए वेब पत्रकारिता का जमकर उपयोग किया है। हाल ही में पनामा पेपर्स लीक भी इसी की एक कड़ी है। खोजी पत्रकारिता अब तक राष्ट्रीय स्तर पर होती थी लेकिन विकीलीक्स ने इसे अन्तर्राष्ट्रीय स्तर पर प्रयोग किया और अपनी रिपोर्टों से खुलासे कर पूरी दुनिया में हलचल मचा दी।

'न्यू मीडिया' में संवाद माध्यम बहु-संचार संवाद का रूप धारण कर लेता है जिसमें पाठक, दर्शक, श्रोता तुरन्त अपनी टिप्पणी न केवल लेखक, प्रकाशक से साझा कर सकते हैं, बल्कि अन्य लोग भी प्रकाशित, प्रसारित विषय-वस्तु पर अपनी टिप्पणी दे सकते हैं। यह टिप्पणियाँ एक से अधिक भी हो सकती हैं अर्थात् बहुधा सशक्त टिप्पणियाँ परिचर्चा में परिवर्तित हो जाती हैं। न्यू मीडिया वास्तव में परम्परागत मीडिया का संशोधित रूप है जिसमें तकनीकी क्रान्तिकारी परिवर्तन व इसका नया रूप सम्मिलित है।

2

मीडिया और वैश्वीकरण
(Media and Globalization)

**If there is righteousness in the heUrt there will be beauty in the character.
If there is beauty in the character, there will be harmony in the home.
When there is harmony in the home, there will be order in the nation.
When there is order in nation, there will be peace in the world. —
Confucious**

वस्तुत : वैश्वीकरण के अन्तर्गत समाजों की संरचना, उनके आर्थिक, राजनीतिक तथा सांस्कृतिक जीवन का अध्ययन होता है। इसके अन्तर्गत जनसंचार को भी वैश्विक स्तर पर एक गति प्रदान की जाती है। समाजशास्त्री *एन्थोसी गिडेंस* ने अपनी पुस्तक 'दि कान्सीक्वेन्सेज ऑफ मॉडरर्निटी' में वैश्वीकरण को इस प्रकार से परिभाषित किया है :"विभिन्न व्यक्तियों तथा विश्व के विभिन्न क्षेत्रों के मध्य बढ़ती हुई अन्योन्याश्रितता ही वैश्वीकरण है।" यह पारस्परिकता सामाजिक और आर्थिक सम्बन्ध में होती है। वर्तमान समय में संचार के साधन इतने विकसित और प्रभावी हो गये हैं कि विभिन्न देश एक-दूसरे के निकट आ गये हैं। किसी भी देश में घटित घटनाओं का प्रभाव अल्प समय में ही अन्य देशों में दिख जाता है।

अवधारणा

वैश्वीकरण एक नयी अवधारण नहीं है। हाँ, इसका परिशोधित रूप ज़रूर 20वीं शताब्दी के उत्तरार्द्ध की देन है। 15वीं शताब्दी में योरोप के लोगों द्वारा नये-नये देशों की खोज कर समुद्र के मार्गों द्वारा इन देशों तक जाना, वहाँ की सामाजिक, सांस्कृतिक और व्यापारिक गतिविधियों का अवलोकन करना एवं सीखना वैश्वीकरण के पुरातन सिद्धान्त को व्यक्त करता है। द्वितीय विश्व युद्ध के बाद वैश्विक स्तर पर संयुक्त राष्ट्र संघ की स्थापना विश्व शान्ति के लिए की गयी है। इसके पहले 17वीं शताब्दी के मध्य में इंग्लैंड का उपनिवेशवाद प्रारम्भ हो चुका था। इस दिशा में फ्रांस भी काफ़ी तेज़ी से आगे बढ़ रहा था। धीरे-धीरे 18वीं शताब्दी तक विश्व के अधिकांश देश उपनिवेशवादियों की 'कोलोनीज' के रूप में परिणत हो चुके थे। उपनिवेशवाद का मुख्य लक्ष्य था दुनिया के देशों के संसाधनों का दोहन एवं शोषण। उपनिवेशवादी देश अपने 'कोलोनीज' से कच्चे माल को अपने यहाँ ले जाने लगे और इनका उपयोग कर वह उत्पादों का निर्माण किया करते थे। इसका परिणाम यह हुआ कि विश्व सिमट कर एक होने लगा। रेल, वायुयान जैसे परिवहन के साधनों का विकास हुआ। परिवहन के इन्हीं साधनों द्वारा वे अपने यहाँ निर्मित माल दूसरे देशों में भेजने लगे। इससे धीरे-धीरे दुनिया की अर्थ-व्यवस्था तथा बाज़ार-व्यवस्था का

एकीकरण होने लगा। इसके द्वारा उपनिवेशवादी देशों का दुनिया के अर्थ और बाज़ार-व्यवस्था पर नियन्त्रण होने लगा। इन्होंने श्रम का भी भूमण्डलीकरण कर मानव पूँजी का शोषण करना प्रारम्भ कर दिया। जिसे वैश्वीकरण कहा गया।

आज का जो वैश्विक परिदृश्य है, उसमें 1980 के बाद तेज़ी से बदलाव आया। उपनिवेशवाद के खत्म हो जाने से एक नयी आर्थिक व व्यापारिक अवधारणा का जन्म हुआ। इसका लक्ष्य मुक्त व्यापार था। विकसित राष्ट्रों द्वारा प्रौद्योगिकी उद्योग और अर्थव्यवस्था को एकीकृत करने की कोशिश को ही वैश्वीकरण कहा गया। वस्तुतः सोवियत संघ के विघटन के फलस्वरूप शीत युद्ध समाप्त हो गया। इससे सार्म्यवादी सन्तुलन 'पूँजीवादी लोकतान्त्रिक राष्ट्रों के हाथों' में आ गया।

भारत जैसे विकासशील राष्ट्रों का इसकी चपेट में आना स्वाभाविक था। वैसे तो भारत में बहुत पहले से ही 'वसुधैव-कुटुम्बकम्' की अवधारणा रही है। इसका तात्पर्य है : सम्पूर्ण विश्व एक परिवार के सदृश मानना। ऐसे विचार स्वंयं ही उदारीकरण के द्योतक हैं। भारत शुरू से ही सम्पूर्ण विश्व को एक साथ देखता आया है। ब्रिटेन की 'कालोनी' में रहने के कारण प्राचीन काल से ही यहाँ का बाज़ार विदेशियों के लिए खुला रहा है। इस दिशा में सन् 1991 में तब एक और परिवर्तन आया जब तत्कालीन सरकार ने आर्थिक उदारीकरण का सूत्रपात किया। इसका एकमात्र लक्ष्य वैश्विक स्तर पर भारत को आर्थिक दृष्टि से सबल रूप में खड़ा करना था।

भारत में वैश्वीकरण

वैश्वीकरण ने भारत में एक अलग संस्कृति को जन्म दिया है। यह अपने साथ बाहरी दुनिया के आचार-विचार, पहनावा, भोजन के तरीके, मनोरंजन के साधन, उनका दृष्टिकोण आदि भी लाया। इससे हमारी चिर-परिचित पुरातन संस्कृति और परम्पराओं का क्षरण भी शुरू हो गया। जनसंचार के माध्यमों में भी अभूतपूर्व बदलाव हो रहा है। बाहरी दुनिया के लिए बाज़ार खुलने के साथ-साथ विदेशी चैनलों ने अपनी पैठ जमानी शुरू कर दी है। इन चैनलों के द्वारा पाश्चात्य संस्कृति के आगमन का भी द्वार खुला। इससे हम नयी संस्कृति को जन्म दे रहे हैं जिसने आपसी सहिष्णुता, मान-मर्यादा, रहने का ढंग आदि में काफ़ी बदलाव ला दिया है। हम अपने वास्तविक स्तर से विमुख हो गये हैं। देश अपनी बढ़ती हुई आबादी के लिए जीवन की मूलभूत आवश्यकताओं को उपलब्ध नहीं करा पा रहा है। देश में करीब 20 करोड़ महिलाएँ और बच्चे भूखे पेट सो जाते हैं। दूसरी ओर विभिन्न विदेशी कम्पनियों के आगमन ने भारत के उपभोक्ता बाज़ार पर अधिकार जमाने की प्रक्रिया को प्रारम्भ कर दिया है। इसका परिणाम बेरोजगारी, गरीबी व भुखमरी के रूप में सामने आया है। वस्तुतः वैश्वीकरण के कारण पूरे विश्व में राजनीतिक, धार्मिक, सांस्कृतिक प्रदूषण फैल रहा है। पाश्चात्य विकसित राष्ट्रों की संस्कृतियों ने विकासशील राष्ट्रों की संस्कृतियों पर अपना दुष्प्रभाव जमाना शुरू कर दिया है।

वैश्वीकरण की प्रक्रिया का परिणाम द्वन्द्वात्मक है। जहाँ एक ओर इसके कुछ कुप्रभाव हैं वहीं दूसरी ओर इसके कुछ अच्छे परिणाम भी देखे जा सकते हैं। इसने भारतीय समाज को कई स्तरों पर प्रभावित किया है। महिला आन्दोलनों को भी इससे जोड़ा जा सकता है। इसने विवाह, परिवार, शिक्षा में गुणवत्ता, खान-पान के स्तर में सुधार किया। खुली बाज़ार नीति के कारण हम विश्व के और नजदीक आ गये। इसका सबसे बड़ा फायदा यह मिला कि हम जहाँ अपने सोच, चिन्तन व विचारों को समृद्ध कर पाये वहीं कई पुराने आडम्बरों से मुक्त हो गये। संचार व सूचना प्रौद्योगिकी का विकास इसी की देन है। भारत के व्यापार में निःसन्देह वृद्धि हुई है। यह वृद्धि राष्ट्रीय स्तर पर समृद्धि का द्योतक है। वैश्वीकरण ने भारतीय जीवन को शक्तिशाली बना दिया है और हमारे सामाजिक-सांस्कृतिक जीवन में बाज़ार निर्धारक भूमिका निभा रहा है।

वैश्वीकरण का मीडिया पर प्रभाव

वैश्वीकरण एक बहुआयामी विकासोन्मुख प्रक्रिया है जो व्यापार, प्रौद्योगिकी, उद्योग और अर्थव्यवस्था के विकास को सार्वभौमिक दिशाओं में आकर्षित करती है। इसने सूचना तथा सम्प्रेषण के साधनों को तेज़ी से परिवर्तित करने में अहम् भूमिका निभायी है। सूचना तथा सम्प्रेषण के साधन आज के युग की आवश्यकता बन चुके हैं। टेलीविजन, रेडियो से लेकर इंटरनेट व

ई-तकनीकों ने सूचना तथा संचार के क्षेत्र में जबरदस्त परिवर्तन किया है तथा सूचनाओं का विशाल भंडार हमारे सामने प्रस्तुत किया है। यह वैश्वीकरण का ही प्रभाव है कि वर्तमान समय में सूचना तकनीकी के क्षेत्र में होने वाले क्रान्तिकारी परिवर्तनों ने शैक्षणिक, आर्थिक व राजनीतिक आदि क्षेत्रों में नयी संचार क्रान्ति उत्पन्न कर दी है, जिससे सम्पूर्ण विश्व एक वैश्विक गाँव के रूप में परिवर्तित हो गया है। जनमाध्यमों के बदलते तेवर के कारण ही हमारी परम्पराएँ और सांस्कृतिक मूल्य परिवर्तित हो रहे हैं और हम एक नयी सोच-परम्परा एवं मान्यताओं को विकसित कर रहे हैं।

रेडियो का प्रभाव

अर्नहाइम ने लिखा है कि "रेडियो राष्ट्रों की सीमाओं को ही नहीं बल्कि राज्यों और वर्गों को समाज में बदलता है। यह राष्ट्रीय संस्कृति को तो बल देता ही है साथ ही सामुदायिक व सामाजिक स्तरीकरण करता है।" वस्तुतः बीसवीं सदी के आखिरी दशक में सूचना और संचार के क्षेत्र में जो विस्फोट हुआ उसने इलेक्ट्रॉनिक माध्यमों की तस्वीर ही बदल दी। रेडियो भी इससे अछूता नहीं रहा। एफ. एम. और डी. टी. एम. के रूप में रेडियो के वैश्वीकरण का स्पष्ट प्रभाव रेडियो पर देखा जा सकता है।

वस्तुतः निजी टी. वी. चैनलों के आगमन से रेडियो काफ़ी प्रभावित हुआ है। हालाँकि ग्रामीण क्षेत्रों में लोगों को कार्य करने में सुविधाजनक होने, बिजली की समस्या तथा क़ीमत में सस्ता होने की वजह से इसकी पकड़ ग्रामीण क्षेत्रों में बनी हुई है। वैश्वीकरण के परिणामस्वरूप रेडियो में निजी चैनलों की अचानक हुई बढ़ोतरी ने महानगरों व बड़े शहरों में एक बहुत बड़े वर्ग को अपनी चपेट में ले लिया। विश्व के एक बड़े भू-भाग में फैले होने के कारण इसका सम्पर्क जनता से होता है।

टेलीविजन का प्रभाव

जनमाध्यमों के तेज़ी से विस्तार ने एक नये सूचना समाज, संस्कृति और साहित्य को जन्म दिया है। वर्तमान युग में शायद ही कोई ऐसा परिवार होगा, जिसके पास अपना टेलीविजन सेट न हो। टेलीविजन की लोकप्रियता सन् 1991 के बाद आयी। वैश्वीकरण की आँधी ने इसे और भी बढ़ाया। टेलीविजन के द्वारा जो घटित हो रहा है उसे प्रत्यक्ष रूप से देखा जा सकता है।

भारत में नब्बे के दशक में टेलीविजन चैनलों का विस्तार शुरू हुआ। उपग्रह टेलीविजन के विभिन्न राष्ट्रीय एवं अन्तरराष्ट्रीय चैनल आज केबल के माध्यम से पूरे देश में फैल चुके हैं। इसे व्यापक करने में वैश्वीकरण की प्रवृत्ति ही रही है। टेलीविजन के साथ-साथ मनोरंजन का साधन भरोसेमन्द और तत्काल ख़बर देने वाला माध्यम हो गया। वस्तुतः टी. वी. की ख़बरें अपने आप में इतनी महत्त्वपूर्ण एवं अनिवार्य पहले कभी नहीं बनी थी। जहाँ पहले लोग सरकारी टी. वी. चैनल देखने क़ो मजबूर थे वहीं अब चैनलों की बाढ़-सी आ गयी है।

वस्तुतः मीडिया और नवमाध्यम वैश्वीकरण और सामाजिक आन्दोलनों के लिए आवश्यक तत्त्व है। जहाँ अन्य देशों ने वैश्वीकरण को तरजीह देते हुए विश्व को अपने देशों में चैनल/कम्पनी की शाखाएँ और जनमाध्यम अन्तर्वस्तु का प्रसार करने की अनुमति दे दी, वहीं भारत भी इस दिशा में पीछे नहीं रहा। यहाँ तक कि विश्व की सबसे ज़्यादा दिखने वाली बहुउद्देशीय मीडिया कॉरपोरेशन एम.टी. वी. अपनी भूमिका को लेकर काफ़ी सतर्क है। इसने एक उक्ति भी गढ़ ली—'Think Global act local'। एम.टी. वी. का तर्क है कि सबको वैश्विक धरातल पर सजग होना चाहिए परन्तु कार्य निष्पादन (कार्यवाही) स्थानीय स्तर पर ही किया जाना चाहिए। इसने सारे चैनलों को प्रतिस्पर्धा में उतरने के लिए विवश कर दिया है। इन प्रतिस्पर्द्धाओं के परिणामस्वरूप मनोरंजन के कार्यक्रमों की गुणवत्ता तो बढ़ी है साथ ही समाचारों के प्रस्तुतीकरण के तरीके में भी अभूतपूर्व परिवर्तन देखने को मिला है। इन प्रतिस्पर्द्धाओं ने 'तत्काल व तत्क्षण' को जन्म दिया, जो दर्शकों में रोमांच, ज्ञान व जिज्ञासा को सृजित करने लगा है।

वैश्विक पूँजीवादियों का मुख्य लक्ष्य होता है ऐसे सामानों का निर्माण एवं वितरण करना, जिससे अधिक लाभ मिल सके। वैश्विक व्यापार स्थानीय लोगों को अपने विश्वास के अनुरूप परिवर्तित करने में कामयाब नहीं होता। उन्हें अपना व्यापार-कार्य बिना हस्तक्षेप के करने पर ही सन्तुष्टि मिलती है। संचार माध्यम इन विश्वव्यापी कम्पनियों को सूचना और पूँजी पूरे विश्व में कहीं भी एक बटन के स्पर्श से भेजने में सक्षम बनाते हैं। अपने व्यापार-कार्य को बिना हस्तक्षेप चलाने के लिए ऐसी कम्पनियाँ किसी भी स्तर तक जा सकती हैं। जहाँ तक टी. वी. चैनलों की बात है तो ये ख़बरों को सनसनीखेज बनाने को ज़्यादा तरजीह देने लगे, भले ही इससे मानवीय मूल्यों का पतन होता हो। कार्यक्रमों में अपसंस्कृति की झलक स्पष्ट दृष्टिगोचर होने लगी।

इंटरनेट का प्रभाव

इंटरनेट व ई-तकनीकों का विकासक्रम 1982 से शुरू हुआ। यह इसका पहला दौर था जो 1992 तक प्रयोग के धरातल पर ही था। 1993 से 2003 तक का दौर इंटरनेट में तकनीकी स्तर पर जबरदस्त विकास का था। माइक्रोसाफ्ट का इंटरनेट एक्सप्लोरर व नेटस्केप का ब्राउजर आदि तकनीकों ने वैश्विक स्तर पर एक अनोखी रफ्तार से सूचनाओं को प्रेषित करना आरम्भ किया। ई-मेल तथा नयी वेब भाषा-हाइपर टेक्स्ट मार्कअप लैंग्वेज (एच.टी.एम.एल.) ने इंटरनेट को और भी सुविधा सम्पन्न व तेज रफ्तार बना दिया। इंटरनेट एक ऐसा सूचना-माध्यम है जिसका उपयोग किसी भी मक़सद के लिए किया जा सकता है। यह एक ओर सूचनाओं के आदान-प्रदान का उत्कृष्ट माध्यम है वहीं दूसरी ओर इसका उपयोग घर बैठे उत्पाद को क्रय/विक्रय करने आदि में कर सकते हैं। सूचना तकनीकी के अधिकाधिक प्रयोग और विशेष रूप से इंटरेनट से सारी दुनिया के नजरिये में तेज़ी से बदलाव आ रहा है। सूचना के आदान-प्रदान और मनोरंजन के साधनों के विस्तार में इंटरनेट एक क्रान्तिकारी माध्यम के रूप में उभरा है। अपने आपको 'अप टू डेट' करने के उद्देश्य से तथा गहरी प्रतिस्पर्धा में खड़े रह पाने के लिए विभिन्न समाचार-पत्रों ने इंटरनेट संस्करण शुरू कर दिये। ऑन-लाइन पत्रकारिता (1998) का दौर शुरू होने के कारण सूचनाओं के चयन व गुणवत्ता में विकास स्पष्ट रूप से देखा जा सकता है। इसने निःसन्देह पत्रकारिता जगत् को शिखर पर पहुँचा दिया है। संचार के अन्य माध्यमों की तरह इंटरनेट केवल सूचनाओं और समाचारों का संवाहक नहीं है, बल्कि इस माध्यम से समाचार जगत् में सार्थक हस्तक्षेप भी सम्भव है। उपभोक्ता अपनी पृष्ठभूमि के अनुसार विभिन्न विषय समूह को मनपसन्द अवधि, विषय क्रम व प्राथमिकता के अनुसार सूचनाओं को प्राप्त करना चाहते हैं। इसके लिए इंटरनेट एक सशक्त माध्यम है जिससे बहुमूल्य समय की बचत होती है तथा सूचनाओं में वस्तुनिष्ठता बढ़ती है।

निश्चित ही इंटरनेट एक खुला और स्वतन्त्र माध्यम है। इस पर सभी को अपने विचार व बात कहने का समान अधिकार है। इन्हीं विचारों की स्वतन्त्रता के बल पर इंटरनेट ने संचार की दुनिया को इस हद तक बदल डाला है कि मानव चेतना को प्रभावित करने की विकसित देशों की क्षमता अप्रत्याशित रूप से बढ़ गयी है। ऐसे राष्ट्रों ने मानव समाज में संवाद और संचार की प्रक्रिया में परिवर्तन ला दिया है। यह प्रक्रिया लोगों को इतनी सारी जानकारियाँ दे रही है जितनी कि समझ से काफ़ी परे हैं। इंटरनेट द्वारा जारी सूचना क्रान्ति लोगों को जानकार बनाने के बजाय गलत सूचनाएँ अधिक दे रही है और नये तरह से अज्ञानी बना रही है। लोग अपने ही परिवेश में सामाजिक व सांस्कृतिक शरणार्थी बनते जा रहे हैं। सांस्कृतिक क्षेत्रों में तो यह सबसे विनाशक सिद्ध हो रही है। सूचना हथियारों से सुसज्जित संस्कृतियों ने अन्य सांस्कृतिक अस्तित्व को ख़तरे में डाल दिया है। इंटरनेट विकसित राष्ट्रों के लिए एक ऐसा बाज़ार लेकर आया है जिससे पिछड़े व विकासशील राष्ट्रों के घर में ख़तरा बढ़ता जा रहा है। इन राष्ट्रों में अपने आर्थिक, सामाजिक व सांस्कृतिक विचारों का क्षरण स्पष्ट देखा जा सकता है। इंटरनेट घृणा, झूठ, हिंसा, अश्लीलता व गैर-जिम्मेदारना प्रचार का भी माध्यम बन गया है, जो चिन्तनीय है।

मुद्रित माध्यमों का प्रभाव

वैश्वीकरण का मुद्रित माध्यम पर प्रभाव स्पष्ट दृष्टिगोचर हो रहा है। जहाँ तक समाचार-पत्रों की बात है तो उनका पूरा कलेवर ही बदल गया है। इस समय सबसे ज़्यादा ध्यान इस बात पर ही दिया जाता है कि समाचारों को कैसे शीघ्रता से प्रेषित किया

जाये और जल्द-से-जल्द ख़बरों को अख़बार के पन्नों पर कैसे उतारा जाये। अख़बारों में सूचना को ज़्यादा-से-ज़्यादा तरजीह दी जाने लगी है। कई क्षेत्रीय अख़बारों ने अपने नये संस्करणों को निकालकर सूचनाओं के दायरे को अप्रत्याशित ढंग से बढ़ा दिया है। अख़बारों के रूप व तेवर में तेज़ी का अनुमान इसी बात से लगाया जा सकता है कि जहाँ पाठकों को विदेशी ख़तरों, घटनाओं में अधिक दिलचस्पी नहीं होती थी आज ज़रूरत के रूप में प्रस्तुत किया जाने लगा है। अख़बारों में न केवल विदेशी ख़बरों के लिए अलग पेज निर्धारित होने लगे, बल्कि मुखपृष्ठों पर भी ऐसी ख़बरें जगह बनाने लगीं। तकनीकी सुविधाएँ–सैटेलाइट संचार, टेलीफोन, फैक्स, कम्प्यूटर व इंटरनेट से जुड़कर सूचनाओं में वस्तुनिष्ठता व तीव्रता को ग्रहण कर नये रूप में अख़बारों द्वारा प्रस्तुत किया जाने लगा। आपसी प्रतिस्पर्धा ने परिशिष्टों को जन्म दिया। ये परिशिष्ट पाठकों को उनके वर्गों के अनुरूप बाँटने में सफल रहे। मनचाहा समाचार, सूचना व ज्ञान को अलग-अलग निर्धारित कॉलमों में प्राप्त करना पाठकों के लिए आसान हो गया। सूचनाओं को जल्द-से-जल्द पाठक तक पहुँचाने की होड़ ने इसकी मात्रा में अप्रत्याशित वृद्धि कर दी। अधिक-से-अधिक सूचना ने जहाँ पृष्ठों की संख्या में वृद्धि कर दी, वहीं अन्तरराष्ट्रीय गतिविधियों से सन्दर्भित सूचनाओं ने विश्व को एक मंच पर लाकर खड़ा कर दिया। समाचार-पत्रों के अलावा पत्रिकाओं में भी कमोबेश यही स्थिति देखने को मिलती है। समाचार-पत्र-पत्रिकाओं में अच्छी छपाई परिलक्षित होने लगी। बेहतर मशीनें, काग़ज़ और तकनीकी ने इनका स्वरूप ही बदल दिया। साफ-सुथरा गेटअप रंगीन छपाई और जीवन के इतने अधिक क्षेत्रों का कवरेज वैश्वीकरण के कारण ही सम्भव हो पाया है। इसका सबसे बड़ा प्रभाव विदेशी पूँजी निवेश के रूप में सामने आया। विदेशी पूँजी निवेश से समाचार-पत्रों का एकाधिकार समाप्त हो गया है। दैनिक समाचार-पत्रों ने ऐसी पठनीय सामग्री देना शुरू कर दिया है जिससे पाठकों की पत्रिका की कमी भी पूरी हो जाती है।

वैश्वीकरण के प्रभाव में आकर पत्रों में निवेश बढ़ा है यह निवेश अख़बार के पाठकों में बिकने से उतना नहीं आया जितना विज्ञापन से। विज्ञापन पाने में जैसी होड़ और मारामारी आजकल चली है वैसी पहले कभी नहीं थी। विज्ञापनों ने समस्त सामाजिक व सांस्कृतिक मर्यादाओं को इस तरह ध्वस्त कर दिया कि हमारे विचार एवं चिन्तन पूरी तरह बदल गये हैं। समाचारों में भी एकरूपता परिलक्षित नहीं होती। समाचारों को उत्तेजक व सनसनीखेज बनाने के चक्कर में मानवीय मूल्यों का ह्रास स्पष्ट देखा जा सकता है। विज्ञापन अब सिर्फ़ विज्ञापन विभाग की चिन्ता न होकर पूरे अख़बार का ही बड़ा सरोकार बन गया है।

वैश्वीकरण और मीडिया साम्राज्यवाद

जनमाध्यम प्रौद्योगिकी के उदय और विकास में औद्योगिक सभ्यता की अभूतपूर्व भूमिका रही है। जनमाध्यमों के विकास को देखते हुए औद्योगिक विकास की अवस्था का अन्दाजा आसानी से लगाया जा सकता है। जहाँ चारों ओर मन्दी, महँगाई, बेरोजगारी और गरीबी बढ़ रही है वहीं दूसरी ओर जनमाध्यमों का भयानक विस्फोट हुआ है। उपग्रह चैनलों, केबल टेलीविजन आदि के माध्यम से समूचा परिदृश्य बदल चुका है। समूचे परिदृश्य को बहुराष्ट्रीय माध्यम कम्पनियों ने घेर लिया है। सबसे आश्चर्य की बात यह है कि सरकार इसे प्रोत्साहित कर रही है। जनमाध्यमों में व्याप्त अराजकता ने माध्यम साम्राज्यवाद को स्वतन्त्र भारत की जमीन पर पैर फैलाने का मार्ग प्रशस्त कर दिया है। माध्यम जो सन्देश दे रहे हैं, जिस तरह की संस्कृति परोस रहे हैं, हम ग्रहण कर रहे हैं। हम अपने स्वतन्त्र चिन्तन से विमुख होते जा रहे हैं। आबादी का एक बहुत बड़ा हिस्सा माध्यम साम्राज्यवाद के हमलों के हवाले हो गया है। हमारे साथ सबसे बड़ी दिक्कत यह है कि हम साम्प्रदायिकता, पृथकतावाद आदि के ख़तरों से चिन्तित तो हैं पर इस माध्यम साम्राज्यवाद की अनदेखी कर रहे हैं। जबकि यह ज़्यादा ख़तरनाक व विनाशकारी है। नब्बे के दशक के प्रारम्भ में माध्यम साम्राज्यवाद का जो पौधा रोपा गया था वह आज विशाल वृक्ष के रूप में परिणत हो गया है।

माध्यम साम्राज्यवाद का तात्पर्य साधारणतः ऐसी सामाजिक अवस्था से है जिससे हमारा स्वाभाविक चिन्तन, स्वतन्त्र सोच, विचार व क्रियाकलाप अपने नहीं रहते। इन सभी चीजों पर जनमाध्यम का वर्चस्व स्थापित हो जाता है। वे अपने तौर-तरीक़ों

से हमें एक नयी सोच, चिन्तन व विचारधारा सौंपते हैं और हम स्वेच्छा से ग्रहण भी करते हैं। वर्तमान वैश्वीकरण के कारण ऐसे माध्यमों के पास भी उनकी अपनी सोच नहीं होती। उनकी सोच मुख्यतः आर्थिक लाभ-हानि पर निर्भर करती है। भारत में अनेक पत्र-पत्रिकाएँ राष्ट्रीय हितों एवं सार्वभौम राष्ट्र की आकांक्षा के ख़िलाफ़ जाकर 'माध्यम साम्राज्यवाद' से लबरेज पत्र-पत्रिकाओं से समझौता करने की कोशिश में सक्रिय हैं या कर चुके हैं। हमारी दिनचर्या में इनके द्वारा फैलाये जा रहे सन्देशों को आसानी से देखा जा सकता है। ये आयातित कार्यक्रमों और सस्ते मनोरंजन के नाम पर माध्यम साम्राज्यवाद को बढ़ावा दे रहे हैं। ये कार्यक्रम अधिकांशतः पश्चिम के विकसित देशों द्वारा संचालित होते हैं। पश्चिमी सूचना-नीति अन्य राष्ट्रों पर पूँजीवादी व्यवस्था और बुर्जुआ विचारधारा थोपने को आतुर है। माध्यम-साम्राज्यवाद का लक्ष्य नव-औपनिवेशिक राजनीति से जुड़ा है। ये पूँजीवादी विचारधारा की अभिव्यक्ति है।

आयातित विदेशी कार्यक्रमों में साम्राज्यवादी दृष्टिकोण का प्रचार किया जाता है। इनमें प्रायः हिंसा, परपीड़न, निर्दयता, आपराधिक गतिविधियाँ, आत्महत्याएँ, युद्ध, नशाखोरी, और कामुक विषय-वस्तु की प्रधानता होती है। इनसे प्रेरित हो आयातित कार्यक्रम अधिकतम मुनाफा अर्जित करने की होड़ में लगे हैं। इस सन्दर्भ में *क्रिस्टोफर ए नासीयिंटो* ने अपनी पुस्तक 'दि वर्ल्ड कम्युनिकेशन एनवायरमेंट' में इनके लक्ष्यों को चिह्नित करते हुए लिखा है कि :

1. विचारधारात्मक दृष्टि से इसका लक्ष्य विकासशील देशों में बुर्जुआ विचारधारा को आरोपित करना है।
2. आर्थिक दृष्टि से निजी उद्यमों को विज्ञापित करना और विकासमान देशों की साम्राज्यवादी देशों पर चली आ रही निर्भरता का औचित्य स्थापित करना, बहुराष्ट्रीय निगमों के कार्यकलाप को अच्छे ढंग से पेश करना और विकासशील राष्ट्रों के बाज़ारों में विकसित देशों के मालों की बिक्री के लिए अनुकूल परिवेश का निर्माण करना।
3. सैन्य दृष्टि से राष्ट्रों में हथियारों की होड़ पैदा करना, विकासशील देशों में हथियारों की बिक्री हेतु विश्वास और सन्देश को उभारना।

भारत में भी इन चीजों का प्रचार तेज़ी से हो रहा है और जनमाध्यम सांस्कृतिक तौर पर समृद्ध बहुजातीय राष्ट्रों में मनोरंजन के नाम पर आभिजात्यवाद, उपभोक्तावाद और राष्ट्रीय विखण्डन को बढ़ावा दे रहे हैं। हमें राष्ट्रीय हित में मीडिया को नीतियों के स्तर पर इस रूप में स्वीकार करने की आवश्यकता है जिससे लोकतान्त्रिक मूल्य संरक्षित रहें।

3

मीडिया एवं मुद्दे
(Media and Issues)

बहवो यत्र नेतारः सर्वे पंडित-मानिनः।
सर्वे महत्त्वमिच्छान्ति तद्वृन्दमवसीदति॥

× × ×

शोषणमुक्त समाज की रचना करके वर्तमान समाज की प्रचलित दासता, विषमता और सहिष्णुता को सदा के लिए दूर करके समाजवाद, स्वतन्त्रता, समता और भ्रातृत्व की वास्तविक स्थापना करना चाहता है। *—आचार्य नरेन्द्र देव*

समाज में सामाजिक समस्याएँ बनी रहती हैं। मानव समाज में मानव जनित समस्याएँ ही होती हैं। भारतीय समाज एक परम्परागत समाज है। यहाँ कुछ समस्याएँ पारम्परिक रूप से समाज में सदैव बनी रहती हैं। समाज में समय के साथ परिवर्तन भी होते रहते हैं। सामाजिक परिवर्तन की इस प्रक्रिया के कारण अनेक नयी समस्याएँ भी उत्पन्न होती हैं। सामाजिक मुद्दे जो समाज में व्याप्त हैं उन्हें हम दो वर्गों में बाँट सकते हैं। वे इस प्रकार हैं :

I. पारम्परिक सामाजिक मुद्दे (Traditional Social Issues)

भारतीय समाज की कुछ समस्याएँ ऐसी हैं जो अनादि काल से समाज में जीवन्त हैं और जड़ से समाप्त नहीं हो पाती हैं। यद्यपि इनके समाधान के सार्थक प्रयास सदैव किये जाते हैं। सामाजिक मुद्दों की रिपोर्टिंग करते वक़्त इन मुद्दों के समाधान के प्रयास को भी दर्शाना चाहिए। इनमें से कुछ प्रमुख इस प्रकार हैं :

गरीबी

भारतीय समाज में गरीबी का मुद्दा प्राचीन काल से ही विद्यमान है। गरीबी का पैमाना समय के साथ बदलता रहा है। आज़ादी के बाद सरकारों ने भारत में गरीबी उन्मूलन के अनेक कार्यक्रम चलाये किन्तु गरीबी समाप्त करने के सभी उपाय निरर्थक ही साबित होते रहे। गरीबी को परिभाषित करते हुए कहा गया है कि गरीबी वह स्थिति है जिसमें कोई व्यक्ति अल्प आय अथवा अनावश्यक व्यय के कारण वह स्थिति नहीं प्राप्त कर पाता है जो उसके स्वस्थ जीवन के लिए आवश्यक होती है। अर्थात् गरीबी एक ऐसा मुद्दा है जो कुपोषण, अस्वस्थता आदि अनेक समस्याओं को जन्म देता है। इसीलिए सरकार गरीबी

उन्मूलन के अनेक कार्यक्रम चलाती है। जैसे—शहरी क्षेत्र में निवास करने वाले गरीब वर्ग के लिए राशन की दुकान से सस्ती दर पर खाद्यान्न उपलब्ध कराना, ग्रामीण क्षेत्र में निवास करने वालों के लिए रोजगार गारंटी योजना आदि अनेक योजनाएँ सरकार द्वारा क्रियान्वित की जाती हैं।

एक रिपोर्टर का यह दायित्व होता है कि वह इन योजनाओं के क्रियान्वयन पर सतर्क दृष्टि रखे एवं लाभार्थी तक इन योजनाओं का लाभ पहुँच सके, इसके लिए प्रयासरत रहे और इन योजनाओं के सफल क्रियान्वयन में आने वाली बाधाओं को दूर करने के लिए प्रशासनिक अधिकारियों तक वस्तुस्थिति की रिपोर्ट पहुँचा सके। उदाहरण के लिए, गरीबी रेखा के नीचे जीवन यापन करने वालों को बी.पी.एल. कार्ड बनाना, दलालों, बिचौलियों तथा चोरबाज़ारी करने वालों को दण्ड मिले, यह देखना भी रिपोर्टर का दायित्व बनता है। गरीबी तथा इससे जुड़े सामाजिक मुद्दों की रिपोर्टिंग में इन बातों का ध्यान रखना ज़्यादा ज़रूरी होता है।

अशिक्षा

अशिक्षा एक ऐसा मुद्दा है जो प्रायः गरीबी से ही सम्बद्ध होता है। सरकार ने शिक्षा के प्रचार-प्रसार के लिए व्यापक कार्यक्रम चला रखे हैं। सर्व शिक्षा अभियान, कन्या शिक्षा तथा प्राइमरी से लेकर उच्च शिक्षा तक कमज़ोर वर्ग को मिलने वाली छात्रवृत्ति योजना का लाभ आम जन तक पहुँच सके, लोग इसका लाभ उठा सकें तथा शिक्षा का व्यापक स्तर पर प्रसार-प्रचार हो, यह एक रिर्पोटर का भी दायित्व है। शिक्षा जगत् में व्याप्त भ्रष्टाचार को उजागर करके, दोषियों को दण्ड दिलाकर एक रिपोर्टर समाज में अपने दायित्व का कुशलतापूर्वक निर्वहन कर सकता है।

स्वास्थ्य एवं परिवार-कल्याण

भारतीय समाज में स्वास्थ्य एवं परिवार-कल्याण से सम्बद्ध रखने वाले मुद्दे भी पारम्परिक रूप से दिखाई देते हैं। इनके लिए भी सरकार की अनेक योजनाएँ चलती रहती हैं। कन्या भ्रूण हत्या एक ज्वलन्त मुद्दा है। इन सबके समाधान हेतु समाज में चेतना जाग्रत् करने का कार्य एक रिपार्टर द्वारा ही कुशलतापूर्वक सम्पन्न किया जा सकता है। समाज में तेज़ी से लिंगानुपात में आ रही गिरावट को रोकने के लिए अनेक सरकारी और गैर-सरकारी संस्थाएँ क्रियाशील रहती हैं। इनके द्वारा चलाये जा रहे विचारगोष्ठियों, जन जागरण अभियानों की रिपोर्टिंग करके रिपोर्टर अपनी सकारात्मक भूमिका निभाते हैं। समस्या की जड़ पर प्रहार करके रिपोर्टर उनके समाधान का प्रयास कर सकता है।

दहेज

दहेज एक ऐसी समस्या है जो भारतीय रागाज गें प्राचीन काल से विद्यमान है। इस सामाजिक मुद्दे को समाप्त करने के लिए सरकार ने अनेक क़ानून बनाये हैं। समाज में स्त्री को समानता का अधिकार मिले, दहेज जैसी कुप्रथा बन्द हो—यही इन क़ानूनों का लक्ष्य होता है। भारतीय संविधान में महिलाओं को इन समस्याओं से निबटने के लिए अनेक प्रावधान किये गये हैं। रिपोर्टर को इन क़ानूनों का ज्ञान भी होना चाहिए। कुछ प्रमुख प्रावधान इस प्रकार हैं:

- 18वीं एवं 19वीं शताब्दी में व्याप्त बाल विवाह प्रथा के कारण तथा विधवा एवं सती-प्रथा के निदान के लिए 1856 में हिन्दू विधवा पुनर्विवाह अधिनियम की व्यवस्था की गयी।
- हिन्दू महिलाओं का सम्पत्ति का अधिकार अधिनियम 1929 में पारित किया गया।
- हिन्दू कोड बिल 1955, बहु विवाह निरोधक अधिनियम लाया गया।
- विशेष विवाह अधिनियम 1954 (संशोधित 1976)।
- हिन्दू उत्तराधिकार अधिनियम 1956, पिता की सम्पत्ति में समान अधिकार।

- दहेज निरोधक अधिनियम 1961, 1984।
- समान भत्ता अधिनियम 1976।
- घरेलू हिंसा अधिनियम।

सामाजिक मुद्दों में निहित दहेज की व्यवस्था से सम्बन्धित रिपोर्टिंग करने के लिए रिपोर्टर को उक्त क़ानूनों की जानकारी अवश्य होनी चाहिए। दहेज जैसे सामाजिक मुद्दे की रिपोर्टिंग करते समय रिपोर्टर को यह भी ध्यान रखना चाहिए कि कहीं इस क़ानून का दुरुपयोग करके परिवार में उत्पीड़न अथवा विखण्डन का कार्य न होने पाये।

इनके अतिरिक्त पारम्परिक सामाजिक मुद्दों में मद्यपान, भिक्षावृत्ति, बेरोजगारी, वेश्यावृत्ति, जादू-टोना, धार्मिक कट्टरता आदि अनेक ऐसे मुद्दे हैं जो समाज में आज भी विद्यमान हैं और इनको दूर करने में एक रिपोर्टर अपनी सार्थक और सकारात्मक भूमिका का निर्वहन करता है।

II. समसामयिक सामाजिक मुद्दे (Contemporary Social Issues)

समसामयिक मुद्दों से तात्पर्य वर्तमान सामाजिक परिवेश में व्याप्त निम्नलिखित मुद्दों से है :

उपभोक्तावाद

सामान्यतः किसी वस्तु, सेवा तथा सिद्धान्त का आवश्यकतानुसार उपभोग करने वाला व्यक्ति उपभोक्ता कहलाता है अर्थात् उपभोक्ता का तात्पर्य ऐसे व्यक्ति से है जो अपनी इच्छाओं और आवश्यकताओं को पूर्ण करने के उद्देश्य से सम्बन्धित वस्तु, सेवा एवं सिद्धान्त को एक निश्चित मूल्य के बदले क्रय करता है तथा उसका उपभोग करता है। यदि किसी कारण से ये वस्तु, सेवा या सिद्धान्त उपभोक्ता को पूर्ण सन्तुष्टि प्रदान नहीं कर पाते या बाज़ार से ख़रीदी गयी। इन चीजों में अपने धन के बदले वह गुणवत्ता की कमी पाता है, तो उसका यह अधिकार होता है कि उस सम्बन्ध में उपयुक्त मंच पर अपनी शिकायत दर्ज करा सके। इसके लिए वह न्यायालय की शरण भी ले सकता है। हमारे देश में उपभोक्ता फोरम की व्यवस्था ऐसे विवादों के लिए है। इस दिशा में अनेक सरकारी तथा गैर-सरकारी संगठन कार्यरत हैं जो उपभोक्ता को उचित न्याय दिलाने में निरन्तर प्रयासरत हैं।

पर्यावरण

उपभोक्तावाद के बाद पर्यावरण संरक्षण ऐसा महत्त्वपूर्ण मुद्दा है जो समसामयिक समाज में काफ़ी संवेदनशील है। पृथ्वी पर जीव और वनस्पति के बीच हमेशा से ही एक सामंजस्य रहा है। जीव और वनस्पति का सन्तुलन पृथ्वी का स्वाभाविक गुण है। पृथ्वी पर जो कुछ भी विद्यमान है उसमें मनुष्य सर्वोत्कृष्ट है। मनुष्य प्रकृति का संरक्षक भी है और विध्वंसक भी। प्रकृति में सन्तुलन स्थापित करने में मनुष्य की भूमिका शुरू से ही महत्त्वपूर्ण रही है। दूसरी ओर प्रकृति में जब भी किसी प्रकार का असन्तुलन उत्पन्न होता है तो उसके पीछे भी मानव समाज का ही हाथ होता है। अपनी सुख-सुविधाओं हेतु वह कुछ ऐसा कृत्य कर जाता है जिसका दुष्प्रभाव स्पष्ट रूप से झलकता है।

आतंकवाद

आतंकवाद समसामयिक मुद्दों में सर्वाधिक ज्वलन्त मुद्दा है। आज सम्पूर्ण विश्व इस समस्या से जूझ रहा है। भारत में भी आतंकवाद विस्तार पा चुका है। यहाँ पर इसके कई रूप हैं। नक्सलवाद, पंजाब, जम्मू-कश्मीर, असम, उत्तर-पूर्व सीमा क्षेत्र के आतंकवादी संगठन आये दिन आतंकी घटनाओं को अंजाम देते रहते हैं। एक कुशल रिपोर्टर इन घटनाओं की तथ्यपरक रिपोर्टिंग तो करता ही है साथ ही उसे खोजी रिपोर्टिंग को भी अपनी रिपोर्टिंग में आश्रय देना चाहिए।

आतंकवादी घटनाओं की रिपोर्टिंग करते समय निम्नलिखित बातों पर अवश्य ध्यान दिया जाना चाहिए :

- आतंकवादी घटना में हताहतों की संख्या प्रामाणिक होनी चाहिए।
- सुरक्षा बलों के साहस एवं शौर्य की प्रशंसा की जानी चाहिए।
- आतंकवाद को यदि स्थानीय जन सहयोग या समर्थन प्राप्त हो रहा हो तो उसका उल्लेख अवश्य करना चाहिए।
- आतंकवादी के सहयोगी देश एवं संस्थाओं का उल्लेख भी किया जाना चाहिए।
- आतंकवादी की नागरिकता को अवश्य प्रकाशित करना चाहिए।
- जहाँ तक हो सके ऐसी घटनाओं में सुरक्षात्मक उपायों का उल्लेख भी करना चाहिए।
- हताहतों की पहचान कर उसे अवश्य प्रकाशित करना चाहिए।
- घायलों को किस अस्पताल में चिकित्सा सुविधा उपलब्ध करायी जा रही है इसका पूरा विवरण प्रकाशित करना चाहिए।
- आतंकवाद से सामान्य जनजीवन प्रभावित होता है इसलिए जनसामान्य के अनुरूप ही भाषा-शैली का प्रयोग करना चाहिए।
- आतंकवादी घटना की पूर्व सूचना गुप्तचर विभाग द्वारा दी गयी या नहीं इसका जिक्र भी यथास्थान किया जाना चाहिए।
- आतंकवाद के सन्दर्भ में सरकार की नीति की समीक्षा भी यथासमय करते रहना चाहिए।

उपर्युक्त समसामयिक मुद्दों के अतिरिक्त स्त्री विमर्श, विकास, बाल-श्रम, गरीबी, बेरोजगारी आदि भी समसामयिक सामाजिक मुद्दे हैं इनके बारे में तथा इनसे सम्बन्धित समाचारों को प्रमुखता से प्रकाशित करना रिपोर्टर का दायित्व होता है।

सामाजिक मुद्दों की समीक्षा (Review of Social Issues)

सामाजिक मुद्दे समाज में सदा से विद्यमान रहे हैं। जब से सभ्यता का विकास हुआ तभी से मनुष्य की आजीविका, शिक्षा, जीवन स्तर आदि से सम्बद्ध तमाम मुद्दे समाज में विद्यमान रहे हैं। देश-काल-परिस्थिति के अनुसार इन मुद्दों के स्वरूप में परिवर्तन होता रहा है। सामाजिक विकास एक निरन्तर चलने वाली प्रक्रिया है। विकास की इस प्रक्रिया में समाज में नये-नये मुद्दों का भी जन्म होता है। इन मुद्दों का जन्म भी समाज में होता है और इनका समाधान भी समाज द्वारा ही किया जा सकता है। विभिन्न प्रकार के सामाजिक मुद्दों की समीक्षा भी तद्नुरूप ही लिखी जानी चाहिए। उदाहरण के लिए– गरीबी एक ऐसा सामाजिक मुद्दा है जो समाज में आदिकाल से विद्यमान है। इसकी समीक्षा के लिए लेखन शैली भी समयानुकूल होनी चाहिए। वर्तमान समय में सरकार द्वारा गरीबी उन्मूलन की तमाम योजनाएँ चलायी जा रही हैं। रिपोर्टर को चाहिए कि इस मुद्दे की समीक्षा करते समय निम्नलिखित बातों का जिक्र अवश्य करें :

- क्षेत्र विशेष में गरीबी की क्या स्थिति है।
- गरीबों को सरकार की योजनाओं का लाभ मिल रहा है या नहीं इसका उल्लेख समीक्षा में अवश्य किया जाना चाहिए।
- यदि गरीबों को सरकारी योजनाओं का यथोचित लाभ नहीं मिल पा रहा है तो उसके क्या कारण हैं और उन कारणों के निवारण के क्या तरीके हो सकते हैं।
- गरीबी उन्मूलन योजनाओं के क्रियान्वयन में यदि बिचौलिए और भ्रष्टाचार की कोई भूमिका हो तो समीक्षा में इनका तथ्यपरक उल्लेख होना चाहिए।
- समीक्षा की भाषा सदैव सरल और बोधगम्य होनी चाहिए।

इस प्रकार उपर्युक्त बातों का ध्यान रखते हुए गरीबी ही नहीं बल्कि सभी पारम्परिक सामाजिक मुद्दों, जैसे—मद्यपान, बेरोजगारी, बालश्रम, बंधुआ श्रमिक, वेश्यावृत्ति तथा अशिक्षा आदि की समीक्षा की जानी चाहिए। समसामयिक सामाजिक मुद्दे विकास की अन्धी दौड़ की उपज होते हैं इसलिए इनकी समीक्षा में विकास की प्रक्रिया की बात अवश्य की जानी चाहिए। उपभोक्तावाद, पर्यावरण असन्तुलन, संस्कृतियों का अन्धानुकरण, सांस्कृतिक अपकर्ष-उत्कर्ष, स्त्री विमर्श आदि ऐसे समसामयिक सामाजिक मुद्दे हैं जिनकी समीक्षा सामयिक सन्दर्भ में ही की जानी चाहिए।

समसामयिक समाज में मीडिया की भूमिका दिन-प्रतिदिन बढ़ती जा रही है इसलिए मीडियाकर्मी को इन मुद्दों की समीक्षा सामाजिक उत्तरदायित्व की भावना के साथ करनी चाहिए। इस प्रकार एक रिपोर्टर जहाँ सामाजिक मुद्दों की समीक्षा कर उनका समाधान ढूँढ़ने का प्रयास करता है वहीं दूसरी ओर वह वर्तमान परिवेश में मीडिया के बढ़ते प्रभाव को भी परिलक्षित करता है। सामाजिक मुद्दों की समीक्षा करते समय इनकी सामाजिक पृष्ठभूमि का पर्याप्त ज्ञान प्राप्त कर लेना चाहिए।

सामाजिक मुद्दों के समाचार-सूत्र (Sources of News of Social Issues)

सामाजिक मुद्दों के समाचार समाज से ही प्राप्त होते हैं। समाज कल्याण विभाग, शिक्षा विभाग, आबकारी विभाग, योजना विभाग, महिला एवं बाल कल्याण विभाग आदि ऐसे स्थल हैं जहाँ इन सामाजिक मुद्दों के समाचार उपलब्ध हो सकते हैं। इनके अतिरिक्त पुलिस थाना, मदिरालय, वेश्यालय आदि भी इन पारम्परिक मुद्दों के समाचार-सूत्र हो सकते हैं। समसामयिक मुद्दों के समाचार उपभोक्ता फोरम, न्यायालय, उद्योग धन्धे, पर्यावरण सम्बन्धी विचार गोष्ठियाँ, आन्दोलन, स्वयंसेवी संगठन और उनकी गतिविधियाँ आदि सभी समसामयिक सामाजिक मुद्दों के समाचार-सूत्र हो सकते हैं। इन सब पर रिपोर्टर को सतर्क दृष्टि रखनी चाहिए।

सामाजिक मुद्दों के समाचार-सूत्र अन्य समाचारों की ही भाँति समाज में भरे होते हैं। रिपोर्टर इन पर सतर्क दृष्टि रखकर ही इन सूत्रों से अपने मतलब के समाचार प्राप्त कर सकते हैं।

सामाजिक मुद्दों के समाचार लेखन में सावधानियाँ (Precautions in Reporting of Social Issues)

सामाजिक मुद्दे अति संवेदनशील होते हैं। इनकी रिपोर्टिंग में जरा भी असावधानी समाज में तूफान ला सकती है इसलिए रिपोर्टर को सामाजिक मुद्दों की रिपोर्टिंग करते समय निम्नलिखित सावधानियाँ अवश्य बरतनी चाहिए :

- महिलाओं से सम्बद्ध मामलों में रिपोर्टिंग करते समय रिपोर्टर को नामोल्लेख से बचना चाहिए। दहेज उत्पीड़न के मामले में यथासम्भव दोनों पक्षों की बात जानकर तथ्यपरक रिपोर्टिंग की जानी चाहिए। घरेलू हिंसा की रिपोर्टिंग में नामोल्लेख से बचा चाहिए। यदि किसी महिला द्वारा समाज के किसी क्षेत्र में कोई विशेष उपलब्धि हासिल की हो, कोई उत्कृष्ट कार्य किया हो या कोई साहसिक कार्य किया हो तो ऐसे समाचारों में नाम का उल्लेख अवश्य करना चाहिए। महिलाओं की छवि धूमिल करने वाले समाचारों के प्रकाशन में विशेष सतर्कता बरतनी चाहिए।
- शिक्षा सम्बन्धी समाचारों में इस बात का सदैव ध्यान रखना चाहिए कि जो कुछ प्रकाशित किया जा रहा है वह तथ्यपरक तथा प्रामाणिक हो अर्थात् प्राप्त समाचारों की सत्यता की जाँच अवश्य कर लेनी चाहिए।
- पर्यावरण से सम्बन्धित समाचारों में पर्यावरण असन्तुलन उत्पन्न करने वाली इकाई को उद्धृत करते हुए उसके विरुद्ध जन जागरण उत्पन्न करने के लिए रिपोर्टिंग की जानी चाहिए।
- उपभोक्ता मामलों से जुड़े समाचारों की रिपोर्टिंग करते समय इस बात का सदैव ध्यान रखना चाहिए कि उसकी रिपोर्टिंग से आम उपभोक्ता को राहत मिले। किसी वाणिज्यिक प्रतिष्ठान की छवि धूमिल करने के लिए ही रिपोर्टिंग नहीं करनी चाहिए।
- सांस्कृतिक उत्कर्ष-अपकर्ष की रिपोर्टिंग में यह ध्यान रखना चाहिए कि उसकी रिपोर्टिंग पूर्णतया तथ्यपरक हो। किसी संस्कृति विशेष के पक्ष अथवा विपक्ष में कोई बात नहीं लिखी जानी चाहिए।
- सामाजिक मुद्दों की रिपोर्टिंग में विवादास्पद टिप्पणी करने से बचना चाहिए।

उपर्युक्त सावधानियाँ बरतते हुए एक रिपोर्टर सामाजिक मुद्दों की तथ्यपरक रिपोर्टिंग करते हुए समाज के सर्वांगीण विकास में अपनी महत्त्वपूर्ण भूमिका का निर्वाह कर सकता है।

4

मीडिया और मानवाधिकार
(Media and Human Right)

Every man is a volume, if you know how to read him. —*Channing*

× × ×

मानव का दानव होना उसकी हार है। मानव का महामानव होना उसका चमत्कार है और मनुष्य का मानव होना उसकी जीत है। — *डॉ. राधाकृष्णन*

× × ×

लोकतन्त्रहितार्थाय विवेकालोकबर्द्धिनी।
उद्‍बोधनाय लोकस्य लोकसत्ता प्रतिष्ठिता।

× × ×

प्रत्येक मनुष्य प्रकृति का अनुचर और नियति का दास है। —*जयशंकर प्रसाद*

मीडिया और मानवाधिकार दोनों ही बीती सदी के उत्तरार्द्ध में लोकप्रिय हुई अवधारणाएँ हैं। इन दोनों को अवधारणाओं के रूप में भी देखा जा सकता है और व्यवस्था के रूप में भी। उपग्रह संचार ने सत्तर के दशक में अमेरिका में और इराक-अमेरिका के बीच सन् 1991 में हुए युद्ध से भारत में अपनी लोकप्रियता बढ़ानी शुरू की और आज मीडिया इतना महत्त्वपूर्ण कारक हो गया है कि अनुसन्धान अध्ययनों में केबल टेलीविजन के पूर्व समाज और केबल टेलीविजन के बाद के समाज को आधार मानकर अध्ययन हो रहे हैं।

मीडिया और मानवाधिकार का अन्योन्याश्रित सम्बन्ध है। मीडिया में ही मानवाधिकार के हनन की बात सबसे पहले उठती है। दूसरे शब्दों में कहें तो व्यवस्था के मानदण्डों से या किसी निर्णय से व्यक्तिगत अथवा सामूहिक रूप से मानवाधिकार प्रभावित होते हैं तो सर्वप्रथम मीडिया ही वह माध्यम होता है जिसके सहारे व्यक्ति या संस्थाएँ अपना विरोध दर्ज करती हैं। अतः मीडिया और मानवाधिकार एक-दूसरे के पूरक बन जाते हैं। कई बार यह भी सवाल उठाया जाता है कि मानवाधिकार कार्यकर्ता मीडिया का अनुचित इस्तेमाल कर सरकार या शासन पर अनावश्यक दबाव बनाते हैं। इस बहाने की व्यवस्था या नियम से मानवाधिकार का हनन हो रहा है। ऐसी स्थिति में मीडिया को विशेष रूप से इस बात पर ध्यान देने की आवश्यकता होती है कि किस प्रकार मसलों को उठाया जाये जिससे एक ओर तो मानवाधिकार के हनन के मामलों में भी कमी आये, दूसरी ओर मीडिया और मानवाधिकार की आड़ लेकर किसी गलत बात के समर्थन में इस व्यापक तन्त्र के दुरुपयोग को रोका जाये।

भारत में वाक् एवं अभिव्यक्ति की स्वतन्त्रता एक मौलिक अधिकार है। जो संविधान की व्यवस्था के अनुसार प्रत्येक भारतीय नागरिक को प्राप्त है। संविधान की धारा 19(1)1 में वाक् एवं अभिव्यक्ति के अधिकार की स्वतन्त्रता दी गयी है और धारा 19(1)3 में उन परिस्थितियों का वर्णन है, जिनमें वाक् और अभिव्यक्ति की स्वतन्त्रता पर युक्ति-युक्त बन्धन लगाये जा सकते हैं। कहने का तात्पर्य यह है कि वाक् एवं अभिव्यक्ति की स्वतन्त्रता केवल मीडिया को ही प्राप्त नहीं, बल्कि यह प्रत्येक भरतीय नागरिक को प्राप्त है। मीडिया के सन्दर्भ में इसका महत्त्व इसलिए बढ़ जाता है क्योंकि इस स्वतन्त्रता का सबसे ज़्यादा और सबसे असरदार उपयोग मीडिया के द्वारा ही होता है।

मानवाधिकार मानवीय गरिमा और मूल्यों के अनुसार व्यक्ति विशेष को किसी भी व्यवस्था में सम्मानपूर्वक जीने का अधिकार मुहैया कराते हैं। लेकिन सत्ताओं के अतिक्रमण से अनेक बार व्यक्ति और संस्थाओं के हितों पर प्रतिकूल प्रभाव पड़ता है। ऐसी दशा में यह निर्णय करना बहुत महत्त्वपूर्ण और संवेदनशील हो जाता है कि किसी घटना विशेष में वास्तव में मानव के अधिकारों का हनन हुआ है कि नहीं। दूसरे शब्दों में अभिव्यक्ति की स्वतन्त्रता यदि व्यक्ति की स्वयं की गोपनीयता से मर्यादित होती है तो मानवाधिकारों के बारे में भी यह निर्णय कठिन होता है कि अमुख परिस्थिति में मानव के अधिकारों का अधिक हनन हो रहा है या व्यापक समाजहित में ऐसा करना आवश्यक है। इसीलिए मानवाधिकारों की व्याख्याओं पर प्रश्न उठते रहते हैं। यह सच है कि परिस्थितियों का निरपेक्ष विवेचन सम्भव नहीं है। लेकिन यदि यह विवेचन पश्चिम में बैठे आकाओं की मनमर्ज़ी के मुताबिक होने लगता है तो इस सम्पूर्ण अवधारणा में ही कुछ खोट नजर आती है। जहाँ तक मानव को मानवीय गरिमा से जीवन जीने का मौका देने की व्यवस्था के रूप में मानवाधिकारों का प्रश्न है तो यह सर्वथा उचित और अनुकरणीय है। लेकिन जब इनकी आड़ में किसी देश की सभ्यता और संस्कृति पर कुठाराघात या अपने आर्थिक हितों का संरक्षण किया जाता है, तो इस पर प्रश्न उठना स्वाभाविक है।

मानवाधिकार वस्तुतः पश्चिम की अवधारणा है क्योंकि वसुधैव कुटुम्बकम को जीवन का प्रेरणा सिद्धान्त मानने वाली भारतीय संस्कृति में सिर्फ़ मानव ही नहीं प्रकृति, पर्यावरण और पशुओं के अधिकार के व्यापक परिप्रेक्ष में चिन्तन मनन किया गया है और समग्र रूप में देखें तो मानवाधिकार हमारी संस्कृति में सभी के अधिकारों का एक छोटा-सा हिस्सा मात्र है। दूसरा मानवाधिकार एक व्यक्तिवादी अवधारणा है, जिसमें एक व्यक्ति के अधिकारों को श्रेष्ठ माना गया है, जबकि भारतीय चिन्तन कहता है कि **एक परिवार के लिए यदि एक व्यक्ति को, एक समुदाय के लिए एक परिवार को, एक राज्य के लिए एक गाँव को, एक राष्ट्र के लिए एक राज्य को और यदि समष्टि के लिए किसी राष्ट्र को छोड़ना भी पड़े तो व्यापक हित में ऐसा करना गलत नहीं है।**

मानवाधिकार

24 अक्टूबर, 1945 को अस्तित्व में आये संयुक्त राष्ट्र के चार्टर की प्रस्तावना में कहा गया कि "हमें मूलभूत मानवीय अधिकारों, मानव की गरिमा तथा मूल्य, स्त्री-पुरुष तथा छोटे या बड़े राष्ट्रों सहित मानव जाति के कल्याण से सम्बन्धित समस्त पक्षों पर विश्वास है तथा लिंग, भाषा, धर्म या नस्ल के भेदभाव बिना मानवाधिकारों के प्रचार एवं अभिवृद्धि के प्रयास करने हैं।"

भारत के राष्ट्रीय मानवाधिकार आयोग द्वारा दी गयी परिभाषा के अनुसार– "मानवाधिकारों से तात्पर्य जीवन, स्वतन्त्रता, समानता तथा व्यक्ति की गरिमा जैसे अधिकारों से है।" वस्तुतः मानवाधिकार, वे मूलभूत मानवीय अधिकार हैं जो प्रत्येक मनुष्य को प्रत्येक समाज या काल में गरिमामयी जीवन जीने के लिए आवश्यक है। मानवाधिकारी का क्षेत्र अत्यन्त व्यापक है। इन्हीं अधिकारों में से लिए गये कुछ अधिकार जब संविधानों द्वारा संरक्षण प्राप्त करते हैं तो वे मौलिक अधिकारों का रूप ग्रहण कर लेते हैं। जब कुछ अधिकार राज्य के नीति निदेशक तत्त्वों के रूप में भी प्रवर्तित रहते हैं तो इन्हें कतिपय देशों में विधायिका द्वारा पारित पृथक् क़ानूनों के माध्यम से क्रियान्वित किया जाता है। संयुक्त राष्ट्र महासभा द्वारा 10 दिसम्बर, 1948 को स्वीकार की गयी 'मानवाधिकारों की विश्वव्यापी घोषणा' में मानवाधिकारों की विस्तृत व्याख्या की गयी है।

महासभा द्वारा की गयी मानवाधिकारों की विश्वव्यापी घोषणा (1948) के अतिरिक्त कतिपय अन्य प्रसंविदा, सहमति पत्र तथा सम्मेलनों में सर्वमान्य सिद्धान्त भी मानवाधिकारों के प्रसार में महत्त्वपूर्ण भूमिका निर्वाहित करते हैं। सन् 1966 में स्वीकृत 'नागरिक तथा राजनीतिक अधिकार सम्बन्धी अन्तर्राष्ट्रीय प्रसंविदा' जो कि इस वर्ष पश्चात् 'मानवाधिकारों के अन्तर्राष्ट्रीय बिल' के रूप में महासभा द्वारा स्वीकृत हुई, भी महत्त्वपूर्ण नीतिगत निर्णय है। संयुक्त राष्ट्र महासभा द्वारा सन् 1993 में मानवाधिकार आयोग के आयुक्त का पद सृजित किया गया। लगभग 200 कार्मिकों से युक्त यह आयोग, जिनेवा में स्थित है तथा समस्त सदस्य राष्ट्रों में मानवाधिकारों की स्थिति पर अनुसंधान, परामर्श एवं निर्देशक का कार्य करता है।

संयुक्त राष्ट्र की मान्यता रही है कि मानवाधिकारों की चर्चा करते समय इसके व्यापक दृष्टिकोण को ध्यान में रखा जाना चाहिए जिसमें महिलाओं, बच्चों, विकलांगों, युद्ध अपराधियों, श्रमिकों, शरणार्थियों तथा अन्य सम्बद्ध पक्षों से सम्बन्धित कल्याणकारी प्रयासों एवं न्याय तन्त्र को भी सम्मिलित किया जाये। मानवाधिकारों के प्रसार तथा रक्षा के सन्दर्भ में संयुक्त राष्ट्र द्वारा किये गये महत्त्वपूर्ण प्रयासों में नस्लवाद भेद समाप्ति घोषणा (1963), रंगभेद समाप्ति (1973, 1976), धर्म तथा विश्वास आधारित असहिष्णुता समाप्ति (1981), भाषाई, धर्म तथा नस्ल आधारित अल्पसंख्यकों की रक्षा हेतु घोषणा (1992), रोजगार तथा व्यवसाय में भेदभाव समाप्ति सम्मेलन (1958, 1960), गुलामी प्रथा समाप्ति समाधन हेतु सहमति (1951, 1954, 1960, 1967 तथा 1985), संघ बनाने की स्वतन्त्रता (1950, 1971, 1978 तथा 1979) और क्रूरता, अमानवीय तथा प्रताड़ना से बचाव से सम्बन्धित सहमति पत्र (1975, 1984, 1988, 1989, 1990 तथा 1992) प्रमुख हैं।

सामाजिक प्रगति तथा विकास सम्बन्धी घोषणा (1969), मानसिक रूप से विमन्दित व्यक्तियों के अधिकारों की घोषणा (1971), भूख तथा कुपोषण उन्मूलन की घोषणा (1971), भूख तथा कुपोषण के उन्मूलन की घोषणा (1974), मानवता के विकास एवं शान्ति हेतु विज्ञान एवं प्रौद्योगिकी के प्रयोग की घोषणा (1975), विकलांगों के अधिकारों की घोषणा (1975), शान्ति के अधिकारों की घोषणा (1984), विकास के अधिकारों की घोषणा (1986) तथा देशान्तर गमन करने वाले श्रमिकों एवं उनके परिवारों के अधिकारों की रक्षा सम्बन्धी अन्तर्राष्ट्रीय सहमति (1990) भी उल्लेखनीय कदम हैं, जो संयुक्त राष्ट्र द्वारा उठाये गये हैं।

आधी दुनिया के अधिकारों की रक्षा के क्रम में संयुक्त राष्ट्र ने महिलाओं के राजनीतिक अधिकारों पर सहमति पत्र (1952, 1954), महिलाओं से भेदभाव करने के समस्त प्रकारों के उन्मूलन सम्बन्धी घोषणा (1967), आपातकाल तथा सशस्त्र विद्रोह के समय महिलाओं एवं बच्चों की रक्षा सम्बन्धी घोषणा (1974) तथा महिलाओं के विरुद्ध हिंसा की समाप्ति की घोषणा (1959) तथा बच्चों को गोद लेने तथा अनाथ बच्चों की रक्षा सम्बन्धी घोषणा (1986) भी महत्त्वपूर्ण कदम कहे जा सकते हैं।

वस्तुतः संयुक्त राष्ट्र ने मानवाधिकारों को व्यापक परिप्रेक्ष्य में देखते हुए निरन्तर सार्थक प्रयत्न किये हैं। इन प्रयत्नों के परिणामस्वरूप लोकतान्त्रिक राज्यों में न केवल जनचेतना में अभिवृद्धि हुई है, बल्कि मानवाधिकार एक ज्वलन्त मुद्दा बन चुका है। व्यक्ति का व्यक्ति से शोषण के बचाव हेतु अन्तर्राष्ट्रीय दबावों एवं क़ानूनों के साथ-साथ यह भी आवश्यक है कि स्थानीय स्तर पर मानवाधिकारों के प्रति सामाजिक एवं राजनीतिक प्रतिबद्धता, संवेदनशीलता एवं आस्था में वृद्धि हो तथा मानवता का प्रसार हो। बीसवीं सदी के अन्तिम दशक में भारत सहित अधिसंख्य विकासशील राष्ट्रों में गठित हुए मानवाधिकार आयोगों ने इस दिशा में निर्णायक प्रयास किये हैं। 'सर्वे भवन्तु सुखिनः' के ध्येयवाक्य को लेकर गठित राष्ट्रीय मानवाधिकार आयोग भी संयुक्त राष्ट्र के उस स्वप्न को साकार करने में जुटा है जो सुखी, सम्पन्न, गरिमामयी तथा शान्तिपूर्ण विश्व के लिए संजोया गया है।

पत्रकारों के मानवाधिकारों का हनन

मानवाधिकार का आशय किसी व्यक्ति के जीवन, स्वतन्त्रता और गरिमा से है। मानवाधिकारों की सार्वभौमिक घोषणा सन् 1948 विश्व की एक महत्त्वपूर्ण घटना है और संयुक्त राष्ट्रसंघ की महान् उपलब्धि है।

मानवाधिकार गतिशील है। संयुक्त राष्ट्रसंघ के विकास कार्यक्रम के तहत हर वर्ष प्रकाशित मानव विकास रिपोर्ट में नये आयामों की झलक मिलती है। वे सब तत्त्व जो मानव के विकास के मार्ग में बाधक हैं वहाँ मानवाधिकारों का उल्लंघन है, रोजगार भी उतना ही बड़ा मानवाधिकार है जितना जीने का अधिकार है। मँहगाई भी मानवाधिकार का हनन है, आबादी की विस्फोटक बाढ़ मानवाधिकार का हनन है, प्रदूषित पर्यावरण मानवाधिकार पर अतिक्रमण है।

भारत में राष्ट्रीय मानवाधिकार आयोग का गठन अक्टूबर, 1993 में हुआ। राष्ट्रीय तथा राज्य मानवाधिकार आयोगों को विशेष रूप से उन मानवाधिकारों की रक्षा का भार सौंपा गया है जिनका पुलिस तथा सुरक्षा बलों द्वारा अतिक्रमण किया जाता है। यह पर्याप्त नहीं है, वास्तव में मानवाधिकार आयोग को दण्ड तथा राहत देने का भी अधिकार दिया जाना चाहिए।

मानवाधिकार आयोग के अब तक जितने अध्यक्ष रह चुके हैं उन सबने ज़्यादा अधिकारों की माँग की है। मानवाधिकारों की मौजूदा परिभाषा में व्यक्ति के जीवन, स्वतन्त्रता, समानता और गरिमा से जुड़े संवैधानिक अधिकारों में वे अधिकार भी जोड़े जायें जो उन अन्तर्राष्ट्रीय संधियों व परम्पराओं में किये गये हैं जिनमें भारत का एक पक्षकार है। साथ ही सरकार को आयोग की सिफ़ारिशे भी माननी चाहिए।

अन्तर्राष्ट्रीय स्तर पर पश्चिमी संगठनों का एकतरफा पक्षपातपूर्ण नजरिया रहता है। एमनेस्टी इंटरनेशनल सहित सभी संगठन केवल अपराधियों एवं आतंकवादियों के मानवाधिकारों की बात करते हैं, लेकिन आतंकवादियों के हाथों मारे गये निर्दोष लोगों के बारे में कुछ नहीं कहते। भारत में जम्मू-कश्मीर में मारे गये निर्दोष लोगों की बात एमनेस्टी इंटरनेशनल नहीं करता है। पाश्चात्य देशों में मानवाधिकार संगठनों की रिपोर्ट इतनी ज़्यादा एकतरफा और पूर्वाग्रहग्रस्त होती है कि उनकी नीति और उद्देश्यों पर शक होने लगता है।

जर्मनी यदि भारत के कालीन उद्योग में बच्चों के अधिकार का सवाल उठाता है तो इसके पीछे उसका व्यावसायिक हित छिपा दिखाई देता है। अमेरिका भी यदि चीन में किसी घटना के बहाने मानवाधिकार का प्रश्न उठाता है तो उसके पीछे मक़सद वहाँ की सरकार और उसकी व्यवस्था को बदनाम करना होता है। वास्तव में मानबाधिकार का पूरी तरह से राजनीतिकरण हो गया है। एमनेस्टी इंटरनेशनल के ब्रिटिश विभाग के एक पत्र में मुखपृष्ठ पर इस मानवाधिकार संघ ने काश्मीरी महिलाओं पर सुरक्षा बलों द्वारा किये जाने वाले अत्याचार बताने के नाम पर एक दक्षिण भारतीय स्त्री का चित्र दे दिया था। ऐसे कई उदाहरण हैं जिनमें इन संगठनों का पक्षपातपूर्ण रवैया रहा है।

प्रत्येक व्यक्ति को ज्ञान, सूचना और बौद्धिक सन्तुष्टि पाने का मानवाधिकार है। इसके लिए मीडिया उसका उपयुक्त एवं स्वतन्त्र साधन है। मीडिया लोकतन्त्र की आत्मा है एवं राजनीतिक और सामाजिक संवाद का प्राण तत्त्व है। यह स्वतन्त्रता का प्रतीक है, जन-जन की आवाज़ है, लेकिन मीडिया यह तभी कर सकता है, जब उस पर सरकारी अंकुश न हो, उसकी आवाज़ दबाई न जाये। जैसे–जैसे सरकार बनाने वाले राजनीतिक संगठन अपनी मर्यादाओं और नियमों के बाहर जाकर फायदा उठाने की कोशिश करेंगे, वैसे-वैसे मीडिया पर दबाव और हमले बढ़ते जायेंगे। लोकतन्त्र के आधारों में से मीडिया एक महत्त्वपूर्ण आधार स्तम्भ है। परन्तु विश्व में मीडिया के ऊपर हमले बढ़ते जा रहे हैं। मीडियाकर्मी की हत्याएँ बढ़ती जा रही हैं। इंटरनेशनल प्रेस इंस्टीट्यूट ने अपनी रिपोर्ट में कहा है कि पत्रकारों का पूरे विश्व में सरकारी दमन हो रहा है। पत्रकारों पर हमलों की घटनाएँ विश्व के अधिकांश देशों में हो रही हैं। इनमें कई विकासशील तथा पूर्वी यूरोप के देश शामिल हैं। मीडिया को दबाने की कोशिश पश्चिमी देशों में भी हो रही है। विश्व के विभिन्न देशों में पिछले वर्षों में कई पत्रकारों की हत्याएँ हुई।

संयुक्त राष्ट्रसंघ के अधिकांश देशों में से कुछ ही मीडिया की स्वतन्त्रता का गम्भीरतापूर्वक सम्मान करते हैं। सत्तारूढ़ व्यक्तियों द्वारा आलोचना करने वाले पत्रकारों का दमन किया जाता है। यूनेस्को के महानिदेशक ने कहा कि सच्चाई बताने वालों को अक्सर राजनीतिक, जातीय, धार्मिक, असहिष्णुता का कोपभाजन बनना पड़ता है। चीन, इराक, ईरान, म्यांमार, जाम्बिया, इंडोनेशिया, मैक्सिको, सर्बिया, ट्यूनीशिया और यमन में हालात खराब हैं। खण्डा तथा अल्जीरिया में मीडिया के विरुद्ध हिंसा की घटनाएँ इस्लामी विद्रोहियों तथा सरकारी सैनिकों दोनों ही पक्षों से हुई हैं। इसके कारण कई पत्रकारों को देश छोड़कर भागना पड़ा है। रूस में भी पत्रकारों के लिए काम करना कठिन हो रहा है।

सम्पादकों पर रासुका लगातार बन्द रखना एवं खूब तानाशाही करना बुरी मानसिकता का सूचक है। कोयंबटूर में राजनीतिक पार्टी के कार्यकर्ताओं ने पत्रकारों को चाकू मारे। कश्मीर घाटी में पत्रकारों की दुर्दशा किसी से छिपी नहीं है। वहाँ पत्रकारों को सरकार तथा आतंकवादियों दोनों का शिकार होना पड़ता है। महाराष्ट्र से प्रकाशित समाचार-पत्रों के कार्यालयों पर शिवसैनिकों ने कई बार हमले किये। तमिलनाडु में पत्रकारों के ख़िलाफ़ झूठे मुकदमे चलाये गये। तहलका डॉट कॉम के पत्रकारों पर भी मुकदमे दायर किये जा रहे हैं। नागालैंड में पुलिसकर्मियों ने पत्रकारों पर हमला किया तथा मानवाधिकार आयोग ने इसे घोर आपत्तिजनक माना है। शिवानी हत्याकांड में एक आई.पी.एस. अधिकारी पर मुक़दमा चल रहा है। फ़िल्मों में काम करने वाले कलाकार भी कई बार पत्रकारों पर हमला बोल देते हैं। राजनीतिक लोगों के अपराधियों से सम्बन्ध होते हैं और उनके माध्यम से पत्रकारों को डराया-धमकाया जाता है जो एक चिन्ता का विषय है।

प्रिंट मीडिया प्रत्येक वर्ष मानवाधिकार दिवस को गौरवान्वित करता है। 'दैनिक जागरण' ने 09 दिसम्बर, 2016 को प्रकाशित किया :

क्या हैं हमारे मानवाधिकार?

इंसानों के अधिकारों की लड़ाई को ताकत देने के लिए दुनियाभर में हर साल 10 दिसम्बर को **अन्तर्राष्ट्रीय मानवाधिकार दिवस** मनाया जाता है। इस मौके पर जानते हैं मानवाधिकार से जुड़ी कुछ खास बातें :

1. मानवता के ख़िलाफ़ जुल्मों को रोकने, उसके ख़िलाफ़ संघर्ष को नयी ताकत देने में इस दिवस की महत्त्वपूर्ण भूमिका है। इस साल का थीम है : हर कोई दूसरों के अधिकारों के लिए खड़ा हो।
2. **हर इंसान को अपनी ज़िन्दगी, आज़ादी, बराबरी और सम्मान का अधिकार मानवाधिकार कहलाता है।** संयुक्त राष्ट्र संघ चार्टर की धारा 68 के तहत 1946 में *एलोनोर रूजवेल्ट* की अध्यक्षता में एक मानवाधिकार आयोग का गठन किया गया था। इस आयोग ने मानवाधिकारों की विश्वव्यापी घोषणा जून, 1948 में की। संयुक्त राष्ट्र द्वारा पहली बार सन् 1948 में एवं हर साल 10 दिसम्बर को इसे मनाये जाने की घोषणा की गयी। इस तिथि पर अन्तिम मुहर संयुक्त राष्ट्र की सन् 1950 में आयोजित बैठक में लगी। इसके बाद से ही हर साल 10 दिसम्बर को यह दिवस मनाया जाने लगा।
3. मानव अधिकार की अवधारणा करीब 2500 साल पहले आज के आधुनिक ईरान से ली गयी है। उस समय किंग सायरस द ग्रेट ने लोगों को न सिर्फ़ गुलामी से आज़ादी दी, बल्कि लोगों को अपनी पसन्द के हिसाब से धर्म चुनने की भी आज़ादी दी।
4. **'यूनिवर्सल डेक्लरेशन ऑफ ह्यूमन राइट'** से सम्बन्धित दस्तावेज़ों का दुनिया में सबसे ज़्यादा भाषाओं में अनुवाद किया गया है। इसका करीब 500 भाषाओं में अनुवाद किया जा चुका है।
5. सन् 2011 में यूनाइटेड नेशंस ने **इंटरनेट एक्सेस** को **बेसिक ह्यूमन राइट** घोषित किया।
6. आज भी दुनियाभर में 2.1 करोड़ लोगों से जबरदस्ती मजदूरी करायी जा रही है। इनमें बाल मजदूरों सहित 1.4 करोड़ महिलाएँ और 95 लाख पुरुष शामिल हैं।
7. आयोग के कार्यक्षेत्र में नागरिक और राजनीतिक के साथ-साथ आर्थिक, सामाजिक और सांस्कृतिक अधिकार भी आते हैं, जैसे—बाल मजदूरी, **एचआईवी/एड्स, स्वास्थ्य, भोजन, बाल विवाह, महिला अधिकार, हिरासत और मुठभेड़ में होने वाली मौतें, अल्पसंख्यकों, अनुसूचित जाति और जनजाति** के अधिकार।
8. भारत में 28 सितम्बर, 1993 को मानवाधिकार क़ानून अमल में आया। इसके तहत भारतीय संविधान मानवाधिकार की गारंटी देता है। इसके तोड़ने वाले को अदालत द्वारा सजा का प्रावधान भी है।
9. 12 अक्टूबर, 1993 को भारत सरकार ने **राष्ट्रीय मानवाधिकार आयोग** का गठन किया।

5

मीडिया तथा राजनीतिक-सामाजिक सिद्धान्त
(Media and Political-Social Principles)

Principle is a passion for truth and right. –*Hazlitt*

× × ×

Important principles may and must be flexible. –*Lincoln*

मीडिया की जिम्मेदारी है कि जनता उचित समय पर सही जानकारी प्राप्त करे, एवं अपने सत्कर्तव्यों के महत्त्व और अपनी त्रुटियों के दुष्परिणामों से अवगत हो। शासन-सुव्यवस्था और राष्ट्र हित के सम्पादन में मीडिया अविस्मरणीय भूमिका का निर्वहन करता है। आम जनता की समस्याओं के निदान और उपचार की दिशा में जनसंचार प्रभावशाली सिद्ध होते हैं। आलोचना, विरोध, असहमति के प्रकाशन से रचनात्मक सुधार की ओर जनसंचार ही उन्मुख करता है। भ्रम, विभ्रम, अविश्वास, अन्धविश्वास, कुतर्क, विद्वेष को मिटाने में इसकी भूमिका प्रमुख है।

विकासशील राष्ट्र और जाग्रत् समाज की सामाजिक, सांस्कृतिक, आर्थिक, प्रशासनिक, प्रवृत्तियों के अनुसन्धान में जनसंचार का योगदान अविस्मरणीय है। संचार के अभाव में व्यक्ति का समाज से सम्पर्क ही नहीं बन सकता, उसका जीवन अवरुद्ध हो जाता है, रिक्तता आ जाती है। समाज के विकास में जनसंचार की महत्ता सर्वमान्य है।

विल्बर श्रेम, एफ.एस. साइबर्ट एवं टी. वी. पेटर्सन ने राजनीतिक, सामाजिक स्वरूप तथा मीडिया के सम्बन्ध पर प्रकाश डाला है। **'Four Theories of Press'** में व्यवस्था और मीडिया के सम्बन्ध बताये गये हैं जो संक्षेप में निम्नलिखित हैं :

1. प्रभुत्ववादी स्वरूप

प्रेस के सम्बन्ध में यह सिद्धान्त बहुत पुराना है। निरंकुश राजसत्ताओं में यह सिद्धान्त विभिन्न रूपों में प्रारम्भ से ही मौजूद रहा है। दुनिया भर के निरंकुश राजनीतिक ढाँचे में राजसत्ता को व्यक्ति से ऊपर का स्थान दिया जाता रहा है। यहाँ तक कि सत्ता में आसीन लोगों को दैवीय शक्ति से युक्त देवदूत अथवा सर्वशक्तिमान, सर्वगुण सम्पन्न समझा जाता था। 'राजा ही क़ानून है' रोमन चर्च की निरंकुश परम्परा में यह बात निहित थी कि जनता के हितों को पूरा करने के लिए ही राजा के द्वारा प्रदत्त समस्त अधिकारों का प्रयोग राजसत्ता करती है। इस तरह प्रारम्भ से ही लोगों को वैसी ही सूचना देना उचित समझा जाता था जो राजसत्ता के हितों के अनुकूल हो। उसमें राजसत्ता की शक्ति को किसी भी तरह सन्देह के घेरे में लाना या उसे चुनौती देना प्रतिबन्धित था।

मुद्रण तकनीक के उद्भव एवं विकास तथा समाचार-पत्रों के उदय के साथ ही नियम-क़ानून भी बनने शुरू हुए। निरंकुश राजनीतिक विचारधारा यह थी कि शासक सदैव सही करता एवं बोलता है, अतएव समाचार-पत्रों में भी राजसत्ता के इसी पक्ष को लाना चाहिए जिससे विरोध की कोई बात न हो।

काफ़ी लम्बे समय तक प्रेस निजी स्वामित्व में रही। सन् 1953 में *एफ.एस. साइबर्ट* ने बताया कि 16वीं शताब्दी में मीडिया का यह कार्य "सरकार की नीतियों को समर्थन देना और उन्हें आगे बढ़ाना" बताया गया था। प्रभुत्ववादी निरंकुश सत्ता ने प्रेस को अपने नियन्त्रण में रखने के लिए कुछ नियम सूचीबद्ध भी किये, जिनका संक्षिप्त विवरण इस प्रकार है :

(क) लायसेंस प्रणाली : प्रेस पर नियन्त्रण का प्रारम्भिक तरीक़ा मुद्रक और प्रकाशक को लायसेंस लेना ज़रूरी बताया गया। यदि सत्ता के हितों को नजर अन्दाज किया गया तो लायसेंस निरस्त कर दिया जायेगा।

(ख) सेंसरशिप : प्रकाशित होने वाली सामग्री पर राजसत्ता सेंसरशिप लागू कर सकती थी। सत्रहवीं शताब्दी में प्रकाशन का कार्य इतना बढ़ गया कि पूर्व सेंसरशिप के स्थान पर पोस्ट सेंसरशिप आ गयी।

(ग) दण्ड : सत्रहवीं शताब्दी के अन्त में निरंकुश राजसत्ताओं ने सेंसरशिप के साथ ही विभिन प्रकार के दण्डों की व्यवस्था की जिसमें भारी जुर्माना एवं कैद की सजा का भी प्रावधान था। शासन के काम पर अस्वीकार्य आक्रमण, शासकीय निर्धारित नीतियों से हटकर विरोधी कार्य करने पर अपराध का दर्जा दिया जायेगा।

(घ) हस्तक्षेप : औद्योगिक क्रान्ति के बाद मीडिया के ऊपर सीधा नियन्त्रण रखना मुश्किल हो गया तब निरंकुश शासकों ने कूटनीतिक तरीक़ा अपनाया। वे अपने प्रकाशनों का निर्माण करवाने लगे तथा उन्होंने निजी स्वामित्व वाले प्रकाशन समूहों को विभिन्न प्रकार की सुविधाएँ उपलब्ध करानी भी शुरू कर दी।

निरंकुशता का सैद्धान्तिक स्वरूप

मीडिया पर निरंकुशता के निम्नलिखित सैद्धान्तिक आधार हैं :

1. सत्ता एवं राज्य का हित ही जनता का हित है।
2. मीडिया मात्र सत्ता के हितों की पूर्ति करने वाला एक सहयोगी अंग है।
3. मीडिया को स्थापित मूल्यों एवं मान्यताओं के विरुद्ध नहीं लिखना है।
4. सत्ता जानती है कि जनता के हित क्या हैं और उसी के लिए वह मीडिया पर नियन्त्रण करती है।
5. मीडिया बहुसंख्यकों की भावनाओं पर आघात, उन पर प्रभाव जमाना अथवा राजनीतिक मूल्यों पर परिवर्तन सम्बन्धी राय नहीं दे सकती।

निरंकुश तानाशाही व्यवस्था एवं नागरिक स्वतन्त्रता की अवधारणा का स्तर ऊँचा होता था। प्रसिद्ध दार्शनिक हेगल ने कहा है कि, व्यक्ति क्या करे, 'क्या न करे'। यह राज्य पर निर्भर करता है। नेता और उसके अनुयायियों में दैविक शक्ति का स्तर होता था। सत्य क्या है यह जानने के स्रोत निश्चित हैं और अन्य लोगों को इस शक्ति का पालन करना चाहिए।

2. उदारवादी सिद्धान्त

विल्बर श्राम के अनुसार, "सोलहवीं शताब्दी में उदारवादी सिद्धान्त की अवधारणा बनी, सत्रहवीं शताब्दी में अंकुरित हुई और अठारहवीं शताब्दी में विकसित हुई तथा उन्नीसवीं शताब्दी में इसे पल्लवित होते देखा गया।"

16वीं एवं 17वीं शताब्दी के राजनीतिक विचारकों ने प्रभुत्ववादी व्यवस्था पर प्रश्नचिह्न खड़े किये। पश्चिमी एशिया में ऐसी संस्थाएँ स्थापित हुईं। प्रोटेस्ट सुधारवादियों ने कैथोलिक चर्च व राज्य शक्ति को चुनौती दी। इसके परिणामस्वरूप व्यक्ति के अधिकारों एवं ज्ञान का विकास हुआ। इस प्रकार व्यक्ति की स्वतन्त्रता तथा राज्य द्वारा उसके अधिकारों की रक्षा की बात उठी। इसमें अभिव्यक्ति की स्वतन्त्रता को जीवन का मौलिक अधिकार माना गया।

सुधारवादी आन्दोलनों एवं विज्ञान के विकास ने चर्च एवं राजसत्ता को चुनौती दी। मिथक का स्थान तर्क ने ले लिया। (*प्रोफेसर लाक*) का मत है कि व्यक्ति की इच्छा ही सर्वोपरि है और शासन की महत्ता उसके बाद है। (*जॉन मिल्टन*) ने अपनी पुस्तक 'एरियोपैगिटिका' में इस सिद्धान्त पर बल देते हुए कहा कि "मनुष्य अपने पास विवेक एवं तर्क होने से सही-गलत, अच्छा-बुरा एवं सत्य-असत्य का निर्णय कर सकता है।"

(*थॉमस जैफरसन*) ने मास मीडिया की भूमिका बताते हुए कहा कि ''प्रेस का कार्य जनता को सूचित करना है। शासन अपने कर्तव्य पथ से तनिक भी विचलित न हो इसकी चौकसी करना प्रेस का प्राथमिक काम होगा।'' 18वीं शताब्दी के विचारकों में जैफरसन ऐसे प्रथम व्यक्ति थे जिन्होंने जनसंचार माध्यमों के उपयोग के बारे में बताया। उन्होंने कहा कि सत्य के प्रत्येक स्रोत स्वतन्त्र होने चाहिए। अतएव प्रेस भी स्वतन्त्र होनी चाहिए। सबसे पहले उन पर प्रतिबन्ध लगाना चाहिए जो रिपोर्टर को खोजबीन, जाँच-पड़ताल के नाम पर डराते-धमकाते हैं। उन्होंने प्रेस को सरकार के प्रति 'वाच डॉग' की भूमिका का निर्वहन करने को कहा। प्रसिद्ध विचारक *जॉन स्टुअर्ड मिल* का विचार था कि "यदि हम किसी विचार पर शान्त या मौन रहने को कहते हैं तब हम सत्य को शान्त या मौन कर देते हैं।"

उदारवादी व्यवस्था में व्यक्ति स्वयं अपने विचारों का स्वामी होता है। वह अपनी अभिव्यक्ति, विचार, भावना एवं मूल्यों आदि के लिए स्वतन्त्र रहता है। अपने विचारों के सम्प्रेषण के लिए वह मीडिया या चैनल का स्वतन्त्रतापूर्वक चयन कर सकता है। कई व्यक्ति एक साथ मिलकर माध्यमों को क्रय कर सकते हैं। क्योंकि सूचना संचालन काफ़ी महँगा होता है। 1982 में *सेडमेन* ने कहा कि "यदि सच और झूठ के बीच चयन का अवसर मिले तो देर से ही सही लेकिन लोग अन्ततः सत्य का ही चयन करेंगे। इसलिए बेहतर यही होगा कि सरकार मीडिया को स्वतन्त्र छोड़ दे और उन्हें हर ऐसी चीज प्रकाशित करने की स्वतन्त्रता दे जिसे वे प्रकाशित करना चाहते हैं।"

उदारवादी सिद्धान्त मुख्यतः निम्नलिखित बिन्दुओं पर जोर देता है :

1. व्यक्ति स्वतन्त्र और तार्किक है जो सही-गलत, अच्छे-बुरे की पहचान कर सकता है।
2. राजसत्ता का अस्तित्त्व सिर्फ़ व्यक्ति को उसकी अमल के अनुसार विकास करने का अवसर प्रदान करने के लिए है।
3. समाज मनुष्य को अपनी पसन्द और अपने विचारों को लागू करने का अवसर दे तथा विचारों के लिए एक स्वतन्त्र वातावरण पैदा किया जाये।
4. सत्य के सम्बन्ध में आत्म-विश्लेषण और आत्म-संयम की प्रेरणा का अवसर मिले।
5. प्रत्येक व्यक्ति को संचार के समस्त साधनों का उपयोग करने का अवसर मिले।
6. सत्ता से स्वतन्त्र तथा निजी स्वामित्व वाला मीडिया एक स्वतन्त्र एवं उन्मुक्त वातावरण पैदा करे।

वर्तमान समय में अमेरिका, ब्रिटेन, कनाडा, ऑस्ट्रेलिया, न्यूजीलैंड, स्वीडन, नार्वे, डेनमार्क आदि देशों में जनसंचार के मामले में उदारवादी विचारधारा का प्रयोग हो रहा है। यह सिद्धान्त विज्ञान, सूचना और मनोरंजन के क्षेत्र में महत्त्वपूर्ण भूमिका का निर्वहन कर रहा है। राजनीतिक विचारकों के अनुसार लोकतन्त्र के लिए जनसंचार का उदारवादी सिद्धान्त अनिवार्य है। चूँकि लोकतन्त्र जनता का, जनता के द्वारा और जनता के लिए शासन है। इसलिए हर नागरिक को उतना ही स्वतन्त्र होना चाहिए जितना कि स्वतन्त्र राष्ट्र है। *थॉमस जेफरसन* के अनुसार, "स्वतन्त्र और खुला प्रेस सरकार के कार्यों पर जनमत तथा जन आकांक्षा का पता लगाने का बेहतर माध्यम है। उनके अनुसार प्रेस का प्रमुख कार्य एक स्वतन्त्र राष्ट्र में नागरिकों को सूचनाएँ प्रदान करना तथा सरकार को मूलभूत दायित्वों से भटकने से बचाना है। यदि कोई सरकार आलोचनाओं के समक्ष नहीं टिक सकती हो तो उसे नष्ट हो जाना चाहिए। कोई लोकप्रिय सरकार या कल्याणकारी सरकार यदि लोगों को सूचना, विचार और अभिव्यक्ति का स्वतन्त्र माहौल एवं अधिकार नहीं देती तो यह एक बड़ी विडम्बना होगी।"

साइबर्ट, पेटर्सन तथा *विल्बर श्राम* ने उदारवादी सिद्धान्त की ये विशेषताएँ बताईं :

(1) **लचीलापन :** जनमाध्यमों को लचीला होना चाहिए।

(2) परिवर्तनों को ग्रहण करने की क्षमता : जनमाध्यमों को समाज में होने वाले परिवर्तनों को ग्रहण करने की क्षमता से युक्त होना चाहिए।

(3) आत्मविश्वास : यह नागरिकों के व्यक्तिगत विचारों तथा सत्य का उन्मुक्त वातावरण बनाते हुए मानव के हितों को आगे बढ़ा सकता है।

इस प्रकार उदारवादी विचारधारा के प्रवर्तकों के अनुसार किसी लोकतन्त्र को प्रभावी तरीके से चलाने का सबसे अच्छा तरीक़ा लोगों को हर तरह की सूचना देना, अपना भला-बुरा सोचने-समझने का अवसर प्रदान करना और यह बताने का अवसर देना कि क्या सही बताया जा रहा है, क्या गलत अथवा क्या सही किया जा रहा है, क्या गलत किया जा रहा है?

वैसे तो इस सिद्धान्त के आलोचकों का कहना है कि आज के दौर में वस्तुतः उदारवादी सिद्धान्त की मूल आत्मा भले ही बाह्य रूप में लागू हो किन्तु अन्तर्वस्तु में लागू नहीं है क्योंकि मीडिया पर तरह-तरह के प्रत्यक्ष या अप्रत्यक्ष नियन्त्रण एवं दबाव सरकारी या गैर-सरकारी हित समूहों के मौजूद हैं और समाचार स्रोत अपने ढंग से ऐसा करते हैं।

सन् 1982 में *सेडमेन* ने कहा कि "उदारवादी सिद्धान्त सामाजिक विकास के साथ स्वयं को आगे बढ़ाने में असफल हो गया और यह अप्रासंगिक तथा अनुपयुक्त हो गया है जिसे खारिज कर दिया जाना चाहिए।" उदारवादी सिद्धान्त को एक लोकप्रिय सूत्र में इस तरह कहा जा सकता है कि "सौ फूलों को खिलने दो, सौ विचार शाखाओं में होने दो।"

3. सामाजिक उत्तरदायित्व का विकास

सामाजिक उत्तरदायित्व का सिद्धान्त वास्तव में उदारवादी सिद्धान्त की ही अगली कड़ी है। इस सिद्धान्त का उदय अमेरिका में प्रेस के विकास के परिणामस्वरूप हुआ। उदारवादी तथा स्वतन्त्र प्रेस के वातावरण ने प्रेस को मुनाफा कमाने का अवसर प्रदान कर दिया। मीडिया ने अधिक-से-अधिक ग्राहक खोजने का प्रयास शुरू कर दिया। जनमाध्यमों के प्रसार की प्रतियोगिता खुले संघर्ष का रूप लेने लगी और समाचार-पत्र अधिक से अधिक सनसनीखेज ख़बरें छापने लगें। 'पीत-पत्रकारिता' का वर्चस्व बढ़ने लगा। प्रेस में गैर-जिम्मेदारी बढ़ने लगी और इस प्रकार उदारवादी सिद्धान्त में आत्म नियन्त्रण की अवधारणा ध्वस्त होने लगी। यह आलोचना होने लगी कि मास मीडिया का संचालन करने वाले लोग अपनी मर्यादाओं से काफ़ी आगे बढ़कर काम कर रहे हैं। ऐसी स्थिति पर विचार करने के लिए अमेरिका में सन् 1947 में हटकिंस कमीशन का गठन किया गया और इसे इस समस्या का समाधान ढूँढ़ने का दायित्व सौंपा गया। कमीशन ने काफ़ी विचार-विमर्श, अनुसन्धान एवं अध्ययन के पश्चात् यह स्पष्ट किया कि 'प्रेस की स्वतन्त्रता सामाजिक उत्तरदायित्व में निहित है।' इस प्रकार हटकिंस कमीशन के सुझाव के आधार पर इस सिद्धान्त का प्रतिपादन हुआ। इस सिद्धान्त की प्रमुख अवधारणाएँ निम्नलिखित हैं :

1. मीडिया का समाज के प्रति एक उत्तरदायित्व है। जनतान्त्रिक राजनीति को सुचारु रूप से कार्यान्वित करने के लिए मीडिया को निम्नलिखित उद्देश्य अपनाने चाहिए:
   (अ) जन साधारण को किसी भी घटना के सन्दर्भ में सूचना देना।
   (ब) विषय से सम्बन्धित विभिन्न मतों को मंच प्रदान करना।
   (स) अनेकता में एकता एवं विभिन्न संस्कृतियों का प्रतिनिधित्व करना।
   (द) सूचना तन्त्र में स्वायत्तता की माँग रखना।

2. मीडिया का स्वामित्व एवं नियन्त्रण जनता के प्रबन्धन के रूप में ही देखा जाना चाहिए। इसमें निजी स्वामित्व या विशेषाधिकार का अभाव होना चाहिए।

3. स्वतन्त्र विचारों का खुला बाज़ार होना चाहिए परन्तु इसके साथ-साथ सामाजिक लाभ भी होना चाहिए। निजी स्वामित्व की स्थिति में भी मीडिया को न केवल व्यावसायिकों, उपभोक्ताओं/शेयर धारकों के प्रति जिम्मेदार होना चाहिए वरन् समाज के हितों का भी ध्यान रखना चाहिए। इसके लिए निम्नलिखित दो बातें महत्त्वपूर्ण हैं :

(अ) समाज का विकास होना चाहिए। आत्म निर्भर प्रसारण सेवा का विकास होना चाहिए। जो सामाजिक उत्तरदायित्व की अवधारणा को जीवित रख सकें।

(ब) पूर्ण व्यावसायिकता का विकास होना चाहिए जिससे कार्य में उच्च स्तरीय गुणवत्ता प्राप्त की जा सके।

उपर्युक्त दोनों बिन्दुओं पर चलकर मीडिया सामाजिक उत्तरदायित्व के लक्ष्य को प्राप्त कर सकती है।

4. लोक सम्बन्धी लक्ष्यों को प्राप्त करने के लिए शासकीय सन्दर्भों में तटस्थता और वस्तुनिष्ठता होनी चाहिए। पूर्ण व्यावसायिकता का विकास होने पर न केवल प्रस्तुति में उच्च गुणवत्ता होनी चाहिए वरन् नैतिक गुणों के सन्दर्भ में भी सन्तुलित एवं निष्पक्ष प्रसारण होना चाहिए।

5. सकारात्मक सामाजिक उद्देश्यों को प्राप्त करने के लिए विभिन्न व्यावसायिक और आर्थिक हस्तक्षेपों का प्रावधान किया गया है। बाज़ार के दबाव को भी समाप्त करने के नियम बनाये गये हैं।

6. नये एवं बुद्धिमत्तापूर्ण विचारों को सम्मान मिलना चाहिए।

इस तरह यह सिद्धान्त सरकार तथा मीडिया दोनों के लिए कुछ नैतिक कर्तव्य बोध निर्धारित करता है। जो इस प्रकार है :

1. मीडिया को 'जन सेवा का उपकरण' के रूप में काम करना चाहिए।
2. मीडिया का सामाजिक उत्तरदायित्व क्या हो, इसकी व्याख्या सरकार को करनी चाहिए।
3. प्रेस का उत्तरदायित्व निर्वहन करने के लिए सरकारी देख-रेख आवश्यक है।
4. सनसनीखेज सामग्री के प्रकाशन पर रोक लगा देनी चाहिए।
5. कला, संस्कृति, राष्ट्रीय विकास, प्रमुख लोगों के विचार जैसी सकारात्मक चीजों को ज़्यादा महत्त्व देना चाहिए।
6. सकारात्मक दृष्टिकोण पर जोर देना चाहिए, नकारात्मक दृष्टिकोण को महत्त्व नहीं देना चाहिए।
7. जनमाध्यमों द्वारा सम्पूर्ण समाज का प्रतिबिम्ब दृश्य पटल पर प्रस्तुत होना चाहिए।
8. विश्वसनीयता एवं सत्य के पहलू को ज़्यादा महत्त्व देना चाहिए।
9. लोक रुचि में नैतिक मूल्यों के विकास की कोशिश करनी चाहिए।

यदि उपर्युक्त कर्तव्य बोध का पालन जनमाध्यम स्वयं करते हैं तो यह बहुत ही अच्छी बात है वरना सरकार उसे ऐसा करने के लिए मजबूर करे। अब प्रश्न यह उठता है कि क्या सचमुच सामाजिक उत्तरदायित्व के सिद्धान्त को उदारवादी सिद्धान्त की एक अगली कड़ी माना जाये। वस्तुतः दोनों सिद्धान्तों में कई मूलभूत अन्तर विद्यमान हैं।

उदारवादी विचार यह मानता है कि अख़बार या प्रसारण संस्थान जो भी चाहे प्रकाशित/प्रसारित करें जबकि उत्तरदायित्व का सिद्धान्त इससे सर्वथा भिन्न है।

हटकिंस कमीशन के प्रमुख निष्कर्ष

हटकिंस कमीशन ने अपने प्रतिवेदन में निम्नलिखित बिन्दुओं पर बल दिया :

1. मास मीडिया के मालिक विशेषकर राजनीतिक तथा आर्थिक मामले में मुख्यतः अपने विचारों को ही सामने लाते हैं तथा विरोधी विचारों की उपेक्षा करते हैं।
2. बड़े व्यवसाय के पूरक या सहयोगी के बतौर मास मीडिया का इस्तेमाल किया जा रहा है तथा सम्पादकीय नीतियों का निर्धारण विज्ञापनदाताओं एवं बाज़ार के आधार पर किया जाता है।
3. मास मीडिया परिवर्तन को रोकने की कोशिश करता है।
4. मास मीडिया सतही एवं सनसनीखेज चीजों पर ज़्यादा जोर देता है।
5. मास मीडिया जन समूह के नैतिक मूल्यों में ह्रास लाता है।
6. मास मीडिया वैयक्तिक स्वतन्त्रता में हस्तक्षेप करता है।

7. मास मीडिया सामाजिक एवं आर्थिक वर्ग विशेष के द्वारा नियन्त्रित होता है फलतः नये लोगों के प्रवेश का रास्ता काफ़ी मुश्किल बना देता है जिसके कारण विचारों का स्वतन्त्र एवं मुक्त प्रवाह ख़तरे में पड़ता है।

4. साम्यवादी सिद्धान्त

यह सिद्धान्त मुख्यतया प्रसिद्ध साम्यवादी विचारक *कार्ल मार्क्स, स्टालिन,* एवं *लेनिन,* के विचारों पर आधारित है। इस सिद्धान्त के अनुसार, "मीडिया विचारों का मानसिक उत्पादन है, अतः इसका नियन्त्रण मजदूरों के द्वारा किया जाना चाहिए।" एक साम्यवादी व्यवस्था की स्थापना जो कि वस्तुतः वर्ग विहीन समाज होगा की परिकल्पना थी। इसके लिए मीडिया का यह कार्य माना गया कि वह ऐसी कोई बात न कहे जो 'वर्ग-भेद' उत्पन्न करती हो और समाज में एक वर्ग विशेष को बढ़ावा देती हो।

वस्तुतः साम्यवादी मीडिया व्यवस्था को प्रभुत्ववादी व्यवस्था का ही एक अलग रूप माना गया है। सोवियत संघ, चीन, वियतनाम, कम्बोडिया, मंगोलिया, क्यूबा आदि देशों ने इसे लागू किया। सन् 1917 में बोल्शेविक क्रान्ति के पश्चात् *लेनिन* ने प्रेस के सम्बन्धों में कुछ सिद्धान्त बनाये थे जो निम्नलिखित हैं :

1. प्रेस को समाज पर प्रभुत्व वाले वर्ग की सेवा करना चाहिए।
2. समाचार-पत्र प्रकाशन का आर्थिक आधार सत्ता के द्वारा नियन्त्रित होना चाहिए।
3. समाचार-पत्रों को राजनीतिक संगठन का सहायक होना चाहिए।
4. पत्रकारों को राजनीतिक कार्यकर्ता होना चाहिए।
5. विभिन्न विचारों को सिर्फ़ मार्क्सवादी दृष्टिकोण के अन्तर्गत ही स्वतन्त्रता मिलनी चाहिए।

सोविय संघ के संविधान में प्रेस का बुनियादी उद्देश्य साम्यवादी समाज व्यवस्था को मजबूत करना बताया गया है और इसके लिए जनसंचार माध्यमों को सरकार के स्वामित्व में काम करना चाहिए।

साइबर्ट ने सन् 1953 में सोवियत संघ के सिद्धान्त की आलोचना करते हुए लिखा, "प्रेस का कार्य सत्य की तलाश करना नहीं है क्योंकि सत्य तो कम्युनिस्ट सिद्धान्तों के द्वारा पहले ही निर्धारित कर दिया गया है। मार्क्सवादी व्यवस्था की कोई भी आलोचना बर्दाश्त नहीं की जायेगी।"

संचार विशेषज्ञों ने साम्यवादी मीडिया सिद्धान्त की निम्नलिखित विशेषताओं की ओर ध्यान दिलाया है :

1. प्रेस को सामाजिक जीवन तथा व्यक्ति के प्रत्येक कार्य का मूल्यांकन मार्क्सवादी दृष्टि से करना चाहिए।
2. मास मीडिया वस्तुतः पार्टी एवं सत्ता का एक हथियार है तथा इसे सरकार के एक सहयोगी की भूमिका निभानी चाहिए।
3. मास मीडिया को राजसत्ता तथा पार्टी संगठन के विभिन्न उपकरणों के साथ जुड़ा होना चाहिए।
4. जनमाध्यम को सत्ता और पार्टी की एकता का प्रचार करना चाहिए।
5. स्वतन्त्रता और दायित्व परस्पर जुड़े हुए हैं इसलिए पूर्ण स्वतन्त्रता असम्भव है।
6. मास मीडिया सम्पूर्ण संचार व्यवस्था का एक अंग है और इसके जरिये सरकार सकारात्मक सामाजिक विकास करती है।

प्रभुत्ववादी और साम्यवादी संचार व्यवस्था में अन्तर

1. प्रभुत्ववादी व्यवस्था में मीडिया निजी स्वामित्व में रहता है जबकि साम्यवादी व्यवस्था में मीडिया सरकारी स्वामित्व में रहता है।
2. प्रभुत्ववादी नियन्त्रण नकारात्मक होता है जबकि साम्यवादी नियन्त्रण सकारात्मक होता है।
3. प्रभुत्ववादी सिद्धान्त सत्ता की कोई आलोचना बर्दाश्त नहीं करता जबकि साम्यवादी व्यवस्था कुछ सीमाओं के अन्तर्गत या सीमित तौर पर ऐसी अनुमति देता है।

4. प्रभुत्ववादी व्यवस्था में प्रेस को सत्ता में अलग माना जाता है जबकि साम्यवादी व्यवस्था में प्रेस को सरकार का अंग माना जाता है।
5. प्रभुत्ववादी व्यवस्था में सत्ता यह निश्चित करती है कि प्रेस क्या नहीं करे, जबकि साम्यवादी व्यवस्था में सरकार तय करती है कि प्रेस क्या करे?

उपर्युक्त चारों सिद्धान्त परिस्थिति जन्य हैं, अतएव ये सिद्धान्त पूरे विश्व की संचार व्यवस्था को परिभाषित नहीं करते। उदारवादी एवं सामाजिक दायित्व के सिद्धान्त पश्चिमी अवधारणा पर आधारित हैं जबकि कम्युनिस्ट सिद्धान्त सोवियत संघ की व्यवस्था पर आधारित हैं। अतः यह माना जा सकता है कि चारों सिद्धान्त विश्व की समग्र संचार व्यवस्था को परिभाषित नहीं करते।

बाद में किये गये अनुसन्धानों से पता चला कि समग्र संचार व्यवस्था को परिभाषित करने के लिए दो और सिद्धान्तों की आवश्यकता है जो कि निम्नलिखित हैं:

1. लोकतान्त्रिक सहभागी सिद्धान्त

इस सिद्धान्त का प्रतिपादन जर्मनी में किया गया। फ्रैन्क्रफूर्ट (जर्मनी) के क्रिटिकल स्कूल द्वारा सामाजिक विश्लेषण करने पर स्पष्ट किया गया कि सूचना पर एक व्यक्ति का नियन्त्रण नहीं होना चाहिए। उदाहरण के तौर पर कहा गया कि *रूपर्ट मरडोक* के अमेरिका एवं ब्रिटेन में समाचार-पत्र, टेलीविजन स्टेशन, टी. वी. चैनल, स्टार टी. वी., स्काई टी. वी. हैं। यदि ऐसा होता है तो आम व्यक्ति को सूचना का पूरा और निष्पक्ष लाभ नहीं मिल सकता और व्यक्ति का एकाधिकार होने पर संचार माध्यम लाभपरक और मनोरंजनपरक हो जायेंगे। इस विश्लेषण में यह माना गया कि पूँजीवादी मीडिया नहीं होनी चाहिए क्योंकि इसमें पूँजीवादियों का नियन्त्रण संचार माध्यमों पर हो जाता है। यह आवश्यक है कि स्थानीय एवं क्षेत्रीय मीडिया को अधिक महत्त्व दिया जाये क्योंकि ये आम व्यक्ति की आवश्यकता, प्रवृत्ति एवं समझ के बारे में अधिक जानते हैं और इसी कारण उनके विकास में ये अधिक सहायता कर सकते हैं। माध्यमों का क्षेत्र ज़्यादा विस्तृत नहीं होना चाहिए। यह आवश्यक है कि स्थान बढ़ाने की अपेक्षा मीडिया में दायित्व की भावना का विकास हो।

2. विकासशील देशों का मीडिया सिद्धान्त

ऐसा माना जाता है कि विकास में संचार की बहुत बड़ी भूमिका होती है। मैकब्राइड कमीशन की रिपोर्ट 'Many Voices One World' में यह माना गया कि समाचार माध्यमों में समाचार नकारात्मक ही नहीं होने चाहिए बल्कि विकास एवं दायित्व के निर्वहन के लिए दायित्वपूर्ण एवं सकारात्मक समाचार भी होना चाहिए। विकास सम्बन्धित समाचारों की अधिकता होनी चाहिए। विकास के लिए सुझाव दिया जाना चाहिए। यह बहुत ही आवश्यक है कि संचार के माध्यम समाज के लोगों को हतोत्साहित न करें अपितु उनमें उत्साह का संचार करें। सरकार की योजनाओं को लाभदायी बनाने एवं उनके क्रियान्वयन में सहयोग करें।

आमतौर पर जनमाध्यमों के विकास को प्राथमिकता देनी चाहिए और वास्तव में लोगों के विकास को महत्त्व देना चाहिए। प्रतिस्पर्धा के स्थान पर Infrastructure को बढ़ाना चाहिए। मीडिया पर एक व्यक्ति का वर्चस्व नहीं होना चाहिए। विकासशील राष्ट्रों के लिए मीडिया सिद्धान्त निम्नलिखित उद्देश्यों पर अधिक बल देता है:

1. राष्ट्र के विकास को प्राथमिकता मिलनी चाहिए। (राजनीतिक, सामाजिक, सांस्कृतिक, आर्थिक हर प्रकार के विकास पर जोर दिया जाना चाहिए।)
2. सांस्कृतिक और सूचनात्मक स्वायत्तता को आगे बढ़ाना।
3. लोकतन्त्र को मजबूत करना।
4. अन्य विकासशील राष्ट्रों के साथ घनिष्ठ सम्बन्ध बनाना।

जनसंचार का सम्बन्ध राजसत्ता के चरित्र से भी जुड़ा है। राजसत्ता का जो भी वर्ग-चरित्र होता है, उसी वर्ग का संचार के साधनों पर नियन्त्रण और अधिकार होता है। राजसत्ता जनसंचार के साधनों का उपयोग अपनी सत्ता को बनाये रखने के लिए करती है। यही कारण है कि सरकारें संचार-साधनों पर विशेष दृष्टि रखती हैं। विश्व की समस्त राजनीतिक प्रणालियाँ जनमत की आधारशिला पर ही टिकी हैं। जनमत की उपेक्षा राजनीतिक उथल-पुथल और सत्ता परिवर्तन का कारण बनी है। प्रजातन्त्र में जनमत के रुख को भाँपने और अपनी बात सही अर्थों में जनता तक पहुँचाने के लिए सशक्त संचार व्यवस्था अनिवार्य है। शासन-व्यवस्था संचार के बिना नहीं चल सकती। उसमें गति संचार के द्वारा ही आती है।

6

मीडिया प्रबन्धन
(Media Management)

Media Management can be defined as managing media organization in the way that they will be able to prove their economic credential and increase socio-economic relevance.

टेलीविजन के प्रसार तथा पूँजी के प्रवाह ने भारतीय मीडिया के चरित्र में व्यापक बदलाव किया है। 'कॉरपोरेट' का आवरण इस पर भी चढ़ा है। इसे आज किसी भी अन्य व्यवसाय की तरह संचालित किया जा रहा है। बाज़ार का आज के मीडिया व्यापार पर व्यापक असर पड़ा है। उत्पाद तथा उपभोक्ता जैसे शब्द उसकी रणनीति-पुस्तिका का अहम् हिस्सा हो गये हैं। बाज़ार पर कब्जे का संघर्ष उसका मुख्य संघर्ष हो गया है। एक मीडिया विद्यार्थी के रूप में हम इन बदलावों की सतही आलोचना करके नहीं रह सकते। हमें इस सारी प्रक्रिया और उसकी विशेषताओं को पहचानना ज़रूरी है। इसके लिए आज प्रचलित मीडिया का अर्थ और उसकी प्रबन्धकीय विशिष्टताओं का सामान्य ज्ञान अत्यन्त अनिवार्य है।

आधुनिक बाज़ारोन्मुख लोकतन्त्र में मीडिया एक ऐसा संगठन है जो एक साथ बाज़ार के सिद्धान्त तथा जनसेवा अथवा सामाजिक उत्तरदायित्व के सिद्धान्त—दोनों उद्देश्यों को साथ लेकर चलता है। आज मीडिया एक स्थापित व्यवसाय के रूप में भी स्वीकार किया जा रहा है। यह आधुनिक कार्यात्मक समाज, राजनीतिक लोकतान्त्रिक व्यवस्था तथा वैश्विक अर्थव्यवस्था का अनिवार्य अंग है।

मीडिया एक जटिल तथा गैर-परम्परागत व्यवसाय है। मीडिया उत्पाद, जैसे समाचार-पत्र अपनी लागत से कम मूल्य पर बेचे जाते हैं। एक जैसे चरित्रों और विषयों के साथ एक ही समय में कई टी. वी. चैनल संघर्ष करते हैं। भारत जैसे देश में राज्य या सरकार तीन चौथाई पत्रों की वित्त पोषक की भूमिका निभाती है। फिर भी ये पत्र जनता के समक्ष विश्वसनीयता अर्जित करते हैं।

मीडिया एक व्यवसाय के रूप में प्रतिस्पर्धा तथा अस्तित्त्व के संकट का सामना करता है। लोकतन्त्र में उसकी प्रतिष्ठा व्यवसाय के रूप में नहीं है। जनमाध्यम हमारी बुनियादी आवश्यकता नहीं है जो हमारे जैविक अस्तित्त्व हेतु आवश्यक है। इसे अपनी माँग भी पैदा करनी होती है तथा अपनी सार्थकता भी सिद्ध करनी होती है। अतः हम मीडिया को एक ऐसे कार्य-व्यापार के रूप में स्पष्ट कर सकते हैं जो पूँजी का प्रतिफल देने के लिए प्रतिबद्ध होता है तथा लोकतान्त्रिक उत्तरदायित्वों को निभाने लिए कटिबद्ध रहता है।

मीडिया : एक संगठन के रूप में (Media as an Organization)

सांगठनिक दृष्टिकोण से हम मीडिया को एक ऐसे संगठन के रूप में स्पष्ट कर सकते हैं जो विविध इकाई का सम्मिश्रण होता है। यह न तो एक सामान्य व्यवसाय है और न ही प्रोडक्शन इकाई या समाज सेवा में लगा कोई संगठन।

मीडिया संगठन उपर्युक्त सभी दायित्वों की पूर्ति करते हैं। इनका अस्तित्त्व समाज के राजनीतिक, सामाजिक तथा सांस्कृतिक आवश्यकताओं पर निर्भर करता है। लेकिन साथ-ही-साथ इसके अस्तित्त्व के लिए व्यवसायगत दक्षता भी उतनी ही आवश्यक है। किसी भी मीडिया संगठन को निम्नांकित दो भूमिकाएँ पूरी करनी होती हैं :

(क) सामाजिक भूमिका (Societal Role) : इसमें हमें सूचना, शिक्षा एवं मनोरंजन के माध्यम से समाज की सेवा के कार्य को रख सकते हैं।

(ख) व्यावसायिक भूमिका (Commercial Role) : मीडिया संगठन जब प्रतिस्पर्धा रूप में अपने निवेशक को मौद्रिक लाभ प्रदान करता है तो यह उसकी सफल व्यावसायिक भूमिका होती है। यह उसके अस्तित्त्व के लिए भी आवश्यक होता है क्योंकि यदि निवेशकर्ता को उसके निवेश का प्रतिफल नहीं प्राप्त होता है तो वह और निवेश नहीं करना चाहेगा। ऐसे में मीडिया संगठन पूँजी निर्माण नहीं कर सकेंगे जो अन्ततः उनके अस्तित्त्व हेतु हानिकारक होगा।

एक संगठन के रूप में मीडिया को हम निम्न रूप में स्पष्ट कर सकते हैं :

मीडिया संगठन का ढाँचा या

मीडिया संगठन

सर्वोच्च प्रबन्धन

- समाचार अनुभाग
  - सम्पादकीय
  - रचनात्मक एवं सन्दर्भ
- सामान्य प्रबन्धन
  - प्रशासन
  - लेखा
  - मानव संसाधन
- व्यवसाय अनुभाग
  - विज्ञापन
  - प्रसार
  - उत्पादन
  - विपणन

एक संगठन के रूप में मीडिया की कुछ विशेषताएँ होती हैं जिन्हें संक्षेप में हम निम्नांकित रूप में स्पष्ट कर सकते हैं :

(क) मानव संसाधन की महत्ता (HR Importance) : मीडिया संगठन में दक्ष मानव संसाधन सर्वाधिक महत्त्वपूर्ण होता है। वस्तुतः यह व्यवसाय ही मानवीय रचनात्मक एवं प्रबन्धकीय कौशल पर टिका है। एक ख़बर या सूचना को व्यक्ति तक पहुँचाने की प्रक्रिया में कैमरे से लेकर सम्पादन और प्रसारण प्रक्रिया तक प्रौद्योगिकी की भूमिका होती है। लेकिन इसका संचालन एवं इसमें एक रचनात्मकता एवं उद्देश्यपरकता देना मानवीय कौशल पर निर्भर है। इस तरह यहाँ मानवीय कौशल किसी भी अन्य व्यवसाय से ज़्यादा महत्त्वपूर्ण है।

(ख) उत्पादन तथा सेवा का सम्मिश्रण (Production and Service Mix) : मीडिया व्यवसाय उत्पादन तथा सेवा दोनों क्षेत्रों का प्रतिनिधित्व करता है। एक उत्पादक के रूप में यह सूचनाओं को प्रसंस्कृत करके श्रोता तक पहुँचाता है। साथ ही सूचनाओं की उपलब्धता से व्यक्ति को जागरुक बनाने की प्रक्रिया एक बौद्धिक कार्य है जो आर्थिक वर्गीकरण में सेवा क्षेत्र का प्रतिनिधित्व करती है।

(ग) व्यावसायिक तथा सामाजिक भूमिका का सम्मिश्रण (Commercial and Societal Role Mix) : मीडिया एक जटिल संगठन का प्रतिनिधित्व करता है जिसके संचालन के लिए मानव, मशीन, सामग्री या कच्चा माल, पूँजी आदि की आवश्यकता होती है। उसे बाज़ार में प्रतिस्पर्धा, विपणन एवं मुनाफा अर्जन के माध्यम से अपनी उपादेयता सिद्ध करनी होती

है।... अतः मीडिया के लिए यह आवश्यक है कि वह अपनी सामाजिक जिम्मेदारियों का भी निर्वहन करें। इस प्रकार यह सम्मिश्रित मीडिया संगठन के कार्य-व्यवहार का संचालन बिन्दु भी है।

मीडिया प्रबन्धन का अर्थ (Meaning of Media Management)

उपर्युक्त बातें यह स्पष्ट करती हैं कि मीडिया व्यवसाय सामान्य व्यवसाय से अनेक दृष्टियों से भिन्न है। अतः इसके प्रबन्धन में भी कुछ विशिष्टताओं का होना स्वाभाविक है। हमें मीडिया प्रबन्धन को परिभाषित करते समय इन बातों का ध्यान रखना चाहिए।

मीडिया प्रबन्धन की एक सुलभ परिभाषा निम्नांकित है :

"मीडिया प्रबन्धन मीडिया इकाइयों को व्यावसायिक श्रेष्ठता तथा लोकतान्त्रिक प्रतिबद्धता के साथ प्रबन्धित करने की प्रक्रिया है।"

एक अन्य परिभाषा मीडिया प्रबन्धन को निम्नांकित रूप से परिभाषित करती है :

> "मीडिया प्रबन्धन में एक जटिल प्रबन्धकीय दृष्टिकोण की आवश्यकता होती है जहाँ एक प्रबन्धक का उत्तरदायित्व सम्पादकीय सहित विविध-विभागों से बने दल को संगठित करना, प्रेरित करना तथा नेतृत्व करना होता है। आर्थिक लाभ अर्जित करना तथा अंशधारकों की हितपूर्ति से उच्च आदर्श के साथ प्रबन्धन मीडिया प्रबन्धन का मूल बिन्दु है।"
>
> "Media management requires a complex management approach where a manager's task should be to build, inspire and lead an integrated management team drawn from all departments including news. They must have higher ideals than making money or responsibilities beyond keeping shareholders happy."

उपर्युक्त परिभाषाओं के आधार पर हम कह सकते हैं कि मीडिया प्रबन्धन एक विशिष्ट प्रबन्धन प्रतिरूप है। हम इसकी विभिन्न विशेषताओं को निम्नांकित बिन्दुओं द्वारा स्पष्ट कर सकते हैं :

(क) मीडिया प्रबन्धन विलोमी प्रकृति की इकाइयों का नेतृत्व एवं संयोजन करने की प्रक्रिया है।

(ख) मीडिया प्रबन्धन संगठन के व्यावसायिक हितों एवं सामाजिक उत्तरदायित्व के मध्य सन्तुलन का कार्य करता है।

(ग) यह मीडिया इकाइयों को प्रबन्धन के नूतन सिद्धान्तों के आधार पर वैज्ञानिक दृष्टिकोण से संचालित करने की प्रक्रिया है।

(घ) यह व्यावसायिक हितों का प्रतिनिधित्व करने तथा लोकतान्त्रिक उपयोगिता को प्रमाणित करने की कला है।

मीडिया प्रबन्धन के सिद्धान्त (Principles of Media Management)

संवाहक सिद्धान्तों का अनुपालन आधुनिक प्रबन्धन की प्रमुख विशेषता होती है। प्रत्येक व्यवसाय के मूल चरित्रगत पहलू, नैतिक एवं आर्थिक विधिक पक्षों के समेकन से ये सिद्धान्त तैयार होते हैं। हम संक्षेप में मीडिया व्यवसाय के नियामक प्रबन्धकीय सिद्धान्तों को निम्न रूप में स्पष्ट कर सकते हैं :

(i) सन्तुलन (Balance) : मीडिया प्रबन्धन मीडिया के सामाजिक तथा आर्थिक पक्षों के समायोजन का कार्य करता है। चूँकि व्यवसाय के संचालन में पूँजी का निवेश होता है अतः पूँजी का प्रतिफल लाभार्जन संगठन के जीवन हेतु आवश्यक होता है। साथ-ही-साथ सूचना की पवित्रता, मौलिकता को बनाये रखना तथा उसके कल्याणकारी रूप का वितरण करना भी आवश्यक होता है।

(ii) एकीकरण (Integration) : मीडिया प्रबन्धन को इस प्रकार प्रबन्धित करना चाहिए जिससे सम्पादकीय, विपणन एवं व्यवसाय तथा सामान्य प्रबन्धन जैसी भिन्न-2 प्रकृति की इकाइयों को सकारात्मक रूप में एकीकृत किया जा सके।

(iii) क्षैतिज दृष्टिकोण (Horizontal view point) : इस सिद्धान्त के अनुरूप मीडिया प्रबन्धन का दायित्व है कि वह व्यवसाय का उसके बाज़ार विस्तार, प्रतिस्पर्धी रणनीति तथा सामाजिक उत्तरदायित्व के साथ समान रूप से संचालन करे। इसमें सन्तुलन का पक्ष उसकी सहायता करता है।

(iv) श्रम विभाजन (Division of labour) : किसी भी उत्पादक संगठन की तरह श्रम विभाजन का सिद्धान्त मीडिया प्रबन्धन के लिए भी आवश्यक है। कार्य को दक्षतापूर्वक सम्पन्न करने के लिए यह महत्त्वपूर्ण होता है। जैसे प्रिंट मीडिया में श्रम का विभाजन सम्पादकीय, मानव संसाधन प्रबन्ध, लेखा एवं वित्त, विज्ञापन, प्रसार, उत्पादन या मुद्रण आदि खण्डों में होता है। टी. वी. संगठन में इनपुट एवं आउटपुट टीम, मानव संसाधन प्रबन्ध, अनुसन्धान, आभियान्त्रिकी एवं रख-रखाव आदि कार्य होते हैं।

(v) अधिकार (Authority) : किसी भी संगठन के कुशल संचालन के लिए यह अनिवार्य है कि लोगों के अधिकार परिभाषित हों, अर्थात् संगठन का नियन्त्रक रेखाचित्र सुपरिभाषित होना चाहिए। मीडिया संगठन इस सिद्धान्त का सुनिश्चित अनुपालन भी करते हैं। जैसे सम्पादक के पास समस्त समाचार का उत्तरदायित्व होता है। सभी रिपोर्टर, उप-सम्पादक, सहायक कर्मी आदि उसके अधीन होते हैं तथा उसका निर्णय सम्पादकीय कार्य हेतु अन्तिम तथा सर्वमान्य होता है।

(vi) अनुशासन (Discipline) : सांगठनिक प्रबन्धन में अनुशासन की भूमिका अत्यन्त महत्त्वपूर्ण होती है। मीडिया संगठन की स्टाइल बुक तथा आचार-संहिता होती है जिसके माध्यम से सभी सदस्य अनुशासन में आबद्ध होते हैं। उन्हें पता होता है कि क्या करना है तथा क्या नहीं करना है। इस प्रकार अनुशासन की डोर से कार्य-व्यापार में एकरूपता तथा स्वीकार्यता आती है। इसके साथ-साथ सूचना की पवित्रता को देखते हुए एक आत्मानुशासन की रेखा भी होती है जिसका उल्लंघन करने पर मीडिया कर्मियों को निन्दा, निष्कासन तथा कुख्याति जैसी परिस्थितियों का भी सामना करना पड़ता है।

(vii) नियन्त्रण की एकरूपता (Unity of command) : नियन्त्रण की एकरूपता का सिद्धान्त संगठन के कुशल संचालन हेतु आवश्यक होता है। मीडिया संगठन में विभिन्न सक्रिय विभाग होते हैं। यदि उनके संचालन तथा हितों में टकराव होगा तो यह समूचे संगठन की कार्य-कुशलता तथा कार्य-निष्पादन हेतु नुकसानदायक हो सकता है। नियन्त्रण की एकरूपता भ्रमों को दूर करके वरिष्ठ, कनिष्ठ को एक साथ काम करने का माहौल देती है।

(viii) निर्देशन मूलक एकरूपता (Uniformity of direction) : मीडिया संगठन निर्देशन मूलक एकरूपता की व्यवस्था का अनुपालन करते हैं। इसमें यह परिभाषित होता है कि कौन किसे नियन्त्रित करेगा। पदनाम, अधिकार तथा दायित्व परिभाषित होने पर ही संगठन की कार्य संस्कृति मूर्त रूप लेती है। जैसे एक समाचार-पत्र में सम्पादकीय विभाग में विषयवार डेस्क बना दी जाती है। उस विषय का समाचार डेस्क प्रभारी के पास जाता है तथा वह उन्हें उप-सम्पादकों को वितरित करता है।

(ix) सांगठनिक हितों को सर्वोच्चता (Supermacy of organizational interest): मीडिया संगठन के सदस्यों के लिए सांगठनिक हितों को व्यक्तिगत हितों पर वरीयता देनी होती है। संगठन की छवि तथा आवश्यकता के अनुरूप ही उनका व्यक्तिगत तथा सार्वजनिक जीवन होता है। एक क्राइम रिपोर्टर से यह अपेक्षा की जाती है कि वह दिन-रात किसी भी समय अपराध को कवर करने के लिए तत्पर रहे। सदस्यों के लिए संगठन सर्वोच्च होता है।

(x) प्रतिदान या पारितोषिक (Remuneration) : मीडिया संगठन का यह दायित्व होता है कि वह अपने सदस्यों को उनकी कुशलता, योग्यता, अनुभव तथा विशेषज्ञता के अनुरूप पारितोषिक या वेतन-भत्ते प्रदान करे। उनके योगदान के अनुरूप अतिरिक्त देय प्रोत्साहन का काम करता है। इससे लोगों का काम तथा संगठन से जुड़ाव निरन्तर रहता है और वे निश्चिन्त और सन्तुष्ट होकर अपना सर्वश्रेष्ठ योगदान देने के लिए तत्पर रहते हैं।

(xi) केन्द्रोन्मुखता (Centralization) : इस सिद्धान्त के अनुसार उच्च स्तरीय निर्णयों में कनिष्ठों की भूमिका सीमित होती है। जैसे-जैसे निर्णय बड़े, नीतिमूलक होते जाते हैं वैसे-वैसे उन्हें तय करने का अधिकार क्रमशः वरिष्ठों के पास सीमित होता जाता है। मीडिया संगठन भी इस सिद्धान्त का अनुपालन करते हैं। संगठन के नीति-निर्धारण, रणनीति, समझौते, निवेश,

विनिवेश, अधिग्रहण, विस्तार आदि के निर्णय शीर्ष प्रबन्धन द्वारा लिए जाते हैं और इसमें अधिशासी या वरिष्ठ प्रबन्धक स्तर के अधिकारी ही भाग लेते हैं। दैनन्दिन कार्य संचालन के निर्णय कनिष्ठ स्तर प्रबन्धकों पर छोड़ दिये जाते हैं।

(xii) अनुक्रम (The hirarchy) : मीडिया प्रबन्धन में सुपरिभाषित अनुक्रम का पालन करना महत्त्वपूर्ण होता है। यह अनुक्रम ही अधिकार, नियन्त्रण, अनुशासन, निर्देशन आदि को नियन्त्रित करने का कार्य करता है। यह सामान्य रूप से ऊपर से नीचे (Top to bottom) या सामूहिक नेतृत्व के सिद्धान्त का अनुपालन करता है। सामूहिक नेतृत्व में सर्वोच्च स्तर पर निदेशकों का समूह होता है। लेकिन यह स्थिति कम पायी जाती है।

ऊपर से नीचे अनुक्रम में समूह का अध्यक्ष, मुख्य कार्यकारी, निदेशक सदस्य, क्षेत्रीय प्रभारी तथा इकाई अध्यक्ष मिलकर एक क्रम का निर्माण करते हैं। निर्णय तथा निर्देश इस क्रम का अनुकरण करते हुए ऊपर से नीचे की ओर प्रवाहित होते हैं।

(xiii) क्रमबद्धता (Order) : इस सिद्धान्त का मूल मन्त्र है कि सही व्यक्ति, सही समय पर, सही जगह पर उपलब्ध हो। इससे संगठन के काम को विशेषज्ञ व्यक्ति या उपलब्ध सर्वाधिक सक्षम व्यक्ति की सेवाएँ प्राप्त होती हैं। मीडिया संगठन में अनेक प्रकार के विशेषज्ञतापूर्ण कौशल की आवश्यकता होती है। क्रमबद्धता के नियम का अनुपालन कार्य को प्रभावी तरीके से पूर्ण करने में सहायक होता है।

(xiv) अंशधारिता (Equity) : अंशधारिता के सिद्धान्त का आशय है कि अपने सहकर्मियों तथा अधीनस्थों को भी उनकी रचनात्मकता को प्रदर्शित करने का अवसर प्रदान करना। इससे उपयोगी तथा नये विचारों को जगह मिलती है तथा नवोन्मेषी प्रयोगों को प्रोत्साहन मिलता है। मीडिया संगठनों में इस अंशधारिता का काफ़ी महत्त्व है। यदि समाचार प्रबन्धक (News Manager) अपने अधीनस्थ रिपोर्टर के साथ मित्रवत् एवं ईमानदार नहीं होगा तो उसे समाचार को सही एवं समयबद्ध रूप में प्राप्त करने में काफ़ी परेशानियों का सामना करना पड़ सकता है।

(xv) कार्मिक नियमितता (Regularity of employee) : अनावश्यक रूप से पुराने लोगों को बदलना अविवेकपूर्ण प्रबन्धन का लक्षण माना जाता है। मीडिया संगठन एक जटिल कार्य-व्यापार का संचालन करते हैं जिसमें विशेषज्ञता तथा जिससे तादात्मीकरण के लिए पर्याप्त समय की आवश्यकता होती है। अतः अवांछित एवं जल्दी-जल्दी होने वाले बदलावों से काम पर नकारात्मक प्रभाव पड़ता है। अतः दक्ष कार्मिक यदि संगठन से दीर्घावधि तक जुड़े रहते हैं तो यह संगठन की कार्यकुशलता में वृद्धि करता है।

(xvi) आरम्भ करना (Initiative) : मीडिया व्यवसाय एक रचनात्मक व्यवसाय है। अतः इसमें कुछ हटके करने की, नया करने की सम्भावना हमेशा बनी रहती है। अतः यदि कनिष्ठों को भी उनकी रचनात्मकता की अभिव्यक्ति मिलती है तो इससे नये तत्त्व संचालन और प्रबन्ध में मदद के लिए आगे आते रहते हैं।

इस प्रकार हम कह सकते हैं कि आधुनिक मीडिया प्रबन्धन एक सैद्धान्तिक व्यवस्था का अनुपालन करता है। सिद्धान्तों के अनुपालन से वांछित कार्यसंस्कृति विकसित होती है तथा इससे बेहतर परिणाम भी प्राप्त होते हैं।

मीडिया प्रबन्धन की आवश्यकता (Need of Media Management)

हम यदि वर्तमान भारतीय मीडिया व्यवसाय पर दृष्टिपात करें तो आज इसकी संचालन प्रक्रिया, उद्देश्य, अपेक्षाएँ तथा उदारीकरणपूर्व की मीडिया गतिविधियों से काफ़ी भिन्न है। सबसे बड़ा परिवर्तन यह है कि निवेशित पूँजी अब निःसंकोच अपना प्रतिफल चाह रही है। अर्थात् अब मीडिया का कार्य-व्यापार कोई चैरिटी या जनसेवा नहीं रह गया है। आज सूचना को व्यापार की वस्तु के रूप में स्वीकार किया जा रहा है। मीडिया संगठन की प्रासंगिकता में उसका आर्थिक मोर्चे पर प्रदर्शन महत्त्वपूर्ण हो गया है। बाज़ार और प्रतिस्पर्धा के युग में कल्याणमूलक या अभिभावकवादी दृष्टिकोण के साथ चलना अत्यन्त दुष्कर होता जा रहा है।

अतः मुक्त बाज़ार में एक व्यवसाय के रूप में संचालन तथा लोकतान्त्रिक व्यवस्था के अनिवार्य अंग के रूप में अपनी उपादेयता को बनाये रखने के लिए प्रबन्धन मीडिया व्यवसाय का अनिवार्य हिस्सा हो गया है। अब सम्पादकीय श्रेष्ठता के साथ-साथ बेहतर ब्राण्डिंग की भी ज़रूरत पड़ती है।

निवेशक का विश्वास अर्जित करना, शेयर बाज़ार एवं पूँजी बाज़ार में सकारात्मक साख निर्मित करना स्टिंग ऑपरेशन और एक्सक्लूजिव स्टोरी प्रस्तुत करने से भी ज़्यादा ज़रूरी हो गये हैं। आज के बाज़ारवादी समय में मीडिया व्यवसाय इसी सच का सामना कर रहा है। ऐसे में कॉरपोरेट प्रबन्धन की आवश्यकता सभी मीडिया संगठन महसूस कर रहे हैं। प्रबन्धन एक आर्थिक रूप से प्रतिस्पर्धी कार्य संस्कृति प्रस्तुत करने के लिए भी ज़रूरी हो गया है। उपलब्ध संसाधनों के समुचित दोहन तथा अनुकूलतम उपयोग के लिए आधुनिक प्रबन्धन की ज़रूरत दिखायी पड़ती है।

मीडिया संगठनों में विकास एवं प्रसार के लिए वैज्ञानिक प्रबन्धन के प्रयोग से सकारात्मक परिणाम प्राप्त हुए हैं। उनका संयोजन बेहतर हुआ है, कार्य कुशलता में वृद्धि हुई है। उनका कार्य निष्पादन बेहतर हुआ है तथा निवेशकों का विश्वास भी बढ़ा है। आज मीडिया व्यवसाय में भी लाभ की सम्भावनाएँ दिखाई दे रही हैं जिससे सांस्थानिक तथा देशी-विदेशी निवेशक इसकी ओर आकर्षित हुए हैं।

भारत जैसे देश में कुशल प्रबन्धन के माध्यम से मीडिया का संचालन इसके विस्तार तथा विकास के लिए भी अत्यन्त आवश्यक है। आज भी देश का बहुत बड़ा हिस्सा मीडिया के गुणवत्तायुक्त उत्पादों से अछूता है। अतः इस विस्तार के लिए जिसमें एक बड़े पूँजी निवेश की ज़रूरत है कुशल प्रबन्धन एक अनिवार्य आवश्यकता है।

निष्कर्ष रूप में कह सकते हैं कि मीडिया प्रबन्धन संगठन के संयोजन, संचालन, नेतृत्व तथा नियन्त्रण की कौशलमूलक विधा है जिसका उद्देश्य मीडिया के आर्थिक तथा उद्देश्यों को साथ लेकर चलना है। आज मीडिया व्यवसाय नये एवं वैज्ञानिक सिद्धान्तों से ओत-प्रोत है तथा अर्थशास्त्र, वाणिज्य एवं प्रबन्धन के नियमों का उपयोग कर रहा है। मीडिया को एक उत्पाद के रूप में भी देखा जा रहा है। जनता उसके लिए बाज़ार की तरह है। प्रतिस्पर्धा उसे प्रिय है तथा इसे वह विस्तार के लिए आवश्यक मानता है। सम्पादकीय विभाग अब सर्वोच्च नहीं वरन् इस आधुनिक प्रबन्धन का हिस्सा हो गया है। इस आधुनिक प्रबन्धन का मूलमन्त्र है संगठन को आर्थिक रूप से लाभप्रद बनाना तथा निवेशकों का विश्वास अर्जित करना। इसके लिए वह रणनीति, विपणन, ब्राण्डिंग आदि जैसे बाज़ारवादी हथियारों का बेझिझक उपयोग कर रहा है।

इसके साथ-साथ यह ध्यान रखना चाहिए कि समाज में मीडिया की उपयोगिता और आवश्यकता क्या है? वह कोई तुच्छ उत्पाद नहीं है। सूचना की पवित्रता एवं जनमानस का संस्कार भी उसकी महत्त्वपूर्ण जिम्मेदारी है। निवेशकों की हितपूर्ति के साथ-साथ उसे यह हमेशा ध्यान रखना चाहिए कि लोकतान्त्रिक व्यवस्था में उसका स्थान या जनता की नजरों में उसकी विश्वसनीयता उसकी आर्थिक मजबूती से नहीं उसके निष्पक्ष एवं धारदार विचारों से है। प्रबन्धन की पहली जिम्मेदारी इस विश्वसनीयता को बनाये रखने एवं उसका सम्मान करने की है।

7
मीडिया में भविष्य
(Prospect in Media)

अन्तरिक्ष असीम उस पर राज्य होता जा रहा है
हर उपग्रह अब हमारे निकट आता जा रहा है।
क्या बता पायेंगे इस संचार युग में
आदमी क्यों मोड़ मुँह खुद में सिमटता जा रहा है।

पत्रकारिता के शिखर पुरुष पं. बनारसी दास चतुर्वेदी ने लेखक को बताया कि मैंने जब तत्कालीन केन्द्रीय शिक्षा मन्त्री भक्तदर्शन को लिखा कि पत्रकारिता के अध्ययन-अध्यापन की व्यवस्था विश्वविद्यालयों में हो तो इस पत्र के जवाब में मन्त्री महोदय ने लिखा कि पत्रकारिता पढ़कर सम्पादक बनने का अवसर मिलेगा लेकिन भारत में कितने दैनिक निकलते हैं? कितने की नियुक्ति होगी? शिक्षा के बाद रोजगार की क्षीण सम्भावना है। अतः इस मुद्दे पर विचार करना बेमानी है। पं. बनारसी दास की पहल कारगर नहीं हुई। जमाना बदल गया। काशी विद्यापीठ में पहले संवादशास्त्र फिर सम्पादन कला पुनः पत्रकारी उसके बाद पत्रकारिता विभाग तदुपरान्त जनसंचार तथा मीडिया स्टडीज विभाग स्थापित हुए। प्रिंट, इलेक्ट्रॉनिक तथा परम्परागत माध्यमों की व्यापकता अपरम्पार है।

मास कम्युनिकेशन की व्यापकता

मास कम्युनिकेशन एक बहुत बड़ा क्षेत्र है, जिसके अन्तर्गत एडवरटाइजिंग, जर्नलिज्म, पब्लिक रिलेशंस, सिनेमा, रेडियो, टेलीविजन ऐंड ब्रॉडकास्टिंग, थिएटर, कम्युनिकेशन आर्ट्स और अब इंटरनेट शामिल है। इनका आधार कम्युनिकेशन ही होता है।

मास कम्युनिकेशन का कोर्स इन सभी फील्ड्स का ऊपरी तौर पर परिचय आपसे करवा देता है। इसके बाद आप अपनी रुचि के अनुसार विशेषज्ञता के क्षेत्र और अपने माध्यम का चयन कर सकते हैं। इलेक्ट्रॉनिक और सैटेलाइट कम्युनिकेशन के कारण जर्नलिज्म के फील्ड में बहुत बदलाव आ गया है। इस एरिया में न्यूजपेपर, मैगजीन और पीरियॉडिकल न्यूज़ एजेंसियों, टी. वी., रेडियो, इंटरनेशनल पेपर्स, न्यूज़ एजेंसी और नेटवर्क्स के रीजनल प्रेस ब्यूरो, इंटरनेट पोर्टल्स, सूचना और प्रसारण मन्त्रालय, सम्बद्ध सरकारी एजेंसियों जैसे डाइरेक्ट्रेट ऑफ एडवर्टाइजिंग ऐंड विजुअल पब्लिसिटी (डी.ए.वी.पी.), डाइरेक्ट्रेट ऑफ फील्ड पब्लिसिटी, पब्लिक रिलेशंस डिपार्टमेंट्स ऑफ पब्लिक ऐंड प्राइवेट सेक्टर कॉरपोरेशंस, फ्रीलांसर और स्ट्रिंगर, थिएटर क्रिटिक, बुक रिव्युअर आदि क्षेत्रों में जॉब के अवसर उपलब्ध हैं।

पत्रकारिता : काग़ज़ को कंचन बनाने की कला

काग़ज़ को कंचन बनाने की कला ही पत्रकारिता है। यह अद्‌भुत पेपर ज्वैलरी है। सोने, चाँदी के रंग की पेपर ज्वैलरी के रूप में लाँग इयर रिंग, फ्रिंज इयर रिंग, शोल्डर लेंथ रिंग का प्रचलन लोकप्रिय हुआ है। मेटल की अपेक्षा यह अत्यन्त सस्ता और हल्का होता है। इसके गुम हो जाने, चोरी होने या छीन लेने पर कोई गम नहीं होता। समर्पित पत्रकार काग़ज़ को ही अपना सब कुछ मानता है :

काग़ज़ ओढ़ना काग़ज़ खाना काग़ज़ पर सो जाना।
काग़ज़ लिखते लिखते साधो काग़ज़ पर मर जाना ॥

मानव को शक्ति देकर परिवेश पर विजय दिलाने का कार्य तकनीकी का है। यह ज्ञान का व्यावहारिक पक्ष है जिसे सीखना पड़ता है। तकनीकी शब्द उद्योग, विज्ञान, इंजीनियरिंग से संयुक्त एक विशिष्ट ज्ञान है। कम समय में, कम श्रम से कार्य का निष्पादन तकनीकी से ही सम्भव है। सूचना तकनीकी में सभी उपकरण एवं पद्धतियाँ हैं जो सूचना के संचालन में सहायक सिद्ध होती हैं। सूचना तकनीकी एक अनुशासन है जिसमें सूचना का आदान-प्रदान तत्क्षण सुगमता के साथ सम्पन्न होता है। सूचना तकनीकी ने चर-अचर को बदल डाला है। रेडियो, टी. वी., कम्प्यूटर, इंटरनेट, साइबर, डिजिटल संसाधनों ने सूचना को सर्वव्यापी बना डाला है। मल्टीमीडिया, कनवर्जेंस ने सूचना क्रान्ति को सफल बनाया है।

मानव की सभ्यता के इतिहास में पहली लहर 'जमीन' से जुड़ी हुई थी। जमीन ही पूँजी थी। दूसरी लहर 'मशीन' पर टिकी थी। तीसरी लहर 'सूचना' पर केन्द्रित है। सूचना ही पूँजी है। *एडविन टाफ्लर* ने लिखा है :"इस तीसरी लहर के युग में बहुत कुछ बदल रहा है और बहुत कुछ अनिवार्यतः बदल जाना है। आर्थिक सम्बन्ध बदल जाने हैं, बदल रहे हैं। काम की प्रकृति बदल रही है। राजनीति का चेहरा बदल रहा है। भूमिकाएँ बदल रही हैं। संस्कृतियों के आदान-प्रदान के रूप बदल रहे हैं।''

सूचना ही शक्ति है

गरिमामय विश्व में काले-गोरे, विकसित-अविकसित, पिछड़े-अगड़े, ऊँच-नीच, आर्य-अनार्य, सवर्ण-अवर्ण का भेद-भाव नहीं है। अब तो दो ही वर्ग हैं :

इसी तर्ज पर कहा जाता है :

I. Information Haves (सूचना समृद्ध)
II. Information Haves not (सूचना दरिद्र)

जिसके पास न्यूनतम सूचना है वे ही पिछड़े हैं, कमज़ोर हैं, दरिद्र हैं, व्यर्थ हैं। सूचना ही शक्ति है, आज का युग सूचना का युग है। सूचना सन्देशों का सतत प्रवाह है। सूचनाएँ कही जा रही हैं, बतलायी जा रही हैं, सुनायी जा रही हैं, सन्देशों, आँकड़ों का कुंडलित प्रवाह है। *टी.एस. इलियट* ने कहा है :

Where is the life we have lost in living?
Where is the wisdom we have lost in knowledge?
Where is the knowledge we have lost in information?

फैसबेट ने लिखा है :

Knowledge is what I know.
Information is what we know.

इंटरनेट का बढ़ता प्रभाव

भूमण्डलीकरण को वास्तविक रूप में फलीभूत करने वाला सबसे प्रमुख तत्त्व 'सूचना प्रौद्योगिकी' है और सूचना प्रौद्योगिकी को जन-जन तक पहुँचाने का सबसे सरल माध्यम 'इंटरनेट' है। इंटरनेट ने समग्र विश्व को एक लघु गाँव में परिवर्तित कर

दिया जहाँ एक माउस के क्लिक मात्र से सूचनाओं का संजाल पसरता जाता है। इंटरनेट ने न सिर्फ़ चकित करने वाली क्षमताएँ हासिल की हैं, बल्कि काफ़ी हद तक उसने दुनिया की सूरत भी बदल दी है। विकसित देशों में कम्प्यूटर और इंटरनेट इंसान के सबसे करीबी मित्र बन गये हैं। बदलते समय में इंटरनेट ने वैश्विक आर्थिक-सामाजिक विकास को आशातीत रफ्तार उपलब्ध कराने के साथ-साथ मानव को भौतिक समृद्धि के शीर्ष पर भी पहुँचाया। इंटरनेट स्वयं में कोई पृथक् आविष्कार नहीं है बल्कि कम्प्यूटर, टेलीफोन, मोडेम इत्यादि प्रौद्योगिकियों का इस्तेमाल कर बनाया गया एक ऐसा जाल है जिसमें सूचना, संचार एवं तकनीक का साझा उपयोग किया गया है। इंटरनेट का शाब्दिक अर्थ है :"कम्प्यूटरों का एक ऐसा वृहद् नेटवर्क जो सूचनाओं, आँकड़ों और दस्तावेज़ों के परस्पर आदान-प्रदान के लिए आपस में जुड़े होते हैं।" इंटरनेट को 20वीं सदी का सबसे बड़ा आविष्कार माना जाता है, जो 21वीं सदी को अपने इशारों पर परिचालित करेगा। इंटरनेट पर बढ़ती निर्भरता के साथ इसका प्रयोग अब मात्र सूचनाओं के आदान-प्रदान और अनुसन्धान कार्यों के लिए ही नहीं बल्कि मनोरंजन, व्यापार, ख़रीददारी, नीलामी, संचार, बैंकिंग, शिक्षा, यात्रा कार्यक्रम, बधाई सन्देशों को भेजने, जीवन साथी की खोज और यहाँ तक कि ज़िन्दगी जीने का जरिया बन चुका है। आज इंटरनेट अपने आप में पूरी दुनिया को समेटे हुए है। आज गूगल सर्च में एक खरब से ज़्यादा वेबसाइट सूचीबद्ध हैं और अगर एक पेज को देखने में 1 मिनट भी लगती है तो सुलभ साइटों की संख्या आपको 31,000 साल तक उलझाये रख सकती है।

इंटरनेट : विकास का सक्षम औजार

निश्चिततः आधुनिक दौर में इंटरनेट के बढ़ते प्रभाव को नजर अन्दाज नहीं किया जा सकता। चाहे वह ई-गवर्नेंस हो या ई-कॉमर्स, ई-शॉपिंग, ई-बिलिंग, ई-पोस्ट, ई-एजुकेशन, ई-मेडिकल या वीडियो कॉन्फ्रेंसिंग हो, इंटरनेट ने सब सरल और सुगम बना दिया है। यही कारण है कि सन् 2008 में पूरी दुनिया में 1.5 अरब से ज़्यादा लोग इंटरनेट का प्रयोग कर रहे थे। सन् 2009 में इंटरनेट ने 40 साल पूरे कर लिए है। सोशल नेटवर्किंग साइट्स व ब्लॉगिंग ने इंटरनेट की व्यापकता में काफ़ी वृद्धि की है, लेकिन इसकी व्यापकता का नकारात्मक उपयोग भी बढ़ा है। आतंकी गतिविधियों, राष्ट्रविरोधी रणनीति और अन्य गैर-क़ानूनी कार्यों को अंजाम देने की एक लम्बी फेहरिस्त है। इसमें धमकी भरे ई-मेल, पोर्नोग्राफी, हैकिंग, फर्जी वेबसाइट्स आदि शामिल हैं पर अभी तक प्रौद्योगिकी के विकास के अनुरूप निगरानी रखने वाला तन्त्र विकसित नहीं हो सका है। इंटरनेट का साठ फीसदी से अधिक कंटेंट पोर्नोग्राफी से युक्त है, जो कि युवाओं को भ्रमित कर रहा है। इसके अलावा आज यह भी ज़रूरत है कि इंटरनेट पर किसी देश विशेष, भाषा विशेष या वर्ग विशेष के अधिकार की बजाय सभी के अधिकार की बात की जाये क्योंकि इंटरनेट मात्र सूचना प्रौद्योगिकी और व्यापार का औजार नहीं है बल्कि विकास का भी सक्षम औजार है। तभी सही अर्थों में इंटरनेट एक ऐसा 'ग्लोबल विलेज' बनाने में सक्षम होगा जो सभी की पहुँच के अन्दर है।

डिजिटल क्रान्ति

डिजिटल क्रान्ति ने संस्कृति, सत्ता व बाज़ार को नये सिरे से बदला और परिभाषित किया है। बदलाव की यह प्रक्रिया यहीं नहीं थमती, इसने व्यक्ति की पहचान व सामाजिक रिश्तों को भी अपनी गिरफ्त में लिया है। इसे लेकर होने वाली बहस के केन्द्र में जहाँ इससे होने वाले बदलाव हैं वहीं दूसरी ओर पहले से मौजूद सामाजिक विषमताओं की खाई के और अधिक गहरा होने की चिन्ता भी है।

डिजिटल दुनिया के बढ़ते दखल के साथ रिश्तों में भावना की कमी को लेकर जो लोग रोना रोते हैं उन्हें देखने पर प्लेटो का वह कथन याद आता है जिसमें उसने लिखे जाने वाले शब्द के साथ संवादों की अर्थ-समृद्धि घटने की घोषणा की थी। साथ ही कुछ लोगों को भय था कि वाचिक परम्पराओं का क्षरण हो जायेगा, पर ऐसा कुछ नहीं हुआ। ये परम्पराएँ एक ढंग से संरक्षित व समृद्ध हुईं।

आज कम्प्यूटर, मोबाइल और लैपटॉप जैसे डिजिटल उपकरण हमारे व्यक्तित्त्व के अंग बन गये हैं। इनके साथ हमारा एक नये ढंग का भावनात्मक रिश्ता कायम होना शुरू हुआ है। इनके न होने पर एक रिक्तता का आभास होता है। इस रिक्तता में भावना का भी अंश होता है। आपको चारों ओर ऐसे उदाहरण देखने को मिलेंगे जहाँ लोग आस-पास के माहौल से बेख़बर अपने डिजिटल उपकरणों के साथ व्यस्त रहते हैं।

डिजिटल क्रान्ति ने राज्य की पकड़ को थोड़ा ढीला किया है। राज्य जब तक इसकी पहुँच व ताकत को पहचानता तब तक वह पूरे ढंग से उसकी गिरफ्त से दूर हो गया। यही कारण है कि साइबर अभिजात की दुनिया से बाहर एक और दुनिया बनी है, जो कहीं ज़्यादा ऊर्जावान और टेक्नोसंस्कृति से मुखातिब है। छोटे-छोटे कस्बों के कम्प्यूटर व केबल नेटवर्क की दुनिया इसकी गवाह है। दूसरी प्रक्रिया, जिससे राज्य कमज़ोर हुआ वह यह कि इन डिजिटल उपकरणों ने साइबर अभिजात का ऐसा वर्ग तैयार किया जिसके अनुभव व सरोकार में स्थानीयता का तत्त्व धीरे-धीरे कम हुआ। इसके अनुभव व सरोकार वैश्विक हैं जिन्हें वह अपनी ज़रूरतों के हिसाब से चुनता है। उस पर राष्ट्रीयता का अंकुश नहीं होता। इस अभिजात के लिए दुनिया के अलग-अलग हिस्सों में भिन्न-भिन्न समयों में घटने वाली घटनाओं का अनुभव अभी (नॉओ) में होता है। इसने एक छोटे वर्ग के लिए ही सही जीओ पॉलिटिक की जगह क्रोनो पॉलिटिक को स्थापित किया है।

वीडियो कॉन्फ्रेंसिंग

वीडियो कॉन्फ्रेंसिंग आधुनिक कम्युनिकेशन तकनीक है, जिसके माध्यम से दो या इससे अधिक स्थानों से एक साथ ऑडियो-वीडियो द्वारा कई लोग जुड़ सकते हैं। इसका इस्तेमाल खासकर किसी मीटिंग के लिए तब किया जाता है, जब कई लोग अलग-अलग स्थानों में बैठे हों। वीडियो कॉन्फ्रेंसिंग माध्यम से दस्तावेज़ों, कम्प्यूटर पर चल रही सूचनाओं का आदान-प्रदान भी किया जा सकता है।

वीडियो कॉन्फ्रेंसिंग में वीडियो कैमरा या वेब कैम, कम्प्यूटर, माइक्रोफोन, लाउडस्पीकर और इंटरनेट की आवश्यकता होती है। जिन देशों में टेलीमेडिसिन और टेलीनर्सिंग को मान्यता प्राप्त है, वहाँ लोग इमरजेंसी में नर्स और डॉक्टरों से वीडियो कॉन्फ्रेंसिंग के माध्यम से सम्पर्क कर सकते हैं। दुनिया के कई विश्वविद्यालयों ने आधुनिक शिक्षा प्रणाली की आवश्यकता को देखते हुए वीडियो कॉन्फ्रेंसिंग को अपनाया है। भारत समेत कई देशों में सरकारी बैठकों और कार्य निर्देश भी अब इसके जरिये हो रहे हैं। इस प्रकार इससे समय और खर्च दोनों को कम किया जा सकता है। दुनिया में वीडियो कॉन्फ्रेंसिंग का सार्वजनिक इस्तेमाल उत्तरी अमेरिका और अफ्रीका के बीच किया गया था। यह तकनीक इतनी उपयोगी हो चली है कि अब वैज्ञानिक वीडियो कॉन्फ्रेंसिंग को मोबाइल फोन पर उपलब्ध कराने की कोशिशों में लगे हैं।

उदारीकरण के बाद मास कम्युनिकेशन के क्षेत्र का तेज़ी से विस्तार हुआ है। इस क्षेत्र में अब कैरियर के कई नये विकल्प मौजूद हैं। इसलिए इस क्षेत्र ने युवाओं को काफ़ी आकर्षित किया है।

पिछले दो दशकों में मास कम्युनिकेशन के क्षेत्र में कैरियर के मामले में अपनी एक नयी और बेहतर पहचान गढ़ी है। यही कारण है कि यह क्षेत्र युवाओं के बीच तेज़ी से लोकप्रिय भी हुआ है। हालाँकि इस क्षेत्र में कॉलेजों की तेज़ी से बढ़ी संख्या ने प्लेसमेंट को लेकर कुछ चिन्ता पैदा की है, फिर भी इस क्षेत्र में कई ऐसे कैरियर विकल्प हैं, जिनमें सम्भावनाओं की उम्मीद अभी बाकी हैं :

(क) कन्टेंट राइटर : कन्टेंट लिखने वाले की व्यापक ज़रूरत प्रिंट और इलेक्ट्रॉनिक मीडिया में तो होती ही है, आजकल ऑनलाइन और साइबर मीडिया के लिए कन्टेंट तैयार करने वाले की माँग भी काफ़ी बढ़ गयी है। कन्टेंट राइटर का काम सिर्फ़ लेख लिखने तक सीमित नहीं होता, बल्कि उसे काफ़ी अनुसन्धान कार्य भी करने होते हैं। इसके लिए करेंट अफेयर्स की समझ और लगातार अपडेट रहना ज़रूरी है।

(ख) स्क्रीन प्ले राइटिंग : स्क्रीन प्ले राइटिंग को दस्तावेज़ लिखने से जोड़ा जा सकता है। यह लेखन मुख्यतः फ़िल्म और टेलीविजन सीरियलों के लिए किया जाता है। डायरेक्टर, कास्ट, एडिटर और प्रोडक्शन टीम स्क्रिप्ट या स्क्रीनप्ले के इर्द-गिर्द ही अपना काम करते हैं। इसलिए यह ऐसा काम है, जिससे नयापन और मनोरंजन देने का लक्ष्य भी पूरा हो सके।

(ग) फ़िल्म मेकिंग, सिनेमेटोग्राफी और एडिटिंग : फ़िल्म मेकिंग, सिनेमेटोग्राफी, एडिटिंग में कैरियर बनाने की व्यापक सम्भावनाएँ हैं। इस सिलसिले में जो कोर्स चलाये जा रहे हैं, उनका मुख्य उद्देश्य विद्यार्थियों में फ़िल्म मेकिंग के स्किल्स विकसित करना होता है। सिनेमेटोग्राफी के लिए कम्पोजिशन, लाइट और कैमरों के मूवमेंट के हिसाब से कंटेंट कैसा होना चाहिए, इस बारे में अच्छी जानकारी ज़रूरी है। इसके अलावा लोकेशन को किस ढंग से शूट करना है, ताकि उसकी खूबसूरती परदे पर नजर आये, यह समझ भी होनी चाहिए। कैमरों के प्रकार और उसकी हैंडलिंग की समझ, सिनेमेटोग्राफी की नयी तकनीक के बारे में भी विस्तार से जानकारी होनी चाहिए। एक फ़िल्म को खूबसूरती से परदे पर दिखाने की पूरी जिम्मेदारी इसके एडिटर के कन्धों पर होती है। इसलिए उन्हें तकनीक की बारीक समझ होनी ज़रूरी है।

(घ) फोटो जर्नलिस्ट : प्रिंट और इलेक्ट्रॉनिक मीडिया के विस्तार के चलते कुशल व प्रोफेशनल फोटोग्राफर्स की बेहतर माँग है। फोटोग्राफर्स सामान्य ख़बरों के साथ-साथ विशेष घटना, फिर चाहे वह प्राकृतिक आपदा हो या युद्ध या फिर ग्लैमर का क्षण, के स्थल पर जाकर पूरी कहानी को अपने कैमरे में खूबसूरती से कैद करते हैं और लाखों-करोड़ों लोगों को बोलती तस्वीर दिखाते हैं।

(ङ) रेडियो जॉकी : रेडियो जॉकी की पहचान इनकी आवाज़ और बोलने के तरीके से होती है। अच्छे रेडियो जॉकी अकसर सेलेब्रिटी के रूप में पहचाने जाते हैं। खासकर एफ.एम. चैनलों के तेज़ी से हुए विस्तार के कारण यह कैरियर काफ़ी ग्लैमरस माना जाता है। भविष्य में एफ.एम. चैनलों का काफ़ी विस्तार होने वाला है।

(च) वॉइस-ओवर आर्टिस्ट : वॉइस-ओवर आर्टिस्ट विजुअल पिक्चर में जान डालने का काम करते हैं। कई बार तो बड़े-बड़े सेलेब्रिटीज के लिए फ़िल्मों में आवाज़ देने का काम भी ये वॉइस-ओवर आर्टिस्ट ही करते हैं। इसे ऑफ-स्क्रीन कमेंट्री के रूप में भी समझा जा सकता है। रेडियो पर महत्त्वपूर्ण सन्देश आदि देने के लिए वॉइस-ओवर आर्टिस्ट का खासा उपयोग किया जाता है। वॉइस-ओवर आर्टिस्ट बनने के लिए अपनी भाषा पर अच्छी पकड़ के साथ ही ज़्यादा से ज़्यादा भाषाओं का सही ज्ञान, साफ आवाज़, वॉइस की पिच और सही टोन का ज्ञान होना आवश्यक है।

(छ) मीडिया प्लानिंग : यह मास कम्युनिकेशन के क्षेत्र में तेज़ी से उभरता हुआ नया कैरियर है। आज प्रिंट और इलेक्ट्रॉनिक मीडिया के अलावा एडवर्टाइजिंग भी संचार के सशक्त माध्यम बन गये हैं। मीडिया प्लानिंग के अन्तर्गत क्लाइंट किस मीडिया कम्पनी को अपना विज्ञापन दे, इसका चुनाव करना होता है। इसके लिए क्लाइंट का बजट और टार्गेट ऑडियंस आदि के बारे में समझ कर उसके आधार पर ही काम करना होता है। कुल मिलाकर मीडिया प्लानर, मीडिया ऑर्गेनाइजेशन और क्लाइंट के बीच एक सेतु के रूप में काम करते हैं।

(ज) वेब पत्रकारिता : जिस प्रकार अख़बारों, पत्रिकाओं में ख़बरें देने के लिए पत्रकार, लेखक और सम्पादक होते हैं, उसी तरह इंटरनेट आधारित न्यूज़ पोर्टल के लिए भी पत्रकारों की ज़रूरत होती है। आज हर व्यक्ति जल्द-से-जल्द ख़बरें चाहता है। खासकर युवाओं के लिए इंटरनेट आधारित न्यूज़ फीड पसन्द बनते जा रहे हैं। यह वेब पत्रकारिता का ही कमाल है कि आप दुनिया के किसी भी कोने में बैठकर किसी भी भाषा में किसी भी देश का अख़बार या वहाँ की ताजा ख़बरें पढ़ सकते हैं। यहाँ कार्य में भी तेज़ी की ज़रूरत होती है। ख़बर लिखकर उसका सम्पादन ही नहीं, बल्कि लगातार उसे अपडेट भी करना पड़ता है।

(झ) पब्लिक रिलेशन : बदलते परिदृश्य में विभिन्न संगठनों की सफलता के लिए पब्लिक रिलेशन यानी जनसम्पर्क आवश्यक है। न केवल सरकारी, सहकारी, निजी, राजनीतिक, शैक्षिक, धार्मिक संस्थाओं के लिए बल्कि व्यक्ति विशेष के प्रचार-प्रसार के लिए भी पब्लिक रिलेशन महत्त्वपूर्ण विधा बन कर उभरा है। पब्लिक रिलेशंस ऑफिसर (पी.आर.ओ.) की नौकरी रुचिकर भी होती है। उन्हें न सिर्फ़ अपनी संस्था या व्यक्ति की मार्केट में इमेज बनानी होती है, बल्कि संस्था की

उन्नति की, गतिविधियों की जानकारी न्यूज-पेपर, इलेक्ट्रॉनिक मीडिया, मैगजीन और सम्बन्धित कॉरपोरेट ब्रॉशर आदि द्वारा लोगों तक भी पहुँचानी होती है।

रेडियो में रोजगार

यदि आप रेडियो से जुड़ना चाहते हैं, तो आपको लक्ष्य निर्धारित करना होगा कि आप रेडियो के लिए स्क्रिप्ट लिखना चाहते हैं, प्रेजेंटर या रेडियो जॉकी, कंमीयरर बनना चाहते हैं या रेडियो प्रोग्रामर बनना चाहते हैं। टेलीविजन, जो ग्लैमर की दुनिया से जुड़ गया है, आज के नवयुवकों को खासा आकर्षित करता है। युवकों और युवतियों में टी. वी. एंकर या प्रेजेंटर बनने की ख्वाहिश सबसे ज़्यादा होती है। टेलीविजन ने धारावाहिकों के कथाकारों को भी एक बड़ा मंच प्रदान किया है। टेलीविजन में पर्दे के पीछे कई लोग सक्रिय होते हैं, समाचार तैयार करने के लिए पूरा सम्पादन दल होता है, कैमरामैन, वीडियो, एडिटर, टेक्नीशियन की एक लम्बी फेहरिस्त होती है। फिर, यहाँ भी प्रबन्धन और वित्तीय विभाग होते हैं। अमीन सायानी के जमाने की तरह एफ.एम. रेडियो ने एक बार फिर इसमें संजीवनी शक्ति फूँक दी है, कस्बों और गाँवों में तो रेडियो निरन्तर लाइफलाइन बना रहा है। जहाँ सड़क नहीं, बिजली नहीं, यातायात के कोई साधन नहीं, वहाँ भी रेडियो है। रेडियो एक श्रव्य माध्यम है। वाणी इसकी शक्ति है, परन्तु रेडियो का यह नियम है कि इसमें कोई भी बोल लिखे बिना नहीं बोले जाते, यानी हर बोल का एक स्क्रिप्ट होता है, जो प्रस्तुतकर्ता के हाथ में होता है, पर इसका पता श्रोताओं को नहीं चलता कि वह जो सुन रहा है, वह पढ़कर बोला जा रहा है। रेडियो की स्क्रिप्ट लिखना कला है, विशेषज्ञतापूर्ण, निपुणता और कौशल है, जिसे सीखना पड़ता है। यह कोई मुश्किल काम नहीं है, बस आपको अभ्यास करना पड़ेगा। यदि आपकी भाषा में रवानगी है और आप शुद्ध लिख और बोल सकते हैं, तो आप रेडियो में काम पाने का प्रयत्न कर सकते हैं। यदि आप रेडियो में वाचक बनना चाहते हैं, तो आपको आकाशवाणी में अपना स्वर परीक्षण करवाना होगा। इसमें उत्तीर्ण होने के बाद ही आपको रेडियो पर बोलने का काम दिया जा सकेगा। यदि आपकी भाषा अच्छी है, आप शुद्ध बोल सकते हैं, तो आपको रेडियो पर बोलने का अभ्यास करना होगा। रेडियो में सम्प्रेषण आसान भी होता है और जटिल भी।

फ़िल्म-टी. वी. की दुनिया में भविष्य

सूचना क्रान्ति के इस दौर में फ़िल्म व इलेक्ट्रॉनिक मीडिया का तेज़ी से विस्तार हो रहा है। मनोरंजन व न्यूज़ चैनलों में नियुक्ति के लिए प्रशिक्षित, कुशल व अनुभवी लोगों की आवश्यकता हमेशा बनी रहती है। फ़िल्म-टी. वी. क्षेत्र में कैरियर के ऐसे कई विकल्प हैं, जिसके लिए संस्थानों में विशेष ट्रेनिंग दी जाती है। टी. वी. पत्रकारिता में सिर्फ़ समाचार वाचक या रिपोर्टर ही नहीं होते, बल्कि कैमरे के आगे और कैमरे के पीछे भी और कई पद होते हैं। मसलन उद्घोषक (एंकर), असिस्टेंट प्रोड्यूसर, प्रोड्यूसर, एक्जीक्यूटिव प्रोड्यूसर, फ़िल्म एडिटर, वीडियो एडिटर, साउंड रिकॉर्डिस्ट, ग्राफिक डिजाइनर, असिस्टेंट कैमरामैन, कैमरामैन आदि। फ़िल्म व टी. वी. प्रशिक्षण संस्थानों में इन पदों के लिए कई प्रकार के जॉब ओरिएंटेड कोर्स संचालित किये जा रहे हैं। फ़िल्म-टी. वी. से सम्बन्धित जॉब ओरिएंटेड कोर्स करने के उपरान्त प्रोडक्शन कम्पनियों, फ़िल्म इंडस्ट्री, टी. वी. चैनलों आदि में नियुक्ति हो सकती है।

प्रोडक्शन : टेलीविजन इंडस्ट्री में काम करने के लिए कुछ खास स्किल्स ज़रूरी होते हैं। विभिन्न संस्थाओं में चल रहे अलग-अलग कोर्सेज द्वारा छात्रों को इन स्किल्स की जानकारी दी जाती है। स्टूडेंट्स को प्रोग्राम प्रोड्यूस करना, सिंगल कैमरा और मल्टीपल कैमरे का प्रयोग करना सिखाया जाता है। मीडिया वर्कशॉप में कैमरा ऑपरेशन, लाइटिंग, साउंड रिकॉर्डिंग, लीनियर और नॉन-लीनियर एडिटिंग आदि चीजें सिखाई जाती हैं। कोर्स के बाद टेलीविजन डायरेक्टर, कैमरामैन या एडिटर बना जा सकता है। क्रिएटिविटी और विजुअलाइजेशन के अलावा अच्छी स्क्रिप्ट राइटिंग भी सिखाई जाती है।

टी. वी. जर्नलिज्म : टेलीविजन और रेडियो के फील्ड में ब्रॉडकास्टिंग का सबसे ज़्यादा महत्त्व होता है। यह फील्ड काफ़ी चैलेंजिंग है। ब्रॉडकास्ट जर्नलिज्म के लिए प्रेजेंटेशन और लिखने की योग्यता बहुत मायने रखती है। इस कोर्स के तहत न्यूज, स्क्रिप्ट राइटिंग, रिकॉर्डिंग, स्टोरी एडिटिंग, बुलेटिन बनाना और मैगजीन प्रोग्राम आदि सिखाया जाता है।

वीडियो ग्राफिक्स : इसके तहत टेक्निकल पहलू बताये जाते हैं और प्रोफेशनल फोटोग्राफी की पूरी ट्रेनिंग दी जाती है। इस कोर्स में वीडियो कैमरा तकनीक, एडिटिंग के बारे में जानकारी दी जाती है। यह कोर्स भारत में बहुत कम जगह उपलब्ध है। फ़िल्म वीडियो सम्पादक का कार्य मूक एवं बोलते चित्रों का सम्पादन, ध्वनि रिकॉर्डिंग डबिंग आदि का है।

सिनेमेटोग्राफी : यह मूवी फोटोग्राफी की कला या तकनीक है जिसमें शूटिंग और फ़िल्म की डेवलपमेंट दोनों शामिल हैं। सिनेमेटोग्राफर फ़िल्म के लिए लाइटिंग और फोटोग्राफी के सम्बन्ध में फैसला करता है। यह सब इस तरह किया जाता है कि फ़िल्म में जो भी चीज दिखाई जानी है, वह देखने में सर्वश्रेष्ठ लगे। सिनेमेटोग्राफी अच्छी हुई तो ड्रामा अच्छा लगता है। इस तरह सिनेमेटोग्राफर तकनीक के प्रभावशाली उपयोग से मूवी की अभिव्यक्ति की क्षमता का विस्तार करता है।

डायरेक्शन : निर्देशक (डायरेक्टर) के इशारे पर अभिनय, नृत्य, संगीत, संवाद सभी कुछ सम्भव होता है। बड़े पर्दे की फ़िल्मों के निर्माण में कई तरह के निर्देशक अहम् भूमिका निभाते हैं। मसलन म्यूजिक डायरेक्टर संगीत की धुनों का दृश्य के अनुरूप तालमेल बिठाते हैं। नृत्य-निर्देशक व कोरियोग्राफर के इशारे पर नृत्य सम्पन्न होता है और फ़िल्म-निर्देशक के निर्देशन पर शॉट लिया जाता है। वास्तव में यह ऑल राउंडर किस्म का आकर्षक कैरियर है।

एक्टिंग : फ़िल्मों तथा धारावाहिकों में अभिनय के लिए आजकल काफ़ी स्कोप है। फ़िल्म इंडस्ट्री के अलावा दूरदर्शन के विभिन्न चैनलों, प्रोडक्शन हाउस आदि में अभिनय करने के लिए योग्य प्रशिक्षुओं की ज़रूरत पड़ती है। एक्टिंग से सम्बन्धित सर्टिफिकेट व डिप्लोमा पाठ्यक्रम करने के लिए फ़िल्म ऐंड टेलीविजन इंस्टीट्यूट ऑफ इंडिया, पुणे सर्वाधिक चर्चित संस्थान है।

विज्ञापन में सम्भावनायें

विज्ञापन की दुनिया में कॉपीराइटरों की भूमिका सबसे अहम् है। टी. वी., रेडियो, पत्र-पत्रिकाओं आदि के जरिये हम जिन विज्ञापनों के सम्पर्क में आते हैं, वे सभी कॉपीराइटरों द्वारा ही तैयार किये गये होते हैं।

कॉपीराइटरों को सन्देश इस प्रकार से तैयार करने होते हैं कि लोगों को आसानी से समझ में आ सकें एवं वांछित प्रभाव उत्पन्न कर सकें। उन्हें आवश्यक जानकारियाँ एवं तथ्य उपलब्ध करा दिये जाते हैं जिनके आधार पर एक खास वस्तु या सेवा हेतु विज्ञापनों के कई खाके तैयार करते हैं। इन्हीं में से किसी एक को अन्तिम रूप से चुनकर मीडिया के लिए जारी किया जाता है। विज्ञापन एजेन्सियों में कॉपीराइटर क्रिएटिव टीम के सदस्य होते हैं जिन्हें विजुलाइजर आदि के साथ मिलकर कार्य करना होता है। कॉपीराइटर रिपोर्ट, मैनुअल, प्रोडक्ट लिटरेचर आदि बनाने का कार्य भी करते हैं।

कॉपीराइटिंग का कैरियर उन्हीं लोगों के लिए उपयुक्त है जिनमें रचनात्मकता कूट-कूट कर भरी हो। दृष्टिकोण में विविधता एवं टीम भावना होना ज़रूरी है। कॉपीराइटर के पास काफ़ी धैर्य होना चाहिए क्योंकि एक ही विज्ञापन पर उसे कई दिनों तक कार्य करना पड़ सकता है।

कॉपीराइटरों की सबसे अधिक आवश्यकता विज्ञापन एजेन्सियों को होती है। राष्ट्रीय, प्रादेशिक एवं स्थानीय स्तर पर अनेक विज्ञापन एजेन्सियाँ कार्यरत हैं। देश की जानी-मानी विज्ञापन एजेन्सियों में इंटरफेस, लियो बर्नेट, एम्बियंस पब्लिसिस, मैककैन, ग्रे वर्ल्ड वाइड, साची ऐंड साची आदि शामिल हैं। शुरुआती तौर पर बड़ी एजेन्सियों में कॉपीराइटर बन पाना मुश्किल हो सकता है। अतः बेहतर होगा कि छोटी या मंझोली एजेन्सियों में थोड़े अनुभव के पश्चात् बड़ी एजेन्सियों में कैरियर हेतु प्रयास किये जायें। कॉपीराइटर से शुरू कर आप एजेंसी में क्रिएटिव हेड या अन्य ऊँची पोजिशन तक पहुँच सकते हैं। मीडिया घरानों, टी. वी. चैनलों, प्रकाशन संस्थानों आदि में भी कॉपीराइटर के लिए अवसर हैं।

8

संचार प्रौद्योगिकी
(Communication Technology)

Where is the life we have lost in living?
Where is the wisdom we have lost in knowledge?
Where is the knowledge we have lost in information?

–T.S. Eliot

आज का युग सूचना-युग है। सूचना प्रौद्योगिकी का सर्वत्र बोलबाला है। सूचना सन्देशों का सतत प्रवाह है। यह कहे जा रहे, सुने जा रहे, बताये जा रहे सन्देशों का कुंडलित प्रवाह है। समकालीन घटनाएँ सूचना हैं, पूर्वापर के सम्बन्ध से व्याख्यायित तथ्य ज्ञान हैं। तथ्य, आँकड़े, डाटा सूचना है तथा सूचना का सुसंगत रूप ज्ञान है। खण्ड-खण्ड विवरण सूचना है, संरचनात्मक सूचना ज्ञान है। प्रज्ञा, विवेक, बुद्धि का सम्बन्ध ज्ञान से है।

कभी कहा जाता था कि 'ज्ञान ही शक्ति है।'

Knowledge is Power.

अब तो सर्वत्र यही कहा जा रहा है कि

Information is Power.

जिसके पास नवीनतम सूचना नहीं है वह पिछड़ा, कमज़ोर, दरिद्र है। 'सूचना' और 'संचार' परस्पर सम्बद्ध हैं। बिना 'सूचना' के संचार की महत्ता नहीं और बिना 'संचार' के सूचना की कोई सार्थकता नहीं।

प्रभावशाली संचार का परिणाम

1. प्रभावशाली संचार के कारण सूचना का व्यापक प्रचार-प्रसार होता है।
2. संचार के चलते सूचना की एकरूपता बनी रहती है।
3. इसी संचार द्वारा अपने अनुकूल निर्देश, परामर्श तथा आदेश दिये जाते हैं।
4. संचार शारीरिक तुष्टि, मानसिक मनोरंजन एवं धार्मिक उपलब्धि का आधार है।
5. विचारों के परस्पर आदान-प्रदान से समाज में विश्वास का वातावरण बनता है।
6. समाज के गतिशील रहने, समाज को उन्नत बनाने में संचार की महती भूमिका है।
7. एक-दूसरे से सम्पर्क में रहने का आधार संचार है और इसी से सद्भाव, भ्रातृत्व-भाव का प्रसार होता है।

8. अद्यतन आविष्कारों को संचार द्वारा जन-जन तक पहुँचाया जाता है जिससे जन-जीवन उन्नत बनता है।

9. सूचनाओं के प्रसार द्वारा ही शान्ति, सुव्यवस्था की सरिता मानवता के प्रांगण में विकसित रहती है।

संचार-लहर

सृष्टि के आदि में मानव अपनी भावभंगिमा हाव-भाव, आंगिक चेष्टाओं द्वारा अपना भाव प्रकट करता रहा होगा। धीरे-धीरे बोलना, लिखना, सीखकर मनुष्य आज संचार-युग में प्रवेश कर चुका है। प्रारम्भ से आज तक संचार-गति को निम्नलिखित रूप में जाना जा सकता है :

1. आंगिक लहर (Body Wave) : 'इश्क, मुश्क, खाँसी, खुशी' छिपाये नहीं छिपतीं। सम्प्रेषण के मामले और खासकर सम्बन्धों के सम्प्रेषण के मामले में 'हाव-भाव' शाब्दिक भाषा के मुकाबले कहीं अधिक संवेदनशील होते हैं। जो बात हजार शब्द कहते हैं, वही बात एक अकेली तस्वीर कह देती है। जो बात एक लाख शब्द भी नहीं कह पाते वह बात एक अकेली भंगिमा कह जाती है। भाव-भंगिमाएँ हर आदमी के शरीर की न केवल स्वाभाविक हरकते हैं, बल्कि अनिवार्य रूप से ये हरकतें हर पल सक्रिय रहती हैं। प्रेम जैसे अति संवेदनशील सम्बन्धों के मामले में इस गोपन भाषा का जितना इस्तेमाल होता है, उतना किसी और भाषा का नहीं। अमेरिका के एक प्रसिद्ध रसायनशास्त्री माइकेल लेबोबिट्ज का मानना है कि प्रेम के मामले में गोपन भाषा का सर्वाधिक इस्तेमाल होता है और न केवल यह भाषा इस्तेमाल होती है बल्कि प्रेम की समूची रसायनशीलता का मुख्य आधार है। पश्चिम के ही एक-दूसरे मनोविद् *डी. परकिंसन* ने अपने अभिव्यक्ति सम्बन्धी अनुसन्धान में पाया है कि कोई भी आदमी सामान्यतः किसी से प्रेम करने के दौरान 6 से 10 खरब शब्दों का मानसिक संवाद (कल्पना में) करता है। मानसिक संवाद पर दस-बीस भाव-भंगिमाएँ भारी पड़ती हैं। **'ये हवा, ये चाँदनी, ये रात, तेरी एक अदा पे निसार हैं।'**

2. मौखिक लहर (Oral Wave) : आदिम मानव ने चिल्ला-चिल्लाकर बोलना सीखा होगा। प्रथम सार्थक शब्द उसके जीवन का वरदान सिद्ध हुआ होगा। हमारे 'वेद' श्रुति के आधार पर एक पीढ़ी से दूसरी पीढ़ी तक पहुँचे। श्रुति-स्मृति का अस्तित्त्व मौखिक रूप में ही है।

3. लिखित लहर (Written Wave) : मौखिक संचार की अगली कड़ी लिखित संचार है, जब मानव ने बोलने से आगे बढ़कर कुछ लिखना-पढ़ना सीखा होगा।

4. मुद्रित लहर (Printing Wave) : छापेखाने के आविष्कार ने संचार-प्रक्रिया को व्यवस्थित किया। सूचना, ज्ञान को एक पीढ़ी से दूसरी पीढ़ी तक हस्तान्तरित करने में सुविधा बढ़ी।

5. दूरसंचार लहर (Distance Communication Wave) : टेलीग्राफ, टेलीग्राम, टेलीफोन ने संचार को गत्वरता प्रदान की। मानव का मन दूर-दूर से जुड़ा—

मेरे पिया गये रंगून
किया है वहाँ से टेलीफून
कि तेरी याद सताती है।

6. साइबर लहर (Cyber Wave) : कम्प्यूटर, इंटरनेट, साइबर ने दूरी, समय तथा दुनिया को मुट्ठी में कर लिया है। आज हम सभी संचार प्राणी (Communicating Animal) हो चले हैं। 21वीं सदी संचार क्रान्ति के नाम से विख्यात हो रही है।

'सूचना', ज्ञप्ति, इत्तला को अंग्रेज़ी में Information कहा जाता है। अवगत कराने, बताने, जताने के लिए कही गयी बात सूचना है। व्यापक रूप में इसे 'जानकारी', 'ज्ञान', 'Knowledge' के समकक्ष माना जाता है। सूचना और ज्ञान परस्पर जुड़े हैं। 'सूचना प्रौद्योगिकी' के सन्दर्भ में सूचना आँकड़ों (Data), विवेक, बुद्धिमत्ता का पर्याय है।

प्रौद्योगिकी को Technology कहा जाता है।

Technology refers to the ways of making or doing things.

तथा

In its broader sense technology may be defined as application of knowledge.

मानव को शक्ति देकर परिवेश पर विजय दिलाने का कार्य प्रौद्योगिकी का है। प्रौद्योगिकी ज्ञान व्यावहारिक ज्ञान है जिसे सीखना पड़ता है। सैद्धान्तिक ज्ञान को व्यावहारिक ज्ञान में परिवर्तित करने के साधन को प्रौद्योगिकी ही बताती है। प्रौद्योगिकी शब्द उद्योग, विज्ञान अभियान्त्रिकी (इंजीनियरिंग) से संयुक्त एक विशिष्ट ज्ञान है। विभिन्न योजनाओं को क्रियान्वित करने के लिए औजारों तथा तकनीकों का व्यवस्थित ढंग से उपयोग करने का सुगम उपाय प्रौद्योगिकी से मिलता है। छोटे से लेकर बड़े औजार, जटिल यन्त्र, उपकरण तथा कार्य-सम्पादन के संसाधनों को प्रौद्योगिकी में समाविष्ट किया जाता है। कम समय में, कम कर्मचारियों द्वारा त्वरित गति से कम लागत में काम पूरा करने के निमित्त उपयोग में लाये जाने वाले समस्त संसाधनों को प्रौद्योगिकी कहना समीचीन है।

सूचना प्रौद्योगिकी में सभी उपकरण एवं पद्धतियाँ सम्मिलित हैं जो सूचना के संचालन में सहायक सिद्ध होती हैं। सूचना प्रौद्योगिकी एक अनुशासन है जिसमें सूचना का आदान-प्रदान शीघ्रता से विभिन्न साधनों तथा संसाधनों के माध्यम से किया जाता है। सूचना प्रौद्योगिकी में 'डाटा' का महत्त्व है। 'डाटा' सूचना का वह रूप है जो किसी कम्प्यूटर द्वारा संसाधन हेतु उपयुक्त हो। यह सामान्य व्यवस्थित सूचना होती है। संक्षेप में कहा जा सकता है :

"डाटा के भंडारण, डाटा को सूचना में बदलने तथा सूचना को संसार भर में संचालिन करने के लिए प्रयुक्त किये जाने वाली प्रविधि ही 'सूचना प्रौद्योगिकी' है। इसी प्रौद्योगिकी ने समस्त चर-अचर को बदल डाला है। प्रौद्योगिकी क्रान्ति ने रेडियो, टी. वी., कम्प्यूटर, इंटरनेट, साइबर, डिजिटल संसाधनों के माध्यम से मानव को सुविधाजनक ढंग से कार्य-सम्पादन की शक्ति दी है।

प्रौद्योगिकीय त्वरा और सन् 2020 तक विकसित देश के रूप में भारत की उपलब्धि के सम्बन्ध में पूर्व राष्ट्रपति *डॉ. कलाम* ने कहा है जिसे 'कादम्बिनी' (जनवरी, 2007) ने प्रकाशित किया है :

यह डॉ. कलाम का सपना है

भारत को 2020 तक विकसित देश बनाने का सपना राष्ट्रपति ए.पी.जे. अब्दुल कलाम ने देखा था। इसके आधार पर टेक्नोलॉजी इन्फॉर्मेशन फोरकास्टिंग ऐंड असेसमेंट काउसिंल (टाइफैक) ने भारत के लिए 2020 तक का तकनीकी विजन तैयार किया। 1996 में इसके बाद बहुत लोगों ने कहा, 'इसे पूरा करना असम्भव है।' कलाम लगातार कहते रहे कि भारत 2020 तक निश्चित रूप से विकसित राष्ट्र की श्रेणी में पहुँचने में समर्थ है। उनके इस विश्वास का आधार था देश के युवाओं में उनका भरोसा। वे कहते हैं, 'यह अत्यावश्यक क्रान्ति हमारे देश के युवा मस्तिष्कों में जन्म लेगी।' उन्होंने आई. टी., बी. टी., माइक्रोइलेक्ट्रॉनिक्स, नैनोटेक तथा मेन्यूफैक्चरिंग इंजीनियरिंग पर सबसे अधिक ध्यान देने की बात कही। इन सभी क्षेत्रों में काम की शुरुआत हो चुकी है लेकिन अभी गति नहीं बन पायी है। व्यक्तिगत स्तर पर उत्कृष्टता के उदाहरण देश में अनेक हैं लेकिन नेटवर्किंग के जरिये इस व्यक्तिगत उत्कृष्टता को राष्ट्रीय स्तर पर गति देने की ज़रूरत अभी है। इसके अलावा 'तकनीकी राष्ट्रवाद' की भी ज़रूरत है। भारत के युवा सारी दुनिया के उत्कृष्ट वैज्ञानिक संस्थानों और प्रयोगशालाओं में है लेकिन उन्हें देश की प्रयोगशालाओं में काम करने के लिए अब लौटना चाहिए। यह भाव अभी उनमें नहीं जो चीन में है। ग्रामीण इलाकों में बिजली, कम्प्यूटर की उपलब्धता बढ़ाये बिना देश में टेक्नोलॉजी की प्रगति का वह आधार पैदा नहीं हो सकता जो देश को विकसित देश बनाने के लिए ज़रूरी है। इसके लिए राष्ट्रपति कलाम ने ग्रामीण क्षेत्रों में शहरी स्तर की सुविधाएँ देने की अवधारणा पेश की है। इसके तहत हर 100 वर्ग किलोमीटर की दूरी पर एक टेक्नोलॉजी केन्द्र की स्थापना की जानी है। यह केन्द्र इलाके का ज्ञान-केन्द्र होगा। तकनीकी योजनाकारों में इस बात को लेकर भी चिन्ता है कि विद्यार्थियों में विज्ञान के प्रति अरुचि कैसे खत्म की जाये? केवल अधिक वेतन देकर देश में वैज्ञानिक पैदा नहीं किये जा सकते। इसके

लिए युवाओं को सृजनात्मकता और नवाचार की जीवन-शैली की ओर जो प्रेरित कर सके, ऐसी विचारधारा चाहिए। देश की 50 प्रतिशत युवा शक्ति यदि विज्ञान के दायरे से बाहर चली जाती है तो देश को जिस प्रौद्योगिकीय त्वरा की ज़रूरत है, वह उसे नहीं मिल सकेगी। सरकार आगामी बजट सत्र में एक ऐसा विधेयक लाने जा रही है जिसके पारित होने के बाद विश्वविद्यालयों एवं सरकारी संस्थानों के वैज्ञानिक भी विज्ञान-कर्म के जरिये करोड़पति बन सकेंगे।

इस प्रकार हम देखते हैं कि सूचना प्रौद्योगिकी एक वृहद् अवधारणा है, जिसमें सूचना प्रक्रिया और उसके प्रबन्ध सम्बन्धी सभी पहलू शामिल हैं। कम्प्यूटर हार्डवेयर, सॉफ्टवेयर और इंटरनेट सूचना प्रणालियों का आधार हैं, जिनका डिजाइन तैयार करने, उन्हें विकसित करने और उनके संचालन या प्रबन्ध का काम सूचना प्रौद्योगिकी का है।

रेलवे और विमान आरक्षण, बैंकिंग, बीमा, टेलीफोन और बिजली के बिल तैयार करने आदि क्षेत्रों में कम्प्यूटरों का इस्तेमाल पहले ही बड़े सार्थक ढंग से हो रहा है, जिससे थकाने वाले कार्य की नीरसता कम हो गयी है और उत्पादकता एवं कार्यकुशलता में बढ़ोतरी हुई है। मौसम सम्बन्धी पूर्वानुमान, रेडियो, खगोल विद्या, आणविक जीवविज्ञान, हवाई गतिशीलता आदि क्षेत्रों में भी अधिक तीव्र, परिशुद्ध और तथ्यपरक नतीजे हासिल करने के लिए कम्प्यूटरों का इस्तेमाल किया जा रहा है। इलेक्ट्रॉनिक प्रशासन, कार्यालय के वातावरण को आधुनिक बनाने, अपराधों का पता लगाने, दूर-चिकित्सा (टेलिमेडसिन) आदि अन्य ऐसे क्षेत्र हैं जहाँ सूचना प्रौद्योगिकी अधिक प्रभावशाली भूमिका निभा सकती है। प्रौद्योगिकी की कृपा है कि अब आदमकद रोबोट आदमी का स्थापापन्न हो चुका है। 9 जनवरी, 2017 के 'दैनिक जागरण' में मुद्रित पंक्तियाँ प्रमाण हैं :

रोबोट खोलेंगे खाते, बाँटेंगे पैसा!

वह दिन दूर नहीं जब आप बैंक पहुँचे तो दरवाजे पर स्वागत में रोबोट फूलों की बारिश करते दिखाई दें। वहीं खाता खोलने के काम में लगे हों और पैसे भी बाँट रहे हों। इसकी आहट सुनाई देने लगी है। शुरुआत की है एचडीएफसी बैंक ने।

निजी क्षेत्र के इस बैंक ने घरेलू बैंकिंग क्षेत्र में मानव आकार का पहला रोबोट उतारने का दावा किया है। इस आदमकद रोबोट (ह्यूमनॉयड) का नाम इरा है। इसे कोच्चि के असिमोव रोबोटिक्स के सहयोग से तैयार किया गया है। बैंक ने बाकायदे इसका प्रदर्शन करते हुए 15 दिन के भीतर इसे मुम्बई की एक शाखा में तैनात करने का ऐलान किया है।

एचडीएफसी में डिजिटल बैंकिंग के प्रमुख *नितिन चुघ* ने फिलहाल इरा को सौंपी जाने वाली जिम्मेदारियों पर अधिक ब्योरा साझा करने से मना कर दिया। बस इतना ही कहा कि यह मानवों की जगह नहीं लेगा। अगस्त, 2016 में एक मीडिया रिपोर्ट आयी थी। इसमें कहा गया था कि जल्दी ही रोबोट बैंकों में सीमित भूमिका निभाएँगे। इनकी मुख्य भूमिका रिसेप्शनिस्ट की हो सकती है। वैसे, ह्यूमनॉयड शाखा में चहलकदमी करते भी दिख सकते हैं। सिटी यूनियन बैंक ने बीते साल 'लक्ष्मी' नाम के रोबोट को पेश किया था। यह रोबोट आर्टिफिशियल इंटेलिजेंस का इस्तेमाल करते हुए 125 विषयों का सही-सही जवाब दे सकता है। लेकिन लक्ष्मी रोबोट मानव के कद का नहीं था। इसे विकसित करने में छह महीने का समय लगा था। ग्रामीण इलाकों पर एचडीएफसी की खास नजर है। चुघ बोले कि बैंक खासतौर से ग्रामीण ऑपरेशनों पर फोकस कर रहा है। ग्रामीण क्षेत्रों में सेवा प्रदान करने के लिए आर्टिफिशियल इंटेलिजेंस टूल्स को लगाने के अवसर तलाशे जा रहे हैं।

बैंक ने स्टार्ट-अप को प्लेटफॉर्म मुहैया कराने वाले एक समिट के दूसरे संस्करण को भी लांच किया। इसके तहत ये स्टार्ट-अप बैंक को बढ़ाने के मक़सद से अपने नवीन विचार प्रस्तुत कर सकते हैं। समिट के पहले संस्करण में बैंक को 100 एंट्री मिली थीं। ये 35 स्टार्ट-अप से आयी थीं। इनमें से पाँच को बैंक के साथ काम करने के लिए अवसर मिला था।

9

इलेक्ट्रॉनिक मीडिया
(Electronic Media)

श्रव्य और दृश्य विधा के माध्यम से तुरत-फुरत सूचना देने वाला माध्यम इलेक्ट्रॉनिक मीडिया है।

–डॉ. हरिसिंह पाल

वैज्ञानिक प्रगति के कारण वर्तमान समय में नये इलेक्ट्रॉनिक माध्यम पत्रकारिता का चरित्र और उसका व्याकरण बदल चुके हैं। यह 'नयी पत्रकारिता' वस्तुतः 'इलेक्ट्रॉनिक पत्रकारिता' है। केवल जनसंचार के माध्यमों के विस्तार के कारण ही आज की पत्रकारिता नयी नहीं है अपितु इसकी प्रकृति में भी नयापन आ गया है। मुख्य रूप से इस नयेपन को इस तथ्य से समझा जा सकता है कि 'नयी पत्रकारिता' में केवल समाचार प्रसारित करना एकमात्र उद्देश्य नहीं है बल्कि मनोरंजन, विचार-विश्लेषण, समीक्षा, साक्षात्कार, घटना-विश्लेषण, विज्ञापन और किसी-न-किसी सीमा तक समाज को प्रभावित करना भी इसके उद्देश्यों में निहित है।

इलेक्ट्रॉनिक मीडिया में चुनी हुई सामग्री को सम्प्रेषित करने के लिए ध्वनि, कैमरा, प्रकाश, संगीत आदि का सहयोग लिया जाता है। प्रिंट मीडिया में काग़ज़ के स्थान को महत्त्व मिलता है जबकि इसमें ऐसा नहीं है। इसमें समय का विशेष ख़याल रखा जाता है। इसलिए समाचार विस्तार से न होकर केवल सार के रूप में प्रस्तुत होता है, पर समाचार को रोचक बनाने के लिए दृश्य का भी तालमेल रखना इलेक्ट्रॉनिक मीडिया के अन्तर्गत ही आता है। कुल मिलाकर यही कहा जा सकता है कि रेडियो, टेलीविजन, फ़िल्म वीडियो, न्यूजरील, कम्प्यूटर आदि के द्वारा समाचार, विचार, घटनाओं को व्यापक एवं प्रभावपूर्ण ढंग से पहुँचाना भी इलेक्ट्रॉनिक मीडिया का परम उद्देश्य है। हल्का समाचार भी इस तकनीक से सबल बन जाता है। माध्यम के अनुरूप ही सामग्री, ध्वनि, संगीत, दृश्य आदि का संयोजन करना इलेक्ट्रॉनिक मीडिया की विशेषता है।

इलेक्ट्रॉनिक मीडिया की अवधारणा (Concept of Electronic Media)

प्रकाशन, सम्पादन, लेखन अथवा प्रसारण के कार्य को प्रिंट एवं इलेक्ट्रॉनिक माध्यमों से आगे बढ़ाने की कला को मीडिया कहते हैं। यदि हम गहराई से इस पर चर्चा करें तो इन माध्यमों से ही मीडिया का बँटवारा हुआ है। पत्र-पत्रिकाएँ प्रिंट मीडिया के अन्तर्गत आती हैं। जब सम्पादन, लेखन एवं प्रसारण का सम्बन्ध किन्हीं पत्र-पत्रिकाओं से न होकर इलेक्ट्रॉनिक माध्यमों से होता हो तो उसे इलेक्ट्रॉनिक मीडिया कहा जाता है।

इलेक्ट्रॉनिक मीडिया के सन्दर्भ में विभिन्न विद्वानों के मत निम्नलिखित हैं :

"इलेक्ट्रॉनिक साधनों के माध्यम से जो जनसंचार होता है वह इलेक्ट्रॉनिक मीडिया है।" *—डॉ. प्रेमचन्द पातंजलि*

''इलेक्ट्रॉनिक मीडिया से तात्पर्य ऐसी विधा से है जिसके माध्यम से नयी तकनीक के द्वारा व्यक्ति देश-विदेश की ख़बरों के अलावा अन्य जानकारी भी प्राप्त करता हो।''

—मोहन दास नैमिशराय

इलेक्ट्रॉनिक मीडिया जनसंचार माध्यमों में प्रमुख माध्यम है। हजारों मील दूर की गतिविधियों की जीवन्त जानकारी इससे पलभर में मिल जाती है। प्रिंट माध्यम का क्षेत्र इलेक्ट्रॉनिक माध्यम की अपेक्षा शुरू से ही सीमित रहा है। इसके माध्यम से विश्व भर की ख़बरें चित्रों के साथ देखी जा सकती हैं। मनुष्य का पल-पल बीत रहा है ठीक वैसे-वैसे मनुष्य की जिज्ञासाओं के पट खुलते जा रहे हैं या यूँ कहिए कि मनुष्य के भाव, कार्य एवं विचार दिलचस्पी बढ़ाते हैं। यही मीडिया के लिए सामग्री बन जाते हैं। इस तकनीक में जो व्यक्ति इनको सम्प्रेषित करने की कोशिश करता है इसे मीडिया में पत्रकार कहा जाता है। पत्रकार का व्यवसाय ही पत्रकारिता है। जैसे-जैसे सूचनाओं का दायरा बढ़ा है वैसे-वैसे मीडिया का स्वरूप बदला है। अब पुराने ढर्रे से पत्रकारों ने काम करना बन्द कर दिया है। इलेक्ट्रॉनिक मीडिया ने तो समूचे विश्व को एक छोटे से गाँव में तब्दील कर दिया है, पर हमारी जिज्ञासाएँ कम नहीं हुई हैं बल्कि और बढ़ती जा रही हैं। पत्र-पत्रिकाओं ने इराक व अमेरिका के युद्ध की ख़बरों को हम तक पहुँचाया हैं। रेडियो ने हमसे एकतरफा बातचीत की है लेकिन टेलीविजन ने बातचीत के अलावा हू-ब-हू तस्वीर प्रस्तुत की है। इंटरनेट ने हमें साथ-ही-साथ सूचना दी है पर फिर भी मन शान्त नहीं हुआ है। अशान्त मन ही पत्रकारिता की जननी है।

इलेक्ट्रॉनिक मीडिया में श्रव्य एवं दृश्य दोनों का समावेश है जबकि प्रिंट मीडिया केवल प्रिंट तक ही सीमित है। इसका लाभ मात्र पढ़ा-लिखा व्यक्ति ही उठा सकता है जबकि इलेक्ट्रॉनिक मीडिया का लाभ पढ़े-लिखे व्यक्ति के अलावा अनपढ़ व्यक्ति भी उठा सकता है। प्रिंट मीडिया को बार-बार पढ़ा जा सकता है। अलमारी में सजा कर रखा जा सकता है। आवश्यकता पड़ने पर कभी भी इसका उपयोग किया जा सकता है।

इलेक्ट्रॉनिक मीडियाः कला या विज्ञान (Electronic Media : Art or Science)

पत्रकारिता की प्रिंट विधा की भाँति इलेक्ट्रॉनिक मीडिया भी एक विधा है। मनुष्य जिस दृष्टिकोण से सोचता है उसके विचार वैसे ही उद्वेलित होने लगते हैं। ये विचार ध्वनि एवं काग़ज़ के पन्नों पर स्याही से शब्दों में ढल जाते हैं। तब ये कला का रूप ले लेते हैं और विज्ञान का भी।

इलेक्ट्रॉनिक मीडिया ही वह कला है जो दो व्यक्तियों के वार्तालाप को पत्रकारिता की तकनीक में समेट लेती है। इस तकनीक में व्यक्ति को सामने बैठा कर उसके विचार, दृष्टिकोण, जीवन शैली, मान्यताओं को क्रमबद्ध रूप से इलेक्टॉनिक माध्यम पर प्रस्तुत किये जायें तो विचार विज्ञान की श्रेणी में आ जाते हैं। विज्ञान और कला दोनों ही मनुष्य जीवन के लिए उपयोगी हैं। दोनों का अपना-अपना घर है, समाज है। दोनों में ही मनुष्य की आन्तरिक भावना निहित है। जब मनुष्य सामान्य ज्ञान से आगे बढ़ कर विशेष रूप से प्रकृति की सत्ता की तह में प्रवेश करके उसके मूल स्वरूप से बातचीत करने का प्रयत्न करता है तो उसे विशिष्ट ज्ञान कहते हैं। यही विशिष्ट ज्ञान विज्ञान कहलाता है। कला का जामा हम इसे इसलिए पहना सकते हैं क्योंकि इलेक्ट्रॉनिक मीडिया की जमावट से लेकर प्रस्तुतीकरण की शैली चित्ताकर्षक होती है। कला का मुख्य उद्देश्य सौन्दर्य द्वारा मानव को हार्दिक आनन्द प्रदान करना है। पत्रकारिता में यह आनन्द दो व्यक्तियों का आमने-सामने बैठकर ध्वनि, संगीत एवं प्रकाश के वार्तालाप को रेडियो, टेलीविजन पर प्रस्तुत करने से आता है।

प्रस्तुतीकरण के अनेक घटक होते हैं, जिनको प्रस्तुत करना अपने आपमें विशेष महत्त्व माना जाता है। इलेक्ट्रॉनिक मीडिया के मूल स्वर को क्रमबद्ध तरीके से शब्दों में पिरोना भी एक कला है। इस कलात्मक आयोजन में प्रश्नों का विशेष

महत्त्व है। कभी-कभी अच्छे उत्तरों के स्थान पर अच्छे प्रश्न भी महत्त्वपूर्ण बन जाते हैं। वास्तव में, आमने-सामने बैठकर किसी विशिष्ट व्यक्ति से क्रमबद्ध रूप से जानकारी लेना अपने आप में एक विशिष्ट कला है।

इलेक्ट्रॉनिक मीडिया और प्रसारण (Electronic Media and Broadcasting)

इलेक्ट्रॉनिक मीडिया रेडियो, टेलीविजन एवं सिनेमा के द्वारा गतिशील होता है। तीनों का अपना-अपना समाज है, अपनी-अपनी भाषा है। प्रसारण का सिद्धान्त भी तीनों का भिन्न है। बच्चे, युवा, नौजवान, महिला एवं वृद्धों को मानसिक आहार प्रदान करने वाला इलेक्ट्रॉनिक मीडिया प्रिंट मीडिया से दस गुना आगे बढ़ गया है। सुविधा की दृष्टि से निम्नलिखित बिन्दुओं पर चर्चा करना उचित होगा।

ध्वनि : रेडियो श्रव्य माध्यम है। दूरदराज तक सन्देश पहुँचाने वाला पोर्टबल उपकरण है। समाचार, गीत, संगीत, नाटक, रूपक आदि से प्रत्येक उम्र के मानव को अपनी ध्वनि से रेडियो रिझाता है। कभी-कभी तो इसकी ध्वनि मानव को काम करने से रोक भी देती है क्योंकि ध्वनि ही इस माध्यम के लिए सब कुछ है। ध्वनि ही दृश्य चित्र के निर्माण में सहायक होती है। घोड़ों की टाप, युद्ध क्षेत्र का वर्णन, पशु-पक्षियों की चहचहाहट, बारिश की बूँदें, दरवाजे के खुलने की आवाज़, जोर से चीजें पटकने, लाठी की ठक-ठक, बस व रेलगाड़ी के आने की उद्घोषणाएँ, रेलवे प्लेटफॉर्म के दृश्य आदि का आनन्द रेडियो पर ध्वनि द्वारा ही लिया जा सकता है। फेड-आउट व फेड-इन रेडियो के आधारभूत व्याकरण हैं। यही उपकरण समय व दृश्य परिवर्तन के लिए प्रस्तुत किये जाते हैं।

चित्रात्मकता : टेलीविजन इलेक्ट्रॉनिक मीडिया का दृश्य-श्रव्य माध्यम है। इस पर ध्वनि के साथ-साथ दर्शक चित्र का भी आनन्द लेते हैं। इस उपकरण पर शब्दों को कम चित्रों को अधिक बोलने का मौका दिया जाता है। इसमें ध्वनि के साथ-साथ दृश्य का विशेष महत्त्व होता है। इसलिए रेडियो की अपेक्षा दूरदर्शन के प्रसारण पर दुगुने श्रम की आवश्यकता होती है। ध्वनियों का एक साथ सम्प्रेषण ही टेलीविजन की वास्तविक प्रक्रिया है। 25 से 30 चित्र एक सेकेंड में सम्प्रेषित किये जाते हैं और उनका पुनर्ग्रहण भी किया जाता है। बनती-बिगड़ती ध्वनि व छवि दर्शकों के मन पर गहरा प्रभाव छोड़ती है। इलेक्ट्रॉनिक मीडिया के इस उपकरण पर प्रसारण में चित्रात्मकता का विशेष रोल होता है। इसलिए इसके प्रसारण में चित्रों के साथ-साथ ध्वनि के कलात्मक उपयोग पर विशेष ध्यान दिया जाता है। इस कारण दर्शकों व श्रोताओं की कार्यक्रम के प्रति रुचि बढ़ती है।

संगीत : ध्वनि, चित्र की भाँति इलेक्ट्रॉनिक मीडिया में संगीत भी विशिष्ट स्थान रखता है। संगीत ही मनोरंजन की एक ऐसी विधा है जिससे मनुष्य ही नहीं बल्कि सर्प, हिरन जैसे पशु भी मुग्ध हो जाते हैं। संगीत से ही नाटकीयता उभरती है, रोचकता बढ़ती है। दर्शक के मस्तिष्क पर गहरी छाप छूटती है। पात्र के भाव को उजागर करने और आलेख को गति प्रदान करने में पटकथाकार को संगीत का सहारा लेना पड़ता है। मन्द, तीव्र, हर्ष, विषाद सूचक, आरम्भिक, समापन, दृश्य आदि को परिवर्तन की सूचना देने वाला रेडियो में संगीत ही होता है। इसलिए आलेखकार को अपना आलेख तैयार करते समय संगीत का विशेष ध्यान रखना होता है।

कैमरा : टेलीविजन पर शॉट के साथ उपयुक्त ध्वनि एवं संगीत प्रभावों के अलावा कैमरा मूवमेंट और कैमरा कोणों का उल्लेख करना अति आवश्यक है। प्रोड्यूसर को शूटिंग के समय, शूटिंग सीक्वेंस का क्रम निर्धारित करना पड़ता है। दूरदर्शन एवं फ़िल्म लेखन में तीन (S) का प्रयोग प्रचुर मात्रा में होता है यानी **शॉट, सीन, सीक्वेंस।** कैमरामैन की इस क्षेत्र में एक बड़ी भूमिका होती है। इसके बिना निर्माता-निर्देशक का श्रम अधूरा ही रहता है। प्रकाश का भी इस क्षेत्र में विशेष महत्त्व होता है।

टी. वी. और सिनेमा लेखन में प्रतिबिम्ब, दृश्य के अलावा कैमरे का वही स्थान है जो रंगमंच के लेखन में वाक्य अनुच्छेद और अंक का है। इनकी सभी इकाइयाँ स्वतन्त्र नहीं हैं बल्कि एक-दूसरे की पूरक हैं और रंगमंचीय अथवा फ़िल्म अथवा दूरदर्शनीय प्रस्तुति निरन्तर बनाये रखती हैं। अभिनय, गायन, फ़िल्मांकन और सम्पादन प्रसारण की विभिन्न क्रियाएँ हैं। लेखक का इनसे कोई सरोकार नहीं है फिर भी लेखक को इनका ज्ञान अवश्य होना चाहिए। निदेशक, कैमरामैन, व्यवस्थापक

आदि लेखक से मिलकर प्रस्तुतीकरण को सरल बनाने के लिए विचार-विमर्श करते हैं। सच कहा जाये तो वही लेखक दूरदर्शन व सिनेमा लेखन में सफल हो सकता है जिसे अभिनय, गायन, फ़िल्मांकन एवं सम्पादन का भरपूर ज्ञान हो।

टी. वी. व फ़िल्म का प्रसारण किसी एक व्यक्ति से नहीं बल्कि कई व्यक्तियों द्वारा होता है। टी. वी. के कार्यक्रम की सामग्री, प्रस्तुतीकरण, चयन तथा दृश्य सामग्री के संयोजन के लिए निर्माता-निर्देशक के रूप में एक व्यक्ति नियुक्त किया जाता है। इसका एक सहायक भी होता है जो पटकथाओं की तैयारी से लेकर कार्यक्रमों के रिहर्सलों तक की व्यवस्था करता है। कार्यक्रमों के सेट पर प्रसारण की व्यवस्था सम्बन्धी निर्देश देने वाला व्यक्ति तल प्रबन्धक कहलाता है। पटकथा के दृश्यांकन के लिए एक ग्राफिक आर्टिस्ट की ज़रूरत होती है जो कार्यक्रमानुसार कलात्मक साज-सज्जा प्रदान करता है। कलाकार वे होते हैं, जो कार्यक्रम की प्रशासकीय आवश्यकता के अनुरूप ही रूप-सज्जा प्रस्तुत करते हैं।

भाषा : रेडियो व टेलीविजन की भाषा भिन्न-भिन्न तरह की होती है। रेडियो की भाषा आम आदमी से जुड़ी हुई भाषा है जिसे झोंपड़ी से लेकर राजमहल तक सुना जाता है, जबकि टेलीविजन की भाषा एक खास वर्ग के लिए है। खाड़ी युद्ध का वर्णन मजदूर के लिए नहीं बल्कि इसके लिए लोकगीत महत्त्वपूर्ण है। आल्हा-ऊदल, तोता-मैना आदि का किस्सा महत्त्वपूर्ण है। रेडियो पर आम बोलचाल की भाषा का प्रयोग किया जाता है। इस भाषा में क्षेत्रीय शब्दों का बहुत महत्त्वपूर्ण स्थान होता है, जो अपनी परम्परा, संस्कृति, धर्म से जुड़े होते हैं, जबकि टेलीविजन की भाषा में ऐसा नहीं है। टेलीविजन की भाषा में ग्लोबलाइजेशन है। विदेशी संस्कृति से जुड़े शब्दों का अधिक प्रयोग किया जाता है। रेडियो प्रत्येक स्थान पर पहुँच गया है और आम जनता के लिए रेडियो सुलभ व सस्ता मनोरंजन कराने में सफल है। ग्रामीण अंचल की भाषा में ख़बरें प्रस्तुत होने से ख़बरों का अर्थ समझ लेता है। वाक्य हमेशा छोटे-छोटे होने चाहिए क्योंकि प्रत्येक वाक्य एक ही प्रकार का सन्देशवाहक हो तो श्रोता बात को आसानी से ग्रहण कर सकता है। रेडियो आलेख लिखते समय साहित्यिक भाषा का कदापि प्रयोग न करना चाहिए क्योंकि रेडियो श्रोता किसी शब्द के विषय में पूछ नहीं सकता और न पुनः सुन सकता है।

संक्षिप्तता : इलेक्ट्रॉनिक मीडिया समयबद्ध प्रसारण है और इसलिए थोड़े में बहुत कुछ कह देना इलेक्ट्रॉनिक मीडिया की विशेषता है। विषय के सार को समय-सीमा में बाँधकर प्रस्तुत करना ही इलेक्ट्रॉनिक मीडिया लेखक की दूसरी विशेषता है। नवीनतम शैली, नवीनतम जानकारी प्रदान करना भी लेखक का अतिरिक्त गुण माना जाता है। सच कहा जाये तो गागर में सागर भरने का काम इलेक्ट्रॉनिक मीडिया का है।

रचनाधर्मिता और मीडिया (Creativity and Media)

रचनाधर्मिता और मीडिया एक सिक्के के दो पहलू हैं। दोनों का ही आपस में अटूट सम्बन्ध है। दोनों की अस्मिता एक-दूसरे से जुड़ी है। कविता, कहानी, नाटक, रिपोर्ताज, साक्षात्कार, विज्ञापन, अनुवाद, कमेंट्री, फ़ीचर, यात्रावर्णन, पुस्तक समीक्षा आदि साहित्य के सृजनात्मक पहलू हैं। जब इनका सम्बन्ध रेडियो व टेलीविजन से जुड़ जाता है तो ये इलेक्ट्रॉनिक मीडिया के गौरव हैं। इससे पहले ये प्रिंट मीडिया के रूप में नजर आते हैं।

सृजन हमेशा मीडिया से ही अभिव्यक्त हुआ है। यदि मीडिया न होता तो मनुष्य की सृजन शक्ति प्रकाशित व प्रसारित न होती। एक मनुष्य दूसरे मनुष्य की सृजनशक्ति से लाभान्वित न हो पाता। सृजनशक्ति परम्परागत जनसंचार माध्यमों से आदिकाल से ही अभिव्यक्त होती रही है पर आधुनिक जनसंचार माध्यमों में मनुष्य की सृजनशक्ति ने चार चाँद अवश्य लगाए हैं।

कठपुतली, नौटंकी, स्वाँग, ढोलक आदि माध्यमों से सृजन अभिव्यक्त होता रहा है और ये माध्यम अपनी पैठ बनाते रहे हैं। फिर मुद्रण कला का आगमन हुआ। मनुष्य की सृजनशक्ति पत्र-पत्रिकाओं के अलावा पुस्तक के रूप में दिखाई देने लगी। इसके बाद रेडियो व टेलीविजन का आगमन हुआ। मनुष्य की सृजनशक्ति प्रिंट व इलेक्ट्रॉनिक मीडिया के रूप में देखी जाने लगी। दोनों का अपना-अपना घर है। शब्द संरचना अलग-अलग है। भाषा अलग-अलग है। प्रस्तुतीकरण के तौर-तरीके एकदम भिन्न हैं।

कविता साहित्य सृजन की प्रमुख विधा है, जो प्रिंट व इलेक्ट्रॉनिक मीडिया द्वारा सम्प्रेषित होती है। प्रिंट मीडिया में कविता को बार-बार पढ़ा जा सकता है। बार-बार उसमें आये शब्दों का अर्थ निकाला जा सकता है। यह बार-बार प्रकाशित होती है। सच कहा जाये तो कविता प्रिंट मीडिया में चिरकाल तक जीवित रहती है। दोनों माध्यमों में कवि अपनी कविता से जिन लोगों को परिचित कराता है उन्हें पाठक व श्रोता कहते हैं। पाठक व श्रोता मीडिया के लिए महत्त्वपूर्ण हैं। दोनों ही एक-दूसरे के बिना अधूरे हैं। जब रेडियो व टेलीविजन नहीं था तब कविता का वाचन मंच द्वारा होता था जिसे संचार का माध्यम कहा जाता था। मंच के सामने श्रोता बैठते थे, पाठक कविता से प्रभावित होते थे। कविता खास लक्ष्य को लेकर लिखी जाती थी। भाषा सपाट होती थी। अनपढ़ से लेकर पढ़ा-लिखा व्यक्ति कविता सुनता था। अपना मनोरंजन करता था। तालियाँ बजाता था।

जैसे-जैसे प्रकृति ने करवट ली ठीक वैसे-वैसे जनसंचार के रूप में रेडियो व टेलीविजन ने दस्तक दीं। पर ये दोनों माध्यम पौराणिक मंचों की तरह स्वतन्त्र नहीं थे। इन पर सरकार का आधिपत्य है। रेडियो श्रव्य माध्यम था जबकि टेलीविजन दृश्य व श्रव्य माध्यम। रेडियो के लिए कुछ खास तरीके से कविताएँ लिखायी गयीं। जो आगे चल कर हिन्दी साहित्य में अपना स्थान बना पायीं। लेकिन जो कविताएँ मंच के द्वारा चर्चित हुईं वे कुछ खास वजह से रेडियो व टेलीविजन के लायक न हो सकीं। प्रोड्यूसर ने भी कविता के मूल स्वर को महत्त्व न देकर अपनी ड्यूटी को महत्त्व दिया।

कहानी कहानी होती है। इसे सुनने की ललक मनुष्य को शुरू से ही रही है। घटना-मूलकता ही पारम्परिक कहानी का प्रधान गुण माना गया है। घटना-मूलक कथा के माध्यम से कहानी मनुष्य का शुद्ध रूप से मनोरंजन करती है। मानवीय सत्य का उद्घाटन करती हुई शिक्षा देती है। 'आगे क्या हुआ' वाला वाक्य कहानी से पाठक बँधा रहता है। कहानी को सुनने की ललक पैदा करता रहता है। कथानक, चरित्र, देशकाल, संवाद, भाषा-शैली, उद्देश्य कहानी के प्रमुख तत्त्व माने गये हैं।

कहानी एक संवेदना है, विचार है, चरित्र है, जो किसी उद्देश्य को लेकर लिखी जाती है। कविता की भाँति इसका शिल्प विधान बिल्कुल अलग है। कथानक कहानी का दूसरा तत्त्व है। पात्र होते हैं जो संवादों के जरिये एक-दूसरे से बात करते हैं, तो ये हमारे मनोरंजन का साधन बन जाते हैं। देशकाल का जिक्र कहानी में होता है। आलोचना हर काम की होती है पर आलोचक किस ढंग से कहानी का अवलोकन करता है, कहानी में आये हुए पात्र कितने प्रामाणिक हैं और कितने नहीं, कितने सशक्त हैं और कितने अशक्त, कितने मूल्यधर्मी हैं और कितने सुविधाभोगी?

जो कहानी प्रिंट मीडिया से लिखी जाती है वही इलेक्ट्रॉनिक मीडिया में प्रस्तुत होती है। हाँ, इतना ज़रूर है कि इलेक्ट्रॉनिक मीडिया की कुछ सीमाएँ हैं जिनको ध्यान में रखकर प्रोड्यूसर कहानी का चयन करता है। यदि कहानी का नायक सिगरेट पीता है तो इलेक्ट्रॉनिक मीडिया में सिगरेट का ब्रांड नाम न देकर मात्र सिगरेट पीने की चर्चा करना उचित समझेंगे। मीडिया का सिद्धान्त किसी को पीड़ा नहीं बल्कि शान्ति और मनोरंजन देने का है।

जनमाध्यम के रूप में इलेक्ट्रॉनिक मीडिया की महत्ता
(Importance of Electronic Media as a Mass Media)

कोई भी संचार माध्यम अपनी पहुँच (प्रसारण क्षेत्र) एवं अन्तर्वस्तु के आधार पर खुद को जनमाध्यम के रूप में स्थापित करता है। इस आधार पर निःसन्देह कहा जा सकता है कि इलेक्ट्रॉनिक मीडिया उपलब्ध जनमाध्यमों में सबसे सशक्त एवं प्रभावी है। रेडियो जहाँ लगभग सौ फीसदी भारतीय जनमानस तक पहुँच बना चुका है वहीं केबल एवं उपग्रहीय सेवा या फिर डी.टी.एच. की बदौलत टेलीविजन भी बहुत तेज़ी से क्षेत्र-विस्तार कर रहा है। इंटरनेट का साम्राज्य भी तेज़ी से विस्तृत हो रहा है। उपर्युक्त माध्यम एक वृहद् जनसमूह तक सन्देश प्रसारित करने में सक्षम है। जनमाध्यम के रूप में इलेक्ट्रॉनिक मीडिया की उपयोगिता को निम्नलिखित बिन्दुओं की सहायता से सही समझा जा सकता है :

(1) इलेक्ट्रॉनिक मीडिया जन (Mass) को सन्देश सम्प्रेषित करने वाला सबसे प्रमुख माध्यम है।

(2) जन समाज के निर्माण में यह माध्यम सक्षम है।

(3) इलेक्ट्रॉनिक मीडिया जनसंस्कृति के प्रसार में सर्वथा उपयोगी है।
(4) इलेक्ट्रॉनिक मीडिया का दायरा एक वृहद् भू-भाग तक है।
(5) रेडियो एवं टेलीविजन साक्षर एवं निरक्षर दोनों सन्देश प्रेषित करने में सक्षम है।
(6) सूचनाओं का त्वरित प्रसारण इलेक्ट्रॉनिक मीडिया द्वारा ही सम्भव है।
(7) सूचित, शिक्षित एवं मनोरंजन प्रदान करने का सबसे प्रभावी एवं लोकप्रिय माध्यम इलेक्ट्रॉनिक मीडिया ही है।
(8) यह जनमत निर्माण का सबसे प्रभावी माध्यम है।
(9) यह छोटे भू-भाग तक सीमित संस्कृति को विस्तृत भू-भाग तक फैलाने में सक्षम है।
(10) यह सामाजिक परिवर्तन में प्रेरक की भूमिका निभाता है।
(11) शिक्षा के प्रसार में भी रेडियो एवं टेलीविजन का अहम् योगदान है।
(12) यह लोगों को जागरूक करने में प्रभावी एवं महत्त्वपूर्ण भूमिका निभाता है।
(13) यह जनसामान्य में वैज्ञानिक चेतना के प्रसार का प्रमुख माध्यम है।
(14) लोगों के अन्दर नयी सोच विकसित करने में भी इलेक्ट्रॉनिक मीडिया विशेष उपयोगी है।
(15) स्वास्थ्य चेतना के विकास में इसकी महत्त्वपूर्ण भूमिका नजर आती है।
(16) महिला सशक्तीकरण, दलितोत्थान आदि में इसकी उपयोगी भूमिका नजर आती है।
(17) मूल्यों के रूपान्तरण का भी यह प्रभावी माध्यम है।
(18) इलेक्ट्रॉनिक मीडिया द्वारा प्रस्तुत कार्यक्रम अन्धविश्वास एवं रूढ़ियों को समाप्त करने में प्रभावी एवं उपयोगी भूमिका का निर्वहन करते हैं।
(19) विभिन्न सरकारी योजनाओं से जनसामान्य को जोड़ने में भी इन माध्यमों की प्रमुख भूमिका नजर आती है।

इस प्रकार से हम देखते हैं कि सामाजिक, आर्थिक एवं राजनीतिक विकास में जितनी प्रभावी एवं उपयोगी भूमिका इलेक्ट्रॉनिक मीडिया की रही है उतनी किसी अन्य माध्यम की नहीं रही है। *श्री लायनेन फील्डन* का यह कथन "निश्चय ही भारत जैसे विशाल देश में प्रसारण जितनी शिक्षा दे सकता है, उतना कोई माध्यम नहीं दे सकता है" इलेक्ट्रॉनिक मीडिया के प्रमुख घटक रेडियो की उपयोगिता पर प्रकाश डालते हैं। भारत में टेलीविजन की उपयोगिता पर चर्चा करते हुए पूर्व प्रधानमन्त्री *श्रीमती इन्दिरा गाँधी* ने कहा था—"हम दूरदर्शन का विस्तार न केवल मनोरंजन के साधन के रूप में वरन् विकास के लिए शिक्षा के साधन के रूप में करना चाहते हैं। इसमें कोई सन्देह नहीं कि यह पद्धति लोकतन्त्र के लिए बहुत सहायक सिद्ध होगी। ग्रामों के आधुनिकीकरण में इसका योग निर्णायक हो सकता है। कृषकों के लिए ही विश्वास करना है।" *श्रीमती गाँधी* का उक्त कथन टेलीविजन की उपयोगिता पर प्रकाश डालता है।

इस प्रकार निश्चित तौर पर यह कहा जा सकता है कि सूचना, शिक्षा एवं मनोरंजन की संवाहक मीडिया का यह स्वरूप न सिर्फ़ नये समाज के सृजन की क्षमता रखता है बल्कि देश के सर्वांगीण विकास में उत्प्रेरक की भूमिका में भी नजर आता है। लोगों को प्रभावित करने की क्षमता, गतिशीलता, इसकी पहुँच, अन्तर्वस्तु, सर्वसुलभता एवं साक्षर तथा निरक्षर दोनों ही वर्गों के लिए अनुकूलता आदि इलेक्ट्रॉनिक मीडिया की उपयोगिता को स्पष्ट करते हैं। जनसमाज के निर्माण में सक्षम यह माध्यम तकनीकी विस्तार के साथ और भी मजबूत एवं प्रभावी होता जा रहा है। फलस्वरूप जनमाध्यम के रूप में इसकी उपयोगिता भी बढ़ रही है।

इलेक्ट्रॉनिक मीडिया की विशिष्टता (The Special Features of Electronic Media)

सूचना क्रान्ति के इस युग में इलेक्ट्रॉनिक मीडिया लगभग सौ फीसदी भारतीय जनमानस तक पहुँचने वाला इकलौता माध्यम है। साक्षर हो या निरक्षर, सभी इसके द्वारा प्रसारित सन्देशों को आसानी से समझ सकते हैं। किसी भी जनसम्प्रेषण के लिए यह ज़रूरी है कि वह जो बात कहे उसका अनुसरण व पालन एक वृहद् जनसमूह द्वारा हो एवं सन्देश की स्वीकार्यता जनसमाज

के विभिन्न समूहों में हो। इलेक्ट्रॉनिक मीडिया इस कसौटी पर पूरी तरह से खरा उतरता है। विविधता भरे इस देश में यह सन्देशों को प्रभावी रूप में सम्प्रेषित करने वाला सबसे प्रभावी माध्यम है। 'माध्यम ही सन्देश है' की कहावत इस माध्यम पर फिट बैठती है। सहज ढंग से किसी बात को रखना हो या फिर लोगों को किसी मुद्दों के प्रति जागरूक करना, इलेक्ट्रॉनिक मीडिया की सहज, सरल एवं प्रभावी सम्प्रेषणशीलता इसे महत्त्वपूर्ण बनाती है।

इलेक्ट्रॉनिक मीडिया में जनसम्प्रेषक के सारे गुण मौजूद हैं। यह जो बात कहता है उसे एक दो नहीं बल्कि करोड़ों लोग सुनते या देखते हैं। इसकी पहुँच विभिन्न समाज, संस्कृति एवं रहन-सहन वाले लोगों के बीच है। यह समाज की विभिन्न इकाइयों में समन्वय स्थापित करके समाज को गतिशील बनाता है। विविध कार्यक्रमों के माध्यम से लोगों को विकास करने एवं उन्हें गतिशील करने की प्रेरणा देने में भी इलेक्ट्रॉनिक मीडिया एक जनसम्प्रेषक के रूप में नजर आता है। एकता, विकास, शिक्षा, स्वास्थ्य, जागरूकता एवं जनशक्तीकरण आदि से जुड़े मुद्दे को लोगों तक पहुँचाने की बात हो या फिर किसी संस्कृति के प्रचार-प्रसार की बात, इलेक्ट्रॉनिक मीडिया एक सजग जनसम्प्रेषक के रूप में नजर आता है।

अपने आरम्भिक काल से ही रेडियो एवं टेलीविजन दोनों माध्यमों ने एक सशक्त जनसम्प्रेषक के रूप में कार्य करना शुरू कर दिया था। सरकार की नीतियों एवं योजनाओं के सशक्त ढंग से पहुँचाने का कार्य इलेक्ट्रॉनिक मीडिया ने सहज ही किया। वर्तमान में यह सरकार की नीतियों एवं योजनाओं के प्रचार-प्रसार के साथ ही उनको क्रियान्वित कराने में प्रभावी भूमिका निभा रहा है। कई स्थानों पर तो यह सन्देश से भी ज़्यादा प्रभावी नजर आता है। सही समय पर और सही तरीके से सूचनाओं को सम्प्रेषित कर विकास के लक्ष्यों को प्राप्त करने में यह प्रभावी भूमिका निभाता है। आँकड़ों, चित्रों एवं विश्वसनीय उदाहरणों को प्रस्तुत करने के साथ ही लोगों की स्वीकृति प्राप्त करना एवं जनहित के मुद्दों को उठाकर लोगों का विश्वास जीतना तथा विकास हेतु उपर्युक्त वातावरण तैयार करना आदि गुण इसे जनसम्प्रेषण के रूप में दर्शाते हैं।

इलेक्ट्रॉनिक मीडिया प्रौद्योगिकी आधारित माध्यम है। इसके संचालन में प्रौद्योगिकी की अहम् भूमिका है। स्वतन्त्रता के समय केवल 11 प्रतिशत तक पहुँचने वाला रेडियो आज 99 प्रतिशत से अधिक जनता तक पहुँचने में सफल रहा है तो इसके मूल में प्रौद्योगिकी ही निहित है। नयी तकनीकियों के विकास ने न सिर्फ़ इन माध्यमों के क्षेत्र-विस्तार में मदद की है बल्कि गुणवत्ता में भी काफ़ी सुधार किया है। प्रौद्योगिकी के विकास ने समाचार संकलन एवं सम्पादन की प्रक्रिया को बदलने का कार्य किया है। आवाज़ व चित्र की गुणवत्ता पहले की अपेक्षा कई गुना अच्छी हो गयी है। किसी घटना के सजीव प्रसारण एवं ऑनलाइन सम्पादन आदि को प्रौद्योगिकी के विकास ने ही बनाया है।

विभिन्न सैटेलाइटों के प्रक्षेपण ने सैटेलाइट चैनलों की विकास यात्रा में अहम् योगदान दिया है। डायरेक्ट टू होम सेवा के साथ इलेक्ट्रॉनिक मीडिया की पहुँच एवं गुणवत्ता दोनों ही सुधरी है। डिजिटल तकनीकी के इस युग में भंडारण क्षमता भी काफ़ी बढ़ गयी है जिससे किसी कार्यक्रम का प्रोडक्शन पहले ही करके उसका भंडारण सम्भव हो गया है ताकि समय से प्रसारण किया जा सके। केबल के जरिये प्रसारण करने वाली कम्पनियाँ अब ऑप्टिकल फाइबर का प्रयोग कर रही हैं जिससे प्रसारण की गुणवत्ता पहले की अपेक्षा काफ़ी अच्छी हो गयी है।

डी.पी.एस. वेलो सिटी, एबिड एवं एफ.सी.पी. जैसे सॉफ्टवेयरों के विकास ने पूरी सम्पादन प्रक्रिया को बदलकर रख दिया है। इन सॉफ्टवेयरों की मदद से सिर्फ़ त्वरित गति से सम्पादन सम्भव हो सका है बल्कि चित्र एवं आवाज़ की गुणवत्ता में भी परिवर्तन करना सम्भव हो गया है। इनकी मदद से ध्वनि प्रभाव एवं दृश्य प्रभाव भी सम्भव हो गया है। प्रोडक्शन के समय की गलती को पोस्ट-प्रोडक्शन के दौरान अब आसानी से सुधारा जा सकता है। आवाज़ की पिच में आवश्यक संशोधन भी बेहद आसान हो गया है। शूटिंग एवं रिकॉर्डिंग से सम्बन्धित उपकरणों में काफ़ी सुधार हुआ है जिससे शूटिंग एवं रिकॉर्डिंग की प्रक्रिया पहले की अपेक्षा काफ़ी आसान हो गयी है। कम्प्यूटराइज्ड हार्ड डिस्क रिकॉर्डिंग के माध्यम से विविध रेडियो प्रसारण केन्द्रों से प्रसारण किये जा रहे हैं। विभिन्न रेडियो प्रसारण केन्द्रों को स्टूडियो ऑटोमेशन सिस्टम के अन्तर्गत कम्प्यूटर एवं डिजिटल प्रसारण तन्त्र से सम्बद्ध किये जाने से प्रसारण गुणवत्ता में काफ़ी सुधार हुआ है।

इस प्रकार से हम देखते हैं कि तथ्य संकलन (रिकॉर्डिंग अथवा शूटिंग) से लेकर सम्पादन एवं कार्यक्रमों के प्रसारण तक के सभी कार्य प्रौद्योगिकी पर निर्भर हैं जो इसे विशेष बनाते हैं। पलक झपकते ही हजारों मील दूर पहुँचने वाला यह माध्यम प्रौद्योगिकी के बिना अस्तित्त्वहीन है। अतः जितना अधिक प्रौद्योगिकी के क्षेत्र में विस्तार होगा, उतना ही इससे जुड़े उपकरणों में सुधार होगा और यह माध्यम उतना ही सशक्त होगा।

सार्वभौमिकता (Universality)

इलेक्ट्रॉनिक मीडिया की एक प्रमुख विशेषता इसका सार्वभौमिक होना है। प्रत्येक जाति, धर्म, वर्ग एवं क्षेत्र की सीमाओं तक इसकी पहुँच इसके सार्वभौमिक होने का प्रमाण है। सैटेलाइट एवं डायरेक्ट टू होम सेवा के जरिये इसका द्विगुणित विस्तार हुआ है और इसका दायरा भी काफ़ी हद तक बढ़ा है। वर्तमान में लगभग सौ फीसदी जनता तक इसकी पहुँच हो चुकी है।

डिजिटल क्रान्ति ने रेडियो एवं टेलीविजन के क्षेत्र-विस्तार में काफ़ी मदद की है। टेलीविजन की सार्वभौमिकता का अन्दाजा इसी बात से लगाया जा सकता है कि इसके द्वारा प्रसारित कार्यक्रम जम्मू-कश्मीर से लेकर कन्याकुमारी एवं अरुणाचल प्रदेश से लेकर गोवा के गाँवों में भी आसानी से देखे जा सकते हैं। आसानी से एक स्थान से दूसरे स्थान तक ले जाने की आज़ादी रेडियो को और भी विशिष्ट बनाती है। इंटरनेट एवं सैटेलाइट की सहायता से भारतीय इलेक्ट्रॉनिक मीडिया की पहुँच वैश्विक स्तर पर भी हो चुकी है। मोबाइल फोन पर रेडियो की उपस्थिति ने इसे और भी व्यापक बना दिया है। अपने विदेश प्रसारण सेवा के माध्यम से जहाँ रेडियो एवं दूरदर्शन विश्व के तमाम देशों में प्रसारण सुविधा उपलब्ध करा रहे हैं वहीं दर्जनों चैनल इंटरनेट के जरिये वैश्विक स्तर पर उपलब्ध हैं और इनकी सेवाओं को किसी भी देश में बैठा व्यक्ति प्राप्त कर सकता है।

सर्वसुलभता (Availability to All)

इलेक्ट्रॉनिक मीडिया की एक प्रमुख विशेषता इसकी सर्व सुलभता भी है। रेडियो आज दूर-दराज के क्षेत्रों में भी आसानी से उपलब्ध है। विभिन्न तकनीकी उपकरणों, रेडियो सेट एवं टेलीविजन सेट के दामों में कमी के कारण यह निम्नवर्गीय उपभोक्ताओं तक भी अपनी पहुँच बना चुका है। गाँवों में सुलभता के कारण रेडियो की लोकप्रियता अपने चरम पर है तो वहीं टेलीविजन सेटों की बढ़ती संख्या इसके विस्तार की पुष्टि करती है।

एफ. एम. रेडियो के विस्तार ने युवा वर्ग में तेज़ी से जगह बनाने का कार्य किया है। मोबाइल फोन के साथ नये फ्लेवर वाला रेडियो का यह रूप नयी पीढ़ी को खूब पसन्द आ रहा है। पर्वतीय एवं दुर्गम क्षेत्रों में भी इलेक्ट्रॉनिक मीडिया आज आसानी से सुलभ हो चुका है। सैटेलाइट चैनलों की उपलब्धता ने प्रसारित कार्यक्रमों को गाँव-नगर पहुँचाने का कार्य किया है। इंटरनेट ने इलेक्ट्रॉनिक मीडिया को भौगोलिक बन्धनों से मुक्त कराने का कार्य किया है। इंटरनेट रेडियो की लोकप्रियता जहाँ बहुत तेज़ी से बढ़ रही है वहीं मोबाइल फोन ने रेडियो की पहुँच एवं लोकप्रियता में काफ़ी वृद्धि की है। इस प्रकार हम कह सकते हैं कि सुलभता के मामले में यह माध्यम अन्य की अपेक्षा काफ़ी आगे है।

जटिल सांगठनिक चरित्र (Complicated Organisational Character)

जटिल सांगठनिक चरित्र भी इलेक्ट्रॉनिक मीडिया की महत्त्वपूर्ण विशेषता है। प्री-प्रोडक्शन, प्रोडक्शन एवं पोस्ट-प्रोडक्शन से जुड़े दर्जनों विभाग इसके जटिल सांगठनिक चरित्र को दर्शाते हैं। प्लानिंग, रिसर्च, रिकॉर्डिंग अथवा शूटिंग एवं सम्पादन जैसे विभिन्न विभागों में दर्जनों लोग मिलकर किसी कार्यक्रम को तैयार करते हैं जिनमें समन्वय स्थापित करने का कार्य प्रबन्धन विभाग के जिम्मे होता है। हम किसी कार्यक्रम को देखते अथवा सुनते समय इलेक्ट्रॉनिक मीडिया द्वारा प्रस्तुति की सुन्दरता को तो देखते हैं परन्तु उस सुन्दरता के पीछे विभिन्न विभागों के कार्यों का सहज अनुमान नहीं लगा सकते हैं। इलेक्ट्रॉनिक मीडिया में इंजीनियरिंग विभाग की भी महत्त्वपूर्ण भूमिका होती है। यह विभाग प्रसारण सम्बन्धी तकनीकी सहयोग देता है। इस विभाग का सबसे प्रमुख कार्य बिना किसी बाधा के प्रसारण कार्य जारी रखना होता है। इस विभाग को चैनल न्वॉयज (शोर) से जुड़ी समस्याओं पर भी विशेष ध्यान देना होता है ताकि सिग्नल को सही ढंग से भेजा जा सके।

इलेक्ट्रॉनिक मीडिया का सबसे महत्त्वपूर्ण हिस्सा उसकी स्टूडियो शूटिंग अथवा रिकॉर्डिंग से जुड़े विभिन्न उपकरणों के सही समन्वय से बना वह स्थान होता है जिसमें सभी आवश्यक उपकरण एवं उनको संचालित करने वाले लोग उपलब्ध होते हैं। स्टूडियो का आकार संगठन की आवश्यकता पर निर्भर करता है। स्टूडियो का साउंड प्रूफ होना गुणवत्ता की दृष्टि से ज़रूरी होता है। टी. वी. स्टूडियो के लिए प्रकाश व्यवस्था का सही व्यवस्थापन भी ज़रूरी है। टी. वी. स्टूडियो में सामान्यतः थ्री प्वॉइंट लाइटिंग सिस्टम को व्यवस्थापित किया जाता है। इसके अन्तर्गत बैक लाइट एवं फिल लाइट व्यवस्थित रूप में होती हैं। कैमरे का स्थान एंगल आदि आवश्यकतानुसार बदला जाता है। टी. वी. स्टूडियो में बैकग्राउंड का भी विशेष महत्त्व होता है। यह या तो चैनल की थीम पर होता है या फिर इसका निर्धारण कार्यक्रम की थीम के आधार पर किया जाता है।

प्लानिंग एवं रिसर्च विभाग किसी कार्यक्रम को तैयार करने से पहले उससे जुड़े विभिन्न तथ्यों को जुटाता है, आवश्यक अनुसन्धान करता है एवं कार्यक्रम की योजना तैयार करता है। इसके बाद कार्यक्रम की स्क्रिप्टिंग की जाती है। समाचार विशेषकर हार्ड न्यूज़ में प्री-प्रोडक्शन की आवश्यकता नहीं होती है जबकि सॉफ्ट न्यूज़ में प्री-प्रोडक्शन से जुड़े विभागों की महत्त्वपूर्ण भूमिका होती है। कार्यक्रमों की स्क्रिप्टिंग के लिए एक अलग टीम होती है जो आवश्यकतानुसार स्क्रिप्ट तैयार करती है। रेडियो के लिए स्क्रिप्ट तैयार करते समय विशेष सावधानी की ज़रूरत होती है। कुछ टी. वी. कार्यक्रमों के लिए स्क्रिप्ट पहले तैयार कर ली जाती है और उसके अनुसार शूटिंग होती है तो कुछ के लिए स्क्रिप्ट विजुअल्स के अनुसार तैयार की जाती है।

कार्यक्रम की शूटिंग अथवा रिकॉर्डिंग से जुड़ा कार्य प्रोडक्शन विभाग के जिम्मे होता है। इस विभाग में कैमरामैन, ध्वनि तकनीशियन आदि होते हैं। इसके बाद का कार्य पोस्ट-प्रोडक्शन विभाग संभालता है। इस विभाग का मुख्य कार्य सम्पादन का होता है। आवश्यक काट-छाँटकर यह कार्यक्रम को अन्तिम रूप देने का कार्य करता है। अन्त में कार्यक्रम का प्रसारण इंजीनियरिंग विभाग की सहायता से किया जाता है।

इस प्रकार से हम देखते हैं कि जटिल सांगठनिक चरित्र इलेक्ट्रॉनिक मीडिया की कार्यकुशलता के लिए ज़रूरी है। प्रबन्धन विभाग के निर्देशानुसार सभी विभाग अपने कार्य को सम्पादित करते हैं। यह विभाग सभी विभागों के बीच की कड़ी के रूप में कार्य करता है। आवश्यक वस्तुओं की पूर्ति, बजट उपलब्ध कराना एवं सभी विभागों के कार्यों पर नजर रखना इस विभाग के जिम्मे ही होता है।

निष्कर्षतः हम कह सकते हैं कि जितना जटिल सांगठनिक चरित्र इलेक्ट्रॉनिक मीडिया का होता है उतना अन्य किसी मीडिया का नहीं होता। बहुविध संरचना के बल पर ही यह अपने कार्यों को सही ढंग से सम्पादित कर पाता है।

10

कम्प्यूटर
(Computer)

“आदमी के दिमाग का सर्वाधिक सुसंगठित प्रतिरूप (Very Organised Photoprint of Human Mind) अगर आदमी द्वारा निर्मित कोई चीज है, तो वह कम्प्यूटर है।”

—गणितज्ञ जॉन न्यूमैन

× × ×

“समूची संचार क्रान्ति महज कम्प्यूटर के विभिन्न उपयोग मात्र हैं।”

—बिल गेट्स

× × ×

कम्प्यूटर ‘कम्प्यूट’ से बना है जिसका अर्थ ‘गणना’ है। गणना तक सीमित न होकर कम्प्यूटर आज सूचना क्रान्ति का नियामक हो चुका है। यह एक ऐसी युक्ति है जिसने आज जीवन-जगत् के हर क्षेत्र में अपनी धाक जमा ली है। सभी कार्यालय, संस्थान इसी से सुसज्जित हैं। संचार को गति देने वाले COMPUTER को निम्नलिखित रूप में जाना जा सकता है :

C - Commonly
O - Operated
M - Mechine
P - Particularly
U - Used for
T - Trade
E - Education
R - Research

‘Commonly Operated Machine Particularly Used for Trade, Education, Research’. इस व्याख्या को और सुविस्तार देने वाला कम्प्यूटर साइबर जर्नलिज़्म, इलेक्ट्रॉनिक जर्नलिज़्म, मल्टीमीडिया, कन्वर्जेस का आधार है।

कम्प्यूटर की विशेषताएँ

1. गति : कम्प्यूटर जटिलतम गणनाओं को अत्यन्त क्षिप्रता से हल करता है। इसकी गति को मिली-सेकेंड (सेकेंड का हजारवाँ भाग), माइक्रो सैकेंड (लाखवाँ), नैनो सेकेंड (करोड़वाँ), पिको-सेकेंड (अरबवाँ) में मापा जा सकता है।

2. संग्रह क्षमता : कम्प्यूटर के द्वारा हम भारी मात्रा में सूचनाओं/डाटा को संग्रहित और आवश्यकतानुसार उनका उपयोग कर सकते हैं।

3. स्वचालितता : क्रमबद्ध निर्देश जिसे आम भाषा में प्रोग्राम (Program) कहते हैं, देने के उपरान्त कम्प्यूटर अपने आप उन निर्देशों का अनुपालन सुनिश्चित करता है। यह प्रयोगकर्ता को उसके द्वारा प्रोग्राम में की गयी त्रुटियों को भी इंगित करता है। कम्प्यूटर प्रयोगकर्ता का पग-पग पर मार्गदर्शन भी करता है।

4. शुद्धता : कम्प्यूटर के द्वारा प्रतिपादित परिणाम शुद्ध एवं त्रुटिहीन होते हैं।

5. व्यापक उपयोगिता : बहुआयामी होने के कारण कम्प्यूटर का प्रयोग हम विभिन्न क्षेत्रों में करते हैं। पिछले कुछ वर्षों से कम्प्यूटर का प्रयोग विभिन्न क्षेत्रों, जैसे– शिक्षा, चिकित्सा, विज्ञान एवं प्रौद्योगिकी, वाणिज्य और क़ानून-व्यवस्था आदि के क्षेत्रों में किया जा रहा है।

कम्प्यूटर से उपकृत क्षेत्र

(i) शिक्षा : कम्प्यूटर का शिक्षा एवं प्रशिक्षण के क्षेत्र में प्रभावी रूप से उपयोग किया जा रहा है। अद्भुत संग्रह क्षमता एवं सुगम चालन के कारण कम्प्यूटर ने शिक्षा के क्षेत्र में अपना स्थान बना लिया है। आनन्द लेकर पढ़ना, दिलचस्पी से सीखना कम्प्यूटर से ही सम्भव है।

(ii) विज्ञान एवं प्रौद्योगिकी : सभी वैज्ञानिक अनुसन्धान कार्य कम्प्यूटर के ऊपर निर्भर हैं, जो कि गणनाओं का यथार्थ एवं शुद्ध परिणाम देते हैं। वे सभी गणनाएँ जो जटिल होने के कारण असम्भव मानी जाती थीं, वे कम्प्यूटर के प्रयोग के बाद सम्भव हो सकीं। अभियन्ताओं ने कम्प्यूटर का प्रयोग नक्शों की समस्याओं के अन्वेषण में किया। कम्प्यूटर ने उपग्रह संचार व्यवस्था के क्षेत्र में अति महत्त्वपूर्ण कार्य किया है जिसके द्वारा सुदूरवर्ती क्षेत्रों में संचार सम्पर्क सम्भव हो सका। दूरभाष केन्द्रों का भी कम्प्यूटरीकरण हो रहा है। अन्तरिक्ष विज्ञान के क्षेत्र में कम्प्यूटर के द्वारा तकनीकी उपलब्धि प्राप्त की गयी है। वैज्ञानिक प्रयोगों के क्षेत्र में बिम्ब तकनीकी का प्रयोग कम्प्यूटर के द्वारा प्रभावी तरीके से किया जाता है। अन्तरिक्ष विज्ञान, मौसम विज्ञान आदि क्षेत्रों में कम्प्यूटर का प्रयोग व्यापक रूप में हो रहा है।

(iii) चिकित्सा : कम्प्यूटर का उपयोग चिकित्सा-अनुसन्धान एवं रोग निर्णय के सन्दर्भ में व्यापक रूप से किया जा रहा है। चिकित्सालयों में रोगी से सम्बन्धित जानकारियों को संग्रह करने का कार्य कम्प्यूटर के द्वारा किया जाता है। समस्त प्रशासनिक कार्य, जैसे, रोगियों की संख्या, कमरों की उपलब्धता, रोगी एवं रोग से सम्बन्धित अन्य विवरणों का भी कम्प्यूटरीकरण किया गया है। कम्प्यूटरों का उपयोग जटिल चिकित्सकीय परीक्षणों में किया जाता है। टेलीमेडिसिन के अन्तर्गत टेली कार्डियोलॉजी, टेली होमकेयर, टेली रेडियोलॉजी, टेली इमर्जेंसी, टेली सर्जरी, टेलीपैथी, टेलीनेफ्रोलॉजी जैसी सेवाएँ मानव-हित में लगी हैं।

(iv) क़ानून एवं व्यवस्था : वकीलों के द्वारा कम्प्यूटर का प्रयोग अपने मुक़दमों की जानकारी को संग्रह करने में किया जाता है। इससे वे किसी भी मुकदमे की सूचनाओं को शीघ्रता से प्राप्त कर लेते हैं। यह हाथ से कार्य करने से अच्छा तरीक़ा है। पुलिस एवं यातायात विभागों द्वारा भी अपने कार्यों के लिए कम्प्यूटरों का प्रयोग हो रहा है। अपराधियों एवं अन्य प्रशासनिक सूचनाओं का कम्प्यूटरीकरण किया गया है। कम्प्यूटर का प्रयोग अपराधी को पहचानने की तकनीकी, जैसे उंगलियों की छाप आदि में प्रभावी ढंग से किया जा रहा है। वायु एवं सड़क मार्ग नियन्त्रण का भी कम्प्यूटरीकरण हो रहा है।

(v) वाणिज्य : उत्पादन इकाइयों में कम्प्यूटरों का प्रयोग वस्तु उत्पादन एवं वस्तु निर्माण के क्षेत्र में व्यापक रूप से हो रहा है, इसे कम्प्यूटर की सहायता से निर्माण (Computer Aided Design या CAD) एवं कम्प्यूटर की सहायता से उत्पादन (Computer Aided Manufacture) भी कहते हैं।

पूरे संगठन का वेतन, बिल, माल आयात-निर्यात, विक्रय विश्लेषण आदि का कम्प्यूटरीकरण हो रहा है। हर व्यावसायिक संगठन को महत्त्वपूर्ण सूचनाओं की आवश्यकता होती है। सभी प्रकार की सूचनाओं, जैसे–उपभोक्ता से सम्बन्धित कम्पनी

सम्बन्धित, प्रबन्धन सम्बन्धित सूचनाओं को कम्प्यूटर के द्वारा प्राप्त किया जा रहा है। विभिन्न प्रकार के आंककीय कार्य, जैसे– फाइलों का प्रबन्धन, बहीखाता आदि में भी कम्प्यूटरों का उपयोग किया जा रहा है। पत्र टंकण आदि के लिए भी कम्प्यूटरों का उपयोग हो रहा है और इसने सभी कार्यों को आसान बना दिया है। कम्प्यूटरों का व्यापक उपयोग वायुयान एवं रेलवे आरक्षण, बैंकों, विद्युत गृहों, पुस्तकालयों, रोजगार कार्यालयों आदि में प्रभावी तरह से हो रहा है।

सम्प्रति कोई भी क्षेत्र ऐसा नहीं बचा है जहाँ पर कम्प्यूटर क्रान्ति न हुई हो। कम्प्यूटर के प्रभाव से कोई भी क्षेत्र नहीं बचा है। आज यदि हमें समाज के साथ कदम-से-कदम मिलाकर चलना है और विकास की दौड़ में शामिल होना है तो हमें कम्प्यूटर का उपयोग करना ही पड़ेगा। जो इसका उपयोग नहीं करेगा वह विकास की दौड़ में पिछड़ जायेगा।

अत्यन्त शीघ्रता के साथ कार्यों के सम्पादन, सूचनाओं के संकलन एवं मुद्रण-कला के संयोजन तक ही कम्प्यूटर सीमित नहीं है। व्यवसाय, उद्योग और विविध संस्थानों की व्यवस्था में इसका प्रभुत्व है। बैंकों में लेन-देन, होटल और अस्पताल की व्यवस्था, रेल और वायुयान में आरक्षण, वीडियो खेलों में उछलते-कूदते पात्र, टेलीविजन पर प्रदर्शित विज्ञापन, ये सब कम्प्यूटर के ही कमाल हैं।

कम्प्यूटर के भाग

हार्ड डिस्क ड्राइव : हार्ड डिस्क कम्प्यूटर का स्थायी स्टोरेज भाग होता है। कम्प्यूटर जनित अधिकतर आँकड़ें हार्ड डिस्क में ही संचित होते हैं। बाज़ार में हार्ड डिस्क स्टोरेज क्षमता के अनुसार मिलती है। अतः आवश्यकतानुसार किसी भी स्टोरेज क्षमता वाली हार्ड डिस्क को ख़रीदा जा सकता है। वैसे 4 गीगाबाइट की हार्ड डिस्क ड्राइव उपयुक्त मानी जाती है।

फ्लॉपी डिस्क ड्राइव : प्रत्येक कम्प्यूटर में फ्लॉपी डिस्क ड्राइव की सुविधा होती है। इसकी मदद से आप डिस्क पर कोई सूचना सुरक्षित कर सकते हैं। यही नहीं इससे एक कम्प्यूटर से दूसरे तक सूचनाएँ पहुँचाई जा सकती हैं। 3.5 इंच वाली डिस्क में 1.44 मेगाबाइट तक डाटा स्टोर करके रखा जा सकता है।

सी.डी. रॉम : तेज़ी से बदलती कम्प्यूटर दुनिया में ज़्यादातर प्रोग्राम और गेम सी.डी. पर उपलब्ध हैं। यह सी.डी. म्यूजिक सी.डी. की तरह ही लगती है। अन्तर सिर्फ़ इतना होता है कि इस कम्प्यूटर सी.डी. में संगीत के बजाय डाटा भरे रहते हैं। सी.डी. रोम की स्पीड कई तरह की होती है। यहाँ तक कि अब सी.डी. राइटर भी उपलब्ध हैं।

की बोर्ड : इसे आप हाथ की अंगुलियाँ समझ सकते हैं। जैसे अंगुलियों के बगैर आप कुछ नहीं लिख सकते हैं वैसे ही की-बोर्ड के बगैर आप कोई सूचना कम्प्यूटर तक नहीं पहुँचा सकते हैं।

माउस : इसकी मदद से विभिन्न डाटा भरे जाते हैं। माउस से कम्प्यूटर स्क्रीन पर आने वाले तीर के निशान को नियन्त्रित किया जाता है। यह तीर स्क्रीन पर उपलब्ध फोल्डरों और फाइलों को इंगित करने में मदद करता है।

मॉनीटर : टेलीविजन स्क्रीन की तरह लगने वाला उपकरण कम्प्यूटर मॉनीटर कहलाता है। इस पर कम्प्यूटर में दर्ज जानकारियाँ देखी जाती हैं। मॉनीटर में एक और चीज महत्त्वपूर्ण होती है डॉट पिच। डॉट पिच पर नम्बर जितने कम होंगे स्क्रीन पर उभरने वाली छवि उतनी ही साफ और गहराई लिए होगी।

प्रिंटर : कम्प्यूटर के लिए प्रिंटर आवश्यक है। इसकी मदद से डाटा को काग़ज़ों पर प्रिंट कर फाइल में सुरक्षित रख सकते हैं।

साउंड कार्ड : एक कम्प्यूटर में लगा साउंड कार्ड न सिर्फ़ ज़रूरी बातें और जानकारियाँ सुनने में मदद करता है, बल्कि मल्टीमीडिया के बढ़ते प्रयोग के लिए आवश्यक चलन बनकर भी उभरा है।

डेस्क टॉप पब्लिशिंग (Desk Top Publishing)

अत्याधुनिक सॉफ्टवेयर और लेज़र प्रिंटर को मिलाकर उच्च कोटि की छपायी कम-से-कम समय में सम्भव है। टाइप सेटिंग, कम्पोजिंग, फॉन्ट, गेली प्रूफ आदि से अब मुक्ति मिल चुकी है। डेस्क टॉप पब्लिशिंग (डी.टी.पी.) द्वारा घर बैठे छोटा

समाचार-पत्र निकालना सरल हो गया है। फोटोटाइप सेटिंग, डेस्क टॉप पब्लिशिंग, डी.टी.पी. प्रोग्राम्स, पेज मेकर, वेन्चुरा पब्लिशर आदि की सहायता से मुद्रण कार्य सरल, मनोरम, सस्ता हो चला है। डी. टी. पी. द्वारा प्रोग्राम पुस्तकें और विज्ञापन को तैयार करने में बड़ी सहायता मिलती है। डेस्क टॉप पब्लिशिंग में विजीविग (WYSWYG) का प्रयोग होता है। विजीविग का पूर्ण रूप है–What you see is what is your get. जैसा मॉनीटर दिखायी पड़ता है वैसा ही मुद्रित भी होता है।

कम्प्यूटर और कैरियर

कला-सृजन की उत्कंठा ने मानव को अपनी रचनात्मक क्षमता को नये आयाम देने के लिए सदैव अलग माध्यम की खोज करने के लिए प्रेरित किया है। वर्तमान में यह नया माध्यम है 'कम्प्यूटर'। आज समय से भी तेज भाग रही दुनिया में कम्प्यूटर शिक्षा एक महत्त्वपूर्ण आवश्यकता बन गयी है।

कम्प्यूटर अपनी असीम संग्रह क्षमता, तेज गति और आश्चर्यजनक परिणाम देने की क्षमता रखने के कारण एक अलग पहचान बना रहा है। कम्प्यूटर की रचनात्मक प्रवृत्ति और सार्वभौमिकता ने इसे कलात्मक बना दिया और इसे कला के नवीन माध्यम के रूप में परिचित कराया। कम्प्यूटर कला की शिक्षा प्रयोगात्मक एवं रचनात्मक होने के साथ-साथ व्यावसायिक भी है। इस कारण पाठ्यक्रम को दो भागों में विभक्त किया जा सकता है : पहला पक्ष कलात्मक है और दूसरा व्यावसायिक। कलात्मक पक्ष पूर्णतः कला को समर्पित है जहाँ 'कम्प्यूटर-कलाकार' तैलरंग, जलरंग, पेस्टल, क्रेयॉन, पेन और इंक आदि प्रचलित माध्यमों का प्रयोग कम्प्यूटर पर विशेष प्रभाव के साथ कर सकता है। रचनात्मक प्रवृत्ति का कोई भी व्यक्ति इसमें अपना कैरियर बना सकता है। जहाँ सम्भावनाओं एवं सफलताओं के कई द्वार हैं। इसके लिए व्यक्ति के साथ कलात्मक डिग्री होना आवश्यक नहीं है। इन आवश्यकताओं को पाठ्यक्रम का दूसरा पक्ष, जो व्यावहारिक कला के व्यावसायिक पक्ष पर केन्द्रित है, पूरा करता है। कम्प्यूटर पर मॉर्फिंग या विशेष प्रभाव को उपयोग करने से कृतियाँ नहीं तैयार हो सकती हैं इसके लिए शिक्षक का एक निश्चित विषय पर कार्य करने का व्यक्तिगत तकनीकी अनुभव होना अति आवश्यक है। यह शिक्षा पूरी तरह कलात्मक अनुभवों से जुड़ी है। शिक्षित छात्र बहुराष्ट्रीय कम्पनियों में विज्ञापन एवं अन्य मीडिया सम्बन्धी विभिन्न कार्यों का अनुभव प्राप्त कर अपने कैरियर को आर्थिक एवं रचनात्मक स्वरूप से सही दिशा प्रदान कर सकते हैं।

व्यावसायिक शिक्षा के दौरान प्रशिक्षु ग्राफिक्स और विज्ञापन कला के तकनीकी पक्ष का सूक्ष्म और प्रयोगात्मक अनुभव प्राप्त करता है। साथ-साथ इससे जुड़े अन्य पक्ष जैसे हर प्रकार की प्रिंटिंग की जानकारी, फोटोग्राफी, विजुवलाइजेशन, ले आउट प्लानिंग, कॉपी राइटिंग एवं कम्पोजिंग का बारीक अध्ययन कम्प्यूटर द्वारा सम्भव है। इस अध्ययन में रंग-संयोजन, प्रॉस्पेक्टिव प्रभाव, स्पेस बैलेंस, स्कैनिंग आदि का तकनीकी ज्ञान भी दिया जाता है। साथ-साथ 3 डी ग्राफिक्स एवं शब्द, स्वर, छवि और चलचित्र माध्यम, मल्टीमीडिया की उच्च्य शिक्षा जिसमें ऐनिमेशन, साउंड एडिटिंग, मूवी प्लानिंग एवं निर्माण, मॉडलिंग आदि सिखाया जाता है।

कम्प्यूटर की विकास यात्रा

आज कम्प्यूटर ने तहलका मचा रखा है कि उसके सुर में हर कोई अपनी तान मिलाने के लिए लालायित है। वास्तव में, कम्प्यूटर के आरम्भिक चरण से ही इसकी उपयोगिता साफ-साफ परिलक्षित होती आ रही है। पत्थर युग से लेकर सुपर कम्प्यूटर तक की विकास यात्रा सामयिक आवश्यकताओं की पृष्ठभूमि पर ही आधारित है। प्राचीनकाल में कंकड़-पत्थर से गणना करने की पद्धति, रस्सी में गाँठें लगाकर व्यापारिक हिसाब रखने की पद्धति आदि को कम्प्यूटर की विकास यात्रा की आदिम कड़ी माना जाता है।

चीन में एबेकस (ABACUS) नाम की एक गणना करने की युक्ति प्रचलित हुई। इसका प्रयोग तत्कालीन व्यापारिक संगणनाओं को करने के लिए किया जाता था। लकड़ी के फ्रेम में लगी छोटी-छोटी गोलियों को खिसका कर सही गणना का कार्य उसकी सीमा तक किया जाता था। समय बीतने पर यह गणनाकारी युक्ति जापान पहुँची, जहाँ के निवासियों ने इसका

भरपूर स्वागत किया। सन् 1630 में जर्मनी के शास्त्रज्ञ और गणितज्ञ *हैंस विलियम शीकार्ड* ने पहली बार यन्त्र से परिकलन करने की परिकल्पना की थी, जिससे जोड़, घटाना, गुणा और भाग किया जा सकता था। फ्रांस के दार्शनिक और गणितवेत्ता *ब्लेज पास्कल* ने सन् 1642 में उनकी कल्पना से प्रेरित होकर अपने मस्तिष्क की बारीकियों को एक यन्त्र का रूप दे दिया जिससे पूर्व कल्पित क्रियाएँ सफलतापूर्वक की जाने लगीं। अब तो गणना के क्षेत्र में क्रान्ति सी आ गयी है। लगभग 200 वर्षों तक इसी क्रान्ति में लोगों का ध्यान लगा रहा। ब्रिटेन के गणितज्ञ *चार्ल्स बेवेज* के मस्तिष्क की तंत्रिकाएँ झंकृत हो उठीं, जिसके बौद्धिक संगीतलहरियों के तारतम्य से उन्होंने एक ऐसे यान्त्रिक परिकलन का रूप तैयार किया जो गणना करने में पारंगत था इसलिए आज भी आविष्कारक *मि. चार्ल्स बैवेज* को कम्प्यूटर का जनक और उनके द्वारा संरचित यान्त्रिक परिकलन को कम्प्यूटर विकास यात्रा का कीर्ति स्तम्भ मानते हैं। उनका यन्त्र इतना जटिल था कि तत्कालीन मैकेनिकों में से कोई भी इसका प्रतिरूप बनाने में सक्षम नहीं हुआ। परिणामस्वरूप उस यन्त्र को कोई भी रूप नहीं मिल सका। सिर्फ़ सिद्धान्त तक ही सीमित रह गया। सन् 1930 में ब्रिटिश प्राध्यापक ट्यूरिंग ने अंकों का इलेक्ट्रॉनिक संकेतों में परिवर्तित करने का सिद्धान्त तैयार किया। बाद में *प्रो. बाइनर* ने इलेक्ट्रॉनिक कैलकुलेटिंग यन्त्रों की बुनियाद रखी। इसके लिए उन्होंने निर्वात् नलिकाओं का प्रयोग किया।

निर्वात् नलिकाओं की सहायता से इलेक्ट्रॉनिक परिकलन के आधार पर सन् 1946 में अमेरिका के पेन्सिल्वानिया विश्वविद्यालय में सबसे पहला इलेक्ट्रॉनिक कम्प्यूटर बना जिसका नाम इनियेक (ENIAC) रखा गया जो Electronic Numerical Indicator and Calculator का संक्षिप्त रूप है। यह एक फुटबॉल के मैदान के क्षेत्रफल में फैला होता था। ENIAC का भार 30 टन था। जिसे चलाने के लिए 150 किलोवाट बिजली की आवश्यकता थी। एनियेक इतना उपयोगी हुआ कि इसी पद्धति पर EDVAC, BINAC, UNIVAC तथा EPSAL जैसे कम्प्यूटर बनाये गये। ये सभी कम्प्यूटर निर्वात् नली से बने थे जिन्हें हम कम्प्यूटरों की प्रगति की पहली सीढ़ी कहते हैं।

सन् 1948 में ट्रांजिस्टर का आविष्कार हुआ जिससे कम्प्यूटर को एक नया मोड़ मिल गया। ट्रांजिस्टर कम स्थान घेरते हैं तथा थोड़ी सी विद्युत् शक्ति से ही एक वेक्यूम ट्यूब के बराबर कार्य करने में सक्षम थे। ट्रांजिसटरों के प्रयोग से कम्प्यूटर छोटे से आकार में आ गये, सस्ते हो गये तथा इनका उपयोग तेज़ी से बढ़ गया। ट्रांजिस्टरों से निर्मित कम्प्यूटर प्रगति की दूसरी सीढ़ी है।

सिलिकॉन और जर्मेनियम विद्युत के अर्धचालक पदार्थ हैं। इनका उपयोग इलेक्ट्रॉनिक सर्किटों में काम आने वाले डायोड ट्रांजिस्टर तथा इंटीग्रेटेड सर्किट जैसे अवयवों के निर्माण में होता है। सेमीकंडक्टर तकनीक में प्रगति और परिवर्तन के परिणामस्वरूप सिलिकॉन के एक छोटे टुकड़े चिप कर सैकड़ों ट्रांजिस्टरों से बने एक सम्पूर्ण इलेक्ट्रॉनिक सर्किट को बनाना सम्भव हुआ। इंटीग्रेटेड सर्किटों के प्रयोग से कम्प्यूटर छोटे, सस्ते एवं कई गुना अधिक कार्य करने में दक्ष हो गये। यह कम्प्यूटर की प्रगति की तीसरी सीढ़ी है।

लार्ज स्केल इंटीग्रेटेड सर्किट्स के चलते कम्प्यूटर आधुनिक रूप में ढल गया। नये प्रकार के सेमीकंडक्टरों के विकास के कारण सर्किट्स पूरा कराने हेतु विद्युत ऊर्जा की आवश्यकता बहुत ही कम हो गयी। परिणामतः बाज़ार डेस्क और पॉकेट कैलकुलेटरों से भर गया। कम्प्यूटर सस्ते एवं सर्वसुलभ हो गये।

11

इंटरनेट
(Internet)

इंटरनेट नेटवर्क ऑफ नेटवर्क्स है। विश्व के कम्प्यूटरों, लोकल एरिया नेटवर्कों और वाइड एरिया नेटवर्कों को जोड़ने वाला तन्त्र ही इंटरनेट है। कुछ वैज्ञानिक इसे फाइबर ऑपटिक्स, टेलीफोन लाइन या उपग्रह के माध्यम से परस्पर जुड़े कम्प्यूटरों का समूह कहते हैं। अत्यन्त क्षिप्रता से सूचनाओं को वितरित करने का साधन ही इंटरनेट है जिसके बिना अब जीवन की कल्पना नहीं की जा सकती। इंटरनेट की व्याख्या निम्नलिखित शब्दों में की जा सकती है :

> "It is a world wide broadcasting capability, a mechanism for information, dissemination and a medium of collaboration and interaction between individuals and their computers without regard for geographic location, religion, caste and races."
>
> (इंटरनेट एक विश्वव्यापी प्रसारण क्षमतायुक्त कम्प्यूटर संगृहीत सूचना वितरित करने तथा विभिन्न कम्प्यूटर उपयोगकर्ताओं के मध्य सहयोग एवं सम्पर्क का माध्यम है जिसमें बिना किसी धर्म एवं देश के भेदभाव के सूचना आदान-प्रदान करना सम्भव है।)

इंटरनेट में कम्प्यूटर एवं संचार की संयुक्ति वह औद्योगिक क्रान्ति है, जिससे उत्पादकता, उपलब्धि और उच्चतर विकास प्राप्त करने में सहायता मिली है। इंटरनेट संचार के क्षेत्र में सर्वाधिक प्रगतिशील माध्यम है। 10 वर्ष पहले मात्र 1,00,000 कम्प्यूटर इंटरनेट से जुड़े थे और आज 3.6 करोड़ कम्प्यूटर इंटरनेट से जुड़े हैं और 15 करोड़ इसके प्रयोग करने वाले हैं। इस नयी तकनीकी का व्यापक प्रसार-प्रचार हो रहा है, लेकिन इससे होने वाले लाभ पर धनवान लोगों का एकाधिकार होता जा रहा है। संयुवत राष्ट्र संघ की गानव बिकास सम्बन्धी रिपोर्ट में इस पर त्निन्ता व्यक्त की गयी है। इस क्रान्ति के लाभ से गरीब वंचित हो रहे हैं। इंटरनेट सुविधा का लाभ उठाने वाले अधिकांश पश्चिमी राष्ट्रों से हैं तथा इसमें केवल 30 प्र.श. के पास विश्वविद्यालय की डिग्री है। शेष विश्व की तुलना में संयुक्त राज्य अमेरिका में ज़्यादा कम्प्यूटर हैं। संचार क्षेत्र के आँकड़े भी चौंकाने वाले हैं, सन् 1996 में कम्बोडिया में प्रति 100 व्यक्ति पर 1 टेलीफोन था, वहीं मोनाको में इसके ठीक विपरीत प्रति 100 व्यक्ति पर 99 टेलीफोन थे। संयुक्त राष्ट्र संघ की एक रिपोर्ट के अनुसार विश्व भर में इंटरनेट के प्रयोग करने वालों की विशिष्टता है कि वे पुरुष हैं, 35 वर्ष से कम उम्र के हैं, विश्वविद्यालय की डिग्री उनके पास है, वे उच्च आय, शहरी पृष्ठभूमि एवं अंग्रेज़ी भाषा बोलने वाले तथा सम्भ्रान्त वर्ग से सम्बन्धित हैं। आज के परिदृश्य में ज्ञान एवं तकनीकी बल पर धन की वृद्धि हो रही है। वे जो तकनीकी दौड़ में पिछड़ गये हैं और पिछड़ते जा रहे हैं। आज ज्ञान पूँजी है, पश्चिमी देशों का आधे से ज़्यादा उत्पादन ज्ञान पर आधारित उद्योग से हो रहा है।

इंटरनेट वस्तुतः सूचनाओं और सन्देशों के आदान-प्रदान की तीव्रतम व्यवस्था तो है ही, साथ ही यह सुविधाओं का पिटारा भी है। इस कम्प्यूटरीकृत व्यवस्था ने सम्पूर्ण विश्व को एक प्लेटफॉर्म पर लाकर खड़ा कर दिया है। अपने आप में इंटरनेट कोई स्वतन्त्र आविष्कार नहीं है यह तो टेलीफोन और कम्प्यूटर का एक व्यवस्थित रूप है। टी. वी. ने विश्व को एक गाँव में बदल डाला है जबकि इंटरनेट ने उसे कम्प्यूटर के पर्दे पर प्रतिष्ठित कर दिया है। इस सुपर हाइवे ने दुनिया को साइबर कालोनी का रूप दे दिया है। इंटरनेट ज्ञान का अथाह सागर है। घर बैठे दुनियाभर की सूचनाएँ, आँकड़े, दस्तावेज़, चित्र इसके द्वारा सुलभ हैं। ई-मेल, मेलिंग लिस्ट, लिस्ट सर्विस, बुलेटिन बोर्ड, न्यूजनेट न्यूज, टेलीफोन, एफ.टी.पी. (फाइल ट्रांसफर प्रोटोकॉल) और गोफर में इंटरनेट की उपयोगिता स्पष्ट है। इंटरनेट से जुड़े कम्प्यूटरों के बीच अत्यन्त तीव्र गति से आँकड़ों का सम्प्रेषण, समाचार-सन्देश, इलेक्ट्रॉनिक मेल तथा विविध पत्र-पत्रिकाओं का अध्ययन सुगम हो जाता है।

इंटरनेट संसार की महत्त्वपूर्ण शक्तिशाली सूचना-प्रणाली है जिसमें करोड़ों कम्प्यूटर परस्पर सूचनाओं का आदान-प्रदान करते रहते हैं। यदि किसी के पास निजी कम्प्यूटर (पी.सी.) हो तो अपने कम्प्यूटर से टेलीफोन लाइन से जोड़ भर देने पर मनचाही सूचना प्राप्त की जा सकती है। सूचना क्रान्ति का नियामक इंटरनेट ने यह सिद्ध कर दिखाया है कि सूचनाओं पर मुट्ठी भर लोगों का एकाधिक समाप्त हो रहा है।

आजकल कम्प्यूटर प्रौद्योगिकी तेज़ी से विकसित हो रही है। सच पूछिए तो कम्प्यूटर प्रौद्योगिकी के अति विकसित रूप को ही 'इंटरनेट' की संज्ञा दी गयी है। कम्प्यूटर के क्षेत्र में आज चौतरफा 'इंटरनेट' का बोलबाला है। शिक्षा, संस्कृति, मनोरंजन प्रशासन, मीडिया, व्यापार-कमोबेश जीवन के हर क्षेत्र में इंटरनेट की भागीदारी बढ़ चुकी है और बढ़ती जा रही है। जीवन के इन सभी क्षेत्रों में सूचनाओं एवं जानकारियों के जिस अथाह महासागर को हम लोग आज 'इंटरनेट' की संज्ञा दे रहे हैं, वह दुनिया भर के तमाम कम्प्यूटर नेटवर्कों को कनेक्शन से जोड़कर बनाया गया विशालतम कम्प्यूटर नेटवर्क है जिस पर दुनिया भर की हजारों-लाखों सूचनाओं का आदान-प्रदान पलक झपकते ही हो जाता है। जाहिर है कि 'इंटरनेट' ने संचार-क्रान्ति को उसकी पराकाष्ठा तक पहुँचा दिया है।

सूचना-क्रान्ति की दुनिया में एक धमाके के रूप में प्रतिष्ठित इंटरनेट के प्रोग्रामों में महत्त्वपूर्ण प्रोग्राम निम्नलिखित हैं :

आर्ची : सॉफ्टवेयर आर्ची मनोवांछित विषयों की फाइलें ढूँढ़ने में सहायक होता है।

वेरोनिका : (वेरी इजी रोडंट-ओरिएंटेड नेटवाइड इंडेक्स टू कम्प्यूटराइज्ड आर्चीइव्ज) यह आर्ची के आगे का काम करता है। आर्ची द्वारा प्रस्तुत फाइलों को कम्प्यूटर की 'मेमोरी' में जमा कर देता है।

गोफर प्रोग्राम : इसके द्वारा सुदूरस्थ कम्प्यूटर में प्रविष्ट हुआ जा सकता है एवं इसकी सहायता से आवश्यक सूचना अपने कम्प्यूटर में सुलभ की जा सकता है।

इंटरनेट की उपयोगिता

1. ई-मेल की सुविधा।
2. असंख्य कम्प्यूटरों पर संगृहीत विषयों से सम्बन्धित जानकारियों और सूचनाओं की प्राप्ति।
3. हजारों मील दूरस्थ कम्प्यूटरों से सैकड़ों पृष्ठों की सामग्री का आदान-प्रदान।
4. दूरस्थ कार्यक्रमों के चित्रों, ध्वनियों, एनिमेशन आदि की फाइलों की उपलब्धता।
5. विभिन्न विषयों पर सरकारी, निजी और संस्थागत डाटाबेस और आँकड़ों की खोज।
6. इंटरनेट के द्वारा विश्व के किसी भी कोने के ग्राहकों को हम माल बेच या ख़रीद सकते हैं।
7. मनोरंजन के विभिन्न कार्यक्रमों को घर बैठे देखना सम्भव।
8. इलेक्ट्रॉनिक प्रकाशनों की उपलब्धता।

इंटरनेट आज मानव समाज के समक्ष ऐसी-ऐसी सम्भावनाओं के द्वार खोल रहा है, जिसकी कल्पना भी नहीं की जा सकती थी। आज बाज़ार में आई-फोन आ गया है जो इंटरनेट से जुड़ा है। यह सम्पूर्णतः एकीकृत टेलीफोन है, जिसमें इंटरनेट की सुविधाएँ उपलब्ध करा दी गयी है। इसमें एक की-बोर्ड, एक मोडेम, एक एल.सी.डी. टच स्क्रीन लगा दी थी और इस उपकरण को स्थानीय इंटरनेट सेवा देने वाली संस्थाओं के उपकरणों से सम्बद्ध कर दिया गया है। यह एक ही साथ इंटरनेट, ई-मेल, टेलीफोन की सुविधा भी प्रदान कर रहा है।

इंटरनेट का विकास

इलेक्ट्रॉनिक संचार युग के विस्मयकारी सूचना संवाहक इंटरनेट का विकास विगत चालीस वर्षों से देखा गया है। अमेरिका तथा रूस के बीच 1960 के दशक में व्यापक स्तर पर चल रहे शीतयुद्ध के दौरान अमेरिका के वैज्ञानिकों ने रूस के नाभिकीय आक्रमणों से अपने रक्षा संस्थानों को बचाने के लिए एक ऐसी पद्धति की खोज की जो उनके रक्षा सम्बन्धी ठिकानों पर आक्रमण होने पर भी कम्प्यूटरों से संगृहीत सूचनाओं को कोई क्षति न पहुँचा सके।

अमेरिका की पेंटागॉन एडवांस्ड रिसर्च प्रोजेक्ट एजेंसी (ए.आर.पी.ए.) ने सन् 1969 में ए.आर.पी.ए.नेट के रूप में इसकी शुरुआत की थी। इसका मूल उद्देश्य देश के विभिन्न भागों में फैली सैनिक छावनियों के बीच आपसी सम्पर्क स्थापित करना था। आपसी संवाद के रूप में इंटरनेट के आविष्कार की एक वजह यह भी थी कि इसके द्वारा प्रेषित सूचनाएँ जहाँ एक ओर सही होती थीं, वहीं गोपनीय भी होती थीं। उसमें आँकड़ों को छोटे पैकेटों में भेजा जाता था और वे विभिन्न रूटों से अपने गन्तव्य तक पहुँचते थे।

इंटरनेट के जन्म के लगभग दस साल बाद अर्थात् सन् 1979 में एक शैक्षिक नेटवर्क 'यूजनेट-न्यूज' के रूप में उसका पहला सार्वजनिक विस्तार हुआ, पर वह भी सरकारी नियन्त्रण के अधीन ही। आठवें दशक के उत्तरार्ध में अमेरिकी सरकार ने 'नेशनल साइंस फाउंडेशन' के माध्यम से पाँच सुपर कम्प्यूटर केन्द्रों की स्थापना की जो इंटरनेट के प्रमुख संयोजक-बिन्दु बने और इनके द्वारा कई विश्वविद्यालयों और अनुसन्धान प्रयोगशालाओं को आपस में जोड़ा गया।

नौवें दशक से सूचना क्रान्ति के क्षेत्र में एक और नयी घटना घटी पर्सनल कम्प्यूटर की। उसके पहले तक बड़े व्यवसायी मिनी कम्प्यूटर या मेनफ्रेम का ही उपयोग करते थे परन्तु अब वे माइक्रो कम्प्यूटर का उपयोग करने लगे जिसे डेस्क टॉप कम्प्यूटर, पर्सनल कम्प्यूटर या पी.सी. कहा जाने लगा। यह अपने आप में पूर्ण मशीन थी, परन्तु अलग-थलग थी और उसके द्वारा दूसरे कम्प्यूटर से सम्पर्क स्थापित नहीं किया जा सकता था। इस कमी को दूर करने के लिए स्थानीय नेटवर्क (लोकल एरिया या नेटवर्क) तथा व्यापक नेटवर्क (वाइड एरिया नेटवर्क) की संकल्पना विकसित हुई। इनकी वजह से ई-मेल दैनिक संचार का माध्यम बना।

इंटरनेट के क्षेत्र में एक नयी उपलब्धि सन् 1990 में वर्ल्ड वाइड वेब (डब्लू.डब्लू.डब्लू.) का आविष्कार थी। जिससे इंटरनेट के क्षेत्र में एक और क्रान्ति आ गई। यूरोपियन हाई एनर्जी फिजिक्स लैब के भौतिक वैज्ञानिकों द्वारा विकसित किये गये इस नये सॉफ्टवेयर से अब इंटरनेट पर कहीं से भी कोई भी सूचना संगृहीत की जाने लगी और नेटवर्क के उपयोगकर्ता तरह-तरह की जानकारियों की खोज दूसरे कम्प्यूटरों पर करके अपने कम्प्यूटरों पर उसे संगृहीत करने लगे। हजारों मील दूर चल रहे वैज्ञानिक अनुसन्धानों को दूसरा वैज्ञानिक अपने कम्प्यूटर पर पढ़ने और देखने लगा। इससे कई गोपनीय चीजें भी सार्वजनिक होने लगीं। इसके बाद आया ग्राफिक ब्राउजर का युग, जिसका आविष्कार *मार्क ऐंड्रीसन* नामक एक युवा विद्यार्थी ने किया और मोजाइक के माध्यम से विश्व व्यापी संजाल (डब्लू.डब्लू.डब्लू.) से सूचनाएँ संचरित हुई जिससे इंटरनेट जन-जन का आत्मीय हो गया।

भारत में इंटरनेट का विकास

भारत में सर्वप्रथम सैनिक अनुसन्धान नेटवर्क (ई.आर.नेट.) ने शैक्षिक और अनुसन्धान क्षेत्रों के लिए उसका उपयोग शुरू किया। ई.आर.नेट. भारत सरकार के इलेक्ट्रॉनिक विभाग तथा यूनाइटेड नेशंस डेवलपमेंट प्रोग्राम का एक संयुक्त उपक्रम था।

भारत में ई.आर.नेट. को काफ़ी सफलता मिली और इसने अनेक नोडों का परिचालन शुरू किया। लगभग आठ हजार से अधिक वैज्ञानिकों और तकनीशियनों द्वारा ई.आर.नेट. की सुविधाएँ प्राप्त की जाने लगीं। एन.सी.एस.टी., मुम्बई द्वारा अन्तर्राष्ट्रीय सम्पर्क प्राप्त किया जाने लगा।

15 अगस्त, 1995 को विदेश संचार निगम लिमिटड ने गेटवे इंटरनेट एक्सेस सर्विस (जी.आई.ए.एस.) की स्थापना वाणिज्यिक तौर पर की। इसने मुम्बई, दिल्ली, चेन्नई, कोलकाता, बंगलुरु और पुणे में छह इंटरनेट नोड स्थापित किये। उसने अमेरिका, जापान, इटली आदि देशों की इंटरनेट कम्पनियों से समझौता करके देश के प्रमुख शहरों में इंटरनेट की सुविधाएँ उपलब्ध करवाईं। उसके बाद दूर संचार विभाग से मिलकर उसने देश के अन्य बड़े शहरों को भी इंटरनेट से जोड़ा। तत्पश्चात् दूरसंचार विभाग ने आई.नेट. नामक नेटवर्क के द्वारा देश के दूर-दराज इलाकों को भी इंटरनेट से जोड़ने का भी काम शुरू किया।

सन् 1994 की उदारीकरण नीति ने इस क्षेत्र में निजी कम्पनियों के प्रवेश के लिए भी रास्ता खोल दिया। सरकार द्वारा बनायी गयी इंटरनेट नीति के फलस्वरूप कई देशी-विदेशी कम्पनियाँ आज भारत के इंटरनेट प्रेमियों को इंटरनेट सुविधाएँ प्रदान कर रही हैं। इंटरनेट के ग्राहकों की संख्या क्रमशः बढ़ रही है। अनेक शैक्षिक संस्थाओं, अनुसन्धान संस्थाओं, सरकारी विभाग, निर्वाचन आयोग विभिन्न राजनीतिक पार्टियों ने अपनी-अपनी वेबसाइट्स भी निर्मित कर ली हैं।

भारत के अख़बार और पत्रिकाएँ अब इंटरनेट पर उपलब्ध हैं। द टाइम्स ऑफ इंडिया, द हिन्दुस्तान टाइम्स, द एशियन एज, इंडियन एक्सप्रेस, द स्टेट्समैन, द टेलीग्राफ आदि इंटरनेट पर हैं। इंडिया टुडे और आउटलुक जैसी पत्रिकाएँ भी इंटरनेट पर हैं। समाचार और रिडिफ्यूजन जैसी कुछ वेबसाइट्स कई अग्रणी अख़बारों और पत्रिकाओं से ख़बरें संगृहीत कर उसे उपयोगकर्ताओं के लिए इंटरनेट पर उपलब्ध कराती हैं।

विचारक *एल्विन टॉफलर* ने 'थर्ड वेब' (तीसरी क्रान्ति) नामक पुस्तक लिखी है। उन्होंने दस हजार वर्ष पूर्व की कृषि क्रान्ति एवं चार सौ वर्ष पूर्व की औद्योगिक क्रान्ति के बाद आज सूचना प्रौद्योगिकी में क्रान्ति को तीसरी लहर या तीसरी क्रान्ति का दर्जा दिया है। कम्प्यूटर, इलेक्ट्रॉनिक्स एवं कम्यूनिकेशन के मेल से पूरी दुनिया को जोड़ने का जो सिलसिला चल रहा है वह हमारे सोचने समझने और जीवन की पद्धति को पूरी तरह से बदलने जा रहा है। इंटरनेट का आगमन और उसका बढ़ता प्रचलन इस सूचना क्रान्ति की ही अगली सीढ़ी है। काल क्रम से इंटरनेट का विकास निम्नवत् है :

1962– पॉल बैरन, रैण्ड कॉरपोरेशन ने पैकेट स्विच तकनीक पर आधारित कम्प्यूटर नेटवर्क की परिकल्पना की।

1967– एडवांस्ड रिसर्च प्रोजेक्ट एजेंसी (ARPA सैन्य संगठन) ने ARPANET बनाने के सम्बन्ध में विचार-विमर्श आरम्भ किया।

1969– ARPANET का निर्माण किया गया, जिसके अन्तर्गत अमेरिका के सात संस्थानों स्टेनफोर्ड रिसर्च संस्थान, UCLA, UC, SANTA, BARBARA तथा उटा (UTAH) विश्वविद्यालयों में स्थित एक-एक कम्प्यूटर को जोड़कर 4 कम्प्यूटरों का नेटवर्क बनाया गया।

1971– ARPANET से अब 23 कम्प्यूटर जुड़ गये हैं जो कम्प्यूटर अमेरिका के विश्वविद्यालयों व रिसर्च संस्थानों में स्थापित थे।

1972– इंटरनेटवर्किंग ग्रुप (INWG) बढ़ते नेटवर्क के लिए मानक (STANDARD) बनाने के लिए बनाया गया। इसका प्रथम अध्यक्ष *विन्टन सर्फ* (VINTON CERF) को बनाया गया जिन्हें इंटरनेट का पितामह (Father of Internet) कहा गया।

1973– लन्दन स्थित यूनिवर्सिटी कॉलेज तथा नार्वे स्थित रॉयल रडार संस्थान के कम्प्यूटर ARPANET से जोड़े गये।

1974– TELNET का विकास हुआ तथा ARPANET का वाणिज्यिक उपयोग प्रारम्भ हुआ।

1975– स्टोर एवं फॉरवर्ड (Store & Forword) प्रकार के नेटवर्क बनाये गये। ब्रिटेन की महारानी एलिजाबेथ ने पहली बार E-mail भेजी।

1977– UUCP के उपयोग द्वारा THEORYNET बनाया गया जिसके द्वारा 100 से अधिक रिसर्च कार्य में लगे वैज्ञानिकों को E-mail की सुविधा दी गयी।

1979– ड्यूक विश्वविद्यालय के टॉम ट्रसकॉट व जिम एलिस तथा नार्थ कैलिफोर्निया विश्वविद्यालय के *स्टीव वैलोविन* ने प्रथम USENET न्यूज़ ग्रुप बनाया।

1981– (i) BITNET (BECAUSE ITS TIME NETWORK) का विकास हुआ।
(ii) CSNET (COMPUTER SCIENCE NETWORK) बनाया गया।
फ्रेंच टेलीकॉम द्वारा पूरे फ्रांस के लिए MINITEL नाम से नेटवर्क स्थापित किया गया।

1982– समस्त इंटरनेट उपयोगकर्ताओं के लिए एक समान (Common) प्रोटोकॉल TCPèIP (TRANSMISSON CONTROL PROTOCOLèINTERNET PROTOCOL) का विकास हुआ। 'इंटरनेट' नाम पहली बार प्रयुक्त किया गया।

1983– ARPANET दो भागों में MILNET (MILATORY NETWORK) तथा ARPANET में विभक्त किया गया।
टॉम जेनिंग्स द्वारा FIDONET का विकास किया गया।

1984– डोमेन नेम सर्वर (DOMAIN NAME SERVER) प्रणाली का विकास। JUNET (JAPAN UNIX NETWORK), UUCP का उपयोग करते हुए बनाया गया।
इंटरनेट के HOST कम्प्यूटरों की संख्या 1000 से ऊपर हो गयी। पहली बार साइबरस्पेस (CYBERSPACE) का नाम इंटरनेट को दिया गया।

1987– इंटरनेट HOST कम्प्यूटरों की संख्या 10,000 हो गयी UUNET निर्मित किया गया, जिससे कि UUCP व USENET का वाणिज्यिक उपयोग हुआ।

1988– INTERNET WORM नामक कम्प्यूटर प्रोग्राम ने इंटरनेट से जुड़े 60,000 कम्प्यूटरों में से 6000 को अस्थायी रूप से निष्क्रिय बना दिया।
कम्प्यूटर इमरजेंसी रिस्पॉन्स टीम, कम्प्यूटर नेटवर्क सुरक्षा को दृष्टिगत रखते हुए बनायी गयी।

1989– BITNET तथा CSNET को मिलाकर कॉरपोरेशन फॉर रिसर्च ऐंड एजुकेशन नेटवर्किंग (Coporation for Research & Education Networking) बनाया गया।

1990– ARPANET को समाप्त कर दिया गया तथा नेटवर्क ऑफ नेटवर्क्स के रूप में इंटरनेट प्रतिष्ठापित हुआ।
पीटर ड्यूश, एलन एक्टेज व *बिल हीलन* ने ARCHIE को जारी किया, जिससे कि इंटरनेट के कम्प्यूटरों पर उपलब्ध सामग्री को आसानी से प्राप्त किया जाने लगा।

1991– GOPHER को पॉल लिंडर व *मार्क मैकहिल* ने विकसित किया।
वाइड एरिया इन्फॉर्मेशन सर्वर (WAIS) का विकास।

1992– इंटरनेट पर ऑडियो व वीडियो को भी भेजा जाना सम्भव।
इंटरनेट सोसायटी (ISOC) की स्थापना।
वर्ल्ड वाईड वेब (WWW) को *टिम* व *बर्नस ली* ने विकसित किया।

1993– MOSAIC नामक पहला ग्राफिक आधारित वेब ब्राउजर विकसित किया गया।
INTERNIC का गठन।
इंटरनेट पर डाटा ट्रेफिक 351, 634% की दर से बढ़ा।

1994– इंटरनेट शॉपिंग केा आरम्भ।
इंटरनट पर विज्ञापन देना आरम्भ।

1995– NSFNET पुनः रिसर्च कार्यों तक सीमित।

सन माइक्रोसिस्टम ने इंटरनेट प्रोग्रामिंग भाषा JAVA का विकास किया।

1996– इंटरनेट से जुड़े कम्प्यूटरों की संख्या 10 मिलियन से अधिक हो गयी। 150 से अधिक देशों के कम्प्यूटर इंटरनेट से जुड़ गये।

1998– भारत में प्रत्येक स्थान पर इंटरनेट को पहुँचाने के प्रयास आरम्भ। नेशनल इन्फरमेटिक्स पॉलिसी बनायी गयी।

1999– भारत में सूचना प्रौद्योगिकी मन्त्रालय का गठन।

इंटरनेट कब्जा रहे हैं 'शैतानी' रोबोट

इंटरनेट की आधुनिक प्रवृत्ति पर प्रिंट मीडिया 'दैनिक जागरण' (10 फरवरी, 2017) की प्रस्तुति विवरणीय है :

आज जीवन को बेहतर बनाने वाले इंटरनेट पर प्रतिदिन रोबोट का कब्जा बढ़ रहा है। इंटरनेट की भाषा में इन्हें बॉट कहते हैं। इनमें से शैतानी बॉट की हिस्सेदारी ख़तरनाक स्तर पर पहुँच रही है। यह दावा अमेरिकी तकनीकी कम्पनी इंपरवा इंकैप्सूला ने अपनी बॉट ट्रैफिक रिपोर्ट-2016 में किया है। उसके मुताबिक पिछले साल कुल इंटरनेट ट्रैफिक पर अच्छे और शैतानी बॉट की कब्जेदारी आधे से अधिक रही। इसमें शैतानी बॉट का कब्जा चौथाई से भी अधिक देखा गया। इनसे कारोबार को सालाना सात अरब डॉलर की चपत लगती है। साथ ही साइबर हमले का ख़तरा पहले से अधिक हो गया है।

क्या हैं बॉट : इन्हें इंटरनेट रोबोट या वेब रोबोट भी कहते हैं। ये स्वचालित सॉफ्टवेयर एप्लीकेशन होती हैं। इनका इस्तेमाल इंटरनेट ट्रैफिक में विभिन्न कार्यों के लिए होता है। ये बॉट इन कार्यों को इंसानों से कई गुना कम समय में बड़े स्तर पर करते हैं। इनमें इंटरनेट पर मुद्रा बदलना (करेंसी कन्वर्टर), जिप कोड बताना, खेल के स्कोर बताने जैसे कार्य शामिल हैं।

दो प्रकार के होते हैं बॉट : बॉट दो प्रकार के होते हैं। एक वे जिन्हें कम्पनियाँ अपने इंटरनेट ट्रैफिक कार्य के लिए बनाती हैं, इन्हें अच्छे बॉट कहते हैं। दूसरे हैं शैतानी बॉट, इनका इस्तेमाल हैकर या आपराधिक प्रवृत्ति के लोग अपने फायदे के लिए करते हैं।

इंटरनेट पर एक नजर

1.14 अरब वेबसाइट्स, 3.56 अरब सर्च ईंधन यूजर्स, 56 हजार प्रतिदिन हैक होने वाली वेबसाइट्स, 2.66 अरब जी.वी. (GB) प्रतिदिन का औसत इंटरनेट ट्रैफिक।

एक लाख वेबसाइटों का विश्लेषण : कम्पनी ने इंटरनेट पर 16.7 अरब बॉट और लोगों की विजिट का आकलन किया। इसके लिए एक लाख वेबसाइटों पर नजर रखी। डाटा 9 अगस्त से 6 नवम्बर, 2016 के बीच एकत्र किया गया।

ख़तरनाक हैं शैतानी बॉट : इनसे इंटरनेट ट्रैफिक को धीमा किया जाता है। वेबसाइट हैक की जाती है। डेनियल ऑफ सर्विस अटैक (डी.ओ.एस.) या साइबर अटैक के जरिये मुख्य सर्वर से जुड़े ट्रैफिक को काटकर इंटरनेट ठप कर दिया जाता है। इनसे क्रेडिट और डेबिट कार्ड के जरिये फर्जी भुगतान भी किया जाता है।

94.2 % वेबसाइट होती हैं प्रभावित : पिछले पाँच सालों में प्रत्येक वेबसाइट पर हर तीसरा विजिटर शैतानी बॉट रही। इनके साइबर हमलों से कारोबार भी प्रभावित होता है। सर्वे में शामिल एक लाख वेबसाइट्स में से 94.2 प्रतिशत में 90 दिनों में ऐसा एक साइबर हमला दर्ज किया गया।

इंटरनेट और पत्रकारिता

इंटरनेट विश्व की वित्तीय स्थिति का सफल सूचना शास्त्र है। *डॉ. सुधीश पचौरी* ने आज की पत्रकारिता और इंटरनेट के महत्त्व पर प्रकाश डाला है :

"इंटरनेट शब्द और सूचना को इलेक्ट्रॉनिक चरित्र दे देता है। इसमें आकर सूचना तेज गति वाली, भूमण्डलीय और प्रत्यक्ष अधिक हो जाती है। इंटरनेट के बाद अख़बार खत्म तो नहीं होते, लेकिन उनका स्वरूप, उनका ढाँचा, उनकी सूचना का रूप, संचार तेज़ी से प्रभावित होता है। इंटरनेट पुराने ढंग की पत्रकारिता को खत्म कर देता है। यहाँ सभी पत्रकार हो सकते हैं और सभी ख़बर योग्य। इंटरनेट का संजाल किसी भी किस्म के सेंसर को सम्भव नहीं रहने देता, क्योंकि सेंसर होने का अर्थ ही है इंटरनेट की असम्भवता। इंटरनेट का अर्थ है सेंसर के परे चले जाना। पोर्न वेबसाइट या क्लिंटन के यौनाचार के बारे में इंटरनेट पर उपलब्ध कथा को तभी रोका जा सकता है जब आप सारी टेली-लाइनों को खत्म कर दें।"

वैसे तो दुनियाभर में इंटरनेट के कारण पुराने पड़ गये क़ानूनों को नया करने का विचार चल रहा है, लेकिन तकनीशियन बताते हैं कि इस क्षेत्र में कोई भी प्रभावी क़ानून 'ग्लोबल' ढंग का ही बन सकता है। स्थानीय क़ानून इसे अनुशासित नहीं कर सकते। इस अर्थ में यह एक 'ग्लोबल' जनतन्त्र की माँग पैदा करता है।

भारत में इंटरनेट कनेक्शन देने की इजारेदारी विदेश संचार निगम लिमिटेड के पास है और कभी-कभी संचार मन्त्रालय किसी सेंसर की बात करता नजर आता है। निगम के पास जितनी इंटरनेट लाइनें और तकनीक देने की क्षमता, उससे इंटरनेट सेवाओं में पहले ही ट्रैफिक जैम लगा रहता है। दिल्ली जैसे शहरों में वेबसाइट पर दिन में जाना असम्भव-सा रहता है और लोग रात को ही लाइन क्लीयर पाते हैं। ऐसी स्थिति में यदि विदेशी खिलाड़ी इंटरनेट के क्षेत्र में उतर आते हैं तो निगम कहाँ तक अपना कथित सेंसर लगा पाएगा? इंटरनेट के युग में, साइबरस्पेस में कोई भी सेंसर काम नहीं करती।"

समाचार-पत्र इंटरनेट पर

नयी सूचना प्रौद्योगिकी और वेब तकनीकी को देश के बड़े अख़बार वालों ने अपनाया। आज हम देश-विदेश के कई हिन्दी दैनिकों को घर बैठे पढ़ सकते हैं। इनमें अमर उजाला, अमेरिका की आवाज़ (वायस ऑफ अमेरिका), आगरा न्यूज़, आज, आज तक, इरान समाचार, ई.एम.एम. इंडिया (समाचार-पत्रों को बहुभाषीय समाचार सेवा प्रदान करने वाला स्थल), उत्तरांचल टाइम्स, एक्सप्रेस न्यूज़, ख़ास ख़बर, जन समाचार (भारतीय व भारतीय ग्रामीण मुद्दों से सम्बन्धित समाचार-पत्र), डियूश वेल्ल (जर्मन रेडियो द्वारा प्रसारित हिन्दी कार्यक्रम), पाँचजन्य, इंडिया टुडे, डेली हिन्दी मिलाप, द गुजरात, दैनिक जागरण, ई-पेपर, दैनिक भास्कर, नयी दुनिया, नवभारत अख़बार, नवभारत टाइम्स, पंजाब केसरी, प्रभा साक्षी, प्रभात ख़बर, बी.बी.सी. हिन्दी ख़बरें—यूनीवार्ता, राजस्थान पत्रिका, राष्ट्रीय सहारा, रीडिफ.कॉम, रेडियो चाइना, ऑनलाइन, लोकतेज, लोकवार्ता समाचार, वाह मीडिया, विजय द्वार, वेब दुनिया, समाचार ब्यूरो, सरस्वती पत्र (कनाडा का हिन्दी समाचार), सहारा समय, सिफ़ी हिन्दी, एम.एस.एन. हिन्दी, सुमनसा हरिभूमि आदि प्रमुख हैं। इन अख़बारों को पढ़ने के लिए यद्यपि हिन्दी के पाठक को अलग-अलग फॉन्ट की आवश्यकता होती है परन्तु सम्बन्धित अख़बार की साइट से उस फॉन्ट विशेष को चन्द मिनटों में ही मुफ्त डाउनलोड और इंस्टाल करने की भी सुविधा दी गयी है। हिन्दी फॉन्ट की जटिल समस्या से हिन्दी पाठकों को मुक्त करने के लिए शुरुआती समाधान के रूप में डायनामिक फॉन्ट का भी प्रयोग किया जा रहा है। डायनामिक फॉन्ट ऐसा फॉन्ट है जिसे उपयोगकर्ता द्वारा डाउनलोड करने की आवश्यकता नहीं होती बल्कि सम्बन्धित जाल-स्थल पर उपयोगकर्ता के पहुँचने से फॉन्ट स्वयमेव उसके कम्प्यूटर में डाउनलोड हो जाता है। कई ऐसे अख़बार हैं जिससे जुड़कर हिन्दी कंप्यूटिंग में दक्ष एवं सक्रिय पत्रकार और फोटोग्राफर मान और मानदेय दोनों अर्जित कर सकता है। वह देश एवं विदेश के बड़े ख्यातिनाम पत्रकारों से नियमित सम्पर्क कर अपने कौशल को भी बढ़ा सकता है। एक ऐसी ही वेबसाइट है : श्वूंग। यहाँ निःशुल्क, किसी सारांश, समीक्षा, सार, पुस्तक की चर्चा को 34 भाषाओं में पढ़ने के लिए आमन्त्रित किया जाता है। श्वूंग साहित्य (हर प्रकार की पुस्तकें), समाचार-पत्र, वेबसाइट और अकादमिक प्रसंग से कोई दर्शनशास्त्र, इतिहास, मनोविज्ञान, समाजशास्त्र, नृतत्त्वविज्ञान, भाषा-विज्ञान, आयुर्विज्ञान, गणित, भौतिक विज्ञान, खगोलीय भौतिकी, खगोलशास्त्र, जीवविज्ञान, रसायनशास्त्र, जैव-रसायनशास्त्र, जैव-प्रौद्योगिकी, इंजीनियरी, पर्यावरण, क़ानून, अर्थशास्त्र, व्यापार प्रबन्धन और अन्य का सार प्रदान करता है।

इंटरनेट पर हिन्दी पृष्ठों को समृद्ध करते ब्लॉगर

लेखन की नयी तकनीक 'ब्लॉग' का आगमन इंटरनेट पर लेखन की दिशा में क्रान्तिकारी सिद्ध होने लगा है। वेब-लॉग की शॉर्ट फॉर्म है ब्लॉग, यानी एक ऑनलाइन निजी डायरी। अब इस डायरी पर आप कविता लिखें या कहानी। उपन्यास रखें या ललित निबन्ध या फिर समाचार टंकित करें। खास बात यह है कि ब्लॉग पर लिखने के लिए यह ज़रूरी नहीं कि आप बहुत बड़े लेखक, पत्रकार, कवि या विचारक ही हों। ज़रूरत है तो ब्लॉग पर क्लिक करने की और बस लग जायेंगे आपके विचारों को पंख। ब्लॉग आपको अपने विचारों को पंख लगाने का मुफ्त स्पेस देते हैं। कुछ भी लिखेंगे, फीडबैक मिनटों में मिल जाता है। यानी किताब लिखने से ज़्यादा फास्ट और फायदेमन्द। फायदेमन्द इसलिए क्योंकि यहाँ लिखने के लिए न तो आपको किसी पब्लिशर के चक्कर काटने पड़ेंगे और न ही किसी सम्पादक की कैंची का मोहताज होना पड़ेगा। अपनी पहचान को पूरी तरह छिपाते हुए आप साइबर कम्युनिटी का हिस्सा यानी ब्लॉगर बन सकते हैं। कुछ ही समय पहले हिन्दी के 2-4 लेखक ही ब्लॉग तकनीक का फायदा उठाकर अपनी रचनात्मकता को इंटरनेट पर प्रदर्शित कर रहे थे पर खुशी की बात है कि देखते-ही-देखते विगत 5-6 माह के भीतर इनकी संख्या 284 तक पहुँच चुकी है, शायद इससे भी और ज़्यादा, क्योंकि प्रतिदिन कोई न कोई हिन्दी प्रेमी यहाँ अपनी अभिव्यक्ति के लिए पधार रहा है। यानी कि हिन्दी वाले भी इस दिशा में पीछे नहीं हैं।

साहित्य तथा हिन्दी के साहित्येतर वाङ्मय (कला, विज्ञान, चिकित्सा, प्रौद्योगिकी, अर्थशास्त्र, दर्शनशास्त्र, खेल, सामयिक मुद्दों, राजनीति, परिवार, शिक्षा, पेंटिंग जैसे कई विषयों) से इंटरनेट को समृद्ध करने वाले कुछ महत्त्वपूर्ण ब्लॉग हैं—A Journey, An Inner Voice, Anandpur, Satsang, Anoobhuti, Apnidhapli, Archnaakhyan Arvind Das, अभिव्यक्ति, अँखियों के झरोखों से, अन्तरजाल पर पहला छत्तीसगढ़ी उपन्यास, अन्तर्मन, अन्दाज़-ए-बयाँ और अक्षरग्राम, अनकही बातें, अनुभूति कलश, अपनी बात, अबे कस्बाई मनू, अभिरंजन कुमार का ब्लॉग, अभिरुचि, अरुण उवा, अर्ज किया है, आइए हाथ उठाएँ हम भी, आइना, आओ सीखें संस्कृति भाषा, आज का सवाल (Today's Question), आलेख, इधर-उधर की, इन्द्रधनुष, ई-स्वामी, उड़न तश्तरी, उत्तरा, उत्तरांचल, एक अनोखी दास्तान, एक और नज़रिया (Anderer Standpunkt), एक दीवाना, एक मनोविचार, एक मुलाकात, एक शाम मेरे नाम, कचराघर (Recycle Bin), कटिंग चाय, कतरनें (Snippets) कथाओं का सिलसिला, कथक के साथ!!, काव्यगमन, की-बोर्ड का रिटायर्ड सिपाही, कुछ बतकही, दुनिया मेरी नजर से, समय नष्ट करने का श्रेष्ठ साधन आदि।

12

रेडियो
(Radio)

"निश्चय ही भारत जैसे विशाल देश में प्रसारण जितनी शिक्षा दे सकता है, उतना कोई माध्यम नहीं कर सकता है।"

—फील्डेन

× × ×

"Radio is a means of communication of unparallel immediacy, intimacy and power, information, education and of entertainment."

× × ×

Radio provides speed-up of information that also cause acceleration in other media. It certainy contracts the world to village size creates insatiable village tastes for gossip, rumour and personal malice.

–Marshall Mcluhan

× × ×

"यह तो एक अद्‌भुत चमत्कार है।" *—महात्मा गाँधी*

भारतीय आर्षग्रन्थों में 'नाद ब्रह्म' और 'शब्द ब्रह्म' का उल्लेख मिलता है। वेदों में वर्णित है कि ध्वनि से सृष्टि की रचना हुई। 'नादाधीनं जगत् सर्वम्' के अनुसार ध्वनि में ही ब्रह्माण्ड का विस्तार होता है तथा ध्वनि में ही वह विलीन होता है। ध्वनि से वाणी की उत्पत्ति हुई। वाणी मन का यथार्थ चित्र है। वाणी से ही सबकी पहचान सम्भव है :

बोलत ही पहचानिये, साहु चोर को घाट।
अन्तर की करनी सबै, निकसै मुख की बाट॥

—कबीर

ध्वनि के सम्प्रेषक रेडियो से वस्तुतः वाणी का बहुत विकास हुआ है। साक्षरों की बात कौन करे, आज निरक्षर, निर्धन और नेत्रहीन के लिए रेडियो वरदान है। रेडियो ही लोकतन्त्र का सम्बल और विश्व में विचारों के सम्प्रेषण का एक श्रेष्ठ माध्यम है। रेडियो तो आकाशीय विद्यापीठ (Schools of the Air) है जिसके द्वारा विश्व का ज्ञान हो जाता है।

रेडियो की क्षिप्रता, तात्कालिकता, चुस्ती-फुर्ती से सम्बन्धित एक घटना का उल्लेख है। रूस के राष्ट्राध्यक्ष *खुश्चेव* विदेश-यात्रा के लिए हवाई जहाज पर बैठने जा रहे थे कि उन्होंने देखा कि उनकी पैंट एक किनारे पर फटी हुई है। वे

किंकर्तव्यविमूढ़ थे। हवाई जहाज के छूटने की तैयारी हो चुकी थी। अचानक उनका एक सहयोगी हाथ में पैंट लेकर दौड़ता नजर आया। ख़ुश्चेव की दुश्चिन्ता मिटी। उन्होंने पूछा, पैंट फटी होने की ख़बर तुम्हें कैसे मिली? सहयोगी ने बताया कि, अभी-अभी बी. बी. सी. से ख़बर मिली है।

ध्वनि और शब्द के सामंजस्य का सर्वोत्तम माध्यम रेडियो है। रेडियो मौखिक परम्परा का एक आधुनिक रूप है जिसमें ध्वनि ही शब्द की शक्ति है, शब्द का अर्थ है। रेडियो स्वास्थ्य, शिक्षा, कृषि, पर्यावरण, प्रबन्धन के क्षेत्रों में सूचनाओं के त्वरित प्रसारण द्वारा मानव-जीवन में गुणात्मक परिवर्तन का आधार बन चुका है।

टी. वी. द्वारा प्रस्तुत विकृतियों में मुक्ति पाने की लालसा रेडियो द्वारा ही पूरी हो सकती है। लोक-संस्कृति का संरक्षक रेडियो ही है। टी. वी. की तुलना में रेडियो अपने श्रोताओं से आत्मीय जीवन्त सम्बन्ध बनाये रखता है। वस्तुतः यह एक विस्तृत संचार-माध्यम है।

संहिता : सन् 1967 में राष्ट्रीय स्तर की राजनीतिक पार्टियों ने मिलकर आकाशवाणी प्रसारणों के लिए एक संहिता तैयार की जिसके अनुसार निम्न बातें प्रसारण हेतु वर्जित हैं :

1. मित्र राष्ट्रों की आलोचना।
2. धर्म या सम्प्रदाय पर आक्षेप।
3. अश्लील या मानहानि।
4. उत्तेजक, हिंसा भड़काने वाला।
5. क़ानून-व्यवस्था के प्रतिकूल।
6. न्यायालय की अवमानना।
7. राष्ट्रपति या राज्यपाल की निन्दा।
8. किसी राजनीतिक दल पर नाम लेकर आक्षेप।
9. केन्द्र या राज्य सरकार की आलोचना।
10. संविधान का अनादर।

उपर्युक्त वर्जनाओं के अतिरिक्त राष्ट्रीय आपात्काल, प्राकृतिक आपदा के अलावा धन-संग्रह अपीलें उपेक्षणीय हैं। व्यक्ति तथा संस्था को सीधे प्रचार की अनुमति नहीं दी जानी चाहिए।

रेडियो, टी. वी. और समाचार-पत्र

टी. वी. के प्रसार से शहरी क्षेत्रों में कुछ सीमा तक रेडियो प्रभावित है लेकिन दूर-दूर तक भारत के गाँवों में अपनी विविधता तथा सुलभता के कारण इसकी लोकप्रियता बढ़ती जा रही है। संसार में जहाँ भी टी. वी. का प्रादुर्भाव हुआ वहाँ रेडियो पर कोई विपरीत प्रभाव नहीं पड़ा। अपने व्यस्त जीवन में उलझा हुआ मानव एक जगह कैद होकर टी. वी. पर अधिक देर तक नजर नहीं टिका सकता। ऐसी स्थिति में उसे रेडियो का ही सहारा चाहिए। रेडियो देश के कोने-कोने की सभी स्थानीय भाषाओं, बोलियों में अपने कार्यक्रम प्रसारित करता है जो टी. वी. हेतु सम्भव नहीं है। इस तरह रेडियो आम जनता का अधिक आत्मीय है। यात्रा में कार्य करते समय रेडियो ही साथी होता है।

इंग्लैंड में टी. वी. के आने पर बी. बी. सी. को सुनना एकदम कम हो गया तो डायरेक्टर्स की बैठक हुई जिसमें निर्णय लिया गया कि रेडियो के कार्यक्रमों को इतना अधिक आकर्षक, मनोरंजक और ज्ञानवर्द्धक बनाया जाये कि लोग उसे सुनने के लिए सदैव आतुर रहें। इस निर्णय पर अमल किया गया तथा बी. सी. सी. की प्रतिष्ठा ज्यों की त्यों बनी रही। अपने देश में भी ऐसी नीति अपनायी जा सकती है। इसकी अविश्वसनीयता और लोकप्रियता को द्विगुणित किया जा सकता है।

आज टी. वी. के कारण रेडियो पर जितना प्रभाव पड़ रहा है, उतना ही रेडियो के कारण प्रादुर्भाव पर समाचार-पत्रों के अस्तित्त्व के ख़तरे का प्रश्न उपस्थित हो गया। रेडियो आ जाने पर पत्रों को ख़रीदने और पढ़ने का कष्ट कौन करेगा, इस

प्रकार की दुश्चिन्ता में अमेरिका के अख़बार-मालिक पड़ गये तथा पत्र-सम्पादकों ने हर तरह से रेडियो की उपेक्षा की। पत्र-मालिकों को अपने भ्रम-विभ्रम से उस समय मुक्ति मिली जब वस्तुतः पत्र-पाठकों की संख्या बढ़ गयी। रेडियो से प्राप्त समाचारों को विस्तार से जानने की लिप्सा बढ़ गयी। रहस्यमय दुर्घटना सम्बन्धी समाचार जब रेडियो से प्रसारित होता है, तो बुद्धिजीवी पत्रों में प्रकाशित उस समाचार की पुष्टि कर लेता है। संक्षिप्त समाचार को विस्तार से जानने की कामना से समाचार-पत्रों का सहारा लिया ही जाता है। रेडियो से सुना गया समाचार विस्मृत हो जाता है किन्तु पत्र में प्रकाशित समाचार तो स्थायी स्वरूप ग्रहण कर लेता है जिसे बार-बार दुहराया जा सकता है। इस प्रकार समाचार-पत्रों को रेडियो के प्रति आभारी होना चाहिए। ठीक ऐसे ही रेडियो को भी टी. वी. के प्रति आभार व्यक्त करना चाहिए कि उसने प्रतिस्पर्द्धा का वातावरण बनाया जिससे रेडियो को बहुआयामी होना पड़ा। व्ययसाध्य और यान्त्रिक संश्लिष्टता के कारण दूरदर्शन की सुविधा मनोवांछित स्थानों पर सरलता के साथ सुलभ नहीं है जबकि रेडियो दूर-दराज के पर्वतीय एवं दुर्गम क्षेत्रों में लोकप्रिय है। इलेक्ट्रॉनिक्स तरंगों की गति सीधी रेखा में चलने के फलस्वरूप इसके माध्यम से कोई संवाद दूर तक प्रसारित नहीं हो सकता। समुद्र पार बी. बी. सी. की ख़बरें अपने देश में सुनी जा रही हैं जब कि वहाँ के टी. वी. का लाभ हमें सुलभ नहीं हो पा रहा है। सन् 1971 में भारत-पाकिस्तान-युद्ध के दौरान आकाशवाणी की सहायता से ही *फील्ड मार्शल मानेकशा* की चेतावनी प्रभावकारी सिद्ध हुई, फलतः 65,000 पाक सैनिकों ने आत्म-समर्पण कर दिया।

रेडियो की विकास-यात्रा

प्रसार के विकास-क्रम को तब तक अच्छी तरह नहीं जाना जा सकता जब तक कि टेलीग्राफ, टेलीफोन, वायरलेस के विषय में अच्छी जानकारी प्राप्त न हो जाये। टेलीग्राफ के आविष्कारक *सेम्युअल एफ. बी. मोर्स* सम्प्रेषण-जगत् के जादूगर थे। वे मूलत : एक चित्रकार थे फिर भी विद्युत् उपकरणों में उनकी रुचि थी। यान्त्रिक विधि से सन्देश संचार सम्बन्धी टेलीग्राफी के सन्दर्भ में उनके सहयोगी *अल्फ्रेड वेल* ने उनकी आर्थिक सहायता की। सन् 1835-36 में दोनों ने मिलकर 17 सौ फीट लम्बे तार के माध्यम से सन्देश-प्रेषण का कार्य किया। सन् 1843 ई. में साइंस कांग्रेस की आर्थिक सहायता के फलस्वरूप वाशिंगटन से बाल्टीमोर तक टेलीग्राफ सन्देश संचारित किया गया। सन् 1866 में *साइट्स फील्ड* के नेतृत्व में समुद्रपारीय केबल बनाया गया। उसी समय अमेरिका से यूरोप को मोर्स कोड सन्देश भेजा गया जो त्वरित अन्तर्राष्ट्रीय संचार का एक प्रारम्भिक चरण था।

विद्युत् तारों से कोड सन्देश के संचार की सफलता के बाद मनुष्य की आवाज़ को एक स्थान से दूसरे स्थान तक पहुँचाने की चर्चा प्रारम्भ हुई। सन् 1861 में जर्मनी के वैज्ञानिक फिलिपस रीस (Philipp Reis), शिकागो के वैज्ञानिक *एलिशा ग्रे* ने 'बोलते तार' की संकल्पना की। सन् 1874 ई. में 'वेस्टर्न यूनियन' कम्पनी ने सर्वप्रथम सफलता प्राप्त की और टेलीफोन शब्द का प्रयोग हुआ। 14 फरवरी, 1876 को *अलेक्जेंडर ग्राहम बेल* ने यूनाइटेड स्टेट्स पेटेंट ऑफिस में 'बोलते टेलीफोन' के रजिस्ट्रेशन हेतु आवेदन पत्र प्रस्तुत किया। बेल टेलीफोन कम्पनी ने रेडियो को जन्म दिया जो संचार-जगत् का एक महत्त्वपूर्ण पड़ाव सिद्ध हुआ।

इतालवी इलेक्ट्रिकल इंजीनियर *मारकोनी* ने सन् 1895 में रेडियो का आविष्कार किया। सन् 1815 में उन्होंने एक मील की दूरी तक रेडियो संचार स्थापित करने में सफलता पायी। सन् 1896 में इंग्लैंड में उन्होंने इस दिशा में आगे प्रयोग किये और 'मारकोनीज वायरलेस टेलीग्राफ कम्पनी लिमिटेड नाम से अपनी कम्पनी की स्थापना की। पाँच वर्षों बाद सन् 1901 में वह अटलांटिक के पार पहला रेडियो सन्देश भेजने में सफल हुए। 1901 में उन्हें भौतिकी का नोबेल पुरस्कार प्रदान किया गया।

तार के माध्यम से ध्वनि-प्रेषण के बाद जेम्स क्लर्क मैक्सवेल ने बेतार के सन्देश पहुँचाने पर चिन्तन-मनन किया। सन् सन् 1888 में *हेनरिक हर्ट्ज* ने बेतार तरंगों के अस्तित्व को सिद्ध किया। उन्होंने बताया कि रेडियो तरंगें भी प्रकाश की तरंगों के समान परावर्तित की जा सकती हैं। 'मीडियम वेव... *हर्ट्ज* पर यह आकाशवाणी का वाराणसी केन्द्र है' इस उद्घोषणा

द्वारा वैज्ञानिक जन्मदाता *'हर्ट्ज'* के प्रति आभार ही व्यक्त करते हैं। इसी क्रम को आगे बढ़ाने में *गुगलिलमो मारकोनी* का नाम स्वर्णाक्षरों में अंकित है। उसने *हर्ट्ज* की प्रसारण-विधि, *मोर्स* की प्रयोग-विधि को समन्वित कर एंटीना द्वारा रेडियो ट्रांसमिशन को सम्भव बनाया। 2 जून, 1896 को *मारकोनी* को वायरलेस का पेटेंट मिला और वायरलेस के सार्वजनिक प्रसारण का सूत्रपात हुआ। *डी. फारेट* ने सन् 1906 में एफिल टॉवर के ऊपर से ध्वनि-संगीत का प्रसारण कर यह सिद्ध किया कि हवा में तैरते स्वर को हम यथावांछित रूप दे सकते हैं। सन् 1916 में डेविड सरनाफ ने प्रसारण को व्यावसायिक रूप देने में सफलता प्राप्त की तथा रेडियो संचार और जनसंचार का प्रभावशाली माध्यम बन गया।

रूस में 7 मई 'रेडियो दिवस' के रूप में जाना जाता है। सन् 1900 से 1904 तक *एलेक्जेंडर पोपोव* ने 'रसियन कॉन्फ्रेंस ऑफ इलेक्ट्रिकल इंजीनियरिंग' के समक्ष मानव-स्वर का प्रसारण किया। सन् 1910 में रसियन रेडियो ब्रॉडकास्टिंग कम्पनी स्थापित हुई। 21 अगस्त, 1922 को मॉस्को में एक रेडियो टेलीग्राफी स्टेशन ने कार्य शुरू किया तथा 28 जुलाई, 1924 को 'फ्रीडम ऑफ ब्रॉडकास्टिंग ला' की स्थापना हुई।

पीटर्सबर्ग (यू. एस. ए.) में सन् 1920 में प्रसारण केन्द्र स्थापित हुआ किन्तु 23 जनवरी, 1920 को चेम्सफोर्ड से मारकोनी कम्पनी ने सर्वप्रथम कार्यक्रम प्रसारित किया। प्रसारण का नियमित स्वरूप *जॉन रीथ* के निर्देशन में बी. बी. सी. द्वारा नवम्बर सन् 1920 में निर्धारित एवं प्रसारित हुआ। भारत में पोस्ट ऐंड टेलीग्राफ विभाग ने 'द टाइम्स ऑफ इंडिया' के सहयोग से संगीत के कार्यक्रम का प्रसारण बम्बई से अगस्त सन् 1921 में किया। प्रसारण केन्द्र से 175 किमी. दूर पूना के अपने निवास स्थान पर तत्कालीन गवर्नर ने इस अद्भुत प्रसारण को सुना तथा इसके विस्तार की कामना की। मद्रास प्रेसीडेंसी क्लम के नाम से 16 मई, 1924 को प्रसारण प्रारम्भ हुआ।

23 जुलाई, 1927 को 'इंडियन ब्रॉडकास्टिंग कम्पनी' की बम्बई प्रसारण शाखा का उद्घाटन तत्कालीन वायसराय *लॉर्ड इरविन* ने किया। अपने उद्घाटन-भाषण में उन्होंने कहा :

"...भारत के दूर-दराज गाँवों में ऐसे बहुत से लोग होते हैं जिनके लिए दिन का काम खत्म हो जाने के बाद समय काटना पहाड़ बन जाता है। बहुत से कर्मचारी व अन्य लोग होते हैं जिन्हें अपने काम के सिलसिले में ऐसे एकान्त स्थानों पर जाना पड़ता है जहाँ न तो अपने लोग होते हैं और न कोई साथी।... इन सबके लिए और इनके अलावा बहुतों के लिए प्रसारण एक वरदान सिद्ध होगा। मनोरंजन और शिक्षा दोनों की दृष्टियों से इसकी सम्भावनाएँ अधिक हैं यद्यपि इस समय शायद उनकी सीमा का अनुमान नहीं लगा पा रहे हैं।"

उपर्युक्त भाषण से सुस्पष्ट है कि रेडियो-केन्द्र की स्थापना के मूल में अंग्रेज़ अधिकारियों के मनोरंजन का भाव निहित था। उनके साथ भारतीयों के मनोरंजन पर कोई प्रतिबन्ध नहीं था क्योंकि शब्द ब्रह्म को सीमित नहीं किया जा सकता। 1 अप्रैल, 1930 से भारत-सरकार के उद्योग और श्रम विभाग ने प्रसारण-कार्य को अपने अधिकार-क्षेत्र में लिया तथा इसे 'इंडियन स्टेट ब्रॉडकास्टिंग सर्विस' के नाम से पुकारा एवं 8 जून, 1936 ई. को इसका नाम बदला गया। *लॉर्ड लिनलिथगो* द्वारा इसे 'ऑल इंडिया रेडियो' की संज्ञा से अभिहित किया गया। इसकी एक रोचक कहानी है। स्वयं *लियोनेल फील्डेन* ने अपनी पुस्तक 'द नेचुरल बेस्ट' में लिखा है कि :

"वाइस रीगल भोज के पश्चात् लॉर्ड लिनलिथगो को एक कोने में ले गया और सीधे रूप से कहा कि मैं बहुत परेशानी में हूँ और आपका परामर्श चाहता हूँ (वह अक्सर ऐसी स्थिति में खुलकर अच्छी तरह प्रतिक्रिया व्यक्त करते थे)। मैंने कहा कि मुझे विश्वास है कि आप मेरी इस बात से सहमत होंगे कि आई. एस. बी. एक बेढंगा शीर्षक है। थोड़ी देर रुकने के बाद उन्होंने अपना लम्बा सिर बुद्धिमत्तापूर्वक हिलाया। हाँ, बल्कि यह भारी भी है। मैंने कहा कि प्रसारण (ब्रॉडकास्टिंग) शब्द का प्रयोग पूर्ण रूप से अनुपयुक्त है क्योंकि सभी भारतीयों को ब्रॉडकास्टिंग कहना पड़ता है :'ब्रॉड' एक ऐसा शब्द है जिसके उच्चारण में उन्हें परेशानी होती है। मैंने कहा कि मैं दूसरा शीर्षक नहीं सोच सका, क्या आप मेरी मदद करेंगे? मैंने पुनः कहा, 'इंडियन स्टेट' एक ऐसा शब्द है जिसे वह भी अच्छी तरह जानते हैं कि मुश्किल सन् 1935 के अधिनियम के अनुरूप है। यह कुछ सामान्य होना चाहिए। वह बड़ी खूबसूरती से बोला, 'आल इंडिया', मैं थोड़ा आश्चर्यचकित हुआ और मुझसे

प्रशंसा व्यक्त किये बिना नहीं रहा गया। मैंने कहा–बिल्कुल सही परन्तु निश्चित रूप से ब्रॉडकास्टिंग नहीं। कुछ सोचने के बाद उन्होंने सुझाया–रेडियो। शानदार, मैंने कहा और क्या खूबसूरत शुरुआत है? वाइसराय ने अन्त में कहा कि उन्होंने इसे पहले ही अन्वेषित कर लिया था और इसमें और अधिक कठिनाई नहीं थी। मैंने तय कर लिया कि वाइसराय का दिया हुआ प्यारा नाम अवश्य अपनाया जाना चाहिए। इस प्रकार 'ऑल इंडिया रेडियो' का जन्म हुआ।"

ब्रॉडकास्टिंग को इंडस्ट्रीज मिनिस्ट्री से स्थानान्तरित कर सन् 1941 में नयी बनी मिनिस्ट्री *"सूचना और प्रसारण"* को हस्तान्तरित कर दिया गया। इसके तुरन्त पश्चात् दिल्ली, लखनऊ, मद्रास और तिरुची में नये आकाशवाणी केन्द्र खोले गये। नये स्टेशन लाहौर, पेशावर, ढाका में भी खोले गये जो अब पाकिस्तान और बांग्लादेश में हैं। उसी समय एक और नया विकास हुआ और यह था दिल्ली, बम्बई, कलकत्ता और मद्रास में शॉर्ट वेव ट्रांसमीटर्स की स्थापना। 21 वर्षों तक इसी शीर्षक से प्रसारण के बाद दिसम्बर, 1957 में सूचना एवं प्रसारण मन्त्रालय ने एक ज्ञापन के माध्यम से सभी केन्द्रों से किये जाने वाले प्रसारणों की उद्घोषणाओं में 'आकाशवाणी' शब्द के उपयोग करने का आदेश निर्गत किया जो आज भी जारी है।

इस 'आकाशवाणी' शब्द के प्रयोग पर दक्षिण भारत में विरोध हुआ। इसे 'उत्तर भारतीय सांस्कृतिक आक्रमण' का नाम दिया गया। उन्हें यह तथ्य ज्ञात नहीं था कि 'आकाशवाणी' शब्द की उद्भावना लगभग बाईस वर्षों पूर्व एक दक्षिण राज्य में हुई थी। यह उल्लेख है कि मैसूर राज्य में वहाँ के महाराज ने सन् 1935 में 'आकाशवाणी' नामक रेडियो स्टेशन स्थापित किया था।

सरदार वल्लभभाई पटेल जब भारत सरकार के सूचना और प्रसारण मन्त्री बने तो उन्होंने आकाशवाणी के विस्तार की एक वृहद् योजना प्रस्तुत की। योजना के परिणामस्वरूप सन् 1950 तक रेडियो से प्रसारित कार्यक्रमों की अवधि 60,000 घण्टे प्रतिवर्ष हो गयी। सभी क्षेत्रीय भाषाओं में कार्यक्रम प्रसारित हुए। पंचवर्षीय योजनाओं के अन्तर्गत ट्रांसमीटर और रेडियो-केन्द्र का द्रुतगति से विस्तार हुआ।

सन् 1954 से 1961 के मध्य अखिल भारतीय संगीत, वार्ता, नाटक, फ़ीचर, समसामयिक साहित्य एवं अन्य गौरवपूर्ण राष्ट्रीय कार्यक्रमों का प्रसारण हुआ। फ़िल्मी संगीत निर्माताओं से कुछ अनबन होने के कारण जब सरकार ने आकाशवाणी से फ़िल्मी गीतों का कार्यक्रम कम कर दिया तो श्रोतावर्ग रेडियो सुनने की तरफ आकर्षित हुए। मीडियम और शॉर्ट दोनों तरंगों पर लोकप्रिय संगीत एवं हल्के-फुल्के मनोरंजन कार्यक्रमों द्वारा श्रोताओं को रिझाना ही 'विविध भारती' का लक्ष्य था। लोकगीत, नाटक तथा सांस्कृतिक बहुरंगी कार्यक्रमों द्वारा राष्ट्रीय चेतना को उद्बुद्ध करने की दिशा में इस विशाल योजना की अहम् भूमिका थी।

त्वरित सम्प्रेषण और विस्तृत प्रसारण की चमत्कारिक सुविधाओं से पूर्ण रेडियो को *लॉर्ड लिनलिथगो* के निर्देशन पर बी. बी. सी. लन्दन के *लियोनेल फील्डेन* और *गोयडर* ने इस प्रचार-माध्यम को अंग्रेज़ों का भोंपू बना दिया। सन् 1940 में *ए. एस. बुखारी* डायरेक्टर जनरल हुए। स्वतन्त्रता-प्राप्ति के पश्चात् वे पाकिस्तान चले गये। अपनी प्रवृत्ति के अनुरूप उन्होंने 'ऑल इंडिया रेडियो' को खुशामदी संस्कार से परिपूर्ण बना दिया। सन् 1952 में *डॉ. बालकृष्ण विश्वनाथ केसकर* सूचना एवं प्रसारण मन्त्री बनाये गये। उन्होंने इस जन-माध्यम को राष्ट्रीय धारा से सम्पृक्त किया। *डॉ. जगदीशचन्द्र माथुर* जैसे प्रख्यात साहित्यसेवी ने राष्ट्रभाषा के द्वारा आकाशवाणी को गौरवान्वित किया।

3 अक्टूबर, 1957 को 'विविध भारती' और मई, 1966 को 'उर्दू सर्विस' के प्रारम्भ हो जाने पर आकाशवाणी को लोकप्रियता के उच्च शिखर पर प्रतिष्ठित किया गया। कला, साहित्य, संस्कृति को जन-जन तक पहुँचाने में रेडियो ने अभूतपूर्व भूमिका निभायी। बड़े *गुलाम अली खाँ, पं. रविशंकर, गिरिजादेवी, बिस्मिल्लाह खाँ, मिश्र बन्धु* जैसे संगीतज्ञ, *सुमित्रानन्दन पन्त, फिराक गोरखपुरी, इलाचन्द्र जोशी, भगवतीचरण वर्मा, अज्ञेय, अश्क, मजाज, पं. नरेन्द्र शर्मा* जैसे दिग्गज साहित्यकारों ने आकाशवाणी को गौरवान्वित किया। सन् 1950-60 के बीच भारतीय फ़िल्म संगीत पाश्चात्य संगीत से प्रभावित हुआ। सन् 1966 में बैंकाक में सम्पन्न 'एशिया में शिक्षा तथा विकास की सेवा में प्रसारण' विषय पर आयोजित 'यूनेस्को' सम्मेलन की रिपोर्ट में बताया गया कि प्रसारण-माध्यमों के निम्नलिखित सिद्धान्त हैं :

1. प्रसारण मूलतः एक सार्वजनिक विश्वास और दायित्व है, जो उन लोगों को सौंपा गया है जो रेडियो और टेलीविजन का संगठन, संचालन तथा नियन्त्रण करते हैं।
2. सभी सरकारी और गैर-सरकारी एजेंसियों, रेडियो और टी. वी. प्रसारण को गतिशील समाज बनने में महत्त्वपूर्ण और अनिवार्य शक्ति मानें।
3. जानकारी देने, सूचनाओं का प्रसार करने तथा रचनात्मक दिशाओं में जनमत को प्रभावित करने के मामले में प्रसारण के अन्दर महान् सम्भावनाएँ भरी पड़ी हैं जिनसे सद्‌भाव का वातावरण पैदा किया जा सकता है।

आकाशवाणी के कार्यक्रम

आकाशवाणी के विविध कार्यक्रमों को निम्नलिखित चार भागों में बाँटा जा सकता है :

1. कार्यक्रम : विशेष श्रोताओं हेतु विशेष कार्यक्रमों का आयोजन होता है। 6 से 14 वर्ष के बालकों के लिए लघु कहानी, नाटक, कविता एवं व्यंग्य-रचनाएँ प्रसारित होती हैं। ग्रामीण और शहरी कामकाजी महिलाओं के लिए उपयोगी और मनोरंजक वार्ताएँ एवं गीतों का प्रसारण होता है। श्वेत और हरित क्रान्ति हेतु खाद, बीज, भूमिशोधन, वृक्षारोपण, भंडारण, पशुपालन, सहकारिता आदि विषयों के सन्दर्भ में कृषि एवं गृह इकाइयाँ सामयिक सूचना एवं परामर्श देती हैं। 15 से 30 वर्ष के युवकों को राष्ट्रीय विकास की मुख्य धारा से जोड़ने हेतु 'युववाणी कार्यक्रम' सुनाये जाते हैं। ऐसे तो हर केन्द्र से 'युवा-जगत्' कार्यक्रम होते हैं परन्तु दिल्ली, कलकत्ता, हैदराबाद, जम्मू और श्रीनगर के केन्द्रों से पृथक् ट्रांसमीटरों पर युवकों के लिए लम्बी अवधि के कार्यक्रम आयोजित होते हैं। आकाशवाणी केन्द्रों से 16 क्षेत्रीय भाषाओं में शैक्षणिक कार्यक्रमों का प्रसारण होता है जिसमें प्राथमिक, माध्यमिक, स्नातक स्तर की शिक्षा-सम्बन्धी बातें होती हैं। खुले विश्वविद्यालय (Open University) के छात्रों के लिए सम्बन्धित क्षेत्रों के आकाशवाणी केन्द्रों से पाठ प्रसारित होते हैं।

2. विविध भारती एवं विज्ञापन सेवा : विविध भारती सेवा के माध्यम से फ़िल्मी संगीत, भक्ति संगीत, सुगम संगीत, लघुवार्ता आदि मनोरंजक आयोजन होते हैं। आकाशवाणी के प्राइमरी चैनल पर व्यावसायिक सेवा का प्रसारण 26 जनवरी, 1985 से 25 नवम्बर, सन् 1992 तक कई नये कार्यक्रमों को आरम्भ किया गया। प्रातः 7:25 बजे चित्रशाला के स्थान पर एक 'टॉक शो' होने लगा है, जिसका नाम है 'हाशिये पर'। इसमें हल्के-फुल्के तरीके से आम जीवन से जुड़े लोगों की भेंट-वार्ताएँ प्रसारित होती हैं। एक और कदम उठाया गया है, गम्भीर श्रोताओं को धारावाहिक रूप में उत्कृष्ट साहित्यिक कृतियों पर आधारित लम्बे नाटक सुनवाना। इसमें *शिवानी* की 'कृष्णकली', 'बाणभट्ट की आत्मकथा' आदि शामिल हैं। *रवीन्द्रनाथ ठाकुर* की 'चोखेरबाली' (आँख की किरकिरी) और *शरतचन्द्र* की 'विनोदिनी' का प्रभावकारी प्रसारण हुआ। आधे घण्टे के ये धारावाहिक नाटक सोमवार, बृहस्पतिवार और शनिवार को अपराह्न 3:30 बजे से 4 बजे तक प्रसारित होते थे। इन्हें बाहर के निर्माता तैयार करते हैं। पहले, तीसरे और पाँचवें रविवार को भी एक घंटा के लिए नाटक का प्रसारण होता है। *शिवाजी सावन्त* का 'मृत्युंजय' और *भगवतीचरण वर्मा* का 'भूले-बिसरे चित्र' का भी प्रसार हो चुका है।

3. समाचार सेवा प्रभाग : इस प्रभाग का कार्य समाचारों का संकलन और प्रसारण है। आकाशवाणी के स्थायी और अंशकालिक संवाददाता पूरे देश के कोने-कोने में कार्यरत हैं।

विदेशों के प्रमुख शहरों में भी संवाददाता हैं जो वहाँ की गतिविधियों से सम्बन्धित सूचनाएँ सम्प्रेषित करते हैं। प्रत्येक घण्टे पर समाचार-बुलेटिन के प्रसारण द्वारा आकाशवाणी जन-मानस को तुष्ट करती रहती है। 'समाचार-दर्शन', 'समाचार-पत्रों से', 'संसद-समीक्षा', 'विधान-मण्डल समीक्षा' का प्रसारण भी समाचार सेवा प्रभाग द्वारा होता है।

4. विदेश सेवा : आकाशवाणी के विदेश सेवा प्रसारण का लक्ष्य भारतीय जीवन के विविध पक्षों, चिन्तन-शैली से विदेशी श्रोताओं को सुपरिचित कराना है। अन्तर्राष्ट्रीय समस्याओं पर भारतीय दृष्टिकोण सुस्पष्ट करना भी इसका ध्येय है।

आकाशवाणी का विदेशी सेवा प्रभाग भारत और विश्व के बीच एक सेतु के तौर पर काम करता है। विश्व के विभिन्न क्षेत्रों के साथ यह एक महत्त्वपूर्ण सम्पर्क है। 24 भाषाओं में प्रसारित होने वाले इसके कार्यक्रम राष्ट्रीय और अन्तर्राष्ट्रीय महत्त्व के विभिन्न मुद्दों पर भारतीय दृष्टिकोण विदेशों में प्रस्तुत करते हैं।

सामान्य विदेशी सेवा (अंग्रेज़ी), उर्दू सेवा और हिन्दी-सेवा इसकी तीन मुख्य सेवाएँ हैं। इन प्रसारणों में एकरूपता रखी जाती है। उर्दू सेवा से लोकतन्त्र, समाजवाद, अन्तर्राष्ट्रीय शान्ति और सह-अस्तित्त्व के लिए प्रतिबद्ध आधुनिक प्रगतिशील भारत की छवि पेश की जाती है। इस बात के प्रयास किये गये हैं कि उर्दू, सिन्धी और पंजाबी सेवाओं में पाकिस्तान में मानवाधिकार का उल्लंघन सिन्ध की स्थिति और जम्मू-कश्मीर में आतंकवाद को बढ़ावा देने तथा नशीली दवाओं की तस्करी में पाकिस्तान की भूमिका को उजागर किया जाये। इसी तरह सामान्य विदेशी सेवा (अंग्रेज़ी) और हिन्दी-सेवा में उदारवाद की नयी आर्थिक नीति को व्यापक रूप से प्रचारित किया गया है जिसमें भारत में नये निवेश, खासतौर से अप्रवासी भारतीय और बहुराष्ट्रीय कम्पनियों के लिए सरकारी योजनाओं और प्रोत्साहन के सभी विवरण शामिल हैं। विदेशी सेवा प्रभाग के ट्रांसमीटरों से रात नौ बजे प्रमुख राष्ट्रीय अंग्रेज़ी बुलेटिन सार्क देशों, पश्चिम एशिया, खाड़ी और दक्षिण-पूर्व एशिया के देशों में प्रसारित होती है। प्रभाग स्वतन्त्र रूप से अंग्रेज़ी में एक मासिक पत्रिका 'इंडिया कॉलिंग' भी निकालता है।

परिवार-कल्याण

आकाशवाणी-केन्द्रों से देश की सभी भाषाओं/बोलियों में परिवार-कल्याण कार्यक्रम प्रसारित किये जाते हैं। इन कार्यक्रमों में मुख्य जोर छोटे और सुखी परिवार की नीति पर होता है। एड्स, टी. बी., डेंगू, पानी से पैदा होने वाली बीमारियों, मलेरिया उन्मूलन कार्यक्रम, बाल-विकास और सुरक्षित मातृत्व कार्यक्रम, बन्ध्याकरण, नसबन्दी, पल्स पोलियो आदि पर महत्त्वपूर्ण कार्यक्रम प्रसारित किये गये। प्रत्येक केन्द्र से सप्ताह में एक बार पन्द्रह मिनट की अवधि का 'हेल्थ फोरम' कार्यक्रम भी प्रसारित होता है।

बाल-कार्यक्रम

आकाशवाणी के सभी केन्द्रों से 5 से 7 वर्ष और 8 से 14 वर्ष की आयु-वर्ग के बच्चों के लिए कार्यक्रम प्रसारित किये जाते हैं। ग्रामीण बच्चों के लिए भी विशेष कार्यक्रम प्रसारित किये जाते हैं। इन कार्यक्रमों का प्रसारण साप्ताहिक होता है। इन प्रसारणों में एकांकी, लघु कथाएँ, फ़ीचर, गीत, साक्षरता, वीर कथाएँ आदि शामिल हैं। इन कार्यक्रमों में बच्चे अपने शैक्षिक और साक्षरता स्तर पर कोई भेद किये बिना भाग ले सकते हैं। बाल-कार्यक्रम के निर्माण में लगे लोगों को संवेदनशील बनाने के लिए समय-समय पर अनेक कार्यशालाएँ आयोजित की जा रही हैं। आकाशवाणी के सभी केन्द्रों से अन्तर्राष्ट्रीय बाल-दिवस के अवरार पर हर वर्ष कार्यक्रम प्रसारित किये जाते हैं। इसमें विशेष फोन-इन कार्यक्रम की भी व्यवस्था की जाती है ताकि विभिन्न मुद्दों पर अपने विचार रखने के लिए बच्चों को एक मंच मिल सके।

महिला-कार्यक्रम

आकाशवाणी के सभी केन्द्रों से ग्रामीण महिलाओं के साथ-साथ शहरी महिलाओं के लिए भी कार्यक्रम प्रसारित किये जाते हैं। परिवार-कल्याण, गृह-प्रबन्ध, उद्यमशीलता, शिक्षा, प्रौढ़-शिक्षा पर रोचक कार्यक्रम प्रस्तुत होते हैं। पल्स-पोलियो, टीकाकरण तथा एड्स जागरूकता पर शिक्षाप्रद कार्यक्रम का प्रसारण उत्तम रूप में होता है।

आकाशवाणी के समाचार सेवा प्रभाग में एक अनुश्रवण एकांश है जो दिल्ली में स्थित है। विदेशी रेडियो से प्रसारित समाचारों को सुनकर उपयोगी समाचारों को समाचार-कक्ष में प्रेषित करना इसका कार्य है। वस्तुतः अनुश्रवण एकांश आकाशवाणी के लिए समाचारों का एक महत्त्वपूर्ण स्रोत है। यह संगठन प्रतिदिन विदेश के 26 रेडियो स्टेशनों के 180 ट्रांसमीटरों का अनुश्रवण करता है, जिसका संचालन केन्द्रीय सूचना सेवा के प्रथम श्रेणी के अधिकारी द्वारा होता है। अनुश्रवण

के बाद प्रसारण करने का कार्य बी. बी. सी., वॉयस ऑफ अमेरिका, मॉस्को रेडियो, ऑस्ट्रेलिया, श्रीलंका आदि रेडियो संगठनों द्वारा सम्पादित होता है। अनुश्रवणों से प्रसारण-नीति आयोजकों हेतु सूचना-सामग्री प्राप्त होती है।

पत्र-प्रकाशन केन्द्र से पाठक जितनी अधिक दूरी पर होता है उतनी ही देरी से समाचार-पत्र उसके पास पहुँचता है। रेडियो और टी. वी. के निकट बैठकर हजारों मील दूर के श्रोता और दर्शक क्षण-प्रतिक्षण की घटना से सुपरिचित होते रहते हैं। रेडियो ध्वनि पर आधारित श्रव्य माध्यम है जबकि समाचार-पत्र मुद्रित शब्दों पर आधारित दृश्य माध्यम हैं। रेडियो समाचारवाचक है। समाचार-पत्रों में उपलब्ध स्थान का ध्यान रखना पड़ता है जबकि रेडियो के लिए समय-सीमा होती है, कम समय में अधिकतर जानकारी लेकर गागर में सागर भरना पड़ता है।[1]

समाचार-बुलेटिन

तात्कालिकता, निकटता, महत्त्व और भाव ही रेडियो समाचार के महत्त्वपूर्ण तत्त्व हैं। 'जर्नलिस्ट इन दि एयर' में पत्रकार *डाउलिंग लेदरवुड* ने रेडियो समाचार की परिभाषा दी है :

> "समाचार किसी घटना, परिस्थिति, स्थिति या राय की सही और सामयिक सूचना है, ऐसी सूचना जिसमें उन लोगों को, जिनके लिए वह अभिप्रेत हो, दिलचस्पी होगी।"

रेडियो के लिए समाचार-बुलेटिन तैयार करते समय निम्नलिखित तथ्यों की ओर ध्यान देना चाहिए :

1. आम बोलचाल की सरल भाषा का प्रयोग हो क्योंकि सभी श्रोता शिक्षित नहीं होते। उनके पास इतना समय नहीं होता कि रेडियो सुनते समय क्लिष्ट शब्द का अर्थ दूसरों से पूछें या शब्दकोश पलटें।
2. वाक्य संक्षिप्त हों। छोटे वाक्य सरलता से बोले जा सकते हैं और शीघ्रता से समझे जा सकते हैं।
3. एक वाक्य में एक ही प्रकार की सूचना हो। अनेक सूचनाओं को एक वाक्य में ठूँस-ठूँसकर भरना समाचारवाचक एवं श्रोता दोनों के लिए कष्टकर होता है।
4. नाम के साथ बार-बार पद का उल्लेख न हो।
5. बुलेटिन-समाचार ऐसे बनाये जायें जो सभी को सरलतापूर्वक एवं शीघ्रता से समझ में आ जायें।

रेडियो-समाचार की संरचना

रेडियो पत्रकारिता मुद्रण पत्रकारिता से भिन्न है। एक में समय-सीमा का महत्त्व है जबकि दूसरे में उपलब्ध स्थान। 10 मिनटों में प्रसारित समाचार बुलेटिन में अधिक-से-अधिक समाचार देना श्रोताओं की स्मरण-शक्ति को चुनौती देना है। विविध अनुसन्धानों के आधार पर यह निष्कर्ष निकाला गया है कि 10 मिनटों वाले बुलेटिन में अधिकाधिक 11 समाचार ही श्रोताओं के ध्यान को केन्द्रित रख सकते हैं। इस बुलेटिन के समय पर शब्दों की सीमा निम्नवत् है :

प्रारम्भ	10 सेकेंड	10 से 15 शब्द
समाचार शीर्षक	50 सेकेंड	100 से 110 शब्द
समाचार का मुख्य विवरण	08 मिनट 20 सेकेंड	1000 से 1100 शब्द
शीर्षक की पुनरावृत्ति	30 सेकेंड	80 से 90 शब्द
समापन	10 सेकेंड	10 से 15 शब्द

इस प्रकार कुल 10 मिनट में लगभग 1200 से 1300 शब्दों में समाचार प्रसारित होते हैं। समाचार-पत्रों के लिए समाचार लिखते समय सर्वप्रथम 'इंट्रो' या 'लीड' (आमुख) तैयार किया जाता है जिसमें समाचार-सार निहित होता है। इस प्रथम अनुच्छेद के पश्चात् समाचार के अन्य पूरे विवरण विस्तार में दिये जाते हैं। रेडियो हेतु तो एक समाचार लगभग 20 से 30

1. The news broadcast on the radio has a style and pattern of its own which is quite different from a report in the press. Radio has speed which no others mass media has.

शब्दों में लिखना होता है। इसी शब्द-सीमा के अन्दर उस समाचार से सम्बद्ध क्या, क्यों, कहाँ, कब, कौन, कैसे का अति संक्षिप्त उल्लेख कर देना पड़ता है। समाचार-पत्रों के लिए समाचार विलोम स्तूपी प्रकृति के तथा रेडियो के लिए पहलदार हीरे की प्रकृति के होते हैं। पहले समाचार-लेखन में मुख्य विवरण, विस्तृत विवरण, अन्य सन्दर्भित कम महत्त्व के विवरण होते हैं जबकि दूसरे में मुख्य विवरण और संवाद का वर्णन होता है। सामान्य या छोटे महत्त्व के विवरण के लिए रेडियो संवाद में स्थान नहीं होता।

रेडियो पत्रकारों को एक ही साथ संवाददाता, संवाद-लेखक और समाचार सम्पादक के रूप में अपनी सशक्त भूमिका का निर्वाह करना पड़ता है। देश-विदेश के समाचारों के ढेर से सम्पादक को रोचक एवं महत्त्वपूर्ण कल्याणकारी समाचारों का चयन करना पड़ता है। समाचार-चयन के समय उसे ध्यान रखना पड़ता है कि कहीं वह बासी तो नहीं है, कुछ ही घण्टों पूर्व घटित तो हुआ है न। तथ्यपूर्ण लोक मंगलकारी सूचनाएँ ही रेडियो सम्पादकों के लिए वरेण्य होती हैं। ये सनसनीखेज समाचारों से दूर रहते हैं। सुरुचिपूर्ण संवाद ही रेडियो समाचार-लैटिन का श्रृंगार होता है।[1]

शीर्ष पंक्तियों को 'हेडलाइंस' या 'मुख्य समाचार' कहा जाता है। इनमें समाचारों का निचोड़ होता है। शीर्षक पंक्ति वही लिखता है जो अत्यन्त मेधावी, कुशल सम्पादक हो। उसकी विद्वत्ता सीमित एवं संक्षिप्त सार-लेखन में निहित होती है क्योंकि 'मिर्त च सारं च वचोऽहि वाग्मिता'। 10 मिनट के लिए 4 से 6 तक मुख्य समाचार शीर्ष पंक्ति क्रमबद्ध रहती है। 15 मिनट के बुलेटिन के लिए 8-9 शीर्ष पंक्तियाँ तैयार की जाती हैं। 5 मिनट वाले बुलेटिन में शीर्ष पंक्तियाँ नहीं होतीं क्योंकि सम्पादक समय-सीमा को देखकर पहले ही समाचार-सार तैयार कर लेता है। कम समय में एक ही समाचार बार-बार दोहराना अटपटा-सा लगता है।

रेडियो-पत्रकारों के सामने कभी-कभी विवशता भी होती है। वह न तो बुलेटिन की अवधि बढ़ा सकता है न ही अधिक शब्दों का प्रयोग कर सकता है। सीमित अवधि में समाचारों का संयोजन करना उसकी दक्षता का प्रमाण है। वस्तुतः अच्छा समाचार-बुलेटिन तैयार करना एक कला है। अनुभव, अभ्यास और प्रशिक्षण के बल पर ही तीव्र बुद्धि वाले पत्रकार अत्यन्त चुस्त-दुरुस्त रूप में रेडियो हेतु समाचार-सार प्रस्तुत कर सकते हैं।[2]

समाचार-वाचन

समाचार-वाचन एक अद्भुत और उपयोगी कला है जिसके लिए अभ्यास, दक्षता एवं भाषा की आवश्यकता है। नाद-सौन्दर्य, भाव-सौन्दर्य तथा रस-सौन्दर्य का आस्वादन वाचन-कला से ही सुलभ होता है। याज्ञवल्क्य के अनुसार :

माधुर्यमक्षरव्यक्तिः पदच्छेदस्तुसुस्वरः।
धैर्यंलयसामर्थ्यं च षडेते पाठका : गुणाः॥

अक्षरों के उच्चारण में माधुर्य, स्पष्टता, पदच्छेद, सुस्वरता और लय समन्वित धैर्य ही वाचक (पाठक) के गुण हैं। पाश्चात्य विद्वान् *टामसिन* का मत यह है कि :

> "ध्वनि का सौन्दर्य सुन्दर स्वरों पर अवलम्बित होता है। ये स्वर रत्न-व्यंजनों के साँचे में ढले होते हैं, जो वाणी को ओज, रस एवं रंग प्रदान करते हैं।"

---

1. News reporting shall be factual and objective. Good taste shall prevail in the selection and handling of news. Morbid sensational or alarming details not essential to factual reporting should be avoided. News should be broadcast in such a manner as to avoid creation of panic and unnecessary alarm. Broadcaster shall be dalligent in their supervision of content, format and presentation of news broadcastes.

   –John Hohenberg

2. Radio news writing demands greater compression which call for greater skill.

   –Andrew C. Lang

समाचार-वाचन के समय निम्नस्थ बिन्दुओं पर ध्यान देना आवश्यक है :

1. निःसंकोच, बेझिझक एवं आत्मविश्वास के साथ वाचन करें।
2. वर्ण, शब्द, वाक्य आदि सभी स्तरों पर स्पष्ट उच्चारण करें।
3. भावानुरूप स्वर की उच्चता एवं मन्दता पर ध्यान दें।
4. समय-सीमा और कथ्य सामग्री के अनुसार वाचन-गति बनाये रखें। द्रुत गति या सामान्य गति का निर्धारण कथ्य-सामग्री के अनुसार ही होता है।

नये शब्द, नये ज्ञान, नये तथ्य एवं नये जीवन-दर्शन तथा भावानुकूल भंगिमा को अपनाकर समाचारवाचक यशस्वी हो सकता है।

समाचार-दर्शन

समाचार-दर्शन द्वारा श्रोता-समूह स्वयं को घटनाक्रम के समीप समझने लगते हैं। श्रवणेन्द्रियों के माध्यम से समाचार के दर्शन कराने की क्षमता के कारण 'समाचार-दर्शन' शब्द सार्थक है। घटना-स्थल पर रिकॉर्डिंग और एक ही विषय या घटना पर अनेक व्यक्तियों की क्रिया-प्रतिक्रिया प्रस्तुत कर रेडियो से सम्बद्ध प्रकार अपने चतुर्दिक् दक्षता प्रदर्शित करता है। आँखों देखा हाल, व्याख्यान और साक्षात्कार के अंश, घटनाओं का वर्णन, छोटी भेंटवार्ता—ये सभी समाचार-दर्शन में सम्मिलित होती हैं। समाचार बुलेटिन में पत्रकार केवल एक ही व्यक्ति की ध्वनि में समाचार प्रस्तुत करता है जबकि समाचार-दर्शन में समाचारों के साथ-साथ रिकॉर्डिंग के अंश भी सम्मिलित होते हैं। इसमें समाचारों का विस्तृत विवरण प्रस्तुत होता है।

समाचार-दर्शन समाचारों को रोचक ढंग से प्रस्तुत करने की विधि है। स्थल-रिकॉर्डिंग उपलब्ध होने पर सम्पादक समीचीन अंशों के सम्पादन का कार्य करता है। सम्पादक को टेप सम्पादन-कला में निष्णात होना पड़ता है तथा घटनाओं को रोचक कड़ी में पिरोने की क्षमता का प्रदर्शन करना पड़ता है। आकाशवाणी के समाचार-दर्शन में संकलित सामग्री को विस्तृत कर श्रोता-समूह के समक्ष प्रस्तुत की जाती है जिसमें दक्ष पत्रकार की मेधा-शक्ति परिलक्षित होती है।

सामयिक समीक्षाएँ

आकाशवाणी से सम-सामयिक विषयों से सम्बद्ध वार्ताएँ, परिचर्चाएँ, भेंट-वार्ताएँ प्रसारित की जाती हैं जिनके लिए विशेषज्ञ आमन्त्रित होते हैं। 'Current affairs, Spotlight', 'Today in Parliament' जैसे कार्यक्रमों का प्रलेख तैयार करते समय रेडियो पत्रकार अपनी मेधा का परिचय देते हैं। Radio News Magazine द्वारा व्याख्यात्मक सामग्री प्रस्तुत होती है। संक्षिप्त समाचारों का यह विशद रूप है। 24 जुलाई, 1997 को प्रसारित समीक्षा द्रष्टव्य है :

सम्पादक—रामबिहारी विश्वकर्मा

वाचक—अखिल मित्तल

आशु—आभा शर्मा

विषय—रेडियो समाचार के 70 वर्ष।

लेखक—आकाशवाणी के विशेष संवाददाता, रामबिहारी विश्वकर्मा।

"हमारे देश में रेडियो प्रसारण का जो छोटा-सा पौधा 23 जुलाई, 1927 को अंकुरित हुआ था, पिछले 70 वर्षों में वह बढ़कर एक विशाल वटवृक्ष का रूप ले चुका है। बम्बई प्रेसीडेंसी क्लब द्वारा तैयार किये गये स्टूडियो में भारत के तत्कालीन वायसराय *लॉर्ड इरविन* ने उस दिन जब शाम छह बजे प्रसारण कार्यक्रम का विधिवत् उद्घाटन किया तो शायद ही किसी ने कल्पना की होगी कि 'इंडियन ब्रॉडकॉस्टिंग कम्पनी' का यह कार्यक्रम आगे चलकर ऐसा रूप ले लेगा कि एक दिन यह विश्व के सबसे बड़े लोकतान्त्रिक देश भारत में सूचना, शिक्षा और मनोरंजन उपलब्ध कराने वाला सशक्त माध्यम बन जायेगा। यह मात्र ऐतिहासिक संयोग है कि भारत में रेडियो प्रसारण के 70 वर्ष पूर्ण होने की पूर्व-सन्ध्या पर प्रसार भारती अधिनियम

को लागू करने की अधिघोषणा जारी की गयी है। अब से लगभग दो दशक पूर्व आपातकालीन व्यवस्था के दौरान आकाशवाणी और दूरदर्शन की विश्वसनीयता पर एक बड़ा प्रश्नचिह्न लग गया था। इन माध्यमों की विश्वसनीयता को फिर से बहाल करने के उद्देश्य से ही इन प्रसारण-माध्यमों की स्वायत्तता की माँग उठी और तत्कालीन जनता पार्टी सरकार ने इस दिशा में आवश्यक कदम उठाये थे। पिछले बीस वर्षों में अनेक उतार-चढ़ाव के बाद अन्ततः प्रसार भारती क़ानून को परसों लागू किया गया। रेडियो समाचार प्रसारण को सुव्यवस्थित बनाने के लिए पहली 'सेंट्रल न्यूज़ ऑर्गनाइजेशन' का गठन अगस्त, 1937 को किया गया और अंग्रेज़ी तथा हिन्दुस्तानी भाषा में बुलेटिनों का प्रसारण शुरू किया गया। उस समय ब्रिटिश सरकार ने अपने हितों को पूरा करने के उद्देश्य से अनेक विदेशी भाषाओं का प्रसारण भी शुरू किया जिनमें सबसे पहला प्रसारण एक अक्टूबर, 1939 को पश्तो भाषा में शुरू किया गया। उसके बाद तो द्वितीय विश्वयुद्ध के दौरान विदेश सेवा में प्रसारणों की बाढ़ सी आ गयी। देश स्वतन्त्र होने पर 'सेंट्रल न्यूज़ ऑर्गनाइजेशन' को समाचार सेवा प्रभाग तथा विदेश सेवा प्रभाग के रूप में विभाजित किया गया। विदेश सेवा प्रभाग प्रतिदिन 24 भाषाओं में प्रसारण करता है, जिनकी प्रतिदिन कुल अवधि 69 घण्टे 45 मिनट तक होती है। समाचार सेवा प्रभाग, दिल्ली से प्रतिदिन 19 भाषाओं में 88 समाचार बुलेटिनों का प्रसारण करता है। इनके अलावा 137 प्रादेशिक बुलेटिनों के प्रसारण किये जाते हैं। आकाशवाणी से अब हर घण्टे हिन्दी और अंग्रेज़ी में समाचार प्रसारित किये जाते हैं। इसके अलावा सवेरे और शाम सामयिक विषयों पर समीक्षाएँ प्रसारित की जाती हैं और सप्ताह में अंग्रेज़ी तथा हिन्दी में प्रमुख सामयिक विषयों पर परिचर्चा कार्यक्रम आदि प्रसारित किये जाते हैं। हाल के वर्षों में सूचना के क्षेत्र में जो क्रान्ति आयी है, उससे रेडियो प्रसारण अछूता नहीं रह सका है। अन्य माध्यमों की तरह रेडियो प्रसारण में भी निजीकरण की हवा बहनी शुरू हो गयी है।

प्रसार भारती अधिनियम लागू करने की घोषणा से आकाशवाणी की स्वायत्तता में और वृद्धि होने तथा 'बहुजन हिताय, बहुजन सुखाय' के उद्देश्य को पूरा करने की इसकी क्षमता और बढ़ने की आशा है। टेलीविजन की चमक-दमक और चपलता के बावजूद रेडियो की सरसता, सहजता और मधुरता के शाश्वत स्वर की अनुगूँज श्रोताओं के मन को अपना स्नेहिल स्पर्श सदैव देती रहेगी।''

जनसंचार के इलेक्ट्रॉनिक माध्यमों में आकाशवाणी का महत्त्वपूर्ण स्थान है। ग्रामीण कार्यक्रम, विविध भारती, व्यापारिक सेवा, युवा-जगत्, संगीत, वार्ता, नाटक, रूपक, न्यूजरील, खेल राज्यों की चिट्ठियाँ, जनपदों की चिट्ठियाँ, लोकरुचि के समाचारों के प्रसारण द्वारा आकाशवाणी समग्र विकास की प्रक्रिया को बढ़ाने, राष्ट्रीय एकता को स्थापित करने एवं जन-जन में आशा और उत्साह को संचारित करने में अग्रगण्य है। 'बहुजन हिताय, बहुजन सुखाय' के लक्ष्य से संचालित आकाशवाणी जनसंचार का एक सशक्त माध्यम है जिससे राष्ट्रीय हित के स्वर सदैव गुंजायमान होते रहते हैं।

रेडियो आलेख हेतु ध्यातव्य तथ्य

रेडियो 'दृश्यहीन' संचार का सशक्त माध्यम है। रेडियो की दुनिया ध्वनि या आवाज़ों की दुनिया है। आवाज़ें ही श्रोता तक सन्देश पहुँचा सकती हैं। उसके सन्देश सिर्फ़ सुने जा सकते हैं। श्रोता आवाज़ों के सहारे ही पूरे दृश्य-चित्र की कल्पना कर सकता है। अतः रेडियो द्वारा रची जाने वाली आवाज़ों की दुनिया को तैयार करने के लिए रेडियो की किसी भी प्रसारण-विधा—समाचार, फ़ीचर (रूपक), वार्ता नाटक आदि के आलेख को तैयार करते समय कुछ विशेष बातों का ध्यान अपेक्षित है :

1. **शब्द :** रेडियो आलेख के लिए चुने गये शब्द 'बोले' हुए प्रतीत हों। 'लिखित' शब्दों और 'बोले' हुए शब्दों में अन्तर होता है। उपर्युक्त, उक्त, निम्नलिखित, निम्नांकित, अर्थात् जैसे शब्दों का लिखित महत्त्व हो सकता है। रेडियो की बोलचाल की भाषा में सहज शैली के बीच ये शब्द बेकार होते हैं।
2. **ध्वनि-प्रभाव :** रेडियो में साउंड ईफेक्ट या ध्वनि-प्रभाव का अपना महत्त्व होता है। ध्वनियाँ ही दृश्य चित्र के निर्माण में सहायक होती हैं। पक्षियों की चहक, उगती भोर का नजारा मानस-पटल पर खींचा जा सकता है। बारिश की बूँदों

की आवाज़ें, मौसम के खुशनुमा दृश्य भी मन पर साकार हो सकते हैं। जिन बातों और दृश्यों को साकार करने में कई वाक्य और शब्दों का सहारा लेना पड़ता है उन्हें कुछ ही ध्वनियों के रिकॉर्डों के माध्यम से सुगमता से प्रस्तुत कर सकने में समर्थ है।

3. **क्रिया-ध्वनि :** दरवाजों की दस्तकें, जोर से चीजें पटकने, लाठी की ठकठक जैसी क्रियाओं की ध्वनियों का उपयोग भी रेडियो के पटकथाकार को करना होता है। चीजों का जोर से पटकना व्यक्ति के क्रोध का प्रतीक है।
4. **स्थल ध्वनियाँ :** किसी खास वातावरण का बोध कराने वाली ध्वनियाँ सैटिंग साउंड कहलाती हैं। गरम चाय की आवाज़ें, कुली-कुली की पुकारें, गाड़ियों के आने की उद्घोषणाएँ रेलवे प्लेटफॉर्म की गहमा-गहमी का दृश्य साकार कर देती है। इनका उपयोग बैकग्राउंड सैटिंग की तरह होता है।
5. **प्रतीक ध्वनियाँ :** नाटकीय स्थितियों के सृजन के लिए विशेष, प्रतीकात्मक ध्वनियों का उपयोग किया जाता है। हास्य नाटिकाओं के बीच ठहाकों, युद्ध-स्थल पर विस्फोटकात्मक ध्वनियों तथा रोमांटिक दृश्यों को साकार करने के लिए झरनों की ध्वनियाँ और पक्षियों की चहचहाटों का उपयोग भी रेडियो आलेख को सशक्त करता है।
6. **संगीत :** रेडियो आलेखों में संगीत का संयोग नाटकीयता को उभारने में बहुत उपयोगी सिद्ध हुआ है। वातावरण बनाने, पात्र के मूड को उजागर करने और आलेख को गतिशील बनाने के लिए पटकथाकार संगीत का सहारा लेते हैं। मन्द संगीत, तीव्र संगीत, हर्षसूचक संगीत, विषादसूचक संगीत, आरम्भिक समापन करने वाला संगीत, दृश्य परिवर्तन की सूचना देने वाला संगीत अनेक रूपों में आलेखकार के लिए उपलब्ध होता है।
7. **भाषा :** रेडियो की भाषा सहज बोल-चाल की भाषा है। उसमें दृश्य प्रभाव उत्पन्न करने की क्षमता होनी चाहिए। छपी हुई भाषा में आँकड़ों का महत्त्व होता है पर रेडियो की भाषा आँकड़ों में लिखी जाने पर श्रोता के लिए उलझनकारी बन जाती है।

   रेडियो की ध्वनियाँ भी श्रोता को बहुत देर तक बाँध नहीं सकतीं। इसलिए रेडियो आलेखों में बहुत छोटे-छोटे वाक्यों का उपयोग होना चाहिए। हर वाक्य एक ही प्रकार के सन्देश का वाहक हो तो श्रोता आसानी से बोली गयी बात को ग्रहण कर सकता है।
8. **रोचकता :** रेडियो का श्रोता बात को दुबारा पूछ नहीं सकता, न दुबारा सुन सकता है। अतः उसके लिए यदि भाषा में कठिनाई हुई या किसी भी प्रकार की जटिलता महसूस की गयी तो उसकी सन्देश में रुचि ही नष्ट हो जाती है। आलेख को आत्मीय, रोचक और आकर्षक शैली में प्रस्तुत करना भी रेडियो के लिए लेखन करते समय आवश्यक है।
9. **संक्षिप्तता :** रेडियो समयबद्ध प्रसारण है। थोड़े में बहुत कह देना रेडियो आलेखकार की खासियत है। पाँच मिनट की वार्ता में सारी जानकारी का विस्तृत-विवरण नहीं दिया जा सकता। इसलिए अतिरोचक मुद्दों का चयन करके उसे समय की सीमा में बाँध देना ही पटकथाकार की कुशलता है।
10. **नवीनता :** रेडियो पटकथा के लिए नवीनतम विषय, नवीनतम शैली, नवीनतम जानकारी अतिरिक्त होती हैं। विविध और रोचक सामग्री यदि नवीन रूप में प्रस्तुत की जाये तो श्रोता-समुदाय की रुचि का कारण बनती है। घिसी-पिटी बासी चीजें श्रोताओं को बहुत समय तक बाँध नहीं पातीं।
11. **श्रोता-समूह की जानकारी :** रेडियो के प्रसारणों में श्रोता-समूह की जानकारी बहुत ज़रूरी है। अपना आलेख तैयार करते समय पटकथाकार को ज्ञात होना चाहिए कि वह किस वर्ग के श्रोता को अपना सन्देश देना चाहता है। बच्चों और किशोरों के लिए लिखे गये आलेख और रूपों में प्रस्तुत किये जायेंगे तो महिलाओं के लिए लिखे गये आलेखों का रूप भिन्न होगा। कृषि और ग्रामीण कार्यक्रम के लिए तैयार किये गये आलेखों का स्वरूप साहित्यिक प्रसारणों से अलग होगा। गम्भीर वैज्ञानिक जानकारी भी यदि कृषिप्रधान कार्यक्रमों के लिए लिखी जा रही होगी तो उसे सहज बोलचाल की भाषा में प्रस्तुत करना होगा वरना श्रोता के लिए वह व्यर्थ की होगी।

आकाशवाणी के कार्यक्रम

उच्चरित शब्द	संगीत
1. वार्ता	1. वाद्य संगीत
2. साक्षात्कार	2. गायन
3. समाचार	3. फ़िल्म संगीत
4. परिचर्चा	4. शास्त्रीय संगीत
5. रूपक	5. सुगम संगीत
6. नाटक	6. पारस्परिक संगीत
7. रिपोर्ट	7. लोकसंगीत
8. कवि-सम्मेलन	
9. मुशायरा	

जनसंचार के महत्त्वपूर्ण साधन आकाशवाणी से प्रसारित कार्यक्रमों को दूर-दराज में बैठे जनसामान्य तक पहुँचाया जाता है। कम लागत में अधिकाधिक लोग नयी जानकारी, बदलते जमाने के अनुरूप चलने के लिए प्रेरित होते हैं जो युग की आवश्यकता होती है। अनुभवी, विशेषज्ञ और ख्यातिलब्ध मनीषियों की बातें सबके बीच उपलब्ध होती हैं तथा पारस्परिक आदान-प्रदान को बल मिलता है। प्रसारित कार्यक्रमों से काम करने के ढंग में परिवर्तन लाया जा सकता है तथा राष्ट्र के नागरिकों के मानस को उन्नत बनाया जा सकता है।

आकाशवाणी का 'हिन्दी पूल'

आकाशवाणी के समाचार प्रभाग में सभी समाचार अंग्रेज़ी में एकत्र होते हैं। संवाददाताओं, टेलीप्रिंटरों एवं विश्व के प्रमुख रेडियो केन्द्रों द्वारा प्रसारित ख़बरों को केन्द्रीय समाचार कक्ष द्वारा सम्पादित और जारी प्रमुख समाचारों को 'पूल' कहते हैं। संविधान के अनुच्छेद 351 में कहा गया है कि "हिन्दी भाषा की प्रसार-वृद्धि करना, उसका विकास करना ताकि वह भारत की संस्कृति के सब तत्त्वों की अभिव्यक्ति का माध्यम हो सके तथा उसकी आत्मीयता में हस्तक्षेप किये बिना हिन्दुस्तानी और अष्टम अनुसूची में उल्लिखित अन्य भारतीय भाषाओं के रूप, शैली और पदावली को आत्मसात् करते हुए जहाँ तक आवश्यक हो, वांछनीय हो, वहाँ उसके शब्द-भंडार के लिए मुख्यतः संस्कृत से तथा गौणतः अन्य भाषाओं से शब्द ग्रहण करते हुए उसकी समृद्धि सुनिश्चित करना संघ का कर्तव्य होगा।" आकाशवाणी से हिन्दी और अंग्रेज़ी सहित विभिन्न भाषाओं में 150 बुलेटिन प्रसारित किये जाते हैं। हिन्दी का 'पूल' प्रारम्भ होने के बाद सभी संवाददाताओं को अधिकार होगा कि वे समाचार हिन्दी या अंग्रेज़ी किसी भी भाषा में भेज सकेंगे। मूलरूप से दी गयी हिन्दी भाषा की रिपोर्ट हिन्दी में ही देनी होगी। हिन्दी में प्राप्त रिपोर्ट 'हिन्दी पूल' में चली जायेगी और अंग्रेज़ी पूल के लिए उसका अनुवाद होगा। हिन्दी न जानने वाले संवाददाता अपनी रिपोर्ट पूर्ववत् अंग्रेज़ी में भेजेंगे। 'हिन्दी पूल' में उसका हिन्दी अनुवाद होगा तथा दोहरे अनुवाद की असंगत प्रथा दूर होगी।

सूचना और प्रसारण मन्त्रालय से सम्बद्ध सांसदों की सलाहकार समिति में मन्त्री की घोषणा के अनुसार 15 अगस्त, 1993 से आकाशवाणी में 'हिन्दी पूल' ने काम करना शुरू कर दिया। उससे लगभग 15 करोड़ हिन्दीभाषियों और हिन्दी-प्रेमियों को असीम प्रसन्नता हुई। आकाशवाणी के कुछ अधिकारी जो हिन्दी को गँवारों, फूहड़ों और पंडितों की भाषा समझते हैं, वे प्रच्छन्न रूप से विरोध कर रहे हैं। उनका तर्क है कि समानान्तर 'हिन्दी पूल' शुरू होने से घपला होगा, समाचार अलग-अलग बुलेटिनों में अलग-अलग दृष्टिकोण से पेश होगा। ये सभी तर्क आधारहीन हैं। 'हिन्दी पूल' सुनिश्चित ही भारत के लिए महत्त्वपूर्ण है।

'एफ. एम.' रेडियो-तरंग

'एफ. एम.' रेडियो प्रसारण के इतिहास में नयी क्रान्ति का सूत्रपात है। रेडियो-प्रसारणों में नयी जान फूँकने का श्रेय अगर किसी को जाता है तो वह है नयी एफ. एम. प्रौद्योगिकी को। 'एफ. एम.' भौतिक विज्ञान का शब्द है, जिसे 'फ्रीक्वेंसी मॉड्यूलेशन' कहते हैं। हिन्दी में इसे 'आवृत्ति नियमक' कहते हैं।

हर्ट्ज नाम के वैज्ञानिक ने लगभग 100 वर्षों पहले 'इलेक्ट्रॉमैग्नेटिक' तरंगों की कल्पना की थी, जिनके माध्यम से आज केवल पृथ्वी पर नहीं, बल्कि दूसरे ग्रहों पर भी सन्देश भेजना सम्भव है। ये इलेक्ट्रॉमैग्नेटिक तरंगें दो प्रकार की होती हैं। पहली है, 'विस्तार नियमक' अथवा एम्प्लीटयूंड मॉड्यूलेशन (ए. एम.)। दूसरी तरंगों को आवृत्ति नियमक (फ्रीक्वेंसी मॉड्यूलेशन) अथवा एफ. एम. के नाम से जानते हैं।

भारत में एफ. एम. की शुरुआत जुलाई, 1977 में हुई, जब मद्रास में प्रथम रेडियो एफ. एम. ट्रांसमीटर की स्थापना हुई। कुछ वर्षों बाद दिल्ली, कलकत्ता तथा बम्बई में भी एफ. एम. ट्रांसमीटरों की स्थापना हुई। भारत में एफ. एम. प्रसारण को सबसे ज़्यादा बल सातवीं पंचवर्षीय योजना से मिला, जब कहा गया कि अब पुरानी रेडियो-प्रौद्योगिकी की जगह नयी प्रौद्योगिकी को स्थापित किया जायेगा। उस समय भारत में केवल ए. एम. ट्रांसमीटर प्रचलित थे।

सातवीं पंचवर्षीय योजना में यह स्पष्ट किया गया कि एफ. एम. ट्रांसमीटरों को तेज़ी से स्थापित किया जायेगा। भारत में इस प्रौद्योगिकी-परिवर्तन के पीछे कई कारण थे, जिनमें सबसे मुख्य कारण यह था कि ए. एम. पर प्रसारणों की अत्यधिक संख्या के कारण ए. एम. प्रौद्योगिकी में प्रसारणों की संख्या में वृद्धि करने की सम्भावना नहीं बची थी।

मौसम की खराबी का प्रभाव भी ए. एम. प्रसारणों पर पड़ता था। वहीं दूसरी तरफ एफ. एम. इन कठिनाइयों और खामियों से दूर था, साथ ही एफ. एम. का ध्वनि-स्तर ए. एम. से कई गुना बेहतर था। जहाँ तक एफ. एम. ट्रांसमीटरों की स्थापना, लागत और व्यवस्था का प्रश्न था, तो 'एफ. एम.', 'ए. एम.' के मुकाबले काफ़ी सस्ता साबित हुआ। विश्वसनीयता की दृष्टि से भी प्रौद्योगिकी-विशेष एफ. एम. को अधिक विश्वसनीय मानते हैं। प्रौद्योगिकी-दृष्टि से एफ. एम. तरंगों में एक खराबी है कि वे पृथ्वी के समानान्तर चलती हैं और इनकी दूरी 55 से 60 किलोमीटर तक की होती है।

बी. बी. सी. और आकाशवाणी

बी. बी. सी. की विश्वविख्यात छवि अनुपमेय है। 38 भाषाओं में निरन्तर किसी-न-किसी बैंड पर अपने कार्यक्रम प्रसारित कर बी. बी. सी. ध्वनि-प्रसारण के क्षेत्र में महत्त्वपूर्ण हो चुका है। इसकी हिन्दी-सेवा में प्रसारित समाचार, विश्व भारती, आजकल, पिछले पहर जैसे आकृष्ट प्रसारण उच्चस्तरीय पत्रकारिता के उदाहरण हैं। भारत में ही नहीं, दक्षिण एशिया के अन्य राष्ट्रों में ये सभी कार्यक्रम लाखों-करोड़ों लोगों की दिनचर्या का अंग हैं। 'नयी पीढ़ी', 'हमसे पूछिए', 'विवेचना', 'मुद्रा और मंडी', 'झंकार', 'इन्द्रधनुष', 'खेल और खिलाड़ी', 'दर्पण', 'आपसे मिलिए', 'जीवन और स्वास्थ्य', 'सांस्कृतिक चर्चा तथा बहुरंगी प्रसारण श्रोताओं का कंठहार हो चुका है।

'ऑल इंडिया रेडियो' का विदेश सेवा विभाग सौ से अधिक देशों को द्विपक्षीय आदान-प्रदान के आधार पर 3,000 रिकॉर्ड कार्यक्रम उपलब्ध कराता है। बी. बी. सी. को चुनौती देने में आकाशवाणी आगे है। मारिशस में ब्रिटिश काउसिंल में एड-मिनिस्ट्रेटिव ऑफिसर और स्वतन्त्र पत्रकार *सुनील गोयल* का मत है कि मारिशस में बी. बी. सी. के साथ ए. आयी. आर. को समान महत्त्व दिया जाता है। आकाशवाणी के कार्यक्रम वहाँ अधिक सार्वभौमिक महत्त्व के सिद्ध हो रहे हैं। ए. आई. आर. की महत्त्वपूर्ण उपलब्धि 18 मई, 1988 से शुरू राष्ट्रीय प्रसारण सेवा है। शास्त्रीय संगीत, खोजी रिपोर्ट, पश्चिमी संगीत, फ़ीचर, पत्रिका, खेल, वित्तीय समीक्षा, करेंट अफेयर्स, स्पॉटलाइट, सामयिकी जैसे इसके कार्यक्रम अतिशय लोकप्रिय हो चुके हैं। ए. आई. आर. के स्तरीय कार्यक्रमों के रहते हुए भी बी. बी. सी. के प्रति रुझान की बात एक भ्रम है। तथ्य तो यह है कि बी. बी. सी. पूर्णतः पूर्ण नियोजित तरीके से प्रचार करता है। प्रामाणिक आँकड़े बताते हैं कि 15 प्रतिशत लोग बी. बी. सी. और 77 प्रतिशत लोग ए. आई. आर. के कार्यक्रमों से लाभान्वित होते हैं।

रेडियो की साम्प्रतिक स्थिति

सूचना प्रौद्योगिकी ने आकाशवाणी को एक नये दौर में पहुँचा दिया है। इससे आकाशवाणी के कार्यक्रमों में गुणात्मक सुधार आया है, श्रोताओं की संख्या बढ़ी है और यह 'बहुजन हिताय, बहुजन सुखाय' के अपने ध्येय के साथ आगे बढ़ने में सफल रही है। आकाशवाणी भारत में अकेला रेडियो नेटवर्क है। यह अपने श्रोताओं तक सूचनाओं के प्रसार तथा शिक्षाप्रद एवं मनोरंजक कार्यक्रमों के प्रसारण द्वारा देश की विकास-प्रक्रिया में बड़ी भूमिका निभा रहा है।

आकाशवाणी का राष्ट्रीय चैनल 18 मई, 1988 को शुरू हुआ। इस पर रात्रि प्रसारण के रूप में शाम 6:50 से सुबह 6:15 बजे तक कार्यक्रम सुनाये जाते हैं। इस चैनल की पहुँच देश के 64 प्रतिशत भू-भाग में एवं 16 प्रतिशत आबादी तक है। इसका लक्ष्य ट्रक-ड्राइवरों जैसे सड़कों पर चलने वाले लोगों, कारखानों में रात्रि-पारियों में कार्यरत लोगों और होटलों तथा अस्पतालों में कार्यरत संगीत-प्रेमियों की सेवा करना है।

आकाशवाणी के ट्रांसक्रिप्शन कार्यक्रम विनिमय सेवा प्रभाग के पास इनसैट-1 डी और इनसैट-2 ए के आर. एन. चैनलों का एक उपग्रह प्रसारण सुविधा है। इस सेवा के माध्यम से विभिन्न प्रकार के कार्यक्रमों को रिकॉर्ड करके रख लिया जाता है ताकि भविष्य में उनका विभिन्न स्टेशनों से प्रसारण किया जा सके।

आकाशवाणी के ई. डी. पी. प्रकोष्ठ को आकाशवाणी के स्टेशनों और कार्यालयों के कम्प्यूटरीकरण और उनमें योग्य व्यक्तियों की तैनाती की जिम्मेदारी दी गयी है। सूचनाओं के आदान-प्रदान के लिए 'एयरनेट' संजाल की योजना और डिजाइन तैयार कर लिए गये हैं। नयी प्रौद्योगिकियों के आविष्कार और समाचारों को तैयार करने, उनका सम्पादन तथा प्रसारण करने के लिए अत्याधुनिक उपकरणों के प्रयोग से अन्तिम प्रसारण के लिए समय कम लगता है। इससे आखिरी क्षण तक महत्त्वपूर्ण समाचारों को बुलेटिन में शामिल करना सम्भव हुआ है। आकाशवाणी ने एक-सम्पर्कीय प्रसारण (इंटरैक्टिव ब्रॉडकास्टिंग) सेवा शुरू की है जिससे आकाशवाणी को 'फोन-इन' समाचार सुविधा दी जा रही है। इसमें श्रोता फोन करके ताजा समाचारों की सुर्खियों के रिकॉर्ड सुन सकता है।

कार्यक्रम नवप्रवर्तन

आकाशवाणी के समाचार सेवा प्रभाग ने पिछले लोकसभा चुनावों की मतगणना के समय इस नवप्रवर्तन का प्रयोग किया। इसी तरह दिल्ली केन्द्र ने इससे पहले अन्य स्टेशनों को जोड़कर कई कार्यक्रम प्रसारित किये थे। अब आकाशवाणी के संवाददाता स्काई-फोन के जरिये समाचार-कक्ष को तुरन्त ख़बर दे सकते हैं ताकि उस ख़बर का शीघ्रातिशीघ्र प्रसारण हो सके। कारगिल की लड़ाई के समय आकाशवाणी के संवाददाताओं ने ख़बरें भेजने के लिए स्काई-फोन का प्रयोग किया।

फोन-इन-कार्यक्रम

कार्यक्रम के दौरान श्रोताओं से संवाद अब सामान्य बात हो गयी है। श्रोता अब तत्काल जानकारी चाहते हैं। वे निर्धारित समय पर दिया गया टेलीफोन नम्बर घुमाकर अपने सवालों और समस्याओं का समाधान पूछ सकते हैं। खासकर स्वास्थ्य सम्बन्धी कार्यक्रमों को फोन-इन-कार्यक्रम के रूप में प्रस्तुत किया जाता है। इसी तरह विभिन्न विभागों के अधिकारियों को भी श्रोताओं के प्रश्नों का सामना करने के लिए बुलाया जाता है। वे कार्यक्रम बड़े लोकप्रिय हुए हैं। आकाशवाणी डायल-इन और डायल-आउट सुविधाएँ उपलब्ध कराता है।

रेडियो डॉट प्रणाली और पेजिंग ने भी श्रोताओं में उत्साह जगाया है। एफ. एम. मेट्रो पर पेजर सेवा रेडियो कार्यक्रम प्रस्तुतकर्ताओं और श्रोताओं के बीच निकटता बढ़ाने वाली साबित हुई है। इससे वे प्रस्तुतकर्ता के माध्यम से अपने मित्रों को शुभकामनाएँ और सन्देश भी पहुँचाते हैं। 'वॉयसमेल' भी संवाद के एक माध्यम के रूप में लोकप्रिय हुआ है। इसमें श्रोता टेलीफोन पर अपने सन्देश रिकॉर्ड करा सकते हैं।

आकाशवाणी इंटरनेट पर

इंटरनेट ने आकाशवाणी के कार्यक्रमों को दुनिया के उन कोनों तक पहुँचा दिया है जहाँ रेडियो तरंगों के माध्यम से ये कार्यक्रम अब तक नहीं पहुँच पा रहे थे। इससे आकाशवाणी के कार्यक्रम किसी व्यक्ति द्वारा कहीं भी सुने जा सकते हैं। इस तरह इन कार्यक्रमों की पहुँच की भौगोलिक सीमाएँ टूट चुकी हैं। आकाशवाणी इंटरनेट के जरिये बहुत अच्छे-अच्छे ज्ञानवर्धक और मनोरंजक कार्यक्रम प्रस्तुत करती है। पहली लिपिबद्ध (टेक्स्ड मोड) इंटरनेट सेवा 2 मई, 1996 को और श्रव्य (ऑडियो मोड) सेवा 13 जनवरी, 1997 को शुरू की गयी। आकाशवाणी के कार्यक्रमों को इंटरनेट पर वास्तविक रूप में सुनने के लिए व्यक्ति को एक पर्सनल कम्प्यूटर, साउंड ब्लास्टर कार्ड, मल्टीमीडिया किट, विंडो 95, ब्राउजर सॉफ्टवेयर, टेलीफोन लाइन और इंटरनेट सेवा देने वाली एजेंसी से लाइसेंस लेने की आवश्यकता पड़ती है। इस पर श्रोता नाटक, संगीत या समाचार आदि कोई भी मनचाहा कार्यक्रम सुन सकते हैं। ये कार्यक्रम नियमित रूप से इंटरनेट पर डाले जाते हैं और इनमें नये कार्यक्रमों का भी समावेश किया जाता है। इस सेवा का उपयोग करने वाला व्यक्ति आकाशवाणी की साइट एच. टी. टी. पी./ए. आई. आर. के. ओ. डी. ई. टी. पर किसी ब्राउजर की मदद से इसके होमपेज पर पहुँच सकता है। आकाशवाणी की चौबीसों घण्टे की सीधी इंटरनेट प्रसारण सेवा 1 मई, 1998 को शुरू की गयी। इससे कार्यक्रमों को विश्व के सभी भागों तक पहुँचाने में मदद मिली है।

प्रसारण की भाषा-शैली

प्रसारण की भाषा प्रसारक की भाषा नहीं है, वह श्रोता की भाषा है। विशेषज्ञ अपने आलेख दुरूह भाषा में तैयार करते हैं और नितान्त औपचारिक रूप से प्रस्तुत करते हैं, अतः श्रोता भी उदासीन ही रहता है। प्रसारणकर्मी अपने अहंकार के कारण श्रोता के स्तर पर उतरना नहीं चाहता। प्रसारणों विषयवस्तु की प्रधानता के कारण भाषा यन्त्रवत् या जड़ हो जाती है और श्रोता तक नहीं पहुँच पाती। मध्ययुगीन साधु-सन्त कठिन से कठिन विषय को भी निरक्षर श्रोताओं तक पहुँचाने में सफल हो जाते थे और जनसंचार के साधनों के अभाव में भी जन-जन में लोकप्रिय थे, लेकिन आज सूचना-तन्त्र का जाल बिछा होने के बावजूद सम्प्रेषण आधा-अधूरा-सा लगता है। सम्प्रेषण आसान कार्य नहीं है। कविवर रहीम ने इसकी कठिनाई के सम्बन्ध में कहा है :

रहिमन बात अगम्य है, कहन सुनन की नाहिं।
जो जानत नहिं कहि सकत, कहत सो जानत नाहिं॥

भाषा मनुष्य की क्रिया, संवेग, आवेग, श्रद्धा, अनुभूति और परिकल्पना की अभिव्यक्ति है। वह व्यक्ति की विविध विषयों के सम्बन्ध में समझ और धारणा को विकसित करती है। वह अभिव्यक्ति का साधन भी है और सिद्धि भी। भाषा मात्र प्रतीक, संकेत और निर्जीव शब्द नहीं है। वह मनुष्य की रचनात्मक अनुभूति और संवेदना का वाहक है, अतः उसके वाचिक स्वरूप की शक्ति को पहचानने की आवश्यकता है। भाषा व्यक्ति को व्यक्ति से जोड़ती है और उसे लौकिक एवं पारलौकिक अनुभूतियों से परिचित कराती है अतः भाषा को प्रसारणों में उसी गरिमा के साथ उपयोग में लाना चाहिए। सम्प्रेषण भाषा की कसौटी है। यह प्रसारण के लिए चुनौती भी है।

भाषा-शैली का महत्त्व

प्रसारण की भाषा बोलचाल की भाषा अवश्य है लेकिन यह भाषा शालीन और परिष्कृत भी होनी चाहिए। अपशब्द, गँवारूपन, अत्यधिक भदेसपन से प्रसारण की भाषा को मुक्त रखना चाहिए। फूहड़पन प्रसारण के लिए निषिद्ध है। यथार्थ स्थिति को दर्शाने के लिए कभी-कभी प्रसारणों में भदेस भाषा का उपयोग किया जाता है लेकिन इसका प्रयोग मान्य नहीं है। फ़िल्मों में भी इस प्रकार की भाषा को चटपटेपन के लिए उपयोग में लाया जाता है लेकिन वहाँ भी यह प्रयोग मान्य नहीं है। स्थानीय

बोलियों में, आम व्यवहार में, बातों में गाली देने का चलन है लेकिन सार्वजनिक जीवन में यह मान्य नहीं है। प्रेमचन्द की भाषा में स्वाभाविक चुटीलापन है लेकिन वहाँ अश्लीलता नहीं है। इसमें कथ्य की प्रामाणिकता और उपयोगी जानकारी का पुट आवश्यक है। प्रसारण में भौतिक साधनों और सुविधाओं की अनदेखी नहीं की जा सकती है। श्रोता की आकांक्षाओं और कल्पना को कार्यक्रमों में स्थान प्राप्त होना चाहिए। अतः भाषा पर विचार करते समय उसकी विषयवस्तु पर विचार करना भी आवश्यक है। प्रसारण की भाषा के मानदण्ड स्थापित करने के सम्बन्ध में प्रायः विद्वानों में निम्नांकित बिन्दुओं पर सहमति बन जाती है:

1. भाषा सहज और सुबोध हो,
2. भाषा लालित्यपूर्ण हो,
3. भाषा सम्प्रेषणीय, सजीव एवं सार्थक हो,
4. रचनात्मक अभिव्यक्ति की क्षमता भी भाषा का एक गुण है,
5. बोल-चाल की भाषा में प्रचलित मुहावरे, लोकोक्तियाँ, दृष्टान्त आदि का समावेश होना चाहिए।
6. शास्त्रीयता की अपेक्षा भाषा के व्यावहारिक उपयोग को अधिक महत्त्व देना चाहिए।

प्रसारण की भाषा का विकास वास्तव में जनसाधारण की बोलचाल की शैली से प्रभावित होता है। प्रसारण की भाषा में अभिव्यक्ति की स्वाभाविकता, शब्दों की लाक्षणिक एवं व्यंजनात्मक अनुगूँज, समाज-व्यवहार की तहजीब, वाक्चातुर्य, वार्तालाप की संस्कृत शैली, शालीन हावभाव, संयत संकेतों के प्रतीकार्थ आदि का समावेश होना चाहिए। यह भाषा माइक्रोफोन के समक्ष भी अत्यन्त शालीन लिबास में पूरी तन्मयता और गरिमा के साथ प्रस्तुत होनी चाहिए और कंठकला की आदर्श नजाकत के साथ श्रोता तक पहुँचनी चाहिए। प्रसारण की भाषा की अपेक्षा भाषा की प्रस्तुति अधिक महत्त्वपूर्ण है। वाचिक परम्परा में भाषा के अलावा उच्चारण की कलात्मक शैली, भाव-भंगिमाएँ, संचारी भावों की अभिव्यक्ति, आंगिक चेष्टाएँ, नाट्याभिनय, अव्याकृत ध्वनियाँ आदि का सुन्दर उपयोग अभिव्यक्ति के स्तर पर होना चाहिए ताकि भाषा पूरे व्यक्तित्त्व के साथ श्रोता तक पहुँच सके और उसे अपने जादू से चमत्कृत कर दे। भाषा का अपना संगीत होता है, अपनी लय होती है जो श्रोता को भाव-विभोर कर देती है और सम्प्रेषण के पूरे प्रभाव को उपस्थित कर देती है। भाषा निर्जीव सत्य नहीं है वरन् यह रचनात्मक एवं प्राणवान तथ्य है। सही भाषा अनुभूति और अभिव्यक्ति के द्वैत को मिटा देती है और आदर्श स्थिति में यह श्रोता और वक्ता के द्वैत को भी मिटा देती है। यह प्रक्रिया जटिल अवश्य है लेकिन प्रसारण का सच्चा सुख अभिव्यक्ति की प्राण-प्रतिष्ठा में ही मिलता है। सच्ची अभिव्यक्ति ही सच्चा आनन्द है।

भाषा व्यक्ति के भावों की सहचरी है, वह अभिव्यक्ति का कारण है, परिणाम नहीं। हर समय व्यक्ति कुछ-न-कुछ कहने के लिए व्याकुल रहता है। उसके अपने अभाव, अपूर्णता और असफलताएँ उसे अपनी बात दूसरों तक पहुँचाने के लिए बेचैन किये रहती हैं। मनुष्य-मनुष्य के बीच भाषा भावनात्मक रिश्ता स्थापित करती है और इस प्रकार वह समाज का निर्माण करती है। भाषा व्यक्ति के गौरव, प्रतिष्ठा और गरिमा में वृद्धि करती है। व्यक्ति की भाषा-समृद्धि सबसे बड़ी समृद्धि है। भाषा ही जीवनी-शक्ति है और आशा की एक किरण। भाषा मात्र माध्यम नहीं है वरन् एक जीवन्त प्राप्य है जो व्यक्ति को सँवारती है, उसे गढ़ती है। भाषा सही अर्थों में मनुष्य का परिचय-पत्र है। प्रसारण में हम इसी भाषा की तलाश करते हैं जो व्यक्ति के लौकिक जीवन की सच्ची संवाहिका बने।

प्रसारण की भाषा में स्वाभाविकता, ओज, प्रभाव और चुटीलापन अवश्य बना रहना चाहिए और भाषा को चहचहाते हुए रहना चाहिए। यह शैली तभी हस्तगत हो सकती है जब प्रसारणकर्मी आम आदमी से नित्यप्रति वार्तालाप करता रहे और चर्चा-गोष्ठियों में भाग लेता रहे।

रेडियो की अभूतपूर्व प्रगति के सन्दर्भ में 'दैनिक जागरण' (10 फरवरी, 2017) ने प्रसारित किया :

रेडियो की दमदार ग्रोथ

देश में रेडियो की शुरुआत के 90 साल हो गये हैं। यह सशक्त व लोकप्रिय माध्यम के तौर पर सदी पूरी करने की ओर अग्रसर है। इसके साथ ही रेडियो कारोबार भी कई गुना बढ़ने के लिए तैयार है। इस ग्रोथ में सबसे अहम् भूमिका एफएम रेडियो की है, जिसे फेज 1 (1999), फेज 2 (2005) और वर्तमान में फेज 3 नीलामी से बल मिला है। देश में श्रोताओं की संख्या तेज़ी से बढ़ते हुए 12 करोड़ के स्तर को छूने वाली है। (स्रोत : इकोनॉमिक टाइम्स)

टेकसाई रिसर्च रिपोर्ट 'इंडिया एफ. एम. रेडियो इंडस्ट्री फोरकास्ट ऐंड अपॉर्चुनिटीज, 2019' के अनुसार, देश में एफएम रेडियो उद्योग के 2019 तक करीब ₹4500 करोड़ ($65.60 करोड़) तक पहुँच जाने के आसार हैं।

कंसल्टिंग फर्म ईवाई की रिपोर्ट के अनुसार, फेज 3 नये स्टेशनों के शुरू होने के एक वर्ष के भीतर दो हजार करोड़ रुपये के मौजूदा उद्योग के आकार (विज्ञापन के मामले में) को 25 फीसदी तक बढ़ा सकता है।

विज्ञापनदाताओं के लिए रेडियो अधिक मूल्यवान माध्यम बन जायेगा जो अधिक पैठ के साथ क्षेत्रवार चैनलों के बुके को प्रदान कराएगा। रिपोर्ट कहती है कि यह प्रिंट और क्षेत्रीय टेलीविजन का मजबूत विकल्प बनेगा। पिच-मैडिसन एडवरटाईजिंग रिपोर्ट 2016 के अनुसार चालू वित्त वर्ष 2016-17 में ई-कॉमर्स कम्पनियाँ, ऑटोमोबाइल और राज्य चुनाव रेडियो की ग्रोथ 18 फीसदी तक बढ़ने में मदद करेंगे। विभिन्न ऑफर आधारित रणनीतिक अभियानों के चलते साल-दर-साल ई-कॉमर्स के खिलाड़ियों की ओर से राजस्व दोगुना बढ़ा है। सभी सेगमेंट में नये लांचों के कारण रेडियो पर ऑटोमोबाइल (चार पहिया और दोपहिया) वर्ग 35 फीसदी से ज़्यादा बढ़ा है। सरकार, रियल एस्टेट, रिटेल, एफ. एम. सी. जी. और वित्तीय सेवा सेक्टर का इसमें योगदान लगातार जारी है।

इसको लेकर कई मिथक भी धीरे-धीरे टूट रहे हैं। ए. जेड. रिसर्च पार्टनर्स प्राइवेट लिमिटेड के अनुसार, केवल कार में बैठकर रेडियो का सुनना सीमित नहीं है। औसतन 86 फीसदी प्रतिक्रियादाताओं ने बताया कि उन्होंने दैनिक आधार पर एफ. एम. रेडियो सुना। स्वतन्त्र मार्केट रिसर्च फर्म ने यह अध्ययन 23 शहरों में 14-50 साल के आयु-वर्ग के बीच तीन श्रेणियों ए/बी/सी/ में किया।

13

रेडियो जॉकी
(Radio Jockey)

ध्वनि में ही जगत् का विस्तार है और वह ध्वनि में ही विलीन हो जाता है। ध्वनि से वाणी की उत्पत्ति हुई। यही वाणी मन का सच्चा मित्र है। वाणी से ही सबकी पहचान सम्भव है :

बोलत ही पहचानिये, साहु चोर का घाट।
अन्तर की करनी सबै, निकसै मुख की बाट॥

ध्वनि के सम्प्रेषक रेडियो से वाणी का विकास हो रहा है। क्षिप्रता, तात्कालिकता, चुस्ती-फुर्ती वाले एफ. एम. रेडियो के क्षेत्र में प्राइवेट चैनलों के आने से रेडियो जॉकी को नया जीवन मिला है। रेडियो जॉकी उच्चारण की जादूगरी है। अपनी विशिष्ट शैली और मोहक आवाज़ के चलते आर. जे. श्रोताओं को बाँधे रखता है।

रेडियो जॉकी

जो अच्छा सोचता है, वही अच्छा लिखेगा और जो अच्छा लिखेगा, वही अच्छा बोलेगा भी। दुनिया जानती है कि जो अच्छा बोलता है वही वक्ता कहलाता है। वक्ता बनना जितना आसान है, सफल वक्ता बनना उतना ही मुश्किल। बड़े बुजुर्गों ने कहा है कि अच्छा वक्ता वही है जो अच्छा श्रोता है। सुनाने वाले को सुनना बहुत ज़रूरी है और सफल Radio Jockey वही है जो सुनने लायक है।

एक अच्छे रेडियो जॉकी में निम्नलिखित गुण होने चाहिए :

1. दिलकश आवाज़

आवाज़ एक ईश्वरीय देन है। इसे तराशना हमारा काम है। उस आवाज़ को अच्छी आवाज़ का नाम दिया जा सकता है जो कर्ण-प्रिय हो और जिसे सुनने को दिल चाहे। रेडियो जॉकी बनने की चाहत रखने वाले इंसान की आवाज़ में एक कशिश होनी चाहिए। एक ऐसा खिंचाव होना चाहिए जो सुनने वालों का दिल जीत ले। यह ज़रूरी नहीं कि पुरुषों की आवाज़ भारी ही हो और महिलाओं की पतली। आवाज़ ऐसी होनी चाहिए जिससे एक व्यक्तित्त्व का परिचय मिले। अगर आपकी आवाज़ में हल्की मुस्कान है तो फिर क्या कहना...आवाज़ में अगर मिठास है तो वह बेमिशाल है।

2. भाषा का ज्ञान

आप चाहे जिस भाषा में बात करें...उस भाषा का पूर्ण ज्ञाता होना अनिवार्य है। आपके वाक्य इतने सरल होने चाहिए कि सुनने वाला हर इंसान आसानी से समझ सके। जब भी आप रेडियो पर कुछ बोल रहे हों...इस बात को ध्यान रखना चाहिए

कि आप की भाषा सही है...जिन शब्दों का आप प्रयोग कर रहे हैं वो सही हैं। एक भाषा में बात करते-करते अगर किसी और भाषा में बात करना पड़ रहा है तो इस बात का ध्यान रखें कि एक भाषा से दूसरी भाषा में जाना सुनने वालों के कानों को अप्रिय न लगे। आप अपनी बातें जितनी आसानी से सुनने वालों को समझाएँगे उनके दिल के करीब उतनी ही आसानी से जा पाएँगे। रेडियो पर बोल-चाल की भाषा का भी प्रयोग किया जा सकता है, मगर इस बात का ध्यान रहे कि वो प्रसारण की मर्यादा का उल्लंघन न हो। आपकी भाषा में किसी भी तरह के अपशब्द नहीं होने चाहिए। दुनिया जानती है और इस बात को मानती है कि F.M. पर Live Shows के दौरान आपकी बातें कमान से निकली हुई किसी तीर से कम नहीं हैं. ..अगर आपने कोई गलती कर दी है तो उसे सुधारा नहीं जा सकता है।

आप अपनी भाषा से ज़रूर प्यार करें साथ-ही-साथ दूसरी भाषाओं की भी इज्जत करें।

जहाँ तक F.M. Shows में बोली जाने वाली भाषा का सवाल है, तीन बातें ध्यान में रखें :

1. आपकी भाषा सरल हो।
2. आपकी भाषा सुंदर हो।
3. आपकी भाषा में मिठास हो।

3. हाजिरजवाबी

एक रेडियो जॉकी/रेडियो एंकर के लिए हाजिरजवाब होना बहुत ज़रूरी है। रेडियो के विशेषज्ञ भी इस बात से सहमत हैं कि जो रेडियो एंकर हाजिरजवाब नहीं है लोकप्रियता उससे कोसों दूर रहेगी। आपको इस बात का भी ध्यान रखना होगा कि हाजिरजवाबी के नाम पर आप किसी को दुःख तो नहीं पहुँचा रहे हैं। F. M. Stations कई तरह के कार्यक्रम पेश करते हैं...जिनमें से काफ़ी Shows, 'Interactive Shows' होते हैं। इन 'Interactive Shows' के दौरान 'हाजिरजवाब' होना ज़रूरी है।

मान लीजिए आप किसी F.M. Station के लिए एक Live Dial-In Request Show पेश कर रहे हैं...आप श्रोताओं से कहते हैं : आपको कौन-सा गाना सुनना है? वह कहता है मुझे बागवाँ का 'मैं यहाँ, तुम कहाँ' सुनना है लेकिन गाना सुनाने से पहले आप मुझे ये बता दें कि—अगर लड़कियाँ Make-up करना छोड़ दें, तो क्या होगा? इस तरह के सवाल के कई जवाब हो सकते हैं जैसे :

1. अगर लड़कियाँ Make-up करना छोड़ दें, तो सभी Beauty Parlours में ताला लग जायेगा।
2. अगर लड़कियाँ Make-up करना छोड़ दें, तो शायद लड़के उन्हें देखना बन्द कर दें।

अगर लड़कियाँ Make-up करना छोड़ दें...जनाब हम नामुमकिन बातों के जवाब देने में यकीन नहीं रखते।

4. हास्य-व्यंग्य

हास्य-व्यंग्य के पिटारों से सन्दर्भित कुछ हेडलाइंस को आर. जे. द्वारा स्मरण कर लेना चाहिए जैसे :

1. बुद्धिजीवी बनने के नुस्खे
2. मक्खन को मत रोको
3. तमीज वही जो पुलिस सिखावे
4. पाँच पत्नियाँ पाने के फार्मूले
5. आधुनिक धन्धा : तबादला उद्योग
6. नेता बनने की रामबाण दवा
7. माया के फेर से बचो

8. मत चढ़ बेटा शूली पर

9. सत्ता के गलियारों में काँटे की बात

आप हर पल यही कोशिश करें कि आपके द्वारा दिये गये किसी भी सवाल के जवाब में साफ-सुथरे हास्य का अंश हो, ताकि आपको सुनने वाला उस पल मुस्कराये।

अगर कोई रेडियो जॉकी अपनी बातों के जरिये सुनने वालों के चेहरे पर एक पल के लिए भी मुस्कराहट लाने में कामयाब हो जाता है तो समझ लीजिए कि वो रेडियो जॉकी तारीफ का हकदार है।

याद रखें—"हाजिरजवाब होने का कोई तोड़ नहीं है।"

एक रेडियो एंकर का हाजिरजवाब होना निहायत ज़रूरी है। अगर किसी रेडियो जॉकी के दिमाग में Humour की गंगा बहती है, तो ये दावे से कहा जा सकता है कि उस रेडियो जॉकी को कामयाबी का झंडा गाड़ने से कोई रोक नहीं सकता है।

Wit and humour ऐसी चीजें हैं जिन्हें तैयार नहीं किया जा सकता है। हाँ! तराशा ज़रूर जा सकता है...कहते हैं कि अगर आप witty, wise, clever, humourous हैं तो बेजोड़ हैं।

अपनी साधारण बातों से लोगों को हँसाना एक कला है।

रेडियो एंकर को चाहिए कि वो ज़्यादा-से-ज़्यादा हास्यरस वाली कहानियाँ पढ़ें; व्यंग्यात्मक लेख पढ़ें ताकि ये जान सकें कि सत्य कैसे उत्पन्न होता है। ज़्यादा-से-ज़्यादा लतीफों की किताबें पढ़ें...उनमें से जो लतीफा आपको अच्छा लगता है उसे Mark करके रखें; कोशिश करें कि वो लतीफा आपको याद रहे। याद करने का सबसे आसान तरीक़ा है, किसी एक चुटकुले को कम-से-कम दस बार पढ़ें, फिर आँखें बन्द करके उसे बोलें...उसके बाद बिना देखे आप उस चुटकुले को एक पन्ने पर लिखें। आप देखेंगे कि आपको वो लतीफा याद हो चुका है। जब तक आप उस चुटकुले को याद नहीं कर लेते हैं, उसे बार-बार पढ़ते रहिए। वैज्ञानिकों का भी मानना है कि हँसना ज़िन्दगी जीने के लिए अति आवश्यक है। हँसने से न सिर्फ़ शरीर की 70 मांसपेशियाँ हरकत में आती हैं बल्कि मानसिक तनाव से भी राहत मिलती है।

एक Radio Presenter जो Witty है, जिसकी बातों में सराहनीय Humour है; जो अपनी हरकतों और बातों से सुनने वालों को एक पल के लिए मुस्कराने पर मजबूर कर दे, वह श्रोताओं के दिल में ज़रूर रहेगा। कहते हैं कि आजकल इंसान की ज़िन्दगी में खुशियाँ कम और गम ज़्यादा हैं। एक बार हँस लेना या मुस्करा लेना ही बहुत बड़ी बात है।

खुद मुस्कराना और हँसना अगर ज़िन्दगी है तो दूसरों को हँसाना, खुश करना सबसे बड़ा पुण्य है, इबादत और प्रार्थना है। रेडियो जॉकी को चाहिए कि वो सदा हँसता रहे, औरों को हँसाता रहे। व्यंग्य, हास्य की सरिता बहाता रहे।

5. संगीत का ज्ञान

हर F.M. Station एक Music Policy अपनाता है, कहने का मतलब है कि उस F.M. Station पर किस तरह के गाने बजेंगे, कब बजेंगे और कैसे बजेंगे। Radio Jockey का फर्ज बनता है कि वो उस F.M. Station की गीत-संगीत सम्बन्धी नीति का सम्मान करे। वह गीतों के बारे में सम्पूर्ण जानकारियाँ रखता हो।

जैसे ही सवाल खत्म हो...आपका जवाब शुरू हो जाना चाहिए कि 'Dola Re Dola'....Film 'Devdas' का ये लाजवाब गाना फ़िल्माया गया है, Bollywood की दो शानदार अदाकाराओं Madhuri Dixit और Aishwarya Rai पर। इस गीत को लिखा है Nusrat Badr ने, संगीत से सँवारा है Ismail Darbar ने और गाया है Shreya Ghoshal और Kavita Krishnamurthy ने।

संगीत के ज्ञान का मतलब ये भी होता है कि Radio Jockey को गाने की Lyrics के बारे में भी पता हो। रेडियो जॉकी को इस बात का भी पता होना चाहिए कि किस गाने की शक्ति कैसी है...वो गाना दिन के किस वक़्त बजाने से लोग उसका ज़्यादा लुत्फ उठायेंगे।

6. सामान्य ज्ञान

सामान्य ज्ञान का होना अनिवार्य है। रेडियो जॉकी की G.K. काफ़ी अच्छी होनी चाहिए; एक अच्छा रेडियो जॉकी तभी अच्छा कहलाएगा जब उसे दुनिया में हो रही तमाम घटनाओं के बारे में पता हो। अद्यतन जानकारी से आर. जे. को लैश होना चाहिए।

एक आर. जे. को अख़बार काफ़ी ध्यान से पढ़ना चाहिए...तमाम Magazines के बारे में उसके पास जानकारियाँ होनी चाहिए, ताकि दुनिया में कहाँ क्या हो रहा है...Radio Jockey को सब पता हो। एक Perfect Radio Jockey बनने के लिए आपको चाहिए कि आप सिर्फ़ अपने मुहल्ले की ही नहीं, बल्कि पूरे शहर, प्रान्त, देश, विदेश के बारे में ज़्यादा-से-ज़्यादा जानकारी रखें, ताजी घटनाओं से सुपरिचित हों।

रेडियो जॉकी के गुण

कहावत है कि God helps them who help themselves (ईश्वर उसी की मदद करता है जो खुद अपनी मदद करता हो)। एक अच्छे आर. जे. बनने के लिए मेहनत तो करनी ही पड़ेगी। आर. जे. में चार D हैं तो वो कुछ भी कर सकता है :

D = Desire (आकाँक्षा) D = Determination (संकल्प)

D = Discipline (अनुशासन) D = Devotion (समर्पण)

एक आर. जे. बनना है तो एक दिन का काम है, मगर साल-दर-साल रेडियो जॉकी बने रहना थोडा मुश्किल है। लिहाजा आपको इस पेशे के प्रति खुद को तन-मन से समर्पित करना पड़ेगा।

रेडियो जॉकी के लिए खास बातें

1. कार्यक्रम निर्धारित समय पर शुरू करें और समय पर ही समाप्त करें।
2. आपका Live Programme जिस वक़्त शुरू होने वाला है, उससे कम-से-कम एक घण्टे पहले स्टूडियो पहुँच जाये।
3. On-Air Studio के अन्दर कोई भी Unwanted सामान न ले जाये, जैसे—Mobile Phone, Pocket Transistor, गन्दे जूते, खाने का सामान आदि।
5. रेडियो पर बात करने से पहले स्टूडियो की घड़ी पर नजर ज़रूर डालें।
6. Air पर जाने से पहले, इस बात का ध्यान रखें कि Studio का दरवाजा ठीक तरीके से बन्द है या नहीं।
7. Radio पर न कभी खाँसें और न ही कभी छींकें, डकार तो हर्गिज न लें।
8. Radio पर कुछ भी ऐसा न बोलें ताकि आपकी वजह से Station की बदनामी हो।
9. घण्टे भर में कम-से-कम चार बार Show का नाम, Station का नाम Frequency और अपना नाम ज़रूर लें।
10. Radio पर समय बताते वक़्त कभी भी गलती न करें। जब समय बता रहे हों तो घंटा, मिनट और सेकेंड ज़रूर बताइए।
11. जानकारियाँ देना और मनोरंजन करना गुणवत्ता का परम धर्म है।
12. रेडियो जॉकी को अपनी गुणवत्ता लगातार बनाये रखनी चाहिए।
13. रेडियो जॉकी को चाहिए कि वह अपनी आवाज़ और अन्दाज से अपनी विशिष्ट पहचान बनाए।
14. दुनिया की तमाम सूचना एक रेडियो जॉकी की अंगुली पर हो।

आर. जे. हेतु ऑडिशन

Audition वह परीक्षा है जिसके जरिये ये पता लगाया जाता है कि Candidate, Radio Jockey बनने लायक है या नहीं। All India Radio में आज भी Audition लेने वाले Officers Candidate की शक्ल नहीं देखते। Radio Anchor के लिए

उसकी आवाज़ ही उसकी पहचान है। जिस कमरे में Candidate Audition देने के लिए जाता है उस कमरे में Candidate और Microphone के अलावा और कुछ भी नहीं होता है। एक-दूसरे कमरे में Audition लेने वाले Officers मौजूद रहते हैं जो वहाँ से Instructions देते हैं।

Candidate....Headphone के जरिये Officers की बातें सुनता है और फिर दी गयी Script को पढ़ता है।

Audition लेने वाले Officers, Candidate से अलग-अलग ढंग से Script को पढ़वाते हैं...कई दफा सवाल-जवाब का सिलसिला भी चलता है। आमतौर पर Officers ये देखते हैं कि Candidate की आवाज़ कैसी है, उच्चारण कैसा है, बोलने का अन्दाज कैसा है। ये तमाम चीजें Record होती हैं ताकि Decision लेते वक़्त कोई गलत कदम न उठ जाये।

रेडियो पर साक्षात्कार

कोई भी इंटरव्यू लेने से पहले प्रारम्भिक तैयारी ज़रूर कर लें, खास करके आप जब किसी महान् व्यक्ति का साक्षात्कार ले रहे हों...उसके बारे में आपके पास पूरी जानकारी हो। वे जिस क्षेत्र में काम करते हैं, उस क्षेत्र के बारे में पूरी जानकारी हो। आप अगर दस सवाल पूछने वाले हैं तो कम-से-कम बीस सवाल तैयार करके रखें। इस बात का आप ध्यान रखें कि जब आप साक्षात्कार ले रहे हों तो आपके सामने एक काग़ज़ पर वो तमाम सवाल लिखे होने चाहिए जो आप पूछने वाले हैं। बेशक साक्षात्कार के दौरान कुछ ऐसे सवाल निकल आएँगे जो आपके सवालों की List में शायद न हो...अब जैसे ही आप बिना लिखे हुए सवाल पूछें, उसे फौरन अपनी List में लिख लें।

महान् व्यक्ति का साक्षात्कार लेते वक़्त आप उसी को ज़्यादा बोलने दें...जवाब खत्म होने के बाद ही दूसरे सवाल की ओर बढ़ें। Interview लेते वक़्त अपनी भावनाओं पर काबू रखें और सिर्फ़ ऐसे ही सवाल पूछें जो आपके Shows के साथ fit बैठते हों। Interview को interesting बनाना भी आप का ही फर्ज है। Interview के दौरान ऐसा माहौल बनाएँ कि Celebrity को साक्षात्कार देने में मज़ा आये। इससे फायदा ये होगा कि Celebrity खुलकर बातें करेंगे।

रेडियो पर Interviews....कभी Celebrity आपके साथ Studio में होंगे तो कभी फोन पर। जब आप किसी Celebrity का Interview Phone पर ले रहे हों तो आप इस बात का ध्यान रखें कि ज़्यादा Overlapping न हो... Celebrity को बात करने दें, चूँकि आप Celebrity को देख नहीं पा रहे हैं, कोई भी सवाल ज़्यादा तेज़ी से न पूछें। आप ये न भूलें कि Celebrity आपको एक Phone पर सुन रहे हैं...सवाल आप इत्मीनान से पूछें ताकि वो समझकर जवाब दे सकें।

Radio पर Interviews लेते वक़्त आप वे बात ज़ेहन में रखें कि आप हमेशा non-stop interviews नहीं ले रहे हैं; आपको गाने भी बजाने हैं, break भी लेना है। इसलिए आप आँखें घड़ी पर भी रखें ताकि आपको पता चले कि कब रूकना है और आगे क्या कहना है, गाना आने वाला है या break लेना है।

एक दौर था जब मनोरंजन के साधनों में रेडियो का बोलबाला था, मनोरंजन के अन्य माध्यमों, जैसे– टेलीविजन, सिनेमाघर के अस्तित्त्व में आते ही रेडियो बुरी तरह प्रभावित हुआ। रेडियो ने एक बार फिर से धमाकेदार वापसी की। इस बार रेडियो का रूप बिल्कुल बदला हुआ था, इस बदले हुए रेडियो को नाम मिला एफ. एम. रेडियो का। रेडियो के इस नये स्वरूप से युवा वर्ग खासा प्रभावित हुआ विशेषकर रेडियो जॉकी की दमदार आवाज़ और कार्यक्रम को प्रस्तुत करने के अन्दाज से। रेडियो स्टेशन की संख्या बढ़ने और इसके छोटे-बड़े लगभग सभी शहरों में पहुँचने से युवाओं के लिए कैरियर बनाने वाले क्षेत्रों में रेडियो जॉकी 'आर. जे.' ग्लैमर और आकर्षण का केन्द्र बन चुका है।

आर. जे. के आकर्षण ने युवाओं को इस क्षेत्र में कैरियर बनाने की राह दिखायी है, जिसमें उन्हें नेम और फेम के साथ सैलरी भी अच्छी मिलती है। उनके लिए मीडिया गोल्ड, ग्लोरी और ग्लैमर का पर्याय बन चुका है।

इस पेशे में कैरियर बनाने के इच्छुक युवक-युवतियाँ स्वयं को आर. जे. की खूबियों के आधार पर परखें और उसके बाद ही इस क्षेत्र में कैरियर बनाने की सोचें। एक आर. जे. के रूप में कैरियर की शुरुआत करने के लिए सबसे ज़रूरी है, कानों

में मिठास घोलने वाली आवाज़। रेडियो पर सारा खेल आवाज़ का ही होता है। ऐसे में आर. जे. बनने की ख्वाहिश रखने से पहले यह जान लें कि आप हजारों कानों को सुकून देने वाली आवाज़ के स्वामी हैं या नहीं। इसके अतिरिक्त आपका बातूनी होना भी ज़रूरी है। इन सबके अलावा एक अन्य बिन्दु पर खरा उतरना आर. जे. की विशेष खूबियों में से एक माना जाता है, वह है संगीत की बारीक जानकारी। एक आर. जे. के रूप में आपकी आवाज़ में उतार-चढ़ाव होना चाहिए।

14

टी. वी.

(TV)

Television brings entertainment, information and education to millions at a very nominal cost. It has changed buying habits, personal habits and tastes. It has educated younger faster than any teacher could have taught them in so short span of time. *–Lorence Witty*

× × ×

Journalism is the television picture becamed by satelite direct from some war zone, showing men dying in agony in accurate colour. It is the television picture of a man stepping on to the surface of the moon, seen in millions of homes as it happens.

–David Wainwright

× × ×

"When television is good, nothing is better
When television is a bad, nothing is worse. *–Newton Minow*

× × ×

Television is a new toy, technology has put it in the hands of man. It is likely to he overused misused or even abused.

–Prof. U.S. Joshi

× × ×

हम दूरदर्शन का विस्तार न केवल मनोरंजन के साधन के रूप में वरन् विकास के लिए शिक्षा के साधन के रूप में करना चाहते हैं।... इसमें कोई सन्देह नहीं कि यह पद्धति लोकतन्त्र के लिए बहुत सहायक होगी। ग्रामों के आधुनिकीकरण में इसका योग निर्णायक हो सकता है। कृषकों के लिए देखना ही विश्वास करना है। *–श्रीमती इन्दिरा गाँधी*

आधुनिक संचार क्रान्ति में टी. वी. की भूमिका सर्वाधिक महत्त्वपूर्ण है। टी. वी. तो किसी राष्ट्र की प्रगति का प्रामाणिक व्याख्याता है। यह राष्ट्र के स्वरूप का दर्पण है। समस्त संचार-माध्यमों में टी. वी. ही परिवर्तनकारी तत्त्व है। विगत दस वर्षों में अपने देश का सम्पूर्ण परिदृश्य ही बदल गया, न कोई परिवार सैर-सपाटे पर निकल रहा है, न पार्कों में हो-हल्ला मच

रहा है, अधिकांश लोगों की नजर टी. वी. पर गड़ी कोई सीरियल बहकने न पाये, अब तो सप्ताह के दिनों को टी. वी. सीरियल के माध्यम से पहचाना जाता है। पहले रविवार छुट्टी का दिन माना जाता था, जिस दिन बड़े इत्मीनान से रुचिकर कार्यों को पूरा किया जाता था। अब तो प्रमुख धारावाहिकों ने गृहिणियों को इस प्रकार व्यस्त कर दिया है कि पुरुष वर्ग खिचड़ी खाकर ही चुप बैठ जाते हैं।

वस्तुतः दैनिक जीवन में टी. वी. की घुसपैठ ने जीवन के सभी क्षेत्रों को प्रभावित किया है। इसके माध्यम से हमारे जीवन में सूचनाओं का विस्फोट हो रहा है। जब रेडियो संचार प्रणाली द्वारा ध्वनि-दृश्य संकेतों को प्रसारित करना सम्भव हुआ तो संचार-जगत् में क्रान्ति मची। टेलीविजन संचार का वह साधन है जिससे किसी कार्यक्रम के चित्र और ध्वनि का प्रसार दूर-दूर तक होता है।

हमारी रुचि बदल रही है। विभिन्न तेल, शैम्पू, साबुन, वाहन और विद्युत् उपकरणों के बिना अब हमारा काम ही नहीं चल सकता। वीडियो हमें सिनेमा हाल से दूर रखता है किन्तु पर्सनल सिनेमा, फैमिली सिनेमा, प्राइवेट सिनेमा, एक्सपर्ट सिनेमा को बढ़ावा देता है। जिस त्वरा और तत्परता से अपने देश में टी. वी. केन्द्रों का जाल बिछा है उसी त्वरा तथा तत्परता से अपनी संस्कृति भी परिवर्तित हुई है। तात्कालिकता, घनिष्ठता और विश्वसनीयता के कारण टी. वी. सामाजिक परिवर्तन लाने में सर्वाधिक सशक्त जनसंचार माध्यम है जो एक साथ आदर्श शिक्षक, विकास अभिकर्ता, मनोरंजनकर्ता और सूचना देने वाले के रूप में समाज का निर्माता है। इंग्लैंड में हुए एक सर्वेक्षण के अनुसार बाल-अपराध के मूल में टी. वी. द्वारा प्रदर्शित अपराध दृश्य हैं। वस्तुत : हर देश की युवा पीढ़ी के उठने, बैठने, चलने, मुस्कराने में टी. वी. मैनरिज्म की स्पष्ट छाप है, यही कारण है कि सम्प्रति युवा पीढ़ी को 'टी. वी. जेनरेशन' के नाम से भी पुकारा जा रहा है।

टेलीविजन की उपयोगिता

जॉन फिस्क ने टेलीविजन पर विचार करते हुए उसके 'फंक्शनल ट्रेडीशन' पर प्रकाश डाला है। उन्होंने टी. वी. की तीन दृष्टियों की चर्चा की है। प्रथम व्यक्तिवादी, दूसरी अमूर्तन और तीसरी प्रकार्यवादी। उन्होंने यह बताया है कि टेलीविजन हमारी पाँच आवश्यकताएँ पूरी करता है :

1. ज्ञान की आवश्यकता : जिसमें सूचनायें, ज्ञान और आपसी समझदारी पैदा करना।
2. प्रभावी ज़रूरतें : संवेदनात्मक और सौन्दर्यात्मक अनुभव, प्रेम और दोस्ती और सुन्दर चीजों को देखने की इच्छा।
3. सामाजिक ज़रूरतें : परिवार से सम्बन्ध बनाने की ज़रूरत, मित्रों से सम्बन्ध की ज़रूरत आदि।
4. तनाव से मुक्ति : परिवर्तन और भूल जाने की ज़रूरत।
5. व्यक्तिगत ज़रूरतें : आत्मविश्वास की ज़रूरत, स्थिरता, सम्मान।

देफ्लूथर ने 'थ्योरी ऑफ मास कम्यूनिकेशन' में लिखा है कि आवश्यकताओं के आधार पर ही 'निर्भरता का सिद्धान्त' भी बनाया गया, जिससे पता चलता है कि प्रत्येक आधुनिक औद्योगिक पश्चिमी समाज मनोवैज्ञानिक तौर पर बड़े पैमाने पर सूचनाओं पर निर्भर करता है। इसके बिना वे लोग समाज में पूरी तरह शिरकत नहीं कर पाते। 'आन्तर्निर्भरता सिद्धान्त' के मानने वालों की राय है कि उसने समाज का संकट और भी गहरा कर दिया है, खासकर युद्ध, प्राकृतिक आपदा, आन्तरिक गड़बड़ी या आपातकाल में व्यक्ति-सूचना एवं उसकी व्याख्या की आशाएँ बढ़ जाती हैं। माध्यमों से सूचना प्राप्त करने की ललक के बढ़ जाने का अर्थ यही है कि आम लोग यह उम्मीद करते हैं कि माध्यमों से सूचनाएँ प्राप्त करके ही दर्शक सक्रिय होते हैं। संकट की स्थिति में माध्यमों से सूचना ज़रूर मिलेगी, विशेषकर टी. वी. से। परिणामतः टेलीविजन सिर्फ़ सूचना देने का ही कार्य नहीं करता अपितु तनाव से राहत दिलाने का, सामाजिक उत्तेजना से दूर ले जाने का भी कार्य करता है।

टी. वी. की विकास-यात्रा

ऐसे तो 'धर्मक्षेत्रे कुरुक्षेत्रे' श्लोक से ज्ञात होता है कि महाभारत में संजय ने धृतराष्ट्र को टी. वी. की सहायता से युद्ध का सीधा प्रसारण सुनाया। आजकल प्रचंड भौतिकवादी लोग इस प्रसारण पर विश्वास नहीं करते परन्तु यह तो मानना ही पड़ेगा कि टी. वी., रेडियो से साम्य रखने वाले जनसंचार के माध्यम का विकास भारत में बहुत पहले ही हो चुका था।

विज्ञान में प्रगति करने वाले पाश्चात्य देशों में सर्वप्रथम सन् 1920 में चित्र को वाणी देने की समस्या उठी। सन् 1923 में *डॉ. ब्लाडिमिर वोरकिन* ने इस प्रश्न पर गहन चिन्तन-मनन किया। इस दिशा में उन्हें सफलता भी मिली। दो वर्षों बाद अमेरिका के *जेकिंस नीज* ने यान्त्रिक दूरदर्शन उपकरण का प्रदर्शन किया। सन् 1927 में न्यूयॉर्क और वाशिंगटन के मध्य बेल टेलीफोन लेबोरेटरीज द्वारा तार के माध्यम से टी. वी. कार्यक्रम भेजा गया। धीरे-धीरे इसमें अनेक सुधार किये गये। *फाइलों टेलर फर्न्सबर्थ* को टी. वी. का आविष्कारक माना जाता है। उसने प्रकाश-किरणों को 'इलेक्ट्रॉनिक सिग्नलों' में बदलने की बात कही जिसे विश्व के वैज्ञानिकों ने मान्यता दी। फर्न्सबर्थ के अनुसार वैक्यूअम ट्यूब की सहायता से इमेज के प्रसारण और ग्रहण के कार्य सुविधाजनक ढंग से हो सकते हैं। ट्यूब को विद्युत्-शक्ति द्वारा शक्तिशाली बनाना होगा ताकि वह वायुमण्डल में प्रेषित चित्र-जाल को कैद कर सके। $10 लाख खर्च करने और 12 वर्षों की कठिन तपस्या के बाद अमेरिका के इस अध्यवसायी ने अपनी प्रयोगशाला से प्रथम प्रसारण में क्राकर बैंक में रखे एक डिब्बे पर डॉलर का चित्र सम्प्रेषित किया। दुनिया का सर्वप्रथम टेलीविजन प्रसारण यही था।

सन् 1936 में सर्वप्रथम टी. वी. के नियमित कार्यक्रम को बी. बी. सी. ने प्रारम्भ किया। सन् 1939 में न्यूयॉर्क में लगे विश्व मेला में जनता ने टी. वी. को देखा। 15 सितम्बर, 1959 को यूनेस्को की सहायता से भारतीयों ने टी. वी. का आनन्द लिया। 15 अगस्त, 1965 से भारत में नियमित रूप से 1 घण्टे का टी. वी. कार्यक्रम प्रारम्भ हुआ। *डॉ. विक्रम साराभाई* के प्रयास से सन् 1967 में अहमदाबाद में एस.ए.सी. (Space of Application Centre) की स्थापना हुई। साथ ही ग्रामोन्मुखी आवश्यकताओं के अनुरूप खेड़ा (गुजरात) में साइट (Satelite Instructional Television Experiment Site) ने उपग्रह शैक्षणिक दूरसंचार के क्षेत्र में आशातीत सफलता प्राप्त की।

सन् 1964 में भारत में टी. वी. की विकास-यात्रा प्रारम्भ हुई। पहले दिल्ली केन्द्र ही एकमात्र टेलीविजन केन्द्र था। रेडियो के अंग के रूप में यूनेस्को की सहायता से 15 सितम्बर, 1959 को विद्यालयों और गाँवों के लिए टी. वी. की प्रायोगिक सेवा का श्रीगणेश हुआ। सामूहिक रूप से देखने के लिए टेलीविजन सेटों की व्यवस्था की गयी थी। अप्रैल, 1966 में प्रस्तुत अपनी रिपोर्ट में चन्दा समिति ने दूरदर्शन को आकाशवाणी से पृथक् करने और दोनों के संचालन हेतु स्वायत्त निगम बनाने की सिफ़ारिश की। सूचना एवं प्रसारण मन्त्रालय से सम्बद्ध दूरदर्शन महानिदेशालय के लक्ष्य निम्नलिखित हैं :

1. सामाजिक परिवर्तन में प्रेरक भूमिका निभाना।
2. राष्ट्रीय एकता को प्रोत्साहन देना।
3. जनसामान्य में वैज्ञानिक चेतना जगाना।
4. परिवार-कल्याण और जनसंख्या नियन्त्रण के सन्देश को प्रसारित करना।
5. कृषि-उत्पादन प्रोत्साहित कर 'हरित-क्रान्ति' और पशु-पालन को बढ़ावा देकर 'श्वेत क्रान्ति' के क्षेत्र में प्रेरणा देना।
6. पर्यावरण-सन्तुलन बनाये रखना।
7. गरीब और निर्बल वर्गों हेतु सामाजिक कल्याण के उपायों पर बल देना।
8. खेल-कूद में रुचि बढ़ाना।
9. भारत की कला और सांस्कृतिक गरिमा के प्रति जागरूकता पैदा करना।

15 अगस्त, 1982 से भारत में रंगीन दूरदर्शन का सूत्रपात हुआ। नवम्बर, 1982 में नौवें एशियाई खेलों को दूरदर्शन के माध्यम से प्रदर्शित करने हेतु 100 वाट के 20 ट्रांसमीटर आयात हुए। इनके द्वारा देश के दूरस्थ क्षेत्रों में दूरदर्शन का आनन्द उठाया गया। भारत में पहला स्वदेशी उपग्रह इनसैट 1-ए अप्रैल, 1982 में छोड़ा गया जिसके कारण राष्ट्रीय कार्यक्रमों

का एक साथ प्रसारण हुआ। अक्टूबर, 1983 से इनसैट 1-बी कार्य कर रहा है। पहले दूरदर्शन महानगरीय संस्कृति के आभिजात्य वर्ग के मनोरंजन का साधन-मात्र था। कला, संगीत तथा नाटक का ही प्रदर्शन होता था। 1984-85 तक यह माध्यम सारे देश में घर-घर में पहुँच गया। इसकी प्रसारण-अवधि भी सारे देश में क्षेत्रीय कार्यक्रमों के साथ राष्ट्रीय कार्यक्रमों के रूप में बढ़ गयी। धारावाहिकों और राष्ट्रीय प्रसारणों ने दर्शकों की रुचियों में परिवर्तन प्रारम्भ कर दिया। 'नेटवर्क' कार्यक्रमों ने संस्कृति, साहित्य, कला एवं जीवनोपयोगी प्रसारणों द्वारा जनता-जनार्दन को गौरवान्वित किया है। कुतुबमीनार से तीन गुना ऊँचा पीतमपुरा टी. वी. टॉवर का उद्‌घाटन सन् 1988 को हुआ।

भारत सरकार के सूचना और प्रसार मन्त्रालय में 6 सितम्बर, सन् 1982 को घोषणा की गयी कि एक कार्यदल गठित किया गया है जिसका मुख्य उद्‌देश्य दूरदर्शन के कार्यक्रमों का प्रारूप तैयार करना है। दूरदर्शन के विविध कार्यक्रमों का उद्‌देश्य राष्ट्र में सामाजिक-आर्थिक विकास की प्रक्रिया में सहायक होना और लोगों को सूचना, शिक्षा तथा मनोरंजन प्रदान करना है।

वर्गीस समिति

आकाशवाणी और दूरदर्शन की स्वायत्तता के बारे में वर्गीस समिति ने समीक्षा प्रस्तुत की। उस समय दिल्ली केन्द्र सामान्य दर्शकों हेतु 1965 से ही नियमित सेवा शुरू कर चुका था। अन्य 6 केन्द्र—बम्बई (72), श्रीनगर (73), अमृतसर (73), कोलकाता (75), मद्रास (75) तथा लखनऊ (75) भी कार्य करने लगे थे। इन सभी केन्द्रों से कला, संगीत, विशेष प्रकार के नाटकों के प्रदर्शन सम्बन्धी कार्यक्रम प्रदर्शित हुए। 1 जनवरी, 1976 से केन्द्रों से विज्ञापन सेवा भी प्रसारित हुई। अगस्त, 1975 से उपग्रह शिक्षा दूरदर्शन कार्यक्रम ग्रहण करने वाले सेटों पर देश की बहुत बड़ी आबादी ने शिक्षाप्रद रोचक कार्यक्रम देखे।

वर्गीस समिति ने लागत के सिद्धान्त के आधार पर सिफ़ारिश की कि अगले 10-15 वर्षों तक रेडियो के विकास की ओर ही ध्यान देना चाहिए। उनकी मान्यता थी कि रेडियो सर्वसुलभ एवं सस्ता माध्यम है। 1 घण्टे के दूरदर्शन कार्यक्रम पर रेडियो के कार्यक्रम से 8 या 10 गुना तक अधिक व्यय आता है। समिति ने जिला स्तर पर आकाशवाणी केन्द्र बनाने का सुझाव दिया।

टी. वी. की विकास-यात्रा निरन्तर प्रगति पर है। रिमोट के स्थान पर आवाज़ से नियन्त्रित करने की विधा प्रारम्भ हो रही है। ऊर्जा-संकट के समय अब काग़ज़ की राख में भी टी. वी. चलाना सम्भव है, जिसके सन्दर्भ में कोलकाता में प्रकाशित प्रभात ख़बर के मुख पृष्ठ पर 9 जनवरी, 2002 को प्रकाशित समाचार अविकल रूप में प्रस्तुत है :

टी. वी., जो आपके आदेश पर काग़ज़ की राख से चलेगा

लन्दन, 8 जनवरी। कल्पना कीजिए कि आप टी. वी. के सामने बैठे हुए हैं और आपको ओसामा बिन लादेन से सम्बन्धित जानकारी चाहिए। आपने उस टी. वी. के सर्च बॉक्स में ओसामा बिन लादेन टाइप किया और टी. वी. सवाल करता है : आप किस चैनल पर यह जानकारी चाहते हैं। आपने अपने पसन्दीदा चैनल का नाम बताया और टी. वी. ने वही चैनल जोड़ दिया या फिर आप दो साल पहले टी. वी. पर देखी गयी फ़िल्म को दोबारा देखना चाहते हैं। आपने टी. वी. के सर्च बॉक्स में उस फ़िल्म का नाम डाला और वही फ़िल्म दोबारा शुरू हो गयी। सुनने में यह दोनों स्थिति अटपटी-सी लगती हैं, लेकिन ब्रिटेन की एक टी. वी. निर्माता कम्पनी इसी तरह के टेलीविजन का विकास करने के काम में जुटी हुई है।

ब्रिटेन की इस कम्पनी का नाम है ड्रीमीडिया। *मैथ्यू करास* द्वारा स्थापित यह कम्पनी इस क्रान्तिकारी टी. वी. का वाणिज्यिक उत्पादन करने के काफ़ी करीब पहुँच गयी है। *मैथ्यू करास* बी. बी. सी. के इंटरएक्टिव टी. वी. के प्रमुख रह चुके हैं। कम्पनी के एक प्रवक्ता के अनुसार कम्पनी के पास पहले से ही आवाज़ को पहचानने, तस्वीरों के विश्लेषण, आवाज़ को लिपिबद्ध करने तथा बेतरतीब आँकड़ों को सजाने जैसी तकनीक उपलब्ध है। इन सभी तकनीकों को इस नये टी. वी.

में समाविष्ट किया गया है। वास्तव में इन तकनीकों का विकास ड्रीमीडिया ने नहीं किया है। उसे ये तकनीकें एक अन्य ब्रिटिश फर्म ऑटोनॉमी से हासिल हुई है। ऑटोनामी का ड्रीमीडिया में सर्वाधिक निवेश है।

प्रवक्ता के अनुसार, नये टी. वी. को लैपटॉप या डेस्कटॉप से जोड़कर आँकड़ों का आदान-प्रदान भी किया जा सकता है। मसलन यदि आप कहीं गये हैं और किसी महत्त्वपूर्ण भाषा को सुरक्षित रखना चाहते हैं, तो आप अपने कम्प्यूटर में इसे रिकॉर्ड कर लीजिए और बाद में इस टेप को टी. वी. में सुरक्षित रख दीजिए। आप जब कहेंगे, टी. वी. आपके लिए इस टेप को बजा देगा। प्रवक्ता ने कहा कि कम्पनी ने टी. वी. का विकास तो कर लिया है, लेकिन इसमें एक नयी खूबी जोड़ने का प्रयास किया जा रहा है। यह खूबी है कि टी. वी. को आवाज़ के माध्यम से चालू करना या बन्द करना। अब तक रिमोट से चलने वाले टी. वी. खूब लोकप्रिय हैं लेकिन इस नये टी. वी. को आप अपनी आवाज़ से चालू या बन्द कर सकेंगे। इसके लिए ऑटोनॉमी एक नया सॉफ्टवेयर विकसित कर रही है। इसमें आवाज़ को पहचानने की क्षमता होगी। इस सॉफ्टवेयर को टी. वी. सेट में डाला जायेगा। प्रवक्ता के अनुसार अभी इसमें काफ़ी वक़्त लगेगा, लेकिन अनुसन्धान का काम जारी है।

प्रवक्ता ने कहा कि आवाज़ की पहचान करने वाले सॉफ्टवेयर की एक खासियत यह है कि इसे पूरा वाक्य सुनाने की ज़रूरत नहीं है, जैसे इंटरनेट के किसी सर्च इंजन में पूरा वाक्य लिखने की आवश्यकता नहीं पड़ती है। सॉफ्टवेयर को किसी वाक्य का एक शब्द ही बताने की ज़रूरत है। इससे ही उसे पता चल जायेगा कि उसे क्या करने को कहा जा रहा है। इस सॉफ्टवेयर में आम बोलचाल के करीब 10 करोड़ शब्द डालने का प्रयास किया जा रहा है, जिससे टी. वी. को आदेश देने वालों को किसी कठिनाई का सामना नहीं करना पड़े। यदि टी. वी. को कोई ऐसा शब्द कहा जायेगा, जो इसके डाटाबेस में नहीं है, तो वह तत्काल इसका विकल्प पेश करेगा, ताकि उपभोक्ता को आसानी हो सके। यदि विकल्प भी सटीक नहीं हुए, तो फिर उपभोक्ता को कोई दूसरा शब्द तलाशना होगा। प्रवक्ता के अनुसार, सॉफ्टवेयर के डाटाबेस में डाले गये शब्दों को मुद्रित कर पाना तो सम्भव नहीं है, लेकिन इस डाटाबेस को टी. वी. स्क्रीन पर ही देखा जा सकता है।

प्रवक्ता के अनुसार इस टी. वी. की सबसे बड़ी खासियत यह होगी कि इसे चलाने के लिए जो ऊर्जा चाहिए, वह सभी आम घरों और दफ़्तरों में आसानी से उपलब्ध है। इस टी. वी. को चलाने के लिए सिर्फ़ एक ए-4 आकार के काग़ज़ के टुकड़े की राख चाहिए। इस राख को जमा कर टी. वी. के ऊपर बनाये गये स्थान पर रख देने से यह चालू हो सकता है। इस तरह इस टी. वी. का उपयोग उन इलाकों में भी किया जा सकेगा, जहाँ बिजली की कमी है या बिजली नहीं है, खासकर दुर्गम इलाकों में। ए 4 आकार के एक काग़ज़ के टुकड़े की राख से यह टी. वी. लगातार चार घण्टे चल सकता है अर्थात् यदि आपको इस टी. वी. को 24 घण्टे चलाना है, तो आपको ए-4 आकार के छह काग़ज़ के टुकड़ों को जलाकर राख एकत्र करनी होगी।

टी. वी. हेतु अपेक्षित क्षमताएँ

टी. वी. पत्रकारिता में संकलन, लेखन एवं प्रस्तुतीकरण सम्बन्धी विशिष्ट क्षमताएँ अपेक्षित होती हैं। साधना और तपस्या का पुजारी ही लेखक होता है। वास्तव में लिखने की क्षमता उनमें होती है जिनके अन्दर लगन है, विचार है, अनुराग है, समाज-सेवा की भावना है, समाज का दर्द है तथा मूक को वाणी देने की व्यग्रता है। सक्षम महान् लेखक अपने पाठक का मित्र एवं शुभेच्छु होता है। टी. वी. पत्रकारिता में आलेख, संकेत पट्टिका, ग्राफ लिखने और तैयार करने वाले को लेखक माना जाता है। समाचारों के लिए चित्र अंकित करने वाले, वीडियो, टेपरिकॉर्डिंग का कार्य करने वाले भी लेखक हैं। वृत्त-लेखक टी. वी. का शृंगार है जो कम-से-कम शब्दों में बहुत कुछ कह देता है।

कैमरे के सामने अथवा फ़िल्म पर काम करने वाले को प्रतिभा कहा जाता है। टी. वी. संवाददाता घटनाक्रम का चल-चित्रांकन करता है तथा वह परिचयात्मक विवरण प्रस्तुत करने हेतु भाषागत सामर्थ्य और वाणी की विशिष्ट शैली का मर्मज्ञ होता है।

विविध स्रोतों से प्राप्त समाचारों के सम्पादन का उत्तरदायित्व समाचार सम्पादक का होता है। वह समाचारों को महत्त्व के अनुसार क्रमबद्ध कर उसे सम्पादित करता है तथा उसे समाचारवाचक के समक्ष प्रस्तुत करने योग्य बनाता है। समाचार

को प्राविधिक दृष्टि से प्रसारित करने की दिशा में समाचार संयोजक सतत सचेष्ट रहता है। प्रसारण के पूर्व वह समाचार सम्पादक से आवश्यक विचार-विमर्श कर अपेक्षित तैयारी कर लेता है।

टी. वी. में कार्यरत पत्रकार को लेखन, शब्द-ध्वनि, व्यक्तित्त्व के साथ वीडियो टेक्नीक्स, साउंड टेक्नीक, फ़िल्म टेकनीक में निष्णात होना चाहिए। वीडियो टेप रिकॉर्डिंग, फ़िल्म, स्टिल फोटोग्राफ एवं ग्राफ सम्बन्धी प्राविधिक जानकारी चित्र-स्रोत हेतु अपरिहार्य है। माइक्रोफोन, वीडियो टेपरिकॉर्डिंग, फ़िल्म, आडियो टेप रिकॉर्डिंग फोनोग्राफ से सन्दर्भित ध्वनि स्रोतों की सम्यक् जानकारी टी. वी. पत्रकार के लिए ज़रूरी है। मानचित्र, चार्ट्र्स डायग्राम जो समाचार और विचार के सहयोगी हैं, उनके प्रदर्शन की दक्षता से पूर्ण पत्रकार परदे पर विशिष्ट स्थान बना सकता है।

रेडियो और टी. वी. में समाचारों का अपना—अलग स्वरूप होता है। टी. वी. पर समाचारवाचकों को देखा जा सकता है। विदेशों में वाचक का चेहरा कम-से-कम और कैमरा कवरेज अधिक-से-अधिक होता है। टी. वी. के परदे पर घटनाक्रम को देखना समाचार की विश्वसनीयता को बढ़ाना है। सर्वप्रथम घटना के चरमोत्कर्ष का प्रदर्शन होता है। उसके बाद घटना के कारण और प्रभाव को इंगित किया जाता है।

चित्रात्मकता टी. वी. समाचार का प्राण-तत्त्व है। एक चित्र हजार शब्दों के बराबर होता है। तात्पर्य यह है कि हजारों शब्दों में जिस स्थिति, भाव या घटना की अभिव्यक्ति नहीं हो सकती उसे हम एक चित्र द्वारा स्पष्ट कर सकते हैं, चित्र तो शब्दरहित काव्य है। चित्र समाचार के आभूषण तो होते ही हैं साथ में दर्शकों के मानस को मथने वाले भी होते हैं। टी. वी. के चित्र स्वतः बोलते हैं, दर्शकों को भाव-विह्वल कर देते हैं।

संक्षिप्तता टी. वी. समाचार का महत्त्वपूर्ण अंग है। मुद्रित माध्यमों में व्यास शैली वरेण्य हो सकती है परन्तु टी. वी. का ध्यान तो अति संक्षिप्तता पर होता है। संक्षिप्त किन्तु स्पष्ट रूप से विश्व की गतिविधि को जन-जन तक पहुँचाना ही टी. वी. की विशेषता है। देश-विदेश में घटित घटनाओं की जानकारी समाचार-पत्र तो अगले दिन प्रातः ही दे पाते हैं। इसलिए रातभर की प्रतीक्षा किये बिना हम टी. वी. समाचार देख-सुन लेते हैं। इसमें विजुअल का अधिक महत्त्व है। दिखाने में जरा भी चूक होती है तो दर्शकों के सैकड़ों सवालों से टी. वी. की स्थिति दयनीय हो जाती है।

टी. वी. में संवाद की प्रस्तुति कलात्मक होती है। टी. वी. के समाचारवाचक को हम मात्र वाचक ही नहीं मानते। उन्हें तो News Presenter भी कहते हैं। समाचारवाचक ऐसा कुशल अभिनेता होता है जो पर्दे पर Motion Picture Play, Variety Show अथवा Stage Play का देदीप्यमान नायक बनता है। वह समाचार को प्रदर्शन योग्य बनाता है। वह व्यक्तिगत रिपोर्टिंग, समाचार-लेखन शैली, विविध संवादों की क्रमबद्धता, चित्रात्मकता द्वारा प्रभावपूर्ण प्रस्तुति पर विशेष ध्यान देता है। वाचक का व्यक्तित्त्व, उसकी समाचार-वाचन शैली समाचार को जीवन्तता देती है। उसके मुस्कराने, पलक गिराने से संवाद में सम्मति जुड़ जाती है।

टी. वी. समाचार

पत्रकारिता के क्षेत्र में सबसे पुराना माध्यम छपायी यानी समाचार-पत्रों का है। समाचार-पत्र केवल देखकर पढ़े जा सकते हैं। दूसरी ओर रेडियो का प्रभाव केवल कानों तक ही सीमित है। टेलीविजन में इन दोनों का ही समावेश होता है इसलिए इसका प्रभाव आँखों और कानों पर समान रूप से होता है। यही कारण है कि यह हमारी भावनाओं को सहज ही प्रभावित करता है। इस रूप में समाचार-पत्र और रेडियो की अपेक्षा यह अत्यधिक प्रभावशाली है। समाचार-पत्रों में समाचार छपते हैं। कोई संवाददाता उसे लिखता है। रेडियो में समाचारवाचक आपको समाचार सुनाता है। टेलीविजन बहुधा आपको स्वयं उस स्थान पर ले जाता है, जहाँ घटनाएँ हुईं, जहाँ से समाचार विकसित हुए। आप घटनाओं को स्वयं देखते हैं। तकनीकी दृष्टि से यह काम जटिल है। अनेक कोणों से तालमेल बैठाने पर ही परदे पर परिणाम सामने आता है। समन्वय की एक भी भूल सारा परिश्रम विफल कर देती है, इसलिए समाचार से जुड़े सभी व्यक्तियों को अपने-अपने काम में हर समय चौकस रहना होता है। कई बार कोई महत्त्वपूर्ण समाचार अप्रत्याशित मोड़ ले लेता है और प्रारम्भिक लेखन के बाद प्रसारण के समय तक उसका

स्वरूप एकदम बदल जाता है। ऐसी ही स्थिति में समाचार-सम्पादक और उसके सहयोगी प्रस्तुतकर्ता को चुनौतियों का सामना करना पड़ता है। ऐसे समाचारों को प्रसारण करने के दौरान ही लिखा जाता है। यदि दृश्य सामग्री उपलब्ध हो तो उसके साथ ही तालमेल कर समाचार लिखना आवश्यक होता है। जल्दी में किसी छोटी-सी भूल से भी अर्थ का अनर्थ हो सकता है। यही वह चुनौती है जिसका सामना अन्य किसी संचार-माध्यम में कार्यरत लोगों को नहीं करना पड़ता। सम्पादक या प्रस्तुतकर्ता को जब तक अपनी भूल का ज्ञान हो, दर्शकों के टेलीफोन पर टेलीफोन आने लगते हैं। माध्यम की व्यापकता के कारण ही छोटी-से-छोटी त्रुटि भी दर्शकों के ध्यान में आ जाती है और अपनी भूल के लिए उनसे उसी समय क्षमा-याचना करनी पड़ती है अन्यथा अगले बुलेटिन में संशोधन अवश्य किया जाता है। टी. वी. समाचार की कार्य-प्रणाली की तुलना केवल रेडियो के समाचार संगठन से ही सीमित रूप में की जा सकती है। रेडियो में समाचारों का एकमात्र आधार शब्द है ध्वनि। टेलीविजन में ध्वनि के साथ जीवन्त चित्र समाचारों की जान है। रेडियो केवल कानों के लिए है, टेलीविजन आँखों और कानों के लिए साथ-साथ है। रेडियो के समाचार शब्दों पर आधारित होते हैं। जीवन्त चित्रों के माध्यम से टेलीविजन समाचार प्रस्तुत करना कठिन काम है। टी. वी. समाचार के सचित्र अंशों को सार्थक बनाने के लिए उनका कुशल सम्पादन आवश्यक है।

सन् 1980 के दशक के प्रारम्भ में कृत्रिम उपग्रहों के संचार के क्षेत्र में मानो क्रान्ति आ गयी। अन्तरिक्ष विज्ञान के इस वरदान से एकाएक विश्व की भौगोलिक दूरी समाप्त हो गयी। पुरानी टेक्नालॉजी के स्थान पर उस उन्नत तकनीक का आविर्भाव हुआ जिसके कारण प्रसारण बहुत साफ देखे और सुने जाने लगें। उपग्रहों के लिए देश, राज्य और दिन-रात की कोई सीमा नहीं होती। पृथ्वी से हजारों किलोमीटर की ऊँचाई पर भू-कक्षा में स्थित इन उपग्रहों तक इलेक्ट्रोमैग्नेटिक तरंगों के रूप में संकेत प्रकाश की गति से भेजे जाते हैं और उसी गति से वे तत्काल रिले टॉवर में लौटते हैं। प्रकाश की गति तीन लाख किलोमीटर प्रति सेकेंड होती है, इसलिए छायाचित्र और ध्वनि की गति से इलेक्ट्रोमैग्नेटिक तरंगों में परिवर्तित होकर, सुदूर उपग्रह तक जाने और यहाँ से लौटकर परदे पर दिखाने की क्रिया साथ-साथ ही होती है।

समाचार-सम्पादन

समाचारों का सम्पादन करते समय सबसे पहले यह देखा जाता है कि वे कितने वस्तुनिष्ठ हैं, जनसामान्य के लिए कितने सार्थक हैं। बुलेटिनों में उन्हीं समाचारों का चयन किया जाता है जो विवादास्पद हों और न ऐसा होने की सम्भावना ही रखते हों। समाचार लिखने का ढंग ऐसा होना ज़रूरी है कि इसका आशय एवं अर्थ सभी के लिए एक ही हो। समाचार-पत्रों के विपरीत इलेक्ट्रॉनिक माध्यमों से अपुष्ट या अटकलों पर आधारित कोई समाचार नहीं दिया जा सकता। इस दृष्टि से उनका उत्तरदायित्व बहुत अधिक है। बुलेटिनों का स्वरूप निर्धारित है। पहले मुख्य समाचार, फिर विस्तृत ब्योरा और अन्त में मुख्य समाचारों की पुनरावृत्ति से पूर्व मौसम की जानकारी।

पत्रकारिता के सर्वमान्य सिद्धान्तों के अनुसार टी. वी. के समाचारों का भी निश्चित आरम्भ और अन्त है। सभी समाचारों में मूल तत्त्व कौन, क्या, कहाँ, कब, क्यों और कैसे की जिज्ञासा का समाधान वांछनीय है। अन्यथा समाचार पूर्ण नहीं होंगे। दर्शक को किसी भी दुविधा में छोड़ना टेलीविजन की संहिता के विपरीत है। उन्हें स्पष्ट रूप से बताना आवश्यक है कि कोई घटना कब, कैसे, क्यों और कहाँ हुई तथा उसका परिणाम क्या हुआ। अब यह सम्पादक या संवाददाता पर निर्भर करता है कि वह समाचार किस कोण से आरम्भ कर कहाँ समाप्त करे।

टी. वी. के सभी समाचारों की अवधि मिनट और सेकेंड में मापी जाती है। समय सीमित होने के कारण कम-से-कम शब्दों में विवरण दिया जाता है। एक मिनट के दृश्य बारह टंकित पंक्तियों के बराबर होते हैं। लेकिन जीवन्त चित्रों के कारण अभिव्यक्ति इतनी सक्षम होती है कि हजारों शब्द भी उनके पर्याय नहीं बन सकते।

टी. वी. के समाचारों की भाषा एकदम सरल होना वांछनीय है। यह सिद्धान्त केवल हिन्दी पर ही नहीं बल्कि असमिया, बंगला, पंजाबी, कश्मीरी, उर्दू, मराठी, गुजराती, कन्नड़, मलयालम, तेलुगु, तमिल और उड़िया पर भी लागू होता है। इन भाषाओं में दूरदर्शन के क्षेत्रीय केन्द्रों से समाचार प्रसारित होते हैं। टी. वी. के दर्शक सभी श्रेणी के होते हैं। इनमें विद्वान् से विद्वान्

और अनपढ़ से अनपढ़ सम्मिलित हैं इसलिए इस माध्यम की भाषा वही होती है जो सभी दर्शक समान रूप से समझ लें। टी. वी. का समाचार-लेखक चित्रों के माध्यम से घटनाओं का यथार्थ वर्णन करता है। अपनी ओर से उन पर यह कोई टिप्पणी नहीं करता। उसकी भाषा में पांडित्य वर्जित है। सम्पादकीय टिप्पणी का भी कोई स्थान नहीं है।

प्रस्तुतीकरण

अधिकतर दर्शकों के लिए टी. वी. समाचार का सीधा अर्थ है वे कथ्य जिन्हें वह वाचक या वाचिका के मुख से सुनता है और साथ-ही-साथ दृश्य भी देखता जाता है। वह नहीं जानता कि वाचक या वाचिका के लिए दस या बीस मिनट की सामग्री जुटाने में नेपथ्य में कितना परिश्रम किया जाता है।

टी. वी. का समाचार सम्पादक देश-विदेश के जिज्ञासु असंख्य दर्शकों को ध्यान में रखकर जब समाचारों की प्रारम्भिक रूपरेखा बनाता है, उस समय न जाने कितने तनावों से उसे गुजरना पड़ता है। तुलना के लिए इतना ही बताना काफ़ी होगा कि रेडियो में 15 मिनट का एक बुलेटिन बनाने में जितना परिश्रम होता है, उससे कम-से-कम दस गुना अधिक तो टेलीविजन में लगता ही है। कभी-कभी घटना-चक्र तेज़ी से बदलता रहता है। रेडियो समाचारों में वाचक या वाचिका को जहाँ नवीनतम समाचारों का आलेख भर पढ़ना होता है, वहीं टी. वी. में इसे दृश्यों के अनुसार फिर से लिखा जाता है। समय से सतत संघर्ष करना पड़ता है।

टेलीप्रॉम्पटर और संकेत पट्ट

टेलीविजन समाचारों की प्रस्तुति में टेलीप्रॉम्पटर और संकेत पट्टों का उपयोग किया जाता है। टेलीप्रॉम्पटर एक ऐसा इलेक्ट्रॉनिक उपकरण होता है जिसके लेंस या प्लास्टिक की बनी पारदर्शक पट्टी के नीचे एक विशेष प्रकार के काग़ज़ में टाइप की हुई कॉपी लगा दी जाती है जो एक निर्धारित अपेक्षित गति से समाचार प्रस्तोता के सामने घूमती रहती है। इस यन्त्र के द्वारा अक्षर बड़े-बड़े दिखाई पड़ते हैं और प्रत्येक अक्षर एक-एक इंच तक बड़ा दिखाई पड़ सकता है। टेलीप्रॉम्पटर से दर्शक पर यह प्रभाव डालने का प्रयास किया जाता है कि समाचार प्रस्तोता समाचार को बिना कॉपी पर देखे केवल अपनी स्मरण-शक्ति से सुना रहा है। यदि स्वाभाविक ढंग से समाचार को पढ़ने के लिए काग़ज़ पर ही दृष्टि रखी जाये तो दर्शक श्रोता पर उसका अनुकूल प्रभाव नहीं पड़ेगा। समाचार प्रस्तोता समाचार को इस भाव से पढ़ता है कि जैसे वह प्रत्येक व्यक्ति को पृथक्-पृथक् उसके घर पर बैठकर समाचार बता और दिखा रहा हो। टेलीप्रॉम्पटर को कैमरे के निकट ऐसी स्थिति में व्यवस्थित किया जाता है कि उसको देखकर पढ़ते समय समाचार प्रस्तोता की आँखें कैमरे के लेंस के सामने की स्थिति में ही रहती हैं।

संकेत पट्टों के द्वारा भी समाचार प्रस्तोता संवाद शीर्षकों तथा आवश्यकतानुसार नामों तथा सूचनाओं आदि को उसी प्रकार प्रदर्शित करता है जिस प्रकार समाचार में सम्बन्धित चित्र, रेखाचित्र या सारणी आदि को प्रदर्शित किया जाता है। इनको किसी काग़ज़ की मोटी दफ्ती या काली कार्डशीट पर बनाया जाता है। सामान्य रूप से काली दफ्ती पर सफेद अक्षरों में लिखावट रहती है। इनको पहले से ही कलाकार कलात्मक ढंग से लिखकर स्टूडियो में दे देते हैं। कुछ संकेत पट्ट ऐसे भी होते हैं, जिन्हें कैमरे के द्वारा पर्दे पर नहीं प्रदर्शित किया जाता। इन पर प्रस्तोताओं के स्मरणार्थ कोई आवश्यक बात लिखकर रख दी जाती है। ये संकेत पट्ट, केवल किसी बात को स्मरण दिलाने के लिए होते हैं। इन्हें स्टूडियो की बोलचाल की भाषा में 'ईडियट कार्ड्स' कहते हैं। समाचार संयोजक समाचारवाचक को बीच में कोई आवश्यक निर्देश या सूचना देने के लिए भी संकेत पट्टों से काम ले सकते हैं। समाचार शीर्षक के लिए भी टेलीविजन संकेत पट्ट काम में लाये जा सकते हैं। इन शीर्षक संकेत पट्टों में इस बात का भी ध्यान रखना आवश्यक होता है कि समाचार प्रस्तोता शीर्षक में जिन शब्दों का प्रयोग करें वही पट्टों में लिखे जायें।

डोपशीट

टेलीविजन पत्रकारिता में डोपशीट का विशेष महत्त्व होता है। डोपशीट टेलीविजन कैमरामैन द्वारा तैयार की गयी उस शॉट सूची को कहते हैं जिसे वह अपने व्यक्तिगत अनुभव या केन्द्र-निर्देशक, समाचार-सम्पादक और समाचार-प्रस्तुतकर्ता के पूर्व परामर्श के अनुसार तैयार करता है। कैमरामैन किसी घटना का चित्रांकन करते समय उसका प्राविधिक विवरण एक नोटबुक में नोट करता जाता है। इस विवरण में प्रत्येक शॉट की क्रम संख्या, शॉट की प्रकृति (लोंग शॉट, क्लोजअप शॉट आदि), शॉट की लम्बाई और सम्बन्धित घटना का संक्षिप्त परिचय इस प्रकार लिखा रहता है कि उसके आधार पर समाचार-सम्पादक और समाचार-प्रस्तुतकर्ता को अपना कर्तव्य-पालन करने में किसी प्रकार की असुविधा न हो।

समाचार-सम्पादक के निर्देश से या कैमरामैन स्वयं भी घटना-स्थल पर जाने पर अपने अनुभव और विवेक के अनुसार शॉट लेकर उनका विवरण तैयार करता है। यदि कैमरामैन के साथ घटना-स्थल पर टेलीविजन संवाददाता उपस्थित हो तो उसके परामर्श से भी शॉट लेकर उनका विवरण-पत्र तैयार कर लिया जाता है।

रिपोर्टिंग

किसी भी समाचार संगठन में रिपोर्टिंग एक महत्त्वपूर्ण आयाम होता है। टेलीविजन भी इसका अपवाद नहीं है। इसकी शैली रेडियो, समाचार-पत्रों और संवाद एजेंसियों से भिन्न है। टी. वी. समाचार की रिपोर्टिंग में टेलीफोन पर सम्पादक को संवाद बोलने या लिखवाने से कुछ नहीं होगा। प्रेस विज्ञप्तियाँ भी सार्थक नहीं हो सकतीं। इसके लिए तो कैमरा टीम को घटना-स्थल पर जाना होगा। वहाँ विभिन्न प्रत्यक्षदर्शियों से भेंट करनी होगी ताकि किसी भी महत्त्वपूर्ण घटना के विभिन्न आयामों की जानकारी दर्शकों को हो सके। टी. वी. संवाददाता को सामान्य रूप से समाचार लिखने की योग्यता ही काफ़ी नहीं है। उसे समाचारों के महत्त्व का ज्ञान तो होना ही चाहिए, साथ ही, उसे बहुत कुछ जानना और करना आवश्यक होता है। समाचार-स्थल से अपने स्वर में बोलने की योग्यता के साथ टेलीविजन के अनुकूल व्यक्तित्त्व होना भी वांछनीय है। उसके लिए सभी दशाओं में काम करने की क्षमता, भाषा पर अच्छी पकड़, सौम्यता तथा प्रस्तुतीकरण की योग्यता आवश्यक है।

किसी भी आदर्श समाचार बुलेटिन में संवाददाता द्वारा 'पीस-टू-कैमरा' अनिवार्य माना जाता है। इसमें वह कुछ सेकेंड तक दर्शकों को सीधे सम्बोधित कर तुरन्त दृश्यों के आधार पर तथ्यों और घटनाओं की गहराई में चला जाता है। विकसित देशों में टी. वी. समाचार बुलेटिनों में अधिकतर अंश उनके अपने संवाददाताओं को ही देने होते हैं।

प्रारम्भ में प्रिंट-मीडिया का नारा था–**'जहाँ कुछ भी घटता है, हम वहाँ होते हैं।'** (घटना-स्थल के चित्रों और विवरणों से अपनी उपस्थिति दिखाते थे।)

सम्प्रति टी. वी. समाचार बुलेटिनों का नारा है :**'जहाँ कुछ भी घटता है, हम आपको वहाँ ले चलते हैं।'** (टी. वी. के द्वारा घटना-स्थल तक पहुँचा जाता है।) इस प्रकार 'आँखों पढ़ी' के स्थान पर 'आँखों देखी' की बात सहज हो चुकी है।

टी. वी. पर वही देखा जाता है जो सामने घटित हो रहा है, यह सूचना सम्प्रेषण तक सीमित है। किसी देश में सत्ता षड्यन्त्र, सीमा पर हो रहे कुचक्र, राजनीतिक उठापटक, गुप्त बैठकों तक मुद्रित पत्रकारिता की ही पहुँच होती है।

टी. वी. पर असली पत्रकार कैमरामैन होता है जैसा कि *ओरियाना फल्लासी* का कथन है :

"कैमरामैन ही टी. वी. का सही पत्रकार है जो बिम्बों की लिपि में लिखता है और जानता है कि कब क्या फोकस करना है। टी. वी. मूलतः बिम्बों की पोटली है। हम उसमें देखते ज़्यादा, सुनते कम हैं, जो सुनते भी हैं : बिम्ब उसमें बाधा डालते हैं। फिर बिम्ब खुद भी स्थिर नहीं रहते। उनमें गत्यात्मकता होती है : यह गत्यात्मकता जितनी ज़्यादा हो, उतना ही अच्छा। अपने दृश्यों के द्वारा कैमरामैन दर्शकों को उद्वेलित कर देता है।"

ऐंकरिंग

ऐंकरिंग वह मनोरम कला है जिसमें दर्शकों को रिझाने, अपना बनाने का आकर्षण निहित है। प्रसिद्धि, पैसा, तड़क-भड़क से जुड़ा ऐंकरिंग एक गरिमामय क्षेत्र है जिसके लिए आकर्षक चेहरा, मनोरम आवाज़, कार्यक्रम की समझ, अनुसन्धान-कार्य, टी. वी. प्रोडक्शन की जानकारी, तटस्थता, विशिष्ट वाक्-शैली की आवश्यकता होती है।

टी. वी. ऐंकर वह महत्त्वपूर्ण सूत्रधार होता है जो दर्शकों को टी. वी. के साथ बाँधे रखता है। यह दर्शकों तथा प्रोग्रामरों के बीच की कड़ी है जो उनको कार्यक्रम के साथ जोड़ती है। कार्यक्रम चाहे समाचार पर आधारित हो, करेंट अफेयर्स पर, एंटरटेनमेंट पर आधारित कार्यक्रम हो, ऐंकर की भूमिका सबसे महत्त्वपूर्ण होती है। इस व्यावसायिक युग में आज दर्शक सिर्फ़ दर्शक नहीं रह गया है अपितु वह एक उपभोक्ता हो गया है, वह गुणवत्ता की कसौटी बन गया है। आज दर्शकों को बाँधे रखना टी. वी. चैनलों के लिए साख का विषय है। टी. आर. पी. रेट उसी चैनल के सबसे ज़्यादा होते हैं जिस चैनल को दर्शक वर्ग सबसे ज़्यादा पसन्द करता है। *बिग बी अमिताभ बच्चन* हैं जो एक फ़िल्म स्टार होते हुए भी आज टी. वी. पर इस क्षेत्र में अपने आपको स्थापित कर चुके हैं तथा 'कौन बनेगा करोड़पति' की कामयाबी का लगभग 80 प्रतिशत श्रेय उन्हीं को है। वर्तमान में करेंट अफेयर्स की ऐंकर, बिजनेस न्यूज़ ऐंकर, इंटरटेनमेंट ऐंकर, चैट शो ऐंकर, गेम शो ऐंकर, टेक्नोलॉजी टी. वी. तथा रेडियो में ऐंकर की माँग प्रायः बनी रहती है।

न्यूज़ ऐंकर : लगभग प्रत्येक चैनल के पास समाचारों से सम्बन्धित कार्यक्रम होते हैं। यह क्षेत्र काफ़ी विस्तृत भी है। एक अच्छे न्यूज़ ऐंकर को समाचारों की जानकारी होना आवश्यक है। इसके अतिरिक्त न्यूज़ फुटेज की जानकारी होना, समाचारों की उपयोगिता, न्यूज़ पढ़ने का ढंग, समय के साथ तालमेल आदि महत्त्वपूर्ण बातों की जानकारी होनी चाहिए। राहुल देव, मृणाल पांडे, रजत शर्मा, सलमा सुल्ताना, जे. वी. रमन, अंजलि राय, वेद प्रकाश, चमन गुप्ता, सुमित टंडन आदि कई ऐसे पत्रकार हैं जिन्होंने इस क्षेत्र को पहचान दी।

बिजनेस ऐंकर : समय की माँग को देखते हुए इस क्षेत्र का महत्त्व बढ़ गया है। इस क्षेत्र के लिए बिजनेस सम्बन्धी ख़बरों की जानकारी होना आवश्यक है। बिजनेस, स्टॉक एक्सचेंज, अर्थव्यवस्था के उतार-चढ़ावों की समझ अपेक्षित है।

करेंट अफेयर्स : चैनलों में दिन-प्रतिदिन की घटनाओं पर आधारित सम-सामयिक कार्यक्रमों का प्रचलन बड़ी तेज़ी से बढ़ा है। यह कार्यक्रम समाचार विश्लेषणों पर आधारित होते हैं। इसमें ऐंकर को काफ़ी चौकन्ना रहना पड़ता है। इसमें प्रत्येक विषय की गहरी समझ होनी चाहिए।

एंटरटेनमेंट ऐंकर : ये मुख्यतः दो तरह के होते हैं, पहला किसी गेम शो के ऐंकर तथा दूसरा वीडियो जॉकी। वर्तमान में गेम शो ने दर्शकों के बीच में गहरी पैठ बनायी है। गेम शो कोई क्विज प्रोग्राम भी हो सकता है या स्टेज आधारित ईनामी प्रतियोगिताओं का संचालन भी। इसमें पूरे दर्शक समूह को बाँधे रखना होता है तथा ऐंकर में यह गुण होना चाहिए कि वह प्रोग्राम में कसावट रखे तथा दर्शकों का ध्यान न बँटने दे। वीडियो जॉकी का काम किसी गीतमाला में ऐंकर का कार्य फिलर का होता है। अमीन सयानी जिन्होंने बिनाका गीतमाला से अपनी पहचान बनायी और आज भी लोग उनके अन्दाज और आवाज़ को याद करते हैं। ऐंकर इसमें अपनी दिलचस्प तथा मनोरंजक टिप्पणियों से प्रोग्राम को और हसीन बना देता है।

अगर कुछ पहलुओं पर गौर करें तो सर्वप्रथम चेहरा और रंगरूप इस क्षेत्र की पहली प्राथमिकता है। आपकी आवाज़ स्पष्ट तथा सुनने योग्य हो तथा भाषा-ज्ञान एवं शब्दों के उच्चारण पर अवश्य ध्यान दें। कपड़े सुव्यवस्थित हों, आप हँसमुख हों, आपका सामाजिक दायरा विस्तृत तथा सोशल होना चाहिए। सामान्य ज्ञान बेहद अच्छा हो, विभिन्न विषयों, जैसे— राजनीति, क्रिकेट, इकोनॉमिक्स, फ़िल्म आदि क्षेत्रों में आपकी रुचि होनी चाहिए। ऐंकर को स्क्रिप्ट पढ़नी आती हो, प्रोडक्शन वर्क, जैसे कैमरा एंगल, कैमरा फ्रेंडली, लाइट, फुटेज, ब्रेक का ज्ञान हो। समयानुसार बोलने की क्षमता, स्टेज कवर करने की क्षमता, मनोरंजक टिप्पणियाँ, वाक्पटुता, मस्तिष्क के त्वरित कार्य करने की क्षमता आदि गुणों का होना आवश्यक है। किसी प्रोग्राम का लाइव टेलीकास्ट होता है तो ऐसे में सारा दारोमदार ऐंकर पर ही होता है। ऐंकर की एक भी गलती सारे शो को बिगाड़ सकती है।

उपग्रह टी. वी. ने उँगलियों पर थिरकती दुनिया को ला खड़ा कर दिया है। भारतीय दर्शक मनोरंजन और सूचना से उपकृत हो रहे हैं। संस्कृति, समाज और अर्थ-जगत् में परिवर्तन हो रहे हैं। व्यावसायिकता और दर्शकों की पसन्द को वरीयता दी जायेगी। अफसरशाही और उबाऊ कार्यक्रमों को अब स्थान नहीं मिलेगा। अपनी गुणवत्ता एवं स्पष्टवादिता के चलते टी. वी. विश्व में चल रही इलेक्ट्रॉनिक क्रान्ति का हिस्सा है।

टेलीविजन प्रसारण

टेलीविजन प्रसारण में निम्नलिखित दो महत्त्वपूर्ण अंग हैं :

1. हार्डवेयर : तकनीकी कौशल वाले यन्त्र हार्डवेयर कहलाते हैं, जैसे—टी. वी. कैमरा, ट्राइपोड, माइक्रोफोन, कनसोल (दृश्य, श्रव्य मिश्रण यन्त्र), वी. सी. आर., ओ. वी. सी. वैन, ई. एन. जी., टी. वी. मॉनिटर्स, टी. वी. प्रोजेक्टर, वीडियो एडिटिंग मशीन, कम्प्यूटर्स।

2. सॉफ्टवेयर : टी. वी. के कार्यक्रम सॉफ्टवेयर हैं। सूचनात्मक, मनोरंजक, शैक्षणिक, क्रीड़ा-सम्बन्धी सभी कार्यक्रम सॉफ्टवेयर हैं। समाचार, टी. वी. रिपोर्ट, समसामयिक परिचर्चाएँ।

टी. वी. के विभिन्न कार्यक्रम

1. शैक्षिक कार्यक्रम : विद्यालय / महाविद्यालय /विश्वविद्यालय शिक्षा के कार्यक्रम, स्वास्थ्य शिक्षा, सामान्य ज्ञान, प्रश्नोत्तरी, वाद-विवाद, अन्य शिक्षाप्रद वृत्तचित्र आदि।

2. सूचनापरक कार्यक्रम : मौसम सम्बन्धी सूचना, खोये हुए व्यक्ति की सूचना, साप्ताहिकी, राष्ट्रीय/अन्तर्राष्ट्रीय घटनाओं के अंश, पर्यावरण, कृषि, विज्ञान सम्बन्धी सूचनायें आदि।

3. समाचार / समसामयिक कार्यक्रम : हिन्दी, अंग्रेज़ी, राष्ट्रीय, क्षेत्रीय समाचार, समाचार-दर्शन, संसद समीक्षा, फोकस, आजकल, आसपास, चुनाव-विश्लेषण, चहल-पहल आदि।

4. प्रेरणादायक कार्यक्रम : प्रेरणादायक वृत्तचित्र उदाहरणतः 'हर दिल में जगाये राष्ट्र ज्योति'; 'एकता का वृक्ष', 'मानव मशीन', राष्ट्रीय/अन्तर्राष्ट्रीय सद्भावना के कार्यक्रम, सैनिकों के लिए हमारे कामगार हमारे उद्योग, विकास-यात्रा आदि।

5. खेलकूद कार्यक्रम : खेलों का सीधा प्रसारण, खेलों के अंश, खेल समीक्षा, अन्य खेल सम्बन्धी प्रसारण, जैसे—प्रसिद्ध खिलाड़ियों से साक्षात्कार, खेल विशेष की जानकारी, खेल प्रश्नोत्तरी आदि।

6. मनोरंजक कार्यक्रम : धारावाहिक, नाटक, संगीत (चित्रहार, गीत, गजल) लघु नाटक, हास्य-व्यंग्य (उल्टा-पुल्टा आदि), जादू के कार्यक्रम, नृत्य के कार्यक्रम आदि।

निर्धारण के सिद्धान्त

किसी भी कार्यक्रम के लिए कुछ सिद्धान्त निश्चित किये जाते हैं। उन्हीं के आधार पर कार्यक्रम का निर्धारण किया जाता है। टी. वी. कार्यक्रम निर्धारण के लिए हम निम्न बिन्दु ले सकते हैं :

(क) कार्यक्रम के उद्देश्य।

(ख) कार्यक्रम की संरचना।

(ग) कार्यक्रम का प्रसारण-समय एवं अवधि।

(घ) कार्यक्रम की आवृत्ति।

किसी भी कार्यक्रम के निर्धारण के लिए उस कार्यक्रम की आवश्यकता तथा उद्देश्यों पर आवश्यक रूप से विचार किया जाता है। मानव-मात्र (दर्शक) की जिज्ञासा, जानकारी, ज्ञानवृद्धि अथवा मनोरंजन आदि के लिए ही कार्यक्रम तैयार किये जाते

हैं। कार्यक्रमों के निर्धारण से पूर्व यह देखा जाता है कि उस कार्यक्रम के दर्शक किस वर्ग से सम्बन्धित हैं। विभिन्न शैक्षणिक स्तर के दर्शकों के लिए तथा विभिन्न आयु-वर्ग के दर्शकों के लिए अलग प्रकार के कार्यक्रम तैयार किये जाते हैं।

कार्यक्रमों के उद्देश्यों के आधार पर संरचना निश्चित कर दी जाती है, तब उसके प्रसारण-समय तथा अवधि के सम्बन्ध में विचार किया जाता है। शैक्षणिक कार्यक्रमों को अधिक समय देने पर वे उबाऊ हो सकते हैं, जबकि मनोरंजक, नाट्य या फ़िल्मों का काफ़ी लम्बे समय तक आनन्द उठाया जा सकता है। अतः दर्शकों के विभिन्न वर्गों एवं कार्यक्रम की संरचना को ध्यान में रखते हुए ही उसकी अवधि भी तय कर ली जाती है।

दर्शकों के किस वर्ग विशेष (Target Audience) के लिए कार्यक्रम का निर्माण करना है, यह भी बहुत महत्त्वपूर्ण बात है। किसी भी कार्यक्रम की संरचना, विशेषज्ञों अथवा कलाकारों का चयन, भाषा का स्तर, कार्यक्रम का स्वरूप (Format) के बारे में निर्णय आदि अधिकांश इस बात पर निर्भर करता है कि वह कार्यक्रम बच्चों, महिलाओं, ग्रामीण दर्शक, मजदूर भाई, साहित्य एवं शास्त्रीय संगीत तथा नृत्य के कार्यक्रमों में रुचि रखने वाले गम्भीर प्रवृत्ति के व्यक्ति अथवा सामान्य दर्शक (General Audience) आदि विभिन्न वर्गों में से किसके लिए विशेषकर तैयार करना है। तदुपरान्त ही, उसकी अन्तिम रूपरेखा बनायी जा सकती है। कार्यक्रम-निर्धारण के इन मूल सिद्धान्तों में दर्शक का स्थान सर्वोपरि होता है तथा उसकी रुचि-अभिरुचि तथा सुझावों के अनुसार ही कार्यक्रमों का निर्धारण किया जाता है।

टी. वी. के कार्यक्रमों की संरचना

टी. वी. कार्यक्रमों की संरचनाओं को निम्न आधार पर वर्गीकृत किया जा सकता है :

साक्षात्कार एवं परिचर्चा : किसी विशिष्ट व्यक्ति से बातचीत अथवा प्रश्न पूछने और उत्तर देने के आधार पर कार्यक्रम चलता है। प्रश्न वही पूछे जाने चाहिए जिनमें दर्शकों की रुचि हो। ऐसे कार्यक्रमों में जब दो या अधिक व्यक्ति एक स्थान पर बैठकर एक विषय पर बातचीत, तर्क-वितर्क करते हैं तब उन्हें परिचर्चा की श्रेणी में रखा जाता है। सहभागियों में किसी भी प्रकार के प्रश्न नहीं पूछे जाते बल्कि विषय की समीक्षा करने के लिए प्रत्येक सहभागी से उसका विचार जाना जाता है। एक सूत्रधार द्वारा समस्त सहभागियों के मध्य समन्वय रखा जा सकता है।

टी. वी. रिपोर्ट : किसी भी राष्ट्रीय, अन्तर्राष्ट्रीय घटना, समारोह या अन्य आयोजनों का पूरा ब्योरा देने के लिए टी. वी. रिपोर्ट तैयार की जाती है। पूरा विवरण लेने के लिए कैमरा टी. वी. घटना-स्थल के दृश्य, प्रत्यक्षदर्शियों तथा अन्य विशेषज्ञों तथा अधिकारियों की प्रतिक्रियाएँ प्राप्त करते हैं। टी. वी. रिपोर्ट की अवधि 10 मिनट से 30 मिनट तक हो सकती है। इसका सम्बन्ध भूत और भविष्य से न होकर अधिकांशतः वर्तमान से ही होता है।

पत्रिका : प्रकाशन माध्यमों में जो अर्थ पत्रिका से लिया जाता है ठीक वही अर्थ टी. वी. के पत्रिका कार्यक्रम से भी लिया जा सकता है। यानी वर्ग-विशेष अथवा आयु-विशेष के दर्शकों के लिए एक ही कार्यक्रम में ज्ञान-विज्ञान एवं अन्य सामग्री उपलब्ध करायी जाती है।

प्रश्नोत्तरी : एक प्रश्नकर्ता के माध्यम से राष्ट्रीय और अन्तर्राष्ट्रीय स्तर के आर्थिक, राजनीतिक, खेल, विज्ञान-कला तथा संस्कृति से सम्बन्धित प्रश्न पूछे जाते हैं। दो या तीन व्यक्तियों के समूहों के साथ दर्शक वर्ग के प्रतिनिधि इन कार्यक्रमों में भाग लेते हैं। सही उत्तर देने पर पुरस्कार भी दिये जाते हैं। कार्यक्रम को रुचिकर बनाने के लिए दृश्यों तथा चित्रों (Visuals) का उपयोग भी किया जाता है। इन कार्यक्रमों का उद्देश्य दर्शकों की ज्ञानवृद्धि करना होता है।

टेलीफ़िल्म : टेलीफ़िल्मों तथा फ़ीचर फ़िल्मों में मूल अन्तर यही है कि फ़ीचर फ़िल्म सिनेमाघर के बहुसंख्यक दर्शकों के लिए बड़े स्क्रीन के हिसाब से बनायी जाती है। इसके विपरीत, एक टेलीफ़िल्म छोटी स्क्रीन पर परिवार के चार-पाँच सदस्यों की रुचि को ध्यान में रखकर बनायी जाती है। इसके साथ फ़ीचर फ़िल्मों का पूरा नियन्त्रण उसके निर्माता के पास होता है, उसी की पसन्द-नापसन्द पर फ़िल्म तैयार होती है तथा इसका मूल उद्देश्य लाभ कमाना ही होता है। इसके विपरीत

टेलीफ़िल्में जनहित के लिए बनायी जाती हैं, लाभ कमाने के लिए नहीं, इसलिए इनके विषय अधिकतर सामाजिक और आर्थिक समस्याओं, राष्ट्रीय सद्‌भाव, भाईचारे की भावनाओं से सम्बद्ध होते हैं।

फ़ीचर : विषय का रचनात्मक पक्ष ही प्रस्तुत किया जाता है, नंकारात्मक पक्ष नहीं। किसी शहर, इमारत, व्यक्ति पर फ़ीचर तैयार किये जा सकते हैं। दृश्यों तथा निवेदन द्वारा विषय का पूरा परिचय दिया जाता है। *महात्मा गाँधी, पं. जवाहरलाल नेहरू, (पक्षी विशेषज्ञ) डॉ. सालिम अली, गुरुदेव टैगोर, महादेवी वर्मा* व अन्य प्रसिद्ध व्यक्तियों के अलावा पुष्कर मेला, आबू पर्वत, इलाहाबाद का कुम्भ मेला तथा विभिन्न मन्दिरों और इमारतों पर आधारित फ़ीचर प्रसारित हो रहे हैं।

विविध कार्यक्रम / रंगारंग कार्यक्रम : 'सबके लिए सब कुछ' सिद्धान्त पर निर्मित रंगारंग कार्यक्रम होते हैं। मनोरंजन के उद्‌देश्य से नाटक, गीत-संगीत आदि के कार्यक्रम का संयोजन करके इनका निर्माण किया जाता है। हर वर्ष 31 दिसम्बर को मध्यरात्रि में जो कार्यक्रम प्रसारित किये जाते हैं वे इसी श्रेणी में आते हैं।

वृत्तचित्र : वित्तचित्रों का सम्बन्ध दस्तावेज़ों (Documents) से होता है। किसी एक विषय को दस्तावेज़ों, अनुसन्धानों तथा विशेषज्ञों की राय के आधार पर प्रस्तुत किया जाता है। विषय के अन्तिम तह तक जाने का प्रयास किया जाता है। वृत्तचित्र, विषय पर और अधिक अनुसन्धान की गुंजाइश नहीं छोड़ते। ये वे कार्यक्रम हैं जो किसी भी विषय का वृत्त पूरा करते हैं। प्रसिद्ध निर्माता-निर्देशक एवं अभिनेता राजकपूर के निधन पर सिम्मी गरेवाल द्वारा निर्मित 'लिविंग लीजेंड राजकपूर', कार्यक्रम दूरदर्शन ने प्रसारित किया था। 'नेक्टर इन स्टोन', 'वॉयस ऑफ सेनिटी' 'एगोनि ऑफ ए विक्टर' वृत्तचित्र के अनुपम उदाहरण हैं। वृत्तचित्र किसी भी विषय पर बनाये जा सकते हैं।

नाटक : भावभंगिमाओं तथा अभिनय के माध्यम से किसी विषय-वस्तु को प्रस्तुत करना नाटक कहलाता है। भावभंगिमा तथा अभिनय फ़ीचर फ़िल्म तथा टेली-फ़िल्म में देखने को मिलते हैं किन्तु स्थान की सीमाओं के आधार पर करीब-करीब एक ही संरचना होते हुए उन्हें अलग-अलग रूपों में देखा जाता है।

क्विकी : जैसा कि नाम से स्पष्ट होता है कि इसका सम्बन्ध कम समय से अर्थात् जिसका प्रस्तुतीकरण शीघ्रता से किया जा सके। सन्देश या सूचना देने के लिए ही क्विकी का प्रयोग किया जाता है। आयकर सम्बन्धी सूचना, जन्म-मृत्यु प्रमाण-पत्र, परिवार-कल्याण कार्यक्रमों के अलावा राष्ट्र-प्रेम व सद्‌भावना उत्पन्न करने के लिए कई प्रकार की क्विकी का प्रसारण किया जा रहा है। किसी भी क्विकी के लिए अधिकतम अवधि पाँच मिनट होती है।

सोप ऑपेरा : विश्व के सर्वप्रथम टी. वी. सीरियल (धारावाहिक) 'सोप ऑपेरा' की शुरुआत अमेरिका में हुई। जहाँ रेडियो प्रसारण होने पर रेडियो कम्पनी के सामने यह समस्या आयी कि जब घर में पुरुष न हो, बच्चे स्कूल गये हों तो घर में रहने वाली महिलाओं के लिए कैसा कार्यक्रम प्रस्तुत किया जाये? सन् 1930 के आसपास एक विज्ञापन कम्पनी 'प्रोक्टर ऐंड गैम्बल' ने दोपहर के समय धारावाहिक पारिवारिक नाटक प्रसारित करवाने के लिए साबुन बनाने वाली एक कम्पनी को तैयार कर लिया। साबुन बनानेवाली कम्पनी का आकर्षण यह था कि घरेलू महिलाएँ खाली समय में नाटक सुनने के साथ-साथ उसके साबुन की प्रशंसा सुन-सुनकर उसी प्रकार का प्रयोग करेंगी। इसलिए इसका नाम 'सोप ऑपेरा' पड़ा।

किसी विशेष उद्‌देश्य से बनाये गये कार्यक्रम को सही संरचना में उचित समय पर प्रभावशाली प्रस्तुति के साथ दर्शकों के सामने रखा जाये तो उसकी सफलता निश्चित है। कार्यक्रम की प्रभावशाली प्रस्तुति का तात्पर्य नवीनता, रोचकता और सामयिकता के साथ सरल, स्पष्ट और यथासम्भव संक्षिप्त प्रस्तुति से है। कार्यक्रम-प्रस्तुतकर्ता किसी कार्यक्रम का निर्माण करते समय इन बिन्दुओं पर नजर रखता है।

टी. वी. की माया विचित्र है। इसका प्रभाव जन-मानस पर अप्रतिम है। अमेरिका ने इसी के माध्यम से विश्व के अनेक राष्ट्रों पर प्रभुत्व जमाया। क्यूबा के *फिदेल कास्रो* ने टी. वी. के द्वारा ही सियासत का झंडा लहराया। सूचना क्रान्ति के इस महायुग में टी. वी. ने मात्र सूचना देने का कार्य ही नहीं किया, अपितु किसी की धज्जी उड़ाकर हर तरह की हरकतों को संचरित भी किया। यूनेस्को की एक रिपोर्ट के अनुसार सूचनाओं का निष्पक्ष प्रसारण, समाजीकरण प्रेरणाप्रद कार्यक्रम, जनमत तैयार करना, तर्क-वितर्क द्वारा विचार-मन्थन करना, शैक्षिक प्रसारण, सांस्कृतिक विकास, मनोरंजन और राष्ट्रीय-सामाजिक

एकता को बढ़ावा देकर टी. वी. एक दूसरी औद्योगिक क्रान्ति उपस्थित कर रहा है। आज सम्पूर्ण विश्व में नयी चेतना करवट ले रही है। अब संस्कृति के नये मानक स्थापित हो रहे हैं। टी. वी. की तकनीकी और क्षमता की रेखा लम्बी है। इसके छोटे परदे की उपलब्धि बड़ी है।

रूपर्ट मरडाक और *टेड टर्नर* मीडिया के महत्त्वपूर्ण व्यक्तित्त्व हैं। इन दोनों ने सिद्ध कर दिया है कि देश की सीमा हो सकती है परन्तु मीडिया सीमारहित है।

बाल-हिंसा और टी. वी.

टी. वी. पर दिखाई जाने वाली हिंसात्मक बाल फ़िल्मों का बालकों की मानसिकता पर घातक प्रभाव पड़ता है। स्वीडिश सेटेलाइट नेटवर्क ने स्कॅडिनेविया के नार्वे जैसे देशों में अमेरिकी एक्शन सीरीज 'माइटी मौरफीन पॉवर रेंजर्स' दिखानी शुरु की है। इस सीरीज में हिंसा तथा यह विशेषकर बच्चों के लिए ही निर्मित है। एक बच्चे ने फ़िल्म देखकर अपनी माँ से कहा, 'यह सब हिंसा हम बच्चे नहीं कर सकते हैं, हम लोग तो किसी की हत्या करने के लिए बहुत ही छोटे हैं।' ऐसा कहने वाले बालक ने ही खेल-खेल में नार्वे के ढांढीम में 5 वर्षीय बालिका को पत्थर से कुचलकर मार डाला।

टी. वी. और सर्पदंश

पूना के *डॉ. ए. जे. वाडकर* और *डॉ. सचिन जे. शाह* के अनुसार टी. वी. देखने और साँप के जहर पीने में कोई अन्तर नहीं है। साँप का विष तो अल्पमात्रा में दवाइयों के रूप में प्रयुक्त होता है, उसकी अधिकता घातक होती है। 'दि टेलीविजन इंटॉक्सिकेशन' नामक अनुसन्धान-पुस्तिका उन लोगों को समर्पित है जो ''टेलीविजन के दुर्भाग्यपूर्ण प्रभाव में सोचने, तर्क करने, कुछ नया सृजित करने और दिमाग का इस्तेमाल करने की अपनी स्वाभाविक शक्ति खो बैठे हैं और फन्तासी की दुनिया में जीते और साँस लेते हुए अपने मस्तिष्क को सड़ा बैठे हैं।'' इस प्रकार *अकबर इलाहाबादी* की उक्ति सार्थक सिद्ध हो रही है कि–

महफिल उनकी साकी उनका,
आँखें अपनी बाकी उनका।

महाराष्ट्र में समाज पर दूरदर्शन के प्रभाव सम्बन्धी वैज्ञानिक सर्वेक्षण से स्पष्ट है कि हिंसा तथा नैतिक प्रदूषण से युक्त टी. वी. के कार्यक्रमों का सीधा असर पेट पर होता है, गैस भर जाती है, अपच एवं आमाशय की बीमारियों के साथ अल्सर हो जाता है। श्वसन-प्रक्रिया में बाधा पहुँचती है, रक्त-चाप बढ़ता है, दिल की धड़कन तेज हो जाती है। आँखों की परेशानियों के साथ विक्षिप्तता और मानसिक असन्तुलन तो टी. वी. की सहज परिणिति है।

अमेरिका में टी. वी. के प्रभाव से सन्दर्भित अनेक ग्रन्थ प्रकाशित हुए हैं जिनमें टी. वी. को अनुपयुक्त शिक्षा माध्यम घोषित किया गया है। सामाजिक व्याधि, मानसिक कुंठा के जनक टी. वी. से उबरने की बात वहाँ की जा रही है। बम्बई के पाँच सौ फ्लैटों वाले एक आवासीय इलाके से एक दिन एक टी. वी. सेट नीचे फेंके जाने का समाचार छपा। ज्ञात हुआ टी. वी. से परिवार में शान्ति भंग होती है, सुख-चैन जाता रहा है इसीलिए पूरा का पूरा इलाका टी. वी.-विहीन हो गया। अब लोग परस्पर मिलने लगे हैं, सामाजिक जीवन सुधर रहा है।

मनोरंजन का हिंसात्मक स्वरूप

अन्य टी. वी. चैनलों की तरह दूरदर्शन अब अपना तेवर बदल रहा है। अपने स्वस्थ लक्ष्यों से हटकर वह विकृत मनोरंजन के हिंसात्मक पहलू को उजागर करने मे ही लगा हुआ है।

दूरदर्शन से प्रसारित कार्यक्रमों का उद्‌देश्य और लक्ष्य भारतीय संस्कृति पर आधारित धारावाहिकों एवं कार्यक्रमों के माध्यम से दर्शकों का स्वस्थ मनोरंजन करना और भारतीय संस्कृति को बढ़ावा देना है लेकिन आजकल के प्रसारित इन धारावाहिकों

और कार्यक्रमों में वे बातें कहीं भी नहीं दिखाई पड़तीं, जैसे सभी का लक्ष्य हिंसा और अपराध को बढ़ा-चढ़ाकर प्रस्तुत कर दर्शकों में लोकप्रिय होना मात्र रहा हो।

जिस तरह से हिंसा और भ्रष्टाचार को प्रमुख महत्त्व देते हुए धारावाहिक बन रहे हैं और दूरदर्शन उन्हें प्रसारित कर रहा है, उसका सीधा प्रभाव दर्शकों पर कैसा पड़ेगा, शायद इस बात का इन अधिकारियों को अहसास नहीं है। आये दिन बढ़ रही आपराधिक घटनायें, भ्रष्टाचार, हिंसा तथा पुलिस सुरक्षा के बीच बन्दियों की हत्या आदि की वारदातें कुछ ज़्यादा बढ़ी हैं, जो इन्हीं धारावाहिकों का प्रदूषण हैं, जिससे माफियाओं और आपराधिक चरित्र के लोगों के हौसले बुलन्द हो रहे हैं। इसे समाप्त करने के लिए अधिकारियों को अपनी नीति और आचार-विचार में परिवर्तन लाना होगा।

केवल हिंसा और मारधाड़ तथा सनसनी पैदा करने वाली घटनाओं पर आधारित कार्यक्रम एवं धारावाहिक ज़्यादा सफल नहीं हुआ करतें। 'महाभारत', 'हमलोग', 'नुक्कड़' आदि ऐसे धारावाहिक भी दर्शकों द्वारा पसन्द किये गये हैं।

'जुनून', 'जंग' और 'तस्वीर' जैसे हिंसक धारावाहिक सफल हो रहे हैं तो स्वस्थ परम्परा और पारिवारिक सद्‌भावनाओं पर आधारित धारावाहिक क्यों नहीं सफल हो सकतें।

सम्प्रति टी. वी. विज्ञापनों की धूम मची हुई है। ये विज्ञापन उपभोक्ताओं की मानसिकता को बदल देने में पूर्णतः सक्षम हैं। टी. वी. संस्कृति ने सबसे ज़्यादा उपभोक्तावादी मूल्यों को इन्द्रधनुषी रंग दिया है। विज्ञापन एवं विज्ञापनों से जुड़ी दुनिया टी. वी. के प्रमुख साधन रहे हैं। टी. वी. के विज्ञापनों से लोगों का मानसिक सन्तुलन बिगड़ जाता है।

''स्तम्भकार *दीनानाथ मिश्र* की पंक्तियाँ'' 'दैनिक जागरण' (28 दिसम्बर, 1999) द्रष्टव्य है :

टी. वी. मूलत : एक बोरक यन्त्र

आप टेलीविजन की बोरक क्षमता को कम मत मानिये। मैं तो ऐसा मानता हूँ कि टी. वी. से ज़्यादा बोरक कोई दूसरा यन्त्र नहीं। ऊपर से तुर्रा यह कि यह दावा करते हैं मनोरंजन प्रधान होने का। कोई बोर क्यों होता है? अगर वही बातें, वही वही दृश्य, वही लोग, वही स्कूल वगैरह से पाला पड़ता रहे तो व्यक्ति बोर हो जाता है। एक हजरत के पास तीन चुटकुले थे। क्लब में सारे जीवन भर उन्हीं तीन चुटकुलों को सुनाते थे। लोग बोर नहीं होते तो क्या होते? आप टेलीविजन खोलिए, आपको वही विज्ञापन, कार्यक्रम के प्रचार के वही प्रोमो बार-बार दिखाई देंगे उसी साउंड ट्रेक से।

पन्द्रह मिनट के कार्यक्रम में तीन बार प्रोमो देखना पड़े, दो-तीन विज्ञापनों के दोहराकर देखने पड़े, और बीच में कहीं नाच या गाना तीसवीं बार देखना पड़ तो क्या इसको मनोरंजन कहेंगे? बीच-बीच में यह भलायी फीलर्स भी दिखाते हैं, वह भी घिसे-पिटे बेजान फीलर्स। अलबत्ता कई बार ताजे विज्ञापन ज़्यादा मज़ा दे जाते हैं। मगर उसका रहस्य है कि विज्ञापनों के बीच में और कुछ नहीं दिखाया जाता। उसे टुकड़े-टुकड़े में नहीं दिखाते, जबकि समाचार हो या संगीत, नृत्य हो या वार्ता बीच में कॉमर्शियल ब्रेक ज़रूर रस-बाधा पहुँचाते हैं।

अलबत्ता यह टेलीविजन वाले समाचार कुछ घण्टे पहले दिखा देते हैं, मगर पूरा समाचार नहीं या तो समाचार को टोपी दिखा देते हैं, हद से हद उसका मुखड़ा। बाकी देखना हो तो कुछ घण्टे बाद अख़बारों में देखिए। अगर गलती से आप किसी इंटरव्यू या वार्ता-गोष्ठी के कार्यक्रम को टेलीविजन के कार्यक्रम पर देखते हैं तो सौ में से निन्यानवे बार आपको लगेगा कि वह सब बातें आप अख़बारों में पढ़ चुके हैं। बताइए व्यक्ति बोर नहीं होगा तो क्या होगा? अलबत्ता कुछ दिन तक दर्शक टेलीविजन टेक्नालॉजी के चमत्कार से अभिभूत होता रहता है। लेकिन कब तक होता रहे? उसके लक-दक रंग और जल्दी से जल्दी आप तक पहुँच जाने का चमत्कार ज़रूर चकित करता है। मगर आप कितनी बार चकित होंगे? दो-चार बार के बाद चकित होना बन्द कर देंगे।

मशीन मनोरंजन नहीं कर सकती है, कर सकते हैं तो व्यक्ति कर सकते हैं। मगर मनोरंजक व्यक्ति होते ही कितने है? कई बार तो कॉमेडी को देखकर रोना आता है। कॉमेडी में आपको वह चुटकुला याद आ जायेगा जो आपने दस-बीस साल पहले किसी पुस्तक या पत्रिका में पढ़ा था। कई कार्यक्रम सचमुच मनोरंजक लगते हैं। लेकिन उन्हें बीच में ही छोड़कर

कुछ और दिखाना चालू करते हैं। सारा मज़ा किरकिरा हो जाता है। जब तक दूसरी बार शुरू हो तब तक होते रहिए बोर। वास्तव में तो टी. वी. कार्यक्रम मनोरंजन के नाम पर लोगों को नानाविध ढंग से बोर करने की जबरदस्त योजना होते हैं।

वह लोग महान् होते हैं जो टेलीविजन कार्यक्रमों में भी मनोरंजन प्राप्त कर लेते हैं। महान् मैंने कहा, कहना चाहिए साधक होते हैं। टेलीविजन पर क्रिकेट की लोकप्रियता का एक कारण मैं यह भी मानता हूँ कि उसमें रसबाधा कम होती है। वरना तो भाई लोग दस मिनट के समाचार को तीन टुकड़ों में सुनाते हैं। असल में टेलीविजन का मूल उद्देश्य विज्ञापन दिखाना होता है। विज्ञापनों के बीच में जब-जब जितना सम्भव होता है वे काफ़ी चीजें डाल देते हैं। उनका उद्देश्य न मनोरंजन करना होता है न बोर करना, वे तो ज़्यादा से ज़्यादा पैसा कमाना चाहते हैं। आप बोर होते हैं तो होते रहिए, उनकी बला से।"

अख़बार से जनता को यह अपेक्षा रहती है : पूरी जाँच-पड़ताल और गहराई होगी, जनभावनाओं की झलक होगी, सबके दुःख-दर्द की गाथा होगी तथा जनहित की पहरेदारी होगी। इलेक्ट्रॉनिक मीडिया के प्रसारण से यह आशा कोई नहीं करता। प्रसारण को पलटकर पीछे देखना, सुनना या ठहरकर उस पर मनन करना सम्भव ही नहीं है। अख़बार के एक पेज में जितनी ख़बरें होती हैं उतनी दिनभर के दस बुलेटिनों में मिलकर भी नहीं होतीं।

रेडियो, टी. वी. पर पहले शीर्षकों का झुरमुट और उसके बाद तीन-चार वाक्यों के 8-10 समाचार सुनकर, यह समझ लें कि पहले पेज की हैडिंग और ख़बरों के इंट्रो का प्रथम पैरा लेकर रेडियो, टी. वी. पर काम चला लिया जाता है। संक्षिप्त सार ग्रहण के मामले में यह समझ नहीं हो सकती है लेकिन इलेक्ट्रॉनिक मीडिया की ख़बरों का अनुशासन एकदम भिन्न है।

'ऊपर बताया गया', 'नीचे दिया गया' रेडियो और टी. वी. में नहीं होता। लिखे-छपे में ऊपर-नीचे होता है, बोलने में नहीं होता। कही से ज़्यादा अनकही, लक्षणा, व्यंजना, कवित्वपूर्ण भाव, श्लिष्ट प्रयोग, अलंकृत भाषा, रहस्यपूर्ण वचन, कूट या ठूँस अर्थात् कुछ भी ऐसा रेडियो के समाचार में नहीं चलेगा कि जिस पर ग्राहक को मस्तिष्क को ठहराकर सोच-विचार करना पड़े। मस्तिष्क को वाचक की वाणी के साथ दौड़ना है।

दूरदर्शन

प्रकाशन विभाग, भारत सरकार के 'न्यू मीडिया विंग' द्वारा संकलित तथ्यों के अनुसार दूरदर्शन प्रसारण की शुरुआत दिल्ली में सितम्बर, 1959 को प्रायोगिक सेवा के तौर पर हुई थी। बीते दौर के साथ इसमें जबरदस्त वृद्धि हुई है और वह दुनिया के प्रमुख टी. वी. संगठनों में से एक बन चुका है। बीते वर्षों के साथ दूरदर्शन ने सिर्फ़ देश के कोने-कोने तक अपने नेटवर्क का ही विस्तार नहीं किया, बल्कि वह टी. वी. प्रसारण के क्षेत्र में नवीन प्रौद्योगिकीय घटनाओं के साथ ही कदम-से-कदम मिलाकर चला है।

डीडी नेशनल

डीडी नेशनल, विश्व का सर्वाधिक बड़े स्थलीय नेटवर्क वाला लोक सेवा प्रसारक है। यह देश की लगभग 92 प्रतिशत आबादी एवं 81 प्रतिशत भू-भाग को कवर करता है। लोक सेवा प्रसारक होने के कारण चैनल ने सामाजिक-आर्थिक परिवर्तन के क्रम में तेज़ी लाने, राष्ट्रीय एकता को बढ़ावा देने, लोगों में एकता एवं भाईचारे के भाव उपजाने तथा वैज्ञानिक प्रकृति को बढ़ाने में सार्थक योगदान करना जारी रखा है। जनसंख्या नियन्त्रण, परिवार-कल्याण, पर्यावरण संरक्षण, पारिस्थितिकीय सन्तुलन के साधनों और महिलाओं एवं बच्चों के कल्याण के उपायों के बारे में यह जनता के बीच जागरूकता फैलाने के लिए जानकारी/शिक्षा और सूचना के प्रसार में योगदान करता है। यह चैनल मनोरंजन, सूचना और शिक्षा का स्वस्थ मिश्रण उपलब्ध कराता है।

डीडी न्यूज

डीडी न्यूज़ भारत का एकमात्र स्थलीय सह उप-ग्रह समाचार चैनल है। भारत का लोक सेवा प्रसारक समाचार चैनल होने के नाते यह सफलतापूर्वक विभिन्न विचारों को व्यक्त करने और साथ ही सनसनीरहित, सन्तुलित, निष्पक्ष और सटीक ख़बर

देने की अपनी जिम्मेदारी का निर्वहन कर रहा है। डीडी न्यूज़ को नवम्बर, 2003 को डीडी मेट्रो चैनल के स्थान पर 24 घण्टे के समाचार चैनल के रूप में शुरू किया गया था। इसके उपग्रह प्रसारण पूरे देश में उपलब्ध हैं। डीडी न्यूज़ स्थलीय संचार द्वारा देश के 49 प्रतिशत भौगोलिक क्षेत्र तक पहुँच बनाये हुए है। यह वर्तमान में हिन्दी, अंग्रेज़ी, उर्दू और संस्कृत भाषाओं में समाचार प्रसारित करता है। इसमें लाइव प्रसारण द्वारा 17 घण्टे विभिन्न भाषाओं में 30 से अधिक समाचार बुलेटिनों का प्रसारण होता है। डीडी न्यूज़ ने जून सन् 2015 में भारत की प्रथम संस्कृत समाचार पत्रिका 'वार्तावली' भी शुरू की। डीडी न्यूज़ अपने सहयोगी चैनलों यानी डीडी नेशनल, डीडी इंडिया, डीडी उर्दू और डीडी किसान के लिए भी समाचार बनाता है। डीडी न्यूज़ की देशभर में 30 क्षेत्रीय समाचार इकाइयाँ हैं, जो एक दिन में 22 भाषाओं/बोलियों में 100 से ज़्यादा बुलेटिन प्रसारित करती हैं। यह डीडी न्यूज़ की ज़रूरतें भी पूरी करती है और समाचार बुलेटिनों और कार्यक्रमों में भी सहयोग करती है।

डीडी इंडिया

दूरदर्शन में 14 मार्च, 1995 को अपना अन्तर्राष्ट्रीय चैनल प्रारम्भ करके दुनिया के लिए अपनी खिड़कियाँ खोल दीं। पहले इस चैनल का नाम डीडी वर्ल्ड रखा गया, जिसे बाद में सन् 2002 में बदलकर डीडी इंडिया कर दिया गया। अन्तर्राष्ट्रीय दर्शकों को ध्यान में रखते हुए भारत के सामाजिक, सांस्कृतिक, राजनीतिक और आर्थिक परिदृश्य के बारे में इस चैनल पर कार्यक्रम प्रस्तुत किये जाते हैं। अब इसकी पहुँच 38 देशों तक है, जो इनसैट-4बी के दायरे में है।

डीडी भारती

दूरदर्शन का डीडी भारती चैनल भारतीय संस्कृति और धरोहर को प्रामाणिकता के साथ संरक्षित रखने और उसे बड़े पैमाने पर जनता के समक्ष प्रस्तुत करने के लिए जनवरी, 2002 में प्रारम्भ किया गया। यह एकमात्र ऐसा चैनल है, जो भारत में कला और संस्कृति के लिए समर्पित है। डीडी भारती ने चैनल की प्रकृति और दर्शकों को ध्यान में रखते हुए राष्ट्रीय-अन्तर्राष्ट्रीय स्तर के कई सार्वजनिक संस्थानों और गैर-सरकारी संगठनों के लेखागार में उपलब्ध दुर्लभ कार्यक्रमों का न्यायपूर्ण चुनाव कर उन्हें प्राप्त करने के लिए उनके साथ भागीदारियाँ की हैं।

डीडी उर्दू

डीडी उर्दू सन् 2006 में अस्तित्त्व में आया। नवम्बर, 2007 से इसका प्रसारण चौबीसों घण्टे होने लगा। यह चैनल समाचार, स्वाधीनता दिवस, गणतन्त्र दिवस समारोह जैसे आयोजनों का सीधा प्रसारण, राष्ट्र के नाम राष्ट्रपति और प्रधानमन्त्री के सन्देशों, राज्य नेताओं पर विशेष कार्यक्रमों के प्रसारण के अतिरिक्त लक्षित दर्शकों के लिए धरोहर, संस्कृति, साहित्य, सूचना, शिक्षा और समाज से सम्बन्धित मुद्दों का सार दर्शाने वाले नये और पुनः प्रसारित, प्राप्त और इन-हाउस सॉफ्टवेयर का मिश्रण उपलब्ध कराता है। इस प्रसारण का प्रमुख उद्देश्य/विषय लक्षित दर्शकों के शैक्षिक एवं सामाजिक दृष्टिकोण के आधुनिकीकरण से सम्बन्धित है।

स्पोर्ट्स चैनल

स्पोर्ट्स चैनल सन् 1999 में प्रारम्भ किया गया। एक महीने के भीतर ही इस चैनल के प्रसारण का समय 10 घण्टे से बढ़ाकर 12 घण्टे कर दिया गया तथा जून सन् 2000 से इसका प्रसारण 24 घण्टे का कर दिया गया।

दूरदर्शन व्यावसायिक प्रसारण

दूरदर्शन व्यावसायिक सेवा एक स्वतन्त्र प्रकोष्ठ है, जो मुख्यालय, दूरदर्शन केन्द्रों, विपणन प्रभागों और डी. सी. डी. द्वारा एयर टाइम की बिक्री, एजेंसियों/ग्राहकों/निर्माताओं से राजस्व एकत्र करने के लिए किये जा रहे सभी व्यावसायिक कार्यकलापों में ताल-मेल बैठाने के लिए उत्तरदायी है।

टी. वी. और इंटरनेट

सम्प्रति टी. वी. की जगह ले रहे इंटरनेट ने पूरा परिदृश्य ही बदल डाला है। सभी बड़े चैनल्स एप के जरिये अपने सीरियल फ़िल्म, गीत, ट्रेलर, खेल, विज्ञापन सबकी जेब में पहुँचा रहे हैं। 'हिन्दुस्तान' (28 जुलाई, 2016) में अरुण जनार्दन का आलेख इस सन्दर्भ में द्रष्टव्य है :

"देश-दुनिया से एकत्रित किये आँकड़े यह बताते हैं कि वर्ल्ड वाइड वेब (डब्ल्यू. डब्ल्यू. डब्ल्यू.) की भारत में पहुँच लगातार बढ़ रही है। इसने दुनिया को और अधिक करीब लाने का काम किया है। इसने न केवल स्थान के बन्धन तोड़े हैं, बल्कि लोगों का नजरिया भी बदला है और उन्हें जानकारियों के असीमित भंडार में ला खड़ा किया है। इसके साथ-साथ ऑनलाइन मनोरंजन का नया दौर भी शुरू हो चुका है। तमाम बड़े चैनल्स ने एप के जरिये हर समय अपने सीरियल और फ़िल्में, गाने, टेलर, खेल आपकी जेब में पहुँचा दिये हैं। हॉटस्टार, वूट, यूट्यूब आदि इनमें प्रमुख नाम हैं। ऐसे में इन सभी एप्स के बीच प्रतिस्पर्धा भी बढ़ी है और खुद को इस दौड़ में अव्वल साबित करने के लिए ये कई नये तरीके भी आजमा रहे हैं।

पिछले कुछ सालों में इंटरनेट पर रचनात्मकता के नाम पर छोटी फ़िल्में और शो खूब आये हैं। यूट्यूब पर तो कुछ बड़े स्टूडियो और एस. ऐंड. पी. (स्टैंडर्ड ऐंड प्रेक्टिसेज) डिपार्टमेंट्स के नाम पर इन फ़िल्मों और शोज में रचनात्मकता की सीमा-रेखाओं तक को लाँघा गया है, पर सोशल मीडिया के नाम पर यहाँ सब चलता है। दिलचस्प यह है कि इन्हें खूब लाइक्स मिलते हैं और व्यूज भी।

इस साल के आरम्भ में, मनोरंजन जगत् के बड़े नाम नेटफ्लिक्स ने इस क्षेत्र में कदम रखा था। वीडियो ऑन डिमांड की बढ़ती माँग को देखते हुए कम्पनी ने बाज़ार में पहले से मौजूद हॉटस्टार और इरोज नाउ को टक्कर देने का मन बनाया। ये सभी पहले से ही दर्शकों को फ़िल्में, टी. वी. शो, डॉक्यूमेंटरीज और कई बार खेल तक उपलब्ध करा रहे हैं। मार्च में वाई कॉम 18 ने वूट पेश किया। अभी हाल ही में बालाजी टेलीफ़िल्म्स लिमिटेड ने ए. एल. टी. बालाजी के जरिये खुद को ऑनलाइन करने की बात कही है। अमेजन प्राइम वीडियो सेवा भी इस साल ही लांच होने की उम्मीद है।

पहले से मौजूद अपने ऑनलाइन माध्यमों द्वारा सामग्री परोसने वालों में—स्टार इंडिया से हॉटस्टार, इमेज इंटरनेशनल से इरोज नाउ आदि शामिल हैं। हालाँकि इनमें से कुछ विदेशी सीरियल्स, फ़िल्में या वीडियो भी दिखाते हैं, जैसे— हॉटस्टार आजकल गेम ऑफ थ्रोंस (जी. ओ. टी.) सीजन 6 दिखाता है और इसी तरह इरोज नाउ ने एक पाकिस्तानी शो दिखाना आरम्भ किया है। कुल मिलाकर आप यह कह सकते हैं कि जो कुछ भी आपके टी. वी. पर है, वह अब ऑनलाइन भी उपलब्ध है।"

15

फोटो पत्रकारिता
(Photo Journalism)

"A picture is a poem without words."

–Horace

× × ×

"Painting is silent poetry and poetry is a speaking picture."

–Simonides

× × ×

"A picture often conveys more than volumes." *–O.S. Fowler*

× × ×

"A room hung with pictures is a room hung with thoughts."

–Sir J. Reynoulds

× × ×

"Photography is an effective medium of communications offering an unlimited variety of perception, interpretation and execution."

–Dr. Arjun Tiwari

× × ×

''सब राष्ट्रों की जनता के बीच मेल-मिलाप उत्पन्न करने में फोटो पत्रकार की बहुत बड़ी देन होती है। दुनिया की समस्त भाषाओं में फोटो समाचारों की भाषा सबसे ज़्यादा सरल होती है। आज के युग में जबकि अगणित मनुष्यों पर अत्याचार हो रहे हैं तथा कई देशों में व्यक्तिगत स्वतन्त्रता नष्ट हो रही है, चित्र व्यक्ति की स्वतन्त्रता को बरकरार रखते हैं क्योंकि वे सच्चाई को ज्यों-का-त्यों प्रस्तुत करते हैं।''

—आइजनहावर

जनसंचार में फोटोग्राफी का महत्त्वपूर्ण स्थान है। प्रकाश और रासायनिक तत्त्वों की क्रिया से स्थाई एवं सुस्पष्ट प्रतिबिम्ब तैयार करने की यह एक विशिष्ट कला है। प्रकाश तथा रासायनिक सदैव सार्वभौम भाषा (Universal Language) बोलते हैं, सभी को आकर्षित करते हैं। इनको बनाने तथा रखने में सुविधा है। फोटोग्राफी से निम्नलिखित लाभ हैं :

1. भाषा में आने वाली बाधा को इसके प्रयोग से दूर किया जा सकता है।
2. फोटोग्राफ का प्रभाव तुरन्त पड़ता है क्योंकि इसे यथार्थ एवं सत्य माना जाता है। इसमें विश्वसनीयता होती है। लोगों के दृष्टिकोण और अभिरुचि को फोटोग्राफी के माध्यम से बदला जा सकता है।
3. सामाजिक बुराइयों और अपराधों को सही ढंग से पहचानने में सहायता मिलती है, फलतः उनसे दूर रहने की प्रेरणा भी मिलती है।
4. फोटोग्राफ एकसाथ बहुत संख्या में लोगों के पास पहुँचाये जा सकते हैं।
5. इसके द्वारा सीखने की प्रक्रिया को तेज किया जा सकता है।

फोटो अपने में समाचार, विचार, रिपोर्ताज, लेख, दस्तावेज़ और सम्पादकीय सभी कुछ है। विश्वसनीयता का यह सर्वोतम माध्यम है :

लिखा-लिखी की बात नहिं, देखा-देखी बात।

—कबीर

विवादास्पद बातों पर फोटो द्वारा की गयी अभिव्यक्ति निर्णायक होती है। सफल फोटोग्राफर वही होता है जो संवेदनशील अनुभूतियों को दर्शकों के सामने प्रस्तुत करता है। सत्य का सम्प्रेषण ही उसका प्रेरक होता है और सत्य ही उसकी कथा का प्राण होता है।

फोटो पत्रकारिता का लक्ष्य उत्तरदायित्व की भावना को बढ़ाना, घटनाओं पर टिप्पणी करना तथा दर्शकों का मनोरंजन है। फोटो पत्रकार के सम्बन्ध में कहा गया है :

''आप तस्वीर खींचते नहीं हैं बल्कि आप इसका सृजन करते हैं।''

—एंसेल एडेम्स

समाचारों, घटनाओं और विचारों की रोचक व्याख्या करने तथा उन्हें दिलचस्प बनाने में फोटो पत्रकारिता का महत्त्व सर्वाधिक है। यह सम्पादकों एवं निर्माताओं के लिए ऐसा शक्तिशाली माध्यम है जिससे सामाजिक परिवर्तन सम्भव है। फोटोग्राफी एक विशिष्ट योग्यता है जिसमें रहस्यमय वस्तुओं का अन्वेषण एवं संचरण होता है। फोटोग्राफर कैमरे के माध्यम से जो देखता है उसी को वह सम्प्रेषित करता है। 'लाइफ' की घोषणा ही फोटो पत्रकारिता को सुस्पष्ट करने वाली है :

''जीवन को देखना : संसार को देखना : महान् घटनाओं को साक्षी बनाना : गरीब का चेहरा एवं गौरवान्वित की भंगिमाएँ देखना : अपरिचित एवं विलक्षण वस्तुओं, जैसे— मशीनों, सेनाओं, जंगल एवं चन्द्रमा पर अनेक बिम्बों को देखना : आदमी के कार्य, उसकी चित्रकारी, मीनारें एवं आविष्कार देखना : हजारों मीलों दूर की चीजों को, दीवारों के पीछे और कमरों के भीतर रखी चीजों को तथा ख़तरनाक चीजों को देखना : उन स्त्रियों को देखना जिन्हें पुरुष प्यार करते हैं : असंख्य बच्चों को देखना : देखना एवं देखने की प्रक्रिया में आनन्द लेना : देखना एवं चकित होना : देखना एवं अनुदेशित होना।''

सन् 1839 में विलियम हेनरी फाक्स ने उस प्रक्रिया का आविष्कार किया जिसके द्वारा 'निगेटिव' से 'पॉजिटिव' चित्र बनाना सम्भव हो पाया। फोटो के माध्यम से समाचारों के प्रसारण को पत्रों ने महत्त्व दिया। सन् 1842 में 'इलेस्ट्रेटेड लन्दन न्यूज' ने ऐसा किया। अमेरिका-स्पेन युद्ध, प्रथम विश्व-युद्ध तथा स्पेन के गृहयुद्ध के समय फोटो पत्रकारिता पनपी। *मैथ्यू ब्राडी, जिमी हेयर, जे. सी. हेमंट* ने युद्धों का रोचक चित्र प्रस्तुत किया।

फोटो पत्रकारिता

सम-सामयिक घटनाओं के सचित्र विवरण की प्रस्तुति फोटो पत्रकारिता है। भयावह, विनाशकारी, विकृत, वीभत्स घटनाओं को कैमरे में बन्द करने हेतु एक फोटो पत्रकार जितना तत्पर रहता है उतना ही वह किसी समारोह, उत्सव और आयोजन के समय भी एकाग्रचित होता है। फोटो पत्रकार बटन दबाने वाला नहीं होता। वह पैनी दृष्टि से सम्पन्न और जीवन्त दृश्य को पकड़ने में समर्थ होता है। चित्रों की प्राप्ति, चित्रों का चयन, चित्रों का सम्पादन—ये तीन प्रमुख कार्य फोटो पत्रकार के

हैं। समाचार, रिपोर्ट, फ़ीचर को आकर्षक, रोचक और मुखर बनाने में फोटो पत्रकार सदैव चिन्तामग्न रहते हैं। प्रासंगिकता और दूरदृष्टि से सम्बन्धित गुणों के कारण फोटो पत्रकार सर्वत्र समादृत होते हैं। सामान्य पत्रकार तो लेट हो सकता है, पक्षपात कर सकता है, उसकी लेखनी बहक सकती है, लेकिन फोटो पत्रकार चाहते हुए भी कुछ नहीं कर सकता। फोटो पत्रकारिता में सत्यता, वास्तविकता, विश्वसनीयता और वस्तुनिष्ठता का समावेश रहता है। फोटो पत्रकार को अपने पूर्वज *जॉर्ज ईस्टमैन* को जानना चाहिए।

जॉर्ज ईस्टमैन

अमेरिकी उद्यमी *जॉर्ज ईस्टमैन* ने 1888 में कोडेक बॉक्स कैमरे का आविष्कार किया। *ईस्टमैन* ने इस कैमरे में हल्की रोल-फ़िल्म इस्तेमाल की। इस ब्राउनी कैमरे के आविष्कार से पहले फोटोग्राफी की विधि बहुत ही खर्चीली थी। 1892 में *ईस्टमैन* कोडेक फोटोग्राफिक कम्पनी की स्थापना हुई जिसने सन् 1900 तक एक डॉलर की क़ीमत पर कैमरे बेचना शुरू कर दिया था। कैमरे में इस्तेमाल होने वाली रंगीन फ़िल्म में विद्युत् संवेदी मिश्रण की कई परतें होती हैं जो विद्युत् की हर किरण को अलग-अलग रंगों में रिकॉर्ड करती हैं। यह मिश्र विद्युत्-संवेदी सिल्वर हेलाइट एवं जिलेटिन से बना होता है। जब इन परतों को रंगीन प्रिंट या ट्रांसपेरेंसी की तरह से देखा जाता है तो अलग-अलग रंग संयोजित होकर वास्तविक दृश्य का सही रंग दिखाते हैं।

फोटो पत्रकारिता का आकर्षण

ग्लैमर, शोहरत और ख़तरों से भरा एक क्षेत्र फोटोग्राफी है जिसकी ओर युवा पीढ़ी बड़ी तेज़ी से अग्रसर है। वर्तमान में मीडिया के अतिरिक्त फ़िल्म, विज्ञापन, फैशन, पुलिस, सेना, पर्यटन, विज्ञान इत्यादि ऐसे क्षेत्र हैं, जहाँ फोटोग्राफी के बिना सम्बन्धित कार्य को अधूरा समझा जाता है। इसलिए फोटोग्राफी के क्षेत्र में दिलचस्पी रखने वालों के लिए फोटोग्राफी का कैरियर असीम सम्भावनाओं वाला है। सचमुच फोटोग्राफी को अपनी मेहनत, लगन, दृढ़ निश्चय एवं आत्मविश्वास के द्वारा सफल कैरियर बनाया जा सकता है।

फोटोग्राफर अपनी सृजनशक्ति द्वारा विशेष एंगल अथवा पोज के आधार पर किसी साधारण चेहरे एवं व्यक्तित्त्व में भी चार चाँद लगा देता है। दौलत एवं शोहरत के अतिरिक्त रोजगार की सुनिश्चितता को लेकर शिक्षित युवक-युवतियों के लिए यह आकर्षक कैरियर बनता जा रहा है। खासकर उन लोगों के लिए यह क्षेत्र बेहद उपयुक्त है, जिनमें चीजों को उनकी सूक्ष्मता तथा सम्पूर्णता में देखने की आन्तरिक प्रतिभा मौजूद है।

यों तो रंगों, दृश्यों, आकार-प्रकार, प्रकाश, समय इत्यादि से तादात्म्य स्थापित करने वाले लोग सैद्धान्तिक ज्ञान प्राप्त करके भी बेजोड़ फोटोग्राफी कर लेते हैं, लेकिन यदि इसका विधिवत् प्रशिक्षण प्राप्त कर लिया जाये, तब तो सोने पे सुहागा वाली बात होगी। इस कोर्स के तहत शिक्षण के दौरान उम्मीदवारों को कैमरा तथा फोटोग्राफी से सम्बन्धित विभिन्न पहलुओं को प्रायोगिक एवं सैद्धान्तिक रूप में पढ़ाया जाता है। प्रशिक्षण के दौरान प्रशिक्षुओं को अनेक स्थानों पर ले जाकर फोटोग्राफी करवायी जाती है। इस दौरान आवश्यक प्रकाश, रंग, छाया इत्यादि की भी सूक्ष्म जानकारी दी जाती है। फोटोग्राफी कला को ललित कला फोटोग्राफी और कॉमर्शियल फोटोग्राफी के रूप में बाँटा गया है। मन्दिरों, मस्जिदों, किले, इमारतों, मूर्तियों से सम्बद्ध फोटोग्राफी ललित कला के अन्तर्गत हैं जबकि विज्ञापन, फैशन, फ़िल्म कॉमर्शियल फोटोग्राफी के अन्तर्गत आते हैं।

भाषा और फोटो

हिन्दी, अंग्रेज़ी, रूसी, चीनी, उर्दू ये सभी भाषाएँ अलग-अलग प्रतीकों द्वारा समझी और लिखी जाती हैं। अनेक देशवासी विविध भाषाओं में अपने विचारों को प्रकट करते हैं। इस विश्व में मात्र चित्र ही ऐसा है जिसकी एक भाषा है जो सर्वजन हेतु बोधगम्य है। भाषा की दीवार को चित्र तोड़ता है। फोटो पत्रकार शब्दों के स्थान पर प्रतीकों (चित्रों) का प्रयोग करता है। सामान्य जनता

के दृष्टिकोण को बदलने और अभिरुचि को प्रभावित करने की दिशा में चित्र अति महत्त्वपूर्ण हैं। मात्र एक फोटो के चलते सन् 1860 में *अब्राहम लिंकन* को सफलता मिली। यह चित्र स्वयं *लिंकन* का था जिसे *मैथ्यू ब्राडी* ने खींचा था। चुनाव के समय बहुत जोरों से प्रचारित किया गया था कि *लिंकन* गँवार जंगली है, वह राष्ट्रपति पद के उपयुक्त नहीं है। इस आरोप के खण्डन में ब्राडी का चित्र सभी जगह दिखाया गया तथा मतदाताओं का दृष्टिकोण बदला और उनकी अभिरुचि लिंकन के प्रति जगी। अमेरिका के ही *सीनेटर मिलार्ड टायडिंग* को कम्युनिस्ट नेता *अर्ल ब्राउडर* के साथ बातचीत करते दिखाया गया। इस कम्पोजिट चित्र का प्रचार हुआ। फलत : अगले चुनाव में *टायडिंग* हार गये। अपने देश में भी चित्रों के चलते अनेक उथल-पुथल हुए हैं जो अब इतिहास के पन्नों में दृष्टिगत हो रहे हैं।

फोटो पत्रकारिता द्वारा सामाजिक कुरीतियों और अपराधों को सही ढंग से पहचानने में सहायता मिलती है। फोटो पत्रकार त्याज्य या ग्राह्य कार्य के प्रति भावनाओं को उत्तेजित करने में प्रभावकारी भूमिका निभाता है।

फोटो की भाषा समझाने में न उम्र, लिंग, भौगोलिक क्षेत्र, साक्षरता, सामाजिक-आर्थिक स्तर कुछ भी बाधा नहीं बनता है। अच्छा फोटो पत्रकार अपना छायाचित्र इस परिप्रेक्ष्य में उतारता है। एक सफल फोटो-पत्रकार में निम्नलिखित गुण होने आवश्यक हैं :

1. फोटो पत्रकार को मिलनसार, संवेदनशील एवं सृजनशील होना चाहिए।
2. उसे फोटो तकनीक की बारीकियों में दक्ष होना चाहिए।
3. उसे घटनाओं, कार्यक्रमों तथा परिवर्तनों की जानकारी होनी चाहिए।
4. उसे एक पत्रकार के समान सदैव सजग, सतर्क एवं जिम्मेदार रहना चाहिए।
5. उसमें समाचारों को सूँघने की, खोदने की क्षमता होनी चाहिए।
6. उसमें जिज्ञासाओं को शान्त करने की ललक होनी चाहिए। जिन घटनाओं, समाचारों में अधिकतम लोगों की रुचि हो, उससे सम्बन्धित आगे के छायाचित्र पाठकों तक यथाशीघ्र पहुँचाने चाहिए।
7. एक अच्छे फोटो पत्रकार को कैमरों, लेंसों, फिल्टर्स, शटर-गति, फोकस, फ्लैश-गन, प्रकाश-नियन्त्रण आदि की जानकारी होनी चाहिए।
8. उसमें फ़िल्म प्रोसेसिंग, डार्क-रूम तकनीक, फोटो पेपर ग्रेड तथा फोटोग्राफी रसायनों की भी भली-भाँति समझ होनी चाहिए। फोटो पत्रकार को कम्पोजीशन के नियम, रूल ऑफ थर्ड, सेंटर ऑफ इंटरेस्ट इत्यादि का भी ज्ञान होना चाहिए।
9. फोटो पत्रकार को पत्रकारिता आचार-संहिता का ज्ञान होना आवश्यक है, जिससे राष्ट्र, समाज, विधायिका तथा न्यायपालिका का सम्मान सुरक्षित रहे।

खोजी पत्रकारिता और फोटो

खोजी पत्रकारिता तथा पुलिस सम्बन्धी प्रकरणों में फोटो पत्रकार की महत्त्वपूर्ण भूमिका रहती है। आजकल खोजी पत्रकारिता के प्रसंगों में प्रमाण स्वरूप दस्तावेज़ों के फोटो समाचार-पत्र में प्रकाशित किये जाते हैं जिन्हें विशेष प्रकार के सप्लीमेंट्री लेंसों तथा सूक्ष्म फोटोग्राफी की सहायता से तैयार किया जाता है।

पुलिस प्रकरणों तथा न्यायालयीन कार्यों में भी प्रेस-फोटो का बड़ा महत्त्व होता है। हत्या, लूट की वारदात इत्यादि में छायाचित्रों को एक शृंखला के रूप में खींचा जाना चाहिए जिसमें मृतक के विभिन्न कोणों से फोटो, रक्त के धब्बों, मृतक द्वारा संघर्ष के निशान, घातक हथियार, चोट इत्यादि के निशान, मृतक के आस-पास की स्थिति एवं बिखरे पड़े सामान, वस्तुओं को दर्शाते चित्र जिससे घटना के सम्बन्ध में विस्तृत जानकारी प्राप्त हो सके तथा ज़रूरत पड़ने पर अदालत में इन फोटो शृंखला की सहायता से घटना की यथार्थता पर प्रकाश डालने में मदद मिले।

अपराध, भ्रष्टाचार, दंगों, लूट-पाट, चोरी, क़ानून और व्यवस्था सम्बन्धी परिस्थितियों के फोटो का पुलिस द्वारा प्रयोग करने से एक फोटो पत्रकार की भूमिका अत्यन्त महत्त्वपूर्ण हो जाती है। अपराध अनुसन्धान तथा अपराधियों की खोज में छायाचित्र

काफ़ी मददगार साबित हो रहे हैं। अनपढ़ व्यक्ति से भी अदालत में पूछताछ करने में फोटो से आसानी रहती है। फोटोग्राफ घटना-स्थल के स्वयं एकमात्र उपलब्ध प्रमाण होते हैं। इनको देखकर घटना-स्थल पर अनुपस्थित व्यक्ति भी घटना का सही आकलन कर सकता है। वैसे भी गवाहों से सुनी-सुनायी बातों की अपेक्षा फोटो में देखी बात अधिक विश्वसनीय लगती है।

फोटो पत्रकारिता : एक चुनौती

फोटो पत्रकार को सदैव चुनौतियों का सामना करना पड़ता है। विपरीत स्थितियों, समय, सुविधा, साधन की परवाह किये बगैर ही उसे समय-सीमा में जल्द-से-जल्द तस्वीरें समाचार-पत्रों को भेजनी होती हैं। बाढ़, भूकम्प, आतंकवादी घटना, रेल दुर्घटना, आगजनी, किसी भी विपरीत परिस्थिति में पहुँचकर उसे अपने कौशल एवं कला का परिचय तथा नित्य नयी कसौटी पर खरा उतरना होता है। मुद्रण तकनीक तथा डिजिटल तकनीक की नयी चुनौतियों से जूझते हुए उसे तत्काल घटना-स्थल की तस्वीरें माडेम, कम्प्यूटर तथा उपग्रह नेटवर्क के माध्यम से दुनिया के एक कोने से दूसरे कोने तक अपनी फोटो प्रेषित करनी होती है। उसकी फोटो में सम्पूर्णता, विषय-वस्तु की स्पष्टता, सम्प्रेषणीयता आवश्यक हैं। कलात्मकता, सृजनशीलता तथा संवेदनशीलता जैसे गुण भी अति आवश्यक हैं जो एक अच्छे फोटो पत्रकार की सफलता की कुंजी है।

फोटो पत्रकार को अपना कार्य अत्यन्त सावधानीपूर्वक करना पड़ता है। एक बार घटना-स्थल/कार्यक्रम का जो भी फोटो पत्रकार अपने कैमरे में बटन दबाकर कैद करता है वह सदैव के लिए अमिट हो जाता है।

एक पत्रकार अपनी ख़बर को दुबारा लिखकर ठीक कर सकता है, अपने से अनुभवी व्यक्ति का मार्गदर्शन ले सकता है। इसी प्रकार एक चित्रकार भी अपनी चित्रकला में हुई गलती को बाद में ठीक कर सकता है, अनुभवी लोगों द्वारा दिये परामर्श अनुसार दुबारा ठीक करके बना सकता है किन्तु फोटो पत्रकार को वही घटना/कार्यक्रम का फोटो दुबारा प्राप्त करने का अवसर नहीं मिलता है अतः उसे अत्यधिक सावधानीपूर्वक कलात्मक एवं तकनीकी दक्षता के साथ ही अपने कैमरे का बटन दबाना होता है।

16

फ़िल्म
(Film)

''एक फ़िल्म चित्र है, फ़िल्म शब्द है, फ़िल्म आन्दोलन है, फ़िल्म नाटक है, फ़िल्म संगीत है, फ़िल्म एक कहानी है, फ़िल्म हजारों अभिव्यक्तिपूर्ण श्रव्य एवं दृश्य आख्यान है।''

—सत्यजित रे

× × ×

''चलचित्र किसी क्रिया को उत्प्रेरित करने के लिए एक उत्तरोत्तर अनुक्रम में प्रक्षेपित छायाचित्रों की एक लम्बी शृंखला द्वारा विचारों के सम्प्रेषण का एक माध्यम है।''

—डॉ. रोजर्स

× × ×

ये गीत नये सुनके तुम नाच उठे तो क्या?
जिस गीत पे दिल झूमा वो गीत पुराना था।

× × ×

''वाक्-चित्रों ने विश्व के कोने-कोने से जीवन की सांगोपांग छवियों, संगीत, ध्वनियों और बोलियों को एक-दूसरे के करीब रखा। इस तरह 'वन वर्ल्ड' (एक दुनिया) का नारा तीव्र हुआ।''

—जगदीश चन्द्र माथुर

× × ×

''भारतीय सांस्कृतिक सन्दर्भ में सिनेमा शायद सबसे अधिक लोकप्रिय और सबसे अधिक शक्तिशाली संचार-माध्यम है और हिन्दी फ़िल्में सुनिश्चित रूप से दूसरी भाषाओं की फ़िल्मों की तुलना में अधिक लोकप्रिय हैं।''

—प्रो. सी. बी. पीटर

× × ×

''चलचित्र मानव की गहन अनुभूतियों और संवेदनाओं को प्रकट करने वाला एक अत्याधुनिक माध्यम है जिसमें लेखन, दृश्य, कल्पना, मंच-निर्देशन, रूप-सज्जा के साथ प्रकाश विज्ञान, इलेक्ट्रॉनिक्स, कार्बनिक और भौतिक रसायन विज्ञान के तकनीकी योगदान हैं। यह सृजनात्मक और यान्त्रिक प्रतिभा का मनोरम संगम है।''

—डॉ. अर्जुन तिवारी

सामान्यतः चलचित्र का उपयोग मनोरंजन के लिए किया जाता है। इसकी आवश्यकता की अनुभूति तब होती है जब व्यक्ति थक जाता है, अवकाश के समय कुछ मनोरंजन चाहता है। चलचित्र उसके अवधान को आकर्षित करता है, यही चलायमान चित्र अपने कथानक में द्रष्टा को समेट लेता है। वस्तुतः द्रष्टा तन-मन से चित्रपट में अपने को खो देता है। जो दृश्य या संवाद चलचित्र में दिखाई या सुनाई पड़ते हैं, वे उस पर गहरा प्रभाव डालते हैं। यह प्रभाव कभी क्षणिक होता है। कभी-कभी इसका प्रभाव स्थायी रूप से पड़ता है। मानव-मन पर गहरा प्रभाव डालने की क्षमता के कारण चलचित्र जनसंचार का सर्वाधिक महत्त्वपूर्ण माध्यम है।

चलचित्र में विज्ञान की शक्ति और कला का सौन्दर्य है जो मस्तिष्क को खाद्य देती है और हृदय को आन्दोलित करती है। चित्रपट अभिव्यक्ति का सर्वाधिक प्रभावशाली माध्यम है जो किसी घटना, विचार को मनोरम ढंग से प्रस्तुत करता है। व्यक्ति के अन्तःकरण को स्पर्श कर उसे सकारात्मक भूमिका के लिए उत्प्रेरित करने में इसका कोई सानी नहीं है। वस्तुतः यह मनोरंजन का मात्र साधन नहीं है, चित्रपट तो अतीत का अभिलेख, वर्तमान का चितेरा और भविष्य की कल्पना है। व्यक्ति, समाज, राष्ट्र एवं विश्व-कल्याण का महत्त्वपूर्ण दायित्व इसे ही निभाना पड़ता है। सामाजिक परिवर्तन, लोक-जागरण तथा बौद्धिक क्रान्ति की दिशा में भारतीय सिनेमा अविस्मरणीय है। यह ऐसा प्रभावकारी माध्यम है जिसने सभी उम्र के लोगों के मानस को झंकृत कर दिया है। राष्ट्रीय एकता, अछूतोद्धार, नारी-जागरण, अन्याय, शोषण, भाषावाद, क्षेत्रवाद, जातिवाद, सम्प्रदायवाद जैसे राष्ट्रीय हित के प्रश्नों पर जन-जन को जागरित करने वाला माध्यम फ़िल्म ही है। ललित कलाओं के संगम के रूप में प्रस्तुत फ़िल्में सामाजिक-राजनीतिक चेतना का साधन तो हैं ही, जनता को प्रशिक्षित करने की उनमें अद्‌भुत क्षमता है। फ़िल्मों के किसी एक सीन या संवाद के चलते दुर्दान्त अपराधी महात्मा बुद्ध बन जाता है। '*डॉ. कोटनीस* की अमर कहानी', 'पड़ोस' 'सन्त ज्ञानेश्वर', 'पुकार', 'आह', 'मदर इंडिया', 'जिस देश में गंगा बहती है', 'इंसानियत', 'आदमी', 'दर्द का रिश्ता', 'गाइड' आदि ऐतिहासिक चित्रों ने दर्शकों के समक्ष अनेक ज्वलन्त प्रश्नों का समाधान प्रस्तुत किया जिसे उसी रूप में स्वीकार कर लिया गया।

राष्ट्रभाषा के प्रचार-प्रसार में हिन्दी फ़िल्मों की भूमिका महत्त्वपूर्ण रही है। दक्षिण में भले हिन्दी का विरोध हो परन्तु हिन्दी फ़िल्मों के गीत सर्वत्र गाये जा रहे हैं। मद्रास में बनने वाली फ़िल्मों में सर्वाधिक संख्या हिन्दी फ़िल्मों की है। हिन्दी के प्रति आस्था-भाव जागरित करने में फ़िल्में ही सशक्त सिद्ध हुई हैं।

दिलीप के बिखरे बाल, *देवानन्द* की सजी-सँवरी हेयर स्टाइल, *राजेश खन्ना* का गुरु कुरता, *अमिताभ बच्चन* की नेताओं जैसी पोशाक आज के नवयुवकों हेतु फैशन बन गया है। दक्षिण में राजनीति फ़िल्मों पर आधारित है। *एम. जी. रामचन्द्रन्, एन. टी. रामाराव, जयललिता* फ़िल्मों के कारण रामादृत हैं। *वैजयन्ती माला, हेमा-मालिनी, जयाप्रदा, सुनील दत्त, गोविन्दा, धर्मेन्द्र, अमिताभ* की सफलता के मूल में फ़िल्म ही है।

सामाजिक, धार्मिक, आर्थिक और राजनीतिक सभी स्थितियों को आत्मसात् करते हुए सिनेमा रचनात्मक माध्यम बना है। कविता, कहानी, उपन्यास, संस्मरण, रिपोर्ताज, रेखाचित्र सभी को सिनेमा ने एक अभिव्यक्ति दी है इसलिए आज हम सिनेमा को 'मास स्केल' वाली कला कहते हैं जिसमें मानव के लिए शाश्वत मनोरंजन, उसके जीवन का विश्लेषण, संस्कृति के परम्परित स्वर, शिक्षा-दीक्षा और साहित्यिक संवेदनाओं की रम्य चित्रानुभूति समाविष्ट है। साहित्य एवं कला के विभिन्न पक्ष, सिनेमा के रूप में अपने संगठित प्रयास से अभिव्यक्ति प्रदान करते हैं। इस तरह कला एवं रचना के रूपों को एक ही धरातल पर प्रतिष्ठित करने का कार्य सिनेमा ने किया है।

फ्रांसीसी निर्माता-निर्देशक श्री *आस्त्रुक* का कहना है, "लिखे हुए शब्दों की तरह सिनेमा भी एक भाषा है जिसे लिखने और पढ़ने के लिए नये दृष्टिकोण की आवश्यकता है।"

डॉ. कालिदास नाग की दृष्टि में, "अपने वास्तविक अर्थों में सिनेमा केवल गतिशील खिलौने का चित्र मात्र नहीं है प्रत्युत् वह जनशिक्षण का बड़ा ही प्रभावशाली माध्यम है।" *श्री हमीदउद्‌दीन महमूद* के शब्दों में, "सिनेमा जनता तक पहुँचने वाला सबसे अच्छा माध्यम है।" भारतीय ग्रामीण जनता के लिए सिनेमा ही एक ऐसा माध्यम है जिसे विशेष बोली या वहाँ की

भाषा में सोद्देश्यता से प्रस्तुत किया जा सकता है। एक आम व्यक्ति सिनेमा में सुनता ही नहीं बल्कि देखता हुआ विभिन्न चित्र प्रतीक ग्रहण करता है और ये विविध पहलू पढ़ने की अपेक्षा चित्रों के माध्यम से अधिक आत्मसात् किये जा सकते हैं।

मोशन पिक्चर एसोसिएशन, अमेरिका के अध्यक्ष *मि. एरिक जॉनस्टन* के अनुसार, ''सिनेमा आज के समाज में संवहन का सर्वाधिक प्रभावशाली माध्यम है, जैसा कि यह शिक्षा और अन्तर्राष्ट्रीय सद्भावनाओं की वृद्धि का एक सबलतम साधन है। यदि यह कहा जाता है कि एक चित्र एक सहस्र शब्दों से अधिक मूल्यवान है तो निश्चय ही एक चलचित्र एक सहस्र चित्रों से अधिक गुणवान है।''

उपन्यास या कहानी को पढ़ते हुए जो चाक्षुष आनन्द हम प्राप्त नहीं कर पाते वह सिनेमा के माध्यम से हमें सजीव रूप में सामने दिखाई पड़ता है। इस सन्दर्भ में *श्री अवनीन्द्रकुमार विद्यालंकार* का कथन है, '' क्रान्ति का नियन्त्रण नहीं किया जा सकता– राजनीतिज्ञों और प्रचारकों के इस कथन को सिनेमा ने गलत सिद्ध कर दिया है। सिनेमा मनोरंजन ही नहीं करता, नये विचार भी देता है, नयी कल्पना देता है और देता है उसके मधुर गीत की कड़ियाँ, साथ ही गुदगुदाते हुए सौन्दर्य की नहीं, नये जगत् को देखने की दृष्टि भी देता है।''

सत्यजित रे ने कहा है, "सिनेमा साधन है चरित्र या स्थिति के विकास की सच्ची अभिव्यक्ति का.... छायांकन की बारीकियों और गहराई में, भावना की प्रखरता में, साधनों के सीधे-सीधे सही और सशक्त उपयोग में, सिनेमा की समानता कोई कला नहीं कर सकती।"

सिनेमा तो जनरुचि का परिष्कार करता है। यह देखना बुद्धिजीवियों का काम है कि वह जनरुचि का कहीं दुरुपयोग तो नहीं कर रहा। जनरुचि के विभिन्न अर्थ लेकर विभिन्न निर्माता-निर्देशक निम्न स्तर के चलचित्रों का निर्माण कर रहे हैं।

निर्माता-निर्देशक *चेतन आनन्द* ने सिनेमा को एक महान् रचनात्मक माध्यम स्वीकार किया–"सिनेमा कहानी प्रस्तुत करने का एक नजरिया है, इसलिए फ़िल्म एक जबान है, भाषा है। कहानी कई तरीक़ों से प्रस्तुत की जा सकती है : बोले हुए शब्दों में, लिखे हुए शब्दों में, नृत्य में, कविता में, गीत में, हाव-भाव में, तस्वीर में। सिनेमा में ये सब समा जाते हैं। सिनेमा सब जरियों का एक समूह है। सिनेमा सिर्फ़ कला नहीं कलाओं में महान् कला है।

चलचित्र से लाभ

1. ध्वनि और रंग दोनों के समन्वय से दर्शकों में वास्तविकता का बोध होता है।
2. अधिक समय तक चलने वाली क्रियाओं को थोड़े समय में दिखाया जाता है। इतिहास के पृष्ठों में संकलित कई शताब्दी के दृश्य अल्प समय में ही प्रस्तुत होते हैं जो इस यान्त्रिक युग की आपाधापी में समीचीन हैं।
3. अतिशीघ्रता से घटित घटनाओं को धीरे-धीरे चलचित्र की सहायता से देखा जा सकता है। कुछ सीखने के क्रम में धीमी गति के चलचित्र से सहायता ली जा सकती है जैसे तैरना सीखना हो तो धीमे चलचित्र प्रदर्शन द्वारा हाथ और पैर की प्रत्येक गति का सूक्ष्म अध्ययन किया जा सकता है।
4. चलचित्र से सन्देश को सरस रुचिपूर्ण बनाया जाता है।
5. पुराण, स्मृति, इतिहास की बातों को यथार्थ रूप में प्रस्तुत कर सम्यक् ज्ञान की प्राप्ति सम्भव है।
6. तीव्र और मन्द सभी वर्ग के श्रोता और दर्शकों के लिए चलचित्र उपयोगी है।
7. समन्वित विधि जानकारी प्राप्त कराने की दिशा में चलचित्र का अपना महत्त्व है। कपास उत्पादन से लेकर कपड़ा बुनने और बाज़ारों में बेचने की सभी प्रक्रियाओं को हम चलचित्र के माध्यम से सुस्पष्ट कर सकते हैं।
8. सौन्दर्यानुभूतिपरक रसात्मक तथ्यों के प्रसार में इसकी अहम् भूमिका है।
9. समाज-सेवा, समाज-कल्याण, आदर्श व्यवहार और नैतिक सदाचरण की बातों को अनुकरण के माध्यम से राष्ट्र में सर्वग्राह्य की दिशा में चलचित्र अत्यन्त लाभकारी है।
10. चलचित्र द्वारा निरीक्षण-शक्ति और कल्पना-शक्ति की अभिवृद्धि सम्भव है।

चलचित्रों ने भारतीय संस्कृति के प्रसार में महत्त्वपूर्ण योगदान दिया है। *दिलीप कुमार, संजय खान, बीना राय, मीना कुमारी* ने अपने मूल नाम को भुलाकर भारतीय नाम ग्रहण किया है जिससे भारतीयता की भावना पुष्ट होती है।

भारतीय सांस्कृतिक सन्दर्भ में चलचित्र सर्वाधिक लोकप्रिय और शक्तिशाली संचार-माध्यम है। हिन्दी में अन्य भाषाओं की अपेक्षा अधिक फ़िल्में बनती हैं। फ़िल्मों के प्रमुख प्रकार निम्नलिखित हैं :

1. फ़ीचर फ़िल्म्स : ये व्यावसायिक फ़िल्में हैं जो प्रायः सिनेमाघरों में प्रदर्शित होती हैं।

2. चिल्ड्रेंस फ़िल्म्स : लघु फ़ीचर फ़िल्म जो बाल मनोविज्ञान पर आधारित होती हैं। बच्चों की रुचि के अनुरूप शिक्षाप्रद कहानियों से सम्बद्ध होती हैं।

3. न्यूज़ फ़िल्म्स : इन्हें न्यूजरील्स भी कहते हैं। किसी अवधि के समाचारों पर इनका निर्माण होता है।

4. डॉक्यूमेंटरी फ़िल्म्स : वृत्त-चित्रों का उद्देश्य सूचना देना और प्रशिक्षित करना है। साहित्य, कला, विज्ञान, संस्कृति अथवा संस्था से ये सम्बद्ध होती हैं।

5. टेलीविजन फ़िल्म्स : टेलीफ़िल्मों का निर्माण छोटे परदे पर प्रदर्शन हेतु होता है।

6. पब्लिक रिलेशंस फ़िल्म्स : व्यावसायिक प्रतिष्ठानों और सरकारी संस्थाओं द्वारा जनसम्पर्क के निमित्त इनका निर्माण होता है।

7. एडवरटाइजिंग फ़िल्म्स : व्यापारिक संस्थाओं द्वारा बिक्री बढ़ाने की नीयत से निर्मित होती हैं।

8. इंस्ट्रक्शनल फ़िल्म्स : सामान्य प्रशिक्षण देने तथा तकनीकी जानकारी देकर कार्य-कौशल बढ़ाने के उद्देश्य से ऐसी फ़िल्में बनती हैं।

सिनेमैटोग्राफी

सन् 1824 में लन्दन में रॉयल सोसायटी ऑफ आर्ट्स के एक अधिवेशन में *पीटर मार्क रोजेट* ने अपना शोधपत्र 'गतिमान वस्तुओं पर दृष्टि का प्रभाव' (Persistence of Vision Theory) प्रस्तुत किया। उनकी धारणा के अनुसार नेत्र किसी भी गतिशील वस्तु की झलक एक सेकेंड के बहुत ही थोड़े भाग की अल्पावधि के लिए रोकने में समर्थ है। यदि किसी दृश्य-वस्तु के दृष्टिपथ से हटाने की अल्पावधि से पूर्व ही दूसरी दृश्य वस्तु सामने आ जाये तो दोनों वस्तुएँ जुड़ी हुई प्रतीत होंगी। प्रसिद्ध वैज्ञानिक *माइकल फैरेडे* ने इसके परीक्षण में सफलता पायी। सन् 1896 में यह परीक्षण सफल हुआ और सिनमैटोग्राफी कला का आविष्कार हुआ।

फ्रांस के *ऑगस्ट मेरी लुइस निकोलस* (सन् 1862-1954) और *लुईस जीन ल्यूमिएर* (सन् 1864-1948) ने सिनेमैटोग्राफ के आविष्कार से तहलका मचा दिया। इस सिनेमैटोग्राफ में कैमरा एवं प्रोजेक्टर संयोजित रूप से उपस्थित थे जो 16 फ्रेम प्रति सेकेंड संचालित करने में सक्षम थे। सन् 1895 में उन्होंने अपने सिनेमैटोग्राफ को पेटेंट कराया और पेरिस में पहले चलचित्र का प्रदर्शन किया। उनकी शुरुआती फ़िल्में छोटे स्थिर दृश्यों की थीं, जिनकी कथावस्तु रोजमर्रा की ज़िन्दगी पर आधारित थी। 1895 में प्रदर्शित फ़िल्म *'ला सॉर्टी डेस उर्सीस ल्यूमिएर'* में मजदूरों को दिखाया गया। सन् 1895 में ही प्रदर्शित 'ला एरोसियर एरोज' विश्व की प्रथम काल्पनिक फ़िल्म थी। सन् 1904 में उन्होंने रंगीन ट्रांसपेरेंसी बना सकने वाली प्लेटों की मार्केटिंग शुरू की।

सन् 1895 में अमेरिका में *एडीसन*, फ्रांस में *ल्यूमिएर* बन्धुओं, इंग्लैंड में पाल ने किनेटोस्कोप तथा सिनेमैटोग्राफ आदि उपकरण से गतिशील चित्रों का प्रदर्शन किया, गतिशील चित्रों को प्राणवन्त बना दिया। सन् 1896 में न्यूयॉर्क में इस नयी कला का प्रथम प्रदर्शन म्यूजिक हाल में किया गया। प्रथम दृश्य दो युवतियों का छाता-नृत्य था। दूसरा दृश्य समुद्र की लहरों का था। दर्शक अवाक् रह गये। इसी प्रयोग की सफलता ने सर्वसमर्थ कला के रूप में सिनेमा को प्रतिष्ठित किया।

समाचार-पत्रों के बाद फ़िल्मों द्वारा सूचना और विचार का प्रसार हुआ। *लुईस डैगुएर* के फ्रांस में फोटोग्राफी ने गहराई और गति का आभास देने वाले चित्रों की महत्ता बढ़ी। अमेरिका में *टॉमस एडिसन* ने सन् 1889 में *जॉर्ज ईस्टमैन* की कोडक

फ़िल्मों के आधार पर किनेटोस्कोप की खोज की। *एडिसन* के एक सहयोगी ने सन् 1903 में 'द ग्रेट ट्रेन रॉबरी' नामक सर्वप्रथम चलचित्र का निर्माण किया जो लोकप्रिय हुआ। फ्रांस के *ल्यूमिएर* ब्रदर्स (*अर्नेस्ट* तथा *लुई जूनियर*) ने 'सिनेमैटोग्राफ' का प्रवर्तन किया जिसे आधुनिक फ़िल्म-जगत् का जनक कहा जा सकता है।

मूक चलचित्र

अमेरिका के *ग्रिफिथ* ने 1914-15 में 'द बर्थ ऑव ए नेशन' नामक चलचित्र बनाया। पहले के सभी चलचित्र मूक थे, उद्घोषकों की सहायता से दिखाये जाते थे तथा चित्रों के नीचे शीर्षक लिख दिया जाता था। सन् 1926 में चलचित्रों के साथ ध्वनि मिलायी गयी फलत : चलचित्रों ने दृश्य-श्रव्य माध्यम की सार्थकता सिद्ध की। इसी वर्ष 'डॉन जुआन' फ़िल्म में चित्र और संगीत का मनोरम रूप दिखायी पड़ा। सन् 1927 ई. में 'जॉर्ज सिंगर' बना जिसने मानवमन की गहराई को स्पर्श किया।

7 जुलाई, 1896 के *ल्यूमिएर* ब्रदर्स ने बम्बई में 6 लघु फ़िल्मों का प्रदर्शन किया। 'कोकोनट फेयर' नामक फ़िल्म को भारत में सन् 1897 में फ़िल्माया गया। प्रथम भारतीय फ़िल्म-निर्माता *हरिश्चन्द्र सखाराम भाटवडेकर* थे जिन्होंने सन् 1899 में 'दि रेस्टर्स', 'मैन ऐंड की' फ़िल्में बनायीं। 'राजा हरिश्चन्द्र' पूर्णतः भारतीय फ़ीचर फ़िल्म थी जिसके निर्माता *ढुँढ़ीराज गोविन्द फालके (दादा साहब फालके)* थे। हिन्दी और अंग्रेज़ी में स्वत्वाधिकार प्राप्त इस फ़िल्म का प्रदर्शन 3 मई, 1913 को हुआ जो 23 दिनों तक चली। 3700 फीट वाली मूक फ़िल्म 'हरिश्चन्द्र' के पूर्व 'पुंडलीक' फ़िल्म बन चुकी थी जो निर्माण की दृष्टि से आधी ब्रिटिश थी। यही कारण है कि *दादा साहब फालके* को ही 'भारतीय सिनेमा का जनक' होने का गौरव प्राप्त है। फ़िल्म विधा में निष्णात वे भारतीय संस्कृति के प्रकाशक थे।

सवाक् चलचित्र

14 मार्च 1931 को ध्वनि फ़िल्म 'आलमआरा' का प्रदर्शन बम्बई के मेजेस्टिक सिनेमा में हुआ। इस फ़िल्म के निर्देशक *आर्देशिरार ईरानी* और इसका निर्माण इम्पीरियल फ़िल्म कम्पनी ने किया था। इस सवाक् फ़िल्म के चलते मूक फ़िल्में बन्द हो गयी। सन् 1931 में ही दक्षिण भारत में 'भक्त प्रह्लाद' (तेलुगु) और 'कालिदास' (तमिल) सवाक् फ़िल्में बनीं।

जनसंचार के सबल माध्यम के रूप में फ़िल्मों का आविर्भाव चौथे दशक में हुआ। समाज और संस्कृति के अधःपतन को प्रस्तुत कर फ़िल्मों ने भारतीय जनमानस के उन्नयन का स्तुत्य प्रयास किया। *वी. शान्ताराम* की 'दुनिया ना माने', 'आदमी', पड़ोसी, *पी. सी. बरुआ* की 'देवदास' और 'मुक्ति' *देवकी बोस* की 'विद्यापति' और 'सीता', *निनि बोस* की 'बड़ी बहन', *फ्रेंज ओस्टिन* की 'अछूत कन्या', *वी. दामले* और *फतेलाल* की 'सन्त तुकाराम', *महबूब* की 'वतन', 'एक ही रास्ता' और 'औरत' जैसी फ़िल्मों ने कुरीतियों को मिटाने की सीख दी। अधिकांश फ़िल्में समाज में व्याप्त अन्तर्विरोधों पर आधारित थीं।

पहली बार रंगीन फ़िल्म का प्रयास *आर्देशिर ईरानी* द्वारा हुआ। उन्होंने सन् 1937 में 'किसान कन्या' नामक रंगीन फ़िल्म बनाने का प्रयास किया। इसके अगले वर्ष 'मदर इंडिया' बनी। सन् 1939 में द्वितीय विश्वयुद्ध के प्रारम्भ हो जाने से रंगीन फ़िल्मों के निर्माण को कई वर्षों तक स्थगित रहना पड़ा।

वी. शान्ताराम की 'डॉ. कोटनीस की अमर कहानी', *उदय शंकर* की 'कल्पना', *एस. एस. वासन* की 'चन्द्रलेखा', *चेतन आनन्द* की 'नीचा नगर' *अब्बास* की 'धरती के लाल' जैसी कुछ विशिष्ट फ़िल्में पाँचवें दशक में बनीं। ऐतिहासिक फ़िल्मों का दौर 'पुकार' द्वारा प्रारम्भ हुआ। इस फ़िल्म को सन् 1949 में *सोहराब मोदी* ने बनाया। 'सिकन्दर' और 'पृथ्वी वल्लभ' जैसी फ़िल्में इसी दशक में आयी। *विजय भट्ट* ने 'भरत मिलाप' और 'रामराज्य' के निर्माण द्वारा पौराणिक धार्मिक फ़िल्मों की दिशा में नयी शुरुआत की।

सन् 1952 में भारत में प्रथम अन्तर्राष्ट्रीय फ़िल्म समारोह आयोजित हुआ जिसके द्वारा भारतीय सिनेमा जगत् की महत्ता स्पष्ट हुई। *सत्यजित रे* की 'पाथेर पांचाली' का अवतरण सन् 1953 में हुआ जिसे देश-विदेश में पुरस्कृत किया गया। यह फ़िल्म मानवीय संवेदनाओं पर आधारित सर्वप्रथम कृति थी जिसे विशिष्ट पुरस्कार मिला। *विमल रॉय* की 'दो बीघा जमीन',

महबूब की 'आन', 'मदर इंडिया', *के. ए. अब्बास* की 'मुन्ना' और 'राही', *राजकपूर* की 'आवारा', 'बूट पॉलिश', 'जागते रहो', *वी. शान्ताराम* की 'दो आँखें बारह हाथ', *गुरुदत्त* की 'प्यासा'—ये सभी फ़िल्में यथार्थ और इंसानियत सम्बन्धी सद्गुणों पर प्रकाश डालने वाली थीं। इन फ़िल्मों ने भारत के दर्शकों पर तो जादू किया ही, अन्तर्राष्ट्रीय स्तर पर भी इन्हीं के कारण भारत की धाक जम गयी।

'बैजू बावरा', 'नया दौर', देवदास', 'श्री 420', 'झनक-झनक पायल बाजे', 'सुजाता', 'मधुमती', 'अनाड़ी', 'क़ानून', 'काग़ज़ के फूल' ये सभी फ़िल्में छठे दशक में धूम मचाने वाली थीं। इसी अवधि में भारत-रूस के सहयोग से 'परदेशी' का निर्माण हुआ। सातवें दशक की 'मुगले आजम', 'जिस देश में गंगा बहती है', 'गंगा-जुमना', 'वक्त', 'संगम', 'गाइड', 'हकीकत', 'लव इन टोकियो', 'एक फूल दो माली', 'आँखें, 'आराधना', 'दो रास्ते', 'उपकार' आदि फ़िल्मों ने सम-सामयिक समस्याओं को प्रस्तुत किया।

आठवें दशक में 'जॉनी मेरा नाम', 'हाथी मेरे साथी', 'मेरा गाँव मेरा देश', 'पाकीजा', 'बॉबी', 'अभियान', 'सीता और गीता', 'शोले', 'दीवार', 'खून-पसीना', 'कभी-कभी', 'शोर', 'रोटी कपड़ा और मकान', 'धर्मवीर', 'अमर अकबर एन्थनी' प्रमुख फ़िल्में थीं। इनमें कुछ तो ख्यातिलब्ध अभिनेताओं से भरी फ़िल्में थीं और कुछ कम बजट वाली नये ढंग की फ़िल्में थीं।

सत्यजित रे, मृणाल सेन और *ऋत्विक घटक* भारतीय चलचित्र जगत् में 'नये सिनेमा' के संस्थापक हैं। इन लोगों ने यथार्थ को चित्रित किया। इनमें कठोर सत्य को पैनी दृष्टि से देखने की अद्भुत क्षमता है। *सत्यजित रे* की 'पाथेर पांचाली', 'अपराजिता', 'अपूर्व संसार', 'जन आरण्य' तथा *मृणाल सेन* की 'भुवन सोम', 'मृगया', 'एक दिन प्रतिदिन', *ऋत्विक घटक* की 'मेघे ढका तारा', 'सुवर्ण रेखा' में नव यथार्थ, नयी लहर एवं अनोखी कल्पना समाज को बदल डालने की व्यग्रता दीख पड़ती है। बम्बई में नये सिनेमा से सम्बन्धित 'दस्तक', 'उसकी रोटी', 'दुविधा', 'आविष्कार', 'अंकुर' को अधिक ख्याति मिली। दक्षिण में निर्मित 'संस्कार', 'स्वयम्बरम्', 'तम्बू', 'काडु' में सामाजिक जागरण के सन्देश हैं। *मीरा नायर* की फ़िल्म 'सलाम बॉम्बे' में अनाथ बच्चों की सम्मानप्रियता, शालीनता और साहस की गाथा है। वस्तुतः समाज की समस्याओं से संश्लिष्ट भारतीय फ़िल्में लोक-रुचि के परिष्कार एवं समाज-कल्याण हेतु कृतसंकल्प हैं।

सन् 1991 ई. में 910 फ़िल्में बनाकर भारत विश्व का सर्वाधिक फ़िल्म वाला देश बन चुका था। आजकल एक तरफ तो कलात्मक, सृजनात्मक फ़िल्मों का निर्माण हो रहा जिनका उद्देश्य दर्शकों की अभिरुचि को परिष्कृत करना है। दूसरी ओर अश्लील, फार्मूला फ़िल्मों की बाढ़ आ गयी है। निर्माताओं का मुख्य उद्देश्य पैसा कमाना रह गया है। यौन, वासना, बलात्कार, हिंसा, भ्रष्टाचार को दिखाकर एक ऐसे भ्रष्ट समाज का निर्माण हो रहा है जहाँ नैतिकता गूलर का फूल बनकर रह गयी है। कभी-कभी तो फ़िल्म-निर्माता यह कुतर्क प्रस्तुत करते हैं कि जनता आम तौर पर ऐसी ही फ़िल्म चाहती है तो हमें उसकी रुचि के अनुरूप फ़िल्म प्रस्तुत करनी पड़ती है।

अपने देश में फ़िल्म का जनसंचार-माध्यम के रूप में सर्वाधिक प्रयोग होता है। सूचना एवं प्रसारण मन्त्रालय का फ़िल्म डिवीजन वृत्तचित्र बनाता है जिसे सारे देश में दिखाया जाता है। राज्य स्तर पर भी वृत्तचित्र तैयार होते हैं। फ़िल्म डिवीजन ने अब तक लगभग साढ़े पाँच हजार से भी अधिक वृत्तचित्रों को प्रस्तुत किया है। वी. सी. आर. और वी. सी. पी. का प्रचलन बड़ी तेज़ी से बढ़ रहा है।

नब्बे के दशक में सिनेमाहाल जाने के बजाय गाँव-गाँव, मोहल्ले-मोहल्ले वीडियो पर मिल-बैठकर फ़िल्म देखने की जो तेज आँधी चली थी, अब केबिल टी. वी./डिश एंटीना नेटवर्क के फैलते संजाल की वजह से वीडियो पर फ़िल्म देखने वाली भीड़ भी अपने-अपने घरों में कैद हो गयी। जाहिर है अब सिर्फ़ फ़िल्म ही नहीं फ़िल्मी गानों पर आधारित तमाम मनोरंजक कार्यक्रम, समाचार, समाचारों पर आधारित बहसें, कार्टून, वयस्कों की फ़िल्में, वन्य जीवों, पर्यटन, रोमांचकारी अभियानों पर आधारित तमाम आकर्षण घर के टी. वी. सेट के तमाम चैनलों पर मुहैया हैं। फिर क्या ज़रूरत पड़ी है कि लोग फ़िल्म देखने के लिए सिनेमा हाल तक जायें, बुकिंग की खिड़की पर लाइन में लगें और कई अन्य तरह के झंझटों से मुकाबिल हों। ब्लू फ़िल्में तथा आयातित फ़िल्में आज बन्द कमरे में देखी जा रही हैं। मकान का हर कमरा लघु थिएटर बन रहा है।

फ़िल्मों में हिन्दी के साहित्यकार अधिक समादृत नहीं हुए। *सर्वश्री प्रदीप, सुदर्शन, नरेन्द्र शर्मा* और *कमलेश्वर* कुछ जम पाये। *प्रेमचन्द, भगवतीचरण वर्मा, 'अश्क', फणीश्वरनाथ 'रेणु', नीरज, महावीर अधिकारी, रामावतार त्यागी, अमृतलाल नागर* जैसे मनीषियों के संस्पर्श से सिनेमा उपकृत नहीं हुआ, यह फ़िल्म जगत् के लिए कष्टकारी तथ्य है। *विमल रॉय* सदृश मनीषियों की फ़िल्मों में जहाँ भावुकता, मधुरता, निर्मलता, संवेदनशीलता, कलात्मकता, प्राकृतिक सौन्दर्य और जीवन की यथार्थ लीला है वहीं मानव-मन की भावनाओं को रूपायित करने की अद्‌भुत कला है। आज भी समर्पित साधकों के चित्रों में भारतीय संस्कारों से सनी मिट्टी की सुगन्ध फैल रही है। 'फ़िल्म फिनान्स कॉरपोरेशन', 'फ़िल्म डिवीजन ऑफ इंडिया', 'फ़िल्म ऐंड टेलीविजन इन्स्टीट्यूट, पुणे', 'स्टेट फ़िल्म यूनिट', 'डाइरेक्टोरेट ऑफ फील्ड पब्लिसिटी', 'चिल्ड्रेन फ़िल्म सोसाइटी' के द्वारा फ़िल्म-जगत् समृद्ध हो रहा है।

आजकल भारतीय फ़िल्मों में चालू मार्का पत्रकार और लेखकों की बाढ़ आ गयी है। रोमांस, हिंसा, अपराध, बलात्कार के जाल में उलझकर फ़िल्मी पत्रकार उस मजदूर की तरह हो चला है जो चुटकी मारते ही फरमाइश के अनुसार सब कुछ प्रस्तुत कर देता है। 'न्यू दिल्ली टाइम्स', 'अपना देश पराये लोग', 'हक', 'सच्चे का बोलबाला', 'जिम्मेदार', 'घायल', 'षड्यन्त्र', 'मैं आज़ाद हूँ', 'आँधियाँ', 'पाप की कमाई', 'मेरी आवाज़ सुनो', 'रिपोर्टर राजू', 'आरोप', 'श्रीमान सत्यवादी' आदि फ़िल्में पत्रकारिता के विविध पहलुओं को उजागर करती हैं। सम्प्रति समाचार-पत्रों के स्वामी अपने पत्रकार-लेखक से ऐसी कथाएँ लिखवाता है जिनसे जनसामान्य को आकर्षित किया जा सके, उनकी प्रवृत्तियों को दूषित किया जा सके तथा अधिक-से-अधिक पैसा बटोरा जा सके। डांस, रोमांस, मारपीट, पिकनिक से परिपूर्ण आज की फ़िल्म युवा पीढ़ी को अस्त-व्यस्त रहने, दाँत पीसने, होंठ काटने, चबा-चबाकर बोलने की शिक्षा दे रही है। बंसी की धुन, तबले की थिरकन, नदियों का कलरव व पत्तों की सरसराहट—ये सभी अब हम खोते जा रहे हैं। अपसंस्कृति की मादकता से परिपूर्ण चित्रपट मानव के नैतिक मूल्य को अधोगति में पहुँचा रहा है जिस ओर बुद्धिजीवियों का ध्यान अपेक्षित है।

वृत्तचित्र

डॉक्यूमेंट्री किसी भी विषय पर सूचना, शिक्षा, ज्ञान अथवा मस्तिष्क व्यायाम के लिए किसी भी बिन्दु को आधार बनाकर लिखी जा सकती है। इसके लिए लेखक में सर्जनात्मकता तथा कल्पना के साथ-साथ कर्मठता, समयबद्धता आदि गुण होने चाहिए। उपर्युक्त गुणों एवं टेलीविजन-प्रसारण-प्रक्रिया को प्राप्त करके कोई लेखक टेलीविजन के लिए अच्छा व्यावसायिक लेखक बन सकता है।

टी. वी. की विभिन्न विधाओं में 'डॉक्यूमेंट्री' (वृत्तचित्र) एक महत्त्वपूर्ण विधा है। अंग्रेज़ी शब्दकोशों के अनुसार, 'डॉक्यूमेंट्री' शब्द का सम्बन्ध डॉक्यूमेंट शब्द से है। डॉक्यूमेंट का कोशीय अर्थ प्राप्त होता है : 'Deed, writing or inspiration' अर्थात् लेख या प्रमाण-पत्र। इसके साथ डॉक्यूमेंट्री के हिन्दी रूपान्तरण—वृत्तचित्र के सम्बन्ध में कोश में उल्लिखित है :शिलालेख, विशिष्ट घटना या कार्य की जानकारी के लिए दिखाया जाने वाला सिनेमा-चित्र (न्यूज़रील)। दोनों में एक तत्त्व समान रूप से प्राप्त होता है, वह है प्रमाण और सत्यता। 'डीड' सरकारी स्वीकृति प्राप्त प्रामाणिक प्रपत्र है और 'न्यूज़' भी सत्यता और प्रमाण की माँग करती है। शिलालेख-प्रचार के प्रामाणिक ऐतिहासिक माध्यम होते हैं और घटना का घटित होना सत्यता पर बल देता है। लेख में सत्य तथ्यों और प्रमाण की माँग की जाती है अर्थात् उपर्युक्त विवेचन के आधार पर कहा जाये तो यह कहा जा सकता है कि डॉक्यूमेंट्री वह विधा है जो किसी सत्य घटना, तथ्य, सूचना, व्यक्तित्त्व और परिस्थिति पर आधारित होती है तथा जिसका उद्देश्य मनोरंजन की अपेक्षा शिक्षा और सूचना देना अधिक होता है। जब यह कार्य दृश्यों द्वारा किया जाये तो यह प्रक्रिया फ़िल्म अथवा टेलीविजन डॉक्यूमेंट्री कहलाती है और जब ध्वनि-माध्यम द्वारा प्रस्तुत किया जाये तो ध्वनि या रेडियो डॉक्यूमेंट्री कहलाती है। ध्वनि या रेडियो डॉक्यूमेंट्री रेडियो की विधा है, इसे रूपक में समाहित कर सकते हैं।

डॉक्यूमेंट्री के विविध स्वरूप

सूचनात्मक डॉक्यूमेंट्री (Informative Documentary) : सूचनात्मक डॉक्यूमेंट्री का उद्देश्य लोगों को ज्ञान एवं कुछ सीखने का अवसर प्रदान करना है। इस प्रकार के वृत्तचित्र लोगों को मानसिक व्यायाम कराने के साथ-साथ उनके आत्मविश्वास को बढ़ाने वाले होते हैं। अतः कहा जा सकता है कि तथ्यों द्वारा सूचना देते हुए दर्शकों को कुछ सीखने का अवसर देने वाले वृत्तचित्र सूचनात्मक वृत्तचित्र कहलाते हैं।

कहानी डॉक्यूमेंट्री (Story Documentary) : इस विधा में एक चरित्र के माध्यम से कहानी को दर्शाया जाता है। उस चरित्र को सहायक चरित्रों तथा तथ्यों द्वारा उजागर एवं विकसित किया जाता है। दर्शक इन चरित्रों को अपने से भिन्न नहीं मानते हैं क्योंकि ये चरित्र काल्पनिक होते हुए भी वास्तविक होते हैं। इस प्रकार की डॉक्यूमेंट्रीज़, कल्पना (Fantasy) से उद्‌भूत विषय पर बनायी जाती है।

यात्रा-वृत्तान्त डॉक्यूमेंट्री (Travelex Documentary) : इसमें तथ्य पहले से संगृहीत नहीं किये जाते बल्कि स्थान या लक्ष्य निर्धारित होने के पश्चात् विशेषज्ञ, कैमरामैन आदि को लेकर निकल पड़ता है। निश्चित विषय के अनुकूल उसे जो भी सामग्री, दृश्य, घटनायें, साक्षात्कार आदि उपयोगी लगते हैं, वह उन्हें संकलित करके स्टूडियो ले जाता है, जहाँ पटकथा लेखक उस (संकलित दृश्यों) को देखकर एक वृत्तचित्र के लिए कमेंट्री लिख देते हैं। यात्रा में आने वाली कठिनाइयों, दृश्य, मौसम, स्थान, लोगों का चरित्र, वहाँ का खान-पान, निवासियों के कथन, वृत्तान्त आदि को चित्रों एवं ध्वनि के माध्यमों से दिखाई जाने वाली चित्रकथा इस विधा में आती है।

सामाजिक डॉक्यूमेंट्री (Social Documentary) : इसमें समाज में होने वाले उतार-चढ़ाव एवं लोगों की मानसिकता दर्शाई जाती है। गहन विचार और यथार्थ पर विशेष ध्यान दिया जाता है। इस विधा के द्वारा लोगों की सहभागिता, सामूहिक रूप में एवं राष्ट्रीय रूप में दिखाई जाती है। इतना ही नहीं, सामाजिकों की विचारधारा एवं दुःख-सुख को तथ्यों के साथ-साथ या कृत्रिम दृश्यों के द्वारा प्रस्तुत किया जाता है, जिससे दर्शकों में मानवीय भावनायें, देशप्रेम, शिक्षा, जन-आन्दोलन, जनजागरूकता आ सके।

अनुसन्धानपरक डॉक्यूमेंट्री (Investigative Documentary) : इस श्रेणी की डॉक्यूमेंट्री का उद्देश्य किसी विषय-वस्तु को लेकर उसकी खोज करना तथा अन्त में सच्चाई को उजागर कर दर्शकों को सही-गलत की जानकारी कराना है।

ऐतिहासिक डॉक्यूमेंट्री (Historical Documentary) : इसमें तथ्य को शत-प्रतिशत ऐतिहासिक तथ्यों में दर्शाया जाता है। ऐतिहासिक तथ्यों में व्यक्तित्त्व एवं सामाजिक चेतना और संस्कृति एवं सामाजिक-आर्थिक घटनाओं को भी उसी सन्दर्भ में दिखाया जाता है।

किसी विशेष धार्मिक, सामाजिक, सांस्कृतिक, आर्थिक समस्याओं में सम्पृक्त मनोरम चलचित्र ही वृत्तचित्र हैं जिससे दर्शक की ज्ञान वृद्धि होती है। इसमें कथा, रूपक, मनोरंजन का तत्त्व गौण होता है किन्तु तथ्यपरक सूचना की प्रधानता होती है। शिक्षा, सूचना तथा सन्देश की प्रधानता के कारण वृत्तचित्र को विशुद्ध जनसंचार-माध्यम कहा जा सकता है। मुद्रित संचार-माध्यम में जो स्थान 'फ़ीचर' (रूपक) का है वही स्थान श्रव्य-दृश्य संचार में वृत्तचित्र का है।

वृत्तचित्रों के अन्तर्गत विज्ञापन चित्र, लघु चित्र, कार्टून चित्र, सूचना चित्र का समावेश हो सकता है। दो पहलवानों के मल्ल युद्ध से सन्दर्भित चित्र पहला वृत्तचित्र है। ओरियंटल फ़िल्म कम्पनी के *सुचेत सिंह* द्वारा निर्मित *लोकमान्य बाल गंगाधर तिलक* के अन्तिम संस्कार से सम्बन्धित वृत्तचित्र 'दि क्रिमेशन ऑफ द लेट लोकमान्य तिलक' बहुचर्चित था। ऐतिहासिक वृत्तचित्र 6 अप्रैल, 1930 को बापू की दांडी यात्रा पर बना जिसके निर्माता *नानक मोरवानी* थे। अपने देश में 1 फरवरी, 1943 को 'इन्फॉर्मेशन फ़िल्म्स ऑफ इंडिया' की स्थापना की गयी, जिसके तत्त्वाधान में Indian News Parade के नाम से वृत्तचित्र बने। 'Our Heritage', 'The Golden River', और 'A Tree Wealth' महत्त्वपूर्ण वृत्तचित्र हो चुके हैं। सन् 1948 में *श्री मोहन भवनानी* के निर्देशन में भारतीय चलचित्र विभाग (The Films Division of India) की स्थापना हुई जिसके द्वारा

'A Private life of a Silkworm' (1950), 'The Story of Steel' (1951), 'Mahabalipuram', (1952) 'भारत दर्शन' (1956), 'Calls of Mountains' (1959), 'Tajmahal' (1960) बने जो चर्चित एवं पुरस्कृत हुए। गणतन्त्र दिवस, ग्राम पंचायत, कुम्भ मेला, लोक नृत्य, विद्युत्-धन्धों से सन्दर्भित वृत्तचित्र जीवन के यथार्थ को व्याख्यायित करते हैं।

डॉक्यूमेंट्री फ़िल्में फ़िल्म का यथार्थवादी रूप हैं। जो कुछ जैसा है, जैसा हुआ है उसे उसी रूप में प्रस्तुत करना ही डॉक्यूमेंट्री फ़िल्मों का लक्ष्य है। इतिहास के दृश्य-दस्तावेज़ के रूप में भी इसे समझा जा सकता है। जन-मानस को इतिहास के प्रसंगों के माध्यम से प्रभावित करने का सर्वश्रेष्ठ साधन डॉक्यूमेंट्री फ़िल्म ही है जो जीवन से जुड़ी है।

किसी भी तथ्यपरक ज्ञान को क्रमबद्ध ढंग से वृत्तान्त बनाकर चित्रमय प्रस्तुति वृत्तचित्र है। रेडियो डॉक्यूमेंट्री, दूरदर्शन डॉक्यूमेंट्री तथा फ़िल्म भी डॉक्यूमेंट्स के आधार पर बनायी जाती है। यह एक कार्यक्रम प्रस्तुति का स्वरूप है। इसमें फैक्ट्स, फिगर, वॉय, ड्रामेटाइजेशन, संवाद तथा डॉक्यूड्रामा, वार्ता, भेंटवार्ता, चर्चा तथा अन्य फॉर्मेट भी मिले-जुले हो सकते हैं।

केन्द्रीय फ़िल्म प्रमाणन बोर्ड

इसका गठन सिनेमैटोग्राफी अधिनियम, 1952 के अनुरूप हुआ। बोर्ड में 25 सदस्य और एक अध्यक्ष होता है जिसका मुख्यालय मुम्बई में है। बंग्लुरु, कलकत्ता, कटक, दिल्ली, हैदराबाद, गुवाहाटी, मद्रास एवं तिरुवनन्तपुरम में क्षेत्रीय कार्यालय हैं। अपने यहाँ फ़िल्म जब तक केन्द्रीय फ़िल्म प्रमाणन बोर्ड से प्रमाणित न हो तब तक सार्वजनिक रूप से प्रदर्शित नहीं होती। बोर्ड 'यू.', 'ए.' और 'यू. ए.' प्रमाण-पत्र निर्गत करता है :

'यू.' का अर्थ है सार्वजनिक प्रदर्शन पर कोई प्रतिबन्ध नहीं।

'ए.' का अर्थ है फ़िल्म मात्र वयस्कों के लिए नहीं है।

'यू. ए.' का अर्थ है 12 वर्ष से कम आयु के बच्चों के लिए माता-पिता को निर्देश के अनुसार।

भारतीय राष्ट्रीय फ़िल्म अभिलेखागार

सन् 1964 में सूचना एवं प्रसारण मन्त्रालय के अन्तर्गत भारतीय राष्ट्रीय फ़िल्म अभिलेखागार की स्थापना हुई। सिनेमा के विविध रूपों और अभिव्यक्ति के संरक्षण का गुरुतर दायित्व इसे सौंपा गया है। इसकी अपनी लाइब्रेरी है जो देशभर के 100 सक्रिय सदस्यों के बीच फ़िल्में वितरित करता है। भारतीय फ़िल्म तथा टेलीविजन संस्थान एवं अन्य सांस्कृतिक-शैक्षणिक संस्थाओं की सहायता से फ़िल्म-शिक्षण का कार्यक्रम भी इसके द्वारा चलाया जाता है।

भारतीय राष्ट्रीय फ़िल्म अभिलेखागार का मुख्य उद्देश्य फ़िल्मों का संरक्षण और उद्धार है। अभिलेखागार की प्राथमिकताओं में सर्वोपरि आदर्श भंडारण स्थिति में फ़िल्मों का संरक्षण है। इसका मुख़यालय पुणे में है तथा तीन क्षेत्रीय कार्यालय बंग्लुरु, कोलकाता और तिरुवनन्तपुरम में हैं। फ़िल्म मूल्यांकन पाठ्यक्रमों के संयोजन से इस संस्था ने भारतीय सिनेमा के विविध पक्षों को उजागर किया है।

अभिलेखागार की महत्त्वपूर्ण गतिविधि प्रलेखन है जिसमें फोटो, पुस्तिकाएँ, पोस्टर, डिस्क रिकॉर्ड, आडियो टेप, फ़िल्म-समीक्षाएँ, लेख के माध्यम से सूचनाएँ एकत्र होती हैं। भारतीय राष्ट्रीय फ़िल्म अभिलेखागार मई, 1969 से अन्तर्राष्ट्रीय फ़िल्म अभिलेखागार महासंघ का पूर्ण सदस्य है।

भारतीय फ़िल्म और टेलीविजन संस्थान, पुणे

इस संस्थान की स्थापना सन् 1960 में हुई जिसमें दो वर्षों की अवधि वाले निम्नलिखित पाठ्यक्रम चलाये जाते हैं :

1. मोशन पिक्चर फोटोग्राफी।
2. ऑडियोग्राफी।
3. फ़िल्म-सम्पादन।

4. निर्माण प्रबन्ध (फ़िल्म और टेलीविजन)।
5. कला निर्देशन (फ़िल्म और टेलीविजन)।
6. निर्देशन में उत्तर डिप्लोमा पाठ्यक्रम।
7. अभिनय में 6 माह की अल्पावधि सर्टिफिकेट पाठ्यक्रम।

टेलीविजन समाचार-संकलन-सम्पादन के पाठ्यक्रम संचालन द्वारा यह संस्थान दूरदर्शन कार्मिकों हेतु प्रमुख प्रशिक्षण केन्द्र बन चुका है।

राष्ट्रीय फ़िल्म विकास विभाग

चलचित्रों की गुणवत्ता में वृद्धि करने के उद्देश्य से 11 अप्रैल, 1980 को राष्ट्रीय फ़िल्म विकास निगम की स्थापना हुई। राष्ट्रीय फ़िल्म विकास निगम का कोलकाता स्थित फ़िल्म-केन्द्र निर्माण के बाद की वांछित सुविधाएँ उपलब्ध कराता है। चेन्नई स्थित वीडियो केन्द्र अच्छी फ़िल्मों के अन्तरण की सुविधा उपलब्ध कराता है। निगम का मुम्बई स्थित लेजर सब टाइटल संयन्त्र सब टाइटलिंग के स्तर को उन्नत बनाता है। पड़ोसी देशों के लिए भी सब टाइटलिंग की सुविधा इसके द्वारा प्रदत्त है।

राष्ट्रीय फ़िल्म विकास निगम कम बजट वाली फ़िल्मों की धारणा को महत्त्व देता है। सिनेमाघरों की स्थिति सुधारने की दिशा में भी निगम का सक्रिय योगदान है। भारतीय सिनेमा कलाकारों को पेंशन एवं उनकी योजनाओं की पूर्ति हेतु आर्थिक सहायता करता है। हिन्दी कार्यशालाओं के आयोजन द्वारा राष्ट्रीय फ़िल्म विकास निगम ने हिन्दी को राष्ट्रभाषा के रूप में लोकप्रिय बनाने की योजना को कार्यान्वित कर एक उल्लेखनीय कार्य किया है।

फ़िल्म समारोह निदेशालय

सूचना एवं प्रसारण मन्त्रालय के अन्तर्गत भारत सरकार द्वारा सन् सन् 1973 में फ़िल्म समारोह निदेशालय की स्थापना हुई। अच्छी शिक्षाप्रद अनुकरणीय फ़िल्मों को बढ़ावा देना ही इसका उद्देश्य है। प्रतिवर्ष राष्ट्रीय फ़िल्म समारोह आयोजित कर यह निदेशालय भारतीय सिनेमाजगत् की श्रेष्ठ कृतियों को प्रोत्साहित कर रहा है। फ़िल्म समारोह अन्तर्राष्ट्रीय संस्कृति के आदान-प्रदान तथा मैत्री, सद्भाव को बढ़ाने का सक्षम माध्यम सिद्ध हुआ है। सरकार की ओर से फ़िल्मों के विशेष कार्यक्रम का आयोजन, फ़िल्मों के प्रिंट एकत्र करना, विदेशों में अन्तर्राष्ट्रीय फ़िल्म समारोहों में भाग लेना, भारत में अन्तर्राष्ट्रीय फ़िल्म समारोह आयोजित करना, सांस्कृतिक आदान-प्रदान के विविध कार्यक्रमों का आयोजन इस निदेशालय द्वारा होता है।

सेंसर बोर्ड

रोमन साम्राज्य में सेंसर नाम का एक दण्डनायक था। उसका काम लोगों में नैतिकता बनाये रखना था। यही शब्द नैतिकता को बनाये रखने के लिए किये जाने वाले उपायों का पर्याय बन गया है। सेंसर सम्बन्धी अधिकरण का काम प्रकाशन या प्रदर्शन में नैतिक मूल्यों को बनाये रखने से होता है।

सेंसरशिप की कई बार इस आधार पर आलोचना की जाती है कि वह संविधान के अनुच्छेद 19 में प्रत्येक नागरिक को दिये गये स्वतन्त्रता, भाषण और अभिव्यक्ति के मौलिक अधिकार पर अंकुश लगाता है लेकिन ऐसा कहना ठीक नहीं होगा। जहाँ संविधान ने इस तरह के मौलिक अधिकार दिये हैं, वहाँ अनुच्छेद 19(2) के अन्तर्गत कुछ नियन्त्रण भी लगाये हैं। इसके अन्तर्गत सुरक्षा, व्यवस्था, नैतिकता तथा इसी तरह की अन्य बातों के लिए अंकुश लगाया जा सकता है।

जहाँ तक फ़िल्मों के सेंसर का प्रश्न है, वह निरन्तर चला आ रहा है। इसके बारे में अलग-अलग देशों की सामाजिक व्यवस्थाओं, नैतिकता के मापदण्ड और मान्यताओं के अनुरूप कार्य होता है। एक फ़िल्म यदि यूरोपीय देशों में प्रदर्शन के लिए स्वीकृत की जा सकती है तो यह आवश्यक नहीं कि वह भारतीय समाज-व्यवस्था और नैतिक परम्पराओं के अनुकूल हो, इसलिए कई बार विदेशी फ़िल्मों के प्रदर्शन पर रोक लगा दी जाती है। ऐसे कई देश हैं जहाँ सेंसर बोर्ड होता ही नहीं है लेकिन भारत में ऐसा नहीं है।

हमारे देश में फ़िल्मों के प्रदर्शन से पहले सेंसर बोर्ड के सामने पेश करना अनिवार्य होता है। सेंसर की स्वीकृति के बिना कोई फ़िल्म प्रदर्शित नहीं हो सकती। सेंसर इस आधार पर परखता है कि उसमें यौन, हिंसा, घृणा तथा अन्य आपत्तिजनक बातें तो नहीं हैं जो लोगों पर विपरीत प्रभाव डाले। यदि उसे दृश्यों या संवादों में किसी तरह की आपत्ति नजर आती है तो वह उन अंशों को काट देता है। निर्माता क़ानून इस बात के लिए बाध्य होता है कि उन दृश्यों या संवादों को फ़िल्म से निकाल दे। उनके स्थान पर यदि नये दृश्य या संवाद जोड़े जाते हैं तो सेंसर बोर्ड पुनः देखता है और फिर अपनी स्वीकृति देता है।

फ़िल्मी गीतों के सम्बन्ध में भी ऐसा ही होता है। हिन्दी फ़िल्मों में आजकल संगीत इस कदर छा गया है कि शब्दों का महत्त्व ही नहीं रह गया है। ऊल-जलूल शब्दों को ठूँसकर धुन तैयार करने की प्रवृत्ति में ऐसे गीत बहुत कम देखने को मिलते हैं जो अच्छे साहित्यिक स्तर के धर्म-प्रधान गीत कहे जा सकते हों। द्विअर्थी संवादों के साथ ही द्विअर्थी गीतों का जोर भी बढ़ता जा रहा है। वैसे तो फ़िल्मों में प्रारम्भिक और मध्यकाल में भी यह बात देखने में आती थी लेकिन तब अर्थहीन या द्विअर्थी गीतों का इतना चलन नहीं था। पुरानी फ़िल्मों में ऐसे अनेक गीत थे जो सीधे-सादे शब्दों में अपनी बात शालीनता से कह देते थे लेकिन अब अनेक गीतों में मर्यादा का पालन नहीं किया जाता। यही कारण है कि सेंसर के सामने ऐसे अवसर भी आये हैं जब उसने या तो पूरे गाने या उसके अंश को फ़िल्मों से निकाल दिया।

क़ानूनी प्रावधान

हमारे देश में सिनेमैटोग्राफ क़ानून बना हुआ है, जिससे फ़िल्मों को सार्वजनिक प्रदर्शन से पूर्व परखा जाता है। सेंसर बोर्ड इसी के अनुरूप कार्य करता है। फ़िल्म सम्बन्धी क़ानून और नियमों में समय-समय पर संशोधन भी होते रहते हैं। सिनेमैटोग्राफ क़ानून के अन्तर्गत किसी भी फ़िल्म को तब तक प्रदर्शित नहीं किया जा सकता जब तक कि सक्षम अधिकरण (सेंसर बोर्ड) उसके प्रदर्शन की अनुमति नहीं दे देता। यह स्थिति तब भी थी जबकि हमारे देश में वीडियो नहीं थी। अब जबकि वीडियो के माध्यम से गाँवों तक में फ़िल्मों के अस्थायी प्रदर्शन होने लगे हैं, इसलिए इस क़ानून का परिपालन न कर वीडियो फ़िल्में दिखायी जाती हैं। अब इस दिशा में कुछ सक्रियता बरती गयी है और धीरे-धीरे शिकंजा कसा जा रहा है ताकि वीडियो पर अवैधानिक रूप से फ़िल्मों का प्रदर्शन न हो सके।

फ़िल्म प्रभाग

भारत सरकार का अपना फ़िल्म प्रभाग है जो सूचना और प्रसारण मन्त्रालय के अधीन काम करता है। प्रभाग की ओर से वृत्तचित्र तथा समाचार चित्र तैयार किये जाते हैं। इनका प्रदर्शन प्रत्येक सिनेमाघर के लिए अनिवार्य है। प्रदर्शन नहीं करने पर सिनेमाघर के मालिक को दण्डित किया जा सकता है।

फ़िल्म प्रभाग की स्थापना मुम्बई में सन् 1948 में की गयी थी। इसका प्रयोजन फ़िल्मों के माध्यम से राष्ट्र के विभिन्न कार्यों में लोगों को भाग लेने के लिए प्रेरित करते हुए तथ्यों, घटनाओं और राष्ट्रीय विभूतियों की निष्पक्ष तस्वीर प्रस्तुत करना है। इसके अलावा देश के महत्त्वपूर्ण पहलुओं, विशेषकर सामाजिक-आर्थिक पहलुओं पर तथा राष्ट्रीय एकता, अस्पृश्यता उन्मूलन, परिवार-कल्याण आदि ज्वलन्त मसलों पर जानकारी देना है। विदेशों में दिखाने के लिए प्रभाग द्वारा निर्मित फ़िल्मों का उद्देश्य देश की यथार्थवादी तस्वीर प्रस्तुत करना तथा विदेशों में भारत की नीतियों का उपयुक्त मूल्यांकन प्राप्त करना है। फ़िल्म प्रभाग का एक और उद्देश्य शिक्षा संचार के माध्यम के रूप में वृत्तचित्रों को विकसित और समृद्ध करना भी है।

फ़िल्म प्रभाग ने निर्माण के अन्तर्गत सरकार की नीतियों और कार्यक्रमों के अनुरूप फ़िल्में बनायी हैं। कृषि, शिक्षा, बिजली, उत्पादन आदि क्षेत्रों तथा आदिवासी और पूर्वोत्तर क्षेत्रों के निवासियों के विकासार्थ चलाये गये कार्यक्रमों का प्रचार करने के लिए फ़िल्मों के निर्माण के अतिरिक्त राष्ट्रीय महत्त्व की सामाजिक-आर्थिक समस्याओं तथा राष्ट्रीय एकता, साम्प्रदायिक सद्भाव, मद्यपान की बुराइयाँ, दहेज-प्रथा, अस्पृश्यता, लोकतन्त्र की रक्षा, देशभक्ति, परिवार-कल्याण आदि विषयों पर फ़िल्म बनायी गयी हैं।

फ़िल्म प्रभाग ने पाक्षिक समाचार पत्रिका का निर्माण जारी रखा है। रंगीन समाचार-चित्र तैयार करके प्रदर्शन के लिए जारी किये। इसके अलावा फ़िल्म प्रभाग के न्यूज़रील अधिकारियों ने दूरदर्शन के लिए भी कुछ समाचारों के चित्र तैयार किये। फ़िल्म प्रभाग में 17 विदेशी न्यूज़रील संगठनों के साथ समाचार-चित्रों के आदान-प्रदान की व्यवस्था है। प्रभाग अन्तर्राष्ट्रीय न्यूज़रील तथा न्यूज़ फ़िल्म एसोसिएशन का सदस्य भी है। कार्टून फ़िल्मों को तैयार करने के लिए 'फ़िल्म प्रभाग' में एक अलग एकक है। प्रभाग के पास वृत्तचित्रों तथा समाचार-चित्रों के 'एनिमेशन' कथाक्रम तैयार करने के अतिरिक्त प्रतिवर्ष चार कार्टून फ़िल्मों के निर्माण के लिए स्टाफ तथा उपकरण उपलब्ध हैं।

लोकसेवा संचार परिषद्

लघु फ़िल्म और राष्ट्रीय एकता, पर्यावरण, उपभोक्ता जागरूकता तथा नशीले पदार्थों की बुराई जैसे सार्वजनिक महत्त्व के मुद्दों पर सन्देशों को बढ़ावा देने के उद्देश्य से जनवरी, 1987 में लोकसेवा संचार परिषद् का गठन किया गया। परिषद् एक गैर-सरकारी निकाय है जहाँ सभी सदस्य स्वयंसेवी आधार पर अपनी सेवाएँ देते हैं। कार्यक्रम-क्विकीज में प्रस्तुतीकरण का खर्च, जैसे– प्रयोगशाला शुल्क और परिवहन आदि का वहन आमतौर से भारतीय विज्ञापनदाता समिति के जरिये विज्ञापनदाता करते हैं। इसकी कला और तकनीकों की निगरानी एजेंसियाँ निशुल्क करती हैं। दूरदर्शन इन सन्देशों को निःशुल्क प्रसारित करता है।

लोकसेवा संचार परिषद् के लोगों के तहत अनेक क्विकीज का प्रसारण किया गया। इसमें स्वतन्त्रता दौड़, एक सुर, रागदेश के चुनिन्दा शास्त्रीय अंश, गाँधीजी, हेल्मेट सुरक्षा, कार-दुर्घटना, नगरपालिका की मदद से आपकी मदद, जल संरक्षण (पुरुष दाढ़ी बनाते और बच्चा दाँतों में ब्रुश करते), ऐंडी बर्न्स, राष्ट्रगान और मिस वर्ल्ड-1994 सुश्री ऐश्वर्या राय वाली फ़िल्म 'नेत्रदान' आदि शामिल हैं।

फोर्ड फाउंडेशन के सहयोग से लोकसेवा संचार परिषद् ने लोकसेवा संचार पहल शुरू की है जिसमें पर्यावरण, स्थायी विकास, सामाजिक न्याय और महिलाओं के मुद्दे जैसे विषयों पर जोर दिया गया है। इन विषयों पर लोकसेवा फ़िल्म/स्पॉट वृत्तचित्र/टेलीफ़िल्म बनायी और प्रसारित की जा रही है। अनेक फ़िल्म-निर्माताओं ने लोकसेवा संचार पटल में दिलचस्पी ली है। परिषद् सामाजिक उत्तरदायित्व पर भी अभियान शुरू कर रही है जहाँ अच्छे नागरिक व्यवहार, शिष्टाचार और मिल-जुलकर काम करने की भावना पर जोर होगा।

नयी डिजिटल प्रणाली और सिनेमा

नयी टेक्नॉलॉजी आने से अब सिनेमा भी डिजिटल हो रहा है। डिजिटल तकनीक के चलते फ़िल्मों में मानवीय कौशल के बजाय तकनीकी कौशल का महत्त्व बढ़ जायेगा। कम्प्यूटर पर बनाये गये पात्र अभिनय करेंगे और वास्तविक अभिनेताओं की उपस्थिति बहुत कम हो जायेगी। किसी लोकप्रिय अभिनेता की छवि को डिजिटल फॉर्म में तब्दील करके उसके निधन के बाद भी उससे अभिनय कराया जा सकता है। इसके लाभ हानि दोनों हैं। एक लोकप्रिय छवि को लम्बे समय तक भुनाया जा सकता है, इससे नये चेहरों के अवसर कम हो जायेंगे।

संचार क्रान्ति और हाई टेक्नॉलॉजी के इस दौर में कलात्मक फ़िल्मों के लिए गुंजाइश बहुत कम हो गयी है। आज टेक्नोलॉजी के विकसित होने से उपकरण सुलभ हो गये हैं और कोई भी व्यक्ति अपनी प्रतिभा को सामने लाने के लिए निर्माण कर सकता है। संचार उपग्रहों के जरिये एक काम यह भी हो सकता है कि जो क्लासिक फ़िल्में बिचौलियों के षड्यन्त्र के चलते दर्शकों तक नहीं पहुँच पाती हैं, वे सीधे दर्शक तक पहुँच सकती हैं। 'डाइरेक्ट टू होम' सुविधा के विस्तार के साथ यह भी सम्भव हो जायेगा कि आप अपने घर में बैठकर भी किसी नयी फ़िल्म का प्रीमियर देख सकते हैं। कोई छोटा सैटेलाइट कलात्मक फ़िल्मों के प्रसारण के लिए भी आगे जा सकता है। इससे कई फ़िल्में, जो वितरक न मिलने के कारण डिब्बों में बन्द रहती हैं, उन्हें दर्शक भी मिलेंगे और उनकी कमाई भी बढ़ जायेगी। ऐसे किसी एक चैनल को एक लाख दर्शक देखते

हैं और वे पचहत्तर-पचहत्तर रुपये भी देते हैं तो 75 को एक लाख दर्शक देखते हैं और वे पचहत्तर-पचहत्तर रुपये भी देते हैं तो 75 लाख रुपये की कमाई की जायेगी। इससे सिनेमाघरों को ज़रूर नुकसान हो सकता है, लेकिन सिनेमा को फायदा ही होगा।

यह भी एक भ्रान्ति ही है कि अच्छी और कलात्मक फ़िल्में बहुत कम बनायी जा रही हैं। संवेदनाओं और भावनाओं को इतने कलात्मक कौशल के साथ अभिव्यक्त किया जाता है कि वे फ़िल्में दिल को छू लेती हैं। दरअसल हमारे यहाँ के नये फ़िल्मकार हैं, उनमें से अधिकांश तो हमारे आम जनजीवन से कटे हुए हैं, इसलिए वे हमारे समाज की वास्तविक समस्याओं और संवेदनाओं को नहीं पकड़ पाते हैं। वृत्तचित्रों के क्षेत्र में हमारे यहाँ अत्यन्त महत्त्वपूर्ण काम हो रहा है। इतने विविध क्षेत्रों में इतना कलात्मक काम हो रहा है कि ताज्जुब होता है। समाज, शिक्षा स्वास्थ्य, प्रकृति, पर्यावरण तमाम विषयों पर एक से बढ़कर एक वृत्तचित्र बन रहे हैं।

टी. वी. और फ़िल्म में नियोजन

फ़िल्म एवं टी. वी. अलग-अलग क्षेत्र हैं, लेकिन इन दोनों में कई तकनीकी समानताएँ हैं। अनेक व्यावसायिक कोर्स ऐसे हैं जिन्हें करने के उपरान्त टी. वी. तथा फ़िल्म-उद्योग दोनों में नियोजन हो सकता है। कैमरामैन, ऑडियो विजुअल तकनीशियन, फ़िल्म सम्पादन, सिनेमैटोग्राफी, फ़िल्म-निर्देशन, मेकअप मैन तथा ग्राफिक आर्टिस्ट जैसे अनेक व्यावसायिक कोर्स ऐसे हैं जिन्हें करने के उपरान्त आप छोटे एवं बड़े पर्दे से जुड़ सकते हैं।

उद्घोषक/समाचारवाचक : छोटे पर्दे पर उद्घोषक, समाचारवाचक के कार्यक्षेत्र को 'ऐंकरिंग' करना कहा जाता है। राष्ट्रीय दूरदर्शन तथा विभिन्न चैनलों में अलग-अलग ढंग से ऐंकरिंग की जाती है। ऐंकरिंग का प्रशिक्षण प्राप्त होने पर वरीयता मिल सकती है। जिस भाषा का एनाउंसर या समाचारवाचक/वाचिका बनना है उस पर अधिकार होना चाहिए। प्रसारण के लिए उपयुक्त आवाज़ और स्पष्ट उच्चारण-क्षमता, दर्शनीय चेहरा, राष्ट्रीय, अन्तर्राष्ट्रीय घटनाक्रमों की सम्यक् जानकारी होनी चाहिए।

सह-समाचार सम्पादक : यह पद टी. वी. की पत्रकारिता में दिलचस्पी रखने वाले युवक-युवतियों के लिए है। उल्लेखनीय है कि उद्घोषकों/समाचारवाचकों की नियुक्ति टी. वी. प्रबन्धन करता है जबकि सह-समाचार सम्पादक, संवाददाता तथा उप सम्पादकों की नियुक्ति संघ लोकसेवा आयोग करता है। यह समाचार सम्पादक तथा उप-सम्पादकों की रिपोर्टरों, एजेंसियों और अन्य माध्यमों से आये समाचारों का चयन एवं सम्पादन करना होता है।

संवाददाता : जो शैक्षिक योग्यता समाचार सम्पादक के लिए सुनिश्चित की गयी है, वही संवाददाताओं के लिए भी है। दोनों पदों पर नियुक्ति चयन-परीक्षा के आधार पर होती है। प्रतियोगी परीक्षा में भाषा ज्ञान, सामान्य ज्ञान एवं अन्तर्राष्ट्रीय/राष्ट्रीय घटनाक्रमों से सम्बन्धित प्रश्न पूछे जाते हैं। प्राइवेट टी. वी. चैनलों में समाचार सम्पादक/रिपोर्टर के लिए संघ लोकसेवा आयोग नियुक्ति नहीं करता, बल्कि वे स्वयं सुयोग्य उम्मीदवारों का चयन करते हैं। चैनलों में मान्यता प्राप्त या फिर किसी स्तरीय निजी प्रशिक्षण केन्द्र से टी. वी. पत्रकारिता कर चुके लोगों की नियुक्ति की जाती है या फिर प्रिंट मीडिया के पत्रकारों को सह-समाचार रिपोर्टर नियुक्त किया जाता है।

कैमरामैन : आजकल दो प्रकार के कैमरामैनों की माँग है : न्यूज़ कैमरामैन तथा फ़ीचर कैमरामैन। न्यूज़ कैमरामैन का कार्यक्षेत्र समाचार-संकलन (विजुअल) करना। दूरदर्शन (राष्ट्रीय) समाचार, आज तक, आँखों देखी, टु नाइट, इंडिया दिस वीक, सिटी चैनल, बी. आई. टी. वी., जी इंडिया, जी टी. वी. सहित दर्जनभर से अधिक टी. वी. न्यूज़ प्रस्तुत करने वाले चैनल हैं, जहाँ न्यूज़ कैमरामैन की आवश्यकता पड़ती है। सभी चैनल नेटवर्क स्वयं अपनी टीम द्वारा तैयार करायी गयी ख़बरों का प्रसारण करते हैं जिसके लिए कुशल एवं दक्ष कैमरामैन की आवश्यकता पड़ती है।

फ़िल्म, वीडियो सम्पादक : दूरदर्शन से फ़िल्म, वीडियो सम्पादक का पद अति महत्त्वपूर्ण होता है। इनका कार्यक्षेत्र है : मूक एवं सवाक् चित्रों का सम्पादन, उपस्करों का अनुरक्षण, लॉगबुक में ही नम्बर लिखना, स्टॉक शॅट्स ध्वनि प्रभावों को क्रम

में रखना, रिकॉर्डिंग के लिए लूप और डबिंग क्यू शीट तैयार करना, निगेटिव, प्रिंटों और ध्वनि ट्रैकों को बिछाने की जाँच करना, कम्प्यूटराइज्ड वीडियो एडिटिंग एवं एडिटिंग शीट में टाइम्स कोड का प्रयोग।

आडियो विजुअल तकनीशियन : ऑडियो विजुअल तकनीशियन का कार्य-क्षेत्र है : ट्रांसप्रेंसी का इस्तेमाल, ग्राफिक चार्ट-निर्माण, पोस्टर, स्लाइड, मोशन पिक्चर, आर्ट वर्क इत्यादि। किसी स्तरीय प्रशिक्षण संस्थान से डिप्लोमा/सर्टिफिकेट धारक उम्मीदवार को नियुक्ति के अवसर मिलते हैं।

मेकअप सहायक : टी. वी. के कार्यक्रमों में हिस्सा लेने वालों को सजाना-सँवारना मेकअप सहायक का कार्यक्षेत्र है।

इसके अतिरिक्त साउंड इंजीनियरिंग, प्रोडक्शन, वीडियोग्राफी से सम्बन्धित कई तकनीशियनों तथा इंजीनियरों की आवश्यकता पड़ती है। पेंटर, फ्लोर सहायक, ग्रैफिक आर्टिस्ट, प्रापर्टी सहायक आदि की भी नियुक्ति की जाती है। इन सभी पदों के लिए तकनीकी योग्यता होनी चाहिए।

फ़िल्म-दूरदर्शन प्रशिक्षण के लिए मान्यता प्राप्त सरकारी संस्थान गिने-चुने हैं, जिनमें सीमित सीटें हैं। दूरदर्शन तथा उसके विभिन्न चैनलों, फ़िल्म उद्योग में जितने कार्मिकों, तकनीशियनों की माँग है, उसे सरकारी संस्थान पूरा नहीं कर पा रहे हैं, इसलिए स्तरीय प्रशिक्षण देने वाले निजी संस्थानों से भी प्रशिक्षुओं को लिया जा रहा है।

फ़िल्म पत्रकारिता की दशा पर *डॉ. टी. डी. एस. आलोक* की टिप्पणी ध्यातव्य है :

"अविवेकपूर्ण प्रवाह अभी ठहरता हुआ नजर नहीं आता, बल्कि अविवेक के ही खारे समुद्र में इसका मिलन निश्चित दीख पड़ता है। फ़िल्म पत्रकारिता ने पत्रकारिता के उपवन में ऐसी जगह तलाश ली है जहाँ न उसे देश के दिशाबोधक माली का भय है, न ही उसे पाठकों की संवेदना के कंटक का दर्द सालता है। फ़िल्म पत्रकारिता की चेतना के पथ पर से गुजरते हुए राष्ट्रीय मूल्यों को तलाश पाना एक कठिन कर्म तो है ही, एक जोखिम भरा काम भी है। फ़िल्मी समाचारों के संकलन, रहस्य के उद्घाटन, वक्तव्यों और प्रतिक्रियाओं के अर्द्ध-सत्यों के घटाटोप में कलम की करवटों को निहारता पाठक कभी चकित होता है, तो कभी नयी जानकारी से आश्वस्त भी और कहीं लगाव महसूस कर उद्वेलित भी हो जाता है। इस तरह फ़िल्म पत्रकारिता के मूल्य, द्वन्द और अनुभव को व्यक्त करते हैं तो लगता है, मनुष्यत्व को खोजने में यह एक दुधारे सच की तलाश है। एक धार पर यातना और शोषण है; दूसरी धार से यातना और शोषण के बन्ध कटते हैं। व्यंजन बनी युवा पीढ़ी फ़िल्मी जगत् के भोजनालय के डायनिंग टेबल पर परोसे जाने के लिए सदैव आतुर दिख पड़ती है।" इस सन्दर्भ में दिखने वाले सारे प्रमाण देश-दुनिया के जीवन्त कोलाहल में भी क्यों समाकर रह जाते हैं? पत्रकारिता के आलोक में जो साफ-साफ दिखता है वह हर सुबह आम पाठक के दरवाजे पर दस्तक देती अख़बारी पृष्ठों की व तस्वीरें और चटखारेदार ख़बरें होती हैं।

17

मल्टीमीडिया
(Multimedia)

आजकल मीडिया पर सूचना प्रौद्योगिकी का वर्चस्व है। समाचार-संकलन हेतु मोबाइल फोन से लेकर लैपटॉप का प्रयोग हो रहा है। समाचार-पत्रों का कार्यालय कम्प्यूटर पर आधारित है। संवाददाता, ब्यूरो चीफ, समाचार सम्पादक अपने-अपने टर्मिनल पर लगे कम्प्यूटर (पी. सी.) पर समाचार को भाषाई, तकनीकी तथा संस्थान की नीति के आधार पर अन्तिम रूप देते हैं। सम्पादकीय विभाग, प्रोसेस यूनिट, विज्ञापन के बीच तालमेल बैठाने एवं फोटोग्राफी के सन्दर्भ में आई. टी. की प्रभावकारी भूमिका है। प्रिंट मीडिया के साथ इलेक्ट्रॉनिक मीडिया भी आई. टी. से उपकृत है। समाचार-संकलन से लेकर समाचार-प्रसारण तक के विविध सोपानों की सफलता आई. टी. पर ही आश्रित है। न्यूज़ वेबसाइट और पोर्टील आई. टी. पर निर्भर है। वर्तमान मीडिया की पूरी कार्यप्रणाली में आई. टी. की भूमिका मानव-शरीर में रीढ़ की हड्डी जैसी है।

संचार-जगत् में पल-पल पर क्रान्ति देखी जा रही है। ई-मेल को पहले ही इन्स्टैंट मेसैज सर्विस से कड़ी चुनौती मिल रही है। अब मोबाइल फोन भी मुकाबले के लिए खड़ा है। मोबाइल फोन प्रयोग करने वालों में अभी भी शॉर्ट मेसैज सर्विस (एस. एम. एस.) लोकप्रिय है। इसमें छोटे लिखित सन्देश दूसरे मोबाइल पर तुरन्त भेजे जा सकते हैं। शीघ्र ही मल्टीमीडिया मोबाइल मेसैज (एस. एम. एस.) की प्रस्तुति होने वाली है, जिसके द्वारा चित्र, वीडियो, कार्टून के साथ संवाद संचारित किये जा सकेंगे।

इलेक्ट्रॉनिक उद्योग को प्राप्त नये महत्त्व को देखते हुए सरकार ने (15 अक्टूबर, 1999) एक नये सूचना प्रौद्योगिकी मन्त्रालय का गठन किया। सरकार का उद्देश्य अगले आठ वर्षों के दौरान भारत को सूचना प्रौद्योगिकी की महाशक्ति बनाना है। इसके लिए वह नये क़ानून बनाने, उद्यम पूँजी निधि की स्थापना करने, करों में रियायत देने, सीमा-शुल्क को तर्कसंगत बनाने जैसे अनेक उपाय कर रही है। सरकार सॉफ्टवेयर निर्यात को हर सम्भव बढ़ावा देने के साथ-साथ देश में हार्डवेयर-निर्माण और निर्यात को बढ़ाने के लिए भी प्रयास कर रही है। सरकार का लक्ष्य सन् 2008 में ₹2,17,000 करोड़ का सॉफ्टवेयर और ₹43,500 करोड़ का हार्डवेयर निर्यात करने का था। इससे सात करोड़ रोजगार के नये अवसर उपलब्ध होने थे।

मल्टीमीडिया

मल्टीमीडिया टेक्स्ट, डाटा, चित्र, एनिमेशन, ऑडियो एवं वीडियो का समन्वय है जिससे विभिन्न रूपों को एक डिजिटल माध्यम में बदलना एवं कम्प्यूटर द्वारा प्रेषण सम्भव है। टी. वी. प्रोग्राम देखते समय दर्शक का प्रोग्राम में कोई हस्तक्षेप नहीं होता वहीं

मल्टीमीडिया तकनीक के माध्यम से प्रयोग करने वाले व्यक्ति को डिजिटल माध्यम यह स्वतन्त्रता देता है कि वह प्रोग्राम के दौरान किसी भी क्षण अपने विचारों को रख सकता है अर्थात् उसका कम्प्यूटर से नजदीकी का सम्बन्ध स्थापित हो सकता है।

1. **टेक्स्ट :** घटना या किसी वस्तु के बारे में सूचना, जैसे—नोट्स, कंटेंट्स, इंडेक्स।
2. **डाटा :** टेबल, चार्ट, ग्राफ, सांख्यिकी।
3. **ग्राफिक्स :** कम्प्यूटर द्वारा बनाये गये ड्राइंग, प्रिंट्स, मैप।
4. **एनिमेशन :** कम्प्यूटर के द्वारा निर्मित वीडियो।
5. **ऑडियो :** स्पीच, संगीत जैसे कि कैसेट्स, टेप, सी. डी.।
6. **वीडियो :** फ़िल्म।

एक मल्टीमीडिया सिस्टम कम्प्यूटर के समान सभी प्रकार की सूचनाओं की रिकॉर्डिंग, प्रोसेसिंग, बाइनरी कोड में करता है। यह पारम्परिक एनालॉग तकनीक से काफ़ी भिन्न है। डिजिटल फॉर्मेट का मुख्य फायदा यह है कि उपभोक्ता की आवश्यकता के अनुसार सूचनाओं को जोड़ने, भेजने तथा व्यवस्थित करने में बड़ी सुगमता है।

मल्टीमीडिया के उपयोग

1. मल्टीमीडिया संचार जैसे—ई-मेल, वीडियो फोन, वीडियो कॉन्फ्रेंसिंग आदि।
2. पुस्तकालयों, संग्रहालयों, अस्पतालों एवं स्मारक आदि के सन्दर्भ में।
3. मनोरंजन सम्बन्धी सुविधा।
4. मल्टीमीडिया सूचना बैंक।
5. मल्टीमीडिया सूचना संसाधन।
6. रेफरेंस टूल्स, जैसे—इनसाइक्लोपीडिया, शब्दकोश।
7. प्रदर्शनियों में कॉन्फ्रेंस और ट्रेड शो।
8. इलेक्ट्रॉनिक पब्लिशिंग।
9. उत्पाद सूचना कैटलॉग।
10. तकनीकी डॉक्यूमेंटेशन, जैसे—अभियान्त्रिकीय (इंजीनियरिंग) ड्राइंग, स्पेसिफिकेशंस आदि।
11. पर्यटन उपयोग हेतु सूचना सिस्टम डिजाइन।

मल्टीमीडिया का क्षेत्र

मल्टीमीडिया एक ऐसी तकनीक है जिसमें पाठ्य-पुस्तक, रंग, चित्र, फोटो, आवाज़, तीव्र-संचारण और वीडियो के मिश्रण से कुछ नयी रचना सामने आती है। आदमी ने अपनी अथक क्षमताओं के बल पर एक ऐसी कृति के निर्माण में सफलता पा ली है जिसके माध्यम से अब देखने, सुनने, समझने और बोलने की कल्पना साकार हुई है। इस जादुई पिटारे को नाम दिया गया है मल्टीमीडिया कम्प्यूटर। लिखित सामग्री, रंग, रेखाचित्र, ग्राफिक, फोटो बोलने की आवाज़, कार्टून और वीडियो-इन सबके इस्तेमाल से सम्बन्धित विषयवस्तु गतिशील हो उठती है। इसके माध्यम से कल्पनाओं, अवधारणाओं और रंग-बिरंगे वास्तविक स्वरूप को हम साकार कर सकते हैं। अब कम्प्यूटर बोलेंगे, सुनेंगे, मनोरंजन में सहायक होंगे।

प्रकाशन, कला और सृजनात्मक कार्य के लिए मल्टीमीडिया के कोर्स आजकल विभिन्न संस्थानों द्वारा संचालित किये जा रहे हैं। इन पाठ्यक्रमों को करने के बाद मल्टीमीडिया के क्षेत्र में कैरियर बनाया जा सकता है। मल्टीमीडिया में आजकल जो पाठ्यक्रम संचालित किये जा रहे हैं उनमें मल्टीमीडिया सर्टिफिकेट, मल्टीमीडिया डिप्लोमा, मल्टीमीडिया पब्लिशिंग

सर्टिफिकेट क्विक प्रो ग्राफिक्स, पब्लिशिंग डिप्लोमा क्विक प्रो द्वि-आयामी रेखा-चित्रण पाठ्यक्रम एवं क्विक प्रो इंटरनेट आदि प्रमुख हैं।

उपर्युक्त पाठ्यक्रमों के करने के बाद विज्ञापन, छपायी, प्रकाशन, टेलीविजन, कार्यक्रम, फ़िल्म-निर्माण, शिक्षा आदि के क्षेत्र में सशक्त रोजगार की सम्भावनाएँ हैं। जिनकी कलात्मक रुचि है वे मल्टीमीडिया का कोर्स करके आर्टिस्ट, विजुअलाइजर, क्रिएटिव सहायक, स्टूडियो मैनेजर, मॉडलिंग सलाहकार, मीडिया विशेषज्ञ, कला सलाहकार एवं डिजाइनर आदि बन सकते हैं। प्रकाशन के क्षेत्र में रुचि रखने वालों के लिए मल्टीमीडिया लेखक, स्क्रिप्ट लेखक, डी. टी. पी. विशेषज्ञ, ले-आउट आर्टिस्ट तथा डिजाइनर, ग्राफिक्स आर्टिस्ट, कार्टूनिस्ट, कार्टोग्राफर, सम्पादक आदि बनने के प्रबल अवसर उपलब्ध हैं। इलेक्ट्रॉनिक मीडिया से जुड़कर एक मल्टीमीडिया विशेषज्ञ विजुअल इफेक्ट डिजाइनर, सॉफ्टवेयर एडीटर, मिक्सर ऑडियो और वीडियो विशेषज्ञ और टेलीकास्ट स्पेशलिस्ट बन सकता है। इसी तरह फ़िल्मों में लेखक, पटकथा लेखक, चित्र-निर्माता, सेट एवं परिधान डिजाइनर बना जा सकता है। इसके अलावा जैसे-जैसे इंटरनेट का विस्तार होता जा रहा है वैसे-वैसे मल्टीमीडिया विशेषज्ञों की भूमिका बढ़ती जा रही है।

कन्वर्जेंस

आधुनिक तकनीकों का संगम ही कन्वर्जेंस है। प्रसारण, केबल, कम्प्यूटरिंग, मल्टीमीडिया, नेटवर्क, उपग्रह, दूरसंचार का सम्मिश्रण कन्वर्जेंस अत्याधुनिक सूचना प्रौद्योगिकी का वरदान है जिसने विश्वग्राम का स्वप्न चरितार्थ किया है। सन् 1939 में न्यूयॉर्क के एक मेले में एक टेलीविजन का सेट प्रदर्शित किया गया जो टी. वी., रेडियो, रिकॉर्डर, प्लेबैक, फैक्स तथा प्रोजेक्टर का मिश्रण था। ऑडियो, वीडियो तथा डेटा को एक सूत्र में पिरोकर एक ही माध्यम द्वारा एक ही स्रोत से उपलब्ध करा पाने में सक्षम प्रक्रिया को ही कन्वर्जेंस कहा जाता है।

कन्वर्जेंस टेलीकम्यूनिकेशन, ब्रॉडकास्टिंग तथा कम्प्यूटर नेटवर्किंग को सम्मिलित कर एक ऐसे एकल डिजिटल नेटवर्क का निर्माण करता है जिसके द्वारा उपभोक्ता की आवश्यकताएँ—टेलीफोन, फैक्स, टी. वी., इंटरनेट, वीडियोकॉन, मूवी, संगीत, मनोरंजन आदि एक ही स्रोत से पूरी की जाती है।

कन्वर्जेंस का प्रमुख उद्देश्य उपलब्ध विभिन्न जनोपयोगी तकनीकों को समेकित कर एक ऐसे एकल माध्यम द्वारा उपभोक्ताओं तक पहुँचाना है जिस पर कन्वर्जेंस की सहायता से विभिन्न सेवाएँ एकसाथ प्रदान की जा सकें। इसके अतिरिक्त डिजिटल मनोरंजन भी इसका एक प्रमुख हिस्सा है। अब तो कन्वर्जेंस तकनीक प्रचलन में है। इसमें इंटरनेट द्वारा वीडियो, मूवी, संगीत आदि का लुत्फ अपने होम थिएटर यानी कम्प्यूटर पर लिया जा रहा है।

वर्ष 1980 से 1990 के दशक को संचार का दशक कहा जाये तो ये 1991 से 2000 के दशक को सूचना क्रान्ति का दशक कहा जा सकता है। इसी तरह वर्ष 2001 से 2010 का दशक इलेक्ट्रॉनिक कन्वर्जेंस (ई-कन्वर्जेंस) कहा जायेगा। क्योंकि इसमें कई प्रकार की सेवाओं का पूरे तालमेल के साथ समन्वय हो जायेगा। कन्वर्जेंस का अर्थ है सभी स्तरों पर परिवर्तन यानी टेक्नोलॉजी, अन्तर्वस्तु, प्रसार क्षेत्र और विपणन जैसे विभिन्न क्षेत्रों में बदलाव। कन्वर्जेंस की सूचना समाज के निर्माण में सहायक मानी जाती है, इसमें समाज पर दूरगामी प्रभाव डालने की क्षमता है।

विभिन्न टेक्नोलॉजी के समन्वित रूप को एक ही लक्ष्य की दिशा में अभिमुख कर सूचना टेक्नोलॉजी, संचार टेक्नोलॉजी और प्रसार सेवाओं को एक ही चैनल यानी सरणी से ग्राहकों/उपयोग करने वालों तक पहुँचाया जा सकता है। एक जमाना था जब एक टेक्नोलॉजी का केवल एक उपयोग सम्भव था, यह उपयोग भी किसी खास कार्य के लिए किया जाता था, परम्परा से ही विभिन्न संचार-माध्यमों का अपना अलग-अलग अस्तित्त्व रहा है। प्रसारण, टेलीफोन और ऑनलाइन कम्प्यूटर सेवाओं का अपना-अपना अलग दायरा था, ये अलग-अलग नेटवर्क पर कार्य करते थे और इनमें विभिन्न 'प्लेटफॉर्म' यानी मंचों का उपयोग था।

कन्वर्जेंस तीन मुख्य धाराओं से मिला होता है :

1. कंटेंट (ऑडियो, वीडियो, डेटा आदि) : सूचना या मनोरंजन।

2. प्लेटफॉर्म (पी. सी., टी. वी., इंटरनेट उपकरण, मोबाइल फोन आदि) : प्लेटफॉर्म या उपकरण जिस पर उपभोक्ता कंटेंट प्राप्त करता है।

3. डिस्ट्रीब्यूशन : कंटेंट को उपभोक्ता उपकरणों (प्लेटफॉर्म) पर पहुँचाने के लिए वितरण माध्यम।

कन्वर्जेंस के विकास में मनोरंजन या इंटरनेट कंटेंट महत्त्वपूर्ण है। वर्ल्ड वाइड वेब ने इस बात की आवश्यकता पर बल दिया कि किस प्रकार इसे कम्प्यूटरों के दायरे से निकाल कर मोबाइल फोन या टी. वी. सेट पर भी पहुँचाया जाये। साथ ही तकनीकी विकास की उत्तरोत्तर वृद्धि के कारण इसने नये-नये एप्लीकेशनों द्वारा नये-नये प्रकार के फॉर्मेटों में नये-नये प्रकार के कंटेंट के विकास के नये मार्ग खोलें। इसने कंटेंट (डेटा, वीडियो, ऑडियो आदि) के नियन्त्रण से लेकर पैकेजिंग तक के कार्य के लिए अनेक आयाम उत्पन्न कर दिये। उपभोक्ता वांछित संगीत आसानी से डाउनलोड कर मुफ्त में सुन सकता है। परन्तु अब कन्वर्जेंस में कंटेंट की अपेक्षा प्लेटफॉर्म (कम्प्यूटर, टी. वी. सेट, मोबाइल फोन तथा अन्य इलेक्ट्रॉनिक उपकरणों) की उपलब्धता ने उपभोक्ताओं के समक्ष चयन की गुंजाइश प्रदान की है। जैसे-जैसे कन्वर्जेंस विकसित हो रहा है वैसे-वैसे लोग अपनी-अपनी रणनीति निर्धारित कर रहे हैं।

मीडिया तथा संचार तकनीकों के साथ-साथ इलेक्ट्रॉनिक उद्योग में आये तकनीकी परिवर्तनों ने कन्वर्जेंस की अवधारणा को साकार रूप दिया है। सूचनाओं, संगीत, मनोरंजन या ध्वनि आदि को प्रसारित करने के लिए एक ऐसे एकल माध्यम की आवश्यकता पर बल दिया जा रहा है, जिसके द्वारा गुणवत्तायुक्त सूचनायें, वीडियो, ऑडियो आदि को उपभोक्ता तक पहुँचाया जा सके। कन्वर्जेंस ने टेलीकम्यूनिकेशन, आई. टी. तथा ब्रॉडकास्टिंग तकनीकों का समागम कर उद्योग जगत् के साथ-साथ उपभोक्ताओं को नये अवसर प्रदान किये हैं। भारत में कन्वर्जेंस की दिशा में सकारात्मक प्रयास जारी हैं, जिसमें सरकार द्वारा जारी कन्वर्जेंस बिल, 2000 अत्यन्त महत्त्वपूर्ण है। कन्वर्जेंस ने आम उपभोक्ता की जीवनचर्या में अभूतपूर्व परिवर्तन लाने के साथ-साथ विभिन्न सेवाओं को एक ही माध्यम पर सस्ते दामों पर उपलब्ध कराने की आशा उत्पन्न की है।

अन्तरिक्ष-जगत्

मानव जाति का अन्तरिक्ष में विचरण आधुनिक विज्ञान और प्रौद्योगिकी की एक महत्तम उपलब्धि है। पहले मानव के अन्तरिक्ष में विचरण, चाँद तक उड़ने की बात गल्प प्रतीत होती थी। आज तो जिज्ञासा ने मानवता के विकास की आधारशिला रख दी है। अन्तरिक्ष तक हमारी पहुँच हो चुकी है। 13 अप्रैल, 1984 को *सोयूज़ टी II* नामक अन्तरिक्ष यान राकेश शर्मा को ले उड़ा तथा तत्कालीन प्रधानमन्त्री *श्रीमती इन्दिरा गाँधी* से वार्ता के दौरान *राकेश शर्मा* ने यही कहा :

'सारे जहाँ से अच्छा हिन्दोस्ताँ हमारा'

सामुदायिक टी. वी. योजना, टी. वी. के शैक्षिक कार्यक्रम, उपग्रह टी. वी. की सीधी प्रसारण-सेवा, केबल टी. वी. की सुविधा अन्तरिक्ष की खोज के कारण ही सम्भव है।

भारतीय अन्तरक्षि कार्यक्रम का मुख्य उद्देश्य देश के विकास के लिए अन्तरिक्ष प्रौद्योगिकी का उपयोग करना है। इस दिशा में भारत ने दो प्रचलनात्मक अन्तरिक्ष प्रणालियों की स्थापना की है, अर्थात् आपदा चेतावनी प्रणाली सहित दूरसंचार, दूरदर्शन प्रसारण और मौसम विज्ञान सम्बन्धी सेवाएँ प्रदान करने के लिए भारतीय राष्ट्रीय उपग्रह प्रणाली (इनसैट) तथा संसाधनों के प्रबन्ध के लिए भारतीय सुदूर संवेदन उपग्रह (आई. आर. एस.) प्रणाली।

इनसैट मिशन के बढ़ते चरण

सूचना तकनीकी को गरिमामय बनाने में इनसैट की भूमिका निम्नवत् है :

इनसैट-1ए (अप्रैल, 1982) : अमेरिका से प्राप्त और प्रक्षेपित पहला बहु-उद्देशीय (संचार और मौसम विज्ञान) उपग्रह।

इनसैट-1बी (अगस्त, 1983) : कार्य और उद्देश्य में इनसैट-1ए के समान परन्तु अधिक उपयोगी। अमेरिकी 'स्पेस शटल' द्वारा प्रक्षेपित सात वर्ष की निर्धारित कार्यावधि से अधिक समय तक सक्रिय।

इनसैट-1सी (जुलाई, 1988) : कार्य और उद्देश्य में इनसैट-1ए के समान। केवल डेढ़ वर्ष तक सक्रिय। यूरोप के एरियन रॉकेट द्वारा प्रक्षेपित।

इनसैट-2ए (जुलाई, 1992) : इनसैट शृंखला की दूसरी पीढ़ी का पहला उपग्रह। पूर्णतः स्वदेशी। पर्याप्त सफल। यूरोप के एरियन रॉकेट द्वारा प्रक्षेपित। अब भी सक्रिय।

इनसैट-2बी (जुलाई, 1993) : कार्य और उद्देश्य में इनसैट-2ए के समान। यूरोप के एरियन रॉकेट द्वारा प्रक्षेपित। पूर्णतः सफल और आज भी सक्रिय।

इनसैट-2सी (दिसम्बर, 1995) : कई महत्त्वपूर्ण क्षमताओं से युक्त उपग्रह। व्यावसायिक संचार और मोबाइल उपग्रह सेवा से लिए विशेष रूप से निर्मित। विदेशों में भारतीय दूरदर्शनों की पहुँच बनाने में सफल।

इनसैट-2ई (जून, 1997) : एरियन रॉकेट द्वारा प्रक्षेपित। कार्य और उद्देश्य में इनसैट-2सी के समान।

इनसैट-2ई (अप्रैल, 1999) : एरियन रॉकेट द्वारा प्रक्षेपित। निर्धारित कार्यावधि 12 वर्ष। विशेष रूप से रेडियो, टी. वी. और फोन के सिग्नल भेजने के लिए निर्मित। मौसम के पूर्वानुमान के लिए रेडियोमीटर नामक युक्ति से लैस।

इनसैट-3बी (मार्च, 2000) : नये एरियन-5 रॉकेट द्वारा प्रक्षेपित किया गया। मुख्य रूप से मोबाइल उपग्रह सेवा, टेलीमेडिसिन और व्यावहारिक संचार के लिए निर्मित। निर्धारित कार्यावधि 10 वर्ष।

इनसैट-3सी (जनवरी, 2002) : संचार के क्षेत्र में ऊँची छलाँग। 21वीं सदी में सूचना प्रौद्योगिकी के क्षेत्र में इसकी अत्यन्त महत्त्वपूर्ण भूमिका होगी।

एक प्रसिद्ध लेखक *एच. बैन्सन* ने अपनी पुस्तक 'द एवार्ड' में लिखा है कि हम बहुत-सी अनावश्यक जानकारी रखते हैं। सूचनाओं की बाढ़ समग्र विकास की प्राथमिकताओं को तोड़ती-मरोड़ती है। चन्द महाबली सूचना तन्त्रों के द्वारा आर्थिक, सांस्कृतिक श्रेष्ठता प्रदर्शित कर रहे हैं। निजी और पारिवारिक जीवन संकटग्रस्त है। अब समर्पित मनीषियों की चर्चा नहीं होती। महान् विभूतियों के स्थान पर माया-लोक के चेहरे-मोहरे नजर आते हैं। विलास को परम सुख बताने वाले नायकों का बोलबाला है। सूचना आज विचित्र विचारों को उकसाती और प्रसारित कर रही है।

सूचना विश्व के चलते भविष्य में प्रतिभाओं का लोप हो सकता है। प्रतिभा के लिए मेधा चाहिए। मेधा रौंदने का कार्य सूचनातन्त्र द्वारा हो रहा है। मेधा स्वतन्त्रता के रहने पर ही सुरक्षित है। सूचना तन्त्र अपने निहित उद्देश्यों की पूर्ति हेतु बच्चों के मन-मस्तिष्क को ढाल रहा है। ऐसे में स्वतन्त्र चिन्तन और मेधा की आशा व्यर्थ है। अब प्रतिभाएँ सूचना तन्त्र के नियन्ता के अनुरूप होंगी। उनका अपना विवेक और संस्कार नहीं रहेगा। इन प्रश्नों पर सभी को विचार करना होगा।

18

सोशल मीडिया
(Social Media)

'सोशल मीडिया 'एक दूजे के लिए' 'पसन्द-गिरोह' है, स्वकेन्द्रित डाकिया है।'

—डॉ. अर्जुन तिवारी

× × ×

'सोशल मीडिया अद्यतन सूचना प्रौद्योगिकी की उपज है जिसके अन्तर्गत वेब, ट्विटर, फेसबुक जैसे असंख्य प्रचार तन्त्र अपनी सक्रियता से पलक झपकते ही सन्देशों को यथावत् सम्प्रेषित करते हैं।'

—डॉ. अर्जुन तिवारी

जिस मीडिया का उपयोग समाज में लोगों को आपस में जोड़ने, सद्भाव, आत्मीयता द्वारा सोशल सम्बन्ध बनाने के लिए किया जाता है उसे सोशल मीडिया कहा जा सकता है। सामाजिकता का तत्त्व इसे अन्य मीडिया से अलग करता है। तकनीकी अर्थों में जिस मीडिया का उपयोग इंटरनेट आधारित विभिन्न प्रौद्योगिकियों कम्प्यूटर, मोबाइल, टैबलेट आदि के माध्यम से (यूजर जेनरेटेंड कंटेट) उपयोगकर्ता निर्मित सामग्री को साझा और सहयोग को बढ़ावा देने के लिए किया जाता है उसे सोशल मीडिया कहा जाता है। यह वेब, मोबाइल एवं अन्य उपकरण आधारित ऐसी तकनीक है, जिसके माध्यम से लोग सामग्री का उत्पादन, उपभोग और साझा करते हैं तथा इसमें एक उपयोगकर्ता निर्माता, वितरक, सम्पादक और उपभोक्ता सभी की भूमिका का निर्वाह कर सकता है। सोशल मीडिया वह मीडिया है जिसका उपयोग सामाजिक होने के लिए किया जाता है अर्थात् सामाजिक सम्पर्क के लिए यह सुगम, सस्ता, त्वरित मीडिया है।

जेम्स एल. होर्टन ने सोशल मीडिया को छः विशेषताओं के आधार पर परिभाषित किया गया है जो निम्नलिखित हैं :

1. सोशल मीडिया इंटरनेट आधारित होती है।
2. सूचना, विचार और सभी प्रकाशित सामाग्रियाँ उपभोक्ताओं द्वारा निर्मित होती हैं।
3. यह मल्टीमीडिया का रूप है, यानि सोशल मीडिया सभी मीडिया के प्रकार के उपयोग को सम्भव बनाता है, जैसे—ब्लॉग, पॉडकास्ट, वीडियो, फोटो, इंटरनेट मैसेजिंग, टेक्स्टिंग आदि।
4. यह तात्कालिक होती है। ट्विटर या इंटरनेट मैसेजिंग सेवा में यह सेकेंड में सम्भव है। यह टाइप करने या बोलने के जितना समय लेता है। सोशल मीडिया अक्सर लाइव होता है।

5. इसकी भौगोलिक दृष्टि असीमित है। सोशल मीडिया में कोई दूरी नहीं है।
6. यह पुरानी और नयी दोनों ही इंटरनेट प्रौद्योगिकियों को समाहित किये रहती है, यानि सोशल मीडिया ने ई-मेल से लेकर फोरम, इंस्टेंट, मैसेजिंग, फाइल शेयरिंग, वीडियो प्रसारण एवं समय के साथ अन्य विकसित हुई सभी नयी-पुरानी तकनीकों को अपने में सम्मिलित किया है।

डेविड लैंड्सबर्गेन के अनुसार सोशल मीडिया उपकरणों का एक मंच है जो सामाजिक संचार की कई आवश्यकताओं की पूर्ति करता है। सोशल मीडिया एक उपकरण है जो व्यक्तियों को अधिक सुगमता से नेटवर्क को उपयोग करने की अनुमति देता है। ब्रॉडकास्ट संचार की अपेक्षा अन्तःक्रियात्मक साधन है। तीव्र और शक्तिशाली है क्योंकि यह न केवल टेक्स्ट का प्रयोग करता है बल्कि वीडियो, ऑडियो के साथ-साथ मल्टीमीडिया भी है तथा संचार को सुविधाजनक बनाने के लिए साधन और उद्देश्यों पर निर्भर करता है। *ऐंड्रेस कप्लन* एवं *माइकल हेनलिन* ने सोशल मीडिया को परिभाषित करते हुए कहा है कि सोशल मीडिया इंटरनेट आधारित अनुप्रयोगों एप्लीकेशन का एक समूह है जिसका निर्माण वेब पर वैचारिक और तकनीकी नींव पर और यह उपभोक्ता निर्मित सामग्री के आदान-प्रदान की अनुमति देता है।

सोशल मीडिया इंटरनेट आधारित अनुप्रयोगों का एक ऐसा समूह है जो प्रयोक्ता-जनित सामग्री के सृजन और आदान-प्रदान की अनुमति देता है। इसके अतिरिक्त सोशल मीडिया मोबाइल और वेब आधारित प्रौद्योगिकी से ऐसे क्रियाशील मंचों का निर्माण करता है जिनके माध्यम से व्यक्ति और समुदाय प्रयोक्ता-जनित सामग्री का सम्प्रेषण एवं सह सृजन कर सकते हैं, उस पर विचार-विमर्श कर सकते हैं। यह संगठनों, समुदायों और व्यक्तियों के बीच संचार में महत्त्वपूर्ण और व्यापक परिवर्तनों को मुकाम तक पहुँचाता है।

सोशल मीडिया की प्रमुख विशेषतायें निम्नलिखित हैं :

- **उपभोक्ताओं को सन्देश निर्माण करने की शक्ति :** सोशल मीडिया ने उपभोक्ताओं को भी सन्देश निर्माण करने तथा उसे प्रसारित करने का अधिकार प्रदान किया है, जबकि पहले तो मीडिया में परोसी गयी सामग्री को सिर्फ़ ग्रहण करने का ही अवसर मिलता है।
- **अन्तःक्रिया द्वारा सन्देशों को त्वरित गति से प्रेषित करने की शक्ति :** सोशल मीडिया की सबसे बड़ी विशेषता है कि इसमें लोगों के बीच अन्तःक्रिया होती है। प्रेषक सन्देश भेजता है और सन्देश प्राप्त करने वाला उसे तुरन्त ग्रहण कर प्रेषक बन जाता है और सन्देश को मूल प्रेषक के पास भेजता है।
- **स्वामित्व और नियन्त्रण से मुक्त :** विषय-वस्तु के निर्माण, उसके प्रसारण और सम्पादन का नियन्त्रण इसके उपयोगकर्ताओं के हाथों में होता है।
- **उपयोगकर्ता के अनुकूल उत्पादन सम्भव :** सोशल मीडिया में सामान्य तकनीकी ज्ञान द्वारा व्यक्ति उत्पादन कर सकता है, इसके लिए किसी तकनीकी विशेषज्ञता की ज़रूरत नहीं होती।
- **त्वरित उत्पादन की सुविधा :** सोशल मीडिया द्वारा किसी भी सूचना को तत्काल दुनिया के किसी भी कोने में भेजा जा सकता है और इसकी प्रतिक्रिया भी प्राप्त की जा सकती है। त्वरित उत्पादन, त्वरित सम्प्रेषण के साथ त्वरित फीडबैक इसकी प्रमुख विशेषता है।
- **संग्रहित करने की सुविधा :** जो सूचना एक बार सोशल मीडिया पर डाल दी जाती है उसे फिर से दुबारा देखना एकदम आसान होता है जब तक उस सूचना का वेब पेज समाप्त न कर दिया जाये।
- **सम्पादित करने की सुविधा :** सोशल मीडिया पर किसी सूचना की त्रुटियों को तत्काल सम्पादित कर सुधारा जा सकता है।
- **आम लोगों की हिस्सेदारी :** सोशल मीडिया का मूल ही आम लोगों की हिस्सेदारी पर टिका है। इस मीडिया को आम लोग ही बनाते हैं और आम लोग ही चलाते हैं।

सोशल मीडिया ने आज हर व्यक्ति को सूचना का उत्पाद, वितरण, सम्पादन करने की शक्ति प्रदान कर दी है। जहाँ हमारे ऊपर कोई मालिक नहीं है न ही कोई सम्पादक है तथा ख़बरों पर किसी विशेष व्यक्ति, समूह या संस्था का अधिकार भी नहीं है। ख़बरें हम तय कर सकते हैं और दूसरी ख़बरों पर पसन्दगी-नापसन्दगी की मुहर लगा सकते हैं।

सोशल मीडिया की विद्यमानता

सोशल मीडिया इंटरनेट पर अपने कई रूपों में विद्यमान है जिनमें सोशल नेटवर्किंग साइट, ब्लॉग, माइक्रोब्लॉगिंग, वीडियो शेयरिंग, फोटो शेयरिंग, सोशल बुकमार्किंग आदि प्रमुख हैं। *गीतांजलि लाड* एवं *गरोल्ड लुईस* ने सोशल मीडिया को निम्नलिखित रूप में प्रस्तुत किया है :

- **सोशल नेटवर्किंग :** यह उपयोगकर्ताओं को प्रोफाइल बनाने, अपने विचार शेयर करने, वीडियो और फोटो अपलोड करने तथा मित्रों तक पहुँचाने की सुविधा प्रदान करता है। अपनी रुचि के सदस्यों और समूहों से जुड़ने का अवसर उपलब्ध कराता है; जैसे—फेसबुक, लिंकडिन, गूगल प्लस और वाट्सअप।
- **ब्लॉग :** यह एक ऑनलाइन डायरी या जर्नल है जहाँ लेखक किसी विषय पर अपने विचार प्रदर्शित करता है। जैसे—ब्लॉगर, लाइवजर्नल और वर्डप्रेस।
- **माइक्रोब्लॉग :** इसके द्वारा सन्देशों को संक्षिप्त किया जा सकता है; जैसे—ट्विटर और टम्बलर।
- **फोटो शेयरिंग :** इसके द्वारा उपयोगकर्ता फोटो अपलोड कर सकते हैं, शेयर कर सकते हैं, देख सकते हैं तथा उसे डाउनलोड कर सकते हैं, जैसे—फ्लिकर, फोटोबकेट और पिंटेरेस्ट।
- **वीडियो शेयरिंग :** इसके द्वारा उपयोगकर्ता वीडियो अपलोड कर सकते हैं, शेयर कर सकते हैं, देख सकते हैं तथा उसे डाउनलोड कर सकते हैं, जैसे—यूट्यूब, वीडियो और डेलीमोशन।
- **डॉक्यूमेंट शेयरिंग :** इसके तहत उपयोगकर्ता डॉक्यूमेंट को अपलोड कर सकते हैं, उन्हें पढ़ सकते हैं एवं उन्हें डाउनलोड कर सकते हैं।
- **सोशल बुकमार्किंग :** इसके तहत अपने पसन्दीदा ऑनलाइन सामग्री को सुरक्षित रखा जा सकता है और दूसरों के द्वारा सहेजी गयी सूचनाओं को प्राप्त किया जा सकता है, जैसे—डिग, रेडिट और डिलीशियस।
- **इंटेलेक्चुअल प्रॉपर्टी शेयरिंग :** यह किसी सामग्री को पुनः प्रयोग करने की अनुमति प्रदान करता है, जैसे—क्रिएटिव कॉमन्स आदि।

सोशल मीडिया और पत्रकारिता

दो उदाहरणों द्वारा सोशल मीडिया और पत्रकारिता के सम्बन्ध को समझा जा सकता है। दिल्ली गैंगरेप का मामला हो या अन्ना हजारे का आन्दोलन सभी ने सोशल मीडिया की भूमिका पर नयी बहस छेड़ दी। नरेन्द्र मोदी ने सोशल मीडिया का राहारा लेकर युवाओं के दिलों में अपनी जगह बनायी और आम चुनावों में भारी मतों से अपनी पार्टी को विजय दिलायी। प्रधानमन्त्री हों या राज्य के मुख्यमन्त्री या कैबिनेट के मन्त्री सभी फेसबुक या ट्विटर पर बने रहते हैं और कई मुद्दों पर अपनी राय व्यक्त करते हैं एवं सवालों का सीधा जवाब भी देते हैं। पत्रकारों के लिए भी ट्विटर और फेसबुक पर जानकारी लेना आसान हो गया है। प्रधानमन्त्री कार्यालय, पी. आई. बी., नीति आयोग जैसे बड़े कार्यालय भी अब सोशल मीडिया पर सूचनायें देने लगे हैं और वो इस बात के मोहताज नहीं रहे कि पारम्परिक मीडिया में ख़बरें आती हैं या नहीं, बड़ी ख़बर हो तो पारम्परिक मीडिया सोशल मीडिया को फॉलो भी करती है। ट्विटर पर पत्रकारों के सवालों को गम्भीरता से लिया जाता है और जवाब दिये जाते हैं।

सोशल मीडिया सिर्फ़ ख़बरें प्राप्त करने में ही मददगार साबित नहीं होता है बल्कि यह पत्रकारों के लिए सम्पर्क बनाने, समाज की नब्ज पकड़ने और विचारों को प्रभावित करने का भी एक माध्यम बनता जा रहा है इसलिए इससे सोशल मीडिया

पत्रकारिता का नाम दिया गया है। उदाहरण के लिए, यदि किसी वरिष्ठ पत्रकार को यह जानना हो कि युवा वर्ग क्या सोच रहा है तो शायद युवाओं में बात करें लेकिन युवा शायद ही किसी वरिष्ठ पत्रकार से खुलकर बात कर पायें, लेकिन अगर फेसबुक या ट्विटर पर किसी युवा की प्रोफाइल को आप देखें तो उनके विचार बिल्कुल खुलकर पढ़े जा सकते हैं। इसी तरह विचारों के प्रवाह और तर्कों को लेकर भी सोशल मीडिया पत्रकारों को बहुत लाभ पहुँचाता है। किसी भी मुद्दे पर राय के लिए एक पोस्ट पर्याप्त हो सकता है। अगर कोई प्रभावशाली पत्रकार या संस्थान अपने ट्विटर पर या फेसबुक के पन्ने पर किसी गम्भीर विषय पर राय माँगता है तो कई जवाब आते हैं जो दर्शाते हैं कि समाज का एक हिस्सा क्या सोच रहा है। जाहिर यह पूरी सच्चाई नहीं हो सकती है लेकिन एक वर्ग जो इंटरनेट को इस्तेमाल करता है बात करना चाहता है और मुद्दों पर राय रखना चाहता है। समाज के इस बड़े वर्ग पर सीधे पहुँचना पत्रकारों के लिए अब आसान हुआ है और इससे कई रिपोर्टों में पत्रकारों को मदद मिली है।

ब्लॉगर्स को लोग सिर्फ़ और सिर्फ़ सोशल मीडिया के जरिये ही जानते हैं। सोशल मीडिया के जरिये पत्रकारों को भी विशेष किस्म के लेख भी पढ़ने को मिल रहे हैं जिन्हें इंटरनेट पर खोजना और पढ़ना मुश्किल है। सोशल मीडिया पर ही पत्रकारिता के टिप्स भी मिलते हैं। सोशल मीडिया एक फिल्टर की तरह भी काम करता है और समय भी बचाता है। इंटरनेट और डिजिटल दुनिया में परिवर्तन तेज़ी से हो रहे हैं। सोशल मीडिया आ गया है। अगले पाँच सालों में फेसबुक, वाट्सअप और ट्विटर की जगह कोई और नया बदलाव हो। लोगों की ख़बरों के साथ जुड़ाव और ख़बरों में शामिल होने की उनकी चाह, चाहे सोशल मीडिया के जरिये हो या किसी और जरिये से लोगों को अब एक ऐसा हथियार मिला है जिससे वो अपनी आवाज़ ऊपर तक पहुँचा सकते हैं और वो इस हथियार को आसानी से अपने हाथ से जाने नहीं देंगे।

सोशल मीडिया सामाजिक संवाद माध्यम है जिसकी दुनिया असीम है, इसकी गतिविधियों अपार हैं। फेसबुक, ट्विटर, गूगल, यू ट्यूब, विकीपीडिया, माई स्पेस, वाट्सअप जैसे अनेक साइटों से नागरिक घिरा हुआ है। कम्प्यूटर, लैपटॉप, टेबलेट मोबाइल तो सुदूर ग्राम्यांचलों में डंका बजा रहे हैं।

मीडिया अपने समय की तकनीकी, राजनीतिक-आर्थिक व्यवस्था का प्रतिनिधित्व करता है। 'प्रेस' की भूमिका के रूप में यह विश्व के विभिन्न भागों में हुए युगान्तरकारी परिवर्तनों औद्योगिक क्रान्ति, पूँजीवादी क्रान्ति, साम्यवादी क्रान्ति, नवजागरण, स्वाधीनता आन्दोलन आदि) का साक्षी है। कार्यपालिका, विधायिका और न्यायपालिका के पश्चात् इसने चौथे स्तम्भ के रूप में लोकतन्त्र को जीवन्त बनाया है। 'साइबर क्रान्ति' के युग में मानव भूमण्डलीय नेट संजाल से यह जुड़ चुका है। नागरिक 'सूचना विश्व मार्ग' का पथिक बन चुका है। एक 'उच्च सूचना टेक्नोलॉजी' भारतीय जीवन का अविच्छिन्न हिस्सा बन चुकी है। मीडिया के विभिन्न रूप समानान्तर रूप से अस्तित्त्वमान हैं जिसमें 'सोशल मीडिया' भी शामिल है।

पहले 'ज्ञान को शक्ति' कहा जाता था। आज 'सूचना ही शक्ति है' ने इस कथन का स्थान लिया है। सूचना तकनीकी क्रान्ति ने मीडिया को 'नयी उड़ान शक्ति' से लैस कर दिया है। इसी शक्ति के कारण भारत भी 'सामाजिक संवाद माध्यम' (सोशल मीडिया) जगत् का स्थायी नागरिक बन गया है। सोशल मीडिया से मीडिया जगत् में एक नया अध्याय जुड़ा है, 'वैश्विक गाँव' का भाव जगा है। विभिन्न राष्ट्रों के नागरिकों के मध्य 'संवाद-आवृत्ति' तेज हुई है। वैचारिक हस्तक्षेप का विस्तार हुआ है।

नागरिक पत्रकारिता

सोशल मीडिया से साम्य रखने वाली नागरिक पत्रकारिता 'नागरिकों की अभिव्यक्ति का वृहद् मंच है'। यह मंच तरंगों पर आश्रित है, मुद्रित माध्यमों का भी इसे सहारा मिल रहा है।

राजदीप सरदेसाई ने अपने नये चैनल सी. एन. एन., आई. बी. एन. की शुरुआत के अवसर पर उनके प्रचार होर्डिंग में से एक प्रमुख थी 'नागरिक पत्रकारिता'। इसमें आम लोगों से आह्वान किया गया था कि वे सिटीजन जर्नलिस्ट बनने के लिए आगे आयें। उन्होंने आपनी वेबसाइट पर भी लोगों को पत्रकारिता के लिए आगे आने के लिए आमन्त्रित किया है।

वे बराबर इस बात को कहते रहते हैं कि यदि आम लोगों में से किसी के पास कोई ख़बर या वीडियो क्लिपिंग हो तो वे अवश्य भेजें।

नागरिक पत्रकारिता एक वरदान

इसी तरह की माँग कई अन्य चैनल भी लगातार करते जा रहे हैं। नागरिक पत्रकारिता अभियान के तहत वे दर्शकों से मानसून, आरक्षण विरोधी आन्दोलन और ऐसे ही सामयिक मुद्दों पर वीडियो क्लिप भेजने की बारम्बार अपील करते दिखाई देते हैं। उनकी इस अपील का असर कुछ हद तक होता भी दिखाई देता है। अक्सर लोग कुछ-न-कुछ ख़बरें और वीडियो फ़िल्म भेज भी रहे हैं, जिनका उपयोग टी. वी. चैनलों पर हो चुका है और होता जा रहा है। हालाँकि इस क्षेत्र से अभी तक कोई उल्लेखनीय ख़बर नहीं आयी है, परन्तु नागरिक पत्रकारिता के द्वारा दर्शकों और चैनल के बीच जुड़ाव में बहुत सफलता मिली है। बहुत लम्बे समय के इन्तजार के बाद जब भारत की जनता को सूचना का अधिकार मिला है उस समय नागरिक पत्रकारिता एक वरदान के रूप में हमारे देश के मीडिया में प्रवेश कर चुका है। आम जनता इसके उपयोग के लिए स्वयं को सतर्क और चौकन्ना रखना सीख रही है। हर नागरिक पत्रकार की निगाह से समस्याओं, सरोकारों और घटनाओं को देखना सीख जायें तो समाज की अधिकांश समस्याएँ अपने आप हल होने लगेंगी। मीडिया का इन दिनों रुझान चार 'सी' के तरफ अधिक है। क्रिकेट, क्राइम, सिनेमा और सेलीब्रेटी मीडिया की निगाहें हमेशा इन चार 'सी' को ही केन्द्र-बिन्दु इसलिए समझती हैं, क्योंकि बाज़ारवाद के प्रभाव से आपसी प्रतिस्पर्धा में आगे निकलने के लिए इन्हीं चारों की आवश्यकता होती है। मीडिया ने आम जनता के दिमाग को इन चारों में उलझाकर आम नागरिकों की समस्याओं, चिन्ताओं को भूलने और नकारने की प्रवृत्ति पैदा कर दी है, जबकि आवश्यकता इस बात की है कि आज जब संचार माध्यमों में इतना तकनीकी विकास और व्यापक प्रचार हो चुका है कि आम आदमी के पास भी कैमरा फोन, हैंडीकेम आ चुके हैं, जो आमतौर पर चैनलों के पास होते थे, हर छोटी-बड़ी घटना, दुर्घटना के वक़्त जो भी व्यक्ति कैमरा या हैंडीकेम के साथ है उसे रिकॉर्ड कर सभी को अवगत करा सकता है।

असीमित सम्भावनायें

नागरिक पत्रकारिता इस दृष्टि से भी स्वागत योग्य है कि इसमें प्रोफेशनल पत्रकारों के बजाय आम नागरिक पत्रकारों की भूमिका निभाते हैं जिन्हें अपनी समस्याओं और सरोकारों की जानकारी अच्छी तरह से होती है। उनके बीच की समस्याओं, जैसे बाढ़, बारिश, बम विस्फोट, दंगे या कोई अन्य घटना-दुर्घटना जिसे संयोगवश कोई दर्शक रिकार्ड कर लेता है, तस्वीरें खींच लेता है, का प्रसारण हो सकता है। भारत जैसे विकासशील देश में नागरिक पत्रकारिता की बहुत आवश्यकता है जिसकी बदौलत हर नागरिक सतर्क रहना सीखकर स्वतन्त्र रूप से विश्वसनीय और तथ्यपूर्ण जानकारियाँ उपलब्ध करा सकता है।

हर बात की तरह इसका भी एक दूसरा पहलू है जो विकृत रूप धारण कर सकता है। इस ओर सतर्क रहना आवश्यक होगा। जैसा कि पिछले दिनों किसी ने अपने कैमरे फोन से चोरी-छिपे दो एक्टर, एक्ट्रेस की अश्लील तस्वीर उतारकर भेज दी और सभी चैनलों ने उन्हें बार-बार दिखाया। यह नागरिक पत्रकारिता का विकृत रूप है। जिसका विरोध हुआ और होना ही चाहिए। किसी के निजी जीवन में ताक-झाँक खासतौर पर सेलिब्रिटीज के जीवन में करना और उसे आम कर देने का सख्त विरोध होना चाहिए। चैनलों को चाहिए कि ऐसे वीडियो क्लिपिंग्स को स्वीकार न करें। वास्तव में, पत्रकारिता की तरह नागरिक पत्रकारिता में भी पत्रकारिता के बुनियादी सिद्धान्त, वस्तुनिष्ठता, सच्चाई व सन्तुलन की आवश्यकता है। इन सबका ध्यान रखकर यदि स्वीकार किया जाये तो नागरिक पत्रकारिता में असीमित सम्भावनाएँ हैं।

भ्रष्टाचार के ख़िलाफ़ आवाज़ सोशल मीडिया पर तेज़ी से मुखर हो रही है। इस मुहिम को इंटरनेट की दुनिया में संचालित करने का बीड़ा कई साइट्स ने उठा रखा है, जिन्हें खासी लोकप्रियता मिल रही है। सामाजिक सरोकारों से जुड़े मुद्दों की ऑनलाइन वकालत करने वाली नॉन-प्रॉफिट अन्तर्राष्ट्रीय संस्था 'आवाज़' ने भारत में भी भ्रष्टाचार विरोधी मुहिम को जबरदस्त समर्थन दिया है। सामाजिक कार्यकर्ता और गाँधीवादी *अन्ना हजारे* के आन्दोलन के दौरान 'जनलोकपाल विधेयक' के बाबत

'आवाज़' की साइट पर महज 36 घण्टों में 6,50,000 लोगों ने ऑनलाइन याचिका पर हस्ताक्षर किये थे। इसी तरह भ्रष्टाचार के ख़िलाफ़ नेट पर एक दिलचस्प मुहिम *'आइपेडएब्राइबडॉटकॉम'* के रूप में दिखती है। इस साइट का नारा है : भ्रष्टाचार की बाजारू क़ीमत का खुलासा करना। रिश्वत देने, न देने या देने लायक पैसा न होने जैसी श्रेणियों में लोग अपनी व्यथा साइट पर कह सकते हैं। अभी तक करीब 15 हजार लोग इस पर अपनी व्यथा रख चुके हैं। साइट के प्रवक्ता *रघुनन्दन* के मुताबिक 1600 लोग ऐसे भी हैं, जिन्होंने बताया कि उन्होंने रिश्वत नहीं दी।

'जनता की तानाशाही को जनतन्त्र कहते हैं।' सोशल नेटवर्किंग साइट्स पर 'स्टेट्स अपडेट' के रूप में दिखाई दिया। इसी तरह *अन्ना* के समर्थन में लाखों 'स्टेट्स' फेसबुक और ट्विटर पर दिखाई दे रहे हैं। सोशल मीडिया पर *अन्ना* का आन्दोलन एक बार फिर पूरी शिद्दत से परवान चढ़ा है। लेकिन, सवाल सिर्फ़ *अन्ना* के आन्दोलन का नहीं है। *बाबा रामदेव* को रामलीला मैदान से जबरन हटाये जाने के बाद भी इंटरनेट की दुनिया कुछ घण्टों के लिए रामदेवमय हो गयी थी।

इंटरनेट की व्यापक पहुँच के साथ सोशल मीडिया के इस्तेमाल का दायरा बढ़ा है। भारत की बात करें, तो यहाँ इंटरनेट उपभोक्ताओं की संख्या अब दस करोड़ के करीब पहुँच गयी है। सोशल नेटवर्किंग साइट फेसबुक का इस्तेमाल करने वाले लोगों की तादाद करीब तीन करोड़ है, जबकि 30 लाख से ज़्यादा लोग ब्लॉग लिखते हैं।

इसी तरह, ट्विटर और यू-ट्यूब जैसी साइटों के यूजर्स लाखों में हैं। इन माध्यमों के जरिये हजारों लोग एक साथ किसी खास मक़सद के लिए साथ आ जायें, तो उन्हें सिरे से नजर अन्दाज करना मुश्किल है। *अन्ना* के आन्दोलन की सफलता में सोशल मीडिया की भूमिका से यह बात और साफ हो जाती है।

आन्दोलन को वैश्विक बनाने में फेसबुक ने बड़ी भूमिका निभायी। *इंडिया अगेंस्ट करप्शन* नाम से आज अमेरिका-ब्रिटेन और कई देशों में अलग-अलग पेज हैं। अप्रैल में जब *अन्ना हजारे जी* अनशन पर बैठे, तो उनके समर्थन में दुनिया के 150 से ज़्यादा शहरों में लोगों ने प्रदर्शन किये। यही हाल इस बार भी रहा। लाखों लोगों ने अपना समर्थन इसी पेज में दिखाया।

'इक्कीसवीं सदी में सोशल मीडिया और राजसत्ता, राष्ट्रवाद और लोकतन्त्र' शीर्षक के अन्तर्गत *प्रो. रामशरण जोशी* ने लिखा है :

''सोशल मीडिया इस 'तरंगीय लोकवृत्त' के माध्यम से उपयोगकर्ता को नये जीवन-बोधों से समृद्ध बनाता है। सच तो यह है कि सोशल मीडिया उपयोगकर्ता विशेष श्रेणी के नागरिक होते हैं जो कि विभिन्न राष्ट्रों के नागरिक होने के बावजूद संवैधानिक नागरिकता की सीमाओं से मुक्त रहते हुए 'तरंगीय जगत' का निर्माण करते हैं। यह जगत् औपचारिक कहा जा सकता है कि सोशल मीडिया प्रतिरोध या लोकतान्त्रिक अभिव्यक्तियों का आज प्रमुख माध्यम बनता जा रहा है क्योंकि मुख्यधारा के माध्यम लोकतान्त्रिक हस्तक्षेपों को सत्ता और कॉरपोरेट बाज़ार के हित-अहितों को ध्यान में रखकर स्पेस देते हैं। अतः मानवाधिकारवादियों, सामाजिक सक्रियतावादियों, नागरिक समाज के सदस्यों, बुद्धिजीवियों, लेखक-कलाकारों, पत्रकारों जैसों को ऐसा विकल्प चाहिए जो नियन्त्रण और बाज़ार भावमुक्त हो। तब विकल्प के रूप में सोशल मीडिया दिखाई देता है।

सोशल मीडिया को रचनात्मक कार्यक्रमों से जोड़ा जाना चाहिए। सोशल साइट्स के माध्यम से बहुलतावाद, धर्मनिरपेक्षता, सहिष्णुता, साम्प्रदायिक सौहार्द, वैज्ञानिक शिक्षा, राष्ट्रीय एकता, साक्षरता, राष्ट्रीय सुरक्षा आदि का सकारात्मक प्रचार किया जा सकता है। यह भी याद रखा जाना चाहिए कि सोशल मीडिया का चरित्र मूलतः 'परस्पर सहभागितापूर्ण' है इसलिए इसमें सकारात्मकता के स्पेस की गुंजाइश भी कम नहीं है। इससे जन का सशक्तीकरण भी होता है, विशेष रूप से हाशिये के वर्गों (महिला, दलित, आदिवासी आदि) में अभिव्यक्ति की नयी गतिशीलता प्रस्फुटित होती है। उनमें समाज, राष्ट्र, विश्व तथा अन्य विमर्शों को लेकर वैचारिकता और कल्पनाशीलता उमड़ने लगती है। जब सोशल मीडिया के माध्यम से विभिन्न राष्ट्रों के नागरिकों में संवाद प्रक्रिया स्थापित होती है तब जन-से-जन का सम्पर्क भी बढ़ता है। इससे राष्ट्रों के बीच गैर-सरकारी स्तर पर एक प्रकार की अनौपचारिक राजनयिक प्रक्रिया को भी स्पेस मिलता है, नागरिकों के मध्य नयी समझदारी पैदा होती है, समस्याओं के समाधान के क्षेत्र में सरकार के लिए नये विकल्प भी खुलते हैं। यदि इन विकल्पों पर खुले दिल-दिमाग

से विचार किया जाये तो राष्ट्रों के बीच व्याप्त गलतफहमियों को दूर भी किया जा सकता है, संघर्षों को टाला जा सकता है। इतना ही नहीं, सरकारें आन्तरिक स्तर पर सरकार और जनता के बीच पैदा होने वाले अन्तर्विरोधों की पहचान कर सकती हैं और समय रहते उनका समाधान भी निकाल सकती हैं। परिणामस्वरूप, राज्य और जन के परस्पर संघर्षों को समाप्त करने की दिशा में रचनात्मक कदम भी उठाये जा सकते हैं। वास्तव में सोशल मीडिया के सही प्रयोग के माध्यम से राज्य से जन के बढ़ते अलगाव को रोका जा सकता है और सकारात्मक संवाद की प्रक्रिया की शुरुआत की जा सकती है।''

जनसंचार माध्यमों और विज्ञान संचार की अनुसन्धान पत्रिका 'आंचलिक पत्रकार' (जनवरी, 2014) द्वारा साम्प्रतिक सोशल मीडिया की भूमिका पर प्रकाश डाला गया है। पत्रिका ने अपनी सम्पादकीय 'अपनी बात' में लिखा है :

सोशल मीडिया के इस युग में...

''सोशल मीडिया और उसका प्रभाव इस युग का नया यथार्थ है। इसका विस्तार हो रहा है। इसने अभिव्यक्ति की स्वतन्त्रता, व्यक्तिशः संवाद और सूचना के आदान-प्रदान के नये आयाम ही नहीं खोले, बल्कि भूगोल की बाधाएँ भी दूर की हैं। यह 'साइबर क्रान्ति' का युग है। लोकतान्त्रिक समाज को ताकत देने वाले सूचना-संवाद ने मजबूत लोकतन्त्र का रूप ले लिया है। सूचनाएँ अब फैलने के लिए सांस्थानिक सूचना माध्यमों की मोहताज नहीं रहीं। वे निजी तौर पर एक से अनेक तक संचारित हो सकती हैं, हो भी रही हैं। कोई दबाव, धमकी, प्रलोभन उन्हें फैलने से नहीं रोक सकती जाहिर है, ऐसी असाधारण शक्ति में अपार सम्भावनाएँ निहित होती हैं। वे सकारात्मक-संरचनात्मक हो सकती हैं, तो नकारात्मक-विध्वंसात्मक भी। सोशल मीडिया के साथ भी यही स्थिति है, यह वेगवान माध्यम है, संवाद को पलक झपकते सम्प्रेषित करने वाला है। यह हौसला बढ़ा सकता है, धीरज बँधा सकता है। जागरूकता फैला सकता है। सूचित कर सकता है। प्रेरित कर सकता है। समझ बढ़ा सकता है, समझदारी बढ़ा सकता है, लेकिन इतना सब कुछ तभी सम्भव हो सकता है जब इस माध्यम का उपयोग करने वाले सभ्य और संजीदा हों, सकारात्मक सोच रखते हों। यदि प्रवृत्तियाँ इसके उलट हुईं, दुष्ट हुईं, तो कदम विध्वंस की दिशा में उठेंगे।

बहुत पहले यह सवाल उठा करता था—विज्ञान वरदान है या अभिशाप, बल्कि हमारे माध्यमिक विद्यालयीन दौर में परीक्षा में अक्सर यह निबन्ध लिखने को कहा जाता था। विज्ञान और तकनीकी की यही स्थिति है। वे नव-निर्माण की वाहक और विध्वंस का जरिया—दोनों क्षमताओं से लैस होती हैं। उनका प्रयोग और उसके परिणाम प्रयोग करने वाले के विवेक पर निर्भर करते हैं। सोशल मीडिया की भी यही दुविधा है। यह मुख्य धारा के मीडिया के बरबस सशक्त उपस्थिति का धारक है। यह सामाजिक-सांस्कृतिक-राजनीतिक परिवर्तनों की बुनियाद खड़ी कर सकता है। वहीं असन्तोष और अराजकता का बीज भी बो सकता है। हाल के अनुभव बताते हैं कि साम्प्रदायिक दंगे-फसाद फैलाने, आतंकवाद को खाद-पानी देने में भी सोशल मीडिया की ख़तरनाक भूमिका हो सकती है। इस संकट को हल्के में नहीं आँका जा सकता और न नजर अन्दाज किया जा सकता है, बेलगाम भी नहीं छोड़ा जा सकता।

हाल के चुनावों में सोशल मीडिया के प्रचारात्मक उपयोग की खूब चर्चा हुई। परन्तु यह सत्य भी सामने आया कि छवि-निर्माण अथवा प्रतिष्ठा-विध्वंस के लिए सोशल मीडिया का फर्जीवाड़ा किया जा सकता है। बाज़ारवाद के इस बाजारू जमाने में पैसा फेंक तमाशा देख की प्रवृत्ति वैसे भी जोरों पर है। तब यह चिन्ता करनी भी ज़रूरी है कि सोशल मीडिया का दुरुपयोग थमे और सदुपयोग बढ़े। इसके लिए लोक शिक्षण का मार्ग अपनाया जा सकता है। आपराधिक प्रवृत्तियों की रोकथाम के लिए विधायी प्रावधान किये जा सकते हैं। समाज के हित को वरीयता देते हुए ठोस पहल की अपेक्षा ज़रूर है, परन्तु मनमाने अंकुश से बचा जाना चाहिए।''

सोशल मीडिया प्रिंट मीडिया को चैतन्य करने में कारगर है इसीलिए सभी दैनिक पक्षों में स्तम्भ के रूप में इसे समादृत किया जा रहा है। दैनिक 'हिन्दुस्तान' के सम्पादकीय पृष्ठ पर *सरला महेश्वरी* की फेसबुक वॉल की सामग्री 2 फरवरी, 2016 को प्रकाशित है :

स्त्री चेतना का असर

शनि मन्दिर में औरतों के प्रवेश के मुद्दे ने एक बार फिर जीवन में धर्म के मुद्दे को बहस के केन्द्र में ला खड़ा किया है। हमेशा की ही तरह कुछ अतिवादी लोग इसे आदमी, विशेषकर औरतों की गुलामी का स्रोत बताते हुए इसे एक तुच्छ विषय मानकर खुद को और औरतों को भी इससे अलग रहने की सलाह दे रहे हैं। दूसरी ओर, कुछ नास्तिक और खुद को धर्मनिरपेक्ष कहने वाले लोग कह रहे हैं कि औरतें इन स्त्री-विरोधी मन्दिरों व देवताओं का बायकाट करें, औरतों के कारण ही देवताओं और मन्दिरों का धन्धा फलता-फूलता है! क्या वास्तव में, धर्म का मामला इतना निजी और प्रमुखतः सिर्फ़ औरतों का मामला है? क्या पितृ-सत्ता का अर्थ सिर्फ़ पुरुष वर्चस्व है या इसका सम्बन्ध शोषण की पूरी समाज-व्यवस्था से है? अगर मसला समाज-व्यवस्था का है, तो फिर इसमें और गहराई से जाना होगा। असमानता और भेदभाव की यह लड़ाई सिर्फ़ स्त्री-पुरुष तक सीमित नहीं है, इसका दायरा बहुत व्यापक है। धर्म इसका एक मजबूत आधार-स्तम्भ है।... जब समाज में समान मानवीय अधिकारों पर विमर्श चल रहे हों, बुद्धि और तर्क की प्रमुखता पर हलचल मची हुई हो, तब इस प्रकार के सामाजिक आलोड़न के प्रभाव से धर्म संस्थान भी खुद को मुक्त नहीं रख सकते हैं। यह उनके दरवाजे पर भी ज़रूर दस्तक देगा। इसी आधार पर शनि मन्दिर या हाजी अली की दरगाह में महिलाओं के प्रवेश को लेकर शुरू हुए आन्दोलन को समाज में महिलाओं की बढ़ती हुई चेतना का धार्मिक प्रतिफलन कहा जा सकता है।

सरला माहेश्वरी की फेसबुक वॉल से

वेब वर्ल्ड में सोशल मीडिया अपनी क्षिप्रता, प्रामाणिकता तथा सुलभता के कारण सर्वाधिक लोकप्रिय है। इसमें अपार गुण हैं तो दोष भी उसी अनुपात में हैं। मानव अपनी सदाशयता, समाज-सेवा तथा भविष्य की उज्ज्वलता के निमित्त सन्तुलित दृष्टि से इसका उपयोग करे तो सोशल मीडिया सोशल सर्विस का उदाहरण बन जायेगा। 'हिन्दुस्तान' (18 फरवरी, 2017) में छपे इस तथ्य से सोशल मीडिया की महत्ता सुस्पष्ट है :

मोदी से सीखें सोशल मीडिया का उपयोग

फेसबुक के सीईओ *मार्क जुकरबर्ग* ने अपनी फेसबुक पोस्ट में प्रधानमन्त्री नरेन्द्र मोदी की तारीफ की। उन्होंने इस पोस्ट में 'वैश्विक समुदाय का निर्माण' विषय पर चर्चा करते हुए लिखा, भारत के प्रधानमन्त्री नरेन्द्र मोदी से सीखना चाहिए कि सोशल मीडिया का इस्तेमाल कैसे करें :

मार्क जुकरबर्ग ने अपनी लम्बी पोस्ट में लिखा कि किस तरह आजकल लोग चुनाव खत्म होने के बाद भी अपने नेता से मुद्दों और रोजमर्रा की ज़रूरतों के लिए जुड़े रहते हैं। पोस्ट के माध्यम से यह भी बताया कि किस तरह से सोशल मीडिया जनता को उनके चुने हुए नेताओं के साथ सीधे सम्पर्क में रहने में मदद करता है। यह बताते हुए ही मोदी का उदाहरण देते हुए लिखा, पीएम अपने मन्त्रियों से फेसबुक पर जानकारी साझा करने की सलाह देते हैं ताकि इससे लोगों का सीधे फीडबैक मिल सके।

सोशल मीडिया कुछ नकारात्मक प्रभावों के बावजूद हिन्दी को सर्वग्राह्य बनाने का एक सफल माध्यम है। सार्वजनिक अभिव्यक्ति के साधन सोशल मीडिया के बहुआयामी स्वरूप पर भारतीय भाषाओं के संवर्द्धन हेतु सक्रिय सम्यक् न्यास के ट्रस्टी एवं प्रथित पत्रकार *राहुल देव* के विचार ध्यातव्य हैं :

जब प्रिंट आया तो वाचिक संवाद की सर्वव्याप्तता घटी। जब रेडियो आया तो उसने लिखित और मुद्रित माध्यम को थोड़ा खिसका कर अपनी जगह बनाई। जब टेलीविजन आया तो बहुत से लोगों ने मुद्रित माध्यम के अवसान की घोषणा कर दी। उसका अवसान तो नहीं हुआ, लेकिन उसके विकास, प्रभाव तथा राजस्व पर सीधा प्रभाव पड़ा और आज भी पड़ता ही जा रहा है। अब सोशल मीडिया नाम के इस नये प्राणी ने संचार माध्यमों की दुनिया को फिर बड़े बुनियादी ढंग से बदल दिया है। यह प्रक्रिया जारी है और कहाँ जाकर स्थिर होगी, यह कोई नहीं जानता। लेकिन इन नये सम्प्रेषण मंचों और पुरानों

में एक बुनियादी अन्तर है। अख़बार, पुस्तकों, पत्रिकाओं, रेडियो और टी. वी. से अलग इस माध्यम की संवाद क्षमता इसे शायद इन सबसे ज़्यादा निजी, आकर्षक, अन्तरंग और इसीलिए शक्तिशाली बनाती है। दूसरे माध्यम एक–दिशात्मक थे। यह नया माध्यम अन्तःक्रियात्मक है, आपसी संवाद सम्भव बनाता है। अब जब यह डेस्कटॉप कम्प्यूटरों, लैपटॉपों से निकलकर मोबाइल फोन पर आ गया है तो सर्वव्यापी, सर्वसमय, सर्वत्र और सर्वसुलभ हो गया है। इसने राजनीतिक रणनीतियों, विमर्श और चुनावी नतीजों में अपनी जगह बनाई है। कम्पनियों और उनके उत्पादों, सेवाओं के प्रचार-प्रसार, उपभोग, मार्केटिंग और ग्राहकों तक पहुँचने, उन्हें छूने के तौर-तरीक़ों को बदला है। व्यापार, उद्योग, शासन, मनोरंजन, राजनीति और मीडिया जगत् के लोगों के लिए तो ये मंच महत्त्वपूर्ण है ही।

दरअसल भाषा के दो प्रमुख आयाम हैं– एक, उसका शुद्ध भाषिक आयाम जिसमें उसके शब्दों, वाक्य-रचना, व्याकरण, शब्दकोश आदि पर ध्यान रहता है। दूसरा, भाषा का सामाजिक-आर्थिक-राजनीतिक-सांस्कृतिक सन्दर्भ जिसमें उसके इन सन्दर्भों में प्रयोग, परिवर्तनों, अर्थों, प्रभावों आदि पर ध्यान होता है। आज संसार की लगभग हर भाषा पर सोशल मीडिया के प्रभाव को महसूस किया जा रहा है, उसे समझने की कोशिश हो रही है और विमर्श हो रहा है। इस नये माध्यम ने हर नये माध्यम की तरह हर भाषा के प्रयोग के तौर-तरीक़ों, शब्दकोश, शैली, शुद्धता, व्याकरण और वाक्य-रचना को प्रभावित किया है। यह असर लिखित ही नहीं, बोलने वाली भाषा पर भी दिख रहा है। जब ई-मेल आया तो कहा गया कि पत्र लिखना ही समाप्त हो जायेगा। वह तो नहीं हुआ, लेकिन हाथ या टाइपराइटर से पत्र लिखने का चलन ज़रूर खत्म हो गया। पर बात यहीं तक नहीं है, अब एस. एम. एस., ट्विटर, फेसबुक और वाट्सअप ने बहुत से लोगों के लिए ई-मेल को भी अनावश्यक और अप्रासंगिक बना दिया है। सोशल मीडिया ने अपनी एक नयी भाषा गढ़ ली है। भाषा और शब्दों के सौन्दर्य, मर्यादा, गरिमा और स्वरूप की चिन्ता करने वाले सभी इस नयी भाषा के प्रभाव और भविष्य पर तो चिन्तित हैं ही, इस पर भी हैं कि इस खिचड़ी, विकृत, कई बार अटपटी भाषा की खुराक पर पल-बढ़ रही किशोर और युवा पीढ़ी वयस्क होने पर किसी भी एक भाषा में सशक्त और प्रभावी सम्प्रेषण के योग्य बचेगी या नहीं। यह ख़तरा इसलिए भी गम्भीर होता जा रहा है कि नयी पीढ़ियाँ पाठ्य-पुस्तकों के अलावा कुछ भी गम्भीर, स्वस्थ, विचारपूर्ण लेखन, साहित्य, वैचारिक पठन से लगातार दूर जा रही हैं। अच्छी, असरदार भाषा अच्छा पढ़ने से ही आती है। अच्छी भाषा के बिना गहरा, गम्भीर विचार-विमर्श, चिन्तन और ज्ञान-निर्माण सम्भव नहीं। वे पीढ़ियाँ जो विद्यालयों की मजबूरन पढ़ाई के बाहर केवल या अधिकांशत : यह खिचड़ी और भ्रष्ट भाषा ही पढ़-लिख रही हैं, उनकी बौद्धिक क्षमताएँ ठीक से विकसित होंगी कि नहीं। अगर हमारे भावी नागरिक गम्भीर चिन्तन और विमर्श में सक्षम ही नहीं होंगे तो उसका उनके विकास के अवसरों और व्यापक सामाजिक, आर्थिक, शैक्षिक, बौद्धिक, राजनीतिक विकास पर कैसा असर पड़ेगा, इस पर अभी हमारे बौद्धिक समाज, सरकार और नीति-निर्माताओं का ध्यान बहुत कम गया है?

सोशल मीडिया का असर बस नकारात्मक ही नहीं है। ट्विटर जैसे मंचों की शब्द-सीमा ने अपनी बात को चुस्त और कम-से-कम शब्दों में कहने के अभ्यास को सम्भव बनाया है। सोशल मीडिया ने सार्वजनिक अभिव्यक्ति और एक बड़े समुदाय तक निडर और बिना रोक-टोक और नियन्त्रण के अपनी बात, अपनी सोच और अनुभव पहुँचाना सम्भव बनाकर करोड़ों लोगों को एक नयी ताकत, छोटी-बड़ी बहसों में भागीदारी का नया स्वाद और हिम्मत दी है। इस नयी ताकत ने सरकारों और शासकों को ज़्यादा पारदर्शी, संवादमुखी और जवाबदेह बनाया है, जनता के मन और नब्ज को जानने का नया माध्यम दिया है। सोशल मीडिया की ताकत ने सरकारों को अपने फैसलों, नीतियों और व्यवहारों को बदलने पर भी मजबूर किया है।

सोशल साइट की सकारात्मकता

एक ओर सोशल साइट की नकारात्मकता पर प्रश्नचिह्न लगाये जा रहे हैं तो दूसरी ओर इसमें खूबियाँ चिह्नित की जा रही हैं। 'दैनिक जागरण' ने 24 सितम्बर, 2016 की सम्पादकीय द्वारा प्रबुद्ध वर्ग एवं कर्तव्यनिष्ठ अधिकारियों का ध्यान आकृष्ट किया है :

सकारात्मकता का लाभ

जहाँ एक ओर कुछ सोशल साइटें धार्मिक उन्माद फैलाने, ठगी और महिला अपराधों के लिए कुख्यात हैं वहीं इस आभासी दुनिया का प्रबल सकारात्मक पहलू भी है। नोएडा पुलिस ने एक अपराध का पर्दाफाश कर साबित किया है कि ऐसे मंचों का इस्तेमाल यदि सलीके से किया जाये तो यह बेहद लोकोपकारी भी है। पुलिस ने फेसबुक के जरिये पहचानकर चार लुटेरों को गिरफ्तार करने में सफलता हासिल की है। लुटेरों के गैंग ने हाल ही में एक इंजीनियरिंग छात्र को बन्धक बनाकर लूटपाट की थी। दरअसल, वारदात के वक़्त बदमाशों ने छात्र के एक दोस्त का नाम ले लिया था। पुलिस ने उसके दोस्त को पकड़ा और उसकी फेसबुक आई. डी. खँगाली। इसमें सभी आरोपी उससे जुड़े मिले। पीड़ित छात्र ने सबको पहचान लिया तो पुलिस ने तत्काल कार्रवाई कर दी।

गौर करें तो पायेंगे कि फेसबुक व अन्य सोशल साइटों ने अपने ढंग की कई क्रान्तियों को जन्म दिया है। इन्होंने गुमशुदा लोगों को मिलाया है और अन्य पीड़ितों तक राहत पहुँचाने में महती योगदान दिया है। लोग इन मंचों पर विचार प्रकट करते हैं और उससे हजारों-लाखों लोग प्रभावित होते हैं। हालाँकि इन पर कई बार अनर्गल प्रलाप भी देखने-पढ़ने को मिलते हैं। ऐसे विचार भी लिखे जाते हैं जो सभ्य समाज के लिए घातक सिद्ध होते हैं। ऐसे विचारों के चलते कभी-कभी दंगा-फसाद तक हो जाते हैं, लेकिन सन्देह नहीं कि सोशल मीडिया समाज को जोड़ने का मजबूत जरिया है। आज सरकारी और निजी दफ़्तर इनका इस्तेमाल लोगों तक योजनाओं को पहुँचाने में कर रहे हैं। यहाँ तुरन्त जनता का फीडबैक भी मिलता है जिससे आगे की कार्य योजना बनाने में भी मदद मिलती है। इसके माध्यम से कई ऐसे अभिन्न मित्र मिल जाते हैं जिनको देखे और बात किये जमाना बीत चुका होता है पर इन्हीं सब चीजों की आड़ में लोग इनका दुरुपयोग भी करते हैं। असामाजिक तत्त्व महिलाओं से सरेआम दुर्व्यवहार करते हैं। उन्हें मानसिक रूप से परेशान करते हैं। ऐसे ही इस दुनिया में ठगी का मायाजाल भी फैला हुआ है। लोग यदि लोभ के वशीभूत होकर अपने पासवर्ड और अन्य जानकारियाँ अनजान लोगों से शेयर करना बन्द कर दें तो सोशल साइट बहुत काम की है। वस्तुतः सकारात्मक दृष्टिकोण अपनाते हुए हर बात के समाधान का उपाय तलाशा जाये तो देर भले ही लगे किन्तु परिणाम सुखद और आश्चर्य मिश्रित होता है। शुक्रिया नोएडा पुलिस।

19
ब्लॉगिंग
(Blogging)

"सिटीजंस जर्नलिज्म के सशक्त माध्यम को ही ब्लॉग कहा जाता है।" —*आनन्द प्रधान*

× × ×

"ज्ञान की डेमोक्रेसी ही ब्लॉग है।" —*आलोक पुराणिक*

× × ×

"इंटरनेट के वर्चस्व का प्रतीक ही ब्लॉग है जो स्वतन्त्र अभिव्यक्ति का एक सशक्त मंच है।" —*डॉ. अर्जुन तिवारी*

ब्लॉगिंग का अर्थ

ब्लॉगिंग शब्द अंग्रेज़ी के 'वेब लॉग' (इंटरनेट आधारित टिप्पणियाँ) से बना है, जिसका अर्थ ऐसी डायरी से है जो किसी नोटबुक में नहीं बल्कि इंटरनेट पर रखी जाती है। पारम्परिक डायरी के विपरीत वेब आधारित ये डारियाँ (ब्लॉग) सिर्फ़ अपने तक सीमित रखने के लिए नहीं हैं बल्कि सार्वजनिक पठन-पाठन के लिए उपलब्ध हैं। इस डायरी को विश्वभर में कोई भी पढ़ सकता है इसलिए यह अपने विचारों, अनुभवों या रचनात्मकता को दूसरों तक पहुँचाने का जरिया प्रदान करती है। सामूहिक डायरियों (ब्लॉग मण्डल) को देखें तो यह विश्व का सबसे बड़ा जनसंचार तन्त्र बन चुका है। इसने कहीं पत्रिका का रूप ले लिया है, कहीं अख़बार का, कहीं पोर्टल का तो कहीं ज्वलन्त मुद्दों पर चर्चा के मंच का। उसकी विषय-वस्तु असीम है। कहीं संगीत है, कहीं कार्टून, कहीं चित्र, कहीं वीडियो, कहीं पर लोग मिल-जुलकर पुस्तकें लिख रहे हैं तो कहीं तकनीकी समस्याओं का समाधान किया जा रहा है। ब्लॉग मण्डल का उपयोग कहीं भाषाएँ सिखाने के लिए हो रहा है तो कहीं अमर साहित्य को ऑनलाइन पाठकों को उपलब्ध कराने में। इंटरनेट पर मौजूद अनन्त ज्ञानकोश में ब्लॉग के जरिये थोड़ा-थोड़ा व्यक्तिगत योगदान देने का सार्थक प्रयास चल रहा है।

ब्लॉगिंग ऐसा माध्यम है जिसमें लेखक ही सम्पादक है और वही प्रकाशक भी। ऐसा माध्यम जो भौगोलिक सीमाओं से पूरी तरह मुक्त, और राजनीतिक-सामाजिक नियन्त्रण से स्वतन्त्र है। जहाँ अभिव्यक्ति कायदों में बँधने को मजबूर नहीं है। इस माध्यम में न समय की कोई समस्या है, न सर्कुलेशन की कमी, न पाठकीय प्रतिक्रियाओं का इन्तजार करने की ज़रूरत। त्वरित अभिव्यक्ति, त्वरित प्रसारण, त्वरित प्रतिक्रिया और विश्वव्यापी प्रसार के चलते ब्लॉगिंग अद्वितीय रूप से लोकप्रिय हो गयी है।

ब्लॉगिंग का प्रारम्भिक स्वरूप

लगभग नब्बे के दशक में ही जियोसिटीज.कॉम, ट्राइपोड.कॉम, 8एम.कॉम, होमपेज.कॉम, एंजेलफायर.कॉम, गो.कॉम आदि ने आम लोगों को अपने निजी इंटरनेट होमपेज बनाने की सुविधा दी थी और इनमें से अधिकांश आज भी सक्रिय हैं। उन पर लाखों लोगों ने अपनी वेबसाइटें बनायीं भी लेकिन उन्हें ब्लॉगिंग की तर्ज पर लोकप्रियता नहीं मिली क्योंकि वेबसाइट बनाने के लिए तकनीकी ज्ञान आवश्यक है। दूसरी तरफ ब्लॉग का निर्माण और संचालन लगभग ई-मेल पाने, भेजने बहुत ही आसान है। ब्लॉगर, वर्डप्रेस, माईस्पेस, लाइवजर्नल, ब्लॉग.कॉम, टाइपपैड, पिटास, रेडियो यूजरलैंड आदि पर ब्लॉग और पोस्ट करना बहुत आसान है। सरल, तेज, विश्वव्यापी, विशाल, निःशुल्क और इंटरएक्टिव होने के साथ-साथ कोई सम्पादकीय, क़ानूनी या संस्थागत नियन्त्रण न होना ब्लॉगिंग की बुनियादी शक्तियाँ हैं जिन्होंने इसे इंटरनेट आधारित अभिव्यक्ति के अन्य माध्यमों की तुलना में अधिक लोकप्रिय बनाया है। ब्लॉगिंग विश्व ने उन लोगों की स्मृतियों को भी जीवित रखा है जो सरकारी दमनचक्र, समाजविरोधी तत्त्वों के जुल्म या फिर आतंकवादी कार्रवाइयों के शिकार हुए। चीन में भले ही थ्येनआनमन चौक पर हुई अमानवीय सैन्य कार्रवाई के ख़िलाफ़ मुँह खोलना बहुत बड़ा अपराध हो, पर ब्लॉगिंग की दुनिया में ऐसी कोई रोकटोक नहीं। 'यान्स ग्लटर' नामक ब्लॉग का संचालन करने वाली *यान शाम शैकलटन* सन् 1989 में थ्येनआनमन चौक पर हुए सैनिक नरसंहार में मारे गये युवकों के प्रति अपनी भावनाओं को इस तरह व्यक्त करती हैं :

"मैं भूलूँगी नहीं। मैं आपको हमेशा याद रखने का वादा करती हूँ। मैं ऐसा दोबारा नहीं होने दूँगी। मैं पूरी दुनिया को आपकी, थ्येनआनमन चौक के छात्रों की याद दिलाती रहूँगी, मेरे बड़े भाइयों और बहनों!"

आधुनिक ब्लॉगिंग का स्वरूप

ब्लॉग एक वेबसाइट की तरह है जिसे कुछ ही मिनटों में बनाया जा सकता है लेकिन इसमें फर्क सिर्फ़ इतना है कि यह एक पन्ने की तरह है जिस पर सारी सामग्री पढ़ी जा सकती है। नयी सामग्री सबसे ऊपर की तरफ दिखाई देती है और पुरानी सामग्री सिलसिलेवार ढंग से नीचे खिसकती जाती है। ब्लॉग में न केवल लिखित सामग्री डाली जा सकती है बल्कि साथ ही तस्वीरें, आवाज़ और मूवी क्लिप भी लगाई जा सकती हैं।

ब्लॉग की खूबी यह है कि इसके जरिये पाठक, लेखक से सीधे संवाद कायम कर सकता है यानी कि पाठक लेख पर अपनी टिप्पणी करके उसके बारे में अपनी राय जाहिर कर सकता है। ऐसी कई सारी सेवाएँ हैं जो मुफ्त में ब्लॉग बनाने की सुविधा मुहैया कराती हैं। इनमें ब्लॉगर (www.blogger.com) और वर्डप्रेस (www.wordpress.com) प्रमुख हैं। इन दोनों सेवाओं की मदद से आसानी से ब्लॉग बनाया जा सकता है। तकनीक की तरक्की के साथ ही अब हिन्दी तथा अन्य भारतीय भाषाओं में ब्लॉगिंग आसान हो गया है।

इन दिनों अन्तरजाल पर ब्लॉग के विभिन्न रूप मुफ्त में काम करने लगे हैं जिसके जरिये विचारों का सम्प्रेषण सम्भव है। यूँ भी ब्लॉगिंग विधा ई-मेल आधारित विभिन्न तकनीकियों का भी मेल है, जैसे– फोटो ब्लॉग, ऑडियो ब्लॉग, मोब्लॉग और वीडियो ब्लॉग। कोई भी शौकिया फोटोग्राफर फोटो ब्लॉग में मुफ्त पंजीकृत होकर अपने चित्रों को अन्तरजाल पर रखने तथा उसे विश्वव्यापी बनाने की दिशा में स्वयं को परख सकता है। इसी तरह से ऑडियो और वीडियो ब्लॉग भी हैं जहाँ अपने साउंड फाइल या वीडियो फाइल को समूची दुनिया के साथ बाँटा जा सकता है। जो लोग उत्कृष्ट लेखन के आधार पर अपने ब्लॉग पर आने वालों की संख्या में खासी बढ़ोतरी कर चुके हैं उनके लिए खुशख़बरी यह है कि उनके हिन्दी ब्लॉग पर भी विज्ञापन मिलने प्रारम्भ हो चुके हैं। नाम का नाम और दाम का दाम। पत्रकारिता में दखल रखने वाले समाचार फ़ीचर्स भी ब्लॉग पर संचालित कर एक लघु व्यवसाय का रूप दे सकते हैं। अब तो दुनिया के तमाम विषयों और लगभग सभी बड़ी भाषाओं में ब्लॉग प्रारम्भ हो चुके हैं। इसमें हम कला, साहित्य, पत्रकारिता, राजनीति, समाज, धर्म, अध्यात्म, व्यापार, बाज़ार, शिक्षा, चिकित्सा, प्रौद्योगिकी, इतिहास, पुरातत्त्व आदि को शामिल देख सकते हैं।

अभिव्यक्ति के आधुनिकतम प्रभावकारी माध्यम ब्लॉग के स्वरूप को निम्नलिखित बिन्दुओं द्वारा स्पष्ट किया जा सकता है :

1. पीटरमी डॉट कॉम के *पीटर मरहोल्ज* ने वेब लॉग के स्थान पर उसके छोटे रूप 'ब्लॉग' का प्रयोग किया।
2. ब्लॉग अमेरिका में सन् 1997 के दौरान इंटरनेट पर प्रचलन में आया। प्रारम्भ में कुछ ऑनलाइन जर्नल्स के ब्लॉग प्रकाशित किये गये।
3. अप्रैल, 1997 में न्यूयार्क के *डेव वाइनर* ने स्क्रिप्टिंग न्यूज़ नामक एक वेबसाइट शुरू की, जिसने ब्लॉगिंग की अवधारणा को स्पष्ट किया और लोगों को अपने विचार इंटरनेट पर प्रकाशित करने के लिए प्रेरित किया।
4. दिसम्बर, 1997 में *जोर्न बार्गर* ने रोबोटविसडम डॉट कॉम की शुरुआत की और पहली बार इसे वेब लॉग का नाम दिया।
5. हिन्दी में पहला ब्लॉग दो मार्च, 2003 को तैयार हुआ। हिन्दी की प्रथम ब्लॉग साइट का श्रेय बंगलुरु निवासी *आलोक कुमार* के ब्लॉग नौ दो ग्यारह (वे अपने ब्लॉग को चिट्ठा कहते हैं) को जाता है, जिसमें वे पिछले कुछ वर्षों से अपने कम्प्यूटर जगत् के तकनीकी तथा अन्य व्यक्तिगत अनुभवों को नियमित लिखते हैं।
6. ब्लॉगों की दुनिया पर केन्द्रित कम्पनी 'टेक्नौरैटी' की जुलाई, 2007 के अनुसार 9.38 करोड़ ब्लॉगों का ब्योरा उसके पास उपलब्ध है, सम्पूर्ण ब्लॉग मण्डल का आकार हर छह महीने में दोगुना हो जाता है।
7. दुनिया के प्रसिद्ध ब्लॉगरों में *एंड्रयू सालीवन, रॉन गंजबर्गर, ग्गेन रोलाण्ड, डंफन ब्लैक, पीटर रोजास, जेनी जॉर्डन, बेन ट्रोट, जोनाथन श्वाट्र्ज, जेसन गोल्डमैन, रॉबर्ट स्कोबल, मैट ड्रज* आदि शामिल हैं।
8. पूर्व अमेरिकी राष्ट्रपति *बिल क्लिंटन* को महाभियोग की हद तक ले जाने वाले *मोनिका लुइंस्की* प्रकरण का पर्दाफाश *मैट ड्रज* ने ही अपने ब्लॉग से किया था।
9. चीन की अभिनेत्री *जू जिंगले* का ब्लॉग सम्भवतः दुनिया का सर्वाधिक लोकप्रिय ब्लॉग है, जिसे पाँच करोड़ से भी अधिक बार पढ़ा जा चुका है।
10. भारत के कई अंग्रेज़ी ब्लॉग काफ़ी लोकप्रिय हो गये हैं, जिनमें *गौरव सबनीस* का वांटेड प्वाइंट, *अमित वर्मा* का इंडिया अनकट, *रश्मि बंसल* की यूथ सिटी, *अमित अग्रवाल* का डिजिटल इंसपारेशन, *दीना मेहता* का दीनामेहता डॉट कॉम आदि अपने देश के लोकप्रिय अंग्रेज़ी ब्लॉग हैं।
11. *आमिर खान, बिपाशा बसु, राहुल बोस, राहुल खन्ना, शेखर कपूर, सुचित्रा कृष्णमूर्ति, अनुपम खेर, अशोक चक्रधर,* रेडिफ चेयरमैन *अजीत बालाकृष्णन,* इंडियावर्ल्ड डॉट कॉम बनाकर उसे छह सौ करोड़ रुपये में सिफी.कॉम को बेचने वाले *राजेश जैन,* वरिष्ठ पत्रकार *राजदीप सरदेसाई,* नौकरी.कॉम के सीईओ *संजीव बीखचन्दानी,* वरिष्ठ पत्रकार *शेवन्ती नैनन* के हूट आदि भी चर्चित ब्लॉगर्स हैं।
12. *अमिताभ बच्चन* और *शत्रुघ्न सिन्हा* के बीच ब्लॉग के माध्यम से जंग छिड़ी है।
13. दुनिया में ब्लॉगिंग से सर्वाधिक कमाई करने वालों में *केविन रोस* नामक किशोर प्रमुख है, जिसने महज डेढ़ साल की अवधि में छह करोड़ डॉलर यानी लगभग ₹25 करोड़ की राशि अर्जित की है।
14. आज हिन्दी में चार हजार से ज़्यादा ब्लॉग्स हैं, वर्ष 2005 के दिसम्बर में यह संख्या कुछ सौ की थी। वर्ष 2008 में यह संख्या दस हजार तक पहुँच चुकी है।
15. ब्लॉग सर्च इंजन टेक्नौरैटी के मुताबिक इस वक़्त साइबरस्पेस में 11.2 करोड़ ब्लॉग मौजूद हैं।

साइट सैर

1. माय वेब दुनिया (www.mywebdunia.com) : यह वेब दुनिया का नया ब्लॉगिंग प्लेटफॉर्म है। यहाँ आप अंग्रेज़ी के अलावा हिन्दी, तमिल, पंजाबी, गुजराती और कन्नड़ आदि कई भारतीय भाषाओं में ब्लॉग बना सकते हैं।

2. अमेरिकन रेटॉरिक (www.americanrhetoric.com) : अगर आपकी दिलचस्पी भाषा-कला में है, तो यह वेबसाइट आपके लिए काफ़ी उपयोगी साबित हो सकती है। यहाँ आप व्याख्यान देने की विभिन्न शैलियों के बारे में जान सकते हैं, साथ ही अमेरिकी इतिहास के सौ बेहतरीन भाषणों को ऑनलाइन पढ़ व सुन सकते हैं।

3. स्टडी गाइड ऐंड स्ट्रेटजी (www.studygs.net) : यह विद्यार्थियों के लिए बहुत ही उपयोगी वेबसाइट है। यहाँ पढ़ाई-लिखाई से जुड़ी ढेरों जानकारियाँ पायी जा सकती हैं। इम्तिहान में अच्छे अंक लाने के लिए भी कई नुस्खे आप यहाँ पायेंगे।

4. क्रिकेट फीवर (cricketwircket.blogspot.com) : भारत में क्रिकेट को धर्म समझा जाता है और अगर आप भी इस धर्म को मानने वालों में शुमार होते हैं, तो यह ब्लॉग खास आपके लिए है। यहाँ आप क्रिकेट से जुड़े मुद्दों पर ब्लॉगर की राय के साथ खेल की ताजातरीन गतिविधियों की जानकारी भी प्राप्त कर सकते हैं।

5. शैफाली (Shaifaly.mywebdunia.com) : शैफाली शर्मा का नया हिन्दी ब्लॉग। यहाँ आप विभिन्न विषयों पर उनके विचारों और कविताओं को पढ़ सकते हैं।

6. रंगकर्मी (rangkarmi.blogspot.com) : यह एक समूह ब्लॉग है, जहाँ आप बहुत-से कलाकारों और पत्रकारों की रचनाओं का लुत्फ उठा सकते हैं। यहाँ आप कविता, कहानी, लेख और कार्टून वगैरह बहुत कुछ पायेंगे।

ब्लॉग और हिन्दी

यह हिन्दी पट्टी की विडम्बना ही है कि जिसकी जमीन सारे विश्व को सबसे ज़्यादा और योग्य सॉफ्टवेयर इंजीनियर देती है वहाँ सबसे बाद में ब्लॉग की तकनीक पहुँच सकी है। हिन्दी के प्रथम ब्लॉग वेबसाइट कहलाने का गौरव बंगलुरु के नौ दो ग्यारह को है, जिन्होंने ब्लॉग का नामकरण हिन्दी में किया—'चिट्ठा', जो अब तकनीकी शब्दावली में भी स्वीकृत होने लगा है। चाहे कारण इंटरनेट की अनुपलब्धता का हो या फिर हिन्दी फोंट या टाइपिंग तकनीक का, हिन्दी में उस गति से लोग ब्लॉग लिखने को उत्सुक नहीं हो सके जिस गति से अंग्रेज़ी में हुआ। कुछ ही समय पहले हिन्दी के 2-4 लेखक ही ब्लॉग तकनीक का फायदा उठाकर अपनी रचनात्मकता को इंटरनेट पर प्रदर्शित कर रहे थे पर खुशी की बात है कि देखते-ही-देखते विगत 5-6 माह के भीतर इनकी संख्या 400 तक पहुँच चुकी है। यानी कि हिन्दी वाले भी इस दिशा में पीछे नहीं हैं। इसे हिन्दी वैभव का शैशवकाल कहकर सन्तुष्ट हुआ जा सकता है।

इन 400 ब्लॉग में से अधिकांश हिन्दी ब्लॉग इंटरनेट पर अपनी नियमित उपस्थिति दर्ज करा रहे हैं। वे न सिर्फ़ उपस्थिति बल्कि वे कई कोणों से उपयोगी भी सिद्ध हो रही हैं। नारद एक ऐसा ब्लॉग है जहाँ विश्वभर के हिन्दी ब्लॉगरों का लेखा-जोखा है। यहाँ तत्काल पता चल जाता है कि अभी किसने अपने हिन्दी ब्लॉग में क्या लिखा है। इसी गोत्र की साइटें हैं : चिट्ठा, विश्व हिन्दी चिट्ठाकारों की जालमुद्रिका आदि। विश्वास है भविष्य में एक ही विषय पर लिखे जाने वाले ब्लॉग को पृथक्-पृथक् जानकारी भी इसी तरह उपलब्ध कराने वाली ब्लॉग साइट्स हों। हिन्दी ब्लॉग मण्डल में विभिन्न ब्लॉग रूपों के उदाहरण भी मौजूद हैं। जैसे कि अक्षरग्राम, बुनो कहानी, ज्ञान-विज्ञान जैसे ब्लॉग समूह ब्लॉग हैं, यानी कि लेखकों के समूह द्वारा लिखे जाने वाले चिट्ठे। ब्लॉगनाद विश्व का पहला ऑडियो ब्लॉग है।

ब्लॉग उन भाषाओं के साहित्य एवं साहित्यकारों की रचनात्मकता को वैश्विक धरातल प्रदान करने में सूक्ष्म तकनीक है जो अन्तरजाल में हिन्दी की अनिवार्यता एवं खास तकनीक में दक्षता के बगैर अपनी अभिव्यक्ति कौशल के बावजूद स्वयं को पिछड़ा हुआ मानते हैं। आज हिन्दी के बड़े-से-बड़े साहित्यकार और पत्रकार, चित्रकार, क्रिकेटर अपनी रचनात्मकता को ब्लॉग के माध्यम से ही सारे संसार के पाठकों के सम्मुख रखने लगे हैं। अब तो ब्लॉग पर इतनी सुविधाएँ मुहैया करा दी जा चुकी हैं कि कोई भी उस तकनीक में पारंगत होकर अपनी किसी किताब को समूची दुनिया के लिए ऑनलाइन उपलब्ध करा सकता है। जैसे कि सृजन-सम्मान, छत्तीसगढ़ ने राज्य के 12 से अधिक साहित्यकारों की महत्त्वपूर्ण कृतियों को इंटरनेट

पर स्थापित किया है। ब्लॉग निजी अभिव्यक्ति का माध्यम एवं मात्र निजी डायरी ही नहीं अपितु पत्र-पत्रिका का शक्ल भी अख्तियार कर चुका है।

हिन्दी के दो ऐसे ब्लॉग हैं जो पत्रिका की शक्ल में लगातार प्रकाशित हो रहे हैं और जिनके पाठक भी विश्वभर में फैले हुए हैं। ये एक तरह से ऑनलाइन वेब पत्रिका की तरह ही हैं। दोनों ही पत्रिकाओं में ऐसे लेखकों की रचनाएँ प्रकाशित की जाती हैं जो तकनीकी ज्ञान के कारण इंटरनेट की पत्र-पत्रिकाओं में छप नहीं पाती हैं। दूसरी ओर कुछ ब्लॉग एक सजग प्रहरी के रूप में अपने सामाजिक दायित्वों के निर्वाह का प्रयास भी कर रहे हैं जैसे कि *बालेन्दु शर्मा दाधीच* का वाह मीडिया, हिन्दी ब्लॉग जो कि हिन्दी मीडिया की गलतियों का सार्थक छिद्रान्वेषण करता है। दूसरी ओर *रवि रतलामी* का हिन्दी ब्लॉग तकनीकी क्षेत्र के नये घटनाक्रम सम्बन्धी सूचनाओं और व्यंग्यात्मक टिप्पणियों के लिए चर्चित बना रहता है।

ब्लॉग और विज्ञापन

ब्लॉग के माध्यम से कमाई करने का सबसे बड़ा जरिया विज्ञापन है।

गूगल ऐडसेंस, बिडवरटाइजर, ऐडब्रिट और रेवेन्यूपाइलट वगैरह कई ऑनलाइन सेवाएँ हैं जो ब्लॉग पर विज्ञापन देती हैं। इनमें से गूगल की 'ऐडसेंस' सेवा सबसे लोकप्रिय विज्ञापन सेवा है। दरअसल इनके विज्ञापन अपने ब्लॉग पर लगाने के लिए पहले इनका सदस्य बनना अनिवार्य है। ऐसी ज़्यादातर सेवाओं की सदस्यता पूरी तरह निःशुल्क है। इनका सदस्य बनने के बाद ये सेवाएँ कुछ 'कोड' मुहैया कराती हैं, जिसे ब्लॉग पर लगाना होता है। यह कोड उपभोक्ता के ब्लॉग की सामग्री को पढ़कर उस सामग्री के हिसाब से विज्ञापन ब्लॉग पर दिखाता है। इसका मतलब यह है कि अगर आपका ब्लॉग सिनेमा और बॉलीवुड के बारे में है तो अमूमन उससे सम्बन्धित विज्ञापन ही आपके ब्लॉग पर दिखाई पड़ेंगे। जब आपके ब्लॉग का कोई पाठक उस विज्ञापन पर क्लिक करेगा तो कुछ रकम आपके ऐडसेंस खाते में जमा हो जाती है। कुल जमा रकम के एक निश्चित सीमा तक पहुँचने के बाद गूगल चेक के माध्यम से वह रकम ब्लॉगर (ब्लॉग-लेखक) को भेज देता है।

विज्ञापन देने वाली कम्पनियाँ ब्लॉग की लोकप्रियता के आधार पर पेमेंट करती हैं। ब्लॉग से अच्छी कमाई करने के लिए केवल ब्लॉग बनाना ही काफ़ी नहीं है। इसके अलावा कई सारी ऐसी चीजें हैं जो इस पर असर डालती हैं। जैसे कि ब्लॉग की सामग्री, ब्लॉग पर विज्ञापनों का स्थान, सर्च इंजन प्रमोशन और ब्लॉग के पाठकों की तादाद वगैरह। इनमें सबसे खास है ब्लॉग की सामग्री। आपके ब्लॉग की सामग्री अगर मनोरंजक, स्तरीय और दूसरे ब्लॉगों से कुछ हटकर है तो निश्चित ही लोग आपके ब्लॉग की तरफ आकर्षित होंगे और उसे पढ़ना चाहेंगे। ऐसे में आपके ब्लॉग के पाठकों की संख्या बढ़ेगी। जैसे-जैसे आपके ब्लॉग को ज़्यादा लोग पढ़ेंगे, उस पर लगे विज्ञापनों पर क्लिक करने वालों की संख्या में भी इजाफा होता जायेगा। सामग्री की गुणवत्ता के अलावा यह भी काफ़ी महत्त्वपूर्ण है कि क्या आपका ब्लॉग आसानी से लोगों की पहुँच में है? आमतौर पर लोग सर्च इंजन की मदद से विभिन्न विषयों की सामग्री को खोजते हैं। आपका ब्लॉग ज़्यादातर अगर सर्च इंजन में डला हुआ है तो लोग खासी आसानी से आपके ब्लॉग तक पहुँच सकते हैं। ब्लॉग खोजने के लिए 'टेक्नोरैटी' (www.technorati.com) काफ़ी लोकप्रिय सर्च इंजिन है। इसलिए इसमें अपने ब्लॉग को शामिल करना बहुत ज़रूरी है। साथ ही इस बात पर भी गौर करना चाहिए कि आपके ब्लॉग पर विज्ञापन कहाँ लगे हुए हैं। विज्ञापन ऐसी जगहों पर लगे होने चाहिए जहाँ आसानी से लोगों की नजर जा सके।

किसी भी ब्लॉगर के लिए जो अपने ब्लॉग का व्यावसायिक इस्तेमाल करना चाहता है, सबसे ज़रूरी यह है कि वह अपने ब्लॉग पर नियमित तौर पर लेखन करे ताकि पाठक ब्लॉग की ओर आकर्षित होते रहें और आपके ब्लॉग को पढ़ने के आदी हो जायें। नियमित लेखन के अभाव में ब्लॉग के पाठकों की तादाद कम होती जाती है जो व्यावसायिक दृष्टि से नुकसानदेह साबित होता है।

ब्लॉगिंग के आयाम

ब्लॉगिंग नये क्षेत्रों, नयी दिशाओं में आगे बढ़ रही है। असल में ब्लॉग तो अपनी अभिव्यक्ति, अपनी रचनाओं को विश्वव्यापी इंटरनेट उपभोक्ताओं के साथ बाँटने का मंच है, और ऐसे मंच का प्रयोग सिर्फ़ लेखों, राजनीतिक टिप्पणियों और साहित्यिक रचनाओं के लिए किया जाये, यह किसी किताब में नहीं लिखा है। ब्लॉग पर फोटो या वीडियो डाल दीजिए, वह फोटो ब्लॉग तथा वीडियो ब्लॉग कहलाएगा। संगीत डाल दीजिए तो वही म्यूजिक ब्लॉग हो जायेगा। रेडियो कार्यक्रम की तरह अपनी टिप्पणियों को रिकॉर्ड करके आडियो फाइलें डाल दीजिए तो वह पोडकास्ट कहलाएगा। किसी ब्लॉग को कई लोग मिलकर चलाएँ तो वह कोलेबरेटिव या सामूहिक ब्लॉग बन जायेगा। हिन्दी में 'बुनोकहानी' नामक ब्लॉग पर कई ब्लॉगर मिलकर कहानियाँ लिख रहे हैं। यह इसी श्रेणी में आएगी। किसी परियोजना विशेष से जुड़े लोग यदि आपस में विचारों के आदान-प्रदान के लिए ब्लॉग बनायेंगे तो वह प्रोजेक्ट ब्लॉग माना जायेगा और अगर कोई कम्पनी अपने उत्पादों या सेवाओं का प्रचार करने या फिर अपने कर्मचारियों के बीच वैचारिक आदान-प्रदान के लिए ब्लॉग बनाती है तो इसे कॉरपोरेट ब्लॉग कहेंगे। यानी ब्लॉग आपकी ज़रूरतों के अनुसार ढल सकता है। यूट्यूब (आम लोगों की ओर से पोस्ट किये गये वीडियो), लिकर (आम लोगों के खींचे चित्र), विकीपीडिया (आम लोगों द्वारा लिखे गये लेख) जैसी परियोजनायें भी ब्लॉगों की ही तर्ज पर विकसित हुई हैं। अब आम लोगों के भेजे समाचारों की वेबसाइटें भी लोकप्रिय हो रही हैं। अंग्रेज़ी समाचार चैनल आई. बी. एन. ने पिछले साल इस दिशा में पहल की थी जो बहुत सफल हुई। भारत में मेरीन्यूज.कॉम भी नागरिक पत्रकारिता (सिटीजन जर्नलिज्म) पर आधारित एक चर्चित वेबसाइट है।

ब्लॉगिंग के और भी बहुत से रूप तथा उपयोग हैं। आजकल ईमेल पर जिस तरह से वायरसों और स्पैम (अनचाही तथा घातक डाक) का हमला हो रहा है उसे देखते हुए बहुत-सी कम्पनियाँ ब्लॉगों को सन्देशों के आदान-प्रदान के सुरक्षित माध्यम के रूप में भी इस्तेमाल कर रही हैं। यह सामाजिक मेलजोल का भी एक माध्यम है। अपने ब्लॉग पर टिप्पणियाँ करने वाले अनजान व्यक्तियों के साथ सन्देशों का आदान-प्रदान करते-करते उनके साथ मित्रता हो जाना स्वाभाविक है। धीरे-धीरे एक ही विषय में रुचि रखने वाले लोगों के बीच सामुदायिकता की भावना पनप रही है।

दूसरे सभी क्षेत्रों की ही तरह ब्लॉग जगत् में भी मार्केटिंग की अहम् भूमिका है। इंटरनेट पर विज्ञापनों के जरिये लोगों को अपने ब्लॉग पर खींचा जा सकता है। याहू और गूगल आदि की बहुत-सी ऐसी सेवाएँ हैं, जहाँ ब्लॉग का विज्ञापन दिया जा सकता है। याहू और गूगल ने खासतौर से भारत में विज्ञापन दिखाने के लिए नयी योजनाएँ शुरू की हैं, जहाँ पचास पैसे से लेकर दो रुपये प्रति क्लिक तक देकर आप अपने ब्लॉग के लिए कई सारे सम्भावित पाठकों को आकर्षित कर सकते हैं, अगर इस तरह के विज्ञापनों की मदद से कोई एक बार आपके ब्लॉग पर आ गया और उसे आपके ब्लॉग की सामग्री पसन्द आयी, तो उसे नियमित पाठक बनने में कतई देर नहीं लगेगी। ब्लॉग को लोकप्रिय बनाने का एक अन्य तरीक़ा यह है कि तमाम दूसरे साथी ब्लॉगर्स के ब्लॉग्स और वेबसाइट्स पर आपके ब्लॉग का लिंक हो। इसलिए दूसरों से आप अपने ब्लॉग का लिंक देने की गुजारिश कर सकते हैं। इस तरह अन्य स्रोतों से जितने ज़्यादा लिंक आपके ब्लॉग को दिये गये होंगे, उतनी ही ज़्यादा आपके ब्लॉग्स की पेज-रेंक होगी और उतने ही ज़्यादा पाठक आपके ब्लॉग्स पर आयेंगे। साथ ही दूसरे ब्लॉग्स के नियमित पाठक इस तरह आपके ब्लॉग पर भी आने लगेंगे।

इंटरनेट पर अभिव्यक्ति अब बाएँ हाथ का खेल हो चुका है। न वेब स्पेस लेने की माथापच्ची, न ही वांछित साइट रजिस्टर कराने की जद्दोजहद। किसी कम्प्यूटरी भाषा (लैंग्वेज) सीखने की भी कतई ज़रूरत नहीं। किसी साइबर कैफे में यह कार्य चन्द मिनटों में हो सकता है।

ब्लॉग अन्तरजाल की दुनिया की ऐसी टेक्नालॉजी है जिसके सहारे अभिव्यक्ति रातोरात वैश्विक हो सकती है। चाहे आप यहाँ कविता लिखें या कहानी। उपन्यास लिखें या ललित निबन्ध या फिर समाचार ही टंकित करें। खास बात यह है कि ब्लॉग पर लिखने के लिए यह ज़रूरी नहीं कि आप बहुत बड़े लेखक, पत्रकार, कवि या विचारक ही हों। ज़रूरत है तो ब्लॉग पर क्लिक करने की और बस लग जायेंगे आपके विचारों को पंख। आप कुछ भी लिखेंगे, फीडबैक मिनटों में मिल जाता

है। यानी किताब लिखने से ज़्यादा तेज़ी और फायदेमन्द। फायदेमन्द इसलिए क्योंकि यहाँ लिखने के लिए न तो आपको किसी पब्लिशर के चक्कर काटने पड़ेंगे और न ही किसी सम्पादक की कैंची का मोहताज होना पड़ेगा। अपनी पहचान को पूरी तरह छिपाते हुए आप साइबर कम्युनिटी का हिस्सा यानी ब्लॉगर बन सकते हैं।

दूर देश में बैठे मित्रों या अपरिचित पाठकों की नियमित और सार्थक प्रतिक्रिया भी मुफ्त में आप प्रेरणा स्वरूप प्रयोग कर सकते हैं। इससे आप अपनी लेखनी का मूल्यांकन भी नियमित कर सकते हैं। ब्लॉग की सबसे बड़ी उपलब्धि है उसका चिरकाल तक लोगों के लिए पढ़ने के लिए उपलब्ध रहना। यह नहीं कि पेपर बैक संस्करण की तरह प्रकाशित हुआ और समय के साथ नष्ट हो गया। जब तक इंटरनेट रहेगा, आपकी रचना आम लोगों की पहुँच में रहेगी।

20

वेब पत्रकारिता
(Web Journalism)

सूचना एवं संचार क्रान्ति के इस युग में मनुष्य का सर्वांगीण विकास सूचना पर ही निर्भर नजर आता है। तकनीकी विकास के साथ ही सूचना सम्प्रेषण का तरीक़ा भी बदल रहा है। परम्परागत माध्यमों से होते हुए आज हम साइबर पत्रकारिता की दुनिया में कदम रख चुके हैं, जो न सिर्फ़ पत्रकारिता की अन्य विधाओं से काफ़ी अलग है बल्कि क्षेत्रीय सीमाओं के बन्धन से परे भी नजर आती है। शब्द, ध्वनि एवं चित्रों के सम्मिश्रण से तैयार इस दुनिया में हम कभी भी कहीं से प्रवेश कर सकते हैं। निश्चित तौर पर पत्रकारिता की यह विधा एक ऐसे सूचना साम्राज्य के निर्माण में सक्षम है, जिसमें सूचनाएँ माउस के क्लिक से इतनी दूर हैं। प्रस्तुत इकाई का मुख्य उद्देश्य पत्रकारिता की इस नयी विधा से छात्रों को परिचित कराना है। इस इकाई में वेब पत्रकारिता के अर्थ एवं स्वरूप के साथ ही भारत में इसकी विकास-यात्रा पर चर्चा की गयी है। इसके अतिरिक्त वेब पत्रकारिता की विशिष्टताओं पर प्रकाश डालने के साथ ही भविष्य में इसकी स्थिति एवं पहुँच पर दृष्टि डालना भी इस इकाई का उद्देश्य है। इस इकाई के अध्ययन के उपरान्त विद्यार्थियों में वेब पत्रकारिता की बुनियादी समझ विकसित हो सकेगी।

वेब पत्रकारिता : अर्थ एवं स्वरूप (Web Journalism : Meaning and Form)

वेब पत्रकारिता, इंटरनेट पत्रकारिता अथवा साइबर पत्रकारिता, पत्रकारिता की वह विधा है जो कम्प्यूटर की मदद से इलेक्ट्रॉनिकली उत्पादित एवं संचालित की जाती है। वास्तव में, यह मल्टीमीडिया, इंटरनेट, हाइपर टेक्चुअल्टी एवं इंटरकनेक्टिविटी का सम्मिश्रण है।

वेब पत्रकारिता को डॉटकाम पत्रकारिता अथवा 'पेपरलेस एवं पेनलेस जर्नलिज्म' भी कहते हैं। वेब पत्रकारिता कम्प्यूटर एवं इंटरनेट पर पूर्णतः निर्भर है। वर्चुअल स्पेस के रूप में अपने साम्राज्य को सृजित करने वाली यह विधा कहीं से भी संचालित की जा सकती है एवं साथ-ही-साथ विश्व के किसी भी कोने में बैठे पाठक, श्रोता अथवा दर्शक इससे जुड़कर सेवाएँ प्राप्त कर सकते हैं। बहुत से लोग इसे वर्चुअल जर्नलिज्म भी कहते हैं क्योंकि इसका अस्तित्त्व वर्चुअल स्पेस से जुड़ा है।

वेब पत्रकारिता एक अरेखीय (Non-linear) माध्यम है। यह रेडियो एवं टेलीविजन की तरह रेखीय (linear) माध्यम नहीं है। रेडियो एवं टेलीविजन जैसे माध्यम जहाँ श्रोताओं एवं दर्शकों को क्रमवार सूचना सम्प्रेषित करते हैं वहीं वेब पत्रकारिता सूचना के किसी भी हिस्से से जुड़ने की आज़ादी प्रदान करती है। हाइपरलिंकिंग की सुविधा इसे और भी महत्त्वपूर्ण बना देती है। इसके जरिये हम महत्त्वपूर्ण सूचनाओं से सम्बन्धित विस्तृत विवरण भी प्राप्त कर सकते हैं।

इस प्रकार से हम देखते हैं कि वेब पत्रकारिता ने हमारे सामने एक विकल्प भी प्रस्तुत करने का कार्य किया है। हम समाचार को सुनना चाहते हैं, उसे पढ़ना चाहते हैं या फिर उसे देखना चाहते हैं, तीनों विकल्प हमारे सामने मौजूद हैं। देखा

जाये तो साइबर पत्रकारिता ने क्रियात्मकता के अभिनव आयाम को प्रस्तुत करने का कार्य किया है। समाचार-पत्र के मुद्रण की अपनी सीमा व विस्तार होता है। परन्तु ई-समाचार-पत्र को दुनिया के किसी भी कोने से पढ़ा जा सकता है। उसके तथ्यों आलेखों एवं विज्ञापनों से जुड़े विवरण को भी हासिल किया जा सकता है। वेब पत्रकारिता को समझने के लिए इसके प्रमुख अंगों को जानना भी ज़रूरी है :

(i) मुख्य धारा समाचार साइट : इस प्रकार की समाचार साइट समचार-पत्र के संस्करण को इंटरनेट पर उपलब्ध कराती हैं, जैसे–The Hindu; The Times of India, दैनिक जागरण इत्यादि।

(ii) अनुक्रमणिका एवं श्रेणी साइट : यह अलग-अलग श्रेणियों की सूचनाओं के बारे में जानकारी देती है। अपेक्षाकृत यह कम लोकप्रिय है।

(iii) मैटर एवं कमेंट साइट : इस प्रकार की साइट को जर्नलिज्म एबाउट भी कहते हैं। इसके जरिये हम समाचार के अन्तर्वस्तु पर टिप्पणी अथवा सुझाव दे सकते हैं।

(iv) शेयर एवं डिस्कशन साइट : यह किसी मुद्दे पर चर्चा करने का अवसर उपलब्ध कराती है।

इस प्रकार से हम कह सकते हैं कि वेब पत्रकारिता मुद्रित, श्रव्य एवं दृश्य तीनों माध्यमों का परिणाम एक साथ प्रस्तुत करने वाली वह विधा है जो भौगोलिक सीमा के बन्धनों से पूर्णतया मुक्त है। समाचार-पत्रों की भाँति यह न तो समय एवं क्षेत्र की सीमा में बँधी है और न ही इसमें रेडियो एवं टेलीविजन की भाँति फ्रीक्वेंसी की समस्या ही आती है। तात्कालिकता एवं क्षेत्र-विस्तार इस माध्यम को अन्य माध्यमों की अपेक्षा महत्त्वपूर्ण बनाते हैं।

भारत में वेब पत्रकारिता (Web Journalism in India)

सन् 1992 में शिकागो ट्रिब्यून नामक समाचार-पत्र द्वारा 'शिकागो ऑनलाइन' की शुरुआत के लगभग 3 साल बाद भारतीय समाचार-पत्र 'द हिन्दू' ने सर्वप्रथम अपना ऑनलाइन संस्करण इंटरनेट पर उपलब्ध कराया। भारत में वेब पत्रकारिता का यह पहला कदम था। सितम्बर, 1999 में प्रतिष्ठित समाचार-पत्र 'नयी दुनिया' के मालिक *श्री विजय छजलानी* ने हिन्दी के पहले पोर्टल 'वेब दुनिया' की नींव रखी। इस वेब पोर्टल ने फरवरी, 2000 से अपना कार्य करना शुरू कर दिया। वर्तमान में यह एक चर्चित वेब पोर्टल है। *श्री छजलानी* ने हिन्दी भाषा में इस वेब पोर्टल को शुरू करके हिन्दी-भाषी इंटरनेट उपभोक्ताओं को एक महत्त्वपूर्ण विकल्प उपलब्ध कराने का कार्य किया। इसके पहले कुछ प्रमुख समचार-पत्रों ने अपने संस्करण इंटरनेट पर उपलब्ध करने शुरू कर दिये थे परन्तु 'वेब दुनिया' ने वेब पत्रकारिता की अवधारणा को भारत में मजबूत करने का कार्य किया। www.webdunia.com नामक साइट आज एक अलग पहचान रखती है। प्रारम्भिक दिनों में समाचार-पत्र अपने इंटरनेट संस्करणों में लगभग वही सामग्री रखते थे जो उनके मूल संस्करणों में होती थी परन्तु बाद में वे लेआउट के साथ-साथ इंटरनेट संस्करण की सामग्री में भी बदलाव करने लगे। सन् 2000 तक ई-समाचार-पत्रों की संख्या 50 से अधिक हो गयी थी।

वर्तमान समय में सभी प्रमुख भारतीय भाषाओं में ई-समाचार-पत्र उपलब्ध हैं। इनमें 'दैनिक जागरण', 'प्रभासाक्षी', 'अमर उजाला', 'राजस्थान पत्रिका', 'दैनिक भाष्कर' आदि हिन्दी में 'मंगलम', मलयालम में 'प्रजावाणी', कन्नड़ में एवं 'तरुण भारत' मराठी में काफ़ी लोकप्रिय हैं। इसके अलावा अंग्रेज़ी के प्रमुख समाचार-पत्र 'The Times of india', 'The Hindu, 'The Hindustan Times' आदि भी इंटरनेट के माध्यम से नेट उपभोक्ताओं तक ख़बरें पहुँचाने का काम कर रहे हैं। जहाँ तक इंटरनेट पर प्रकाशित होने वाली पत्रिकाओं का प्रश्न है तो इस दिशा में भी विभिन्न भाषाओं की पत्रिकाओं ने कदम रख दिया है। समसामयिक विषयों के अलावा राजनीति, सामाजिक, स्वास्थ्य एवं साहित्यिक पत्रिकाओं के अलावा सभी प्रमुख क्षेत्रों से जुड़ी पत्रिकाएँ नेट पर उपलब्ध हैं। इसके लिए 'विजीटर्स' को अपनी रुचि एवं भाषा के अनुसार ई-ज्वॉइन अथवा वेब ज्वॉइन के रूप में प्रचलित ई-पत्रिकाओं की वेबसाइट से जुड़ना होता है। तेलुगु भाषा की साहित्यिक वेब पत्रिका 'इनाडु' एवं तमिल भाषा की 'पाथीवुकल' काफ़ी प्रसिद्ध हैं।

भारत में इंटरनेट रेडियो की शुरुआत भी हो चुकी है। आकाशवाणी के प्रसारण को इंटरनेट के जरिये सुना जा सकता है। इसके अलावा प्रमुख खबरिया चैनल भी इंटरनेट के माध्यम से अपनी सेवाएँ उपलब्ध करा रहे हैं। 'आज तक', 'आई. बी. एन-7', 'जी-न्यूज' आदि भी वेब की दुनिया में कदम रख चुके हैं। इसके अलावा 'बी. बी. सी.' की हिन्दी-सेवा भी काफ़ी लोकप्रिय हो चुकी है। *तरुण तेजपाल* के 'तहलका डॉट कॉम' ने वेब पत्रकारिता को एक नयी दिशा देने का कार्य किया है। *श्री तेजपाल* ने भ्रष्टाचार के एक मामले को इंटरनेट के जरिये लोगों तक पहुँचाकर एक नये चलन का सूत्रपात किया जो काफ़ी प्रभावी एवं लोकप्रिय हो चला है।

इस प्रकार से हम देखते हैं कि भारत में वेब पत्रकारिता का विकास काफ़ी तेज़ी से हो रहा है। मात्र डेढ़ दशक के सफर में इसने आज खुद को स्थापित कर लिया है। भारत वेब पत्रकारिता के लिए एक वृहद् बाज़ार साबित हो सकता है बशर्ते कम्प्यूटर साक्षरता तेज़ी से बढ़े। पत्रकारिता की समग्र विधाओं को मजबूत करने में विज्ञापनों की अहम् भूमिका होती है। ऐसे में अधिक-से-अधिक विज्ञापन प्राप्त करने की चाहत और भी मीडिया संगठनों को इस तरफ आकर्षित करेगी। कम खर्च में अधिक लोगों तक पहुँचने की क्षमता इस विधा को भारतीय जनमानस में पैठ दिलाने में सक्षम है।

वेब पत्रकारिता की महत्ता (Significance of Web Journalism)

वेब पत्रकारिता, पत्रकारिता का आधुनिकतम रूप है। जैसे–जैसे कम्प्यूटर लिटरेसी की दर बढ़ती जा रही है और लोग इंटरनेट से जुड़ते जा रहे हैं वैसे-वैसे वेब पत्रकारिता की लोकप्रियता एवं महत्ता भी बढ़ती जा रही है। वेब पत्रकारिता को किसी ने ईश्वर की अनमोल भेंट कहा है तो फिर गलत नहीं कहा है, इसके पीछे कई कारण हैं जो इसकी महत्ता को स्पष्ट करते हैं।

(i) तात्कालिकता : तात्कालिकता का गुण वेब पत्रकारिता को सबसे महत्त्वपूर्ण बनाता है। इसके माध्यम से ख़बरें त्वरित गति से सम्प्रेषित की जा सकती हैं। इस प्रकार से हम सुदूर घटी घटना से तुरन्त ही अवगत हो जाते हैं और क्षेत्रीय सीमा भी बाधा नहीं बनती है।

(ii) लोचनीयता : शीर्षक, रंग-संयोजन, ख़बरों का स्वरूप आदि आवश्यकतानुसार बदले जा सकते हैं। ख़बरों के साथ विजुअल्स-सम्बन्धी निर्णय भी आसानी से किये जा सकते हैं साथ-ही-साथ आवश्यकतानुसार शब्द विजुअल्स अथवा पाठ में परिवर्तन किया जा सकता है। समय-समय पर किया जा सकने वाला परिवर्तन इसकी लोचनीयता के गुण को दर्शाता है।

(iii) विभिन्न माध्यमों का सम्मिश्रण : वेब पत्रकारिता विभिन्न माध्यमों के सम्मिश्रण का परिणाम है। यह शब्द, चित्र एवं आवाज़ के सम्मिश्रण का विकल्प भी प्रस्तुत करती है। हाइपरलिंकिंग, मल्टीमीडिया एवं हाइपर मीडिया इस विधा को विशेष बना देती है। विभिन्न माध्यमों की विशेषताओं को समाहित करने वाली यह विधा प्रस्तुत तथ्य की रोचकता एवं प्रामाणिकता को भी बढ़ा देती है।

(iv) नागरिक पत्रकारिता : वेब पत्रकारिता ने नागरिक पत्रकारिता के लिए अपना दरवाजा खोल दिया है। विभिन्न साइटें नागरिकों को सहभागी बनने का अवसर उपलब्ध कराती हैं और यहीं से जर्नलिज्म एबाउट की प्रक्रिया भी शुरू होती है। कोई व्यक्ति अपनी वेबसाइट के जरिये सूचना सम्प्रेषित कर सकता है अथवा ब्लॉग के माध्यम से अपने विचारों एवं संस्मरणों को लोगों तक पहुँचा सकता है। हालाँकि तकनीकी रूप से ब्लॉग को पत्रकारिता का दर्जा नहीं प्राप्त हो सका है परन्तु कई अवसरों पर यह पत्रकारिता के एक महत्त्वपूर्ण उपकरण का कार्य करता हुआ दिखाई दिया वेब पत्रकारिता अपने उपभोक्ताओं से आर. एस. एस. फीड के जरिये भी प्रतिपुष्टि प्राप्त करती है। कई बार यह प्रतिपुष्टि। वेब पत्रकारिता के लिए महत्त्वपूर्ण सूचनाएँ उपलब्ध कराती है। इस प्रकार से हम देखते हैं कि वेब पत्रकारिता ने नागरिक पत्रकारिता की बुनियाद रखने का कार्य भी किया है।

(v) व्यापक पहुँच : भौगोलिक सीमाओं के बन्धनों से पूर्णतया मुक्त वेब पत्रकारिता कहीं से और कभी भी संचालित एवं सम्पादित की जा सकती है। पिछले कुछ वर्षों में इंटरनेट प्रयोगकर्ताओं की संख्या जैसे-जैसे बढ़ी है, वेब पत्रकारिता का दायरा भी उसी अनुपात में बढ़ता हुआ प्रतीत होता है। वेब पत्रकारिता को न सिर्फ़ सर्वव्यापी बनाने का कार्य किया है बल्कि

छोटे-से-छोटे संगठन को भी अन्तर्राष्ट्रीय स्तर पर सूचना सम्प्रेषित करने का विकल्प उपलब्ध कराने का कार्य किया है। आज हम बी. बी. सी. की समाचार साइट को भारत के किसी गाँव में बैठकर देख सकते हैं तो दैनिक जागरण की साइट से लन्दन में बैठा व्यक्ति भी पलक झपकते ही जुड़ सकता है।

(vi) महत्त्वपूर्ण सूचना संग्रह : कई बार हम किसी घटना के बारे में विस्तार से जानना चाहते हैं या फिर किसी महत्त्वपूर्ण व्यक्ति से सम्बन्धित सूचनाओं से जुड़ना चाहते हैं। इस कार्य में भी वेब पत्रकारिता अन्य माध्यमों की तुलना में काफ़ी मदद कर सकती है। हाइपरलिंकिंग के जरिये हम न सिर्फ़ पुरानी घटनाओं का विवरण प्राप्त कर सकते हैं बल्कि उससे जुड़े विभिन्न पहलुओं पर भी जानकारी हासिल कर सकते हैं। इसके लिए न तो लाइब्रेरी में पड़े समाचार-पत्रों एवं पत्रिकाओं को छाँटने की ज़रूरत पड़ती है और न ही संगृहीत टेप को खोजने की ज़रूरत होती है। पुरानी ख़बरों को आर्काइवज़-गैलरी में जाकर भी आसानी से पढ़ा जा सकता है। साइबर स्पेस में मौजूद सूचना को प्राप्त करना तब तक सम्भव होता है जब तक कि उसे मिटाया न जाये।

(vii) पाठक, श्रोता एवं दर्शक सम्बन्ध : वेब पत्रकारिता की सबसे बड़ी खासियत उसका इंटरेक्टिव होना है अन्य माध्यमों की तुलना में यहाँ प्रतिपुष्टि की प्रक्रिया काफ़ी आसान है। यह एक ऐसा मंच उपलब्ध कराती है जहाँ पाठक, श्रोता अथवा दर्शक आसानी से अपनी राय व्यक्त कर सकता है, प्रस्तुत सूचनाओं पर टिप्पणी कर सकता है एवं साथ ही अपने सुझाव भी दे सकता है। इस प्रकार से यह माध्यम अन्य माध्यमों की अपेक्षा पाठक, श्रोता अथवा दर्शक से ज़्यादा जुड़ाव दर्शाता है।

(viii) किफायती : वेब पत्रकारिता की एक प्रमुख खासियत इसका किफायती होना भी है। अन्य सभी माध्यमों की तुलना में यह काफ़ी सस्ती है। भौगोलिक सीमाओं का बन्धन न होने से इसका संचालन और भी किफायती हो जाता है। इंटरनेट उपभोक्ता आसानी से विश्व की किसी भी समाचार साइट से जुड़ सकता है और इसके लिए उसे अलग से कोई खर्च नहीं करना पड़ता है। इसके अतिरिक्त समाचार-पत्र व पत्रिका के प्रकाशन अथवा रेडियो या फिर टी. वी. चैनल शुरू करने से भी काफ़ी सस्ता है। कोई समाचार साइट लांच करना वो भी बिना किसी ताम-झाम के अर्थात् बिना सेटअप के यहाँ तक कि एक छोटे स्तर पर शुरू की गयी समाचार साइट के जरिये भी अन्तर्राष्ट्रीय स्तर पर सूचनाएँ सम्प्रेषित की जा सकती हैं।

वेब पत्रकारिता : तुलनात्मक वैशिष्ट्य (Web Journalism : Comparative Characteristics)

शब्द, चित्र एवं आवाज़ का सम्मिश्रण तथा इनकी अभिनव प्रस्तुति वेब पत्रकारिता को अन्य माध्यमों की तुलना में विशेष बनाती है। यह पाठक, श्रोता एवं दर्शक को जुड़ने का जो विकल्प उपलब्ध कराती है उतना जुड़ाव किसी अन्य माध्यम के लिए सम्भव है। वेब पत्रकारिता अन्य माध्यमों की अपेक्षा ज़्यादा इंटरेक्टिव है। समाचार-पत्रों से जहाँ पाठक, सिर्फ़ 'लेटर्स टू एडिटर' अथवा 'एस. एम. एस.' के जरिये ही जुड़ पाता है वहीं रेडियो से जुड़ने के लिए श्रोता को 'एस. एम. एस.' 'फोन कॉल' एवं पत्रों पर निर्भर रहना पड़ता है। टेलीविजन चैनलों तक प्रतिपुष्टि पहुँचाने के भी बेहद सीमित विकल्प मौजूद हैं परन्तु वेब पत्रकारिता अपने पाठक, श्रोता एवं दर्शक को प्रतिपुष्टि प्रदान करने का त्वरित विकल्प उपलब्ध कराती है।

वेब पत्रकारिता की व्यापकता भी इसे तुलनात्मक रूप से विशेष दर्जा प्रदान करती है। समाचार-पत्र जहाँ एक क्षेत्र विशेष के दायरे में कैद होता है वहीं रेडियो की फ्रीक्वेंसी अपने क्षेत्रीय सीमा से निकलकर दम तोड़ देती है। टेलीविजन चैनलों का भी एक निश्चित प्रसारण क्षेत्र होता है जिसके बाहर उस चैनल द्वारा प्रसारित कार्यक्रमों को नहीं देखा जा सकता है। वेब पत्रकारिता किसी भी भौगोलिक क्षेत्र में कैद नहीं है। वेब पत्रकारिता की एक प्रमुख खासियत उसका ऑन-लाइन सम्पादन एवं चौबीसों घण्टे अन्तर्वस्तु में परिवर्तन की गुंजाइश भी है। इसके अलावा हाइपरलिंकिंग के जरिये हम किसी घटना व व्यक्ति से सम्बन्धित सूचना से जुड़े विभिन्न पक्षों को भी इसके जरिये जान पाते हैं जो किसी अन्य माध्यम के साथ लगभग नामुमकिन है। वेब पत्रकारिता की एक और महत्त्वपूर्ण विशेषता इसके पाठक, श्रोता एवं दर्शक को सही संख्या का निर्धरण है। सम्बन्धित समाचार साइट को कितने लोगों ने खोला अथवा कितने लोगों ने उस साइट को कितनी बार हिट किया, इसकी सटीक जानकारी तुरन्त मिल जाती है, जो अन्य किसी माध्यम के साथ नहीं है। समाचार-पत्रों एवं पत्रिकाओं की जहाँ केवल प्रसार

संख्या का ही पता चल पाता है वहीं टेलीविजन में टेलीविजन रेटिंग प्वॉइंट के जरिये अनुमानित आँकड़े ही प्राप्त हो पाते हैं, परन्तु इनमें तथ्यों का सटीक एवं सही विवरण प्राप्त करना काफ़ी मुश्किल होता है। रेडियो के श्रोताओं का अनुमान लगाना तो और भी कठिन कार्य है। विज्ञापन प्राप्त करने के लिए समाचार-पत्र जहाँ मूल प्रसार संख्या को बढ़ा-चढ़ाकर पेश करते हैं वहीं टी. आर. पी. के दौड़ में शामिल चैनलों की दर्शक संख्या का सही आकलन करना काफ़ी मुश्किल है। वेब पत्रकारिता के साथ ऐसा नहीं है क्योंकि ज्यों ही कोई श्रोता, पाठक अथवा दर्शक इससे जुड़ता है, उसका क्रम अंकित हो जाता है। इस प्रकार विज्ञापनदाता यह जान सकता है कि उसके विज्ञापन को कितने लोगों ने पढ़ा, देखा व सुना अथवा कितने लोगों ने उसे हिट किया है।

वेब पत्रकारिता के लिए लेखन भी अन्य माध्यमों की तुलना में अलग होता है। आकर्षक शीर्षक, छोटे-छोटे पैराग्रापफ एवं सहज व सरल भाषा के प्रयोग सहित अच्छी लिंकिंग इसे अन्य माध्यमों से अलग बनाती है। इसके लिए लेआउट भी काफ़ी अलग होता है। प्रायः लेआउट में 3 अथवा 5 कॉलम होते हैं। इसमें अपेक्षाकृत कम रिज्योलूशन वाले चित्र प्रयुक्त होते हैं।

वेब पत्रकारिता : विश्वसनीयता का प्रश्न (Web Journalism : Matter of Credibility)

पत्रकारिता की किसी भी विधा के लिए ज़रूरी है कि वह सम्बन्धित पाठक, दर्शक अथवा श्रोता का विश्वास अर्जित करे क्योंकि विश्वसनीयता ही वह धुरी है जिस पर पत्रकारिता का पहिया स्वतन्त्र रूप से घूमता है। जनता एवं पत्रकारिता के बीच विश्वास का रिश्ता काफ़ी अहम् होता है। जब तक यह विश्वास कायम है, पत्रकारिता का अस्तित्त्व कायम है। वेब पत्रकारिता जैसे नये माध्यम के लिए विश्वसनीयता और भी महत्त्वपूर्ण हो जाती है क्योंकि अन्य माध्यम इसकी अपेक्षा ज़्यादा पुराने एवं जनता के बीच पहले से लोकप्रिय हैं, परन्तु वेब पत्रकारिता को सही मायने में अभी जनता का विश्वास हासिल करना बाकी है। हालाँकि इस दिशा में वेब पत्रकारिता ने अपने आगाज के साथ ही कदम रख दिया था।

'इंटरेक्टिव' माध्यम के रूप में इसने न सिर्फ़ पाठक, श्रोता व दर्शक को खुद से जुड़ने का अवसर उपलब्ध कराया है बल्कि उनके विश्वास को भी जीतने का प्रयास किया है। कई बार पत्रकारिता की इस विधा पर अन्तर्वस्तु की चोरी एवं गलत तथ्यों को प्रस्तुत करने का आरोप भी लगता है, इसके बावजूद यह माध्यम पूँजीवाद के बांहों में जकड़ी पत्रकारिता को समाजवाद के दरवाजे तक लाने को प्रयासरत दिखता है। तात्पर्य यह है कि जो पत्रकारिता सामान्य आदमी की दुनिया से निकलकर पूँजीपतियों की चहारदीवारी में कैद सी हो गयी थी वेब पत्रकारिता ने उसे पुनः सामान्य आदमी की पहुँच के दायरे में ला दिया है। आज एक सामान्य आदमी भी अपनी बात को इसके जरिये लाखों लोगों तक पहुँचा सकता है, वह भी काफ़ी कम बजट में। ऐसे में वेब पत्रकारिता की विश्वसनीयता पर उंगली उठाना उचित नहीं है। किसी भी माध्यम को स्थापित होने से पहले सन्देह की दृष्टि से देखना स्वाभाविक है और यह माध्यम भी इससे अछूता नहीं है।

पत्रकारिता के अपने मानदण्ड हैं, इसके कुछ उद्देश्य हैं। यह स्वतन्त्र तो है परन्तु स्वच्छन्द नहीं। ऐसे में इसके माध्यम से किसी के द्वारा कुछ भी सम्प्रेषित कर देना पत्रकारिता के मूल उद्देश्यों से इतर नजर आता है। इसका संचालन भी पत्रकारिता की समझ रखने वाले व्यक्तियों द्वारा भी किया जाना चाहिए न कि किसी भी व्यक्ति द्वारा तेज़ी से पाँव पसार रही वेब पत्रकारिता को तो यदि अपनी एक अलग पहचान बनानी है। एक विश्वसनीय माध्यम का दर्जा प्राप्त करना है, अतः इससे जुड़े लोगों के द्वारा एक आचार-संहिता का निर्माण एवं उसका अनुपालन ज़रूरी है। जहाँ तक ब्लॉग का प्रश्न है तो इसे ही वेब पत्रकारिता मान लेना सही नहीं है क्योंकि ब्लॉग एक अलग ही विधा है। वेब पत्रकारिता को ब्लॉग से जोड़कर उसकी विश्वसनीयता पर प्रश्नचिह्न लगाना सही नहीं है।

वेब पत्रकारिता : क्षेत्र एवं पहुँच (Web Journalism : Area and Access)

वेब पत्रकारिता का दायरा काफ़ी तेज़ी से बढ़ रहा है। सन् 1992 से शुरू हुआ यह सफर विश्व के तमाम देशों में अपनी उपस्थिति दर्ज करा चुका है। सन् 2000 तक दुनिया के तमाम मीडिया संगठन इसके माध्यम से प्रकाशन व प्रसारण शुरू

कर चुके थें। तमाम बड़े मीडिया संगठनों के लिए वैश्विक स्तर तक पहुँचने का माध्यम उपलब्ध कराकर वेब पत्रकारिता ने उनके प्रभाव क्षेत्र को काफ़ी हद तक बढ़ाने का कार्य किया। भारत में 'The Hindu' ने सन् 1995 में अपने ऑन लाइन संस्करण के माध्यम से जो सफर शुरू किया, आज दर्जनों मीडिया पोर्टल, ई-समाचार-पत्र, ई-रेडियो, ई-ज्वॉइन आदि इस सफर को आगे बढ़ाने का कार्य कर रहे हैं।

वेब पत्रकारिता, पत्रकारिता की एकमात्र ऐसी विधा है जो क्षेत्रीय सीमाओं से पूर्णतया मुक्त है। यही कारण है कि अमेरिका के 'न्यूयॉर्क टाइम्स' और ब्रिटेन के बी. बी. सी. के लिए भारत में पहुँचना बेहद आसान हो गया है तो लन्दन या न्यूयॉर्क में बैठा आदमी 'द टाइम्स ऑफ इंडिया' या 'दैनिक जागरण' की सेवाओं का लाभ ले सकता है। इंटरनेट रेडियो ने फ्रीक्वेंसी की समस्या को समाप्त कर अपने क्षेत्र को पूरे वैश्विक भू-भाग तक पहुँचा दिया है।

इंटरनेट उपभोक्ताओं की बढ़ती संख्या ने वेब पत्रकारिता के विस्तार में अहम् योगदान दिया है। अमेरिका, चीन, जापान एवं भारत में इंटरनेट उपभोक्ताओं की संख्या पिछले कुछ वर्षों में तेज़ी से बढ़ी है। सस्ते होते गैजेट्स ने इसको मध्यमवर्गीय आदमी तक भी पहुँचाने का कार्य किया है। हालाँकि भारत की जनसंख्या के अनुपात में यहाँ इंटरनेट उपभोक्ताओं की संख्या 10 फीसदी भी नहीं है एवं अधिकांश उपभोक्ता कभी-कभी ही इंटरनेट का प्रयोग करते हैं, इसलिए भारत में इसका विस्तार अपेक्षाकृत धीमी गति से हो रहा है। वर्तमान में गाँवों एवं कस्बाई इलाकों में भी इसकी दस्तक ज़रूर सुनी जाने लगी है जो कि एक शुभ संकेत है।

वेब पत्रकारिता के प्रभाव (Impacts of Web-Journalism)

जैसे-जैसे वेब पत्रकारिता का साम्राज्य बढ़ रहा है वैसे-वैसे इसके प्रभाव में भी वृद्धि हो रही है। पत्रकारिता के अन्य माध्यमों के साथ ही इसने समाज पर व्यापक असर डाला है। इसके अतिरिक्त एक देश की सूचना त्वरित गति से दूसरे देश तक पहुँचाकर पत्रकारिता की इस विधा ने तेज़ी से लोकप्रियता अर्जित की है। इसके प्रभाव को निम्न बिन्दुओं की सहायता से स्पष्ट किया जा सकता है :

(i) अन्य माध्यमों पर प्रभाव : वेब पत्रकारिता ने छोटे-छोटे मीडिया संगठनों को नया जीवन दिया है। छोटे संगठन राष्ट्रीय एवं अन्तर्राष्ट्रीय ख़बरों के लिए इस पर पूर्णतया निर्भर दिखाई देते हैं। एक तरफ वेब पत्रकारिता ने जहाँ वैश्विक ख़बरों को उपलब्ध कराकर अन्य माध्यमों के कार्य को आसान बना दिया है वहीं दूसरी तरफ अन्य माध्यमों के समक्ष चुनौती पेश करने का कार्य किया है। इंटरेक्टिविटी एवं हाइपरलिंकिंग की सुविधा के अलावा नॉन-लिनीयर होना इस माध्यम को तेज़ी से लोकप्रिय बना रहा है। ऐसे में अन्य माध्यमों के लिए अपने पाठक, श्रोता अथवा दर्शक को बनाये रखना काफ़ी चुनौतीपूर्ण कार्य है।

(ii) समाज पर प्रभाव : वर्तमान में वेब पत्रकारिता समाचारों के प्रसारण का एक प्रमुख माध्यम बन चुकी है। वैश्विक स्तर पर प्रकाशन व प्रसारण की सुविधा के चलते यह माध्यम सामाजिक एवं सांस्कृतिक विशेषताओं से जुड़ी सूचनाओं के आदान-प्रदान का प्रमुख जरिया बन चुका है। वेब पत्रकारिता के जरिये एक सामान्य आदमी भी अपनी बातों को वैश्विक स्तर पर ले जा सकता है। हालाँकि यह माध्यम अन्य माध्यमों की तुलना में समाज पर उतना प्रभाव अभी नहीं छोड़ पाया है।

इस प्रकार से हम देखते हैं कि वेब पत्रकारिता ने न सिर्फ़ अन्य माध्यमों को प्रभावित किया है बल्कि समाज पर भी इसका असर देखा जा सकता है। बी. बी. सी. द्वारा हिन्दी भाषा में सेवाएँ उपलब्ध कराना इस दिशा में एक सार्थक कदम है। इसके जरिये न सिर्फ़ हिन्दी भाषा को एक वैश्विक मंच मिला है बल्कि बी. बी. सी. ने भारतीय जनमानस में पहुँचने का रास्ता खोज निकाला है। वेब पत्रकारिता ने विज्ञापनदाताओं को अन्तर्राष्ट्रीय स्तर पर विज्ञापन प्रकाशित अथवा प्रसारित करने का विकल्प उपलब्ध कराया है। वेब पत्रकारिता के विस्तार को देखते हुए यह कहा जा सकता है कि आने वाले दिनों में यह माध्यम और भी प्रभावशाली हो जायेगा।

वेब पत्रकारिता का भविष्य (Future of Web Journalism)

वेब पत्रकारिता विभिन्न तकनीकियों के सम्मिश्रण के जरिये शब्द, ध्वनि एवं चित्र को वैश्विक स्तर पर प्रकाशित एवं प्रसारित करने का माध्यम है। सिर्फ़ 17-18 वर्षों में जिस तेज़ी से इस माध्यम ने लोकप्रियता अर्जित की है उससे आने वाले दिनों में इसकी स्थिति का अन्दाजा सहज ही लगाया जा सकता है। इससे जुड़े संगठनों ने अपने भाषाई संस्करणों के जरिये अन्य देशों में लोकप्रिय होने का जो रास्ता अपनाया है, वह काफ़ी महत्त्वपूर्ण नजर आता है। बी. बी. सी. की हिन्दी साइट इसका प्रमुख उदाहरण है।

वैश्विक स्तर पर बेहद कम खर्च में प्रकाशन व प्रसारण का रास्ता दिखाकर यह माध्यम आने वाले दिनों में अपने साम्राज्य को और भी विस्तृत कर लेगा, इसमें सन्देह की कोई गुंजाइश नहीं है। आने वाले दिनों में निश्चित तौर पर इसका भविष्य उज्ज्वल दिखाई देता है क्योंकि जिस तेज़ी से इंटरनेट उपभोक्ताओं की संख्या बढ़ रही है और यह उच्च आय वर्ग वाले लोगों तक ही सीमित न रहकर मध्यमवर्गीय उपभोक्ताओं तक अपनी पहुँच बना रहा है, वह इस दिशा में एक महत्त्वपूर्ण कदम है।

मोबाइल फोन वेब पत्रकारिता के विस्तार में अहम् कड़ी साबित हो सकता है। वर्तमान में केवल भारत में ही लगभग 50 करोड़ मोबाइल फोन कनेक्शन हैं। जो की पहुँच को दर्शाते हैं। आने वाले दिनों में मोबाइल धारकों की संख्या बढ़ने एवं प्रमुख समाचार चैनलों द्वारा इसमें गम्भीर रुचि लेने की भी प्रबल सम्भावना है। वेब पत्रकारिता क्षेत्र-विस्तार के लिए मोबाइल फोन को माध्यम के रूप में इस्तेमाल कर सकती है। भविष्य में वेब पत्रकारिता के विस्तार की सम्भावना भी प्रबल दिखाई देती है कि काग़ज़ के मूल्यों में तेज़ी से बढ़ोतरी के कारण प्रिंट मीडिया दिन-प्रतिदिन महँगी होगी। विभिन्न भाषाओं के सॉफ्टवेयर उपलब्ध होने से वेब पत्रकारिता की दुनिया में कदम रखने वाले संगठनों की संख्या में बढ़ोतरी के साथ ही पाठक, दर्शक व श्रोता भी बढ़ेंगे।

इस प्रकार से हम कह सकते हैं कि वेब पत्रकारिता भविष्य में अन्य माध्यमों की भाँति न सिर्फ़ लोकप्रिय होने की क्षमता रखती है बल्कि उन्हें पीछे छोड़ने का दम भी रखती है। वैश्विक स्तर पर एकसमान सूचना सम्प्रेषित करने के साथ ही तुरन्त प्रतिपुष्टि प्रदान करने का विकल्प उपलब्ध कराने वाला यह माध्यम आने वाले दिनों में एक प्रमुख माध्यम का दर्जा प्राप्त कर लेगा। सूचना सम्प्रेषण की गति, क्षेत्र एवं अपनी विशिष्टताओं के बल पर यह माध्यम एक सुनहरे भविष्य की ओर बढ़ रहा है।

21

पत्रकारिता की महत्ता
(The Importance of Journalism)

Journalism is the TIMES and the GUURDIUN, the DAILY MIRROR and the SUN.

× × ×

Journalism is literature in a hurry. *Matthew Arnold*

× × ×

Journalism is being and doing, not theoring.

× × ×

The press is one of the vital organs of modern life especially in a deamocracy. The press has tremendous powers and responsibilities. The press must be respected.

× × ×

सामयिक, सरस समाचारों एवं सार्थक विचारों को टिप्पणियों के साथ शब्द, ध्वनि और चित्रों के माध्यम से जन-जन तक पहुँचाना ही पत्रकारिता है।

–डॉ. नागार्जुन तिवारी

लोक-मानस की अभिव्यक्ति की जीवन्त विधा ही पत्रकारिता है जिससे सामयिक सत्य मुखरित होते हैं। समय और समाज के सन्दर्भ में सजग रहकर नागरिकों में दायित्व-बोध कराने की कला को पत्रकारिता कहते हैं। गीता में जगह-जगह पर 'शुभदृष्टि' का प्रयोग है। यह 'शुभदृष्टि' ही पत्रकारिता है जिसमें गुणों को परखना तथा मंगलकारी तत्त्वों को प्रकाश में लाना सम्मिलित है। गाँधीजी तो इसमें 'समदृष्टि' को महत्त्व देते थे। समाज हित में सम्यक् प्रकाशन को पत्रकारिता कहा जा सकता है। असत्य, अशिव और असुन्दर पर 'सत्यं शिवं सुन्दरम्' की शंख ध्वनि ही पत्रकारिता है।

श्री रामकृष्ण रघुनाथ खाडिलकर ने 'पत्रकला' और 'पत्रकार-कला' इन दो शब्दों का प्रयोग किया है। उनके अनुसार ''ज्ञान और विज्ञान शब्दों तथा चित्रों के रूप में दूसरे तक पहुँचाना ही पत्रकला है।''[1] पहले पत्रकारिता का तात्पर्य समाचारों का संकलन तथा प्रसारण था परन्तु जैसे-जैसे समाचार-पत्रों में समाचार-प्रेषण, मुद्रण और वितरण के साधनों में वैज्ञानिक, प्राविधिक

1. श्री रा. र. खाडिलकर : आधुनिक पत्रकार कला, पृ. 2

और शिल्पगत उन्नति होती गयी, पत्रकारिता का क्षेत्र विस्तृत होता गया। "छपने वाले लेख-समाचार तैयार करना ही पत्रकारी नहीं रह गयी। आकर्षक शीर्षक देना, पृष्ठों का आकर्षक बनाव-ठनाव, जल्दी से जल्दी समाचार देने की होड़, देश-विदेश के प्रमुख उद्योग-धन्धों के विज्ञापन प्राप्त करने की चतुराई, सुन्दर छपायी और पाठक के हाथ में सबसे जल्दी पत्र पहुँचा देने की त्वरा, ये सब पत्रकार कला के अन्तर्गत आ गये।"[1]

देववाणी के 'पत्र' में 'कृ' धातु णिनि + तलू + टाप प्रयत्नों से निर्मित 'पत्रकारिता' पत्र-पत्रिकाओं के लिए समाचार, लेख को सम्पादित करने एवं प्रकाशनार्थ आदेश देने का कार्य है।

पत्रकारिता के लिए अंग्रेज़ी में 'जर्नलिज्म' शब्द व्यवहृत होता है जो 'जर्नल' से निकला है जिसका शाब्दिक अर्थ 'दैनिक' है। दिन-प्रतिदिन के क्रिया-कलापों, सरकारी बैठकों का विवरण 'जर्नल' में रहता है। 17वीं एवं 18वीं शदी में पीरियॉडिकल के स्थान पर लैटिन शब्द 'डियूरनल' और 'जर्नल' शब्दों के प्रयोग हुए। 20वीं शदी में गम्भीर समालोचना और विद्वत्तापूर्ण प्रकाशन को इसके अन्तर्गत माना गया। 'जर्नल' से बना 'जर्नलिज्म' अपेक्षाकृत व्यापक शब्द है। समाचार-पत्रों एवं विविधकालिक पत्रिकाओं के सम्पादन एवं लेखन और तत्सम्बन्धी कार्यों को पत्रकारिता के अन्तर्गत रखा गया। इस प्रकार समाचारों का संकलन-प्रसारण, विज्ञापन की कला एवं पत्र का व्यावसायिक संगठन पत्रकारिता है। समसामयिक गतिविधियों के संचार से सम्बद्ध सभी साधन, चाहे वे रेडियो हों या टेलीविजन इसी के अन्तर्गत समाहित हैं।[2] *हरबर्ट ब्रूकर* के अनुसार "यह वह माध्यम है जिसके द्वारा हम अपने मस्तिष्क में उस विश्व के बारे में समस्त सूचनाएँ संकलित करते हैं जिन्हें हम स्वतः कभी नहीं जान सकते।"

चैम्बर और न्यू वेब्स्टर्स डिक्शनरी के अनुरूप प्रकाशन, सम्पादन, लेखन एवं प्रसारणयुक्त समाचार माध्यम का व्यवसाय ही पत्रकारिता है।[3] पत्रकारिता अभिव्यक्ति की एक मनोरम कला है। इसका कार्य जनता तथा जन-नेताओं के समक्ष लोक-कल्याण सम्बन्धी कार्यों की सूची प्रस्तुत करना है।[4] सम्पादक *विखेमस्टीड* के अनुसार, "मैं समझता हूँ कि पत्रकारिता कला भी है, वृत्ति भी और जनसेवा भी। ...जब तक कोई यह नहीं समझता कि मेरा कर्तव्य अपने पत्र के द्वारा लोगों का ज्ञान बढ़ाना, उनका मार्गदर्शन करना है तब तक उसे पत्रकारिता की चाहे जितनी भी ट्रेनिंग दी जाये, वह पूर्णरूपेण पत्रकार नहीं बन सकता। ...सच्चे पत्रकार के लिए यह भी आवश्यक है कि वह यह बात भी न भूले कि पत्र की व्यापारिक और व्यावसायिक स्थिति के आधार पर ही उसको अपने कर्तव्य की पूर्ति का बल मिल सकता है।" भारत में पत्रकारिता को पहले मिशन के रूप में अपनाया गया, व्यावसायिक दृष्टि की तो कल्पना नहीं थी जिसका उदाहरण हम 'युगान्तर' पत्र के मूल्य से प्राप्त कर सकते हैं :

---

1. वही, पृ. 2
2. Journal, a word which came in to Engish from a Latin word DIURNALIS, through French journal with the original meaning of 'dEily'... ... later and current meanings are derived from the ideal of dEily entires; journal as official record of meeting...diurnal and journal were both used for periodical in the 17th and 18th centuries. In the 20th century, journal is more frequently applied to reviews and learned publications.

   Journalism includes the writing and ending of newspapers and periodicals. Although this is the basic definition of various tasks and processes intimately connected with the production of serial publications are commonly classified ad journalistic. Thus, the gathering and transmission of news, business management of journals and advertising in all its phases are often though of as coming within the field of journalism and following the advent of radio and television, there was a trend toward including all communication dealing with current affairs in the term. —*Encyclopedia Britannica*
3. Journalism : The occupation of conducting a new medium, including publishing, ending, writing or broad-casting. —*New Webster's Dictionary*

   Journalism : The profession of conducting or writing for public journals. —*Chamber's Dictionary*
4. Journalism is communication. It is the events of the day distilled into a few words, sounds or pictures, proce

'युगान्तरेर मूल्यः फिरंगीर कांचा माथा।'

पत्रकार *राजकिशोर* के अनुसार, "पत्रकारिता ख़बरों की सौदागरी नहीं है न कि उसका काम सत्ता के साथ शयन है। उसका काम जीवन की सच्चाइयों को सामने लाना है।"

आज की पत्रकारिता ने व्यावसायिकता को ही अपना सर्वस्व मान लिया है। *सी. जी. मुलर* के कथनानुसार सामयिक ज्ञान का व्यवसाय ही पत्रकारिता है। इसमें तथ्यों की प्राप्ति, उनका मूल्यांकन एवं ठीक-ठीक प्रस्तुतीकरण होता है।[5] तथ्यों का परिपाक और उनका उचित संयोजन ही पत्रकारिता है।[6] *प्रो. एडविन एमरी* के अनुसार पत्रकारिता अधिकतम पाठकों को कम क़ीमत पर नवचिन्तन और नव-वैचारिक आयाम देकर बौद्धिक युग का सूत्रपात करती है।

सम्प्रति पत्रकारिता ख़बर रखने, ख़बर लेने और ख़बर देने का तन्त्र है। औद्योगिक स्वार्थों की सुरक्षा के लिए यह एक सामाजिक और राजनीतिक कवच है। देह, दिल और दिमाग के मेल पर मनुष्यता टिकी हुई है ठीक इसी प्रकार विज्ञापन, प्रसारण तथा समाचार पर पत्रकारिता टिकी हुई है। आज विज्ञापन भर जाने के बाद बचे स्पेस के अनुरूप एडिटिंग नहीं अपितु कटिंग होती है। अतः कटिंग और पेस्टिंग की कला ही पत्रकारिता है।

पत्रों के अतिरिक्त आकाशवाणी एवं दूरदर्शन भी अब पत्रकारिता के क्षेत्र में आ चुके हैं। अतः इसकी व्यापक परिभाषा होनी चाहिए। मेरे मतानुसार प्रकाशन, चित्रों द्वारा प्रस्तुतीकरण तथा प्रसारण हेतु सामयिक और सरस तथ्यों के संग्रह और सम्पादन को पत्रकारिता कहा जा सकता है। यह चाक्षुष-श्रव्य-पाठ्यकला है जिसमें सामुदायिक सहभागिता होती है। सारांश यही है कि ज्ञान और विचारों को समीक्षात्मक टिप्पणियों के साथ शब्द, ध्वनि तथा चित्रों के माध्यम से जन-जन तक पहुँचाना ही पत्रकारिता है। यह वह विद्या है जिसमें सभी प्रकार के पत्रकारों के कार्यों, कर्तव्यों और लक्ष्यों का विवेचन होता है। वस्तुतः समय और समाज के सत्य को आकर्षक अभिव्यक्ति देने का विज्ञान ही पत्रकारिता है जो चिन्तनशील प्राणियों हेतु अब एक अपरिहार्यता बन चुकी है।

जीवन्त पत्रकारिता की निम्नलिखित विशेषताएँ हैं :

> The Press is the only instrument which assists in serving the needs of Goodness, Justice and Liberty.
>
> × × ×
>
> रेडीमेड की दुकानों की भाँति सजे-सजाये समाचार-विचार बेचना पत्रकारिता नहीं है और न तो यह शब्द, ध्वनि तथा चित्रों का व्यवसाय है। यह तो अभिव्यक्ति की गहन साधना है जिससे वैचारिक क्रान्ति सम्भव है।
>
> —*डॉ. अर्जुन तिवारी*
>
> Without the Press, the world is naught, without the Press the modern world is poor, is naked, is barbaric and wild; to the Press we owe the fortunes of our lives, as to its absence we owe the ills of savagery.
>
> × × ×
>
> पत्रकारिता को मैं रणभूमि से भी अधिक बड़ी चीज समझता हूँ। यह कोई पेशा नहीं, बल्कि पेशे से कोई ऊँची चीज है। यह एक जीवन है, जिसे मैंने अपने को स्वेच्छापूर्वक समर्पित किया।
>
> —*जेम्स मैकडोनल्ड*
>
> × × ×

---

5. Journalism is the business of timely knowledge—the business obtaining the necessary facts, of evaluating them carefully and of presenting them fully and of presenting them wisely.
6. Journalism is way of cooking the facts. Good Journalism consists of the intelligent assembly of relevent facts.
—*David Wainwright*

प्रेस सार्वजनिक महत्त्व के मामलों में नागरिकों को शिक्षित करने का एक नितान्त महत्त्वपूर्ण साधन है। यह उन्हें देश के भाग्य का निर्णय करने वाले शासकों के रूप में अपनी भूमिका निभाने के लिए आवश्यक फैसले लेने में सहायता करता है।

—द्वितीय प्रेस आयोग

जन-संवेदना के संचार का सर्वसुलभ प्रभावकारी जन-माध्यम ही पत्रकारिता है। पत्रकारिता अभिव्यक्ति का सम्पूर्ण विज्ञान है, आदर्श कला है, उत्तम व्यवसाय है और मानव-चेतना का उद्दीपक है। युगबोध के प्रमुख तत्त्वों के साथ ही मानवता के विकास और विचारोत्तेजन का राजमार्ग ही पत्रकारिता है जिससे जन-जीवन पल-पल पर उद्वेलित होता रहता है। समाज, संस्कृति, साहित्य, दर्शन, विज्ञान एवं प्रौद्योगिकी के व्यापक प्रसार के चलते मानव-संघर्ष, क्रान्ति, प्रगति, दुर्गति से प्रभावित जीवन-सागर में उठने वाले ज्वार-भाटा को दिग्दर्शित करने वाली पत्रकारिता अत्यन्त महत्त्वपूर्ण हो चुकी है। जनता, समाज, राष्ट्र और विश्व को गरीबी का भूगोल, पूँजीपतियों का अर्थशास्त्र और नेताओं का समाजशास्त्र पढ़ाने में पत्रकारिता ही सक्षम है। इस जीवन्त विधा से जन-जन के दुःख-सुख, आशा-आकांक्षा को मुखरित किया जाता है।

आहार, निद्रा, भय और मैथुन तो सभी जीवधारियों में देखे जाते हैं मात्र चिन्तन-मनन, कथन-श्रवण तथा अभिव्यक्ति की क्षमता से सम्बद्ध पत्रकारिता के कारण ही मानव सृष्टि में सर्वोच्च स्थान पर सुप्रतिष्ठित है। पत्रकारिता जन-भावना की उद्घोषिका है। सभ्यता और स्वतन्त्रता की वाणी होने के साथ ही यह जगत् में क्रान्ति की अग्रदूतिका है। आज सभी *नैपोलियन* के कथन से सहमत हैं कि पत्रकारिता के क्षेत्र में काम करने वाले शिकायतखोर, टीकाकार, सलाहकार, बादशाहों के प्रतिनिधि और राष्ट्र के शिक्षक होते हैं। चार विरोधी पत्र चार हजार संगीनों से अधिक घातक हैं जैसा कि *अकबर इलाहाबादी* का कथन है :

खींचों न कमानों को न तलवार निकालो।
जब तोप मुकाबिल हो तो अख़बार निकालो।

असहायों को सम्बल, पीड़ितों को राहत, अज्ञानियों को ज्ञान देने वाली पत्रकारिता है जो समाज-सेवा का पर्याय है। सम्प्रति पत्रकारिता समय के साथ समाज का दिग्दर्शक, सम्पोषक एवं नियामक है।

लोकतान्त्रिक प्रशासन का एक अविभाज्य अंग पत्रकारिता है। लॉर्ड्स (सामन्त), टेम्पोरल (पादरी) तथा कॉमन्स (जनता) ये लोकतन्त्र के महत्त्वपूर्ण अवयव हैं। बर्के ने प्रेस को चतुर्थ राज्य की संज्ञा दी। प्रेस तो निरन्तर गतिमान संसद है। संसद और प्रेस ही लोकप्रिय सरकारों के मुख्य अंग हैं। आज समाज में जहाँ भी गड़बड़ी, विद्रूपता, अस्वाभाविकता और विच्युति जैसी स्थिति है वहाँ पर पत्रकारिता शोधन-कार्य में लगी हुई है। मुद्रित पन्ने जनता के लिए अधिक विश्वसनीय होते हैं। लोगों में आज सूचनाओं की भूख तेज हो गयी है। पत्रकारिता तो एक महत्त्वपूर्ण चेतना-उद्योग है।

मार्क्स ने पत्रकारिता को सर्वहारा वर्ग का ही माना है। उनके अनुसार जनता को सोचना चाहिए कि पूँजीवादी विचार-धारा के केन्द्र से उसे शब्दों द्वारा किस तरह छला जा रहा है।

नया परिवेश

स्वतन्त्रता-प्राप्ति के बाद भारत में लोकतन्त्र की स्थापना हुई। नये रचनात्मक क्रिया-कलापों और राष्ट्र-हित में कर्तव्यों के परिपालन में पत्र ठोस भूमिका का निर्वहन कर रहे हैं। बढ़ती हुई जनसंख्या, आर्थिक और औद्योगिक आयाम, संचार की सुविधा एवं साक्षरता की बुद्धि के कारण पत्रों के पाठकों का महासागर उमड़ रहा है। अब पत्र स्वतः 'निर्वाक् की वाणी' सिद्ध हो रहे हैं। पहले पराधीन भारत की पत्रकारिता का चरित्र प्रतिरोध का था, वह जोखिम भरी थी। जो इस पर चलते वे झुकते नहीं थे, भले ही टूट जाते। पत्रकार 'भावुक' था परन्तु अब नये परिवेश में उसे 'चतुर' होना पड़ेगा। भ्रष्टाचार, पक्षपात, लालफीताशाही, सत्ता के दुरुपयोग और अव्यवस्था के खुले विरोध द्वारा पत्रों को जनसामान्य के हितों को सुरक्षित रखना है।

विधायक और कल्याणकारी दृष्टि द्वारा लोकरुचि के परिष्कार का महान् कार्य पत्रकारिता द्वारा ही सम्भव है। नवीनतम आविष्कारों के चलते संवाद-प्रेषण, मुद्रण एवं पत्र-प्रसारण में क्रान्तिकारी परिवर्तन हुए हैं तदनुकूल पत्र-उत्पादन की प्रक्रिया जटिल हुई है। अब पत्रों के उपभोक्ता (ग्राहक और पाठक) वर्ग की आवश्यकताएँ, आकांक्षाएँ एवं अपेक्षाएँ बाध्य करती हैं कि पत्र आधुनिकता के परिवेश में समीचीन हों। यही कारण है कि पत्र-जगत् में युगान्तरकारी परिवर्तन परिलक्षित है।

पत्रकारिता का दायित्व

राष्ट्र के कोने-कोने में जागरण, नवस्फूर्ति और नव-निर्माण के मन्त्र को फूँकना ही पत्रकारिता का पावन लक्ष्य है। यह एक रचनाशील विधा है जिससे समाज का आमूल-चूल परिवर्तन सम्भव है। समाज के विस्तृत क्षेत्र के सन्दर्भ में पत्रकारिता के निम्नलिखित दायित्व हैं :

1. सामाजिक जनमत को अभिव्यक्ति देना।
2. समाज को उचित दिशा-निर्देशित करना।
3. जन-जन को स्वस्थ मनोरंजन की सामग्री देना।
4. सामाजिक कुरीतियों (बाल-विवाह, विधवा-उपेक्षा, दहेज, बहू-हत्या, वेश्यावृत्ति, अन्धविश्वास) को मिटाने की दिशा में प्रभावी कदम उठाना।
5. धार्मिक और सांस्कृतिक पक्षों का दो टूक विवेचन करना।
6. सामान्य जन को उनकी ही भाषा में उनके अधिकारों को समझाना।
7. कृषि-जगत् की उपलब्धियों को साधारण जनता तक पहुँचाना।
8. उद्योग-जगत् की उपलब्धियों को जन-जन तक पहुँचाना।
9. सरकारी नीतियों का विश्लेषण एवं प्रसारण।
10. महिला-जगत्, बाल-जगत्, क्रीड़ा-जगत्, चलचित्र-जगत् के विविध कार्यक्रमों का प्रसार।
11. स्वास्थ्य-जगत्, परिवार-कल्याण के प्रति नागरिकों को सचेत करना।
12. शिक्षा, शिक्षक, विद्यार्थी वर्ग को समीचीन मार्ग बताना।
13. सर्वधर्मसमभाव एवं सौहार्द-भाव को पुष्ट करना।
14. संकटकालीन परिस्थितियों में राष्ट्र का मनोबल बढ़ाना।
15. 'वसुधैव कुटुम्बकम्' की भावना का प्रसार करना।

इस प्रकार अन्याय का प्रतिरोध कर मित्रविहीन लोगों को मित्रवत् मार्ग दिखाना ही पत्रकारिता है। समाज में मानव-मूल्यों की स्थापना के साथ जन-जीवन को विकासोन्मुख बनाना पत्रकारिता का दायित्व है।

पत्रकारिता : एक प्रकृष्ट पेशा

पत्रकारिता को पब्लिक ट्रस्ट और पत्रकारों को ट्रस्टी माना जाता है। राष्ट्रपति से लेकर एक सामान्य राहगीर के चरम सुख और चरम दुःख से सम्बद्ध पत्रकारिता सार्वजनिक दायित्व से परिपूर्ण एक प्रकृष्ट कला है जैसा कि *कार्लाइल* ने स्पष्ट किया है :

"महान् है पत्रकारिता, लोकमानस को प्रभावित करने वाला होने के कारण पत्रकार क्या विश्व का शासक नहीं? वास्तव में रोचक एवं चुनौतीपूर्ण इस पेशे में वही सक्षम सिद्ध होगा जिसमें कवि की कल्पना-शक्ति, कलाकार की सृजनात्मक योग्यता, न्यायाधीश की विषय-निष्ठता, वैज्ञानिक की सुस्पष्टता और कम्प्यूटर मशीन की गति हो। ऐसे प्रतिभासम्पन्न पत्रकार को ढेर सारे विषय में थोड़ा-सा और थोड़ा-सा के विषय में ढेर-सा जानना चाहिए।"

भारत सरकार द्वारा गठित प्रेस आयोग ने सन् 1954 में पत्रकारों के प्रशिक्षण पर जोर दिया। कोलकाता, मद्रास, मैसूर, उस्मानिया, बंग्लौर, केरल विश्वविद्यालयों में मास्टर डिग्री का पाठ्यक्रम हैं। पुणे, पंजाब, कालीकट, बरहमपुर और बनारस आदि प्रायः सभी विश्वविद्यालयों में मास्टर एवं बैचलर ऑफ जर्नलिज्म का अध्यापन हो रहा है। सम्प्रति समाचार-पत्रों की वितरण संख्या 15 करोड़ तक पहुँच चुकी है। भारतीय भाषाओं में दक्ष पत्रकारों की आवश्यकता है। द्वितीय प्रेस आयोग ने देश में स्वस्थ एवं आदर्श पत्रकारिता के समुन्नयन हेतु राष्ट्रीय पत्रकारिता प्रशिक्षण परिषद् तथा समाचार-पत्र विकास आयोग की स्थापना की अनुशंसा की है। लगभग दो सौ वर्षों के बाद पत्र-जगत् असुविधाओं, आँधियों और अनेक कष्टों को झेलता हुआ उज्ज्वल भविष्य की ओर द्रुतगति से बढ़ रहा है और अगणित पत्र-पत्रकाएँ जन-मानस को प्रबुद्ध बना रही हैं।

जन-सेवा, वृत्ति और कला के समन्वित रूप पत्रकारिता के प्रशिक्षण उचित व्यवस्था होने पर नवयुवकों हेतु रोजगार के नये अवसर प्राप्त हो सकते हैं। पत्रकार-प्रवर *श्री बनारसीदास चतुर्वेदी* ने लेखक को बताया कि विदेशों में सर्वत्र पत्रकारिता के विद्यालय हैं, जहाँ से प्रशिक्षित होकर व्यक्ति विविध कार्यों को कुशलता के साथ पूरा करते हैं। अमेरिका में 275 विद्यालय हैं परन्तु अपने देश में ऐसे विद्यालयों की संख्या नगण्य है। मेरे सुझाव पर एक बार कानपुर विश्वविद्यालय के पूर्व कुलपति *श्री भक्तदर्शन* ने 'गणेश शंकर विद्यार्थी पत्रकारिता संस्थान' की स्थापना के लिए विश्वविद्यालय अनुदान आयोग को लिखा। सुना गया कि आयोग ने यह लिखकर प्रस्ताव अमान्य ठहरा दिया कि प्रशिक्षित व्यक्तियों को खपाया कहाँ जायेगा? कितने पत्र समाचार इन प्रशिक्षितों को रोजगार के अवसर देंगे? *श्री चतुर्वेदी* ने आयोग के अधिकारियों के इस अदूरदर्शितापूर्ण निर्णय को पत्रकारिता-जगत् के लिए अशुभ माना। अब तो सर्वत्र पत्रकारिता प्रशिक्षण को प्राथमिकता दी जा रही है।

पत्रकारिता में प्रशिक्षण प्राप्त करने का तात्पर्य यह नहीं प्रशिक्षित कि किसी समाचार पत्र का सम्पादक अथवा उपसम्पादक बनाया जाय। प्रशिक्षितों के कार्य का क्षेत्र अब मात्र समाचार-पत्र ही नहीं रहे। आकाशवाणी, दूरदर्शन, सरकारी प्रचार एवं सूचना-सेवा, गैर-सरकारी पब्लिसिटी अभिकरण, सार्वजनिक विभाग की योजनायें, प्रकाशन संस्थाएँ एवं पत्र-व्यवस्था विभाग में रोजगार के अनेक अवसर हैं। ऐसे व्यक्तिगत रूप में भी सुप्रशिक्षित पत्रकार संवाददाता, कॉपी राइटर, वार्ताकार, समीक्षक, कार्टूनिस्ट, स्तम्भ लेखक तथा लोक-सम्पर्क कर्ता का कार्य कर सकता है। विज्ञान एवं प्राविधिकी ने अब अन्तरिक्ष का द्वार खोल दिया है। वस्तुतः पत्रकारिता अब बहुआयामी हो गयी है। सम्प्रति पत्रकारिता को आजीविका के साधन के रूप में अपनाने की होड़ नवयुवकों में देखी जाती है। चुनौतियों से भरे जीवन को अपनाकर युवक अपनी प्रतिभा के निखार हेतु लालायित हैं। प्रशिक्षित पत्रकार सूचना, प्रचार और जनसम्पर्क विभाग में सेवा का अवसर पा सकता है। सूचना तथा प्रसारण मन्त्रालय की केन्द्रीय सूचना सेवा और राज्य सरकारों में सूचना विभाग पत्रकारों के लिए ही उपयुक्त हैं। सार्वजनिक क्षेत्र के उपक्रमों, स्वशासी निकायों, फ़िल्म प्रभाग, विज्ञापन, दृश्य प्रचार निदेशालय, प्रकाशन विभाग, फ़िल्म सेंसर बोर्ड आदि अनेक संस्थाओं में पत्रकारों के लिए सेवा के अवसर सुलभ हैं। मेधावी एवं अध्यवसायी व्यक्ति पत्रकारिता द्वारा अपनी जीविका चला सकते हैं साथ ही वे समाज एवं राष्ट्र की उत्कृष्ट सेवा सम्पादित कर यशस्वी भी हो सकते हैं।

प्रगति-पथ पर अग्रसर अपने राष्ट्र में शिक्षा, कृषि, ग्राम्य-विकास, परिवार-नियोजन, प्राकृतिक आपदाओं से मुक्ति के कार्यक्रम, सामाजिक कुरीतियों के उन्मूलन, साम्प्रदायिक सौमनस्य, पिछड़े वर्गों के उत्थान, स्वास्थ्य-रक्षा एवं मानव-जीवन के विविध क्षेत्रों की समस्याओं का हल आज पत्रकारों को ढूँढ़ना है। आज मानव-हित-साधक समस्त शास्त्र पत्रकारिता के क्षेत्र में समाहित हैं। सारा राष्ट्र पत्रकार का स्वाध्यायपीठ है और उसके निवासी ही पाठ्यक्रम हैं जिसे अनवरत चलते रहना है।

समाज के जर्जर, रुग्ण और गलित अंगों की शल्य-क्रिया द्वारा उनकी विकृतियों को दूर कर जन-मानस में मंगलकारी मूल्यों की प्रतिष्ठापना ही पत्रकारिता का लक्ष्य है। यह तो जनता की वह संसद है जो बिना किसी सत्रावसान के सतत क्रियाशील है। पत्रकारिता बारहो महीने मिलने वाला रसाल है जो मानव-मन को सुपुष्ट करता रहता है। आज की विश्लेषिका और कल की निर्मात्री पत्रकारिता मानव-जीवन का एक अपरिहार्य अंग है, सर्वाधिक प्रभावशाली आविष्कार है जिसका अध्ययन-अध्यापन इस युग की एक अनिवार्यता है।

आजकल की पत्रकारिता 'दूरन्तो एक्सप्रेस' से आगे सुपर हाई जेट से मुकाबला करने को तत्पर है। फास्ट फूड की तरह सूचनाओं, विचारों को भकोसा जा रहा है। ऐसे ही समय में धीमी पत्रकारिता का सत्याग्रही सम्पादक विश्ववन्ध बापू स्वतः स्मृति-पटल पर उभर आते हैं। सन् 2013 में प्रकाशित 'गाँधी प्रिंटिंग प्रेस : एक्सपेरिमेंट्स इन स्लो रीडिंग' (लेखिका *इसाबेल हम्पावर*) के निष्कर्ष द्रष्टव्य हैं :

''इस सूचना क्रान्ति के बारे में कहा जाता है कि इसने साधारण लोगों का सशक्तीकरण किया है। इसकी बात नहीं होती कि सूचना की यह बिजली की गति लोगों को दास बनाकर एक मशीनी भ्रान्ति में रखने की गजब की ताकत भी रखती है। सोशल मीडिया, खबरिया टी. वी. चैनल और स्मार्टफोन बिजली की तेज़ी से लोगों को बरगलाने में सक्षम हैं। साधारण लोगों को एक क्रुद्ध और जानलेवा भीड़ बना देना इतना आसान पहले कभी नहीं रहा। स्मार्टफोन में 'इंस्टॉल' करने के लिए विवेक और समझदारी का कोई 'ऐप' नहीं है ।

ऐसे में, *गाँधीजी* के प्रयोग को याद करने की ज़रूरत है। थोड़ी धीमी गति से, नैसर्गिक गति से भी पत्रकारिता की जा सकती है, जो लोगों में विचार का संचार करे। *इसाबेल* की किताब विस्तार से बताती है कि गाँधीजी ने अपने पाठकों को खुद तैयार किया था। उनके लिखे में पाठकों के लिए सब्र के साथ पढ़ने के निर्देश बार-बार आते थे। वह पाठक को धीमे-धीमे पढ़ने को कहते थे, कई बार पढ़ने को कहते थे। वह मानते थे कि उनके हर आदर्श पाठक में स्वाध्याय और सत्याग्रह की योग्यता है।

वह सम्पादन की समस्याएँ भी खुलकर बताते थे। एक जगह उन्होंने लिखा है कि सम्पादन करते समय उन्हें अपनी कमजोरियाँ और साफ दिखती हैं। कभी तो आत्मलीन होकर लच्छेदार भाषा में लिखने का मन होता है। फिर ऐसा भी लगता है कि अपने क्रोध के वश में आकर सारा जहर शब्दों में उगलने दें, मगर उनकी कोशिश यही रहती थी कि संयम से काम लें। लिखाई में विवेक का सहारा लें।

ऐसा नहीं था कि पाठक से उनका सम्बन्ध किसी प्रचारक का रहा हो, जिसका जीवन वह अपनी विचारधारा के हिसाब से बदल देना चाहते थे। पाठक उनके लिए वह ग्राहक भी नहीं था, जिसकी आँख से होते हुए सीधे जेब का निशाना किया जाये। *गाँधीजी* अपने पाठक के साथ बेबाक रिश्तेदारी और अधिकार रखते थे। वे यह भी लगातार कहते हैं कि सम्पादक और मालिक से ज़्यादा किसी प्रकाशन की मिल्कियत उसके पाठकों में होती है। वह पाठकों के पत्रों का जवाब ऐसे देते थे, जैसे किसी निकट सम्बन्धी से बातें कर रहे हों।

इस पत्रकारिता में एक विशाल और सदाचारी सामाजिक जीवन के बीज थे। धीरे-धीरे इससे एक ऊँचा बड़ा पेड़ निकला, जिसकी शीतल छाया में हम आज भी बैठ सकते हैं।''

–हिन्दुस्तान (30 जनवरी, 2016)

22

पत्रकारिता के आयाम
(The Dimensions of Journalism)

जीवन की विविधता और संचार-साधनों की प्रचुरता ने पत्रकारिता को बहुआयामी बना दिया है। जीव-जगत् के हर कोने में पत्रकारिता बैठ गयी है। उसके विविध रूप निम्नलिखित हैं :

आर्थिक पत्रकारिता

सम्प्रति जीवन का प्रत्येक क्षेत्र अर्थ से प्रभावित है। 'सर्वे गुणाः काञ्चनमाश्रयन्ति' के अनुसार सभी अर्थोपार्जन के पीछे दीवाने हैं। अर्थ से सम्बद्ध समस्त क्रिया-कलापों को उजागर करने के लिए आर्थिक पत्रकारिता विकसित हो रही है। मुद्रा बाज़ार, पूँजी बाज़ार, वस्तु बाज़ार, पंचवर्षीय योजना, बैंक, ग्रामोद्योग, श्रम, बजट और राष्ट्रीय आय के समाचार अब पाठकों को अधिक आकर्षक प्रतीत हो रहे हैं। महत्त्वपूर्ण अर्थ-जगत् के पत्रों द्वारा उद्योग-व्यवसाय की जानकारी दी जा रही है जो आर्थिक पत्रकारिता को पुष्ट करने वाली है। अर्थशास्त्र, वाणिज्य और तकनीकी ज्ञान वाले इस क्षेत्र में सफलता प्राप्त कर सकते हैं।

विश्व में पत्रकारिता का उदय आर्थिक-व्यापारिक गतिविधियों के सन्दर्भ में हुआ। भारत में भी पत्रकारिता का आरम्भ व्यापारिक सूचनाओं के आदान-प्रदान के लिए ही हुआ था। 29 जनवरी, 1780 को कलकत्ता से प्रकाशित होने वाले भारत के प्रथम अख़बार का नाम 'हिक्की गजट' अथवा 'कलकत्ता जनरल एडवर्टाइजर' था। यह नाम स्वयं इस बात का सूचक है कि इस अख़बार में विज्ञापन भी छापे जाते थे। हिक्की ने अपने पत्र के उद्देश्यों के विषय में लिखा था, ''राजनीतिक और व्यापारिक साप्ताहिक सभी पार्टियों के लिए खुला है लेकिन किसी से प्रभावित नहीं है।'' इससे स्पष्ट है कि इस अख़बार का उद्देश्य व्यापारिक गतिविधियों की सूचना देना ही था। हिन्दुस्तान में आर्थिक पत्रकारिता का इतिहास उतना ही पुराना है जितना पत्रकारिता का इतिहास।

अंग्रेज़ व्यापारी सर्वप्रथम कलकाता आये। उन्होंने भारत में उद्योगों एवं बैंकों की स्थापना की और भारत में आर्थिक पत्रकारिता की नींव रखी। आर्थिक पत्र 'द कैपिटल' का प्रकाशन सन् 1868 में अंग्रेज़ों ने कलकत्ता में शुरू किया जो उन दिनों ब्रिटिश साम्राज्य की राजधानी थी। 'द कैपिटल' के सम्पादक *पैट लोवाट* और *जेकरी टाइसन* थे। 'द कैपिटल' एसोसिएटेड चैम्बर्स ऑफ कॉमर्स ऐंड इंडस्ट्री से करीब से जुड़ा था लेकिन भारत में अंग्रेज़ों के हितों की सुरक्षा करता था। एक सम्पादक के रूप में *टाइसन* ने अंग्रेज़ों के हितों को प्राथमिकता देने की जगह इस अख़बार को निष्पक्ष बनाने की कोशिश की।

सन् 1910 में कलकत्ता से 'कॉमर्स' का प्रकाशन आरम्भ हुआ। बाद में इसे बम्बई से प्रकाशित किया जाने लगा। ब्रिटेन का एक व्यापारी *के. के. जोसेफ* मुम्बई आया और इस अख़बार का स्वामित्व उसके हाथ में आ गया। 'कॉमर्स' की खासियत

थी कि इसमें उद्योग और व्यापार से सम्बन्धित सूचनायें ख़बरों के रूप में छपती थीं। *आर. वी. मूर्ति* एवं *एस. जी. रमन* के सम्पादकत्व में यह प्रवृत्ति फली-फूली। 'कामर्स' में उद्योग शेयर बाज़ार और बैंकों से सम्बन्धित विश्वसनीय ख़बरें प्रकाशित होती थीं। आर्थिक समाचार-पत्रों की विकास-यात्रा न सिर्फ़ आर्थिक विकास बल्कि इससे जुड़े लोगों के हितों की वकालत से भी सम्बद्ध थी। 'द कैपिटल' एवं 'कॉमर्स' में कोयला, जूट, विदेशी मुद्रा, बैंकिंग, कपड़ा, कपास, उद्योग, शेयर एवं सर्राफा बाज़ार से सम्बन्धित समाचारों का प्रकाशन होता था।

आर्थिक पत्रकारिता के क्षेत्र में पहला विशुद्ध भारतीय प्रयास था 'इंडियन फाइनेंस' का सन् 1928 में प्रकाशन। यह पहला आर्थिक अख़बार था जिसका सीधा सम्बन्ध किसी आर्थिक या औद्योगिक घराने से नहीं था। इसके सम्पादक *सी. एस. रंगास्वामी* थे जिन्होंने केवल भारतीय व्यापारियों को इसके साथ जोड़ा, जिसमें प्रमुख थे *बिरला, जालान, बद्रीदास गोयनका* तथा कलकत्ता एवं मद्रास के कुछ छोटे व्यापारी। इस पत्र ने अपने सम्पादकीय में भारतीय परिप्रेक्ष्य में सामाजिक, आर्थिक एवं व्यापारिक मुद्दों का गहन विश्लेषण किया :

'द ईस्टर्न इकानॉमिस्ट' द्वितीय विश्व युद्ध के दौर में आरम्भ हुआ। इसका प्रकाशन बिरला घराने द्वारा सन् 1943 में आरम्भ किया गया। विश्व युद्ध के दौरान राजनीति और अर्थ में बहुत घनिष्ठता हो गयी थी। भारत सरकार एवं व्यापारी मिलकर देश की आर्थिक योजनाओं पर विचार-विमर्श कर रहे थे। ऐसे समय में 'द ईस्टर्न इकनॉमिस्ट' को राष्ट्रीय और अन्तर्राष्ट्रीय घटनाक्रमों को प्रकाशित करने वाले पहले आर्थिक अख़बार का गौरव प्राप्त हुआ। 'द इकनॉमिस्ट वीकली ऑफ बॉम्बे' साप्ताहिक ने व्यापार से सम्बन्धित समस्याओं के स्थान पर आर्थिक विकास से सम्बन्धित समस्याओं को अधिक महत्त्व दिया।

टाइम्स ऑफ इंडिया समूह द्वारा सन् 1961 में 'द इकनॉमिक टाइम्स' का प्रकाशन आर्थिक दैनिक के रूप में मील का पत्थर है। उसी साल एक्सप्रेस समूह ने दैनिक 'फाइनेंशियल एक्सप्रेस' का प्रकाशन आरम्भ किया। भारतीय भाषाओं में केवल गुजराती समाचार-पत्र ही प्रकाशन के आरम्भ से ही व्यापार, राजस्व अधिनियम, कृषि, विदेश व्यापार, विदेशी मुद्रा तथा आयात-निर्यात से सम्बन्धित समाचारों का प्रकाशन करते थे। इनके अतिरिक्त सभी आर्थिक पत्र अंग्रेज़ी में ही प्रकाशित होते थे।

श्री नरसिंह राव एवं *डॉ. मनमोहन सिंह* की 'नयी आर्थिक नीति' के तहत निजीकरण, विदेशी निवेश, बहुराष्ट्रीय कम्पनियों को जबर्दस्त प्रोत्साहन मिला। अर्थ और व्यापार की इस तीव्र प्रगति के युग में आर्थिक सूचनाओं का आदान-प्रदान आर्थिक विकास के लिए अनिवार्य हो गया। इसी के चलते पत्रकारिता की एक नयी विधा 'विकास-पत्रकारिता' का जन्म हुआ और आर्थिक पत्रकारिता इसका एक अंग बन गयी। इसके फलस्वरूप प्रिंट मीडिया और इलेक्ट्रॉनिक मीडिया ने भी आर्थिक समाचारों और उससे जुड़े कार्यक्रमों को बहुत महत्त्व दिया। आज आर्थिक मुद्दे लोगों के दैनन्दिन जीवन में अत्यन्त महत्त्वपूर्ण भूमिका अदा कर रहे हैं। आम पाठकगण भी आर्थिक गतिविधियों से सम्बन्धित समाचारों में अत्यन्त रुचि ले रहे हैं। इसके कारण न सिर्फ़ अंग्रेज़ी बल्कि हिन्दी में भी आर्थिक पत्रों का प्रकाशन आरम्भ हो गया है। इस समय देश के विभिन्न भागों से जो आर्थिक दैनिक, साप्ताहिक अथवा मासिक प्रकाशित हो रहे हैं उनमें प्रमुख हैं :'बिजनेस इंडिया', 'बिजनेस टुडे', 'बिजनेस वर्ल्ड', 'फिनांशियल विजर्ड', 'मनी', 'दलाल', 'स्ट्रीट कैपिटल मार्केट', 'बिजनेस स्टैंडर्ड', 'बिजनेस टाइम्स', 'व्यापार', 'कारोबार' इत्यादि।

व्याख्यात्मक पत्रकारिता (Interpretative Journalism)

पहले वही सफल संवाददाता माना जाता था जो *महर्षि नारद* की तरह घुमक्कड़ी होता, दौड़-धूप के बाद तथ्य एकत्र करता और सुनाता था। समय अब बदल गया है। विज्ञान और प्रौद्योगिकी के वरदानस्वरूप समाचार एजेंसियाँ कार्यरत हैं जो पलक मारते ही समाचार पहुँचाने का कार्य कर रही हैं। आज तो समाचार के विश्लेषण, उसकी पृष्ठभूमि तथा उसके भावी परिणाम को बताने की समस्या है जिसे व्याख्यात्मक पत्रकारिता द्वारा हल किया जा रहा है। समाचारों के यथार्थ परिवेश में उनका मूल्यांकन करना ही ऐसी पत्रकारिता का लक्ष्य है। द्रुतगामी संचार-साधनों से प्राप्त समाचार के विस्तार और स्पष्टीकरण हेतु व्याख्यात्मक पत्रकारिता वरेण्य है।

स्वास्थ्य पत्रकारिता (Health Journalism)

स्वास्थ्य पत्रकारिता अन्य प्रकार की पत्रकारिता से भिन्न है। यह सिर्फ़ मेडिकल ही नहीं वरन् मेडिकल-सोशल पत्रकारिता भी है। यहाँ ज़रूरी है सिर्फ़ समाचार ही नहीं, विचार और पुनर्विचार भी छापे जायें। सिर्फ़ तथ्य ही नहीं, संवेदनाएँ भी पत्रकारिता से जोड़ी जायें। आजकल पत्रकारिता की सभी शाखाएँ व्यावसायिक हो गयी हैं किन्तु स्वास्थ्य पत्रकारिता अन्य पत्रकारिता से समाज-सेवा में आगे हैं।

हमारे देश में जनसंख्या का एक बिलियन का बम फट चुका है, एड्स का बम फटने वाला है, महिला-पुरुष अनुपात तेज़ी से गिर रहा है, महिला मृत्युदर इतनी तेज़ी से बढ़ रही है कि प्रति मिनट एक महिला की मृत्यु हो रही है एवं प्रतिवर्ष 11 मिलियन गर्भपात हो रहे हैं। मीडिया का महत्त्व और भी बढ़ गया है। इन डरावने तथ्यों को संवेदना के साथ प्रस्तुत करके जनमानस के मर्म को भेदना ही स्वास्थ्य पत्रकारिता है।

किसी भी देश की सामाजिक सभ्यता का आकलन कुछ पैरामीटर पर किया जाता है। यह है साक्षरता, महिला मृत्युदर और नवजात मृत्युदर। जाहिर है इस कसौटी पर भारत खरा नहीं उतरता किन्तु भारत के ही केरल प्रदेश ने अथक मीडिया अभियान चलाकर इस देश में सर्वोच्च स्थान पाया है और यह सम्भव हुआ है मीडिया के जुड़ाव से। वर्षों से सरकार, गैर-सरकारी संस्थाओं व स्वैच्छिक संस्थाओं द्वारा विभिन्न सुरक्षित मातृत्व एवं शिशु कार्यक्रम चलाये जा रहे हैं, किन्तु इसके परिणाम आज भी मीटिंग या फाइल से निकलकर नहीं आ पाये हैं, क्योंकि मीडिया से नहीं जुड़ पाये और इसलिए जन-जागरण अभियान नहीं बन पाये। आज के इस महिला सशक्तीकरण वर्ष में मीडिया से ही सब कुछ सम्भव है। स्वास्थ्य पत्रकारिता ही नित-नूतन चिकित्सकीय आविष्कारों तथा चिकित्सा-प्रणाली एवं ग्रासरूट लेवल की प्राथमिक स्वास्थ्य शिक्षा के बीच सेतु है।

स्वास्थ्य पत्रकारिता से अपेक्षा

1. सही तकनीकी का कोई विकल्प नहीं है। चिकित्सा-क्षेत्र में कोई भी जानकारी खोज के बिना नहीं जानी चाहिए। एक अधूरी तथा गलत जानकारी जानलेवा भी बन सकती है।
2. सनसनीखेज ही नहीं, शिक्षाप्रद और सार्थक लिखें।
3. मैकेनिकल नहीं वरन् संवेदना से भरकर ही लिखें। तथ्य से ज़्यादा महत्त्व उसके प्रस्तुतिकरण का है।
4. नये चकाचौंध-भरे आविष्कार को आकर्षक बनाने की बजाय सत्य के आधार पर तौलिए।
5. किसी एक बीमारी, आयु या वर्ग पर केन्द्रित होकर शिक्षा दें।
6. मीडिया सिर्फ़ कुछ विशिष्टजनों के लिए नहीं, जनसामान्य के लिए है और महिला छवि कोमल मन की किशोरियों के ऊपर असर करती है। जैसे पिछले कुछ वर्षों में ब्यूटी क्वीन, मॉडल और कम वजन की दुबली-पतली लड़कियों के अख़बार में प्रकाशित होने से अपने देश में भी अमेरिका की भाँति लड़कियों में डायटिंग एवं पतले होने की होड़-सी लग गयी और इसके दुष्परिणाम भी सामने आ रहे हैं।
7. आशा की किरण जगायें। बड़ी, डरावनी जानलेवा महामारियाँ, जैसे, एड्स आदि के बारे में शिक्षा की ज़रूरत है पर आशावादी दृष्टिकोण अवश्य दिखाएँ जिससे सोच ऊँची हो और मनोबल बढ़ सके।
8. कन्या भ्रूण-हत्या, रेप के ख़िलाफ़ सकारात्मक अभियान चलाकर स्वास्थ्य पत्रकारिता को संवेदनशील, प्रभावी बनाया जा सकता है।

इम्बेडेड जर्नलिज्म (अंगीभूत पत्रकारिता)

अंग्रेज़ी के 'Imbed' या 'Embed' का शाब्दिक अर्थ जड़ हो जाना, निहित होना, न्यस्त रहना, समाहित होना, जकड़ जाना, कटिबद्ध रहना, प्रतिबद्ध होना है। निष्पक्षता को तिलांजलि देकर सत्ता की सेवा की एक नयी विधा 'इम्बेडेड जर्नलिज्म' है,

जिसे हिन्दी में कुछ लोगों ने जड़ित पत्रकारिता कहा है। यह 'जड़ित' शब्द पूरा अर्थबोध नहीं दे रहा है। जीविकोपार्जन हेतु किसी का अंग बनकर सूचना देना अंगीभूत पत्रकारिता है जिसमें सत्ता-परायणता होती है।

पत्रकार के लिए 'तथ्य' हमेशा पवित्र होते हैं जिन्हें वह किसी दबाव और लालच के बिना अपने पाठक-दर्शक और श्रोताओं तक पहुँचाता है। यही पत्रकारिता की 'विशिष्टता' है, वरना पत्रकारिता और विज्ञापन में कोई अन्तर नहीं है। 'हैंड आउट' पर ख़बरें बनाना या दरबारी बनकर किसी की ठकुरसुहाती के लिए रिपोर्ट भेजना पत्रकारिता नहीं है। यह सूचना के अधिकार की अवधारणा के भी विरुद्ध है जिसका सबसे ज़्यादा डंका अमेरिका में पीटा जाता है। पहले पत्रकारों को सेना के अधिकारियों द्वारा की गयी ब्रीफिंग पर ही सन्तुष्ट रहना पड़ता था क्योंकि कोई भी पत्रकार युद्ध-भूमि में एक सीमा तक ही जा सकता था। अमेरिका के इराक पर आक्रमण की कवरेज के लिए पत्रकारों को सेना में ही समाहित किये जाने की एक नयी प्रथा शुरू है। पत्रकारों को पहली बार युद्ध को इतने करीब से देखने का मौका मिला है। वैसे तो हर लड़ाई में कुछ पत्रकार सेना की टुकड़ियों के पीछे चलते ही रहते हैं लेकिन इस लड़ाई में पहली बार उन्हें एक नया नाम दिया गया है : इम्बेडेड जर्नलिस्ट यानि सेना में समाहित पत्रकार जिसे अंगीभूत पत्रकार कहा जाये तो उत्तम है।

23

साहित्यिक पत्रकारिता (Literary Journalism)

'ज्ञान-राशि के संचित कोष का नाम ही साहित्य है।' *—महावीर प्रसाद द्विवेदी*

× × ×

'राजनीति को सुसंस्कृत बनाने के लिए ज़रूरी है कि हमारे राजनेता साहित्य पढ़ें।'
—टी. एस. इलियट

× × ×

"The decline of literature indicates the decline of a nation; the two keep pace in their downard tendency." *– Goethe*

× × ×

लिखो कि कोई बुरा है न अच्छा है,
जो दर्द है साँसों में वो ही सच्चा है।
ये इक दर्द ही संघर्ष भी है ख्वाब भी है,
लिखो कि ये ही अँधेरों का महताब भी है॥

—निदा फाजली

× × ×

शाम सात बजे मन्त्री ने पुस्तक विमोची
सुबह छः बजे अख़बार ने आलोची
प्रकाशक प्रसन्न हुआ
लेखक भी धन्य हुआ
दुःख यही कि किसी ने पढ़ने की नहीं सोची॥

× × ×

"साहित्य जन-मन का उद्गार है। साहित्य की सरिता जनता के सुख-दुःख, आशा-निराशा से तरंगित होकर माँ गंगा के सदृश पावन बन जाती है।" *—डॉ अर्जुन तिवारी*

समाज ध्वस्त हो सकता है, राष्ट्र नष्टप्रायः हो सकता है परन्तु साहित्य अक्षुण्ण होता है जिसका अध्ययन प्रेरणा स्रोत है जैसा कि *सिसरो* का कथन है :

"साहित्य का अध्ययन युवकों का पालन-पोषण करता है, वृद्धों का मनोरंजन करता है, उन्नति का शृंगार करता है, विपत्ति को धीरज देता है, घर में प्रमुदित करता है और बाहर विनीत बनाता है।"

साहित्य अपने अर्थबोध, भावोन्मेष एवं अनुरंजन द्वारा मानवता की सेवा करता है। आजकल राजनीति का बोलबाला है। राजनीति चंचल है जबकि साहित्य स्थायी है। साहित्य हमारी सुरुचि को जगाने एवं सौंदर्य-प्रेम जाग्रत् करने का अमोघ अस्त्र है तथा साहित्यकार एक दीपक है जो स्वतः जलकर दूसरों को प्रकाशित करता है।

पत्रकारिता रचनात्मक साहित्य की आधारशिला है। यह एक ऐसा विस्तृत, मिश्रित त्वरित जनमाध्यम है जिसमें साहित्य की समग्र विधाएँ पल्लवित एवं पुष्पित होती रहती हैं। साहित्य सर्जनात्मकता की मनोरम प्रस्तुति है जबकि पत्रकारिता यथार्थ भावबोध को सहज रूप में सम्प्रेषित करने की कला है। ज्ञान के सभी पहलुओं को जन-जन तक पहुँचाकर जागरण एवं नव-निर्माण के प्रति चिन्तन हेतु दिशा निर्देशित करना ही पत्रकारिता है। समाचार-पत्र सूचना देते हैं जबकि साहित्य सूचना-घटना को विशिष्ट भंगिमा के साथ प्रस्तुत करता है।

जनसंचार के माध्यम बहुआयामी हो चुके हैं। जीवन के सभी क्षेत्रों तक उनका विस्तार है। इसी कारण जनसंचार माध्यमों की भाषा वैविध्यपूर्ण है। विषयानुकूल भाषा-चलन और उसका शुद्ध प्रयोग पत्रकारों की सफलता की निशानी है। पत्रकार की भाषा व्याकरण के सिद्धान्तों को अपनाती है, साथ ही समाज के प्रचलन, व्यवहार, उसकी प्रवृत्ति को स्वीकार कर भाषा को एक दिशा भी देते हैं यथा :

लेखनी ने समस्याओं को उकेरा है।

× × ×

आतंकवाद समाज को निगलने हेतु मुँह बाए खड़ा है।

× × ×

शब्द गूँगे हो गये

× × ×

चाँदनी चुभने लगी।

× × ×

व्याकरण बहरा हो गया।

× × ×

झोंपड़ी-झुग्गी में रेंगता जीवन

× × ×

समाज की नसों में चढ़ता जातिवाद का जहर।

× × ×

हवाएँ बदचलन हुईं।

× × ×

मानव-जीवन और साहित्य

मुक्तिबोध हमेशा एक सवाल करते थे कि पार्टनर! तुम्हारी पॉलिटिक्स क्या है या पार्टनर, पहले अपनी पॉलिटिक्स साफ करो।? यह विचार उनकी व्यक्तिगत ईमानदारी और निष्ठा को व्यक्त साहित्य की स्वायत्तता को स्वीकारने वाली रही है, जबकि वास्तविकता यह है जैसा कि *माओ-त्से-तुंग* ने लिखा है कि "साहित्य और कला राजनीति से है, कतिपय व्यक्तियों द्वारा

अनुमोदित एवं अनुप्राणित राजनीति से नहीं। राजनीति चाहे क्रान्तिकारी हो या क्रान्तिविरोधी, दो विरोधी वर्गों के संघर्ष का प्रतिनिधित्व करता है। सैद्धान्तिक संघर्ष को साहित्य और कला में प्राप्त राजनीतिक संघर्ष के अधीन रहना चाहिए क्योंकि वर्ग की आवश्यकता और जनता की आवश्यकता अपने केन्द्रित रूप में राजनीति के माध्यम से ही प्रकट हो सकती है।''

जमाने की पेचीदगी के बीच यदि पत्रकार को 'मशाल' बनाता है तो उसे जनगण की राजनीति में ज्वाला की तरह जलना होगा। मुक्तिबोध ने एक महत्त्वपूर्ण तथ्य की ओर संकेत किया है :''जनता के साहित्य से अर्थ है, ऐसा साहित्य जो जनता के जीवन-मूल्यों को, जनता के जीवनादर्शों को प्रतिष्ठापित करता हो, उसे अपने मुक्तिपथ पर अग्रसर करता हो। इस मुक्तिपथ का अर्थ राजनीतिक मुक्ति से लेकर अज्ञान से मुक्ति तक है। अतः इसमें प्रत्येक प्रकार का साहित्य सम्मिलित है, बशर्ते कि वह सचमुच उसे मुक्तिपथ पर अग्रसर कर सके।''

हार्वर्ड फास्ट ने लिखा है कि ''साहित्य अपने उत्पादक समाज का सर्वाधिक सटीक प्रतिबिम्बन रहा है।'' जीवन राजनीति, अर्थशास्त्र, समाज, नीति, पर्यावरण, उद्योग, सूचना प्रौद्योगिकी, कला, संस्कृति—कौन-सा ऐसा क्षेत्र है जिससे आदमी न जुड़ा हो और आदमी के जुड़ने से साहित्य की सम्बद्धता इन सबसे है? जाहिर है कि इनकी हवाएँ, सारतत्त्व, भाषा, काव्यवस्तु, संघर्षशीलता—सब साहित्य में जगह पाती हैं। *भामह* के शब्दों में 'न स शब्दों न तद्वाच्यौ न सा विद्या न सा कला/जायते यन्न काव्यांग अहो भारःमहान् कवे।' शब्द विद्या और कला सभी साहित्य को घेरते हैं और अपनी भूमिका का निर्वाह करते हैं। रचनाकार सब कुछ देखते-परखते हुए इन्हें साहित्य में अपनी तरह से स्थान देता है। यथार्थ के भीतर के यथार्थ की कई अन्दरूनी परतों में झाँकता है और उनमें से अपने लिए तत्त्वों का संग्रहण करता है। दुनिया का समूचा ज्ञान, विज्ञान और तकनीक जानकार लेखक ही अपनी रचनात्मक दुनिया को सृष्टि और उसका विस्तार करता है। शमशेर के शब्दों में—''लगी हो आग जंगल में कहीं जैसे/हमारे दिल सुलगते हैं'' यह दिल सुलगना पत्रकार की संघर्षशीलता और जनपक्षधरता का ही प्रमाण है।

साहित्य तथा राजनीति

साहित्य और राजनीति परस्पर सम्बद्ध हैं। राजनीति का कार्यभार लोक-कल्याण और जनता की बेहतरी ही होता है, इसलिए हमारे यहाँ लोक-कल्याणकारी राज्य की अवधारणा रही है और साहित्य ने हमेशा सत्ता, राजनीति और सामाजिक अधिसंरचना की गहरी पड़ताल करते हुए—इनसे सहमति और प्रतिरोध की भूमिका निभायी। साहित्य प्रतिपक्ष का रोल अदा करता रहा है। यह भी तय है कि संगठित राजनीति और रचना में तनाव का रिश्ता होना चाहिए। यह तनाव जनपक्षधरता को विश्वसनीयता प्रदान करता है और इससे रचना में एक नयी तरह की बिजली और फोर्स पैदा होते हैं। मध्ययुगीन भक्ति आन्दोलन के समय में भक्तों, सन्तों और सूफियों ने सत्ता राजनीति और सांस्कृतिक अधिसंरचना में छाये हुए मकड़जाल के ख़िलाफ़ जनता को जगाया और गलत स्थितियों के ख़िलाफ़ अपना प्रतिरोध जारी रखा। 'सन्तन कहा सीकरी सो काम/आवत जात पनहियाँ टूटी बिसर गयो हरि नाम।' भक्ति आन्दोलन में हमारी सामाजिक-सांस्कृतिक स्थितियाँ जिस तरह जारी थीं, जिस तरह की विकृतियाँ चुनौती बनकर अड़ी थीं, दलितों-वंचितों को जिस तरह हाशिए पर रखा गया था उसके ख़िलाफ़ सन्तों और भक्तों ने विभिन्न माध्यमों से अपनी आवाज़ बुलन्द की। उस सामाजिक व्यवस्था के ख़िलाफ़ संघर्ष छेड़ा। आधुनिक काल में *राचमन्द्र शुक्ल* ने कहा—''चीथड़े लपेटे चने चाबेंगे चौखट पर/चाकरी करेंगे नहीं चौपट चमार की।'' यह प्रवृत्ति अकेले *शुक्लजी* की ही नहीं थी, बहुतों की थी। यह प्रतिबद्धता ही रचनाकार पत्रकार की वास्तविक आँख है, जिसके द्वारा यह जीवन यथार्थ की बहुत गहरी पड़ताल करता है।

भारत में प्रगतिशील लेखक संघ के स्थापना सम्मेलन (सन् 1936) में *प्रेमचन्दजी* ने अध्यक्षता करते हुए दो टूक शब्दों में कहा था—''अब साहित्य केवल मन-बहलाव की चीज नहीं है, मनोरंजन के सिवाय उसका और भी कुछ उद्देश्य है : जो दलित है, पीड़ित हैं, वंचित है : चाहे वे व्यक्ति हों या समूह, उसकी हिमायत और वकालत करना उसका फर्ज है। उसकी अदालत समाज है। इसी अदालत के सामने वह अपना इस्तगासा पेश करता है और उसकी न्यायवृत्ति तथा सौन्दर्य-शक्ति को जाग्रत् करके अपना बल सफल समझता है।''

स्वाधीनता आन्दोलन की लड़ाई साहित्य और राजनीति ने समान स्तरों पर लड़ी है। आज़ादी के आन्दोलन के दौरान रचा गया साहित्य इसका साक्ष्य है। *निराला* ने लिखा–''वर दे वीणावादिनि वर दे/प्रिय स्वतन्त्र रव अमृत मन्त्र नव भारत में भर दे/काट अन्ध उर के बन्धन स्तर/बहा जननि ज्योतिर्मय निर्झर/कलुष भेद तम हर, प्रकाश भर/जगमग जग कर दे।'' *महादेवी* ने लिखा–''चिर सजग आँखें उनींदी/आज कैसा व्यस्त बाना/जाग तुझको दूर जाना।'' यह जागने का और जगाने का समय था। यह स्वतन्त्र आवाज़ और अमृत मन्त्र को पाने का समय था। यह भविष्य के स्वप्न रचने का समय था। साहित्य की व्याप्ति के सन्दर्भ में लगातार रचनाकारों ने विचार किया है। *निकोलायी ऑस्रोवस्की* ने लिखा–''मनुष्य की सबसे प्रिय वस्तु जीवन है और यह जीवन उसे एक ही बार जीने को मिला है। उसे इस प्रकार जीना चाहिए कि उसे वर्षों तक निरुद्देश्य जीने पर पछतावा न हो। उसे इस तरह जीना चाहिए कि मरते समय कह सके कि मेरा जीवन और पूरी शक्ति दुनिया के सर्वश्रेष्ठ उद्देश्य को समर्पित रहे। मानवता की मुक्ति के संघर्षों को वाणी मिले।''

मानवीय चेतना के विकास के लिए आवश्यक है सामाजिक संसर्ग और सामाजिक संसर्ग के लिए व्यापक क्षेत्र प्रदान करता है साहित्य। साहित्य का वास्तविक अर्थ तो सत्साहित्य ही होता है जिसमें सबका हित समाहित हो। आज जिस तथाकथित साहित्य यदि सम्पादकाचार्य *स्व. बनारसीदास चतुर्वेदी* के शब्दों में कहें तो घासलेटी साहित्य की बाढ़ जो हमारे देश में विशेषकर हिन्दीभाषी क्षेत्र में सत्साहित्य के समानान्तर ठीक उसी तरह चल रही है जिस तरह माफियाओं, गुंडों, सत्ता के दलालों, ठगी और हवालाइयों की समानान्तर सरकार और करवंचकों, काले धन्धे में लगे लोगों, धोखेबाजों और विदेशी कम्पनियों से साँठ-गाँठों कर जनता की लूटने वालों की समानान्तर अर्थव्यवस्था चल रही है। वह बाढ़ सत्साहित्य को हाशिए पर धकेलती हुई आगे बढ़कर हमारी नवजात पीढ़ी के चेतना-विकास को बुरी तरह झकझोर कर दिग्भ्रमित कर रही है। इस संघर्ष में सरकार जन्य चेतना पराजित हो रही है तथा उच्च मानवीय सोच जर्जर हो रही है।

कुत्सित साहित्य के मुद्रण माध्यम और दृश्य माध्यम दोनों ओर से होने वाले आक्रमणों में दृश्य माध्यम के आक्रमण सशक्त हैं। वह अपने आक्रमणकारी रूप को भी मनोरंजक रूप में छुपाकर धीरे-धीरे जहरीले शस्त्र चला रहा है। अपराधों के अभूतपूर्व तरीके, हत्या-हराम, नारीदेह के प्रति विकृत मानसिकता आदि की चेतना विकसित हो रही है। इस कारण मानवीय संवेदना पशुत्व की ओर निरन्तर एवं अनजाने ही खिंची चली जा रही है।

साहित्य का स्थापित तथ्य है कि दृश्य काव्य (नाटक) साहित्य की अन्य विधाओं की अपेक्षा अधिक प्रभावशाली होता है। जीवन्त रंगमंचों पर नाटकों की प्रस्तुति की अपेक्षा इलेक्ट्रॉनों दृश्य माध्यम (सिनेमा-टी. वी.) पर अधिक स्वाभाविक और प्रभावशाली ढंग से होती है। यदा-कदा ही कुछ ऐसा देखने को मिलता है जिसमें प्रेरक इतिहास, अच्छे साहित्य, उदात्त जीवन-मूल्य या देश के अस्सी प्रतिशत लोगों के जीवन के सुख-दुःख की झलक मिलती है। परन्तु उसका भी आप सही आनन्द ले सकें, इसके लिए बीच-बीच में रसाघात के लिए विज्ञापनों की इतनी ठूँस-ठाँस रहती है कि दर्शक खीझ उठे।

वास्तविकता यह है कि स्वस्थ मनोरंजन या जन-रुचि परिष्कार न सरकार का लक्ष्य है न प्रायोजकों का। प्रायोजकों का असली लक्ष्य है कि दर्शक उनके विज्ञापन देखें और सरकार तथा प्रायोजकों दोनों का लक्ष्य है पैसा कमाना। इसके लिए वह मालिका (सीरियल) तो दर्शकों के सामने फेंके हुए उस टुकड़े की तरह है जिसके प्रलोभन में वे देखते रहें। इसके लिए एक और उपाय खोज लिया गया है पुरस्कारों का। सीरियल से सम्बन्धित प्रश्नों के उत्तर दीजिए और पुरस्कार पाइये। इस प्रकार ऐन उत्सुकता (सस्पेंस) या रस परिपाक की चरमावस्था (क्लाइमेक्स) के अवसर पर विज्ञापन ठूँसकर रसानुभूति में व्याघात उत्पन्न किया जाता है। इस प्रकार के व्याघात से मानसिक झटका लगता है। बार-बार ऐसे झटके खाते-खाते दर्शकों की रस-ग्रहण की भावात्मक चेतना कुंठित होती जा रही है।

पत्रकारिता तात्कालिकता के माध्यम से *शाश्वत* की साधना है। *शाश्वत* की साधना साहित्यकार और पत्रकार दोनों का अभीष्ट है। नाम दो हैं पर सूक्ष्म निरीक्षण किया जाय तो पत्रकार एवं साहित्यकार में कोई अन्तर नहीं है। प्रसिद्ध साहित्यसेवी *श्री बालकृष्ण राव* ने सुस्पष्ट किया है कि–''समसामयिक परिवेश में किसी-न-किसी रूप में प्रत्येक लेखक प्रेरणा ग्रहण करता है, चाहे वह साहित्यकार हो या पत्रकार। दोनों ही लेखक हैं, दोनों ही सर्जनकार हैं, दोनों के कार्य किन्हीं ऐसे गुणों की अपेक्षा

करते हैं जो दोनों के लिए अपरिहार्य हैं : अनाविल दृष्टि, चिन्तन-लेखन में प्रेषणीयता की शक्ति। दोनों देश और काल के आयामों पर अपनी-अपनी विशिष्ट परम्पराओं के अतिरिक्त उस सामाजिक चेतना-प्रवाह से भी सम्बद्ध है। जिससे उन्हें अपनी बात औरों के प्रति निवेदित करने की प्रेरणा और शक्ति मिलती है। प्रत्येक पत्रकार अंशत : साहित्यकार भी है, प्रत्येक साहित्यकार अनिवार्यतः पत्रकार भी है।''

अनाविल दृष्टि, चिन्तन-मनन और लेखन में प्रेषणीयता की शक्ति से परिपूर्ण पत्रकार और साहित्यकार दोनों 'सत्यं शिवं सुन्दरम्' की उपासना करते हैं। मानवता की सेवा पवित्र-भाव से दोनों करते हैं। सत्य एवं न्याय की स्थापना, अनाचार, शोषण तथा दासता को दूर करने के लिए और समाज को सन्मार्ग पर लाने के लिए दोनों कटिबद्ध दिखायी पड़ते हैं।

स्थूल तथा सूक्ष्म के अवलोकन एवं विवेचन में साहित्यकार सफल होता है परन्तु पत्रकार भी उससे पीछे नहीं रहता। ''पत्रकार जगत् का सूक्ष्मद्रष्टा होने के सिवा दूसरा है ही क्या? लौकिक और अलौकिक जगत् मानव-जीवन को जिस प्रकार प्रभावित करते हैं और जिस प्रकार मानव उन्हें प्रभावित करता है उनका साक्षात्कार और चित्रण पत्रकार का मुख्य कार्य होता है, ये जीवन और जगत् की अनुभूतियों, कल्पनाओं, विचारों और भावनाओं तथा आदर्शों का सर्जन करते हैं उन्हें वह अभिव्यक्त कर देता है और अभिव्यक्ति की वह धारा ही पत्रों के स्तम्भों में प्रवाहित होती रही है। पत्र वे दर्पण हैं, जिनमें पत्रकार जगत् के स्वरूप को प्रतिबिम्बित कर देता है; पत्र वे पट हैं जिन पर अपनी लेखनी के द्वारा वह संसार को चित्रित कर देता है।''

पत्रकार और साहित्यकार की दूरदर्शिता

पत्रकार साहित्यकार की भाँति ही हर व्यक्ति के स्वर की गहराई, उसके अन्तर्द्वन्द्व, उसकी रामतत्त्व और रावणत्व शक्तियों को उचित रूप से मापने-परखने में समर्थ रहता है। अपनी कल्पनाशीलता, भावप्रवणता, अनुभूति, विवेक, बुद्धि, तर्क तथा विश्लेषण-क्षमता के कारण पत्रकार और साहित्यकार दूरबीन का काम करते हैं। अत्यधिक संवेदनशीलता और कल्पनाशीलता के कारण कभी-कभी साहित्यकार का पैर धरातल पर नहीं पड़ता परन्तु पत्रकार तो यथार्थ की दुनिया का यथार्थ अवलोकन एवं अंकन करता है। भावुकता साहित्यकार का अपना गुण होता है लेकिन पत्रकार तो तात्कालिक यथार्थ को परखता तथा सम्भावनाओं को सूचित करता है। पत्रकार भविष्यवक्ता होता है जैसाकि 'लन्दन टाइम्स' के प्रसिद्ध सम्पादक *श्री डेलान* सम्बन्धी एक घटना से स्पष्ट होता है। सायंकाल *श्री डेलान* अपने क्लब में बैठे हुए थे। वहीं एक डॉक्टर चले आये। वार्ता के दौरान डॉक्टर ने बताया कि ''मैं अभी *लॉर्ड नार्थब्रुक* के यहाँ से आ रहा हूँ। उनके एक प्रश्न के उत्तर में मैंने जवाब देते हुए उनसे कहा कि गरम देशों की जलवायु दुर्बल स्वास्थ्य वाली युवतियों के लिए लाभकारी होती है।'' वार्ता यहीं तक चली। दूसरे दिन 'टाइम्स' में यह समाचार प्रकाशित हुआ कि *लॉर्ड नार्थब्रुक लॉर्ड मेयो* के उत्तराधिकारी होकर भारत के वाइसराय पद पर नियुक्त हुए हैं। इस समाचार ने सभी को स्तब्ध कर दिया। अत्यन्त रहस्यपूर्ण तथ्य को कल्पना एवं चेतना के बल पर *श्री डेलजान* जान गये। इस प्रकार की ठोस सूझ पत्रकार और साहित्यकार के वश की बात है।

कुछ लोगों की धारणा है कि पत्रकारिता में सार्वकालिक बातें नहीं मिलती हैं जो साहित्य की अपनी विशेषता है। *मैथ्यू अर्नोल्ड* द्वारा पत्रकारिता को शीघ्रता में लिखा जाने वाला साहित्य कहा गया है—'Journalism is the literature in hurry'. हो सकता है कि क्षेत्रविशेष की कुछ घटनाएँ साहित्य की सीमा में नहीं आयें परन्तु पत्र के विविध स्तम्भों से शाश्वत साहित्य की बातें उपलब्ध होती हैं।

भारतेन्दु बाबू हरिश्चन्द्र, पंडित महावीरप्रसाद द्विवेदी, बालकृष्ण भट्ट, प्रतापनारायण मिश्र, बाबूराव विष्णु पराड़कर, शिवपूजन सहाय, प्रेमचन्द, निराला, कृष्णदेव प्रसाद गौड़ 'बेधब बनारसी' द्वारा लिखित स्तम्भ साहित्य हो चुके हैं जिनका सार्वकालिक महत्त्व है। पुस्तक के रूप में बहुत-सी ऐसी पाठ्य-सामग्रियाँ मिलेंगी जो कभी पत्र-पत्रिकाओं में बिखरी हुई थीं। यूरोप और अमेरिका में पत्र-पत्रिकाओं की सामग्रियों को संकलित करके पुस्तक का रूप दिया जाता है। अभी भारतवर्ष इस क्षेत्र में पीछे है। पत्र-पत्रिकाओं में प्रकाशित अनेक सामग्रियाँ स्थायी मूल्य रखती हैं। यदि ऐसा नहीं होता तो अनुसन्धान-छात्र पुरानी पत्रिकाओं को उलटने में व्यस्त क्यों दिखलायी पड़ते?

पत्रकारिता और साहित्य में उतना ही अन्तर मानना चाहिए जितना की सुगम संगीत एवं शास्त्रीय संगीत में है। संगीत तो दोनों ही हैं पर एक को जाने बिना दूसरे के प्रति औत्सुक्य और आत्मीयता की भावना नहीं जागरित होती। हल्के-फुल्के सुगम एवं सिनेमा के गीत जब कोई गुनगुनाता है, तो वह स्वतः संगीत की गहराई में पहुँचना चाहता है, परिणामस्वरूप योगी बनकर शास्त्रीय संगीत में निष्णात होने का प्रयास करता है। पत्रकारिता का साहित्यिक महत्त्व न मानने वालों को लक्ष्य करके *आचार्य शिवपूजन सहाय* ने लिखा है कि ''हिन्दी दैनिकों ने जहाँ देश को उद्‌बुद्ध करने में अथक प्रयास किया है वहाँ जनता में साहित्यिक चेतना जगाने का श्रेय भी पाया है।'' युगीन भावबोध के साथ ही भाषा-आन्दोलन पत्रकारिता से ही मुखरित हुआ। भाषा का आदर्श रूप स्थिर करने, लोकयचि का परिष्कार करने तथा साहित्य के अभावों को दूर करने में पत्रों का महत्त्वपूर्ण अवदान है। *आचार्य रामचन्द्र शुक्ल* के शब्दों में, ''जिस प्यारी हिन्दी को देश ने अपनी विभूति समझा, जिसको जनता ने उत्कंठापूर्वक दौड़कर अपनाया, उसका दर्शन 'हरिश्चन्द्र चन्द्रिका' में हुआ।''

पत्रकारिता द्वारा साहित्यिक विधाओं का पल्लवन

पत्र-पत्रिकाएँ साहित्य की विधाओं की जन्मदात्री रही हैं। राष्ट्र की आकांक्षाओं, विचारों और प्रेरणाओं की वाहिका के रूप में पत्रों ने हिन्दी को राष्ट्रवाणी का रूप दिया। हिन्दी सम्बन्धी सभी आन्दोलन पत्रों द्वारा सशक्त हुए।

छायावादी युग की देन गद्यगीत *सर्वश्री रायकृष्णदास, माखनलाल चतुर्वेदी, दिनेशनन्दिनी डालमिया* तथा *डॉ. रघुवीर सिंह* जैसे पत्रकारों से परिपुष्ट हुए। स्मरण के आधार पर किसी व्यक्ति अथवा विषय के सम्बन्ध में लिखित संस्करण *पं. बनारसीदास चतुर्वेदी, श्रीनारायण चतुर्वेदी, पं. श्रीराम शर्मा, कन्हैयालाल मिश्र, डॉ. रामविलास शर्मा* आदि पत्रकारों की देन है। 'माधुरी', 'सुधा', 'विशाल भारत', 'सरस्वती', 'हंस', 'धर्मयुग' और 'कादम्बिनी' में महत्त्वपूर्ण संस्मरण बिखरे पड़े हैं।

अपनी बिम्ब-विधायिनी शक्ति के साथ कथा और संस्मरण का रस मिलाकर लेखक शाब्दिक रेखाओं से चरित्र का उद्‌घाटन करता है। *पं. पद्‌मसिंह शर्मा, महादेवी वर्मा, बनारसीदास चतुर्वेदी, श्रीराम शर्मा, कन्हैयालाल मिश्र 'प्रभाकर'* के रेखा-चित्र साहित्य की अनमोल निधि हैं।

इंटरव्यू के लेखन में *पद्‌मसिंह शर्मा* एवं *राजेन्द्र यादव*, यात्रा-वृत्त-लेखन में *महापंडित राहुल सांकृत्यायन, शिवप्रसाद गुप्त, भगवतशरण उपाध्याय, सेठ गोविन्द दास और रामेश्वर टाँटिया* के नाम मुख्य हैं। आत्मकथा, पत्र रिपोर्ताज जैसी विधाएँ आज पत्रों द्वारा पल्लवित-पुष्पित हो रही हैं। नयी कहानी, नयी कविता, अकविता और अकहानी का दौर पत्रों से ही चला।

इस प्रकार पत्रों ने हिन्दी गद्यकाल के निबन्ध, जीवनी, आत्मकथा, यात्रावृत्त, गद्य-गीत, संस्मरण, रेखाचित्र, रिपोर्ताज, डायरी, आलोचना, समालोचना, समीक्षा, भेंटवार्ता, पत्र-साहित्य आदि विधाओं को पल्लवित-पुष्पित किया है। यह निर्विवाद है कि हिन्दी के उन्नायक प्रथमतः पत्रकार थे, बाद में वे उत्कृष्ट साहित्यकार हुए। *पंडित महावीरप्रसाद द्विवेदी* ने भारतीय जनता की विचाराभिव्यक्ति, बौद्धिक विकास एवं चेतना हेतु सुदृढ़, व्यबरिथत तथा परिमार्जित भाषा का निर्माण और सत्साहित्य का सृजन किया। 'सरस्वती' ने हिन्दी-जगत्‌ की जो सेवा की, वह स्वर्णाक्षरों में उल्लेखनीय है। *द्विवेदी* सदृश पत्रकार न होता तो *पंडित रामनरेश त्रिपाठी, नाथूराम शंकर शर्मा, मैथिलीशरण गुप्त, गोपालशरण सिंह, मुकुटधर पांडेय* और *वृन्दावनलाल वर्मा* जैसे सैकड़ों साहित्यकार हिन्दी-जगत्‌ को न मिलते। वास्तव में, साहित्य की समस्त विधाओं को गतिशील बनाने का उत्तरदायित्व पत्रकार को ही निभाना पड़ता है।

उच्चकोटि के साहित्यकार और पत्रकारों ने यही कहा है कि ''सवोत्तम पत्रकारिता साहित्य है और सर्वोत्तम साहित्य पत्रकारिता है।'' *एच. डब्ल्यू. मसिंघम* को श्रद्धांजलि अर्पित करते हुए *बर्नार्ड शॉ* ने कहा कि ''कुशल पत्रकार साहित्यकार से भिन्न नहीं है। अगर साहित्य का काम संसार को ठीक-ठाक देखना और परखना है तो पत्रकारिता का भी पहला काम यही है। पत्रकार के लिए यथार्थ वही है जो सम्भव हो चुका हो, साहित्यकार के लिए वह है जो सम्भव हो सकता है। दोनों घटनाओं की गहराइयों में जाकर मानवता की सेवा करते हैं।''

समाज के विचारों और साहित्य की संवाहिका का ही नाम पत्रकारिता है, जो समाज और साहित्य के इतिहास में अपना एक स्थान तो बना ही लेती है, उसका निर्माण भी करती है। ग्रन्थों में समाहित साहित्य से जो सम्भव नहीं है वह पत्र-पत्रिकाओं के साहित्य ने कर दिखाया। स्वातन्त्र्य-पूर्व के पत्र धर्मयुद्ध के अस्त्र-शस्त्र थे। आंग्ल शासकों के कोप का भाजन बनकर पत्रों ने समाज को एक दिशा दी। 'यंग इंडिया, 'हरिजन', 'आज', 'स्वदेश', 'कर्मभूमि', 'प्रताप', 'रणभेरी' और 'सेनापति' जैसे असंख्य पत्रों ने भारतीय जनता को प्रभावित किया। भारत के नागरिकों ने पत्र-पत्रिकाओं से यही सीखा कि—

लेकर पूर्ण स्वराज्य सत्व अपना पहनानें।
आज़ादी या मौत यही प्रण मन में ठानें॥

पत्रकारिता को साहित्यकार की पहली सीढ़ी कहा गया है। प्रारम्भ में साहित्यकार पत्रकारिता में लगा रहता है, अपनी फुटकर रचनाएँ पत्रों में प्रकाशित करवाता है। आलोचना, समालोचना एवं पुरस्कार-प्राप्ति से मनोबल बढ़ता है तथा वह साहित्य-सृजन में रम जाता है। दैनिक-पत्रों के साप्ताहिक अंक साहित्य की श्रीवृद्धि करते हैं और हर पत्र के साहित्य-सम्पादक पत्रकारिता को साहित्य से संश्लिष्ट रखते हैं।

पत्रकारिता और साहित्य में कहीं अन्तर है, तो वह शैली का। पत्रकार समास शैली का अभ्यस्त होता है जबकि साहित्यकार व्यास शैली अपनाता है। एक अलंकृत शैली से अपने को दूर रखता है तो दूसरा इसी शैली को आत्मसात् करता है। *श्री श्यामाप्रसाद 'प्रदीप'* ने 'इति' और 'अथ' के लेखन के सन्दर्भ में साहित्य और पत्रकारिता में एक विभाजन-रेखा प्रस्तुत की है।

"...साहित्य शैली में चरमावस्था या क्लाइमेक्स अन्त में होता है और पत्रकारिता की इस शैली के आरम्भ में।" इस पर एक साहित्यकार ने व्यंग्य किया है :'पहले प्रतियोगिता यह थी कि किसकी 'इति' अच्छी होती है और अब प्रतियोगिता यह है कि किसका 'अथ' अच्छा होता है' लेकिन यह अन्तर बहुत पुराना नहीं है। प्रथम युद्ध के बाद अद्‌भुत व्याख्यात्मक रिपोर्टिंग को भारत पहुँचने में करीब 35 वर्ष लगे, लेकिन यह उल्टे पिरामिड की शैली बहुत जल्दी विलायत से यहाँ पहुँच गयी। इसकी क्रान्तिकारी परिणति का श्रेय प्रसिद्ध पत्रकार, पत्र-संचालक और प्रथम विश्वयुद्ध के समय ब्रिटेन के सूचना मन्त्री *लॉर्ड नॉर्थक्लिफ* को जाता है। उन्होंने अनुभव किया कि आज के व्यस्त युग में पाठक को इतनी फुरसत नहीं है कि वह 'क्लाइमेक्स' तक पहुँचने का धैर्य रख सके। समाचार जानने की उत्कंठा जिस सीमा तक बढ़ चुकी थी उसमें पाठक को देर तक दौड़ाने के बाद लक्ष्य पर पहुँचाना उस पर भारी बोझ लादना था। अतः समाचार की शुरुआत ही क्लाइमेक्स से होने लगी अर्थात् साहित्य नीचे से मंजिल तय करके चोटी पर पहुँचता था तो पत्रकारिता चोटी से मंजिल तय करती हुई नदी की धारा की तरह कलकल करती हुई नीचे की ओर बह निकली। साहित्य और पत्रकारिता का यह भेद दर्शन की आगम और निगम प्रणाली जैसा ही हो गया।

उपर्युक्त अन्तर मात्र शैली का अन्तर है। वास्तव में, सत्य के संचयन, विवेचन और प्रकाशन में पत्रकार तथा साहित्यकार एकसमान हैं। साहित्य-सृजन एवं सूक्ष्म रस-बोध की दिशा में दोनों एक हैं, दोनों एक-दूसरे के पूरक हैं। इसीलिए तो *बर्नार्ड शॉ* ने ठीक ही कहा है कि "शाश्वत साहित्य के लिए पत्रकारिता अवरोध नहीं बल्कि सहायक आधार है।"

हिन्दी के उन्नायक *श्री पराड़कर जी* ने हिन्दी भाषा को लगभग 200 शब्द दिये जिनसे राष्ट्रभाषा को ओज और तेज मिला। श्री, सर्वश्री, राष्ट्रपति, मुद्रास्फीति, लोकतन्त्र, नौकरशाही, स्वराज्य, सुराज्य, नक्राक्षु, मक्राक्षु, वातावरण कार्रवाई, अन्तर्राष्ट्रीय, चालू, अन्तरिम जैसे शब्द *पराड़कर जी* की मेधा की देन हैं, यद्यपि उनका मुख्य धर्म पत्रकारिता था लेकिन साहित्य के प्रति वे अत्यन्त निष्ठावान थे। गद्यकार *पराड़कर जी* पद्य लेखन में भी दक्ष थे। 'देशेर कथा' के हिन्दी अनुवाद की निम्नस्थ पंक्तियाँ इसका प्रमाण हैं :

देश की बात

पाठकगण! निज हृदय थामकर पढ़ो देश अपने की बात।
निर्दयता से हुआ जिस तरह पुण्यभूमि भारत का घात।
शोक सिन्धु में डूब न रहना, रखना मन में भारी धीर।
बड़ी बीर जननी को जायो, हरै सदा जो उसकी पीर॥

स्वतः सिद्धहस्त साहित्यकार *श्री पराड़कर जी* ने सर्वश्री *पांडेय बेचन शर्मा 'उग्र', आचार्य शिवपूजन सहाय, जैनेन्द्रकुमार, आचार्य नन्ददुलारे वाजपेयी, श्री मुकुटबिहारी वर्मा, श्री अनन्त शास्त्री फड़के, डॉ. हजारीप्रसाद द्विवेदी* जैसे साहित्यकारों को प्रोत्साहित किया।

साहित्य से एलर्जी रखने वाली पत्रकारिता *श्री गिरीश पंकन* ने वर्तमान पत्रकारिता की दया पर चिन्ता प्रकट की है। उनके अनुसार पत्रकारिता की आलोचना के पीछे साहित्य से इसकी दूरी बनाये रखने की प्रवृत्ति है :

समकालीन परिदृश्य में मीडिया में साहित्य की जगह की तलाश किसी तप्त मरुभूमि में जल-कुंड की तलाश जैसी है। विज्ञापन की भाषा में कहूँ तो मीडिया में साहित्य...ढूँढ़ते रह जाओगे। एक समय था जब मीडिया और साहित्य का अन्योन्याश्रित सम्बन्ध हुआ करता था। आज़ादी के पूर्व का इतिहास देखें। तमाम बड़े-बड़े पत्रकार साहित्यकार भी हुआ करते थे। फिर चाहे वह *माधवराव सप्रे* हों या *माखनलाल चतुर्वेदी*। आज़ादी के बाद *मुक्तिबोध* और *परसाई* जैसे साहित्यकारों के भी मीडिया से गहरे सरोकार रहे। *अज्ञेय, धर्मवीर भारती, सर्वेश्वरदयाल सक्सेना, श्रीकान्त वर्मा, नन्दन, कमलेश्वर* आदि अनेक साहित्यकार पत्रकारिता से सम्बद्ध रहे। इन सबके कारण ही पत्रकारिता में साहित्य के लिए अनिवार्य जगह बन जाया करती थी। धर्मयुग, साप्ताहिक हिन्दुस्तान, नवभारत टाइम्स, दैनिक हिन्दुस्तान आदि पत्र-पत्रिकाओं में साहित्य के लिए पर्याप्त पृष्ठ हुआ करते थे। दुर्भाग्यवश अब राष्ट्रीय कहे जाने वाले अख़बारों में भी साहित्य को लगभग खारिज कर दिया गया है। इन पत्र-पत्रिकाओं से जुड़े अनेक साहित्यकार-पत्रकार अब स्वतन्त्र लेखन करके जीविकोपार्जन की जद्दोजहद से गुजर रहे हैं।

× × ×

मीडिया में साहित्य के लिए जगह नहीं बची है इसीलिए पत्रकारिता का स्तर भी गिरा है, भाषा गिरी है, संवेदना लापता हुई है एवं जीवन-मूल्य गिरे हैं। आजकल तो मूल्यों की पत्रकारिता की जगह मोल-भाव वाले मूल्यों की पत्रकारिता पुष्पित-पल्लवित हो रही है। बाज़ार के साथ चलने वाला मीडिया सनसनी में जीता है। पैसा कमाना ही उसका पहला और अन्तिम लक्ष्य है। इसके लिए साहित्य की ज़रूरत नहीं। जब ज़रूरत ही नहीं तो इसे निकाल बाहर करो। यह और बात है कि साहित्यविहीन होने के कारण ही मीडिया संवेदनहीन होता जा रहा है। काश, मीडिया के प्रबन्धक और पत्रकार अपनी रुचियों का जरा परिष्कार तो करें। अपनी परम्पराओं को समझें। अभी भी मीडिया में मुट्ठी-भर लोग मौजूद हैं, जो मीडिया में साहित्य की जगह को लेकर संघर्ष करते रहते हैं। ऐसे लोग ही कुछ कर सकते हैं। मीडिया की नयी पीढ़ी की पुनश्चर्या के लिए, नवाचार के लिए अन्ततः साहित्य ही एक कारगर प्रकल्प सिद्ध हो सकता है। इसके लिए प्रयास होते रहने चाहिए। उम्मीद अभी मरी नहीं है। मीडिया में बचे-खुचे साहित्यकार-पत्रकार ही साहित्य की सम्मानजनक जगह के लिए दबाव बना सकते हैं। पाठकों के माध्यम से भी यह दबाव बनाया जा सकता है। हमारे जीवन में साहित्य की अनिवार्य जगह अब तक बनी हुई है। मीडिया जीवन से अलग तो नहीं हो सकता!

आउटलुक ने वर्ष 2, अंक 38 में सम्पादक की ओर से 'हिन्दी लेखन की ख़बर' प्रकाशित की। सम्पादक *श्री आलोचक मेहता* ने समाचारों की दुनिया में पुस्तक समीक्षा, कहानी, कविता, व्यंग्य के प्रकाशन का औचित्य सिद्ध किया है :

हिन्दी लेखन की ख़बर

हिन्दी में समाचार पत्रिका 'आउटलुक' साप्ताहिक का प्रकाशन प्रारम्भ करते समय जब पुस्तक-समीक्षा के साथ कहानी, कविता, व्यंग्य को भी हर सप्ताह छापने की बात आयी तो सवाल उठा कि समाचारों की दुनिया में यह खिचड़ी क्यों पकायी गयी? हमारा उत्तर रहा है कि साहित्य के बिना क्या समाज अधूरा नहीं लगेगा? *कालिदास* से लेकर *शरच्चन्द्र, प्रेमचन्द, अज्ञेय, अमृतलाल नागर, जैनेन्द्र कुमार, नागार्जुन, धर्मवीर भारती, मनोहर श्याम जोशी, कुँवर नारायण, ममता कालिया, मालती जोशी, प्रयाग शुक्ल और विष्णु नागर* तक के लेखन में समाज की परत दर परत छानबीन ही तो दिखाई देती है। कला, संगीत और रंगमंच की गतिविधियाँ और उनमें आ रहे बदलाव की सूचना पाठकों तक पहुँचाना आवश्यक है तो समाज में दौड़ रहे खून के उतार-चढ़ाव, दमन-विद्रोह, प्रेम और नफरत को प्रतिबिम्बित करने वाले हिन्दी के लेखकों की रचनाएँ नियमित रूप से पाठकों तक क्यों नहीं पहुँचनी चाहिए?"

24

महिला पत्रकारिता
(Woman Journalism)

''औरतें मर्दों से अधिक बुद्धिमती होती हैं; क्योंकि वे जानती कम, समझती अधिक हैं।''

–जेम्स स्टीफेन

× × ×

"There is a woman at the beginning of all great things." *–Alphonsede Lamartine*

× × ×

Earth's noblest thing, a woman perfected. *–Lowell*

× × ×

अबला जीवन हाय! तुम्हारी यही कहानी।
आँचल में है दूध और आँखों में पानी।। *–मैथिलीशरण गुप्त*

× × ×

स्त्रियों की मानहानि साक्षात् लक्ष्मी और सरस्वती की मानहानि है। –निराला

× × ×

आधी दुनिया से सन्दर्भित सूचना, शिक्षा एवं मनोरंजन की प्रस्तुति महिला पत्रकारिता है जो आबालवृद्ध के लिए आकर्षण का केन्द्रीय तत्त्व है। महिलाएँ पत्रकारिता में मानवीय पक्ष को प्रस्तुत करती हैं। *जयशंकर 'प्रसाद'* के अनुसार ''नारी की करुणा अन्तर्जगत् का उच्चतम विकास है, जिसके बल पर समस्त सदाचार ठहरे हुए हैं।'' पूरी समस्या को वे सदाशयतावश नये नजरिये से देखती हैं। आधी दुनिया अख़बार को ताजगी और दृष्टि देती है।

आज वह कौन-सा क्षेत्र हे जहाँ नारी कार्यरत नहीं है। आकाश की ऊँचाई में प्रगति के पर फैला नारी आश्चर्यजनक उड़ान भरने लगी है। हमें उस पर गर्व है, पर प्रगति का अर्थ अपनी परम्परा, मर्यादा तथा संस्कृति को भूलना नहीं है। आधुनिकता की शर्मनाक आँधी से अपने को बचाकर रखना भारतीय महिला का पहला कर्तव्य है। काश, यह बात समझ में आ जाती तो खोती हुई लज्जा और भारतीय संस्कृति का बिगड़ता रूप हमारे सामने न आ पाता।

सदियों से लज्जा और नारी का अटूट सम्बन्ध रहा है, यहाँ तक कि लज्जा को स्त्री का आभूषण कहा गया है। भारतीय नारी शब्द से एक सुन्दर-सी कंचन काया की साम्राज्ञी लजाती-सकुचाती-सी एक सम्पूर्ण स्त्री की छवि आँखों के समक्ष उभर

कर आ जाती है, जिसके हर भाव में मोहकता है, मोहकता नहीं, आकर्षण है, अँगड़ाई नहीं। जिस्म के उतार-चढ़ाव को आप आँचल के तले महसूस कर सकते हैं उसके लिए प्रदर्शन की कोई आवश्यकता नहीं। अदब का जामा लिए अपने मोहक हाव-भाव और तीखे नयन-नक्श से सौन्दर्य प्रेमी को प्रभावित करने वाली भारतीय नारी के सिर से लेकर पैर तक लज्जा से सराबोर रही है। पर अब सब ने करवट बदल ली है, ऐसा लगने लगा है कि लज्जा और नारी का भारतीय संस्कृति से जो अटूट सम्बन्ध था, वह टूट कर बिखरता जा रहा है।

कुछ समाज के एक हिस्से में अभी भी लज्जा की एक सीमा-रेखा है, स्त्रियाँ अभी भी लज्जा की देवी मानी जाती हैं, घर और घर के बाहर भी उनका सम्मान करने वाला पुरुष वर्ग है, पर अधिकांश समूह ऐसा है जो लाज को पिछड़ेपन की संज्ञा देकर आधुनिकता की निर्लज्ज फ़िज़ा में साँस लेकर अपने को अत्यधिक चतुर मॉडर्न और सुशिक्षित समझने लगा है।

औरत मर्द की सबसे बड़ी ताकत है। मर्द की ज़िन्दगी अधूरी है, औरत उसे पूर्ण करती है। मर्द की ज़िन्दगी अन्धेरी है, औरत उसे रोशनी देती है, मर्द की ज़िन्दगी फीकी है, औरत उसमें रौनक लाती है। और, न हो तो मर्द की दुनिया वीरान हो जाये और आदमी अपना गला घोंटकर मर जाये। आचार्य शंकर ने देवियों का महत्त्व प्रतिपादित किया है–

कपाली भूतेशो भजति जगदीशैकपदवीं।
भवानि त्वत्पाणिग्रहणपरिपाटीफलमिदम् ॥

इसीलिए संचार-साधनों में नारी-जाति में जागरूकता पैदा की है। दहेज बलि, पति-प्रताड़ना, पत्नि-त्याग के समाचारों के प्रकाशन से मानव-समाज के अर्द्धांग को गौरवान्वित करना पत्रकारों का ही कार्य है। पत्रों ने समाज में एक नयी दृष्टि दी है कि आज भी हम महिलाओं को महराजिन, महरी, आया, धोबन, नर्स के रूप में ही देखते हैं। मेरी औरत कमोड चमका देती है, वाशिंग में तो इसे महारत हासिल है, कुकिंग में तो वह बेजोड़ है। कहने का तात्पर्य यही है कि–

सब कुछ वही-वही है, कुछ भी नया नहीं है।

हम पत्रकारों के लिए विचारणीय बिन्दु यह है कि हम लोगों ने ही नारी को एक रंगीन बल्ब बना दिया है। सर्वत्र स्त्रिया। सामिष भोजन की तरह परोसी जा रही हैं। नारी-दुर्व्यवहार का समाचार करुणा और सदाशयता के स्थान पर सनसनीखेज हो रहा है। चिन्ता की जगह चटपटापन पैदा कर हम लुत्फ उठा रहे हैं। अब नारियों को मुखरित होना पड़ेगा।

आजकल नारी-जगत् से सम्बन्धित पत्र-पत्रिकाएँ समय काटने और मनोरंजन के साधन स्वरूप हैं। ऐसी पत्रिकाएँ साज-शृंगार, फैशन, रूप-रंग को कैसे निखारें, घर को कैसे सजायें, पति को सुन्दर कैसे दिखें आदि पर ही जोर देती हैं। वस्तुतः स्त्रियों में सौन्दर्यानुभूति अधिक होती है। वे सुरुचिपसन्द और सलीकापसन्द होती हैं। सजने-सँवरने में रुचि रखती हैं। इन प्रश्नों के अतिरिक्त विज्ञान, खेल, राजनीति, साहित्य विषयों में भी महिलाओं की भागीदारी होती है जिसके सन्दर्भ में पत्र-पत्रिकाओं को प्रकाश डालना चाहिए।

कुछ पत्रिकाएँ नारियों की अपरिष्कृत और सतही रुचियों को बढ़ावा देती हैं। बाल-विवाह, पर्दा-प्रथा, दहेज-प्रथा एवं अनेक सामाजिक कुरीतियों के उन्मूलन में हिन्दी के पत्र प्रभावकारी भूमिका का निर्वहन कर रहे हैं। ग्रामीण क्षेत्रों में महिलाओं को कुटीर उद्योग एवं हस्तकला से कैसे सम्बद्ध किया जाये, इस प्रश्न को पत्रिकाएँ सुलझा रही हैं।

हिन्दी पत्र-पत्रिकाएँ जनता को सही दिशा-निर्देश और नूतन प्रेरणा देने में सक्षम हैं। महिलाओं की मानसिकता परिमार्जित करने में महिलोपयोगी प्रकाशन महत्त्वपूर्ण हैं। इनसे सजने-सँवरने के अतिरिक्त चतुर्दिक् जागरण का शुभ सन्देश प्राप्त होता है। आजकल की कुछ हिन्दी पत्रिकाओं के अनुसार नारी का अर्थ माँ नहीं, वात्सल्य नहीं, सहचरी नहीं, अपितु सेक्स का धमाका है। छोटे-छोटे स्थानों पर स्थित सभी बुक स्टाल नारी की कामुक मुद्रा से सजे हैं। काले-पीले कारोबार पर समाज का अंकुश नहीं है। नयी पीढ़ी की सोच में यह बात डालनी होगी कि उन्मुक्त सेक्स बिन बाँध वाली बरसाती नदी है जो चन्द घण्टों की रिमझिम में सब कुछ बहा ले जाती है। ज़िन्दगी का आनन्द तो अनुशासन के बाँध के नियमित प्रवाह में है जिससे दुनिया सुख-शान्ति से परिपूर्ण हो जाती है।

यद्यपि पिछले पच्चीस वर्षों में महिला पत्रकारों की संख्या बढ़ी है, किन्तु रिपोर्टिंग में अभी भी दो फीसदी महिला पत्रकार नहीं है। तमाम गम्भीर विषयों को उठाने, मौका मिलने पर खुद को सिद्ध कर देने के बावजूद उन्हें बेहतर अवसर नहीं दिये जाते। उनकी क्षमता को सन्देह की नजरों से देखा जाता है। यही वजह है कि उन पदों पर महिलाएँ नहीं हैं, जहाँ निर्णय लिए जाते हैं। विभागों की प्रमुख भी महिलाएँ नहीं हैं। महिला और सौन्दर्य/स्वास्थ्य पत्रिकाओं को छोड़ दें तो एक-दो समाचार-पत्रों को छोड़कर महिला सम्पादक नहीं हैं। महिला पत्रकारों को तीन स्तरों पर जूझना पड़ता है। एक व्यक्ति के रूप में, एक नारी के रूप में फिर एक पत्रकार के रूप में। तीनों भूमिकाओं में समन्वय पर ही वह सामाजिक भूमिका निभा सकती है। हालाँकि प्रिंट एवं इलेक्ट्रॉनिक दोनों तरह की मीडिया में स्त्री-विमर्श के लिए जगह बनी है। स्त्री-विषयक सम्पादकीय भी लिखे जाते हैं। सप्ताह में कम-से-कम एक बार महिला पृष्ठ या परिशिष्ट दिये जाते हैं, पर यह माना जाता है कि महिला मुद्दों पर ही महिला लिख सकती है। इन मुद्दों में भी घर-परिवार, शादी, सौन्दर्य जैसे विषय ही रखे जाते हैं। दहेज, हत्या, बालिका वेश्याएँ, कार्यस्थल पर यौन प्रताड़ना, घरेलू हिंसा जैसे कई मुद्दे या तो उठाये ही नहीं जाते और यदि छपते भी हैं तो संक्षेप में। वहीं चाय पीते या हाथ मिलाते नेताओं के समाचार तस्वीरों सहित डबल कॉलम में स्थान पाते हैं। आधुनिक मीडिया में 'बोल्ड एवं ब्यूटीफुल' के लिए तो जगह है, किन्तु 'कर्मठ एवं जुझारू' महिला के लिए नहीं।

अमेरिका जैसे शक्ति सम्पन्न देश की महिलाएँ भी खुद को हाशिये में ही पाती हैं। सन् 1985 में एक चर्चा के दौरान 'वाशिंगटन पोस्ट' समाचार-पत्र समूह की महिला अध्यक्षा *कैथेराइन ग्राहम* ने कहा था कि अमेरिका में भी अधिकांश महिलाओं की स्थिति सोचनीय है। कैलिफोर्निया की तत्कालीन महिला *सीनेटर बारबारा बाक्सर* ने सन् 1998 में महिलाओं की स्थिति पर चर्चा करते हुए यह स्वीकार किया था कि उन दिनों तक कई राष्ट्रों में महिलाओं को शारीरिक तुष्टिकरण के रूप में ही जाना जाता था। भारतीय महिलाओं को भरोसा था कि चार राज्यों की सशक्त महिला मुख्यमन्त्री *राबड़ी देवी*, मायावती, जे. *जयललिता* एवं *शीला दीक्षित* तथा राष्ट्र की प्रखर महिला नेत्रीगण *सोनिया गाँधी*, *सुषमा स्वराज* जैसी राजनीतिक महिलाएँ जागरण लाएँगी लेकिन ऐसा नहीं हो पा रहा है।

दैनिक जागरण (4 सितम्बर, 2004) ने निम्नलिखित 'स्टडी' द्वारा स्पष्ट बताया है कि समाचारों के चयन में महिलाओं की दृष्टि सकारात्मक होती है।

समाचार पत्रों पर हो महिलाओं का नियन्त्रण

हाल में ही हुए एक अध्ययन के अनुसार जिन समाचार पत्रों में महिलाएँ बड़े पदों पर कार्यरत हैं, वे पाठकों की रुचि के मुताबिक ख़बरों का प्रकाशन करती हैं। पाठक जिन ख़बरों को पढ़ना चाहते हैं, उनके कवरेज के मामले में ये महिलाएँ पुरुष सहकर्मियों की तुलना में अग्रणी रही हैं। अमेरिका के मिसौरी स्कूल ऑफ जर्नलिज्म द्वारा समाचार-पत्रों के पाठकों की रुचियों के सन्दर्भ में किये गये एक अध्ययन के अनुसार समाचार पत्रों में ख़बरों के कवरेज के मामले में महिलाओं को समुचित स्थान न दिये जाने कारण अनेक समचार-पत्रों की प्रसार संख्या में गिरावट आयी है। अध्ययन रिपोर्ट में यह बात भी कही गयी है कि महिलाएँ स्थानीय स्तर की ख़बरों और लोक रुचि से सम्बन्धित ख़बरों का कवरेज बेहतर ढंग से करती हैं। इस तरह की ख़बरों में आम आदमी से सम्बन्धित रिपोर्ट भी शुमार है। इसी तरह जीवन-शैली से सम्बन्धित ख़बरों का कवरेज भी महिलाएँ बेहतर ढंग से करती हैं। एक महत्त्वपूर्ण बात यह है कि महिलाएँ नकारात्मक ख़बरों की तुलना में सकारात्मक ख़बरों को कहीं ज़्यादा तरजीह देती है।

महिला सशक्तिकरण की पहल सन् 1985 में महिला अन्तर्राष्ट्रीय सम्मेलन नैरोबी में की गयी महिलओं को पुरुषों के वैधानिक, राजनीतिक, शारीरिक, सामाजिक, आर्थिक क्षेत्रों में उनके परिवार, समुदाय, समाज एवं राष्ट्र की सांस्कृतिक पृष्ठभूमि में निर्णय लेने की स्वतन्त्रता होना। भारत में ग्रामीण क्षेत्र की अधिकांश महिलाएँ अशिक्षा, बेरोजगारी, कुपोषण आदि से ग्रसित हैं। अतः भारत में सशक्तीकरण का उद्देश्य महिलाओं की सामाजिक और आर्थिक दशा को सुधारना है।

हमारे पुरुष प्रधान समाज में पुरुष और स्त्री के महत्त्व, और रुतबे में काफ़ी अन्तर है। सामाजिक आर्थिक और पारिवारिक आदि स्तरों में औरतों को हीन और दुर्लभ माना गया है, जबकि संविधान में समान अधिकार दिये गये हैं। वर्ष 2001 महिला सशक्तीकरण वर्ष के रूप में मनाया गया। लेकिन ये सब प्रयास महानगरों और शहरों तक ही सीमित रह गये, क्योंकि आज भी हमारे ग्रामीण क्षेत्र इनके प्रभाव से अछूते हैं। इसका परिणाम यह हो रहा हे कि गाँव की महिलाएँ क्षमता से युक्त होते हुए भी उपेक्षा की शिकार हैं–सशक्तीकरण की पहली विशेषता– शुरू के किसी भी कार्य में आत्मविश्वास और स्वाभिमान जगाना है। कहा भी गया है कि–

''विशेषता किनारों की नहीं उनके बीच बहते जल की है,
विशेषता जन्म और मृत्यु की नहीं उनके बीच के जीवन की है।''

हमें ग्रामीण क्षेत्रों को जगाकर आगे बढ़ाने का संकल्प करना होगा। पुरुष और स्त्री की सामाजिक स्थिति में अनतर तो पूरे समाज में है, लेकिन ग्रामीण क्षेत्र में हालात बदतर हैं।

शिक्षा के क्षेत्र में–शहरों में तो शिक्षा समाज के सुधार के लिए आवश्यक मानी जाती है, लेकिन ग्रामीण क्षेत्रों में महिलाओं को शिक्षित होना बुरा माना जाता है। कुछ रूढ़िवादी विचार के व्यक्ति कहते हैं कि इन्हें तो सिर्फ़ नाम आदि लिखना आ जाये, इनके लिए यह काफ़ी है। इन्हें तो चूल्हा चौका करना है। इनकी अधिक शिक्षा समाज के लिए ख़तरनाक है, जबकि यह गलत है, रूढ़िवादिता है, क्योंकि–

''समाज का पतन क्यों हो रहा, शिक्षा का इसमें दोष नहीं,
शिक्षा से घुल जाता कलुषित मन, हे मानव तुझे इसका होश नहीं।

ग्रामीण क्षेत्रों में भी समाज सुधार आन्दोलन तथा जागरूकता और सांस्कृतिक कार्यक्रम प्रस्तुत करके प्रचार करके, महिला को अपने अधिकार के प्रति संवेदनशील बनायें, क्योंकि वे अपनी ज़िन्दगी के बारे में ज़्यादा जानती ही नहीं, ये आजीवन किसी-न-किसी के ऊपर निर्भर रहती हैं।

ज़िन्दगी एक हँसी ख्वाब माना है लेकिन,
हर हँसी ख्वाब की तस्वीर नहीं मिलती,
टूटकर वक़्त की रेत पर बिखर जाते हैं वे रिश्ते,
जिन रिश्तों की कभी कोई जंजीर नहीं मिलती।

समाज में कुछ पुरुष हक माँगते नहीं छीन लेते हैं, लेकिन महिलाएँ अक्सर हक के बारे में जानती ही नहीं छीनना तो दूर की बात है। इन स्त्रियों को लगता है कि अन्धकार ही उनका जीवन है, लेकिन हर निराशा के पीछे एक किरण छिपी होती है।''

–डॉ. करण वेदी

ग्रामीण समाज में औरतें परिवार समाज की शिकार हैं। ज़्यादातर संयुक्त परिवार में, आज के युग में भी संयुक्त परिवार या कई एकाकी परिवार की स्त्रियों का अपना निजी जीवन बदतर है, क्योंकि उन्हें चहारदीवारी के अन्दर तक ही रहना है तथा परिवार की देखभाल करना ही उनका जीवन है। उनको अपने कुछ अधिकार ही नहीं मिले हैं आज भी लड़के और लड़कियों में भेदभाव है, जो अच्छे स्कूल हैं, उसमें लड़कों की संख्या लड़कियों से अधिक है, जबकि इन बच्चियों को तो अंग्रेज़ी माध्यम तो दूर शिशु मन्दिर तक भी नहीं जाने दिया जाता, क्योंकि उसमें प्राइमरी की फीस की अपेक्षा 4-5 गुनी ज़्यादा लगती है। आज भी लड़कियों को कम लोग ही लड़कों की दृष्टि से देखते हैं। 100 पुरुष में लगभग 15 प्रतिशत लोग कोई भेदभाव नहीं करते हैं और 85 प्रतिशत लोग भेदभाव करते हैं, वह भी हर क्षेत्र में–यह अटल सत्य है। आप इसे बारीकी से देख सकते हैं।

ग्रामीण क्षेत्र में आधी से अधिक आय में महिला का अधिकार रहता है। इनके किये गये कार्य को सामान्य पारिवारिक दायित्व ही समझा जाता है, क्योंकि ग्रामीण बालाएँ तो होश सँभालते ही पशु पालन, ईंधन एकत्र करना, पानी लाने तथा

खेत-खलिहान में काम करने लगती हैं, जबकि पुरुष के किसी कार्य को व्यावसायिक माना जाता है, जबकि महिलाएँ साथ-साथ कटाई-बुआई करती हैं, लेकिन उन्हें किसान का दर्जा नहीं प्राप्त है। उन्हें तो वेतनरहित श्रमिक जाना जाता है। ऐसा क्यो? क्या महिलाएँ श्रम नहीं करतीं? इसके लिए दोषी और अपराध से युक्त हमारा अन्यायपूर्ण दृष्टिकोण वाला समाज है।

भ्रूण हत्या : हमारे भारतीय समाज में घृणास्पद सत्य यह है कि लड़की को जन्म से पूर्व और विवाह के बाद मार देने की प्रथा सदियों से चली आ रही है। संयुक्त राष्ट्र विकास कार्यक्रम (UNDP) की रिपोर्ट के अनुसार मुम्बई में सन् 1944 में भ्रूण हत्या के 40,000 मामले मिले। इसके अलावा सिर्फ़ अकेले अहमदाबाद में सन् 1999 में प्रतिवर्ष 10,000 लड़कियों की हत्या का प्रचलन था। कहीं 2,10,000 वाले गाँव में युवा लड़कियों की संख्या 50 है– सन् 1998 में राज्य का दोहरागाँव अन्तर्राष्ट्रीय चर्चा का विषय बना, जब वहाँ 15 साल में एक लड़की की शादी हुई। इसके पहले 6 पीढ़ी की लड़कियों को जन्म के समय ही मार देते थे। पूरे विश्व में पुरुष महिला अनुपात 100:105 है, जबकि हमारे भारत में 100:93 है। वर्ष 2001 के आँकड़े के अनुसार भारत में 1000 पुरुष/933 स्त्रियाँ हैं और उत्तर प्रदेश में 1000 पुरुष/898 स्त्रियाँ हैं, जो कि समाज के लिए घोर भ्रष्टाचार का परिणाम हैं। भ्रूण परीक्षण कराकर कन्याओं को मौत के घाट क्यों उतारा जाता है।

जैसे-जैसे नारी चेतना, जागरूकता, स्त्री विमर्श के स्वर पहले से अधिक मुखर होकर सामने आ रहे हैं, वैसे-वैसे स्त्री के विरुद्ध हिंसा बढ़ती जा रही है। गाँव, कस्बों की बात तो अपनी जगह, महानगरों में स्त्रियों द्वारा जितना विरोध-प्रतिरोध बढ़ रहा है उससे अधिक यौन अपराध बढ़ रहे हैं। आश्चर्यजनक तथ्य यह है कि यौन अपराधों के मामले में देश को राजधानी दिल्ली सबसे आगे है। इतने के बाद भी कुछ गनीमत होती अगर दर्ज मामलों में दोषियों को सजा हो पाती। मगर अफसोस कि न्यायिक प्रणाली भी पीड़ितों का उचित आश्रय नहीं बन सकी है।

भारतीय दण्ड संहिता की धारा-375 में बलात्कार को परिभाषित किया गया है और धारा-376 इस अपराध के दोषी को दिये जाने वाले दण्ड को निश्चित करती है। धारा-375 में ही यह वर्णित है कि 16 वर्ष से कम आयु की स्त्री के साथ, उसकी सहमति के बावजूद यौन सम्पर्क स्थापित करना बलात्कार माना जायेगा। इसके साथ ही यह एक अपवाद भी है कि यदि पुरुष उस स्त्री का पति हो तो स्त्री की आयु 15 से कम नहीं होनी चाहिए। यहाँ पर क़ानून यह भी कहता है कि यदि पत्नी की आयु 12 वर्ष से 15 वर्ष के बीच हो तो पति को सजा में विशेष छूट मिलेगी, जबकि 'हिन्दू विवाह अधिनियम-1995' और बाल विवाह निरोधक अधिनियम-1929 के अनुसार विवाह के समय वधु की आयु कम से कम 18 वर्ष होनी चाहिए। इन क़ानूनों में विसंगति और विरोधाभास स्पष्ट है। यह भी पता चलता है कि पीड़ित स्त्री की उम्र का एक महत्त्वपूर्ण रोल होता है।

क़ानून का एक विचित्र रूप साक्ष्य अधिनियम की धारा-155(4) में भी मिलता है। कोई व्यक्ति किसी वेश्या का बलात्कार करे और अभियोजन में इस पीड़ित स्त्री को वेश्या सिद्ध कर दे तो आसानी से छूट सकता है। पुरुषवादी व्यवस्था ने जानबूझकर ऐसे विधान बनाये जिसमें चोर दरवाजे आसानी से खोजे जा सकें। ऐसे चोर दरवाजे खोज भी लिए जाते हैं इसका प्रमाण यह है कि ज़्यादातर मामलों में अभियुक्त निचली अदालत से ही बरी हो जाते हैं। यह भी देखा जाता है कि पहले से ही दुःखी पीड़ित पक्ष विलम्बित न्यायिक प्रक्रिया के आगे हारकर बैठ जाता है। एक पुरानी कहावत है–'कोर्ट-कचहरी की लड़ाई वही लड़ सकता है जिसके पैर लोहे के हों और हाथ सोने के।' ऐसा सम्भव होगा इसमें संशय है। जिस पुरुष प्रधान विधायिका ने 'दहेज-हत्या' को हत्या से अलग कराकर इसके लिए फाँसी की जगह उम्रकैद का प्रावधान कर दिया वह क्या बलात्कार के लिए मृत्युदण्ड देने पर राजी होगी? और जबकि पूरी दुनिया में मानवाधिकारवादी मृत्युदण्ड को समाप्त करने पर तुले हैं। हमारे विधि-निर्माता क्या ऐसी निर्मिति कर सकेंगे?

नये-नये प्रावधान बनाने से कोई समस्या दूर नहीं होने वाली, जब तक न्यायिक प्रक्रिया त्वरित गति से काम नहीं करेगी। तब तक हर प्रावधान, हर नियम शिथिल होकर क़ानून की किताबों में सड़ता हरेगा। हजार दोषी छूट जाये, मगर एक निर्दोष को सजा नहीं होनी चाहिए। इस आधार सूत्र ने हमारी न्यायिक प्रणाली का लुंज-पुंज कर दिया है।

आधुनिक और महिला सशक्तिकरण

भारतीय नारी की कल्पना मात्र से ही मन-मस्तिष्क में आज भी एक कोमल, शालीन छवि का दर्शन होता है। जिसके तन पर साड़ी का कसाव हो, कमर तक लहराते बाल हों, श्वेत-श्याम कैसा भी रंग हो परन्तु चेहरे पर ममता और गरिमा का आलौकिक नूर हो और उसके आँचल में इतना विस्तार हो कि सारी सृष्टि स्वयं को सुरक्षित महसूस करे। आधुनिक चेतना के इस नवीन-युग में भारतीय-नारी का यह दिव्य-रूप भी आधुनिकता की भेंट चढ़ गया है। भारतीय संस्कृति की परम्परा में नारी को बचपन में पिता, यौवन में पति तथा वृद्धावस्था में पुत्र के संरक्षण का आश्रय प्राप्त था। यह आश्रय सम्मान और स्वाभावगत-कोमलता का द्योतक था पराधीनता का नहीं। किन्तु बदलते विकास के आधुनिक परिदृश्य ने इस संरक्षण को 'स्त्री' की पराधीनता का नाम दे दिया है।

विकास और आधुनिकता की ओर बढ़ते हमारे कदमों ने 'नारी' के उत्थान के लिए विकास की एक नयी परिभाषा तय कर डाली जिसमें आधुनिकता के नाम पर खुलापन, सोच की निर्द्वंद स्वतन्त्रता जैसे मानक आत्मसात् कर लिए गये हैं। ये सामाजिक-मानक कहीं न कहीं क्षणिक सुख पर आधारित हैं।

भारतीय नारी जिसकी कल्पना से ही हृदय-वीणा के तार झंकृत हो उठते थे, मन-मस्तिष्क पर आकर्षण का मनमोहक चन्दन गमगमा उठता था मादक नहीं, वो आज अपनी कोमल पहचान खो चुकी है। आज भारतीय-नारी घर के आँगन से बाहर निकलकर पुरुष को हर क्षेत्र में चुनौती दे रही है। इस बात से ही हृदय अभिभूत हो उठता है कि आज नारी की परिधि पृथ्वी की भी सीमा पार कर गयी है। शिक्षा ने आज भारतीय महिलाओं को उनके अधिकारों की संज्ञानता प्रदान कर दी है।

आज की तथाकथित परिमार्जित-मनोवृत्ति हमें विकास की ओर अग्रसर न करके विनाश के गहरे गड्ढे में धकेल रही है। आज की बालायें कन्धा, कमर काया तक ही अपनी पहचान बनाना चाहती हैं। टूटती वर्जनाएँ, विखंडित होती मर्यादाएँ और आधुनिकता का ऐसा ड्रग्स जो शरीर को उन्मुक्तता में खोलता ही जा रहा है और बुद्धि तथा विवेक को ढँकता ही जा रहा है। यदि यही आधुनिकता है, यही सशक्तीकरण है और यही विकास की माँग है तो आदिम-युग का वह मानव ज़्यादा आधुनिक और विकसित था जो जंगलों में विचरण करता था और पूर्णतया-निर्द्वन्द्व था। हाय! रे, मानव,-मस्तिष्क उसने विकास की पहली सीढ़ी उसी आदिम-युग की आधुनिकता के धरातल से प्रारम्भ की।

25

विज्ञान पत्रकारिता
(Science Journalism)

Science surprises the old miracles of mythology. *–Emerson*

× × ×

विज्ञान को विज्ञान तभी कह सकते हैं जब वह शरीर, मन और आत्मा की भूख मिटाने की पूरी ताकत रखता हो। *–महात्मा गाँधी*

× × ×

विज्ञान ने अन्धों को आँख दी है और बहरों को सुनने की शक्ति। उसने जीवन को दीर्घ बना दिया है, भय को कम कर दिया है। उसने पागलपन को वश में कर लिया है और रोग को रौंद डाला है। *–आर्कडिकन फरार*

× × ×

विज्ञान ने थल, जल और वायु पर विजय प्राप्त कर ली है तथा उससे मानव-जीवन का प्रत्येक क्षेत्र अत्यधिक प्रभावित है। लोक-रुचि के अनुसार विज्ञान पत्रकारिता का क्षेत्र अब व्यापक हो रहा है। विज्ञान पत्रकारिता भारत की गरीबी, अस्वास्थ्य, यातायात के साधनों का अभाव, आवास की विकट समस्या से जूझ रहा है। हमारे विकास से जुटकर यह पत्रकारिता मानव-जीवन को उन्नत बनाने में साधनारत है। 'विज्ञान', 'विज्ञान-प्रगति', 'विज्ञान-कला', 'विज्ञान कीर्ति', 'विज्ञान-जगत्', 'विज्ञान-दूत', 'विज्ञान-वैचारिकी', 'विज्ञान-भारती', 'विज्ञान-पुष्प' आदि अनेक पत्रों द्वारा विज्ञान पत्रकारिता को समृद्ध किया जा रहा है। विज्ञान और प्रौद्योगिकी के क्षेत्र में प्रचार, प्रसार, प्रकाशन और लेखन को सुनियोजित करने में विज्ञान पत्रकारिता का अपना विशिष्ट महत्त्व है। अद्यतन तकनीकी उपलब्धियों का उद्योग, कृषि, चिकित्सा और अभियान्त्रिकी के साथ समन्वय स्थापित कर मानव-जीवन को सुख-सुविधा से सम्पन्न बनाना ही इसका पावन लक्ष्य है। विज्ञान से सम्बद्ध संवाद, फ़ीचर, लेख, जीवनी, नाटक के लेखन और प्रकाशन द्वारा यह पत्रकारिता सामान्य पत्रकारिता से भिन्न है जिसमें विज्ञान-जगत् से सम्बन्धित व्यंग्य-विनोद, चुटकुले, रेखाचित्र एवं कार्टून समाहित होते हैं।

विज्ञान पत्रकारिता में विज्ञान को आधार बनाकर ही पत्रकारिता की शिक्षा दी जाती है। देश में विभिन्न संस्थान पत्रकारिता, विज्ञान पत्रकारिता व जनसंचार की शिक्षा देते हैं, यह शिक्षा डिप्लोमा, स्नातकोत्तर डिप्लोमा के रूप में दी जाती है।

विज्ञान पत्रकारिता की शिक्षा व अध्ययन

विज्ञान निरीक्षण, प्रयोग और विश्लेषण पर आधारित होता है जिसकी प्रकृति विश्व की गतिविधियों का समग्र रूप में समझना है। विज्ञान, प्रविधि, टेक्नोलॉजी ये सभी मानव-समाज से जुड़े हुए हैं। अग्नि की खोज, पहिये का आविष्कार के बाद भुजा और भाप की शक्ति को पहचाना गया। तिल का ताड़ बनना, राई का पहाड़ बनना—सूक्ष्म से विशाल की प्रतीति है। मन की कल्पना से तथ्य प्राप्त होते हैं :

पुनि प्रभु कहहु सो तत्त्व बखानी।
जेहिं विज्ञान मगन मुनि ज्ञानी।
भगति ज्ञान विज्ञान बिरागा।
पुनि सब बरनहु सहित विभागा।
इति वेद वदन्ति न दन्त कथा।
रवि आतप भिन्नमभिन्न यथा।

ताप, प्रकाश, विद्युत्, चुम्बकत्व सब एक ही के अपररूप हैं।

'सन्तः परीक्ष्यान्तरं भजन्ते'— प्रबुद्ध जन परीक्षण के उपरान्त स्वीकार कर लेते हैं। 'मूढ़ः परप्रत्यनेन बुद्धिः' जबकि मूर्ख दूसरों की बुद्धि के सहारे निर्णय लेते हैं।

विज्ञान में 'इन्फॉरमेटिक्स' शब्द का प्रवेश फ्रांसीसी शब्द 'इनफारमातीक' से हुआ है। शुरुआत में इस शब्द का आशय सिर्फ़ कम्प्यूटर विज्ञान एवं तत्सम्बन्धित तकनीकी अथवा उपग्रह संचार से जुड़े दूरसंचार माध्यमों की क्रिया-प्रतिक्रियाओं के अध्ययन-विश्लेषण तक ही सीमित था, लेकिन धीरे-धीरे इस शब्द का अर्थ-विस्तार होने लगा और आज के युग में इस शब्द के अन्तर्गत सभी प्रकार के समाचारों अथवा सूचनाओं को एकत्रित या वितरित करने के जितने भी मौजूदा साधन विकसित समाज के पास उपलब्ध हैं, वह इस शब्द में समाहित कर लिए गये हैं। यानी इनफारमेटिक्स के तहत अब जनसंचार (मीडिया) से जुड़े तमाम साधन जैसे अख़बार, रेडियो, टेलीविजन, प्रेस, सैटेलाइट फोटोग्राफी और कम्प्यूटर इत्यादि सभी कुछ शामिल कर लिए गये हैं।

वर्तमान में दुनिया के इलेक्ट्रॉनिक संयन्त्रों के उत्पादन का 82 प्रतिशत अमेरिका के हाथ में है। आँकड़ा बैंकों (डाटा बैंक) का 54 प्रतिशत उत्पादन अमरीका ही करता है। व्यावसायिक जानकारी से लैस कम्प्यूटर का 89 प्रतिशत उत्पादन और डाटा प्रोसेसिंग संयन्त्रों का 48 प्रतिशत उत्पादन भी वही करता है। विश्व के छः सर्वाधिक महत्त्वपूर्ण अन्तर्राष्ट्रीय टेली-ट्रांसमिशन नेटवर्क का निर्माता भी अमेरिका ही है। इंटलसेट उपग्रह प्रणाली का 52 प्रतिशत नियन्त्रण भी अमेरिकन टेलीफोन और अमेरिकन टेलीग्राफ कम्पनी के जरिये अमेरिका के पास है। ये दोनों कम्पनियाँ *मॉरगन* और *रॉकफेलर* बैंकिंग घरानों की सहायक कम्पनियाँ हैं।

मीडिया के क्षेत्र में कुछ लोगों को यह भी भ्रम है कि जापान, जर्मनी, इग्लैंड, फ्रांस और इटली भी इस दौड़ में लगे हैं, लेकिन वस्तुतः सच्चाई यह है कि इन देशों का समूचा मीडिया व्यापार भी अमेरिकी निगमों के अन्तर्गत ही काम करता है। ये अमेरिकी निगम हैं आई. बी. एम. एक्सोल, कंट्रोल डाटा इंटेल, फियरचाइल्ड, ह्यूजेज एयरक्राफ्ट, हेवलेट पैकार्ड, जनरल डायनामिक्स, आर्थर डी. लिटिल इंकार्पोरेटेड तथा कुछ अन्य अन्तर्राष्ट्रीय निगम।

'अमर उजाला' (26 जुलाई, 2007) की सम्पादकीय द्रष्टव्य है :

अन्तरिक्ष विज्ञान की पढ़ाई

एक बड़ा सपना साकार होने जा रहा है। भारतीय अन्तरिक्ष अनुसन्धान संगठन यानी इसरो का सपना। अगले महीने एक ऐसे विश्वविद्यालय की स्थापना होने जा रही है, जो भविष्य के सैटेलाइट और रॉकेट कार्यक्रमों की दशा-दिशा तय करेगा।

देश के पहले अन्तरिक्ष विश्वविद्यालयों के रूप में तिरुवनन्तपुरम में शुरू होने जा रहा 'इंडियन इंस्टीट्यूट ऑफ स्पेस साइंस ऐंड टेक्नोलॉजी' अन्तरिक्ष अनुसन्धान की दिशा में मील का पत्थर साबित होगा। ऐसे विशिष्ट संस्थान की ज़रूरत काफ़ी दिनों से महसूस की जा रही थी, क्योंकि इसरो को अपने मानकों पर खरे उतरने वाले विज्ञानी नहीं मिल रहे थे। मौजूदा हालत यह है कि इसरो को सालाना 70,000 आवेदन मिलते हैं, लेकिन उनमें से 200 लोगों का चयन करना मुश्किल होता है। जबकि इसरो को अपने विभिन्न कार्यक्रमों के लिए हर साल 300 विज्ञानियों की ज़रूरत पड़ती है। विज्ञानियों की कमी की चिन्ताजनक स्थिति से निपटने के लिए ही इस विश्वविद्यालय की स्थापना की जा रही है। अभी स्थिति यह है कि 'इंडियन इंस्टीट्यूट ऑफ टेक्नोलॉजी' और 'इंडियन इंस्टीट्यूट ऑफ साइंस' से निकले छात्र या तो विदेश चले जाते हैं या मैनेजमेंट की डिग्री लेकर कॉरपोरेट क्षेत्र में खो जाते हैं। ऐसे में विशुद्ध वैज्ञानिक अनुसन्धान के लिए प्रतिभाओं की कमी होना लाजिमी है। अन्तरिक्ष विश्वविद्यालय न सिर्फ़ इस कमी को पूरी करेगा, बल्कि देश में ऐसे और कई संस्थानों की स्थापना का मार्ग भी प्रशस्त करेगा। यह समय की ज़रूरत है, क्योंकि आने वाले समय में कई महत्त्वाकांक्षी अन्तरिक्ष कार्यक्रमों को अमली जामा पहनाया जाने वाला है। वर्ष 2008 में चन्द्रमा पर मानवरहित सैटेलाइट भेजने के अलावा वर्ष 2010 तक रियूजेबल लांच वेहिकल (आर. एल. वी.) का विकास किया जाना है। इसकी सबसे बड़ी खूबी यह है कि इसे दोबारा इस्तेमाल किया जा सकता है, जबकि मौजूदा तकनीक से बनने वाले लांच वेहिकल एक बार इस्तेमाल के बाद बेकार हो जाते हैं। आर. एल. वी. बनाने में कामयाबी मिल जाती है, तो इंटरकांटिनेंटल बैलिस्टिक मिसाइल (आई. सी. बी. एम.) बनाने का लक्ष्य हासिल किया जा सकता है। इसके बाद हम उन चुनिन्दा देशों में शामिल हो जायेंगे, जिनके पास 5,500 किलोमीटर तक मार करने वाली लम्बी दूरी की मिसाइलें होंगी। देश के सम्मान और सुरक्षा की दृष्टि से महत्त्वपूर्ण इन अन्तरिक्ष कार्यक्रमों को पूरा करने में देश का पहला अन्तरिक्ष विश्वविद्यालय निश्चित रूप से मददगार साबित होगा।

विज्ञान का अद्भुत चमत्कार–सूचना प्रौद्योगिकी

हम हवा में उड़ेंगे, हवा में बातें करेंगे, हवा में लिखेंगे और पलभर में ही पवन गति से अपने सपनों की राजकुमारी के पास पहुँच जायेंगे, हवा की तरंगों में हम सूचनाओं का आदान-प्रदान एक क्षण में कर देते हैं। विज्ञान, निश्चित नियमों के माध्यम से नवप्रयोग करके किसी चीज को हमारे समक्ष नये कलेवर में प्रस्तुत करता है। विज्ञान नये ज्ञान को विकसित करता है, वहीं कलाकार के रूप में निर्धारित उद्देश्यों की प्राप्ति के लिए अपने अनुभव व अन्तर्ज्ञान का भी प्रयोग करता है। विज्ञान एक कला भी है।

पहले पशु-पक्षी (कबूतर), प्रकृति (फूल-पत्तियों), जासूस और संवदियों द्वारा ख़बरों का आदान-प्रदान होता था, धीरे-धीरे ये सूचनाएँ रेल-मार्ग व सड़क-मार्ग द्वारा भेजी जाने लगीं और फिर प्रादुर्भाव हुआ वायु-मार्ग का। डाक, तार द्वारा ख़बरों का प्रेषण तुरन्त किया जाने लगा। फिर आये दूरभाष यन्त्र और अब इंटरनेट द्वारा सारी दुनिया को मुट्ठी में कर लिया गया है। भाषा और मजहब की सारी हदों को इसने पार कर लिया है। समावार-पत्र, पत्रिकाएँ, रेडियो, टी. वी. और अब मोबाइल सूचनाओं के आदान-प्रदान का बेहतर जरिया बने हुए हैं। मोबाइल के चलते आदमी सारी दुनिया जेब में रखकर घूम रहा है। दुनिया के प्रथम संवाददाता का कार्य किया महर्षि नारद ने। वे एक विशेष संवाददाता की तरह स्थल-मार्ग को न अपनाकर आकाश मार्ग से भ्रमण करते थे। एक राजा से दूसरे राजा, एक देवता से दूसरे देवता के दरबार में ख़बरें पहुँचाकर स्वर्गलोक व मृत्युलोक के बीच सीधा संचार सम्बन्ध स्थापित करने में समर्थ थे। वे उन लोगों की कीर्ति-कथा सुनाते थे जो अपने धैर्य, शौर्य, आत्मत्याग और धर्मपरायणता के लिए विशिष्ट सराहना के पात्र थे। नारद ही दुनिया के पहले खोजी पत्रकार और संवाददाता थे।

हमारी बढ़ती ज़रूरतों ने ही विज्ञान को चमत्कार बना दिया है। सूचना प्रौद्योगिकी के इस युग में संचार माध्यमों की गाँव-गाँव, गली-गली, चौराहे-चौराहे, डगर-डगर, नगर-नगर, घाट-पनघट, खेत-खलिहान तक पहुँच विज्ञान के चमत्कार के

कारण ही सम्भव हो पायी है। अन्यथा हमने कभी समने में भी नहीं सोचा था कि हम इंटरनेट पर भी अख़बार पढ़ेंगे। विज्ञान ने संचार को इतना सुलभ, सुगम बना दिया है कि हम पल-पल की, देश-विदेश की ताजातरीन, रहस्य, रोमांच से परिपूर्ण खोजपरक ख़बरें क्षणभर में घर बैठे पा सकते हैं। पहले समाचार रेल, सड़क और वायु-मार्ग के द्वारा भेजते थे। अब एक स्थान से दूसरे स्थान कुछ ही क्षण में पलक झपकते ही पहुँचा दिये जाते हैं। विज्ञान ने हमारे जीवन को सुविधाजनक, हसीन और बेहतर तो बनाया ही है उसने हमें जिन्दा रहने के मायने सिखा दिया है।

26

पर्यटन पत्रकारिता
(Travel Journalism)

... यायावर ने समझा है कि देवता भी जहाँ मन्दिर में रुके कि शिला हो गये। प्राण संचय के लिए पहली शर्त है गति, गति, गति। *—अज्ञेय*

× × ×

यात्रा से मानव का अटूट रिश्ता है। प्राचीन काल से ही वह यात्राएँ करता आ रहा है। मानव-जीवन स्वयं एक यात्रा ही है जिसका कोई अन्त नहीं है। हर कलाकार, पत्रकार स्वभावतः यायावर होता है। उसकी आत्मा एक शाश्वत यात्री की है जिसमें कहीं कोई विराम नहीं। कल्पना-लोक के यात्री को भी ज़िन्दगी में भ्रमण का महत्त्व ज्ञात है। गति, भ्रमण, पर्यटन ही प्राण-संचार की पहली शर्त है। यायावर वही है जो चलता चला जाये, कहीं रुके नहीं, कोई बन्धन उसे कसे नहीं और वह जो दर्शनीय है, ग्रहणीय है, स्मरणीय है, सम्वेदनीय है उसका संग्रह करता चले। मूल-भाव से अनुभूतियों को संजोता हुआ, देश-काल में व्याप्त अनन्त जीवन में साँसें लेता हुआ जो यात्रा करता है वही यात्री है, पर्यटक है। *—डॉ. अर्जुन तिवारी*

× × ×

Travel teaches toleration. देशाटन सहनशीलता की शिक्षा देता है। *–Disraeli*

× × ×

The use of travelling is to regulate imagination by realily.

—डॉ. जॉनसन

यात्राकाल में पर्यटन का साहस, संघर्षशीलता, स्वच्छता, आकस्मिक रूप से आने वाली प्रतिकूल परिस्थितियों को अनुकूल बना लेने की क्षमता आदि चारित्रिक विशेषताओं का विकास होता है फलतः व्यक्ति गौरवान्वित हो उठता है।

पर्यटन का मूलाधार प्रकृति और संस्कृति है। प्रकृति के प्रकार, संस्कृति, शिक्षा, अर्थलाभ पर ही यात्री चल देता है। *भारतेन्दु बाबू* ने सरयू पार की यात्रा, मेंहदावल की यात्रा, लखनऊ की यात्रा, हरिद्वार बैद्यनाथ की यात्रा की तथा उसे निबन्धों के रूप में प्रस्तुत किया। *शिवप्रसाद गुप्त* ने पृथ्वी की प्रदक्षिणा की। *महापंडित राहुल सांकृत्यायन, रामवृक्ष बेनीपुरी, यशपाल, डॉ. भगवतशरण उपाध्याय, नागार्जुन, दिनकर* साहित्यकार एवं यात्रा प्रेमी हैं। प्राकृतिक दृश्यों की रमणीयता, नर-नारियों के विविध जीवन सन्दर्भ, प्राचीन एवं नवीन सौन्दर्य चेतना के आकर्षण से पर्यटन किया जाता है जो सर्वहितकारी है।

राहुल सांकृत्यायन जैस पत्रकार को महान् साहित्यकार बनाने के मूल में यात्रा-प्रेम ही था। उनके जीवन पर :

सैर कर दुनिया की गाफिल ज़िन्दगानी फिर कहाँ?
ज़िन्दगी गर कुछ रही तो नौजवानी फिर कहाँ?

रोचक, रोमांचक, शिक्षाप्रद, उत्साहवर्द्धक और ज्ञानप्रेरक यात्रा के वे प्रबल पक्षधर थे। भारतीय साहित्यकारों में सबसे अधिक पर्यटनशील *राहुल जी* थे। उन्होंने घुमक्कड़ी की महिमा किसी शास्त्र से कम नहीं मानी। उनके अनुसार विज्ञान, भूगोल, धर्म, दर्शन, साहित्य और संस्कृत सभी ज्ञान-क्षेत्रों में पर्यटकों का मौलिक देन निर्विवाद है। तेली के कोल्हू के बैल कुछ नहीं कर सकते। बारूद, तोप, कागज़, छापाखाना, चश्मा—ये सभी पर्यटकों के श्रम की देन हैं। वेदों ने 'चरैवेति' कहा तो बुद्ध ने 'चरथ भिक्खवे' कहा। *महावीर स्वामी* ने घुमक्कड़ धर्म स्वीकार किया। साक्षात् ब्रह्मस्वरूप *शंकराचार्य* ने केरल, मिथिला, काशी, हिमालय की यात्रा की। *गुरु नानक* और *स्वामी दयानन्द* पर्यटन के पक्षधर थे। वन-पर्वत, सागर-तट, बीहड़ प्रदेश, ग्राम-नगर एवं देश-विदेश में घूमने एवं भटकने का शौक पत्रकारों को रहा है।

असर लुभाने का प्यारे तेरी बयान में है
किसी की आँख में जादू तेरी जबान में है।

पत्रकार कलम का जादूगर होता है। वह पर्यटन-स्थलों का ऐसा चित्रण कर सकता है कि उसे पढ़कर तत्काल देखने की ललक पैदा हो जाये। *फणीश्वरनाथ रेणु* की लेखनी के कारण ही *पूर्णिया* का मेरीगंज परानपुर सैलानियों का ध्यान खींच रहा है।

पर्यटन किसी भी राष्ट्र की संस्कृति का निर्माता, अपने स्वयं के व्यक्तित्त्व का द्योतक तथा समझ-बूझ व क्रियाओं का गठजोड़ है। पर्यटन स्वदेश का एक आईना है अतएव अपनी मातृभूमि की वर्तमान सामाजिक परिस्थितियों का प्रतिबिम्ब है। आज का विश्व एक बन्द समाज नहीं है बल्कि एक विस्तृत समाज है। आज का विश्व समाज के समस्त राष्ट्रीय बाधाओं को तोड़-डालता है तथा विश्व में विभिन्न राष्ट्रों के लोग कुछ विशेष कारणों से दूसरे क्षेत्रों की बार-बार यात्रा के लिए आते हैं।

सन् 1965 में मैक्सिको शहर में आई. यू. टी. ओ. की सभा में मैक्सिको के राष्ट्रपति *श्री गुस्तायों डाएज ओरडज नैकरा* विश्व में पर्यटन को केवल व्यापार ही नहीं समझना चाहिए, बल्कि यह एक साधन है जिसके द्वारा लोग एक-दूसरे के विचारों को जानते हैं, वे एक-दूसरे को समझाते हैं जो कि आज के विश्व एवं समय में बहुत ही अनिवार्य है—यह बिल्कुल सत्य है कि अच्छे आर्थिक व राजनीतिक सम्बन्धों से राष्ट्र अपने नागरिकों की ज़िन्दगी में समृद्धि लाते हैं। यह भी सही है कि सांस्कृतिक सम्बन्धों से शान्ति का वातावरण निर्मित होता है जो कि आपसी सद्भावना व हर राष्ट्र की अनोखी आध्यात्मिकता के फलस्वरूप जाग्रत् होती है। साथ ही सांस्कृतिक सहयोग के फलस्वरूप आर्थिक व राजनीतिक क्षेत्रों में समझोतों को स्थापित करने की सम्भावना होती है।

धर्म तीर्थ, अर्थ तीर्थ, काम-तीर्थ, मोक्ष तीर्थ—चारों पुरुषार्थों की उपलब्धि यहीं है।

पर्यटन द्वारा शैक्षणिक, सामाजिक, सांस्कृतिक, राजनीतिक लाभ मिलते हैं। यह अन्तर्राष्ट्रीय सद्भाव को बढ़ाता है। यात्रा से ज्ञान का विकास होता है। तनावों में कमी आती है। अन्तर्क्षेत्रीय भ्रमण से एकता बनती है।

"पर्यटन की विशेष सांस्कृतिक समस्याएँ उदाहरणार्थ प्राचीन स्मारकों का संरक्षण, सौन्दर्यशास्त्र, ललितकला प्राकृतिक आकार की सुन्दता को संरक्षित रखना एवं राष्ट्रीय परम्पराओं को सुरक्षित रखना सामाजिक लोगों के स्वास्थ्य लाभ व कल्याण के लिए मनोरंजन की सुविधाओं का प्रबन्ध राजनीतिक तथा अन्तर्राष्ट्रीय सद्भावना में सुधार के द्योतक हैं।"

अन्तर्राष्ट्रीय यात्राएँ राष्ट्रों के बीच शक और पृथकूता को तोड़ती है। विश्व में सद्भावना और शान्ति स्थापित करने की महत्त्वपूर्ण शक्ति है। आमने-सामने की मुलाकातें सीमाओं का अन्त करती है। सद्भावनाओं को ज़्यादा बढ़ाती है तथा समस्याओं का गहन अध्ययन कराती है। गलतफहमी की भावना का अन्त पर्यटन से सुलभ है। जब हम दूरस्थ लोगों के रहन-सहन को देखते हैं तो उसमें छिपी हुई एकता का अनुभव होता है।

"मैं नहीं चाहता कि मेरे घर के चारों तरफ दीवारें हों तथा खिड़कियाँ बन्द हों। मैं चाहता हूँ कि मेरे घर के चारों तरफ समस्त राष्ट्रों की संस्कृति जितना सम्भव हो सके स्वतन्त्रतापूर्वक प्रवाहित हो परन्तु मेरे पैर किसी के द्वारा नहीं उखड़ने चाहिए।"

पर्यटन शान्ति का पारपत्र है जिसका उद्देश्य मानव-समाज को एकजुट सम्पर्क में लाने का है। कोलम्बस की तरह हमें जिज्ञासु, साहसी होना पड़ेगा। पर्यटन एक सच्चे खिलाड़ी की भाँति शान्ति का पारपत्र है दोनों का उद्देश्य मानव समाज को घनिष्ठ सम्पर्क में लाना है। विश्व में यात्रा के प्रभाव सभ्यतापूर्ण हैं। पर्यटक अपने साथ केवल धन ही नहीं अपितु अपनी सभ्यता का खजाना, अपने राष्ट्र का इतिहास लाते हैं। वे एक राजपूत हैं।

उत्सव और प्रदर्शनियों का स्वरूप पर्यटकों की संख्या पर आधारित है। पर्यटक शैक्षिक और सांस्कृतिक कार्यों में रुचि रखते हैं। सांसारिक ज्ञान का विकास पर्यटन से ही सम्भव है। आकर्षण में की विक्री में राष्ट्रों को आगे रहना चाहिए। मैडलिक के अनुसार, "जब कभी पर्यटक यात्राकृत पर्यटन स्थान या वहाँ के नागरिकों के सम्पर्क में आता है तो एक सामाजिक विनिमय होता है, सामाजिक भूमिका, सामाजिक आकार व रहन-सहन से प्रभावित होता है व साथ ही पर्यटक उससे प्रभावित होता है। वह नयी आदतों व रहन-सहन के तौर-तरीक़ों के अपने साथ में वापस ले जाता है।"

पर्यटन क्षेत्रीय विकास का आधार होता है। *महापंडित राहुल सांकृत्यायन* ने 'मेरी यूरोप की यात्रा' में लिखा है कि वहाँ के सभी पत्रों की एक ही विशेषता है 'झूठहि लेना झूठहि देना, झूठहि भोजन झूठ चबैना' वहाँ के पत्र विज्ञापन, झूठ, फ्री ट्रेड, फ्री सैक्स के चार बड़े-बड़े पैरों पर काग़ज़ी हाथी की भाँति झूम-झूमकर चलते हैं और इनको उनसे ब्लैकमेल (दुराचरण) करते हैं। अब वहाँ के पत्र जनमत का मूल्यपरक निर्माण नहीं करते वरन् जनमत को गुमराह करते हैं, जो अपने महत्त्व में महत्त्वहीन हो चुके हैं।

राष्ट्र के व्यक्तित्त्व निर्माण में गाइड की भूमिका प्रमुख है। गाइड को बहुआयामी बहुमुखी प्रतिभा सम्पन्न होना है। पत्रकारिता करने वाले समाज और राष्ट्र के गाइड हैं। पर्यटन में गाइड की मुख्य भूमिका होती है। जैसे पत्रकारिता में कुछ काले-पीले का धन्धा चल रहा है वैसे ही कुड गाइड पर्यटकों के साथ अमानवीय व्यवहार कर बैठते हैं। न्यूजीलैंड की *डायना कलैट हाउटले* की रहस्यमय वहशियाना हत्या एवं गाइडों की भूमिका पर प्रश्नचिह्न लगा रही है। काशी नगरी धर्म की नगरी है। 'अतिथि देवो भव' हमारी संस्कृति है। अवैध गाइडों की जड़ें यहाँ काफ़ी गहरी हैं। पर्यटन विभाग वैध मान्यता प्राप्त गाइडों की सूची प्रसारित कर अवैध अमानवीय कृत्य करने वाले गाइडों पर अंकुश लगा सकता है।

विदेशी पर्यटक गाइडों को भगवान मान बैठते हैं। उनकी हर बात मानकर वे कुचक्र में फँस जाते हैं। गाइड विदेशी पर्यटकों के विश्वास का नाजायज फायदा उठाते हैं।

सांस्कृतिक स्थलों के महत्त्व को दर्शाने के स्थान पर वे गाँजा-भाँग, चरस शराब में सहभागी बनते हैं फलतः काशी टिप्पणियों से भर जाता है।

पर्यटन-स्थल, रेलवे प्लेटफॉर्म, बस स्टैंड पर विलासी साहित्य मनोरंजन के नाम पर उपलब्ध है। नर-नारी संघर्ष, यौन-व्यभिचार, हत्या, आत्महत्या, जनसंख्या निरोध से सन्दर्भित साहित्य पर्यटकों के चित्त को डुबाने के आधार हैं।

इलेक्ट्रॉनिक मीडिया ने एक ओर दर्शनीय स्थलों के प्रति आकर्षण पैदा किया है, तो दूसरी ओर बी.सी. पी. ने ब्लू प्रिंट के द्वारा पर्यटकों को विलासी बना दिया है। 57-58 में 'आज' दैनिक ने 'पर्यटकों' की दृष्टि में काशी जैसा धारावाहिक प्रकाशित कर बता दिया कि काशी भुवनमय सारभूता है।

पर्यटन को प्रोत्साहित करती तीर्थ यात्राएँ

धार्मिक स्थलों की यात्रा करने वाले लोगों की तादाद में वृद्धि हो रही है। विदेशों में बसे भारतीय मूल के लोगों के अलावा कई विदेशी भी भारत आकर मन्दिर, मस्जिद, गुरुद्वारे व चर्च जाकर आध्यात्मिक शान्ति प्राप्त करने की गरज से धार्मिक स्थलों की ओर रुख करते हैं। आज धार्मिक आस्था और मनौती के अलावा आध्यात्मिक शान्ति के लिए भी लोग धार्मिक स्थलों

की यात्रा करने लगे हैं। अक्सर ख़बरें छपती रहती हैं कि राजनेता से लेकर अभिनेता तक बद्रीनाथ, केदारनाथ, वैष्णोदेवी सहित तमाम धार्मिक स्थलों पर जाकर आध्यात्मिक शान्ति प्राप्त करते हैं।

वैसे भारतीय परम्परा के अनुसार गृहस्थ जीवन में रहते हुए चार धाम यात्रा का अधिक माहात्म्य माना जाता है। दरअसल धार्मिक पर्यटन का सम्बन्ध आस्था एवं विश्वास से है। कोई वैष्णोदेवी जाता है तो कोई बद्रीनाथ, केदारनाथ, पुरी, तिरुपति या स्वर्णमन्दिर। इसी तरह कुछ लोग अजमेर शरीफ जाते हैं तो कुछ लोग मथुरा-वृन्दावन या अन्य धार्मिक स्थलों पर। यहाँ इस बात का उललेख ज़रूरी है कि कुछ ऐसे धार्मिक स्थल हैं जहाँ हर सम्प्रदाय के लोग जाते हैं, जैसे– अजमेर शरीफ।

आँकड़े बताते हैं कि कुल 15 करोड़ घरेलू पर्यटकों में से 12 फीसदी लोग वैष्णोदेवी के दर्शन करने जाते हैं। निश्चय ही वैष्णोदेवी जाने वाले लोगों की संख्या बढ़ी है। दस फीसदी लोग तिरुपति, 7.9 फीसदी लोग पुरी तथा 7.5 फीसदी लोग हरिद्वार की पावन गंगा में जाकर स्नान करते हैं। धार्मिक उद्‌देश्य के साथ छुट्टियों में दिल्ली तथा बंगलुरु जाने वालों की संख्या क्रमशः 5.20 फीसदी तथा 4.60 फीसदी है।

'ट्रैवल एजेंट एसोसिएशन ऑफ इंडिया' के अनुसार धार्मिक भावना पर्यटन को बढ़ावा देने में काफ़ी मददगार है। विदेश में रहने वाले भारतीय मूल के लोग भी धार्मिक आस्था के कारण यहाँ खिंचे चले आते हैं। मीनाक्षी मन्दिर (मदुरै), स्वर्ण मन्दिर (अमृतसर) तथा तमाम अन्य धार्मिक स्थलों पर विदेशों में बसे भारतीय मूल के लोग आते रहते हैं।

अपने देश में तमाम ऐसे धार्मिक स्थल हैं जहाँ विभिन्न त्योहारों या अन्य अवसरों के अलावा वर्ष भर लोग जाते रहते हैं। नैना देवी, चिन्तपूर्णी, मथुरा तथा वृन्दावन में तकरीबन 2 से 3 फीसदी लोग हर वर्ष जाते हैं। इसी तरह अजमेर शरीफ जाने वालों की संख्या 4.5 फीसदी है तो अमृतसर जाने वाले लोगों की तादाद 3.6 फीसदी। शिरडी के साईं बाबा के दर्शनार्थ 3.6 फीसदी लोग जाते हैं।

पर्यटन उद्योग के नये आयाम

पर्यटन का उद्‌देश्य नये-नये स्थलों का अवलोकन और उनके बारे में जानकारी प्राप्त करना है। जब हम अपने स्थायी निवास से किसी दूसरे स्थान पर मनोरंजन के लिए यात्रा करते हैं तो हमारी यात्रा पर्यटन कहलाती है। जब यात्रा देश के भीतर ही एक राज्य से दूसरे राज्य में की जाती है, तो उसे घरेलू पर्यटन कहा जाता है। एक देश से दूसरे देश में कुछ समय के लिए भ्रमण के उद्‌देश्य से जाना अन्तर्राष्ट्रीय पर्यटन कहलाता है। पर्यटन राष्ट्रीय एकता और अन्तर्राष्ट्रीय सहयोग बढ़ाने में सहायक होता है।

वस्त्र उद्योग और हीरे तथा जवाहारात के बाद पर्यटन से सबसे अधिक विदेशी मुद्रा प्राप्त होती है। वर्ष 2003-04 में भारत अपने वाले विदेशी पर्यटकों की संख्या साढ़े 27 लाख से अधिक थी। इनसे देश को ₹21,828 करोड़ की विदेशी मुद्रा प्राप्त हुई।

पर्यटन कई विशिष्ट व्यवसायों का समूह है। इसमें होटल व्यवसाय, एयरलाइंस, टूर-ऑपरेटर, मनोरंजन उद्योग, लोक कलाओं से जुड़ी विविध विधाओं, जैसे– कठपुतली, नट, जादूगरी, पर्यटन-आधारित साहित्य, वृत्त-चित्र निर्माण, हस्तशिल्पकर्मी, ट्रैवल एजेंसी ऑपरेटर आदि शामिल हैं। इस समय पर्यटन उद्योग एक करोड़ सत्तर लाख लोगों को प्रत्यक्ष और चार करोड़ दस लाख लोगों को परोक्ष रूप से रोजगार दे रहा है।

अधिसूचना के अनुसार होटल, ट्रेवल एजेंट, टूर ऑपरेटर, टूरिस्ट, ट्रांसपोर्ट ऑपरेटर, निर्यात हाउस, ट्रेडिंग हाउस, स्टार ट्रेडिंग हाउस, सुपर स्टार ट्रेड़िंग हाउस के रूप में मान्यता प्राप्त कर सकेंगे। जम्मू-कश्मीर में पर्यटन पुनः शुरू करने के लिए अनेक विशेष पैकेज अथवा परियोजनाओं की घोषणा की गयी है। इनमें लखनपुर-बसोली-बानी-भदरवाह-किश्तवाड़-स्लिखनपुर क्षेत्र में ₹8 करोड़ की सहायता से नया पर्यटन सर्किट स्थापित करना और पूरे राज्य में 12 पर्यटन स्थलों में ₹31.5 करोड़ के व्यय से 12 पर्यटन ग्राम स्थापित करना शामिल हैं। पूर्व-दर्शन के अन्तर्गत दक्षिण और पूर्व एशियाई देशों पर ध्यान केन्द्रित किया गया है। जापान, बर्मा, कम्बोडिया, चीन, थाइलैंड जैसे देशों के पर्यटकों को लुभाने के लिए धार्मिक पर्यटन की नब्ज

पकड़ी गयी है। देश में बौद्ध पर्यटन को नया आयाम दिया जा रहा है। देशाटन के महत्त्व को ध्यान में रखते हुए विश्वविद्यालयों में पर्यटन को एक विषय के रूप में स्थान दिया गया है। पर्यटकों को अच्छा सांस्कृतिक मनोरंजन और बाज़ार के विशेष अनुभव उपलब्ध कराने के लिए पहला रात्रि बाज़ार नयी दिल्ली में चाणक्यपुरी में सफलतापूर्वक चल रहा है।

ग्रामीण पर्यटन की अवधारणा नयी है। शहरों में चौबीसों घण्टे व्यस्त रहने वाले लोग काम के तनाव से मुक्त होने और नयी ऊर्जा हासिल करने के लिए शहरों से दूसरे गाँवों में शुद्ध वातावरण में कुछ समय बिताना चाहते हैं। पर्यटन-विकास का सामाजिक-आर्थिक लाभ ग्रामीण क्षेत्रों में भी पहुँचाने के लिए 31 ग्रामीण स्थलों का चयन किया गया है। इन स्थलों पर स्थानीय हस्तशिल्प, संस्कृति और विरासत को प्रमुख रूप से दिखाया जायेगा। इस परियोजना से स्थानीय गैर-सरकारी संस्थाओं और युवाओं को जोड़ा जायेगा।

आज से कुछ वर्ष पहले तक लोग चिकित्सा पर्यटन शब्द से अनजान थे लेकिन आज यह चर्चा में है और स्वतः विकसित हो रहा है। इलाज सस्ता होने के कारण विभिन्न देशों के लोग इलाज के लिए भारत आ रहे हैं। भारतीय उद्योग परिसंघ (सी. आई. आई.) द्वारा जारी आँकड़ों के अनुसार अमेरिका में दिल के ऑपरेशन पर 30 हजार डॉलर का खर्च आता है, जबकि यही ऑपरेशन भारत में केवल 6 हजार डॉलर में किया जाता है। वर्ष 2003 के दौरान भारत में लगभग डेढ़ लाख विदेशी पर्यटक अपना इलाज कराने आये थे। जर्मनी में केरल आयुर्वेद को मक्का के रूप में जाना जाता है। अमेरिकी पत्रिका टाइम्स ने तो यहाँ तक लिखा है कि केरल की यात्रा यानि पैसा वसूल।

पर्यटन में केरल नये-नये प्रयोग करने की दृष्टि से अन्य राज्यों से काफ़ी आगे है। अब यहाँ सांस्कृतिक पर्यटन का सफल प्रयोग हो रहा है। केरल में थ्रिसूर स्थित कामण्डलम में अभी भी प्राचीन गुरुकुल पद्धति के माध्यम से कला और संस्कृति सम्बन्धी शिक्षा दी जाती है। विदेशी पर्यटक कुछ समय वहाँ बिताकर एक ऐसा अद्भुत अनुभव प्राप्त करते हैं जिसके बारे में उन्होंने अभी तक पढ़ा या सुना ही था। केरल में कई स्थानों पर विदेशी पर्यटकों को वहाँ के स्थानीय व्यंजन बनाना भी सिखाया जा रहा है। कुछ स्थानों पर तो उन्हें पेड़ों पर चढ़कर नारियल तोड़ने की कला भी सिखायी जाती है। विदेशी पर्यटकों के लिए यह सब अच्छा-खासा रोमांच है। हमारे देश में धार्मिक पर्यटन का भी अच्छा विकास हो रहा है। बौद्ध सर्किट को बड़े पैमाने पर सँवारा जा रहा है। छह राज्यों के प्रमुख बौद्ध स्थलों की सड़कों और निकटतम हवाई अड्डों का अन्य पर्यटन सुविधाओं के साथ उन्नयन किया जा रहा है। दो नये बौद्ध सर्किट (एक बिहार में और दूसरा उत्तर प्रदेश में) को जापान, चीन और बौद्ध देशों से आने वाले पर्यटकों को ध्यान में रखते हुए विकसित किया जा रहा है।

पर्यटन ही केवल एकमात्र साधन है जिसके द्वारा ज्ञान-अन्वेषक, अनुभव की प्राप्तियों को विश्व स्तर पर ऊँचा किया जा सकता है। यात्रा एक बुद्धिमत्ता व आध्यात्मिक कला से परिपूर्ण प्रवृत्ति है। पारस्परिक ज्ञान तथा दयाभाव के विकास का साधन पर्यटन है। मानवीय जातियों की दूरी को समाप्त करने वाला पर्यटन है। संस्कृति के प्रचार-प्रसार से वैमनस्य, द्वेष को मिटाने की यह एक कला है। सद्भावना, एकता तथा संस्कृति का उत्थान की एक सीढ़ी पर्यटन ही है।

27

कृषि पत्रकारिता
(Agricultural Journalism)

अब हम राशन की कतारों में नजर आते हैं।
अपने खेतों से बिछुड़ने की सजा पाते हैं।।

कृषि-जगत् में हो रहे नित-नूतन अनुसन्धानों और किसानों द्वारा उनके अंगीकार करने की बीच की दूरी को मीडिया द्वारा समाप्त किया जा सकता है। 'हरित-क्रान्ति', 'श्वेत-क्रान्ति', सन्दर्भित अनुसन्धान को प्रयोगशाला से खेतों तक पहुँचाकर संचार साधनों ने अपनी महत्ता को सिद्ध कर दिया है। रेडियो प्रसारण, टी. वी. प्रदर्शन, कृषि फ़िल्मों ने किसानों के व्यवहार, उनकी सूझ-बूझ तथा तत्परता को प्रभावित किया है। किसानों को नयी किस्मों की जानकारी, मिट्टी-पानी ऋण उपलब्धता, पौध-संरक्षण-विपणन तथा कृषि-सेवा केन्द्रों की गतिविधियों की सामयिक सूचना देकर कृषि पत्रकारिता कृषक समाज को लाभान्वित कराती है।

कृषि क्रान्ति, हरित क्रान्ति, श्वेत क्रान्ति, कुटीर उद्योग, लोक संस्कृति एवं ग्रामों के समग्र विकास हेतु समर्पित पत्रकारिता ही कृषि पत्रकारिता है। प्रबुद्ध पत्रकारों ने कहा कि 'वार्तामूलोह्ययं लोक–इस संसार में जीवन की मूल 'वार्ता' है।'' 'वार्ता' द्वारा ही व्यक्ति सन्तुष्ट और विकासशील होता है। यह 'वार्ता' 'कृषि' 'पशुपाल्येवाणिज्या च वार्ता' है। मृदा, कृषि रसायन, कृषि अर्थशास्त्र कीटनाशक, औषधि, कृषि-प्रसार, पादप-क्रिया, फसल-रिपोर्ट बाज़ार, भाव, फलोत्पादन, विपणन सम्बन्धी कार्य कृषि पत्रकारिता के अन्तर्गत हैं।

शिव जगत्-पिता हैं। उन्होंने जगज्जननी पार्वती से कहा– देवी, तुम्हें जगत् के समस्त प्राणियों का भरण-पोषण करना है, उनके लिए अन्न की व्यवस्था करनी है, इतना कहकर शिव समाधिस्थ हो गये, पार्वती उनके सम्मुख बैठी-बैठी इसी चिन्तन में डूबी रहीं कि कैसे सबके लिए अन्न की व्यवस्था की जाये? शिव के स्वरूप को निहारती हुई पूरे सात दिनों तक वह उनके सामने ही उसी अवस्था में बैठी रहीं। शिव ने आँखें खोलीं। पार्वती से अपने सामने बैठे रहने का कारण जानना चाहा।

पार्वनी ने कहा– "हे जगत् पिता! आपने मुझे अन्न की व्यवस्था का भार दिया है, अतः मैं उसी चिन्ता में हूँ। अन्न की व्यवस्था के लिए मुझे आपसे उन वस्तुओं एवं शक्ति की आवश्यकता है, जो समाधि की अवस्था में आपके काम नहीं आती हैं।"

पार्वती की बातें सुनकर भगवान् शिव सोचने लगे कि ऐसी कौन-सी चीज है जो समाधि की अवस्था में मेरे उपयोग में नहीं आती है। उन्होंने पार्वती से पूरी बात स्पष्ट करने के लिए कहा।

पार्वती ने कहा—"स्वामी, मैं आपके इस त्रिशूल का उपयोग हल के रूप में करना चाहती हूँ। इससे जमीन की खुदाई हो सकेगी, मिट्टी को बीज बोने योग्य बनाया जा सकेगा। आपके बैल को मैं हल जोतने के काम में लगाऊँगी। खेतों की जुताई के अलावा इसके गोबर से खाद का काम भी लिया जा सकेगा। इसके गोबर से गोबर गैस भी तैयार की जा सकेगी। इसकी सहायता से कुओं से पानी भी निकाला जा सकेगा। मैं आपके जटाजूट में निवास करने वाली बहिन को भी अपने साथ ले जाऊँगी, ताकि इनके जल से खेत सींचा जा सके। आपके इन गुणों का उपयोग मैं खेती के सभी कामों में श्रमिकों के रूप में करूँगी। ये आधार तब के अपनी मस्त-प्रसन्न मुद्रा में खेतों पर मेहनत का काम भली-भाँति कर सकेंगे। ये अपना पसीना बहाकर अन्न की उपज बढ़ाएँगे।"

शिव बड़े ध्यान से पार्वती के विचार सुन रहे थे। वे मन-ही-मन उनकी सूझ-बूझ पर झूम रहे थे। पार्वती बोलीं—"स्वामी, अनाज के पौधों को चूहों से बचाने के लिए आपके इन सर्पों को पहरेदारी के रूप में खेतों में रखूँगी। आपका यह डमरू पक्षियों से अनाज की रक्षा करने के लिए काम में आएगा। उसकी आवाज़ सुनकर वे भय के कारण फसल को नष्ट न कर पाएँगे। आक एवं धतूरे का उपयोग मैं खेत की बाड़ पर करूँगी। इससे खेत की बाड़ मजबूत रहेगी और कोई अकारण उससे आ-जा नहीं सकेगा, जिससे अनाज सड़ने नहीं पायेगा। आपके खप्पर से अन्न-वितरण का कार्य सुगम हो जायेगा।"

भगवान् शिव पार्वती की बात सुनकर मुस्कराये, पार्वती के चिन्तन और नयी सूझ पर उनका मस्तक गर्व से तन गया। उन्होंने स्वयं भी अपने साथ सदा रहने वाली चीजों की उपयोगिता के इस नये पक्ष पर कभी विचार नहीं किया था। उन्हें पार्वती के स्वरूप में एक नयी शक्ति के आविर्भाव का आभास शुरू हुआ। जीव-जगत् का पोषण करने वाली यह शक्ति अद्भुत थी।

उपर्युक्त प्रतीक कथा का निष्कर्ष यह है कि यदि समझदारी और दूरदर्शिता से काम लिया जाये तो एक ही वस्तु का उपयोग कई प्रकार से किया जा सकता है। इसके अतिरिक्त इस कथा में यह भी सन्देश है कि मनुष्य को ईश्वर एवं प्रकृति ने जो शक्तियाँ प्रदान की हैं, उनका पूरा उपयोग यदि हो तो जीवन में बड़े-बड़े काम किये जा सकते हैं। विडम्बना यह है कि हम अपनी शक्तियों को न तो अच्छी तरह पहचानते हैं और न ही उनका ठीक-ठीक उपयोग करना जानते हैं। हम उन्हें अज्ञानतावश नष्ट करते रहते हैं। शिव का त्रिशूल यदि प्रलयकारी अस्त्र है तो वह हल के काम में भी आ सकता है। हमारे भीतर जो शक्ति विघटनकारी, विध्वंसकारी रूप धरण कर लेती है इसका उपयोग सृजन के लिए भी हो सकता है। ऐसा करने के लिए बुद्धि, विवेक का सन्तुलित होना ज़रूरी है। सर्प भक्षक ही नहीं, रक्षक भी हो सकता है, यदि उसका उपयोग किया जाये।

कृषि-कार्य का विवेचन करें तो हमें एक नयी जीवन-दृष्टि मिलती है। पृथ्वी की भाँति मनुष्य को सहिष्णु होना चाहिए। मनुष्य की कर्मभूमि भी उर्वरा है। यदि उसे उत्तम विचारों से सींचें और सत्य कार्यों के बीज बोयें तो पुण्य और कीर्ति की फसल लहलहाएगी। इसी प्रकार मस्तिष्क की उर्वरता का भी यदि हम ठीक से उपयोग करें और श्रेष्ठ चिन्तन के बीज बोयें, बुद्धि से सींचें, विवेक का उर्वरक डालें तो खूब अन्न उपजेगा। नव-निर्माण की हरियाली जन्म लेगी, हमारे भीतर अन्नपूर्णा की शक्ति विद्यमान है, जो हमारी महत्त्वाकांक्षा की क्षुधा को शान्त करने के लिए हमें अकल्पित सफलताओं का अन्न-भंडार प्रदान कर सकती है। कृषि पत्रकारिता की उपेक्षा का परिणाम है कि कुछ लोग भुखमरी के शिकार हैं। 'बिभुक्षितः किं न करोति पापम्' के आनुसार भूखा इंसान हर अपराध कर सकता है। कलियुग में प्राण का आधार अन्न है और अन्न का मूल कृषि है। इसी से सम्बद्ध कृषि पत्रकारिता अवश्यमेव महत्त्वपूर्ण है।

कृषि शब्द 'कृष्' धातु से बना है जिसका अर्थ जोतना या कूँड़ बनाना है। महर्षि पतंजलि के समय में कृषि शब्द में वे सभी क्रियाएँ सम्मिलित थीं जो आजकल कृषि के अधीन मान्य हैं जैसे— जोतना, खोदना, बोना, सींचना, निराना, काटना, गाहना आदि। पतंजलि ने इन सभी क्रियाओं के अतिरिक्त बीज और बैलों की व्यवस्था को भी कृषि में समाविष्ट किया।

किसान के जीवन की आर्थिक, सामाजिक, सांस्कृतिक, स्वास्थ्य सुरक्षा, धार्मिक विश्वास और राजनीतिक गतिविधियों की चर्चा भी कृषि में शामिल है। किसानों का मुख्य व्यवसाय खेती-बाड़ी है, परन्तु जनसंख्या वृद्धि के साथ कृषक जीवन का क्षेत्र कृषि एवं पशुपालन के अतिरिक्त अन्य कुटीर उद्योग-धन्धों के साथ मछली, मुर्गी, खरगोश, बत्तख, शूकर पालन आदि

तक व्यापक होता जा रहा है। गाँवों में सहकारिता और पंचायती राज की स्थापना से किसानों के राजनीतिक दायित्वों में एक नया परिवर्तन आ रहा है। विज्ञान एवं प्रौद्योगिकी के प्रवेश से कृषि एक लाभकारी उद्योग के रूप में स्थापित है। पूँजीपति एवं उद्योगपति भी कृषि की ओर आकृष्ट हैं। वे बीज उद्योग और कृषि यन्त्र निर्माण के माध्यम से कृषि में प्रवेश कर रहे हैं। दूसरी ओर सीमान्त लघु किसानों और भूमिहीन खेतिहर श्रमिकों का बहुत बड़ा वर्ग भारतीय कृषि और कृषि पत्रकारिता की सीमाओं को आगे बढ़ाता जा रहा है। ग्राम पर्यावरण की समस्याओं ने कृषि और वानिकी को एक-दूसरे में प्रवेश करा दिया है। प्रत्येक राज्य में कृषि विश्वविद्यालयों की स्थापना से कृषि की उच्च शिक्षा, अनुसन्धान, प्रसार की दिशा में नये क्षितिजों का विकास तेज़ी से हो रहा है।

जीवन के समग्र विकास में कृषि, कृषक एवं कृषि पत्रकारिता का उल्लेख अवदान है। कुछ वर्षों पूर्व भले ही कृषि पत्रकारिता फसलों की खेती और गोपशुओं के पालन तक सीमित थी, आज वह भारतवासी के आधुनिक जीवन के सभी पक्षों तक व्यापक हो गयी है। ग्राम निर्माण एवं विकास-पत्रकारिता, सहकारिता, पंचायत पत्रकारिता, ग्रामोद्योग पत्रकारिता, सामुदायिक विकास-पत्रकारिता, पशु-पक्षी पालन एवं चिकित्सा पत्रकारिता आदि के विविध विषयों की पत्रकारिता भी कृषि पत्रकारिता की व्यापकता को दिग्दर्शित कर रही है।

कृषक, कृषि वैज्ञानिक एवं उपभोक्ताओं के बीच सहयोग और ताल-मेल बैठाने वाली सशक्त विधा ही कृषि पत्रकारिता है जो राष्ट्र की सम्पूर्ण अर्थ-व्यवस्था की रीढ़ है। कृषि-जगत् के बहुआयामी पहलुओं की विविध प्रवृत्तियों, धाराओं एवं परिस्थितियों से सम्बद्ध कृषि पत्रकारिता राष्ट्रीय विकास का दर्पण है। नित-नूतन हो रहे कृषि अनुसन्धान सम्बन्धी तथ्यों की वाहिका यही कृषि पत्रकारिता है जिससे विकास के नये क्षितिज उद्घाटित होते हैं तथा किसानों में नयी संकल्पनाओं का सृजन होता है।

कृषि पत्रकारिता कृषि विषयक समाचारों को विभिन्न संचार माध्यमों की सहायता से किसानों तक और किसानों की समस्याओं को उपयुक्त स्थानों तक पहुँचाने की एक कला है। खेती-बाड़ी से सम्बद्ध सूचना, जानकारी और विविध अनुसन्धान, उपलब्धि से अधिकाधिक लोग कैसे सुपरिचित हों? पत्र-पत्रिका परम्परागत संचार माध्यम तथा इलेक्ट्रॉनिक मीडिया द्वारा कृषि-क्षेत्र में संचार रिक्तता को कैसे दूर किया जाये? संवाद, विज्ञप्ति, फ़ीचर, भेंटवार्ता जैसी विधाओं से करोड़ों किसान कैसे लाभान्वित हों? इन तीनों प्रश्नों के उत्तर हेतु कृषि पत्रकारिता की ओर ही सबकी दृष्टि जाती है। कृषि पत्रकारिता एक अद्यतन विज्ञान है, सामाजिक-राष्ट्रीय दायित्वों से परिपूर्ण एक आदर्श व्यवसाय है। साथ ही कृषक-जीवन से सन्दर्भित शाश्वत मूल्यों की एक कसौटी भी है। सामयिक कृषि घटनाओं का निष्पक्ष अवलोकन, आकलन एवं निष्कर्म लेखन द्वारा 50 प्रतिशत आबादी को प्रभावित करने के कारण कृषि पत्रकारिता अपने कृषिप्रधान राष्ट्र में अत्यन्त महत्त्वपूर्ण है।

कृषि पत्रकारिता के क्षेत्र

जीवन-जगत् से जुड़ी कृषि पत्रकारिता का क्षेत्र अत्यन्त व्यापक है। कृषि विश्वविद्यालयों में अध्यापित निम्नलिखित विज्ञानों एवं उनकी शाखाओं से इस पत्रकारिता की व्यापकता सुस्पष्ट है :

1. मृदा विज्ञान
2. कृषि मौसम विज्ञान
3. पादप प्रजनन विज्ञान
4. कृषि कीट विज्ञान
5. पादप रोग विज्ञान
6. शस्य विज्ञान
7. जैव प्रौद्योगिकी विज्ञान
8. पशु विज्ञान

9. मत्स्य विज्ञान
10. पर्यावरण विज्ञान
11. खाद्य प्रौद्योगिकी विज्ञान
12. सिंचाई एवं जल निकास इंजीनियरिंग
13. अणु जैविकी एवं आनुवंशिकी इंजीनियरिंग
14. उद्यान विज्ञान
15. कुक्कुट विज्ञान
16. कृषि अर्थव्यवस्था
17. ग्रामोद्योग
18. कम्प्यूटर, इलेक्ट्रॉनिक एवं संचार इंजीनियरिंग
19. दुधारू पशुपालन एवं डेयरी उद्योग
20. फसल विक्रय एवं प्रबन्ध
21. बीज उत्पादन एवं प्रमाणीकरण

कृषि-उत्पादन में वृद्धि का मूल स्रोत नयी प्रौद्योगिकी है, जिसको हमारे कृषि-वैज्ञानिकों ने अपने सतत् अनुसन्धान एवं परीक्षणों से अनुसन्धान संस्थानों, प्रयोगशालाओं, अनुसन्धान केन्द्रों तथा कृषि विश्वविद्यालयों में विकसित किया है। इस प्रौद्योगिकी के घटकों में भूमि-सुधार, अधिक उपज वाले उन्नत बीज, आधुनिक उर्वरक, सुधरे कृषि यन्त्र, सिंचाई की सुविधा अथवा जल-प्रबन्ध, फसल सुरक्षा तथा फसल चक्र के साथ समस्याग्रस्त क्षेत्र की नयी कृषि-विधियाँ उल्लेखनीय हैं जो कृषि पत्रकारिता के अन्तर्गत विवेच्य हैं।

कृषि जगत् और रोजगार

अपने देश में प्रारम्भ से ही 'उत्तम खेती मध्यम बान' की बात कही जाती रही है। देश की अर्थव्यवस्था में कृषि का ही सर्वाधिक महत्त्व है, अतः इस क्षेत्र में रोजगार के अवसर पर्याप्त हैं। कृषि का अर्थ मात्र खेती करना ही नहीं है। इसमें कृषि का प्रबन्ध, कृषि उत्पादनों का प्रसंस्करण, कृषि के लिए आवश्यक सामग्रियों, जैसे– उर्वरक, कीटनाशक, कृषि-उद्योग, कृषि-विकास, कृषि-अनुसन्धान, कृषि-सुधार से सन्दर्भित अनेक कार्य हैं जिनमें वैज्ञानिक, कृषि इंजीनियर, कृषि प्राध्यापक, कृषि-उद्यमी के रूप में कैरियर बनाने की प्राथमिकता देखी जा रही है। सम्प्रति बैंकों की शाखाएँ ग्रामीण एवं अर्द्धशहरी क्षेत्रों में खुल रही हैं जहाँ ग्रामीण विकास अधिकारी नियुक्त हो रहे हैं। राष्ट्रीय कृषि और ग्रामीण विकास बैंक (नाबाड) में कृषि स्नातकों को अधिकारी के रूप में नियुक्ति का अवसर उपलब्ध है। कृषि उत्पादनों की मार्केटिंग, कृषि-वित्त, सहकारिता सम्बन्धी रोजगार उपलब्ध हैं। कृषि को प्रबन्ध के साथ जोड़कर एम. बी. ए. (कृषि व्यवसाय) का पाठ्यक्रम चलाया जा रहा है। इस समय 27 कृषि विश्वविद्यालयों में उच्च अध्ययन, अनुसन्धान के अवसर प्राप्त हैं। सम्प्रेषण, जनसंचार में दक्ष कृषि विशेषज्ञ कृषि पत्रकारिता में ख्याति प्राप्त कर रहे हैं। कृषि-सम्बन्धी कार्यक्रमों के प्रसारण के निमित्त दूरदर्शन का एक कृषि चैनल कार्यरत है जिसमें मीडिया सम्बन्धी रोजगार के अवसर उपलब्ध हैं।

कृषि पत्रकारिता के उद्देश्य

सामान्यतः पत्रकारिता का उद्देश्य जन-जन को सूचित, शिक्षित और निर्देशित करना है। जन-सेवा, जन-जागरण तथा शोषणमुक्त समाज की रचना ही उसका लक्ष्य है। ठीक इसी तरह कृषकों को सूचित, शिक्षित, निर्देशित करना कृषि पत्रकारिता के उद्देश्य हैं। कृषि-विकास-सम्बन्धी अद्यतन उपलब्धियों के प्रसार द्वारा राष्ट्र के आर्थिक उत्थान में योगदान करना ही कृषि पत्रकारिता का अभीष्ट है।

कृषि पत्रकारिता का लक्ष्य कृषि एवं कृषि उद्योग-धन्धों के अनुसन्धान को संचार माध्यमों से किसानों तक पहुँचाना और उनके आर्थिक, सामाजिक, सांस्कृतिक एवं राजनीतिक जीवन में नयी चेतना, जागृति एवं वैज्ञानिक दृष्टि को विकसित करना है। कृषकों का आर्थिक विकास हो, जीवन-स्तर ऊँचा उठे और वे सुखी, समृद्ध और विज्ञानपरक जीवनयापन करते हुए राष्ट्रीय हितों की रक्षा के साथ विकास के पथ पर आगे बढ़ते चलें यही दिग्दर्शित करना कृषि पत्रकारिता का प्रयोजन है।

कृषि पत्रकारिता का मूल प्रयोजन कृषि और कृषकों का आर्थिक विकास है। आर्थिक विकास सामाजिक रीति-रिवाजों, राजनीतिक परिस्थितियों, सांस्कृतिक परम्पराओं और आपसी भाई-चारे से संश्लिष्ट है। भारत के किसानों की सामाजिक एवं सांस्कृतिक मान्यताएँ, धार्मिक आस्थाएँ और भाई-चारे की परम्पराएँ, पंचायती निर्णय, आर्थिक और व्यावसायिक मामलों में अपनी महत्त्वपूर्ण भूमिका निभाते हैं। कोई भी नया आर्थिक परिवर्तन या नया सुधार किसानों की सामाजिक परम्पराओं की मान्यता प्राप्त करके ही चल पाता है। किसान के समग्र जीवन-दर्शन का आधार मानकर कृषि पत्रकारिता द्वारा आर्थिक कार्यक्रमों के अतिरिक्त कृषक जीवन के अन्य सम्बन्धित पक्षों के अध्ययन तथा सूचनाओं और समाचारों को उचित महत्त्व दिया जाता है। कुछ संचार विशेषज्ञों का कहना है कि कृषि पत्रकारिता में यन्त्रों की मरम्मत, पशुओं के आवास और स्वास्थ्य की चर्चा की जाती है, साथ ही किसान के आवास, स्वास्थ्य और सामाजिक व्यवहार, उनके धर्म-कर्म, संस्कृति की चर्चा कृषि पत्रकारिता का एक अपरिहार्य अंग है।

कृषि पत्रकारिता बताती है कि सुख-शान्ति के लिए रोटी की व्यवस्था आवश्यक है। भूखा इंसान कभी चुप नहीं बैठ सकता। वह गद्दारी भी कर सकता है, अपराधी हो सकता है, अतः कृषि पत्रकारिता का उद्देश्य सर्वतोभावेन राष्ट्र का पावन उत्कर्ष है।

पत्रकारिता जन-जन को सुपथ दिखाने के साथ ही जन-मानस को चैतन्य बनाने की कला है। सुषुप्त किसान जगे, सक्रिय होकर अपने अधिकार के लिए लड़े—यह बताना पत्रकारिता का धर्म है। सर्वाधिक शोषित, वंचित और भ्रमित भारत के किसानों को जुझारू बनाने की जिम्मेदारी कृषि पत्रकारिता की है। हमारे किसानों और खेतिहर मजदूर वर्ष में चार-चार फसलें उगाने पर भी कई महीने बेकार रहते हैं। किसानों हेतु रोजगार उपलब्ध कराने की गम्भीर समस्या है। किसानों को फसलों की उपज की पूरी क़ीमत नहीं मिल पाती। अधिकांश लाभ बिचौलियों द्वारा कमाया जाता है। आज हमारा किसान उन्नत बीज के महत्त्व को समझने लगा है। उसे समय पर अपनी आवश्यकता का उन्नत बीज नहीं मिल पा रहा है। सर्वत्र मिलावट है। आधुनिक वैज्ञानिक कृषि की कई नयी समस्याओं में किसानों का सही मार्गदर्शन करना कृषि पत्रकारिता की जिम्मेदारी है। कृषि उत्पादन बढ़ाने के लिए सरकार द्वारा तरह-तरह की रियायतें किसानों को दिये जाने की घोषणा की जाती है। बैंकों से किसानों को विभिन्न प्रकार के ऋण एवं छूट दिये जाने का प्रावधान किया गया है। गरीबी रेखा से नीचे जीवन व्यतीत करने वाले सीमान्त किसानों और खेतिहर मजदूरों के लिए विविध प्रकार की आर्थिक सुविधाएँ दिये जाने की व्यवस्था सरकार द्वारा की गयी है, लेकिन सही जानकारी के अभाव में छोटे किसान उसका लाभ नहीं उठा पा रहे हैं। इसलिए इस दिशा में किसानों का दिशादर्शन करना आज कृषि पत्रकारिता का एक विशेष प्रयोजन बन गया है। कीटनाशी, शाकनाशी और कवकनाशी रसायनों के सही उपयोग की अज्ञानता किसानों के स्वास्थ्य के लिए घातक है। रसायनों के उपयोग और उनके रखरखाव की समय-समय पर सही जानकारी प्रसारित करना कृषि पत्रकारिता का सामयिक प्रयोजन बन चुका है।

कृषि-उत्पादन की नयी प्रौद्योगिकी को किसानों तक पहुँचाने में कृषि पत्रकारिता की भूमिका अत्यन्त महत्त्वपूर्ण रही है, क्योंकि कृषि-अनुसन्धान से खोजी गयी उत्पादन-वृद्धि की उन्नत विधियों को किसानों तक सही ढंग से एवं उचित समय पर पहुँचाने में कृषि पत्रकारिता से बहुत सहायता मिली है। वास्तव में, कृषि पत्रकारिता का विकास कृषि अनुसन्धान एवं कृषि-प्रसार की विविध प्रवृत्तियों, धाराओं, परिवर्तनों और परिस्थितियों के आधार पर हुआ है। इसी कारण कृषि पत्रकारिता को कृषि-विकास का दर्पण और कृषि-अनुसन्धान के प्रसार का वाहक माना जाता है। वह किसान और कृषि वैज्ञानिक के बीच आपसी तालमेल का सशक्त और स्थायी माध्यम भी है। जब हम कृषि की बात करते हैं तो हमें कृषक के जीवन, उसके परिवार तथा उसकी आर्थिक कठिनाइयों एवं परिस्थितियों के बारे में सोचना और लिखना आवश्यक हो जाता है।

ग्रामीण पत्रकारिता ग्राम्य-जीवन के सामाजिक, आर्थिक और सांस्कृतिक विकास से जुड़ी हुई है जबकि कृषि पत्रकारिता खेती-किसानी से सम्बद्ध है। ग्रामीण पत्रकारिता का लक्ष्य गाँव-गाँव में जागृति लाना जबकि कृषि पत्रकारिता का उद्देश्य कृषकों को कृषि की जानकारी देकर पैदावार बढ़ाना है। कृषि पर आधारित अर्थव्यवस्था को सुदृढ़ बनाने में कृषि पत्रकारिता उल्लेखनीय है। अपने यहाँ कृषि के पिछड़े होने के कारण और निवारण पर कृषि पत्रकारिता ध्यान आकर्षित करती है :

1. भारत में कृषि के पिछड़े होने की समस्या/कारण

(क) प्राकृतिक कारण। (ख) भूमि पर जनसंख्या का विस्फोट : समस्या ही समस्या। (ग) परम्परागत अनुपयोगी कृषि गाँव। (घ) कृषि की प्राचीन समयसाध्य, श्रमसाध्य विधियाँ। (ड.) छोटे-बिखरे खेत। (च) भू-धारण की जटिल प्रणाली। (छ) उन्नत बीजों के प्रति अविश्वसनीयता। (ज) खाद की कमी और उसकी महँगाई। (झ) सिंचाई के साधनों की कमी। (ञ) दुर्लभ पशुधन। (ट) अशिक्षित, रूढ़िवादी, भाग्यवादी कृषक।

2. भूमि-सुधार की समस्या

3. पशु-समस्या

4. कृषि उत्पादन के विपणन की समस्या

5. कृषि श्रमिकों की समस्या

6. ग्रामीण ऋणग्रस्तता की समस्या

(क) मुकदमेबाजी। (ख) जोतों का विभाजन। (ग) फिजूलखर्ची।

7. ग्रामीण उद्योग की समस्या

(क) तैयार माल की बिक्री की समस्या। (ख) आर्थिक साधनों की कमी। (ग) तकनीकी ज्ञान का अभाव।

8. अतिवृष्टि, अनावृष्टि तथा प्राकृतिक प्रकोप की समस्या

9. स्वास्थ्य और आवास की समस्या

(क) स्वास्थ्य-सुविधा की कमी। (ख) जागरण का अभाव।

10. शिक्षा-सम्बन्धी समस्याएँ

(क) शिक्षालयों की कमी। (ख) पुस्तकालय और वाचनालय का अभाव।

11. ग्रामीण बेरोजगारी

12. सामाजिक समस्याएँ

(क) जातिवाद। (ख) छुआछूत। (ग) दहेज-प्रथा। (घ) बाल-विवाहफ (ड.) संयुक्त परिवार। (च) पर्दा-प्रथा। (छ) अन्धविश्वास।

खाद्य एवं कृषि संगठन, विश्व बैंक, योजना आयोग, राष्ट्रीय विकास परिषद्, राज्य नियोजन समिति, मण्डलीय विकास निगम, राष्ट्रीय कृषि आयोग, ट्राइसेम योजना, कृषि उत्पादन मंडी समिति, प्रौढ़ शिक्षा, पंचवर्षीय योजना, लघु बचत योजनाओं से सन्दर्भित तथ्यों को जन-संचार के माध्यमों से बृहद् रूप में प्रचारित कर ग्राम्य-विकास एवं कृषकों का कल्याण किया जा सकता है। सम्प्रति कृषि पत्रकारिता ही समाज और राष्ट्र की अपरिहार्यता है जिसकी ओर बुद्धिजीवियों का ध्यान आवश्यक है।

कृषि पत्रकारों के दायित्व

राजनीति क्या नाप सकेगी अन्न ब्रह्म की माया
कूटनीति क्या भाँप सकेगी अन्न ब्रह्म की माया
मरी खाल की फूँक बनेगी अन्न ब्रह्म की माया
दस लेनिन, दस तिलक जनेगी अन्न ब्रह्म की माया

—*नागार्जुन*

पत्रकार राष्ट्रीय हितों का सजग प्रहरी और गौरवपूर्ण परम्परा का परिचायक होता है। वह प्रबुद्ध और प्रशस्त अभिव्यक्ति का सूत्रधार होता है और अपने सामाजिक दायित्वों के प्रति पूरी तरह जागरूक होता है। कृषि-प्रधान देश के कृषि पत्रकार का लक्ष्य देश की कृषि समस्याओं, किसानों की आर्थिक स्थिति, कृषि विकास के मार्ग की बाधाओं के प्रति सजग होना, राष्ट्र में नयी चेतना का प्रसार, शोषणमुक्त समाज के निर्माण का होना चाहिए जिससे देश समृद्धि और सद्भाव की ओर अग्रसर हो सके।

गाँधीजी के अनुसार समाचार-पत्रों का पहला उद्देश्य जनता की इच्छाओं और आवश्यकताओं को समझना और उनको व्यक्त करना है। दूसरा उद्देश्य जनता में वांछनीय भावनाओं को जाग्रत् करने का है और तीसरा उद्देश्य सार्वजनिक दोषों को निर्भयतापूर्वक व्यक्त करने का है। इस दृष्टि से कृषि पत्रकार का दायित्व है कि वह अपनी व्यावसायिक नैतिकता के उपर्युक्त पक्षों में पूरी आस्था रखे और अपने निजी स्वार्थों से ऊँचा उठे एवं राष्ट्रहित को सर्वोपरि मानकर शोषणमुक्त समाज की रचना में लग जाये। to inform, to educate, to entertain तात्पर्य यह है कि सूचना देने, शिक्षित करने और मनोरंजन द्वारा कृषि पत्रकार किसानों की स्थिति का उन्नायक बन सकता है।

कृषि संवाददाता सूचना-सामग्री को सूँघता है, खोदता है, गढ़ता है और लिखता है। उसका कार्य सृजनात्मक है, मौलिक है। संवाददाता का कार्य समाचारों को त्वरित गति से संकलित करना, उनकी व्याख्या एवं उन्हें सही रूप में प्रस्तुत करना है। व्याख्यात्मक रिपोर्टिंग का आशय है कि वह समाचार को इस रूप में रखे, जिसमें पाठक उसे समझ लें। व्याख्यात्मक रिपोर्टिंग में समाचार का आशय बताया जाता है और अपनी राय व्यक्त नहीं की जाती है। कृषि पत्रकारिता एक विशिष्ट प्रकार की पत्रकारिता है। इसके संवाददाताओं की शैक्षिक पृष्ठभूमि कृषि विज्ञान की उच्च शिक्षा की होनी आवश्यक है। जब तक संवाददाता की शैक्षिक पृष्ठभूमि उच्च कृषि शिक्षा की नहीं होगी, तब तक संवाददाता से व्याख्यात्मक रिपोर्टिंग में गलती कर जाने की सम्भावना हो सकती है। कृषि संवाददाता को भारतीय किसान की शैक्षिक एवं कृषि-विषयक वैज्ञानिक समाचार की पृष्ठभूमि की सही जानकारी होनी आवश्यक है। उक्त जानकारी के आधार पर संवाददाता की रिपोर्टिंग तथ्यों की व्याख्या की गहराई पर आधारित होगी। समाचार-पत्रों द्वारा जो संवाददाता कृषि-विषयक रिपोर्टिंग के लिए नियुक्त किये जायें, उनकी शैक्षिक योग्यता में कृषि की उच्च शिक्षा होनी चाहिए। पत्रकारिता में चित्रों का विशेष महत्त्व होता है। इस कारण कृषि संवाददाता को फोटोग्राफी कला अवश्य सीख लेनी चाहिए। फोटोग्राफी के द्वारा उसका समाचार प्राणवन्त बनता है।

कृषि पत्रकारों हेतु कृषि-नीति की जानकारी आवश्यक है

1. भारत की अर्थव्यवस्था कृषि पर आधारित है, इसलिए उसके नियोजित एवं व्यवस्थित विकास के लिए कृषि-विकास मूलत : आवश्यक है।
2. देश की बढ़ती आबादी और साधनों की उपलब्धता की दृष्टि से आगामी वर्षों में कृषि उत्पादन की वृद्धि दर को 2.6 प्रतिशत से 3.5 प्रतिशत प्रतिवर्ष तक बढ़ाना नितान्त आवश्यक है।
3. कृषि के विकास की असमानता को दूर करके वर्षाधीन बीरानी क्षेत्रों में कृषि विकास को विशेष महत्त्व दिया जाना है।
4. देश में सीमान्त और लघु किसानों की बढ़ती हुई संख्या की दृष्टि से कृषि-विकास की भावी आवश्यकताओं और कृषि अनुसन्धान को नया मोड़ दिया जाना है।
5. जैव प्रौद्योगिकी, आनुवंशिक, अभियान्त्रिकी, मौसम विज्ञान, परमाणु प्रौद्योगिकी, संचार प्रौद्योगिकी और इलेक्ट्रॉनिकी आदि नये विज्ञानों का कृषि अनुसन्धान एवं कृषि-प्रसार में उपयोग बढ़ाया जाना है।
6. सिंचाई-कार्य, भूमि-सुधार, भू-संरक्षण और चकबन्दी को प्राथमिकता दी जानी है।
7. किसानों को अपनी फसलों की उपज का पूरा लाभ दिलाने की व्यवस्था का विकास किया जाना है।
8. किसानों को उन्नत बीज, कृषि यन्त्र, उर्वरक, कीटनाशी आदि रसायनों की उपलब्धता सहकरी संस्थाओं के माध्यम से कराना।

9. पारिस्थितिक सन्तुलन बनाये रखने के लिए तथा ऊर्जा-उत्पादन के नये विकल्पों के लिए प्रयास किया जाना है।
10. किसान की आय, ऋण तथा कृषि उत्पादों के विपणन की उचित एवं उपयुक्त व्यवस्था तथा कृषि-निर्यात को बढ़ावा दिया जाना है।

बादलरूपी पत्रकारों को एक अधीर कृषक इन शब्दों में बुलाता है :

जीर्ण बाहु है शीर्ण शरीर,
तुझे बुलाता कृषक अधीर,
ऐ विप्लव के वीर।
चूस लिया है उसका सार,
हाड़ मात्र ही है आधार,
ऐ जीवन के पारावार।

क्या केवल अच्छे मानसूनों से ही काम चल जायेगा? अब यह सवाल अक्सर पूछा जाने लगा है। पिछले कई वर्षों से देश में मानसून आमतौर पर लगातार सफल रहे हैं, लेकिन इसके बाद 95-96 में कृषि की विकास दर 3.4 फीसदी से घटकर 0.9 फीसदी पर आ गयी। रिजर्व बैंक ने अपनी ताजी सालाना रिपोर्ट में इस स्थिति पर चिन्ता जाहिर करते हुए कहा है कि उत्तरोत्तर अच्छे मानसून के बावजूद कृषि-क्षेत्र के प्रदर्शन में अस्थिरता इस क्षेत्र का एक दोष है जो आगे कभी भी मुश्किल पैदा कर सकता है। दरअसल परम्परिक तौर पर ऐसा माना जाता रहा है कि यदि मानसून ठीक हो तो कृषि का प्रदर्शन सन्तोषजनक रहेगा, लेकिन पिछले सालों में जिस तरह से कृषि उत्पादन में उतार-चढ़ाव आया, उसके बाद यह महसूस किया जाने लगा है कि कृषि के लिए कुछ और भी करना होगा।

योजना आयोग के सदस्य *एस. आर. हाशिम* कहते हैं कि सफल मानसून दरअसल एक तकनीकी व्याख्या है, वर्षा का समय, वर्षा का क्षेत्रीय वितरण, वर्षा की मात्रा साल-दर-साल बदलती रहती है जिनका अपना असर होता है इसलिए केवल अच्छे मानसून को अब कृषि की कामयाबी की शर्त नहीं कहा जा सकता। सिंचाई, सही बीज, सही उर्वरक, विपणन आदि दूसरे पहलू भी हैं जिनकी महत्त्वपूर्ण भूमिका है। जैसे सिंचाई को ही लें। वर्ष 1996-97 का आर्थिक सर्वेक्षण कहता है कि सिंचाई के पर्याप्त साधन न केवल देश की खाद्यान्न सुरक्षा के लिए अनिवार्य है, बल्कि गाँवों से शहरों की ओर पलायन रोकने, गरीबी उन्मूलन, फसलों की उत्पादकता बढ़ाने के लिए भी ज़रूरी है।

कृषि की स्थिति

विश्व-बाज़ार और उदारीकरण के दौर में आज भारतीय कृषि की स्थिति को देखें तो कुछ मामलों में यह बात गले उतरती है कि उद्योगों को दी गयी रियायतों की तुलना में कृषि को कम तरजीह दी गयी है। इसके दो मुख्य बिन्दु हैं, एक उत्पादकता का खराब स्तर जो खुले व्यापार के दौर से लाभ की जगह मुसीबत ला सकता है और दूसरा सरकारी निवेश में कमी, जिसके चलते कृषि से जुड़े बुनियादी ढाँचे का विकास पिछड़ गया है।

कृषि में उत्पादकता बढ़ाने की दो बुनियादी ज़रूरतें हैं। एक अनुसन्धान के जरिये नयी किस्मों का विकास, जो हर हाल में अनिवार्य है। मसलन वैज्ञानिक अभी चावल की ऐसी किस्म के लिए जूझ रहा है, जो अलग-अलग मौसम और क्षेत्र में प्रयोग की जा सके।

दूसरा सिंचाई, परिवहन आदि बुनियादी ढाँचे का विकास। इन दोनों में सरकारी निवेश अनिवार्य है, क्योंकि कृषि को निजी निवेशकों के लिए आकर्षक बनने में अभी वक़्त लगेगा। तीन-तीन पंचवर्षीय योजनाओं तक चलती सिंचाई परियोजनाएँ किसानों के लिए सार्थक नहीं हैं। कृषि पर तमाम तरह के नियन्त्रण जो अब तक समाप्त नहीं हुए हैं, यह बताते हैं कि इस क्षेत्र में उदारीकरण को पर्याप्त तवज्जो नहीं मिली है। उदारीकरण के पिछले सालों में नयी कृषि नीति की केवल चर्चा

सुनी गयी है, क्या नीति को अब तक टालना कृषि की उपेक्षा नहीं है? कृषि मन्त्री की मानें तो इस नीति के प्रारूप पर संसद में चर्चा हो चुकी है, लेकिन यह अब ताकि सिर्फ़ चर्चा में है।

कृषि पर भी एक बार उसी तरह का जोर देने की ज़रूरत है जैसे साठ के दशक में अनाज-उत्पादन को दिया गया था, लेकिन नीतिगत प्रयासों के बिना यह सम्भव नहीं है। कृषि की सीधे-सीधे उपेक्षा की गयी या नहीं यह तो विश्व बाज़ार खुलने के बाद आने वाला दौर कायदे से बता देगा, लेकिन यह बात साफ है कि 64 फीसदी आबादी को जीविका देने वाले इस क्षेत्र की जड़ों में पिछले सालों में इतना खाद-पानी नहीं डाला गया है कि यह नये माहौल में खुद को मजबूती से खड़ा कर सके।

कृषि शिक्षा-व्यवस्था और पत्रकारिता

जहाँ-जहाँ छल-प्रपंच और अनियमितता है वहाँ पत्रकारों की दृष्टि दौड़ जाती है। उपेक्षित गाँव की उपेक्षित कृषि और उसकी शिक्षा-व्यवस्था पर कृषि पत्रकारों की समीक्षा महत्त्वपूर्ण है। *डॉ. चक्रवाल सिंह* ने 'कृषि शिक्षा-व्यवस्था के छल' के सन्दर्भ में निम्नलिखित तथ्यों पर प्रकाश डाला है :

भारतीय शिक्षा-व्यवस्था में मुख्यतः चार वर्ग–विज्ञान, कला, वाणिज्य तथा कृषि हैं। शिक्षा के इन वर्गों में भेदकारी व शोषणात्मक प्रवृत्तियों के सभी लक्षण विद्यमान हैं। यही वजह है कि आज तक 'समान शिक्षा' की अवधारणा भारतीय शिक्षा-व्यवस्था का अनिवार्य हिस्सा नहीं बन पायी है। भारत में गाँव एवं कृषि की तरह की कृषि शिक्षा वं कृषि वर्गीय छात्र भी घोर उपेक्षा एवं अन्याय के शिकार हैं। 21वीं सदी की दहलीज पर खड़े राष्ट्र के तथाकथित सभ्य एवं सम्पन्न समाज में आज भी कृषि वर्गीय छात्रों की वस्तु-स्थिति 'फावड़ा फैकल्टी' से इतर कुछ नहीं है। यह स्थिति तब है जब ये छात्र दूसरे वर्गों की अपेक्षा न केवल शारीरिक व मानसिक श्रम अधिक करते हैं, बलिक स्नातक (बी. एससी. कृषि) की डिग्री चार वर्षों की कड़ी तपस्या के बाद पाते हैं। भारतीय सन्दर्भ में किसी स्तर पर इनकी प्रासंगिकता को नकारा नहीं जा सकता है, फिर भी आज तक देश में उच्च कृषि शिक्षा को तकनीकी शिक्षा का दर्जा प्राप्त नहीं हुआ है। विभिन्न स्तरों पर ये छात्र भेदभाव, शोषण एवं अन्याय के शिकार हैं। कारण जो भी हों, शैक्षिक नीतिकारों का ध्यान इस ओर कम ही गया है। *डॉ. एम. एस. स्वामीनाथन्* की अध्यक्षता में 'भारतीय कृषि शिक्षा' पर गठित समिति की रिपोर्ट भी इन भेदकारी प्रवृत्तियों पर मौन है। ऐसे में शिक्षा के इस उपेक्षित, लेकिन बेहद महत्त्वपूर्ण एवं संवेदनशील हिस्से की समस्याओं की तह में जाने से पूर्व भारतीय कृषि शिक्षा-व्यवस्था पर एक नजर डालना अधिक प्रासंगिक होगा। देश में कृषि शिक्षा-व्यवस्था का ढाँचा द्विस्तरीय है। 9वीं से 12वीं कक्षा तक माध्यमिक स्तर पर देश में कृषि शिक्षा की सुविधा मुख्यतः ग्रामीण अंचलों में स्थित सीमित विद्यालयों में ही उपलब्ध है, जहाँ मूलभूत सुविधाओं का नितान्त अभाव है। शिक्षा की अन्य विधाओं– विज्ञान, कला तथा वाणिज्य की तरह व्यापक नहीं है।

शिक्षा-व्यवस्था का कृषि-वर्ग ऐसा वर्ग है जिसमें कृषि एवं पशुपालन से सम्बन्धित विषयों के गहन अध्ययन के साथ-साथ लगभग सभी विज्ञान वर्गीय एवं सामाजिक विषयों का प्रारम्भिक ज्ञान कराया जाता है। ऐसा करना कृषि जैसी विशाल विधा के सैद्धान्तिक एवं व्यावहारिक अध्ययन के लिए अनिवार्य है। वही माध्यमिक स्तर (11वीं व 12वीं) पर इन छात्रों को निर्धारित निश्चित पाठ्यक्रम के अतिरिक्त दूसरे विषय चुनने का विकल्प नहीं होता है। विज्ञान वर्ग से उच्च शिक्षा प्राप्त करने में भी इस वर्ग की व्यावहारिक कठिनाइयाँ हैं, जबकि विज्ञान वर्गीय छात्र, डॉक्टर, इंजीनियर बन गये तो ठीक है, नहीं तो उनके पास उच्च कृषि शिक्षा एवं उससे सम्बन्धित विधाओं–पशु-चिकित्सा, कृषि इंजीनियरिंग आदि के विकल्प भी रहते हैं। इधर कृषि वर्गीय छात्रों के लिए डॉक्टरी, इंजीनियरिंग के रास्ते स्वतः ही बन्द हो चुके होते हैं। स्वतन्त्र भारत में उच्च कृषि शिक्षा मन्दिरों की वर्तमान स्थिति का अध्ययन करने पर पता चलता है कि जहाँ वर्ष 1948 में देश के 17 कृषि विद्यालयों में स्नातकोत्तर स्तर पर मात्र 160 छात्रों को कृषि, अनुसन्धान एवं प्रशिक्षण की सुविधा उपलब्ध थी, वहीं आज देश में 29 कृषि विश्वविद्यालयों के अतिरिक्त भारतीय कृषि अनुसन्धान परिषद् नयी दिल्ली के चार अन्य संस्थानों तथा इनसे सम्बद्ध कृषि

महाविद्यालयों में स्नातक तथा स्नातकोत्तर स्तर पर क्रमशः 9715 तथा 4500 छात्रों को उच्च कृषि शिक्षा की सुविधा उपलब्ध है। केन्द्रीय विश्वविद्यालयों की प्रवेश क्षमता को इसमें सम्मिलित नहीं किया गया है। कृषि वर्गीय छात्रों के शोषण की शुरुआत भी इन संस्थानों में प्रवेश के साथ होती है।

इन संस्थानों में जहाँ केवल कृषि वर्ग के छात्रों को ही प्रवेश की सुविधा मिलनी चाहिए थी, वहाँ इनके साथ-साथ विज्ञान के छात्रों को भी प्रवेश हेतु पात्र घोषित कर दिया गया है। इसके कारण भी स्पष्ट है। बदली हुई सामाजिक, आर्थिक व राजनीतिक स्थितियों, परिस्थितियों तथा बेरोजगारी की भयंकर बाढ़ ने शिक्षा-व्यवस्था के नियमों को अपनी शैक्षिक प्राथमिकताएँ बदलने को मजबूर कर दिया। इसका ज्वलन्त उदाहरण भारतीय कृषि अनुसन्धान परिषद्, नयी दिल्ली द्वारा देश के विभिन्न कृषि विश्वविद्यालयों एवं महाविद्यालयों में 15 प्रतिशत स्थानों के लिए आयोजित अखिल भारतीय संयुक्त प्रवेश परीक्षा है, जिसमें विषयों को तो अनिवार्य रूप से सम्मिलित किया गया है, लेकिन कृषि पशुपालन तथा कृषि अभियान्त्रिकी से सम्बन्धित विषयों को शामिल करने की परिषद् ने आवश्यकता नहीं समझी। यहाँ प्रश्न उठता है कि ऐसा क्यों और किसके लिए किया गया? सबसे आपत्तिजनक बात तो यह है कि अंग्रेज़ी भाषा को इस परीक्षा में अनिवार्य रूप से शामिल किया गया है, जबकि देश के अधिकांश भागों में माध्यमिक स्तर पर कृषि शिक्षा क्षेत्रीय भाषाओं में प्रदान की जाती है। अंग्रेज़ी भाषा को अनिवार्य रूप से प्रवेश परीक्षा में शामिल करने का अर्थ क्या है? भारतीय सामाजिक, आर्थिक एवं कृषि परिस्थितियों में कृषि शिक्षा के अंग्रेज़ीकरण के निहितार्थ क्या हैं? निश्चित तौर पर कृषि शिक्षा की गुणवत्ता बढ़ाना नहीं, बल्कि व्यवस्था को अपने अनुकूल बनाने का चालाकीपूर्ण सफल प्रयास है।

यहाँ यक्ष प्रश्न यह है कि उच्च कृषि शिक्षा में कृषि वर्गीय छात्रों के साथ-साथ विज्ञान वर्गीय छात्रों को प्रवेश की सुविधा आखिर किस आधार पर और क्यों प्रदान की गयी है? गुणवत्ता की आड़ में अभावग्रस्त ग्रामीण छात्रों के साथ यह बौद्धिक छल नहीं तो और क्या है? इस स्थिति में पुनः सवाल उठता है कि कृषि विज्ञान को माध्यमिक स्तर तक पढ़ने या पाठ्यक्रम के रूप में अलग विधा के रूप में रखने का लाभ क्या है? क्यों न इसे इस स्तर पर समाप्त ही कर दिया जाये? क्या यह जान-बूझ कर ग्रामीण छात्रों को इंटर तक कृषि विज्ञान में साक्षर बनाकर कृषि बेरोजगारी के भयानक बियावान में ढकेलना नहीं है? यदि इसके पीछे मात्र कृषि शिक्षा की गुणवत्ता बढ़ाने का ही पवित्र उद्देश्य है और तर्क भी, तो पुनः प्रश्न उठता है कि इसमें कृषि वर्गीय छात्रों का दोष क्या है? जिस वर्ग में जितना पाठ्यक्रम निर्धारित होगा, छात्र उसी का अध्ययन करेंगे। फिर ग्रामीण क्षेत्रों में आधारभूत शैक्षिक सुविधाओं के अभाव में पाठ्यक्रम के इतर, ज्ञान की अपेक्षा करना बेईमानी है। माध्यमिक स्तर पर कृषि पाठ्यक्रम को विज्ञान वर्ग के समकक्ष संशोधित करने की बजाय नीति नियन्ता कृषि शिक्षा व शिक्षार्थियों को गुणवत्ता एवं स्तर को ही निम्न बता, इन्हें रास्ते से हटाना उचित समझते हैं। यह बौद्धिक धोखा नहीं तो और क्या है? यह योजनाबद्ध ढंग से ग्रामीण व सम्पन्न विज्ञान वर्गीय शहरी छात्रों के मध्य कृत्रिम रूप से बौद्धिक स्तर पर अन्तराल बनाये रखने की साजिश है। आखिर इस तरह कब तक कृषि शिक्षा-व्यवस्था ग्रामीण होनहारों के साथ कपटपूर्ण व्यवहार करती रहेगी? हाल के वर्षों के अनुभव दर्शाते हैं कि प्रतिष्ठित कृषि संस्थानों में ग्रामीण-कृषि वर्गीय छात्रों का प्रतिनिधित्व सोचनीय स्तर तक घटा है।

कश्यप मुने की कृषि सूक्ति तथा महर्षि पराशर की कृषि पराशरी बताती है कि संसार में यद्यपि बहुत से व्यापार हैं लेकिन खेती सबकी बुनियाद है। पशु-पालन, पशुरोग, फसलों के बोने, काटने की मात्रा, उपज की सूचनाओं पर उपलब्ध साहित्य महत्त्वपूर्ण होते हैं। संयुक्त खाद्य और कृषि संगठन का दिल्ली स्थित कार्यालय हिन्दी में प्रेस फ़ीचर देता है जिसमें 'समुद्र से भोजन', 'जंगल में मंगल', 'मरुस्थल में हरियाली' तथा 'मुर्गी पालन' जैसे साहित्य के बारे में बताया जाता है कि जिसकी आम लोगों को जानकारी नहीं है। शिक्षा के क्षेत्र में विभिन्न स्तरों पर उपलब्ध सामग्री या लिखी जाने वाली पुस्तकों की जानकारी देकर पाठकों में जानने की इच्छा जाग्रत् करना आवश्यक है।

आजकल कृषि पत्रिकाओं का सम्पादन ऐसे साक्षरों द्वारा हो रहा है जो बाँस की खेती और गन्ना पेड़ के आरोपण का मर्म नहीं जानते। अर्थहीन सम्पादन को कृषि संचार विशेषज्ञों द्वारा रोका जा सकता है। यह भी ध्यान देना होगा कि गाँवों में शिक्षा बढ़ने से जो शिक्षित बेरोजगारी है वह आसमान छूने लगी है।

भारतीय भाषाओं की शब्दावलियाँ सबसे महत्त्वपूर्ण हैं। *डॉ. रघुवीर* ने बँग्ला देवनागरी, तमिल व तेलुगु का जो पारिभाषिक शब्दकोश सन् 1944 में तैयार किया वह हमारे लिए धरोहर है। उन्होंने भारतीय भाषा के सामंजस्य पर जोर दिया जो कृषि साहित्य परिवेश से जोड़ता है। शब्दावली बनाते वक़्त कुछ शब्द जो अन्तर्राष्ट्रीय स्तर पर छाये हुए हैं उनका भी बड़े अच्छे ढंग से रूपान्तरण भारतीय भाषा में किया गया है, जैसे– अर्ली/लेट के लिए अगेती/पछेती शब्द बिल्कुल उपयुक्त शब्द है।

कृषि-साहित्य-लेखन में संवाद, कहानी, कविता, चित्रकथा, भेंटवार्ता, व्यंग्य, पहेली और मुकरी, आत्म-कथा, समीक्षा, यात्रावृत्त-रेखाचित्र, संस्मरण, जीवन-चरित्र, निबन्ध सार, समाचार, रिपोर्ट, फ़ीचर, परिचर्चा आदि विधाओं पर सामग्री प्रस्तुत करनी होगी।

कृषि-साहित्य के लिए हिन्दी अनुवाद में हो रहे अर्थ के अनर्थ से सामग्री उत्पन्न हो रही है। अभी तक उपलब्ध कृषि-साहित्य में भाषाई सरसता समरसता से आती है जिसका प्रयोग न होने पर अनाड़ीपन झलकता है जिसे दूर करना है।

भारतीय किसान का साक्षरता स्तर 60 प्रतिशत प्राथमिक, 30 प्रतिशत माध्यमिक, 8 प्रतिशत उच्च माध्यमिक तथा 2 प्रतिशत स्नातक दर्शाया गया है। उनके स्तर के हिसाब से साहित्य के सृजन सम्बन्धी जानकारी एक बड़ा अहम् मुद्दा है। आज के बदले परिवेश में किसान की रुचि का साहित्य किस तरह का हो उस तरफ इशारा मात्र नहीं, बल्कि यह सच्चाई भी है। कृषि संचार प्रक्रिया की खामी के बारे में इशारा एक बेबाक कार्य है। अनुसन्धान संकलन और रचना-शैली का जिक्र कर कुछ पत्रिकाओं का परिचय अपने में अलग खोजपूर्ण महत्त्व रखता है।

जिस गति से कृषि का विकास हमारे देश में हुआ आज उसी गति से हमें अपने परम्परागत और वैकल्पिक स्रोतों की तरफ सोचने के लिए मजबूर-सा होना पड़ रहा है, जैसे– सौर ऊर्जा से सिंचाई तथा सौर ऊर्जा से बैटरियों को चार्ज करना शामिल है। इसी तरह आजकल उपयोग में आ रहे उर्वरक की जगह गोबर खाद का इस्तेमाल होना चाहिए, कीटनाशक दवाओं के प्रयोग में संयम बरतने हेतु कृषि-जगत् को सुपरिचित कराना पत्रकारों का लक्ष्य है। *सर्वश्री दाऊकृष्ण वर्मा, डॉ. चन्द्रिका ठाकुर, डॉ. कीर्ति सिंह, बद्रीप्रसाद गुप्त, नरेन्द्र छावड़ा, दुर्गाप्रसाद मिश्र, डॉ. बृजधर प्रसाद सिन्हा, मानकचन्द्र बोन्द्रिया, मैथिली जगन्नाथन, रमेशदत्त शर्मा, डॉ. रामकृष्ण पराशर, विजय कुमार बोन्द्रिया, विधाचरण भट्ट, शक्ति त्रिवेदी, डॉ. शिवगोपाल मिश्र, सुरेशचन्द्र गंगराडे, डॉ. रामप्रताप सिंह* प्रभृति पत्रकारों ने कृषि-जगत् को समुन्नत किया है।

अपना देश विश्व का सबसे बड़ा आम और कपास उत्पादक है। दूध, दाल, पशुधन, जूट, फाइबर की तरह जूट, चाय और फूल गोभी के उत्पादन में भारत का कीर्तिमान है। कृषिपरक सरकार मिट्टी, ईकोसिस्टम और जन-स्वास्थ्य के प्रति सजग है। प्रधानमन्त्री नरेन्द्र मोदी ने वर्ष 2022 तक किसानों की आमदनी को द्विगुणित करने के निमित्त निम्नलिखित 7 सूत्री कार्यनीति योजना की परिकल्पना की है :

1. कार्यकुशलता बढ़ाने के लिए, विशाल बजट के साथ सिंचाई पर ध्यान देना, 'प्रति बूँद, अधिक फसल।'
2. उत्पादकता बढ़ाने के लिए, मृदा स्वास्थ्य पर आधारित पोषक तत्त्वों और उच्च गुणवत्ता के बीजों का पर्याप्त प्रावधान।
3. किसानों के लिए उच्चतर प्रतिफल हेतु फसल काटने के बाद होने वाले नुकसान को रोकने के लिए भंडारण व कोल्ड चेन में विशाल निवेश।
4. उच्च मूल्य प्राप्त करने के लिए, खाद्य प्रसंस्करण के माध्यम से अतिरिक्त मूल्य संवर्धन।
5. एक राष्ट्रीय कृषि बाज़ार, ई-प्लेटफॉर्म का निर्माण, उत्पादन के विपणन से बेहतर राजस्व प्राप्त हो सके।
6. एक नयी फसल बीमा योजना जो किसानों के जोखिम कवर करेगी।
7. मुर्गीपालन, मधुमक्खी पालन तथा मत्स्य-पालन जैसे सहयोगी कार्यकलापों को बढ़ावा देना।

'कृषि शिक्षा' का प्रसार तथा 'उन्नत कृषि'

शिक्षा विकास का आधार है। कृषि-जगत् में उच्च शिक्षा और अनुसन्धान को बढ़ावा देकर केन्द्रीय सरकार ने 'सबका साथ : सबका विकास' को सार्थक किया है :

शिक्षा अनुसन्धान और कृषि-विस्तार को सशक्त करने के लिए वर्ष 2016-17 में कृषि अनुसन्धान एवं शिक्षा विभाग/भारतीय कृषि अनुसन्धान परिषद् को ₹6620 करोड़ का आवंटन किया गया है। खुली प्रतियोगिता के माध्यम से वैज्ञानिकों, खासकर महिला वैज्ञानिकों की भर्ती में उल्लेखनीय वृद्धि भी हुई है। सरकार गंगटोक, सिक्किम में पहला राष्ट्रीय जैविक कृषि अनुसन्धान का गठन भी कर रही है।

कृषि-शिक्षा में जागरूकता व नयी सम्भावनाओं का सृजन करने हेतु सरकार ने निम्न महत्त्वपूर्ण कदम उठाये हैं :

1. उत्तरी-पूर्वी भारत में विशाल सम्भावनाओं को देखते हुए केन्द्रीय कृषि विश्वविद्यालय, इम्फाल के अधीन छह नये कॉलेजों और रानी लक्ष्मीबाई केन्द्रीय कृषि विश्वविद्यालय, झाँसी के अधीन चार नये कॉलेजों को करने के लिए ग्रामीण कृषि-कार्य अनुभव योजना की शुरुआत की गयी थी। इस योजना में प्रत्येक छात्र को ₹18000 तक की छात्रवृत्ति प्रदान की जायेगी।
2. हरियाणा बागवानी विश्वविद्यालय की स्थापना प्रक्रियाधीन है।

28

ग्रामीण संचार
(Rural Communication)

मर ही जाता मैं शहर में बच गया,
गाँव की शीतल हवाएँ साथ हैं।

× × ×

Rural newspapers are great movers of national development.

Wilbur Shramm

× × ×

जो उलझकर रह गयी है फाइलों के जाल में।
गाँव तक वह रोशनी आयेगी कितने साल में। *—अदम गोंडवी*

× × ×

विश्वं पुष्टं ग्रामे अस्मिन अनातुरम्
(हमारे गाँव में आरोग्यवान परिपुष्ट विश्व का दर्शन हो)

× × ×

ग्राम-समुदाय छोटे-छोटे गणतन्त्र हैं... विदेशी सम्बधों से ये मुक्त हैं। जहाँ कुछ भी स्थायी नहीं, वहाँ ये जैसे अकेले अमर हैं। राजकुल लुढ़कते रहे, क्रान्तियाँ होती रहीं, हिन्दू, पठान, मुगल, मराठा, सिख, अंग्रेज़ क्रमशः मालिक बनते रहे लेकिन ग्राम-समुदाय यथापूर्व बने रहे।

—चार्ल्स मेट्कॉफ, 1835

× × ×

ग्राम की वसुन्धरा
आज भी पहेली में गड्ढों से भरी हुई
हो रही प्राणहरा।

—निराला

× × ×

हे ग्राम-देवता नमस्कार।
श्रम-वैभव के बल पर करते हो, जड़ में चेतन का विकास।
ठानों-दानों से फूट रहे, सौ-सौ दानों के हरे हास।
यह है न पसीने की धारा, यह गंगा की है धवल धार।
हे ग्राम-देवता नमस्कार।

–डॉ. रामकुमार वर्मा

एक समय था जबकि गाँव को ईश्वर की रचना स्वीकार किया जाता था तथा कविगण ग्राम्य-जीवन पर लट्टू थे :

अहा! ग्राम्य जीवन भी क्या है
क्यों न इसे सबका मन चाहे?
थोड़े में निर्वाह यहाँ है
ऐसी सुविधा और कहाँ है?

समय परिवर्तन के साथ ग्राम और ग्राम-देवता भी बदल गये–

भू की छाती पर फोड़ों से
हैं उठे हुए कुछ कच्चे घर
मैं कहता हूँ उनको खण्डहर
पर तुम कहते हों उसे ग्राम

ग्राम बदल गये, ग्रामवासी बदल गये और गाँवों में रहने का अर्थ मूर्खता का प्रतीक बन गया :

'यदि वाञ्छसि मूर्खत्वं ग्रामे बस त्रयं दिनम्।'

साक्षरों की सोच शहरी हो गयी। वे गाँवों को अज्ञात अपराध, कुरीति एवं पिछड़ेपन का प्रतीक मानने लगे। भारत के *उपप्रधानमन्त्री* देवीलाल राजस्थान के दौरे पर थे। एक गाँव के एक घर से उन्होंने छाछ मँगाकर पी। इस पर एक वरिष्ठ पत्रकार ने प्रतिक्रिया व्यक्त की कि *देवीलाल* अब खेत में कॉन्फ्रेंस करेंगे। यह शहरी सोच है। वस्तुतः शहर में धूर्तता, आडम्बर का बोलबाला है। वहाँ बातूनी और चालाकी की शिक्षा दी जाती है। गाँवों के सीधे सपाट बयानी वाले उनसे हर क्षेत्र में पिछड़ जाते हैं। संचार के विविध माध्यमों द्वारा मात्र 7 प्रतिशत स्थान गाँव को मिलता है। गाँव की कृषि-योग्य भूमि मास्टर प्लान में छीनी जा रही है। उस पर फ्लैट बन रहे हैं। ग्रामीण बेरोजगार हो रहा है। अतः प्रेस को कहना पड़ेगा कि शहर बढ़े किन्तु गाँवों के मिटने की क़ीमत पर नहीं।

गाँव से निकलने वाले, या गाँव में पढ़े जाने वाले या किसानी से सम्बद्ध पत्रों में किसको ग्रामीण पत्रकारिता के अन्तर्गत लिया जाये यह विवाद उस समय समाप्त हुआ जब कृषि पत्रकारों ने स्पष्ट कहा कि जिन पत्रों में 40 प्रतिशत से अधिक सामग्री गाँव, कृषि, पशु, बीज, पंचायत पर हो, वे ग्रामीण पत्रकारिता के अन्तर्गत सम्मिलित होंगे। चाहे वे कहीं भी क्यों न पढ़े जाते हों। ग्रामीण पत्रकारिता सदियों से उपेक्षित, अविकसित, भाग्य के भरोसे रहने वाले गाँवों की कहानी है। ग्रामीण पत्रकारिता में रुचि रखने वालों को महात्मा गाँधी के स्वप्न को साकार करना होगा।

"गाँव पहले शहरों की सारी ज़रूरतें पूरी करते थे, किन्तु जब शहर विदेशी माल के बाज़ार बन गये और विदेशों का सस्ता और भद्दा माल गाँवों में भरकर उन्हें चूसने लगे, तो गाँव वालों ने विविध धन्धे, उनकी उत्पादक प्रतिभा और उनसे होने वाली थोड़ी आमदनी–सबका सफाया हो गया। हर आदमी को, हर हिन्दुस्तानी को इसे अपना धर्म समझना चाहिए कि जब-जब और जहाँ-जहाँ मिले, वहाँ वह गाँवों में बनी चीजें ही बरतें। हमारी ज़्यादातर ज़रूरतें गाँवों से ही पूरी हो सकती हैं।"

हमें अपना ध्यान गाँवों की ओर लगाना चाहिए। उन्हें संकुचित दृष्टि, पूर्वग्रहों और वहमों आदि से मुक्त करना है और इसे करने का यही तरीक़ा है कि हम उनके सुख-दुःख में हिस्सा लें और उनमें शिक्षा का तथा उपयोगी ज्ञान का प्रसार करें

बापू ने इसको अच्छी तरह से समझ लिया था और आज़ादी के कुछ दिनों पहले *पं. जवाहरलाल नेहरू* को स्पष्ट शब्दों में लिखा था–"सच तो यह है कि हमें गाँवों वाला भारत और शहरों वाला भारत इन दोनों में से एक को चुन लेना होगा। आज जो शहरों का बोलबाला है, वे गाँवों की सारी दौलत खींच लेते हैं। इससे गाँवों का ह्रास और नाश हो रहा है। गाँवों का शोषण खुद एक संगठित हिंसा है।"

> "भारत अपने चन्द शहरों में नहीं, बल्कि सात लाखा गाँवों में बसा हुआ है। हमने कभी यह सोचने की तकलीफ नहीं की कि उन गरीबों को पेट भरने जितना अन्न और शरीर ढँकने जितना कपड़ा मिलता है या नहीं और धूप तथा वर्षा से बचने के लिए उनके सिर पर छप्पर है या नहीं।"
>
> *–यंग इंडिया, 30.3.1931*

28 जुलाई, 1946 को उन्होंने और साफ लिखा– "मैं कहूँगा कि अगर गाँवों का नाश होता है, तो भारत का नाश हो जायेगा। उस हालत में भारत भारत नहीं रहेगा। दुनिया को जो उसे सन्देश देना है, उस सन्देश को वह खो देगा।"

सन्त विनोबा भावे के अनुसार आदिवासियों ने जंगल काटकर जो बस्ती बनायी उसे 'ग्राम' कहा। जैसे आज राष्ट्रधर्म, विश्वधर्म की बात चलती है, उसी तरह आदिवासियों का ग्रामधर्म था। ग्रामधर्म में विश्वधर्म आ गया। गाँव में विश्व की बात कही गयी है, इसका अर्थ यह है कि गाँव आकार में भले छोटा हो, प्रकार में बड़ा होना चाहिए जिसमें विश्व समा सके। विदेश की सत्ता ग्रामों पर न चले इसके लिए स्वग्रामी धर्म चलाना होगा इसी को वेद भगवान् ने ग्रामधर्म नाम दिया है। हमारे गाँव में पुष्टि और आरोग्य हो, यह वेद की वैदिक साधना के अनुसार पुर-विदारण (शहरों को गिराना) और ग्राम-पुष्टि आवश्यक कार्य है जिससे ग्रामीण जीवन आकर्षक बनेगा।

ग्रामीण पत्र और पत्रकारिता

ग्रामीण पत्र के सन्दर्भ में आई. पी. ए. (इंडियन रूरल प्रेस एसोसिएशन) ने लिखा है कि –"A rural paper as one which devotes at least 40% of its editorial space to agriculture, horticulture community development co-operation and Panchaytati Raj, etc."

कृषि उद्यान, सामुदायिक विकास, सहकारी और पंचायती राज के सम्बन्ध में 40 प्रतिशत स्थान देने वाले पत्रों को ग्रामीण पत्र कहा जा सकता है। इसी क्रम में आगे कहा गया है कि ग्रामीण पत्र वह भाषाई पत्र है जो महानगरों से नहीं अपितु जनपद मुख्यालय से प्रकाशित होता है। यह लघु पत्र होता है। 'रजिस्ट्रार ऑफ द न्यूजपेपर्स ऑफ इंडिया' के अनुसार इसकी प्रसार संख्या 15,000 प्रतियाँ हैं। ग्रामीण पत्र स्थानीय महत्त्वपूर्ण मुद्‌दों पर अपना ध्यान केन्द्रित रखता है : "A rural paper would essentially be a language paper published from outside the metropolitUn and big cities and most probably from a district headquarter. It is essentially a small newspaper, which as per classification of the Registrar of the Newspaper of India (RNI) will have a circulation below 15,000 copies. It caters essentially to local issues of immediate importance to the people."

ग्रामीण क्षेत्र से प्रकाशित ग्रामीणों की भाषा का वह पत्र जिसमें 50 प्रतिशत सामग्री ग्रामीण समुदाय की समस्याओं से सम्बद्ध हो, वही ग्रामीण पत्र कहलाता है :

"A rural newspaper is one that is primarily published from a rural area, devoting at least 50 % of its contents to the problems relating to the rural community in a language akin to the idiom of the rural readers,"

राजधानी से बाहर के स्थानों से प्रकाशित होकर क्षेत्रीय समस्याओं को महत्त्व देने वाले पत्र ही ग्रामीण पत्र हैं। लघु प्रसार वाले पत्र जो ग्रामीण समुदाय की आवश्यकता और उनकी रुचि को सन्तुष्ट करते हैं, ऐसे पत्र शहरों से नहीं निकल सकते। शहरी पत्रकार देहात और दूर-दराज स्थित गाँवों के दुःख-दर्द को अभिव्यक्त नहीं कर सकते। इसके लिए ग्रामीण पत्र और

पत्रकार की आवश्यकता है। *श्री सी. जी. के. रेड्डी* के अनुसार–"When we refer to the rural Press we mean small newspapers with small circulations, serving small communities and catering to their special needs and interests, that cannot be met by urban Press."

सन् 1971 अफ्रीका में ग्रामीण पत्रों की स्थिति पर यूनेस्को के अध्ययन दल ने निम्नलिखित लक्ष्यों का निर्धारण किया–

(1) to provide reading material for neo-literates;

(2) to ensure the continuing education of the rural masses; to give them practical advice on production and civic rights and responsibilities;

(3) to give the masses information about events concerning their enviroment, their region, their nation, and the outside world at regular intervals;

(4) to ensure a 'dialogue' between the leaders and the rural masses;

(5) to help ensure the participation of the rural masses in the economic, social and cultual development of the nation;

(6) to proceed, to set up a local, decentralized press and to show the rural masses how to express themselves in the press;

(7) to introduce the rural masses to the reading of newspapers.

यूनेस्को के अध्ययन दल ने ग्रामीण पत्रकारिता के लक्ष्यों में साक्षरों को पाठ सामग्री देने, ग्रामीणों को सतत् शिक्षा एवं उन्हें कर्तव्यों और अधिकारों के प्रति चैतन्य बनाने, पर्यावरण शिक्षण देने, नेता और गाँववासियों में संवाद कराने, राष्ट्र के आर्थिक, सामाजिक और सांस्कृतिक विकास में उनकी हिस्सेदारी तय करने तथा ग्रामीणों को अभिव्यक्ति क्षमता करने की बातें कही हैं।

जो ग्राम का हो, ग्राम के सम्बन्ध में हो, ग्राम के हित में ग्राम को व्यक्त करता हो, वही ग्रामीण पत्रकारिता है। ग्राम का शरीर उसकी भूमि, उपज, प्रकृति, उद्योग होते हैं। ग्राम का मत उसके निवासियों का लोक-मन होता है, ग्राम की आत्मा लोक की आत्मा है। जब किसी पत्र या संचार माध्यमों में गाँव का तन, मन अभिव्यक्त होता है तो वस्तुतः पूरा गाँव ही व्यक्त हो उठता है। भारत के प्रत्येक गाँव का एक विशिष्ट व्यक्तित्त्व होता है। अपनी निजताओं से परिपूर्ण उसकी छवि होती है, उसकी अपनी शक्ति और सीमाएँ होती हैं। लोक हृदय की धड़कन, लोकमन के चिन्तन, लोक सभ्यता और संस्कृति को मिलाने से गाँव बनता है। ग्रामीण पत्रकारिता द्वारा इसी गाँव को पूर्णतः मुखरित किया जाता है। ग्राम या जनपद भारतीय जीवन की परम्पराओं को सहेजकर रखते हैं जबकि नगर, महानगर बाहरी संस्कृतियों के प्रभाव से अपना जीवन बदलते रहते हैं।

गाँव का अर्थ

अपने देश में खेती-बाड़ी करने वाले लोगों की छोटी बस्ती को गाँव कहते हैं जिसमें 100-200 घर होते हैं। कई टोले, पुरवे, ढाणी मिलकर एक गाँव बनते हैं। प्रत्येक गाँव एक दृढ़ लघु समुदाय है, जिसमें प्रत्येक निवासी एक-दूसरे से सुपरिचित रहता है। ग्रामीण समुदाय का तात्पर्य एक निश्चित भू-भाग पर रहने वाले किसी भी ऐसे छोटे या बड़े समूह से है जिसमें जनसंख्या की समरूपता, सामाजिक तथा सांस्कृतिक समानता, प्रकृति से सम्बद्धता, सरलता एवं सामुदायिक भावना की प्रधानता होती है।

डॉ. रामचन्द्र वर्मा के अनुसार ग्रामीण एवं ग्राम्य का विपर्याय नगर है। ग्राम्य शब्द वन्य का भी विपर्याय है। वन्य वही जो हिन्दी का जंगली है, जिसका हिन्दी विलोम पालतू है। जिस तरह हिन्दी में जानवरों के वन्य और ग्राम्य दो भेद हैं। उसी प्रकार अपने पैदा होने वाले वन्य तथा जो जोत-बोकर तैयार होते हैं उन्हें ग्राम्यक अन्न कहते हैं। ग्राम्य का अर्थ अशिष्ट या अश्लील भी होता है। गाँव या देहात दोनों एक हैं। देह का बहुवचन देहाती है।

ग्राम्य जीवन की समस्याओं पीड़ाओं, उनके आर्थिक, सामाजिक, सांस्कृतिक, शैक्षिक तथा राजनीतिक जीवन की अपेक्षाओं को उजागर करने वाली पत्रकारिता ग्रामीण पत्रकारिता है। गाँवों में कहने को बहुत प्रगति हुई पर किस तरह की? गाँवों में सरकार ने सुविधाएँ पहुँचायी पर किसके पास? गाँव भी शहर हो गये पर कैसे? गाँवों में बातचीत के विषय बदले किन्तु क्या? इन सभी प्रश्नों के उत्तर हेतु ग्रामीण पत्रकारिता की अनिवार्यता है। सनसनीखेज ख़बरों का सहारा न लेकर सच्चाई से सही रिपोर्टिंग ही ग्रामीण पत्रकारिता का मानदण्ड है। जनता के बीच खासकर ग्रामीण क्षेत्रों की जनता के बीच सामाजिक चेतना और ग्राम्य विकास की प्रवृत्ति को पनपाना ही ग्रामीण पत्रकारों का दायित्व है। ग्रामीण अर्थशास्त्र, कृषि एवं ग्रामीण विपणन, ग्रामीण वित्त तथा समग्र ग्राम-विकास से सन्दर्भित पत्रकारिता ही ग्रामीण पत्रकारिता है जिसकी आज महती आवश्यकता है।

ग्रामीण पत्रकारिता ग्राम्य-जगत् का दर्पण है। ग्राम्य जीवन के यथार्थ के अंकन के प्रति उसमें प्रतिबद्धता होती है। ग्रामीण पत्रकार का व्यक्तित्त्व गाँव में समाया होता है। वह स्वयं गाँव है, ग्रामीण है, गाँव के अनुभव का व्याख्याता है। ग्रामीण समाजशास्त्र, ग्रामीण मनोविज्ञान, ग्रामीण राजनीतिशास्त्र, ग्रामीण दर्शनशास्त्र की जानकारी रखने वाला ग्रामीण पत्रकार शहरी सोच वालों से बिल्कुल भिन्न है।

आज गाँव भले ही गोबर का ढेर हो परन्तु जब इसका विकास होगा तो भार के कवि, कलाकार, भाषाविद् आदि सभी यहीं रहेंगे। गाँव में रहने वालों को कोई ठग नहीं सकेगा।

समय और समाज को दायित्व का बोध कराने वाले पत्रकार होते हैं। पत्रकारों को समझना है कि यदि ग्रामीण पत्रकारिता से ग्राम ही नदारद हो जाये तो उनके स्वतन्त्र अस्तित्त्व का कोई समर्थन ही नहीं रहेगा। ग्रामीण पत्रकारों को *रूसो* का वह वाक्य सर्वोपरि मानना चाहिए जिसमें वह अपने विरोधी से कहता है कि "तुम्हारे एक-एक शब्द से मैं असहमत हूँ लेकिन उन शब्दों को बघारने का तुम्हारा अधिकार कोई छीनना चाहे तो उसके लिए मैं जी-जान से लडूँगा।"

ग्रामीण पत्रकारिता के लिए प्रशिक्षण की बहुत आवश्यकता है। वह प्रशिक्षित नहीं होगा तो आम किसान को वह प्रशिक्षित कैसे कर पायेगा? प्रशिक्षण वही सही माना जायेगा जो नव-निर्माण के लिए पाठक को प्रेरित कर सके। इस सन्दर्भ में संघर्ष की बात है। संघर्ष करने से जो डरे वह निर्माण, सही नवनिर्माण नहीं कर सकेगा।

विदेशियों से संघर्ष आसान है। देशी शासन में जिनको अन्याय का, शोषण का भय लगता है वे विदेशी सत्ता से साँठ-गाँठ कर लेते हैं। संघर्ष का तीसरा मोर्चा है स्वकामना का। आज लोगों में यह धारणा बन गयी है कि इस मोर्चे पर आज का पत्रकार पूरी ताकत से नहीं लड़ रहा है, इसलिए 'पिकाक' की संज्ञा आज के पत्रकारों को दी जाती है। इससे जो बचेगा वही अपने उद्देश्यों को पूरा कर सकेगा। पत्रकार का नैतिक बल इतना होना चाहिए कि कैंची टूट जाये, लेकिन पत्रकार को कोई काट न पाये।

महानगरीय पत्रकारिता पूँजीवाद के चंगुल में फँसी है। पूँजीवादी अपनी पूँजी के ऊपर तिजांजलि नहीं दे सकता, अतः परिवर्तन के अन्तिम मोर्चे से वह खिसक जाता है। दिन-प्रतिदिन महानगरीय पत्रों का पूँजी पर निर्भर होना बढ़ रहा है। ऐसी स्थिति में उनसे अधिक आशा नहीं की जा सकती। इसके मुकाबले में अधिक श्रम और कम पूँजी में निकलने वाले पत्र अधिक निर्भय बन सकते हैं।

नयी चेतना जगाने का काम ग्रामीण पत्रकारों को करना है। ग्रामीण लोगों का आलस्य, उनकी दैववादी वृत्ति, उच्च जीवन की प्रेरणा का अभाव तथा आत्म कर्तव्य के बारे में अविश्वास दर्शन जो उसको परलोक परायण बना देता है। इन सब बातों से उसका निकट परिचय होना चाहिए। ग्रामीण पत्रकारों को नेतृत्व भी करना पड़ेगा।

आदर्श वाले सत्ता के विरोधी होते हैं और यथार्थ वाले सत्ता के साथ तालमेल बैठाते हैं। विचारों का एक तीसरा स्तर भी होता है : समन्वय का। आदर्श और यथार्थ के बीच उसे (ग्रामीण पत्रकार को) समन्वय स्थापित करना है।

ग्रामीण पत्रकारिता एक मिशन है। महानगरीय पत्रकारिता में मिशन कम और कमीशन अधिक होता है। असली भारत का आज का चित्र बदलने में ग्रामीण पत्रकारिता की सार्थकता है, क्योंकि ग्रामीण भारत का चित्र नहीं बदलेगा तो देश का

चित्र भी बदल नहीं पायेगा। आज के भारत की स्थिति का वर्णन कुछ लोग ऐसे करते हैं कि 'दुर्बल व्यक्तियों का यह एक सबल देश है।' व्यक्ति ज्ञान के द्वारा ही सबल बन सकता है। अतः ज्ञान का लोकतन्त्रीकरण ग्रामीण पत्रकारिता का धर्म है। लोकतन्त्र का मतलब है विचार-शासन की प्रस्थापना। इस प्रक्रिया में ग्रामीण पत्रकार महत्त्वपूर्ण योगदान कर अपना दायित्व पूरा करे।

हमारे ग्रामीण समाज में वर्ग-वैषम्य, जातिगत-प्रतिद्वन्द्विता, राजनीतिक संघर्ष, दिनोदिन उग्र हो रहा है। जिन जातियों और वर्गों को हमारी पारम्परिक समाज-व्यवस्था ने सदैव दबाकर रखा, वे अब राजनीतिक चेतना और आर्थिक परिवर्तन की दोहरी प्रक्रिया से प्रभावित होकर धीरे-धीरे अपने अधिकारों के प्रति जागरूक हो रहे हैं। जैसे-जैसे आर्थिक परिवर्तन का सिलसिला तेज होता गया, शक्तिशाली वर्गों और जातियों पर इनकी निर्भरता कम होती जायेगी। बदलते सामाजिक-सांस्कृतिक और आर्थिक सन्दर्भ में *गणेश मन्त्री* ने ग्रामीण पत्रकारिता के दायित्व को बतलाया है :

निश्चय ही आज हमारा ग्रामीण समाज, जिस तरह के सामाजिक-आर्थिक संक्रमण के दौर में से गुजर रहे हैं, उसमें ग्रामीण पत्रकारिता सुविधा का नहीं, असुविधा और संघर्ष का कार्य है। यह संघर्ष जहाँ एक ओर अपने पत्र को आर्थिक रूप से आत्मनिर्भर बनाने का है, वहीं इसमें सहायक हो सकने वाले गाँव के शक्तिशाली व्यक्तियों और वर्गों में सामाजिक समता और न्याय के आधुनिक मूल्यों को प्रतिष्ठापित कराने के लिए भी है, इसलिए संवेदनशील ग्रामीण पत्रकार को स्वाभाविक ही गाँवों में शोषितों-दलितों के मानव-अधिकारों की रक्षा का प्रश्न चिन्तित और उद्वेलित करने वाला है। गाँव अब शहरों से इतने अलग-थलग नहीं रह गये हैं कि उनमें घटने वाली अत्याचार की कोई बड़ी घटना सदा के लिए पूरी तरह दबाकर रखी जा सके। अनेकानेक प्रभावशाली शहरी पत्रकार अब इस तरह की घटनाओं को उघाड़कर देश के सामने रखने में दिलचस्पी लेते हैं। ऐसी स्थिति में ग्रामीण पत्रकार को अतिशय सनसनीखेज भाषा के चक्कर में पड़े बिना भी, इन घटनाओं को सबसे पहले अपने पाठकों के सामने रखने के लिए सजग रहना होगा। साथ-ही-साथ उसे ग्राम-समाज के प्रभावशाली वर्गों-जातियों की नयी पीढ़ी के आत्मकेन्द्रित उग्रता के बजाय, सहज मानवीय उदारता का वातावरण बनाने का भी काम करना होगा। उसे ध्यान में रखना होगा कि सजग पत्रकार का काम सामाजिक भावनाओं, मान्यताओं, मूल्यों को बदलना भी है। वह पाठकों की भावनाओं का बन्दी बनकर ही नहीं रह सकता, इसलिए आज के ग्रामीण परिवेश में काम करने वाला कोई भी जागरूक पत्रकार समाज के तल में कसमसा रही सामाजिक समता की नयी शक्तियों की आशाओं-आकांक्षाओं को प्रतिबिम्बित करने का भी प्रयत्न करेगा।

अपने पाठकों से जुड़ने के लिए ग्रामीण पत्र-पत्रिकाओं को उनकी समस्याओं, कठिनाइयों और उनके साथ रोजमर्रा होने वाले अन्यायों की अभिव्यक्ति का मंच और माध्यम भी बनना होगा। अक्सर सरकारी अफसरशाही और अमला या राजनीतिक रूप से शक्तिशाली लोग गाँव के सामुदायिक हितों को नुकसान पहुँचाकर अपना हित-साधन करते रहते हैं। इस तरह की कोई स्थिति बनने पर अगर कोई जागरूक पत्र ग्राम-समुदाय के हितों का प्रवक्ता बनकर उनके लिए लड़ सकेगा, तो निश्चय ही उसे पाठकों का सबल समर्थन मिलेगा। यही सही है कि ऐसा करते हुए प्रशासन या शक्तिशाली लोगों से टकराव की क़ीमत भी चुकानी पड़ सकती है, लेकिन पाठकों के स्नेह और सहयोग से निश्चय ही उसकी भरपाई हो जायेगी। निष्ठावान पत्रकारों के लिए पाठकों का स्नेह और सहयोग ही अन्तिम धरोहर है।

ग्राम्य जन-जागरण और क्षेत्रीय प्रचार

ग्रामीणों को हमेशा ही ठगा गया है। व्यापारी, दलाल, कर्मचारी, साहूकार, अफसर तथा पुरोहित ये सब ठगने वाले हैं। अतः उनके विकल्प में कोई नयी व्यवस्था गाँधी जी कायम करना चाहते थे। चरखा संघ, ग्रामोद्योग संघ आदि के द्वारा वे नवनिर्माणकारी शक्तियों के कुंठित स्रोतों को फिर से प्रवाहित कराना चाहते थे।

ग्रामीण क्षेत्रों में कार्य करने वाले लोगों के प्रति आस्था और उसकी विधि के प्रति आस्था का बड़ा महत्त्व है। इस तरह यह आस्था सद्‌भावना के प्रति विश्वास का रूप ले लेती है। किसी भी सरकारी संस्थान या निजी संस्थान की गतिविधियों के बारे में जब सर्व साधारण को जानकरी देने की आवश्यकता होती है तब ही जनसम्पर्क की भूमिका प्रारम्भ होती है। प्रचार का कार्य है : सरकार विशेष, प्रतिष्ठान विशेष के प्रति सद्‌भावना, आस्था कायम करना और विश्वास अर्जित करना। अतः जब हम ग्रामीणों में जाते हैं तो उन्हीं की भाषा में बात करते हैं और वे ही प्रचार तन्त्र उपयोग में लाते हैं जिन्हें वे जानते हैं और जो सदियों से उनके जीवन के अंग बन गये हैं।

क्षेत्रीय प्रचार इकाई

प्रत्येक क्षेत्रीय प्रचार इकाई में एक मोटर वाहन, प्रोजेक्टर, जेनरेटर, माइक्रोफोन, ट्रांजिस्टर, टेप रिकॉर्डर, फ़िल्म्स, प्रदर्शनी का किट और वितरण के लिए प्रकाशन होते हैं। क्षेत्रीय प्रचार में जो कार्य किये जाते हैं उनमें सरकारी नीतियों, कार्यक्रमों, उपलब्धियों का विभिन्न जनसंचार साधनों से जन-जन में प्रचार करना है। इनमें चलचित्र प्रदर्शनी, चित्र प्रदर्शनी, स्लाइडें, गीत व नाटक के कार्यक्रम, विचार-गोष्ठियाँ, कवि-सम्मेलन, मुद्रित सामग्री का वितरण तथा मौखिक वार्ता प्रमुख हैं।

क्षेत्रीय प्रचार कार्यकर्ताओं के लिए ग्रामीण समाज में प्रचार के लिए जो विषय साधारणतया निर्देशित हैं, उनमें देश की मूलभूत नीतियाँ, लोकतन्त्र धर्मनिरपेक्ष व समाजवाद तो हैं ही साथ ही राष्ट्रीय एकता, साम्प्रदायिक सद्‌भावना, पल्स-पोलियो, एड्स 20 सूत्री कार्यक्रम, परिवार-कल्याण, स्वास्थ्य व स्वच्छता आदि के सम्बन्ध में भी उतना ही ध्यान दिया जाता है जितना मूल विषयों की ओर होता है। दहेज की बुराइयाँ, सामाजिक कुरीतियाँ, छुआछूत निवारण, मद्य-निषेध, महिलाओं की स्थिति, बाल-विवाह आदि के विभिन्न पहलुओं पर ध्यान रखकर क्षेत्रीय प्रचार इकाइयों द्वारा जनमत बनाने का प्रयास किया जाता है। यह सब ग्रामीण समाज में क्रान्ति लाने की दिशा में सक्रिय कदम है।

क्षेत्रीय प्रचार के कार्य में मौखिक वार्ताओं और निजी सम्पर्क का महत्त्व है। फ़िल्म प्रदर्शन सबसे प्रभावशाली मीडिया, ग्रामीण क्षेत्र में समझा जाता है। इसके बाद प्रदर्शनी, संगीत व नृत्य के कार्यक्रम आते हैं। सदियों से ग्रामीणों को आकर्षित करने वाले परम्परागत कार्यक्रम भी कम प्रभावशाली नहीं होते हैं। कठपुतली, लोक कथाएँ, नौटंकी रामकथा व कृष्या कथाएँ आदि उपयोग में लाकर हम सरलता से ग्रामीणों के हृदय में बस जाते हैं। परम्परा से चले आ रहे प्रचार माध्यमों में भी कई स्थानों पर सुधार किये गये हैं और उनमें विकास की कहानियाँ जोड़कर नया रूप दे दिया जाने लगा है। जो भी कार्यक्रम आयोजित होते हैं उनमें विशेष समुदायों, जैसे—छात्रों, युवकों, महिलाओं, बच्चों, आदिवासियों के लिए पृथक् से ध्यान रखा जाता है और उन्हीं के अनुरूप कार्यक्रम बनाये जाते हैं।

ग्रामीण क्षेत्रों में मेले, तीज, त्योहार भी खूब होते हैं जो प्रचार के लिए विशेष महत्त्व के हैं। मेलों में कई बार अनेक प्रचार इकाइयाँ चाहे वे भारत सरकार के साथ राज्य सरकार की हों, या अन्य विभागों की हों, मिलकर एकीकृत कार्यक्रम बनाती हैं और इस तरह एक सप्ताह के सघन कार्यक्रम से जनसाधारण में ठीक प्रकार से विश्वास प्राप्त किया जा सकता है। निदेशालय द्वारा कुछ नवीन प्रक्रियाओं का सूत्रपात भी किया जाता है। क्षेत्रीय कार्यक्रमों को नये व विशेष ढंग से तैयार करने का कार्य हाथ में लिया जाता है। इनके अन्तर्गत उपयुक्त चित्र प्रदर्शनी, नये किट्स ध्वनि रूपक एवं ध्वनि प्रकाश कार्यक्रम प्रस्तुत किये जाते हैं। क्षेत्रीय प्रचार के कार्य में लगे अधिकारियों को ताजा से ताजा जानकारी मिले और सामयिक सन्दर्भ भी उपलब्ध होते रहें, इसीलिए मुख्यालय पर सूचना केन्द्रों की स्थापना की गयी है। यह मुख्यालय में अनुसन्धान व सन्दर्भ का काम करता है। सूचना प्रवाह को बढ़ाने और अधिक गति लाने में इनका महत्त्व है। प्रयत्न यह भी किया जाता है कि प्रचार-कार्य में गुणात्मक सुधार होता रहे। इसके लिए मुख्यालय में निरीक्षक एवं मूल्यांकन कक्ष को नवीन रूप दिया गया है। प्रचार की गतिविधयों का नियमित निरीक्षण और प्रतिक्रियाएँ प्राप्त कर उन पर अमल करने को सुनिश्चित करने के लिए यह एक सराहनीय कदम है।

केन्द्रीय सूचना एवं प्रसारण मन्त्रालय के अधीन मीडिया से सम्बन्धित अन्य विभाग हैं, उनमें क्षेत्रीय प्रचार का विभाग ग्रामीण प्रचार के लिए सर्वाधिक उपयोगी है। विभिन्न राज्य सरकारें भी अपने-अपने सूचना व जनसम्पर्क निदेशालय में एक पृथक् शाखा रखती है जो क्षेत्रीय प्रचारक के काम को गति देती रहती है।

ग्राम-पंचायत और पत्रकारिता

अपने देश में लगभग 500 पंचायतें, 5000 पंचायत समितियाँ, क्षेत्र पंचायतें तथा लगभग 2.5 लाख ग्राम पंचायतें हैं जिनमें 34 लाख चुने हुए प्रतिनिधि कार्यरत हैं जहाँ पत्रकारिता की भूमिका महत्त्वपूर्ण है।

पंचायत अपने साधनों से तो योजनाएँ चला ही सकती है। इसके अतिरिक्त अनेक केन्द्रपोषित योजनाएँ; जैसे—जवाहर योजना, एकीकृत ग्रामीण विकास कार्यक्रम, जल-पेय योजना आदि-आदि के माध्यम से लगभग ₹8000 करोड़ रुपये सालाना ग्रामीण क्षेत्र में जाते हैं। इन सब पर मीडिया निगरानी रखे कि वास्तव में क्या सारा पैसा ग्रामीण विकास में लग रहा है या अधिकतर भाग बिचौलियों के माध्यम से अधिकारियों व कर्मचारियों की जेबों में जा रहा है। पता नहीं सांसद एक करोड़ का क्या विकास-कार्य करवाता है। इस स्कीम का कितना लाभ जनता को हो रहा है। कहीं ऐसा तो नहीं कि इससे ग्रामीण क्षेत्र में असन्तुलन घटने के बजाय बढ़ रहा है, जैसे कि कहावत है कि 'अन्धा बाँटे रेवड़ी अपने-अपने को दे', अर्थात् सांसद महोदय तो अपने चुनाव क्षेत्र के उसी हिस्से में अधिक कार्य कराएँगे जहाँ से उन्हें अधिक वोट मिलते हैं। भले ही वह क्षेत्र पहले से ही विकसित हो। कुल मिलाकर तर्क यह है कि मीडिया इन योजनाओं के बारे में लोगों को बताये। मीडिया बता देता है कि फलाँ-फलाँ जगह पर इतने कुएँ खोदे गये, इतने लोगों को घोड़ागाड़ी वितरित हो गयी, इतने नल लगाये गये लेकिन बाद में फॉलो-अप नहीं होता कि वास्तव में कितने नल चल रहे हैं, कितने नल सूख गये हैं। घोड़ागाड़ी वास्तव में दी भी गयी है या नहीं। वास्तव में प्रेस इस तरह की रिपोर्ट को ही जो सरकारी सूत्रों से प्राप्त होता है, अन्तिम मान लेता है। यहाँ मक़सद यह साबित करना है कि सरकारी रिपोर्ट सही नहीं होती। लेकिन यदि मीडिया अपने माध्यमों से स्वयं जाकर स्थिति ले तो रिपोर्ट की विश्वसनीयता बनती है। लेकिन इस तरह के प्रयास होते ही नहीं हैं। वाजपेयी सरकार ने वायदा किया है कि कुल योजनागत परिव्यय का 60 प्रतिशत गाँव के विकास पर व्यय होगा। इस सन्दर्भ में मीडिया की भूमिका और भी बढ़ जाती है कि वह अनुसन्धानपूर्ण पत्रकारिता करे कि *स्व. राजीव गाँधी* का कथन कि 100 पैसे में से मात्र 60 पैसे ही गाँव तक पहुँच रहे हैं, चरितार्थ तो नहीं हो रहा है।

दरअसल, गाँव के सन्दर्भ में सहभागी संचार की आवश्यकता है। इस तरह के सहभागी संचार में पंचायत प्रतिनिधियों, ग्रामवासियों व मीडिया को सहभागी होना होगा। इसके लिए मीडियाकर्मी को वह चाहे संवाददाता हों या सम्पादक, गाँव से अपनी पहचान बनाना आवश्यक है। इस प्रकार मीडिया के क्षेत्र में ऐसा वातावरण तैयार होगा कि स्थानीय अख़बारों को बहुत कम प्रयासों से ख़बरें मिलती रहेंगी। इस सन्दर्भ में चीन का उदाहरण उचित प्रतीत होता है। चीन का 'पीजेंटा डेली' राष्ट्रीय अख़बार का नियम है कि प्रत्येक रिपोर्टर व सम्पादक को वर्ष में कम-से-कम दो महीने एक गाँव में व्यतीत करने होंगे ताकि वह गाँव की आवश्यकताओं व समस्याओं को समझ सके। यही नहीं, यह अख़बार 300 कृषकों को 'स्ट्रिंगर' के रूप में व 700 अंशकालिक संवाददाता के रूप में लगाये हुए हैं। सम्पादक के नाम आये कुछ पत्रों को छापता है और अन्य को जो विभिन्न संस्थाओं से सम्बन्धित है आवश्यक कार्यवाही हेतु उन्हें भेजता है। यदि पत्र ग्रामीण क्षेत्र के किसी महत्त्वपूर्ण मुद्दे का जिक्र करता है, तो शीघ्र टीम भी गाँव में भेजता है। इस तरह का प्रयास हमारे यहाँ भी होना चाहिए। यहाँ भी मीडिया को पंचायतों के साथ सहभागिता का वातावरण तैयार कर पंचायतों के सदस्यों से 'स्ट्रिंगर' व अंशकालिक संवाददाता के रूप में कार्य ले सकते हैं। इसके अतिरिक्त अख़बार की टीम अक्सर गाँव जाकर महत्त्वपूर्ण मुद्दों पर रिपोर्ट तैयार कर सकती है।

पत्रकारिता एक सामाजिक 'ट्रस्ट' है तथा पत्रकार कार्यकर्ता हैं। इस प्रकार दोनों परिवर्तन के एजेंट हैं। मीडिया पंचायतों की आवश्यकताओं को पूरा करने में सहभागी संचार की भूमिका अदा करे। अब पंचायतें ही सामाजिक न्याय व आर्थिक विकास की योजनाओं को तैयार करेंगी। बजट का बड़ा हिस्सा इनके द्वारा व्यय किया जायेगा। इसलिए मीडिया का फोकस पंचायत पर भी होना चाहिए।

गाँधीजी एवं ग्रामीण पत्रकारिता

गाँधीजी प्रायः कहा करते थे कि आर्थिक दृष्टि से गाँव हमारे लिए विश्व है और सांस्कृतिक दृष्टि से विश्व हमारे लिए गाँव है। गाँवों के समग्र विकास हेतु निम्नलिखित बातें ध्यातव्य हैं :

1. गाँव के विकास की नीति का ग्रामीणों द्वारा निर्माण।
2. कार्यक्रमों में पारदर्शिता एवं संवेदनशीलता।
3. गाँव के विकास से सन्दर्भित अधिकारियों की मानसिकता में परिवर्तन।
4. गाँव की आवश्यकता तथा उपलब्ध साधन।
5. गाँव वालों की परस्पर पूरकता और उनकी तैयारी।
6. स्थानीय अभिक्रम से हो रहे कार्य और सरकारी कार्य।
7. पहले के कार्यक्रम में कमजोरियाँ एवं मजबूतियाँ।
8. गाँव में उपलब्ध कच्चा माल एवं संसाधन तथा उसका उपयोग।
9. गाँव के नवयुवकों में उद्यमिता का विकास।
10. बैंक के माध्यम से लाभदायी योजना का वित्त पोषण।
11. गाँव के प्रत्येक कार्यक्रम में सहभागिता, यह सहभागिता योजनाओं के सृजन, क्रियान्वयन, अनुश्रवण तथा अनुसरण में होगी।
12. कार्यक्रमों में पूर्वगामी एवं अधोगामी समन्वय।
13. कार्यक्रमों को गुणवत्ता एवं विपणन से जोड़ते हुए संचालन।

समग्र ग्राम्य विकास में योगदान करने वालों को निम्नलिखित रूप में जाना जा सकता है :

वस्तुतः गाँधी केवल व्यक्ति नहीं, सर्वहितकारी विचार हैं, जो अभाव, अज्ञान, अन्याय जैसी समस्याओं का शान्तिपूर्ण समाधान देने की दृष्टि से सर्वाधिक प्रासंगिक हैं। आर्थिक विषमता घटाने और गुलामी से मुक्त होने के लिए दुनिया हिंसा का सहारा लेती रही है एवं प्रतिक्रियाजन्य अपराध बढ़ते रहे हैं। उपभोक्तावादी दृष्टि त्यागकर गाँधी ने सर्वजन से त्याग, निःस्पृह सेवा की बात कही। उन्होंने शुद्ध साध्य के लिए शुद्ध साधन का सहारा लिया जिससे रोजी-रोटी, स्वतन्त्रता व सम्मान सुलभ हो। स्वदेशी, स्वावलम्बन, सत्याग्रह, सामुदायिक पुरुषार्थ एवं सर्वोदय की व्यावहारिकता ने इतिहास को नये आयाम दिये हैं। पूँजीपति के शोषण और सैनिक के दमन से मुक्त होने की सम्भावना स्पष्ट होने से एशिया ही नहीं, समूचे विश्व का ध्यान आकृष्ट हुआ, तब *विनोबा* तथा *जयप्रकाश* की भूदानमूलक ग्रामोद्योगप्रधान अहिंसक क्रान्ति द्वारा सैनिक शक्ति से संचालित तथा दण्ड पर आधारित समाज-व्यवस्था बदलने वाली दिशाएँ खोली गयीं, जिससे शस्त्रों की जगह शिक्षा और सैनिकों की जगह शिक्षाविद् प्रभावी हुए। भूमिहीनों को भूमि मिली। करोड़ों श्रमदिवस सृजित हुए। सामुदायिक जीवन समृद्ध हुआ। ग्राम्यांचल के पत्रकार ही पत्रकारिता की रीढ़ हैं। समाचार-पत्रों के कार्यालय में बैठे किसी दैनिक समाचार-पत्र के सम्पादक का गाँव-गाँव में घूमकर समाचार-संकलन कदापि सम्भव नहीं है। ग्राम्यांचल के पत्रकार अपने-अपने क्षेत्र के समाचार अपने व्यय से संकलित करते हैं। कार्यालय को भेजते हैं। न उनको टेलीफोन और तार भेजने की सुविधा प्राप्त है और न उनके मार्ग-व्यय आदि के लिए भत्ता। यदि समाचार प्रकाशित कराने वाली एजेंसी द्वारा संवाददाता को किसी प्रकार की सुविधा प्राप्त करायी गयी तो स्वाभाविक है कि निष्पक्ष समाचार प्रेषण में धर्मसंकट प्रस्तुत होगा ही।

ग्राम्यांचल के पत्रकारों की सबसे प्रमुख समस्या उनके अस्तित्त्व को कायम रखने की है। ये पत्रकार अध्यापन, बीमा एजेंसी अथवा किसी अन्य नौकरी पेशे अथवा व्यवसाय से सम्बद्ध होते हैं। कहीं किसी पत्रकार को उसकी नौकरी से हटा देने की धमकी दी जाती है, कहीं उसके मुख्य व्यवसाय को धक्का पहुँचाने का प्रयास किया जाता है। इन सबके पीछे एकमात्र यही उद्देश्य होता है कि पत्रकार आक्रामक शक्तियों के हाथ की कठपुतली बना रहे। समाचार-पत्रों के संचालक इन पत्रकारों के प्रति ऐसी धारणा बना बैठे हैं कि इन पत्रकारों को समाचार छपवाने का ऐसा नशा है कि यदि हम इन्हें एक पैसा भी न दें तब भी ये संवाददाता बनने के लिए आतुर हैं। उधारी पर ढेला ढोने को तैयार हैं। पत्रकार का बिल्ला लगाकर अधिकारियों से अपने निजी कार्य करा लेने में भले ही वे सफल हों।

ग्रामीण पत्रों की भाषा

ग्रामीण पत्रकारिता में भाषा और शैली का प्रश्न महत्त्वपूर्ण है। आज तक इस विषय पर जितना ध्यान दिया जाना चाहिए, शायद नहीं दिया गया। ग्रामीणों को अपनी स्वतन्त्र शैली ही नहीं उनकी अपनी प्रतिभा-सृष्टि तथा पारिभाषिक शब्दावली भी होती है। इससे ग्रामीण पत्रकार को अवगत होना चाहिए। वह संस्कृत के अनावश्यक क्लिष्ट शब्दों से परहेज रखे।

अंग्रेज़ी की जूठन का मोह प्राणलेवा विष से कम घातक नहीं है। ऐसा करके वह न सिर्फ़ अपनी भाषा को निर्जीव बना लेगा, बल्कि अपने पाठकों में भी बेगाना बनकर रह जायेगा। बेगानगी के आलम में गल्प कविता या कहानी की रचना तो हो सकती है परन्तु सार्थक पत्रकारिता निश्चय ही नहीं हो सकती। इसके लिए तो गाँवों में काम करने वाले पत्रकारों को लोगों के सीधे सम्पर्क और सम्बन्ध को खराद पर अपनी भाषा को लगातार तराशते और सँवारते रहना होगा। इसके लिए उसे सिर्फ़ संवाददाता ही नहीं, अपने पाठकों से संवादकर्ता भी बनना होगा। गाँव की जबान से उसे नाता ज़ोड़ना पड़ेगा।

ग्रामीण पत्रकारिता के पिछड़ेपन के कारण

'गाँव-गाँव, पाँतर-पाँतर को हम भू-स्वर्ग बनायेंगे' *बाबा नागार्जुन* के इस स्वप्न को चरितार्थ करने की दिशा में ग्रामीण पत्रकारिता सक्रिय हुई। सर्वोदय, अन्त्योदय को बढ़ावा देने में अग्रणी ग्रामीण पत्रकारिता स्वतः पिछड़ गयी। स्वातन्त्र्योत्तर भारत में नगरों और महानगरों से निकलने वाले पत्रों की संख्या बहुगुणित हुई जबकि ग्रामीण क्षेत्रों से प्रकाशित पत्र नगण्य हो गये। ग्रामीण पत्रकारिता की उपेक्षा या इसके पिछड़ेपन की व्यथा-कथा विकास-पत्रकारिता से सम्बद्ध है क्योंकि यह तथ्य है कि ग्रामीण भाग पिछड़े हैं तो विकास भी आगे नहीं बढ़ पाया है।

ग्रामीण पत्रकारिता के पिछड़ेपन का एक प्रधान कारण यह है कि अधिकांश छापाखाने शहरों में ही हैं। किसी गाँव में शायद ही कोई छापाखाना हो। शहरों की तरह यदि ग्रामीण क्षेत्र में छापाखाने लगाये जायें तो फिर गाँवों से भी समाचार-पत्रों के प्रकाशन की शुरुआत हो। ग्रामीण क्षेत्रों में छापाखाना लगाने का काम घाटे का सौदा होगा। अतः कोई व्यापारी, प्रकाशक या मुद्रक गाँवों में छापाखाना नहीं लगाना चाहेगा। यदि ग्रामीण क्षेत्र में छापाखाने लगाने और समाचार-पत्र प्रकाशित करने के लिए सरकार की ओर से कोई सहायता (सब्सिडी) उपलब्ध हो तो निश्चित ही कुछ लोग इस दिशा में सक्रिय होंगे।

ग्रामीण पत्रकारिता के लिए दूसरी समस्या समाचार-पत्रों के प्रसार की है। आजकल ग्रामीण क्षेत्रों में या तो बड़े राष्ट्रीय दैनिक हैं या फिर क्षेत्रीय समाचार-पत्र। राष्ट्रीय पत्रों के अधिक प्रचार-प्रसार का कारण यह है कि प्रत्येक जागरूक ग्रामीण अपने आपको हर महत्त्वपूर्ण घटना से अवगत रखना चाहता है। यदि ग्रामीण क्षेत्रों में भी समाचार-पत्रों का प्रकाशन आरम्भ हो और समाचार-पत्रों में आसपास के गाँव की घटनाओं के बारे में अधिक-से-अधिक समाचार हों तो निश्चित ही छोटे समाचार-पत्रों की पहुँच गाँव-गाँव और व्यक्ति-व्यक्ति तक हो जायेगी। बड़े समाचार-पत्रों में शहरों की ही प्रधानता होती है। ग्रामीण क्षेत्रों में कम ही स्थान दिया जाता है। इस कमी को ग्रामीण क्षेत्रों से प्रकाशित पत्र दूर कर सकते हैं। ग्रामीण समाचार-पत्रों में चूँकि गाँवों के समाचार होंगे और ग्रामवासी भी अपने आपको ग्रामीण परिवेश से जोड़े रखना चाहेंगे। अतः इन पत्रों के सामने प्रचार-प्रसार की या पाठक संख्या कम होने जैसी समस्याएँ न होंगी।

गाँव में न तो बड़े सांस्कृतिक आयोजन होते हैं, न हॉकी-क्रिकेट जैसे खेलकूद होते हैं, न मन्त्रीगण और विशिष्ट अतिथियों का आगमन होता है और न ही कोई असाधारण घटनाएँ होती हैं जिनके बारे में नमक, मिर्च लगाकर चटपटे समाचार प्रकाशित किये जा सकें। ऐसी स्थिति में तो यह पर्याप्त होगा कि ग्रामीण समाचार-पत्रों में ग्रामीण क्षेत्र की समस्याओं को ही ज़्यादा से ज़्यादा उजागर किया जाये। इसका सबसे बड़ा लाभ तो यह होगा कि सरकार एवं प्रशासन को ग्रामीण क्षेत्र की समस्याओं की जानकारी हो सकेगी और तब उनका निराकरण भी जल्दी हो सकेगा। विभिन्न कार्यक्रमों के अन्तर्गत काग़ज़ों पर गाँव में काफ़ी विकास दिखाया जा रहा है, किन्तु इस विकास की सही तस्वीर क्या है? ग्रामीण क्षेत्रों में कार्यरत पत्रकार इसका वास्तविक आकलन कर सही स्थिति की जानकारी जनता और सरकार तक पहुँचा सकते हैं। इसके साथ ही गाँव में होने वाले सांस्कृतिक कार्यक्रमों, खेलकूदों तथा लोकरुचि के समाचारों और ग्रामीण क्षेत्रों में प्रचलित लोक कथाओं का प्रकाशन भी प्रासंगिक रहेगा।

एक सूचनात्मक साधन के तौर पर दूरदर्शन की उपादेयता निश्चित ही निर्विवाद है लेकिन ग्रामीण क्षेत्रों में पत्रकारिता की भूमिका दूरदर्शन से भी कहीं अधिक महत्त्वपूर्ण हो सकती है। ग्रामीण पत्रकारिता के जरिये गाँव में होने वाली घटनाओं की जानकारी बाहरी दुनिया को देकर न केवल परस्पर संवाद की स्थिति कायम की जा सकती है बल्कि ग्रामीण क्षेत्र की समस्याओं को उजागर कर उनका शीघ्र निराकरण भी किया जा सकता है।

ग्रामीण पत्रकारिता की राष्ट्र के विकास में एक बड़ी भूमिका है। ग्रामीण पत्रकारिता की शुरुआत के लिए न केवल अधिकाधिक जनता को साक्षर बनाया जा सकता है बल्कि इससे जनमत निर्माण में भी मदद मिलेगी। अपनी अपार सम्भावनाओं के कारण ग्रामीण पत्रकारिता अमेरिका में बहुत पहले ही लोकप्रिय हो चुकी है। यह एक तथ्य है कि अमेरिका में शहरों से जितने पत्र प्रकाशित होते हैं उससे कहीं अधिक समाचार-पत्र ग्रामीण क्षेत्रों से छपते हैं। वहाँ ग्रामीण पत्रकारिता ने अपनी जड़ें बहुत गहराई तक जमा ली हैं। अपने यहाँ भी ग्रामीण क्षेत्रों से अधिकाधिक पत्र छपें, ऐसा प्रयास होना चाहिए।

लोकतन्त्र की तरह पत्रकारिता भी अभी हमारे देश में विकास-प्रक्रिया के प्रारम्भिक आयामों से गुजर रही है। उत्तरदायित्व की चेतन भावना, आत्मनिर्णय की निर्द्वन्द्व स्वीकृति और सहजता की जिन मौलिक कसौटियों से लोकतन्त्र को गुजरना पड़ता है, पत्रकारिता भी उनसे बच नहीं सकती। वास्तव में पत्रकारिता केवल लोकतन्त्र के चौथे पाये का ही काम नहीं करती, वह लोकतन्त्र की पहचान को प्रतीक भी देती है और उसे गति देने का प्रयास भी करती है। उसे हेडमास्टर की भूमिका भी अदा करनी पड़ती है। यह एक जटिल, कटु अनुभवों से भरी और अन्तर्विरोधों को प्रगट करने वाली जिजीविषा है। इसका निर्वाह करना आनन्द की चरम अनुभूति से गुजरना भी है। एक संकीर्ण मार्ग से होकर विस्तृत आकाश को साकार करना, दुधारी तलवार पर चलते हुए पुष्पवाटिका तक पहुँचना या नीलकंठ की तरह गरल को गले में रोककर हृदय की रक्षा करते हुए मुस्कान बिखेरने का हठयोग है पत्रकारिता।

पत्रकारिता अभी विकास के प्रारम्भिक आयामों से गुजर रही है। राष्ट्रीय स्तर से प्रादेशिक, नगरीय फिर ग्रामीण स्तर तक उतरते हुए पत्रकारिता जोखिम-भरे ख़तरनाक रास्ते पर चलती है। छोटी-छोटी अपेक्षाओं, मान्यताओं और स्वार्थों में उलझा सुदृढ़ क्षेत्र का समाज शाब्दिक आक्रमण को अखाड़े का विषय बना सकता है, कलम पर कृपाण प्रहार कर सकती है और क़ानून भी दबोच सकता है। ग्रामीण पत्रकारिता को सर्वतः चैतन्य बनना होगा।

ग्रामीण तथा विकासात्मक कार्यक्रम

इलेक्ट्रॉनिक मीडिया, जैसे—आकाशवाणी, टी. वी. के विविध चैनल्स और दूरदर्शन अब गाँवों की ओर मुड़े हैं। ग्रामीण आवश्यकताओं की पूर्ति हेतु प्रदर्शित नियमित कार्यक्रमों के तीन उद्देश्य ग्रामीण दर्शकों को आधुनिक तकनीक और कृषि जगत् से सम्बन्धित जानकारी देना है जैसे—उन्नत कृषि पद्धति, उर्वरक, बीज, नये उपकरण, कुटीर उद्योग-धन्धें, ग्रामीण विकास, कृषि समाचार, मौसम सम्बन्धी जानकारी। दूसरा उद्देश्य है : शिक्षा, स्वास्थ्य, सफाई, परिवार-कल्याण, पर्यावरण से सन्दर्भित कार्यक्रम प्रस्तुत करना। ग्रामीण कार्यक्रमों की तीसरी भूमिका ग्राम्य-जगत् से सन्दर्भित स्वच्छ मनोरंजन है जिसके

अन्तर्गत लोक-गीत, संगीत, नाटक, कठपुतली एवं काव्य-पाठ आते हैं। ग्रामीण कार्यक्रमों के विस्तार के लिए सन् 1975 में उपग्रह से संचालित 'साइट' परियोजना शुरू हुई जिसके अन्तर्गत 6 राज्यों के 2400 गाँव लाभान्वित हुए। कृषि दर्शन, चौपाल, मेरा पिंड, आमचीन्माटी जैसे कार्यक्रम कृषि-जगत् से ही सम्बद्ध हैं।

स्वास्थ्य, शिक्षा, गरीबी उन्मूलन, पंचायती राज, सहकारिता, श्रमिक कल्याण, युवा-जगत्, उद्योग-विकास, आवास, विधि-विधान आदि सामयिक विषयों पर दूरदर्शन कार्यक्रम प्रसारित करता रहता है। प्रिंट मीडिया *श्री भानुप्रताप सिंह* की बात पर जोर देता है :

गाँव वालों की दीन-हीन दशा का कारण यह नहीं है कि उनकी उत्पादन क्षमता बहुत ही निम्न कोटि की है, बल्कि यह है कि कृषकों का शोषण पहले भू-सामन्त करते थे, अब त्रिगुट तन्त्र (राजनीतिज्ञ, नौकरशाह और उद्योगपति मिलकर) कर रहा है। कृषकों का शोषण अब बड़ी चतुराई से कृषि-पदार्थों के मूल्यों की अन्य पदार्थों के मूल्यों की तुलना में बहुत ही निम्न-स्तर पर बनाये रखकर किया जाता है, जिसके परिणामस्वरूप किसानों की कमाई निचुड़कर दूसरों के हाथों में पहुँचती रहती है। यह शिकायत साग-सब्जी, फलों, दूध इत्यादि से सम्बन्धित नहीं है, जिसके मूल्य बाज़ार में माँग और आपूर्ति की स्थिति से निर्धारित होते हैं। बल्कि अनाजों, रूई, तिलहन इत्यादि के मूल्यों से सम्बन्धित हैं जिनके मूल्य सरकार द्वारा नियन्त्रित किये जाते हैं।

सभी शर्मनाक तथ्यों से मुँह मोड़कर हमारे नेतागण अब यह सिद्ध करने में लगे हुए हैं कि पिछले सात वर्षों में जब से तथाकथित उदारवाद का रास्ता अपनाया गया है तब से देश ने तेज़ी से उन्नति की है। यह दावा भी मिथ्या प्रचार के अतिरिक्त और कुछ नहीं है। पिछले सात वर्षों से सकल राष्ट्रीय आय की औसत वृद्धि-दर पहले से अधिक नहीं हुई है और जो वृद्धि हुई भी है उसका एक बहुत बड़ा अंश 89.6 प्रतिशत गैर कृषकों की जेबों में पहुँचा है, जबकि शेष केवल 10.4 कृषकों को मिला है। नतीजा यह निकला है कि किसानों और गैर कृषकों के बीच आर्थिक विषमता पहले की तुलना में बहुत तेज़ी से बढ़ी है। औसत आमदनियों में बढ़ती हुई विषमता दूर करने का प्रयास करने की कौन कहे, किसी नेता ने इसकी ओर ध्यान भी नहीं दिया है।

पत्रकारिता द्वारा समाज को सूचित करने, शिक्षित करने तथा जन-रंजन करने का कार्य सम्पादित होता है। पत्रकारों के बयान में लुभाने का असर होता है। रुचि परिष्कार के साथ वे रुचि-निर्माता भी होते हैं। ग्राम्य विकास से सन्दर्भित तथ्यों की ओर सबकी रुचि बनी रहे, सभी गाँवों की ओर उन्मुख हों, इसलिए पत्रकारों को अब सक्रिय होना चाहिए।

ग्रामोत्थान के लिए पत्रकारिता के योगदान को प्रचारित एवं प्रसारित करने के लिए यह अत्यन्त आवश्यक है कि पत्रकारों की रुचि ग्रामोत्थान को बढ़ाने में अवश्य हो। इस प्रकार के गुण स्वभावतः तभी सम्भव हैं जब पत्रकारों का सम्बन्ध सीधे गाँवों से हो। वैसे गाँवों के विकास-कार्य बहुत से लोगों को अपनी ओर आसानी से आकर्षित नहीं कर पाते। यदि पत्रकार ग्रामीण क्षेत्रों को अपनी पत्रकारिता का विषयवस्तु बना लें तो उनका वास्तविक योगदान गाँव वालों को मिल सकेगा और यही उनकी वास्तविक सेवा होगी। ग्रामीण क्षेत्रों में जहाँ-कहीं भी उन्नति की जाती है या प्रयास सफल होते हैं तो यह खोजबीन का पहलू है जिसको ग्रामीण पत्रकारिता अपना विषयवस्तु बना सकती है। इस सम्बन्ध में यह साधारण अनुभव की बात है कि अधिकतर ग्रामीणों विकास-कार्यों में रुचि इसलिए नहीं लेते क्योंकि उनकी भागीदारी को बहुत महत्त्व नहीं दिया जाता। यदि किसी गाँव में ग्रामीणों की भागीदारी से कोई कार्य सफलतापूर्वक सम्पन्न होता है तो इस प्रकार की भागीदारी को भी ग्रामीण पत्रकारिता का विषय बनाना श्रेयस्कर होगा और उसे प्रचारित करने से अन्य गाँव के लोगों को उसी प्रकार के कार्य सम्पन्न कराने के लिए प्रेरित किया जा सकता है।

कृषि-ग्रामीण विकास के लिए केन्द्र और प्रान्तीय सरकारों ने विविध कार्यक्रम बनाये। 'जय किसान' का नारा गुंजायमान हुआ। पंचवर्षीय योजनाएँ पिछड़े वर्गों, उपेक्षित कृषि-जगत् तथा अविकसित ग्रम्यांचल के विकास में सार्थक हुईं किन्तु उनसे अपेक्षित सुधार दृष्टिगत नहीं हुए। आज विकास-कार्यक्रमों में सन्दर्भित जिला सूचना अधिकारी, उप सूचना निदेशक, सूचना

निदेशक, मन्त्रियों और शासकों की गणेश परिक्रमा ही कर रहे हैं। देखा जाये तो स्पष्ट होगा कि पत्रकारों की सक्रियता के कारण ही सर्वत्र नयी चेतना है। दलित, आदिवासी, किसान, अब जग रहे हैं। इन्द्रवाती, सुवर्ण रेखा एवं नम्रदा की घाटियों में, बस्तर, झारखण्ड, झाबुआ, नीलगिरि के जंगलों में, राजस्थान-कच्छ कारगिल में, बिहार-बंगाल के मैदानों में, छत्तीसगढ़ के खदानों-कारखानों में, महानगरों की गन्दी झुग्गी-झोंपड़ियों में अब सुगबुगाहट है। जमीन, जंगल, जल जैसे संसाधनों की बर्बादी के प्रति जन-मन में आक्रोश है। यही कारण है कि डंकल प्रस्ताव, भोपाल गैस पीड़ित आन्दोलन, महिला उद्योग संगठन, पृथ्वी बचाओ सम्मेलन, राष्ट्रीय मछुआरा महासंघ, समाजवादी जन परिषद्, चिपको आन्दोलन, हिमालय बचाओ आन्दोलन, चिलिका बचाओ आन्दोलन, भू-दान आन्दोलन, शोषित जन आन्दोलन, नर्मदा बचाओ आन्दोलन आदि के द्वारा मछुआरे, खेत-मजदूर एवं पीड़ित जन संवेदनशील बनकर जन संघर्ष कर रहे हैं।

आज के सजग पत्रकार ग्रामीण-समाजों की तकनीकी विरासत के प्रति सम्मान प्रकट कर रहे हैं तथा देशी बीजों, वनस्पति प्रजातियों की सुरक्षा की वकालत कर रहे हैं। ग्राम्यांचल में वर्तमान भ्रष्टाचार, साम्प्रदायिकता, कठमुल्लापन, अपराधी मनोवृत्ति को समाप्त करने की दिशा में पत्रकारिता अग्रसर है। सादगीपूर्ण, सृजनशील जीवन-शैली अपनाने पर जोर देकर अब पत्रकार शोषण, असमानता के विरोध में चल रहे जन आन्दोलनों के समर्थन में लग गये हैं। वे बताते हैं कि आज के बुद्धिजीवी 'गिरिजन, हरिजन, परिजन' सबका शोषण कर रहे हैं। वे 'गिरि' को अपना चुके हैं तथा वहाँ के निवासी 'जन' को ठग रहे हैं। 'हरिजन', 'परिजन' सभी ठगी के शिकार हैं।

पूर्वांचल के *गाँधी बाबा राघवदास* एवं *सहजानन्द सरस्वती* के कार्यों के प्रसार के साथ ही पत्रकार गाँव-गाँव की समस्याओं का विश्लेषण कर रहे हैं। वे ऊँचे स्वर में कहते हैं कि चीन में विकास-कार्य इतनी तेज़ी से कैसे हुआ और हम क्यों पिछड़ गये?

चर्चा तो है सदियों से हर कुटी अटारी कब होगी?
जो क्रान्ति पली झोपड़ियों में वह राजदुलारी कब होगी?

पराधीन भारत में फिरंगियों को सात समुन्दर पार भगाने के लिए हिन्दी पत्रकारिता ने सशक्त भूमिका निभायी। स्वाधीन भारत में राष्ट्र-निर्माण एवं राष्ट्र के चतुर्दिक् विकास हेतु ग्रामीण पत्रकारिता सन्नद्ध है। अफ्रीका में ग्रामीण पत्रकारिता योजना के संवर्द्धन के लिए यूनेस्को ने एक सार्थ योजना चलायी। आई. डी. पी. सी. (इंटरनेशनल प्रोग्राम फॉर द डेवलपमेंट कम्यूनिकेशन), डी. एस. सी. (डेवलपमेंट सपोर्ट कम्यूनिकेशन), ए. एम. आई. सी. (एशियन मास कम्यूनिकेशन रिसर्च ऐंड इन्फॉर्मेशन सेंटर), पी. टी. आई. (प्रेस इंस्टीट्यूट ऑफ इंडिया), आर. आयी. एन. डी. (रिसर्च इंस्टीट्यूट ऑफ न्यूजपेपर डेवलपमेंट) जैसे संगठनों ने ग्रामीण पत्रकारिता द्वारा विकास-प्रक्रिया पर प्रकाश डाला है।

अपने देश में हर प्रान्त विकास-मार्ग पर दौड़ रहा है। ग्राम, क्षेत्र, अंचल, जनपद, मण्डल तथा प्रान्त स्तर पर विकास से सम्बद्ध भवन और अधिकारी हैं।

D.R.D.A. (District Rural Development Agency), D.U.D.A. (District Urban Development Agency), S.U.D.A. (Semi Urban Development Agency) द्वारा ग्रामीण और कस्बाई विकास-कार्य सम्पादित हो रहे हैं। संगठनों, अभिकरणों एवं प्राधिकरणों की क्रिया-प्रक्रिया पर सतत चैतन्य दृष्टि रखकर पत्रकारिता विकास के विविध आयामों को गति दे रही है।

समाज के प्रत्येक वर्ग पर, शासन के प्रत्येक अंग पर, व्यवहार के प्रत्येक स्वरूप पर, चिन्तन के प्रत्येक पक्ष पर पत्रकार अपना अमिट प्रभाव डालता है। इस स्थिति में पत्रकारों की प्रतिष्ठा ध्यातव्य है। प्रतिष्ठा एक व्यापक शब्द है। इसमें यश, कीर्ति, आदर-गौरव, मान-मर्यादा सभी कुछ समाहित हैं। अपने यहाँ यज्ञ और व्रत के प्रति जो विश्वसनीयता होती है वह भी प्रतिष्ठा के अन्तर्गत ही है। प्रतिष्ठा का सम्बन्ध देवी-देवताओं तक है क्योंकि उनकी प्रतिमाओं की स्थापना को भी प्रतिष्ठा ही कहा जाता है।

ग्रामीण पत्रकारों की प्रतिष्ठा तभी होगी जबकि वे गाँधीजी के सत्परामर्श पर ध्यान देंगे। "आप लोग गाँव में आयें और कार्य करें क्योंकि भारत की आत्मा तो गाँवों में ही रहती है। सबसे पहला काम गाँव की स्वच्छता और शुद्ध पीने के पानी की व्यवस्था करें। दूसरा, शराबबन्दी करने का प्रयत्न करें। चौथा, गाँव में जुआ और अन्य कुरीतियाँ हैं, उन्हें दूर करने की कोशिश करें। तीसरा, बुनियादी शिक्षा का प्रचार करें। पारम्परिक समाज के 'अटल दिमाग' को पत्रकारिता द्वारा ही परिवर्तित किया जा सकता है। अद्यतन संचार-सुविधाओं की सार्थकता इसी तथ्य में निहित है कि पत्रकार कृषि-ग्रामीण विकास मूलक कार्यक्रमों को गत्वरता प्रदान करें ताकि समृद्ध समाज में सुख-शान्ति का संचार हो।"

29

बाल पत्रकारिता
(Child Journalism)

Childhood shows the man, as morning shows the day. *–Milton*

× × ×

Children have more need of models than of critics. *–Jonbert*

× × ×

एक किरण आयी, छायी दुनिया में ज्योति निराली,
रँगी सुनहले रंग में, पत्ती-पत्ती डाली-डाली।
एक किरण आयी, लायी पूरब में सुखद सवेरा,
हुई दिशाएँ लाल, हो गया लाल धरा का घेरा।
एक किरण आयी, हँस-हँसकर फूल लगे मुसकाने,
बही सुगन्धित पवन, गा रहे भौंरे मीठे गाने।
एक किरण बन तुम भी, फैला दो दुनिया में जीवन,
चमक उठे-सुन्दर प्रकाश से, इस धरती का कण-कण।

–सोहन लाल 'द्विवेदी

बालक देश के दर्पण होते हैं । वे राष्ट्र की मुस्कराहट हैं। बालक मनोविज्ञान के मूल हैं। वे ही शिक्षक की प्रयोगशाला हैं। बालकों में वर्तमान करवटें लेता है और भविष्य के बीज उसी में बोये जा सकते हैं। बालकों के सम्यक् विकास के लिए बाल पत्रकारिता अत्यन्त उपादेय है। बच्चों में अनन्त जिज्ञासाएँ होती हैं, वे दुनिया के हर विषय के हर तथ्य को जानने हेतु लालायित रहते हैं। उनकी जिज्ञासा की शान्ति के लिए रंग-बिरंगे, मनोरंजक रूप में उन्हीं की भाषा में पत्र-पत्रिकाएँ निकल रही हैं। वयस्क और वयोवृद्ध पत्रकार बालकों की रुचियों, प्रवृत्तियों और उनकी आकांक्षाओं के अनुरूप पत्र सम्पादित करते हैं। बाल-पत्रों के पत्रकार को सर्वज्ञ और एक शुद्ध बालक होना पड़ता है। भविष्य के आदर्श नागरिक का वही कुम्हार है। वह राष्ट्र की महत्त्वाकांक्षाओं के अनुरूप बालकों को ढालने के लिए पत्र-पत्रिकाओं का सुसम्पादन करता है। बालोपयोगी रचनाओं के चयन, रंगीन चित्रों के सम्पादन, चुटकुले, हास्य-व्यंग्य और कार्टून-कॉमिक्स के द्वारा बाल-पत्रों को आकर्षक बनाया जा सकता है।

‘बालसखा’, ‘शिशु’, ‘बालक’, ‘पराग’, ‘नन्दन’, ‘राजाबेटा’, ‘किशोर’, ‘चन्दामामा’, ‘चुन्नू-मुन्नू’, ‘गुड़िया’, ‘बाल-भारती’ आदि पत्रों ने बच्चों की गतिविधियों पर प्रकाश डाला है। ज्ञानवर्धक ललित लेखों, कविताओं, कहानियों और नयनाभिराम चित्रों द्वारा बाल-पत्रों ने बालकों को कर्तव्यपरायण बनाया है। मासिक, पाक्षिक पत्रों के अतिरिक्त दैनिक पत्रों के रविवासरीय अंकों में ‘बाल-स्तम्भ’ के अन्तर्गत सुरुचिपूर्ण सुचित्रित सामग्री उपलब्ध होती है। राष्ट्र के चमकते सितारों से सम्बद्ध बाल पत्रकारिता वस्तुतः सृजनात्मक पत्रकारिता है जिसके द्वारा सौन्दर्य-बोध का विकास होता है।

आज की आपाधापी तथा रहन-सहन के तौर-तरीक़ों का कुप्रभाव भावी पीढ़ी पर पड़ रहा है। बाल पत्रकारिता को एक नयी चेतना जगानी है। नयी दिल्ली के पत्र ‘नवभारत टाइम्स’ ने 18 नवम्बर, 2002 को सम्पादकीय में लिखा–

‘बच्चे बीमार हैं’

यह एक ऐसा विरोधाभास है, जिसे हम नयी जीवन-शैली के नाम पर ढोये जा रहे हैं। हमारा शहरी रहन-सहन हमें आधुनिकता के साथ चलने में सक्षम बनाता है, लेकिन अगर एक सेहतमन्द शरीर में ही एक सेहतमन्द दिमाग रहता है, तो हम सचमुच भयानक ख़तरे में हैं और इस ख़तरे की बुनियाद तो बचपन से ही पड़ गयी है। हाल में दिल्ली के एक बड़े स्कूल में साढ़े सात सौ बच्चों के अध्ययन के बाद जो तथ्य सामने आये हैं वे सचमुच चौंकाने वाले हैं। ऐसा नहीं कि हमें बच्चों की गिरती सेहत का अहसास न हो, लेकिन कम-से-कम हम यह मान कर चलते थे कि समस्या ज़्यादा बड़ी नहीं है और हम आधुनिकता के नाम पर जो क्षमता हासिल कर रहे हैं, वह इसका निदान साबित होगी। यह सर्वेक्षण बताता है कि इन बच्चों में से 22 फीसदी मोटापे के शिकार हैं। 10 फीसदी का ब्लडप्रेशर सामान्य सीमा से अधिक है। 35 फीसदी की आँखें कमज़ोर हैं और 40 फीसदी के दाँत खराब हो रहे हैं। यह महज संयोग है कि इस सर्वेक्षण में शामिल स्कूल दिल्ली का है। देश के किसी भी नगर, महानगर में ऐसे सर्वेक्षण के नतीजे लगभग यही निकलेंगे कि नयी जीवन-शैली हमारे बच्चों पर भारी पड़ रही है। शहरी समृद्धि और तौर-तरीक़ों ने कोला, जंक फूड और टॉफी-चॉकलेट को बच्चों के आम भोजन में बदल दिया है। उनका बहुत-सा खाली समय टेलीविजन और कम्प्यूटरों की भेंट चढ़ रहा है। वे सामान्य वर्जिश से दूर हैं और तनाव उन्हें घेर रहा है। किसी वयस्क को भी बीमार बना देने के लिए इतनी बातें काफ़ी हैं, लेकिन बच्चों के मामले में तो ये जानलेवा साबित हो सकती हैं। एक जहीन लेकिन बीमार पीढ़ी हम तैयार कर रहे हैं, जो अपना वक़्त आने पर इन खामियों की भरपाई शायद ही कर सकेगी। हाल में ऐसे कई सर्वेक्षण आये हैं जिन्हें इन नये तथ्यों के पूरक के तौर पर देखा जा सकता है। ये सर्वेक्षण बताते हैं कि बच्चे जिद्दी और चिड़चिड़े हो रहे हैं। उनकी सामाजिकता गायब हो रही है और डिजिटल दुनिया में वे अकेले भटक रहे हैं। उनमें व्यक्तिवाद बढ़ रहा है और वे स्वार्थ की हद तक आत्म-केन्द्रित हो रहे हैं। वे सक्षम और सफल होने की अनवरत छटपटाहट में पिछड़ने के खौफ से घिरे रहते हैं। उनकी आक्रामकता उन्हें कई बार हिंसक बना देती है और ज़िन्दगी में उनका बर्ताव दोस्ती का नहीं, मुकाबले का है। यह आज के शहरी समृद्ध बच्चों की नयी उलझन-भरी दुनिया है, जिसे उन्होंने खुद नहीं बनाया है और जाहिर है, इससे मुक्ति भी उन्हें खुद नहीं मिलेगी। माना कि शहरी जीवन की व्यस्तताएँ, भागदौड़ और छोटे-परिवार जैसी मजबूरियाँ माता-पिता के लिए विकल्प सीमित कर देती हैं, वे चाहकर भी परिवार के भीतर संयमित, स्नेहिल, सामाजिक जीवन की गर्माहट पैदा करने लायक समय और श्रम नहीं जुटा पाते। चूँकि परिवार का केन्द्र ही बच्चा होता है, इसलिए उसे अपनी भूलभुलैया में खोने के लिए नहीं छोड़ा जा सकता। जीवन की जो होड़ बच्चों के भविष्य के नाम पर उन्हें मायूस, बेचैन और बीमार बनाती हो, उसे अपने-अपने तरीके से साधने की जिम्मेदारी हर माता-पिता को खुद निभानी होगी, अगली पीढ़ी के लिए यही हमारी सबसे क़ीमती भेंट हो सकती है।

नन्दन की कहानी

माननीया *क्षमा शर्मा* ने 'नन्दन' पत्रिका की कहानी के द्वारा बाल पत्रकारिता के विविध पहलुओं पर प्रकाश डाला है : ऐसे में जब बड़ी पत्रिकाओं ने एक-एक करके दम तोड़ दिया है, तब बच्चों की पत्रिका 'नन्दन' का चालीस साल का कामयाब सफर एक मिसाल है। 'नन्दन' एक ऐसी पत्रिका है जिसे पढ़ने वाली चार पीढ़ियाँ एक ही छत के नीचे मिल सकती हैं। हिन्दीभाषी क्षेत्रों से लेकर अहिन्दीभाषी क्षेत्रों तक यह पत्रिका बहुत लोकप्रिय रही है।

27 मई, 1964 को *पंडित जवाहरलाल नेहरू* की मृत्यु के बाद उसी वर्ष उनके जन्मदिवस 14 नवम्बर को मनाने के लिए हिन्दुस्तान टाइम्स ने एक अभूतपूर्व उपहार 'नन्दन' के रूप में दिया।

पत्रिका का पहला अंक नवम्बर, 1964 'नेहरू अंक' था। इसके मुखपृष्ठ पर चाचा *नेहरू* का बच्चों से घिरा एक अनोखा चित्र छपा था। शायद यही वजह था कि उनके बाद *श्रीमती गाँधी* का अपरिमित स्नेह इस पत्रिका को मिला।

हिन्दी में उपलब्ध बाल-साहित्य की बात जब भी की जाती है तो ऐसा दिखाया जाता है जैसे कि हिन्दी के बड़े लेखक बच्चों के लिए लिखते ही नहीं हैं। बार-बार बांग्ला, मराठी, मलयालम का उदाहरण दिया जाता है कि वहाँ कोई बड़ा लेखक तब तक नहीं बन सकता जब तक कि वह बच्चों के लिए न लिखता हो।

'नन्दन' की चालीस साल की फाइलें यदि उठाकर देखी जायें तो इस बात को गलत साबित किया जा सकता है। बड़े-से-बड़े लेखक ने बच्चों के लिए 'नन्दन' में लिखा है । इसी बात को प्रमाणित करने के लिए 'नन्दन' नवम्बर, 2004 का 'उपहार अंक' निकाला गया है, जिसमें गत चालीस वर्षों में छपी प्रमुख रचनाकारों की 35 कहानियाँ और नौ बड़े कवियों की कविताएँ छापी गयी हैं। इनमें प्रमुख नाम है—*रामकृष्ण परमहंस, विवेकानन्द, पंडित जवाहरलाल नेहरू, प्रेमचन्द, घनश्यामदास बिड़ला, लक्ष्मीनिवास बिरला, सरला बिरला, अटलबिहारी वाजपेयी, रवीन्द्रनाथ टैगोर, मोहन राकेश, विलियम शेक्सपियर, शिवानी, हरिवंशराय बच्चन, अमृता प्रीतम, मैक्सिम गोर्की, बंकिमचन्द्र, सत्यजित रे, विष्णु प्रभाकर, अमृतलाल नागर, रघुवीर सहाय, कमलेश्वर, हरिशंकर परसाई, मृणाल पांडे, उपेन्द्रनाथ अश्क, राजेन्द्र अवस्थी, जयप्रकाश भारती, हरिकृष्ण देवसरे, प्रयाग शुक्ल बालस्वरूप राही, सरस्वती कुमार दीपक, योगेन्द्र कुमार लल्ला* आदि।

प्रायः बच्चों की पत्रिकाओं का जब जिक्र आता है तो ऐसी पत्रिकाओं के नाम गिनाये जाते हैं जिनकी पाठक संख्या दो-चार हजार है। 'नन्दन' चूँकि एक व्यावसायिक पत्रिका है और अधिक बिकती है, अधिक पाठकों तक पहुँचती है, (जैसे कि यह कोई अपराध हो) तो कई बुद्धिजीवी उसका नाम तक लेना ज़रूरी नहीं समझता।

पत्रिका की विशेषता यह भी है कि इसमें राजा-रानी, परियों, पर्यावरण, धार्मिक, जासूसी, जेंडर बायस को दूर करने वाली, भेदभाव, छोटे-बड़े का विरोध करने वाली, जानवरों से सम्बन्धित, नीति-कथाएँ, जीवनीपरक, महापुरुषों के बारे में कहानियाँ—कहने का अर्थ यह है कि हर तरह की कथाएँ छपती हैं। हर धर्म के तीज-त्योहारों और देश-विदेश पर विशेष रंगीन फ़ीचर दिये जाते हैं। दुनिया और भारत की बड़ी हस्तियों के बारे में एलबम स्तम्भ बहुत लोकप्रिय है। यही नहीं 'विश्व की महान् कृतियाँ' स्तम्भ में अब तक दुनिया भर के साढ़े तीन सौ से अधिक अंग्रेज़ी, जर्मनी, जापानी, रूसी, स्पेनिश आदि भाषाओं के वर्ल्ड क्लासिक्स का सार-संक्षेप छापा जा चुका है। इसमें *शेक्सपियर, चार्ल्स डिकेंस, टालस्टाय, सर्वातिस, ह्यूलाफिंग, जूले वर्न, दण्डी, कालिदास, बाणभट्ट, वृन्दावनलाल वर्मा, प्रेमचन्द, जयशंकर प्रसाद, भीष्म साहनी, मैक्सिम गोर्की, ई. नेसबिट, एनिड ब्लाइटन, ऐंडरसन, ग्रिम बन्धु, जे. के. रोलिंग* आदि बड़े-से-बड़े लेखक को स्थान दिया गया है।

हाल ही में पत्रिका में 'मधुर याद बचपन तेरी' स्तम्भ की शुरुआत की गयी है। इसमें लेखक, कलाकार, नाटककार, अभिनेता, नेता आदि अपने बचपन को याद करते हैं। यह स्तम्भ पाठकों के बीच बहुत लोकप्रिय हुआ है।

बच्चों का विकास तभी किया जा सकता है, जब उनकी रचनात्मकता को जगाया जाये। कहानी लिखें, कविताएँ लिखें, क्रॉस वर्ड हल करें, चित्र बनायें। आपको जानकर आश्चर्य होगा कि 'नन्दन' में ये सभी स्तम्भ इसके शुरुआती वर्षों से ही हैं। कहानी लिखो, चित्र पहेली, ज्ञान पहेली और शीर्षक बताइए प्रतियोगिताओं में पाठक बड़ी संख्या में भाग लेते हैं। और हर महीने हजारों रुपये के इनाम जीतते हैं। 'आप कितने बुद्धिमान हैं' जीनियस कहलाने के चक्कर में सिर्फ़ बच्चों को ही

नहीं बड़ों को भी देखा जा सकता है। इसके अलावा बच्चों का अख़बार 'नन्दन बाल समाचार' सन् 1977 से पत्रिका का अभिन्न हिस्सा है। इसमें बच्चों के लिए सिर्फ़ चमत्कारों से भरी रोचक जानकारियाँ ही नहीं होतीं, समसामयिक घटनाओं, खेलों, राजनीति तथा बच्चों से जुड़े मसलों की जानकारी बहुत सरल भाषा में दी जाती है। 'एड इंडिया' नामक संस्था ने नन्दन की सरल भाषा के कारण सितम्बर, 2003 का अंक पूरा-का-पूरा अनुवाद करके ब्रिटेन के बहुत-से स्कूलों में बाँटा था। यूनिसेफ भी समय-समय पर इसकी प्रतियाँ ख़रीदता रहता है।

कुछ वर्ष पहले जब भारत भर में 'नन्दन चित्रकला प्रतियोगिताएँ' समय-समय पर आयोजित की जाती थीं, तो बच्चों का हुजूम जिस तरह से उमड़ता था, उससे यह लगता था जैसे कोई मेला लगा हो। इन प्रतियोगिताओं में देश भर के बच्चों ने पुरस्कार और सर्टिफिकेट पाये थे। बच्चों की बनायी पुरस्कृत पेंटिंग्स पत्रिका में छपती भी रही हैं। पत्रिका को लेखकों, कवियों के अलावा समय-समय पर देश के महामहिम राष्ट्रपतियों, प्रधानमन्त्रियों, थल सेना अध्यक्षों, प्रदेशों के मुख्यमन्त्रियों का बहुत स्नेह मिला है। भारत से बाहर रहने वाले लोगों ने भी पत्रिका को बहुत सराहा है और इसे भारतीय संस्कृति से जोड़ने वाला बताया है।

'नन्दन' जिनके नेतृत्व में निकला या कि इसके प्रथम सम्पादक *श्री राजेन्द्र अवस्थी,* फिर लगभग 30 वर्षों तक सम्पादक रहे *श्री जयप्रकाश भारती* और वर्तमान सम्पादक *सुश्री मृणाल पांडे*—इन सबका योगदान पत्रिका को आगे बढ़ाने, इसके विकास और पाठकों से इसे जोड़ने में रहा है। पत्रिका बदल रही है। वह कहानियों के साथ-साथ नयी तकनीक, अन्तरिक्ष, इंटरनेट, कम्प्यूटर, खेल आदि से अपने पाठकों का गहरा रिश्ता जोड़ रही है। हाल ही के दिनों में रहस्य-रोमांच, प्राचीन कथा, विज्ञान-फन्तासी, ओलम्पिक अंक, परी-कथा और 40 वर्ष को मनाता उपहार विशेषांक इस बात का प्रमाण है। 'नन्दन' के सम्पादकीय विभाग में काम करने वाले सभी साथी मिलकर एक सुयोग्य टीम बनाते हैं जो किसी भी पत्रिका की सफलता के लिए बहुत आवश्यक है। साथ ही पाठकों का भरपूर सहयोग भी हमें हमेशा मिला है।

श्री हरिकृष्ण निगम ने बालकों, किशोरों के मन पर टी. वी. के सम्मोहन का विश्लेषण किया है। भयावह तथ्यों की अनदेखी कर बालकों को अपराधी बनाने में टी. वी. की भूमिका चिन्ताजनक है :

आज हर कहीं यह महसूस किया जा रहा है कि टेलीविजन की वजह से एक अच्छा और जिम्मेदार अभिभावक बनना काफ़ी मुश्किल हो गया है। घर में बच्चों का लगातार घण्टों तक टी. वी. देखना उनके स्वाभाविक विकास को तो रोकता ही है उनके मस्तिष्क को विकृत और संवेदन शून्य बना सकता है।

अमेरिका में तो टी. वी. देखने का सबसे बड़ा दुष्परिणाम किशोरों व युवाओं में हिंसक प्रवृत्ति को बढ़ावा देना भी है। बच्चों की आज की बदलती मानसिकता का अध्ययन करने वाले कुछ विशेषज्ञ तो यहाँ तक कह रहे हैं कि यह आज के अमेरिका का सबसे बड़ा अघोषित राष्ट्रीय स्कैंडल है जिसको स्वीकार करने में राजनेता भी कतरा रहे हैं। हाल के एक अध्ययन के अनुसार वहाँ 18 वर्ष की अवस्था से पहले ही बच्चा टी. वी. पर हिंसा के लगभग दो लाख दृश्य देख चुका होता है। जिसमें पच्चीस हजार हत्याएँ शामिल हैं। भारत में किशोरों की स्थिति इससे बेहतर नहीं है। यहाँ भी निजी चैनल सेक्स और हिंसा-प्रधान कार्यक्रम खुलकर दिखाते हैं। यूनेस्को के एक सर्वेक्षण में भारत के पाँच प्रमुख टी. वी. चैनलों के अध्ययन द्वारा यह तथ्य सामने आया कि रात को नौ से दस बजे तक के कार्यक्रमों में अधिक हिंसा देखने को मिलती है। एक चर्चित धारावाहिक में तो 25 मिनट में हिंसा के 17 भयावह दृश्य तक हो चुके हैं। एक औसत बच्चा वर्ष में कुल मिलाकर जितने घण्टे अपने अध्यापक के साथ बिताता है उससे कहीं अधिक टेलीविजन के कार्यक्रमों को देखने में लगता है।

वान्स पैकाड नामक समाजशास्त्री व लेखक ने अपने ग्रन्थ 'अवर ऐंडेंसर्ड चिल्ड्रेन' में लिखा है कि 6 से 11 वर्ष के 50 लाख से अधिक बच्चे देर रात तक टी. वी. कार्यक्रम देखते हैं। इनमें लगभग वे 15 लाख किशोर भी हैं जो अर्द्धरात्रि के बाद तक कार्यक्रम देखते हैं और जिनसे उनके अभिभावक अभिज्ञ होते हैं। इनमें आर. रेटेड या एक्स. रेटेड अथवा वयस्कों के लिए बनी फ़िल्में भी हो सकती हैं। एक विशेषज्ञ ने एक सादा-प्रश्न उठाया—इन बच्चों के माता-पिता क्या कर रहे हैं? वे जानकर भी इसके परिणामों से अनभिज्ञ बन रहे हैं। क्या वे इस यथार्थ से परिचित नहीं हैं कि इनमें से कुछ बन्दूकी संस्कृति

व अपराध की दुनिया का वरण करेंगे। टी. वी. की वजह से अनेक किशारों की निर्बोधता समय से पहले गुम होती जा रही है।

भारत में भी स्थिति लगभग ऐसी ही है। जो अमेरिका की नयी पीढ़ी कर रही है उसी की नकल हमारे यहाँ बन रही है। अपसंस्कृति, हिंसा, हत्या और यौनाचरणों के सभी पक्ष आज घरों के अन्दर घुसपैठ कर चुके हैं। साथ-ही-साथ किशोरों में भौतिक सुख-सुविधाओं के अभाव में ईर्ष्या, कटुता व अभिभावकों के प्रति अविश्वास व संशय भी बढ़ता जा रहा है। उनके जीवन की अवधारणा लगातार हजारों घण्टों तक टी. वी. के परदे पर देखे विज्ञापन या 'कामर्शियल्स' निर्धारित कर रहे हैं। विशाल जनसम्पर्क उद्योग और विज्ञापन तन्त्र हर साल करोड़ों की धनराशि मूलतः इस बात पर खर्चा करता है कि वस्तुतः लोगों को जिन चीजों की आवश्यकता नहीं है, वे मान लें कि उन्हें उनकी ज़रूरत है। लोगों को, खासकर बच्चों और किशोरों को अहसास कराना होता है कि पड़ोसी के पास जो कुछ है उससे ज़्यादा ही उनके पास होना चाहिए। हाल के एक समाचार के अनुसार एक लड़का नये फैशन के जूतों या स्नीकर्स के लिए दूसरे लड़के को मार डालता है। यह कैसे हो गया? एक विशेषज्ञ कहते हैं—आज हम 11-12 साल के लड़के को टेलीविजन के द्वारा समझाते हैं कि बास्केटबाल या क्रिकेट के खेल का हीरो जैसे जूते पहनता है, यदि वैसे जूते तुम्हारे पास नहीं तो तुम वास्तव में मर्द नहीं हो। आज के सामाजिक पतन के लिए यही मानसिकता जिम्मेदार है। टी. वी. विज्ञापनों के एक विशेषज्ञ के अनुसार बड़े-बड़े ब्रांडों के उत्पादों के विपणन के लिए बच्चों को अपना नया प्रभावी सेल्समैन बनाना चाहिए जिससे वे उनके उत्पादों के लिए माता-पिता से झगड़ा करें। उपभोक्तावाद की दौड़ में बच्चे और किशोर असली सफरमैन हैं। अभिभावाकों को वे मिनटों बदहोश झुंड या 'बिविल्डर्ड हर्ड' में परिवर्तित कर सकते हैं। कुछ दिनों पहले हार्वर्ड बिजिनेस रिव्यू में प्रकाशित आँकड़ों में बताया गया था कि 11 से लेकर 12 वर्ष तक के बच्चे अतिशयोक्तिपूर्ण विज्ञापनों के प्रति पूरी तरह असुरक्षित होते हैं और भ्रमित किये जा सकते हैं। उन उत्पादों के अभाव में 'कटु' या 'सिनिक' हो सकते हैं। इसी के साथ लगातार टी. वी. के सीरियल देखने वाले बच्चे माता-पिता को धोखा देने, उनसे झूठ बोलने के नये तरीके तो सीखते ही हैं अपनी चहेती चीजों जैसे जीन्स और दूसरी आवश्यकताओं के लिए संवेदनशून्य भी हो सकते हैं।

अमेरिकी प्रशासन द्वारा जारी 'द चिल्ड्रेन टुडे' नामक प्रशासन में मादक द्रव्यों व नशीली चीजों के सेवन और घण्टों टी. वी. देखने की आदत को एक ही वर्ग में रखा गया है। ये दानों आदतें उन्हें यथार्थ की दुनिया से अलग-थलग कर उनमें नकारात्मक रुचियाँ भर सकती हैं। पढ़ाई के साथ-साथ खेलकूद की उनकी प्रवृत्ति भी इस आदत से कम हो जाती है। सीरियलों व समाचारों के बीच तीस सेकेंड के विज्ञापनों के विस्फोट के कारण उनके केन्द्रीभूत ध्यान की क्षमता या उनका 'एटेंशन स्पैन' कम हो जाता है, ऐसा मनोविश्लेषकों का मानना है। जिस तरह अमेरिकी मीडिया टेलीविजन को वहाँ के बढ़ते अपराध, बन्दूकी संस्कृति, अपराध आदि के लिए उत्तरदायी मानते हैं, हमारे यहाँ अभी लोगों को इस भावी सामाजिक ख़तरे का अहसास नहीं है। भारत में भी हम आज जिस समाज में रह रहे हैं उसकी सारी सोच का केन्द्र अमेरिकी तर्ज पर नयी कारों, मॉडेलों, फैशन, विवाहेतर यौनाचरण, पॉप संगीत और चमक-दमक भरी जीवन शैली है। हमारे जैसे विषमता भरे समाज में, सामाजिक न्याय और मौलिक सुविधाओं के अभाव में क्योंकि यह अवयस्कों को फन्तासी भरी दुनिया में ले जाता है, यथार्थ से दूर हम एक टिक-टिक करते हुए टाइम बम पर बैठे हैं। अपसंस्कृति के वाहक टेलीविजन की इस भूमिका पर हमें समय रहते जागना ज़रूरी है।

हिन्दी पत्र 'दैनिक ट्रिब्यून' (23 जुलाई, 2006) ने अपना सम्पादकीय बच्चों पर लिखा तथा राष्ट्र के भावी कर्णधारों की ओर सबकी दृष्टि आकर्षित की :

ये कैसा बचपन...

जिस प्रकार प्रभात दिन का आभास कराता है, उसी प्रकार बचपन युवावस्था का आभास कराता है। अंग्रेज़ी के महान् कवि *वड्र्सवर्थ* का कहना था कि स्वर्ग बचपन के आसपास रहता है। बचपन के बारे में *सुभद्रा कुमारी चौहान* की राय कुछ इस तरह थी—

चिन्तारहित खेलना-खाना वह करना निर्भय स्वच्छन्द,
कैसे भूला जा सकता है बचपन का अतुलित आनन्द।

लेकिन ऐसे बचपन को क्या कहें जो कभी स्कूल को इमारत की निर्माण में ईंटें ढोता है, कभी शिक्षकों के घरेलू कार्य करता है और कभी उनकी हिंसा आदि का शिकार होता है। कुछ ऐसा ही नजारा पंजाब के जिला बठिंडा के एक गाँव में देखने को मिला जहाँ बच्चे कक्षाओं में पढ़ने की अपेक्षा स्कूल की इमारत बना रहे मिस्त्री को ईंट ढो रहे थे। छोटे बच्चों से जहाँ ऐसा काम लेना अपराध है वहाँ बाल मजदूरी क़ानून का उल्लंघन भी है। ऐसा नहीं है कि यह पहली बार हुआ हो। इससे पहले भी ट्रिब्यून द्वारा किये गये एक सर्वेक्षण में पंजाब के स्कूलों की खस्ता हालत सामने आयी थी विशेषकर ग्रामीण स्कूलों की। इन स्कूलों में न तो पर्याप्त शिक्षक हैं और न ही अधिकांश में चपरासी और सफाई कर्मचारी हैं। परिणामस्वरूप छात्र-छात्राएँ स्कूल समय से आधा घंटा पहले आकर स्कूल साफ करते हैं फिर कक्षाओं में बैठते हैं। सर्व शिक्षा अभियान केवल जर्जर इमारतों की दीवारों पर ही पाया गया।

गाँव से होते हुए जिसको शहर जाना था,
देश के राहनुमां वो ही सड़क भूल गये।

कुछ समय पहले पंजाब, हरियाणा और हिमाचल आदि राज्यों में गरीब बच्चों की शिक्षा में रुचि बढ़े और उनके अभिभावक उन्हें स्कूल भेजने को प्रेरित हों इस उद्देश्य से स्कूलों में दोपहर का भोजन देने की योजना लागू की गयी। हिमाचल के नूरपुर उपमण्डल के ग्रामीण क्षेत्रों में किये गये एक अध्ययन से पता चला कि एकल शिक्षक के सहारे और बिना किसी सहायक के चल रहे स्कूलों के शिक्षकों का सारा दिन भोजन तैयार करवाने में निकल जाता है और बच्चों का पेड़ के नीचे खेलते हुए लेकिन सोलन शहर के एक स्कूल में बच्चों को चावल में से कंकर साफ करते हुए देखा गया। यही नहीं, इन राज्यों में बच्चों को खाना खाने के बाद कक्षा का कमरा साफ करते हुए और बर्तन धोते हुए भी अकसर देखा जाता है।

किसी भी देश की नींव को मजबूत करने में शिक्षा की महत्त्वपूर्ण भूमिका रहती है। इसी के मद्देनजर देश में सर्वशिक्षा अभियान चलाया गया है जिसके लिए करोड़ों रुपयों का बजट है। हरियाणा ने इस उद्देश्य के लिए सन् 229.18 करोड़ तथा हिमाचल ने ₹532 करोड़ रखे हैं लेकिन स्कूलों की दयनीय स्थित सारे दावे झुठला देती है। एक रिपोर्ट के अनुसार पंजाब के जिन्दरा गाँव के सरकारी प्राइमरी स्कूल में 81 विद्यार्थियों के लिए एक शिक्षक था। वह जब कभी छुट्टी पर चला जाता तो मेधावी विद्यार्थी बच्चों को पढ़ाते। इतना ही नहीं, कई स्कूलों में गाँव वालों ने अस्थायी शिक्षक रखे हैं जिनका वेतन पढ़ने वाले बच्चों से इकट्ठा किया जाता है। किसी देश के निर्माण और मजबूती के लिए 58 वर्ष कोई अधिक समय नहीं होता लेकिन वह सही वक़्त कब आयेगा जब इस विषय पर बारीकी और गम्भीरता से सोचा जायेगा? विशेषकर तब जब दुनिया विज्ञान, तकनीक और कम्प्यूटर के साथ चाँद पर बस्तियाँ बसाने की साचे रहीं हो और मशीन व मानव के बीच प्रभुत्व के लिए जंग छिड़ गयी हो। एक बार ब्लैक बोर्ड योजना बनायी गयी थी ताकि सभी स्कूलों में कम-से-कम एक ब्लैक बोर्ड तो उपलब्ध करवाया ही जाये लेकिन अधिकारीगण इसे भी सुचारु रूप से लागू नहीं कर पाये, सर्वशिक्षा अभियान तो बहुत बड़ी बात है। सरकार ने अगर समय रहते ध्यान नहीं दिया तो दो कदम आगे और चार कदम पीछे वाली स्थिति से हम बच नहीं सकेंगे। स्कूल भवनों के नाम पर खुले मैदान और मेज-कुर्सियों के नाम पर टाट ही दिखाई देंगे।

कौन है इनको देखने वाला, पौंछ ले आँसू रोने वाले।
सारी दुनिया माँग रही है, तू भी अपने हाथ उठा ले॥

एक ज़माना था जब 'गुरु-शिष्य' परम्परा के तहत बच्चे अपने शिक्षकों का सारा काम करते थे। शिक्षक उनके आदर्श होते थे और प्रायः अपने शिक्षक को अपनी अपेक्षाओं से कहीं अधिक पाते थे और शिक्षकों के चरित्र पर भी कोई अँगुली नहीं उठाता था, लेकिन वक़्त बदल गया और इसके साथ बदल गयी गुरु-शिष्य परम्परा। न शिष्य के मन में गुरु के लिए सम्मान रहा और गुरु भी अब शिक्षा को आदर्श नहीं व्यवसाय मानकर चलते हैं। हो सकता है उक्त स्कूल के पास इतने पैसे न हों कि एक मजदूर की दिहाड़ी दे सके लेकिन बच्चों से इतना सख्त काम लेने को भी तो उचित नहीं ठहराया जा

सकता। ग्रामीण स्तर पर शिक्षा की दयनीय स्थिति चिन्ताजनक है। धन की कमी के कारण शिक्षकों के रिक्त पद भरे नहीं जाते। जवाबदेही न होने के कारण शिक्षकों का अनुपस्थित रहना आम बात है। परिणामस्वरूप इन सरकारी स्कूलों में बच्चों की संख्या गिरती जा रही है। कक्षाओं के कमरे प्रायः अपर्याप्त पाये जाते हैं। यहाँ तक कि शौचालय भी ढंग के नहीं हैं। उल्लेखनीय है कि साक्षरता में पंजाब 16वें स्थान पर है फिर भी स्कूलों की स्थिति सुधारने की ओर ध्यान नहीं दिया जाता। शिक्षा के गिरते स्तर के कारण अभिभावक अपने बच्चों को प्राइवेट स्कूलों में भेजना बेहतर समझते हैं।

बच्चों के अधिकारों को लेकर बहुत क़ानून बनते हैं लेकिन सच की तसवीर कुछ और ही है। शिक्षा पाना उनका अधिकार है, यह बात सरकार कब समझेगी। देश का भविष्य कहे जाने वाले हमारे नौनिहाल किस भविष्य का सपना देखेंगे? हमारे राजनेता वोट की राजनीति से आगे कब सोचना शुरू करेंगे? जहाँ कई सरकारी स्कूलों में एक भी बच्चा परीक्षा में सफल न हो सका हो, उसके लिए किसे द्रोषी ठहराया जाये? आशा ही की जानी चाहिए कि सरकार इस ओर भी ध्यान देगी।

तारीकिये-हयात को जो दूर कर सके,
हम ऐसी सुबह के हैं तलबगार।

—सम्पादकीय (दैनिक ट्रिब्यून) 23 जुलाई, 2006

बच्चों की फ़िल्मों का संसार

अजय ब्रह्मात्मज ने बालकों से सम्बन्धित फ़िल्मों की दुनिया पर प्रकाश डाला है :

देश में बनी बाल फ़िल्मों की संख्या अपेक्षाकृत कम है, लेकिन इतनी कम भी नहीं है कि हम शर्मिन्दा हों। देश के प्रथम प्रधानमन्त्री का बाल प्रेम जगजाहिर है। उनके जन्मदिन को बाल दिवस के रूप में मनाया जाता है। स्वयं उन्होंने यह इच्छा व्यक्त की थी कि बच्चों को ध्यान में रखकर फ़िल्में बननी चाहिए। उनकी इस इच्छा से प्रेरित होकर 11 मई, 1955 को 'चिल्ड्रेन फ़िल्म सोसायटी' की स्थापना की गयी। इसके पहले अध्यक्ष *पंडित हृदयनाथ कुंजरू* बने। सरकारी संस्था के गठन के बाद इसे जिम्मेदारी दी गयी कि वह बाल फ़िल्मों के निर्माण, वितरण और प्रदर्शन की व्यवस्था करे। यह सोचा गया कि बच्चों को स्वस्थ और सम्पूर्ण मनोरंजन देने के साथ उनके ज्ञान और चरित्र के विकास पर भी ध्यान दिया जाये। वे आधुनिक भारत के उपयोगी नागरिक बनें। मुझे लगता है कि इस उद्देश्य ने ही सारी गड़बड़ी पैदा कर दी। फ़िल्मकार बच्चों को समझाने और पढ़ाने के उद्देश्य से फ़िल्में बनाने लगे और 'चिल्ड्रेन फ़िल्म सोसायटी' के अध्यक्ष और अन्य महत्त्वपूर्ण सदस्य सरकारी आदेशों और उद्देश्यों के पालन को ही अपने कर्म की इतिश्री समझने लगे। नतीजा यह हुआ कि बाल फ़िल्मों की स्थिति सामान्य से बुरी और फिर बुरी से बदतर होती चली गयी। आरम्भिक प्रयासों में अवश्य ही *तपन सिन्हा* और *सत्येन बोस* जैसे फ़िल्मकारों ने कुछ मनोरंजक फ़िल्मों का निर्माण किया। इन फ़िल्मों को पुरस्कार मिले। बच्चों ने भी उन्हें सराहा, लेकिन कालान्तर में चिल्ड्रेन फ़िल्म सोसायटी में नौकरशाही के बढ़ते प्रभाव में फ़िल्मकारों की पहल भी संकीर्ण होती चली गयी। चिल्ड्रेन फ़िल्म सोसायटी ने वर्ष 1955 से 2006 के बीच के लगभग पचास वर्षों में डेढ़-दो सौ फ़िल्में अवश्य बनायी हैं, लेकिन उनके वितरण की सुचारु व्यवस्था नहीं है। यही समस्या राष्ट्रीय फ़िल्म विकास निगम की फ़ीचर फ़िल्मों की भी थी। चिल्ड्रेन फ़िल्म सोसायटी में बैठे अधिकारियों और अध्यक्ष की अहंन्यता के कारण कई फ़िल्मकार उन्हें अप्रोच ही नहीं करते। इसका बड़ा उदाहरण मकड़ी है।

विशाल भारद्वाज की फ़िल्म मकड़ी 'चिल्ड्रेन फ़िल्म सोसायटी' के सहयोग और अनुदान से बनी थी। फ़िल्म पूरी होने के बाद तत्कालीन अध्यक्ष *सई परांजपे* ने उसे पसन्द नहीं किया और कहा कि यह फ़िल्म बच्चों के लायक नहीं है। *विशाल भारद्वाज* ने चिल्ड्रेन फ़िल्म सोसायटी के पैसे लौटाये और उस फ़िल्म को स्वतन्त्र रूप से रिलीज किया। मकड़ी को न केवल बच्चों ने, बल्कि सभी उम्र के दर्शकों ने पसन्द किया और फिर सवाल यह है कि कौन सी एवं कैसी फ़िल्में होती हैं बच्चों की? शायद आप यकीन न करें कि *सत्यजित रे* की पाथेर पांचाली बच्चों के लिए सुन्दर फ़िल्म है। 'ब्रिटिश फ़िल्म इंस्टीट्यूट' ने दुनिया भर से चुनी 50 बेस्ट चिल्ड्रेन फ़िल्मों में इसे शामिल किया है। अगर उस लिस्ट को देखें तो उसमें कई ऐसी फ़िल्में

हैं, जो आमतौर पर बड़ों द्वारा प्रशंसित की गयी हैं। एक बार निजी बातचीत में *श्याम बेनेगल* ने कहा था कि उन्हें अमर अकबर एन्थेनी चिल्ड्रेन फ़िल्म लगती है। उन्होंने यह बात व्यंग्य या मजाक में नहीं, पूरी गम्भीरता के साथ कही थी। उनका आशय यह था कि बच्चे उसे देखते हुए लोटपोट होते हैं। ज़रूरी तो नहीं है कि हमेशा बच्चों को सिखाने के लिए की कहानी रची जाये।

गौर करें तो हिन्दी सिनेमा मुख्य रूप से व्यापक दर्शकों की रुचि को ध्यान में रखकर ही विकसित हो रहा है। अगर किसी फ़िल्म को अधिकाधिक दर्शक देखेंगे तो व्यवसाय होगा और व्यवसाय फ़िल्म इंडस्ट्री की पहली शर्त है। यही कारण है कि बच्चे, बुद्धिजीवी, बुजुर्ग और बाकी अल्पसंख्यक दर्शक समूहों के लिए फ़िल्में नहीं बनतीं। हमें फ़िल्मकारों को प्रेरित करना होगा कि वे बच्चों को ध्यान में रखकर फ़िल्में बनायें। अन्यथा ये बच्चे अपनी रुचि का सिनेमा या अन्य मनोरंजन खोजते रहेंगे। अंग्रेज़ी भाषा के साथ पल-बढ़ रहे शहरी बच्चों को तो विकल्प मिल गया है। वे विदेशों से आ रही बच्चों की फ़िल्मों, टी. वी. कार्यक्रम और अन्य शो देख रहे हैं। उनका सौंदर्यबोध उसी के अनुरूप विकसित हो रहा है। कल को ये बच्चे बड़े होंगे तो उन्हें देश का हिन्दी सिनेमा भी अच्छा नहीं लगेगा। उनकी पसन्द हॉलीवुड की फ़िल्मों से निर्धारित होगी। आश्चर्य न करें। चिल्ड्रेन फ़िल्म सोसायटी फिलहाल हर दूसरे साल एक बाल फ़िल्म समारोह का आयोजन करती है। वहाँ देश-विदेश से बनी फ़िल्में दिखायी जाती हैं। समारोह के बाद उन फ़िल्मों को देश के बाकी बाल दर्शकों तक पहुँचाने की कोई चिन्ता नहीं की जाती। अगर चिल्ड्रेन फ़िल्म सोसायटी देश में उभरे मल्टीप्लेक्स और अन्य संस्थाओं की मदद से अपनी फ़िल्मों का लघु फ़िल्म समारोह करे तो भी बाल दर्शकों को अपने देश की फ़िल्में देखने को मिल सकती हैं। दूरदर्शन पर ऐसी फ़िल्मों के प्रसारण की माँग अटकी पड़ी है।

बाल श्रम

बाल श्रम आज विश्व के विकसित और विकासशील देशों की एक प्रमुख समस्या है। विश्व का शायद ही कोई देश ऐसा हो, जो वर्तमान समय में बाल श्रमिकों की बढ़ती संख्या से न जूझ रहा हो। बाल श्रम पूरे विश्व के देशों के समक्ष एक प्रमुख चुनौती के रूप में है। बाल श्रम के कारण ही आज सड़कों के किनारे ढाबों, होटलों, मोटर साइकिलों, जरदोजी की कढ़ाई करते हुए बच्चों को देखा जाता है।

बालकों की अवधारणा निम्नवत् है :

बालक वह व्यक्ति है जिसने अपनी आयु का चौदहवाँ वर्ष पूरा नहीं किया है।

स्रोत : बाल श्रम (प्रतिषेध एवं विनियमन) अधिनियम, 1996

14 वर्ष से कम आयु का प्रत्येक व्यक्ति बालक है।

स्रोत : भारतीय संविधन, अनुच्छेद-24

कोई भी व्यक्ति जो 18 वर्ष की आयु से कम हो बालक कहलायेगा।

स्रोत : संयुक्त राष्ट्र अधिकारी कन्वेशन अनुच्छेद-1

18 वर्ष की आयु से कम प्रत्येक व्यक्ति बालक माना जायेगा।

स्रोत : अन्तर्राष्ट्रीय श्रम संगठन कन्वेशन, अनुच्छेद-182

बाल श्रमिकों को शोषण से बचाने के लिए समय-समय पर निम्नलिखित क़ानून बनाये गये हैं :

1. चिल्ड्रेन (**प्लेजिंग ऑफ लेबर**) एक्ट, 1933
2. कारखाना अधिनियम, 1948
3. बागान श्रम अधिनियम, 1951
4. खदान अधिनियम, 1952
5. मोटर परिवहन कर्मकार अधिनियम, 1961

6. प्रशिक्षार्थी अधिनियम, 1961
7. उ.प्र. दुकान और वाणिज्य अधिष्ठान अधिनियम, 1962
8. बीड़ी और सिगार कर्मकार अधिनियम, 1966

बालश्रम के कारण

1. बाल श्रम का सर्वप्रमुख कारण उनके परिवारों की निम्न आर्थिक स्थिति है।
2. परिवार के सदस्यों का निम्न शैक्षिक स्तर बाल श्रम के लिए उत्तरदायी होता है।
3. मीडिया के प्रयास से बाल श्रम का उन्मूलन एवं पुनर्वास किया जा सकता है।
4. मीडिया प्रतिनिधियों के व्यक्तिगत प्रयास से भी बाल श्रम जैसी समस्या का कुछ समाधान निकाला जा सकता है, बस ज़रूरत है सिर्फ़ सोच बदलने की।

मीडिया और बाल श्रम

बाल श्रम उन्मूलन हेतु सरकारी स्तर पर जहाँ प्रयास किये जा रहे हैं वहीं दूसरी ओर मीडिया द्वारा समाचार-पत्रों में भी बाल श्रम के मामलों को उजागर करते हुए लगातार बाल श्रम को दूर करने में अपना योगदान दिया जा रहा है। आज कहीं पर भी यदि बाल श्रम के मामले को जन-जन तक पहुँचाया जा सका है तो वह मीडिया का ही योगदान है। मीडिया के द्वारा ही बाल श्रम का उन्मूलन किया जा सकता है क्योंकि यह एक ऐसा माध्यम है जिसकी प्रत्येक घर में पकड़ है चाहे वह प्रिंट मीडिया हो या इलेक्ट्रॉनिक मीडिया हो। आज प्रत्येक घर में समाचार-पत्र जा रहा है और संचार के सभी साधन आसानी से उपलब्ध हैं जिसके माध्यम से सुलभता से प्रसार-प्रचार किया जा सकता है।

अगर बाल श्रम उन्मूलन एवं पुनर्वास में मीडिया की भूमिका की बात करें तो मीडिया ने इस विषय पर अपना महत्त्वपूर्ण रोल अदा किया है, मीडिया ने अपनी ख़बरों के माध्यम से जहाँ भी बाल श्रम हो रहा है चाहे वह सड़क की बात हो, किसी दुकान की बात हो, किसी कल-कारखाने की बात हो जहाँ कहीं भी बाल श्रम हो रहा हो वहाँ की ख़बरों को प्रमुखता से प्रकाशित किया है। इन ख़बरों के माध्यम से ही प्रशासन ने उसे अपने संज्ञान में लिया और वहाँ छापा मारकर बाल श्रमिकों को मुक्त कराया और उन्हें इससे दूर किया तो इसका श्रेय मीडिया को ही जाता है।

बाल श्रम दूर करने के लिए सबको आगे आना होगा : डॉ. महावीर जैन

लखनऊ। अगर बाल श्रम को समाप्त करना है तो सिर्फ़ नियम बनाना नहीं बल्कि नियमों का पालन करना भी अति आवश्यक है। यह बात राष्ट्रीय बालक अधिकार संरक्षण आयोग से जुड़े सलाहकार व वी. वी. गिरी नेशनल लेबर इंस्टीट्यूट नोएडा से सन् 1975 से जुड़े *डॉ. महावीर जैन* ने कही।

उनका मानना है कि लोग बाल श्रम की बातें तो करते हैं पर उसके नियमों का पालन नहीं करना चाहते, एक उदाहरण देते हुए उन्होंने कहा कि हम लोग बाल श्रम उत्थान की बातें तो करते हैं परन्तु यदि कहीं बाल श्रमिकों से कार्य लिया जा रहा हो तो उसका विरोध नहीं करते। *डॉ. जैन* ने कहा कि मैं लगभग 37 वर्ष से इस कुप्रथा को समाप्त करने के लिए अभियान चला रहा हूँ एवं अन्य संगठनों से भी जुड़ा हूँ, 52 से अधिक किताबें लिख चुका हूँ, हजारों लोगों को इस क्षेत्र में प्रशिक्षण दे चुका हूँ, पर परिणाम आशा के अनुरूप नहीं आये हैं। इसका मुख्य कारण है आम लोगों में अभी भी इस प्रथा को समाप्त करने के लिए जागरूकता की कमी है। उन्होंने कहा कि जब *गाँधी जी* पूरे देश का आज़ाद कराने के लिए संघर्ष कर सकते हैं तो क्या हम सब मिलकर बाल श्रम को समाप्त नहीं कर सकते हैं। गैर-सरकारी संगठन की भूमिका के बारे में पूछे जाने पर उन्होंने बताया कि इसमें कुछ संगठन अपने उद्देश्य को पूरा करने के लिए कार्य कर रहें हैं फिर उन्हें चाहे धन मिले या न मिले उसकी परवाह नहीं और कुछ संगठन सिर्फ़ धन कमाने और रोजगार के लिए सरकारी संसाधनों का उपयोग कर

रहे हैं। केन्द्र सरकार व प्रदेश सरकार के सार्थक प्रयासों को बताते हुए उन्होंने कहा कि वर्ष 1988 में जब बाल श्रम के अभियान की शुरुआत की गयी तो बाल श्रमिकों की संख्या 19 करोड़ थी, और वर्ष 2001 में इसकी संख्या घटकर 8 करोड़ रह गयी थी, वर्तमान में अब आँकड़ा कुछ कम ही होगा। बाल श्रम के राष्ट्रीय मुद्दे के बारे में बोलते हुए उन्होंने कहा यह मुद्दा सिर्फ़ राष्ट्रीय ही नहीं बल्कि अन्तर्राष्ट्रीय है।

'संडे नवभारत टाइम्स', नयी दिल्ली, 23 जुलाई, 2006 ने 'निहितार्थ' के अन्तर्गत बच्चों की ओर नजर करने की अपील की :

इन बच्चों की तरफ भी देखो

मधुसूदन आनन्द

देश के तमाम संवेदनशील नागरिकों को यह जानकर सदमा लगा होगा कि भारत इस दुनिया में छठा ऐसा देश है जिसे बच्चों के लिए सर्वाधिक ख़तरनाक देशों की सूची में रखा गया है। ताज़्जुब की बात यह है कि भारत इस मामले में युद्धरत देशों फलस्तीन, अफगानिस्तान, म्यांमार और रूस के चेचन्या जैसे इलाकों से भी आगे है। सूडान, सोमालिया, यूगांडा और कांगों जैसे देशों के बच्चों से, जिनके फूले हुए पेट, नंगे बदन और मुँह पर भिनकती मक्खियों के चित्र आप अक्सर टी. वी. पर देखते होंगे, हमारे बच्चे थोड़े ही बेहतर हैं। रॉयटर्स के एक ताजा मत सर्वेक्षण के अनुसार भारत में पाँच साल की उम्र तक के 12 लाख बच्चे हर साल कुपोषण से मर जाते हैं। दिल्ली और मुम्बई के खाते-पीते घरों के लोगों को शायद इस बात का अहसास भी नहीं होगा कि हर साल कितने बच्चे भुखमरी और कुपोषण का शिकार होते हैं और कितने ढाबों, होटलों, मोटर गैरिजों, खेतों और कारखानों में कामकर अपना बचपन खो देते हैं। कितने मासूम देह के सौदागरों के शिकार बनते हैं और कितने भीख माँगने को मजबूर बना दिये जाते हैं या फिर छोटे-मोटे अपराधों में धकेल दिये जाते हैं। यह सही है कि भारत के बच्चों की हालत अफगानिस्तान जैसे युद्धरत देशों या सूडान-सोमालिया जैसे गरीब देशों जैसी ख़तरनाक नहीं है, मगर इस बात से इनकार नहीं किया जा सकता कि देश में हजारों-लाखों बच्चों को दवा और पढ़ाई-लिखाई की सुविधा तो क्या, दो जून पेटभर भोजन भी नहीं मिलता? वैसे भारत आर्थिक और सैन्य शक्ति के रूप में लम्बी छलाँग लगा रहा है, लेकिन लाखों बच्चे जमीन पर कदम भी नहीं रख पाते। क्या इन बच्चों की तरफ हमारे समाज का कोई ध्यान है?

मनोविज्ञान की यह पुरानी कहावत अब सिद्ध हो चुकी है कि हम दरअसल वही देखते हैं, जो देखना चाहते हैं। इसलिए हमें गरीबी और भुखमरी दिखाई नहीं देती। अगर वह दिखाई देती है, तो हम उसे देखना नहीं चाहते और आँखें मूँद लेते हैं। फिर अपने आधे-अधूरे दृश्यों के आधार पर हम अपने लिए एक पूरी तस्वीर बना लेते हैं। मसलन आप दिल्ली और मुम्बई जैसे महानगरों में रहने वाले किसी मध्यवर्गीय परिवार के बच्चे को देखकर यह राय बना सकते हैं कि आज का बच्चा पहले के बच्चे की तुलना में ज़्यादा चंट-चालाक है। वह ज़्यादा जानता है और ज़्यादा अच्छी बातें कर सकता है। एक टेलीविजन चैनल पर तीन-चार बरस के बच्चों के इंटरव्यू दिखाये जाते हैं। जाहिर है प्रायः सभी बच्चे खाते-पीते घरों के होते हैं। उन्हें देखकर और सुनकर लगता है कि इनमें सचमुच कुछ है जो आपको बाँधता है और थोड़ी देर के लिए ममता और वात्सल्य की कौंध मार जाती है। उनके भोलेपन में भी एक शरारत है, जो बुद्धि की ओर इशारा करती है। लगता है हम तो अपने बचपन में बुद्धू ही थे। मगर यह बात भारत के सब बच्चों पर लागू नहीं होती। आप मानें या न मानें, बुद्धि का ताल्लुक प्राय : पौष्टिक भोजन, शिक्षा और माहौल से होता है।

विश्व स्वास्थ्य संगठन, संयुक्त राष्ट्र संघ एवं अनेक संस्थाएँ बाल-स्वास्थ्य, बाल अधिकार, बाल-शिक्षा, बाल-श्रम जैसे गम्भीर मुद्दों पर सकारात्मक भूमिका निभा रही है। इसी की फलश्रुति है :

जुगनू को दिन के वक़्त परखने की जिद करें,
बच्चे हमारे दौर के चालाक हो गये।

—परवीन शाकिर, पाकिस्तानी शायरा

30
समाचार
(News)

"News is the first report of significant events, which has interest for the public." *–Ary C. Hopwood*

× × ×

"News is as welcome as the morning air." *–Chapman*

× × ×

"News is history in a hurry." *–George H. Morris*

× × ×

Report is a statement of what has happend and what has been said, seen and done. *–Dr. Arjun Tiwari*

× × ×

It is the honest and unbiased and complete account of events of interest and concern to the public. *–Duane Bradley*

× × ×

I have six honest serving men
They taught me all I knew,
Their names are where and what and when
And how and why and who. *–Rudyard Kipling*

पत्रकारिता का प्राण-तत्त्व समाचार है। मानव की ज्ञान-पिपासा तब शान्त होती है जब वह समाचार सुन लेता है अथवा पढ़ लेता है। प्रातःकालीन नित्य-क्रिया का एक अभिन्न अंग नये-नये समाचारों की जानकारी प्राप्त करना है क्योंकि यह आधुनिक जीवन की एक अनिवार्यता है जिसमें सभी की रुचि रहती है। पहले जब दो-चार व्यक्ति जुटते थे तो धार्मिक एवं पारिवारिक चर्चा होती थी। अब तो आस-पास, राष्ट्र और विदेश सम्बन्धी समाचारों पर टीका-टिप्पणी प्रारम्भ हो जाती है।

समाचार की व्युत्पत्ति : समाचार को अंग्रेज़ी में News (न्यूज) कहते हैं जो New (न्यू) का बहुवचन है। वह लैटिन के 'नोवा', संस्कृत के 'नव' से बना है। तात्पर्य यही कि जो नित्य नूतन हो वही समाचार है।

हेडन के कोश के अनुसार 'सब दिशाओं की घटना को समाचार' कहते हैं। 'न्यूज' के चार अक्षर चार दिशाओं के आद्याक्षर हैं :

N – North (उत्तर)

E – East (पूर्व)

W – West (पश्चिम)

S – South (दक्षिण)

उत्तर, पूर्व, पश्चिम और दक्षिण की घटनाओं को समाचार समझना चाहिए।

समाचार शब्द की व्युत्पत्ति 'सम् + आ + चर् + घञ्' से हुई है। जिसका तात्पर्य सम्यक् आचरण करना या व्यवहार बताना है। सम्यक् आचरण के अनुरूप ही जब निष्पक्ष भाव से तथ्यों की सही सूचना दी जाती है तो वह समाचार माना जाता है। 'चर्' धातु चिन्तन, अध्ययन और रक्षण से भी सन्दर्भित है अर्थात् तथ्यों का अध्ययन, चिन्तन एवं रक्षण समाचार है।

'वृत्तान्त', 'ख़बर', 'संवाद', 'विवरण' और 'सूचना' समाचार के पर्याय हैं। अमरकोश में 'वार्ता', 'वृत्ति', 'प्रवृत्ति' तथा 'उदन्त' चार शब्द समाचार हेतु प्रयुक्त हुए हैं। इन सभी शब्दों से किसी घटना की पूरी जानकारी देने का भाव स्पष्ट होता है।

1500 ई. के पूर्व 'टाइडिंग' (TYDING) शब्द का प्रचलन 'समकालीन घटनाओं की सूचना' के रूप में था। बाद में मुद्रण-कला के विकास के साथ 'न्यूज' शब्द का प्रयोग होने लगा जिसका तात्पर्य है सूचनाओं के संकलन और प्रसारण द्वारा लाभ अर्जित करना जैसा कि *एडविन एमरी* का विचार है।[1] सूचनाओं का यदा-कदा प्रसारण 'टाइडिंग' है जबकि सुनियोजित ढंग से अनुसन्धानपूर्ण समाचारों का संकलन तथा प्रसार ही 'न्यूज' है।

श्री रा. र. खाडिलकर के अनुसार, "दुनिया में कहीं भी किसी समय कोई छोटी-मोटी घटना या परिवर्तन हो उसका शब्दों में जो वर्णन होगा, उसे समाचार या ख़बर कहते हैं।"[2]

समाचार की कुछ परिभाषाएँ निम्नलिखित हैं :

> "अनेक व्यक्तियों की अभिरुचि जिस सामयिक बात में हो वह समाचार है। सर्वश्रेष्ठ समाचार वह है जिसमें बहुसंख्यकों की अधिकतम रुचि हो।"[3]
>
> "समाचार किसी वर्तमान विचार, घटना या विवाद का ऐसा विवरण है जो उपभोक्ताओं को आकर्षित करे।"
>
> –*वूल्सल* और *कैम्पवेल*
>
> "समाचार सामान्यतः वह उत्तेजक सूचना है जिससे कोई व्यक्ति सन्तोष या उत्तेजना प्राप्त करता है।"[4]

---

1. News, thereupon became a commodity like food or merchandise, produced for profit to meet a demand. It is significant that there was little use of the word 'News' untill after the invention of printing made possible the periodical of the masses. Upto about 1500, TYDING was the usual word to describe reports of current events. The word 'news' was coined to differentiate between the casual dissemination of information and the deliberate attempt to gather and process the latest intelligence.

   –Edwin Emery, The Press and America

2. श्री रा. र. खाडिलकर, आधुनिक पत्रकार-कला।
3. Anything timely that interests a number of persons and the best news is that which has the greatest interest for the greatest number.

   –Professor William G. Bleyer

4. News is usually stimulating information from which the ordinary human being derives satisfaction of stimulation.

एक विद्वान् के मतानुसार "जिस किसी बात को सम्पादक कहते हैं वह समाचार होता है।"[1] किसी ने 'विचार रहित तथ्य को समाचार'[2] कहा है।

'समाचार कोई ऐसी चीज है जिसे आप कल (बीते हुए) तक नहीं जानते थे'[3]। —*टर्नर कैटेलिज*

'मानक हिन्दी कोश' (*रामचन्द्र वर्मा*) के अनुसार, समाचार का अर्थ आगे बढ़ना, चलना, अच्छा आचरण या व्यवहार है। मध्य और परवर्ती काल में किसी कार्य या व्यापार की सूचना को समाचार मानते थे। ऐसी ताजी या हाल की घटना की सूचना जिसके सम्बन्ध में पहले लोगों की जानकारी न हो।

"पर्याप्त संख्या में मनुष्य जिसे जानना चाहे वह समाचार है, शर्त यह है कि वह सुरुचि तथा प्रतिष्ठा के नियमों का उल्लंघन न करे।" —*जे.जे. सिंडलर*

"समाचार अति गतिशील साहित्य है। समाचार-पत्र समय के करघे पर इतिहास के बहुरंगे बेलबूटेदार कपड़े को बनाने वाले तकुए हैं।" —*हार्पर लीच और जॉन सी. कैरोल*

"घटना समाचार नहीं, बल्कि वह घटना का विवरण है, जिसे उनके लिए लिखा जाता है जिन्होंने उसे देखा नहीं है।" —*मैन्सफील्ड*

"समाचार किसी सामयिक घटना का, महत्त्वपूर्ण तथ्यों का परिशुद्ध तथा निष्पक्ष विवरण होता है, जिससे उस समाचार-पत्र में पाठकों की रुचि होती है जो इस विवरण को प्रकाशित करता है।" —*के.पी. नारायणन्*

उपर्युक्त परिभाषाओं के अतिरिक्त अनेक विद्वानों ने अपनी दृष्टि के अनुरूप समाचार को व्याख्यायित किया है जिसमें से कुछ द्रष्टव्य हैं :

"जिसे कहीं कोई दबाना चाह रहा हो, वही समाचार है, शेष विज्ञापन है।"

"समाचार कोई भी बात है जो सामान्य से परे हो।"

इस ग्रन्थ के लेखक के अनुसार, "अकस्मात् जो घटे वही समाचार है। कुछ हो जाना, कुछ पाना, कुछ खोना, अचानक पहचान बनना ही समाचार है।"

"एक योग्य पत्रकार जो लिखता है वही समाचार है।"

"पाठक जिसे जानना चाहते हैं, वह समाचार है।"

"समाचार किसी ऐसे प्रचलित विचार, घटना या समस्या का विवरण होता है जिसमें लोगों की रुचि होती है।"

"जिस बात के छपने से पत्र की बिक्री बढ़ती है, वही समाचार है।"

ब्रिटेन के 'मानचेस्टर गार्डियन' ने एक प्रतियोगिता आयोजित की जिसमें पुरस्कृत सर्वोत्तम परिभाषा निम्नलिखित है :

"समाचार किसी अनोखी या असाधारण घटना की अविलम्ब सूचना को कहते हैं जिसके बारे में लोग प्रायः पहले कुछ न जानते हों, लेकिन जिसे तुरन्त ही जानने की ज़्यादा-से-ज़्यादा लोगों में रुचि हो।" मार्क्सवादी दृष्टि से सूचना केवल तथ्य नहीं। यह तो शिक्षा भी है। सूचना से जगत् में व्यवहार प्रभावित होते हैं। 'लू', 'शीतलहर' या संक्रामक रोगों के फैलने का समाचार जब छपता है तो इसी हिसाब से लोग अपने को नियन्त्रित करते हैं।

---

1. News is the initial announcement of a novel or a striking event, not generally known, which is of immediate interest to the greatest number.
2. News is perishable. It must be delivered to its consumers while it is still fresh, otherwise, it is no longer news. —*JuliUn Adams and Kenneth Stratton-*

इन सभी परिभाषाओं पर ध्यान दिया जाये तो मेरे विचार से यही निष्कर्ष निकाला जायेगा कि **सरस, सामयिक और सत्य सूचना का विवरण ही समाचार है।**

1. News is what editors say it is
2. Facts uncoloured by 'opinion'
3. News is anything you did not know yesterday. *–Turner Catledge*

समाचार के तत्त्व

1. नूतनता : नूतनता समाचार का प्रमुख तत्त्व है। 'प्रकृति के यौवन का शृंगार करेंगे कभी न बासी फूल' *प्रसाद* की इस उक्ति के अनुसार बासी समाचार-पत्रों को गौरवान्वित नहीं कर सकते। दैनिक पत्रों में 24 घण्टे एवं साप्ताहिक पत्रों में एक सप्ताह के बाद समाचार छापने पर समाचारत्व नहीं रह जाता। मन्तव्य यही है कि ताजा-से-ताजा समाचार पाठकों को आकर्षित करता है, विलम्ब होने पर वह निस्तेज, निरर्थक हो जाता है। नूतनता के अभाव में समाचार 'गल्प', 'आख्यान' बन जाता है। यहाँ और अभी-अभी, तत्काल, तत्क्षण, अविलम्ब को समाचार का प्राण कहा गया है।

2. सत्यता : किसी घटना का सत्य-सत्य, परिशुद्ध एवं सन्तुलित विवरण समाचार को मूल्यवान बनाता है जैसा कि कहा गया है कि "Whole truth and nothing but the truth." वस्तुतः सत्य को ठेस पहुँचाना समाचार की आत्मा को नष्ट करना है। 'सर्व सत्ये प्रतिष्ठितम्' उसका मूल मन्त्र है। सत्य ही पत्रकार को स्वतन्त्र और निर्भीक बनाता है। 'चक्षुर्वैसत्यम्' अर्थात् आँख ही सत्य है, सुनी-सुनायी बातों की अपेक्षा स्वयं का साक्षात्कृत अनुभव ही सत्य होता है। एक तथ्य के गलत होने पर समाचार निरर्थक हो जाता है।

3. सामीप्य : निकटस्थ घटित छोटी घटना दूरस्थ की बड़ी दुर्घटना से अधिक महत्त्वपूर्ण होती है।

4. सुरुचिपूर्णता : पाठकों की रुचि को प्रभावित करने वाले समाचार अधिक पठनीय होते हैं क्योंकि 'यदेव रोचते यस्मै भवेत्तत्स्य सुन्दरम्' की ही जगत् में मान्यता है।

5. वैयक्तिकता : उच्च पदस्थ व्यक्तियों का भाषण समाचार बन जाता है। प्रमुख स्थान आ जाते हैं। कोई बड़ी दुर्घटना अथवा विश्व-विश्रुत नेता के असामयिक निधन सम्बन्धी समाचार इस कोटि में आते हैं।

व्यापी समाचार (Spread News) **:** अधिक समय तक अधिकाधिक व्यक्तियों को प्रभावित करने वाला समाचार व्यापी कहा जा सकता है। अपने महत्त्व तथा विस्तृत प्रभाव के चलते ऐसे समाचार पूरे पृष्ठ पर छाये रहते हैं जिनका विस्तार बड़ा होता है। व्यापी समाचार के खण्डन-मंडन हेतु अन्य समाचारों को भी स्थान दिया जाता है।

कुछ विद्वानों ने निम्नलिखित श्रेणियाँ निर्धारित की हैं :

(क) विचार-प्रधान समाचार

(ख) भाव-प्रधान समाचार

(ग) अनुसन्धान-प्रधान रागाचार

(घ) सनसनीखेज समाचार

(ङ) व्यक्तित्त्वपरक समाचार

(च) विवरणप्रधान समाचार

(छ) एकांगी समाचार

श्री हेरम्ब मिश्र ने स्थानीय, प्रान्तीय, अखिल देशीय या अन्तर्राष्ट्रीय इन चार वर्गों में प्रत्येक के अन्तर्गत निम्नलिखित प्रकार के समाचारों को समाहित किया है :

1. भाषण, वक्तव्य और विज्ञप्ति, 2. आततायियों के कुकर्म, छेड़छाड़, मारपीट, पॉकेटमारी, चोरी, ठगी, डकैती, छुरेबाजी, जुआ, हत्या, अपहरण, बलात्कार, 3. जमीन-जायदाद के लिए एक ही परिवार के सदस्यों के बीच फौजदारी और मुक़दमेबाजी,

4. जातिवादी कलह तथा विद्वेष, 5. रंगभेद और वर्णभेद से उत्पन्न अशान्ति, 6. क्षेत्रीयतावादियों एवं प्रान्तीयतावादियों के झगड़े, 7. धार्मिक एवं साम्प्रदायिक उपद्रव और वैमनस्य, 8. स्थानीय, क्षेत्रीय, प्रान्तीय तथा अखिल देशीय दिलचस्पी एवं महत्त्व के न्यायिक निर्णय, 9. परिवहन तथा मार्ग-दुर्घटनाये, साइकिल, स्कूटर, एक्का, ताँगा, बस, ट्रक और कार से लेकर ट्रेन, जहाज और हवाई जहाज तक की दुर्घटनाये, 10. अवर्षण, अतिवर्षण, बाढ़, आँधी, हिमपात, 11. भू-भ्रंश, भूकम्प, 12. असामयिक या आकस्मिक मृत्यु, आत्म-हत्या, 13. जातीय, सामाजिक, व्यावसायिक एवं राजनीतिक संस्थाओं, संगठनों तथा दलों की बैठकें, विशेष बैठकें, सम्मेलन, समारोह, प्रदर्शन और जुलूस, 14. श्रम-आन्दोलन, किसान-आन्दोलन, 15. सरकारी, सामाजिक, राजनीतिक व्यक्तियों का स्वागत और विदाई, 16. स्थानीय शासन-निकायों और सरकारी विभागों की गतिविधि, 17. कर्मचारियों, अधिकारियों तथा राजनीतिक कार्यकर्ताओं और नेताओं की मनमानी और ज्यादतियों की शिकायतें, 18. व्यक्तिगत समाचार, जैसे—परीक्षक या सांस्कृतिक एवं बौद्धिक कार्यों में विशेष सफलता, विदेश-यात्रा, विवाह आदि। 19. मेलों और पर्वों के समाचार।[1]

1. *श्री हेरम्ब मिश्र : पत्रकारिता, संकट और सन्त्रास,* पृ. 221

सामान्य नागरिक की यदि अप्रत्याशित उपलब्धि हो तो वह भी समाचार है जैसे कि एक भिखारी को एक लाख की लॉटरी का मिलना।

6. संख्या और आकार : अधिक संख्या में मृत और घायल यात्रियों से सम्बद्ध भयंकर रेल-दुर्घटना महत्त्वपूर्ण होगी जबकि मामूली चोट वाली घटना समाचार की दृष्टि से गौण है।

7. संशय और रहस्य : संशय और रहस्य से परिपूर्ण समाचारों की ओर पाठकों की अधिक जिज्ञासा होती है।

उपर्युक्त तत्त्वों के अतिरिक्त संघर्ष, स्पर्धा, उत्तेजना, रोमांस, वैशिष्ट्य-परिणाम, कामेच्छा, कुकृत्य, नाटकीयता, मानवीय गुणों का उद्रेक, असाधारणता, आर्थिक-सामाजिक परिवर्तन तथा उद्भावना समाचार के ऐसे तत्त्व हैं जिनसे समाचार के प्रति आकर्षण उत्पन्न होता है।

समाचार के प्रकार

समाचार दो प्रकार के बताये गये हैं :

(क) सीधा समाचार (ख) व्याख्यात्मक समाचार

सीधा समाचार सरल तथा सुस्पष्ट विधि से घटनाओं का सही-सही तथ्यात्मक विवरण है। इसमें तथ्यों को तोड़ा-मरोड़ा नहीं जाता तथा ऐसे समाचारों में आरोप लगाने, निष्कर्ष निकालने एवं सम्मति देने का प्रयास नहीं होता। व्याख्यात्मक समाचारों में घटना की गहरी छानबीन की जाती है, उसे समग्र रूप में उदघाटित किया जाता है। घटना के परिवेश, पूर्वापर सम्बन्ध तथा उसके वैशिष्ट्य परिणाम को लिखा जाता है ताकि पाठक सरलता से सभी बातें समझ जायें।[1]

आजकल के अति व्यस्त पाठकों के पास समाचार की जटिलता और रहस्यमयता से जूझने की फुर्सत नहीं है, अतः समग्र तथ्यों की व्याख्या द्वारा समाचार को सुग्राह्य बना दिया जाता है।

---

1. A straight news story gives factual account of what has happened in a simple, clear and accurate manner. This type of story never distorts, misrepresents of given wrong facts. It draws no conclusions, makes no accuation, fofers no opinions and does not indulge in any speculation. Interpretative news story on the other hand, reports happening in depth, gives all of the picture, provides background and puts some meaning into the news so that the reader can better understand and appreciate the event.

—*Mass Communication and Journalism in India*

घटनाक्रम के महत्त्व की दृष्टि से समाचार के दो रूप होते हैं :

1. तात्कालिक विशिष्ट समाचार (Spot News) : पूर्वाभासरहित अकस्मात् ही जब घटना घट जाती है तो उससे सम्बद्ध समाचार का विशेष महत्त्व होता है। वे गरमागरम अद्यतन होते हैं। अपनी विशिष्टता के कारण ऐसे समाचार मुख पृष्ठ पर

महत्त्व की दृष्टि से महत्त्वपूर्ण, कम महत्त्वपूर्ण तथा समान्य से तीन समाचार के भेद हैं।

महत्त्वपूर्ण समाचार—एक प्रतिष्ठित पत्र के सम्पादक ने अपने संवाददाताओं को तार-अधिकार-पत्र के प्रयोग सम्बन्धी आदेश दिया जिसके निम्नलिखित अंश से महत्त्वपूर्ण समाचारों का अनुमान लगाया जा सकता है :

"...तार से अत्यन्त महत्त्वपूर्ण और वही समाचार भेजिए जिनमें शीघ्रता अपेक्षित हो। जैसे बड़े पैमाने पर दंगा, अपराध, गम्भीर किस्म की डकैती, चोरी या कत्ल जिसमें क्षेत्र के किसी प्रमुख व्यक्ति की गिरफ्तारी, आग्नेयास्त्रों के उपयोग, डाक की लूट आदि की तरह घटनायें हों, विपत्तियाँ, दुर्घटनाये, जिनमें जन-जीवन की क्षति हुई हो, राजनीतिक हलचलों से सम्बन्धित गम्भीर झगड़े आदि।"

विषय-क्षेत्र को आधार मानकर राजनीति, विज्ञान, व्यापार-वाणिज्य, खेल-कूद, मनोरंजन, साहित्य एवं संगीत आदि से सम्बद्ध समाचारों का वर्गीकरण किया गया है।

काल-प्रवाह की योजना के अनुरूप एक कालिक तथा प्रवाही इन दो तरह के समाचारों से पाठक परिचित होते हैं।

सम्पादन-शैली की दृष्टि से बहुरंगी और विकासोन्मुखी इन दो रूपों को समाचार प्रस्तुतीकरण का भेद माना गया है।

अपराध, स्थान-विशेष, डाक, रेडियो और टेलीविजन से सम्बद्ध समाचारों को संक्षेप में प्रस्तुत किया जा रहा है :

अपराध समाचार

चोरी, डकैती, अपहरण, बलात्कार, हत्या, तस्कर-व्यापार, भ्रष्टाचार, चोर-बाज़ारी, घूसखोरी और अनेक समाज-विरोधी घटनाओं के नियमित प्रकाशन की स्पर्धा में भारत के पत्र आगे निकल चुके हैं। स्थिति यही है कि 'को बड़ छोट कहत अपराधू'। कुछ पत्र इन अनैतिक समाचारों के सचित्र और विशद विवरण द्वारा पाठकों को सच्चाई के तकाजे के नाम पर दिग्भ्रमित कर रहे हैं। 'न ब्रूयात् सत्यमम् प्रियम्' पर ध्यान नहीं है। समाज के सबसे बड़े हितैषी समाचार-पत्र गन्दगी पर राख डालने या उसको फेंक देने के स्थान पर गन्दगी को चारों ओर फैलाने का सत्कर्म कर रहे हैं। एक का अनैतिक व्यापार अनुकरणीय बने, समाज के कोने-कोने में फैले शायद यही अब पत्रों को अभीष्ट है।

स्थानीय समाचार

पत्रों में देश-विदेश के पर्याप्त समाचार हों परन्तु उस नगर का समाचार न छपे जहाँ से इसका प्रकाशन होता है तो पाठकों पर विचित्र प्रतिक्रिया होती है। स्थानीय समाचारों को महत्त्व देना पत्र की लोकप्रियता में वृद्धि करना है। अधिकांश पत्र तो कम-से-कम एक पूरा पृष्ठ स्थानीय समाचारों के लिए सुरक्षित रखते हैं। नगर के सर्वांगीण विकास, नगरवासियों की भावनाओं के प्रकाशन तथा समस्याएँ और समाधान को समादृत कर 'स्थानीय समाचार' को पुष्ट किया जा सकता है। जागरूक पाठक अपने स्थान तथा अपने परिवेश सम्बन्धी समाचारों की उपेक्षा सहन नहीं कर सकता।

स्थानीय समाचारों और उनके संवाददाताओं के महत्त्व को प्रतिपादित करते हुए *श्री सत्यदेव विद्यालंकार* ने 'हिन्दी पत्रकार की आपबीती जगबीती' में लिखा है :

"मेरा अनुभव है कि जिन पत्रों ने पत्रकारिता के इस महत्त्वपूर्ण अंग की उपेक्षा की, वे पनप नहीं सके। जिन संचालकों ने बिना टाँगों के अपने पत्रों को चलाने का प्रयत्न किया वे उसमें सफल नहीं हो सके।"

राशन की दुकानों पर भ्रष्टाचार, विद्यालयों में प्रवेश सम्बन्धी धाँधली, कर वसूली में ज्यादती, भीषण गन्दगी और यातायात के साधनों की असुविधा सम्बन्धी क्षेत्रीय समाचारों का प्रकाशन समाचार-पत्र और पाठकों के मध्य तादात्म्य भाव स्थापित कराते हैं। क्षेत्र-विशेष के लिए राष्ट्रीय समाचारों की अपेक्षा स्थानीय समाचार महत्त्वपूर्ण सिद्ध होते हैं।

डाक समाचार

नगरों से दूर स्थित संवाददाता डाक के द्वारा संवाद भेजते हैं जो कुछ विलम्ब से कार्यालय में पहुँचते हैं। दूरस्थ व्यक्तियों के सुख-दुःख को सुनने, जानने की ललक में पाठक ऐसे समाचार पढ़ना चाहते हैं फलतः सम्पादक ऐसी ख़बरों को बासी होने पर भी समादृत करते हैं। दूर और देर से प्राप्त विविध समाचारों के सम्पादन में भाषा की एकरूपता पर विशेष ध्यान दिया जाता है। किसी घटना के स्थानीय रंग एवं स्थानीय महत्त्व को आँखों से ओझल नहीं किया जा सकता। अपमानजनक समाचार, अनर्गल प्रलाप तथा महीनों बाद समाचार छापना पत्र को हर तरह से संकट में डाल देना होता है।

रेडियो समाचार

साक्षर-निरक्षर, नेत्रहीन-नेत्रयुक्त सभी को नूतनतम घटनाओं की जानकारी देने का कार्य रेडियो करता है। कम-से-कम समय में अत्यन्त महत्त्वपूर्ण समाचारों का विश्वसनीयता के साथ प्रसारण करने वाला रेडियो ही होता है। 15, 10 और 5 मिनटों के प्रसारित होने वाली बुलेटिनों में मुख्य-मुख्य समाचार नपे-तुले शब्दों में पढ़ना पड़ता है। सम्पादक हेडलाइंस तैयार कराता है। देखा जाता है कि सबसे अन्त में तैयार समाचार सबसे पहले सुनाये जाते हैं। हेडलाइंस में समाचारों का सार-तत्त्व दिया जाता है। सम्पादक के निर्णयानुसार प्राथमिकता के साथ दिन का सर्वाधिक महत्त्वपूर्ण समाचार जिसे लीड स्टोरी कहते हैं, प्रसारित होता है। रेडियो के लिए समाचार लिखते समय इस बात का ध्यान रखना चाहिए, "इस प्रकार लिखो मानो कि तुम कुछ लोगों से बात कर रहे हो। ऐसी वार्ता सामयिकता, निकटता, महत्त्व और भावना जैसे आवश्यक तत्त्वों से पूर्ण हो।" *डाउलिंग लेदरवुड* ने 'जर्नलिस्ट इन दि एयर' में लिखा है कि "समाचार किसी घटना, परिस्थिति, स्थिति या राय की सही और सामयिक सूचना हैः ऐसी सूचना जिसमें उन लोगों को, जिनके लिए वह अभिप्रेत हो, दिलचस्पी होगी।"

समाचार-पत्रों के 'कल' और 'बीते समय' के समाचारों के स्थान पर 'आज के' और 'अभी-अभी प्राप्त नवीनतम सूचनाओं' की प्रामाणिक जानकारी हेतु रेडियो समाचार ही आधार रह गया है।

टी. वी. समाचार

दृश्य, ध्वनि और गति के माध्यम से घटना का प्रामाणिक विवरण दूरदर्शन समाचार द्वारा ज्ञात होता है। बाढ़, अग्निकांड, विमान-दुर्घटना तथा समारोह के समाचार 'पढ़ने' और 'सुनने' की अपेक्षा 'देखना' अधिक लाभप्रद होता है। टी. वी. समाचार में कम-से-कम टीका-टिप्पणी के साथ अधिकतम चित्रों का रसास्वादन कराया जाता है।

संक्षेप, स्पष्ट और वाचन की दृष्टि से प्रभावोत्पादक ढंग से लिखा समाचार टी. वी. के लिए सुगम होता है।

भारत में अन्तरिक्ष संचार युग का प्रारम्भ हो चुका है। उपग्रहों द्वारा संचार-व्यवस्था में क्रान्ति लायी जा रही है। 'आर. वी.' और 'इंसेट' की मदद से भारत के सुदूर ग्राम्यांचल भी टी. वी. से लाभान्वित हो रहे हैं।

अपेक्षित और आकस्मिक समाचार

उपर्युक्त विविध समाचारों को डायरी समाचार (Diary News) तथा गर्म समाचार (Hot News) के रूप में भी विभाजित किया गया है। डायरी समाचार को 'अपेक्षित समाचार' तथा गर्म समाचार को 'आकस्मिक समाचार' के नाम से भी जाना जाता है। विविध समारोहों, गोष्ठियों, जन-सभाओं, विधानसभा, विधान-परिषद्, लोकसभा और राज्यसभा के ऐसे समाचार जो सुनियोजित ढंग से प्राप्त होते हैं उन्हें डायरी समाचार कहा जाता है। हत्या, ट्रेन-बस दुर्घटना, घोर अव्यवस्था और प्राकृतिक आपदा सम्बन्धी बातें जो आकस्मिक रूप से घट जाती हैं जो अनपेक्षित होती हैं, 'गर्म समाचार' के अन्तर्गत आती हैं। वास्तव में, मानव-जीवन की विविधता से ही समाचार की विभिन्नता सम्बद्ध है।

31

समाचार-पत्र

(Newspaper)

The daily newspaper is the poor men's university. —*G.B. Shaw*

× × ×

A good newspaper is a nation talking to itself. —*Arthur Miller*

× × ×

Four hostile newspapers are more to be feared than a thousand bayonets. —*Napolean*

× × ×

तीन मुख्य उद्देश्य

समाचार-पत्र का पहला उद्देश्य जनता की इच्छाओं, विचारों को समझना और उन्हें व्यक्त करना है। दूसरा उद्देश्य जनता में वांछनीय भावनाओं को जाग्रत् करना है। तीसरा उद्देश्य सार्वजनिक दोषों को निर्भयतापूर्वक प्रकट करना है। —*महात्मा गाँधी, सन् 1908*

× × ×

...the newspaper is the moving force of current history. —*Cutlip and Center*

× × ×

The newspaper press is the people's university. –*J. Parton*

× × ×

A newspaper must have courage and fairness, and a sense of duty to the reader and community. Its primary office is the gathering of news at the peril of its soul, it must see that the supply is not tainted. —*C.P. Scott*

× × ×

It is as white as innocence, as black as sin and as transient as lover's tryst, but as punctual as a new suitor and as constant as a virtuous wife—the newspaper. —*Manfred Barthel*

× × ×

Newspapers are unable, seemingly to descriminate between a bicycle accident and the collapse of civilization. —*G.B. Shaw*

× × ×

"समाचार-पत्र समाज का थर्मामीटर है, जिससे समाज के तापमान को मापा जाता है। भविष्य की घटनाओं को संकेतित करने के कारण वह दूरबीन भी है।" —*डॉ. अर्जुन तिवारी*

ज्यों पारस लगि होत है, लोहा कनक समान।
त्यों पत्रन के पठन ते, मूर्ख होत मतिमान ॥

समाचार-पत्र दैनिक जीवन के अनिवार्य अंग हैं। यह प्रबुद्ध पाठकों के लिए एक ऐसा दर्पण है जिसकी सहायता से वे विश्व की गतिविधि, स्वराष्ट्र के उत्थान-पतन तथा क्षेत्र-विशेष की ज्वलन्त समस्याओं से सुपरिचित होते हैं। समाज का वास्तविक थर्मामीटर तो समाचार-पत्र ही हैं जिनमें सामाजिक वातावरण का तापमान परिलक्षित होता है। पत्रों को दूरबीन कहा जाये तो अतिश्योक्ति नहीं होगी क्योंकि वे भविष्य में होने वाली बहुत दूर-दूर की घटनाओं का आभास दे देते हैं। यही कारण है कि *शेख साहब* कुरानशरीफ के पाठ के पूर्व समाचार-पत्र पढ़ते हैं जैसा कि *अकबर इलाहाबादी* ने कहा था :

नहीं शेख साहिब की वह आदत
वजू[1] की ओर मुनाजाते सहर[2] की।
मगर वो चाय पीकर हस्बे दस्तूर[3]
तिलावत[4] करते हैं वह पायनियर की॥

पंडित विष्णुदत्त शुक्ल ने 'आधुनिक पत्रकार कला' में समाचार-पत्र के क्रमिक रूप को स्पष्ट किया है :

"पहिले-पहिल समाचार-पत्रों का जन्म विशेष कर्मचारियों या संवाददाताओं द्वारा अधिकारियों के पास भेजी जाने वाली चिट्ठियों से हुआ। ये चिट्ठियाँ एक साथ जिल्द बाँधकर सार्वजनिक मिसल (Public Record) की भाँति रखी जाती थीं, इसलिए पहिले नाम 'न्यूज़ बुक' या समाचार-ग्रन्थ रखा गया। फिर जब एक संवाददाता अनेक अधिकारियों के पास समाचार चिट्ठियाँ भेजने लगा, तब इसका नाम 'न्यूजलेटर' (समाचार चिट्ठी) तथा कुछ आगे चलकर 'न्यूज़ शीट' (समाचार काग़ज़) पड़ा। इसके बाद धीरे-धीरे समाचार-पत्रों की विशेष उन्नति हुई और इनका नाम 'न्यूजपेपर' (समाचार-पत्र) पड़ा। हिन्दी ने इसी नाम को अपना लिया।"

मुद्रण-कला के विकास के साथ ही समाचार-पत्र का क्षेत्र व्यापक हुआ। आज तो वह सर्वजन सुलभ ज्ञान-विज्ञान का संवाहक बन चुका है। इंग्लैंड के 'न्यूजपेपर लायबल रजिस्ट्रेशन एक्ट' के अनुसार "कोई भी पर्चा समाचार-पत्र कहा जायेगा, बशर्ते कि उसमें सार्वजनिक समाचार, सूचनाएँ या घटनाएँ छपी हों, अथवा इन समाचारों के सम्बन्ध में कोई टीका-टिप्पणी हो और वह एक निश्चित अवधि के बाद, जो 27 दिनों से अधिक भी न हो, बिक्री के लिए प्रकाशित होता हो।"[5]

भारतीय प्रेस एक्ट के अनुसार, समाचार-पत्र ऐसे नियतकालिक पत्र को कहते हैं जिसमें सार्वजनिक समाचार होते हैं या उससे सम्बन्धित टिप्पणी प्राप्त होती हैं।[6]

---

1. वजू—नमाज पढ़ने के पूर्व हाथ धोना।
2. मुनाजाते सहर—प्रातःकाल की प्रार्थना।
3. हस्बे दस्तूर—रिवाज, आदत।
4. तिलावत—पाठ कुरानशरीफ का।
5. Any paper containing public news, intelligence of occurance of any remark or observation therein printed for sale and published periodically or in parts or numbers at interval not exceeding 27 days.
6. Newspaper means any periodical work containing public news or comments of public news.

समाचार-पत्र समाचारों की सुरक्षा की गारंटी लेते हैं। छपने के बाद समाचार शाश्वत महत्त्व के हो जाते हैं। पहले नारद भगवान् तीनों लोकों का समाचार लाते थे। अब तो समाचार-पत्र ही तीनों लोकों को मुखरित करते हैं।

पाद टिप्पणी

श्री अम्बिकाप्रसाद वाजपेयी ने ब्रिटिश पार्लियामेंट द्वारा परिभाषित तथ्य के अनुसार लिखा है कि :

"जिस काग़ज में सब लोगों के समाचार, जानकारियाँ, घटनाएँ हों और जो बिक्री के लिए नियत स्थान पर छापा जाता हो, वह समाचार-पत्र कहलाता है। इस परिभाषा के अन्तर्गत दैनिक ही नहीं, साप्ताहिक, पाक्षिक, मासिक सभी प्रकार के प्रकाशन आ सकते हैं किन्तु समाचार दैनिक या साप्ताहिक पत्र के अर्थ में रूढ़ हो गया है।"

सन् 1566 में यूरोप के शहरों में युद्ध एवं व्यापार से सन्दर्भित हस्तलिखित पत्र जब श्रोतागण सुनते थे तो उसके लिए उन्हें एक 'गजेटा' (छोटा सिक्का) देना पड़ता था। इसी 'गजेटा' के नाम पर समाचार-पत्रों को 'गजेटा' कहा जाने लगा। सम्प्रति 'गजट' तो सूचना-पत्र तथा समाचार-पत्र का पर्याय हो चुका है।

मुगलकाल में 'फ़रमान', 'दस्तक' 'परवाना', 'महज़ार', 'एकाउंट पेपर' तथा 'बिक्रीनामा' पत्र के विभिन्न रूप प्रचलित थे। फ़ारसी के 'ख़बर' का बहुवचन 'अख़बार' है।

बँगला में अख़बार को 'संवाद पत्र' और 'वार्तावह' कहा जाता था। मराठी में 'वृत्त' या 'वृत्तपत्र' कहने की प्रथा है। 'वर्तमान' और 'वर्तमान पत्र' का भी प्रयोग समाचार-पत्र के रूप में हुआ है। मुम्बई में सन्ध्या को प्रकाशित होने वाला गुजराती का एक पत्र 'सांजवर्तमान' है।

इनसाइक्लोपीडिया ब्रिटानिका ने समाचार-पत्र और नियतकालिक पत्रिकाओं के अन्तर को सुस्पष्ट किया है :

"समाचार-पत्र एक अजिल्द धारावाही प्रकाशन है, जो नियमित समय के अन्तर से प्रकाशित होता है और जिसमें समाचारों को प्रमुखता दी जाती है। अधिकांश समाचार-पत्र दैनिक या साप्ताहिक होते हैं। कुछ अर्द्ध साप्ताहिक भी होते हैं। पाक्षिक और मासिक समाचार-पत्रों के उदाहरण शायद ही कभी मिले हों। समाचार-पत्र और पत्रिका का अन्तर भी रोचक है, विशेष रूप से साप्ताहिक प्रकाशनों के बीच। यदि प्रकाशन सजिल्द है, तो उसे पत्रिका कहा जाता है। समाचार-पत्रों के लिए पृष्ठ संख्या और आकार का निर्धारण कभी नहीं किया गया।"[1]

उपर्युक्त परिभाषाओं से मैं निष्कर्ष निकालता हूँ कि सार्वजनिक समाचारों और उन पर टिप्पणियों से युक्त नियमित रूप से प्रकाशित पत्र को समाचार-पत्र कहा जा सकता है जो पैसा देने पर सबको सुलभ हो। पत्र जन-हितकारिणी क्रिया-कलाप को बताता है तथा जनता के समक्ष उसे प्रस्तुत कर समाज में सौन्दर्य एवं शिवत्व का प्रसार करता है।

समाचार-पत्रों की विशेषताएँ

एडविन एमरी द्वारा लिखित 'दि प्रेस ऐंड अमेरिका' में समाचार-पत्रों की सात विशेषताएँ वर्णित हैं :

1. It must be published atleast once a week.
2. It must be produced by mechanical mean (to distinguish it from the hand written 'news letters').

---

1. A newspaper is an unbound serial publication issued at frequent intervals and devoted primarily to news. Most newspapers are issued daily or weekly. Some are published semi-weekly, and there have been rare examples of fortnightly and monthly newspapers. The distinction between the newspaper and the magazine is sometimes a nice one, especially among weeklies, in general, the publication is called magazine, if it is bound within covers. Neither a page size nor a number of pages has even been fixed for the newspaper.

—*Encyclopedia Britannica*

3. It must be available to any one willing to pay the price regardless of class or special interests.
4. It must print anything of interest to a general public, as contrasted with some of the religious and business publications.
5. It must have an appeal to a public of ordinary skill.
6. It must be timely or atleast relatively so in the light of technical development.
7. It must have stability as contrasted to the fly by night publications of more primitive times.

तात्पर्य यही कि–

1. समाचार-पत्र सप्ताह में कम-से-कम एक बार प्रकाशित हो।
2. हस्तलिखित पत्रों से भिन्न रूप में यान्त्रिक माध्यम से इसका मुद्रण हो।
3. वर्ग अथवा रुचि-विशेष का ध्यान न रखकर यह उन सभी को सुलभ कराया जाये जो मूल्य देने के लिए तत्पर हों।
4. समाचार-पत्र धार्मिक एवं व्यापारिक प्रकाशनों की अपेक्षा आम जनता की रुचि के अनुरूप तथ्यों से पूर्ण हो।
5. साधारण तौर पर साक्षर व्यक्तियों की रुचि को प्रभावित करने में पत्र सक्षम हो।
6. तकनीकी विकास के परिप्रेक्ष्य में इसका प्रकाशन नियत समय पर हो।
7. पत्रों के प्रकाशन में स्थायित्व हो, पूर्वकालिक पत्रों की भाँति अल्पजीवी न हो।

अमेरिकी दृष्टि से सप्ताह में एक बार प्रकाशित पत्र समाचार-पत्रों की श्रेणी में आ जाते हैं परन्तु भारत में 'समाचार-पत्रों में दैनिक, साप्ताहिक, पाक्षिक, मासिक एवं त्रैमासिक पत्र-पत्रिकाएँ आती हैं। ऐसे भी पत्र हैं जो आयुर्वेद, आदिवासी-कल्याण, ज्योतिष से लेकर जीवन रहस्य तक पर सामग्री छापते हैं।'[1]

आज समाचार-पत्रों की प्रभुता स्वयंसिद्ध है। *वेंडेल फिलिप्स* का कथन इसके महत्त्व को स्पष्ट करता है :

"आज का समाचार-पत्र एकबारगी जन वर्ग का माता-पिता, स्कूल-कॉलेज, शिक्षक, थिएटर, आदर्श और उदाहरण, परामर्शदाता और साथी हो गया है। मुझे समाचार-पत्र निकालने दो, फिर इस बात की मैं परवाह नहीं करता कि कौन धर्म का नियामक है और कौन क़ानून का निर्माता।"

समाचारों को छापकर समाचार-पत्र जगत् में हलचल मचा देते हैं।[2]

समाचार-पत्र सामयिक सूचनाओं का ही वाहक नहीं है, अपितु यह भावनाओं और विचारों की अभिव्यक्ति का साधन है जैसा कवि *फैज* ने कहा है :

'मेरे दर्द को जो जुबाँ मिले,
मुझे मेरा नामो निशाँ मिले।'

वास्तव में, सबके सुख-दुःख को स्वर देने वाला समाचार-पत्र ही है। "तुम्हारे मतलब की कह रहा हूँ, जुबान इसकी है बात सबकी" को चरितार्थ करने वाले समाचार-पत्र ही हैं जो वस्तुतः जन-स्वर हैं।

पत्रों के प्रकार

(क) प्रकाशन-अवधि की दृष्टि से–दैनिक, द्वि-दैनिक, अर्द्ध साप्ताहिक, साप्ताहिक, पाक्षिक, मासिक, द्विमासिक, त्रैमासिक, अर्धवार्षिक आदि अनेक पत्र प्रकाशित होते हैं। दैनिक पत्रों में 24 घण्टों की घटनाएँ लिखी जाती हैं जबकि किसी में दो दिनों की तो किसी में तीन दिनों अथवा एक सप्ताह की बातें मुद्रित होती हैं। दैनिक पत्रों का प्रभाव सर्वाधिक होता है क्योंकि इनमें अधिकांशतः समाचार और उन पर टिप्पणियाँ ही छपती हैं जिससे पूरा राष्ट्र प्रभावित होता है। समसामयिकता और

1. श्री के. वी. नारायणन् : सम्पादन-कला, पृ. 4।
2. "It is a newspaper's duty to print the news and raise hell." —*Chicago Times, 1861*

समाचार-प्रधान रचनाओं के परिमाण की दृष्टि से दैनिक पत्रों के बाद साप्ताहिक पत्रों की गणना होती है, तत्पश्चात् पाक्षिक पत्र। नियतकालिकता की अवधि ज्यों-ज्यों बढ़ती जाती है, समाचारों का स्वर उतना ही मन्द पड़ता जाता है और विचारों का परिणाम उसी अनुपात में बढ़ता जाता है। दैनिक पत्रों में सपाटबयानी होती है जबकि साप्ताहिक और पाक्षिक पत्रों में भाषा की चुस्ती, चुटीलापन और विषय का विशद विश्लेषण प्राप्त होता है।

मासिक पत्रों में लेख, गल्प, उपन्यास की प्रधानता होती है। त्रैमासिक, अर्द्ध-वार्षिक तथा पत्रों में आलोचना, अनुसन्धान एवं अन्य साहित्यिक विधाओं से सम्बन्धित सामग्रियाँ सुलभ होती हैं। नियत समय पर प्रकाशित होने वाली विद्यालय, जाति-विशेष और बाज़ार भाव देने वाली पत्रिकाएँ अत्यन्त सीमित उद्देश्य रखती हैं तथा व्यापक सामाजिक परिप्रेक्ष्य से दूर रहती हैं फलतः इन्हें सच्चे अर्थों में पत्रिका नहीं कह सकते।

(ख) विक्रय संख्या की दृष्टि से—प्रतियों की विक्रय संख्या के आधार पर पत्रों के तीन प्रकार निम्नलिखित हैं :

1. बड़ा दैनिक समाचार-पत्र : 50,000 से अधिक प्रतियाँ।
2. मध्यम श्रेणी का दैनिक समाचार-पत्र : 15,000 से 50,000 तक।
3. छोटा दैनिक पत्र : 15,000 तक की बिक्री वाला पत्र छोटा दैनिक पत्र माना गया है।

लघु समाचार-पत्र

लघु, मध्यम और बड़े समाचार-पत्रों का वर्गीकरण विक्रय संख्या, साधन एवं आकार पर होता है। इनमें लघु समाचार-पत्र के सम्बन्ध में जानकारी प्राप्त कर लेने पर उसी अनुपात में अन्य पत्रों का अनुमान लगाया जा सकता है :

लघु समाचार-पत्र वे हैं जिनके साधन सीमित हैं तथा जो कम संख्या में कम पृष्ठों में प्रकाशित होते हैं और अधिकांशतः स्थानीय समस्याओं-ख़बरों को महत्त्व देते हैं। राष्ट्रीय तथा अन्तर्राष्ट्रीय ख़बरें भी उसमें छपती हैं तथा विद्वानों के लेखादि भी यदाकदा प्रकाशित होते रहते हैं। 'ब्लिट्ज' और 'धर्मयुग' की गणना लघु पत्रों में नहीं की जा सकती।

यदि हमें लोकतन्त्र को मजबूत बनाना है तो स्थानीय समस्याओं-प्रश्नों को हल करने, उनको प्रस्तुत करने वाले लघु समाचार-पत्रों की उपादेयता स्वयंसिद्ध है। छोटे समाचार-पत्र सीमित साधन होते हुए भी साहस, दूरदर्शिता तथा लोकहित को ध्यान में रखकर अधिक लोकप्रिय हो जाते हैं। जनहित में लिखने के कारण कभी-कभी मुक़दमेबाजी में फँसकर पत्रों को आर्थिक क्षति उठानी पड़ती है।

महात्मा गाँधी द्वारा सम्पादित-प्रकाशित 'हरिजन' को लघु समाचार-पत्र कहा जा सकता है। उसने जन-जागृति एवं आदर्श समाज-रचना सम्बन्धी जो कार्य किया वह आज भी अनुकरणीय है।

समाचार-पत्रों के कर्तव्य

समाचार-पत्रों की विविध व्याख्याओं द्वारा उनके कर्तव्यों का बोध हो जाता है। उज्ज्वल सामाजिक चेतना के निर्माण की दिशा पत्रों से प्राप्त होती है साथ ही अन्याय को मिटाने, आदर्शों को फैलाने और व्यक्तिगत जीवन को सुखमय बनाने का मन्त्र समाचार-पत्र देते हैं। राष्ट्र की उन्नति अथवा अवनति इनके ऊपर ही निर्भर है। *ऑस्कर वाइल्ड* का कथन द्रष्टव्य है जिसके अनुसार अमेरिका का राष्ट्रपति तो चार वर्षों तक शासन करता है, किन्तु वहाँ के पत्र तो सदैव शासन करते हैं। वास्तव में, समाचार-पत्रों के निम्नलिखित कार्य हैं :

1. प्रतिदिन की न्यूनतम घटनाओं का सही-सही सुबोध ढंग से विवरण प्रकाशित करना।
2. विचारों के आदान-प्रदान का सफल माध्यम बनना।
3. अग्रलेखों, समाचार समीक्षाओं, स्तम्भों एवं विशिष्ट लेखों द्वारा स्वस्थ जनमत का निर्माण करना।
4. समाजोपयोगी एवं स्वस्थ मनोरंजन के साधन उपलब्ध कराना'।

5. आर्थिक, औद्योगिक और सांस्कृतिक विकास हेतु दिशा-निर्देश करना।

6. राष्ट्र की सुरक्षा के प्रति सतर्क रहना और राष्ट्रीय एकता को प्रोत्साहन देना।

पहले समाचार और रहस्यपूर्ण तथ्य कुछ सुविधा-सम्पन्न व्यक्तियों की ही थाती मानी जाती थी परन्तु समाचार-पत्रों ने इनका सामान्यीकरण कर दिया, प्रत्येक संवाद को बिना किसी पंक्तिभेद के जन-जन तक पहुँचा दिया जैसा कि *जे.टी. डेलान* का अभिमत है।[1]

सन् 1947 में अमेरिकी समाचार-पत्रों की स्वतन्त्रता के सम्बन्ध में जाँच करने के लिए हडीसन कमीशन की स्थापना हुई थी। इस कमीशन ने समाज के लिए समाचार-पत्रों के प्रति निम्नलिखित पाँच कर्तव्यों का उल्लेख किया :

1. घटनाओं का इस प्रकार प्रदर्शन हो कि उनका सत्य सामने आ जाये।
2. समाचार-पत्र विचार और आलोचना मंच के रूप में कार्य करें।
3. वे समाज के वैधानिक क्षेत्रों का सत्य चित्र उपस्थित करें।
4. वे समाज के उद्देश्यों और मूल्यों का विवेचन करें।
5. प्रतिदिन के समाचारों का प्रकटीकरण ठीक रूप में हो।

भारतीय आर्ष ग्रन्थों में ईश्वर को सच्चिदानन्द कहा गया है। 'सत्' (यथार्थ), 'चित्' (सत् को जानने की प्रवृत्ति) जहाँ होती है वहीं सन्तोष और आनन्द है। समाचार-जगत् में 'सत्' वस्तुस्थिति और 'चित्' पाठकों की जिज्ञासा का द्योतक है। पाठकों को जिज्ञासा के अनुरूप वस्तुस्थिति का विवरण देकर उन्हें सन्तोष और आनन्द दिया जा सकता है जिसे समाचार-पत्र प्रतिदिन पूरा कर रहे हैं।

पत्रों के आदर्श

भारत के भूतपूर्व मुख्य न्यायाधीश *श्री के. सुब्बाराव* ने समाचार-पत्रों के कर्तव्यों का विश्लेषण करते हुए उनसे यही अपेक्षा की कि वे :

1. शासन और शक्तिमान पूँजीपतियों के हाथ की कठपुतली न बनें।
2. तथ्यों को सही-सही प्रकाशित करें और विचार प्रकट करते समय पक्षपात न करें।
3. वे सर्वसाधारण को वैधानिक, राजनीतिक, आर्थिक और सामाजिक समस्याओं के विषय में प्रबुद्ध करने के लिए ईमानदारी से प्रयास करें और इस प्रकार प्रभावकारी लोकमत तैयार करें।
4. वे न्यायालयों का व्यक्तित्त्व प्रतिबिम्बित करने का प्रयास करें, क्योंकि अन्ततः न्यायालय ही विधि-व्यवस्था के संरक्षक हैं। विधि-व्यवस्था अथवा क़ानून बनाये रखने में शासन और प्रेस, ये दोनों एक-दूसरे के लिए कार्य करते हैं। प्रेस की स्वतन्त्रता की रक्षा क़ानून करता है, बदले में क़ानून की मर्यादा प्रेस कायम रखता है।[2]

सारांश यही है कि समाज़ के विकारों का परिष्कार, सार्वजनिक अधिकारों की रक्षा, स्वस्थ जनमत का निर्माण एवं सन्मार्गों पर सतत चलते रहने की प्रेरणा देना समाचार-पत्रों का लक्ष्य होना चाहिए।

---

1. The first duty of the Press is to obtain the earliest and most correct intelligence of the events of the time and instantly by disclosing them to make them the common property of the nation.

—*J.T. Delaney*

2. श्री नन्दकिशोर त्रिखा : *समाचार संकलन और लेखन*

32

फ़ीचर

(Feature)

रंगीन वृत्तात्मक रचना रूपक है। मानवीय अभिरुचि के साथ मिश्रित समाचार जब चटपटा लेख बन जाता है तो फ़ीचर (रूपक) के रूप में जाना जाता है।

समसामयिक घटनाओं एवं विविध क्षेत्र के अद्यतन परिवर्तन के सचित्र और मनोरम विवरण को फ़ीचर या रूपक कहा जा सकता है। मिस्टर *ब्रेन निकोलस* ने रूपक को समाचार-पत्र की आत्मा के रूप में वर्णित किया है।[1] *श्री डी.एस. मेहता* द्वारा उद्धृत फ़ीचर की परिभाषाओं का सार-तत्त्व प्रस्तुत है।

"समाचार तथ्यों का विवरण तथा विचार देकर सन्तुष्ट हो जाता है जबकि रूपक में घटना के परिवेश, विविध प्रतिक्रियाएँ एवं इसके दूरगामी परिणाम का संकेत प्राप्त होता है। रूपक-लेखक घटना के सम्बन्ध में अपनी प्रतिक्रिया पाठकों को बताता है तथा उसकी कल्पना-शक्ति को प्रभावित करता है।"

श्री प्रेमनाथ चतुर्वेदी ने समाचार और विचार की मार्मिक अभिव्यक्ति को रूपक माना है।[2]

तथ्यों के प्रस्तुतीकरण के अतिरिक्त रूपक घटनाओं के सम्बद्ध उन सभी महत्त्वपूर्ण और गूढ़ बातों को बताता है जिनकी ओर सामान्य पाठकों की दृष्टि नहीं जाती।

'कब', 'क्यों', 'कैसे', 'कहाँ', 'कौन' को सुस्पष्ट करने वाले समाचारों से आगे बढ़कर कल्पना-सम्पृक्त प्रस्तुति द्वारा रूपक अपना विशेष प्रभाव छोड़ता है।

ध्यातव्य यह है कि सत्य से विरत होकर कल्पना-जगत् की बातों में खो जाने की अपेक्षा गहराई में जाकर घटना की सच्चाई को ढूँढ़ निकालना फ़ीचर का प्रमुख गुण है ताकि पाठकों में जिज्ञासा, सहानुभूति, हास्य और आश्चर्य का संचार हो।

---

1. The good newspaper is not just paper and ink. The good newspaper lives : news is its lifeblood, leaders are its heart and features may be said to be its soul.

   It is the feature writer that will have to play a big part in shaping the paper's individuality. It is the feature writer that will have to play a big part in showing the paper's emotion. Emotion : here is the key. A feature cUn show anger. It can show pity. It can show humour. It can show warmth. It can show scorn. —*Brian Nicholls*
2. फ़ीचर समाचार मूलक यथार्थ, भावना-प्रधान और सहज कल्पना वाली रसमय एवं सन्तुलित गद्यात्मक अथवा दृश्यात्मक शाश्वत कोटि की निसर्ग और मार्मिक अभिव्यक्ति है।

पत्र के पाठकों के सामने सुबोध तथ्यों को मनोरंजक ढंग से प्रस्तुत करने के कारण फ़ीचर और समाचार दोनों समान हैं। गहन अध्ययन, अनुसन्धान तथा भेंट-वार्ता द्वारा घटना को विस्तार के साथ प्रकट कर रूपक विषयवस्तु से परिचित-अपरिचित सभी को प्रशिक्षित करता है, उन्हें निर्देशित करता है एवं उनका मनोरंजन करता है।

रोचक विषय का मनोरम और विशद प्रस्तुतीकरण ही फ़ीचर है। इसमें दैनिक समाचार, सामयिक विषय अथवा बहुसंख्यक पाठकों की रुचि वाले विषय की चर्चा होती है। इसका लक्ष्य मनोरंजन करना, सूचना देना तथा जनता को कार्य करने का व्यावहारिक निर्देशन प्रदान करना है।

समाचार और फ़ीचर एक-दूसरे से भिन्न तो हैं, परन्तु दोनों को सर्वथा पृथक् नहीं रखा जा सकता है।

समाचार-पत्र का वह लेख जिसमें गहन अध्ययन, अनुसन्धान और साक्षात्कार द्वारा सामयिक विषयों की व्याख्या होती है और उनका विस्तार प्रकट होता है। तथ्यों की गवेषणा ही रूपक है जिसका लक्ष्य प्रशिक्षण, निर्देशन और मनोरंजन है।[1]

फ़ीचर का वर्गीकरण

विषयों की विविधता और विस्तार को देखते हुए फ़ीचर को निम्नलिखित वर्गों में रखा जा सकता है :

1. समाचार फ़ीचर : अधिकांश फ़ीचर समाचार पर आधारित होते हैं। इन्हें 'न्यूज़ फ़ीचर', 'न्यूज-फालोअप्स', 'न्यूज़ इन डेप्थ' और 'न्यूज़ विहाइंड न्यूज' भी कहते हैं। समाचारपरक फ़ीचर मनोरंजनात्मक और सूचनात्मक फ़ीचर में वर्गीकृत हैं।
2. विशेष घटना जैसे अकाल, दंगा और युद्ध पर आधारित फ़ीचर।
3. व्यक्तिपरक फ़ीचर : किसी महत्त्वपूर्ण व्यक्ति के कृतित्व और उसकी सामयिक उपलब्धि पर प्रस्तुत फ़ीचर।
4. लोकरुचि पर आधारित फ़ीचर : सामान्यजन, जैसे सिपाही, माली, सफाई, कर्मचारी, भिक्षुक, रिक्शावाला और कुली आदि के जीवन-यापन पर आधारित फ़ीचर।
5. अनुभव और पूछताछ पर आधारित फ़ीचर : रेल या हवाई जहाज में घटी दुर्घटनाओं से सम्बद्ध फ़ीचर। खाद्यान्न के अभाव, दवा की चोर-बाज़ारी, नियन्त्रित मूल्य की दुकानों पर लगी लम्बी कतार, किरायादारी और राहजनी आदि की समस्याओं की गहराई में जाकर विश्लेषणात्मक फ़ीचर की प्रस्तुति।
6. मेला, मनोरंजन, सभा, खेल तथा सांस्कृतिक कार्यक्रमों से सम्बन्धित फ़ीचर।

---

1. The news story stops after it has presented facts of ideas. The feature story goes further. It explores the background, the birth and growth of the idea of event, provides a glance at future too. It conveys to the readers what you;s the writer of some one else think about the idea or event. It has great appeal to readers' imagination.
    - Feature story is not just recitation of facts but rather an adroit presentation of facts and associated ideas so as to spotlight that which is significant but not apparent to the casual observer.
    - A feature has its impact outside or beyound the realm of the straight news story's unvarnished who, what, where, why, how.
    - The justification, strength and the very identity of the feature lie in its presentation of imagination...in piercing the peculiar and particular truths that strike people's curiosity, sympathy scepticism, humour, consternation of ornament.
    - A feature is similar to a news story in that it gives the readers facts in an interesting form and is adapted to rapid reading. But it goes beyond those facts by amplifying them with study, research and interviews and to instruct, guide of entertain the readers who know about the subject as well as those who do not.

Contd...

7. फोटो फ़ीचर जिसमें चित्रों की अधिकता होती है।
8. संस्था और विज्ञान की उपलब्धि सम्बन्धी फ़ीचर।
9. सोद्देश्य फ़ीचर।

समाचार और फ़ीचर

घटना से सम्बन्धित तथ्यों को तटस्थ भाव से सुस्पष्ट करना समाचार का लक्ष्य है जबकि फ़ीचर संवादों की गहराई में जाता है। समाचार की पृष्ठभूमि के सूक्ष्म अध्ययन द्वारा फ़ीचर ऐसा मनोरम चित्र उपस्थित करता है जिससे पाठकों को समग्र जानकारी प्राप्त होती है।[1] इस प्रकार समाचार को नये आयाम देकर पत्र-पाठकों को सूचित तथा प्रशिक्षित करने एवं उनके मनोरंजन की सामंग्री उपस्थित करने की दिशा में फ़ीचर का महत्त्वपूर्ण स्थान है। रोड, रेलवे तथा वायुसेवा विभाग में यदि हड़ताल हो जाये तो संवाददाता हड़तालियों की संख्या, नेताओं और अधिकारियों के अलग-अलग वक्तव्यों को प्रकाशित कर अपने कर्तव्य की इतिश्री समझ लेता है। फ़ीचर-लेखक इन सूचनाओं को विस्तार के साथ चित्रित तो करता ही है, वह कुलियों, रिक्शाचालकों, टैक्सी ड्राइवरों तथा कर्मचारियों की दैनन्दिनी भी प्रस्तुत करता है जो प्रत्यक्षतः हड़ताल से प्रभावित हैं। यातायात के भंग होने पर कितने लड़कीवालों के यहाँ बारात नहीं आयी, दैनिक उपयोग की वस्तुएँ प्लेटफॉर्म पर सड़ गयीं, उचित दवा के अभाव में कितने काल-कवलित हो गये और उत्पादन किस तरह प्रभावित हुआ, इन सभी का विवेचन फ़ीचर द्वारा ही सम्भव है।

संक्षिप्तता समाचार की आत्मा है जबकि विचार फ़ीचर का गुण है। सीधे-सादे ढंग से घटना के प्रमुख तथ्यों को समाचार में दिया जाता है परन्तु फ़ीचर लिखने की अपनी पृथक् शैली ही होती है। उपन्यास की तरह बहुरंगी शैली में फ़ीचर प्रस्तुत किया जा सकता है।

सभी समाचार-पत्रों में संवादों के प्रकाशन में प्राय : एकरूपता पायी जाती है परन्तु फ़ीचर विशिष्ट होता है। अनेक पत्रों में एक विषय-वस्तु वाला फ़ीचर अनेक रूपों में व्यक्त होता है। संवाददाता अपने समाचारों पर शीर्षक नहीं देता, शीर्षक तो उपसम्पादक बनाता है। फ़ीचर-लेखक अपने मनोनुकूल शीर्षक देता है तथा अपने नाम से उसे प्रकाशित करवाता है। समाचार एककालिक तथा एकस्थानिक होता है जबकि फ़ीचर इससे भिन्न होता है। एशियाड के सम्बन्ध में फ़ीचर लिखने वाला भूतकाल के एशियाड तथा भविष्य के एशियाड की चर्चा कर सकता है। समाचार में तो मात्र तत्काल की बातें लिखी जाती हैं। चित्र, कार्टून, चार्ट और नक्शा फ़ीचर हेतु आवश्यक है परन्तु समाचार तो इनके बिना भी आकर्षण का केन्द्र बना रहता है। *डेविड वेनराइट* के अनुसार उत्तम रूपक लेखन उत्तम पत्रकारिता है। तथ्यों को मनोरम और सुबोध बनाकर रूपक प्रस्तुत किया जाता है जिसका प्रारम्भ, मध्य और अन्त सुगठित रूप में होता है।[2]

- A detailed presentation of some interesting subject in a popular form. It deals with the day's news; a timely of seasonal subject or any topic that appeals to a number or readers. Its purpose is to entertain, inform or to give practical guidance, i.e., to show to readers as to how to do something.
- The news story and feature articles are no doubt different but they are not too widely separate types of writing.
- Longer bits in newspapers a piece of writing which explEins, amplifies and interprets issues with study, research and interview.
- The exploration of facts-purpose is to guide, instruct or entertain.

1. A feature is an article giving background information on certain events or personalities in the news.

—*G.K. Puri*

2. The best feature-writing is good journalism. A good feature merits its length, justifies its prominent display in the paper and gives interesting and accurate facts readably. It should be well constructed, it should have a beginning, a middle and an end.

फ़ीचर (रूपक) लेखन की प्रक्रियाएँ

1. सम्बन्धित तथ्यों का संकलन।
2. प्रतिपाद्य लक्ष्य का निर्णय।
3. मनोरंजक, सरस और सुबोध ढंग से प्रस्तुतीकरण।
4. आमुख और शीर्षक का निर्धारण।
5. तथ्यों को चित्रों और शब्दों की सहायता से रंगीन और आकर्षक स्वरूप देना।

लेख और फ़ीचर

गूढ़ अध्ययन पर आधारित गम्भीर विद्वत्तापूर्ण प्रामाणिक रचना ही लेख है जबकि पाठकों की रुचि के अनुरूप नाटकीयता से परिपूर्ण हल्की-फुल्की पाठ्य-वस्तु फ़ीचर है। एक का सम्बन्ध मस्तिष्क से है तो दूसरे का हृदय से। फ़ीचर एक प्रकार का गद्य-गीत हैः क्षणिक मुद्रा का अलंकरण है। लेख बहु-आयामी, गम्भीर, उच्च और व्यंग्यपूर्ण कृति है। लेख अनेक कमरों वाला बहुमंजिला विशाल भवन है जबकि फ़ीचर साफ़-सुथरा तथा मनोरम एक कक्षवाली कुटी है।[1]

'भारत में दहेज प्रथा' पर लेख लिखते समय दहेज की परिभाषा विविध काल में इसके विविध रूप, दहेज से अभिशप्त आँकड़े, सरकार तथा स्वयंसेवी संस्थाओं द्वारा दहेज के निराकरण हेतु विभिन्न कदमों का गम्भीर विवेचन होगा। फ़ीचर में तो दहेज से पीड़ित एक अबला की करुण कहानी प्रस्तुत की जा सकती है।

एक ही समाचार, पत्रों में कितने विविध रूप में छप सकता है इसका उदाहरण द्रष्टव्य है।

पाकिस्तान के प्रधान की भारत-यात्रा से सम्बन्धित समाचार में उनके आगमन की तिथि एवं विभिन्न कार्यक्रमों का विवरण प्रस्तुत होगा। भारत-पाक सम्बन्धों एवं आगमन से मातृ-भाव बढ़ने या घटने सम्बन्धी सम्पादकीय टिप्पणी भी लिखी जा सकती है। एक स्तम्भ-लेखक इस यात्रा के सम्बन्ध में अपना व्यक्तिगत विचार दे सकता है। एक विशेषज्ञ भारत-पाक के राजनीतिक, आर्थिक, सामाजिक और सांस्कृतिक सम्बन्धों के भूत और भविष्य पर सप्रमाण गवेषणात्मक लेख लिख सकता है। फ़ीचर-लेखक संक्षेप में आगन्तुक के व्यक्तित्त्व तथा कृतित्त्व का विवेचन कर सकता है एवं उसके द्वारा भारत में आतिथ्य सम्बन्धी विविध कार्यक्रमों की मनोरम झाँकी प्रस्तुत हो सकती है। लेख और फ़ीचर के अन्तर को *श्री पी. डी. टंडन* के शब्दों में सरलता से समझा जा सकता है :

"किताब पढ़कर, आँकड़े जमा करके लेख लिखे जा सकते हैं लेकिन 'फ़ीचर' लिखने के लिए अपनी आँख, कान, भावों, अनुभूतियों, मनोवेगों और अन्वेषण का सहारा लेना पड़ता है। लेख लम्बा, अरुचिकर, भारी भी हो सकता है लेकिन ये बातें फ़ीचर की मौत हैं। फ़ीचर को मजेदार, दिलचस्प और दिलपकड़ होना पड़ेगा...फ़ीचर एक प्रकार का गद्य-गीत है जो नीरस, लम्बा, गम्भीर नहीं हो सकता। वह मनोरंजक और तड़पदार होना चाहिए जिससे लोगों के दिल हिलें, चित्त प्रसन्न हो तथा पढ़कर दिल में गम का दरिया बहे।"

श्री टंडन ने लिखा है कि उन्होंने अपनी सूक्ष्म दृष्टि के बल पर एक हज्जाम की दुकान पर जहाँ गाँधीजी के केश बनाने का चित्र था, उससे बहुचर्चित फ़ीचर तैयार कर दिया। आजकल के पत्र नेताओं के वक्तव्यों से भरे रहते हैं। छोटी-छोटी बातों तथा समाज के दलितों पर फ़ीचर छापने का प्रयास पत्र नहीं करते। उत्तम रूपक लेखक के लिए निम्नलिखित सुझाव हैं :

1. प्रस्तुत विषय का गहन अध्ययन करें।
2. रूपक में सामयिकता का पुट हो।

---

1. The feature is a sort of lyric in prose a momentary mood garnered in words.' An article on the other hand deals with several moods, 'from grave to the gay and from sublime to ridiculous.' If the article is like many roomed mansion with several story, the feature is 'a neat little beautiful one-room cottage.'
—D.S. Mehta : Mass Communication and Journalism in India.

3. रूपक में हास्य का पुट दें। सूक्ति, सुभाषित से उसे सजायें।
4. पाठकों को मनोरंजन के साथ शिक्षा दें।
5. प्रासंगिक चित्रों के साथ रूपक को विश्वसनीयता प्रदान करें।

सम्प्रति हिन्दुस्तान समाचार, इंडिया न्यूज़ ऐंड फ़ीचर एलायंस, इंडिया प्रेस एजेंसी, पब्लिकेशन सिंडिकेट, एसोसिएटेड प्रेस, यूनाइटेड प्रेस इंटरनेशनल, किंग फ़ीचर सिंडिकेट पत्र-जगत् को सामयिक एवं रुचिकर रूपक की आपूर्ति कर रहे हैं।

33

समाचार-संकलन
(News gathering)

Good reporting is the discovery of as many important facts as possible, and their selection and presentation so that they make a comprehensible story.
—*David Wainwright*

समाचार के स्रोत

समाचार-प्राप्ति के निम्नलिखित तीन स्रोत हैं :

1. प्रत्याशित स्रोत : पुलिस स्टेशन, नगरपालिका, अस्पताल, संस्थाएँ, शमशान, विविध समितियों की बैठकें, संसद और विधानसभा, पत्रकार सम्मेलन, सार्वजनिक वक्तव्य, संस्थाओं के सम्मेलन एवं विभिन्न सभा-स्थल—ये सभी समाचार के प्रत्याशित स्रोत हैं।

2. पूर्वानुमानित : गन्दी बस्तियाँ, शिक्षा-संस्थान, कल-कारखाने और कार्यालयों के सन्दर्भ में पहले से अनुमान लगाकर समाचारों को खोज निकाला जा सकता है।

3. अप्रत्याशित : समाचार-चेतना, तर्कशक्ति, अनुभव और दूरदृष्टि के बल पर पत्रकार असंगत एवं अप्रतीक्षित घटनाओं से समाचार ढूँढ़ लेते हैं जिसका उदाहरण पत्रकार प्रवर *पं. कमलापति त्रिपाठी* ने अपनी पुस्तक, 'पत्र और पत्रकार' में दिया है : "कुछ वर्ष की बात है कि काशी के एयरोड्रोम से 'आज' कार्यालय में सम्पादक के नाम टेलीफोन आया।"..."क्या आप कोई ऐसा प्रबन्ध कर सकते हैं कि मुझे 15-16 गैलन पेट्रोल मिल जोय?" असंगत प्रश्न से सम्पादक की उत्सुकता बढ़ गयी। सम्पादक ने पूछा, 'आप कौन हैं, पेट्रोल की खोज क्यों कर रहे हैं?' उत्तर मिला, 'मैं टाटानगर का हूँ और टाटा के विमान का संचालक हूँ। जमशेदपुर से अपने विमान में *पंडित जवाहरलाल नेहरू* को लेकर लखनऊ जा रहा था। अन्धड़ के कारण रास्ता भूल गया और व्यर्थ ही लम्बा चक्कर लगाना पड़ा। इसमें मेरा पेट्रोल खत्म हो गया। फलतः यहाँ बनारस में अभी उतरा हूँ। मुझे पेट्रोल कहाँ मिलेगा इसलिए आपको टेलीफोन किया है।' सम्पादक ने पेट्रोल का प्रबन्ध किया और असंगत टेलीफोन वार्ता से एक अप्रत्याशित समाचार भी प्राप्त कर लिया।

समाचार-समितियाँ

समाचारों के अढ़तिये के रूप में समाचार-समितियों को जाना जा सकता है। सामूहिक रूप से विस्तृत क्षेत्रों के संवादों के संकलन, सम्पादन और प्रसारण की अपेक्षाकृत सस्ती एवं द्रुत व्यवस्था करने वाली कुछ समाचार-समितियाँ हैं जिनका लक्ष्य

होता है कि निष्पक्ष, सर्वतोमुखी तथा सत्य समाचार सुलभ करायें। सम्प्रति संसार में पाँच महत्त्वपूर्ण समाचार समितियाँ हैं। रायटर (ब्रिटेन), एम. पी. (अमेरिका), यू. पी. आई. (अमेरिका), ए.एफ.पी. (फ्रांस) और तास (सोवियत संघ)। तास सोवियत मन्त्रिपरिषद् के अधीन कार्यरत है। ए. एफ. पी. 1957 से एक स्वशासी संगठन के रूप में काम करता है जिसे सरकार से वार्षिक अनुदान प्राप्त होता है। रायटर का संचालन संयुक्त रूप से ब्रिटेन की न्यूजपेपर पब्लिशर्स एसोसिएशन, प्रेस एसोसिएशन, ऑस्ट्रेलिया के एसोसिएटेड प्रेस और न्यूजीलैंड की प्रेस एसोसिएशन करते हैं। रायटर प्रतिवर्ष चार करोड़ पाउंड से भी अधिक मूल्य का समाचार बेचता है जबकि एसोसिएटेड प्रेस 10 करोड़ डॉलर का।

सन् 1835 में फ्रांस में 'हावास' नाम की संस्था के साथ संसार में समाचार समितियों की शुरुआत हुई। प्रारम्भ में यह समिति व्यापारियों के लिए बाज़ार भाव दिया करती थी। इसी संस्था के एक कर्मचारी ने सन् 1850 में 'रायटर' आरम्भ की जो लन्दन स्थानान्तरित हुई। अमेरिका में सन् 1848 में ए.पी. का जन्म हुआ जिसे न्यूयॉर्क के 6 अख़बारों ने मिलकर चलाया जिसका काम युद्ध के समाचार देना था। *रायटर* का प्रसार *ब्रिटानी* साम्राज्य के साथ हुआ क्योंकि उसे सर्वत्र सुविधा दी गयी। एक समय में तो संसार के अन्तर्राष्ट्रीय समाचारों पर रायटर का एकाधिकार हो गया था जिसे बाद में ए.पी. ने तोड़ा। दूसरे विश्वयुद्ध में फ्रांस पर जर्मनी के अधिकार के कारण हावास संस्था संकट में पड़ गयी। परन्तु इन दिनों स्थापित भूमिगत एजेंसियों ने ही ए.एफ.पी. का रूप ले लिया।

भारत में सन् 1910 में *श्री केशवचन्द्र राय* ने कलकत्ता के स्टेट्समैन और मद्रास के *मेल* तथा *रायटर* के मेलजोल से एक संवाद समिति 'एसोसिएटेड प्रेस ऑफ इंडिया' का गठन किया परन्तु नौ वर्षों बाद ही यह *रायटर* के कब्जे में आ गयी। तत्पश्चात् *एस. सदानन्द* ने 'फ्री प्रेस ऑफ इंडिया' शुरू की। वर्ष 1927 से 1935 तक कार्यरत इस संस्था को बन्द करना पड़ा। 1933 में यूनाइटेड प्रेस ऑफ इंडिया की स्थापना हुई जो 15 वर्षों तक चली। भारत के स्वतन्त्र होने के साथ सन् 1947 में प्रेस ट्रस्ट ऑफ इंड़िया का गठन हुआ।

सम्प्रति भारत में कार्यरत निम्नलिखित समितियाँ हैं :

1. प्रेस ट्रस्ट ऑफ इंडिया (पी.टी.आई.) – पहले इसे 'एसोसिएटेड प्रेस ऑफ इंडिया' के नाम से जाना जाता था जिस पर ब्रिटिश न्यूज़ एजेंसी 'रायटर' का स्वामित्व था। 1 फरवरी सन् 1949 में *सरदार वल्लभभाई पटेल* की सहायता से इसका भारतीयकरण हुआ। पूरे भारत में इसके टेलीप्रिंटर का जाल बिछा हुआ है। इसका मुख्यालय 357, *डॉ. दादाभाई नौरोजी* रोड, मुम्बई-3 में है।

2. यूनाइटेड न्यूज़ ऑफ इंडिया (यू.एन.आई.) : सन् 1960 में *डॉ. बी.सी. राय* द्वारा स्थापित इस समिति का सम्बन्ध अमेरिका की एसोसिएटेड प्रेस (ए.पी.), पश्चिम जर्मनी की डी.पी.ए. और यूगोस्लाविया की 'तानयुग' से है। 9 रफी मार्ग, नयी दिल्ली में स्थित इसका मुख्यालय समाचार-प्रेषण में स्वस्थ स्पर्धा कर रहा है।

3. हिन्दुस्तान समाचार (हि.स.) : *एस.एस. आप्टे* द्वारा स्थापित एजेंसी को हिन्दी के शुभेच्छु *रफी अहमद किदवई* की सक्रियता से रियायती दरों पर टेलीप्रिंटर दिलाने की व्यवस्था हुई। नागरी टेलीप्रिंटरों का प्रयोग करने वाली यह प्रथम समाचार समिति है। सहकारी संस्था के रूप में कार्यरत 'हिन्दुस्तान समाचार' का मुख्य कार्यालय मंडी हाउस, नयी दिल्ली में है।

4. समाचार भारती : 1 जनवरी, 1967 से समाचार-वितरण में संलग्न इस समिति का प्रसार दिनोदिन बढ़ रहा है। देशी भाषाओं में संवाद-प्रेषण के लक्ष्य को 'भारती' पूरा कर रही है। इसके प्रथम अध्यक्ष *जयप्रकाश नारायण* थे।

5. यूनीवार्ता : 1 मई, 1982 से भारतीय भाषाओं में समाचार सम्प्रेषण में रत 'यूनीवार्ता' यू.एन.आई. संगठन के अधीन हैं। 9, रफी मार्ग, नयी दिल्ली में इसका प्रधान कार्यालय है।

इनफा (INFA) इंडियन न्यूज़ ऐंड फ़ीचर्स एलायंस, मुख्यालय–जीवनदीप बिल्डिंग, पार्लियामेंट स्ट्रीट, नयी दिल्ली, **इंडिया प्रेस एजेंसी** (IPA, 14 बी, हनुमान लेन, नयी दिल्ली), **ईस्टर्न न्यूज़ एजेंसी** (ENA, 66ए, कॉलेज स्ट्रीट, कोलकाता), **यूनीवर्सल प्रेस सर्विस** (UPS), **न्यूज़ फ़ीचर्स ऑफ इंडिया** (NFI), **पब्लिकेशन सिंडिकेट** (PS) आदि भारतीय एजेंसियाँ हैं जो समाचार, लेख, फ़ीचर एवं सामयिक सामग्री द्वारा पत्रों की सेवा करती हैं।

प्रेस रिलीज़

प्रेस रिलीज़ सरल तथा सुस्पष्ट लिखित सूचना या समाचार से सम्बद्ध वह अभिलेख है जिसे पत्रों को छापने के लिए दिया जाता है। शासकीय समाचारों से सम्बन्धित प्रेस रिलीज़ चार प्रकार के होते हैं :

1. प्रेस कम्यूनिक्स (Press Communiques) : शासन के अति महत्त्वपूर्ण निर्णय, जैसे—मन्त्रिमण्डल का हेर-फेर, विदेशी राज्याध्यक्षों के साथ हुए समझौते और अन्य विशिष्ट मसलों पर प्रेस कम्यूनिक्स जारी होते हैं। इस प्रकार के समाचार में औपचारिकता अधिक होती है। प्रेस रिलीज के बायें और सबसे नीचे कोने पर सम्बन्धित विभाग का नाम, स्थान और दिनांक लिखा रहता है। विशेष सम्पादन की इसमें आवश्यकता नहीं होती। शीर्षक और उपशीर्षक भी नहीं दिया जाता।

2. प्रेस नोट्स (Press Notes) : प्रेस कम्यूनिक्स की अपेक्षा यह कम औपचारिक होता है। कराधान सम्बन्धी परिवर्तन, रेल-भाड़ा अथवा ब्याज दर में वृद्धि से सम्बन्धित प्रमुख शासकीय मसलों पर इसे जारी किया जाता है। इसे सम्पादक घटा-बढ़ा सकता है तथा शीर्षक, उपशीर्षक देकर छापा जा सकता है। प्रेस-इन्फॉर्मेशन ब्यूरो की कोई जवाबदेही प्रेस कम्यूनिक्स और प्रेस नोट्स के प्रति नहीं होती।

3. हैंड-आउट (Hand Out) : दिन-प्रतिदिन के विविध विषयों, मन्त्रालयों के क्रिया-कलाप, प्रमुख राजपुरुषों के भाषण और संसद के प्रश्नोत्तर आदि मसलों पर हैंड-आउट जारी किये जाते हैं। इसे शासन के अधिकृत प्रवक्ता द्वारा नहीं निर्गत किया जाता है अपितु प्रेस इन्फॉर्मेशन ब्यूरो या अन्य किसी रिलीजिंग एजेंसी द्वारा किया जाता है। इसे सुसम्पादित कर शीर्षक और उपशीर्षक से सुशोभित किया जाता है।

4. अन-ऑफिशियल हैंड-आउट (Unofficial Hand-Out) : मौखिक वक्तव्यों के पूरक के रूप में इसे निर्गत किया जाता है। इस प्रकार किसी रिलीजिंग एजेंसी का नाम नहीं रहता है। हैंड-आउट को सामयिक, सरल, सारगर्भित होना चाहिए।

5. नॉन न्यूज़ रिलीजेज (Non-News Releases) : सरकार अथवा किसी संगठन के विषय में स्वस्थ जनमत के निर्माण हेतु व्यक्तित्त्व-चर्चा, फ़ीचर, न्यूज़ लेटर, संशोधन सम्बन्धी प्रपत्र जारी किये जाते हैं।

साक्षात्कार (Interview)

प्रकाशनोपयोगी तथ्यों को प्राप्त करने की कला ही साक्षात्कार है। साक्षात्कार और व्यक्तिगत सम्पर्क द्वारा समाचार की विशद जानकारी प्राप्त की जाती है। देखा जाता है कि सरकारी वक्तव्य, सार्वजनिक घोषणाएँ, विज्ञप्तियाँ तथा मंचीय भाषणों द्वारा प्राय : एकपक्षीय तत्त्वों का विवरण प्रस्तुत किया जाता है। साक्षात्कार द्वारा पत्रकार समाचारों से सम्बद्ध अधिकारी से पक्ष-विपक्ष, गुण-दोष एवं जनमत के प्रभाव की ठोस बातें ज्ञात करता है।[1] दूसरे शब्दों में भेंट-वार्ता, समालाप या साक्षात्कार द्वारा समाचार के 'क्यों' और 'कैसे' की गहरी जानकारी मिलती है, समाचार पूर्णता को प्राप्त होता है। पत्रकारिता की एक अमेरिकी संस्था ने साक्षात्कार तकनीक के लिए अपने छात्रों को निम्नलिखित सिद्धान्त बताया जिसे *श्री के.पी. नारायणन्* ने 'सम्पादन-कला' में उद्धृत किया है :

"जिस व्यक्ति से आपको साक्षात्कार करना हो उस व्यक्ति के बारे में किसी ऐसे व्यक्ति से, जो उसे जानता हो, जितनी भी मिल सके उतनी जानकारी हासिल कर लीजिए। उसका नाम ठीक से उतारिये और उसका उच्चारण ठीक से कीजिए। फिर जिस विषय के सिलसिले में आप साक्षात्कार चाहते हों उस विषय के सम्बन्ध में जितनी हो सके उतनी जानकारी हासिल कीजिए। इस विषय के सम्बन्ध में किसी ऐसे व्यक्ति से पूछिए जो उसका जानकार हो और फिर किसी सन्दर्भ-ग्रन्थ में उस विषय पर जो लिखा हो उसे पढ़ लीजिए। इससे आप ठीक-ठीक प्रश्न पूछ सकेंगे और कोई बात छूट नहीं पायेगी।

आप स्वयं अधिक न बोलें। आपका प्रयोजन यह होना चाहिए कि जिस व्यक्ति से आप प्रश्न पूछते हैं, वह उनमें दिलचस्पी ले और बेझिझक उनके उत्तर दे। आपका काम सोचने का है, बोलने का नहीं। फिर चतुराई से प्रश्न पूछते जाइये।

---

1. Interview : a meeting between journalist and notable person to discuss the latter's views.

पूरी कथा ब्योरों और नाटकीय घटनाओं सहित मालूम कीजिए। समाप्ति से पूर्व तथ्यों का सरसरी तौर पर सत्यापन कर लीजिए।"

एक ही समस्या को लेकर विभिन्न स्थानों और विभिन्न स्थितियों से लोकमत, नेताओं के विचार को संकलित करके चर्चा-परिचर्चा का स्तम्भ शुरू होता है जिसका आधार साक्षात्कार ही है। कभी-कभी संवाददाताओं को सुनना पड़ता है कि 'मुझे अख़बार वालों पर भरोसा नहीं', 'मुझे कुछ नहीं कहना है', 'आपके अख़बार की नीति पसन्द नहीं' और 'फुरसत नहीं'। ऐसा सुनकर सतर्क, सयाना और विवेकी संवाददाता मनोवैज्ञानिक ढंग से सूचनाओं को प्राप्त कर लेने में सफल होता है। बिना कुछ पूछे बहुभाषी मन्त्री या अधिकारीगण अपने प्रोपेगंडा के निमित्त अधिक कह जाते हैं, ऐसी अवस्था में संवाददाता नीर-क्षीर विवेकी होकर तथ्यों को ही समादृत करता है। मितभाषी और सहयोग की प्रवृत्ति वाले पदाधिकारियों से आवश्यक सूचना-प्राप्ति के लिए शिष्टता एवं दृढ़ता का सम्बल लेना पड़ता है। भेंट-वार्ताकार खुले दिमाग और आत्मीयता के वातावरण-निर्माण द्वारा अन्वेषक दृष्टि से अपने लक्ष्य को पाने में सफल रहता है।

साक्षात्कार की सफलता

यह युग प्रचार का है। सभी की ललक होती है कि समाचार-पत्रों में उनका नाम छपे, रेडियो पर उनका नाम उद्‌घोषित हो। समालापक यदि समालाप्य व्यक्ति से आत्मीय भाव स्थापित कर सका एवं उसके 'अहम' की तुष्टि हेतु आश्वासन दे सका तो साक्षात्कार सफल होता है। समालापक का व्यक्तित्त्व, प्रश्न पूछने की विनीत शैली, अन्वेषक दृष्टि, व्यवहार कुशलता तथा हाज़िर-जवाबी से समालाप्य व्यक्ति के मन की गूढ़ बातों को प्राप्त किया जा सकता है।

आज की राजनीति में झूठ, प्रवंचना, छल, फरेब एक सामान्य धर्म हो गया है। नेता वक्तव्य और भाषण में कही गयी अपनी बातों से भी मुकर जाते हैं। बिना हिचक वे कह बैठते हैं कि 'मैंने यह कहा ही नहीं'। अतः अब साक्षात्कार लेने पर लेखक या संवाददाता को हस्ताक्षर प्राप्त कर लेना चाहिए जैसा कि श्री *लक्ष्मणनारायण* गर्दे का कथन है :

"देशबन्धु चित्तरंजन दास के मकान पर एक बार मैंने *महात्मा गाँधी* का इंटरव्यू लिया। इस इंटरव्यू में उस समय की राजनीतिक, सामाजिक और आर्थिक बातों पर महत्त्वपूर्ण चर्चा की थी। इंटरव्यू ले चुकने पर मैंने वह काग़ज़ *महात्मा गाँधी* के सामने रख दिया और लेखनी उनके हाथ में दी। महात्माजी ने पूछा, 'क्या इस पर सही कर दूँ?' प्रश्न का उत्तर चाहने वाली उनकी आँखों में मैंने यह देखा कि वे यह जानना चाहते हैं कि आज सही करा लेने का कौन-सा खास प्रयोजन आ पड़ा है। मैंने महात्माजी से निवेदन किया कि 'भारतमित्र' के दिल्ली स्थित संवाददाता ने *मौलाना शौकत अली* का एक इंटरव्यू लेकर भेजा। इस इंटरव्यू में मौलाना ने संवाददाता से यह बात कहीं थी कि मस्जिद के आगे बाजे का प्रश्न कोई धार्मिक प्रश्न नहीं है। पर यह बात केवल 'भारतमित्र' में ही नहीं, बहुत से अख़बारों में छप गयी और नागपुर की अदालत में चलने वाले किसी मुक़दमे में यह बात पेश की गयी, तब मौलाना ने एसोसिएटेड प्रेस संवाददाता से कहा कि 'भारतमित्र' में मेरा जो इंटरव्यू छपा है, वह गलत है। अवश्य ही मुझे तब 'भारतमित्र' में घोषित करना पड़ा कि *मौलाना शौकत* अली प्रसिद्ध नेता हैं, 'भारतमित्र' के दिल्ली स्थित संवाददाता उतने प्रसिद्ध नहीं, तथापि सच्चाई में वह *मौलाना शौकत अली* से कम नहीं है। 'भारतमित्र' की यह घोषणा दूसरे दिन कलकत्ता के सभी अंग्रेज़ी दैनिकों में प्रकाशित हो गयी। एसोसिएटेड प्रेस ने इसका अन्यत्र प्रचार भी किया। नेताओं के सम्बन्ध में ऐसी बातों का हो जाना इष्ट नहीं है, इसलिए महात्माजी से मैंने यह अर्ज किया। तब से मैंने यह निश्चय कर दिया है कि इंटरव्यू पर इंटरव्यू देने वाले का हस्ताक्षर करा लेना चाहिए। ...इससे इंटरव्यू का महत्त्व अधिक सच्चा होता है।"

साक्षात्कार का लेखन : साक्षात्कार लिखते समय समालाप्य व्यक्ति का पूरा परिचय, वार्ता का परिवेश तथा समालापक की प्रतिक्रिया का उल्लेख होता है। इसे निबन्ध और प्रश्नोत्तर के रूप में लिखा जाता है। कई बार भेंटवार्ता 'फ़ीचर' का रूप धारण कर लेती है। ऐसी भेंटवार्ताओं में चरित्र-चित्रण, वातावरण का विवरण तथा शब्द-शिल्प का कौशल दिखाया जाता है जो फ़िल्मी पत्रिका में प्राप्य है।

'संवाद और संवाददाता' में *श्री राजेन्द्र* ने दैनिक पत्रों और फ़िल्मी पत्रिकाओं की भेंटवार्ता में अन्तर स्पष्ट करने के लिए उदाहरण प्रस्तुत किया है :

दैनिक समाचार-पत्र : दिल्ली के...होटल में आयोजित 'भारत सुन्दरी' घोषित होने वाली कुमारी... ने यहाँ के प्रेस भेंट में कहा कि सन्तुलित भोजन, नियमित व्यायाम और सदा प्रसन्न रहने का स्वभाव उनके आकर्षक व्यक्तित्त्व का रहस्य है।

फ़िल्मी पत्रिका : मध्यस्थ घराने की 20 वर्षीया स्नातिका ने स्थानीय होटल में आयोजित सौन्दर्य प्रतियोगिता में 'भारत सुन्दरी' घोषित होने के बाद प्रेस-प्रतिनिधियों से एक भेंट में अपने आकर्षक व्यक्तित्त्व के रहस्य पर प्रकाश डाला।

कुमारी...जो बौब कराती है, अपनी सुराहीदार गरदन पर चमकीले मोतियों की माला पहने रहती है, उसने अपने कजरारी और बड़ी-बड़ी आँखों को कोमल गति देते हुए कहा, 'सदा प्रसन्न रहना मेरी सफलता का रहस्य है।'

पत्रकार-सम्मेलन (प्रेस-कॉन्फ्रेंस)

साक्षात्कार का व्यापक रूप पत्रकार-सम्मेलन है। किसी पत्र के संवाददाता ने समालाप्य व्यक्ति से सम्पर्क कर आमने-सामने प्रश्न-परिप्रश्न द्वारा जो तथ्य प्राप्त किया वह किसी एक पत्र की थाती होती है। पत्रकार-सम्मेलन में स्थान-विशेष के सभी मान्यता प्राप्त संवाददाताओं को आहूत किया जाता है। शासन के प्रवक्ता, राजनीतिक दलों के प्रमुख नेता, संगठनों के अधिकारी तथा विशिष्ट व्यक्तियों के लिए पत्रकार-सम्मेलन आयोजित किया जाता है ताकि पत्र-प्रतिनिधियों से भेंट कर अपना पक्ष प्रस्तुत किया जा सके।

वक्तव्यों से सम्बद्ध प्रश्नों को उठाकर पत्रकार विषय का सूक्ष्म अध्ययन कर लेता है। कभी-कभी वे तथ्य उजागर हो जाते हैं जिन पर पर्दा डाला गया है। पत्रिका-सम्मेलन की सफलता हेतु सुझाव प्रस्तुत हैं :

1. पत्रकार-सम्मेलन में जाने के पूर्व उसके उद्देश्य से सुपरिचित होवें। प्रश्नों को लिख लें।
2. स्वयं कम बोलें, दूसरों की अधिक बातें सुनें।
3. खण्डन-मंडन या उग्र विवाद से बचें।
4. अपने सहधर्मियों को भी अवसर दें।
5. व्यक्तिगत आक्षेप न करें। जिन प्रश्नों के उत्तर देने में प्रवक्ता झिझकता हो, उन्हीं प्रश्नों को घुमा-फिराकर बार-बार न पूछें। शिष्टाचार का सदैव पालन करें। प्रवक्ता द्वारा 'ऑफ द रिकॉर्ड' बताने पर दी हुई सूचना को प्रकाशित न करें।

समाचारों का अनुवर्तन (फॉलो-अप)

समाचारों का पीछा करना संवाददाताओं का मुख्य कार्य है जिससे पत्र की प्रतिष्ठा बढ़ती है। गत दिवस के समाचारों की अगली और नवीन सूचना प्राप्ति की प्रक्रिया को समाचारों का अनुवर्तन कहा जाता है। प्रभावकारी ढंग से तथ्यों का अन्वेषण एवं उनका उद्घाटन करने वाला पत्र लोकप्रिय होता है और जन-सेवा भी अधिक करता है। 'आज' ने 'चौरी-चौरा कांड' को लगभग एक वर्ष तक लगातार प्रकाशित कर समाचारों के अनुवर्तन का अच्छा उदाहरण प्रस्तुत किया। सन् 1922 के 'आज' के पत्रों में चौरी-चौरा-कांड, पीड़ितों की व्यथा-कथा, गवाही की प्रक्रिया तथा दण्डित व्यक्तियों की सूची देखी जा सकती है।

प्रतिवर्ष वार्षिक बजट प्रस्तुत करने के एक माह पूर्व और उसके एक माह बाद तक नये कारों की सम्भावना और बाज़ार में क़ीमतों की स्थिति से सम्बन्धित समाचारों का अनुवर्तन लोककल्याणकारी होता है। बाढ़, सूखा जैसी प्राकृतिक आपदा के समय समाचारों का फॉलो-अप पत्र-पाठकों की जिज्ञासा को शान्त करता है।

34

समाचार-लेखन
(News Writing)

जिस तरह हम बोलते हैं उस तरह तूँ लिख।
और उसके बाद भी हमसे बड़ा तूँ दिख॥ *—भवानी प्रसाद मिश्र*

× × ×

जब भी गैरों का तस्किरा कीजिए।
आइना सामने रख लिया कीजिए॥

× × ×

Speak of me as I am nothing extenuate
Nor set down aught in malice. *—Othello*

× × ×

"यदि मैं अपनी आस्था के प्रति कर्तव्यनिष्ठ रहूँ तो क्रोध में आकर या द्वेष से कुछ नहीं लिखूँगा। मैं बिना किसी प्रयोजन के भी नहीं लिखूँगा। मैं यह नहीं चाहूँगा कि लिखते समय मैं केवल भावनाओं में बह जाऊँ। पाठकों को क्या मालूम कि हर सप्ताह अपना विषय चुनने में शब्दों के इस्तेमाल में मुझे अपने पर कितना नियन्त्रण रखना पड़ता है। ऐसा करते समय मुझे अपने आपमें झाँकने का और अपनी कमजोरियों को दूर करने का अवसर मिल जाता है। अक्सर मेरा खालीपन या क्रोध मुझे बड़ी या कड़वी बातें लिखने पर मजबूर कर देता है। यह एक कड़ी परीक्षा का समय होता है लेकिन बाद में उन शब्दों को काटना या बदलना एक अच्छा-खासा अभ्यास हो जाता है।" *—महात्मा गाँधी*

× × ×

"शब्द ब्रह्म का रूप है। इसे नष्ट न करें और कम शब्दों में अधिक बात कहने की कला सीखें।" *—अज्ञेय*

लिखने के पूर्व सम्पादक को 'सारं गृह्णन्ति पंडिताः' के अनुरूप समाचार-चयन का महत्त्वपूर्ण कार्य करना पड़ता है। संवाद समितियों, संवाददाताओं एवं अन्य स्रोतों से प्राप्त समाचारों के अम्बार से किसी समाचार के चयन के सन्दर्भ में 'डेली हेराल्ड' के *जूलियस साल्टर इलियास* का सुझाव द्रष्टव्य है :

"हम अपने पत्र में ऐसे समाचार दें जिससे पाठक मुस्करायें उत्साहित हों। प्रत्येक पृष्ठ पर ऐसे समाचारों को स्थान मिले जिनसे पाठकों का मन प्रसन्न हो।"

समाचार-चयनकर्ता

समाचार-भंडार से मुद्रण द्वार तक की यात्रा में समाचारों के रोके जाने, छोड़े जाने, आगे बढ़ाये जाने की नियन्त्रण प्रक्रिया को 'गेटकीपिंग' (Gatekeeping) कहा जाता है। Selection, Filter, Screening, ये सभी शब्द इस 'गेटकीपिंग' से मिलते-जुलते हैं। प्रकाश्य समाचारों के चयनकर्ता को गेटकीपर कहा जाता है :

Individual or groups who decide what will be printed or broadcast. They select and reject news item out of a host of such items available at their disposal.

वस्तुत : समाचार-चयनकर्ता पत्रकारिता का प्रमुख उपस्थापक है।

समाचारों के चयन में निम्नलिखित तथ्यों पर ध्यान दिया जाता है :

1. जनाकर्षण : सामयिकता, सामीप्य, आकार-प्रकार तथा महत्त्व इन चार विशेषताओं से परिपूर्ण समाचार आकर्षक होते हैं, जिनके चयन पर बल दिया जाता है।

2. जनरुचि : जनरुचि, जातिरुचि और समूहरुचि को तुष्ट करने वाले समाचार वरेण्य होते हैं। लोक-नाड़ी को परखकर उसके अनुरूप समाचारों का प्रकाशन होना चाहिए परन्तु यहीं एक कठिनाई है। हत्या, डकैती, पॉकेटमारी, जालसाजी, धोखाधड़ी और बलात्कार सम्बन्धी लोकरुचि के समाचारों के घिनौने अंशों को प्रस्तुत कर पाठकों की रुचि को विकृत भी किया जा सकता है। आदर्श सम्पादक सत्य को न छिपाने की मज़बूरी में रहते हुए भी शालीनता के परिधान में आवेष्टित कर ऐसे समाचार को प्रकाशित करते हैं।

3. तथ्यों की पवित्रता : कहा जाता है कि 'तथ्य पवित्र हैं, प्रचार पवित्र नहीं।' सत्य ही प्रकाश्य है। कभी-कभी चयन-प्रक्रिया में धर्मसंकट की स्थिति आ जाती है। जैसे सूचना विभाग द्वारा हड़ताल की असफलता सम्बन्धी विज्ञप्तियों के ढेर के साथ ही विविध सूत्रों द्वारा हड़ताल की सफलता के समाचार प्राप्त होते हैं। ऐसी परिस्थिति में राष्ट्रहित तथा पत्रकारिता की न्यायोचित माँग के अनुरूप बड़ी ईमानदारी से उभय पक्ष के तथ्यों को पाठकों के समक्ष रख दिया जाता है।

समाचार पर बेलन : समाचार-चयन के आदर्शों के सम्मुख व्यावहारिकता का पलड़ा भारी हो जाता है। फलतः समाचारों पर बेलन फेरने की आवश्यकता पड़ जाती है। *श्री प्रेमनाथ चतुर्वेदी* ने अपनी पुस्तक 'समाचार सम्पादन' में निम्नलिखित तत्त्वों को बेलन फेरने के लिए उत्तरदायी बताया है :

1. प्रकाशक, प्रधान सम्पादक और सम्पादक की मान्यता, धारणा, दृष्टिकोण और सनक।
2. प्रसार क्षेत्र की आवश्यकताएँ।
3. पाठकों का शिक्षा-स्तर।
4. पृष्ठ पर कितना और कैसा स्थान।
5. समय का बन्धन।
6. आपात्काल, संकट-काल, सेंसर तथा अधिकारियों की हठधर्मिता।
7. विज्ञापनदाता का हित।
8. पत्र तथा पत्रकारों के हिताहित का ध्यान।
9. राष्ट्र की मर्यादा, परम्परा एवं आदर्श।

समाचार-लेखन

पत्रकारिता-जगत् में समाचार को 'कथा' (News Story) भी कहते हैं। समाचार को कथा के रूप में रसीला, नशीला, चुटीला और दिलचस्प बनाकर प्रस्तुत करना एक सफल कलाकार की क्षमता पर निर्भर है। समाचार लिखते समय निम्नलिखित बातों को ध्यान में रखना चाहिए :

"कोई भी कथा कम-से-कम सत्य प्रतीत होनी चाहिए, सुसंगत होनी चाहिए, अच्छे ढंग से कही जानी चाहिए, संक्षिप्त और नयी होनी चाहिए। जब कभी इन नियमों का उल्लंघन होगा, बुद्धिमान मनुष्य उसे छोड़कर सो जायेगा, मूर्ख भले ही उसकी प्रशंसा करे।"

समाचार-लेखन में निम्नलिखित प्रक्रियाएँ पूरी की जाती हैं :

1. समग्र तथ्यों को संकलित करना।
2. कथा की काया की योजना बनाना एवं लिखना।
3. आमुख लिखना।
4. परिच्छेदों का निर्धारण करना।
5. वक्ता के 'कथन' को अविकल रूप में प्रस्तुत करना।
6. सूत्रों के संकेत को उद्धृत करना।

कथा-काया की प्रस्तुति में ऐसा प्रयास होता है कि प्रथम अनुच्छेद में घटना की जानकारी हो जाय। पुनः घटना के उद्देश्य, उसकी प्रक्रिया, पृष्ठभूमि तथा प्रतिक्रिया को स्पष्ट करना चाहिए। तत्पश्चात् समाचार का पारस्परिक सम्बन्ध उल्लेख्य होता है। *एल.के. डिकर* के अनुसार, Information (सूचना), Intention (उद्देश्य), Method (प्रक्रिया, विधि), Administration (घटना की पृष्ठभूमि एवं प्रबन्ध) और Intercommunication (पारस्परिक संचार) से परिपूर्ण समाचार ही सुबोध और सुग्राह्य होता है। संक्षेप में इसे I.I.M.A.I. के रूप में जाना जाता है।

समाचार-लेखन में वही पत्रकार सफल माना जाता है जो भाषाविद् हो। सरल, प्रवाहपूर्ण, सुस्पष्ट और चटपटी भाषा में लिखित समाचार सर्वग्रांह्य होता है। छोटे वाक्य, छोटे अनुच्छेद, स्वीकारात्मक भाव और जोशीली भाषा का प्रयोग कर कोई भी सुलेखक हो सकता है जैसा कि अर्नेस्ट हेमिंग्वे का निर्देश है :

Use short sentences. Use short paragraphs. Use vigorous English not forgetting to strive for smoothness. Be positive, not negative.

आमुख (Intro)

अंग्रेज़ी के 'Introduction' का लघु रूप 'Intro' है जिसे अमेरिकी पत्रकारिता में लीड (Lead) कहा जाता है। हिन्दी में 'आमुख' या 'मुखड़ा' इसका पर्याय है। सन् 1880 के पूर्व पत्रों में कालक्रम से घटना का विवरण दे दिया जाता था। सर्वप्रथम *एडविन एल. शूमैन* ने आमुख द्वारा आकर्षक समाचार-रचना पर ध्यान दिया। समाचार का पहला अनुच्छेद जिसमें संवाद का सार-सर्वस्व निहित हो, आमुख होता है।[1] क्या, कहाँ, कब, किसने, क्यों और कैसे की तुलना सीधे-सपाट और छोटे वाक्यों में पाने के लिए आमुख दिया जाता है। यह पूरे समाचार का प्रदर्शन कक्ष (Show-Window) है जिससे कथ्य का परिचय तो प्राप्त होता ही है, पाठकों को आकर्षित भी किया जाता है।[2] आमुख तो समाचार-दुर्ग का प्रवेश-द्वार है।

---

1. Lead-first paragraph of a news story; giving a summary of the entire story. —*Press Time*
2. "...The introductory sentence or paragraph, the lead or the begining, is crucial to the story. The function of the lead is not only summarize the story but also to attract readers to the story. The news should have the most important points in the first paragraphs."

—*D.S. Mehta : Mass Communication & Journalism in India*

आमुख-लेखन : इसके लिए निम्नस्थ प्रक्रियाएँ अपनायी जाती हैं :

1. संवाद के कब, क्या, कहाँ, कैसे, कौन और किसका की खोज।
2. आमुख में समाहित किये जाने वाले तथ्यों का निर्णय।
3. समाचार के मूल-तत्त्व का चयन।
4. मूल-तत्त्व एवं महत्त्वपूर्ण सूचनाओं की संक्षेप में प्रस्तुति।
5. आमुख की पूर्णता एवं सुस्पष्टता की जाँच।

सामान्यतः आमुख तथ्यात्मक और भावात्मक दो रूपों में बनते हैं। संवेदनशीलता की प्रबलता से भावात्मक, नहीं तो साधारणतः तथ्यात्मक आमुख लिखा जाता है। समाचारों की प्रकृति के अनुसार निम्नवत् रूप में आमुख प्रस्तुत होते हैं :

1. सारांश आमुख (Summary Lead) : समाचार का मूलभाव संक्षेप में प्रस्तुत किया जाता है।

2. विस्तृत आमुख (Comprehensive Lead) : प्रमुख घटना से सम्बद्ध सभी बातों को लिखा जाता है। कभी-कभी दो-तीन अनुच्छेदों का प्रयोग हो जाता है।

3. दुर्घटना आमुख (Accident Lead) : घटना सम्बन्धी आमुख में व्यक्तियों का नाम और अन्य विवरण सविस्तार लिखा जाता है।

4. पंच आमुख (Punch Lead) : संवाद के सर्वाधिक महत्त्वपूर्ण घटनाक्रम को क्रमशः लिखा जाता है।

5. आश्चर्यजनक आमुख (Astonishes Lead) : बिना विस्मयादिबोधक चिह्न का प्रयोग किये ही आश्चर्यजनक तथ्यों की प्रस्तुति होती है।

6. कारतूस आमुख (Cartridge Lead) : बड़ी घटना को पैने स्वर एवं सीधे वाक्य में लिखा जाता है। इसका प्रथम अनुच्छेद प्रायः शीर्षक सदृश प्रतीत होता है।

7. उद्धरण आमुख (Quote Lead) : सभी सभाओं और गोष्ठियों में व्यक्त विचारों को समाचार का रूप देने के लिए इस प्रकार की लीड का प्रयोग चलता है।

8. आलंकारिक आमुख (Figurative Lead) : काव्यमय आलंकारिक शब्दावली का प्रयोग होता है।

9. सूक्ति आमुख (Epigram Lead) : सार्वभौम सत्य को सूक्ति आमुख के रूप में रखते हैं।

एक पटु पत्रकार घटना-स्थल से कार्यालय तक पहुँचने के बीच ही आमुख की रूपरेखा अपने मस्तिष्क में बना लेता है। वह आमुख में तथ्यों का समाहार करता है क्योंकि उसकी काया बढ़ाना समाचार-सौन्दर्य को न्यून करना है।[1]

'मानस' में आमुख की सार्थकता

समाचार लिखते समय सफल पत्रकार का प्रयास होता है कि प्रथम वाक्य में ही समाचार की आत्मा के दर्शन हो जायँ क्योंकि हर व्यक्ति निष्कर्ष, महत्त्वपूर्ण अंश, अन्तिम परिणाम जानने हेतु उत्सुक होता है। *गोस्वामी तुलसीदास* ने 'रामचरित मानस' के उत्तरकांड में पत्रकारिता की भाषा में 'इंट्रो' (आमुख) कहे जाने वाले शब्द को सार्थक किया है। *हनुमान* ने *भरत से* कहा—

जासु बिरहँ सोचहु दिन राती।
रटहु निरन्तर गुन गन पाँती॥
रघुकुल तिलक सुजन सुखदाता।
आयउ कुसल देव मुनि त्राता॥

---

1. Lead should be simple, brief, compact, vigorous, attractive and should shoot straight as a rifle bullet in to the readers attention. —*George C. Bastin*

निष्कर्ष–राम के आगमन का समाचार पहले सुनाया गया तत्पश्चात् 'राम की कीर्ति' गायी गयी–

रिपु रन जीति सुजस सुर गावत।
सीता सहित अनुज प्रभु आवत॥
तब हनुमन्त नाइ पद माथा।
कहे सकल रघुपति गुन गाथा॥

लीड (Lead)

शब्द कामधेनु है। शब्दों में अर्थ की कल्पना कर ली जाती है। एक ही शब्द के अनेक स्थलों पर अनेक अर्थ होते हैं। कबीर ने लिखा है :

सब्द सब्द बहु अन्तरा, सार सब्द चित देय।
जा सब्दै साहेब मिलै, सोइ सब्द गहि लेय॥

जिस शब्द से हमारा भाव स्पष्ट हो उसी शब्द को वरेण्य मान लेना चाहिए। मीडिया-जगत् में इंट्रोडक्शन का लघु रूप 'इंट्रो' है जिसे कहीं-कहीं 'लीड' भी कहा जाता है। तड़ित-प्रकाश की तरह एकबारगी समाचार की सम्पूर्ण विशिष्टता का यह परिचायक है।

सम्प्रति पत्रकारिता क्षेत्र में 'लीड' शब्द प्रथम श्रेणी के अति महत्त्वपूर्ण समाचारों के लिए प्रयुक्त होता है। वरीयता की दृष्टि से प्रथम कोटि के अनेक समाचार हो सकते हैं जिन्हें फर्स्ट लीड, सेकेंड लीड, थर्ड लीड के रूप में आरेखित किया जाता है। प्रथम लीड वह समाचार है जो पृष्ठ के बाँयीं ओर ऊपर की तरफ सर्वाधिक मोटे शीर्षक में प्रतिष्ठित होता है। द्वितीय लीड अपेक्षाकृत कम महत्त्व के चलते दाँयी ओर या मध्य में प्रकाशित होता है।

'लीड' के चयन का निम्नलिखित आधार है :

(क) व्यापक प्रभावकता
(ख) अप्रत्याशित भीषणता
(ग) राजनीतिक, सांस्कृतिक, आर्थिक महत्ता
(घ) परिवर्तन की पराकाष्ठा

किस विशिष्ट समाचार को उभारा जाये, किसे दबाया जाये, किसको गौरवान्वित किया जाये, किसकी उपेक्षा–ये सभी बातें पत्र की रीति-नीति पर निर्भर हैं। यही कारण है कि लीड में पर्याप्त भिन्नता दृष्टिगत होती है। 6 दिसम्बर, 2004 को प्रकाशित (काशी संस्करण) के चार प्रमुख दैनिकों के प्रथम एवं द्वितीय लीड द्रष्टव्य हैं :

हिन्दुस्तान

पूर्व मुख्यमन्त्री के काफिले को लेकर खूनी भिड़न्त, एक मरा
भारतीय क्रिकेटरों को
हत्या की धमकी
बांग्लादेश के आतंकी गुट की धमकी के बाद टीम का दौरा एक दिन टला

दैनिक जागरण

भारतीय क्रिकेटरों को जान से मारने की धमकी
• भारत-बांग्लादेश श्रृंखला पर आतंक का साया • हरकत उल जिहाद के पत्र से टीम की रवानगी टली
आतंकी हमले में मेजर समेत 11 शहीद
• हिजबुल आतंकियों ने जवानों से भरी गाड़ी बारूदी सुरंग से उड़ायी

समाचारों का संक्षेपण

संवाददाता और सम्पादक के सम्मुख समाचारों के संक्षेपण की समस्या सदैव खड़ी रहती है। संक्षेपण एक कला है। 'सार सार को गहि रहै, थोथा देइ उड़ाय' के अनुरूप संक्षेपणकर्ता अपनी सारग्राही प्रतिभा के बल पर बृहद्काय समाचारों को कुछ पंक्तियों में लिख देता है। अंग्रेज़ी में संक्षेपण की क्रिया को कटिंग (Cutting), ट्रिमिंग (Trimming), ब्वॉयलिंग (Boiling) तथा स्लैशिंग (Slashing) कहते हैं। समाचारों के संक्षेपण हेतु निम्नलिखित तथ्य ध्यातव्य हैं :

1. मूल विषय-वस्तु को बार-बार पढ़कर इसकी मुख्य बातें संगृहीत हों।
2. अनावश्यक शब्द हटा दिये जायें। विशेषणों का प्रयोग अत्यल्प हो।
3. भाषणों के संक्षेपण में वक्ता की पुनरुक्ति पर विशेष ध्यान दिया जाये। उदाहरण, उद्धरण, चुटकुले से बचा जाये।
4. छोटे-छोटे वाक्यों में समस्त तथ्य भर दिये जायें। कर्मवाच्य और नकारात्मक वाक्यों का प्रयोग न हो।
5. विचारों की क्रमबद्धता भंग न हो।
6. संवाददाता के अभिमत को हटा दिया जाये।
7. संक्षेपण का अभिलेख यथासम्भव अन्य पुरुष में ही तैयार किया जाये।
8. सरल, स्पष्ट, मँजी हुई प्रवाहपूर्ण भाषा का प्रयोग हो।
9. वर्तनी, व्याकरण तथा वाक्य-गठन सम्बन्धी शुद्धता पर ध्यान दिया जाये।

शीर्षक

शीर्षक समाचार-सार, घटना-परिणाम तथा स्थिति-संकेत का सूचक होता है। शीर्षक बनाना एक कला है जिसके द्वारा पाठकों के मन और मस्तिष्क पर सत्ता स्थापित की जाती है। सजग, सचेत, गुणग्राही, उपसम्पादक समाचारों के शीर्षक ऐसे बनाते हैं जो आकर्षक हों, सुबोध हों, पैने एवं चटपटे हों तथा विश्वसनीय हों। *पंडित कमलापति त्रिपाठी* ने लिखा है कि–

उपयुक्त, सफल और पूर्णांग शीर्षक अपने चार-छः अक्षरों में ही समाचार के सारे भाव, उसकी ध्वनि, उसकी महत्ता और उसके तमाम आधार और वातावरण को भी क्षण-मात्र में उसी प्रकार झलका देता है जिस प्रकार आकाश में सहसा चमककर चपला विलुप्त हो जाती है। शीर्षक केवल समाचार की सूचना अथवा उसका संक्षिप्ताशय अथवा उसकी व्याख्या-मात्र नहीं करता। इन सबके सिवा वह स्वयं 'समाचार-शरीर' का प्राण होता है जो सारे स्तम्भ में जीवन का संचार कर देता है। पाठक जीवन के इसी स्पन्दन का अनुभव करता है।

समाचार-पत्रों में प्रत्येक समाचार के ऊपर सम्बद्ध भाव को प्रदर्शित करने वाले वाक्यांश शीर्षक के निम्नलिखित उद्देश्य हैं :

1. शीघ्रता से प्रथम दृष्ट्या समाचार के मूल भाव को बताना।
2. रुचि के अनुसार समाचार ढूँढ़ने में पाठकों की मदद करना।
3. समाचार को आकर्षक बनाना।
4. पृष्ठ-सज्जा को प्रभावपूर्ण बनाना।
5. पत्र के व्यक्तित्त्व को सम्मानजनक बनाना।
6. ग्राहकों को पत्र-क्रय हेतु आकर्षित करना।

समाचार के शीर्षक बड़े मुखर होते हैं। वे पाठकों को पुकारते हैं। बार-बार यही दोहराते हैं : 'मैं महत्त्वपूर्ण हूँ', 'मैं आकर्षक हूँ'। वस्तुतः शीर्षक तो सार-तत्त्व का संग्रही कैप्स्यूल है।[1]

---

1. It summarizes the content,.... It tells the story, It is a synthesis, a distillation put into a capsule for easy swallowing. — *Chart H. Brown*

समाचार के शीर्षक आँखों को विश्राम देते हैं, ये पत्र के विज्ञापन जैसे होते हैं जो पाठकों को पत्र ख़रीदने हेतु प्रेरित करते हैं। टाइप का आकार पत्र का स्वर कहा जाता है। टाइप का आकार जितना बड़ा होगा, उसका स्वर उतना की ऊँचा होगा।[1] शीर्षक समाचार-परिचय में दिये गये तथ्य पर आधारित होता है। परन्तु 'लीड' की शब्दावली एवं शीर्षक के शब्दों में पुनावृत्ति नहीं होनी चाहिए। लम्बे समाचार में दो-तीन उपशीर्षकों का प्रयोग अच्छा माना जाता है। समाचारों के शीर्षक लिखने वाले को निम्नलिखित बिन्दुओं पर अवश्यमेव ध्यान देना चाहिए :

1. शीर्षक में समाचार का मूलभाव निहित हो।
2. शीर्षक में 'विशेषण' अथवा 'अभिमत' न प्रकट हो।
3. शीर्षक से समाचार की रोचकता बढ़े।
4. शीर्षक पढ़कर सरलता से शीघ्र ही तत्त्व-बोध हो जाये।
5. समाचार-पत्र के पृष्ठ की सजावट शीर्षक से हो।
6. शीर्षक भूतकाल में न लिखा जाये।
7. द्वयर्थक (Two-faced) शीर्षकों का प्रयोग वर्जित है।
8. शीर्षक में मात्र सुविख्यात व्यक्ति के 'नाम' या 'उपनाम' का प्रयोग हो।
9. शीर्षक के आश्रित उपवाक्यों को किसी संयोजक के द्वारा न जोड़कर उसके अर्द्धविराम चिह्न का प्रयोग हो जैसे

   दो ट्रेनों में टक्कर,
   एक चालक की मृत्यु

10. अकर्मक क्रिया का यथासम्भव कम प्रयोग हो।

शीर्षक संरचना—पत्रों में मुख्यतः निम्नलिखित शीर्षक रचनाओं का प्रयोग होता है :

(क) क्रॉसलाइन (The Crossline) : इसे 'को लाइन' भी कहते हैं। समाचार-पत्र के एक कॉलम या मध्य भाग में रखे गये केवल एक पंक्ति के लघु शीर्षक को क्रॉसलाइन शीर्षक के नाम से जाना जाता है। यथा :

शिक्षक प्रदर्शन करेंगे।

(ख) ड्रॉपलाइन (The Dropline) : इसमें दो या कभी-कभी तीन पंक्तियाँ होती हैं। बायीं ओर से दायीं ओर को बढ़ाकर एक के बाद एक शब्द लिखे जाते हैं जो सीढ़ीनुमा प्रतीत होते हैं। ड्रॉप लाइन को 'स्टेपहेड' भी कहते हैं।

आजकल लगभग 15,000 से भी अधिक प्रकार की टाइपों का उपयोग हो रहा है। टाइपों की ऊँचाई के अनुसार, उन्हें प्वॉइंट्स कहते हैं। एक इंच में 72 होते हैं और उसी प्रकार, पर 6, 7, 8, 9, 10, 11, 12, 14, 16, 18, 20, 24, 30, 36, 48, 60 और 75 प्वॉइंट्स प्रचलित हैं। टाइपों के विविध डिजाइन भी होते हैं। अच्छे पत्र इनका अधिकाधिक उपयोग करते हैं।

अनियमित विद्युत् आपूर्ति
उपभोक्ता परेशान
अधिकारी निश्चिन्त

(ग) विलोम सोपानी (The Antidrop) : इस शीर्षक की पंक्तियाँ बायीं ओर से आरम्भ होकर क्रमशः नीचे की ओर छोटी हो जाती हैं।

प्रदेश के मुख्यमन्त्री का
पद से हटाया जाना
प्रायः सुनिश्चित

---

1. Type talks, bold and flashy types shout for readers attention in an exciting way. The type and the way it is used to give the newspaper character and individuality. —*F. Barnhart*

(घ) **पूर्णपाती (The Full Line) :** इसको समान रूप से बराबर रखा जाता है। समाचार-पत्रों में इसका प्रायः प्रचलन है। शीर्षक के अक्षरों की संख्या एक कॉलम की चौड़ाई से अधिक नहीं होनी चाहिए।

उपराष्ट्रपति बम्बई में

(ङ) **फ्लशलेफ्ट (The Flush left) :** प्रथम पंक्ति तो बायीं ओर से शुरू होती है पर दूसरी, तीसरी पंक्ति का क्रम अनिश्चित रहता है।

मुख्यमन्त्री की
शिक्षकों के
विरुद्ध सख्त चेतावनी

(च) **विलोम स्तूपी (The Inverted Pyramid) :** इसमें स्तूप का निचला भाग ऊपर और ऊपरी भाग नीचे आ जाता है। पहली पंक्ति पूरे कॉलम की चौड़ाई में तथा दूसरी, तीसरी में दोनों तरफ़ ज़्यादा स्थान छोड़ा जाता है :

नकली शराब फैक्ट्री में
पुलिस का छापा
पाँच गिरफ्तार

(छ) **हैंगिंग इंडेंशन (The Hanging Indention) :** इसमें प्रथम पंक्ति पूरे कॉलम की होती है। दूसरी, तीसरी पंक्तियों को बायी ओर समान स्थान छोड़कर लिखा जाता है :

शरद ऋतु में अकेले
एवरेस्ट विजय
का कीर्तिमान

(ज) **स्क्वायर इंडेंशन (The Squire Indention) :** पूरे कॉलम में फैले तीन या चार पंक्तियों वाला शीर्षक इंडेंशन कहलाता है। ब्रिटेन और अमेरिका में उसका प्रयोग अधिक होता है :

एक ही अदालत में
27 फर्जी ज़मानत
दाख़िल करने वाला
अपराधी पकड़ा गया

(झ) **कटि शीर्षक (Waist Title) :** डमरू अथवा युवती की कमर के समान शीर्षक ऊपर और नीचे चौड़ा तथा मध्य में पतला शीर्षक को 'कटि' शीर्षक कहा जाता है। इसमें पहली और तीसरी पंक्तियाँ पूरी होती हैं। दूसरी पंक्ति दोनों तरफ से समान रूप में छोटी लिखी जाती है :

कर्मचारियों को दिये गये
आश्वासनों से
प्रशासन दुविधा में

(ट) **कपाली शीर्षक (Cranium Title) :** मुख्य शीर्षक के ऊपर छोटे टाइप में दिये जाने वाले शीर्षक को कपाली शीर्षक कहा जाता है। इसके नीचे सीधा रूल डाल दिया जाता है :

'ई-जर्नलिज़्म' का लोकार्पण समारोह
पत्रकारिता को विकृतियों से बचाने की ज़रूरत : *प्रो. मिश्र*

(ठ) **पताका शीर्षक (Banner Title) :** नामपट्टी के नीचे पूरी चौड़ाई में आठ कॉलम में सबसे मोटे टाइप में दिया जाने वाला शीर्षक पताका (बैनर) या स्ट्रीमर शीर्षक कहलाता है :

सोनिया बेमिसाल : पी.एम. की कुर्सी ठुकरायी

(ड) **गगन रेखा (स्काई लाइन) :** विशेष स्थिति में इसका प्रयोग होता है। समाचार-पत्र के नामपट्ट के ऊपर सर्वाधिक मोटे टाइप में लिखा जाता है।

शीर्षक के लेखन की प्रक्रिया

1. आमुख से केन्द्र-बिन्दु का चयन।
2. टेलिग्राफिक वाक्यों का निर्माण।
3. क्रिया के शुद्ध रूप का प्रयोग।
4. विषय-सार का आकर्षक रूप में प्रस्तुतीकरण।
5. निर्धारित स्थान में शीर्षक को समाविष्ट कराने का प्रयास।

बॉक्स तथा इनसेट

चुटीले, रसीले, भीषण तथा अप्रत्याशित समाचारों को बॉक्स के अन्दर प्रकाशित किया जाता है जिस पर पाठकों का ध्यान बरबस चला जाता है। बॉक्स समाचार पृष्ठ के ऊर्ध्व भाग पर भले दिखते हैं। बॉक्स बनाने के लिए शीर्षक को ढक देते हैं, कभी खुला रखते हैं पर काया ढक दी जाती है और कभी शीर्षक और काया को पूर्णरूपेण आवृत्त कर देते हैं।

कभी-कभी बॉक्स बनाने की कलात्मक परेशानियों से बचने हेतु इनसेट पद्धति का प्रयोग होता है। इनसेट में समाचार के ऊपर-नीचे फूलदार या सादा रूल डाल दिया जाता है। लम्बे समाचार के बीच किसी साधारण महत्त्व की बात को उजागर करने के निमित्त इसका प्रयोग होता है। हिन्दुस्तान में 16 जुलाई, 2003 को प्रकाशित तथ्य द्रष्टव्य है :

साँप के सपने देखने वाली पत्नी को तलाक

हाँगकांग। चीन में एक व्यक्ति ने इस आधार पर अदालत में तलाक के लिए आवेदन किया है कि उसकी पत्नी लगातार साँप के सपने देख रही है। चीन के साउथ चाइना मॉर्निंग पोस्ट में आज प्रकाशित ख़बरों में बताया गया है कि सिचुआन प्रान्त के इस व्यक्ति ने पत्नी को सपने में साँप दिखने के अर्थ जानने के लिए तान्त्रिक से सम्पर्क किया। तान्त्रिक ने बताया कि साँप प्रेमी का प्रतीक है। इसका तात्पर्य है कि पत्नी उसके प्रति वफादार नहीं है। हालाँकि अदालत ने तलाक का आवेदन स्वीकार करने अथवा नहीं करने के बारे में कोई निर्णय नहीं किया है।

35

पृष्ठ-सज्जा
(Page Makeup)

The skill of page makeup lies in putting the greatest amount of information into the page to produce veriety without confusion.

—David Wainwright

× × ×

"समाचार-पत्र का पहला कर्तव्य यह है कि वह सुन्दर दिखे, दूसरा यह है कि सच बोले।"

—मार्कट्वेन

पत्रों में व्याप्त प्रतिस्पर्धा, विज्ञापन की रोचकता एवं अधुनातन यान्त्रिकी के विकास के कारण पत्रों की पृष्ठ-सज्जा पर अधिकाधिक ध्यान अपेक्षित है। 'डिजाइन', 'प्रारूप' (ले-आउट) और 'मेकअप' ये सभी शब्द थोड़े-बहुत अन्तर के साथ पृष्ठ-सज्जा हेतु ही प्रयुक्त होते हैं। 'डिजाइन' का तात्पर्य सम्पूर्ण आकृति या संरचना से है जिसे समाचार-पत्र के व्यक्तित्त्व का गठन होता है। 'ले-आउट' का अर्थ आकल्पन या प्रारूप से है। सम्पादकीय विभाग या कला विभाग द्वारा एक चित्र-नक्शा या सम्भवित प्रारूप कम्पोज़िंग विभाग को प्रस्तुत होता है जिसके अनुसार पृष्ठों का निर्धारण एवं निर्माण होता है। इसे कुछ लोग 'ले-आउट' और कुछ लोग 'डमी' कहते हैं। सभी समाचार, ब्लॉक एवं विज्ञापन को पृष्ठ पर जमाने, सँवारने की प्रक्रिया ही मेकअप (पृष्ठ-सज्जा) है।[1] *ब्रूस वेस्टले* और *बार्नहाट* के अनुसार पृष्ठ-सज्जा की समस्या सम्पादकीय, कम्पोजिंग और छपायी इन तीनों विभागों की समस्या है। पत्र के व्यक्तित्त्व-निर्धारण में सभी को सर्जना शक्ति एवं उपलब्ध साधनों के सदुपयोग की क्षमता ही उत्तरदायी होती है। देखा गया है कि साज-सज्जा का ज्ञान अनुभव से होता है। सतर्क और साहसी पत्रकार 'क्षणे-क्षणे यन्नवतामुपैति तदेव रूपं रमणीयतायाः' के आधार पर पत्रों को मनोहारी बनाता है।

1. Makeup is largely a matter of placement of headlines and art.

—Bruce Westeley

Newspaper makeup consists of dividing and using space the space of the newspaper page to accomodate type, illustrations and more often than not advertisement. *—Born Hott*

पृष्ठ-सज्जा के उद्देश्य

1. समाचार-पत्र को आकर्षक बनाने हेतु नये रंग, ढंग से प्रस्तुत करना।
2. महत्त्व के अनुसार समाचार के लिए अपेक्षित आकार तथा स्थान को निर्धारित करना।
3. पत्र की सजीवता को विकसित कर उसके व्यक्तित्त्व को लोकप्रिय बनाना।
4. समाचारों को क्रमबद्ध करना तथा पाठकों को मनोनुकूल समाचार प्राप्त करने में सहयोग करना।
5. समकालीन समाचार-पत्रों के बीच स्वस्थ स्पर्धा स्थापित करना।

समाचार, शीर्षक, चित्र, विज्ञापन, रूपक, अग्रलेख, कार्टून आदि समस्त प्रकाश्य सामग्रियों को विविध पृष्ठों पर सजाने-सँवारने की विधि पृष्ठ-सज्जा है। यह ऐसी सफल और प्रभावशाली कला है जिससे किसी बात को पाठकों की आँखों के रास्ते से दिल-दिमाग तथा पहुँचायी जाती है। पत्र-जगत् में पृष्ठ-सज्जा का वही स्थान है जो भवन-निर्माण में वास्तुकला का है। महत्त्व के अनुसार, समाचार का आकार और उसके लिए स्थान निर्धारित करना, नये रूप-रंग में पत्र को आकर्षक, मनोरम बनाना, पाठकों को उनकी आवश्यकतानुसार समाचार ढूँढ़ने में सहायता पहुँचाना तथा पत्र के व्यक्तित्त्व को विश्वसनीय बनाना ही पृष्ठ-सज्जा के अन्तर्गत समाहित किया जाता है।

अधिक अलंकरण पर ध्यान देने से कहीं पत्र पोस्टर न हो जाये, इसीलिए *सत सोनी* ने साज-सज्जा सम्पादक से निम्नलिखित सिद्धान्तों पर अमल करने की अपील की है :

"साज-सज्जा के मूलभूत सिद्धान्तों में दो प्रमुख हैं :एक तो यह कि किन समाचारों को उभारना है, किन पर जोर देना है; दूसरा यह कि एक तरह का संगठन हो... संगठन का अर्थ है पृष्ठ का वजन एक-सा हो। मोड़ के ऊपर का हिस्सा जितना वजनी हो, उसी अनुपात में भार नीचे भी हो इसके लिए समाचारों के शीर्षक और इसके प्वॉइंट का भली-भाँति ज्ञान होना ज़रूरी है। यह भी जानकारी होनी चाहिए कि मोड़ के ऊपर या दायें-बायें में अनुपात कैसा होना चाहिए, दो या तीन चित्रों को सन्तुलित ढंग से कैसे, किस स्थान पर रखा जाना चाहिए। सबसे बड़ी बात यह है कि अख़बार, अख़बार लगे, पोस्टर न बन जाये।"

साज-सज्जा के तत्त्व : पत्रों की साज-सज्जा के समय निम्नलिखित तत्त्वों पर ध्यान दिया जाता है, जैसा कि *डॉ. प्रवीण दीक्षित* ने लिखा है :

1. सन्तुलन (Balance) : इसके अन्तर्गत पत्र में प्रकाश्य सम्पूर्ण सामग्री के शीर्षक, विज्ञापन और चित्र को एक मनोरम अनुपात में आकर्षकपूर्ण तरीके से सुव्यवस्थित किया जाता है जिससे पत्र गम्भीर और विश्वसनीय हो जाये।

2. विरोधाभास (Contrast) : किसी समाचार को अपेक्षाकृत अधिक महत्त्व देने के लिए तथा पृष्ठ सजाने-सँवारने हेतु विरोधाभास का प्रयोग होता है। रोमन, इटैलिक, लाइट फेस, बोल्ड फेस, काले फेस वाले टाइप एवं लाइन ब्लॉक, हाफ टोन ब्लॉक द्वारा विरोध प्रकट होता है। समाचार-पत्रों में प्रायः रूल, बार्डर, डेश और स्टार द्वारा एक मेटर एक-दूसरे मेटर के विरोध में मुद्रित होते हैं। यह सन्तुलन का उल्टा है। दो समान ऊँचाई वाले व्यक्ति ध्यान आकर्षित नहीं करते लेकिन बौना और लम्बी एक स्थान पर हो तो बरबस आकर्षण के केन्द्र बन जाते हैं।

3. फोकस बिन्दु (Focus Point) : पाठकों की रुचि, आवश्यकता और प्रवृत्ति के अनुसार पत्र के किसी विशेष अंश पर सबका ध्यान चला जाता है जिसे फोकस बिन्दु के रूप में समझा जा सकता है। भाषा की प्रकृति, साज-सज्जा का प्रभाव और पाठकों के पत्र पढ़ने का ढंग इन तीनों द्वारा मुख्य फोकस बिन्दु का निर्धारण होता है। हिन्दी-अंग्रेज़ी समाचार-पत्रों का मुख्य फोकस बिन्दु पृष्ठ के बायीं ओर का ऊपरी स्थान होता है। उर्दू पत्रों का मुख्य फोकस बिन्दु पृष्ठ के दाहिनी ओर ऊपरी भाग में होता है। हिन्दी पत्र के भीतरी पृष्ठों में मुख्य फोकस बिन्दु दाहिनी ओर ऊपर होता है। नौकरी ढूँढ़ने वाले का ध्यान वर्गीकृत विज्ञापन की ओर एवं खेल-खिलाड़ियों का ध्यान खेल-कूद समाचार वाले पृष्ठ की ओर चला जाता है।

4. गति (Movement) : गति का अर्थ नेत्रों की उस स्थिति से है जो पत्र में विभिन्न स्थानों पर क्रमशः और लगातार सक्रिय होती है। नेत्रों की गति और साज-सज्जा मनोवैज्ञानिक ढंग से परस्पर सम्बद्ध है।

5. संगति (Harmony) : सन्तुलन विरोधाभास, गति और फोकस बिन्दु को ध्यान में रखकर पृष्ठ प्रभावशाली बनाये जाते हैं, सभी तत्त्व के सफल समन्वय से सम्पादक 'पत्रों की सुन्दर प्रतीति' में सहयोगी बनता है।

कुछ प्रमुख प्रकार की साज-सज्जा

सरकस साज-सज्जा–यदि साज-सज्जा से सम्बद्ध सभी सिद्धान्तों, नियमों से हटकर विशेष रूप से पृष्ठ की साज-सज्जा होती है तो यही सरकस साज-सज्जा है। समस्वरता को भूलकर विरोधाभास द्वारा सन्तुलन अपनाया जाता है। इसमें बड़े काले फेस की टाइप का प्रयोग अधिकतर होता है।

ब्रोकेन पेज मेकअप : साज-सज्जा में सम्मति और सन्तुलन की उपेक्षा होती है तो इसे ब्रोकेन पेज मेकअप कहते हैं। इस तरह की साज-सज्जा में किसी विशेष समाचार को विशेष महत्त्व न देकर सभी समाचारों की ओर ध्यान आकर्षित किया जाता है। सनसनीखेज (Sensational) पत्रों में इसी चौकाने वाली पद्धति को वरेण्य माना जाता है जिसमें पूरा पृष्ठ एक इकाई के रूप में नहीं अपितु अनेक खण्डों में बँटा प्रतीत होता है।

टेबल्वायड पत्र मेकअप : 'टेबल्वायड' शब्द का अर्थ पत्र का छोटा आकार है परन्तु आजकल 'सनसनीखेज' समाचार-पत्रों के पर्याय के रूप में इसका प्रयोग हो रहा है। देखा जाता है कि इन पत्रों में मुख्य समाचार प्रथम और अन्तिम पृष्ठ पर प्रकाशित होता है। टेबल्वायड पत्र आकार में लघु होने के चलते स्थानीय समाचारों को प्रथम पृष्ठ पर छापते हैं।

आधुनिक पृष्ठ-सज्जा

आजकल साज-सज्जा में परम्परागत सिद्धान्तों, विधियों को व्यवहार में नहीं लाया जाता। नित-नूतन प्रयोग हो रहे हैं। कभी-कभी तो पत्र का 'नेमप्लेट' ही इधर-उधर कर दिया जाता है। मानव अब आभूषणों की पारम्परिक पद्धति को भूल बैठा है, ठीक इसी प्रकार साज-सज्जा के पुराने तत्त्वों पर भी पर्याप्त ध्यान नहीं दिया जाता। अब तो साज-सज्जा हेतु आधुनिक स्वच्छ टाइप, आकर्षक शीर्षक संरचना, चित्रात्मक सामग्री और क्षैतिज मेकअप की पद्धति वरेण्य हो रही है। समय-सीमा और संस्करण की क्षिप्रता साज-सज्जा को प्रभावित करने वाले तत्त्व हैं। प्रयोग और नवीनता आजकल के पत्रकारों की प्रवृत्ति है जिसके परिणामस्वरूप परम्परावादी पद्धतियों से हटकर पत्र-जगत् में नूतन शैली की प्रभावशाली एवं कलापूर्ण साज-सज्जा देखी जाती है। अत्यन्त अल्प समय में श्रेष्ठतम स्वरूप प्रदर्शित करने हेतु दैनिक पत्रों के सम्पादकों और कला विशेषज्ञों का विवेक ही पत्रों के व्यक्तित्त्व को निर्धारित करता है।

समाचार-पत्रों के विविध पृष्ठों को सजाने-सँवारने के क्रम में निम्नलिखित निर्देशों पर ध्यान देना चाहिए :

1. महत्त्वपूर्ण समाचार सबसे ऊपर न दिया जाये।
2. महत्त्व के अनुरूप टाइप के आकार का प्रयाग हो।
3. शीर्षकों में सन्तुलन स्थापित रहे।
4. समाचार एवं शीर्षक के टाइपों में विविधता रहे।
5. लम्बे समाचार में दो-दो स्टिक पर उपशीर्षक दिये जायें ताकि समाचार के प्रति रुचि बनी रहे।
6. विज्ञापन या चित्र से सटा हुआ बॉक्स समाचार पृष्ठ पर न प्रस्तुत हो।
7. चित्र के अभाव में छोटा-बड़ा बॉक्स बनाकर पृष्ठों को सुशोभित किया जा सकता है।
8. पृष्ठ का ऊपरी बायाँ भाग अति महत्त्व होता है। सबकी निगाहें पहले बायीं ओर ही पड़ती हैं और वह भी ऊपर की ओर। इसीलिए विशेष एवं महत्त्वपूर्ण समाचार बायीं ओर ही देना उचित है।
9. समाचार का शेषांश आगे के पृष्ठों पर अथवा कॉलमों में देना समीचीन है। अतः शेषांश सदैव अगले स्तम्भ या पृष्ठ पर हो। दूसरे, चौथे और छठे पृष्ठ का शेषांश क्रमशः पहले, तीसरे और पाँचवें पर देना बुद्धिमानी नहीं है।

चित्र-नेत्र सुखदायक, वास्तविकता के प्रदर्शक एवं पृष्ठ को आकर्षक बनाने वाले होते हैं। चित्र के आकार-प्रकार, पृष्ठ पर उनके स्थान पर उभार सम्बन्धी बातों पर ध्यान देकर समाचार-पत्रों को मनोरम बनाया जा सकता है।

समाचार-पत्रों के विविध पृष्ठ

समाचार-पत्र की नाम पट्टी वाला पृष्ठ पूरे पत्र का 'शो विंडो' होता है, जिसमें महत्त्वपूर्ण राष्ट्रीय एवं अन्तर्राष्ट्रीय समाचार संकलित होते हैं। प्रथम पृष्ठ समाचार मूलक चित्र, कार्टून, बॉक्स और इनसेट से सुसज्ज होता है। द्वितीय पृष्ठ पर प्रान्तीय समाचारों के अतिरिक्त फुटकर विज्ञापन छपते हैं। तृतीय पृष्ठ स्थानीय समाचारों से भरा होता है। चतुर्थ पृष्ठ सम्पादकीय पृष्ठ होता है। पंचम, षष्ठ, सप्तम और अष्टम पृष्ठ विविध स्तम्भों से सुशोभित देखा जाता है। अधिकांश पत्र अन्तिम पृष्ठ पर खेलकूद समाचार छापते हैं। मध्य के पृष्ठों पर विभिन्न जिलों के समाचार-सार, विविध समीक्षात्मक लेख, फ़िल्म और आकाशवाणी सम्बन्धी बातें प्रकाशित होती हैं।

सम्पादकीय पृष्ठ

'जिय बिनु देह नदी बिनु बारी' के समान सम्पादकीय पृष्ठ पत्र का प्राण-तत्त्व होता है।[1] सम्पादकीय पृष्ठ पत्र की आवाज़ और युगीन चेतना का संवाहक होता है। लोक-शिक्षण और जन-सेवा का सबल माध्यम यही पृष्ठ है। अभिव्यक्ति हेतु यह सार्वजनिक मंच सदृश होता है। अग्रलेख, विशेष सामयिक लेख, फ़ीचर, समाचार सम्बन्धी विचार, सम्पादक के नाम पत्र, राजनीतिक, साहित्यिक और सांस्कृतिक समीक्षा एवं व्यंग्य-विनोद से सम्पादक कार्टून चित्र तथा विविध स्तम्भ सम्पादकीय पृष्ठ में ही समादृत होते हैं। इन सभी में समस्या का प्रस्तुतीकरण, विश्लेषण और टिप्पणी रहती है।

अग्रलेख

अग्रलेख पत्र के चरित्र को स्पष्ट करता है। यही पत्र की आवाज़ है। इसमें घटना-विशेष सम्बन्धी तथ्यों का लेखन पूर्वापर प्रसंग एवं विविध पक्षों के विचार का प्रस्तुतीकरण तथा सम्भावित प्रभाव की ओर संकेत रहता है। जो बातें समाचार में स्पष्ट नहीं हो सकतीं उन्हें अग्रलेख द्वारा बोधगम्य बनाया जा सकता है। पाठकों में किसी समस्या को समझाने के लिए अन्तर्दृष्टि देने का कार्य अग्रलेख द्वारा सम्पन्न होता है। तर्क पुष्ट ढंग से अनोजस्वी शैली में यदि इसे प्रस्तुत किया जाये तो जनमत को प्रभावित करने के साथ ही यह पाठकों को सदाचरण हेतु प्रेरित कर सकता है।

अग्रलेख के प्रकार

निम्नलिखित प्रकार के अग्रलेख पत्रों में स्थान पाते हैं :

1. Editorials that interpret.
2. Editorials that Criticise.
3. Editorials that Persuade.
4. Editorials that Praise.

विभिन्न पत्रों के अग्रलेखों को निम्नलिखित वर्गों में बाँटा जा सकता है :

क—उत्साहवर्द्धक अग्रलेख

ख—कर्तव्यबोधक अग्रलेख

---

1. The editorial page is a window to the soul of a newspaper. 'Like soul, like body' is an adage applicable to a newspaper as it is to human personality.

ग–सुझावात्मक अग्रलेख

घ–आन्दोलनात्मक अग्रलेख

ङ–समसामयिक अग्रलेख

च–पक्ष समर्थक अग्रलेख

सम्पादकीय पृष्ठ के हृदयस्वरूप अग्रलेख में प्रभावोत्पादकता, सामयिकता, निष्पक्षता, विश्वसनीयता और संक्षिप्तता आदि विशेषताएँ होती हैं। अग्रलेखकों में कर्तव्य बोध जाग्रत् करने के निमित्त नेशनल कॉन्फरेंस ऑफ एडिटोरियल राइटर्स 1949, यू.एस.ए. द्वारा निर्धारित नीति निर्देशक सिद्धान्त द्रष्टव्य हैं :

1. The editorial writer should present facts honestly and fully. It is dishonest an unworthy of him to base an editorial on half-truth. He should never consciously mislead a reader distort a situation of place any person in a false light.
2. The editorial writer should draw objective conclusions from the stated facts, basing them upon the weights of evidence and upon his considered concept of the greatest good.
3. The editorial writer should never be motivated by personal interest, not use his influence to seek special favours for himself of others. He should hold himself above any possible taint of corruption, whatever its source.
4. The editorial writer should realize that he is not infallible. Therefore, so far as it is in his power, he should give a voice to those who disagree with him in a public letter column by other suitable devices.
5. The editorial writer should regularly review his own conclusion in the light of obtainable information. He should never hesitate to correct them should be find them to be based on previous mis-conceptions.
6. The editorial writer should have courage of well founded conviction and a democratic philosophy of life. He should never write of publish anything that goes against his conscience. Many editorial pages are the product of more than one mind, however, and sound collective judgement can be achieved only through sound individual judgements. Therefore thoughtful individual opinions should be respected.
7. The editorial writer should support his colleagues in their adherence to the highest standard of professional integrity. His reputation is their reputation and theirs is his.

मन्तव्य यह कि सम्पूर्ण तथ्यों का ईमानदारी से प्रस्तुतीकरण, पुष्ट प्रमाणों पर आधारित निष्कर्ष-प्राप्ति, पक्षपात से विरति, मत-मतान्तर का प्रकाशन, अपने विवादास्पद निर्णय में संशोधन हेतु तत्परता, अन्तरात्मा के प्रतिकूल विचार न प्रकाशित करने की दृढ़ता तथा सहयोगियों के प्रति निष्ठा की भावना, यही सम्पादकों की सुनीति है। इन्हीं सिद्धान्तों-निर्देशों के अनुरूप यदि अग्रलेख प्रस्तुत हो तो निश्चय ही वह सन्तुलित, प्रामाणिक, उत्तेजनारहित और मंगलकारी होता है।

अग्रलेख की प्रस्तुति

अग्रलेख तैयार करने के लिए सर्वप्रथम सम्पादक विविध घटनाओं, भाषणों एवं विचारों के सन्दर्भ में अपने सहयोगियों से विचार-विमर्श करता है। समसामयिक महत्त्वपूर्ण विषयों के चयनोपरान्त सन्दर्भ ग्रन्थों एवं संचित कतरनों की सहायता से

अग्रलेख प्रस्तुत करता है। प्रथम अनुच्छेद में परिचय, द्वितीय में विश्लेषण तथा तृतीय में निष्कर्ष, सुझाव और सम्यक् परिणति सम्बन्धी बातें लिखी जाती हैं। सरल शब्दों में गवेषणात्मक ढंग से प्रस्तुत अग्रलेख स्तुत्य होता है।

राजनीति, संस्कृति, शिक्षा, श्रम और अपराध पर अग्रलेख लिखते समय सम्पादक को जन-हित का ध्यान रखना पड़ता है। वर्ग-विशेष, सरकार एवं प्रेस के सर्वस्व की हित-चिन्ता से अग्रलेख की आत्मा कुंठित हो जाती है। सम्पादकों को सभी का ख़याल रखना पड़ता है। सचमुच देखा जाये तो वह विसंगतियों के मध्य जीता है :

नरपति हितकर्ता द्वेष्यतां याति लोके
जनपद हितकर्ता त्यज्यते पार्थिवेन्द्रैः।
इति महति विरोधे वर्तमाने समाने
नृपतिजनपदानां दुर्लभः कार्यकर्ता॥

भाव यही है कि शासक के अनुकूल लिखने पर लोक रुष्ट हो जाता है, लोक के अनुरूप कार्य हो तो शासक नाक-भौं सिकोड़ते हैं। इन्हीं विरोधी तत्त्वों के बीच सम्पादक को अपने कर्तव्यों का निर्वाह करना पड़ता है। वास्तव में, अच्छे अग्रलेख में जनसामान्य के भाव-विचार को व्यक्त किया जाता है न कि व्यक्तिगत चिन्तन-मनन को महत्त्व दिया जाता है।[1] संक्षेप में अग्रलेख की प्रस्तुति के निम्नस्थ सोपान ध्यातव्य हैं :

1. विचार-विमर्श के पश्चात् अत्यन्त सामयिक विषय का चयन।
2. सन्दर्भ-ग्रन्थों, कतरनों और फाइलों से आवश्यक तथ्यों का संकलन।
3. समास शैली में परिचय, विश्लेषण एवं निष्कर्ष की प्रस्तुति।
4. महान् विचारकों के कथनों द्वारा अपने कथन की सम्पुष्टि।
5. आकर्षक शीर्षक का लेखन।

'पंजाब केसरी' (दिल्ली) ने 26 दिसम्बर, 2005 को प्रथम पृष्ठ पर विशेष सम्पादकीय (अश्विनी कुमार) प्रकाशित किया—

देश का क्या होगा?

संसद है बाज़ार देश का क्या होगा?
बिकते हैं दरबार देश का क्या होगा?
झूठ का कारोबार देश का क्या होगा?
गुंडे पालनहार देश का क्या होगा?
प्रश्न यही हर बार देश का क्या होगा?
उत्तर ढूँढ़ो यार देश का क्या होगा?

किसी व्यंग्यकार का यह दोहा वर्तमान परिस्थितियों में हृदय को कचोटता है। एक सप्ताह में पहले 'ऑप्रेशन दुर्योधन' और फिर 'चक्रव्यूह' में सांसदों को कैमरे के सामने रिश्वत लेते और दलाली खाते दिखाया गया। पहले सवाल ही बिक रहे थे फिर सांसद निधि की बन्दरबाँट में दलाली लेने की बात साफ हो गयी है। संसद के दोनों सदनों में प्रस्ताव पारित कर रिश्वतखोर सांसदों को निष्कासित करने का ऐतिहासिक पग उठाया है।

अब जबकि ऑप्रेशन दुर्योधन में फँसे सभी लोकसभा और एक राज्यसभा सांसद सहित कुल 11 सांसदों को दोनों सदनों से बर्खास्त कर दिया गया है तो अब बारी ऑप्रेशन चक्रव्यूह में फँसने वाले सांसदों की है कि उन्हें क्या सजा दी जाती है?

कल तक बसपा की अध्यक्ष मायावती की प्रेस कान्फ्रेंस के बाद आगबबूला हुए सपा महासचिव अपने सांसदों के ईमानदारी के दावे करते थे और मानहानि का मुकद्दमा दायर करने का ऐलान कर रहे थे। ऑप्रेशन चक्रव्यूह में उनकी पार्टी

1. Writing good editorials is chiefly telling the people what they think, not what you think.
—*Arthur Brisbane*

के जौनपुर से सांसद पारसनाथ यादव लपेटे में आ गये। आनन-फानन में अमर सिंह जी ने पारसनाथ यादव को इस्तीफ़ा देने को कहा और साथ ही राजनीतिक दलों को सलाह भी दे डाली कि वे भी अपने भ्रष्ट सांसदों के ख़िलाफ़ कड़ी कार्यवाही करें। आज कौन दावा कर सकता है कि उनके सांसद ईमानदार हैं और दूसरों के बेईमान।

हमाम के नंगे लोग जानते हैं कि कमाई इसी तरह से होती है, लेकिन जो पकड़ा जाये वह भ्रष्ट, जो नहीं पकड़ा जाये वह ईमानदार। ऐसा लगता है कि ईमानदार केवल उसे ही माना जाये जिसे भ्रष्टाचार करने का कभी मौका ही नहीं मिला हो। सब देश को लूटने में लगे हुए हैं। कोई पीछे नहीं रहना चाहता। पिछले 11 वर्ष में केन्द्र सरकार ने सांसद निधि में करीब ₹129 अरब दिये हैं।

ऐसी ख़बरें अक्सर प्रकाशित होती रहती हैं कि कई सांसद अपने कोष का पूरा उपयोग नहीं कर पाये। इसके तीन ही अर्थ निकाले जा सकते हैं या तो वे सुस्त एवं निष्क्रिय हैं, या वे काफ़ी ईमानदार हैं कि वे अपना पैसा फिजूल के कार्यों में लगाना नहीं चाहते। उसका पूरा सदुपयोग चाहते हैं या फिर उन्हें कमीशन देने वाले लोग और दुधारू परियोजना ही नहीं मिली। इस समय तो तीसरी सम्भावना अधिक लगती है। अच्छी-खासी कमाई को देखते ही हर पार्टी की युवा शाखा के लोग भी पार्षद और विधायक का टिकट माँगते हैं।

भ्रष्ट राजनीति हुई चौपट हुआ समाज
हर वानर को चाहिए किषिकन्धा का राज

सांसद विकास निधि के इस्तेमाल में कथित रूप से दलाली माँगने की फ़िल्म टी. वी. पर दिखाये जाने पर संसद फिर शर्मसार हुई। लोकसभा अध्यक्ष *सोमनाथ चटर्जी* ने भ्रष्टाचार खत्म करने के लिए सांसद निधि को खत्म करने का सुझाव दिया, लेकिन सांसदों ने इसका विरोध करना शुरू कर दिया है। अपनी कमाई के मुख्य साधन को वे ऐसे कैसे खत्म होने देंगे। अन्तत : लोकसभा अध्यक्ष को कहना पड़ा कि निधि को खत्म करने को लेकर उठे विवाद से उनका कोई लेना-देना नहीं है। उन्होंने इसे समाप्त करने का सुझाव तमाम खुलासों से पहले दिया था और इसका फैसला अन्ततः सरकार को करना है।

स्त्रियों की भोग्या छवि परोसने वाली पत्रिका 'प्लेबॉय' के अपने देश में प्रकाशन की चर्चा होते ही 'हिन्दुस्तान' ने दो टूक शैली में 05 दिसम्बर, 2005 को सम्पादकीय में लिखा :

भारत में प्लेबॉय की दस्तक

बस, इसी की कसर बाकी थी। नेचर, साइंस, नेशनल जियोग्रॉफी, डिस्कवर या लांसेट जैसी किसी ज्ञानवर्द्धक विदेशी पत्रिका का भारतीय संस्करण निकाला जाता तो भी बात थी। लेकिन, खुलेआम स्त्रियों की भोग्या छवि परोसने के लिए कुख्यात पत्रिका 'प्लेबॉय' भारत में दस्तक देने वाली है। पत्रिका की मुख्य कार्यकारी अधिकारी भले ही कहें कि इसमें लाइफस्टाइल, पॉप कल्चर, सेलेब्रिटी, फैशन, खेल व साक्षात्कारों पर ध्यान केन्द्रित किया जायेगा, पर पत्रिका के विगत को देखते हुए जो ख़तरा निहित है, उसके बारे में आश्वस्त नहीं हुआ जा सकता। भारत में महिलाओं के प्रति जिस तरह यौन अपराध बढ़ते गये हैं, उनमें यौन रिश्तों में पुरुषवादी वर्चस्व के प्रतीक *ह्यू हेफनर* की यह पत्रिका आग में घी डालेगी। देश में अंग्रेज़ी के पाठक कितने हैं और उनमें भी उच्छृंखल संस्कृति के दीवानों की तादाद कितनी है, यह सवाल खड़ा किया जा सकता है। अमेरिका में कभी इस पत्रिका के अंग्रेज़ी संस्करण की 10 लाख प्रतियाँ बिकती थीं, पर इंटरनेट तथा स्त्रियों में आयी जागृति ने उसका धन्धा ही चौपट कर दिया। आज कुछेक हजार विकृत मानसिकता वाले लोग उसके जरिये अपनी दबी इच्छाओं की पूर्ति कर रहे हैं। इसी कारण पत्रिका ने नयी मार्केटिंग रणनीति के तहत कुछ अन्य विकासशील एशियाई देशों में अपने देशी संस्करण निकाले, और नये बाज़ार के लिए विषयवस्तु के कलेवर में मामूली बदलाव किया। भारत भी आज उसे बड़ा बाज़ार दिख रहा है। यहाँ मध्य व उच्च-मध्य वर्ग के लोगों की तादाद बढ़ी है और उनकी क्रय-शक्ति भी।

भारत में प्रेस की आज़ादी और अपेक्षाकृत उदार समाज के मद्देनज़र सेक्स और स्त्री की गुलाम छवियाँ बेचने वाली पत्रिकाओं के आगमन पर चाहकर भी रोक लगाना मुमकिन नहीं है, जब तक कि कोई गम्भीर ख़तरे पैदा न हो जायें। अश्लीलता परोसने वाले कुछ चैनल्स सेंध लगा भी चुके हैं। अपने यहाँ 'डेबोनियर' व 'मेन्स वर्ल्ड' नामक पत्रिकाएँ एक हद तक प्लेबॉय की तर्ज पर ही निकाली गयी हैं और सड़कछाप अश्लील साहित्य चोरी-छिपे बिकता रहा है, पर, अब खुलापन हर जगह है। जमाना बदल रहा है और उसके साथ जीवन-मूल्य-मान्यताएँ भी। नित नये फैशन के साथ युवा वर्ग पर आधुनिकता हावी होती गयी है। इसका असर यह है कि कई मामलों में समाज का नजरिया बदला है। चुम्बन दृश्यों को पहले फ़िल्मों में काफ़ी अश्लील माना गया था, पर अब ऐसा नहीं है। यह मानना गलत होगा कि इससे भारतीय संस्कृति बर्बाद हो जायेगी और आम युवा वर्ग इसके प्रवाह में बह जायेगा। लेकिन, कच्चे दिमागों पर इसका गलत असर पड़ सकता है। इससे सावधान रहने की ज़रूरत है।

अभी तक पश्चिमी देशों से पोगो, कार्टून नेटवर्क, स्टार, डिज्नीलैंड चैनल्स भारत में आये हैं और उन सबको अपने कार्यक्रमों की विषयवस्तु का भारतीयकरण करने पर विवश होना पड़ा, तभी वे लोकप्रिय हो सके। यानी भारत में आँख मूँदकर हर विदेशी ब्रांड को स्वीकार नहीं किया जाता। जापान, चीन, सिंगापुर, मलेशिया और दक्षिण कोरिया को आज औद्योगिक ताकत माना जाता है, तो उसके लिए उनके अपरिवर्तित एशियाई जीवन मूल्यों को श्रेय जाता है। भारत में भी हमें मेकडॉनल्ड, पिट्ज़ा हट, केंटकी फ्रायड चिकन, ब्ल्यू जींस, स्नीकर्स और हॉलीवुड की फ़िल्मों से बिदकने की ज़रूरत नहीं। लेकिन, यदि 'प्लेबॉय' या कोई अन्य पत्रिका स्त्रियों की गलत छवियाँ दिखाकर रुचि बिगाड़ने लगें, तो प्रतिरोध के रास्ते खुले हैं।

समीक्षा

सम्पादकीय पृष्ठ पर समीक्षाएँ छपती हैं। आर्थिक, सामाजिक एवं सांस्कृतिक समीक्षाएँ विविध गतिविधियों पर प्रकाश डालती हैं। कुछ पत्रों में साप्ताहिक समीक्षा की पद्धति चल पड़ी है। देखा जाता है कि सप्ताह में एक दिन आर्थिक जगत्, दूसरे दिन साहित्यिक गतिविधियाँ, तीसरे दिन अन्तर्राष्ट्रीय हलचल, चौथे दिन राजनीतिक रंगमंच, पाँचवें दिन सांस्कृतिक क्रिया-कलाप तो छठवें दिन स्वास्थ्य, कला, अध्यात्म सम्बन्धी सारगर्भित समीक्षाओं द्वारा पाठकों का ज्ञानवर्द्धन किया जाता है। ऐसी सामग्रियों के लेखक ख्याति लब्ध समीक्षक होते हैं।

सम्पादक के नाम पत्र

'जनवाणी', 'लोकवाणी', 'लोकमंच', 'नजर अपनी-अपनी' और 'सम्पादक के नाम पत्र' के अन्तर्गत पाठकों की प्रतिक्रियाएँ तथा उनके व्यक्तिगत विचार प्रायः उनके ही शब्दों में छपते हैं। इसी स्तम्भ द्वारा पाठकों की साझेदारी पत्रों के साथ होती है। इसकी उपेक्षा जन-न्यायालय की उपेक्षा है। सम्पादक के नाम छपने वाले पत्र पाठकों की बेचैनी, वितृष्णा और हताशा को व्यक्त करते हैं। सुदूर कस्बों और गाँवों में समाचार-पत्र के पाठकों ने उस स्तम्भ को अपने क्षोभ, शिकायत, क्रोध, कामना आदि की अभिव्यक्ति के लिए अपना माध्यम बनाया है। लेखपाल, ग्रामसेवक की मनमानी, दरोगा की रिश्वतखोरी, आकाश की ओर निहारते गाँव के स्कूल, चीनी एवं मिट्टी के तेल की किल्लत, ऊबड़-खाबड़ सड़कें, कुकुरमुतों जैसी पनपती गँवई नेतागिरी, गुंडागर्दी, दलाली, तहसील और अदालतों में व्याप्त अन्धेरगर्दी, सूखा, बाढ़ जैसी प्राकृतिक आपदा को मुँहचिढ़ाते सरकारी फर्जी आँकड़े, हत्या, लूट, बटमारी इन सभी समस्याओं पर प्रबुद्ध पाठक अपनी लेखनी चलाते हैं, जिधर चाहे, अनचाहे सरकार को ध्यान देना ही पड़ता है।

प्रारम्भ में पत्र के संवाददाता ही पत्र-लेखक हुआ करते थे। अब तो सूचनाओं के संकलन और प्रेषण से उन्हें अवकाश कहाँ? अपनी कटु अनुभूतियों को अब स्वतः पत्र-पाठक ही 'सम्पादक के नाम पत्र' स्तम्भ में प्रकाशित करवाते हैं। यह स्तम्भ विशुद्ध रूप से 'लोकमंच' होता है। वस्तुतः सामाजिक, सांस्कृतिक तथा राजनीतिक हलचल जब पाठकों को हजम नहीं हो पाती तो उनकी तबीयत वैचारिक जंग के लिए मचल उठती है और वे सम्पादक के नाम पत्र लिखकर विचार-संघर्ष में कूद पड़ते हैं।

पुस्तक-समीक्षा

इस स्तम्भ के अन्तर्गत नूतन प्रकाशित ग्रन्थों के गुण-दोष पर प्रकाश डाला जाता है। दैनिक समाचार-पत्रों के सम्पादकीय पृष्ठ पर सद्यः प्रकाशित ग्रन्थों के नाम, उनके लेखक, प्रकाशक तथा मुद्रकों के नाम, ग्रन्थ की पृष्ठ संख्या तथा मूल्य का विवरण होता है। पुस्तक-समीक्षा का प्रमुख उद्देश्य ग्रन्थ-प्रकाशन की सूचना से पाठकों को अवगत कराना है। उसमें ग्रन्थ के सार तत्त्व के उल्लेख से पाठक पुस्तक की उपयोगिता का अनुमान लगा लेता है, यदि आवश्यक हुआ तो वह ग्रन्थ को ख़रीद भी लेता है।

पुस्तक-समीक्षा प्रायः रविवासरीय अंकों में छपती है। देखा जाता है कि कभी-कभी महत्त्वपूर्ण ग्रन्थों के सन्दर्भ में विशिष्ट रूप से समीक्षात्मक लेख लिखे जाते हैं। पुस्तक-समीक्षक स्पष्ट रूप से बताते हैं कि कौन-सी पुस्तक चखने लायक है, कौन-सी निगलने लायक और कौन-सी पुस्तक चबा-चबाकर पचाने लायक है? सद्ग्रन्थों को मूल्यवान संजीवनी घूटी बताकर उन्हें संग्रह हेतु प्रेरित करता है। वह बतलाता है कि अमुक ग्रन्थ ऐसा शिक्षक है जो बिना बेंत मारे, बिना कटु शब्द कहे उचित शिक्षा देता है।

एक पुस्तक ने जीवन बदल दिया

कोई पुस्तक किसी व्यक्ति के जीवन को किस प्रकार बदल सकती है, इसका उदाहरण महान् भौतिकशास्त्री जर्मनी के नोबेल पुरस्कार विजेता *वर्नर हाइजनबर्ग* हैं।

वर्नर हाइजनबर्ग जब उन्नीस वर्ष के थे, तब वह एक पाठशाला में सन्तरी की ड्यूटी दिया करते थे। एक दिन ऐसे ही ड्यूटी देते वक़्त उन्हें कहीं से विख्यात दार्शनिक प्लेटो की 'तिमैयस' नामक पुस्तक प्राप्त हो गयी, जिसमें प्राचीन यूनान के परमाण्विक सिद्धान्त दिये हुए थे।

इस पुस्तक को पढ़ते-पढ़ते सन्तरी की भौतिकी में गहरी रुचि हो गयी। उन्होंने इस क्षेत्र में कुछ करने की ठान ली, और 23 वर्ष की आयु तक में *प्रो. गोरिजेन, प्रोफेसर मैक्स प्लांक* के सहायक के पद पर नियुक्त हो गये। फिर तो पीछे मुड़कर उन्होंने नहीं देखा।

अपने जीवन के चौबीसवें बसन्त में कोपेनहेगन विश्वविद्यालय में लेक्चरर हो गये और 26 वर्ष की अवस्था में लीपजिम में प्रोफेसर। 32 वर्ष की अवस्था में उन्हें भौतिक-विज्ञान में असाधारण योगदान के लिए नोबेल पुरस्कार प्रदान किया गया।

पुस्तकों का प्रभाव स्थायी होता है, पीढ़ियों तक वे पढ़ी जाती हैं अतः सोच-समझकर सदाशयी भाव से पुस्तक-समीक्षा का कार्य सम्पन्न होना चाहिए। विषय-विशेषज्ञ एवं सम्पादकीय विभाग के वरिष्ठ सदस्य द्वारा पुस्तक-समीक्षा प्राप्त की जाये तो उत्तम होता है। ब्रिटेन में पुस्तक-समीक्षा से सम्बद्ध साप्ताहिक 'टाइम्स लिटरेरी सप्लीमेंट' निकलता है जिसके प्रत्येक अंक में 40-50 पुस्तकों की विशद समीक्षा होती है। वहाँ के प्रत्येक दैनिक गुरुवार को 'बुकपेज' प्रकाशित करते हैं जिसका पूरा पृष्ठ ग्रन्थों से सन्दर्भित होता है।

स्तम्भ-लेखन

सम्पादकीय पृष्ठ पर स्तम्भ-लेख समादृत होते हैं। ये सम्पादकीय सामग्री की अनुपूर्ति तो करते ही हैं साथ ही कभी-कभी उनका परिवर्द्धन भी। स्थायी शीर्षक के अन्तर्गत एक ही लेखक के नियमित रूप से प्रकाशित लेख स्तम्भ के रूप में जाना जाता है, जिसमें स्वतन्त्रतापूर्वक विचार व्यक्त होते हैं। अग्रलेख की अपेक्षा स्तम्भ-लेखक में अभिव्यक्ति की अधिक स्वच्छन्दता होती है जिसमें लेखक को पत्र की रीति-नीति से कोई लेना-देना नहीं होता। स्तम्भ में परिवेश और जन-मानस के विवेचन द्वारा पाठकों के सम्मुख सत्यासत्य उपस्थित होता है। वास्तव में, यह संवाद और सम्पादकीय का मिश्रित रूप है। पत्रों में आजकल युवा-स्तम्भ, मनोरंजन, महिला स्तम्भ, क्रीड़ा स्तम्भ, चिकित्सा स्तम्भ, कृषि-बागवानी स्तम्भ, ज्ञान-विज्ञान स्तम्भ एवं

शिक्षा स्तम्भ आदि विविध स्तम्भ दृष्टिगोचर होते हैं, कभी-कभी विषय-विशेषज्ञों द्वारा लिखित सामग्रियों का प्रकाशन होता है, जिन्हें विशिष्ट स्तम्भ (Specialized Columns) कहा जाता है जो व्यक्तिगत पत्रकारिता है।

स्तम्भों को निम्नलिखित रूप में वर्गीकृत किया गया है :

1. वाक्पीठ स्तम्भ (Forum Columns) : इसके अन्तर्गत चर्चा, परिचर्चा, विचार प्रस्तुत होते हैं। 'अहा! ज़िन्दगी' की 'अहा! गैलरी' द्रष्टव्य है।

नौजवानों के नाम

"हे भाग्यशाली युवा, अपने महान् कर्तव्य को पहचानो। इस अद्भुत सौभाग्य को महसूस करो। इस रोमांच को स्वीकार करो। ईश्वर तुम्हें कृपादृष्टि के साथ देखता है और वह तुम्हारी सहायता और मार्गदर्शन के लिए सदैव तत्पर है। मैं तुम्हारे महान् बनने की कामना करता हूँ। विश्व ने अपना विश्वास तुम्हारे ऊपर जताया है। तुम्हारे बड़े तुमसे उम्मीद रखते हैं। तो युवा का अर्थ है स्वयं में दृढ़ विश्वास रखना, अपने आशावादी निश्चय तथा संकल्प का अभ्यास करना और स्वसंस्कृति के इस सुन्दर कार्य में अच्छे इरादों की इच्छा रखना। यह न केवल तुम्हें बल्कि तुमसे जुड़े सभी लोगों को सन्तुष्टि और पूर्णता देगा। वास्तव में, अपने जीवन को आकार देना तुम्हारे हाथ में है।

सद्गुण का अभ्यास करो, सद्गुण के प्रति दृढ़ रहो। सद्गुणों में खुद को स्थापित करो। सद्गुणों की प्रभावशाली आभा बनो और अच्छाई का साहसिक अनुसरण करो। युवा इस भव्य प्रक्रिया के लिए बना है। युवा जीवन इन प्रक्रियाओं का सक्रिय विकास और सम्पादन है। तुम्हारा यह समय जीवन की इस अति महत्त्वपूर्ण और अतिआवश्यक प्रक्रिया के लिए उपयुक्त और अनुकूल कार्यक्षेत्र मुहैया करवाता है। यह युवा जीवन का विशिष्ट, अति महत्त्वपूर्ण और उच्चतम मूल्य है। यह महान् व्यक्तित्त्व की रचना का अभिप्राय बताता है। यह आत्म-विकास है। यह आत्म-निर्माण है। सफल जीवन शब्द का सही आशय जानने का प्रयास करो। जब तुम जीवन के सन्दर्भ में सफल होने की बात करते हो तो इसका मतलब मात्र उन कार्यों में सफल होना नहीं जिसे तुमने पूरा करने का बीड़ा उठाया था या उठाया है। इसका अर्थ सभी आवश्यकताओं या इच्छाओं की पूर्ति कर लेना भर नहीं है। इसका तात्पर्य सिर्फ़ नाम कमाना या पद प्राप्त करना या आधुनिक दिखने के लिए फैशनेबल तरीक़ों की नकल करना या अप-टू-डेट होना नहीं है। सच्ची सफलता का सार यह है कि तुम स्वयं को कैसा बनाते हो। यह जीवन का आचरण है, जिसे तुम विकसित करते हो। यह चरित्र है, जिसका तुम पोषण करते हो और जिस तरह के व्यक्ति तुम बनते हो। यह सफल जीवन का मूल अर्थ है। इसलिए तुम पाओगे कि महत्त्वपूर्ण मसला सिर्फ़ ज़िन्दगी में सफलता से जुड़ा हुआ नहीं है, बल्कि जीवन की सफलता से सम्बन्धित है। ऐसा सफल जीवन वह है, जो एक आदर्श महान् व्यक्ति बनाने में कामयाब रहे। तुम्हारी सफलता का आकलन इससे नहीं है कि तुमने क्या पाया, बल्कि इससे है कि तुम क्या बने, कैसे जिये और तुमने क्या किया?"

2. परामर्श स्तम्भ (Advice Columns) : पाठकों की समस्याओं के समाधान का परामर्श दिया जाता है। स्वास्थ्य प्रश्नोत्तरी इसी का अंग है।

3. मनोरंजन (Entertainment) : इसे व्यंग्य-विनोदात्मक स्तम्भ भी कहते हैं। पाठकों के स्वस्थ मनोरंजन हेतु पत्रों द्वारा निम्नलिखित दो प्रकार की मनोरंजन सामग्री प्रस्तुत की जाती हैं–

(क) उपाख्यान और गपशप स्तम्भ : उपाख्यान (Anecdote) और गपशप (Gossip) भारतीय पत्रों में बहुत पहले से छपते आ रहे हैं। उपाख्यान के अन्तर्गत जनसामान्य के सम्बन्ध में व्यंग्यात्मक संवाद प्रकाशित होते हैं जबकि गपशप में कुछ मनोरंजक टिप्पणी व्यक्ति-विशेष के सन्दर्भ में होती है।

(ख) अनुच्छेदन स्तम्भ : विशिष्ट समाचार को पहले छोटे अनुच्छेद में लिखकर उसके नीचे संक्षिप्त व्यंग्यात्मक टिप्पणी दी जाती है।

यत्रतत्र सर्वत्र (हिन्दुस्तान), काँव-काँव (स्वतन्त्र भारत), चुटकुलानन्द की चिट्ठी (आर्यावर्त), चलती चक्की (आज), दाँव-पेच (सन्मार्ग), आठवाँ कॉलम (जनवार्ता) के अतिरिक्त चौबेजी का चिट्ठा, रमता योगी, भंग की तरंग, गांडीव के तीर, सुनो भाई साधो विभिन्न पत्रों के स्तम्भ हैं। पत्र-पत्रिकाओं में कार्टून, कॉमिक्स और सुगम वर्ग पहेली भी मनोरंजनार्थ प्रकाशित होती है। 'डब्बूजी' (धर्मयुग), 'मुसीबत है' (साप्ताहिक हिन्दुस्तान), 'श्रीमतीजी' (सरिता) अच्छे-अच्छे कॉमिक स्ट्रिप्स हैं। *श्री शंकर, कांजीलाल, जगत, मधुर* आदि अनेक प्रसिद्ध कार्टूनिस्ट हैं।

इस प्रकार सम्पादकीय पृष्ठ जन-मत के विकास का सफल माध्यम सिद्ध होता है। 'वर्ल्ड कॉलमनिस्ट डे' पर दैनिक 'हिन्दुस्तान' (22 जून, 2010) ने छापा जिससे स्तम्भ की महत्ता सिद्ध होती है :

लेखनी से पाठक संग रिश्ता बनाते हैं स्तम्भकार

पत्रकारिता की असली ताकत कलम और लिखने का साहस है जो परम्परा से मिली है। स्तम्भकारों और लेखकों ने भी लेखन से बड़ी-बड़ी क्रान्तियाँ की हैं। पत्रकारिता के साहसी पुरुष *जोसेफ पुलित्जर* ने तो युद्ध-विषयक स्तम्भों से पाठकों के मन में स्थापित इस दिलचस्पी को खूब टटोला था। *पुलित्जर* सन् (1847 से 1911) ने अपने अख़बारों के स्तम्भों में युद्ध की दिलचस्पी को खूब भुनाया।

स्तम्भों में विविध विषयों पर की गयी विवेचना पाठकों को आन्दोलित कर देती है। समाचार-पत्र हो या विभिन्न अवधि वाले पत्र सभी अपने यहाँ खास नाम से स्तम्भ प्रकाशित करते हैं। उनका पाठकों से एक तारतम्य सा बन जाता है और यही स्तम्भकार की विशेषता है।

प्रख्यात पत्रकार *टीजेएस जार्ज* का द न्यू इंडियन एक्सप्रेस में स्तम्भ प्वाइंट ऑफ व्यू लम्बे समय तक सामाजिक अन्याय, भ्रष्टाचार और राजनीतिक अव्यवस्था की बखिया उधेड़ता रहा। वह शब्दों के जादूगर है। विश्व के अन्य देशों की तरह भारत में भी स्तम्भ लेखन की उज्ज्वल परम्परा रही है। स्तम्भों की अजीम-ओ-शान होती है। फ़िल्मकार *ख्वाजा अहमद अब्बास* ने सन् 1935 में बाम्बे क्रानिकल में अपना स्तम्भ लास्ट पेज शुरू किया। यह लम्बे समय तक चला। *अब्बास* जब ब्लिट्ज में चले गये, तब भी यह इसी नाम से जारी रहा। सन् 1987 में यह बन्द हुआ जब महान् निर्देशक दुनिया से अलविदा कह गये।

मैसूर जिला पत्रकार संघ के सदस्यों से बातचीत के दौरान कुछ साल पहले *जार्ज* ने कहा था कि पत्रकारिता में स्टेनोग्राफी नहीं करनी चाहिए। उन्होंने कहा था अब पत्रकारिता से लेखन की पुरानी शैली के दिन लद गये हैं। पत्रकारिता में उद्देश्यपरकता पर नये सिरे से विचार करने की ज़रूरत है। स्तम्भकारों को सम्मान देने के उद्देश्य से विभिन्न देशों में 22 जून सहित भिन्न-भिन्न तिथियों को कॉलमनिस्ट-डे मनाया जाता है। सूचना प्रौद्योगिकी और संचार पर नियमित स्तम्भ लेखन करने वाले *बालेन्दु दाधीची* ने बताया कि स्तम्भ को साहसी पाठक के नजरिये से सोचने वाला और तथ्यों को निष्पक्षता से प्रस्तुत करने वाला होना चाहिए। दिलचस्पी के लिहाज से वयोवृद्ध पत्रकार खुशवन्त सिंह का नाम स्तम्भ लेखन में सबसे ऊपर आता है।

इसी प्रकार *कुलदीप नैयर* का स्तम्भ 'बिटवीन द लाइंस' कई समाचार-पत्रों की शोभा बढ़ाता है। अंग्रेज़ी तथा हिन्दी के साथ विभिन्न भाषाओं में इसका प्रकाशन होता है। एक वरिष्ठ पत्रकार ने इसी परम्परा में द स्टेटसमैन के सम्पादक *सीआर ईरानी* के स्तम्भ का नाम लिया। *ईरानी* का स्तम्भ कैविएट क़ानून राजनीतिक दाँव पेंच और भ्रष्टाचार की परतें लोगों के समक्ष खोलकर रख देता था।

36

पत्रकार
(Journalist)

In reality, a good editor is one who opens our eyes to what is happening around us, one who helps us to meet them, one gives utterances to our thoughts and feelings what oft was through but never so well expressed.

–H.Y. Sharda Prasad

× × ×

जो कलम सरीखे टूट गये पर झुके नहीं,
उनके आगे यह दुनिया शीश झुकाती है।
जो कलम किसी क़ीमत पर बेची नहीं गयी,
वह तो मशाल की तरह उठायी जाती है।
हैं कहाँ कलम के धनी आज इस दुनिया में
जिसको देखो वह कलम बेचता फिरता है।
जब कलम गुलामी की सूली पर चढ़ती है
आज़ादी की आँखों से लोहू गिरता है।

—रामकृष्ण श्रीवास्तव

नित्य नूतन समाचारों का प्रेषक, उनका समीक्षक तथा सम्पादक ही पत्रकार है। कुछ लोगों ने समाचार-पत्र और पत्रिकाओं को बनाने में सहयोगी व्यक्ति को पत्रकार कहा है। प्रश्न यह उपस्थित होता है कि क्या काग़ज़-निर्माता, टाइप फाउंड्री का कर्मचारी, मुद्र-योजन (कम्पोज) करने वाला तथा छापने वाला भी पत्रकार कहा जायेगा। जिस प्रकार बाइंडर को पुस्तकाकार कहना समीचीन नहीं है, पुस्तककार तो पुस्तक का लेखक होता है ठीक इसी तरह पत्रकार-पत्रों के संवाद, अग्रलेख, स्तम्भ, विशेष लेख, विज्ञापन-व्यवस्था आदि से सम्बद्ध व्यक्ति होता है। समाचारों के संकलन, लेखन, सम्पादन और पत्र-पत्रिकाओं की अन्य सामग्रियों को प्रकाशनार्थ तैयार करने वाला ही पत्रकार है। पत्रकारों के सन्दर्भ में कुछ उद्धरण प्रस्तुत हैं जो उनकी विशिष्टता को प्रदर्शित करते हैं :

काग़ज़ ओढ़ना और बिछाना, काग़ज़ ही से खाना।
काग़ज़ लिखते लिखते साधो काग़ज़ में मिल जाना।

—हरिकृष्ण जौहर

राम रोजगार पर रहम करें

मेरी राय में पत्रकार बनने के पूर्व आदमी को समझ लेना चाहिए कि यह मार्ग त्याग का है, जोड़ का नहीं। जिस भाई या बहन को भोग-विलास की लालसा हो, वह और धन्धा करें, रहम करें इस राम रोजगार पर।

मेरा आदर्श पत्रकार ईमानदार पादरी, पीर, परमहंस-सा नजर आता है। व्यक्तिगत सुख-दुःख के बहुत ऊपर, किसी भी भीड़ में जिसे आसानी से पहचाना जा सके।

—पांडेय बेचन शर्मा 'उग्र'

× × ×

शकल से देखने में ये न गोरे हैं न काले हैं,
ना इनके पास पिस्टल है न इनके पास भाले हैं,
भले हों बेधड़क बेकार फाकामस्त जीवन में,
कलम के और काग़ज़ के धनी अख़बार वाले हैं॥

—काशीनाथ उपाध्याय 'बेधड़क बनारसी'

पत्रकार विचार, भावना विश्लेषण-क्षमतायुक्त वह बुद्धिजीवी है जो लोक-मानस में डूबता है, विविध घटनाओं से उन्मथित होता है तथा अपनी विवेचना-शक्ति के बल पर जन-मानस को सशक्त वाणी देता है। इसीलिए उसे नरेश, शिक्षकों का शिक्षक, लोकनायक, नेताओं का नेता, लोकगुरु और मर्करी के नाम से पुकारा जाता है। वह जन-चेतना और जागरण का प्रहरी है। अपनी शब्द-सम्पदा के बल पर पत्रकार पाठकों पर कुछ थोपता नहीं है अपितु तथ्यों, प्रमाणों और आँकड़ों को प्रस्तुत कर वह सहमति का वातावरण बनाता है।

सामान्यतः समाचारों के संकलन, लेखन तथा उन पर विचारों को प्रकाशित करने वाला पत्रकार कहा जाता है। *विकेम स्टीड* के अनुसार "आदर्श पत्रकार वह है जो प्राचीन ज्ञान, आधुनिक दर्शनों, वैज्ञानिकों के ज्ञान, इंजीनियरों की जानकारी, अपने समय के और पहले के इहितास तथा आर्थिक, सामाजिक एवं राजनीतिक जीवन के मुख्य तथ्यों को अच्छी तरह बोधगम्य करके इन सबको हृदय में सजाकर रखने में समर्थ हो और अपने इस ज्ञान में अधिक-से-अधिक जितना उसके लाखों पाठक तत्परता से पचा सकें उतना उन्हें देता रहे। तात्पर्य यही है कि वास्तविक पत्रकार वह है जो समय और समाज का कुशल पाखी हो तथा जिसमें दायित्व-बोध हो। ऑक्सफोर्ड डिक्शनरी में पत्रकारों को निम्नलिखित रूप में परिभाषित किया गया है।"

"किसी पत्र का सम्पादन करके या उसके लिए कुछ लिखकर जो अपनी जीविका चलाता है उसे पत्रकार कहते हैं।"

टी.एच. स्कॉट के अनुसार :

"पत्रकार वह व्यक्ति है जो थोड़े-थोड़े समय के अन्तर पर प्रकाशित अपनी रचनाओं से जनमत को एक निश्चित दिशा में प्रभावित करना चाहता है।"

ब्रिटेन में पत्रकारिता के प्रारम्भिक काल में 'गुप्तचरों' को संवाददाता, 'रजिस्टर-निरीक्षकों' को सम्पादक तथा 'क्लर्कों' को उप-सम्पादक कहा गया। इसी तरह कहा जा सकता है कि पत्रकार समाचार-पत्र कार्यालय के सम्पादकीय विभाग का क्लर्क, मुहर्रिर या पेशकार होता है। लॉर्ड नॉर्थक्लिफ के अनुसार—"संवाददाता अख़बार लिखता है और उप-सम्पादक उसे बनाता है।" लिखने वाला वह नकलनवीस नहीं होता है अपितु समाचार को सूँघता है, खोजता है, खोदता है पुनः गढ़कर लिखता है। इस प्रकार संवाददाता कभी 'एल-सीसीयन डॉग' बनता है तो कभी अनुसन्धानकर्ता, तो कभी गुप्तचर और कभी कल्पनाशील प्राणी होकर सुलेखक का कार्य करता है। इन प्रक्रियाओं को पूरा करने वाला व्यक्ति निःसन्देह सर्जनात्मक एवं मौलिक प्रतिभा से सम्पन्न होता है। सम्पादक तो परिष्कारक और सज्जाकारक होता है। वह समाचाररूपी कच्चे माल को पकाता है, सँवारता है, बनाता है तथा ललित शैली में पाठकों के सम्मुख प्रस्तुत करता है। पत्रकार अध्ययनशील बहुश्रुत बुद्धिजीवी है जो समाज का कुशल चितेरा होता है, विविध समस्याओं पर चिन्तन करता है और उसे प्रभावकारी ढंग से लिपिबद्ध

करता है। संवाददाता, विशेष संवाददाता, सहायक सम्पादक, अग्रलेखों के लेखक, स्तम्भ-लेखक, ये सभी पत्रकार कहलाते हैं जो संसार में अपनी आँखों को सदैव खुला रखते हैं, जिनके कान कभी बन्द नहीं होते, जो समय पर और वे सभी परिवर्तन को प्रतिबिम्बित करने में दक्ष हों। पत्रकारों की विशेषताओं का उल्लेख करते हुए *पं. कमलापति त्रिपाठी* ने लिखा है :

"सार और तत्त्व की बातों को क्षणमात्र में पकड़ लेना, मानिकस सतर्कता, समयानुसर अपने को तदनुकूल बना लेने की क्षमता, सूक्ष्म विवेचनात्मक बुद्धि और दृष्टि, संवाद को सूँघकर ढूँढ़ निकालने की योग्यता आदि ऐसी बातें हैं जो उसकी सफलता के लिए आवश्यक हैं। फिर सहनशीलता और साहस, सतर्कता और मौलिकता, कल्पान और पारदर्शी दृष्टि, निर्लिप्तता और निर्भीकता सबसे बढ़कर जगत् और जीवन के प्रति हृदय में संवेदना तथा उदार भावना उसके आवश्यक गुण हैं जिनका विकास किये बिना पत्रकारी में आगे बढ़ना और सफलता प्राप्त करना सम्भव नहीं है।"

उपर्युक्त गुणों से विभूषित होकर ही पत्रकार शिकायतखोर, टीकाकार, सलाहकार, बादशाहों के प्रतिनिधि और राष्ट्र के शिक्षक हो सकते हैं। लोकमान्य तिलक की उक्ति उल्लेख्य है : "पत्रकार की लेखनी के निरन्तर चलते रहने की वही उपयोगिता है जो रात में सड़कों पर प्रकाश की और सिपाही द्वारा रात की पहरेदारी की होती है।" इसी तरह *जे.बी. मिकी* ने कहा, "पत्रकार की सबसे बड़ी चिन्ता यह होती है कि अधिकतम व्यक्तियों का अधिकतम हित कैसे हो? वह गरीब और पददलित का मित्र होता है।"

पत्रकार के दस धर्म

1. अपने पत्र के सुनाम पर गर्व कीजिए। जोश के साथ अपना उत्साह दिखाइए, पर व्यर्थ का घमंड मत कीजिए।
2. पत्रकारिता में जड़ता मृत्युवत् और एक ही रट मृत्यु है।
3. अवसर न खोइये, बहुज्ञानी बनिए। नवीनता प्रदर्शन से मत चूकिए।
4. व्यक्ति से बड़ा समाज है। सरकार से बड़ा देश है। मनुष्य मरणशील है, संस्था और सिद्धान्त अमर हैं।
5. शत्रु और मित्र दोनों बनाइए। मित्र ऐसे हों जो आपसे आदर प्राप्त करें और शत्रु ऐसे हों, जिनसे आप द्वेष न कर सकें।
6. आर्थिक और साहित्यिक क्षेत्रों में आक्रमण का सामना आक्रमण से करिए। शान्ति से रहना हो तो अपनी रक्षा करने के लिए हमेशा तैयार रहिए।
7. तलवार और पैसा ये दोनों कलम के दुश्मन हैं। आवश्यकता पड़े तो सम्मान-रक्षा के लिए जीवन और धन की भी बलि दीजिए।
8. दृढ़ रहिए पर हठी नहीं। परिवर्तनीय बनिए पर कमज़ोर नहीं। उदार बनिए पर हाथ बिल्कुल ढीला मत छोड़िए।
9. स्पष्टवादी, सगर्व, सचेष्ट और स्फूर्तिमान रहिए, तभी आपका सम्मान होगा। कमज़ोरी परलोक के लिए अच्छी है, न तो नपुंसकता है।
10. जो कुछ छपा हो, सबकी जिम्मेदारी लीजिए। व्यर्थ दोषारोपण पाप है। प्रतिष्ठा की हानि करने वाली चीज़ न छापिए। घूस लेना पाप है। साथी पत्रकार की जगह लेने की इच्छा रखना, कम वेतन पर काम स्वीकार कर साथी पत्रकार को निकालना भी पाप है। रहस्य जतन से रखिए। पत्र-स्वातन्त्र्य या पत्र की शक्ति का व्यक्तिगत उपयोग कभी न कीजिए।

नेशनल ऐंड पैन—अमेरिकन प्रेस कांग्रेस, मेक्सिको सन् 1942 द्वारा प्रसारित उपर्युक्त तथ्य पत्रकार के गुणों पर प्रकाश डालता है। साथ ही उनके वांछित और अवांछित कर्तव्यों को भी सूचित करता है। पत्रकार के दायित्व-बोध को विविध उपमाओं द्वारा ही *श्री प्रकाशचन्द्र भुवालपुरी* ने स्पष्ट किया है :

"वह साहित्यकार की तरह मधुव्रती बनकर जीवन के बिखरे हुए सत्य का मात्र संचयन ही नहीं करता, वरन् उसे *देवर्षि नारद*-सा भ्रमणशील, *संजय*-सा दूरदृष्टि सम्पन्न, अर्जुन-सा लक्ष्यनिष्ठ, *एकलव्य*-सा अध्यवसायी, *अभिमन्यु*-सा निर्भीक,

परशुराम-सा साहसी, *सुदामा*-सा सन्तोषी, *दधीचि*-सा त्यागी, *धर्मराज*-सा सत्यव्रती, *भीम*-सा अडिग, गणेश-सा प्रतिभा सम्पन्न, *कृष्ण*-सा ज्ञानी एवं कर्मयोगी, *राम*-सा मर्यादावादी, *कृष्ण*-द्वैपायन-सा प्रगतिशील और भगवान् *शिव*-सा लोक-मंगल के लिए विषपायी होना पड़ता है। ये सभी गुण किसी एक में समवेत होकर उसे सम्मानित पत्रकार बनाते हैं और ऐसा पत्रकार ही अपनी पत्रकारिता को, अपने दायित्व-बोध को सामने ले आकर सामाजिक सम्मान और समादर का सच्चा अधिकारी बनता है।"

सत्य, ज्ञान, धर्म, दया, शान्ति, क्षमा ये सभी 6 गुण पत्रकारों के सगे सम्बन्धी हैं :

सत्यं माता पिता ज्ञानं धर्मो भ्राता दया सखा।
शान्ति : पत्नी क्षमा पुत्र षडेते मम बान्धवा :॥

समय-समय पर नियुक्त प्रेस कमीशन ने पत्रों और पत्रकारों के लिए कुछ मार्गदर्शक सुझाव प्रस्तुत किये जो निम्नलिखित हैं :

1. क्योंकि समाचार-पत्र जनमत-निर्माण के प्राथमिक साधन हैं, पत्रकारों को चाहिए कि वे अपने व्यावसायिक कार्य को एक न्यास के समान मानें और सार्वजनिक हित की सेवा तथा सुरक्षा के लिए सदा उद्यत एवं उत्साही रहें।
2. पत्रकारों को चाहिए कि वे अपने कर्तव्य-निर्वहन में आधारभूत मानवीय एवं सामाजिक अधिकारों को आवश्यक आदर दें और अपना अनिवार्य व्यावसायिक दायित्व मानकर समाचारों के विवरण एवं टिप्पणी में सद्भावना एवं औचित्य के मार्ग से विचलित न हो।
3. समाचारों तथा तथ्यों का ईमानदारी से संकलन तथा प्रकाशन करने में स्वतन्त्रता और समुचित टिप्पणी एवं आलोचना करने का अधिकार ऐसे सिद्धान्त हैं जिनकी रक्षा करने का यत्न हर पत्रकार को सदा करना चाहिए।
4. जिन समाचारों एवं सम्मतियों से हिंसा भड़कने वाली उत्तेजना फैल सके उनके प्रकट करने में पत्रकारों को समुचित संयम बरतना चाहिए।
5. पत्रकार इस बात का ध्यान रखें कि जो जानकारी प्रसारित हो वह तथ्यों की दृष्टि से यथार्थ हो। किसी तथ्य की तोड़-मरोड़ नहीं की जाये। ऐसी कोई सूचना प्रकाशित नहीं की जाये जिसके बारे में पहले से मालूम हो कि वह असत्य है या जिसकी सत्यता के विषय में विश्वास ही ने हो।
6. जो भी समाचार और अभिमत प्रकाशित किया जाये उसका पूरा उत्तरदायित्व स्वीकार किया जाये। यदि उत्तरदायित्व नहीं लेना हो तो इस बात का स्पष्ट उल्लेख पहले से कर दिया जाना चाहिए।
7. समाचार यदि अपुष्ट हो तो यह बात स्पष्टतः अंकित की जाये और ऐसे समाचार के प्रति तदनुसार व्यवहार किया जाये।
8. दूसरे से प्राप्त विश्वास का आदर किया जाये और व्यावसायिक गोपनीयता की सुरक्षा की जाये, परन्तु इसमें संहिता का हनन नहीं माना जायेगा यदि प्रेस काउंसिल अथवा न्यायिक अदालतों के समक्ष आये मामलों में समाचारों का सूत्र बताना पड़ेगा।
9. पत्रकार अपने व्यावसायिक दायित्वों के निर्वहन को अपने निजी हितों से प्रभावित नहीं होने देंगे।
10. समाचार के यथार्थहीन मालूम होने पर उनको और यथार्थहीन विवरण के आधार पर प्रकट किये गये अभिमत को स्वेच्छा से परिमार्जित किया जायेगा। यदि यह मालूम हो कि कोई प्रकाशित विवरण मुख्य रूप से असत्य अथवा यथार्थहीन है तो उसकी शुद्धि के लिए प्रतिपाद्य को समुचित प्रकाशन देना अनिवार्य दायित्व होगा।
11. समाचारों के संकलन, प्रेषण एवं प्रकाशन में और उन पर अभिमत प्रकट करने में जो लोग लगे हैं वे सब प्रयत्न करें कि उनके व्यवसाय की प्रामाणिकता एवं उसके सम्मान के प्रति पूर्ण लोक-विश्वास बना रहे। वे ऐसे ही कार्य करें और अंगीकार करें जो इस प्रामाणिकता और सम्मान के अनुकूल हों और अपनी प्रतिष्ठा का शोषण नहीं होने दें।

12. किसी समाचार अथवा टिप्पणी को प्रकाशित करने अथवा प्रकाशन से रोकने की पत्रकार द्वारा अपनी शक्ति का उपयोग करने के लिए घूस अथवा अन्य कोई प्रलोभन माँगने तथा लेने से अधिक अशोभनीय व्यवहार कोई दूसरा नहीं हो सकता।
13. समाचार-पत्रों में व्यक्तिगत वाद-विवाद चलाना, जब तक उसका किसी सार्वजनिक प्रश्न से सम्बन्ध नहीं हो, पत्रकारोचित नहीं है और ऐसा करना व्यवसाय के सम्मान को घटाने वाला व्यवहार माना जायेगा।
14. व्यक्तियों के निजी जीवन के सम्बन्ध में अफ़वाहें और गप्पें समाचार माध्यम से फैलाना व्यावसायिक सिद्धान्तों के विरुद्ध है। व्यक्तियों से सम्बन्धित ऐसी बातें प्रमाणित होने पर भी प्रकाशित नहीं की जानी चाहिए, यदि उन्हें प्रकाशित करना लोकहित में अनिवार्य नहीं हो।
15. झूठा दोषारोपण करना तथा आधारहीन आरोप लगाना गम्भीर व्यावसायिक अपराध है।
16. साहित्यिक चोरी भी गम्भीर व्यावसायिक अपराध है।
17. समाचार अथवा चित्र जिससे निर्दोष, शोकाकुल अथवा अन्य प्रकार के पीड़ादायी स्थिति में फँसे व्यक्तियों को और अधिक पीड़ा अथवा अपमान का अनुभव हो।

सत्यनिष्ठा, प्रेस की स्वतन्त्रता, यथार्थता, सम्यक् व्यवहार, नेतृत्व और उत्तरदायित्व जैसे 6 नीति-निर्देशक सिद्धान्तों का पालन कर आदर्श सम्पादक 'सच्चे सम्राट् और धर्मोपदेशक' की भूमिका निभा सकता है जैसा कि *कार्लाइल* की उक्ति है। *पं. माखनलाल चतुर्वेदी* ने सम्पादक के कार्य को 'अयाचित' या 'स्वयं स्वीकृत सेवा' की संज्ञा दी है क्योंकि वह सच्चरित्रता, न्यायप्रियता और दायित्वबोध के सम्बल पर अपने कर्तव्य की बलिवेदी पर चढ़ जाता है। वास्तव में, सजग सम्पादक वैचारिक तरंगों के बीच समाजरूपी नौका को खेने वाला कुशल नाविक होता है, जिस पर राष्ट्रोन्नति टिकी हुई है।

पत्रकारों ने पत्रकारिता का पावन लक्ष्य निर्धारित किया है। कुछ विचारकों के विचार सतत ध्यातव्य हैं :

उस दिन जीवन का अन्त हो जाये...

जिस दिन हमारी आत्मा इतनी निर्बल हो जाये कि अपने प्यारे आदर्श से डिग जाये, जानबूझकर असत्य के पक्षपाती बनें और उदारता, स्वतन्त्रता और निष्पक्षता को छोड़ देने की भीरुता दिखाये, वह दिन हमारे जीवन का सबसे अभागा दिन होगा और हम चाहते हैं कि हमारी उस नैतिक मृत्यु के साथ-ही-साथ हमारे जीवन का अन्त हो जाये।

स्वर्गीय गणेशशंकर विद्यार्थी
'प्रताप' 9 नवम्बर, 1913

× × ×

Suffer yourself to be blamed, imprisoned, condemned; suffer yourself even to be hanged, but publish your opinion. It is not only a right but it is a duty.

× × ×

The Press is the only instrument which assists in serving the needs of Goodness, Justice and Liberty.

पत्रकारिता में सुभग समन्वय

पत्रकारिता में 'आदर्श' और 'यथार्थ' का सुभग समन्वय होता है। समाचार-पत्र का सम्पादकीय विभाग 'आदर्श' तथा व्यवस्था-विभाग 'यथार्थ' का प्रतीक है इसीलिए पत्रकारिता को 'आदर्शोन्मुख यथार्थवाद' के रूप में देखने की परम्परा है। इसे कला और विज्ञान दोनों की संगमस्थली भी कहा जा सकता है। सम्पादकीय विभाग 'कला' एवं 'व्यवस्था विभाग' विज्ञान है

और इन्हीं दोनों के सामंजस्य द्वारा पत्रकारिता गौरवान्वित होती है। समाचार-पत्र के व्यवस्थारूपी शरीर में सम्पादकीय रूपी आत्मा का निवास है। पुष्ट शरीर में ही पुष्ट आत्मा सम्भव है। अतः पत्र के व्यवस्था पक्ष एवं सम्पादन पक्ष में सहयोग अपेक्षित है। वास्तव में, पत्रकारिता एक पवित्र पेशा है। पत्रकार की लेखनी 'सत्यं शिवं सुन्दरम्' से बँधी होती है। उसकी लेखनी बहकती है तो समाज विपथगामी होता है, राष्ट्र परिवर्तित होता है तथा विश्व में उथल-पुथल मच जाती है।

महात्मा गाँधी के हिन्दी सहायक तथा राजस्थान की हिन्दी पत्रकारिता के भीष्मपितामह *श्री रामनारायण चौधरी* ने लेखक को बताया कि बापू ने पत्रकारिता को शाश्वत महत्त्व प्रदान किया। उनके अनुसार पत्रकारिता एक मिशन है जिसके द्वारा अन्याय का प्रबल विरोध और अपराधियों का सुधार अहिंसात्मक ढंग से सम्भव है। *गाँधीजी* पत्रकारों को न्यायाधीश मानते थे जिनको 'समरी ट्रायल' का अधिकार प्राप्त है। वे पत्रकारों से कहते थे कि यदि किसी के विरुद्ध कोई सामग्री प्रेस में आये तो सर्वप्रथम अभियुक्त को सफाई का मौका दो। सन्तोषजनक उत्तर न मिले तो दोनों पक्षों की बातों को सम्पादक अपनी टिप्पणी के साथ प्रकाशित करें। *श्री चौधरी* ने बापू के निर्देशानुसार पत्रकारिता की जिसके अद्भुत परिणाम का एक उदाहरण उनके ही शब्दों में प्रस्तुत है :

"सन् 1925 की बात है। रात्रि में लगभग 10 बजे एक सुन्दरी नवयुवती एक युवक के साथ मेरे प्रेस में आयी। पूछने पर नवयुवक ने सूचित किया कि वह नवयुवती किशनगढ़ स्टेट के ड्राइवर की धर्मपत्नी है। स्टेट के *दीवान बहादुर पवनास्कर* इसके रूप के लोभी हैं। कई बार कुचेष्टा हुई लेकिन ड्राइवर और इस महिला के संयुक्त प्रयास से दीवान असफल रहा। अभी कुछ दिनों पूर्व ड्राइवर की हत्या कर दी गयी तथा अब भी इस युवती पर दीवान की गिद्ध दृष्टि लगी हुई है। आप पत्रकार हैं, हम लोगों की सहायता करें। मैंने पूरा विवरण लिखित प्राप्त कर लिया तथा एक सप्ताह के अन्दर दीवान से स्पष्टीकरण की माँग की। तीसरे दिन दीवान ने मुझे बुलाया तथा ड्राइवर की हत्या सम्बन्धी पूरी फाइल सामने रख दी। मैंने उसे आद्योपान्त पढ़ने के बाद यही कहा कि 'फाइल आपके अगेंस्ट हैं, आप सीधा पकड़ में आ रहे हैं।' दीवान ने यही कहा कि 'Every saint has a past and every sinner has a future, आप जो भी दण्ड देंगे मुझे स्वीकार है।' मैंने नवयुवती को बुलाया तथा उससे पूरी बातें कह दीं। यह भी पूछा कि 'तुम दीवान को किस तरह दण्डित करना चाहती हो?' नवयुवती एक सप्ताह बाद अपने घरवालों के साथ आयी। घरवालों ने यही कहा कि यदि दीवान इसे चाहते हैं तो हिन्दू धर्म के अनुरूप शादी हो जाये तथा इसके लड़कों को उनकी सम्पत्ति मिले।

मैंने इन बातों को दीवान के पास लिखित भेजा तथा दीवान ने मुझे ही शादी की तिथि तय करने के लिए अधिकृत कर दिया। धूमधाम से शादी हुई। दीवान ने उसे पढ़ाया। उससे लड़के हुए। आज भी वह महिला 'ताईजी' के नाम से श्रद्धेया बनी हुई है।"

गाँधीजी के पद-चिह्नों पर चलकर पत्रकारिता करने के एक और विस्मयकारी परिणाम को *श्री रामनारायण चौधरी* के शब्दों में ही पाठकों के समक्ष प्रस्तुत किया जा रहा है :

"मैं बम्बई चला गया था। सन् 1938 में मेरे पत्र 'नवज्योति' में मेरे एक सहयोगी ने तत्कालीन डिप्टी पुलिस सुपरिंटेंडेंट *श्री मीर मुमताज हुसेन* की रिश्वतखोरी तथा बदचलनी सम्बन्धी संवाद छाप दिया। *श्री हुसेन* एक तेज-तर्रार पुलिस अधिकारी माने जाते थे तथा सरकार ने उन्हें अजमेर के क्रान्तिकारियों को कुचल डालने के निमित्त भेजा था। एक दिन मेरे एक मित्र के साथ *श्री हुसेन* ने प्रेस में आकर मुझसे पूछा, 'आप गाँधीवादी पत्रकार हैं, बिना पूछताछ किये रिश्वतखोरी एवं बदचलनी सम्बन्धी समाचार आपने क्यों छाप दिया?' मैंने कहा, 'भाई, बापू की अहिंसा की दृष्टि से मुझसे गलती हुई, मैं माफी माँगता हूँ। अब आप दिल को टटोलें, सत्य के ख़याल से बताये कि दोनों कमजोरियाँ आपमें नहीं हैं क्या?' इस प्रश्न के उत्तर में उन्होंने यही कहा, 'अगली मुलाकात में मेरा जवाब आपको मिलेगा।'

संयोग से अगली मुलाकात *श्री सरदार बहादुर भगवान सिंह*, पब्लिक प्रॉसेक्यूटर के मकान पर हुई। मेरे पूछने पर उन्होंने कहा, 'आप पक्के गाँधीवादी हैं, आपने अपनी गलती के लिए जिस दिन मुझसे माफी माँगी, उसी दिन मैं आपका हो गया। भविष्य में आप मेरी कोई गलती नहीं सुनेंगे।'

श्री मीर मुमताज हुसेन मेरे आत्मीय हो गये। जो क्रान्तिकारियों को दबाने आया था वह क्रान्तिकारियों का रहनुमा हो गया। जब भी मेरे प्रेस पर छापा मारने सम्बन्धी कार्रवाई होती थी उसकी सूचना डिप्टी साहब एक दिन पूर्व हेड कांस्टेबल *श्री रामचन्द्र* द्वारा प्रेषित कर दिया करते थे। एक दिन सायंकाल *रामचन्द्र* मेरे पास आया और कहा कि कल प्रातः आपसे तीन हजार रुपये की ज़मानत वसूल की जायेगी, नहीं देंगे तो प्रेस ज़ब्त कर लिया जायेगा। मैंने हेड कांस्टेबल से कहा, 'भाई, ज़मानत की राशि तो डूँगरपुर रियासत के *महारावल लक्ष्मण सिंह* देते हैं। अब समय नहीं है कि उनसे धन प्राप्त किया जाये, आप डिप्टी साहब से कह देंगे कि कल उन्हीं को पैसे का इन्तजाम करना है।' दूसरे दिन प्रातः 9 बजे *सेठ अल्लाहरखाँ* तीन हजार रुपयों के साथ मेरे पास आये। कुछ घण्टों बाद ज़मानत की राशि दे दी गयी। प्रेस अबाधित ढंग से चलता रहा। पैसे डिप्टी एस.पी. ने ही सेठ के माध्यम से भिजवाये।" वास्तव में, पूज्य बापू के अनुरूप पत्रकारिता की जाये तो राष्ट्र का सर्वाधिक हित हो तथा पत्रकार सन्त, मार्गदर्शक एवं उपदेशक के रूप में पूज्य हो सकता है।

सदाशयता ही पत्रकारिता

एक समय था कि जब पत्र-मालिक लाखों का घाटा सहकर भी पत्र निकालते थे। सम्पादक त्याग, तपस्या, संयम और संघर्ष के सम्बल पर जीता था। पत्रकारिता-जगत् के मूर्धन्य मनीषी *पंडित बनारसीदास चतुर्वेदी* ने लेखक को बताया कि उनके कार्यकाल में 'विशाल भारत' से पत्र-स्वामी को 10 वर्षों में ₹75 हजार का घाटा हुआ। उसके बाद 50 हजार का घाटा और पड़ा, परन्तु राष्ट्रीय हित में पत्र को जिलाये रखना ही पत्र-मालिकों को अभीष्ट था। उनको अपने नाम कमाने की सनक नहीं थी। *पंडित बनारसीदास चतुर्वेदी* ने तो अपने पत्र-स्वामी का भाषण पत्र में नहीं छापा जबकि *रामानन्द चट्टोपाध्याय* ने हिन्दू महासभा के गोवा अधिवेशन की अध्यक्षता की थी। चतुर्वेदी जी ने मालिक के विपरीत एक सम्पादकीय टिप्पणी प्रकाशित कर दी जिसमें राष्ट्रीय कार्यकर्ता को हिन्दू महासभा जैसी साम्प्रदायिक संस्थाओं से सम्बद्ध होना, अनुचित बताया गया। *श्री चट्टोपाध्याय* से इन बातों की जब शिकायत की गयी तो उनका कथन था, "सम्पादक की हैसियत से पंडितजी अपने पत्र के लिए पूर्ण स्वतन्त्र हैं।"

पत्र-स्वामी के आदर्शों को पूरा करने में सम्पादक वर्ग भी सदैव जुटा रहता था। पत्र-जगत् के सभी कर्मियों का लक्ष्य समाज-सेवा था। वे नारे नहीं लगाते थे, आदर्शों को मूर्त्त रूप देते थे। पत्रकारिता को उन लोगों ने मिशन के रूप में अपनाया था न कि उदरपूर्ति के साधन के रूप में। यह एक तथ्य है जिसे आज के पत्रकारों को जानना चाहिए कि जब 'आज' पर अर्थ-संकट के बादल मँडराये तो पूरे सम्पादक मण्डल ने स्वेच्छया अपने वेतन में कटौती कर दी। *पराड़करजी* एवं *बाबू मुकुन्दीलालजी* ने इस शुभ कार्य का नेतृत्व किया था। पत्रकारों के त्याग को देखकर *बाबू शिवप्रसाद गुप्त* कृतज्ञता के बोझ से दब गये।

पत्रकारों के गौरव को अपना गौरव मानने वाले पत्र-संचालकों की सदाशयता सम्बन्धी एक उद्धरण प्रस्तुत है ताकि आज की विकट स्थिति में पत्र-जगत् के कर्मियों को कुछ प्रकाश मिल सके।

'लन्दन टाइम्स' के संवाददाता *डॉक्टर मॉरिसन* ने चीन में पत्र का प्रतिनिधित्व किया। उनके वापस आने पर पत्र-संचालक में से एक ने दावत दी। भोजन के समय उनसे पूछा गया कि 'अच्छा *मॉरिसन*! यह बताओ कि तुमने *लीहुंग-चांग* से भी बातचीत की थी?' *डॉक्टर मॉरिसन* ने कहा, 'हाँ, कई बार उनसे भेंट हुई और बातचीत भी हुई।'

संचालक : उनसे क्या बातचीत हुई?

मॉरिसन : वे कुछ विचित्र सज्जन जान पड़े। एक दिन बातचीत करते हुए उन्होंने मुझसे पूछा कि तुम कितना वेतन पाते हो?

संचालक : अच्छा! ऐसा सवाल! खैर, तुमने क्या उत्तर दिया? पुरस्कार की क्या रकम बतायी?

मॉरिसन : नहीं, नहीं! मैंने उनसे कहा—'हुजूर, आपके सम्मुख अपने छोटे पुरस्कार की चर्चा करना गुस्ताखी होगी।'

इस वार्तालाप का विचित्र प्रभाव पड़ा। विदा होते समय संचालक ने झुककर धीरे से पूछा, 'अच्छा मॉरिसन यह बताओ

हम तुम्हें क्या तनख्वाह देते हैं? मेरे बताने पर वे बोल पड़े, 'रकम पर्याप्त नहीं है। अच्छा, हम इस मामले को देखेंगे।' दूसरे दिन तनख्वाह बढ़ा दी गयी।

पत्रकारों का निम्न स्तरीय रहन-सहन, उनकी चिन्तनीय आर्थिक स्थिति से अवगत होने के बावजूद भी पत्र-संचालक अपनी ही प्रतिष्ठा का ह्रास समझते हैं। कलकत्ता से प्रकाशित होने वाले पत्र 'स्टेट्समैन' के संचालकों ने तत्कालीन गवर्नर के वेतन के बराबर पत्र-सम्पादक को वेतन दिया। उनकी दृष्टि में उनका सम्पादक किसी भी स्थिति में गवर्नर से कम नहीं था। संचालकों ने सोचा कि दस हजार मासिक वेतन पाने वाला गवर्नर हमारे सम्पादक से हाथ तभी मिलायेगा जबकि इसे भी दस हजार ही वेतन दिया जाये। इस प्रकार पत्रकारों को गरिमा प्रदान करने वाले संचालक अविस्मरणीय हो चुके हैं।

श्री शिवप्रसाद गुप्त की नैतिकता

राष्ट्रीय चेतना और वैचारिक क्रान्ति को मूर्त्तरूप देने के लिए *बाबू शिवप्रसाद गुप्त* ने 'आज' के माध्यम से पत्रकारिता का बीज बोया। यद्यपि वे 'आज' के सर्वस्व थे परन्तु उन्होंने सम्पादक को पूरी स्वतन्त्रता दे रखी थी। एक बार श्री गुप्त ने 'आज के तत्कालीन सम्पादक *पराड़करजी* के पास प्रकाशनार्थ एक वक्तव्य भेजा। सम्पादक ने नीति-विरुद्ध होने के कारण वक्तव्य नहीं प्रकाशित किया। पत्र-स्वामी ने अपने मत को प्रसारित करने हेतु अलग से पर्चा छपवाया तथा उसे वितरित करवाया। सम्पादक को विवश नहीं किया गया। ज्ञातव्य हो कि उग्रवादी विचारधारा के समर्थन में पत्र-स्वामी का वक्तव्य इसलिए समादृत नहीं हो सका क्योंकि पत्र *गाँधीजी* के सिद्धान्तों पर चलकर राष्ट्र-सेवा में लगा हुआ था।

एक बार *श्रीयुत् श्रीप्रकाशजी* ने 'आज' के किसी सहायक सम्पादक से पूछताछ की कि अमुक समाचार कैसे छप गया, किसने इसे पास कर दिया? *पराड़करजी* को जब इसकी जानकारी हुई तो उन्होंने *बाबू शिवप्रसादजी* के पास त्यागपत्र भेज दिया। सम्पादक ने लिखा कि पत्र में प्रकाशित समस्त बातों की जिम्मेदारी मुझ पर है, कोई भी प्रश्न मुझसे पूछना चाहिए। क्यों हमारे सहायक से प्रश्न-परिप्रश्न किया गया? *बाबू शिवप्रसाद गुप्त* को सम्पादक की बातें अच्छी लगीं। पहले उन्होंने स्वतः *श्रीप्रकाशजी* की ओर से माफी माँगी बाद में उन्हें बुलाकर *पराड़करजी* के सामने खड़ा कर दिया और गलती के लिए क्षमा-प्रार्थना करवायी।

पत्रों के द्वारा विधायक और कल्याणकारी दृष्टि का संचार, धार्मिकता और नैतिकता का प्रसार तथा लोकाभिरुचि का परिष्करण सरलता से सम्भव है। पत्र की दृष्टि क्या हो, इसके लिए एक आस्ट्रियन नर्तकी के लक्ष्य को प्रमाणरूप में प्रस्तुत किया जा रहा है :

आस्ट्रियन नर्तकी जब अमेरिका गयी तो सारा जनसमुदाय उसकी कला देखने के लिए उमड़ पड़ा। एक पत्रकार द्वारा लोकप्रियता के रहस्य के सम्बन्ध में पूछे गये प्रश्न के उत्तर में उसने कहा—"ईश्वर की कृपा। प्रत्येक कार्यक्रम के पहले, जब थिएटर दर्शकों से खचाखच भर जाता है और स्टेज पर पदार्पण करने की घड़ी आ जाती है, प्रारम्भ का पार्श्व-संगीत झंकृत हो उठता है, तो पहले मैं अपने ग्रीन-रूम (सज्जा-कक्ष) में जाती हूँ और घुटने टेककर ईश्वर से प्रार्थना करती हूँ कि हे भगवन्! नृत्य देखने के लिए जो लोग आये हैं वे मेरे अन्नदाता हैं। मुझे आशीर्वाद दो कि मेरी कला उन्हें पूरा-पूरा सन्तोष दे, उन्होंने मेरे टिकट के लिए जो खर्च किया है उसकी लौट, बदले में रत्तीभर भी कम नहीं, बल्कि अधिक ही आनन्द मिले। मैं सम्पूर्ण निष्ठा से अपनी कला का आविष्कार करूँगी और तेरी कृपा के बिना कुछ नहीं होगा, भगवन्।"

पत्रकार ने आगे लिखा है कि नर्तकी जब मंच पर आयी तो दर्शकों ने तीन घण्टे तक मन्त्र-मुग्ध होकर नृत्य का आनन्द लिया। यही लक्ष्य यदि पत्रों का हो जाये तो उनके प्रसार की कोई समस्या ही उपस्थित न हो, पाठक उस पर टूट पड़ेंगे।

पत्रकारों की तीन कोटियाँ

डॉ. राजबली पांडेय ने 'दिग्दर्शक' पत्र के प्रथम अंक के विमोचन-महोत्सव पर तीन प्रकार के पत्रकारों और उनके कार्यों का विवेचन किया जो उन्हीं के शब्दों में मननीय है :

"...युग-चारण पत्रकार विवेक को अलग रखकर स्तुति-निन्दा के पाश में बँधकर दिग्दर्शन की जगह दिग्भ्रान्ति फैलाते हैं। युग को चबाने का काम भी कुछ पत्रकार करते हैं। इनका ध्येय येन-केन-प्रकारेण अर्थ-प्राप्ति-मात्र है। युग के उत्थान-पतन की चिन्ता इनमें नहीं होती। युग-मानस की निर्मिति एवं उसके प्रशिक्षण का दायित्व युग-चरण पत्रकार निभाते हैं।"

पत्र भ्रष्टाचार के विरुद्ध बिगुल बजाते हैं। देखा यह जाता है कि कुछ पत्र जबर्दस्त और मुँहजोर भ्रष्ट की या तो अनदेखी कर जाते हैं या अपनी तर्कशक्ति के आधार पर उसके अवगुणों को गुण बताकर उसकी ठकुरसुहाती गाते हैं। इसके विपरीत अपेक्षाकृत कम भ्रष्ट और निर्बल व्यक्ति के सन्दर्भ में अपनी लेखनी का कमाल दिखाने में पत्रकार नहीं हिचकते। न्याय की तुला की उपयोगिता ऐसे पत्रों हेतु नहीं है। पत्र दल सम्पोषित गुट दृष्टिगत नहीं होते परन्तु छोटे-छोटे कर्मचारियों तथा असहाय अधिकारियों की त्रुटियों से पन्ने के पन्ने रँग देने में ये बहुत आगे हैं। देखा जाता है कि पत्रकार सर्वत्र आलोचना का पात्र हो चला है। वाचाल, विदूषक, चाटुकार, दरबारी न जाने कितने नामों से उसे पुकारा जा रहा है। वह भी पाठकों को भूलकर अपनी पत्रकारिता को द्रौपदी की तरह दाँव पर लगा रहा है। कुछ ही स्तरीय बातें देखी जाती हैं। युग-चारण-चवर्ण गुण-सम्पन्न सम्पादक, झोला लटकाये तथाकथित पत्रकारों की भरमार चिन्ता का विषय है।

यदि अपेक्षित सुधार नहीं हुआ तो पत्रकारों के लिए वह दिन दूर नहीं कि—

अब तो दरवाजे से अपने नाम की तख्ती उतार।
लफ्ज नंगे हो गये, शोहरत भी गाली हो गयी।

पत्रकारों द्वारा लोक-शिक्षण हो जैसा कि सन् 1950 में अखिल भारतीय सम्पादक सम्मेलन के अवसर पर *पं. जवाहरलाल नेहरू* ने पत्रकारों से कहा :

"जीवन में जो कुछ निकृष्ट है उसकी क्रमशः बढ़ोतरी को रोकने में सहायता करना पत्रकारों का काम है। पत्रकारों को अधिक ऊँचे दर्जे की तथा अधिक उज्ज्वल सामाजिक चेतना के निर्माण में ही सहायता नहीं करनी है वरन् जीवन की छोटी-छोटी बातों में सामाजिक व्यवहार सिखाना है।" अभी हमारी पत्रकारिता तमिस्रगामी भले ही दीख पड़े परन्तु हमारे पास चिन्तन, साधना और तपस्या में खपे हुए तेजोद्दीप्त पत्रकारों की एक लम्बी परम्परा है। फलतः हम सदैव प्रकाशोन्मुख ही रहेंगे। राष्ट्र का विराट् पुरुष जाग उठा है।

आशा है, हमारी भावी पत्रकारिता सदाचरण और गुरुत्व की शर्त को निभाएगी, पारस्परिक सद्भाव और सांस्कृतिक दायित्व का मन्त्र फूँकेगी जिससे जन-शिक्षण, जन-जागरण और जन-मनोरंजन की त्रिवेणी पर भारतीय पत्रकारिता का तीर्थराज सदैव समादृत होगा।

37

पत्रकारिता का इतिहास लेखन
(History Writing of Journalism)

"विचारों की स्वतन्त्रता, धार्मिक स्वतन्त्रता, अभावों से स्वतन्त्रता और भय से स्वतन्त्रता–ये चार प्रत्येक व्यक्ति को मिलनी चाहिए।"

–रूजवेल्ट

× × ×

मैं अँधेरे में उजाला देखता हूँ
भूख में रोटी निवाला देखता हूँ
आदमी के दर्द की जो दे ख़बर
है कहीं क्या वो रिसाला देखता हूँ

× × ×

इतिहास स्वदेशाभिमान सिखाने का साधन है। *–महात्मा गाँधी*

× × ×

The history of the world is the history of the privileged few.

–Henry Miller

× × ×

"You make History every minute and every second of your life. Your daily life is History. What else is it?"

—Lala Har Dayal

× × ×

"पत्रकारों को चाहिए कि वे महर्षि नारद को अपना आदिगुरु मानें, नारद प्रखर प्रचारक थे। शौर्य, धैर्य और आत्मत्याग की ख़बर वे दिगन्त तक फैलाते रहे। सद्गुणों की कीर्ति फैलाने तथा विपत्ति और फूट के नाश की इच्छा से बढ़कर और दूसरा कौन-सा आदर्श हो सकता है?"

–डॉ. सम्पूर्णानन्द

× × ×

'मिशन' (स्वतन्त्रता प्राप्ति हेतु समर्पित सेवा), 'एम्बीशन' (राष्ट्र-निर्माण हेतु आकांक्षा) के बाद अब पत्रकारिता 'कमीशन' (अंश-लाभ) तथा 'कमोशन' एवं 'सेंसेशन' (सनसनीखेज अव्यवस्था) तक पहुँच चुकी है।

—डॉ. अर्जुन तिवारी

पत्रकारिता का प्रारम्भिक स्वरूप

देवर्षि नारद घूम-घूमकर संवाद-वहन करने वालों में अग्रणी थे। उन्हें जनसंचार का आदि आचार्य कहा जा सकता है। 'बुद्धिमतां वरिष्ठम्' *हनुमान* जनसंचार के नायक थे। महाभारत के कुरुक्षेत्र के 18 दिनों के महायुद्ध का आँखों देखा हाल (Running Commentary) को सुनाने वाले *संजय* संचार माध्यम के पुरोधा माने जाते हैं। भारतीय साहित्य में मेघ, हंस, तोता, वायु संचार के माध्यम के रूप में वर्णित हैं। कबूतरों द्वारा संवाद-प्रेषण की प्रक्रिया तो सर्वथा सत्यापित है।

बाइबिल में स्वर्ग की पुष्पवाटिका में बाबा आदम और अम्मा हौवा की जो कथा है, वह एक प्रकार से संचार का प्रारम्भिक स्वरूप है। अम्मा हौवा ने कहा, "क्यों न हम वह फल खाएँ जो ज्ञान के वृक्ष पर लगता है, जिसको खाने से हमें पाप और पुण्य का ज्ञान हो जायेगा। यह फल हमारे लिए वर्जित है तो भी हमें कोई परवाह नहीं करनी चाहिए।" यही छोटी-सी वार्ता जनसंचार की एक कड़ी बन गयी।

प्राचीन काल में पठन-पाठन, मुद्रण के साधन के अभाव में जनसंचार के माध्यम गुरु या पूर्वज थे जो मौखिक रूप से सूचनाओं को एक पीढ़ी से दूसरी पीढ़ी तक पहुँचाते थे। लेखन के प्रचलन के बाद भी पत्रों पर सन्देश लिखे जाते थे। मौर्यकाल एवं गुप्तकाल में शिलालेखों द्वारा धार्मिक एवं राजनीतिक सूचनाएँ जनसमान्य तक पहुँचायी जाती थीं। उसी समय वाकयानवीस (संवाददाता), (खुफियानवीस) (गुप्त समाचार लेखक), सवानहनवीस (जीवनी लेखक) तथा हरकारा (सन्देशवाहक) संचार सम्प्रेषण के क्षेत्र में कार्यरत थे।

कबूतर : सन्देशवाहक, गुप्तचर

कबूतरों का इतिहास बहुत पुराना है। मिस्र सभ्यता की इमारतों में कबूतर के भित्तिचित्र आसानी से देखे जा सकते हैं। कबूतर सिर्फ़ सन्देशवाहक के रूप में ही नहीं गुप्तचर के रूप में भी जाना जाता है। बताया जाता है कि वाटरलू विजय का समाचार सर्वप्रथम कबूतर के माध्यम से ही प्राप्त हुआ था। कबूतर 250 से 500 किलोमीटर तक की दूरी तय करके आसानी से वापस अपने स्थान पर आ जाता है। यह अपना रास्ता कभी नहीं भूलता है।

ब्रिटेन में तो सन् 1879 में *ग्रेट बैरियर* ने एक 'कबूतर सन्देशवाहक सेवा' की स्थापना की थी, जो शुरू में 65 मील की सीमा तक कार्य करती थी। बाद में इसका विस्तार आयरलैंड तक किया गया। कबूतर के द्वारा सन्देश भेजे जाने के लिए सन्देश लिखे काग़ज़ को पहले एक नली में रखा जाता है, फिर नली को कबूतर के पेट में बाँध दिया जाता है। मादा की अपेक्षा नर कबूतर अधिक तेज और दूर तक यात्रा कर लेता है। इसकी रफ्तार 7 से 10 किलोमीटर प्रति घंटा होती है। वायरलेस में खराबी आने पर कबूतरों के माध्यम से युद्ध क्षेत्र से भी सन्देश भेजे जाते थे। संचार युग में कबूतरों का महत्त्व घट गया है। आज यह प्रदर्शनियों तक ही सीमित रह गये हैं।

पत्रकारिता का उद्‌भव

मानव जो कुछ भी देखता है उसे अन्य व्यक्तियों को बताना चाहता है, साथ ही सबकी बातों को जानना चाहता है। किसी घटना को परखना और उसका वर्णन मानव-आत्मा की एक सहज प्रवृत्ति है। इसी भावाभिव्यक्ति की प्रवृत्ति के कारण जनसंचार का आविष्कार हुआ। दूसरे शब्दों में, कहा जा सकता है कि जिस प्रकार ज्ञान प्राप्ति की उत्कंठा, चिन्तन एवं अभिव्यक्ति की आकांक्षा ने भाषा को जन्म दिया ठीक उसी प्रकार समाज में एक-दूसरे के कुशल-क्षेम जानने की प्रबल इच्छा-शक्ति ने पत्रों के प्रकाशन को बढ़ावा दिया। पहले ज्ञानरूपी दिव्य शक्ति जो सुविधा प्राप्त मुट्ठीभर लोगों की थाती थी उसे पत्रकारिता

द्वारा सर्वसुलभ कराया गया। इस प्रकार परिस्थितियों के अध्ययन, चिन्तन-मनन और आत्माभिव्यक्ति की प्रवृत्ति तथा 'सब जनहिताय सब जनसुखाय' के प्रति व्यग्रता ने पत्रकारिता को जन्म दिया।

प्रेस और पत्र

प्रेस और पत्र का अन्योन्याश्रय सम्बन्ध है। छापने की कला से ही पत्रकारिता का उद्‌भव माना जाता है जिसके मूल में सद्धर्म-प्रचार ही है।

पुरातत्त्व की खोजें मुद्रण के इतिहास को ईसा की दूसरी शदी तक ले गयी हैं। चीन में 175 ई. में ठप्पे से मुद्रित ग्रन्थ का कुछ भाग आज भी विद्यमान बताया जाता है। 972 ई. में एक लाख तीस हजार पृष्ठों का त्रिपिटक ग्रन्थ छपा। परन्तु वर्तमान मुद्रण-पद्धति की कहानी 500 वर्षों से पीछे नहीं जाती। अलग-अलग अक्षरों के धातु की टाइप सर्वप्रथम 1450 ई. में जर्मनी में बनी। तत्पश्चात् सन् 1466 में फ्रांस, सन् 1477 में इंग्लैंड और सन् 1544 में पुर्तगाल में इस कला का प्रचार हुआ। पुर्तगाल में 'ईसाई' धर्म-प्रचारकों द्वारा सन् 1550 में दक्षिण भारत के गोवा शहर में यह कला आयी। भारत की सर्वप्रथम पुस्तक रोमन लिपि और देशी भाषा में सन् 1560 में छपी थी। परन्तु सन् 1578 में कलकत्ता में प्रेस खुलने तक कोई गण्य उन्नति इस क्षेत्र में नहीं हुई।

आधुनिक वैज्ञानिक प्रेस और पत्र से पर्याप्त भिन्नता रखने वाले रोमन के 'एक्टा डिउना' (Acta Diurna) दैनिक घटनाएँ और चीन के 'पीकिंग गजट' से पत्रकारिता का प्रारम्भ माना गया है। बाइबिल के अधिकाधिक प्रसार की प्रेरणावश *गाटेंनबुर्ग* नामक ईसाई ने मध्य जर्मनी के मायंस नगर में सन् 1440 में आधुनिक मुद्रण कला से साम्य रखने वाले प्रेस की स्थापना की। आजकल के समाचार-पत्रों का प्रारम्भिक रूप नीदरलैंड के न्यूज़ाइटुंग (सन् 1562) में मिलता है। सन् 1615 में जर्मनी से 'फ्रैंकफुर्टेर जर्नल', सन् 1631 में फ्रांस से 'गजट द फ्रांस', सन् 1667 में बेल्जियम से 'गजट वैन गट', सन् 1666 में इंग्लैंड से 'लन्दन गजट' और सन् 1690 में संयुक्त राष्ट्र अमेरिका से 'पब्लिक आकरेंसेज' का प्रकाशन हुआ। दैनिक पत्र के रूप में 'डेली करेंट' का नाम लिया जाता है, जो 11 मार्च, सन् 1702 में निकला।

मुगल-काल के 'वाकयानवीस'

अपने यहाँ मुगल साम्राज्य की स्थापना के साथ ही संवाद सेवाओं के क्षेत्र में ठोस कार्य हुए। संचार-सेवाओं हेतु सूचनाधिकारियों की नियुक्ति की गयी। *औरंगजेब* ने शासन को सुव्यवस्थित करने और सैन्य-व्यवस्था को सतर्क रखने के लिए सूचनाओं के संचार हेतु प्रबन्ध किया। राजधानी में स्थित मुख्य कार्यालय प्रदेशों के अधिकारियों को निरन्तर सूचना भेजते थे तथा वहाँ से सूचना प्राप्त करते थे। *औरंगजेब* के दरबार में रहने वाले इतालवी यात्री *निकोला मनू* ने लिखा है :

"मुगलों का पक्का नियम था कि 'वाकयानवीस' और 'खुफियानवीस' (गुप्त लेखक) दोनों को सप्ताह में एक बार सभी घटनाओं को दर्ज करना पड़ता था। दरअसल महत्त्वपूर्ण घटनाओं का यह विवरण लेखी सबूत के तौर पर प्रयोग में आता था। बादशाह के समक्ष इन्हें रोज 9 बजे रात को महल की स्त्रियों द्वारा पढ़कर सुनाया जाता था।...इसके अतिरिक्त जासूस भी रखे जाते थे जिनका यह कर्तव्य था कि वे हर हफ्ते महत्त्वपूर्ण मामलों की, खासतौर से राजकुमारों की गतिविधियों की रिपोर्ट लिखकर भेजें।"

उपर्युक्त वृत्तान्त से स्पष्ट है कि मुगल-काल में पत्रकारिता का एक पुष्ट आधार तैयार हो गया था। संवाद-लेखकों की नियुक्ति हुई जिन्हें 'वाकयानवीस' कहा जाता था। 'वाकयानवीस' द्वारा प्रेषित खतों के सारांश को बादशाहों को सुनाया जाता था। बादशाह खतों के अनुकूल निर्देश देते थे। 'अख़बाराते-ए-दरबारे-झुपल्ला', 'पैगामे हिन्द', 'पुणे अख़बार' जैसे हस्तलिखित पत्रों को पत्रकारिता का पूर्वज कहा जा सकता है।

छापाखाना और मिस्टर बोल्ट

ईस्ट इंडिया कम्पनी ने मुगल शासकों की तरह संवाद-लेखकों की आवश्यकता को महत्त्व दिया। कम्पनी के ऊँचे पदाधिकारी समाचार-पत्रों के प्रति सर्वदा सशंकित रहते थे। सितम्बर सन् 1768 में कलकत्ता के काउंसिल हाल एवं दूसरे स्थानों पर एक नोटिस लगायी गयी जिसकी पंक्तियाँ दृष्टव्य हैं :

"आम जनता के लिए इस शहर में छापाखाने के अभाव में *मिस्टर बोल्ट* को यही एक तरीक़ा जनता को सूचित करने के लिए ठीक लगता है। व्यापार के लिए इसका अभाव खलता है और समाज को सूचनाएँ पहुँचाना ज़रूरी है, जैसे कि हर ब्रिटिश नागरिक के लिए उनका प्राप्त होते रहना महत्त्वपूर्ण है। *बोल्ट* किसी भी व्यक्ति या व्यक्ति समूह को जो छापाखाने का धन्धा करना चाहते हैं उन्हें प्रेस लगाने में पूरा सहयोग देने के लिए तैयार हैं। इस बीच वह लिखित रूप से आम लोगों को इस तरह सूचित करता रहेगा, जिसकी आवश्यकता प्रत्येक व्यक्ति अनुभव करता है। कोई भी व्यक्ति जो जिज्ञासु है वह *मिस्टर बोल्ट* के घर आकर इन सूचना-पत्रों को पढ़ सकता है या वह चाहे तो वहाँ से प्रतियाँ प्राप्त कर सकता है। कृपया वह इतना ध्यान अवश्य रखे कि प्रातः दस बजे से बारह बजे के बीच ही घर आये।"

उपर्युक्त नोटिस से गुप्तचरों को भारी ख़तरे की सम्भावना दृष्टिगत हुई। अंग्रेज़ों द्वारा नियन्त्रित बंगाल सरकार ने *मिस्टर बोल्ट* को सख्त आदेश दिया कि वह पहले जहाज से यूरोप चला जाय, बंगाल छोड़ दे। सन् 1768 से 1780 तक संचार के क्षेत्र में किसी ने कुछ करने की हिम्मत नहीं दिखायी।

भारत के गोवा में सन् 1550 में प्रेस की स्थापना हुई। बम्बई में सन् 1662 मद्रास में सन् 1772 तथा कलकत्ता में सन् 1779 में प्रेस बैठाये गये। 29 जनवरी, सन् 1780 वह स्वर्णिम दिवस है जिस दिन एक गैर-भारतीय द्वारा पत्र प्रकाशित हुआ। 'बंगाल गजट ऐंड कैलकटा एडवर्टाइजर' के सर्वस्व *जेम्स अगस्टस हिकी* थे। संक्षेप में इस पत्र को 'हिंकीज गजट' कहा जाता है जिसका लक्ष्य था :

"यह राजनीतिक और व्यापारिक पत्र खुला तो सबके लिए है, पर प्रभावित किसी से नहीं है।"

'इंडियन गजट' सन् 1780, 'बंगाल जर्नल' सन् 1784 और 'इंडियन वर्ल्ड' सन् 1791 कलकत्ता से ही प्रकाशित हुए। भारतीय पत्रकारिता के जनक *राजा राममोहन राय* (सन् 1772-1833) के प्रयास से सन् 1818 में 'बंगाल गजट', सन् 1821 में 'संवाद कौमुदी' और 'मिरातुल-अख़बार' निकले। पत्र-प्रकाशन के लक्ष्य को उन्होंने स्पष्ट किया–

मेरा उद्देश्य मात्र इतना ही है कि जनता के सामने ऐसे बौद्धिक निबन्ध उपस्थित करूँ जो उनके अनुभव को बढ़ायें और सामाजिक प्रगति में सहायक सिद्ध हों। मैं अपनी शक्तिभर से शासकों को उनकी प्रजा की परिस्थितियों का सही परिचय देना चाहता हूँ और प्रजा को उनके शासकों द्वारा स्थापित विधि-व्यवस्था से परिचित कराना चाहता हूँ ताकि शासक जनता को अधिक-से-अधिक सुविधा देने का अवसर पा सके और जनता उन उपायों से अवगत हो सके जिनके द्वारा शासकों से सुरक्षा पायी जा सके और अपनी उचित माँगें पूरी करायी जा सकें।

राजा राममोहन राय के उपर्युक्त विनीत भाव से अंग्रेज़ शासक पिघले नहीं। उन लोगों ने पत्र-प्रकाशन को हर प्रकार से हतप्रभ किया। उन्नीसवीं शताब्दी के तीसरे दशक में मद्रास के गवर्नर से *सर टॉमस मुनरो* ने प्रेस की आज़ादी को आंग्ल सत्ता समाप्ति का पर्याय माना। उनके ही शब्दों में, "...इनको प्रेस की आज़ादी देना हमारे लिए ख़तरनाक है। विदेशी शासन और समाचार-पत्रों की स्वतन्त्रता दोनों एक-साथ नहीं चल सकते। स्वतन्त्र प्रेस का पहला कर्तव्य क्या होगा? यही न, कि देश को विदेशी चंगुल से स्वतन्त्र कराया जाये, इसलिए अगर हिन्दुस्तान में प्रेस को स्वतन्त्रता दे दी गयी तो इसका जो परिणाम होगा, वह दिखाई दे रहा है।"

वास्तव में, शासक का अनुमान शत-प्रतिशत सही निकला और पत्र स्वतन्त्रता के ध्वजावाहक सिद्ध हुए।

सुना जाता है कि *पंडितराज जगन्नाथ* 'गंगालहरी' के एक-एक श्लोक पढ़ते जाते थे और गंगा का जल एक-एक सीढ़ी ऊपर चढ़ता जाता था। प्रचंड बुद्धिवादी पाठक इसे अविश्वसनीय मान सकते हैं परन्तु इससे नाद, शब्द और काव्य-महिमा

का प्रभाव सुस्पष्ट होता है। ऐसे ही देखा जाये तो ज्ञात होगा कि भारतीय पत्रकारिता ने जनता की भाव-लहरियों पर अप्रतिम प्रभाव दिखाया। आज़ादी पूर्व पत्रकारिता में प्रवेश करने का तात्पर्य आंग्ल सत्ता के फौलादी पंजे से मुकाबला करना था, आर्थिक संकट से जूझना तथा सदैव कंटकाकीर्ण पथ का अनुगामी बनना था। पत्रों ने स्वतन्त्रता आन्दोलन को गत्वरता दी। उनका प्रणव मन्त्र था–

'ज्वलुक ज्वलुक विप्लववह्नि नगरे-नगरे
भस्म होक् राक्षेसर स्वर्णलंकापुरी।'[1]

काल-विभाजन

30 मई, 1826 को हिन्दी के प्रथम साप्ताहिक 'उदन्त मार्तंड' का प्रकाशन हुआ जो 'पहले पहल हिन्दुस्तानियों के हित हेतु' था। अपनी भाषा में 'नाना देश के सत्य समाचार' पढ़कर, हिन्दुस्तानी लोग आनन्द-विह्वल होंगे, ऐसी धारणा इस पत्र की थी। इसी 'उदन्त मार्तंड' से हिन्दी पत्रकारिता का प्रादुर्भाव माना जाता है। इस पत्र के आलोक-विकिरण से विविध संस्थाएँ दीप्त हुईं एवं अनेक पत्रों ने अंकुरित होकर भारतीयों का नयनोन्मेष किया, उन्हें होश में लाने, बुद्धि-विवेक से काम करने एवं सतत सावधान रहने का मन्त्र दिया। 'उदन्त मार्तंड' से प्रेरणा प्राप्त कर 'बंगदूत' (सन् 1829), 'बनारस अख़बार', 'सुधाकर' (सन् 1850), 'बुद्धि प्रकाश' (सन् 1852), 'मज़हरुल सरूर' (सन् 1852), 'पयामे आज़ादी' (सन् 1857), 'कविवचन सुधा' (सन् 1867), 'हरिश्चन्द्र मैगजीन' (सन् 1873), 'बाल-बोधिनी पत्रिका' (सन् 1878), 'हिन्दी प्रदीप' (सन् 1877), 'भारतमित्र' (सन् 1878), 'सारसुधानिधि' (सन् 1879), 'उचितवला' (सन् 1880), 'भारत जीवन' (सन् 1884) आदि पत्र प्रकाशित हुए जिनके द्वारा 'तोड़ो गुलामी की जंजीरें', 'बरसाओ अंगारा' और 'सत्त्वनिज भारत गहे' का नारा बुलन्द किया गया। राष्ट्रीय चेतना के उद्‌बोधन एवं समाज के दिग्दर्शन हेतु हिन्दी पत्रकारिता का उद्‌भव हुआ। ब्रह्म समाज, प्रार्थना समाज, आर्य समाज, रामकृष्ण मिशन आदि संस्थाओं ने पत्र-पत्रिकाओं के द्वारा 'कोउ नृप होंहि हमें का हानि' की रट लगाने वाले सुषुप्त अलसाये जन-मानस को चैतन्य किया। नूतन ज्ञान-विज्ञान से उद्दीप्त कर पत्रों और पत्रकारों ने पराधीन भारतवासियों को स्वतन्त्रता प्राप्ति के लिए आहूत किया। अतः सन् 1826 से 1884 की अवधि में प्रकाशित- पत्रों की आह्वानमयी प्रवृत्ति का आकलन कर इसे उद्‌बोधन काल के नाम से पुकारना उपयुक्त होगा क्योंकि पत्रकारों का स्पष्ट मत था कि दासतारूपी राष्ट्र रोग की औषधि जनता की महाशक्ति का उद्‌बोधन है।

हिन्दी पत्रों की उद्‌भावना के मूल में *युगुलकिशोर सुकुल* की साधना है जिसको आगे बढ़ाने में भारतेन्दु मण्डल का महत्त्वपूर्ण योगदान है। उद्‌बोधन काल की पत्रकारिता ने 'उत्तिष्ठत जाग्रत् प्राप्यवरान्निबोधत' से पाठकों को उद्‌बुद्ध किया, उन्हें अपने कर्तव्य का बोध हुआ। उद्‌भव काल के उद्‌बोधक पत्रों को परखते हुए इसे उद्‌बोधन काल के रूप में प्रतिष्ठापित करना समीचीन है जिसने भावी पत्रकारिता को बहुमुखी आयाम दिया और जागरण का शुभ सन्देश दिया।

बीजों के अंकुरण, प्रस्फुटन के पश्चात् पल्लवन प्रारम्भ होता है। ठीक इसी भाँति उद्‌भव के बाद स्वतः विकास की प्रक्रिया चलती रहती है। राष्ट्रप्रेम के गर्भ में हिन्दी के पत्र उद्‌भूत हुए जिनका विकास सन् 1885 से द्रुतगति में होने लगा। सन् 1885 का वर्ष भारत देश के लिए ही नहीं अपितु विश्व-इतिहास में अपना विशिष्ट स्थान रखता है। इस वर्ष ही कांग्रेस की स्थापना के साथ भारत में राष्ट्रीयता का स्वर्ण विहान देखा गया। कांग्रेस ने समग्र राष्ट्र का प्रतिनिधित्व किया। कांग्रेस का इतिहास भारत के गौरव का इतिहास है, राष्ट्रीय चेतना के विकास का इतिहास है। हिन्दी पत्रकारिता के इतिहास में भी यह वर्ष विशेष महत्त्वपूर्ण का है। सन् 1885 में ही हिन्दुस्तान में राष्ट्र जागरण के भैरवी मन्त्र को फूँकने के लिए *राजा रामपाल सिंह* ने प्रथम हिन्दी दैनिक 'हिन्दोस्थान' का प्रकाशन प्रारम्भ किया। *गोपालकृष्ण गोखले, बाल गंगाधर तिलक, लाला लाजपतराय, लाला हरदयाल, वीरांगना भीकाजी कामा, मास्टर अमीरचन्द* के साथ जुझारू पत्रकारों ने जागरण की शंखध्वनि

1. महेन्द्र कुमार घोष : 'द न्यूज़ पेपर इन इंडिया,' पृ. 26-27।

से पाठकों को सजग, सतर्क, सक्रिय और जागरूक बनाया। अतः सन् 1885 से 1919 की अवधि को 'जागरण काल' के नाम से अभिहित करना सुसंगत होगा।

'भारतोदय' (दैनिक, कानपुर), 'भारत चन्द्रोदय' (मासिक, बिठूर), 'भारतोद्धारक' (मासिक, अजमेर), 'भरत प्रकाश' (मुरादाबाद), 'धर्मप्रचारक' (मासिक, काशी), 'काव्यामृतवर्षिणी' (मासिक, लखनऊ), 'रसिक पंच' (मासिक, लखनऊ), 'विधाविलास' (मासिक, कलकत्ता), 'श्री हरिश्चन्द्र कला' (मासिक, पटना), 'सत्यार्थ प्रकाश' (साप्ताहिक), 'आर्यपत्र', 'वेदांग प्रकाश', 'आर्य समाचार', 'संवाद प्रभाकर', 'सुख संवाद' जैसे पत्र इसी वर्ष प्रकाशित हुए जिनके द्वारा चतुर्दिक् जागरण का सन्देश प्रसारित हुआ। पत्रों के नाम से सुस्पष्ट है कि सन् 1885 में आर्यावर्त में भारत के उद्धार, उदय और इसे प्रकाशमान करने के लिए पत्रकारों का एक समूह उठ खड़ा हुआ। सन् 1885 से 1919 तक की अवधि के पत्रों ने राष्ट्रीय चेतना को पल्लवित किया तथा 'स्वराज्य हमारा जन्मसिद्ध अधिकार है' इस नारे को सार्थक करने के लिए जन-जन में जागरण का संचार किया। एक ओर 'भारत' के 'अभ्युदय' हेतु 'हिन्दी केसरी', 'स्वराज' का मन्त्र फूँकता था तो दूसरी ओर भावात्मक एकता के लिए 'देवनागर' सबसे एक सूत्र में बँध जाने की अपील करता था, जैसा कि स्वतन्त्रता के अक्षय-स्रोत वीर सावरकर का लक्ष्य था :

'एक देव, एक देश, एक भाषा
एक जाति, एक जीव, एक आशा।'

एकता स्थापित होने पर हम अपनी कामना की पूर्ति हेतु क्रान्ति कर सकते हैं।

सन् 1920 से 1947 तक संघर्षों, अभावों, अभिशापों और प्रताड़नाओं के बीच दबे रहकर पत्र-पत्रिकाओं ने आग और शोलों से भरी उत्तेजक कथा सुनायी। हिन्दी पत्रकारिता के प्रति गौरांगशाही अत्यन्त क्रूर रही, अग्नि परीक्षाओं के दौर से गुजरकर पत्रकारिता ने प्रखर उज्ज्वल चरित्र का निर्माण किया जो आक्रमण के सशक्त साधन के साथ आत्मरक्षा का अद्भुत कवच प्रमाणित हुआ। पत्रकारों की हुंकार और फुँफकार वाली वाणी ने भारतीयों को झकझोर दिया। सामूहिक उत्पीड़न, बेबसी, वेदना के करुण-क्रन्दन को न सुनाकर पत्र-पत्रिकाओं ने फिरंगियों के प्रति घोर गर्जना की। धारदार सम्पादकीय द्वारा पत्रों ने उथल-पुथल मचाने के लिए डाँक लगायी :

हो उथल-पुथल अब देश बीच खौले खून जवानों का।
बलिवेदी पर बलि चढ़ने को अब चले झुंड मर्दानों का॥

पत्रों से प्रेरित होकर क्रान्तिकारी अमर शहीदों ने युवकों को ललकारा :

नौजवानों वक़्त है मिट जाओ कौमी आन पर।
देखना बट्टा न लग जाये वतन की शान पर॥

अटूट राष्ट्र-भक्ति के प्रति समर्पित आक्रामक पत्रकारिता की इस अवधि को क्रान्तिकाल मानना समीचीन है।

क्रान्तिकारी पत्रकार *पराड़करजी* ने भी सन् 1930 में 'रणभेरी' में लिखा :

"ऐसा कोई बड़ा शहर नहीं रह गया है जहाँ से एक भी 'रणभेरी' जैसा परचा न निकलता हो। अकेले बम्बई में इस समय ऐसे कई एक दर्जन परचे निकल रहे हैं। शुरू में वहाँ सिर्फ़ 'कांग्रेस बुलेटिन' निकलती थी। नये परचों के नाम समयानुकूल हैं, जैसे—'रिवोल्ट', 'रिवोल्यूशन' (विप्लव), 'बलवों', 'फितूर' (द्रोह), 'गदर', 'बगावत', 'बदमाश अंग्रेज़ सरकार' आदि। ...दमन से द्रोह बढ़ता है, इसका यह अच्छा सबूत है। पर नौकरशाही के गोब-भरे गन्दे दिमाग में इतनी समझ कहाँ? वह तो शासन का एक ही शस्त्र जानता है : बन्दूक।"[1]

असहयोग आन्दोलन, सविनय अवज्ञा आन्दोलन और 'भारत छोड़ो आन्दोलन' के समय प्रकाशित हिन्दी पत्रों ने 'स्वदेश' के हाँ में हाँ मिलाया :

---

1. *बाबूराव विष्णु पराड़कर : 'रणभेरी'*, 25 अगस्त, 1930।

क्रान्ति की उषा से होगा, रक्त भारतीय व्योम,
ताप भरा नेह का, तरणि तमके ही गा।
कायरो! क्यों लेते हो कलंक को अकारथ ही,
भारत के भाग्य का सितारा चमके ही गा॥

'आज', 'सेनापति', 'स्वतन्त्र', 'प्रताप', 'अर्जुन', 'नवीन राजस्थान', 'कर्मवीर', 'भविष्य', 'हंस', 'जागरण' ने कविवर *'त्रिशूल'* की डॉक सुनी—

जवानो उठो, कर दो क्रान्ति।
चाहते हो होना स्वच्छन्द, तोड़ डालो सब बन्धन आज।
बनो स्वामी स्वभाग्य के स्वयं, मिटा दो दुनिया को उद्भ्रान्ति॥

स्वतन्त्रता आन्दोलन को कुचलने के लिए प्रेस आर्डिनेंस द्वारा पत्रकारिता पर प्रहार किया गया। अधिकांश पत्रों का प्रकाशन स्थगित हो गया। ऐसी स्थिति में क्रान्तिकारी पत्रकारों ने 'रणभेरी', 'शंखनाद', 'चिनगारी', 'बवंडर', 'रणडंका', 'चंडिका' और 'तूफान' नामधारी पत्रों का गुप्त प्रकाशन किया जिससे भारत में विप्लव मच गया। अंग्रेज़ों के दाँत खट्टे हो गये, उनके शासन का अन्त हुआ। भारतीय क्षितिज पर अरुण मुस्कान छा गयी। हम अपने भाग्य-निर्माता बन गये।

विश्ववन्द्य *महात्मा गाँधी* ने दुर्द्धर्ष अंग्रेज़ी शासन के विरुद्ध अहिंसात्मक आन्दोलन का अनूठा हथियार उठाया और उनके नेतृत्व में भारत भक्तों ने अपना सर्वस्व अर्पित कर स्वतन्त्रता अर्जित की। *गाँधीजी* ने स्वतन्त्रता का अर्थ राजनीतिक आज़ादी ही नहीं बताया बल्कि उसके साथ आर्थिक, सामाजिक, सांस्कृतिक नवनिर्माण पर जोर दिया। उन्होंने कहा—

"स्वराज्य का अर्थ है : विदेशी शासन से पूर्ण स्वतन्त्रता और पूर्ण आर्थिक स्वतन्त्रता। इस प्रकार स्वराज्य के एक सिरे पर राजनीतिक स्वतन्त्रता है तो दूसरे सिरे पर आर्थिक स्वतन्त्रता। उसके दो सिरे और हैं। तीसरा सिरा है : नैतिक या सामाजिक और चौथा है धर्म का। स्वराज्य प्राप्ति के लिए हिन्दू, मुसलमान और अन्य धर्मावलम्बियों का एक-दूसरे को भाई-भाई मानना और एक समान समझना ज़रूरी है। अस्पृश्यता के पाप को समझकर उसे दूर करना है। दलित भाई-बहनों से प्रेम करना ही आवश्यक है।"

राजनीतिक स्वतन्त्रता ने जहाँ हमें अपना भविष्य अपने हाथों बनाने, सँवारने का अधिकार और अवसर दिया वहीं अपनी नव-स्वतंत्रता की हर परिस्थिति में रक्षा करने का दायित्व भी सौंपा। साम्प्रदायिक वैमनस्य का विषय जातिगत और क्षेत्रीय संकीर्णता, शरणार्थियों की विषम समस्या, छोटी-छोटी रियासतें एवं टूटी-फूटी अर्थव्यवस्था, ये सभी समस्याएँ प्रारम्भ से ही विकराल रूप ले चुकी थीं। ऐसे समय में तप :पूत पत्रकारों ने भारतीय जन-मानस को आज़ादी मिलने के बाद मदोन्मत्त नहीं होने दिया। यशस्वी पत्रकारों ने जन-जन में सुदृढ़ मनोबल और सुन्दर भविष्य के प्रति अटूट विश्वास जगाया तथा राष्ट्र-निर्माण हेतु सतत् संघर्ष जारी रखा। राष्ट्र को समग्र विकास की दिशा में अग्रसर करने हेतु स्वस्थ व्यवस्था की कामना के साथ अनेक हिन्दी पत्र निकले जो नवनिर्माण के कारक सिद्ध हुए।

संविधान परिषद्, नयी दिल्ली में स्वतन्त्रता प्राप्ति की पूर्व सन्ध्या पर 14 अगस्त, 1947 को *पं. जवाहरलाल नेहरू* ने कहा—

"जब आधी रात के घण्टे बजेंगे, जबकि सारी दुनिया सोती होगी, उस समय भारत जगकर जीवन और स्वतन्त्रता प्राप्त करेगा। —हम पुराने को छोड़कर नये जीवन में पग धरते हैं जबकि एक युग का अन्त होता है, जबकि राष्ट्र की चिरदलित आत्मा उद्धार प्राप्त करती है।—स्वतन्त्रता और शक्ति जिम्मेदारी लाती है। भविष्य आराम करने और दम लेने के लिए नहीं है बल्कि निरन्तर प्रयत्न करने के लिए है जिससे कि हम उन प्रतिज्ञाओं को जो हमने इतनी बार की हैं, उसे जो आज कर रहे हैं, पूरा कर सकें। भारत की सेवा का अर्थ करोड़ों पीड़ितों की सेवा है। इसका अर्थ दरिद्रता, अज्ञान और अवसर की विषमता का अन्त करना है।

हमें काम करना है और परिश्रम करना है और कठिन परिश्रम करना है जिससे कि हमारे स्वप्न पूरे हों। यह क्षुद्र और विनाशक आलोचना का समय नहीं है। असद्भावना या दूसरों पर आरोप लगाने का भी समय नहीं है, हमें स्वतन्त्र भारत की विशाल इमारत का निर्माण करना है जिसमें कि उसकी सन्तान रह सके।"

उपर्युक्त उद्गार द्वारा पं. नेहरू ने यही स्पष्ट किया कि गरीबी, विशाल बेरोजगारी, जनता की दास्ता को समाप्त कर निरन्तर कर्मरत हो, सभी भारत के नव-निर्माण में सहायक हो सकते हैं, आर्थिक आज़ादी के बिना असली आज़ादी हो नहीं सकती। भूखे आदमी को आज़ाद कहना सिर्फ़ उसका मजाक उड़ाना है। उन्होंने कहा कि हमारे विचार दो, तीन या हजारों हो सकते हैं लेकिन जहाँ तक भारत की एकता, सुरक्षा और इसकी समृद्धि का सवाल है, हमें एक स्वर में बोलना चाहिए। उनके अनुसार भारत का नवनिर्माण अन्वेषणात्मक, सृजनात्मक जीवन सापेक्ष कार्यों द्वारा सम्भव है। इस निर्माण-प्रक्रिया को गत्वर बनाने में हिन्दी के पत्रों ने ही पावन भूमिका निभायी। इस प्रकार सन् 1947 से 1974 की अवधि को नवनिर्माण काल कहना उपयुक्त होगा क्योंकि तप :पूत समर्पित सम्पादकों ने अपनी रचनात्मक मेधा का प्रयोग स्वतन्त्र भारत के समग्र विकास के निमित्त किया।

सन् 1975 से आज तक की अवधि को वर्तमान काल के नाम से अभिहित किया गया है। मनोरम मुद्रण, विशिष्ट साज-सज्जा तथा ताजे समाचारों को पाठकों तक पहुँचाने के लिए पत्रों में प्रतिद्वन्द्विता ठन गयी है। वर्तमान में पत्रों के आकार बड़े हो गये हैं, उनमें विविधता आ गयी है। विषय-दृष्टि और प्रकाशन-शैली की अनेक रूपता के कारण इस काल की पत्रकारिता को वैविध्य काल कहना उपयुक्त प्रतीत होता है। विविध का अर्थ होता है 'विविधः स्याद्बहुविधो नाना रूपः पृथग्विधः।' तात्पर्य यह है कि नाना प्रकार का, बहुरूपी, बहुआयामी ही विविध है। ध्यान से देखा जाये तो सुस्पष्ट होगा कि आजकल पत्र-पत्रिकाओं के प्रकाशन में वैविध्य है। पत्र बहुआयमी हो चले हैं। स्पर्धा-संघर्ष के वर्तमान युग में अर्थसम्पन्न बुद्धिजीवियों द्वारा अनेक प्रकाशन-गृह स्थापित हुए, जहाँ से लोकरुचि के अनुरूप पत्रों का बेतहाशा प्रकाशन हो रहा है। पत्र-प्रकाशन एक सम्मानप्रद लाभकारी व्यवसाय हो चला है। पत्रकारिता में अब 'मिशन' के स्थान पर 'प्रोफेशन' शब्द समादृत हो गया। शुद्ध सेवा-भावना का लोप होते ही अर्थ-लाभ की प्रबल लिप्सा ने पत्रकारिता को अपना शिकार बना लिया। धन की प्रधानता तो समाज को उलट-पलट देती है। जो लोग पत्र-प्रकाशन में पूँजी लगाते हैं, वे उस धन से धन की उगाही में अहर्निश नये-नये उमक्रम रचते रहते हैं। पत्रों के अधिक प्रसार से अधिक विज्ञापन मिलता है अतः अधिक प्रसार हेतु पाठकों की दमित इच्छाओं की पूर्ति हेतु चुटीले, चटकीले, रसीले, गरबीले, नशीले मामले सचित्र छापने में होड़ लगी हुई है ताकि व्यवसाय दिनानुदिन समृद्ध होता रहे इसलिए साम्प्रतिक पत्रकारिता को व्यवसायोन्मुखी पत्रकारिता के नाम से भी पुकारा जा सकता। अधकचरे, महत्त्वाकांक्षी, दृष्टिहीन पत्रों द्वारा युग-चवर्ण का कार्य हो रहा है। धूर्तता, आडम्बर, अवसरवादिता ही प्रगति के पर्याय हैं। स्वतन्त्र पत्रकारिता और सत्ता के बीच का संघर्ष अब शासन और पूँजीपतियों के बीच देखा जा रहा है। भ्रष्टाचार, कदाचार, दुराचार, व्यभिचार, चोरी-डकैती, बलात्कार, अपहरण, आतंकवाद, भाषा-प्रान्तवाद, क्षेत्रवाद आदि विविध समस्याओं से पत्र सम्बद्ध हैं। समाज के अनुरूप ही पत्रकारिता पनपती है। देखा जा रहा है कि पत्र-पत्रिकाओं के लिए सर्वसाधारण प्रयोग की वस्तु बनते जा रहे हैं। पत्रकार तो सत्य वक्ता होता है। वह समाज में जो देखता है वही प्रस्तुत करता है। अर्थयुग के समाज की विविध मनोवृत्ति को पत्रों में प्रकाशित करना प्रारम्भ कर दिया है। समाज, संस्कृति और जीवन से संश्लिष्ट पत्रकारिता अब वैविध्यमयी हो चली है,. जीवन की विश्लेषिका हो चुकी है।

इस प्रकार वर्तमान में हिन्दी पत्रकारिता के वैविध्यपरक विकास से यह स्पष्ट है कि पत्रकारिता के अनेक रंग हैं, उसके अनेक रूप हैं, अतः जीवन और जगत् के विराट रूप को प्रस्तुत करने वाली हिन्दी पत्रकारिता की विकास-अवधि को बहुउद्देश्यीय काल कहना अत्यन्त सारगर्भित होगा।

38

उद्‌बोधन-काल
(Awakening Period)
(1826-1884 ई.)

"Slavery is a system of the most complete injustice!" *–Plato*

× × ×

'धिगस्तु परवश्यताम्'

—वाल्मीकि रामायण

× × ×

युगान्तरेर मूल्यः फिरंगीर कांचा माथा।

× × ×

जो देखी हिस्टरी इस बात पर कामिल यकीं आया।
उसे जीना नहीं आया जिसे मरना नहीं आया ॥

राजा राममोहन राय द्वारा चेतना का संचार

सन् 1826 से 1884 तक हिन्दी पत्रकारिता का प्रारम्भिक दौर था। *राजा राममोहन राय* और *भारतेन्दु बाबू* ने विविध पत्रों द्वारा देशवासियों को प्रबुद्ध किया, "अपने मन और आत्मा की स्वतन्त्रता के लिए अपने शरीर को बन्धन में डालने में मुझे आनन्द आता है।" *जेम्स आगस्टस हिकी* की इस घोषणा को पत्रकारिता का मूलमन्त्र मानना चाहिए। भारतीय नवजागरण के दूत *राजा राममोहन राय* (वर्ष 1772-1833) के सत्प्रयास से 'बंगाल गजट' (सन् 1818), 'संवाद कौमुदी' (सन् 1821) और 'मिरातुल-अख़बार' निकले। विचार-अभिव्यक्ति की स्वतन्त्रता तथा राष्ट्रोन्नति के आकांक्षी इस युग-पुरुष ने पत्र-प्रकाशन के लक्ष्य को स्पष्ट किया, "मेरा उद्देश्य मात्र इतना ही है कि जनता के सामने ऐसे बौद्धिक निबन्ध उपस्थित करूँ जो उनके अनुभव को बढ़ावें और सामाजिक प्रगति में सहायक सिद्ध हों। मैं अपनी शक्तिभर शासकों को उनकी प्रजा की परिस्थितियों का सही परिचय देना चाहता हूँ, और प्रजा को उनके शासकों द्वारा स्थापित विधि-व्यवस्था से परिचित करना चाहता हूँ। ताकि शासन जनता को अधिक-से-अधिक सुविधा देने का अवसर पा सके और जनता उन उपायों से अवगत हो सके जिनके द्वारा शासकों से सुरक्षा पायी जा सके और अपनी उचित माँगें पूरी करायी जा सकें।"

दिसम्बर, 1823 में *राजा राममोहन राय* ने *लॉर्ड अमहर्स्ट* को पत्र लिखकर अंग्रेज़ी शिक्षा के प्रसार की व्यवस्था हेतु अनुरोध किया। उनकी मान्यता थी कि 'लिबर्टी, फ्रैटर्निटी और इक्वलिटी की वकालत करने वाली आंग्ल भाषा को ही अपनाकर भारतवासी विश्व की गतिविधि जानेंगे तथा अपनी मुक्ति की कामना करेंगे।'

लॉर्ड विलियम बेंटिक (सन् 1828-1835) और *लॉर्ड डलहौजी* (सन् 1448-1856) के कार्यकाल में भारतीय-जनमानस में राष्ट्रीय चेतना का बीज बोया गया जो क्रमशः पुष्ट होता गया। दूरदर्शी शासक प्रेस की आज़ादी की माँग को सत्ता की समाप्ति का पर्याय मानते थे। मद्रास के गवर्नर सर *टॉमस मुनरो* ने कहा, "इनको प्रेस की आज़ादी देना हमारे लिए ख़तरनाक है। विदेशी शासन और समाचार-पत्रों की स्वतन्त्रता दोनों एकसाथ नहीं चल सकते। स्वतन्त्र प्रेस का पहला कर्तव्य क्या होगा? यही न, कि देश को विदेशी चंगुल से स्वतन्त्र कराया जाये? इसलिए अगर हिन्दुस्तान में प्रेस को स्वतन्त्रता दे दी गयी तो इसका जो परिणाम होगा, वह दिखायी दे रहा है।"

राजा राममोहन राय की दूरदर्शिता तथा उनके नेतृत्व की कुशलता का परिणाम था कि सन् 1830 में समाचार-पत्रों की स्वतन्त्रता में बाधक नियमों के विरुद्ध जो आन्दोलन चला, वह सफल हुआ। 'ब्रह्म समाज' के द्वारा सामाजिक और धार्मिक सुधार के पुरस्कर्ता पत्रकार *पुंगव* राय ने हिन्दी पत्रकारिता के आलोक-स्तम्भ का कार्य किया।

'उदन्त मार्तंड' और हिन्दुस्तानियों का हित

हिन्दी पत्रकारिता के मनु *श्री युगुलकिशोर सुकुल (शुक्ल)* द्वारा सम्पादित-प्रकाशित पत्र 'उदन्त मार्तंड' हिन्दी और हिन्दवासियों का हितैषी था। सर्वप्रथम इसी पत्र ने 30 मई, 1826 को लिखा, "यह 'उदन्त मार्तंड' अब पहली हिन्दुस्तानियों के हित के हेतु पहले है। जो आज तक किसी ने नहीं चलायी पर अंग्रेज़ी ओ फ़ारसी और बँग्ला में जो समाचार का काग़ज़ छपता है उसका सुख उन बोलियों के जानने और पढ़ने वालों को ही होता है ऐसी बातों के विचार से नाना देशों के सत्य समाचार हिन्दुस्तानी लोग देखकर 'आप पढ़ ओ समझलेंय ओ पराइ अपेक्षा ओ अपने भाषे के उपज न छोड़े'।"

परतन्त्रता के अन्धकार को मिटाने हेतु प्रकाश-स्रोत बनकर इस पत्र ने उद्घोषित किया—

दिनकर कर प्रगटत दिनहि यह प्रकाश अठयाम।
ऐसो रवि अब उग्यो मँहिं जेहि-जेहि सुख को धाम॥
उत कमलनि विकसित करत बढ़त चावचित वाम।
लेत नाम या पत्र को होत हर्ष अरु काम॥

लगभग डेढ़ वर्षों तक चलने वाले इस साप्ताहिक ने 4 दिसम्बर, 1827 को अपना दम तोड़ दिया फलतः सम्पादक का कचोट अविस्मरणीय है :

आज दिवस लौ उग चुक्यौ मार्तंड उदन्त।
अस्ताचल को जात है दिनकर दिन अब अन्त॥

अंग्रेज़ी, बँग्ला, फारसी और हिन्दी में एक साथ प्रकाशित होने वाले पत्र 'बंगदूत' का लक्ष्य देश-क्लेश को मिटाना ही था—

दूतनि की यह रीति बहुत थोरे में भाषैं।
लोगनि को बहु लाभ होय याही ते लाखैं॥
बँग्ला को दूत-दूत यहि वायु को जानौ।
होय विदित सब देश क्लेश को लेशन मानौ॥

राष्ट्रीय चेतना के अनिवार्य तत्त्व श्रुति-स्मृति के महत्त्व को पत्र ने बताया—"वेदाध्ययनहीन मनुष्यों के स्वर्ग और मोक्ष होने शक्ता नहीं।"

'बंगदूत' के सम्पादक नीलरतन हलदार तथा प्रेरणा स्रोत एवं संचालक *राजा राममोहन राय* थे। पत्र का प्रथम अंक 10 मई, 1829 को प्रकाशित हुआ।

'बनारस अख़बार', 'प्रजामित्र', 'मार्तंड' एवं 'जगद्‌दीपक भास्कर' पत्रों की चर्चा यत्र-तत्र उपलब्ध है जिससे ज्ञात होता है कि चेतना के बीजवपन में पत्रों की महत्त्वपूर्ण भूमिका थी।

समाचार 'सुधावर्षण' : स्वाभिमान हेतु उद्‌बोधन

हिन्दी के प्रथम दैनिक समाचार 'सुधावर्षण' (सन् 1854) ने जातीय स्वाभिमान को जगाने का भरपूर प्रयास किया। आश्विन बदी 2, संवत् 1912 के अंक की सम्पादकीय टिप्पणी प्रमाणस्वरूप प्रस्तुत है : "दिल्ली शहर में एक हलालखोरिन ने हलाली की रोटी छोड़ के हरामी की रोटी पर उतारू होकर कसवी का पेशा उठा लिया और वह थी रूपवती इसलिए एक गोरे चमड़े वाले साहेब ने उस हलालखोरिन पर आशक्त होकर उसको अपने घर में डाल दिया : बदनामियों का टोकरा सिर पर उठा के दिल लगाना जो है सो झक मारना और गू का खाना है।"

पत्र के सम्पादक *श्यामसुन्दर सेन* द्वारा मुखरित स्वाभिमान की इस भावना से सुस्पष्ट हो सकता है कि जन-मानस में गोरी चमड़ी वालों के प्रति विद्वेष तथा स्वजाति के प्रति निष्ठा का भाव सन् 1826 से 1856 तक के बीच जम चुका था।

भारत की स्वतन्त्रता का प्रथम संग्राम

इसे 1857 की क्रान्ति के नाम से भी जाना जाता है। इसे सैनिक विद्रोह मानना भ्रान्ति है। वास्तविकता तो यह है कि इसी राष्ट्रीय क्रान्ति के सम्बल पर हमारी आज़ादी की लड़ाई अनवरत चलती रही। दिल्ली में मुगल बादशाह *बहादुरशाह,* कानपुर में *नाना साहब,* बुंदेलखण्ड में झाँसी की *रानी लक्ष्मीबाई,* ग्वालियर के *तात्या टोपे* तथा बिहार में *कुँवर सिंह* ने अंग्रेज़ों के दाँत खट्टे कर दिये।

अमर शहीद युवा क्रान्तिकारी *मंगल पांडेय* की कामना को पूर्ण करने में पूरा भारत एकजुट हो गया। यद्यपि 1857 की क्रान्ति सफल नहीं हो पायी, फिर भी इसने भावी क्रान्ति के स्वरूप-निर्धारण में अच्छी भूमिका निभाई।

1857 की क्रान्ति और 'पयामे आज़ादी'

स्वतन्त्रता-आन्दोलन के मूर्धन्य नेता *अजीमुल्ला खाँ* ने 8 फरवरी, 1857 को दिल्ली में 'पयामे आज़ादी' पत्र का प्रकाशन किया। यह एक ऐसा शोला था जिसने अपनी प्रखर एवं तेजस्वी वाणी से जनता में स्वतन्त्रता को प्रदीप्त स्वर फूँका। अल्प समय तक निकलने वाले इस पत्र ने तत्कालीन वातावरण में ऐसी जलन पैदा कर दी जिससे ब्रिटिश सरकार घबरा उठी तथा उसने इस पत्र को बन्द कराने के लिए कोई कसर नहीं छोड़ी। जिस व्यक्ति के पास भी इस पत्र की कोई प्रति मिल जाती तो उसे अनेक यातनाएँ दी जातीं। इसकी सारी प्रतियों को ज़ब्त करने का विशेष अभियान तत्कालीन सरकार ने चलाया, फिर भी इस पत्र ने जन-जागृति के क्षेत्र में सराहनीय योग दिया। इसी पत्र ने प्रसिद्ध राष्ट्रगीत छापा जिसकी कुछ पंक्तियाँ हैं :

हम हैं इसके मालिक, हिन्दुस्तान हमारा।
पाक वतन है कौम का, जन्नत से भी प्यारा॥

× × ×

आया फिरंगी दूर से ऐसा मन्तर मारा।
लूटा दोनों हाथों से प्यारा वतन हमारा।
आज शहीदों ने तुमको अहले वतन ललकारा।
तोड़ो गुलामी की जंजीरें बरसाओ अंगारा।
हिन्दू, मुसलमाँ, सिख हमारा भाई-भाई प्यारा।
ये है आज़ादी का झंडा उसे सलाम हमारा॥

इस पत्र के सम्पादकीय लेख की पंक्तियाँ स्मरणीय हैं : "भाइयो! दिल्ली में फिरंगियों के साथ आज़ादी की जंग हो रही है। खुदा की दुआ से हमने उन्हें पहली शिकस्त दी है। उससे वे इतना घबरा गये हैं जितना कि पहले ऐसी दस शिकस्तों में भी न घबराते। बेशुमार हिन्दुस्तानी बहादुरी के साथ दिल्ली में आकर जमा हो रहे हैं। ऐसे मौके पर आपका आना लाज़िमी है। आप अगर वहाँ खाना खा रहे हों तो हाथ यहाँ आकर धोइए। हमारा बादशाह आपका इस्तकबाल करेगा। हमारे कान इस तरह आपकी ओर लगे हैं जिस तरह रोज़ेदारों के कान मुआजिन की अज़ान की तरफ लगे रहते हैं। हम आपकी आवाज़ सुनने के लिए बेताब हैं। हमारी आँखें आपकी दीदार की प्यासी हैं।"

'पयामे आज़ादी' के प्रेरक वाक्यों से हिन्दवासियों में उत्साह और उत्सर्ग का तराना लहराने लगा जिससे प्रेरित हो सभी ने स्वतन्त्रता का स्वप्न देखना प्रारम्भ कर दिया। 'प्रजाहितैषी', 'बुद्धिप्रकाश', 'मजहरुल सरुर', 'ग्वालियर गजट', 'धर्मप्रकाश', भारतखण्डामृत', 'ज्ञान प्रदायिनी पत्रिका', 'वृत्तान्त विलास' आदि पत्रों ने उत्तर भारत में राष्ट्रीयता का बीज बो दिया।

राष्ट्रीय जागरण, स्वदेश-प्रेम, मुद्रण कला का विकास तथा अंग्रेज़ी साहित्य के सम्पर्क से स्वतन्त्रता-आन्दोलन का अंकुरण हुआ। *लॉर्ड मेयो* (वर्ष 1869-72), *लॉर्ड नार्थब्रुक* (वर्ष 1872-76), *लॉर्ड लिटन* (वर्ष 1876-80), *लॉर्ड रिपन* (वर्ष 1880-84), *लॉर्ड डफरिन* (वर्ष 1884-88) के कार्यकाल में भारतीय नेताओं द्वारा सुधार पर बल दिया गया।

भारतीय नवजागरण के अग्रदूत *भारतेन्दु बाबू हरिश्चन्द्र* ने हिन्दी पत्रकारिता के माध्यम से राष्ट्रीय चेतना का अंकुरण किया। भारतेन्दु मण्डल के वरेण्य पत्रकारों ने अपनी समर्पित सेवा-भावना के बल पर जन चेतना को प्रस्फुटित किया।

'कविवचन सुधा' (सन् 1867), 'अल्मोड़ा अख़बार' (सन् 1871), 'हिन्दी दीप्ति प्रकाश' (सन् 1872), 'बिहार बन्धु' (सन् 1872), 'सदादर्श' (सन् 1874), 'हिन्दी प्रदीप' (सन् 1877), 'भारत मिश्र' (सन् 1878), 'सारसुधानिधि' (सन् 1879), 'उचितवक्ता' (सन् 1880), 'ब्राह्मण' (सन् 1883) इस काल के प्रमुख पत्र हैं।

भारतेन्दु मण्डल तथा स्वाधीनता-आन्दोलन

भारतेन्दु हरिश्चन्द्र का नारा यही था–

चहहुँ जो साँचहु निज कल्यान।
जपहुँ निरन्तर एक जबान।
हिन्दी, हिन्दू, हिन्दुस्तान॥

हिन्दी के उन्नायक *भारतेन्दु बाबू* पत्रकारिता के अप्रतिम सम्बल थे जिन्होंने सर्वत्र चेतना का स्वर फूँका। वे अपने में एक संस्था थे। उन्होंने दो दर्जन से अधिक पत्र-पत्रिकाओं के सम्पादन-प्रकाशन का कार्य प्रत्यक्ष अथवा परोक्ष रूप से किया। 'कविवचन सुधा', 'हरिश्चन्द्र मैगजीन', 'हरिश्चन्द्र चन्द्रिका', 'हिन्दी प्रदीप', 'भारतमित्र', 'आनन्द कादम्बिनी' और 'ब्राह्मण' पत्रों के मूल में वे ही थे। उनकी मित्रमण्डली हिन्दी-जगत् में वरिष्ठ पत्रकार और निबन्धकार के रूप में मान्य है। *बालकृष्ण भट्ट, प्रतापनारायण मिश्र, राधाचरण गोस्वामी, प्रेमघन, अम्बिकादत्त व्यास* ने पत्र-पत्रिकाओं के माध्यम से हिन्दी निबन्ध को बहुमुखी आयाग दिया तथा चतुर्दिक् जागरण का सन्देश प्रसारित किया।

स्वदेशी आन्दोलन और हिन्दी पत्र

स्वाधीनता की लड़ाई में विदेशी वस्तुओं का त्याग और स्वदेशी वस्तुओं के प्रति राग की भावना प्रबल थी। भारतेन्दु ने 23 मार्च, 1874 को 'कविवचन सुधा' में लिखा :

"हम लोग सर्वान्तर्यामी, सब स्थल में वर्तमान स्वद्रष्टा और नित्य-सत्य परमेश्वर को साक्षी देकर यह नियम मानते हैं और लिखते हैं कि हम लोग आज के दिन से कोई विलायती कपड़ा नहीं पहिनेंगे और जो कपड़ा कि पहिले से मोल ले चुके हैं और आज की मिती तक हमारे पास हैं उनको तो उनके जीर्ण हो जाने तक काम में लावेंगे पर नवीन मोल नहीं लेंगे और किसी भाँति का भी विलायती कपड़ा नहीं पहिनेंगे, हिन्दुस्तान का ही बना कपड़ा पहिनेंगे।"

उपर्युक्त भावना को सुपुष्ट करने हेतु 'हिन्दी प्रदीप' लिखता है कि, "वही सुशिक्षा और सभ्यता का दम भरने वाले हम हैं कि देशी चीजों के बर्ताव के लिए हजार सिर धुनतें हैं और प्रत्यक्ष देख भी रहे हैं कि देश की बनी हुई वस्तुओं को काम में न लाने से दरिद्रता देश में डेरा किये है पर विलायती चीजों के चटकीलेपन और नफासत में ऐसे फँसे हैं कि हजार बार के लेक्चर का एक भी फल न हुआ।"

पं. बालकृष्ण भट्ट के पत्र 'हिन्दी प्रदीप' ने राष्ट्रीय आन्दोलन को गत्वरता प्रदान की फलतः आंग्ल शासकों का इसे कोपभाजन बनना पड़ा। "जरा सोचो तो यारो यह बम क्या है" *पं. माधव शुक्ल* की इस कविता के प्रकाशन पर पत्र का अवसान हो गया। 'हरिश्चन्द्र मैगजीन' के प्रथम अंक में छपी निम्नलिखित पंक्तियों से भारतेन्दु की प्रखर पत्रकारिता का अनुमान लगाया जा सकता है :

यूरोप को भारतवासियों का पत्र

"यदि आप हमारे हैं, तो क्यों हमारे देश को इतना पीड़ित कर रहे हैं? क्यों हम लोगों के निमित्त अनिष्ट प्रयत्न करते और हम लोगों से क्यों इतनी घृणा रखे रहते हैं? आप किसी में हैं या नहीं? यदि आप संसार में हैं तो उसका सब प्रकार बुरा क्यों चाहते हैं? यदि आप हिन्दुओं में हैं, तो वेद क्यों खेद देते हैं? यदि आप प्रजा में हैं तो उसे अजा-सी क्यों बलि देते हैं?"

पं. प्रतापनारायण मिश्र भारतेन्दु बाबू के अत्यन्त आत्मीय थे। उनका पत्र 'ब्राह्मण' भारत, भारती और भारतीयता का प्रतिष्ठापक था। मझौली (देवरिया) के राजा *लाल खड्ग बहादुर मल्ल* ने 'क्षत्रिय' पत्रिका के द्वारा अपने अनन्य मित्र *भारतेन्दुजी* के स्वप्नों को साकार किया। बाँकीपुर (पटना) से मुद्रित इस पत्र ने भारत की सभी जातियों में स्वाभिमान जगाया–

श्री अम्बिकादत्त व्यास विरचित मछली विलाप

"हाँ, अरे ब्राह्मण लोगों यदि तुम हमारे ही वध के वाक्य जोड़ने में अपने शास्त्र का बल दिखाते हो और अपनी पंडिताई झाड़ते हो, तो धिक्कार है तुम्हारी ब्राह्मणता को कि बगल में पोथी और हाथ में मरा मत्स्य लटकाये फिरते हो। छिः, कुछ तो लाज करते। ऐसे कर्म पर भी जगद्गुरु कहना चाहेंगे। धिकः। अहो क्षत्रियगण। जीते रहो उचित करते रहो। हमीं तुम्हारे शत्रु हैं, हमारा गोरा अंग देखो, हमारा शीत स्थान देखो, हमीं ने तुम लोगों को पराधीन किया है। बस हमारे ही ऊपर वीरता के हाथ साफ करो और स्वतन्त्र हो जाओ, क्या बात है अम्बरीष, रघु, दिलीप आदि महत्माओं के कुल में न जनमे हो? बस ऐसे ही काम करो जिनमें बिना कहे कुल परिचय मिले।

मछरी करत विलाप, या बिधि तलफत रैन दिन।
सुनि सन्ताप कलाप, लह्यो अम्बिकादत्त हूँ॥

उपर्युक्त पंक्तियाँ भारतीय स्वतन्त्रता-आन्दोलन की अग्नि को प्रज्वलित करती थीं।

बालाएँ अबला नहीं होतीं। उनमें अनन्त शक्ति है लेकिन उसे जगाने की आवश्यकता है। इसीलिए दूरदर्शी *भारतेन्दुजी* ने 'बालाबोधिनी' निकाली। यह "स्त्री जनों की प्यारी हिन्दी भाषा से सुधारी" मासिक पत्रिका थी जिसके प्रथमांक में उद्घोषित किया गया–"मैं तुम लोगों में हिल-मिलकर सहेलियों और संगिनों की भाँति रहना चाहती हूँ, इससे मैं तुम लोगों से हाथ जोड़कर और आँचल खोलकर यही माँगती हूँ कि मैं जो कभी कोई भली-बुरी, कड़ी-नरम, कहनी-अनकहनी कहूँ उसे मुझे अपनी समझकर क्षमा करना क्योंकि मैं जो कुछ कहूँगी सो तुम्हारे हित की कहूँगी...।" 9 जनवरी, 1874 से प्रकाशित इस पत्रिका ने नारी-जागरण का महत्त्वपूर्ण कार्य किया।

'बिहार बन्धु' की हिन्दी-सेवा

पंडित केशवराम भट्ट के सम्पादकत्व में 'बिहार बन्धु' ने बिहार वासियों की दीन दशा से व्यग्र हो जनता की भावनाओं को मुखरित करने और हिन्दी को सुप्रतिष्ठित करने के निमित्त अनेक कार्य किये। 9 मार्च, 1874 के अंक में प्रकाशित 'प्रार्थना'

शीर्षक सम्पादकीय से पत्र की नेकनीयती का अन्दाजा लगाया जा सकता है, "हे सारे जहाँ के मालिक। छोटे को बड़ा करने वाले। कम अकल को अकल देने वाले। सब बातों को जानने वाले। तुमसे हमारी यही प्रार्थना है कि जिस तरह से हम तेरी कृपा की लाठी को ठेगते हुए बराबर एक वर्ष तक चले आये वैसे ही आगे भी चलें। अपने काम को नेकनीयती के साथ करें और अपने पढ़ने वालों के काम आवें।"

नवम्बर, 1882 के अंक में पत्र में छपे निम्नलिखित तथ्यों से उपर्युक्त बातें प्रमाणित हो जाती हैं : 'बिहार बन्धु' का भी मरते समय केवल शोक ही साथी हुआ। इसकी कोई मनोकामना पूरी न हो पायी। इसने अपने देश की जैसी उन्नति चाही थी वैसी उन्नति बिना देखे इसे मरना पड़ा। यह अपनी बहुतेरी बहनों को मूर्ख ही छोड़कर मरता है। यह...कौन जानता था कि 'बिहार बन्धु' अपना दसवाँ वर्ष पूरा कर चल बसेगा। पर हाँ, मरते समय केवल एक बात का इसे आनन्द है और यह आनन्द ऐसा है कि इसके सामने सब कुछ तुच्छ है। इसने जन्म लेते समय प्रतिज्ञा की थी कि बिहार की कचहरियों में हिन्दी जारी कराएँगे सो धन्य है वह ईश्वर जिसने इसकी यह प्रतिज्ञा पूरी की।

कलकत्ता से मुद्रित और पटना से संचालित इस पत्र ने *बालमुकुन्द गुप्त* और *अम्बिकादत्त व्यास* जैसे पत्रकारों को आगे बढ़ाया।

'अल्मोड़ा' अख़बार के संस्थापक सम्पादक *बुद्धिबल्लभ पंत* थे, जिन्होंने पर्वतीय जनता की मूक वाणी को अभिव्यक्ति दी। "जयोऽस्तु सत्यनिष्ठानां येषां सर्वे मनोरथाः' के उद्देश्य से प्रबन्धक *पं. दुर्गाप्रसाद मिश्र* और सम्पादक *पं. छोटूलाल मिश्र* ने 17 मई, 1878 से 'भारत मित्र' का प्रकाशन आरम्भ किया। प्रथमांक में प्राप्त है सुसभ्य प्रजाहितैषी राजा लोग समाचार-पत्रों को स्वाधीनता दे के उत्साहित करते हैं...क्योंकि समाचार-पत्र प्रजा का प्रतिनिधिस्वरूप होता है।

सजग समाचार-पत्र की प्रतिष्ठा और वैशिष्ट्य को समझने वाला 'सारसुधानिधि' सरकार से यही अपील करता था—"अतएव एक तो देशी समाचार-पत्रों को पूरी स्वाधीनता देकर उन सबों का पूरा अनुवाद करना चाहिए। दूसरे हम भारतवासियों से अब जो राजपुरुषों से घृणा उत्पन्न हुई है उसको दूर करना चाहिए तब कहीं राजपुरुषों को हम लोगों की अवस्था जान पड़ेगी।"

3 मार्च, 1879 को पत्र ने लिखा, "जहाँ लखी वहाँ होरी"...और भारतवर्ष की दशा क्या है? होली। पतझर हो गयी, लोगों के मुँह पर सरसों फूली है। खास आम सब बौराये हैं, काफिर हब्शी इत्यादि गालियों की पुकार है, गुलाल के बादल, धूल उड़ रही है, बसन्त बने हैं, लाज सब छोड़ दी है, धन, बल, विद्या सब होली में जला दिया है, बस धुरहड़ी और जमघट मना रहे हैं, होली है।

और भला भारतवर्ष की अब क्या दशा होगी? होली। अब क्या आशा है तो कुछ होनी थी होली?

इसी अंक में *श्री राधाचरण गोस्वामी* विरचित होली गीत द्रष्टव्य है :

"होली
है दुर्दशा न थोरी, कहाँ खेले हम होरी?
रह्यो न राज हमारो तिल भर करत चाकरी कोरी।
पराधीनता में सुख मानत, तानत लम्बी चोरी।
बात पुरखन की बोरी॥..."

जन-मानस को उन्मथित करने वाले इस पत्र का प्रकाशन सन् 1879 से 1890 तक चलता रहा। *सर्वश्री सदानन्द मिश्र, दुर्गाप्रसाद मिश्र, गोविन्द नारायण* और *शम्भूनाथजी* पत्र के प्राणतत्त्व थे।

7 अगस्त, 1880 को 'हितं मनोहारि च दुर्लभं वचः' के साथ 'उचितवक्ता' का शुभागमन हुआ। 12 मई, 1883 के अंक में सम्पादकों से कहा गया है : "देशीय सम्पादकों! सावधान!! कहीं जेल का नाम सुनकर कर्तव्यविमूढ़ मत हो जाना, यदि धर्म की रक्षा करते हुए और गवर्नमेंट को सत्परामर्श देते हुए जेल जाना पड़े तो क्या चिन्ता है? इसमें मानहानि नहीं होती है। हाकिमों के जिन अन्यायपूर्ण आचरणों से गवर्नमेंट पर सर्वसाधारण की अश्रद्धा हो सकती है उनका यथार्थ प्रतिवाद करने

में जेल तो क्या यदि द्वीपान्तरित भी होना पड़े तो क्या बड़ी बात है? क्या इस सामान्य विभीषिका से हम लोग अपना कर्तव्य छोड़ बैठें?"

'पैदल नहीं तो खैर रिसाले निकालिए' की उक्ति को 'उचित' वक्ता ने सार्थक सिद्ध किया। पराधीनता में भारतीयों की कुंठा को पत्र ने प्रथम सम्पादकीय लेख में अभिव्यक्त किया है :"...पहिली उन्नति और अबकी उन्नति में अन्तर इतना ही है कि वह स्वाधीनता भारत की थी। उस उन्नति में 'उन्नति मना स्वाधीनताप्रिय' भारत-सन्तानों का गौरव था, अब पराधीन भारत में हम भारत-कुलतिलकों की अगौरव के सहित गर्दन नीची होती जाती है।" *पं. दुर्गाप्रसाद मिश्र* की पत्रकारिता अविस्मरणीय थी। इसी प्रकार उद्‌बोधन-काल के हिन्दी पत्रों ने भारतवासियों को स्वतन्त्रता हेतु प्रेरित किया और उन्हें प्रबुद्ध बनाया।

39

जागरण-काल
(Renaissance Period)
(1885-1919 ई.)

"जागरण का अर्थ है कर्मक्षेत्र में अवतीर्ण होना और कर्मक्षेत्र क्या है? जीवन-संग्राम।"

—जयशंकर प्रसाद

तत्कालीन राजनीतिक परिस्थितियाँ

उद्‌बोधन-काल के पत्रों ने भारतवासियों में स्वदेश-भक्ति का संचार किया। अब भारत में जागरण की लहर दौड़ने लगी। *लॉर्ड डफरिन* (वर्ष 1884-88), *लॉर्ड लैंस डाउन* (वर्ष 1888-94), *लॉर्ड एलगिन द्वितीय* (वर्ष 1894-99), *लॉर्ड कर्जन* (वर्ष 1899-1905), *लॉर्ड मिंटो* (वर्ष 1905-10), *लॉर्ड हार्डिज* द्वितीय (वर्ष 1910-16), *लॉर्ड चेम्सफोर्ड* (वर्ष 1916-29) के शासनकाल में राष्ट्रीय चेतनारूपी विटप में पल्लव लगे। चेतना विस्तृत हुई, जन-मानस जग गया तथा अपने अधिकारों को पाने हेतु व्यग्र हो गया। सन् 1885 में *ए.ओ. ह्यूम* द्वारा अखिल भारतीय कांग्रेस की स्थापना हुई। वास्तव में इसी कांग्रेस का इतिहास भारतीय स्वतन्त्रता-संग्राम का इतिहास है। प्रारम्भ में राष्ट्रीय आन्दोलन का स्वरूप उदारवादी था। *दादाभाई नौरोजी, उमेशचन्द्र बनर्जी, सुरेन्द्रनाथ बनर्जी, गोपालकृष्ण गोखले, फिरोजशाह मेहता, बदरुद्दीन तैयबजी* प्रभृति नेता याचना-पत्रों, स्मृति-पत्रों और प्रतिनिधिमण्डलों की सहायता से स्वायत्त शासन चाहते थे।

सन् 1906 से 1919 तक की अवधि को 'स्वराज्य काल' घोषित किया गया है। सन् 1905 में बंग-भंग आन्दोलन से पूरा भारत उन्मथित था। सन् 1907 में सूरत-अधिवेशन में कांग्रेस गरम दल और नरम दल में विभक्त हो गयी। 'स्वराज्य हमारा जन्मसिद्ध अधिकार है' *तिलक* का यह नारा जन-जन का नारा हो गया। *लाला लाजपत राय* तथा *विपिनचन्द्र पाल* ने स्वतन्त्रता को अपरिहार्य बताया। वीर *सावरकर, आज़ाद, भगत सिंह* जैसे क्रान्तिकारियों ने मातृभूमि की रक्षा को अपना मौलिक कर्तव्य माना। *श्रीमती ऐनी बेसेंट* और *तिलक* ने 'होमरूल आन्दोलन' चलाया। ऐसी राजनीतिक परिस्थिति में हिन्दी-पत्रों ने सिंहनाद किया तथा भारतभक्तों की एक लम्बी कतार खड़ी कर दी।

'हिन्दोस्थान', 'सर्वहितैषी', 'हिन्दी बंगवासी', 'साहित्य सुधानिधि', 'स्वराज्य', 'नृसिंह', 'प्रभा' प्रभृति पत्रों ने जागरण-मन्त्र द्वारा आंग्ल शासकों के दाँत खट्टे कर दिये।

सन् 1885 में 'सत्यश्रमाभ्याँ सकलार्थसिद्धि' ध्येयवाक्य वाले प्रथम दैनिक पत्र 'हिन्दोस्थान' का प्रकाशन कालाकाँकर के राजा *रामपाल सिंह* द्वारा हुआ। *पं. मदन मोहन मालवीय* के अतिरिक्त *अमृतलाल चक्रवर्ती, शशिभूषण चटर्जी, प्रतापनारायण मिश्र, बालमुकुन्द गुप्त, गोपालराम गहमरी* जैसे दिग्गज हिन्दीसेवी पत्र के सम्पादक थे। इस राष्ट्रवादी पत्र द्वारा भारतवासियों को संस्कृति एवं स्वदेश के प्रति जागरूक बनाया गया।

सन् 1890 में *पं. अमृतलाल चक्रवर्ती* के सम्पादन में 'हिन्दी बंगवासी' निकला। यह पत्र हिन्दी के वरिष्ठ पत्रकारों का प्राथमिक विद्यालय सिद्ध हुआ। पत्र की नीति प्रगतिशील नहीं थी फलतः *पराड़करजी, बाबू बालमुकुन्द गुप्त, अम्बिका प्रसाद वाजपेयी* जैसे उग्र राष्ट्रवादी पत्रकारों को पत्र से अलग होना पड़ा।

राजस्थान से प्रकाशित 'सज्जन कीर्ति सुधाकर', 'जयपुर गजट', 'राजपूताना गजट', 'मोहन चन्द्रिका', 'सद्धर्म प्रचारक', 'राजस्थान समाचार', 'सर्वहित' आदि पत्रों ने स्वदेशोन्नति हेतु जागरण का मन्त्र फूँका।

सावरकर : स्वतन्त्रता के अक्षय-स्रोत

"किसी भी देश की धड़कन उसकी स्वतन्त्रता होती है और अपने देश की स्वाधीनता ही मेरे रोम-रोम में बसी है। मैंने बचपन से आज तक हर रात इसी के स्वप्न देखे हैं और हर पल इसी का चिन्तन किया है।"

उपर्युक्त पंक्तियाँ उस प्रार्थना-पत्र का एक अंश हैं जिसको *वीर दामोदर सावरकर* ने शिवाजी छात्रवृत्ति पाने और इंग्लैंड में पढ़ने के लिए *श्यामजी कृष्ण वर्मा* (संस्थापक, भारत भवन, लन्दन) के पास लिखी थी। *सावरकरजी* को छात्रवृत्ति मिले ऐसी सिफ़ारिश *तिलकजी* ने भी की थी। लन्दन में *सावरकर* ने 'फ्री इंडिया सोसाइटी' का गठन किया जो उनके पूना स्थित 'अभिनव मण्डल' का ही नवीन रूप था। भारत-भवन का कार्यभार सँभालते ही इस वीर सेनानी ने मित्रों से कहा कि अन्य देशों में भारत के स्वाधीनता संघर्ष हेतु जागृति उत्पन्न करना और सबकी सहायता तथा सहानुभूति प्राप्त करना ही मेरा लक्ष्य होगा। इस भवन से सम्बद्ध लोगों में *भाई परमानन्द, लाला हरदयाल, सेनापति बापट, वीरेन्द्र चट्टोपाध्याय, जे.सी. मुखर्जी, ज्ञानचन्द वर्मा, मदाम कामा और एम.पी.टी. आचार्य* मुख्य थे। सभी हर रात्रि में 'शुभ रात्रि' के रूप में यही दोहराते थे :

'एक देव, एक देश, एक भाषा,
एक जाति, एक जीव, एक आशा॥'

पं. परमानन्द के अनुसार *गाँधीजी* जब *सावरकर* से भारत भवन में मिले तो सर्वप्रथम *गाँधीजी* को भोजन के लिए पूछा गया। जब *गाँधीजी* ने विशुद्ध शाकाहार की चर्चा की तो *वीर सावरकर* ने कहा, 'वाह!' तब हमारी आपकी कैसे निभेगी? यह तो एक छोटी सी मछली है, वह भी निष्प्राण! हमें तो ऐसे व्यक्ति चाहिए जो अंग्रेज़ी मगरमच्छों को कच्चा चबा जायें।

भारतीय स्वाधीनता के लिए सशस्त्र क्रान्ति का मार्ग अपनाने वाले इस देशभक्त ने सन् 1907 से 1911 तक लन्दन में भारतीय क्रान्तिकारियों का संगठन किया। *वीर सावरकर* लिखित 'मैजिनी की आत्मकथा' तथा 'भारतीय स्वातन्त्र्य-सभा का इतिहास' हिन्दुस्तान की आज़ादी के दीवानों हेतु प्रेरणा-स्रोत हो चुके हैं।

तिलक का सन्देशवाहक 'हिन्दी केसरी'

लोकमान्य तिलक के सन्देशों को जन-जन तक फैलाने के निमित्त पूना से 'केसरी' के हिन्दी संस्करण को *पं. माधवराव सप्रे* ने 13 अप्रैल, 1907 को नागपुर से निकाला। प्रथमांक में *श्री सप्रे* ने लिखा, "...हमें यह भी सोचना है कि किन उपायों से प्रजा अपने राजनीतिक हक सरकार से पा सकेगी, किन उपायों से आर्य माता राजनीतिक दासत्व से मुक्त होकर स्वराज्य का सुखकारी मुकुट अपने मस्तक पर धारण करेगी। बस, इन्हीं बातों की शिक्षा की इस समय दरकार है। यह 'हिन्दी केसरी' यह काम यदि पूरा कर सकेगा तो समझना चाहिए कि उसके जीवन की विराट सफलता हुई।"

मराठी 'केसरी' के विभिन्न अवतरणों एवं लेखों के हिन्दी अनुवाद को छापकर पत्र ने उग्र विचार-धारा का पोषण किया। 'सरकार की दमन नीति और भारत माता' और 'कालापानी' इन दो सम्पादकीय टिप्पणियों तथा 'बाम्ब गोलयाचें रहस्य' एवं

'देशचादुर्दैव' के हिन्दी अनुवाद के प्रकाशित होते ही 23 अगस्त, 1908 को *सप्रेजी* को भारतीय दण्डधारा 124 के अन्तर्गत गिरफ्तार किया गया।

इसके पूर्व मई, 1906 में 'हिन्दी ग्रन्थमाला' की स्थापना *सप्रेजी* ने ही नागपुर में की। इसके प्रथमांक में 'लिबर्टी' (जान स्टुअर्ट मिल) का अनुवाद 'स्वाधीनता' का प्रकाशन हुआ। आंग्ल शासकों के प्रति *पं. सप्रेजी* ने लिखा :

"राज्य करने वाले अंग्रेज़ क्या दुधमुँहे बच्चे हैं जो वे 'बायकाट', 'बहिष्कार योग', 'विदेशी वस्तु का त्याग' राजनीतिक शब्दों के बदले 'स्वदेशी', 'स्वदेशी वस्तुओं का व्यवहार' से धोखा खा जायें और उनके राजनीतिक अर्थ को न समझें।"

वास्तव में *श्री सप्रे प्रखर* पत्रकारिता के पक्षधर थे।

'स्वराज्य' और उग्र राष्ट्रीय भावना

इलाहाबाद से सन् 1907 में 'स्वराज्य' नामक साप्ताहिक का प्रकाशन शुरू हुआ जिसके संस्थापक सम्पादक *शान्तिनारायण भटनागर* थे। ढाई वर्षों में इसके 75 अंक निकले। आपत्तिजनक सामग्रियों के प्रकाशन के अपराध में *सर्वश्री शान्तिनारायण भटनागर, रामदास, होतीलाल वर्मा, बाबू राम हरि, मुंशी राम सेवक, नन्दलाल चोपड़ा, लड्ढाराम कपूर और पं. अमीरचन्द बम्बवाल* को न्यायालय द्वारा दण्डित किया गया। पत्र की उग्रता का परिचय इसी तथ्य से प्राप्त होता है कि रौलेट कमीशन के *सर रौलेट, सर बासिल स्काट, सी.वी. कुमार स्वामी, बर्ने लोवेट* तथा *पी.सी. मित्तर* ने इस पत्र का उल्लेख कमीशन की रिपोर्ट में किया। सभी ने यह लिखकर सन्तोष प्राप्त किया कि पत्र का मुँह तभी बन्द हो सका जब सन् 1910 में भारतीय प्रेस अधिनियम लागू हुआ।

'स्वराज्य' के विशेषांक में प्रकाशित एक कविता द्वारा राष्ट्रीय अपमान के अवसान और स्वतन्त्रता के विहान की कामना प्रकट की गयी। पत्र हेतु सम्पादक के विज्ञापन की पंक्तियाँ अविस्मरणीय हो चुकी हैं, "चाहिए स्वराज्य के लिए एक सम्पादक, वेतन, दो सूखी रोटियाँ, एक ग्लास ठंडा पानी और हर सम्पादकीय के लिए दस साल जेल।"

इलाहाबाद राष्ट्रीय आन्दोलन का मुख्य केन्द्र था। यहीं से, सन् 1907 में वसन्त पंचमी के दिन *महामना मदनमोहन मालवीय* ने 'अभ्युदय' साप्ताहिक निकाला। निर्भीकता, राष्ट्रप्रेम तथा समाज-सुधार में अग्रणी यह पत्र सन् 1918 में दैनिक भी हुआ। *सरदार भगत सिंह* की फाँसी के बाद पत्र ने 'फाँसी अंक' निकालकर क्रान्ति मचा दी। महामना की प्रेरणा से ही 'लीडर' का प्रकाशन हुआ जिसने स्वतन्त्रता-आन्दोलन को गत्वरता प्रदान की।

'नृसिंह' और स्वराज्य की आवश्यकता

'इसमें सन्देह नहीं कि अत्याचार का विशेष बढ़ना, राजा-प्रजा सबके लिए परम दुःखदायी होता है। परिणाम में असम्भव भी सम्भव हो जाता है और भगवान् की विचित्र लीला प्रत्यक्ष देखने में आ जाया करती है।' प्रथमांक के प्रथम पृष्ठ पर *गोविन्दनारायण मिश्र* लिखित 'अवतरणिका' की कुछ पंक्तियों से सुस्पष्ट है कि 'नृसिंह' का अवतरण किस परिस्थिति में हुआ। नवम्बर, 1907 से प्रकाशित *पं. अम्बिकाप्रसाद वाजपेयी* का पत्र न्याय और औचित्य का रक्षक था। अधर्म, अन्याय, अनौचित्य को मिटाकर स्वराज्य की स्थापना हेतु 'नृसिंह' ने लिखा, "स्वराज्य की आवश्यकता भारतवासियों को इसलिए है कि विदेशी सरकार उनके अभाव-अभियोगों को समझने में असमर्थ है। यदि आज यहाँ स्वराज्य होता, तो लाखों हिन्दुस्तानी दुर्भिक्ष के कारण दाने-दाने को तरसकर प्राण न गँवाते। ...स्वराज्य के अभाव से ही प्रतिवर्ष ₹45 करोड़ इस दरिद्र देश से इंग्लैंड चले जाते हैं और बदले में भारत में एक कानी कौड़ी तक नहीं आती ...जहाँ के शासक शासितों से सहानुभूति नहीं रखते उस देश की विपत्तियों की तुलना किससे हो सकती है? ...ऐसी स्थिति में स्वराज्य के बिना भारत की गति नहीं है। जिस प्रकार रोगी को औषधि की, भूखे को अन्न की और दरिद्र को धन की आवश्यकता होती है, उसी प्रकार भारत को स्वराज्य की आवश्यकता है। भारतवासियों के लिए दो ही मार्ग हैं। चाहे वे स्वराज्य लाभ कर अपना मनुष्यत्व बनाये रखें अथवा जंगली मनुष्यों की भाँति पशुओं की श्रेणी में सम्मिलित हो जायें। दोनों बातें भारतवासियों के अधीन हैं।" (नृसिंह, अंक 4)

कांग्रेस के गरम दल को 'नृसिंह' राष्ट्रीय और नरम दल को 'धृतराष्ट्रीय' कहता था। इस राजनीतिक पत्र में *छबीलदास (मधुर)* की कविताएँ छपती थीं। पत्र के पाँचवें अंक में प्रकाशित कुछ पंक्तियाँ द्रष्टव्य हैं :

परामर्श
दासत्व को दो अब छोड़ भाई। जानो इसी में अपनी भलायी।
आर्य्यत्व का नाम नहीं लाओ। श्वेतांग पैरो पड़ना भुलाओ॥
'दाता दिला दो' यह मन्त्र छोड़ों। गौरांग चेले बनने न दौड़ों।
जोड़ों न मित्रों निज नाम साथ। सी. आई. ई. की दुम तीन हाथ॥

युगीन चेतना को मुखरित करने की दृष्टि से उपर्युक्त पंक्तियाँ बेजोड़ हैं। सम्पादक *वाजपेयी* ने स्पष्ट लिखा, "जिस देश में लिखने और बोलने की स्वतन्त्रता नहीं है, जहाँ देशभक्त राजद्रोही समझे जाते हैं और बिना अपराध ही निर्वासित कर दिये जाते हैं, जहाँ विचारक शासक बन बैठते हैं, जहाँ भलेमानस देशनायक चोर-डाकुओं से भी गये-बीते समझे जाते हैं, वहाँ जो न हो वही आश्चर्य है।"

इस प्रकार सिंहनाद करता हुआ अल्पजीवी पत्र 'नृसिंह' में 'क्षणं प्रज्वलितं श्रेयः न च धूमायितं चिरम्' के आदर्श का परिपालन किया।

भावात्मक एकता का नियामक 'देवनागर'

'एक लिपि विस्तार परिषद्' ने जातीय उत्थान हेतु भावात्मक एकता को महत्त्व दिया फलतः *शारदाचरण मित्र* के इस लक्ष्य की पूर्ति हेतु 'देवनागर' का सम्पादन *यशोदानन्दन अखौरी* ने किया। सन् 1907 में प्रकाशित प्रथमांक की पंक्तियाँ द्रष्टव्य हैं : "मनुष्य स्वभाव से ही एकता प्रेमी है। अद्वितीय परमात्मा का अंश होने के कारण चित्र-विचित्र परावलम्बित संसार को एकता के सूत्र में गूँथने की इच्छा उसे सदा बनी रहती है।" *लोकमान्य बालगंगाधर तिलक* के पथ पर चलकर इस पत्र ने एक लिपि विस्तार द्वारा राष्ट्रीय चेतना को उद्दीप्त किया।

'नागरी प्रचारिणी पत्रिका' (सन् 1897) तथा 'सरस्वती' (सन् 1900) ने अपने साहित्यिक स्वरूप को बनाये रखा तथा जागरण-सन्देश को प्रसारित राजनेता और पत्रकारों ने सन् 1885 से 1919 तक भारतवासियों को स्वतन्त्रता प्राप्ति हेतु जाग्रत किया।

40

क्रान्तिकाल
(Revolutionary Period)
(1920-1947 ई.)

तत्कालीन परिस्थितियाँ

13 अप्रैल, 1919 को अमृतसर के जलियाँवाला बाग में *माइकेल ओ ड्वेयर* तथा *बिग्रेडियर डायर* ने निहत्थी जनता पर घोर पाशविक अत्याचार किये। स्वतन्त्रता का आन्दोलन क्रमशः प्रखर से प्रखरतर होता गया और उसी अनुपात में ब्रिटिश शासकों का दमनचक्र प्रबल होता गया। सन् 1920 में *लाला लाजपतराय* की अध्यक्षता में कलकत्ता में कांग्रेस का विशेष अधिवेशन हुआ जिसमें *महात्मा गाँधी* के असहयोग आन्दोलन के सिद्धान्तों को स्वीकार कर लिया गया। असहयोग आन्दोलन के अन्तर्गत सरकारी उपाधियों का त्याग, अंग्रेज़ी अदालतों, कॉलेजों का बहिष्कार तथा स्वदेशी वस्तुओं के अधिकाधिक उपयोग की बातें सम्मिलित थीं। *तिलक* के बाद *गाँधीजी* भारतीयों की आशा बन गये। उनके आदेश को ब्रह्म वाक्य माना जाने लगा। सन् 1923 को महात्माजी की गिरफ्तारी पर 'उग्र' तिलक जी द्वारा रचित कविताएँ 'आज' में प्रकाशित हुईं जिससे तत्कालीन जन-मानस का अध्ययन सम्भव है :

वह बैठा कारागार बीच। हम सबका भला मनाता है।
बन्धन देकर निज अंगों को। गाता को गुक्त बनाता है॥
पर हम क्या करते? हाय! हाय! सोचते शीश झुक जाता है।
जिसके मन में जो आता है। वह वही राग चिल्लाता है॥

गाँधीजी आज़ादी के पर्याय बन चुके थे। 31 मई, 1924 के 'मतवाला' ने लिखा, '...यदि आप स्वतन्त्रता के अभिलाषी हैं, अपने देश में स्वराज्य की प्रतिष्ठा चाहते हैं, तो तन, मन और धन से अपने नेता *महात्मा गाँधी* के आदेशों का पालन करना आरम्भ कर दीजिए।' इसी पत्र ने आगे लिखा कि 'गाँधी-विहीन स्वराज्य यदि स्वर्ग से भी सुन्दर हो तो वह नरक के समान त्याज्य है।'

वस्तुत : सन् 1919 से भारतीय राजनीति के क्षितिज पर *गाँधीजी* छाये रहे। उनके कुशल नेतृत्व में स्वाधीनता-आन्दोलन, असहयोग-आन्दोलन, सविनय अवज्ञा-आन्दोलन तथा 'भारत छोड़ो आन्दोलन' चलाये गये। सन् 1924 में *चित्तरंजन दास* तथा *पं. मोतीलाल नेहरू* ने मिलकर 'स्वराज्य पार्टी' की स्थापना की जिसका उद्देश्य विधान सभाओं में अंग्रेज़ सरकार के कार्यों में रोड़े अटकाना था। सन् 1928 में साइमन कमीशन के विरोध में लाठियों की बौछार से *लाला लाजपत राय* की मृत्यु हो गयी।

ऐसी उग्र राजनीतिक परिस्थितियों में 'युगान्तर', 'वन्दे मारतम्', 'नवशक्ति' तथा 'सन्ध्या' जैसे अग्नि-दीक्षित और क्रान्तिकारी पत्रों ने 'India for Indians' का उद्घोष किया। 'अभ्युदय', 'कर्मयोगी', 'मर्यादा', 'आज', 'प्रताप', 'स्वतन्त्र', 'अर्जुन', 'वर्तमान', 'कर्मवीर', 'हिन्दू पंच', 'सुधा', 'विशाल भारत' आदि पत्रों के प्रकाशन से राष्ट्रीय चेतना का पल्लवन हुआ।

'प्रताप' : फिरंगियों का सतत सन्ताप

स्वतन्त्रता-आन्दोलन को तीव्र करने में कानपुर के प्रताप कार्यालय का योगदान स्तुत्य है। *श्री गणेशशंकर विद्यार्थी* मात्र पत्रकार अथवा स्वतन्त्रता-संग्राम के सेनानी ही नहीं, अपितु वे अपने में एक महान् संस्थान थे। उनका कार्यालय नवयुवकों को परखता था, उन्हें आश्रय देता था, उचित प्रशिक्षण देता था तथा राष्ट्र-हित में सर्वस्व गँवा देने के निमित्त जोश भरता था। भारत का कोई ऐसा आन्दोलन नहीं था जो *गणेशजी* से प्रेरणा न पाता हो, सम्बल न पाता हो। शहीदे आजम *भगत सिंह* इसी कार्यालय में शरण पा चुके थे। *पं. माखनलाल चतुर्वेदी, कृष्णदत्त पालीवाल, बालकृष्ण शर्मा 'नवीन', दशरथ प्रसाद द्विवेदी* की भाँति *भगत सिंह* ने भी *गणेशजी* द्वारा प्रेरित होकर पत्रकारिता पेशे को अपनाया। 'कर्मवीर', 'स्वदेश' और 'प्रताप' एवं 'सैनिक' ने मिलकर फिरंगियों को नचाया जिसके सूत्रधार *विद्यार्थीजी* ही थे।

पराधीन भारत माता की करुण पुकार, स्वदेशाभिमान, अत्याचार के प्रति रोष, राष्ट्र-सेवा के प्रति निष्ठा से प्रेरित होकर तेजपुंज *गणेशशंकर विद्यार्थी* ने 'प्रताप' द्वारा अविस्मरणीय कार्य किया जिसका प्रमाण 'प्रताप' का प्रथम सम्पादकीय लेख है, "आज अपने हृदय में नयी-नयी आशाओं को धारण करके अपने उद्देश्यों पर पूर्ण विश्वास रखकर 'प्रताप' कार्य-क्षेत्र में आता है। समस्त मानवजाति का कल्याण हमारा परमोद्देश्य है और इस उद्देश्य की प्राप्ति का एक बहुत बड़ा और ज़रूरी साधन हम भारतवर्ष की उन्नति समझते हैं। भारत को उस उन्नतावस्था तक पहुँचाने के लिए असंख्य उद्योगों, कार्यों और क्रियाओं की आवश्यकता है। ...हम इन्हीं सिद्धान्तों और साधनों को अपनी लेखनी का लक्ष्य बनायेंगे। हम अपनी प्राचीन सभ्यता और जातीय गौरव की प्रशंसा करने में किसी से पीछे नहीं रहेंगे और अपने पूजनीय पुरुषों के साहित्य, दर्शनविज्ञान और धर्मभाव का यश सदा गायेंगे, किन्तु अपनी जातीय निर्बलताओं और सामाजिक कुसंस्कारों तथा दोषों को प्रकट करने में हम कभी बनावटी जोश से काम न लेंगे।"

'प्रताप' ने पत्रकारिता का आदर्श स्थापित किया उसके द्वारा जो मानक निर्धारित किये गये, वे आज की स्वस्थ पत्रकारिता हेतु अनुकरणीय हैं ...''किसी की प्रसन्नता या अप्रसन्नता, किसी की घुड़की या धमकी हमें अपने सुमार्ग से विचलित न कर सकेगी। साम्प्रदायिक झगड़ों से 'प्रताप' सदा अलग रहने की कोशिश करेगा। उसका मत-स्वातन्त्र्य, विचार और उसका धर्म सत्य होगा। हमारा जन्म निर्बलता, पराधीनता और अल्पज्ञता के वायुमण्डल में हुआ है तो भी हमारे हृदय में सत्य की सेवा करने के लिए आगे बढ़ने की इच्छा है और हमें अपने उद्देश्य की सच्चाई तथा अच्छाई पर अटल विश्वास है। लेकिन जिस दिन हमारी आत्मा इतनी निर्बल हो जाये कि अपने प्यारे आदर्श से डिग जावें, जानबूझकर असत्य के पक्षपाती बनने की बेशर्मी करें और उदारता, स्वतन्त्रता और निष्पक्षता को छोड़ देने की भीरुता दिखायें, वह दिन हमारे जीवन का सबसे अभागा दिन होगा और हम चाहते हैं कि हमारी उस नैतिक मृत्यु के साथ हमारे जीवन का भी अन्त हो जाये।"

उपर्युक्त पंक्तियों से *विद्यार्थीजी* की तेजस्विता का सहज अनुमान लगाया जा सकता है। अग्रलेखों में उनकी आत्मा मुखरित होती थी। वे जन-मन के प्रवक्ता थे अतः 'प्रताप' जन आन्दोलन का पर्याय बन चुका था। 'समर्पण', 'निराशा', 'रुकना', 'झुकना' और 'घिघिआना' शब्दों से वे पूर्णतः अपरिचित थे। 'प्रताप' का राष्ट्रीय अंक भारत की थाती है। किसानों, दलितों और बेसहारों को सम्बल देने वाला 'प्रताप' शासकों का सिरदर्द था।

राष्ट्रीय ज्वाला जगाइए और 'कर्मवीर' अपनाइए

'विद्यार्थी' जी के अनन्य सहयोगी *माखनलाल चतुर्वेदी* पत्रकारिता में संगीत के साथ उत्तेजनात्मक विचारों के समन्वयकर्ता थे। उनका पत्र 'कर्मवीर' त्याग, तप, आहुति और क्रान्ति का उद्घोषक था। स्वातन्त्र्य-संग्राम में 12 बार जेल की यात्रा करने और 63 बार तलाशियाँ देने वाले *चतुर्वेदीजी* ने हिन्दी पत्रकारिता को जुझारू व्यक्तित्त्व प्रदान किया—

मुझे तोड़ लेना वनमाली उस पथ पर तुम देना फेंक।
मातृभूमि पर शीश चढ़ाने जिस पथ जायें वीर अनेक॥

स्वाधीनता हेतु प्राणदान की इस प्रबल पुकार को अनुगूँजित करने वाले इस मनीषी से सम्बद्ध 'कर्मवीर' का प्रकाशन कई बार स्थगित हुआ। जबलपुर से प्रकाशित 'कर्मवीर' को बाध्य होकर बन्द करना पड़ा। 4 अप्रैल, 1925 से खण्डवा से पुनः प्रकाशित इस पत्र ने लिखा, "...आइये गरीब और अमीर, किसान और मजदूर, ऊँच और नीच तथा विजित और पराजित के भेदों को ठुकराइए, प्रदेश में राष्ट्रीय ज्वाला जगाइए और देश तथा संसार के सामने अपनी शक्तियों को ऐसे प्रमाणित कीजिए, जिसकी आने वाली सन्तति स्वतन्त्र भारत के रूप में गर्व कर सके।"

'स्वदेश' और स्वतन्त्रता-आन्दोलन

श्री गणेशशंकर विद्यार्थी द्वारा प्रशिक्षित *पं. दशरथ प्रसाद द्विवेदी* ने 'प्रताप' सदृश स्वराष्ट्र-प्रेम की भावना को पूर्वांचल में प्रसारित करने के निमित्त 'स्वदेश' का प्रकाशन सन् 1919 में किया जिसका मूल सिद्धान्त था :

जो भरा नहीं है भावों से, बहती जिसमें रसधार नहीं।
वह हृदय नहीं है, पत्थर है, जिसमें स्वदेश का प्यार नहीं॥

गोरखपुर से प्रकाशित इस पत्र के प्रत्येक अंक में सम्पादकीय स्तम्भ के अन्तर्गत निम्नलिखित सूक्तियाँ छपती थी—

'जननी जन्मभूमिश्च स्वर्गादपि गरीयसी।'

वन्दे मातरम्

ईश भूप और देश, पूज्य सेव्य जीवनेश।

× × ×

स्वर्ग लाभ के लिए आत्म-बलि हम न करेंगे।
जिस स्वदेश में जिये उसी पर सदा मरेंगे॥

सम्पादक *दुबेजी* के जेल चले जाने पर *पांडेय बेचन शर्मा 'उग्र'* ने इस राष्ट्रीय पत्र का सम्पादन किया। सन् 1924 को प्रकाशित 'विजयांक' की निम्नलिखित पंक्तियों के कारण 'उग्र' जी को 9 महीने का सपरिश्रम कारावास का दण्ड मिला—

क्रान्ति की उषा से होगा,
रक्त भारतीय व्योम,
ताप भरा नेह का
तरणि तमके ही गाया।
कायरो! क्यों लेते हो,
कलंक को अकारथ ही,
भारत के भाग्य का
सितारा चमके ही गाया।

—*अनूप शर्मा*

'भावी क्रान्ति', 'विजय' और 'विप्लव राग और माँ' जैसे अग्निवर्षी आलेखों के कारण 'स्वदेश' स्वतन्त्रता-आन्दोलन की ज्वाला धधकाता था। 'कयामत होने वाली है' की चेतावनी के साथ यह साप्ताहिक पत्र शुभ स्वतन्त्रता का पाठ पढ़ाता था।

'आज' : राष्ट्रीय चेतना का पर्याय

उत्कृष्ट राष्ट्रभक्त *बाबू शिवप्रसाद गुप्त* ने स्वदेश-प्रेम एवं हिन्दी-निष्ठा के कारण श्रीकृष्ण जन्माष्टमी के दिन सितम्बर, 1920 को निम्नलिखित उद्देश्य की पूर्ति हेतु 'आज' का प्रकाशन किया, "हमारा उद्देश्य अपने देश के लिए सर्व प्रकार से

स्वातन्त्र्य-उपार्जन है। हम हर बात में स्वतन्त्र होना चाहते हैं। हमारा लक्ष्य है कि हम अपने देश के गौरव को बढ़ाएँ, अपने देशवासियों में स्वाभिमान का संचार करें, उनको ऐसा बनाएँ कि भारतीय होने का उन्हें अभिमान हो, संकोच न हो। वह अभिमान *स्वतन्त्रता देवी* की उपासना करने से मिलता है।"

22 अक्टूबर, 1920 के सम्पादकीय लेख से पत्र की आकुलता का परिचय प्राप्त होता है, "...आज विजयादशमी है। पराजित, पीड़ित, निर्बल भारत भी विजयादशमी का उत्सव मना रहा है। कैसी विडम्बना है? अर्थ का कैसा विपर्याय हो रहा है? पराजित के घर जयोल्लास, पीड़ित के घर आनन्दोत्सव, निर्धन के घर तृत्तोद्‌गार और शस्त्रहीन के घर शस्त्रगर्भा का पूजन? कैसा विपरीत क्रम है?"

सर्वश्री श्रीप्रकाश, बाबूराव विष्णु पराड़कर, दिनेशदत्त झा, रामचन्द्र रघुनाथ खाडिलकर और *मुकुटबिहारी वर्मा* जैसे पत्रकारों की लेखनी से 'आज' हिन्दी पत्रकारिता का गौरव स्तम्भ हो चुका है।

"हमारा एकमात्र उद्देश्य है आर्य जाति में वीरभाव का जागरण और उसकी शक्ति का सुसंघटन। 'सेनापति' साप्ताहिक का यही लक्ष्य था जो *पं. रामगोविन्द त्रिवेदी* के सम्पादकत्व में कलकत्ता से निकलता था। 5 नवम्बर, 1926 को निकलने वाले इस पत्र ने अपना सम्पादकीय वयक्तव्य लिखा, "मुट्ठीभर जीव हमारी नकेल पकड़कर नचा रहे हैं और विश्वविकम्पी परशुराम और श्रीराम की सन्तान बन्दरों की तरह नाच रही है।"

'हिन्दू पंच' सचित्र साप्ताहिक का लक्ष्य था–

लज्जा रखने को हिन्दू की, हिन्दू नाम बचाने को।
आया 'हिन्दू पंच' हिन्द में हिन्दू जाति जगाने को॥

पं. लक्ष्मणनारायण गर्दे के सम्पादन में 27 दिसम्बर, 1925 को 'श्री कृष्ण सन्देश' प्रकाशित हुआ जिसने भारतीयों में कर्मठता का संचार किया।

परतन्त्र भारत में साहित्यिक पत्रों ने जन-चेतना को जाग्रत किया। 'चाँद' का 'मारवाड़ी अंक' समाज सुधार और 'फाँसी अंक' राष्ट्रीय चेतना की दृष्टि से ऐतिहासिक महत्त्व का हो चुका है। पत्र का उद्देश्य था–'आध्यात्मिक स्वराज्य हमारा ध्येय, सत्य हमारा साधन और प्रेम हमारी प्रणाली है। जब तक हम इस पावन अनुष्ठान में हैं, हमें इसका भय नहीं कि हमारे विरोधियों की संख्या और शक्ति कितनी है।'

लॉर्ड इरविन (सन् 1928-31), *लॉर्ड विलिंगडन* (सन् 1931-36), *लॉर्ड लिनलिथगो* (सन् 1936-43), *लॉर्ड बेवल* (सन् 1943-46) तथा *लॉर्ड माउंटबेटन* के कार्यकाल को स्वतन्त्रता-आन्दोलन का फलकाल कहना समीचीन है। यह वही काल है जिसके प्रारम्भ में 26 जनवरी, 1930 ई. को *पं. नेहरू* के नेतृत्व में भारत ने अपनी आज़ादी की लड़ाई को फलीभूत देखा तथा सारे देश में सभी ने 'स्वतन्त्रता दिवस' सोत्साह मनाया। 'दण्डी-यात्रा', प्रथम गोलमेज सम्मेलन, गाँधी-इरविन-समझौता, द्वितीय गोलमेज-सम्मेलन, विश्वयुद्ध (द्वितीय) का प्रारम्भ, आज़ाद हिन्द फौज का गठन और भारत छोड़ो आन्दोलन के परिणामस्वरूप 4 जुलाई, 1947 को ब्रिटिश पार्लियामेंट में 'भारतीय स्वतन्त्रता बिल' पारित किया गया। अन्ततः हम 15 अगस्त, 1947 को स्वतन्त्रता-प्राप्ति के लक्ष्य में पूर्णतः सफल हो गये।

स्वतन्त्रतारूपी फल को प्रदान करने में राजनीतिक पत्र-पत्रिकाओं का विशेष योगदान था। 'आज' (काशी), 'स्वतन्त्र' (कलकत्ता), 'प्रताप' (कानपुर), 'अर्जुन' (दिल्ली), 'वर्तमान' (कानपुर), 'कर्मवीर' (जबलपुर), 'भविष्य' (प्रयाग) ने पत्र-पाठकों में प्रतिदिन नयी स्फूर्ति प्रदान की। अगणित और अल्पजीवी साप्ताहिक, पाक्षिक तथा मासिक पत्रों ने 'प्रयाग' से प्रकाशित 'मदारी' पत्र के लक्ष्य को पूरा किया :

सोंटा लेकर नये ठाठ से सदा 'मदारी' आवेगा।
जो भारत में अहित करेंगे उनको पकड़ नचावेगा॥

इस प्रकार हिन्दी पत्रकारिता ने स्वाभिमान के संचार, स्वदेश-प्रेम के उदय तथा आंग्ल-शासन के प्रबल प्रतिरोध द्वारा स्वतन्त्रता-आन्दोलन में विजयश्री प्राप्त की।

स्वतन्त्रता-आन्दोलन और क्रान्तिकारी नवयुवक

पराधीन भारत के नवयुवक स्वतन्त्रता-आन्दोलन में किसी से पीछे नहीं रहे। अहिंसक नेताओं की नीति की असफलता से क्षुब्ध होकर तरुणों ने हिंसात्मक नीति का सहारा लिया। स्थान-स्थान पर बम-पिस्तौल बनाये जाने लगे, युवावर्ग सशस्त्र क्रान्ति की तैयारी करने लगा। *चन्द्रशेखर आज़ाद, भगत सिंह, राजगुरु, सुखदेव, बी.के. दत्त, रामप्रसाद बिस्मिल, रोशन, राजेन्द्र लाहिड़ी, अशफाक उल्ला खाँ* ने एसेम्बली बम कांड, सैंडर्स हत्या-कांड तथा काकोरी केस जैसे क्रान्तिकारी कार्यों द्वारा ब्रिटिश सत्ता के पैर उखाड़ दिये। इन युवकों ने समझ लिया था कि :

यह जीवन संघर्ष यहाँ लड़ना ही होगा।
जो न लड़े पद-दलित पड़े सड़ना ही होगा।
दुश्मन की गोलियों का हम सामना करेंगे।
आज़ाद ही रहे हैं, आज़ाद ही रहेंगे।

इसी *अशफाक साहेब* ने जेल में यह गीत गुनगुनाया :

ऐ मातृभूमि! तेरी पूजा किया करूँगा
फाँसी मिले मुझे या हो जन्म कैद मेरी
बेड़ी बजा बजाकर तेरा भजन करूँगा॥

'आमि विद्रोही चिर अशान्त' क्रान्तिकारियों ने अहिंसा व्रतधारी *गाँधीजी* से प्रश्न किया कि हृदय-परिवर्तन द्वारा कितने ओ डायरो, रीडिंग और इरविन जैसों को अपना मित्र बना सके हैं? क्रान्तिकारियों की घोषणा थी कि स्वतन्त्रता राष्ट्र का प्राण है। हमारी प्राचीन सभ्यता और गौरव की विरासत का क्या लाभ, यदि हममें यह स्वाभिमान न रहे कि हम विदेशी गुलाम, विदेशी झंडे और बादशाह के सामने सिर झुकने से अपने आपको न रोक सकें।

सन् 1935-36 में *श्रीराम शर्मा आचार्य* की 'सैनिक' पत्र में क्रान्तिकारी कविताएँ प्रकाशित हुईं जिनसे 'वयं राष्ट्रे जागृयाम पुरोहिता :' की सार्थकता स्वयंसिद्ध है :

मत्त-प्रलाप

माता! व्यथित हुई कैसे? जल आँखों में भर आया।
है! रोती है! कैसा संकट, जननी तुझ पर आया।
किधर गया? वह नारकीय नर, जिसने तुझे सताया।
इतनी हिम्मत किसने की? था कौन? कहाँ से आया?
कर तेरा अपमान, इसी धरती पर है, जीवित है।
बता कौन? इन्द्र, वज्र, रवि, वायु, सिन्धु, पर्वत है।
कोई भी हो, तेरा दुश्मन, निश्चय मिट जायेगा।
त्रिंसकोटि हुंकारों से, नभमण्डल फट जायेगा?

'मत्त' उपनाम वाले *श्रीराम शर्मा आचार्य* ने उस 'सैनिक' प्रेस में कम्पोजिंग, प्रूफरीडिंग और सम्पादन का कार्य किया जिसके सर्वस्व *श्रीकृष्णदत्त पालीवाल* थे।

सोहनलाल द्विवेदी के आह्वान पर क्रान्तिकाल में चारों ओर से यही आवाज़ आयी—

हों जहाँ बलि शीश अगणित
एक शिर मेरा मिला लो।

पत्रकारों की लेखनी का यही गौरव है, यही सौष्ठव है कि गुलामी के दिनों में आज़ादी पाने के लिए भारतीय जन-मानस का आह्वान करते रहे :

मादरे-हिन्द गमगीन न हो अच्छे दिन आने वाले हैं।
आज़ादी का पैगाम तुझे हम जल्द सुनाने वाले हैं।
माँ तुझको जिन जल्लादों ने दी है तकलीफ़ जईफ़ी में
मायूस न हो मगरूरों को हम मज़ा चखाने वाले हैं॥

विविध-पत्र-पत्रिकाओं में प्रकाशित उपर्युक्त पंक्तियाँ स्वतन्त्रता संग्राम सेनानियों हेतु उत्प्रेरक का कार्य कर रही थीं। 'गदर' के प्रथमांक में छपे क्रान्तिकारी *करतार सिंह* की कविता ने उत्सर्ग का तराना लहराया :

जो पूछे कि कौन हो तुम,
तो कह दो बागी है नाम अपना।
जुल्म मिटाना हमारा पेशा,
गदर करना है काम अपना।
नमाज सन्ध्या यही हमारी,
यही पाठ पूजा भी सब यही है।
धरम-करम सब यही है प्यारो,
यही खुदा और है राम अपना॥

पत्रकार *पुंगव पराड़करजी* महान् क्रान्तिकारी थे। वे क्रान्तिकारियों के दल में दीक्षित होने के हेतु कलकत्ता गये जहाँ उनके मामा *सखाराम गणेश देउस्कर* थे। *सुभाषचन्द्र बोस, तिलक, विद्यार्थी* के बल पर युवक सेनानियों ने बगावत का झंडा बुलन्द किया। 25 अगस्त, 1930 को *पराड़करजी* ने 'रणभेरी' में लिखा, "ऐसा कोई बड़ा शहर नहीं रह गया है, जहाँ से एक भी 'रणभेरी' जैसा परचा न निकलता हो। अकेले बम्बई में इस समय ऐसे कई एक दर्जन परचे निकल रहे हैं। शुरू में वहाँ सिर्फ़ 'कांग्रेस बुलेटिन' निकलती थी। नये परचों के नाम जो समयानुकूल हैं, जैसे 'रिवोल्ट', 'रिवोल्यूशन', 'विप्लव', 'बलवों', 'फितुर', 'गदर', 'बगावत', 'बदमाश अंग्रेज़ सरकार' आदि। ...दमन से द्रोह बढ़ता है, इसका यह अच्छा सबूत है। पर नौकरशाही के गोबर-भरे गन्दे दिमाग में इतनी समझ कहाँ? वह तो शासन का एक ही शस्त्र जानती हैः बन्दूक।"

पत्रकारिता पर प्रहार और गुप्त प्रकाशन

सन् 1930 के प्रारम्भ में स्वतन्त्रता-आन्दोलन को कुचलने के लिए 'प्रेस ऑर्डिनेंस' लगाया गया फलतः अधिकांश पत्रों का प्रकाशन स्थगित हो गया। ऐसी स्थिति में मनस्वी पत्रकारों ने स्वाभिमान को जगाने हेतु भूमिगत क्रान्तिकारी पत्रों को निकाला जिसका नेतृत्व काशी ने किया। *सर्वश्री पराड़कर, रामचन्द्र वर्मा, विश्वनाथ शर्मा, दुर्गाप्रसाद खत्री, दिनेशदत्त झा* आदि तपस्वियों की साधना के बल पर अनेक विप्लवकारी पत्र निकले। 'रणभेरी', 'शंखनाद', 'चिनगारी', 'रणडंका चंडिका' और 'तूफान' नामधारी पत्रों ने स्वतन्त्रता-आन्दोलन को गत्वरता दी। सम्पादक, प्रकाशक एवं अन्य तथ्यों को गुप्त रखकर इन पत्रों ने क्रान्ति की ज्वाला को भभकाया जिसके प्रमाण रूप में निम्नलिखित पंक्तियाँ प्रस्तुत हैं।

'रणभेरी' उसके (पुलिस) के सर पर बजेगी और तब तक बजती रहेगी जब तक काले क़ानून रहेंगे और काशी में देशभक्ति रहेगी। डरा-धमकाकर लोगों को देशद्रोही बनाने का जमाना गया। 16 अगस्त, 1930

'तूफान' हिंसा का पोषक था जिसके मुखपृष्ठ पर छपता था :

लाल क्रान्ति की ज्वाला भभके, चले साथ भीषण तूफान,
राज सिंहासन दहल उठे, हो चूर-चूर धनिकों का मान।

सन् 1942 के व्यापक आन्दोलन के समय जब हिन्दी के पत्र बन्द हो गये तब 'रणभेरी बज उठी वीरवर, पहनो केसरिया बाना' का सिंहनाद सुनाई पड़ा। इस प्रकार के पत्रों से शासक आतंकित हो गये।

'हंस' द्वारा 'संसार' में 'जागरण'

उपन्यास-सम्राट् *प्रेमचन्द* ने सन् 1930 में 'हंस' प्रकाशित किया जिसके प्रथमांक में स्पष्ट किया गया है, "मगर स्वाधीनता केवल मन की एक वृत्ति है। इस वृत्ति का जागना ही स्वाधीन हो जाना है। अब तक इस विचार ने जन्म ही न लिया था। हमारी चेतना इतनी मन्द, शिथिल और निर्जीव हो गयी थी कि उससे ऐसी महान् कल्पना का आविर्भाव ही न हो सकता था, पर भारत के कर्णधार *महात्मा गाँधी* ने इस विचार की सृष्टि कर दी। अब वह बढ़ेगा, फूले-फलेगा।"

जुलाई, 1933 के अंक में *श्री शिवनारायण टंडन* की कहानी ' क्रान्तिकारी की माँ' के प्रकाशन के कारण सम्पादक को चेतावनी मिली। *आचार्य शिवपूजन सहाय* द्वारा सम्पादित 'जागरण' विशुद्ध साहित्यिक पत्र था। बाद में जब प्रेमचन्द ने इस पत्र का सम्पादन-भार अपने ऊपर लिया तो कांग्रेस का प्रबल समर्थक हो गया। 26 अक्टूबर, 1932 के अंक में 'उसका अन्त' शीर्षक एक क्रान्तिकारी के प्रकाशन के चलते 'जागरण' से एक हजार की ज़मानत माँगी थी।

1 जनवरी, 1943 को *श्री बाबूराव विष्णु पराड़कर* के सम्पादन में 'संसार' का प्रकाशन हुआ। 25 अक्टूबर, 1945 को पत्र ने 'आज़ाद हिन्द सेना' विशेषांक प्रकाशित किया जिसके मुखपृष्ठ पर *सुभाषचन्द्र बोस* का चित्र था। द्वितीय पृष्ठ पर छपा था—

सुनाई अब यही पड़ता, चलो दिल्ली चलो दिल्ली।
किसी के कान में गड़ता, चलो दिल्ली चलो दिल्ली॥

25 मई, 1944 को सम्पादक *पराड़करजी* ने इस पत्र में लिखा, "फिर भी हम समझते हैं कि भारत में अरुणोदय होने जा रहा है। इसका कारण यह है कि समस्या जब अत्यन्त जटिल हो जाती है तब उसका निपटारा हो ही जाता है। रोग आप अपनी दवा बन जाता है। हमारा विश्वास है कि इस रोग से भारत मुक्ति पा जायेगा, भय का स्थान आत्मविश्वास ग्रहण करेगा—जगत् में भारत अपना पद पा पायेगा।"

गोरखपुर से प्रकाशित 'जीवन' की पंक्तियाँ मर्मस्पर्शी बन चुकी हैं :

मैंने बचपन में बहुत दूध पिलाये सबको।
अब बुढ़ापे में दवा मुझको पिलाये कोई॥

—15 अक्टूबर, 1933

'विजय' का मोटो द्रष्टव्य है :

लेकर पूर्ण स्वराज्य स्वत्व अपना पहचानें।
आज़ादी या मौत यही प्रण मन में ठानें॥

'विजय' देशवासियों को बताता था, "माँ स्वाधीनते, अभी तुम कितनी दूर हो? तुम तक पहुँचने में अभी कितने दिन लगेंगे? ...आज़ादी की देवी! हम बेदार हो चुके हैं। अब हमें कोई पराधीन नहीं रख सकता।"

'वसुन्धरा' (गोरखपुर) ने लिखा—

वह व्यर्थ ही जन्मा, जगाया देश को जिसने नहीं।

'मधुकर', 'विशाल भारत', 'सैनिक', 'दैनिक हिन्दुस्तान' आदि अनेक पत्रों ने क्रान्तिकारी *यशपाल 'विप्लव'* के हाँ में हाँ मिलाया। पत्र का लक्ष्य था :

तुम करो शान्ति-समता प्रसार,
विप्लव गा अपना अनल गान॥

नवम्बर, 1938 में प्रकाशित प्रथमांक में *'विप्लव'* ने सुझाव दिया, "आज हम अपनी गुलामी की इन हथकड़ियों को तोड़ डालने के लिए अपनी दासता के बन्धनों को आग में जला देने के लिए विप्लव के कुंड में कूद पड़े हैं। आज हिचकिचाने का और शंका करने का समय नहीं है।" 'कांग्रेस समाजवादी पार्टी' *(आचार्य नरेन्द्र देव)*, 'कांग्रेस का कार्यक्रम और स्वतन्त्रता' *(शचीन्द्रनाथ सान्याल)* और 'तरुण त्याग' *(श्री बच्चन)* जैसी विप्लवकारी रचनाओं को प्रकाशित कर पत्र ने जुझारू प्रवृत्ति का परिचय दिया।

उग्र कांग्रेसजनों ने काशी से 22 जुलाई, 1939 से 'आज़ादी' पाक्षिक पत्र द्वारा अपने हृदयोद्गार को स्पष्ट किया :

आयेगा न जाने कब जमाना अपना।
बहरों को सुनाये जा, तराना अपना।

साम्यवादी मासिक पत्रिका ' क्रान्ति' ने सन् 1939 में उद्घोषित किया—

क्रान्ति ही आज़ादी का सच्चा मार्ग है। —*लेनिन*

प्रथमांक का 'सम्पादकीय दृष्टिकोण' उल्लेख्य है, "...आज़ादी की देवी कभी कोरी बातों से प्रसन्न नहीं हुआ करती। वह तो सर्वस्व बलिदान चाहती है।" इस पत्र में ' क्रान्ति की ज्वाला' *(योगेशचन्द्र चटर्जी)*, 'स्वराज्य और साम्यवाद' *(आचार्य नरेन्द्रदेव)*, ' क्रान्ति चिरंजीव हो' *(कामरेड बटुकेश्वर दत्त)* तथा 'साम्प्रदायिक समस्या और कांग्रेस' *(कमलापति त्रिपाठी)* जैसे महत्त्वपूर्ण लेख छपे थे।

इस प्रकार सुस्पष्ट है कि हिन्दी के पत्र स्वतन्त्रता-आन्दोलन के सक्षम सेनानी सिद्ध हुए हैं। उद्बोधन-काल के 'पयामे-आज़ादी' ने ऐतिहासिक सन्देश दिया, "हिन्दुस्तान के हिन्दुओं और मुसलमानों। उठो, भाइयों उठो, खुदा ने इंसान को जितनी बरकतें अदा की हैं, उनमें सबसे क़ीमती बरकत आज़ादी है।"

इसी लक्ष्य की प्राप्ति हेतु पत्रकारों ने घोषणा की—

हम घर जारा आपना, लिया मुराड़ा हाथ।
अब घर जारों तासु का, जो चले हमारे साथ॥

और भी—

"सावधान, निश्चिन्त होकर न विचरना, जब देश की प्रजा नींद से उठ जायेगी, तब तुम्हारी खैर नहीं।" —*'केसरी'*

अन्ततोगत्वा सभी भारतीयों ने 'दैनिक वर्तमान' के स्वर में स्वर मिलाया :

भारत के हम और हमारा भारत प्यारा।
स्वतन्त्रता है जन्मसिद्ध अधिकार हमारा॥

और हम स्वतन्त्र हो गये। हमारी हिन्दी पत्रकारिता का वृक्ष फल देने लगा। सारांश यह कि राष्ट्रीय चेतना के अभ्युदय होते ही 'भारत मित्र' 'कर्मयोगी' बन गये। सभी ने अपनी 'मर्यादा' और 'अधिकार' की सुरक्षा हेतु 'प्रताप' दिखाया। वे 'नृसिंह' बनकर 'संसार' में 'रणभेरी' बजाते, शंखनाद करते, अंग्रेज़ सरकार के मन में 'बवंडर' उठाते फलतः 'स्वदेश' 'स्वतन्त्र' हो गया। यहाँ अब 'स्वराज्य' है जिसे 'सुराज्य' में बदलना होगा। सुनिश्चित ही हिन्दी पत्रकारिता स्वतन्त्रता-आन्दोलन-यज्ञ की उज्ज्वल यशोगाथा का अभिलेख है।

41

नवनिर्माण-काल
(Formative Period)
(1948-1974 ई.)

ऐ मादरे हिन्द न हो गमगीं दिन अच्छे आने वाले हैं।
आज़ादी का पैग़ाम तुझे हम जल्द सुनाने वाले हैं।
माँ! तुझको जिन जल्लादों ने दी है तकलीफ़ ज़ईफ़ी में।
मायूस न हो, मग़रूरों को हम जल्द हटाने वाले हैं।

× × ×

"भाग्यचक्र एक दिन अंग्रेज़ों को अपना भारतीय साम्राज्य छोड़ने के लिए विवश करेगा परन्तु वह कैसा भारत होगा जिसे वे पीछे छोड़ेंगे, कैसी दरिद्रता और करुणा होगी? जब उनकी सदियों पुरानी शासनधारा सूख जायेगी, तब कितना कर्दम और कितनी गन्दगी वे अपने पीछे छोड़ जायेंगे।"

—गुरुदेव रवीन्द्रनाथ

हिन्दी के समर्पित पत्रकारों की लेखनी का यही गौरव है कि फ़िरंगी सरकार को भारत से जाना पड़ा। अंग्रेज़ों के जाने पर पत्रकारों ने खुशियाँ नहीं मनायीं। उन्होंने भारत में तत्कालीन व्याप्त रुदन, हाहाकार के मर्म को वाणी दी। स्वातन्त्र्योत्तर हिन्दी पत्रकारिता व्यक्ति, समाज, राष्ट्र के नव-निर्माण के प्रति संकल्पित हुई। उद्‌बोधन, जागरण, क्रान्ति के पश्चात् सन् 1948 से 1974 तक की पत्रकारिता ने 'आज जीत की रात पहरुए सावधान' (*गिरिजाकुमार माथुर*) द्वारा नागरिकों में दायित्व बोध जगाया। फलतः 'गाँव-गाँव, पाँतर-पाँतर को हम भू-स्वर्ग बनायेंगे' जैसी बाबा नागार्जुन की प्रतिज्ञा के प्रति वे प्रतिबद्ध हुए।

राष्ट्रकवि *माखनलाल चतुर्वेदी* ने 'मस्तक में दायित्व, हृदय में बज्र, दृगों में ज्वाला' के आह्वान द्वारा नये आत्मबोध, नयी चिन्तनधारा, नूतन रचनात्मक तत्त्वों का शंखनाद किया—

नवीन कंठ दो कि मैं नवीन गान गा सकूँ,
स्वतन्त्र देश की नवीन आरती सजा सकूँ।
नये समाज के लिए नवीन नींव पड़ चुकी,
नये मकान के लिए नवीन ईंट गड़ चुकी।
सभी कुटुम्ब एक, कौन पास कौन दूर है,

नये समाज का हरेक व्यक्ति एक नूर है।
कुलीन जो उसे नहीं गुमान या गरूर है
समर्थ शक्तिपूर्ण जो किसान या मजूर है।

× × × ×

प्रवेश-पर्व है स्वदेश का नवीन वेश में
मनुष्य बन मनुष्य से गले मिले मिले चलो
नवीन भाव दो कि मैं नवीन गान गा सकूँ
नवीन देश की नवीन अर्चना सुना सकूँ।

कलक्टर सिंह 'केसरी की आकांक्षा को पत्रों और पत्रकारों ने पूरा करने का मन्त्र दिया। 15 अगस्त, 1947 को 'आज' ने समृद्ध राष्ट्र की संकल्पना दुहरायी :

नवयुग में प्रवेश

"भारत आज स्वतन्त्र हो रहा है, यह अत्यन्त आनन्द और प्रसन्नता का विषय है। ...स्वतन्त्र होने के साथ-साथ हमारे कन्धों पर जितना भारी उत्तरदायित्व आ गया है, उसे हमें न भूलना चाहिए।... अंग्रेज़ भारत त्यागकर अवश्य जा रहे हैं, किन्तु वे हमें दुर्बल और सशक्त बनाकर जा रहे हैं।...अन्न, वस्त्र और सुरक्षा की समस्या, मूल्य-वृद्धि तथा भ्रष्टाचार अन्त करने की समस्या, साम्प्रदायिक सद्भाव बढ़ाने की समस्या, देशहित विरोधी शक्तियों के नियन्त्रण की समस्या आदि न जाने कितनी समस्याएँ आज विकट रूप में हमारे सम्मुख उपस्थित हैं उनका हल करना तत्काल आवश्यक है। हमें इस बात का दृढ़ विश्वास है कि हमारे नेता अत्यन्त योग्यतापूर्वक इन सब समस्याओं को हल कर डालेंगे और उनके प्रयत्न से वह दिन दूर नहीं जब भारत विश्व का अत्यन्त सुखी, सम्पन्न और समृद्ध राष्ट्र बन जायेगा।"

मुक्ति के पश्चात् का भारत आदर्शों से मंडित भविष्यद्रष्टा के रूप में अवतरित तथा विश्व में शान्ति और अभ्युदय के मंच के रूप में उदित हुआ। हिन्दी पत्रकारिता ने देश को अभिनव राष्ट्र के रूप में प्रतिष्ठित करने के लिए संकल्पबद्ध हो सृजनात्मक अनुष्ठान करना प्रारम्भ किया। संविधान का निर्माण, राष्ट्रध्वज, राष्ट्र-चिह्न और राष्ट्रभाषा का निर्धारण देशी रियासतों का एक राष्ट्र के रूप में विलयन, गाँधीवाद की प्रतिष्ठापना, पंचवर्षीय योजनाओं का कार्यान्वयन, लोकतन्त्र की स्थापना हेतु आम चुनाव, राज्यों का पुनर्गठन, पंचशील द्वारा शान्ति का प्रसारण, सर्वोदय का उद्घोष, विविध आक्रमणों से भारत की सुरक्षा, जमींदारी प्रथा का उन्मूलन, विभिन्न आयोगों के निर्देशानुसार पिछड़े क्षेत्रों का विकास, बैंकों के राष्ट्रीयकरण आदि सभी रचनात्मक कार्यों को सुसम्पादित कराने में हिन्दी के पत्र और पत्रकारों ने अविस्मरणीय भूमिका का निर्वहन किया।

साम्राज्यवादी, व्यक्तिवादी और शोषणपरक मूल्यों तथा मान्यताओं के विरुद्ध पत्रों को संघर्ष करना पड़ा। सन् 1948 से 1974 तक के राजनीतिक, सामाजिक, सांस्कृतिक परिप्रेक्ष्य में हिन्दी पत्रकारिता स्वदेश के अभिनव-निर्माण में सर्वाधिक समर्पण भाव से कार्यरत थी। पत्र और पत्रकार समीचीन पथ के निर्माता बने, उनकी निर्भीक स्थापनाओं ने राष्ट्र को विपुल शक्ति प्रदान की। इस प्रकार भारत को सम्हालने, सँवारने और परिपुष्ट बनाने का गौरवपूर्ण कार्य पत्रकारिता द्वारा सम्भव हुआ अतः स्वातन्त्र्योत्तर काल की हिन्दी पत्रकारिता को 'नवनिर्माण काल' कहना सार्थक होगा। वस्तुतः क्रान्ति के बाद नवनिर्माण होता है। त्याग और तपस्या वाले मंगलपूत भारत के पत्रकारों ने इसी अवधि में राष्ट्र-निर्माण का मंगलकारी कार्य पूरा किया तथा पत्रकारिता को सुविकसित किया।

त्वरित संचार साधनों एवं नित नूतन मुद्रण संयन्त्रों से सम्पन्न पत्रों ने राष्ट्र-निर्माण किया। *श्री जगन्नाथ प्रसाद 'मिलिन्द'* जैसे पत्रकार ने कहा :

नयी ज़िन्दगी, नया वतन अब, नये विचारों की है धारा
है स्वतन्त्र सब भारतवासी, भारतवर्ष स्वतन्त्र हमारा।

जैसे स्वर्ण घर्षण, छेदन, ताप-ताडन की परिस्थितियों से गुजरकर अपने को निखारता है, ठीक उसी प्रकार उद्‍बोधन, जागरण और क्रान्ति की परिस्थितियों की चुनौती सहकर स्वर्ण सदृश दीप्तिमान होने वाली हिन्दी पत्रकारिता है। स्वतन्त्रता संग्राम के योद्धा पत्रकारों ने स्वातन्त्र्योत्तर भारत के स्वर्णिम निर्माण हेतु पाठकों में आस्था के भाव भरे। जन-जन में नव उल्लास, उमंग और उत्साह भरने वाली पत्रकारिता ने राजनीति, समाज, संस्कृति, कृषि, विज्ञान, तकनीक, फ़िल्म, खेल-कूद, बाल और महिला जगत् जैसे अपने विशाल और बहुआयामी कलेवर में राष्ट्रोत्थान के स्थूल तथा सूक्ष्म सभी सन्दर्भों को समेट लिया। अतः इस काल को हिन्दी पत्रकारिता का स्वर्णकाल माना जा सकता है। साहित्यिक-सांस्कृतिक अभिरुचि के निर्माण, हिन्दी भाषा के परिष्कार, शैली के मनोरम स्वरूप, शिल्प के उत्कर्ष के साथ जन-जागरण और समाज-सुधार की दिशा में तपःपूत पत्रकारों की उपलब्धियों को स्वर्णकाल के अन्तर्गत मूल्यांकन की प्रक्रिया पुरानी पीढ़ी के प्रति कृतज्ञता ज्ञापन ही है। 'हिन्दुस्तान', 'नवभारत टाइम्स', 'आर्यावर्त', 'प्रदीप', 'आज', 'स्वतन्त्र भारत', 'जागरण', 'नवजीवन', 'पंजाब केसरी', 'वीर अर्जुन', 'नयी दुनिया', 'विश्वमित्र', 'दैनिक भास्कर', 'नवभारत', 'अमर उजाला', 'जलते दीप', 'दैनिक नवज्योति', 'सन्मार्ग', 'देशबन्धु' जैसे सैकड़ों दैनिकों ने स्वस्थ, मौलिक और प्रखर चिन्तक की नींव डालकर हिन्दी पत्रकारिता को स्वर्णिम स्वरूप प्रदान किया। हिन्दी पत्रकारिता के इतिहास में नव-निर्माणकाल को पत्रकारिता का स्वर्ण युग माना जा सकता है। वस्तुतः तपःपूत पत्रकारों की परम्परा ने उदात्त भूमिका में रमकर, समाज-सागर का मन्थन कर सृजनात्मक भावों का नवनीत प्रदान किया जो हिन्दी पत्रकारिता की स्वर्णिम विभूति है।

राष्ट्र-निर्माण के प्रति संकल्पित पत्र

स्वतन्त्रता प्राप्ति के पश्चात् अपने देश में सूचना माध्यमों का जाल बिछा दिया गया। स्वतन्त्र राष्ट्र के नागरिकों को सूचनाएँ प्राप्त करने का नैतिक अधिकार होता है। प्रजातन्त्र की सफलता हेतु यह आवश्यक है कि नागरिकों को देश और सरकार की सही-सही जानकारी समय पर दी जाये। इससे विकास कार्यों में नागरिकों की भागीदारी बढ़ती है। सन् 1950 के पूर्व सूचना माध्यमों का काम केवल सूचना, शिक्षा और मनोरंजन तक ही सीमित था। पंचवर्षीय योजनाओं के कार्यान्वयन में सूचना-माध्यमों का उपयोग बढ़ गया। विविध कार्यों के सम्पादन हेतु जन-माध्यम अभिप्रेरक के रूप में कार्यरत हुए। राष्ट्र के नव-निर्माण में जन-संचार के माध्यमों की भूमिका महत्त्वपूर्ण सिद्ध हुई।

पत्रकारिता समय और समाज का यथार्थ प्रतिबिम्ब होती है। समाज से प्रेरित होकर पत्रकार समाज की वस्तु-स्थिति, उसमें व्याप्त असंगति और विषमताओं की यथार्थ चर्चा करता है। स्वातन्त्र्योत्तर भारत के पत्रकारों ने उन कारकों की खोज की जिनसे समाज आन्दोलित हुआ। विभिन्न समस्याओं के निदान, समाधान की चेष्टा द्वारा हिन्दी पत्रों ने रचनात्मक भूमिका निभाई।

ताजे समाचार और सामयिक सन्दर्भों से सम्बद्ध दैनिक पत्र होते हैं। स्वाधीनता के पश्चात् दैनिक पत्रों के प्रकाशन एवं प्रसार संख्या में वृद्धि हुई। नवनिर्माण काल के कुछ श्रेष्ठ दैनिकों में 'नवभारत टाइम्स' (नयी दिल्ली '47), 'नयी दुनिया' (इन्दौर '47), 'प्रदीप' (पटना'47), 'नव प्रभात' (ग्वालियर '48), 'युगधर्म' (नागपुर '51), 'स्वतन्त्र भारत' (लखनऊ '47), 'जागरण' (कानपुर '47), 'अमर उजाला' (आगरा '48), 'सन्मार्ग' (कलकत्ता '48), 'नवजीवन' (लखनऊ '47), 'वीर प्रताप' (जालन्धर), 'वीर अर्जुन' (दिल्ली '54), 'पंजाब केसरी' (जालन्धर '64), 'राष्ट्रदूत' (जयपुर '51), 'राजस्थान पत्रिका' (जयपुर '56), 'देशबन्धु' (भोपाल, जबलपुर, रायपुर '56), 'आज' (वाराणसी), 'गांडीव' (वाराणसी), 'हिन्दुस्तान' (दिल्ली), 'स्वदेश' (इन्दौर, ग्वालियर '66), 'भास्कर' (ग्वालियर '58), 'नवीन दुनिया' (जबलपुर '56), 'दैनिक ट्रिब्यून' आदि सैकड़ों हिन्दी पत्र प्रकाशित हुए जिनके द्वारा नवयुग की चेतना के निर्माण में महत्त्वपूर्ण भूमिका निभायी गयी। जीवन के ज्वलन्त प्रश्नों की गवेषणा द्वारा पत्रों ने मानव-कल्याण का प्रयास किया।

'धर्मयुग' ('50), 'साप्ताहिक हिन्दुस्तान' ('50), 'ब्लिट्ज' ('62) और 'दिनमान' ('65) साप्ताहिक पत्रों के अतिरिक्त हजारों पाक्षिक और मासिक पत्रों ने सन् 1948 से 1974 के मध्य भारत में साहित्य, राजनीति, शिक्षा, वाणिज्य, कृषि, विज्ञान,

तकनीक, चिकित्सा, खेल, फ़िल्म, संस्कृति, धर्म के विविध पहलुओं पर प्रकाश डाला। पत्रों ने अपने विशाल कलेवर और प्रखर वाग्मिता के बल पर राष्ट्रोत्थान के सभी स्थूल और सूक्ष्म सन्दर्भों को समेट लिया जिनमें विषय-वस्तु के आधार पर कुछ उल्लेख पत्रों की चर्चा प्रस्तुत है :

साहित्यिक–साहित्य जन-मानस का दर्पण है। हित की भावना की इसमें प्रधानता होती है। समाज-हित के लिए ही साहित्यिक पत्र-पत्रिकाएँ प्रकाशित होती हैं। ये साहित्यिक पत्र-पत्रिकाएँ राजनीति के क्षुब्ध और उत्तेजित वातावरण से ऊपर उठाकर पाठकों को रस-सिक्त करती हैं। सामान्य समाचार-पत्र तो सागर ही लहर की तरह पाठकों को ऊपर उठाता है जबकि साहित्यिक पत्र-पत्रिकाएँ बुद्धिजीवियों के अन्तर्मन में बैठकर मानस को आनन्द विभोर करती हैं, उन्हें तृप्त करती हैं। आजकल की आपा-धापी में जब मानव कभी उदास होता है तो साहित्यिक पत्र उन्हें प्रेरित करता है उन्हें पूर्ण बनाता है। नव-निर्माण काल के प्रतिष्ठित दैनिकों ने प्रत्येक सप्ताह साहित्य सामग्री को प्रकाशित किया। साप्ताहिक, पाक्षिक, मासिक के रूप में ही साहित्यिक पत्र-पत्रिकाएँ अधिक प्रकाशित हुईं।

साहित्यिक पत्रिकाओं में विविध विधाओं से सम्बन्धित पत्रिकाएँ निकलीं। 'कविता', 'काव्य-दृष्टि', 'नयी कविता', 'अन्तराल', 'हेम', 'अनास्था', 'निकष' आदि कविताओं से सम्बन्धित पत्रिकाएँ थीं। हास्य-व्यंग्य से सम्बन्धित पत्रिकाओं में 'चुलबुल', 'ठिठोली', 'दीवाना', 'तेज', 'मसखरा', 'रंग', 'चकल्लस', 'लोट-पोट', 'मधु मुस्कान', 'व्यंग्य', 'हास्य-कलश', 'हिन्दी शंकर्स वीकली' आदि प्रमुख हैं। 'साहित्य सन्देश', 'चाणक्य', 'आलोचना', 'दृष्टिकोण', 'प्रकार', 'समीक्षालोक', 'समीक्षा', 'साहित्य लोचन' आदि आलोचना-समीक्षापरक पत्रिकाएँ रही हैं। अनुसन्धानपरक साहित्यिक पत्रिकाओं में 'अनुसन्धान', 'अभिनव भारती', 'गवेषणा', 'परम्परा', 'परिषद् पत्रिका', 'विश्व भारती पत्रिका', 'हिन्दी अनुशीलन', 'अनुसन्धान-भारती', 'अनुसन्धान पत्रिका', 'सम्मेलन पत्रिका', 'हिन्दुस्तानी' आदि महत्त्वपूर्ण हो चुके हैं। 'अन्तर्राष्ट्रीय कहानियाँ', 'कथालोक', 'कहानी', 'कहानीकार', 'निहारिका', 'सारिका', 'माया', 'मनोहर कहानियाँ' ने साहित्य की विभिन्न विधाओं की सृष्टि से पत्रकारिता को समृद्ध किया।

सांस्कृतिक पत्र-पत्रिकाएँ–मानव के आचार-व्यवहार, उत्सव-समारोह, कला-कौशल से सम्बद्ध सांस्कृतिक पत्र-पत्रिकाओं का प्रकाशन हिन्दी-जगत् में अधिक हुआ है। इन सांस्कृतिक पत्रिकाओं में धर्म-कर्म, सत्संग, विविध आयोजनों को प्रमुखता से छापा गया। 'पुराकल्प', 'मालिनी', 'रंगयोग', 'लोक संस्कृति', 'संस्कृति', 'कला-सुमन' जैसे सैकड़ों पत्रों ने संस्कृति की उदारता, व्यापकता एवं सर्वजन-कल्याण की भावना को उजागर किया।

शिक्षा सम्बन्धी पत्रिकाएँ–स्वतन्त्रता-प्राप्ति के बाद राष्ट्र-निर्माताओं का ध्यान शिक्षा के प्रसार की ओर गया। पत्रकारों ने शिक्षा में आमूल-चूल परिवर्तन की बात उठायी। बुनियादी शिक्षा, व्यावसायिक और तकनीकी शिक्षा को बढ़ावा देने के लिए 'नया शिक्षक', 'नयी तालीम', 'प्रौढ़ शिक्षा', 'नयी शिक्षा', 'भारतीय विद्या', 'भारती', 'राष्ट्र-निर्माता' प्रकाशित हुईं।

धार्मिक पत्र-पत्रिकाएँ–अपना देश धर्मपरायण है। यहाँ प्रारम्भ से ही धर्म से सम्बन्धित अनेक पत्र-पत्रिकाएँ छपती रही हैं। सनातन धर्म, बौद्ध धर्म, जैन धर्म, आर्य समाज आदि विभिन्न धर्मों के अपने-अपने पत्र हैं, इन पत्रों ने भारत के नव-निर्माण में अपनी महत्त्वपूर्ण भूमिका निभाई है। 'कल्याण', 'अखण्ड ज्योति', 'अध्यात्म', 'आर्यमित्र', 'भगवत दर्शन', 'प्रदीप', 'अमर भारती', 'श्री सर्वेश्वर' आदि सैकड़ों पत्रों ने 'सर्वजन हिताय सर्वजन सुखाय' की भावना को मुखरित किया है।

कृषि पत्रिकाएँ–जमींदारी उन्मूलन के साथ भारत में हरित क्रान्ति एवं श्वेत क्रान्ति को सफल बनाने में कृषि-पत्रिकाएँ आगे हैं। कृषि-जगत् के नये अनुसन्धान को पत्रों द्वारा किसानों तक पहुँचाया गया। कृषि, बीज, कीटनाशक दवाएँ, साक्षरता, सहकारिता, परिवार-नियोजन, समाज-शिक्षा के विविध पहलुओं पर प्रकाश डालने वाले पत्रों द्वारा किसानों तक पहुँचाया गया। कृषि, बीज, कीटनाशक दवाएँ, साक्षरता, सहकारिता, परिवार-नियोजन, समाज-शिक्षा के विविध पहलुओं पर प्रकाश डालने वाले पत्रों में 'हिमाचल कृषि सूचना', 'पंजाब हार्टिकल्चर बुलेटिन', 'युवा-रश्मि', 'खेती-किसानी', 'कृषि-भारती', 'कृषि सुधार', 'सेवाग्राम', 'गोसंवर्द्धन', 'कृषि-दर्शन', 'कृषक-क्रान्ति' आदि प्रमुख हो चुके हैं।

स्वास्थ्य सम्बन्धी पत्रिकाएँ–'कामये दुःखतप्तानांप्राणिनामार्त्तनाशनम्' के लक्ष्य से प्रेरित हो होम्योपैथी, एलोपैथी, आयुर्वेदिक, नैचुरोपैथी आदि सभी चिकित्सा सम्बन्धी विभागों से अनेक पत्र निकले जिनसे मानव जीवन को स्वस्थ रखने के उपायों पर प्रकाश डाला गया। 'आपका स्वास्थ्य', 'आयुर्वेद विकास', 'आरोग्य', 'धनवन्तरी', 'स्वस्थ जीवन', 'डॉक्टर भाई', 'आयुर्वेद सन्देश' आदि पत्रों ने कायिक, वाचिक और मानसिक स्वास्थ्य के विविध पहलुओं की ओर पाठकों का ध्यान आकर्षित किया। औषधि-निर्माण करने वाली कम्पनियों ने भी अपनी मासिक, त्रैमासिक पत्रिकाओं द्वारा अत्याधुनिक जानकारियाँ दीं।

विज्ञान-विषयक पत्रिकाएँ–आज़ादी के बाद विज्ञान पत्रकारिता का विकास हुआ जिसने जन-जन को विज्ञान से जोड़ दिया। तकनीकी, चन्द्रमा पर अवतरण, मानव-रहित अन्तरिक्षयानों की सफलता, ऊर्जा शिक्षा, परिवहन, कृषि सभी विज्ञान से सम्बद्ध हैं। विज्ञान विषयक पत्र-पत्रिकाओं में 'विज्ञान लोक', 'विज्ञान-कला', 'विज्ञान-प्रगति', 'विज्ञान दूत', 'विज्ञान भारती', 'विज्ञान डाइजेस्ट', 'अनुसन्धान', 'आविष्कार', 'लोक विज्ञान', 'बाल स्पूतनिक' आदि ने आधुनिक प्रगति का लेखा-जोखा सामान्य मानव तक पहुँचाया।

उद्योग सम्बन्धी पत्रिकाएँ–आज़ादी मिलते ही उद्योग-धन्धों की बढ़ोतरी की ओर पत्रकारों का ध्यान गया। व्यापारी, साहूकार, बैंक, दुकानदार, शेयर होल्डर तथा उपभोक्ता के हित-साधन के लिए पत्र-पत्रिकाएँ निकाली गयीं। जनतान्त्रिक देशों में दैनिक जीवन के राजनीतिक, आर्थिक, सामाजिक पक्षों पर प्रकाश डालने वाले पत्रों में व्यावसायिक पत्रों का प्रमुख हाथ होता है। व्यापारिक पत्र राष्ट्र की आर्थिक गतिविधियों का दर्पण सिद्ध होता है। 'उद्यम', 'खादी ग्रामोद्योग', 'व्यापार सन्देश', 'व्यापार उद्योग समाचार', 'आर्थिक चेतना', 'आर्थिक जगत्', 'योजना' आदि पत्रों में दैनन्दिन बाज़ार-भाव, उसकी समीक्षा, विविध व्यावसायिक गतिविधियाँ, अर्थ एवं मुद्रा सम्बन्धी समस्या, कराधान अधिनियम आदि प्रकाशित कर भारत के उद्योगों को समृद्ध किया। उद्योग पत्रकारिता की महत्ता इससे स्पष्ट है कि प्रत्येक दैनिक, साप्ताहिक, पाक्षिक और मासिक पत्र में उद्योग-व्यवसायों से सन्दर्भित स्तम्भ निकले।

चलचित्र सम्बन्धी पत्रिकाएँ–स्वतन्त्र भारतवासियों के लिए चलचित्र से बढ़कर कोई दूसरा प्रभावकारी माध्यम नहीं हुआ। फ़िल्मों की समीक्षा, सितारों का परिचय, चित्र-कथा, कार्टून, कथा-लेखकों, गीतकारों की विविध गतिविधियों पर प्रकाश डाला गया। फ़िल्म ब्रिटिश एसोसिएशन, फ़िल्म एडीटर्स एसोसिएशन तथा फ़िल्म जर्नलिस्ट सोसाइटी ने फ़िल्म से सम्बन्धित पत्र-पत्रिकाओं के प्रकाशन पर जोर डाला। 'उर्वशी', 'चित्रावली', 'चित्रा', 'माधुरी', 'रस-नटराज', 'सिनेमा पत्र', 'सिने समाचार', 'रम्भा', 'चित्रलेखा', 'मनोरंजन', 'मेनका', 'नवचित्रपट', 'प्रिया', 'रंगभूमि', 'फ़िल्मी दुनिया', 'फ़िल्मी कलियाँ' आदि पत्रों ने फ़िल्म-निर्माण, वितरण, प्रदर्शन एवं फ़िल्म उद्योग की आवश्यक जानकारी दी। स्वस्थ मनोरंजन हेतु हिन्दी के सभी दैनिकों ने स्थायी स्तम्भ के रूप में फ़िल्मी गतिविधियों को उजागर किया।

महिला सम्बन्धी पत्रिकाएँ–समाज की आधारशिला महिलाएँ होती हैं। सन् '47 के बाद नारी-जागरण एवं उनके चतुर्दिक् विकास के लिए महिला पत्रिकाएँ निकलीं। 'आर्य महिला', 'उषा', 'मनोरमा', 'गृहशोभा', 'बामा' ने स्त्रियों को प्रगति के पथ पर लाने का श्रेयस्कर कार्य किया। पत्र-पत्रिकाएँ सूचना देने के साथ रुचियों को परिष्कृत करती हैं। इनसे विचारों का दायरा विस्तृत होता है साथ ही जागरूकता विकसित करने में ये सहायक होती हैं। नव-निर्माण काल की पत्र-पत्रिकाओं ने महिलाओं को सही दिशा देने में महत्त्वपूर्ण भूमिका निभायी।

खेल सम्बन्धी पत्रिकाएँ–राष्ट्र के निर्माण में स्वस्थ नागरिकों का योगदान अकथनीय है। स्वस्थ नागरिक खेल और अभ्यास को महत्त्व देते हैं। खेल-कूद जीवन का एक अनिवार्य अंग है जिसके उन्नयन हेतु खेल पत्रिकाएँ प्रकाशित हुईं। 'क्रिकेट सम्राट', 'खेल-खिलाड़ी', 'भारतीय कुश्ती', 'खेल युग', 'स्पोर्ट्स वीक', 'खेल भारती' आदि पत्रों ने क्रीड़ा-जगत् पर आलोक बिखेरा। ऐसे तो हिन्दी के सभी पत्र स्वास्थ्य, एथलेटिक्स, खेल-कूद सम्बन्धी बातों को जनता तक पहुँचाते थे किन्तु इन पत्रों ने महत्त्वपूर्ण बातों को अधिक विस्तार के साथ लिखा।

बाल सम्बन्धी पत्रिकाएँ–बालक जिज्ञासु वृत्ति के होते हैं। उनके प्रश्नों के समाधान हेतु आज़ादी के बाद अनेक पत्र निकाले गये। मनोवैज्ञानिक ढंग से बालकों को आदर्श नागरिक बनाने के निमित्त 'चन्दामामा', 'राजा भैया', 'बाल-भारती', 'पराग', 'नन्दन', 'चुन्नु मुन्नु', 'बालक', 'लोट-पोट', 'चम्पक' आदि बाल पत्रिकाओं ने रोचक एवं प्रेरक सामग्री प्रस्तुत की।

अपने यहाँ सन् 1974 में सर्वाधिक पत्र हिन्दी में छपते थे। हिन्दी में जहाँ 3200 पत्र निकलते थे वहीं अंग्रेज़ी पत्रों की संख्या 2453 थी। इस प्रकार नव-निर्माण काल में हिन्दी के पत्रों ने अंग्रेज़ी के पत्रों को हतप्रभ किया। सन् 1971 में प्रेस रजिस्ट्रार की रिपोर्ट के अनुसार विगत वर्षों की अपेक्षा हिन्दी पत्रों की बिक्री लगभग दो लाख बढ़ी। हिन्दी में दैनिक पत्रों की संख्या सबसे अधिक थी—222। पत्रिकाओं की संख्या में भी हिन्दी सबसे ऊपर रही—3116। सन् 1971 में प्रकाशित नये पत्रों की संख्या भी हिन्दी में सबसे अधिक बढ़ी। हिन्दी 422, अंग्रेज़ी 143 और उर्दू 107। इस प्रकार हिन्दी पत्रकारिता में उल्लेख्य प्रगति हुई।

पत्र-पत्रिकाएँ सामाजिक, सांस्कृतिक, आर्थिक चेतना की दैनन्दिनी होती हैं। स्वातन्त्र्योत्तर हिन्दी पत्रकारिता ने मानव-मन में स्वाभिमान का भाव भरा, जन-जागरण का सन्देश प्रसारित किया तथा सुधार, परिष्कार, विकास का कार्य किया। समानता, स्वतन्त्रता और भाई-चारे की नींव पर नये भारत के नव-निर्माण की दिशा में पत्र-पत्रिकाओं ने उल्लेख्य भूमिका निभाई। साहित्यिक, सांस्कृतिक अभिरुचि के विकास के साथ ही आर्थिक वैज्ञानिक उन्नति के लिए भारत के पत्रों ने सन् 1947 से 1974 तक जिस समर्पित भावना से चतुर्दिक् सुधार सम्बन्धी कार्यों को सम्पादित किया, वह अविस्मरणीय है।

युगीन भावबोध के साथ ही भाषा-आन्दोलन हिन्दी के पत्र-पत्रिकाओं द्वारा मुखरित हुआ। हिन्दी का आदर्श रूप स्थिर करने, लोकरुचि का परिष्कार करने तथा साहित्य की विविध विधाओं के समुन्नयन में हिन्दी पत्रों का महत्त्वपूर्ण अवदान है। साहित्य डिग्रीधारी प्रबुद्धवर्ग की वस्तु नहीं है उसका सम्बन्ध जनसामान्य से है, और होना भी चाहिए इस तथ्य को पत्रकारिता ने सुस्पष्ट किया। हिन्दी के साप्ताहिक, पाक्षिक, मासिक पत्रों में रोचक कहानी, मन को बाँधने वाली कविता और धारावाहिक उपन्यास मिले हैं जिनसे साहित्य की श्रीवृद्धि हुई। दैनिक पत्रों के साप्ताहिक संस्करणों ने साहित्यिक गतिविधियों, विकास-प्रक्रिया और गतिशीलता को प्रकट किया। हिन्दी गद्य काल के निबन्ध, जीवनी, आत्मकथा, यात्रा-वृत्त, गद्यगीत, संस्मरण, रेखाचित्र, रिपोर्ताज, डायरी, आलोचना, समालोचना, समीक्षा, फ़ीचर, भेंटकर्ता, पत्र-साहित्य आदि विधाओं को पल्लवित-पुष्पित करने में स्वातन्त्र्योत्तर पत्र-पत्रिकाओं की महती भूमिका रही है। राजनीतिक षड्यन्त्रों, सामाजिक फेर-बदल और वैज्ञानिक उपलब्धियों के बीच नव-निर्माण काल की पत्रकारिता ने साहित्यिक अभिरुचि के विकास का ऐतिहासिक कार्य किया।

भौतिक, बौद्धिक और वैज्ञानिक चेतना को सांस्कृतिक आवरण में सुसज्ज बनाने का प्रशंसनीय कार्य हिन्दी पत्र-पत्रिकाओं द्वारा हुआ। शाश्वत मूल्यों के विकास में हिन्दी पत्रकारिता सदैव अग्रणी रही। नैतिक और धार्मिक मूल्यों की प्रतिष्ठा के लिए ऋषि-मुनियों, सन्तों से सम्बन्धित प्रसंग, पौराणिक आख्यानों पर आधारित तप, त्याग, उपासना, सेवा-भावना आदि को उजागर कर हिन्दी के पत्रों ने सांस्कृतिक अभिरुचि का विकास किया। लोभ, स्वार्थ, ईर्ष्या, द्वेष से दूर रखकर पाठकों को सत्कर्म हेतु प्रेरित करने की दिशा में हिन्दी के सांस्कृतिक पत्र-पत्रिकाओं की भूमिका उल्लेखनीय थी।

विज्ञान, तकनीक, इलेक्ट्रॉनिक, कम्प्यूटर ने जन-जीवन में क्रान्तिकारी परिवर्तन उपस्थित किया। हिन्दी के अनेक पत्रों ने वैज्ञानिक अनुसन्धानों को जनता तक पहुँचाया और उनके जीवन को उन्नत बनाया। स्वयं पत्रकारिता भी नूतन आविष्कार से प्रभावित हुई और उसका कायाकल्प हुआ। पलक मारते समाचारों को प्राप्त करना, बड़ी मात्रा में पत्रों का अत्यल्प समय में उत्पादन तथा रंग-बिरंगी छपायी से युक्त स्वातन्त्र्योत्तर हिन्दी पत्रकारिता समृद्ध हुई। स्वास्थ्य-चिकित्सा, खेल, मनोविनोद, फ़िल्म, कृषि, उद्योग व्यवसाय से सम्बद्ध हिन्दी पत्रकारिता के चरम उत्कर्ष का भव्य रूप सन् '48 से '74 तक की अवधि में द्रष्टव्य है।

स्वतन्त्रता प्राप्ति के पश्चात् राष्ट्र में नयी चेतना आयी। सामाजिक, राजनीतिक, धार्मिक, जगत् ने अँगड़ाई ली। सुषुप्त कुंठित चेतनाएँ जाग्रति हुईं जिसने नव-निर्माण हेतु संघर्ष-रत होने की प्रेरणा दी। हिन्दी पत्रों ने भारतवासियों के मन में

स्वाभिमान, आत्मरक्षा का भाव, अस्तित्त्व के लिए उद्‌बोधन और बौद्धिक क्षमता के सम्यक् विकास का भाव भरा। समानता, स्वतन्त्रता, भ्रातृत्व, सर्वोदय, सर्वधर्म समभाव की नींव पर आदर्श राष्ट्र को गढ़ने में पत्रकारिता की अहम् भूमिका थी। भारतीय जनमानस में नवोन्मेष, नवजाग्रति और नवनिर्माण के भाव भरकर राष्ट्र के समग्र विकास के लिए समर्पित हिन्दी पत्रों ने संजीवनी बूटी का कार्य किया। नवोदित देश के लिए पत्रकारिता प्राणधारा बन गयी।

स्वतन्त्रता प्राप्ति के पश्चात् हिन्दी पत्रों ने जहाँ एक ओर बहुमुखी विकास का मार्ग प्रशस्त किया वहीं राष्ट्रभाषा को सर्वाधिक उपयोगी बनाने का सफल प्रयास किया। दैनिक जीवन में बोलचाल के शब्दों के प्रयोग, नवीन शब्दों क निर्माण द्वारा पत्रों ने जनभाषा का शिल्पायन किया। बड़े और जटिल वाक्यों के स्थान पर छोटे और सरल वाक्यों के द्वारा भाषा को स्वाभाविक और बोधगम्य बनाया। क्रान्तिकाल के सेनानी पत्रकारों के सहयोगी *रतनलाल जोशी, कालिकाप्रसाद दीक्षित 'कुसुमाकर', रामनारायण चौधरी, अशोकजी, योगीन्द्रपति त्रिपाठी, श्री प्रकाश, रामकृष्ण रघुनाथ खाडिलकर, मुकुन्दीलाल श्रीवास्तव, दिनेश दत्त झा, वेंकटलाल ओझा, सोहनलाल द्विवेदी, वियोगी हरि, क्षेमचन्द्र 'सुमन', कृष्णदत्त पालीवाल* थे। इन पत्रकारों के व्यक्तित्त्व में विद्वत्ता और सरसता, पांडित्य और विदग्धता, गम्भीरता और विनोदमयता थी। वे वैचारिक धरातल पर पूर्णतः परिपक्व थे। उनमें 'हीरोपन' और 'ग्लैमर' नहीं था। वे जन-कल्याण के प्रति कटिबद्ध थे। वे निस्पृह थे, 'स्व' के स्थान पर 'सर्व' के प्रति समर्पित थे। नव-निर्माण की दिशा में आगे बढ़ने वाले पत्रकारों में सामान्य जनता के प्रति सहानुभूति थी, उनमें दर्द था, अनुराग था। पत्रकारों ने धन और भोग-विलास को ताक पर रखकर समाज की सच्चाई प्रकट की। उनकी अभिव्यक्ति इतनी प्रौढ़ और प्रभावकारी थी कि सबके दिल और दिमाग पर गहरा असर हुआ। उन लोगों ने फाका, नग्नता और आर्थिक पराधीनता को प्रस्तुत करने के लिए कभी अश्लीलता का सहारा नहीं लिया। राष्ट्रीय जीवन की आशा-निराशा, मोह-मोह-भंग, सफलता-असफलता से गुजरते हुए हिन्दी पत्रकारों ने अपनी आवाज़ और प्रतिष्ठा अर्जित की।

स्वाधीनता होते ही प्रबुद्ध पत्रकारों ने इस तथ्य पर चिन्तन-मनन किया कि 'वार्तामूलोह्ययं लोकः' अर्थात् इस संसार में जीवन का मूल 'वार्ता' है। 'वार्ता' के सहारे ही मानव सुख पाता है। यह 'वार्ता' है क्या? 'कृषिपशुपाल्येवाणिज्या च वार्ता', मन्तव्य यह कि कृषि, पशुपालन एवं वाणिज्य इन तीनों की सूचना ही 'वार्ता' है। देखा जाये, तो स्पष्ट होगा कि सन् 1948 से '74 तक भारत में कृषि के क्षेत्र में हरित क्रान्ति, पशुपालन के क्षेत्र में श्वेत क्रान्ति, लघु कुटीर उद्योग एवं बड़े कल-कारखाने के सम्बन्ध में उपयोगी वार्ता को प्रसारित कर पत्रकारों ने समृद्ध भारत को विश्व मंच पर प्रतिष्ठित किया। राजनीतिक, सामाजिक, सांस्कृतिक, आर्थिक, औद्योगिक और वैज्ञानिक उपलब्धियों के साथ हिन्दी पत्रकारिता ने अनुभूति के नए आयामों को उद्‌घाटित किया। समाज-सेवा, सर्वधर्म समभाव, लोक-नीति, भूदान-ग्रामदान, ग्राम-स्वराज्य, खादी-ग्रामोद्योग, गाँधी-विनोबा, नेहरू-जयप्रकाश से सन्दर्भित अनेक पत्रों ने राष्ट्र को समग्र विकास की दिशा में अग्रसर करने हेतु स्वस्थ व्यवस्था की कामना की। उस समय के पत्रों ने राजनीति को कभी व्यक्तिगत नहीं बनने दिया और घटनाओं को सनसनीखेज नहीं बनाया। अतिवादी विचारों से जुड़े कुछ पत्र उस समय अवश्य थे। हमें जानना चाहिए कि अतिवादी विचारों में भी कुछ-न-कुछ महत्त्वपूर्ण और बुद्धि-संगत बातें होती हैं क्योंकि जब कोई व्यक्ति किसी दृष्टिकोण के प्रति समर्पित होता है तो उसमें भी सार्वजनिक हित के प्रति चिन्ता प्रकट होती है। नव-निर्माण काल के पत्र समय, सत्ता और संघर्ष की समझ वाले थे। सरकार की हाँ में हाँ न मिलाकर पत्रों ने विरोध, आलोचना, निन्दा, भर्त्सना के स्वर को मुखरित किया। सत्ताधारी के कोप का शिकार बनकर कुछ पत्रों ने सरकार की विकृतियों का पर्दाफाश किया एवं स्वस्थ समाज के निर्माण में वे आगे रहे। अधकचरे, महत्त्वाकांक्षी, दृष्टिहीन समाजसेवियों को सत्य पथ पर लाने का कार्य निर्भीक पत्र-पत्रिकाओं ने किया। नये संकल्प, नयी प्रौढ़ दृष्टि के कारण हिन्दी पत्रकारिता शक्ति संचय की नयी विधा बन गयी। इस काल-खण्ड के सम्पादक स्वस्थ जीवन-दृष्टि से सम्पन्न थे। वे प्रलोभन या भय से डिगे नहीं। राजकीय सम्मान से दूर रहकर सम्पादकों ने न तो 'स्वान्तः सुखाय' न तो 'स्वामिन : सुखाय' वरन् 'लोक हिताय' का मार्ग अपनाया। वे जीवन के, धरती के, जनता के श्रम के और न्याय के पत्रकार थे। उन्होंने अपने समय के हर्ष-अमर्ष, राग-विराग, आशा-उत्साह, प्रगति-निर्माण के स्वर को मुखरित किया।

हिन्दी पत्रों की भाषा में कसावट, स्फटिकतुल्य पारदर्शिता एवं तर्कसंगत विचारगुंफन थी। कम-से-कम शब्दों में अधिकाधिक अर्थबोध कराने की प्रवृत्ति से भाषा की व्यंजना शक्ति बढ़ी। हिन्दी शब्दों को नयी अर्थवत्ता दी गयी। नव-निर्माण काल की पत्रकारिता ने हिन्दी के स्वरूप को सुस्थिर किया, उसमें समरसता, प्रांजलता, गाम्भीर्य, व्यंजना प्रणवता तथा अभिव्यक्ति क्षमता भर दी। भाषा सर्वत्र विषयानुकूल रही। हिन्दी को परिष्कृत, परिमार्जित और व्यापक बनाने में परिपक्व पत्रकारों की महती भूमिका थी। पत्रों में ज्ञान का आलोक, चिन्तन की गहराई और भावोद्रेक की तरलता एक साथ लक्षित हुई। नव-निर्माण काल के हिन्दी गद्य में पांडित्य और चिन्तन के साथ ही सहजता और सरसता का अद्भुत समन्वय था। प्रभावग्राहिणी प्रज्ञा और भावोच्छ्‌वसित शैली में पत्रकारों के व्यक्तित्त्व की दृढ़ता, विचारों की सत्यता, अन्याय के प्रति आक्रोश, सहृदयता, उदारता और मानवीय करुणा की झलक उल्लेख्य है। यथार्थ जीवन की अनुभूतियों से पत्रों में कभी-कभी कविता का सौन्दर्य दीख पड़ा। नये मुहावरों, नयी लोकोक्तियों, नयी सूक्तियों से हिन्दी को समृद्ध बनाने में पत्र अविस्मरणीय रहे हैं। उनमें शब्द-निर्माण के साथ जगह-जगह पर शब्द-चमत्कार प्रदर्शन की क्षमता थी। वार्तालाप में विदग्धता, परिस्थिति के चित्रण में नाटकीयता और वाक्य-विन्यास में विविधता के कारण हिन्दी पत्र आकर्षक थे।

पराधीनता की समाप्ति के साथ ही हिन्दी पत्र-पत्रिकाओं ने नयी यथार्थ चेतना, नयी ताजगी, नये लक्ष्य की सिद्धि हेतु नया संकल्पवान जन-मानस तैयार किया। इसी समय अधिक व्यापक, अधिक सार्थक और विधायक हिन्दी पत्रकारिता पनपी। हिन्दी के राष्ट्रभाषा हो जाने के कारण पूँजीपति, नेता और पत्रकार हिन्दी में पत्र निकालने की होड़ करने लगे। प्रतिष्ठित अंग्रेज़ी पत्रों के हिन्दी संस्करण निकलने लगे। हिन्दी पत्र-पत्रिकाओं की संख्या अप्रत्याशित रूप में बढ़ गयी। सन् 1965 में हिन्दीभाषी पूज्य *लाल बहादुर शास्त्री* ने पाकिस्तानी आक्रमण का मुँहतोड़ जवाब दिया तो अंग्रेज़ी की पत्रकारिता हिन्दी पत्रकारिता के सम्मुख हतप्रभ हुई। हिन्दी पत्रकारिता ने शानदार विकास-यात्रा पूरी की। अंग्रेज़ी पत्रकारिता 'स्कूप' के सहारे रेंगती रही जबकि हिन्दी पत्रकारिता का 'स्कोप' बहुमुखी था। राजनीतिक-सामाजिक आचरण के मूलभूत सिद्धान्तों के विवेचन, भाषा, साहित्य और संस्कृति से आत्मीय भाव-स्थापन, ज्ञान-विज्ञान, मानवीय संवेदना के नूतन आयामों के उद्‌घाटन में हिन्दी पत्रकारिता अग्रगण्य थी। नयी प्रेरणा, नये बोध, नये तेवर, नये कलेवर में नित-नूतन स्तम्भों वाले पत्र हिन्दी जगत् में पाठकों के कंठहार बन गये।

वस्तुतः बहुविध रस गन्ध से प्रभावित हिन्दी पत्रकारिता विषय-वस्तु, शिल्प और दृश्य बोध के कारण विस्तृत आयामी हुई। लोकजीवन की सम्पृक्तता, राष्ट्र-निर्माण की मुखर चेतना एवं सांस्कृतिक परम्परा के दाय के वहन की दृष्टि से नव-निर्माण काल की हिन्दी पत्रकारिता उत्कृष्ट सिद्ध हुई। घर्षण, छेदन, ताप-ताड़न की विविध स्थितियों से गुजरकर स्वर्ण दीप्तिमान होता है, ऐसे ही उद्‌बोधन, जागरण एवं क्रान्ति की विकट परिस्थितियों की चुनौती को सहकर हिन्दी पत्रकारिता गौरवदीप्त हुई। अतः सन् '48 से '74 तक के काल-खण्ड को हिन्दी पत्रकारिता का स्वर्ण-काल कहा जा सकता है। क्रान्तिकाल के समर्पित सम्पादकों ने समाज-सेवा, राष्ट्र-रचना, एवं भारतवर्षोन्नति के पावन लक्ष्य से प्रेरित हो बुद्धि-सागर का मन्थन कर रचनात्मक भावों का नवनीत प्रदान किया जो हिन्दी पत्रकारिता की शाश्वत विभूति है। अडिग दृढ़ता, सेवा-भाव, बौद्धिकता और मनोवैज्ञानिक निगूढ़ता से सम्पन्न पत्रकार नव-निर्माण के उपराजेय सैनिक बने। उन्होंने हिन्दी पत्र-जगत् को सशक्त बनाया, उसे सामाजिक सम्बन्धों, विसंगतियों एवं आन्तरिक द्वन्द्वों को व्यक्त करने में सक्षम बनाया, नवीन कलात्मक विधाओं का विकास किया और सब मिलाकर उसे राष्ट्रीय गरिमा प्रदान की। माँगलिक दृष्टि, सांस्कृतिक चेतना और लोक सम्पृक्ति से परिपूर्ण हिन्दी के पत्र कथ्य और शिल्प दोनों दृष्टियों से समुन्नत थे। कारयित्री प्रतिभा, परिष्कृत भाषा और मनोहारी शैली ही नहीं बल्कि राजनीतिक, सामाजिक, सांस्कृतिक और साहित्यिक उत्कर्ष से परिपूर्ण हिन्दी पत्रकारिता के इस काल को स्वर्ण काल कहना प्रखर, तपःपूत पत्रकारों के प्रति कृतज्ञता ज्ञापित करना है। असीमित वर्ण्य-विषयों को समेटे हिन्दी पत्रकारिता ने राष्ट्रोत्थान के स्थूल और सूक्ष्म सभी सन्दर्भों को अपने पारस स्पर्श से शुभद-सुखद स्वर्ण बना दिया। पत्रकारिता के नव्य भव्य रूप को देखकर लेखक ने तुकबन्दी की :

युग क्रान्ति कसौटी पर कंचन सा दीप्तिमान,
स्वाधीन देश को मंगल-गीत सुनाते थे।

जड़ता, तन्द्रा, नैराश्य तमस को कर विदीर्ण
स्वर्णिम प्रभात हित पत्र प्रभाती गाते थे।
परवाह नहीं करते किंचित् सुख-सुविधा की
कर्तव्य बुद्धि से सृजन मार्ग दिखाते थे।
हम भारतीय को देते थे नित सम्बल जो
वे पत्रकार औ र पत्र सराहे जाते थे॥

वास्तव में, नव-निर्माण काल हिन्दी पत्रकारिता में अपना विशिष्ट महत्त्व रखता है। इस काल में ओजस्वी, तेजस्वी, आदर्श पत्रकारों की एक लम्बी शृंखला थी जिनसे तर्कप्रधान विश्लेषण और आत्मविश्वास की गरिमा से युक्त रचनाधर्मी अनेक पत्र सम्पादित हुए, जिनके द्वारा पाठकों को नयी भाव-भूमि पर प्रतिष्ठित किया गया। ऐसे स्तुत्य पत्रकारों को यदि हिन्दी जगत् से निकाल दिया जाये तो पत्र-जगत् अस्तित्वहीन हो जायेगा।

अतः असन्दिग्ध रूप से हिन्दी पत्रकारिता के इतिहास में नव-निर्माण काल 'स्वर्ण-काल' के विशेषण से विभूषित करने योग्य है जिसमें दैनिकों, साप्ताहिकों, पाक्षिकों एवं मासिक पत्रों का अपूर्व वैभव था। जीवन में वरेण्य मूल्यों के विकास हेतु *सर्वश्री कृष्णचन्द्र अग्रवाल, आनन्द जैन, डोरीलाल अग्रवाल, डॉ. भगवानदास अरोड़ा, बालेश्वर प्रसाद अग्रवाल, महावीर अधिकारी, राजेन्द्र अवस्थी, रमेशचन्द्र चौधरी, आरिगपुडि, गणेशदत्त शर्मा 'इन्द्र', गणेश मन्त्री, कमलेश्वर, गंगाशरण सिंह, शिवकुमार गोयल, प्रेमनाथ चतुर्वेदी, चन्दूलाल चन्द्राकर, चन्द्रगुप्त विद्यालंकार, लाला जगतनारायण, कर्पूरचन्द्र 'कुलिश', मनोहर श्याम जोशी, के.एम. मुंशी, रामानन्द दोषी, प्रभाष जोशी, कन्हैयालाल नन्दन, राहुल बारपुते, शरद जोशी, माणिकचन्द्र बोन्द्रिया, श्री दत्त भारद्वाज, रघुवीर सहाय, लल्लन प्रसाद व्यास, सीताराम चतुर्वेदी, लक्ष्मीशंकर व्यास, चन्द्र कुमार, विद्याभास्कर, सत्येन्द्र कुमार गुप्त, जगदीश प्रसाद चतुर्वेदी, ईश्वरचन्द्र सिन्हा, ठाकुरप्रसाद सिंह, डॉ. वेदप्रताप वैदिक, वचनेश त्रिपाठी, काशीनाथ त्रिवेदी, भानुप्रताप शुक्ल, जयप्रकाश भारती, आर. के. करंजिया, हीराप्रसाद चतुर्वेदी, पूर्णचन्द्र गुप्त, नरेन्द्र मोहन, डॉ. धर्मवीर भारती* सदृश सैकड़ों ख्यातिलब्ध पत्रकारों की साधना थी जिनकी पत्रकारिता ने सुरुचिपूर्ण संस्कार विकसित किया, नैतिक चरित्र निर्माण की प्रेरणा दी तथा पाठकों को महान् भारत के निर्माण के लिए उत्प्रेरित किया। सारांश यह है कि जन-सेवा, सुधार, नवोन्मेष, कलात्मक अभिरुचि के साथ ज्ञान-विस्तार की दिशा में सन् '48 से '74 तक की हिन्दी पत्रकारिता अपना स्वर्णिम स्थान प्राप्त कर चुकी है जो सतत् स्मरणीय है।

42

आधुनिक-काल
(Modern Period)
(1975 ई. से ...)

सुर्खियों में झूठ ने पायी जगह
बदचलन अदबी रिसाले हो गये।

× × ×

What is one man's news in another man's trouble.

—Finley Peter Dunne

× × ×

हर सुबह नयी एक तबाही का जिक्र है।
शोले बने हैं आग के अख़बार इन दिनों॥

× × ×

सिर्फ़ हंगामा खड़ा करना मेरा मक़सद नहीं।
मेरी कोशिश है कि ये सूरत बदलनी चाहिए॥

× × ×

अख़बार शैतान का कारखाना है।

× × ×

"You can no longer say "Let truth prevail", But "Whatever prevails in the market place is the truth."

—Dileep Padgaonkar

× × ×

"समाचार-पत्र अपनी गैर-ज़िम्मेदारी से स्वयं ही मिट्टी तेल के मोल का नहीं हो जाता किन्तु वह देश के अनेक महान् अनर्थों का उत्पादक और पोषक भी हो जाता है।"

—पं. माखनलाल चतुर्वेदी

× × ×

"थर्मामीटर को खुद का बुखार नहीं होता इसीलिए वह दूसरों का बुखार नाप सकता है। जिसको खुद का बुखार होता है, वह दूसरों का बुखार नहीं नाप सकता। इसी तरह जिसे खुद का कोई विकार न हो वही दूसरों को सम्यक् वाणी दे सकता है। जिसके खुद का विकार हो वह निर्विकार विचार नहीं दे सकता।"

—आचार्य विनोबा भावे

× × ×

"Wanted an editor for the daily; the applicant need not be a journalist."

हिन्दी साहित्य के इतिहास में भक्ति-काल (स्वर्ण युग) के बाद रीतिकाल का प्रादुर्भाव हुआ, जिसमें भाव पक्ष दुर्बल पड़ गया और कला पक्ष प्रबल हो गया। 'लोगन कवित्त कीबो खेल करि जानो है' के क्रम में वर्तमान काल की पत्रकारिता भी कुछ इसी प्रकार की हो रही है। पत्र निकालना अब काले को सफेद करने, सफेद को काला करने एवं राजनीति में पैर रखने का एक सुगम सोपान बन गया है। शिक्षितों के लिए पत्रकारिता नौकरी बन गयी है तथा नौकर-मालिक-सम्बन्धी जितनी बुराइयाँ हो सकती हैं, सभी का प्रवेश पत्रकारिता में हो चुका है। सन् 1975-76 में आपातकाल के दौर में पत्रकारिता का भाव पक्ष, विचार-वैभव श्रीहत् हो गया, मुद्रण कला में नूतन आविष्कारों के कारण पत्रों के स्वरूप में कलात्मक निखार आया। सेंसर के चलते कुछ समय तक पत्र-पत्रकारों की आवाज़ दब गयी परन्तु उनमें आकुलता-व्याकुलता थी। आपातकाल की समाप्ति के पश्चात् पत्रकारिता के विविध रूप सामने आये। नियन्त्रण का बाँध जब टूटा तो स्वच्छन्दता का पानी चारों तरफ बिखर गया। उसे बाँधने, बहाने का अपने-अपने ढंग से प्रयास हुआ। किसी का घर बह गया तो किसी ने अपना तालाब भरकर मछलियों का धन्धा प्रारम्भ कर दिया। अब स्वार्थ-सिद्धि के लिए पत्रकारिता का उपयोग हो रहा है। स्पर्धा-संघर्ष के वर्तमान युग में अर्थ-सम्पन्न बुद्धिजीवियों द्वारा अनेक प्रकाशन-गृह स्थापित हुए जहाँ से लोक-रुचि के अनुरूप पत्रों का बेतहाशा प्रकाशन हो रहा है। पत्र-प्रकाशन एक सम्मानप्रद लाभकारी व्यवसाय हो चला है। पत्रकारिता में अब 'मिशन' के स्थान पर 'प्रोफेसन' शब्द समादृत हो गया है। शुद्ध सेवा-भावना का लोप होते ही अर्थ-लाभ की प्रबल लिप्सा ने पत्रकारिता को अपना शिकार बना लिया। धन की प्रधानता तो समाज को उलट-पलट देती है। जो लोग पत्र-प्रकाशन में पूँजी लगाते हैं, वे उस धन से धन की उगाही में अहर्निश नये-नये उपक्रम रचते रहते हैं। पत्रों के अधिक प्रसार से अधिक विज्ञापन मिलता है, अतः अधिक प्रसार हेतु पाठकों की दमित इच्छाओं की पूर्ति हेतु चुटीले, चटकीले, रसीले, गरबीले, नशीले मामले सचित्र छापने में होड़ लगी हुई है। इसी से उनका व्यवसाय दिनानुदिन समृद्ध होता जा रहा है। वस्तुतः साम्प्रतिक पत्रकारिता व्यवसायोन्मुखी हो चली है। व्यवसायी पत्रकारों के लिए सुमेरु पहाड़ की चोटी भी बहुत ऊँची नहीं है, उसके लिए रसातल भी अधिक नीचे नहीं है, वह उद्यमी हर क्षेत्र में हर सम्भव कार्य को पूरा कर सकता है।

वर्तमान युग में धन की प्रधानता है। धन के कारण निन्दनीय भी वन्दनीय हो रहा है। धन से ही सभी धर्म साध्य हो रहे हैं। धन भाग्य की गठरी है, अतः सभी धन के पीछे दीवाने हो चले हैं। इसी धन की प्राप्ति के लिए पत्रकार भी व्यवसायी बन रहा है। व्यवसायपरक शिक्षा के लिए आन्दोलन चलाया जा रहा है, पत्रकारिता युगानुरूप अर्थोपार्जन में लग रही है। पत्रकारिता और प्रकाशन-माध्यम घोर व्यावसायिक प्रतिष्ठानों के अधीन हैं। पत्र-व्यवस्था का केन्द्र पैसा है। पत्रकारिता की मूलभूत आधारशिला समाचार समितियाँ हैं जो उद्योग के रूप में प्रतिष्ठित हो रही हैं। पत्रकारिता में पहले भावुकता का प्राबल्य था, लक्ष्य-विशेष से प्रेरित होकर पत्रकार त्याग, तपस्या और आत्म-बलि हेतु सदैव तत्पर रहता था। नित-नूतन यन्त्रों के आविष्कार तथा अत्याधुनिक संचार साधनों के विस्तार से पत्र-प्रकाशन व्यवसाय हो चला है। पत्र-जगत् में योजना-चातुर्य और संगठन-कौशल की अपरिहार्यता आयी। सम्पादक की अपेक्षा प्रबन्ध सम्पादक का महत्त्व बढ़ गया। सम्प्रति पत्रकारिता में व्यावसायिकता की प्रधानता सुस्पष्ट है।

निर्माण के बाद बहुमुखी विकास होता है। सन् 1975 से आज तक की अवधि, जिसे वर्तमान काल के नाम से अभिहित किया गया है, पत्रकारिता के बहुआयामी विकास का काल है। मनोरम मुद्रण, विशिष्ट साज-सज्जा तथा ताजे समाचारों को पाठकों तक पहुँचाने के लिए पत्रों में प्रतिद्वन्द्विता ठन गयी है। पत्रों के आकार बड़े हो गये हैं, उनमें विविधता आ गयी है। विषय-वस्तु, दृष्टि और प्रकाशन-शैली की अनेकरूपता के कारण पत्रों में वैविध्य है। आज के पत्रकारों की दृष्टि विकसित हुई है, उनकी चेतना परिवेश में अधिक पैठी है और उसी गहनता के साथ मुखरित भी हुई है। वर्तमान के सन्त्रास, आतंक, भय, घुटन, जिजीविषा और कुंठा के साथ समाज में व्याप्त विवाद, अपवाद, प्रवाद और अवसाद की अभिव्यक्ति में पत्रकारों ने सफलता प्राप्त की है। आम आदमी की तरह पत्रकार संघर्ष करते हैं, अंचल के जीवन यथार्थ को चित्रित करते हैं। कहीं काल्पनिक ऊहापोह का सहारा लिया जाता है तो कहीं नग्न सत्य के उद्घाटन की होड़ है।

आजकल पत्र-जगत् असीम है, उसमें फैलाव है, व्यापकता है। पत्रों के तेवर और कलेवर भिन्न रूपात्मक हैं। कहीं-कहीं पत्र 'दुम दबाऊ' और 'हिज मास्टर्स वायस' (जी-हुजूर) के प्रतीक हैं तो कहीं अटूट आदर्शवादी हैं। कहीं पत्रकारों का ढीला पड़ता दायित्व-बोध है तो कहीं दायित्व के प्रति समर्पित भावना है। एक ओर गपशपवाली, सनसनीखेज, चटखारेदार, रहस्य-रोमांच की धूम मची है तो दूसरी ओर विश्लेषणात्मक, गम्भीर, चिन्तनपरक पत्रकारिता समृद्ध हो रही है। अनुवाद की उच्छिष्ट पत्रकारिता से संस्कृति प्रभावित हो रही है तो धर्म सम्पृक्त पत्र-पत्रिकाओं से जन-मानस का उन्नयन हो रहा है। खोजी पत्रकारिता के नाम पर यौन, बलात्कार, राजनीतिक दाँव-पेंच का उद्घाटन हो रहा है तो इसके साथ ही गम्भीर विषयों से सम्बद्ध गरिमापूर्ण सामग्री भी प्रकाशित हो रही है। कहीं-कहीं पूँजीवादी अभिजात वर्ग की जन-विमुख पत्रकारिता सिर उठा रही है तो वहीं जनवादी प्रगतिशील पत्रकारों द्वारा मानवता को सुप्रतिष्ठित किया जा रहा है। आज की हिन्दी पत्रकारिता पहले की अपेक्षा अधिक वैविध्यपूर्ण, अधिक व्यापक और अधिक जीवन-सापेक्ष हो गयी है।

देखा जाता है कि आजकल की हिन्दी पत्रकारिता समाचार एवं सामयिक सन्दर्भ, धर्म-दर्शन, साहित्य-संस्कृति, स्वास्थ्य-चिकित्सा, विज्ञान-तकनीक, खेल-कूद, उद्योग-व्यवसाय, चलचित्र, आकाशवाणी-दूरदर्शन, बाल-जगत्, कृषि-जगत् एवं मानव-जीवन के प्रत्येक क्षेत्र से सम्बद्ध है। राजनीति और समाज में सुधार, साहित्यिक-सांस्कृतिक अभिरुचि के विकास, भाषा-शिल्प के उन्नयन, जन-जागरण, नवोन्मेष एवं स्वस्थ मनोविनोद के पावन उद्देश्य को पूर्ण करने में पत्रकारिता अभूतपूर्व ढंग से कार्य कर रही है। अतः बहुआश्रयी, बहुआयामी पत्र-जगत् के विविध स्वर का आकलन करते हुए वर्तमान हिन्दी पत्रकारिता युग को प्रवृत्ति की दृष्टि से 'बहुउद्देशीय काल' कहना उपयुक्त होगा।

हीन वृत्तियों का प्रकाशन

"मनुष्य स्वभाव की हीन वृत्तियों को उत्तेजना देकर, हिंसा-द्वेष फैलाकर, बड़ों की निन्दा कर, लोगों की घरेलू बात पर कुत्सित टीका-टिप्पणी कर, आमोद-प्रमोद का अभाव अश्लीलता से पूर्ण करने की चेष्टा कर तथा ऐसे ही अन्य उपायों से भी पत्र की बिक्री बढ़ायी जा सकती है। धनियों को रहस्य-भेद करने की धमकी देकर, महामूर्ख धनी की प्रशंसा के पुल बाँधकर तथा स्वार्थ-विशेष के लोगों के हितचिन्तक बनकर भी रुपया कमाया जा सकता है। कम्पनियाँ बनाकर हिस्सेदारों को धोखा दिया जा सकता है। देशभक्त बनकर भी स्वार्थ-सिद्धि की जा सकती है, यद्यपि हिन्दी में ऐसे सम्पादकों की संख्या कम है पर खेद के साथ कहना पड़ता है कि कुछ ऐसे स्वार्थी भी कार्यक्षेत्र में उतर आये हैं और सम्पादन-कार्य का गौरव नष्ट करने लग गये हैं। इस नये पर बढ़ने वाले रोग से आत्म-रक्षा का प्रयत्न करते रहना हम सम्पादकों का कर्तव्य होना चाहिए। मनुष्य-स्वभाव जब तक वही रहेगा जो है, तब तक ऐसे लोग भी इसमें रहेंगे। यह रोग ठहरने के लिए आया है, निर्मूल कभी न होगा। इसी से मैंने कहा कि प्रयत्न करते रहना चाहिए। चेष्टा न करने से रोग संक्रामक हो जायेगा।"

अंग्रेज़ी पत्रों की सहायता से, सनसनी पैदा करने वाले समाचारों, चित्र-विचित्र आविष्कारों से, बड़े-बड़े और रोंगटे खड़े कर देने वाले शीर्षकों से कुछ सफलता मिलती है। पत्रों का प्रसार बढ़ता है, विज्ञापन भी प्राप्त होते हैं परन्तु पत्रकारों का

चरित्र सन्देहास्पद हो जाता है। पीत पत्रकारिता के आधुनिक स्वरूप का उपर्युक्त अनुमान सम्पादकाचार्य पराड़करजी ने सन् 1925 में ही लगा लिया।

आश्चर्य, भय, आतंक और घृणा उत्पन्न करने वाले समाचारों के प्रकाशन से स्वस्थ मस्तिष्क भी विकारयुक्त हो रहा है। वैचारिक खोखलापन, व्यावसायिकता और मात्र जीने की इच्छा से एक नयी प्रवृत्ति का विकास हुआ है। अधिकतर पत्रों के साप्ताहिक, पाक्षिक और मासिक अंक सेक्स, हत्या, डकैती, भ्रष्टाचार, बलात्कार अंक बन गये हैं। जासूसी और सेक्सी साहित्य का स्थान अख़बारों ने ले लिया है। यह एक ढंग का पलायन है। जनमानस के प्रति षड्यन्त्र है। हिन्दी पत्रकारिता प्राय : यह मानकर चलती है कि उसका पाठक निम्न मानस वाला है। सरल और आमफ़हम भाषा की बात करते-करते विषय भी आमफ़हम हो गये हैं। पत्रकार जनता का मानस उठाते, नहीं केवल गुदगुदाकर अख़बार बेचते हैं। लिखने और पढ़ने वाले दोनों मानसश्रम से मुक्त रहना चाहते हैं।

कस्बों, छोटे नगरों, तहसीलों से निकलने वाले पत्र यह भूल जाते हैं कि अख़बार भी एक तोप है। तोप सरल नहीं होती। उसका निर्माण, रख-रखाव और उसके प्रयोग में कौशल और विवेक की आवश्यकता होती है। असावधानी और प्रमाद से ग्रस्त पत्र और पत्रकार समाज का अहित कर सकते हैं। लघु पत्र साधन के क्षेत्र में लघु तो होते ही हैं, इनकी मनोवृत्ति भी लघु होती है। राग-द्वेष से पीड़ित ये पत्र स्थानीय संघर्ष में शामिल होते हैं। पत्रकार के स्थान पर पक्षधर बनकर ये अपना स्वतन्त्र अस्तित्त्व खो देते हैं। पैसे जोड़ने की प्रवृत्ति पत्र-जगत् में सामान्य हो चली है। निर्भीक और उच्चस्तरीय पत्रकारिता में ऐसी बातें नहीं मिलतीं। बार-बार ऐसी कार्यवाहियों द्वारा सुस्पष्ट है कि पत्र आदर्शच्युत हैं। पत्रकारिता के माध्यम से पैसे कमाने वाले ही इस पेशे को कलंकित कर रहे हैं। ऐसे पोल प्रकाशक पत्र सीमावर्ती क्षेत्रों और कस्बों से ही अधिक निकलते हैं। शत्रुता साधने, पैसे ऐंठने, शान बघारने, तस्करी तथा झूठमूठ नाम कमाने की लिप्सा से पत्रकारिता को गर्त में ढकेला जा रहा है।

देखा जाता है कि छोटे नगरों से कुछ ऐसे पत्र निकलते हैं जो उन्हीं समाचारों को छापते हैं जिनसे उन्हें कुछ व्यक्तिगत लाभ होने वाला हो। कुछ सम्पादक तो पैसे लेकर समाचार प्रकाशित करते हैं। पत्रकारों के पास यदि किसी कालाबाज़ार करने वाले व्यापारी, भ्रष्ट अधिकारी और तस्कर के विरुद्ध कोई समाचार आता है, तो कुछ पत्रकार स्वतः तत्सम्बन्धित व्यक्ति के पास पहुँच जाते हैं और मोटी रकम ऐंठ लेते हैं। अवैतनिक संवाददाता अपने पत्र से तो कोई लाभ नहीं पाता परन्तु परोक्ष रूप से अवांछित तत्त्वों से लाभ उठा लेता है। जिला आपूर्ति कार्यालय, बिजली दफ़्तर, कचहरी और निर्माण-विभाग कार्यालय के चारों ओर भ्रमण करने वाले पत्रकार कभी प्रेम से तो कभी आतंक से धन उगाही का कार्य करते हैं।

कस्बों से प्रकाशित पत्रों में स्थानीय चटपटी ख़बरों का अधिक बोलबाला रहता है। किस महिला अधिकारी का किससे चक्कर चल रहा है, किसकी लड़की भाग गयी, अविवाहिता छात्रा माँ बनने वाली है, ऐसी घोषणाओं से पत्रकारों की जेबें भर जाती हैं। कभी-कभी यदि विरोधी पक्ष सबल रहा तो ऐसे पत्रकारों की हड्डियाँ भी तोड़ी जाती हैं। समाचार-पत्र का शीर्षक एक बार रजिस्टर्ड करा लेने पर कभी निरस्त नहीं होता, अतः प्रकाशकों को नियमित पत्र-प्रकाशन की चिन्ता नहीं रहती। कभी-कभी तो एक ही दिन में कई महीनों के अंक छाप दिये जाते हैं। फाइल रखने और विज्ञापनदाताओं के पास भेजने के लिए कुछ संख्या में ही पत्र निकाले जाते हैं, पाठकों में प्रसार का लक्ष्य नहीं रहता।

'लॉस एंजेल्स टाइम्स' के *ओटिस शैडेलर* का मत है कि सत्य का सामाजिक मूल्य तो है ही फिर चाहे सत्य से किसी को चोट पहुँचे या कोई उसकी आँच से झुलसे। पत्रकार सत्य का प्रवक्ता होता है। उसके सत्य से कुछ को चोट पहुँचती है तो कुछ अव्यवस्था पर सबकी दृष्टि जाती है। आजकल के खोजी पत्रकार विभिन्न विभागों की अँधेरी कोठरी में छिपे नर-कंकालों तक पहुँच जाते हैं। अजीबोगरीब तथ्य सामने आते हैं। अभी अपने यहाँ खुफिया पत्रकारिता का विकास नहीं हो पाया। दिल्ली के एक अंग्रेज़ी दैनिक का संवाददाता मामूली अपराध करके तिहाड़ जेल चला गया और वहाँ से आकर उसने जेल के भीतर होने वाले अपराधों और वहाँ की अव्यवस्था का रोचक वर्णन किया। ऐसा करके पत्रकार ने जेल में फैली अव्यवस्था को दूर करने में भारी योगदान किया। सम्प्रति कुछ पत्रकार *हिलेर बेलौक* की बात को वरेण्य मानते हैं :

मेरी तमन्ना है
जब मेरी साँस थमे
लोगों की जुबाँ से निकले
वह पापी था लेकिन
वह पढ़ा और समझा गया।

कुछ लोग खोजी पत्रकारिता को भले बकवास, धमाका या अटकलबाजी कह लें परन्तु 'हवा का रुख़' और 'टुमारोज न्यूज़ टुडे' का अपना महत्त्व है। जैसे गोताखोर नदी में कूदकर बढ़ती लहरों में आगे बढ़ता जाता है वैसे ही आज के कुछ पत्रकार जीवन्त घटनाओं में अपने आपको डुबो देते हैं। अपने महाचेतन सामर्थ्य के बल पर वे घटनाओं के अन्तिम परिणाम को पहले ही भाँप लेते हैं। मानहानि विधेयक, 1988 के सन्दर्भ में स्पष्ट है कि अपने देश का लोकतन्त्र समाचार-पत्रों की स्वतन्त्रता पर टिका हुआ है और पत्र भ्रष्टाचार की आलोचना पर टिके हुए हैं। आज कोई भी व्यक्ति आलोचना से परे नहीं है।

सम्प्रति पत्रकारिता की स्वतन्त्रता एवं निष्पक्षता पर भाँति-भाँति के प्रहार हो रहे हैं। तरह-तरह के दबाव बढ़ रहे हैं। पत्रों पर पूँजीपतियों का आधिपत्य है। वर्तमान प्रजातान्त्रिक राष्ट्र भारत में बिना पूँजी के पत्र नहीं निकाले जा सकते जिसकी विवशता का लाभ पूँजीपति उठा रहे हैं। पत्रकारों को गुंडे, बदमाश, अवांछित तत्त्व से ख़तरा तो बना ही रहता है लेकिन उससे अधिक ख़तरा तो समाज के तथाकथित रहनुमाओं से है।

आज राजनीति में नैतिक गुणों का ह्रास हो रहा है। अराजकता, अस्थिरता के मूल में लोकतन्त्र के जनप्रतिनिधियों के अस्थिर विचार हैं। लोकहित की अपेक्षा आज कम है। नेताओं की दृष्टि सर्वोच्च पद और सर्वाधिक धन-संग्रह पर टिकी हुई है। स्वार्थ की प्रवृत्ति के बलवती होने से ही राजनीति का अपराधीकरण और अपराध का राजनीतिकरण हो रहा है। निर्वाचित सदस्यों को खुली छूट है। अपशब्द और अभद्र व्यवहार करने का उन्हें विशेषाधिकार प्राप्त है। यह रामराज्य की घोषित नीति थी–

जो अनीति कुछ भाषौ भाई।
तो मोहि बरनहु भय बिसराई॥

आज इसका उलटा दिखाई पड़ता है। देश की अबोध भोली जनता राजनीति को समझने में असफल है। देखा जा रहा है कि राजनीति और पैसा ही शक्ति के स्रोत बने हुए हैं। राजनीतिक माफिया और माफिया की राजनीति का उदय हुआ है। राजनीति का सर्वमान्य अर्थ किसी-न-किसी तरह देश को लूट-खसोटकर अपना और पार्टी का घर भरना तथा सत्ता के लिए जुगाड़ बिठाये रखना रह गया है।

पुरस्कारों द्वारा स्वस्थ पत्रकारिता को प्रोत्साहन

आज एक गरिमामंडित साधना, समाजोपयोगी व्यवसाय एवं बुद्धिवर्द्धक उद्योग के रूप में पत्रकारिता सर्वत्र समादृत है। पूरे विश्व में उत्कृष्ट पत्रकारों को पुरस्कृत और सम्मानित किया जा रहा है। अन्तर्राष्ट्रीय, राष्ट्रीय, प्रादेशिक और क्षेत्रीय स्तर पर प्रतिवर्ष पुरस्कार प्रदान किये जा रहे हैं फलतः पत्रकारिता जगत् में प्रतिस्पर्धा का भाव पनप चुका है। उत्तमोत्तम उपलब्धि के लिए जी-तोड़ प्रयास चल रहा है जिससे पत्रकारिता की श्रीवृद्धि हो रही है। 'पुलिट्जर पुरस्कार', 'वर्ष के सम्पादक' (वर्ल्ड प्रेस रिव्यू), 'दि मैक्लोहन टेली ग्लोब कनाडा एवार्ड', 'मैगसेसे पुरस्कार', 'इंटरनेशनल फेडरेशन ऑफ न्यूजपेपर्स पब्लिशर्स' द्वारा प्रदत्त 'गोल्डेन पेन ऑफ फ्रीडम एवार्ड' अन्तर्राष्ट्रीय महत्त्व के पुरस्कार हैं जिनसे पत्र-जगत् के श्रेष्ठ व्यक्ति लाभान्वित होते हैं।

पत्रकारिता एवं जन-संचार के विषयों पर भारत सरकार के सूचना और प्रसारण मन्त्रालय के तत्त्वावधान में प्रकाशन विभाग द्वारा 'भारतेन्दु हरिश्चन्द्र पुरस्कार' प्रदान किया जाता है। इसके अन्तर्गत प्रकाशन, पत्रकारिता प्रसारण, विज्ञापन, दूरदर्शन, फ़िल्म एवं जन-संचार से सम्बद्ध विषयों पर पुरस्कार दिया जाता है। मध्य प्रदेश आंचलिक पत्रकार संघ का 'माखनलाल

चतुर्वेदी पुरस्कार', 'हल्दीघाटी पुरस्कार', 'दि मीडिया फाउंडेशन' द्वारा 'चमेली देवी जैन एवार्ड', 'मीडिया इंडिया' द्वारा 'मीडिया इंडिया पुरस्कार', 'ब्रेव जर्नलिस्ट एवार्ड' (हरियाणा), 'दादाभाई नौरोजी पुरस्कार', 'वासी रेड्डी मालती न्यास पुरस्कार', 'स्टेटसमैन', 'डॉ. पी. मलाम्ही ट्रस्ट पुरस्कार', 'समता पुरस्कार', 'बाबूराव विष्णु पराड़कर पुरस्कार' (उत्तर प्रदेश हिन्दी संस्थान) आदि विविध पुरस्कारों द्वारा पत्रकारों को प्रोत्साहन दिया जा रहा है ताकि स्वस्थ पत्रकारिता का उन्नयन हो सके।

आजकल नारी-जगत् से सम्बन्धित पत्र-पत्रिकाएँ समय काटने और मनोरंजन के साधन स्वरूप हैं। ऐसी पत्रिकाएँ साज-शृंगार, फैशन, रूप-रंग को कैसे निखारें, घर को कैसे सजायें, पति को सुन्दर कैसे दिखें आदि पर ही जोर देती हैं। वस्तुतः स्त्रियों में सौन्दर्यानुभूति अधिक होती है। वे सुरुचिपसन्द और सलीकापसन्द होती हैं। सजने-सँवरने में रुचि रखती हैं। इन प्रश्नों के अतिरिक्त विज्ञान, खेल, राजनीति, साहित्य विषयों में भी महिलाओं की भागीदारी होती है जिसके सन्दर्भ में पत्र-पत्रिकाओं को प्रकाश डालना चाहिए।

कुछ पत्रिकाएँ नारियों की परिष्कृत और सतही रुचियों को बढ़ावा देती हैं। बाल-विवाह, पर्दा-प्रथा, दहेज-प्रथा एवं अनेक सामाजिक कुरीतियों के उन्मूलन में हिन्दी के पत्र प्रभावकारी भूमिका का निर्वहन कर रहे हैं। ग्रामीण क्षेत्रों में महिलाओं को कुटीर उद्योग एवं हस्तकला से कैसे सम्बद्ध किया जाये, इस प्रश्न को पत्रिकाएँ सुलझा रही हैं।

हिन्दी पत्र-पत्रिकाएँ जनता को सही दिशा-निर्देश और नूतन प्रेरणा देने में सक्षम हैं। महिलाओं की मानसिकता परिमार्जित करने में महिलोपयोगी प्रकाशन महत्त्वपूर्ण है। इनसे सजने-सँवरने के अतिरिक्त चतुर्दिक् जागरण का शुभ सन्देश प्राप्त होता है। आजकल की कुछ हिन्दी पत्रिकाओं के अनुसार नारी का अर्थ माँ नहीं, वात्सल्य नहीं, सहचरी नहीं, अपितु सेक्स का धमाका है। छोटे-बड़े स्थानों में स्थित सभी बुक स्टाल नारी की कामुक मुद्रा से सजे हैं। काले-पीले कारोबार पर समाज का अंकुश नहीं है।

नयी पीढ़ी की सोच में यह बात डालनी होगी कि उन्मुक्त सेक्स बिना बाँध वाली बरसाती नदी है जो चन्द घण्टों की रिमझिम में सब कुछ बहा ले जाती है। ज़िन्दगी का आनन्द तो अनुशासन के बोध से नियमित प्रवाह में है जिससे दुनिया सुख-शान्ति से परिपूर्ण हो जाती है।

प्रगति में बाधक तत्त्व

हिन्दी पत्रकारिता की प्रगति में अब भी कुछ बाधाएँ हैं। इनमें पहली बाधा तो सरकार के उच्च पदाधिकारियों की अंग्रेज़ी-निष्ठा है। आज भी कुछ अधिकारी वर्ग अंग्रेज़ी पत्रों के प्रति अधिक विश्वसनीयता, प्रामाणिकता, सुरुचिपूर्णता एवं समग्रता का भाव रखते हैं जिससे अंग्रेज़ी के समाचार-पत्रों का वर्चस्व बना हुआ है। दूसरा कारण विज्ञापन है। हिन्दी पत्रों की ग्राहक संख्या कम होने के कारण विज्ञापन कम मिलते हैं। जो मिलते भी हैं उनका शुल्क अंग्रेज़ी पत्रों की अपेक्षा बहुत कम होता है। विज्ञापनों से उचित आय के अभाव में हिन्दी के पत्र 'एक सम्पूर्ण पत्र' नहीं बन पाये। स्तरीय पत्रकारिता की कमी और पाठक वर्ग का सामान्य शिक्षित होना भी हिन्दी पत्रकारिता में बाधक रहा है। कुछ हिन्दी के पत्र अंग्रेज़ी पत्रों के अनुवाद-मात्र हैं। हिन्दी का मर्मज्ञ पाठक जूठन पर सन्तोष करने वाला नहीं है। उसकी रसना रस की प्यासी है। वह ताजगी, गहराई, पैनापन और विस्तार वाली पत्र पत्रिकाओं के लिए व्यग्र रहता है।

हिन्दी पत्रकारिता की यथेष्ट प्रगति न होने के मूल में पत्रकारों का ढीला पड़ता दायित्व-बोध है। सरकार के साथ-साथ पत्रकार भी बहकते रहते हैं। कभी 'दुम दबाऊ' तो कभी 'हिज मास्टर्स वायस' बन जाते हैं। पत्रकारों के संकीर्ण सरोकार से हिन्दी पत्रकारिता कुंठित हुई है।

हिन्दी संवाद समितियों और समाचार-पत्रों के प्रति सरकार की उपेक्षा भी बाधक तत्त्व बन गये हैं। सन् 1980 के आसपास आकाशवाणी ने ₹10 लाख 'हिन्दुस्तान समाचार' और 'समाचार भारती' को दिये जबकि ₹70 लाख दो अंग्रेज़ी संवाद समितियों को दिये। सन् 1983-84 में अंग्रेज़ी संवाद समितियों के शुल्क में वृद्धि कर दी गयी परन्तु हिन्दी संवाद समितियों को राहत नहीं मिली। स्वतन्त्र बहुभाषी राष्ट्रीय संवाद समिति के गठन की ओर किसी का ध्यान न होना भी हिन्दी पत्रकारिता की प्रगति में बाधक है।

आज भारतीय भाषाओं के पत्रकारों की पैठ जितनी ही गहरी और पैनी है, अंग्रेज़ी पत्रकारों की उतनी ही सतही और औपचारिक संवेदना के धरातल पर भाषाई पत्र समाज से जुड़े हैं। फिर भी अंग्रेज़ी पत्रकारिता को अपने हिन्दुस्तान में मुख्य धारा की पत्रकारिता के रूप में समलंकृत किया जा रहा है।

आँकड़े बताते हैं कि समाचार-पत्र पाठकों का मात्र तीन प्रतिशत ही अंग्रेज़ी के पाठक हैं अवशेष सभी भाषाई अख़बारों के पाठक हैं। तात्पर्य यह है कि विभिन्न भाषाओं में निकलने वाले पत्र ही आम लोगों तक पहुँचते हैं। समग्र राष्ट्र से जुटी-पटी भाषाई पत्रकारिता है फिर भी इसे मुख्य धारा वाली पत्रकारिता नहीं कहा जाता। अंग्रेज़ी पत्रों का पाठक शहरी है जो एक अरब जनता के लिए निर्णय लेते हैं। चिन्तनीय तथ्य यह है कि स्वतन्त्र राष्ट्र में यही निर्णयकर्ता 'मुख्य धारा' के कहे जाते हैं और इनके द्वारा पठित पत्र ही मुख्य धारा के माने जा रहे हैं।

जिस पत्रकारिता ने चेतना का संचार किया आज वही चेतना के हनन का निर्द्वन्द्व माध्यम बन चुकी है। आज़ादी के नाम पर शोषण के पैमाने छलक रहे हैं। 'मिशन' के स्थान पर वह 'मशीन' और 'प्रोफेशन' बनी तथा अब 'सेंसेशन' बनकर गर्त में जा रही है। चटपटी ख़बरों, मारकाट, अपहरण, बलात्कारयुक्त रहस्य-रोमांच के पत्र भरे रहते हैं। फलत : जीवन और समाज के अन्तःसूत्रों को जोड़ने के स्थान पर कुछ पत्र तोड़ने का भी कार्य कर रहे हैं।

जीवन, जगत् और जिज्ञासा का सूत्रधार पत्रकारिता है। अपने अधुनातन प्रयोगों, अध्ययनों, विश्लेषणों से सम्पृक्त पत्रकारिता अब अभिव्यक्ति का सम्पूर्ण विज्ञान बन चुकी है। मेरी दृष्टि में वह दिन दूर नहीं जब पत्रकारिता के स्थान पर पत्रकारिता विज्ञान (जर्नोलॉजी) शब्द का प्रयोग वरेण्य होगा।

हिन्दी पत्रकारिता एक शाश्वत यज्ञ है जिसमें आहुति देने वाले सभी पत्रकारों से अपेक्षा है कि वे परिवेश की चिन्ता के साथ अपने स्वस्थ चिन्तन से मानव-गरिमा के इतिहास को समृद्ध बनायें।

मैगसेसे पुरस्कार से सम्मानित *साईंनाथ* की पत्रकारिता को एक आदर्श के रूप में पत्रकार *दयाशंकर मिश्र* ने आरेखित किया है। 3 अगस्त, 2007 को प्रकाशित निम्नलिखित पंक्तियों से पत्रकारिता के उज्ज्वल पक्ष को पहचाना जा सकता है :

महाराष्ट्र और आन्ध्र प्रदेश के कर्ज में डूबे किसानों पर प्रभावी लेखन के लिए वरिष्ठ पत्रकार *पालागुमनी साईंनाथ* को मैगसेसे पुरस्कार मिलने की ख़बर मीडियाकर्मियों और जन सरोकार के प्रति संघर्ष करने वालों के लिए बेहद अहम् और राहत देने वाली है। यह ख़बर उस समय आयी है, जब हमारी अपनी चुनी हुई सरकारों ने लोकतान्त्रिक प्रयासों और जमीनी मुद्दों पर बात करने वालों को विकास में रुकावट बताना शुरू कर दिया है। बीते पाँच वर्षों में देश के सत्ताधीशों ने किसानों की दशा की अनदेखी की है। उन्होंने हमेशा यही कहा कि किसानों के मुद्दे को मीडिया ने अनावश्यक जगह दी है। सच यह है कि किसान वाकई मर रहे हैं, पर सरकार विकास दर और सेंसेक्स की बढ़त गिनाने में मशगूल रही है, इसलिए एशियाई नोबेल पुरस्कार माना जाने वाला रेमन मैगसेसे एवार्ड न केवल *साईंनाथ* के लिए, बल्कि उन सबके लिए खास है, जो जनपक्षीय पत्रकारिता के प्रति समर्पित हैं। हो सकता है कि सरकार यह मान ले कि किसान सही मायने में दयनीय दशा में हैं। आखिरकार हम विदेशों से मान्यता मिलने पर ही किसी बात को प्रामाणिक मानते हैं। फिलहाल *साईंनाथ* के काम को प्रामाणिकता की आवश्यकता नहीं। उन्होंने बीते दशकों में म.प्र., उ.प्र., उड़ीसा, बिहार समेत देश के कोने-कोने में गरीबी, शोषण और दलितों, वंचितों के उत्पीड़न को अपनी कलम से आवाज़ दी है।

सन् 1957 में मद्रास में जन्मे *साईंनाथ* ने दिल्ली के जवाहर लाल नेहरू विश्वविद्यालय से शिक्षा प्राप्त की और साप्ताहिक *'ब्लिट्ज'* से पत्रकारिता की शुरुआत की। सन् 1993 में देश के नौ निर्धनतम जिलों की रिपोर्टिंग के लिए मिली *टाइम्स ऑफ इंडिया* की फेलोशिप ने उनके काम को विस्तृत किया। सन् 1997 में आयी उनकी किताब *'एवरीबडी लव्ज ए गुड ड्रॉट'* और हिन्दी में *'तीसरी फसल'* को दुनियाभर में सराहा गया। *साईंनाथ* की रिपोर्टिंग और लेखन की खूबी है सीधी-सरल भाषा में सटीक तथ्यों और तर्कों से सरकारी दावों की असलियत को उजागर करना। जहाँ एक ओर उनके लेखन में जनहितों की पैरवी है, वहीं दूसरी ओर उनके पास *श्रीलाल शुक्ल* के *'राग दरबारी'* सरीखी चुभती व्यंग्य दृष्टि भी है, जो नौकरशाही

द्वारा पेश किये जाने वाले आँकड़ों के पुलिन्दों को दो फाड़ करते हुए करोड़ों भारतीय ग्रामीणों की दयनीय व्यथा को दृढ़ता के साथ सामने रखती है।

ब्रिटेन, कनाडा और ऑस्ट्रेलिया समेत दुनिया भर के 30 से अधिक विश्वविद्यालयों के पत्रकारिता पाठ्यक्रमों में उनकी उक्त किताब शामिल है। ऐसे में, विडम्बना ही है कि अब तक यह किताब हमारे किसी भी पत्रकारिता विश्वविद्यालय के पाठ्यक्रम में शामिल नहीं हो सकी है, जबकि विकास-पत्रकारिता इसकी पढ़ाई का अहम् हिस्सा है। भला क्यों? इसका उत्तर तो विश्वविद्यालय ही दे सकते हैं।

फिलीपींस के पूर्व राष्ट्रपति *रेमन मैगसेसे* के नाम पर शुरू किया गया यह एवार्ड पत्रकारिता, साहित्य और सामाजिक कार्यों में उल्लेखनीय योगदान के लिए दिया जाता है। अब तक इससे सम्मानित होने वालों में प्रख्यात लेखिका *महाश्वेता देवी* से लेकर *किरण बेदी, सन्दीप पांडे, अरुणा रॉय* समेत अनेक ऐसे नाम हैं, जिन्होंने लीक से हटकर आम आदमी के लिए संघर्ष का रास्ता चुना। पत्रकारिता मूल्यों के लिए सन् 1961 में *अमिताभ चौधरी*, सन् 1975 में *बी. जॉर्ज वर्गीस*, सन् 1981 में *गौर किशोर घोष* और सन् 1982 में *अरुण शौरी* यह सम्मान पा चुके हैं। *साईंनाथ* को इससे पहले यूरोपीय कमीशन के नटाली प्राइज, संयुक्त राष्ट्र खाद्य एवं कृषि संगठन द्वारा विकास सम्बन्धी विषयों पर लेखन के लिए बोएर्मा जर्नलिज्म प्राइज समेत अनेक पुरस्कारों से नवाजा जा चुका है।

साईंनाथ के लिए पत्रकारिता एक मिशन की तरह रही है। वह उस पीढ़ी के चुनिन्दा लोगों में से है। जिनके लिए पत्रकारिता आज भी मिशन है और उनका लक्ष्य शोषण, भ्रष्टाचार को उजागर कर आम आदमी के लिए रास्ता बनाना है। आज टी. आर. पी. के खेल में उलझे इलेक्ट्रॉनिक मीडिया के साथ-साथ प्रिंट मीडिया के लिए भी *साईंनाथ* जैसे मीडियाकर्मियों के प्रयास एक मिसाल हैं कि किस तरह से हम उन वंचितों के हितों की पैरवी कर सकते हैं, जिनका हमारे लोकतन्त्र पर पहला हक है और जो विकास की होड़ में हाशिये पर धकेल दिये गये हैं। सम्प्रति पत्रों की स्थिति ध्यातव्य है :

केन्द्र सरकार ने 22 दिसम्बर, 2016 को अख़बारों और मैगजीनों के रजिस्ट्रेशन एवं सर्कुलेशन से जुड़ी सालाना रिपोर्ट जारी की। इसमें बताया कि दैनिक भास्कर देश का सबसे ज़्यादा सर्कुलेशन वाला अख़बार है। सूचना एवं प्रसारण मन्त्रालय के मुताबिक हिन्दी में 45 संस्करण से प्रकाशित 'दैनिक भास्कर' का कुल सर्कुलेशन 46 लाख 14 हजार 939 है। मल्टी संस्करण समाचार-पत्रों के इस वर्ग में दूसरे नम्बर पर टाइम्स ऑफ इंडिया है। 33 संस्करण में अंग्रेज़ी में प्रकाशित 'टाइम्स ऑफ इंडिया' का सर्कुलेशन 44 लाख 21 हजार 374 है।

सूचना एवं प्रसारण मन्त्री *वेंकैया नायडू* ने गुरुवार को भारतीय समाचार-पत्र पंजीयक 2015-16 की रिपोर्ट जारी की। उन्होंने बताया कि देश में समाचारपत्र-पत्रिकाओं के प्रकाशन में 5.13 प्रतिशत का इज़ाफ़ा हुआ है। एक साल में 5423 नयी पत्र-पत्रिकाएँ रजिस्टर कराई गयीं। रिपोर्ट में किसी एक संस्करण में सबसे ज़्यादा सर्कुलेशन वाले अख़बारों का भी ब्योरा दिया गया है। इस मामले में कोलकाता से बँगला भाषा में प्रकाशित 'आनन्द बाज़ार' पत्रिका नम्बर-1 पर है। उसका रोज का सर्कुलेशन 11 लाख 50 हजार 38 है। वहीं दिल्ली से अंग्रेज़ी में प्रकाशित 'हिन्दुस्तान टाइम्स' 9 लाख 92 हजार 239 कॉपी के साथ दूसरे नम्बर पर है। प्रकाशन के मामले में हिन्दी अब भी नम्बर वन पर है। हिन्दी भाषा में हर प्रकाशन दिवस में 31 करोड़ 44 लाख 55 हजार 106 प्रतियाँ छपीं। दूसरे नम्बर पर अंग्रेज़ी है। उसकी 6 करोड़, 54 लाख 13 हजार 443 प्रतियाँ प्रकाशित हुईं। उर्दू भाषा 5 करोड़ 17 लाख 75 हजार प्रतियों के साथ तीसरे स्थान पर रही।

सरकार ने कहा कि 31 मार्च, 2016 तक 1 लाख 10 हजार 851 पत्र-पत्रिकाएँ पंजीकृत हो चुकी थीं। समाचार-पत्र वर्ग में 16,136 और पत्रिका वर्ग में 94,715 पंजीकरण हैं। इसमें सबसे ज़्यादा 44,577 पंजीकरण हिन्दी भाषा के लिए हैं। दूसरे स्थान पर अंग्रेज़ी भाषा रही। इसमें 14,083 पंजीकरण हैं। सर्कुलेशन के मामले में मलयालम भाषा की पत्रिका 'वनिता' अव्वल है।

43

प्रमुख पत्र-पत्रिकाएँ
(Important Journals)

The function of the press in society is to inform, but its role is to make money.
—A.J. Liebling

× × ×

Newspaper is a sheat of papers carrying news, views, cues and advertisements.
–Dr. Arjun Tiwari

वर्तमान जीवन के अहुआयामी विस्तार और विकास से सुपरिचित होने के लिए पत्रकारिता अपरिहार्य है। पत्रकारिता अतीत को उद्‌घाटित करने के साथ आज की हर साँस तथा धड़कन को विश्लेषित करती है। विश्व के साहित्य, विज्ञान, इतिहास, भूगोल, मनोविज्ञान आदि को प्रस्तुत करने तथा खेलकूद, संगीत, नृत्य, फ़िल्म को लोकप्रिय बनाने में पत्रकारिता शीर्षस्थ है। पत्रकारिता के विकास का यह काल प्रतिस्पर्द्धा और प्रतियोगिता की भावना से सम्पृक्त पत्र-पत्रिकाओं के व्यवसायीकरण की कथा है। पत्रकार अब भावुकता के साथ व्यावसायिक बुद्धि, व्यापारिक अनुभव एवं व्यावहारिक चातुर्य से पूर्ण होकर एक पूर्णकालिक उद्यमी बन गया है।

सम्प्रति सम्पादक से वरेण्य प्रबन्ध सम्पादक का पद हो गया है। व्यवसाय प्रबन्ध उद्योग की वह जीवनदायिनी शक्ति है जो मानवीय एवं अन्य भौतिक संसाधनों की सहायता से उद्देश्यों का निर्धारण करती है तथा उनको प्राप्त करने में सचेष्ट रहती है। अधिकतम, श्रेष्ठतम तथा सस्ते उत्पादन, पाठकों की सन्तुष्टि, समाज के विकास तथा आर्थिक न्याय की प्राप्ति की प्रक्रिया में पत्रों के अनेक प्रकाशन-गृह लगे हुए हैं। समाचारों के संकलन, विश्लेषण, उपयोग, उत्पादन, विपणन, कर्मीवर्ग एवं वित्त विभागों से परिपूर्ण समाचार-पत्र का कार्यालय प्रबन्ध-दर्शन का केन्द्र बन चुका है जहाँ नियोजन, संगठन, अभिप्रेरण तथा नियन्त्रण की बातें देखी जाती हैं। व्ययसाध्य संचार-साधनों एवं अत्याधुनिक मुद्रण तकनीक के फलस्वरूप पत्रकारिता उद्योग बन चुकी है।

भारतीय समाचार-पत्रों में 36 पत्र एक सौ साल से छपते आ रहे हैं। सन् 1822 से प्रकाशित गुजराती दैनिक 'बम्बई समाचार' सर्वाधिक पुराना है। 'ऑडिट ब्यूरो ऑफ सर्क्यूलेशन' द्वारा प्रमाणित तथ्यों से ज्ञात होता है कि प्रसार संख्या के आधार पर 'मलयालम मनोरमा' प्रथम, 'टाइम्स ऑफ इंडिया' (विविध स्थानों के संस्करणों सहित) द्वितीय, 'इंडियन एक्सप्रेस' तृतीय, 'नवभारत टाइम्स' (हिन्दी) चतुर्थ, 'मातृभूमि' पंचम स्थान पर थे।

तीसरी-दुनिया के राष्ट्रों में प्रकाशित अख़बारों में विज्ञापनों का प्रतिशत 60 से 75 तक और पाठकों के *हिस्से 40 से 25 प्रतिशत* तक ही स्थान बचता है। विश्व स्तर पर अन्तर्राष्ट्रीय प्रेस तीसरी दुनिया के राष्ट्रों से प्रायः वैसी ही सूचनाएँ एकत्र करते हैं जिनसे जन-जीवन की विकृत अवस्था का पता चलता है। विकसित देशों के जनसंचार माध्यम छोटे देशों में चल रहे जन-आन्दोलनों की अनदेखी भी करते हैं। विश्व बाज़ार में कमज़ोर राष्ट्रों की निराशा, गरीबी, उत्पीड़न बेचकर पत्र-जगत् काफ़ी लाभ कमा लेते हैं।

न्यूयॉर्क टाइम्स, वाशिंगटन पोस्ट और लास एंजेल्स टाइम्स के सूचना कार्यालय चालीस राष्ट्रों के लगभग 100 ग्राहकों को प्रतिदिन करीब 3500 शब्दों की अपनी सम्पादकीय टिप्पणियाँ भेजते हैं जिन्हें उनके ग्राहक अख़बार अविकल रूप में छापकर गौरवान्वित होते हैं। उन्तीस भाषाओं में नौ सौ चालीस घण्टे का साप्ताहिक प्रसारण करने वाला विराट प्रसारण प्रतिष्ठान 'वायस ऑफ अमेरिका' चारों तरफ अपना जाल फैला रहा है। वायस ऑफ फ्री एशिया, वायस ऑफ अफ्रीका, वायस ऑफ फ्री ईरान, उसका विकेन्द्रित स्वरूप है।

'सूचना-साम्राज्यवाद' और 'सांस्कृतिक उपनिवेशवाद' का मुख्य उद्देश्य पाश्चात्य विचारधारा का पोषण है। प्रसिद्ध पत्रकार *डी.आर. मनकेकर* ने अपनी पुस्तक 'मीडिया ऐंड द थर्ड वर्ल्ड' में लिखा है कि एशिया में पश्चिम मीडिया का प्रभाव सर्वत्र है, इसलिए तंजानिया के पूर्व राष्ट्रपति *ज्यूलियस न्येरेरे* ने एक बार कहा कि विकासशील देशों के निवासियों को अमेरिकी राष्ट्रपति के चुनाव में भाग लेने की अनुमति होनी चाहिए। इसलिए नहीं कि ये चुनाव बहुत महत्त्वपूर्ण हैं बल्कि इसलिए कि उन्हें अमेरिकी राष्ट्रपति के बारे में उससे कुछ कम नहीं बताया गया होता है जितना कि अमेरिकी नागरिकों को बताया जाता है। वस्तुतः पश्चिमी मीडिया अपनी बातें विकासशील देशों के मानस में ठोंक-ठोंककर भरता है। साम्राज्यवादी हितों के अनुरूप समाचारों को तोड़-मरोड़कर प्रस्तुत किया जाता है।

नोबेल शान्ति पुरस्कार और लेनिन शान्ति पुरस्कार से सम्मानित आयरलैंड के पूर्व विदेश मन्त्री तथा एमनेस्टी इंटरनेशनल के अध्यक्ष *शीन मैक्ब्राइड* की अध्यक्षता में गठित अन्तर्राष्ट्रीय आयोग की रिपोर्ट के अनुसार अन्तर्राष्ट्रीय असन्तुलन और तोड़-मरोड़ का सीधा सम्बन्ध विकासशील देशों में संचार माध्यमों के महत्त्व और उनकी प्रणाली से है। आयोग ने कहा है कि उनकी संचार प्रणाली, अख़बारों, प्रसारण, दूरसंचार तथा उनके प्रशिक्षण तथा उत्पादन सुविधाओं के लिए विशेष उपाय किये जाने की ज़रूरत है। पश्चिमी संवाद समितियों का मोह छोड़कर हमें विकासशील देशों तथा एशिया महाद्वीप के राष्ट्रों में समाचार के परस्पर आदान-प्रदान को बढ़ावा देना चाहिए।

बैनेट कोलमेन ऐंड कम्पनी लिमिटेड, बम्बई

इस प्रमुख प्रकाशन-संस्थान द्वारा 'टाइम्स ऑफ इंडिया' (सन् 1838) अंग्रेज़ी दैनिक, 'इवीनिंग न्यूज़ ऑफ इंडिया' (सन् 1928) अंग्रेज़ी दैनिक, 'नवभारत टाइम्स' (सन् 1947) हिन्दी दैनिक, इलस्ट्रेटेड वीकली (सन् 1929) अंग्रेज़ी साप्ताहिक, 'धर्मयुग' (सन् 1950), 'इकोनॉमिक टाइम्स' (सन् 1961) अंग्रेज़ी दैनिक, 'महाराष्ट्र टाइम्स' (1962) मराठी दैनिक, 'दिनमान' (सन् 1965) हिन्दी साप्ताहिक, 'टाइम्स वीकली' (सन् 1970) अंग्रेज़ी साप्ताहिक जैसे सुविख्यात पत्र का प्रकाशन होता है।

'फ़िल्म फेयर' (सन् 1952, अंग्रेज़ी पाक्षिक), 'फेमिना' (1959, अंग्रेज़ी पाक्षिक), 'पराग' (सन् 1958, हिन्दी मासिक), 'सारिका' (सन् 1960, हिन्दी मासिक), 'माधुरी' (सन् 1964, हिन्दी पाक्षिक), 'साइंस टुडे' (सन् 1966, अंग्रेज़ी मासिक) तथा 1964 से अंग्रेज़ी, हिन्दी, मराठी, गुजराती, तमिल, बंगाली में प्रकाशित 'इन्द्रजाल कॉमिक्स' जैसी पत्रिकाएँ इसी समूह की हैं।

नवभारत टाइम्स (4 अप्रैल, दिल्ली) : सम्पादक–*सर्वश्री सत्यदेव विद्यालंकार, हरिशंकर द्विवेदी, राणा जंगबहादुर सिंह, वंशदेव मिश्र, चन्द्रशेखर शास्त्री, मातादीन भगेरिया, राजबहादुर सिंह, रामगोपाल विद्यालंकार, अक्षय कुमार जैन, सच्चिदानन्द हीरानन्द वात्स्यायन 'अज्ञेय', राजेन्द्र माथुर।* सन् 1950 में कलकत्ता और बम्बई से भी प्रकाशित। सन् 1953 में कलकत्ता संस्करण बन्द। सम्प्रति बम्बई, लखनऊ, पटना, जयपुर से इस पत्र का संस्करण प्रकाशित। अभिनव शब्दों के प्रयोग, नये विषयों के समावेश एवं नित-नूतन साज-सज्जा के कारण पत्र लोकप्रिय।

धर्मयुग (8 अक्टूबर, 1950, साप्ताहिक) : सम्पादक–*डॉ. हेमचन्द्र जोशी, इलाचन्द्र जोशी, सत्यदेव विद्यालंकार, डॉ. धर्मवीर भारती, गणेश मन्त्री, उपसम्पादक–मनमोहन सरल, कुमार प्रशान्त।*

फ़ीचर पत्रिका, समसामयिक घटनाक्रम का विवेचन तथा साहित्य, संस्कृति, मनोरंजन पर विशिष्ट सचित्र लेख। जनरुचि के अनुरूप उच्चस्तरीय सामग्री एवं नयनाभिराम मुद्रण के कारण हिन्दी पत्रों में सर्वश्रेष्ठ। समसामयिक वार्ताओं से समृद्ध एक जीवन्त साप्ताहिक पत्र।

दिनमान (21 फरवरी, 1965) : सम्पादक–*सच्चिदानन्द हीरानन्द वात्स्यायन 'अज्ञेय', रघुबीर सहाय, कन्हैयालाल नन्दन, सतीश झा।* टाइम्स ऑफ इंडिया प्रकाशन का 'दिनमान' समय, सत्ता और संघर्ष की समझ से परिपूर्ण। सम्प्रति–*घनश्याम पंकज,* सम्पादक, *जितेन्द्र गुप्त, महेश्वर दयालु गंगवार*–उपसम्पादक एवं *रमेश चन्द्र*–प्रकाशक। एक सशक्त, समृद्ध निष्पक्ष पत्र के रूप में समादृत। अपनी रजत जयन्ती (18 से 24 फरवरी, 90) से 'दिनमान टाइम्स' रंगीन सम्पूर्णतर साप्ताहिक रविवारीय अख़बार के रूप में प्रकाशित।

पराग (मार्च 1958, मासिक) : सम्पादक–*सत्यकाम विद्यालंकार, आनन्द प्रकाश जैन, कन्हैयालाल नन्दन, डॉ. हरिकृष्ण देवसरे।* टाइम्स ऑफ इंडिया प्रकाशन की पत्रिका द्वारा बाल-साहित्य सृजन को प्रोत्साहन।

सारिका (1960) : सम्पादक–*रतनलाल जोशी, चन्द्रगुप्त विद्यालंकार, मोहन राकेश, कमलेश्वर, कन्हैया लाल नन्दन, अवध नारायण मुद्गल।* पहले मासिक अब पाक्षिक। टाइम्स ऑफ इंडिया प्रकाशन की इस सर्वश्रेष्ठ कहानी पत्रिका द्वारा हिन्दी की श्रीवृद्धि।

माधुरी (20 जनवरी, 1964) : सम्पादक–*अरविन्द कुमार, विनोद कुमार तिवारी,* प्रारम्भ में मासिक अब पाक्षिक। टाइम्स ऑफ इंडिया समूह द्वारा बम्बई से प्रकाशित, सुसंस्कृत फ़िल्मी पत्रिका 'माधुरी' द्वारा चित्रपट-जगत् में नयी चेतना का प्रवाह हो रहा है।

हिन्दुस्तान टाइम्स प्रकाशन, दिल्ली

इस प्रकाशन-गृह द्वारा 'हिन्दुस्तान टाइम्स' (1923, अंग्रेज़ी दैनिक), 'हिन्दुस्तान टाइम्स इवीनिंग न्यूज' (1944, अंग्रेज़ी दैनिक), 'ओवरसीज हिन्दुस्तान टाइम्स' (1950, अंग्रेज़ी साप्ताहिक), 'हिन्दुस्तान' (1936, हिन्दी दैनिक), 'साप्ताहिक हिन्दुस्तान' (1950, हिन्दी साप्ताहिक), 'कादम्बिनी' (1960, हिन्दी मासिक) तथा 'नन्दन' (1916, हिन्दी मासिक) का प्रकाशन होता है। सभी पत्र-पत्रिकाएँ दिल्ली से ही निकलती हैं।

हिन्दुस्तान (12 अप्रैल, 1936) : सम्पादक–*सत्यदेव विद्यालंकार, मुकुट बिहारी वर्मा, हरिकृष्ण त्रिवेदी, रतनलाल जोशी, चन्दूलाल चन्द्राकर, विनोद मिश्र।* सन् 1942 में लगभग 6 माह तक सेंसरशिप के विरोध में बन्द। *महामना मालवीय, गाँधी, नेहरू* के शुभाशीर्वाद से गौरवान्वित। *देवदास गाँधी* द्वारा स्वस्थ परम्पराओं की स्थापना। सम्प्रति पटना से भी प्रकाशित सामयिक राजनीति, साहित्य और संस्कृति सम्बन्धी गतिविधियों का प्रस्तोता। ताजा समाचार, निष्पक्ष विचार से परिपूर्ण हिन्दी का सर्वश्रेष्ठ दैनिक।

साप्ताहिक हिन्दुस्तान (2 अक्टूबर, 1950) : सम्पादक–*मुकुट बिहारी वर्मा, बाँके बिहारी भटनागर, गोविन्द प्रसाद केजरीवाल, रामानन्द दोषी, मनोहर श्याम जोशी, श्रीमती शीला झुनझुनवाला, राजेन्द्र अवस्थी, मृणाल पांडे।* अध्यक्ष–*नरेश मोहन।* हिन्दी साहित्य की विविध विधाओं को सुस्पष्ट करने में अग्रणी।

कादम्बिनी (नवम्बर, 1960) : पहले प्रयाग से *बालकृष्ण राव* द्वारा सम्पादित। *रामानन्द दोषी, राजेन्द्र अवस्थी।* आस्था के आयाम, शब्द-सामर्थ्य, काल-चिन्तन, वचन-वीथि, ज्ञान-गंगा, गोष्ठी, नयी कृतियाँ, तनाव से मुक्ति जैसे स्थायी स्तम्भों के कारण हिन्दी की शीर्षस्थ पत्रिका। 'कादम्बिनी' मासिक 'आकल्पं कवि नूतनाम्बुदमयी कादम्बिनी वर्षतु' लक्ष्य के कारण सांस्कृतिक चिन्तन की पत्रिका।

नन्दन (नवम्बर, 1964) : सम्पादक–*राजेन्द्र अवस्थी, जयप्रकाश भारती*। एलबम, तेनालीराम, ज्ञान-पहेली, चीटू-नीटू, चित्र-पहेली, बच्चों का अख़बार स्तम्भ बाली बाल-पत्रिका द्वारा भारतीय संस्कृति का प्रसार। बाल-साहित्य को समृद्ध बनाने में 'नन्दन' उल्लेख्य।

आनन्द बाज़ार पत्रिका लिमिडेट, कलकत्ता

इस प्रकाशन-समूह द्वारा 'आनन्द बाज़ार पत्रिका' (1922), 'देश' (1933, बँग्ला साप्ताहिक), 'हिन्दुस्तान स्टैंडर्ड' (1937, अंग्रेज़ी दैनिक) तथा 'रविवार' (1977, हिन्दी साप्ताहिक) का प्रकाशन होता है।

रविवार (1977) : सम्पादक–*एम.जे. अकबर, सुरेन्द्र प्रताप सिंह, उदयन शर्मा*। आमुख कथा, देश-देशान्तर, साहित्य तथा विविध से युक्त यह पत्रिका समाचार एवं समसामयिक विचारों की संवाहिका।

द न्यूजपेपर्स ऐंड पब्लिशर्स लिमिटेड, पटना

'इंडियन नेशन' (1931, अंग्रेज़ी दैनिक), 'मिथिला मिहिर' (1960, मैथिली साप्ताहिक) एवं 'आर्यावर्त' हिन्दी दैनिक इस संस्थान के पत्र हैं।

आर्यावर्त (1940) : सम्पादक–*पं. दिनेश दत्त झा, ब्रजनन्दन आज़ाद, श्रीकान्त ठाकुर, जयकान्त मिश्र, हीरानन्द झा शास्त्री*। दरभंगा *नरेश कामेश्वर सिंह* के द्वारा अंग्रेज़ी दैनिक 'इंडियन नेशन' के सहयोगी के रूप में प्रकाशित। राष्ट्रवादी नीति के पोषक पत्र से बिहार में जागरण।

दि एसोसिएटेड जर्नल्स लिमिटेड, लखनऊ

'नेशनल हेराल्ड' (1938, अंग्रेज़ी दैनिक), 'क़ौमी आवाज़' (1935, उर्दू दैनिक) तथा 'नवजीवन' का प्रकाशन, इस प्रकाशन गृह से होता है।

नवजीवन (1947) : सम्पादक–*सत्यदेव शर्मा, लक्ष्मण नारायण गर्दे, कृष्ण कुमार मिश्र, नेहरू जी, श्रीमती इन्दिरा गाँधी, उमाशंकर दीक्षित, के.एम. चलपतिराव* के सहयोग से पत्र विशिष्टता को प्राप्त।

भारती विद्या भवन बम्बई

नवनीत (1952 मासिक) : सम्पादक–*सत्यकाम विद्यालंकार, रतनलाल जोशी, नारायणदत्त, वीरेन्द्र कुमार जैन, गिरिजाशंकर त्रिवेदी*। प्रथम प्रकाशक–*श्री गोपाल नेवटिया,* 'पत्रवृष्टि', स्मृति के अंकुर, दो क्षण हँस लें, ग्रन्थ-लोक जैसे स्थायी स्तम्भ के साथ रीडर्स डायजेस्ट सदृश एक अनोखी पत्रिका।

लिविंग मीडिया इंडिया लिमिटेड, नयी दिल्ली

इंडिया टुडे (1 नवम्बर 1986, पाक्षिक) : प्रधान सम्पादक–*अरुण पुरी*, वरिष्ठ सम्पादक–***प्रभु चावला***। राष्ट्र की गतिविधियों की गहराई पर पैनी दृष्टि। विविध स्थायी स्तम्भों के कारण विशिष्ट समाचार पत्रिका के रूप में सुप्रतिष्ठित। एशियन वर्ल्ड पब्लिशिंग कांग्रेस की ओर से वर्ष '89 की सर्वोत्तम एशियाई पत्रिका के रूप में समादृत।

राष्ट्रधर्म प्रकाशन लिमिटेड, लखनऊ

तरुण भारत (1961, हिन्दी दैनिक) पाञ्चजन्य तथा राष्ट्रधर्म इस संस्था के प्रमुख पत्र-पत्रिकाएँ हैं।

पाञ्चजन्य (1947) : पहले लखनऊ से सम्प्रति दिल्ली से प्रकाशित।

सम्पादक–*भानुप्रताप शुक्ल, रामशंकर अग्निहोत्री*, हिन्दू विचारधारा का कट्टर समर्थक।

राष्ट्रधर्म (1963) : सम्पादक—*वीरेश्वर द्विवेदी* 'राष्ट्रे जागृयाँ वयम्' का उद्घोषक, कविता संस्मरण एवं विचारोत्तेजक लेखों द्वारा पाठकों का उन्नयन।

पायोनियर लिमिटेड, लखनऊ

'पायोनियर' (1865, अंग्रेज़ी दैनिक) तथा 'स्वतन्त्र भारत' (1947, हिन्दी दैनिक) प्रमुख प्रकाशन हैं :

स्वतन्त्र भारत (15 अगस्त 1947) : सम्पादक—*अशोक जी, योगीन्द्र पति त्रिपाठी, चन्द्रोदय दीक्षित, रजनीकान्त मिश्र, शिवसिंह 'सरोज', राजनाथ सिंह, काँव-काँव,* व्यंग्य-चित्र, विदेश चर्चा तथा राज्यों की चिट्ठियों जैसे स्थायी स्तम्भ। विकास कार्यों के विश्लेषण द्वारा उत्तर प्रदेश की उन्नति हेतु सतत् सन्नद्ध।

हिन्दी समाचार लिमिटेड, जालन्धर

'हिन्दी समाचार' (1948, उर्दू दैनिक) तथा 'पंजाब केसरी' प्रमुख पत्र हैं :

पंजाब केसरी (1965, दैनिक) : सम्पादक—*लाला जगत् नारायण, रमेशचन्द्र, विजय कुमार*। जालन्धर के साथ दिल्ली से भी प्रकाशित। रविवार—फ़िल्म-जगत्, सोमवार—महिला, मंगलवार—कला-संस्कृति, बुधवार—क्रीड़ा, बृहस्पतिवार—कहानी, शनिवार—व्यंग्यविनोद संस्करणों के प्रकाशन द्वारा अति लोकप्रिय। स्वतन्त्र नीति का पोषक, अत्यन्त निर्भीक पत्र।

फर्म रामगोपाल माहेश्वरी एवं अन्य, नागपुर

'मध्यप्रदेश क्रानीकल' (1957, अंग्रेज़ी दैनिक, भोपाल) तथा 'नवभारत' इसके प्रकाशन हैं।

नवभारत (1934, दैनिक) : सम्पादक—*मायाराम सुरजन, कालिका प्रसाद दीक्षित, मदनलाल माहेश्वरी, राम गोपाल माहेश्वरी*।

पत्र के विविध संस्करण नागपुर, जबलपुर, भोपाल, रायपुर, इन्दौर और बिलासपुर से प्रकाशित। इस राष्ट्रवादी पत्र द्वारा बाल-जगत्, महिला-जगत्, कृषि-जगत् तथा फ़िल्म-जगत् प्रमुख स्तम्भों के साथ सामयिक सन्दर्भों पर विशद प्रकाश।

फर्म के. नरेन्द्र और अनिल नरेन्द्र, दिल्ली

'प्रताप' (1919, उर्दू दैनिक) तथा 'वीर अर्जुन' इस गृह के दो पत्र हैं।

वीर अर्जुन (1954 दैनिक) : सम्पादक—*महाशय कृष्ण जी, कुमार नरेन्द्र, अनिल नरेन्द्र* पत्र के प्रातः और सान्ध्य दो संस्करण। सान्ध्य संस्करण लोकप्रिय। राजनीतिक विषयों पर विशेष लेखों का प्रकाशन।

दिल्ली प्रेस पत्र प्रकाशन प्राइवेट लिमिटेड, दिल्ली

'सरिता', 'मुक्ता', 'गृहशोभा', 'भू-भारती' एवं 'चम्पक' इस लोकप्रिय प्रकाशन के बहुप्रचलित पत्र हैं।

सरिता (1945, मासिक) : सम्पादक तथा प्रकाशक—विश्वनाथ। सामाजिक तथा पारिवारिक पुनर्निर्माण हेतु सन्नद्ध। सन् 1964 से पाक्षिक। 'सरित प्रवाह', मुझे शिकायत है, चंचल छाया आदि स्थायी स्तम्भों का प्रकाशन। अन्धविश्वास, रूढ़िवादिता पर तीव्र प्रहार।

मुक्ता (1960, मासिक) : सम्पादक प्रकाशक—*विश्वनाथ*। युवक-युवतियों के स्वस्थ मनोरंजन हेतु समर्पित। मुद्रण तथा साज-सज्जा के क्षेत्र में अनूठी पत्रिका।

चम्पक (1968, मासिक) : सम्पादक प्रकाशक—*विश्वनाथ*। नन्हे-मुन्नों की रंगीन पत्रिका। सम्प्रति पाक्षिक प्रकाशन। सचित्र कहानियाँ, शिक्षाप्रद लेख द्वारा बच्चों के विकास में अभूतपूर्व योगदान। पत्रिका गुजराती, मराठी, अंग्रेज़ी, तमिल, मलयालम और तेलुगु में प्रकाशित।

गृहशोभ (1979, मासिक) : महिला-जगत् की प्रमुख पत्रिका। पति-पत्नी, उलझाव-सुलझाव, फूल भी काँटे भी, पत्रिका के स्थायी स्तम्भ। फैशन, साज़-सज्जा, सिलाई-कढ़ाई विशेषांक संग्रहणीय।

इंडियन एक्सप्रेस न्यूजपेपर्स (बम्बई) प्रा. लिमिटेड

जनसत्ता : दिल्ली, चंडीगढ़ और बम्बई से प्रकाशित। सम्पादक—*प्रभाष जोशी, बनवारी*। सन् 1952 से 54 तक *इन्द्र विद्यावाचस्पति* एवं *वेंकटेशनारायण तिवारी* के सम्पादन में प्रकाशित। खोज ख़बर, गपशप, राज्यों से आदि स्तम्भों के कारण 'जनसत्ता' सर्वाधिक लोकप्रिय। विशिष्ट शैली, आमफ़हम की भाषा, तेज-तर्रार सम्पादकीय द्वारा हिन्दी पत्रकारिता को नूतन आयाम प्रदत्त।

मित्र प्रकाशन प्रा. लिमिटेड, इलाहाबाद

माया, मनोहर कहानियाँ, सत्यकथा (1974), 'मनोरमा' इसकी प्रमुख पत्रिकाएँ हैं।

माया (1929) : सम्पादक—*आलोक मित्र*, संस्थापक—*स्व. क्षितीन्द्र मोहन मित्र*, ख़बरों के आगे, ख़बरों के पीछे, दिल्ली-दरबार, खोज-ख़बर आदि स्थायी स्तम्भों के साथ माया द्वारा खोजपूर्ण सामग्री का प्रकाशन। सम्प्रति पाक्षिक पत्र।

इंडियन प्रेस प्रा. लिमिटेड, इलाहाबाद

सरस्वती (1900, मासिक) : सम्पादक—*राधाकृष्ण दास, कार्तिक प्रसाद खत्री, जगन्नाथ रत्नाकर, किशोरीदास गोस्वामी, बाबू श्यामसुन्दर दास, महावीर प्रसाद द्विवेदी, देवीदत्त शुक्ल, श्री नारायण चतुर्वेदी*, संस्थापक—*बाबू चिन्तामणि घोष*।

हिन्दी गद्य, पद्य, नाटक, कहानी, संस्मरण को गौरवान्वित करने में पत्रिका का अप्रतिम स्थान। हिन्दी पत्रकारिता की आधारशिला।

जागरण प्रकाशन प्रा. लिमिटेड, कानपुर

जागरण (1947) : संस्थापक—*पूर्णचन्द्र गुप्त*। सम्पादक—*नरेन्द्र मोहन*। कानपुर, लखनऊ, गोरखपुर, वाराणसी, झाँसी, मेरठ, आगरा, बरेली से प्रकाशित। सुस्पष्ट सम्पादकीय लेख के कारण पाठकों का प्रिय पत्र। नयनाभिराम साज़-सज्जा एवं मुद्रण।

दैनिक नवज्योति प्रा. लिमिटेड, अजमेर

दैनिक नवज्योति (1936) : सम्पादक—*रामनारायण चौधरी, दुर्गाप्रसाद चौधरी*। अजमेर और कोटा से एक साथ प्रकाशित। राष्ट्रीय घटना-चक्र तथा सामयिक चिन्तन से पूर्ण दैनिक, राजस्थान का सर्वाधिक पुराना पत्र।

यूनाइटेड इंडिया पीरियाडिकल्स प्रा. लिमिटेड, नयी दिल्ली

गंगा (नवम्बर, 1985) : सम्पादक—*ऋषि कुमार मिश्र, कमलेश्वर*। जीवन्त एवं युगप्रवाहिनी पत्रिका।

राजस्थान पत्रिका प्रा. लिमिटेड, जयपुर

राजस्थान पत्रिका (7 मार्च, 1956) : सम्पादक—(कर्पूरचन्द कुलिश)। जयपुर, जोधपुर, उदयपुर, कोटा से भी प्रकाशित। राजस्थान की राजनीतिक, सांस्कृतिक-साहित्यिक गतिविधियों का नियामक। इसी पत्र के द्वारा 'इतवारी पत्रिका' का भी प्रकाशन।

राष्ट्रदूत प्रा. लिमिटेड, जयपुर

राष्ट्रदूत (1 अगस्त, 1951 दैनिक) : संस्थापक—*हजारीलाल शर्मा*, सम्पादक—*सुमनेश जोशी, युगल किशोर चतुर्वेदी, दिनेश खरे, शिवपूजन त्रिपाठी, राजेश शर्मा*। जयपुर, कोटा, बीकानेर से प्रकाशित। 'राष्ट्रदूत' हिन्दी साप्ताहिक भी सन् 1983 से प्रकाशित। विविध स्तम्भों से युक्त राजस्थान की पत्रकारिता का उन्नायक।

अक्षर प्रकाशन प्रा. लिमिटेड, नयी दिल्ली

हंस (मासिक) : सम्पादक–*श्री राजेन्द्र यादव*। प्रेमचन्द के 'हंस' का ही पुनर्प्रकाशन।

प्रकाशन विभाग, सूचना तथा प्रसारण मन्त्रालय, नयी दिल्ली

सूचना और प्रसारण मन्त्रालय रेडियो, टेलीविजन, फ़िल्मों, प्रकाशन, विज्ञापन जैसे मीडिया के साधनों और संचार के पारम्परिक तरीक़ों जैसे, नाटक, संगीत और नृत्य के जरिये लोगों को निर्बाध रूप से सूचना उपलब्ध कराता है। मन्त्रालय राष्ट्रीय एकता, पर्यावरण संरक्षण, स्वास्थ्य एवं परिवार-कल्याण, निरक्षरता ख़त्म करने, महिलाओं, बच्चों, अल्पसंख्यकों और समाज के अन्य कमज़ोर वर्गों से सम्बन्धित मुद्दों के प्रति जागरूक करता है। मन्त्रालय चार खण्डों में विभाजित हैं : सूचना खण्ड, प्रसारण खण्ड, फ़िल्म खण्ड और एकीकृत वित्त खण्ड। मन्त्रालय अपने कार्य 21 मीडिया इकाइयों/अधीनस्थ कार्यालयों, स्वायत्त निकायों और सार्वजनिक क्षेत्र के उपक्रमों के द्वारा करता है।

सूचना खण्ड प्रकाशन और प्रेस से सम्बन्धित नीतिगत मुद्दों के अलावा सरकार की प्रचार से जुड़ी ज़रूरतों को पूरा करने पर काम करता है। प्रसारण खण्ड इलेक्ट्रॉनिक मीडिया से सम्बन्धित मामलों व निजी टी. वी. चैनलों के प्रसारणों की विषयवस्तु के नियमन के साथ ही आकाशवाणी व दूरदर्शन के कार्यक्रमों तथा केबल टी. वी. और सामुदायिक रेडियो चैनलों के संचालन सम्बन्धी मामलों की देखरेख की जिम्मेदारी आदि भी सँभालता है। मन्त्रालय का फ़िल्म खण्ड, फ़िल्म जगत् से जुड़े मामले देखता है। वृत्त चित्रों के निर्माण और वितरण, फ़िल्म उद्योग के विकास और उसे बढ़ावा देने, प्रशिक्षण, फ़िल्म समारोहों के आयोजन, फ़िल्मों के आयात और निर्यात से सम्बन्धित सभी पहलुओं पर ये खण्ड कार्य करता है।

प्रकाशन विभाग, सूचना और प्रसारण मन्त्रालय, भारत सरकार द्वारा प्रकाशित 'भारत 2016' के अनुसार जन-कल्याण सद्भावना प्रसार के निमित्त निम्नलिखित ग्रन्थ, पत्र-पत्रिकाओं को सुलभ कराया जाता है।

भारत सरकार के प्रमुख प्रकाशन समूहों में से एक प्रकाशन विभाग राष्ट्रीय महत्त्व के विषयों पर लोकप्रिय पुस्तकों और पत्रिकाओं का प्रकाशन, बिक्री और वितरण करता है। इस विभाग की स्थापना 70 वर्ष पूर्व की गयी थी। विभाग राष्ट्रीय महत्त्व और भारत की समृद्ध सांस्कृतिक परम्परा को दर्शाने वाली पुस्तकों और पत्रिकाओं का भंडार है। प्रकाशन विभाग कला एवं संस्कृति, भारत-भूमि और उसके निवासी, वन्य और वनस्पति जगत्, आधुनिक भारत के निर्माताओं और सांस्कृतिक नेताओं की जीवनियों, विभिन्न क्षेत्रों के प्रमुख भारतीय व्यक्तित्त्वों के जीवन और उनके कार्यों, भारतीय इतिहास एवं स्वाधीनता संग्राम जैसे भारतीय पैनोरमा के विविध पहलुओं पर पुस्तकें और पत्रिकाएँ प्रकाशित करता है। *गाँधीजी* के लेखन का समग्र और विश्वसनीय संग्रह समझे जाने वाले *कलेक्टेड वर्क्स ऑफ महात्मा गाँधी* (सी. डब्ल्यू. एम. जी.) के अंग्रेज़ी और हिन्दी में 100 खण्डों सहित गाँधीवादी विचारधारा पर पुस्तकों के प्रकाशन का श्रेय भी विभाग को जाता है। प्रकाशकों के बीच इस विभाग को विषय की प्रामणिकता एवं सस्ती क़ीमत पर प्रकाशन उपलब्ध कराने के लिए जाना जाता है।

पत्रिकाएँ

प्रकाशन विभाग 18 मासिक पत्रिकाएँ भी प्रकाशित करता है। इनमें शामिल हैं : अंग्रेज़ी, हिन्दी और 11 अन्य भाषाओं में *योजना, आजकल* (हिन्दी और उर्दू), *बाल भारती* (हिन्दी) *कुरुक्षेत्र* (अंग्रेज़ी और हिन्दी)। विभाग की पत्रिकाओं के पाठक बहुत बड़ी संख्या में हैं और इन पत्रिकाओं की जनता के बीच विश्वसनीयता बहुत अधिक है। विभाग द्वारा प्रकाशित पत्र और पत्रिकाएँ आर्थिक विकास, ग्रामीण पुनर्निर्माण, सामुदायिक विकास, बाल-साहित्य और रोज़गार एवं कैरियर के विकल्पों पर सूचना जैसे व्यापक विषय वाले क्षेत्रों में देश के प्रदर्शन को परिलक्षित करते हैं।

योजना विभाग की अग्रणी पत्रिका है। यह समाज के सभी वर्गों के योजनाबद्ध विकास के सन्देश को प्रसारित करती है और विकास के सामाजिक-आर्थिक पहलुओं के मद्देनजर विभिन्न विचारों का प्रतिनिधित्व करने वाली स्वस्थ चर्चा को प्रोत्साहित करने का मंच प्रदान करती है। 13 भाषाओं में प्रकाशित होने वाली यह पत्रिका क्षेत्रीय विकास, नवाचार और पहल

पर प्रकाश डालते हुए भारत के समूचे परिदृश्य को प्रस्तुत करती है। योजना के कार्यालय नयी दिल्ली, मुम्बई, कोलकाता, चेन्नई, अहमदाबाद, गुवाहाटी, हैदराबाद और बंगलुरु में हैं। हिन्दी मासिक पत्रिका 'बाल भारती' का प्रकाशन सन् 1948 से नियमित रूप से किया जा रहा है। इसका उद्देश्य लघु कथाओं, कविताओं तथा जानकारी से भरपूर लेखों के माध्यम से बच्चों का स्वस्थ मनोरंजन करने के साथ-साथ उन्हें शिक्षित करना और उनमें मानवीय मूल्यों तथा वैज्ञानिक प्रकृति का संचार करना है। हिन्दी और उर्दू साहित्य की प्रतिष्ठित साहित्यिक पत्रिका 'आजकल' भारतीय संस्कृति और साहित्य के विभिन्न आयामों पर सामग्री प्रकाशित करती है।

'कुरुक्षेत्र' ग्रामीण विकास मन्त्रालय की ओर से हिन्दी और अंग्रेज़ी भाषाओं में प्रकाशित की जाती है। सन् 1952 में प्रकाशित होने वाली यह पत्रिका ग्रामीण विकास के क्षेत्र में नीतियों, कार्यक्रमों और विकास के प्रयासों के कार्यान्वयन की स्थिति पर वैचारिक आदान-प्रदान का मंच उपलब्ध कराती है।

एम्प्लॉइमेंट न्यूज/रोजगार समाचार हर शनिवार को जारी होने वाला साप्ताहिक अख़बार है और यह हिन्दी, अंग्रेज़ी और उर्दू में एक साथ प्रकाशित होता है। इसकी शुरुआत सन् 1976 में हुई थी। वह केन्द्र और राज्य सरकार के विभागों, सार्वजनिक क्षेत्र के उपक्रमों, शैक्षिक संस्थानों में रिक्तियों के बारे में सूचना प्रदान करता है।

प्रकाशन विभाग के अतिरिक्त राष्ट्रीय शैक्षणिक अनुसन्धान तथा प्रशिक्षण परिषद्, केन्द्रीय हिन्दी निदेशालय, वैज्ञानिक और औद्योगिक परिषद्, भारतीय कृषि अनुसन्धान, साहित्य अकादमी तथा ललित अकादमी की विविध पत्र-पत्रिकाएँ ज्ञान-विज्ञान के क्षेत्रों में उपादेय सिद्ध हो रही हैं। 'संस्कृति', 'भाषा', 'गगनांचल' जैसी पत्रिकाएँ पाठकों हेतु संग्रहणीय हैं। विविध मन्त्रालयों एवं राज्य सरकारों द्वारा प्रकाशित सैकड़ों पत्रों द्वारा सामयिक वार्ता, समाज कल्याण, शिक्षा, विज्ञान, व्यवसाय, कृषि, स्वास्थ्य, प्रौद्योगिकी एवं संस्कृति के विधि पक्षों को उजागर किया जा रहा है जिसमें 'हमारा घर' (स्वास्थ्य मन्त्रालय), 'भारतीय रेल' (रेल मन्त्रालय), 'सैनिक समाचार' (रक्षा मन्त्रालय), 'कृषि चयनिका' तथा 'खेती' (भारतीय कृषि अनुसन्धान परिषद्), 'उन्नत कृषि', (कृषि मन्त्रालय), 'डाक तार', (संचार मन्त्रालय), 'उद्योग व्यापार पत्रिका' (वाणिज्य एवं उद्योग मन्त्रालय) आदि प्रमुख हैं। 'विज्ञान प्रगति' (वैज्ञानिक एवं औद्योगिक अनुसन्धान परिषद्), 'खादी और ग्रामोद्योग' (खादी और ग्रामोद्योग आयोग), 'समाज कल्याण' (केन्द्रीय समाज कल्याण बोर्ड), 'उत्पादकता' (राष्ट्रीय उत्पादकता परिषद्) आदि विविध स्वशासी निगमों के प्रकाशन हैं।

अमर उजाला (1948) : सम्पादक प्रकाशक—*डोरीलाल अग्रवाल, मुरारी लाल माहेश्वरी, अजय कुमार अग्रवाल, अनिल कुमार, आगरा, बरेली* और मेरठ से प्रकाशित।

ज्ञानमण्डल लिमिटेड, काशी

'आज' (5 सितम्बर, 1920, दैनिक) : संस्थापक—*शिवप्रसाद गुप्त,* सम्पादक—*श्री प्रकाश, पं. बाबूराव विष्णु पराड़कर, रामकृष्ण रघुनाथ खाडिलकर, कमलापति त्रिपाठी, श्रीकान्त ठाकुर, दिनेशदत्त झा, विश्वम्भर नाथ जिज्जा, मुकुट बिहारी वर्मा, मुकुन्दी लाल, कमला प्रसाद अवस्थी 'अशोक', सत्येन्द्र कुमार गुप्त, विद्या भास्कर, ठाकुर प्रसाद सिंह, ईश्वरचन्द्र सिन्हा, रामचन्द्र नरहर बापट, श्याम प्रसाद शुक्ल 'प्रदीप', माधव प्रसाद मिश्र, चन्द्र कुमार, लक्ष्मी शंकर व्यास, डॉ. राम मोहन पाठक, शार्दूल विक्रम गुप्त।*

सम्प्रति 'हिन्दुस्तान', 'दैनिक जागरण', 'अमर उजाला', 'दैनिक भास्कर', 'राजस्थान पत्रिका', 'सहारा' बहु-प्रसारित, दैनिक पत्र तथा मनोहर कहानियाँ, 'कादम्बिनी', 'इनाहु', 'आउटलुक', 'सरस सलिल', 'सरिता', 'गृहशोभा', 'चम्पक' महत्त्वपूर्ण पत्रिकाएँ पाठकों हेतु कंठकार बनी हुई हैं।

सन्मार्ग प्राइवेट लिमिटेड, कलकत्ता

सन्मार्ग (1948, दैनिक) : सम्पादक—गौरीशंकर मिश्र, राम अवतसार गुप्त, धर्म सम्राट्, स्वामी करपात्री जी द्वारा प्रेरित यह पत्र हिन्दू धर्म और संस्कृति का प्रसारक। वाराणसी से प्रकाशित 'सन्मार्ग' द्वारा *श्रीनन्दनानन्द सरस्वती* और *डॉ. कौशल किशोर मिश्र* के सम्पादकत्व में उल्लेख्य वार्षिकांकों का प्रकाशन।

नयी दुनिया (5 जनवरी, 1947) : सम्पादक–*राहुल बारपुते, नरेन्द्र तिवारी, अभय छजलानी*।

संस्थापक–*कृष्ण चन्द्र मुद्‌गल, कृष्ण कान्त व्यास, सर्वश्री शरद जोशी, डॉ. श्याम परमार, डॉ. वेदप्रताप वैदिक, बाल कवि वैरागी*, 'नयी दुनिया' से सम्बद्ध। पहले कुछ महीनों तक रायपुर एवं जबलपुर से प्रकाशित। इन्दौर से प्रकाशित 'नयी दुनिया' साज-सज्जा एवं नवीनतम समाचारों से सुशोभित।

गांडीव (काशी) : सम्पादक–*डॉ. भगवानदास अरोड़ा, श्री राजीव अरोड़ा*। हिन्दुत्व का सक्षम प्रवक्ता।

जनवार्ता (काशी) : सम्पादक–*श्री ईश्वरदेव मिश्र, ईश्वरचन्द्र सिन्हा* पूर्वांचल का सक्षम प्रवक्ता।

विश्वामित्र (1916, कलकत्ता) : संस्थापक–*मूलचन्द्र अग्रवाल*, सम्पादक–*कृष्णचन्द्र अग्रवाल, माता सेवक पाठक, श्रीकान्त ठाकुर, हेमचन्द्र जोशी, इलाचन्द्र जोशी, रामाशीष सिंह, बाबूराम मिश्र, सुन्दर लाल त्रिपाठी, प्रकाश चन्द्र अग्रवाल*। कानपुर पटना, बम्बई, दिल्ली से भी समय-समय पर प्रकाशित।

कल्याण (अगस्त 1926, गोरखपुर) : सम्पादक–*हनुमान प्रसाद प्रोद्दार, चिम्मन लाल गोस्वामी, रामसुख दास, राधेश्याम खेमका*। संस्थापक–*श्री जयदयाल जी गोयनका*। भक्ति, ज्ञान, वैराग्य और सदाचार सम्बन्धी इस सचित्र मासिक पत्र के प्रत्येक वर्ष का प्रथमांक संग्रहणीय विशेषांक।

आजकल लस्टर प्रिंट मीडिया प्रा. लिमिटेड द्वारा 'संडे मेल' (सम्पादक–*कन्हैयालाल नन्दन*) तथा कॉमर्स पब्लिकेशंस लिमिटेड दिल्ली द्वारा 'संडे ऑब्जर्वर' (सम्पादक–*उदयन शर्मा*) प्रकाशित हो रहे हैं जो पाठकों को जागरूक बना रहे हैं।

सम्प्रति दैनिक, अर्द्धसाप्ताहिक, साप्ताहिक, पाक्षिक और मासिक पत्रों की ढेरी लगी हुई है। उनमें अधिकांश बेजान, नीरस, हास्यास्पद और उबाऊ हैं। इन पत्रों में विज्ञापन के अतिरिक्त सभी सामग्री बासी ही होती है। मात्र पत्रों का नाम ही गिनाया जाये तो इसके लिए एक स्वतन्त्र बृहद्‌काय ग्रन्थ प्रकाशित करना होगा। कुछ ही हिन्दी के पत्र ऐसे हैं जो विश्व की गतिविधियों पर पैनी दृष्टि रखते हैं।

नयी प्रेरणा, नये बोध, नये तेवर, नये कलेवर में नित-नूतन स्तम्भ वाले ये पत्र हिन्दी पाठकों हेतु कंठहार बने हुए हैं। आकर्षक मुद्रण एवं साज़-सज्जा में ये सभी पत्र विविध विषयों पर व्यापक, गहन, अन्तर्भेदी दृष्टि-सम्पन्न सामग्री दे रहे हैं। बदलते वक़्त की सही पहचान हेतु ऐसे पत्रों का अवगाहन अपरिहार्य हो जाता है। आज हिन्दी के पत्र समाज के वास्तविक दर्पण हैं। वे अपनी धरती से जुड़े हैं। हर आयु, हर वर्ग और हर स्तर के पाठकों की आवश्यकताओं और आकांक्षाओं को हिन्दी के पत्र ही पूरी करते हैं। उनमें समाचार, विचार, अर्थ, राजनीति, विज्ञान, तकनीक, कला, नाटक, उद्योग, फ़िल्म, फैशन, स्वास्थ्य सम्बन्धी उपयोगी सामग्री का खजाना भरा रहता है वस्तुतः हिन्दी के पत्र दीपक, डायनेमो और मॉडल बनकर राष्ट्र को गौरवान्वित कर रहे हैं।

जब किसी भारतीय जन-मानस में कोई धड़कन पैदा होती है, तो पलक झपकते ही पत्रों द्वारा वह धड़कन हजारों दिलों की धड़कन हो जाती है। किसी भी समस्या की तह तक पहुँचने वाले आज के उपर्युक्त पत्र हैं जो अपने पैनेपन और विस्तार, ताज़गी और गहराई के साथ पाठकों को प्रबुद्ध बना रहे हैं। इतना होने पर भी हिन्दी पत्रकारिता की यथेष्ट प्रगति नहीं हो पायी, इसके मार्ग में बाधाएँ हैं।

हिन्दी पत्रकारिता के बाधक तत्त्व

हिन्दी पत्रकारिता की प्रगति में कुछ बाधाएँ हैं। इनमें पहली बाधा तो सरकार के उच्च पदाधिकारियों की निष्ठा है। आज भी कुछ अधिकारी वर्ग अंग्रेज़ी पत्रों के प्रति अधिक विश्वसनीयता, प्रामाणिकता, सुरुचिपूर्णता एवं समग्रता का भाव रखते हैं जिससे अंग्रेज़ी पत्रकारों का वर्चस्व बना हुआ है। दूसरा कारण विज्ञापन है। हिन्दी पत्रों की ग्राहक संख्या कम होने के कारण विज्ञापन कम मिलते हैं। जो मिलते भी हैं उनका शुल्क अंग्रेज़ी पत्रों की अपेक्षा बहुत कम होता है। विज्ञापनों से उचित आय के अभाव में हिन्दी के पत्र एक सम्पूर्ण पत्र नहीं बन पाये। स्तरीय पत्रकारिता की कमी और पाठक वर्ग का सामान्य शिक्षित होना भी हिन्दी पत्रकारिता में बाधक रहा है। कुछ हिन्दी के पत्र अंग्रेज़ी पत्रों के अनुवाद मात्र हैं। हिन्दी का मर्मज्ञ

पाठक जूठन पर सन्तोष करने वाला नहीं है, उसकी रसना रस की प्यासी है। वह ताज़गी, गहराई, पैनापन और विस्तार वाली पत्र-पत्रिकाओं के लिए व्यग्र रहता है। जीवन्त हिन्दी के मौलिक सौन्दर्य की हत्या हो रही है।

हिन्दी पत्रकारिता की यथेष्ट प्रगति न होने के मूल में पत्रकारों का ढीला पड़ता दायित्व-बोध है। सरकार के साथ-साथ पत्रकार भी बहकते रहते हैं। कभी 'दुम दबाऊ' तो कभी 'हिज मास्टर्स वायस' बन जाते हैं। पत्रकारों के संकीर्ण सरोकार से हिन्दी पत्रकारिता कुंठित हुई है।

क्षेत्रीय पत्रों का प्रादुर्भाव

सन् 1829 से 1925 तक के प्रकाशित समाचार-पत्रों का नामकरण क्षेत्र विशेष से सम्बद्ध था। 'समाचार-पत्रों के इतिहास' में *अम्बिका प्रसाद वाजपेयी* ने एक सूची प्रस्तुत की :

"बंगदूत, बनारस अख़बार, मालवा अख़बार, ग्वालियर गजट, जोधपुर गजट, मारवाड़ गजट, उदयपुर गजट, अल्मोड़ा समाचार, बिहारबन्धु, जबलपुर समाचार, प्रयाग धर्मप्रकाश, जयपुर गजट, प्रयाग समाचार, मथुरा अख़बार, गुजराती पत्रिका, प्रयाग मित्र, राजस्थान समाचार, चम्पारण चन्द्रिका, मालवा अख़बार, कलकत्ता समाचार, मारवाड़ी गजट, तराई गजट, छत्तीसगढ़ मित्र, अवध समाचार, अवध अख़बार, गढ़वाली, मारवाड़ी बन्धु, मारवाड़ी भास्कर, कानपुर गजट, अवधवासी, अवध केसरी, धौलपुर गजट, मथुरा समाचार, राजस्थान केसरी, छत्तीसगढ़ पत्रिका, अल्मोड़ा जिला समाचार, हरदोई गजट आदि।"

देखा जाता है कि प्रत्येक पाठक सबसे पहले अपने क्षेत्र, जिले, प्रान्त के बाद अन्तर्राष्ट्रीय ख़बरों पर ध्यान देता है।

अनेक पत्र प्रयोगों के मामले में सबसे आगे हैं। समाचार-पत्रों के अनेक अंकों का विश्लेषण करने पर पता चलता है कि क्षेत्रीय पाठकों की प्राथमिकता को पत्रों ने अलग ही तरह भुनाया है। दैनिक, 'आज', 'दैनिक जागरण', दैनिक 'स्वतन्त्र भारत', 'जनसत्ता', 'नयी दुनिया', 'राजस्थान पत्रिका', दैनिक 'भास्कर', 'पंजाब केसरी' और दैनिक 'हिन्दुस्तान' अपनी लोकप्रियता को कायम रखे हुए हैं। ये सभी समाचार-पत्र ज़्यादा स्थानों से एक साथ छपते हैं। सभी क्षेत्रीय महत्त्व एवं रुचि के अनेक स्तम्भों व संस्करण छापते हैं। 'इन्फा-1988', 'प्रेस एडवरटाइजर्स इयरबुक' में उपलब्ध विवरण से पता चलता है कि सन् 1920 से 1970 के बीच सर्वाधिक क्षेत्रीय हिन्दी समाचार दैनिक प्रकाशित होने शुरू हुए। बम्बई से सन् 1942 में 'विश्वमित्र' तथा सन् 1950 में 'नवभारत टाइम्स', नागपुर से सन् 1937 में 'नवभारत' और सन् 1952 में 'राष्ट्रदूत', भोपाल से 'दैनिक जागरण' और 'नवभारत' का प्रकाशन सन् 1956 में शुरू हुआ, तब तक हिन्दी 'नवजीवन' अच्छा चल रहा था जो सन् 1950 में शुरू हुआ था। सन् 1958 में उस समय की नवीनतम तकनीक लेकर 'दैनिक भास्कर' आया, जो काफ़ी कामयाब हो गया था।

डॉ. अशोक कुमार शर्मा ने 'इन्फा-1988', 'प्रेस एडवर्टाइज़र्स इयरबुक' तथा 'आई. एन. एस. प्रेस हैंडबुक' सन् 1990 के अनुसार विविध क्षेत्रों से प्रकाशित प्रमुख पत्रों की दृष्टि पर प्रकाश डाला है :

ग्वालियर में सन् 1966 में प्रकाशित 'स्वदेश' को अगले साल निकलने वाले 'दैनिक भास्कर' से चुनौती मिलने लगी। इन्दौर से 'नयी दुनिया' सन् 1947 में चालू हुआ और सन् 1966 तक स्वदेश के प्रकाशन से पहले उसे रत्ती भर भी चुनौती कहीं से नहीं थी। जबलपुर से सन् 1950 में 'नवभारत' छपना शुरू हुआ तो उसे लगभग तीन दशकों तक, 'दैनिक भास्कर' के शुरू होने तक कोई मुकाबलेबाजी नहीं झेलनी पड़ी। भोपाल सन् 1953 में 'दैनिक जागरण' शुरू हुआ, जो इससे पहले उत्तर भारत में कामयाबी के झंडे गाड़ चुका था। कलकत्ता से सन् 1917 में चालू हुआ 'विश्वमित्र' आज भी क्षेत्रीय पत्रकारिता का अविजित चैम्पियन है। पटना से सन् 1940 में 'आर्यावर्त' शुरू हुआ था, जिसे सन् 1967 में 'विश्वबन्धु' ने थोड़ा-सा हिलाया-डुलाया, फिर सन् 1975 में 'जनशक्ति' तथा सन् 1979 में दैनिक 'आज' के प्रकाशन तक उसका साम्राज्य अडिग ही रहा। उत्तर प्रदेश में अवश्य ही समीकरण हर साल बदलते रहे।

सन् 1970 के आस-पास तो आधुनिक तकनीक पर प्रकाशित होने वाले हिन्दी अख़बारों का जैसे एक युग ही शुरू हो गया। 'आई. एन. एस. प्रेस हैंडबुक-1990' के अनुसार सन् 1969 में बरेली से दैनिक 'अमर उजाला', सन् 1974 में दैनिक

'विश्वमानव', दैनिक 'आज' का पटना संस्करण 1979 और दैनिक 'जागरण' का वाराणसी संस्करण 1981 में आये। फिर 'पंजाब केसरी' का दिल्ली संस्करण सन् 1983 में शुरू हुआ। यह अख़बार सन् 1965 में जालन्धर से जब *लाला जगत् नारायणजी* ने शुरू किया था, तब भी इस अख़बार में उस दौर की सर्वश्रेष्ठ तकनीक प्रयोग हो रही थी। आधुनिक तकनीक से कामयाब होने वाले अख़बारों में 'राजस्थान पत्रिका' का नाम अग्रणी है। जयपुर से सन् 1956 में प्रथम संस्करण शुरू होने के बाद से इस अख़बार ने अपना प्रसार सोची-समझी कार्यनीति के अन्तर्गत आस-पास के इलाके में फैलाया। जैसे सन् 1981 में यह अख़बार उदयपुर से शुरू हुआ। फिर सन् 1982 में जोधपुर नगर से। इसके चार साल बाद कोटा से और पुनः अगले वर्ष बीकानेर से इसका पाँचवाँ संस्करण शुरू हुआ। जाहिर है कि मेहनत भले ही संस्थान के प्रबन्ध-सम्पादन-प्रसार-विज्ञान तन्त्र की थी, मगर कमाल असल में संचार-सुविधाओं ने ही दिखाया था।

मीडिया को लोकतन्त्र का चौथा खम्भा कहा जाता है और इस खम्भे में पेड न्यूज़ की प्रवृत्ति के जरिये घुन लगता जा रहा है। ज़ाहिर है कि अगर लोकतन्त्र का एक खम्भा भी दरका तो अन्य खम्भे सही-सलामत बचे रहेंगे, ऐसा दावे के साथ नहीं कहा जा सकता है। कम-से-कम जो लोग चुनाव हार गये हैं, उन्हें तो इतना साहस जुटाना चाहिए कि सामने आकर इस जाँच समिति को यह बताये कि उनसे फलाँ अख़बार ने ख़बर छापने के लिए पैसे लिए या पैसे की माँग की।

सन् 2009 में हुए महाराष्ट्र विधान सभा चुनाव के बाद *पी. साईनाथ* ने वहाँ मीडिया द्वारा किये गये गोरख-धन्धे को उजागर किया। उन्होंने लिखा है कि एक ही ख़बर राज्य के तीन प्रतिद्वन्द्वी अख़बारों में अलग-अलग बाइलाइन के साथ प्रकाशित हुई। राज्य का एक प्रमुख मीडिया समूह है लोकमत। इस समूह के कर्ता-धर्ता *विजय दरदा* ने पेड न्यूज़ की बात सामने आने पर एक अख़बार को यह कहा कि हमारे समूह में पैसे लेकर ख़बर नहीं प्रकाशित की गयी, लेकिन यह बात सबको मालूम है कि हमारा परिवार कांग्रेस के साथ लम्बे समय से जुड़ा रहा है, इसलिए सम्भव है कि अख़बार का थोड़ा झुकाव इस पार्टी की विचारधारा की तरफ हो, पर उन्हीं के अख़बार में भाजपा के उम्मीदवार के लिए भी वैसी ही प्रशंसा से भरे पन्ने निकाले गये, जैसा वे कांग्रेस प्रत्याशियों के लिए निकाल रहे थे। इससे साफ है कि कहीं-न-कहीं इन विशेष पन्नों के पीछे कोई खेल चल रहा है।

प्रत्येक नागरिक को मुक्त निर्बाध ज्ञान, सूचना, बौद्धिक, सन्तुष्टि और मनोरंजन पाने का अधिकार है जिसके लिए प्रेस ही सर्वाधिक सस्ता स्रोत है। अख़बारी काग़ज़ की सरकारी मिलों ने काग़ज़ की क़ीमत 40% बढ़ा दी है। चिकने अख़बारी काग़ज़ पर सात गुना शुल्क बढ़ा दिया गया। इस प्रकार लागत में वृद्धि, मुद्रण और प्रकाशन की क़ीमत में वृद्धि, विज्ञापन दरों में वृद्धि, समाचार-पत्र उद्योग पर भारी वित्तीय दबाव के कारण पत्रकारिता की प्रगति बाधित हो रही है। कोने-कोने तक ख़बर पहुँचाने में हर क्षेत्र में व्याप्त बेशुमार महँगाई बाधक सिद्ध हो रही है। शासन के प्रचार माध्यमों के विस्तार हेतु ख़जाने को लुटाना तथा पत्रों पर आर्थिक बोझ बढ़ाना, ये दोनों कार्य हिन्दी पत्रकारिता के मार्ग में रोड़े सिद्ध हो रहे हैं।

संवाद के अढ़तिये संवाद समितियों को उद्यम के रूप में मान्यता प्राप्त है। वे संवाद को उपभोक्ताओं और कार्यकर्ताओं को विक्रय हेतु सम्प्रेषित करती हैं। अब पत्रकार की योग्यता के स्थान पर पूँजी-निवेश, लाभ-हानि तथा संचालन-दक्षता पर विशेष ध्यान दिया जाता है। पूँजीवादी उपभोक्ता संस्कृति के कारण पत्र तथा पत्रकार वैचारिक उथल-पुथल और मूल्य संक्रमण की स्थिति से गुजर रहे हैं। वर्तमान परिप्रेक्ष्य में लेखक की निम्नलिखित पंक्तियाँ द्रष्टव्य हैं :

नेयं आध्यात्मिकी चर्चा, भौतिकी आर्थिकी न वा।
न वा स्वस्थ विधातृयं, छलछद्मविधायिनी।
एवं बहूनां पत्राणां, पत्रकार महोदया :,
पाठकानां प्रकुर्वन्ति शोषणं चित्तदूषणम्॥

पत्रकार अब 'युग चरण' न बनकर 'युग-चारण' बन रहे हैं और वे 'युग चर्वण' कर रहे हैं। अब पीत, शीत, मीत, नवनीत और क्रीत पत्रकारिता का प्रचलन बढ़ रहा है। आज की पत्रकारिता में 'ज्वाला' नहीं अपितु 'ज़हर' है। उसकी धार मोटी होती

जा रही है, जिजीविषा का अभाव उसमें परिलक्षित हो रहा है। कुछ समाचार-पत्र अब काग़ज़ी शेर नजर आते हैं और उसके सम्पादक चीखने वाले मानसिक रोगी। मीडिया से आशा की जाती है कि :

कुछ कर गुज़रने की यहाँ सम्भावना ज़िन्दा रहे,
ज्ञान-अर्जन की हमेशा भावना ज़िन्दा रहे।
हम चलें, तुम भी चलो, ये कारवाँ चलता चले
हर किसी के वास्ते शुभकामना ज़िन्दा रहे॥

44
समर्पित सम्पादक
(Devoted Editors)

Great is Journalism. Is not every able Editor a Ruler of the world, being a persuader of it? –*Carlyle*

सत्य के उद्‌गाता, स्वतन्त्रता के अनुष्ठाता, कर्तव्य-पथ के अनवरत पथिक सम्पादकों की कलम ने भारत को दासता से मुक्त किया। चुनौती, प्रताड़ना और जेल-यातना से जूझते हुए समर्पित पत्रकारों ने हिन्दी पत्रकारिता की सुपुष्ट आधारशिला रखी। पत्रकार तो विचार, भावना विश्लेषण-क्षमतायुक्त वह बुद्धिजीवी है जो लोकमानस में डूबता है, विविध घटनाओं से उन्मथित होता है तथा अपनी विवेचना शक्ति के बल पर जन-मानस को सशक्त वाणी देता है। इसीलिए पत्रकारों को नरेश, शिक्षकों का शिक्षक, लोकनायक, लोकगुरु और मर्करी के नाम से पुकारा जाता है। एक सच्चा पत्रकार साहित्यकार होता है जिसके सन्दर्भ में *हरिकृष्ण जौहर* की पंक्तियाँ समीचीन हैं :

कट गयी ज़िन्दगी साहित्य की गुलकारी में।
तीसरापन है इसी बाग की फुलवारी में।
काग़ज़ ओढ़ना और बिछौना काग़ज़ से ही खाना।
काग़ज़ लिखते लिखते साधो, काग़ज़ में मिल जाना॥

पत्रकार के दायित्व बोध को विविध उपमाओं द्वारा *श्री प्रकाश चन्द्र भुवाल़पुरी* ने स्पष्ट किया है :

"वह साहित्यकार की तरह मधुव्रती बनकर जीवन के बिखरे हुए सत्य का मात्र संचयन ही नहीं करता, वरन् उसे देवर्षि नारद-सा भ्रमणशील, *संजय*-सा दूरदृष्टिसम्पन्न, *अर्जुन*-सा लक्ष्यनिष्ठ, *एकलव्य*-सा अध्यवसायी, *अभिमन्यु*-सा निर्भीक, *परशुराम*-सा साहसी, *सुदामा*-सा सन्तोषी, *दधीचि*-सा त्यागी, *धर्मराज*-सा सत्यव्रती, *भीष्म*-सा अडिग, *गणेश*-सा प्रतिभासम्पन्न, *कृष्ण*-सा ज्ञानी एवं कर्मयोगी, *राम*-सा मर्यादावादी, *कृष्ण-द्वैपायन*-सा प्रगतिशील और भगवान् *शिव*-सा लोकमंगल के लिए विषपाई होना पड़ता है।" ये सभी गुण हिन्दी पत्रकारों में समवेत होकर उन्हें सम्मानित बना चुके हैं। स्वतन्त्रता के पुरोधा पत्रकार सच्चे सम्राट और धर्मोपदेशक की भूमिका निभा चुके हैं जिन्होंने प्रलोभन, भय, दबाव और आतंक से अपने को मुक्त रखा। प्रमुख हिन्दी पत्रों के प्राण-तत्त्व, राष्ट्रीयता के उद्‌बोधक और सम्पोषक सम्पादकों की कीर्ति-गाथा माननीय है।

हिन्दी पत्रकारिता के मनु पं. युगुल किशोर सुकुल (1788-1853)

पं. युगुल किशोर सुकुल कानपुर के निसासी थे। उन्होंने कलकत्ते में हिन्दी पत्रकारिता की नींव डाली। अपनी सतत् निष्ठा और ऊँची आदर्शवादिता के कारण पंडित जी ने हिन्दीभाषियों की जड़ता को दूर भगाने का प्रयास किया

"...जब तें या कलकत्ता नगरी में उदन्त मार्तंड को प्रकाश भयौ तब तौ आज दिवस लौ काहू प्रकार तें ढाढस बाँध विद्या के बीच वैबे को हिन्दुस्तानिअन के जड़ता के खेत को बहुविध जोत्यो पहिले तो ऐसी कठोर भूमि काहे कौ जुतै ताहू पै काया कष्ट कर जैसो तैसो हर चलाय वा क्षेत्र में गाँठ को व्यु बखेर बड़े यत्न तें सींच फल लुन्यों चह्यों ता समय लोभ रूपी टीडी परिवा खेत के फल फूल पाती सिगरी चरि गयी अब जो फिरि-फिरि या नशे छेत्र को गोड़िये तो श्रम ही कौ फल फलेगो।"

पं. युगुल किशोर जी ने 30 मई, 1826 को साप्ताहिक 'उदन्त मार्तंड' का सम्पादन-प्रकाशन किया। सन् 1850 में उनके द्वारा 'साम्यदन्त मार्तंड' का प्रकाशन हुआ। पत्रकारिता के क्षेत्र में आने के पूर्व वे कलकत्ते की सदर दीवानी अदालत में प्रोसीडिंग रीडर थे। बाद में उसी अदालत में वे वकालत करने लगे। पंडित जी कई भाषाओं के जानकार थे। अपने पत्रों में उन्होंने देश-विदेश की बखरें छापीं तथा हास्य-व्यंग्य, विज्ञापन, सरकारी सूचना और सम्पादकीय टिप्पणियों से पत्र को सुशोभित रखा। *सुकुल जी* का हिन्दी-प्रेम और पत्रकारिता से उनकी आत्मीय भावना के बल पर ही हिन्दी पत्रकारिता का महल खड़ा हो रहा है जिनकी घोषणा थी–

युगुल किशोरः कथयति धीरः सविनयमेतत् सुकुलवंशजः।
उदिते दिनकृत सति मार्तंडे तद्वत् विलसति लोक उदन्ते ॥

'हिन्दुस्तानियों के हित हेतु' प्रकाशित 'उदन्त मार्तंड' हिन्दी पत्र-जगत् की आधारशिला है।

राजा राममोहन राय (22 मई, 1772 - 27 सितम्बर, 1833)

भारत के महान् समाज-सुधारक *राजा राममोहन राय* ने भारत को आधुनिक बनाने में बौद्धिक और आध्यात्मिक दोनों शक्तियों का प्रयोग किया। उन्होंने पूरब और पश्चिम के सामंजस्य से एक मानवतावादी संस्कृति की स्थापना की। अमेरिकी स्वातन्त्र्य संग्राम, फ्रांसीसी क्रान्ति, आइरिश क्रान्ति एवं स्पेन की जनता के संघर्ष में रुचि लेकर *राममोहन राय* ने विश्व-बन्धुत्व की भावना का प्रसार किया। सती-प्रथा को समाप्त कराने के लिए उन्होंने *लॉर्ड विलियम बैंटिक* को प्रेरित किया कि एक ऐसा क़ानून बने ताकि यह अमानवीय कार्य बन्द हो जाये। स्त्री-शिक्षा को प्रश्रय देने तथा विधवा-विवाह को वैध घोषित करने पर भी इन्होंने बल दिया। सन् 1828 में ब्रह्म समाज की स्थापना द्वारा *राजा राममोहन राय* ने सामाजिक कुरीतियों को दूर करने का प्रयास किया।

सुधारवादी आन्दोलन के संचालक तथा भारतीय नवजागरण के अग्रदूत *राजा राममोहन राय* ने बौद्धिक स्वतन्त्रता को मानव का मूल अधिकार माना जिसके लिए समाचार-पत्रों का प्रकाशन अपरिहार्य सिद्ध किया। उन्होंने राज्याश्रय प्राप्त मिशनरी पत्रों के प्रतिरोध में 'ब्रह्मैनिकल मैगजीन' प्रकाशित की। सन् 1821 में बँग्ला साप्ताहिक 'संवाद कौमुदी' का प्रकाशन उनके द्वारा हुआ जिससे सामाजिक बुराइयों पर आघात किया गया। फ़ारसी में राजा साहब ने 'मिरात-उल-अख़बार' निकाला जो अपनी तेजस्विता के कारण दमन का शिकार हुआ। 'जाम-ए-जहाननामा' तथा 'शम्स-उल-अख़बार' उनके प्रयास के ही फलस्वरूप निकले। अंग्रेज़ी, फारसी, बँग्ला और हिन्दी में एक साथ छपने वाले पत्र 'बंगदूत' के प्रकाशक भी वही थे। प्रेस नियन्त्रण के विरुद्ध उनकी याचिका भारतीय पत्रकारिता की 'एरोपैगिटिका' है।

बाबू श्यामसुन्दर सेन

'समाचार सुधावर्षण' के सम्पादक *बाबू श्यामसुन्दर सेन* बंगाली होते हुए भी हिन्दी के उन्नायकों में महत्त्वपूर्ण स्थान रखते हैं। द्विभाषी पत्र 'समाचार सुधावर्षण' में हिन्दी के बाद बँग्ला का अंश रहता था। यद्यपि ये पुरानी रीति-नीति के पक्षधर थे परन्तु दैनिक हिन्दी पत्रों के प्रवर्तन द्वारा इन्होंने पत्रकारिता जगत् में उल्लेख्य कार्य किया।

पं. छोटूलाल मिश्र

'भारतमित्र' के संस्थापक सम्पादक *पं. छोटूलाल मिश्र* का जन्म कलकत्ता में हुआ और प्रारम्भिक शिक्षा हेतु इन्हें काशी आना पड़ा। उर्दू, अंग्रेज़ी, हिन्दी, बँग्ला के ये विद्वान् थे। 'भारतमित्र' के प्रथम सम्पादकीय लेख में इन्होंने बताया :

"...और हमारे हिन्दुस्तानी भाई केवल अज्ञान खटिया पर पैर फैलाये हुए पड़े हैं और ऐसा कोई नहीं जो इनकी उस खटिया पर से उठा के ज्ञान की किरण उनके अन्तःकरण में प्रकाश करे बहोत दिनों से हम आशा करते थे कि कोई विद्वान् बहुदर्शी आदमी इस अभाव को दूर करने की चेष्टा करेंगे परन्तु यह आशा परिपूर्ण न हुई।"

पं. दुर्गाप्रसाद मिश्र (वर्ष 1860-1910)

तेजस्वी सम्पादक और सशक्त लेखक *पं. दुर्गाप्रसाद मिश्र* का जन्म 31 अक्टूबर, सन् 1860 में साम्बा नगर (जम्मू-कश्मीर) में हुआ था। एक वर्ष तक 'भारतमित्र' की व्यवस्था करने के बाद उन्होंने 'सारसुधानिधि' पत्र को प्रकाशित किया। सन् 1880 में 'उचित वक्ता' और सन् 1907 में 'मारवाड़ी बन्धु' का प्रकाशन इनकी अहर्निश साधना के बल पर हुआ। हिन्दी, संस्कृत, डोगरी, बँग्ला और अंग्रेज़ी के विद्वान् मिश्र ने सर्वप्रथम पत्रकारों के संगठन को महत्त्वपूर्ण माना :

"हम भारतीय पत्र सम्पादकों की जैसी हीन और मलिन दशा है वह किसी को अविदित नहीं है। ये लोग सदा अपने देश की भलायी के लिए उद्यत रहते हैं। इसी से सदैव गवर्नमेंट के समीप राजभक्तिविहीन और अधम गिने जाते हैं। क्षुद्र हाकिमों से लगाकर उच्चतर विचारपतियों तक का इन पर आक्रोश बना रहता है।... अब हम लोगों का प्रधान कर्तव्य यह है कि सब समाचार-पत्र के सम्पादक एक उत्तम सभा स्थापित करें जिसमें कि सब पत्रों के सम्पादक सभ्य नियुक्त रहें और अपनी-अपनी अवस्थानुसार मासिक चन्दा दिया करें। जब किसी देशीय पत्र के सम्पादक पर किसी हाकिम महाशय का अनर्थक क्रोध होए तो उसके निवारणार्थ वह संचित द्रव्य व्यय हुआ करे और सम्पादक समाज उसकी सब प्रकार से सहायता में तत्पर रहे।"

हिन्दी पत्रकारिता के महान् पुरस्कर्ता के रूप में *पं. दुर्गा प्रसाद मिश्र* सतत प्रणम्य हैं। उनकी मृत्यु सन् 1910 में हुई।

भारतेन्दु बाबू हरिश्चन्द्र (वर्ष 1850-1885)

हिन्दी के जन्मदाता तथा हिन्दी पत्रकारिता के युगपुरुष *भारतेन्दु बाबू हरिश्चन्द्र* ने 'पैनी रीडिंग क्लब', 'तदीय समाज', 'यंगमैन एसोसिएशन', 'डिबेटिंग क्लब' की स्थापना द्वारा सांस्कृतिक और राजनीतिक जागरण का मन्त्र फूँका। 'कविवचन सुधा', 'हरिश्चन्द्र मैगजीन', 'हरिश्चन्द्र चन्द्रिका', 'बाला बोधिनी' पत्रिका द्वारा इन्होंने भारतीय जन-मानस को उद्बुद्ध किया। उत्कृष्ट कवि, सशक्त व्यंग्य-लेखक, सफल नाटककार, जागरूक पत्रकार के रूप में *भारतेन्दु जी* ने वास्तव में अपने को 'भारतीय नवजागरण का अग्रदूत' सिद्ध कर दिया। अंग्रेज़ी के प्रति उनकी भावना थी :

भीतर-भीतर सब रस चूसे।
हँसि-हँसि के तन-मन-धन मूसे।
ज़ाहिर बातन में अति तेज।
क्यों सखि साजन, नहिं अंग्रेज़॥

8 जून, 1874 को उन्होंने सुस्पष्ट रूप में 'कविवचन सुधा' में लिखा :

"भाइयो! अब तो सन्नद्ध हो जाओ और ताल ठोक के इनके सामने खड़े हो जाओ। देखो, भारतवर्ष का धन देश से बाहर न जाने पाये, वह उपाय करो।"

भारतीय मनीषा को चैतन्य कर राष्ट्र के प्रति समर्पित साहित्यकारों की मण्डली तैयार करने में *भारतेन्दु जी* का योगदान अविस्मरणीय है। *सर्वश्री बालकृष्ण भट्ट, लाला सीताराम, प्रतापनारायण मिश्र, लाला श्रीनिवास दास, राधाचरण गोस्वमी, बद्री नारायण चौधरी 'प्रेमधन'* आदि पत्रकार *भारतेन्दु हरिश्चन्द्र* द्वारा ही अनुप्राणित थे। स्वदेशाभिमान, स्वजाति-प्रेम, समाज-सुधार

आदि की भावनाओं के प्रवाह के लिए *भारतेन्दु बाबू* ने हिन्दी को चुना। इतिहास, विज्ञान एवं समाजोपयोगी सामयिक विषयों की ओर उन्होंने हिन्दी को दौड़ा दिया। हिन्दी पत्रकारिता के आधार स्तम्भ के रूप में वे सतत पूज्य हैं।

राजा रामपाल सिंह (वर्ष 1849-1909)

कालाकाँकर (प्रतापगढ़) के राजा *रामपाल सिंह* हिन्दी पत्रकारिता के अप्रतिम उन्नायक एवं हिन्दी साहित्य के अनन्य सेवक थे। इन्होंने सन् 1883 में इंग्लैंड से 'इंडियन यूनियन' नामक अंग्रेज़ी भाषा का पत्र निकाला। 'हिन्दोस्थान' नाम से हिन्दी का एक पत्र भी वहीं से उन्होंने प्रकाशित किया। कालान्तर में सन् 1885 में भारत लौटने पर 'हिन्दोस्थान' का साप्ताहिक रूप में विधिवत् प्रकाशन कालाकाँकर से ही करके राजा साहब ने अपने हिन्दी-प्रेम का परिचय दिया।

'हिन्दोस्थान' प्रदेश का प्रथम दैनिक पत्र था और इसके आदि सम्पादक *पं. मदन मोहन मालवीय* थे। मालवीय जी ने जुलाई, 1887 से सन् 1889 तक इसका सफलतापूर्वक सम्पादन किया। *मालवीय जी* के बाद दैनिक 'हिन्दोस्थान' के सम्पादन में जिन पत्रकारों ने योग दिया उनमें *सर्वश्री बालमुकुन्द गुप्त, गोपालराम गहमरी* तथा *अमृतलाल चक्रवर्ती* के नाम उल्लेखनीय हैं। सन् 1907 में *राजा रामपाल सिंह* ने इलाहाबाद में सम्पादक सम्मेलन बुलाया। प्रमुख पत्रों के सम्पादकों ने सम्मेलन में सक्रिय भाग लिया। राजा साहब ने कांग्रेस के मंच से वर्नाक्युलर प्रेस एक्ट को समाप्त करने की माँग की। उन्होंने अपने लेखों द्वारा बार-बार स्पष्ट किया कि अंग्रेज़ जो लन्दन में बैठे भारत पर राज कर रहे हैं, वे यहाँ की आर्थिक दुर्दशा को नहीं समझ सकते। इसलिए भारतीयों को स्वयं आन्दोलन करना चाहिए तथा ब्रिटिश संसद में प्रवेश पाना चाहिए। निरन्तर 22 वर्षों तक घाटा सहकर 'हिन्दोस्थान' को चलाने वाले इस मनस्वी राष्ट्रभक्त ने हिन्दी पत्रकारिता के विकास में अविस्मरणीय योगदान किया।

जस्टिस शारदाचरण मित्र

'एक लिपि विस्तार परिषद्' के संस्थापक और 'देवनागर' के संचालक बंगीय महापुरुष *बाबू शारदाचरण मित्र* का जन्म 17 दिसम्बर, 1848 में कलकत्ता में हुआ। बँग्ला, हिन्दी, संस्कृत, अंग्रेज़ी के इस उद्‌भट विद्वान् ने कलकत्ता उच्च न्यायालय के न्यायाधीश पद को सुशोभित किया। अनेक बँग्ला भाषा की पुस्तकों को देवनागरी लिपि में प्रकाशित कर इन्होंने देवनागरी को गौरवान्वित किया। हिन्दी के समर्पित उन्नायक न्यायपति *शारदाचरण मित्र* ने 'बंग साहित्य परिषद्' के अध्यक्ष पद से जो घोषणा की, वह सतत् स्मरणीय है :

"इंगराजी आमादेर साधारण भाषा हइते पारे ना। इंगराजी शिक्षा आमादेर साहित्यिक उन्नतिर व्याघात कारण।... वर्तमान हिन्दी अनेक परिमाणेई आमादेर राष्ट्रभाषार अभाव पूरण करिते पारे, हिन्दी सहजेइ शिक्षा करा जाय, सुतराँ सहजेइ आर्य्यावतेर राष्ट्रभाषा हइते पारे।

आमादेर परस्परेर लिपिक पार्थक्य आछे, किन्तु आमि भाषार विशेष पार्थक्य देखिते पाइना।

कि उपाय अवलम्बन करिले तुलसीदास, कबीर, हरिश्चन्द्र, चाँद, दलपत राय, तुकाराम प्रभृति आर्य्य भारतेर अन्यान्य प्रदेशेर कविर और सुलेखक गणेर ग्रन्थ निश्चय आमादेर प्रत्येक शिक्षित गृहस्थेर आदरेर जिनिस हइबे, ताहा साहित्य सम्मेलन स्थिर करा आवश्यक।"

लॉर्ड कर्जन की विघटनकारी नीतियों की सांस्कृतिक प्रतिक्रिया के स्वरूप 'देवनागर' ने राष्ट्रीय एकता को अक्षुण्ण रखा जिसके सर्वस्व *शारदाचरण मित्र* भारतीयों हेतु आलोक पुरुष हो चुके हैं।

लाल खड्‌ग बहादुर मल्ल

मझौली के प्राचीन विश्वसेन वंश में इनका जन्म सन् 1853 में हुआ। *भारतेन्दु हरिश्चन्द्र* की कृतियों के प्रकाशनार्थ इन्होंने पटना के बाँकीपुर में 'खड्‌गविलास छापाखाना' की स्थापना करायी। वहीं से 'क्षत्रिय पत्रिका' का प्रकाशन हुआ जिसने हिन्दी

को राष्ट्रभाषा पद हेतु सक्षम बनाया। पत्रिका के तीन-चौथाई भाग के प्रणेता *लाल साहब* ही थे। 'मझौली की ख़बरें' इनके द्वारा प्रेषित थीं। ग्राहकों के अभाव में जब 'हरिश्चन्द्र कला' (मासिक) के बन्द होने की चर्चा छिड़ी तो *लाल साहब* ने लिखा कि 'मेरे जीते जी ''हरिश्चन्द्र कला' बन्द नहीं होगी।'' लगभग 32 ग्रन्थों की रचना द्वारा *लाल खड्ग बहादुर* मल्ल ने हिन्दी की अभूतपूर्व सेवा की। *राधाकृष्णदास* ने इन्हें 'भारत-भूषण' की उपाधि से सम्मानित किया। 20 जनवरी, 1890 को *लाल साहब* स्वर्गवासी हो गये।

प्रतापनारायण मिश्र (वर्ष 1856-1894)

इनका जन्म उन्नाव जनपद के बेजेगाँव नामक ग्राम में 27 सितम्बर, 1856 को हुआ। हिन्दी, उूर्द, बँग्ला, संस्कृत, अंग्रेज़ी, फ़ारसी में दक्ष मिश्र पक्के राष्ट्रवादी थे। उनकी स्पष्ट धारणा थी कि :

जिन धन धरती हरी, सो करि है कौन भलायी
बन्दर काके मीत, कलन्दर केहिके भाई
सब धन लिहे जात अंग्रेज़,
हम केवल लेक्चर में तेज॥

और भी

पढ़ि कमाय कीन्हों कहा, हरे न देस कलेस।
जैसे कन्ता घर रहे, वैसे रहे बिदेस॥

महामना मालवीय जी के साथ उन्होंने 'हिन्दोस्थान' का सम्पादन सन् 1889 में किया। इसके पूर्व 15 मार्च, 1883 को उन्होंने 'ब्राह्मण' पत्र निकाला। पत्र में इन्होंने सामान्य जनता की भाषा में जनसामान्य के लिए जनहित की भावना से लिखा फलस्वरूप 'ब्राह्मण' जनता का कंठहार हो गया। 32 पुस्तकों के रचयिता *श्री मिश्र जी, भारतेन्दु* के अनन्य भक्त थे। श्री 'गणेशाय नमः' के स्थान पर वे 'श्री हरिश्चन्द्राय नमः' लिखा करते थे। *भारतेन्दु* मण्डल के इस उत्कृष्ट कवि और पत्रकार का स्वर्गवास सन् 1894 में हो गया। चुटीला हास्य, सत्य-कथन, साहस और देश प्रेम के कारण *मिश्र जी* अविस्मरणीय हैं। 15 मई, 1883 को 'ब्राह्मण' में प्रकाशित सम्पादकीय लेख द्वारा उनकी पत्रकारिता का अनुमान लगाया जा सकता है :

"...परन्तु हम भिखमंगे नहीं कि केवल ग्राहकों की खुशामद का खयाल रखें। हम भाट नहीं कि बड़े आदमियों और राजपुरुषों की निगरी झूठी स्तुति गाया करें। जो सो हों, हम ब्राह्मण हैं, इससे हमारा धर्म नष्ट होता है और हम पतित हुए जाते हैं। जो अत्यन्त दीन और असमर्थ देश भाइयों पर अत्याचार होते सैकड़ों मनुष्यों से सुने और फिर उसे सर्वसाधारण व सरकार पर विदित न करें।"

उपर्युक्त बातें आज भी आदर्श पत्रकारों हेतु मननीय हैं।

भारतरत्न महामना मदनमोहन मालवीय (वर्ष 1861-1946)

समग्र राष्ट्रीय चेतना के आलोक स्तम्भ *पं. मदनमोहन मालवीय* ने सन् 1885 से 1887 तक 'इंडियन ओपिनियन' का सम्पादन किया। कालाकाँकर के राजा *रामपाल सिंह* के पत्र दैनिक 'हिन्दोस्थान' को जुलाई, 1887 से 1889 तक गौरवपूर्ण बनाने में इनका स्तुत्य हाथ था। हिन्दी के प्रथम दैनिक का सम्पादन करते हुए मालवीय जी ने *गोपालराम गहमरी, अमृतलाल चक्रवर्ती, बाबू बालमुकुन्द गुप्त, प्रतापनारायण मिश्र* प्रभृति पत्रकारों को प्रशिक्षित किया।

सन् 1908 में वसन्त पंचमी के दिन से *मालवीय जी* ने 'अभ्युदय' नामक साप्ताहिक का प्रकाशन प्रारम्भ किया जिसमें *पुरुषोत्तमदास टंडन* का सहयोग उल्लेख्य था। *कृष्णकान्त मालवीय* और *पद्मकान्त मालवीय* ने 'अभ्युदय' के सम्पादकीय विभाग में कार्य किया जिस पर महामना मालवीय का वर्चस्व था कुछ दिनों तक 'मार्यादा' मासिक के संचालन के बाद इन्होंने

24 अक्टूबर, 1909 को 'लीडर' नामक दैनिक का शुभारम्भ किया। *मालवीय जी* की देख-रेख में 'दैनिक भारत' निकलता था जिसके भरण-पोषण हेतु इन्हें अपनी पत्नी के गहने बेचने पड़े।

मालवीय जी की सत्प्रेरणा से अकालियों से 'हिन्दुस्तान टाइम्स' ख़रीदा गया जिसे बाद में एक लिमिटेड कम्पनी को सौंपा गया। नयी दिल्ली से प्रकाशित 'हिन्दुस्तान टाइम्स' और 'हिन्दुस्तान' *मालवीय जी* की दूरदर्शिता के परिणाम हैं। दिल्ली से प्रकाशित 'गोपाल' साप्ताहिक के संरक्षण का भार इन्होंने उठाया। 20 जुलाई, 1933 की गुरु-पूर्णिमा को 'सनातन धर्म' नामक साप्ताहिक का प्रकाशन प्रारम्भ हुआ। पत्रकारिता के क्षेत्र में मालवीय जी संवाद-संकलन, मेकअप, प्रूफरीडिंग आदि सब में सिद्धहस्त थे। 26 सितम्बर, 1922 को लाहौर में दिये गये उनके भाषण के निम्नलिखित अंश से उनकी पत्रकारिता का अनुमान सहज ही सम्भव है :

"...अख़बारनवीस भी नयी रोशनी के पंडित और मौलाना हैं। वे ईश्वर, मुल्क तथा क़ौम के लिए लोगों को नेकी का रास्ता बतलाने वाले हैं। अख़बारों में एक गलत ख़बर के मजमून से कितना बुरा असर होता है। अख़बारनवीस साहबान से मेरी यह प्रार्थना है कि कोई ऐसी बात तहरीर में न लायें जिससे लोगों के दिलों में किसी प्रकार का बुरा भाव पैदा हो किसी तरह की अत्युक्ति हो। जो कुछ लिखें सच्चाई से, तहकीकात करके लिखे और ऐसे शिक्षाप्रद शब्दों में लिखें जिनका असर देश की एकता में मददगार हो।"

'हिन्दुस्तान रिव्यू', 'महारथी' (दिल्ली) एवं 'विश्वबन्धु' (लाहौर) के प्रकाशन में *मालवीय जी* का सहयोग था। राष्ट्रीय महत्त्व की संस्थाओं के संस्थापक, स्वाधीनता संग्राम के शीर्षस्थ नायक एवं हिन्दी के कट्टर समर्थक *मालवीय जी* सुनिश्चित ही अप्रतिम पत्रकार थे।

मेहता लज्जाराम शर्मा (वर्ष 1863-1931)

गुजरातीभाषी *मेहता लज्जाराम शर्मा* ने 'वेंकटेश्वर समाचार' के सम्पादन द्वारा हिन्दी पत्रकारिता को सुपुष्ट किया। प्रारम्भ में इन्होंने बूँदी के राजकीय प्रेस से 'सर्वहित' नामक पाक्षिक पत्र का लगातार 6 वर्षों तक सम्पादन किया। लगभग 23 ग्रन्थों के रचयिता *शर्मा जी* ने 'कलकत्ता समाचार', 'माधुरी', 'कल्याण', 'सुधा', 'वीणा' सदृश उच्चस्तरीय पत्रों को अपनी रचनाओं द्वारा गौरवान्वित किया। बूँदी (राजस्थान) में जन्म लेकर इन्होंने आजीवन हिन्दी की सेवा की। इनका दृढ़ विश्वास था कि एक न एक दिन पूरे भारत में हिन्दी का डंका बजेगा। प्रान्तीय भाषाएँ हिन्दी की आरती उतारेंगी, बहन उर्दू इसकी बलैया लेगी तथा अंग्रेज़ी हतप्रभ होकर हिन्दी के गले में फूलों की माला पहनाएगी।

राष्ट्रीयता के प्रहरी : बाबू बालमुकुन्द गुप्त (वर्ष 1865-1907)

हिन्दी पत्रकारिता में संजीवनी शक्ति का संचार गुड़ियानी (हरियाणा) के *बाबू बालमुकुन्द गुप्त* की तीखी मार करने वाली अपूर्व क्षमता के कारण हुई। 'भारतमित्र' जैसे सशक्त पत्र द्वारा उन्होंने भारतवासियों में राष्ट्रीय चेतना पैदा की तथा विदेशी भावना के उमड़ते प्रभाव को श्रीहीन किया। *पं. मदनमोहन मालवीय* की गुण-ग्राहकता के कारण सन् 1889 में इन्होंने 'हिन्दोस्थान' (कालाकाँकर) के सम्पादकीय विभाग में कार्य प्रारम्भ किया। 1 फरवरी, 1891 को पत्र स्वामी ने आज्ञापत्र प्रचारित किया कि. ..हमारे चले जाने पर (राजा साहब विलायत जा रहे थे) उनका लेख जाने योग्य न होगा, कारण गवर्नमेंट के विरुद्ध बहुत कड़ा लिखते हैं, अतएव इस स्थान के योग्य नहीं है अतः *गुप्त जी* वहाँ से विरत हो गये।

गुप्त जी ने लगातार 8 वर्षों तक 'भारतमित्र' जैसे यशस्वी पत्र को गौरवान्वित किया। 'शिव शम्भू के चिट्ठे' में *लॉर्ड कर्जन* पर जो निर्भीक प्रहार उन्होंने किया, वह सम्पादक के नैतिक बल और अभिव्यंजना की अपूर्व क्षमता का उदाहरण है। हिन्दी अख़बारों का इतिहास लिखकर *गुप्त जी* ने हिन्दी पत्रकारिता के ऐतिहासिक अभाव की पूर्ति की। प्रारम्भ में उन्होंने लाहौर के 'कोहनूर' और कलकत्ते के 'हिन्दी बंगवासी' पत्रों का भी सम्पादन किया। राष्ट्रव्यापी साहित्यिक विवादों के जनक, हिन्दी के व्यंग्य-साहित्य के उन्नायक *बाबू बालमुकुन्द गुप्त तेजस्वी* पत्रकारिता के अग्रदूत के रूप में वरेण्य हैं।

श्री बालकृष्ण भट्ट (1844-1914)

भारतेन्दु बाबू हरिश्चन्द्र की प्रेरणा से *बालकृष्ण भट्ट* ने सन् 1877 में 'हिन्दी वर्धिनी सभा' की स्थापना की तथा उसके सदस्यों के सहयोग से 'हिन्दी-प्रदीप' नामक मासिक का प्रकाशन किया। 'हिन्दी प्रेस एक्ट' के अन्तर्गत जब 'हिन्दी प्रदीप' से 3 हजार रुपये की ज़मानत माँगी गयी तो *भट्ट जी* ने आर्थिक-संकट के कारण पत्र को बन्द कर दिया। 33 वर्षों तक पत्र ने राजनीतिक और साहित्यिक गतिविधियों पर पर्याप्त प्रकाश डाला। *भट्ट जी* ने कालाकाँकर से प्रकाशित 'सम्राट' साप्ताहिक के सम्पादन का कार्य 3-4 महीने तक किया। यह पत्र 30 मार्च, 1908 को प्रकाशित हुआ था।

'हिन्दी प्रदीप' का प्रकाशन हिन्दी पत्रकारिता जगत् के लिए सदैव स्मरणीय है। सर्वप्रथम इसी पत्र ने हिन्दी पुस्तकों की समीक्षाएँ प्रकाशित कीं। सन् 1908 में जब भी *माधव शुक्ल* की 'बम क्या है' शीर्षक कविता पत्र में छपी तो सरकार ने पत्र के अस्तित्त्व को मिटाने का उपक्रम शुरू कर दिया।

बाल गंगाधर तिलक (23 जुलाई, 1856, 1 अगस्त, 1920)

'स्वराज्य मेरा जन्मसिद्ध अधिकार है जिसे मैं लेकर ही रहूँगा', *तिलक* द्वारा यह नारा केवल शब्दों तक सीमित नहीं था अपितु उन्होंने जीवन-पर्यन्त त्याग और संघर्ष के बल पर उसे साकार बनाने का प्रयास किया। वे भारतीय राष्ट्रवाद के जनक थे। *महात्मा गाँधी* ने जब 'यंग इंडिया' में लिखा कि तिलक प्रेम और युद्ध में सब कुछ उचित समझते हैं तो तिलक ने 28 जनवरी, सन् 1920 को गाँधी जी को पत्र भेजा–

"...राजनीति दुनियादार लोगों का खेल है, न कि साधु-सन्तों का। अतः बुद्ध के इस उपदेश–'अक्कोधेन जिने कोधम'–अर्थात् क्रोध को प्यार से जीतो के स्थान पर मैं *श्री कृष्ण* के इस उपदेश पर आस्था रखता हूँ कि 'ये यथा माँ प्रपद्यन्ते तांस्तथैव भजाम्यहम'–अर्थात् जो मुझे जिस रूप और जिस मात्रा में पूजते हैं, उसी रूप और उसी मात्रा में मैं उन्हें पुरस्कृत करता हूँ। *तिलक* ने सन् 1881 में 'मराठा' और 'केसरी' पत्र निकाला। 'केसरी' का परिचय देते हुए उन्होंने लिखा :

"हम सभी विषयों पर निष्पक्ष भाव से सत्य को दृष्टि में रखते हुए विचार करने को कृतसंकल्प हैं। इसमें सन्देह नहीं कि आजकल ब्रिटिश सरकार के अधीन चापलूसी करने की प्रवृत्ति बढ़ती जा रही है, जो सभी ईमानदर लोग स्वीकार करेंगे, जनहित की दृष्टि से सर्वथा अवांछनीय और घातक है। अतः इस पत्र का नाम जो 'केसरी' है, उसी के अनुरूप इसमें लेखादि प्रकाशित किये जायेंगे।"

सम्पादकीय विभाग के सदस्यों से तिलक यही अपील करते थे–

"आप लोग जो कुछ भी लिखें, यह सोचकर लिखें कि आप विश्वविद्यालय वालों के लिए नहीं, बल्कि गाँव वालों के लिए लिख रहे हैं, इसलिए, आप संस्कृत के उद्धरण न दें और न बड़े-बड़े आँकड़े ही दें जिनको देखकर लोग डर जायें। इन चीजों को अपने तईं ही आप रखें और यह पहले ही सुनिश्चित कर लें कि आप जो कुछ लिख रहे हैं, वह सही है। इस प्रकार आप जो कुछ भी कहें, वह दिन के उजाले की तरह स्पष्ट हो, ताकि उसका अर्थ समझने में पाठक को कोई कठिनाई न हो।"

मराठी भाषा में प्रकाशित 'केसरी' का लक्ष्य जनता की भाषा के माध्यम से जनता में देशभक्ति की भावना का प्रसार तथा अपने देशवासियों को आज़ादी के संघर्ष हेतु सन्नद्ध करना था। 'मराठा' अंग्रेज़ी का पत्र था जिसका उद्देश्य था, अंग्रेज़ों को उन्हीं की जुबान में जनता की भावनाओं से परिचित करवाना ताकि उनकी निरंकुशता और उच्छृंखलता नियन्त्रित हो सकें।

गणेशशंकर विद्यार्थी (वर्ष 1890-1931)

गणेशशंकर विद्यार्थी न केवल भारतीय स्वतन्त्रता संग्राम के एक सक्रिय सेनानी थे बल्कि उन्होंने हिन्दी पत्रकारिता में अपना बहुमूल्य योगदान दिया। उन्होंने हिन्दी पत्रकारिता के मानदण्ड को ऊँचा किया एवं अपने पत्रकार साथियों के जीवन में भी आचरण की श्रेष्ठता की स्थापना की। इसलिए पत्रकारिता के आदर्श पर उन्होंने लिखा था–"हिन्दी के समाचार-पत्र भी उन्नति

के राजमार्ग पर आगे बढ़ रहे हैं। मैं हृदय से चाहता हूँ कि उन्नति इधर हो या न हो, किन्तु कम-से-कम वे आचरण के क्षेत्र में पीछे न हटें, और जो सज्जन इन पंक्तियों को पढ़ें, वे आचरण सम्बन्धी आदर्श को सदा ऊँचा समझें। पैसे का मोह और वक़्त की तृष्णा भारतवर्ष के किसी भी नये पत्रकार को ऊँचे, आचरण के पवित्र आदर्श से बहकने न दे।" पत्रकारिता के क्षेत्र में *गणेशशंकर विद्यार्थी* ने गाँधी जी के आदर्श का कि "समाचार-पत्रों का संचालन सेवा-भाव से होना चाहिए" अक्षरशः पालन किया और अपनी लेखनी का संयम से उन्होंने प्रयोग किया।

सन् 1911 में केवल 25 रुपये मासिक पर *महावीर प्रसाद द्विवेदी* के पास आकर *विद्यार्थी जी* ने 'सरस्वती' के सम्पादन में सहयोग देना स्वीकार किया। लगभग दो वर्ष तक वे 'सरस्वती' के सम्पादन में सहायता करते रहें किन्तु 'सरस्वती' साहित्यिक पत्रिका थी और *विद्यार्थी जी* की रुचि राजनीति प्रधान थी, इसलिए वे 'सरस्वती' से 'अभ्युदय' में चले गये।

अपने मित्र *शिवनारायण मिश्र* की सहायता से उन्होंने, कानपुर में नवम्बर, 1913 में 'प्रताप' (साप्ताहिक) को जन्म दिया। 'प्रताप' के आविर्भाव के साथ ही विद्यार्थी जी ने सार्वजनिक जीवन का भी श्रीगणेश हुआ। *भगत सिंह, प्रतापसिंह बारहठ, 'नवीन', पालीवाल* के शिक्षक विद्यार्थी ने 'प्रताप' द्वारा देशभक्ति का पाठ पढ़ाया जो सतत स्मरणीय है।

सम्पादकाचार्य पं. रुद्रदत्त शर्मा (वर्ष 1854-1918)

बिजनौर जनपद के धामपुर में जन्म लेकर *रुद्रदत्त शर्मा* ने वृन्दावन, मथुरा और काशी में अपनी शिक्षा-दीक्षा पूरी की। 1 मई, 1885 में मुरादाबाद से प्रकाशित 'आर्य विनय' (पाक्षिक) के सम्पादक के रूप में आपने पत्रकारिता प्रारम्भ की। इन्होंने आर्य प्रतिनिधि सभा बंगाल और बिहार के मुखपत्र 'आर्यावर्त' का लगभग 10 वर्षों तक सम्पादन किया। उत्तर प्रदेश के पत्र 'आर्यमित्र' (साप्ताहिक) के अतिरिक्त *शर्मा जी* ने 'इन्द्रप्रस्थ प्रकाश' (दिल्ली), 'भारतमित्र' (पटना), 'वेंकटेश्वर समाचार' (बम्बई), 'सत्यवादी' (हरिद्वार), 'प्रेम' (वृन्दावन), 'मारवाड़ी' (नागपुर) आदि पत्रों का सफल सम्पादन किया। साहित्य-सेवा और पत्र-सम्पादन से प्रारम्भ की गयी ज़िन्दगी को *शर्मा जी* ने यों ही बिता दिया—

जब तक जिये लिखे ख़बरनामे।
चल दिये हाथ में कलम थामे॥

मोहनदास करमचन्द गाँधी (वर्ष 1869-1948)

विश्ववन्द्य बापू भारतीय पत्रकारिता के प्रेरणा स्रोत थे। भारत की स्वतन्त्रता की उपलब्धि में उन्होंने सदैव पत्रों का सहारा लिया। *गाँधी जी* ने अपने दक्षिण अफ्रीका प्रवास के दौरान नेटाल प्रदेश के फोनिक्स स्थान से 'इंडियन ओपिनियन' नामक साप्ताहिक पत्र प्रकाशित किया जिसमें उन्होंने रंगभेद का विरोध किया था। पत्रकारिता *गाँधी जी* की रग-रग में समायी हुई थी। सत्य एवं न्याय की प्रतिष्ठा में अख़बारों की महत्त्वपूर्ण भूमिका को लक्ष्य करते हुए उन्होंने कहा था—"मेरा ख़याल है कि ऐसी कोई भी लड़ाई जिसका आधार आत्मबल हो, अख़बार की सहायता के बिना नहीं चलायी जा सकती। अगर मैंने अख़बार निकालकर दक्षिण अफ्रीका में बसी हुई भारतीय जमात को उसकी स्थिति न समझायी होती और सारी दुनिया में फैले हुए भारतीयों को दक्षिण अफ्रीका में क्या कुछ हो रहा है, इसे 'इंडियन ओपिनियन' के सहारे अवगत कराया न होता तो मैं अपने उद्देश्य में सफल नहीं हो सकता था? इस तरह मुझे भरोसा हो गया है कि अहिंसक उपायों से सत्य की विजय के लिए अख़बार एक बहुत ही महत्त्वपूर्ण और अनिवार्य साधन है।"

गाँधी जी ने 4 जून, सन् 1903 को चार भाषाओं में 'इंडियन ओपिनियन' साप्ताहिक पत्र का प्रकाशन प्रारम्भ किया था जिसके एक ही अंक में हिन्दी, अंग्रेज़ी, गुजराती और तमिल भाषा में छह कॉलम प्रकाशित होते थे। पत्र के सम्पादकीय लेख का दायित्व *गाँधी जी* पर ही था। 'इंडियन ओपिनियन', 'यंग इंडिया', 'हरिजन' जैसे पत्रों के आदर्श सम्पादक *महात्मा गाँधी* ने अपनी पत्रकारिता को निम्नलिखित शब्दों में सुस्पष्ट किया :

"मैंने पत्रकारिता को पत्रकारिता के लिए नहीं, बल्कि ज़िन्दगी में अपने मिशन को जिस रूप में समझा है, उसके सहायक के रूप में अपनाया है। मेरा मिशन सत्याग्रह को, जो अहिंसा और सत्य का सीधा-सीधा उपप्रमेय (कर्लरि) है, अद्वितीय हथियार के रूप में अति संयम के साथ इस्तेमाल करने के तरीक़ों को उदाहरणों के जरिये समझना है। ...इसलिए अपनी आस्था के प्रति निष्ठावान होते हुए मैं आक्रोश या दुर्भावना से नहीं लिख सकता हूँ। मैं महज़ आवेश पैदा करने के लिए नहीं लिख सकता हूँ। पाठकों को इस बात की जानकारी नहीं हो सकती है कि विषयों और शब्दावली के चयन के लिए मुझे सप्ताह-दर-सप्ताह कितना संयम बरतना पड़ता है। यह मेरे लिए एक प्रशिक्षण है। इससे मुझे अपने अन्दर झाँकने और अपनी कमजोरियों को तलाशने में मदद मिलती है? अक्सर मेरा दम्भ तीखी अभिव्यक्ति या मेरा आक्रोश कठोर विशेषणों को इस्तेमाल करने के लिए प्रेरित करता है। यह एक ख़ौफनाक अग्निपरीक्षा है, लेकिन इन खरपतवारों को निकालना एक खूबसूरत अभ्यास भी है। पाठक 'यंग इंडिया' के पृष्ठों को सजे-सँवरे रूप में देखते हैं और कभी-कभी रोमे रोलाँ सहित कहना चाहते हैं, 'कितना खूबसूरत यह बूढ़ा आदमी होगा'। बहरहाल, दुनिया को यह जानना चाहिए कि सूक्ष्मता का परिष्कार सावधानी और निष्ठा से किया जाता है... मैंने अपने और पाठकों के आगे कोई असम्भव आदर्श या अग्नि-परीक्षा नहीं पेश की है..."

राष्ट्ररत्न बाबू शिवप्रसाद गुप्त (वर्ष 1883-1941)

यह ठीक ही कहा जाता है कि राष्ट्ररत्न *शिवप्रसाद गुप्त* न होते तो 'आज' न होता, 'आज' न होता तो *पराड़कर जी* न होते और *पराड़कर जी* न होते तो हिन्दी पत्रकारिता पल्लवित-पुष्पित न होती। 'आज' के तीसवें वार्षिकांक के अग्रलेख में सम्पादकाचार्य *पराड़कर जी* ने लिखा :

"इस समय हमें शान्त, गम्भीर, त्यागमूर्ति स्वर्गीय *शिवप्रसाद गुप्त* की याद आती है जिसने केवल देश-सेवा करने के उद्देश्य से 'आज' को जन्म दिया। शैशव में प्रेमपूर्वक और सावधानी से उसका पालन-पोषण किया और उसके सामने एक आदर्श रखा।"

बाबू शिवप्रसाद गुप्त ने 'आज' द्वारा हिन्दी पत्रकारिता, हिन्दी की लेखनी और हिन्दी की वाणी को राष्ट्रीय अस्मिता से जोड़ा तथा उसे 'मुक्ति का सन्देशवाहक' बनाया। हिन्दी में श्रेष्ठ साहित्य की रचना को बल देने के लिए उन्होंने 'ज्ञानमण्डल' की स्थापना सन् 1918 में की। भारतीय अस्मिता के प्रतीक 'भारत माता का मन्दिर' और 'काशी विद्यापीठ' की संस्थापना द्वारा *श्री गुप्त* ने अपनी दानवीरता को ऐतिहासिक बनाया। अंग्रेज़ी दैनिक 'टुडे', 'मर्यादा', 'स्वार्थ' आदि पत्र-पत्रिकाओं से जन-मानस को उन्नत बनाने में उनकी भूमिका स्तुत्य है। मिस्र, इंग्लैंड, आयरलैंड, अमेरिका, जापान, कोरिया, चीन, सिंगापुर आदि राष्ट्रों की यात्रा करने वाले *गुप्त जी* स्वतन्त्रता संग्राम के सेनानी तथा क्रान्तिकारियों के रहनुमा थे। राष्ट्रीय शिक्षा की अनूठी परिकल्पना वाले ज्योतिपुंज *शिवप्रसाद जी* 1941 तक भारत की अहर्निश सेवा करते रहें। हिन्दी पत्रकारिता को परिपुष्ट करने और उसे अंग्रेज़ी के समकक्ष बैठाने में इनकी तपस्या अविस्मरणीय है।

सम्पादकाचार्य बाबूराव विष्णु पराड़कर (6 नवम्बर, 1883, 12 जनवरी, 1955)

पराड़कर जी जन्मना महाराष्ट्रीय परन्तु कर्मणा सार्वराष्ट्रीय थे। पिता के स्वर्गवासी होने पर सर्वप्रथम इन्होंने बीस रुपये वेतन पर अध्यापन का कार्य आरम्भ किया। वे सन् 1905 में काशी के कांग्रेस अधिवेशन में स्वयं सेवक बने तथा लोकमान्य तिलक के सम्पर्क में आये। मामा *सखाराम गणेश देउस्कर* के कारण पच्चीस रुपये वेतन पर 'हिन्दी बंगवासी' का सम्पादन किया। कांग्रेस की खिल्ली उड़ाने वाले इस पत्र से अलग होकर *पराड़कर जी* ने 'हितवार्ता' (साप्ताहिक) की सेवा की। सन् 1907 से 1911 तक इस पत्र के सम्पादन के पश्चात् 'भारतमित्र' में इनका पदार्पण हुआ, जहाँ इन्हें साठ रुपये मासिक वेतन प्राप्त होते थे। 4 वर्षों तक नज़रबन्द रहने के बाद ये काशी लौट आये और 'आज' से सम्बद्ध हो गये। मासिक पत्रों के उन्नयन में जो कार्य *पं. महावीर प्रसाद द्विवेदी* ने किया वही कार्य दैनिक पत्रों में *पराड़कर जी* ने किया।

'संसार' (दैनिक), 'कमला' (मासिक), भूमिगत साइक्लोस्टाइल्ड पत्र 'रणभेरी' के सम्पादन द्वारा *पराड़कर जी* ने राष्ट्र-भक्ति के शंख को निनादित किया। इनकी डायरी में उल्लिखित 'परतन्त्रता' विषनदी माँगल्यविध्वंसिनी' से ज्ञात होता है कि वे स्वतन्त्रता के कितने बड़े पुजारी थे। क्रान्तिकारी पुस्तक 'देशेर कथा' का अनुवाद 'देश की बात' तथा श्रीमद्‌भगवत् गीता के अनुवाद द्वारा इन्होंने हिन्दी की सेवा की। सन् 1938 में सम्पन्न अखिल भारतीय हिन्दी साहित्य सम्मेलन शिमला के ये सभापति चुने गये। अग्रलेखों की अनुकरणीय परम्परा तथा मानक वर्तनी के प्रति आग्रहशील *पराड़कर जी* के कारण हिन्दी पत्रकारिता गौरवान्वित हुई जिसने स्वाधीनता संग्राम सेनानियों को प्रेरित किया जिसकी पुष्टि हेतु उन्हीं के शब्दों में ये तथ्य द्रष्टव्य हैं :

"कलकत्ता जाने का मेरा मुख्य उद्देश्य पत्रकारिता न थी प्रत्युत क्रान्तिकारी दल में सम्मिलित होकर देश-सेवा का कार्य करना था। परिवार का खर्च चलाने तथा पुलिस की नज़रों से बचने के लिए मैंने 'हिन्दी बंगवासी' में सहायक सम्पादक का कार्य स्वीकार किया था। 'हितवार्ता' और 'भारतमित्र' के सम्पादन के साथ-साथ चन्द्रनगर की गुप्त समिति का कार्य भी मैं कर रहा था।"

क्रान्तिकारी पत्रकार भगतसिंह

मूर्धन्य क्रान्तिकारी *भगतसिंह* एक महान् चिन्तक तथा प्रखर पत्रकार थे। कलम और तलवार दोनों के सक्षम सेनानी उर्दू, अंग्रेज़ी, हिन्दी, पंजाबी, संस्कृत और आयरिश भाषा के मर्मज्ञ थे। उन्होंने 'अकाली' और 'कीर्ति' नामक दो पत्रों का सम्पादन किया। *इन्द्र विद्यावाचस्पति* तथा *गणेशशंकर विद्यार्थी* के सान्निध्य में पत्रकारिता को तेजोद्दीप्त करने की दिशा में अमर देशभक्त *भगतसिंह* का योगदान अविस्मरणीय है। 'अर्जुन' तथा 'प्रताप' के संवाददाता के रूप में भी *भगतसिंह* ने समाचार-जगत् की सेवा की। चाँद, मासिक पत्रिका की ज़ब्तशुदा फाँसी अंक *भगतसिंह* की सम्पादन योग्यता का पुष्ट प्रमाण है। 22 मार्च, 1931 को उनके द्वारा *अनुज कुलतार सिंह* को लिखित पत्र की निम्नलिखित पंक्तियाँ उनकी राष्ट्रभक्ति का उत्कृष्ट नमूना है :

कोई दम का मेहमान हूँ ए अहले-महफिल
चरागे सहर हूँ, बुझा चाहता हूँ।
मेरी हवाओं में रहेगी ख़यालों की बिजली,
यह मुश्त-ए-ख़ाक है, फानी रहे-रहे न रहे।
खुश रहो अहले वतन, हम तो सफ़र करते हैं।

आचार्य महावीर प्रसाद द्विवेदी (9 मई, 1864, 21 दिसम्बर, 1938)

मनसा, वाचा, कर्मणा भारतीय संस्कृति के जीवन्त प्रतीक *आचार्य महावीर प्रसाद द्विवेदी* ने दिशा-निर्देश से *राष्ट्रकवि मैथिलीशरण गुप्त, गंगानाथ झा, गोपाल शरण सिंह, विश्वम्भरनाथ शर्मा 'कौशिक', बाबूराव विष्णु पराड़कर, लक्ष्मण नारायण गर्दे* प्रभृति साहित्यकारों और पत्रकारों को दीप्तिमान किया। अपनी दृढ़ता और अपराजेय शक्ति से 'सरस्वती' का 18 वर्षों तक कुशल सम्पादन करके आचार्य श्री ने हिन्दी भाषा को सुगठित, सुव्यवस्थित और सर्वमान्य स्वरूप प्रदान किया।

समय की पाबन्दी, रिश्वत न लेना, ईमानदारी से काम करना और ज्ञानवृद्धि के लिए सतत प्रयासरत सम्बन्धी इन चार नैतिक सिद्धान्तों का वे आजीवन पालन करते रहे। 'सरस्वती' के सम्पादन के समय उन्होंने दो और आदर्श जोड़ लिए—(1) अपने लाभ-हानि की परवाह किये बिना पाठकों के लाभ-हानि का सदा ख़याल रखना तथा (2) न्याय पथ से कभी विचिलित न होना।

प्रारम्भ में *द्विवेदी जी* के लेख 'सरस्वती' में छपते थे। इंडियन प्रेस से प्रकाशित एक रीडर की कड़ी आलोचना *द्विवेदी जी* ने की जिससे प्रेस को आर्थिक हानि उठानी पड़ी। इस आलोचना से प्रेस के मालिक *चिन्तामणि घोष* क्रुद्ध नहीं हुए अपितु

वे *द्विवेदी* की विद्वत्ता, निर्भीकता से प्रभावित हुए। उन्हें ऐसे ही सम्पादक की तलाश थी। तत्काल 25 रुपये एलाउंस देकर पत्र मालिक ने *द्विवेदी जी* जैसा युगान्तरकारी सम्पादक प्राप्त कर लिया। *'सरस्वती'* द्वारा संस्कृत साहित्य, जीवन-चरित, इतिहास, विज्ञान, अध्यात्म विज्ञान, सम्पत्ति शास्त्र, भाषा-शिक्षा, प्राचीन अनुसन्धान, यात्रा, पुस्तक-परिचय, समाज तत्त्व-दर्शन, अपराध तत्त्व, प्रभृति स्तम्भों के माध्यम से हिन्दी पत्रकारिता को सुपुष्ट किया गया।

मूर्द्धन्य पत्रकार पं. अम्बिकाप्रसाद वाजपेयी (30 दिसम्बर, 1880, 21 मार्च, 1968)

कानपुर और काशी में अध्ययन के पश्चात् *वाजपेयी जी* ने कलकत्ते के इलाहाबाद बैंक में सन् 1902 से 1905 तक नौकरी की। 'हिन्दी बंगवासी' में लगभग डेढ़ वर्षों तक सेवा का अवसर उन्हें मिला परन्तु 'कांग्रेस' को 'कांगरस' लिखकर उपहास करने वाले पत्र के प्रति उनके मन में घृणा उत्पन्न हुई। सन् 1907 में वाजपेयी जी ने 'नृसिंह' (मासिक) का प्रकाशन किया जो एक वर्ष तक चला। वर्ष 1909-10 में नेशनल कॉलेज में हिन्दी के अध्यापक नियुक्त हुए। सन् 1911 से 1919 तक 'भारतमित्र' की उल्लेखनीय सेवा द्वारा इन्होंने पत्रकारिता को समुन्नत बनाया।

सन् 1920 की श्रीकृष्ण जन्माष्टमी को 'स्वतन्त्र' का प्रकाशन *वाजपेयी जी* ने किया जिस पर बंगाल सरकार ने पाँच हजार की ज़मानत माँगी फलत : 1930 ई. में पत्र बन्द हो गया। नमक सत्याग्रह आन्दोलन के समर्थन के कुफल से ही 'स्वतन्त्र' का गला घोंटा गया। सन् 1923 में इस पत्र ने सर्वप्रथम 'दीपावली-विशेषांक' निकाला परिणामस्वरूप हिन्दी में अवसर विशेष पर विशेषांकों का प्रकाशन होने लगा। सन् 1921 में असहयोग आन्दोलन में भाग लेने के कारण इन्हें *सी.आर. दास, सुभाष चन्द्र बोस* के साथ प्रेसीडेंसी जेल में रहना पड़ा।

स्वतन्त्रता-प्राप्ति के पश्चात् सन् '52 में राज्यपाल *के.एम. मुंशी* ने वाजपेयी को विधान परिषद् का सदस्य मनोनीत किया। 'हिन्दी कौमुदी', 'अभिनव हिन्दी-व्याकरण', 'शिक्षा', 'भारतीय शासन पद्धति', 'समाचार-पत्रों का इतिहास' और 'हिन्दी-पत्रकारिता' उनकी अनूठी कृतियाँ हैं।

पत्रकार प्रवर लक्ष्मण नारायण गर्दे (वर्ष 1889-1960)

गर्दे जी महाराष्ट्रीय ब्राह्मण थे जिन्होंने अपने पिता *नारायणराव गर्दे* से गीता के प्रति अनन्य भक्ति सीखी। 10वीं कक्षा में पढ़ते समय वे स्वदेशी आन्दोलन में कूद पड़े। परीक्षा के सम्बन्ध में ये कहा करते थे कि परीक्षा के हथौड़े के नीचे प्रतिभा गढ़ी नहीं जाती, वरन् चूर-चूर हो जाती है। इनकी दूसरी शादी स्व. *पं. सखाराम गणेश देउस्कर* की कन्या से हुई। प्रारम्भ में 'बंगवासी' में कुछ दिनों तक कार्य किया पर अपने अक्खड़पन के चलते उसे छोड़ दिया और वे 'भारतमित्र' में चले आये। उन्होंने कलकत्ते के 'विशुद्धानन्द विद्यालय' में अध्यापन-कार्य किया। लगभग डेढ़ वर्षों तक वे काशी के हरिश्चन्द्र स्कूल में शिक्षक थे।

मासिक 'नवनीत' *गर्दे* जी द्वारा निकला जो लगभग ढाई वर्षों तक चला। *सर्वश्री सम्पूर्णानन्द, हनुमान प्रसाद पोद्दार* के प्रथम लेख इसी पत्र में छपे। ज्ञानमण्डल (काशी) की स्थापना में इन्होंने *बाबू शिवप्रसाद गुप्त* को भरपूर सहयोग दिया। सन् 1918 में ये 'भारतमित्र' के सम्पादक बनाये गये। 6 वर्षों तक सम्पादन-कार्य करने के बाद *गर्दे जी* उस पत्र से अलग हो गये। कलकत्ता से 'श्रीकृष्ण-सन्देश' सचित्र साप्ताहिक इन्होंने निकाला। काशी से प्रकाशित 'सन्मार्ग' हेतु 'चक्रपाणि' के नाम से वे विशेष लेख लिखते रहे। लखनऊ के 'नवजीवन' का भी सम्पादन इनके द्वारा हुआ। 'कल्याण' के 'योगांक', 'सतांक', 'वेदान्तांक', 'साधनांक' के सम्पादन में *गर्दे जी* की महत्त्वपूर्ण भूमिका थी। 'ज्ञानेश्वर', 'एकनाथ', 'तुकाराम' इनके अनूदित ग्रन्थ हैं। 'नकली प्रोफेसर', 'मियाँ की करतूत' उपन्यासों के लेखक *गर्दे जी* ही थे। प्रयाग के 'अभ्युदय' के सम्पादन का सुयोग भी इन्हें प्राप्त हुआ।

गोपालराम गहमरी

'जासूस' के सम्पादक, प्रकाशक तथा विशिष्ट लेखक *गोपालराम* का जन्म सन् 1866 में गहमर (गाजीपुर) में हुआ था। *गहमरी जी* ने लगभग 200 जासूसी उपन्यास लिखे। बँग्ला से अनूदित नाटकों में 'विद्याविनोद', 'देश-दशा', 'यौवन योगिनी', 'दादा और मैं', 'बभ्रुवाहन', 'बनवारी' और 'चित्रांगदा'—ये सभी *गहमरी जी* की देन हैं। जिस प्रकार *श्री देवकीनन्दन खत्री* ने ऐयारी तिलस्मी उपन्यासों का प्रवर्तन किया उसी प्रकार अंग्रेज़ी के जासूसी उपन्यासों से प्रेरित होकर *गहमरी जी* ने हिन्दी में जासूसी कहानियों और उपन्यासों का ढेर लगा दिया तथा हिन्दी साहित्य की सन् 1946 तक सेवा की। हिन्दी को चंचल, चटपटी और प्रगल्भ भाषा के रूप में प्रतिष्ठापित करने में *गहमरी* का योगदान अविस्मरणीय है। 'भारत-भूषण', 'साहित्य-सरोज', 'दैनिक बन्धु' और 'बिहार बन्धु' के सम्पादन में इनका प्रमुख योगदान था।

पं. दशरथ प्रसाद द्विवेदी

गोरखपुर उके डोहरिया (मझगाँवा) के साधारण परिवार में *दशरथ प्रसाद द्विवेदी* का जन्म सन् 1891 हुआ था। इनकी प्रारम्भिक शिक्षा गोरखपुर तथा इलाहाबाद में सम्पन्न हुई। सन् 1906 में रनिवासी देवी से इनका विवाह हुआ। इनके पुत्र *श्री रामचन्द्र द्विवेदी 'चन्द्र'* एक राजनेता वकील तथा लेखक हैं।

दशरथ प्रसाद द्विवेदी थानेदारी के प्रशिक्षण हेतु मुरादाबाद जा रहे थे कि लखनऊ में इन्होंने *गणेशशंकर विद्यार्थी* का भाषण सुना। *विद्यार्थी जी* की वक्तृता से प्रभावित होकर ये कानुपर चले गये जहाँ 'प्रताप' के सम्पादकीय विभाग में कार्य किया। पत्रकारिता का प्रशिक्षण व अनुभव प्राप्त करने के बाद *विद्यार्थी जी* के आदेशानुसार 'स्वदेश' का प्रकाशन *द्विवेदी* ने प्रारम्भ किया। सर्वश्री *नवलकिशोर बैरिस्टर, वृन्दावन चौबे, शिवमंगल गन्धी, डॉ. शिवरत्न लाल, रामनाथ 'सुमन', रामाधार त्रिपाठी 'जीवन', महावीर प्रसाद पोद्दार, गयाप्रसाद शुक्ल 'सनेही'* का सक्रिय सहयोग 'स्वदेश' को समय-समय पर मिलता रहा।

स्वतन्त्रता की लड़ाई में *द्विवेदी जी* को लगभग 10 वर्षों तक जेल की यातना भुगतनी पड़ी। सन् 1952 से 1957 तक ये लोकसभा के सदस्य निर्वाचित हुए। 'गोरखपुर जिला विकास संघ', 'बाढ़ सहायता समिति' तथा 'भ्रष्टाचार उन्मूलन समिति' के पदाधिकारी के रूप में इन्होंने पूर्वांचल की अविस्मरणीय सेवाएँ कीं।

सर्वश्री *पांडेय बेचन शर्मा 'उग्र', मुकुटबिहारी वर्मा, रामनाथ 'सुमन'* तथा *'त्रिशूल'* ने भी 'स्वदेश' का द्विवेदी की अनुपस्थिति में सम्पादन किया। *श्री कमला प्रसाद अवस्थी 'अशोक', श्यामाचरण शास्त्री* तथा *मुनीश्वर प्रसाद अवस्थी, श्री द्विवेदीजी* के सहयोगी रह चुके हैं।

बाबा राघवदास

12 दिसम्बर, 1896 में महाराष्ट्र में जन्म लेकर इन्होंने पूर्वांचल की सेवा की। शिक्षा-प्रसार, सांस्कृतिक व राष्ट्रीय एकता, बौद्ध तीर्थों का पुनरुद्धार, दीन-दुखियों की सेवा, हरिजन सेवा आदि कार्यों को लेकर परिव्राजक की भाँति भ्रमण करने वाले और देशवासियों में राष्ट्र-भक्ति की भावना जगाने वाले पूज्य *बाबा राघवदास* ही थे। पूर्वी उत्तर प्रदेश के विविध साप्ताहिक और दैनिक पत्रों के प्रकाशन एवं सम्पादन में इनका अमूल्य योगदान था। 'अरुण' (देवरिया), 'स्वदेश' (गोरखपुर), 'सन्देश' (आजमगढ़), 'विजय' (बस्ती) इत्यादि साप्ताहिक पत्रों के आधार स्तम्भ *बाबा राघवदास* थे। पत्रों के अधिकाधिक प्रसार कराने, उनके लिए चन्दा संग्रह करने तथा सामयिक टिप्पणियाँ लिखने का कार्य वे जीवन-पर्यन्त करते रहें।

गोरखपुर के ऐतिहासिक पत्र 'कल्याण' के पल्लवित-पुष्पित बनाने में बाबाजी का अविस्मरणीय योगदान था। भक्तांक (सन् 1929) तथा श्रीमद्भगवद् गीतांक (सन् 1930) जैसे विशेषांकों का सम्पादन इन्होंने ही किया। इनकी प्रेरणा से पूर्वी उत्तर प्रदेश के हिन्दी पत्रों में उग्र राष्ट्रीयता की भावना प्राप्त होती थी। 15 जनवरी, 1958 को बाबा जी ने निर्वाण प्राप्त किया।

श्री हनुमान प्रसाद पोद्दार 'भाईजी' (वर्ष 1892-1971)

17 सितम्बर, 1892 को असम प्रान्त के शिलाँग नगर में इनका जन्म हुआ था। प्रारम्भ में इन्होंने व्यापार का कार्य कुछ समय तक किया। स्वतन्त्रता-संग्राम में क्रान्तिकारियों से सम्बन्ध स्थापित कर ये राष्ट्र-सेवा में कूद पड़े। *महात्मा गाँधी* के सान्निध्य में रहकर इन्होंने रचनात्मक कार्यकर्ता के रूप में अन्त तक समाज-सेवा की। गोरखपुर जैसे पिछड़े नगर से पत्रकारिता का उज्ज्वल स्वरूप निर्धारित करने में 'भाईजी' अविस्मरणीय हैं। *श्री भाईजी* ने लगभग पच्चीस हजार पृष्ठों का साहित्य पुस्तक रूप में प्रकाशित हो चुका है, और आदर्श साहित्य 'कल्याण' के अंकों में बिखरा पड़ा है। इस बिखरे साहित्य को भी पुस्तक रूप देने का कार्य चल रहा है। बिना किसी विज्ञापन और प्रचार के विशुद्ध धार्मिक, नैतिक चर्चा से सम्बद्ध 'कल्याण' पाठकों का कंठहार बना है।

'कल्याण' के लिए *महात्मा गाँधी* का आशीर्वाद पाने के लिए *हनुमान प्रसाद पोद्दार सेठ जमुनालाल बजाज* के साथ जब उनके आश्रम पर गये तो बापू ने कहा :

"कल्याण में दो नियमों का पालन करना। एक तो कोई बाहरी विज्ञापन नहीं देना, दूसरा पुस्तकों की समालोचना मत छापना।" इसी सुझाव को और स्पष्ट करते हुए *गाँधी जी* ने समझाया :

"तुम अपनी जानकारी के अनुसार पहले यह देखकर विज्ञापन लोगे कि वह किसी ऐसी चीज़ का न हो जो भद्दी हो और जिसमें जनता को धोखा देकर ठगने की बात हो। पर जब तुम्हारे पास विज्ञापन आने लगेंगे और लोग उनके लिए अधिक पैसे देने लगेंगे तब तुम्हारे विरोध करने पर भी... साथी लोग कहेंगे... देखिए इतना पैसा आता है क्यों न यह विज्ञापन स्वीकार कर लिया जाये? बस, पैसे का प्रलोभन आया कि फिर जनता के लाभ-हानि की बात एक ओर रह जायेगी। अतएव आरम्भ से ही यह निश्चय बना लो कि बाहरी विज्ञापन स्वीकार करना ही नहीं है। समालोचना के सम्बन्ध में यह बात है कि जो लोग समालोचना के लिए अपनी पुस्तकें तुम्हारे पास भेजेंगे उनमें से अधिकांश इसीलिए भेजेंगे कि तुम्हारे पत्र में उनके ग्रन्थ की प्रशंसा निकले। यथार्थ समालोचना कराने के लिए अपनी पुस्तक भेजने वाले विरले ही होते हैं। ऐसी स्थिति में पुस्तक चाहे जैसी भी हो या तो उसकी झूठी प्रशंसा करनी होगी या अमुक साहित्यकार, लेखक से झगड़ा मोल लेना पड़ेगा। इसीलिए समालोचना मत छापना।"

भाई जी ने सभी बातों पर विचार कर यही कहा, "आपका आशीर्वाद चाहिए, भगवान् शक्ति देंगे। इन दोनों नियमों का दृढ़ता के साथ पालन होगा।" *भाई जी ने* 'कल्याण' में आजीवन ऐसा ही किया।

पं. माधवराव सप्रे (वर्ष 1871-1926)

'छत्तीसगढ़ मित्र' के सम्पादन द्वारा *सप्रे जी* ने मध्य प्रदेश में चेतना की लहर जगायी। 'हिन्दी ग्रन्थमाला' द्वारा इन्होंने हिन्दी की सेवा की। जब *लोकमान्य तिलक* ने पूना में 'केशरी' का प्रकाशन आरम्भ किया तो *लोकमान्य तिलक* के विचारों के 'केशरी' के हिन्दी संस्करण की माँग होने लगी। तब *माध राव सप्रे* के सम्पादकत्व में 'हिन्दी केशरी' साप्ताहिक निकला। सन् 1907 में इसका प्रकाशन हुआ था और एक वर्ष में ही इस पत्र की ख्याति बढ़ गयी। अगस्त, 1908 में *सप्रे जी* सरकार विरोधी लेख लिखने के कारण जेल गये।

सन् 1919 में *सप्रे जी* ने जबलपुर से 'कर्मवीर' का प्रकाशन शुरू करवाया जिसे *पं. माखनलाल चतुर्वेदी* निकालते थे। असहयोग आन्दोलन के कारण 'कर्मवीर' का प्रकाशन ठप पड़ गया। बाद में पुनः *चतुर्वेदी जी* ने खण्डवा से उसको निकाला। *माधव राव सप्रे* ने हिन्दी साहित्य और हिन्दी-पत्रकारिता का स्तर ऊँचा उठाने के लिए अपना सर्वस्व त्याग दिया। हिन्दी के सन्दर्भ में उनकी यह घोषणा अविस्मरणीय है :

"मैं महाराष्ट्रीय हूँ परन्तु हिन्दी के विषय में मुझे उतना ही अभिमान है जितना किसी भी हिन्दी भाषी को हो सकता है। मैं चाहता हूँ कि इस राष्ट्रभाषा के सामने भारतवर्ष का प्रत्येक व्यक्ति इस बात को भूल जाये कि मैं महाराष्ट्रीय हूँ, बंगाली

हूँ, गुजराती हूँ या मद्रासी हूँ। ये मेरे 35 वर्ष के विचार हैं और तभी से मैंने इस बात का निश्चय कर लिया है कि मैं आजीवन हिन्दी भाषा की सेवा करता रहूँगा। मैं राष्ट्रभाषा को अपने जीवन में सर्वोच्च आसन पर विराजमान देखने का अभिलाषी हूँ।" भोपाल स्थित *माधवराव सप्रे* समाचार-पत्र संग्रहालय हिन्दी पत्रकारिता की बहुआयामी समृद्धि के निमित्त समर्पित हैं जिसमें *श्री विजय दत्त श्रीधर* की साधना अनुकरणीय है।

इन्द्र विद्यावाचस्पति (वर्ष 1889-1960)

'महात्मा मुंशीराम' जो बाद में *'स्वामी श्रद्धानन्द'* के रूप में प्रसिद्ध हुए, उन्हीं के पुत्र *इन्द्र विद्यावाचस्पति* हिन्दी पत्रकारिता के जाज्वल्यमान नक्षत्र थे। 'सद्धर्म प्रचारक' (वर्ष 1911), 'विजय' (वर्ष 1918), 'सत्यवादी साप्ताहिक' (वर्ष 1923), 'नवराष्ट्र' (वर्ष 1939) तथा 'जनसत्ता' (वर्ष 1952) आदि के कुशल सम्पादन द्वारा इन्होंने उत्तर भारत में जन-जागरण का महत्त्वपूर्ण कार्य किया। उच्चकोटि के गम्भीर विचारक के रूप में इनकी लेखनी ने आर्यधर्म और राष्ट्रधर्म का प्रसार किया। 'मुगल साम्राज्य का क्षय और उसके कारण', 'भारत में ब्रिटिश साम्राज्य का उदय और अस्त', 'भारत के स्वाधीनता-संग्राम का इतिहास', 'आर्य समाज का इतिहास', 'भारतीय संस्कृति व राजनीति', 'राष्ट्रीयता का मूल मन्त्र', 'लोकमान्य तिलक', 'स्वर्णदेश का उद्धार' आदि रचनाओं द्वारा *प्रो. इन्द्र विद्यावाचस्पति* की तेजस्विता और राष्ट्रप्रेम की भावना का ज्ञान हो सकता है। उनके छात्र-जीवन की निम्नस्थ पंक्तियाँ प्रमाण स्वरूप प्रस्तुत हैं :

हे मातृभूमि तेरे चरणों में सिर नवाऊँ
मैं भक्ति-भेंट अपनी तेरी शरण में लाऊँ।
तेरे ही काम आऊँ तेरा ही मन्त्र गाऊँ
मन और देह तुझ पर बलिदान मैं चढ़ाऊँ॥

राष्ट्रीय जीवन के जागरूक प्रत्यक्षदर्शी का पूरा जीवन आज के पत्रकारों हेतु अनुकरणीय है।

उपर्युक्त विशिष्ट हिन्दी सम्पादकों के साथ ही *विष्णु दत्त शुक्ल* ('विक्रम', 'युगान्तर'), *गौरीशंकर हीराचन्द्र ओझा* ('नागरी प्रचारिणी') *शिवनाथ शर्मा* ('गोपाल', 'वसुन्धरा'), *रणधीर साहित्यालंकार* ('अभिनय', 'कला संसार'), *श्रीकान्त वर्मा* ('कृति', दिनमान'), *गुलाबचन्द्र काला* ('जयभूमि', 'कलेवा', 'ख़बर'), *चिम्मनलाल गोस्वामी* ('कल्याण'), *रामगोपाल विद्यालंकार* ('नवभारत टाइम्स'), *यशोदानन्द अखौरी* ('देवनागर', 'प्रभाकर', 'देशसेवक'), *भवानी प्रसाद मिश्र* ('कल्पना', 'गाँधी मार्ग'), *रमेशचन्द्र* (पंजाब केसरी') आदि अविस्मरणीय हैं। विषय-विस्तार के भय से अत्यन्त संक्षेप में उद्भट पत्रकारों का परिचय प्रस्तुत है :

अखौरी, यशोदानन्दन (1869-1937, शाहाबाद) : 'प्रभाकर', 'देश सेवक', 'भारतमित्र' 'पाटलिपुत्र' के सम्पादक एवं प्रबन्धक।

अग्निहोत्री, रामशंकर (ज. 14 अप्रैल 1926, सिवनी) : 'युगधर्म', 'राष्ट्रधर्म', 'तरुण भारत' के सम्पादक, 'हिन्दुस्तान समाचार' के ब्यूरो प्रमुख।

अग्रवाल, अनिल (वर्ष 1953-1989) : 'अमर उजाला' के यशस्वी सम्पादक।

अग्रवाल, डोरी लाल (ज. 15 मार्च 1927, मथुरा) : 'उजाला', 'अमर उजाला' 'दिशा भारती' के संस्थापक सम्पादक।

अग्रवाल, मूलचन्द (1893-1956, जालौन) : 'भारतमित्र', 'विश्वमित्र', 'मातृभूमि', 'एडवांस', 'इलस्ट्रेटेड इंडिया' के सम्पादन द्वारा हिन्दी पत्रकारिता का संवर्द्धन।

अरोड़ा, भगवानदास (ज. 15 अगस्त 1913, गुजराँवाला)	:	'सान्ध्य दैनिक', 'गांडीव' के संस्थापक सम्पादक।
अवस्थी, रमाशंकर (वर्ष 1901-1959, एटा)	:	'प्रताप' और 'वर्तमान' के तेजस्वी सम्पादक।
अवस्थी, राजेन्द्र (ज. 25 जनवरी 1931, जबलपुर)	:	'सारिका', 'नन्दन', 'कादम्बिनी' के सम्पादक, प्रख्यात साहित्यकार।
अशोक जी (वर्ष 1916-1979, काशी)	:	'तरंग' (पा.), 'संसार' (सा.) 'ग्राम संसार' (अर्द्ध सा.), 'युगधारा' (मा.) तथा 'स्वतन्त्र भारत' (दै.) का सम्पादन। प्रथम हिन्दी दूर-मुद्रक के निर्माण में सहयोग।
अज्ञेय जी (वर्ष 1911-1987)	:	'सैनिक', 'विशाल भारत', 'बिजली', 'प्रतीक', 'दिनमान', 'थाट', 'वाक', 'एवरीमेन्स', 'नया प्रतीक' का सम्पादन। आल इंडिया रेडियो में 1950 से '55 तक समाचार विभाग के प्रमुख। हिन्दी साहित्य के समर्थ सेवक।
आगरकर, सिद्धनाथमाधव (वर्ष 1891-1945, मालवा)	:	'जयाजी प्रताप', 'बेंकटेश्वर समाचार', 'कर्मवीर', 'मध्य भारत', 'प्रणवीर', 'हिन्दी स्वराज्य' के सम्पादन द्वारा हिन्दी पत्रकारिता का उन्नयन।
'उग्र' जी, पांडेय बेचन शर्मा (वर्ष 1900-1967, चुनार)	:	'उग्र' (हस्तलिखित पत्र), 'भूत', 'स्वेदश', 'मतवाला', 'विक्रम', 'संग्राम', 'हिन्दी पंच', 'स्वराज्य', 'वीणा' के सम्पादक, हिन्दी में व्यंग्य लेखन के पुरस्कर्ता।
ओझा, बेंकटलाल	:	'हिन्दी समाचार-पत्र-संग्रहालय' द्वारा हिन्दी पत्रकारिता की श्रीवृद्धि।
उपाध्याय हरिभाऊ (वर्ष 1893-1972, ग्वालियर)	:	'औटुम्बर', 'मालव मयूर', 'यंग इंडिया', 'त्याग भूमि', 'प्रताप', 'नवजीवन' का प्रकाशन-सम्पादन। 'सस्ता साहित्य मण्डल' की स्थापना।
'कुसुमाकर', कालिका प्रसाद दीक्षित (वर्ष 1908-1989, जबलपुर)	:	'प्रताप', 'महारथी', 'वीणा', 'जयहिन्द', 'हिन्दुस्तान', 'लोकमत', 'नवभारत' द्वारा हिन्दी पत्रकारिता की सेवा। पत्रकारिता विभाग जबलपुर के पूर्व अध्यक्ष।
खाडिलकर, रामकृष्ण रघुनाथ (वर्ष 1914-1960)	:	'केसरी', 'आज', 'ख़बर', 'संसार', 'अधिकार', 'नवजीवन का सम्पादन। 'आधुनिक पत्रकार कला' के लेखक।
खत्री, बाबू कार्तिक प्रसाद (वर्ष 1851-1904, कलकत्ता)	:	'हिन्दी दीप्ति प्रकाश', 'प्रेम विलासिनी', 'भारत जीवन', 'सरस्वती' द्वारा हिन्दी-सेवा।
खत्री, बाबू ठाकुर प्रसाद (वर्ष 1865-1917, काशी)	:	'विनोद वाटिका', 'व्यापारी और कारीगरी', 'जमींदार' के सम्पादक, हिन्दी की वाणिज्य व्यवसाय पत्रकारिता के अग्रदूत।
खत्री, दुर्गा प्रसाद (वर्ष 1890-1973, काशी)	:	'भारत जीवन', 'लहरी', 'रणभेरी' के सम्पादक।
खत्री, बाबू देवकी नन्दन (वर्ष 1861-1913, मुजफ्फरपुर)	:	'साहित्य सुधा निधि', 'सुदर्शन' के यशस्वी सम्पादक।

गंगाशरण सिंह (वर्ष 1905-1988, पटना)	:	'युवक', 'जनता', 'जनवाणी', 'एवरीमैन' के सम्पादक, स्वाधीनता सेनानी एवं हिन्दी के उन्नयाक के रूप में प्रसिद्ध।
'गिरीश', गिरिजादत्त शुक्ल (वर्ष 1899-1959, जौनपुर)	:	'श्रीशारदा', 'मनोरमा', 'बाल सखा', 'प्रेम-पत्र', 'वनलता', 'अरुणोदय' का सम्पादन। हिन्दी साहित्य सम्मेलन के उन्नयन में योगदान।
गुप्त, पूर्णचन्द्र (वर्ष 1912-1986, कालपी)	:	'स्वतन्त्र', 'जागरण', 'एक्शन', 'कंचनप्रभा' का प्रकाशन-सम्पादन। पी.टी.आई. के अध्यक्ष।
गुप्त, मन्मथनाथ (ज. 8 नवम्बर, 1908, काशी)	:	'बाल भारती', 'योजना', 'आजकल' के सम्पादक। स्वाधीनता सेनानी, काकोरी षड्यन्त्र के अभियुक्त।
गुप्त, मोहन लाल (ज. ज्येष्ठ कृष्ण द्वितीया, सन् 1971, काशी)	:	'आज', 'संसार' द्वारा साहित्यिक पत्रकारिता का उन्नयन।
गुप्त, शोभालाल (सन् 1904, बिजौलिया)	:	'तरुण राजस्थान', दैनिक 'हिन्दुस्तान' के सम्पादन द्वारा हिन्दी की सेवा।
गुलाब राय (वर्ष 1887-1963, इटावा)	:	'साहित्य सन्देश' द्वारा हिन्दी आलोचना की पुष्टि।
गुरु, पं. कामता प्रसाद (वर्ष 1875-1947, परकोटा)	:	'बालसखा', 'सरस्वती' के सम्पादन द्वारा हिन्दी का परिमार्जन।
गुप्त, सत्येन्द्र कुमार (वर्ष 1918-1984, काशी)	:	'आज' द्वारा हिन्दी पत्रकारिता की श्रीवृद्धि, इंटरनेशनल प्रेस इन्स्टीट्यूट के सदस्य।
गोकुल, राधामोहन (वर्ष 1865-1935, इलाहाबाद)	:	'ब्राह्मण', 'सत्य सनातन धर्म', 'प्राणवीर' द्वारा भारतीयों में जागरण, अद्भुत क्रान्तिकारी।
गोयनका, रामनाथ (वर्ष 1904-1991)	:	'इंडियन एक्सप्रेस समूह' के सर्वस्व।
चक्रवर्ती, अमृतलाल (वर्ष 1863-1936, कलकत्ता)	:	'हिन्दी बंगवासी', 'हिन्दोस्थान', 'भारत मित्र', 'बेंकटेश्वर समाचार', 'निगमागम चन्द्रिका' का सम्पादन। अहिन्दीभाषी होने पर भी हिन्दी पत्रकारिता के समुन्नयन में जीवन-समर्पण। हिन्दी पत्रकारिता में सम्पादकीय टिप्पणियों के लेखन के पुरस्कर्ता।
चतुर्वेदी, बनारसीदास (वर्ष 1892-1985, फिरोजाबाद)	:	'विशाल भारत', 'मधुकर' का सम्पादन। प्रवासी भारतीयों के शुभेच्छु, साहित्यकारों के कीर्तिरक्षक, 'हिन्दी-भवन' के संस्थापक, राज्यसभा के सदस्य।
चतुर्वेदी, माखनलाल (वर्ष 1889-1968, होशंगाबाद)	:	'सुबोध बन्धु', 'प्रभा', 'प्रताप', 'कर्मवीर' के यशस्वी सम्पादक। भारतीय हिन्दी पत्रकार परिषद् के अध्यक्ष, राष्ट्रभाषा संशोधन विधेयक के विरोध में 'पद्म भूषण' की उपाधि का परित्याग।
जायसवाल, काशी प्रसाद (वर्ष 1882-1937, मिर्जापुर)	:	'कलवार गजट', 'पाटलिपुत्र' के सम्पादक, क़ानून, इतिहास पुरातत्त्व, भाषाशस्त्र के विद्वान्।
जोशी, इलाचन्द्र (वर्ष 1902-1982, अल्मोड़ा)	:	'विश्वमित्र', 'धर्मयुग', 'साहित्यकार' के सम्पादक।

जोशी, मनोहरश्याम (ज. 9 अगस्त, 1933 अजमेर)	:	'दिनमान', 'साप्तहिक हिन्दुस्तान' के सम्पादक, उत्कृष्ट भेंट वार्ताकार।
जोशी, शरद (वर्ष 1931-1991, उज्जैन)	:	'हिन्दी एक्सप्रेस' का सम्पादन, 'प्रतिदिन' स्तम्भ-लेखन द्वारा व्यंग्य विधा का पल्लवन।
जौहर, हरिकृष्ण (वर्ष 1880-1945, काशी)	:	'भारत जीवन', 'हिन्दी बंगवासी', 'आधार', 'बेंकटेश्वर समाचार' के सम्पादक, प्रसिद्ध नाटककार।
झा, दिनेश दत्त (वर्ष 1893-1961, भागलपुर)	:	'आर्यावर्त', 'आज' द्वारा पत्रकारिता में स्वस्थ परम्परा की स्थापना।
द्विवेदी, रघुवर प्रसाद (वर्ष 1864-1938, जबलपुर)	:	'शुभचिन्तक', 'शिक्षा प्रकाश', 'कान्यकुब्ज', 'हितकारिणी' का सम्पादन।
दीक्षित, सीताचरण (वर्ष 1906-1976, होशंगाबाद)	:	'प्रताप', 'महाकौशल', 'एडवांस', 'हरिजन-सेवक', 'हिन्दुस्तान' का सम्पादन, 'अमृत बाज़ार पत्रिका', 'फ्री प्रेस ऑफ इंडिया', 'नागपुर टाइम्स' के प्रतिनिधि।
दुगवेकर, गोविन्द शास्त्री (वर्ष 1883-1961, सागर)	:	'हिन्दू पंच', 'अरुणोदय', 'भारतेन्दु', 'आर्य महिला', 'भारत धर्म', 'निगमागम चन्द्रिका', 'बालबोध', 'गृहस्थ' का सम्पादन। 'भारतेन्दु नाटक मण्डली' नामक प्रथम हिन्दी रंगमंच की स्थापना।
नरेन्द्रदेव, आचार्य (वर्ष 1889-1956, सीतापुर)	:	'रणभेरी', 'संघर्ष' तथा 'जनवाणी' का सम्पादन। हिन्दी के प्रबल पक्षधर तथा समाजवादी आन्दोलन के अप्रतिम नेता।
नरेन्द्र मोहन (ज. 10 अक्टूबर, 1934, कानपुर)	:	'जागरण' (कानपुर) के सम्पादक, पत्रकार संगठनों के पदाधिकारी।
'नवीन', बालकृष्ण शर्मा (वर्ष 1898-1960, उज्जैन)	:	'प्रताप', 'प्रभा' के सम्पादक। तेजस्वी अग्रलेखों के लिए सुविख्यात, राज्यसभा के सदस्य। राष्ट्र-भक्त कवि।
नारद, हुकुमचन्द (वर्ष 1903-1953, सतना)	:	'लोकमत', 'साथी' और 'हिन्दी पंच' के सम्पादक। श्रमजीवी पत्रकारों के सम्बल। उग्र पत्रकारिता के कारण काल-कोठरी की यातनायें। सामन्ती शासन का प्रबल विरोध।
'निराला', सूर्यकान्त त्रिपाठी (वर्ष 1896-1961, मेदिनीपुर)	:	'समन्वय' एवं 'मतवाला' के सम्पादक। हिन्दी के युगपुरुष।
नीमा, रामचन्द (सन् 1923-1974, नलखेड़ा)	:	'नवज्योति', 'नयी दुनिया' के प्रकाशन सम्पादन में विशेष योगदान। 'नयी दुनिया' द्वारा इनकी स्मृति में 'नीमा पुरस्कार' का वितरण।
पंडित झाबरमल्ल शर्मा (वर्ष 1888-1983, खेतड़ी)	:	'ज्ञानोदय', 'भारत', 'कलकत्ता समाचार' के सम्पादक, पद्मभूषण के सम्मान से अलंकृत।
'पथिक', विजय सिंह (वर्ष 1882-1954, बुलन्दशहर)	:	'प्रताप', 'राजस्थान केसरी', 'नवीन राजस्थान', 'नव सन्देश' के सम्पादक, प्रसिद्ध क्रान्तिकारी, मेवाड़ में किसान आन्दोलन के संचालक।

पद्मसिंह शर्मा (वर्ष 1877-1932, बिजनौर)	:	'सत्यवादी', 'परोपकारी', 'भारतोदय' के सम्पादक, संस्मरण-लेखन के पुरोधा।
पंडित, कमलांपति त्रिपाठी (वर्ष 1905-1990, काशी)	:	'आज', 'संसार', 'ग्राम संसार', 'आँधी', 'युगधारा' का सम्पादन। आदर्श राजनेता और हिन्दी के उन्नायक।
पंडित, श्री नारायण चतुर्वेदी (वर्ष 1893-1990, इटावा)	:	'सरस्वती' के सम्पादक, अनन्य हिन्दी सेवी।
पालीवाल, कृष्णदत्त (वर्ष 1894-1968, आगरा)	:	'प्रताप', 'प्रभा', 'सैनिक' के सम्पादक। हिन्दी के प्रबल समर्थक, हिन्दी पत्रकारों के प्रेरक।
पांडेय, छविनाथ (ज. चैत्र शुक्ल पूर्णिमा, सन् 1892, मिर्जापुर)	:	'स्वार्थ', 'साहित्य', 'सर्चलाइट' के व्यवस्थापक सम्पादक, 'माँ का हृदय', 'स्त्री कर्तव्य शिक्षा' मुद्रणकला के यशस्वी लेखक।
पांडेय, बद्रीदत्त (वर्ष 1882-1965, कनखल)	:	'अल्मोड़ा अख़बार', 'शक्ति', के सम्पादक। 'कूर्मांचल केसरी' के रूप में विख्यात सांसद।
पांडेय, पं. रूपनारायण (वर्ष 1884-1958, लखनऊ)	:	'नागरी प्रचारक', 'निगमागम चन्द्रिका', 'इन्दु', 'कान्यकुब्ज', 'माधुरी' के सम्पादक। साहित्यिक पत्रकारिता के उन्नयन में विशिष्ट योगदान।
पांडेय, लल्ली प्रसाद (1886, सागर)	:	'हिन्दी केसरी', 'कलकत्ता समाचार', 'सरस्वती', 'बालसखा' के सम्पादक। हिन्दी बाल-साहित्य की समृद्धि में महत्त्वपूर्ण योगदान।
'प्रेमघन' बदरीनारायण चौधरी (वर्ष 1855-1923, मिर्जापुर)	:	'आनन्द कादम्बिनी' और 'नागरी नीरद' का सम्पादन, भारतेन्दु मण्डली के सशक्त साहित्यकार, हिन्दी पत्रकारिता में पुस्तक समालोचना स्तम्भ के पुरस्कर्ता, 'अखिल भारतीय हिन्दी साहित्य सम्मेलन' के तृतीय अधिवेशन के सभापति।
प्रेमचन्द्र, मुंशी (वर्ष 1880-1936, काशी)	:	'माधुरी', 'हंस', 'जागरण' और 'मर्यादा' के सम्पादक, उपन्यास सम्राट तथा अप्रतिम कथाकार के रूप में सुविख्यात। हिन्दी पत्रकारिता में अभिनव प्रयोगों का प्रचलन।
'प्रेमी', विश्वम्भर सहाय (वर्ष 1899-1974, फरीदनगर)	:	'मातृभूमि', 'तपोभूमि', 'पंचायती राज्य' के सम्पादक, 'नवभारत टाइम्स', 'दैनिक हिन्दुस्तान', 'तेज' के प्रतिनिधि, मेरठ में 'राजर्षि टंडन हिन्दी भवन' का निर्माण।
बख्शी, पदुमलाल पुन्नालाल (वर्ष 1894-1971, खैरागढ़)	:	'सरस्वती', 'महाकौशल' का सम्पादन, हिन्दी के यशस्वी साहित्यकार।
बखौरी, सोमदत्त (वर्ष 1921-1990, मॉरिशस)	:	'अनुराग', 'हिन्दी प्रचारिणी' द्वारा हिन्दी-सेवा।
'बेढब बनारसी', श्री कृष्णदेव प्रसाद गौड़ (वर्ष 1895-1968, काशी)	:	'भूत', 'खुदा की राह पर', 'तरंग', 'भारत-जीवन' का सम्पादन, 'आज' में हास्य-व्यंग्य सम्बन्धी टिप्पणियों का लेखन, हास्य-व्यंग्य पत्रकारिता के उन्नायक।

बेनीपुरी, रामवृक्ष (सन् 1901-1968, मुजफ्फरपुर)	:	'तरुण भारत', 'हिमालय', 'बालक', 'युवक', 'किसान-मित्र', 'कैदी', 'जनवाणी', 'लोकसंग्रह', 'कर्मवीर', 'योगी', 'तूफान', 'चुन्नू-मुन्नू', 'जनता' का सम्पादन। स्वाधीनता संग्राम के प्रमुख सेनानी, हिन्दी के विशिष्ट शैलीकार।
भगेरिया, मातादीन (वर्ष 1912-1974, चिड़ावा)	:	'कांग्रेस बुलेटिन', 'श्री बेंकटेश्वर समाचार', 'लोकवाणी', 'नेशनल काल', 'हिन्दुस्तान' के सहायक 'उत्थान', 'आलोक', 'प्रगति', 'संघर्ष', 'नवयुग', 'हिन्दी टाइम्स', 'नवभारत', 'नवभारत टाइम्स' के सम्पादक, हिन्दी के अनन्य सेवक।
भट्ट, पं. केशवराम (वर्ष 1885-1905, पटना)	:	'बिहार बन्धु' के सर्वस्व, बिहार में हिन्दी प्रचार-प्रसार में अप्रतिम योगदान।
भगवानदीन, लाल (वर्ष 1867-1930, फतेहपुर)	:	'लक्ष्मी-उपदेश-लहरी' के सम्पादन द्वारा उत्कृष्ट गद्य शैली का प्रवर्तन।
भार्गव, दुलारे लाल (वर्ष 1895-1975, लखनऊ)	:	'बाल-विनोद', 'भार्गव', 'माधुरी' एवं 'सुधा' का सम्पादन, 'गंगा पुस्तक माला' द्वारा हिन्दी के वरिष्ठ साहित्यकारों को प्रश्रय।
महात्मा, मुंशीराम (स्वामी श्रद्धानन्द) (वर्ष 1856-1926, जालन्धर)	:	'श्रद्धा', 'सत्यवादी', 'सद्धर्म प्रचारक' के सम्पादन द्वारा आर्य संस्कृति का प्रसार।
'महाराथी', रामचन्द्र शर्मा (वर्ष 1897-1978, जालन्धर)	:	'महारथी', 'सैनिक', 'माँ', 'चरित्र-निर्माण', 'दिल्ली समाचार' का सम्पादन, स्वतन्त्रता संग्राम सेनानियों के सम्बल।
मिश्र माधव प्रसाद (वर्ष 1871-1907, हिसार)	:	'सुदर्शन', 'वैश्योपकारक' के यशस्वी सम्पादक।
मालवीय, कृष्णकान्त (वर्ष 1893-1941, प्रयाग)	:	'अभ्युदय', 'किसान', 'मर्यादा' का सम्पादन, स्वतन्त्रता संग्राम सेनानी।
मालवीय, पद्मकान्त (वर्ष 1908-1981, इलाहाबाद)	:	'अभ्युदय' के सम्पादन द्वारा स्वातन्त्र्य संग्राम के प्रेरक, एक सहृदय कवि।
माथुर, राजेन्द्र (वर्ष 1935-1991, बदनावर)	:	'नयी दुनिया', 'नवभारत टाइम्स' के प्रतिष्ठापक, तथ्यों की तानाशाही के दौर में विचारों की सत्ता के संस्थापक।
मामा, अचलेश्वर प्रसाद (वर्ष 1907-1974, जोधपुर)	:	'तरुण राजस्थान', 'सैनिक', 'नव राजस्थान' 'प्रजा सेवक' के सम्पादक।
'मिलिन्द', जगन्नाथ प्रसाद (वर्ष 1907, ग्वालियर)	:	'भारती', 'जीवन', 'मध्यप्रदेश सन्देश' का सम्पादन। स्वतन्त्रता संग्राम में कई बार जेल-यात्रा, श्रमजीवी पत्रकार संघ के अध्यक्ष, समाजवादी नेता।
मिश्र, कृष्णबिहारी (1890-1959, सीतापुर)	:	'साहित्य समालोचक', 'माधुरी' एवं 'आज' का सम्पादन। हिन्दी पत्रकारिता में समीक्षा-परम्परा के प्रस्तोता, उत्कट हिन्दी सेवी।
मिश्र, गंगा शंकर वर्ष 1887-1972, भगवतनगर)	:	'सन्मार्ग', 'सिद्धान्त का सम्पादन', 'एक किताबी कीड़ा' के नाम से 'आज' में स्तम्भ-लेखन। भारतीय संस्कृति के प्रसारक।
मिश्र, गोविन्द नारायण (वर्ष 1859-1923, कलकत्ता)	:	'सारसुधानिधि' का सम्पादन, 'उचितवक्ता' और 'धर्म दिवाकर' में गुप्त नाम से लेखन। हिन्दी भाषा को वैज्ञानिक ढंग से आधुनिक बनाने में अमूल्य योगदान। प्रयाग में सम्पन्न 'अखिल भारतीय हिन्दी साहित्य सम्मेलन' के अध्यक्ष।

मिश्र, द्वारिकाप्रसाद (सन् 1901, उन्नाव)	:	'श्रीशारदा', 'लोकमत' और 'सारथी' का सम्पादन, विशिष्ट कवि, स्वतन्त्रता संग्राम के मध्य जेल-यातना, राजनेता, मध्य प्रदेश के पूर्व मुख्यमन्त्री।
मिश्र, भवानी प्रसाद (ज. 29 मार्च, 1913, सिवनी)	:	'विचार', 'कल्पना', 'गाँधी मार्ग'। 'भूदान यज्ञ' के सम्पादक, गाँधीवादी साहित्यकार, स्वाधीनता सेनानी।
मिश्र, पं. रामदहिन (1886-1952, भोजपुर)	:	'किशोर', 'पारिजात', 'बालमित्र' का सम्पादन, बाल-पत्रकारिता के उन्नयन में स्तुत्य योगदान।
मिश्र, बाबूशारदा चरण (ज. 17 दिसम्बर, 1848, कोलकाता)	:	'देवनागर', 'हावड़ा हितकारी' के सम्पादक, 'एक लिपि विस्तार परिषद्' के संस्थापक।
मित्र, क्षितीन्द्र मोहन (वर्ष 1908-1957, नदिया)	:	'माया', 'मनोहर कहानियाँ', 'मनमोहन', 'मनोरमा' द्वारा हिन्दी पत्रकारिता का प्रसार।
'मुक्त', प्रफुल्लचन्द्र ओझा (ज. 27 जनवरी, 1910, निमेज शाहाबाद)	:	'खिजली', 'आरती', 'जन्मभूमि', 'मजदूर सन्देश' के सम्पादक, रेडियो की लोकप्रियता के यशस्वी हस्ताक्षर।
यशपाल (वर्ष 1903-1976, फिरोजपुर)	:	'विप्लव' और 'विप्लवी ट्रैक्ट' द्वारा क्रान्ति का उद्घोष।
राधाकृष्ण दास (वर्ष 1866-1907, काशी)	:	'धर्म प्रचारक', 'सरस्वती', 'साहित्य सुधानिधि' का सम्पादन, 'हिन्दी के सामयिक पत्रों का इतिहास' के लेखक।
राजा शिवप्रसाद 'सितारे हिन्द' (वर्ष 1823-1895, काशी)	:	'बनारस अख़बार' के संस्थापक, हिन्दी के आदि उन्नायक।
राय, नवीन चन्द्र (वर्ष 1838-1890, मेरठ)	:	'ज्ञान प्रदायिनी', 'रिफार्मर' (उर्दू), 'हिन्दू बान्धव', 'बिरादरे हिन्द' द्वारा पंजाब में पत्रकारिता के जनक।
रामलोचन शरण, आचार्य (1890-1971, मुजफ्फरपुर)	:	'बालक' और 'हिमालय' के सम्पादन द्वारा बाल साहित्य की श्रीवृद्धि, बिहार के साहित्यकारों के सम्बल।
राव, बालकृष्ण (वर्ष 1913-1975, इलाहाबाद)	:	'कादम्बिनी' (इलाहाबाद), 'माध्यम' के सम्पादन द्वारा हिन्दी के विकास का प्रयास। आकाशवाणी के महानिदेशक तथा गोरखपुर और आगरा विश्वविद्यालय के कुलपति के रूप में राष्ट्र की सेवा।
लाला, जगतनारायण (वर्ष 1899-1981, गुजराँवाला)	:	'हिन्द समाचार', 'पंजाब केसरी' के सम्पादक, अखण्ड भारत के पक्षधर, राज्यसभा के सदस्य।
व्यास, पं. अम्बिकादत्त (वर्ष 1859-1900, जयपुर)	:	'वैष्णव पत्रिका' एवं 'पीयूष प्रवाह' का सम्पादन। भारतेन्दु मण्डली के प्रमुख साहित्यकार।
व्यास, कृष्णकान्त (1910-1973, झाबुआ)	:	'प्रजा मण्डल पत्रिका', 'नयी दुनिया' तथा 'कांग्रेस सन्देश' का सम्पादन। मध्य प्रदेश सम्पादक सम्मेलन के आयोजक, 'कालिदास उत्सव' के सूत्रधार, राज्यसभा के सदस्य।
व्यास, जयनारायण (वर्ष 1899-1963, जोधपुर)	:	'तरुण राजस्थान', 'अखण्ड भारत' दैनिक के सम्पादक, राजस्थान के प्रथम मुख्यमन्त्री।
वर्मा, भगवती चरण (वर्ष 1903-1981, उन्नाव)	:	'प्रताप', 'विचार', 'नवजीवन' तथा आकाशवाणी द्वारा हिन्दी-सेवा।

वर्मा, रामचन्द्र (वर्ष 1890-1969, काशी) : 'हिन्दी केसरी' (नागपुर), 'बिहारी-बन्धु', 'नागरी प्रचारिणी पत्रिका', 'भारत जीवन' के सम्पादक।

विद्या भास्कर (वर्ष 1914-1986, काशी) : 'अग्रगामी', 'आर्यावर्त', 'जयहिन्द' तथा 'आज' के सम्पादन द्वारा हिन्दी की अभूतपूर्व सेवा, स्वतन्त्रता संग्राम सेनानी, अखिल भारतीय समाचार-पत्र सम्पादक सम्मेलन की स्थायी समिति के वरिष्ठ सदस्य।

विद्यालंकार, भीमसेन (वर्ष 1900-1962, जम्मू) : 'वीर अर्जुन', 'सत्यवादी', 'वन्दे मातरम्', 'पंजाब केसरी', 'अलंकार', 'आर्य' का सम्पादन।

विद्यालंकार, विनायक राव (कोरटकर, 1962 में मृत्यु) : 'आर्यभानु' के सम्पादक राजपुरुष।

विद्यालंकार, रामगोपाल (वर्ष 1900-1963, बिजनौर) : 'प्रणवीर', 'वीर अर्जुन', 'नवभारत टाइम्स' के सम्पादक।

विद्यालंकार, सत्यदेव (वर्ष 1897-1965, नाभा) : 'दैनिक विजय', 'राजस्थान केसरी', 'प्रणवीर', 'मारवाड़ी', 'स्वतन्त्र', 'नवयुग', 'विश्वमित्र', 'हिन्दुस्तान' का सम्पादन, सम्पादक के नाते अनेक बार जेल-यात्रा।

शर्मा, ईश्वरी प्रसाद (वर्ष 1893-1927, आरा) : 'मनोरंजन', 'लक्ष्मी', 'श्रीविद्या', 'हिन्दू पंच' के तेजस्वी सम्पादक।

शर्मा, श्रीराम (वर्ष 1895-1967, मैनपुरी) : 'प्रताप', 'प्रभा' और 'विशाल भारत' का सम्पादन। हिन्दी पत्रकारिता में शिकार-साहित्य के प्रवर्तक, क्रीड़ा-लेखक, स्वतन्त्रता संग्राम सेनानी।

शर्मा, हरिशंकर (वर्ष 1890-1968, अलीगढ़) : 'भारतोदय', 'आर्यमित्र', 'प्रभाकर', 'साधना', 'कर्मयोग', 'निराला', 'ज्ञान-गंगा', 'दिग्विजय', 'सैनिक' के यशस्वी सम्पादक, भाषा विधेयक के विरोध में 'पद्मश्री' का परित्याग।

शुक्ल, देवीदत्त (1888-1970, उन्नाव) : 'बाल सखा', 'सरस्वती' के सम्पादक, 'सम्पादक के पच्चीस वर्ष', 'स्वाधीनता के पुजारी', 'अवध के गदर का इतिहास', ' क्रान्तिकारी' ग्रन्थों के लेखक।

शुक्ल, मातादीन (वर्ष 1891-1954, फतेहपुर) : 'अभ्युदय', 'छात्र सहोदर', 'माधुरी' के यशस्वी सम्पादक।

श्रीनिवासदास, लाला (वर्ष 1851-1887, दिल्ली) : 'सदादर्श', 'कविवचन सुधा' का सम्पादन। 'परीक्षा गुरु' उपन्यास द्वारा हिन्दी में प्रथम मौलिक उपन्यासकार होने का गौरव, हिन्दी-निर्माताओं में अग्रणी।

श्रीवास्तव, नवजादिक लाल (वर्ष 1888-1939, मिर्जापुर) : 'वीरभूमि', 'हिन्दू पंच', 'भूतनाथ', 'मत वाला', 'सरोज', 'चाँद', 'जागृति' के सम्पादन-प्रकाशन द्वारा हिन्दी पत्रकारिता का अभिवर्द्धन।

श्रीवास्तव, मुकुन्दी लाल (वर्ष 1896-1983, सागर) : 'आज', 'स्वार्थ', 'संसार', 'युगधारा' के सम्पादन द्वारा पत्रकारिता-जगत् में कीर्तिमान का स्थापन, 'शब्दकोश', 'पारिभाषिक शब्दावली कोश' जैसे उपयोगी ग्रन्थों का सम्पादन।

तिवारी श्री वेंकटेश नारायण (वर्ष 1890-1969, कानपुर) : 'अभ्युदय', 'भारत', 'जनसत्ता' के सम्पादन द्वारा हिन्दी भाषा और साहित्य का गौरव वर्द्धन।

सप्रे, पं. माधवराव (ज. 19 जून, 1871, 23 अप्रैल, 1926, दमोह)	:	'छत्तीसगढ़ मित्र', 'हिन्दी केसरी', 'कर्मवीर' के सम्पादक, तिलक के समर्थ सहयोगी।
सहाय, रघुवीर (वर्ष 1929-1990, लखनऊ)	:	'नवजीवन', 'प्रतीक', 'कल्पना', 'नवभारत टाइम्स', 'दिनमान' के स्वनामधन्य सम्पादक।
सहगल, रामरिख सिंह (वर्ष 1896-1952, लाहौर)	:	'चाँद', 'भविष्य', 'कर्मवीर' के सम्पादन द्वारा राजनीतिक जागरण का प्रसार। 'मातृमन्दिर' की स्थापना से महिलाओं में चेतना का संचार।
'सुधांशु', लक्ष्मीनारायण (वर्ष 1908-1974, पूर्णिया)	:	'साहित्य', 'राष्ट्र सन्देश', 'अवन्तिका' के सम्पादक। वरिष्ठ राजनेता, बिहार राष्ट्र परिषद् के प्रणेता, 'हिन्दी प्रगति समिति' के अध्यक्ष, 'अंग्रेज़ी हटाओ आन्दोलन' के प्रेरक।
सिंह, राजकिशोर (वर्ष 1915-1979, बलिया)	:	'प्रगति', 'अधिकार', 'संघर्ष', 'छाया', 'भोजपुरी मिलाप', 'सन्मार्ग' द्वारा हिन्दी की सेवा।
'सुमन', रामनाथ (वर्ष 1903-1976, वाराणसी)	:	'आज', 'इन्दु', 'त्यागभूमि', 'नवराजस्थान', 'सम्मेलन पत्रिका' के सम्पादन द्वारा हिन्दी की विशिष्ट सेवा।
सुन्दर लाल, पंडित (वर्ष 1886-1981, मुजफ्फरनगर)	:	'कर्मयोगी', 'भविष्य', 'नया हिन्द' के सम्पादक, प्रमुख स्वतन्त्रता संग्राम सेनानी, 'हिन्दुस्तानी कल्चर सोसाइटी' के संस्थापक, 'भारतीय शान्ति परिषद्' के अध्यक्ष।
त्रिपाठी, कमलापति (ज. 3 सितम्बर, 1905, काशी)	:	'आज', 'संसार' के सम्पादक उ.प्र. के मुख्यमन्त्री, कांग्रेस के पदाधिकारी के रूप में हिन्दी को गौरव दिलाने वाले इतिहास पुरुष।
त्रिपाठी, योगीन्द्रपति (वर्ष 1929-1971, देवरिया)	:	'नवशक्ति', 'संसार', 'अधिकार', 'स्वतन्त्र भारत' के सम्पादन द्वारा हिन्दी पत्रकारिता की श्रीवृद्धि।
त्रिपाठी, पं. रामनरेश (वर्ष 1889-1962, जौनपुर)	:	'कवि कौमुदी', 'उद्योग', 'सम्मेलन पत्रिका', 'वानर' के सम्पादक। स्वाधीनता-सेनानी, हिन्दी साहित्य के गौरव।
त्रिपाठी, रामशंकर (वर्ष 1904-1974, उन्नाव)	:	'माधुरी', 'मतवाला', 'स्वतन्त्र', 'वर्तमान', 'लोकमान्य', 'लोकगत', 'हिन्दुस्तान' के सम्पादन द्वारा राष्ट्रभाषा की सेवा, प्रमुख राजनेता।

सम्प्रति पत्रकारिता जितनी विस्तृत हुई है उतनी ही वैविध्यपूर्ण भी। प्रजातान्त्रिक शासन प्रणाली के अपरिहार्य अंश के रूप में पत्रकार जनसामान्य के शिक्षक हैं। अपनी तीव्र अन्तर्दृष्टि एवं विशद अध्ययन के बल पर पत्रकारों ने शासक और शासित की समस्याओं को प्रकाशित किया है तथा पत्रकारिता को लोक-कल्याण का प्रभावकारी माध्यम बनाया है। आज जिन सत्यवादी, संघर्षशील तथा निष्ठावान पत्रकारों के कारण पत्रकारिता गौरवान्वित हो रही है उनमें सर्व *श्री कर्पूर चन्द कुलिश* (राजस्थान पत्रिका), *अरुण पुरी* (इंडिया टुडे), *अनन्त भालेराव* (मराठवाड़ा), *एन. राम* (हिन्दू), *बालेश्वर अग्रवाल* (हिन्दुस्तान समाचार), *महावीर अधिकारी* (नवभारत टाइम्स), *अरविन्द कुमार* (माधुरी), *राजवल्लभ ओझा* (नवजीवन), *के.सी. कैलाश* (राजस्थान पत्रिका), *नीलकंठ यशवन्त खाडिलकर* (नवकाल), *जगदीश प्रसाद चतुर्वेदी* (लोकराज), *चन्दूलाल चन्द्राकर* (हिन्दुस्तान), *शिवसिंह 'सरोज'* (स्वतन्त्र भारत), *खान गुफरान ज़ाहिदी* (सियासत जदीद), *गिरिलाल जैन* (टाइम्स ऑफ इंडिया), *यादव राव देशमुख* (तरुण भारत, पांचजन्य), *कन्हैयालाल नन्दन* (संडेमेल), *के.पी. नारायणन्* (मध्य प्रदेश क्रॉनिकल,

नागपुर टाइम्स), *डॉ. धर्मवीर भारती* (धर्मयुग), *गणेश मन्त्री* (धर्मयुग), *डॉ. आर. मानकेकर* (टाइम्स ऑफ इंडिया), *आर.जी. माहेश्वरी* (नवभारत), *नरेन्द्र मोहन* (दैनिक जागरण), *विश्वनाथ* (सरिता, मुक्ता), आदि का नाम सततू उल्लेख्य है जो वर्तमान व्यावसायिकता के दबाव रहने पर भी सामाजिक, आर्थिक, राजनीतिक और सांस्कृतिक प्रश्नों पर पैनी दृष्टि से सोचने के लिए पाठकों को उद्‌बुद्ध करते हैं।

सर्वश्री रामानन्द दोषी, सन्तोष भारती, प्रभाष जोशी (जनसत्ता), *बनवारी* (जनसत्ता), *डॉ. वेद प्रताप वैदिक* (भाषा), *राधेश्याम शर्मा* (ट्रिब्यून), *रतन लाल जोशी, भानुप्रताप शुक्ल* (राष्ट्रधर्म), *विनोद तिवारी* (दिनमान), *रूसी के. करंजिया* (ब्लिट्ज), *नन्दकिशोर नौटियाल* (ब्लिट्ज), *डॉ. श्याम सिंह 'शशि'* (प्रकाशन विभाग), *घनश्याम पंकज* (दिनमान टाइम्स), *उदयन शर्मा* (संडे ऑब्ज़र्वर), *नरेश मोहन* (हिन्दुस्तान टाइम्स), *मृणाल पांडे* (साप्ताहिक हिन्दुस्तान), *प्रतिमा चतुर्वेदी* (पब्लिक एशिया), *अशोक महादेवन, सुशील कुमार* (सर्वोत्तम), *आलोक मित्र* (माया), *अमरकान्त* (मनोरमा), *अवध नारायण मुद्गल* (सारिका), *हेमा मालिनी* (सहेली), *राजेन्द्र यादव* (हंस), *जयप्रकाश भारती* (नन्दन), *डॉ. हरिकृष्ण देवसरे* (पराग), *प्रीतीश नन्दी, वी.एन. उनियाल* (ऑब्जर्वर समूह), *डॉ. विट्ठलदास मोदी* (आरोग्य), *अक्षय कुमार जैन* (सैनिक, सुदर्शन, वीर, नवभारत टाइम्स), *गिरिजा शंकर त्रिवेदी* (नवनीत), *आनन्द दीवान* (क्रिकेट सम्राट), *डॉ. जी.पी. फांडके* (विज्ञान प्रगति), *नागि रेड्डी* (चन्दा मामा) एवं *राजेन्द्र अवस्थी* (कादम्बिनी) जैसे मनीषियों की अडिग निष्ठा ही पत्रकारिता की आधारशिला है। हिन्दी पत्रकारिता इनकी सेवा-भावना से ही चमत्कृत है।

पत्रकारों की योग्यता तथा क्षमता के सम्यक् विकास हेतु पत्रकारिता की शिक्षा और व्यावहारिक प्रशिक्षण की दिशा में सर्वश्री *डॉ. रामजीलाल जांगिड, प्रो. सुधांशु वसु* (कलकत्ता), *प्रो. अंजनी कुमार बनर्जी, डॉ. बल्देवराज गुप्त, अच्युतानन्द मिश्र, बी.के. कुटियाला, एम.एस. परमार, अर्जुन तिवारी, अनिल कुमार उपाध्याय, राममोहन पाठक, ओम प्रकाश सिंह, धीरेन्द्र पाठक, जे.एस. यादव, श्रीमती उमा त्रिपाठी* (जबलपुर), *चंचल सरकार* (पी.टी.आई.), *बी.एस. ठाकुर* (चंडीगढ़), *एल.एन. गोखले* (पूना), *पी.एन. मल्हन* (हैदराबाद), *एल.आर. नागपाल* (पटियाला), *डॉ. एस.एस. सिंह* (पन्तनगर), *डॉ. रमेश जैन, संजीव भानावत* (जयपुर), *डॉ. जी.एस. पोहकर* (बम्बई), *डॉ. चन्दूलाल दूबे* (धारवाड़), *आंजनेय शर्मा* (मद्रास), *जितेन्द्र सिंह* (पटना), *हीरा प्रसाद चतुर्वेदी* (पटना) आदि युग की माँग के अनुरूप दक्ष, विशेषज्ञ और आदर्श पत्रकारों की पंक्ति खड़ी कर रहे हैं।

सत्ता और विपक्ष के सांसद और विधायक जब अपने झगड़ों में उलझे रहते हैं तो उस समय तेज-तर्रार पत्रकार राष्ट्रीय महत्त्व के प्रश्नों को गहराई से परखते हैं। आदरणीय *श्री अरुण शौरी, एन. राम* और *चित्रा सुब्रह्मण्यम* ने घोटालों का भंडाफोड़ कर प्रेस की अहम् भूमिका को स्पष्ट किया। *सर्वश्री अश्विनी सरीन, कुलदीप नैयर, प्रीतीश नन्दी, जोगा राव* सदृश पत्रकारों ने शासन की त्रुटियों की ओर ध्यान आकृष्ट किया। अन्वेषी पत्रकारों ने सत्यवादी बनकर पत्रकारिता का मानदण्ड स्थापित किया जिसका अनुगमन आज तेज़ी से हो रहा है।

प्रभावकारी चुटीले स्तम्भ लेखन द्वारा *श्री खुशवन्त सिंह, इन्दर मल्होत्रा, रामपाल सिंह, राज चेंगप्पा, हिमांशु जोशी, जसदेव सिंह, राजेन्द्र काला, सुदर्शन मजीठिया, राजेन्द्र पुरी* सदृश पत्रकार रोचकता की नयी दिशाएँ उद्‌घाटित करते हैं। इनके द्वारा हिन्दी पत्रकारिता को लोकप्रियता, रचनाधर्मिता एवं विश्वसनीयता प्रदान की जा रही है।

सर्वश्री ठाकुर श्रीनाथ सिंह, जयदेव गुप्त, बलभद्र प्रसाद मिश्र, पारसनाथ सिंह, कमला प्रसाद अवस्थी, रामनाथ गुप्त, मुकुट बिहारी वर्मा, श्यामा प्रसाद प्रदीप, माधव प्रसाद मिश्र, मोहनलाल गुप्त, ठाकुर प्रसाद सिंह, शीला झुनझुनवाला, मनोहर श्याम जोशी प्रभृति समर्पित साधकों के कारण हिन्दी पत्रकारिता अपने देश में शीर्षस्थ है।

आजकल राष्ट्रीय स्तर पर कार्यरत निम्नलिखित प्रमुख संगठन हैं जिनके सम्मानित सदस्यों द्वारा पत्रकारिता का उन्नयन हो रहा है :

1. ऑल इंडिया न्यूज़ पेपर एडीटर्स कॉन्फ्रेंस (नयी दिल्ली)
2. ऑल इंडिया स्माल ऐंड मीडियम न्यूज़ पेपर्स फेडरेशन (कानपुर)
3. ऑल इंडिया स्माल ऐंड मीडियम न्यूजपेपर्स एसोसिएशन (दिल्ली)

4. ऑल इंडिया स्माल न्यूजपेपर्स फेडरेशन (मुरादाबाद)
5. इंडियन ऐंड ईस्टर्न न्यूजपेपर सोसाइटी (नयी दिल्ली)
6. इंडियन फेडरेशन ऑफ बर्किंग जर्नलिस्ट (नयी दिल्ली)
7. इंडियन लैंग्वेज न्यूजपेपर्स एसोसिएशन (बम्बई)
8. इंडियन रूरल प्रेस एसोसिएशन
9. माखन लाल चतुर्वेदी पत्रकारिता विश्वविद्यालय (भोपाल)
10. माधवराव सप्रे समाचार-पत्र संग्रहालय
11. कुशा भाऊ ठाकरे पत्रकारिता विश्वविद्यालय, रायपुर
12. विश्वविद्यालयों के मीडिया स्टडीज सेंटर
13. नेशनल यूनियन ऑफ जर्नलिस्ट (नयी दिल्ली)
14. प्रेस गिल्ड ऑफ इंडिया (बम्बई)
15. रिसर्च इन्स्टीट्यूट फॉर न्यूजपेपर्स डेवलपमेंट (मद्रास)
16. सब एडिटर्स गिल्ड (नयी दिल्ली)
17. प्रेस इंस्टीट्यूट ऑफ इंडिया (नयी दिल्ली)
18. ट्रेंड ऐंड टेक्नीकल पब्लिकेशन एसोसिएशन (बम्बई)

उपर्युक्त संगठनों के अतिरिक्त केन्द्रीय, प्रान्तीय, जनपदीय एवं क्षेत्रीय स्तर पर कार्यरत अनेक संगठन, संघ एवं संस्थान हैं जिनके पदाधिकारी पत्र, पत्रकार एवं पाठकों की हित-कामना करते हैं। आज तो पत्रकारों की बाढ़ आ चुकी है। हर बुद्धिजीवी अपने को पत्रकार सिद्ध कर रहा है। पत्रकारों के ऐसे विराट समूह से क्षमा-याचना के साथ कुछ विशिष्ट व्यक्तित्त्वों का नामोल्लेख किया जा रहा है।

पूज्य बापू, विनोबा भावे, जयप्रकाश, राम मनोहर लोहिया, पुरुषोत्तमदास टंडन के आह्वान पर *सीताराम अष्ठाना, महादेव प्रसाद, कमलाकर त्रिपाठी, केशवचन्द्र मिश्र, विश्वनाथ वैरागी, डॉ. हरिप्रसाद शाही, रमेश्वर सिंह, राजाराम शर्मा 'अचल', गिरिजेश बहादुर सिंह राठौर, श्यामपति पांडेय, गणेश प्रसाद मिश्र 'श्री इन्दु', चन्द्रकिशोर पति त्रिपाठी, नवनाथ शर्मा, डॉ. मुक्तेश्वर तिवारी 'चतुरी चाचा', श्री हर्षधर द्विवेदी* सदृश सैकड़ों समर्पित पत्रकारों ने पूर्वी उत्तर प्रदेश में हिन्दी पत्रकारिता को पुष्ट किया है।

राष्ट्र के जागरूक प्रत्यक्षदर्शी के रूप में *सर्वश्री शार्दूल विक्रम गुप्त, लक्ष्मी शंकर व्यास, चन्द्रकुमार, डॉ. भगवान दास अरोड़ा, कमला प्रसाद अवस्थी 'अशोक', सुरेन्द्र प्रताप सिंह, हरिनारायण निगम, रमेशचन्द्र अग्रवाल, नन्द किशोर त्रिखा, अभय छजलानी, ईश्वर देव मिश्र, प्रकाशचन्द्र अग्रवाल, डॉ. माणिक गोविन्द चतुर्वेदी* आदि के संगठन, अभिप्रेरण तथा निष्पक्ष चिन्तन के फलस्वरूप हिन्दी पत्र-जगत् मानदण्ड स्थापित कर रहा है।

समग, समाज, संस्कृति और साहित्य के पारखी *अजित निरंजन शर्मा* ('वैभव', 'हिन्दू संसार', ' बेंकटेश्वर समाचार', 'स्वतन्त्र भारत', 'नवराष्ट्र'), *अमृतलाल नागर* ('चकल्लस', 'सनीचर', 'छायानट'), *दादा धर्माधिकारी* ('सर्वोदय'), *आचार्य नन्द दुलारे वाजपेयी* ('दृष्टिकोण', 'इन्दु', 'भारत', 'समता', 'आलोचना'), *पद्मनारायण आचार्य* ('अप्सरा', 'गीताधर्म', 'नागरी प्रचारिणी'), *पुरुषोत्तमदास टंडन* ('अभ्युदय', 'जौहर'), *भवानी दयाल संन्यासी* ('आर्यावर्त', 'प्रवासी', 'धर्मवीर'), *काका कालेलकर* ('राष्ट्रमत', 'यंग इंडिया', 'नवजीवन', 'मंगल प्रभात'), *सोहनलाल द्विवेदी* ('अधिकार', 'बालसखा') सदृश समर्पित सम्पादकों के कारण हिन्दी पत्रकारिता परिपुष्ट हुई।

स्वनामधन्य *पं. आनन्द विद्यालंकार* ('नवराष्ट्र', 'विश्वमित्र', 'अर्जुन', 'नवभारत टाइम्स'), *कन्हैयालाल मिश्र प्रभाकर* ('ज्ञानोदय', 'नया जीवन', 'विकास', 'विश्वास'), *काशीनाथ त्रिवेदी* ('त्याग भूमि', 'नवजीवन', 'हरिजन सेवक', 'भूमि क्रान्ति'), *क्षेमचन्द्र सुमन* ('आर्य', 'आर्य सन्देश', 'आर्यमित्र', 'मनस्वी', 'शिक्षासुधा', 'भारत जीवन', 'हिन्द केसरी', 'बेंकटेश्वर

समाचार'), *गोपाल प्रसाद व्यास* ('मंजरी', 'साहित्य सन्देश', 'हिन्दुस्तान'), *जितेन्द्र गुप्त* ('योजना', 'भारतीय समाचार', 'दिनमान'), *प्रेमनाथ चतुर्वेदी* ('लोकराज', 'विश्वमित्र', 'नवभारत टाइम्स'), *बाँके बिहारी भटनागर* ('माधुरी', 'दैनिक हिन्दुस्तान', 'साप्ताहिक हिन्दुस्तान'), *मन्मथनाथ गुप्त* ('बाल भारत', 'योजना', 'आजकल'), *मुकुट बिहारी वर्मा* ('कर्मवीर', 'राजस्थान केसरी', 'माधुरी', 'आज', 'हिन्दुस्तान'), *श्री रंजन सूरिदेव* ('परिषद् पत्रिका', 'ब्रह्मज्योति', 'चक्रबन्धु', 'अंगिका'), *डॉ. रघुवंश* ('आलोचना', 'क ख ग', 'दक्षिण भारती'), *लल्लन प्रसाद व्यास* ('ज्ञानभारती', 'प्राची दर्शन', 'स्वतन्त्र भारत', 'आलोक भारती', 'विश्व हिन्दी दर्शन'), *डॉ. वचन देव कुमार* ('विश्लेषण', 'ज्योत्स्ना', 'समीक्षा'), *डॉ. विद्यानिवास मिश्र* ('अभिरुचि', 'नया प्रतीक', 'श्री कृष्ण सन्देश', 'नान्दी', 'नवभारत टाइम्स'), शिवकुमार गोयलं ('प्रभात', 'नवभारत टाइम्स', 'युगवार्ता'), *डॉ. शंकर दयाल सिंह, प्रो. सिद्धेश्वर प्रसाद, सुधाकर पांडेय, विष्णु प्रभाकर, मुकुल शर्मा, नलिनी सिंह, राजेश कालिया, अलका पांडे* आदि वरिष्ठ पत्रकार के स्पष्ट चिन्तन, गम्भीर मूल्यांकन एवं हिन्दी भाषा के परिमार्जन द्वारा पत्रकारिता की रचनाधर्मिता तथा विश्वसनीयता बढ़ी है।

आदर्श पत्रकार तो पादरी, पीर, परमहंस सदृश होता है जो व्यक्तिगत सुख-दुःख से परे रहता है। आजकल तो अवसरवादिता से पत्रकार ग्रस्त हो अपनी गरिमा लुप्त कर रहा है। कुछ पत्रकारों ने *श्रीमती इन्दिरा गाँधी* को 'माँ दुर्गा', *संजय गाँधी* को 'विश्व का उज्ज्वल नक्षत्र' तथा *जयप्रकाश* को 'अन्धकार में एक प्रकाश : जय प्रकाश' लिखा। कुछ पत्रकारों ने 'लोकतन्त्र संहारिणी', 'आपातूकाल की नाजायज औलाद' तथा 'सिरफिरा जयप्रकाश' लिखकर पाठकों के समक्ष अपनी नीर-क्षीर विवेचना शक्ति पर प्रश्न-चिह्न लगवा दिया है। एक वरिष्ठ सम्पादक ने जब *गाँधी जी* के कांग्रेस समर्थक पत्र के सम्पादक पद से त्याग-पत्र दिया और मुस्लिम लीग पत्र की नौकरी स्वीकार की तो उसके वैचारिक मूल्य से सम्बन्धित प्रश्न उठाये गये। शंका-समाधान में उस सम्पादक ने अपने पार्कर पेन को दिखाते हुए कहा—"भाई साहब, मेरे पास यह कलम है। इसकी खूबी यह है कि *महात्मा गाँधी* का नाम लिखना जानती है और *मुहम्मद अली जिन्ना* का भी, जो इससे जैसा लिखवा ले वैसा लिखती है। आखिर मैं क्या करूँ? कलम जो है, अपने मालिक की बन्दी है।" ऐसे अवसरवादी पत्रकारों से समाज क्या आशा रखे?

'वाचाल', 'विदूषक', 'चाटुकार', 'चंगू-मंगू', 'दरबारी', 'शोषक', 'लबार' आदि न जाने कितने नामों से अब कुछ पत्रकारों को सम्बोधित किया जा रहा है। सचमुच भ्रष्टाचार के विरुद्ध बिगुल बजाने वाले पत्रकारों का एक ऐसा वर्ग है जो जबर्दस्त भ्रष्ट की अनदेखी करते हैं या अपनी तर्कशक्ति के बल पर उसके अवगुणों को गुण बताकर उसकी ठकुर-सुहाती गाते हैं। असहाय अधिकारियों के छिद्रान्वेषण में वे अपनी लेखनी का कमाल दिखाते हैं। युग को बचाने का काम कुछ पत्रकारों द्वारा हो रहा है जिनका लक्ष्य पत्रकारिता द्वारा अर्थ-प्राप्ति है। युग-मानस के निर्माण और लोक-प्रशिक्षण से दूर जाकर कुछ पत्रकार दिग्दर्शन की जगह दिग्भ्रान्ति फैला रहे हैं। यदि आत्मनियन्त्रण नहीं हुआ तो वह दिन दूर नहीं कि—

अब तो दरवाजे से अपने नाम की तख्ती उतार।
लफ़्ज नंगे हो गये, शोहरत भी गाली हो गयी॥

समाज से अपराध को मिटाना पत्रकारों का उद्देश्य होता है। इस निमित्त क्राइम रिपोर्टर पर क्या बीतती है? यदि वह चैतन्य न रहे तो उसे अपनी जान से हाथ भी धोना पड़ सकता है। भारत ही नहीं विश्व के अनेक राष्ट्रों में अपराधी अपराध-जगत् के पत्रकारों पर खुल्लम-खुल्ला धावा बोलते रहते हैं। 'द डेली स्टार' (बांग्लादेश) में प्रकाशित 'निशाने पर पत्रकार' को 'दैनिक हिन्दुस्तान' ने 14 नवम्बर, 2016 के अंक में छापा।

निशाने पर पत्रकार

शनिवार की रात राजधानी के बीचोबीच स्थित चकबाज़ार में अपने फर्ज को अंजाम दे रहे मीडिया वालों पर हुए हमले की हम पुरजोर मज़म्मत करते हैं। एक टी. वी. पत्रकार और कैमरामैन पर उस वक़्त हमला किया गया, जब वे कथित तौर पर गैर-क़ानूनी एक पॉलिथिन फैक्टरी को फ़िल्मा रहे थे। बदमाशों के गैंग ने न सिर्फ़ उन्हें बुरी तरह पीटा, बल्कि उनके ऊपर

केरोसीन तेल भी छिड़क दिया। ज़ाहिर है, इसके पीछे उनका इरादा इन मीडियाकर्मियों को आग के हवाले करना था वह तो इन दोनों की खुशनसीबी थी कि बदमाश उन्हें आग के हवाले करते, इससे पहले ही वे भाग निकलने में कामयाब हो गये। अख़बार नवीसों और विचारों की आज़ादी पर हमले से बांग्लादेश अनजान नहीं है और हकीकत में यह कोई पहली वारदात भी नहीं है, जब अपने फ़र्ज़ निबाहते पत्रकारों को निशाना बनाया गया। खासतौर पर जुर्म की ख़बरें रिपोर्ट करने वाले पत्रकार उन शातिर अपराधियों के निशाने पर हमेशा से रहे हैं, जिनके ख़िलाफ़ वे अपनी ख़बर लिखते हैं। यानी हमले के लिहाज से क्राइम रिपोर्टर सबसे ज़्यादा जोखिम लेने वाले पेशेवर हैं। अफसोस की बात यह है कि पत्रकारों के कत्ल या उन पर हमले की तमाम घटनाओं में किसी को कोई सजा न होने की एक संस्कृति-सी बन गयी है। हालाँकि, हमने काफ़ी विरोध-प्रदर्शन किये, मगर पिछले एक दशक में बांग्लादेश में जितने भी मीडिया वाले मारे गये, उनके मामले किसी नतीजे पर नहीं पहुँच सके। ऐसे मामलों में या तो जाँच प्रक्रिया ईमानदारी से पूरी नहीं होती, या फिर किसी को हिरासत में नहीं लिया जाता। जाहिर है, चन्द मामलों में ही आरोप-पत्र दाखिल हो पाता है। यह स्थिति हमारे समाज को हँसी का पात्र बनाती है। हमारा मानना है कि चकबाज़ार की वारदात का सीधा मक़सद लोगों को हकीकत से अनजान रखना था। इस घटना की फौरन गहराई से जाँच करायी जानी चाहिए और इस बर्बर कांड को अंजाम देने वालों को निश्चित तौर पर कठघरे में पहुँचाया जाना चाहिए। हम हुकूमत से यह अपील करते हैं कि हमलावरों की जल्द-से-जल्द शिनाख्त की जाये और उन्हें सलाखों के पीछे भेजा जाये। स्वतन्त्र पत्रकारिता और क़ानून के राज को साथ-साथ आगे बढ़ना चाहिए।

कुछ पत्रकार भले ही विचलित हो गये हों परन्तु अभी भी हमारे समक्ष चिन्तन, साधना में खपे हुए तेजोद्दीप्त पत्रकारों की लम्बी शृंखला है जिससे हम सदैव प्रकाशोन्मुख ही रहेंगे। आशा है, हमारे हिन्दी के पत्रकार सदाचरण और गुरुत्व का निर्वाह करेंगे। वे सद्भाव और सांस्कृतिक एकता का मन्त्र फूँकेंगे। जन-शिक्षण, जन-जागरण तथा जन-मनोरंजन की त्रिवेणी पर हमारे पत्रकार अपनी आदर्श-निष्ठा एवं कर्तव्यपरायणता के सम्बल पर देव-तुल्य सुपूजित होंगे।

45

संचार
(Communication)

बात बोलेगी, हम नहीं
भेद खोलेगी, बात नहीं

— शमशेर बहादुर सिंह

× × ×

'Communication is an exchange of understanding.' – *Coffin and Shaw*

× × ×

Tell-a-phone, Tell-a-graph, Tell-a-vision and Tell-a-woman are quickest and effective means of Communication. —*Dr. Arjun Tiwari*

× × ×

संचार-साधनों ने दुनिया को बहुत छोटा बना दिया है। तार-बेतार, टेलीफोन, कम्प्यूटर, इंटरनेट, साइबर, टी. वी., रेडियो ने भौगोलिक दूरियों का मतलब ही बदल डाला है। संचार और सम्पर्क के आधुनिक कौए अब हर पल ब्रह्माण्ड की धमा-चौकड़ी और उसकी उपलब्धियों की ख़बरें देते रहते हैं। हम अब सूचना-संसार में जी रहे हैं। गति ही जीवन है और जड़ता ही मृत्यु है। चलने, दौड़ने, आगे बढ़ने और व्यापक होने के अर्थ में 'संचार' संस्कृत के 'चर्' धातु से बना है जिसका अर्थ 'चलना' है। जब हम किसी भाव, विचार या जानकारी को दूसरों तक पहुँचाते हैं या फैलाते हैं तो वही 'संचार' कहलाता है।

अंग्रेज़ी में 'संचार' को Communication कहते हैं जो लैटिन के 'Communis' से बना है जिसका मन्तव्य है : 'किसी वस्तु या विषय का सबके लिए साझा होना।' संचार एक ऐसा प्रयास है जिसके द्वारा एक व्यक्ति दूसरे व्यक्ति के विचारों, मनोवृत्तियों में सहभागी होता है। उन समस्त विधियों को 'संचार' कहा जाता है जिनसे एक व्यक्ति दूसरे को प्रभावित करता है। अभिव्यक्ति के वे सभी रूप 'संचार' हैं जो पारस्परिक समझदारी के उद्देश्य की पूर्ति करते हैं :

Communication is a process which increases commonality.

—*Denis McQuail*

× × ×

Communication is the process by which information is transmitted between individuals and organization so that an understanding response results. —*Peter Little*

× × ×

Communication is mutual exchange of feelings, emotions, opinions, sentiments, ideas, facts and figures. —*Dr. Arjun Tiwari*

× × ×

Communication involves a systematic and continuous process of telling, listening and understanding. —*Allin Louis A.*

× × ×

Communication is the process of passing information and understanding from one person to another. It is the process of imparting ideas and making oneself understood by others. —*Theo Hairmann*

× × ×

Communication is the chain of understanding that integrates the members of an organization from top to bottom, bottom to top and laterally. —*Megginson*

× × ×

The process by which information, decision and direction pass through a social system and the ways in which knowledge, opinions and attitudes are formed or modified. —*Lommis and Beegle*

उपर्युक्त सभी परिभाषाओं के द्वारा सुस्पष्ट है कि संचार एक प्रक्रिया है जिसमें दो या दो से अधिक लोगों के बीच विचारों, अनुभवों, प्रतिक्रियाओं, तथ्यों और प्रभावों का इस प्रकार से आदान-प्रदान होता है जिससे दोनों को सन्देश के बारे में सामान्य ज्ञान होता है। संचार ऐसी प्रक्रिया है जिसमें सम्प्रेषक और संग्राहक के बीच सामंजस्य स्थापित हो, उनमें जागरूकता उत्पन्न हो, यह सम्प्रेषण की ऐसी कार्रवाई है जिसके द्वारा जनता के ज्ञान, विचार और अभिवृत्ति को बनाया जाता है या परिवर्तित किया जाता है। हावलैंड ने संचार को शक्ति माना जिससे संचारकर्ता किसी उत्तेजना द्वारा दूसरे व्यक्ति के व्यवहार को परिवर्तित करता है। संचार एक ऐसा प्रयास है जिसके द्वारा एक व्यक्ति दूसरे व्यक्तियों के विचारों, मनोवृत्तियों और सूचना में भाग लेता है।

संचार का महत्त्व (Importance of Communication)

1. संचार सामुदायिक भावना का विकास करता है।
2. संचार समाज का निर्माण करता है, उसके अस्तित्त्व को बनाये रखता है।
3. संचार के माध्यम से बन्धुत्व व एकता, परस्पर सद्भाव की भावना का समाज में विकास होता है।
4. संचार समाज के लक्ष्य प्राप्ति के लिए एक सामान्य व्याख्या का बोध कराता है।

5. मानव संचार समाज में सहमति का आधार है। यह सहमति मूल्यों, विश्वासों, स्थितियों, भावनाओं, निर्णयों में पायी जा सकती है।

6. संचार गतिशीलता का एक माध्यम है। प्रगति, विकास और परिवर्तन इस गतिशीलता से ही सम्बन्धित हैं।

समाज का अस्तित्त्व केवल संचार व्यवस्था पर ही आश्रित है। समाज में सहमति, सहयोग, सामूहिक व्यवहार, एकता, बन्धुत्व की भावना, विकास और गतिशीलता का आधार मानव संचार है।

संचार का विकास

कभी अग्नि, बादल, कबूतर से समाचार प्रेषित होते थे। वैज्ञानिकों की अनवरत साधना ने टेलीग्राफ, टेलीफोन, कॉर्डलेस फोन, फैक्स, ई-मेल, पेजर जैसे साधन दिये। अब तो फाइबर ऑप्टिकल्स ने दूरसंचार के क्षेत्र में युगान्तरकारी कार्य किया है जिससे स्पष्ट है कि प्रकाश तरंग प्रौद्योगिकी ही दूरसंचार का महानायक होगा। सूचनाओं, तथ्यों, चित्रों, आँकड़ों के हस्तान्तरण को सम्भव बनाने की दिशा में दूरसंचार साधन बेमिसाल है।

सुदूर स्थित दो स्थानों के बीच संचार का सबसे पुराना साधन टेलीग्राफ था। सन् 1876 में *अलेक्जैंडर ग्राहम बेल* ने टेलीफोन की खोज की जिससे मनुष्य की आवाज़ का एक स्थान से दूसरे स्थान तक प्रसारण हो सका। टेलीग्राफ तथा टेलीफोन दोनों में ही प्रसारण करने वाले तथा उसे ग्रहण करने वाले सिरों को धातु के तारों से जोड़ा जाता है। *मार्कोनी* द्वारा बेतार तकनीक की खोज के पश्चात् संचार तकनीकों में आन्दोलनकारी परिवर्तन हुए। प्रसारक एवं ग्राहक सिरों को अब तारों से जोड़ना ज़रूरी न रहा। इसके विपरीत, विद्युत् चुम्बकीय तरंगों, जिनकी खोज *मैक्सवेल* ने सन् 1873 में की थी, उपयोग से एक स्थान से दूसरे स्थान तक सूचना-सन्देश भेजना सम्भव हो सका।

जब बेतार-संचार में अत्यधिक प्रगति हुई। बेतार टेलीग्राफ और बेतार टेलीफोनों से जुड़े देश एवं महाद्वीप, पानी के जहाज तथा हवाई जहाज अपने अड्डों से तथा एक-दूसरे से बेतार का उपयोग करके आसानी से सूचनाओं का आदान-प्रदान कर सकते हैं। दूरसंचार सामरिक अभियानों का एक अभिन्न अंग बन गया। समाचारों, कार्यक्रमों तथा संगीत का रेडियो द्वारा नियमित प्रसारण इतना लोकप्रिय हुआ कि यह आधुनिक जीवन का एक हिस्सा बन गया। संचार माध्यमों से विद्युत् टेली टाइपराइटरों को जोड़कर टाइप किये हुए सन्देशों को प्रसारित और संगृहीत करके, टेलेक्स की सुविधा भी प्राप्त की जाती है। फैक्स मशीनों के द्वारा छपी हुई काग़ज़ों और तस्वीरों को यथावत् एक जगह से दूसरी जगह प्रसारित किया जा सकता है।

उपग्रहों के आविष्कार ने सार्वभौमिक संचार के इतिहास में एक नये युग का सूत्रपात किया है। संचार उपग्रह अन्तरिक्ष में तीव्र क्षमता वाले प्रसारण का कार्य करते हैं, जिससे दुनिया में अलग-अलग भागों में दूर-दूर स्थित केन्द्र भी माइक्रोवेव सम्पर्क के द्वारा एक-दूसरे से जोड़े जा सकते हैं। भारत के इनसैट-1ए तथा जुलाई, 1992 में प्रक्षेपित किये गये इनसैट-2ए, समकालिक में स्थित ऐसे ही उपग्रह हैं। इनसे भारत के विभिन्न नगरों के बीच में टेलीफोन एवं टेलेक्स परिपथों को स्थापित करने में मदद मिली है। आजकल सारा अन्तर्राष्ट्रीय दूरसंचार उपग्रहों पर निर्भर है। भारतीय उपमहाद्वीप में रेडियो तथा टेलीविजन भी उपग्रह प्रौद्योगिकी के द्वारा ही जुड़ा हुआ है। यह अन्तरिक्ष युग की देन है। कम्प्यूटरों के बृहत्तर जाल लार्ज एरिया नेटवर्क (एल.ए.एन.) से ही रेलवे तथा एयरलाइंस में सुदूर स्थानों के बीच के आरक्षण, सुदूर स्थित बैंकों की सेवाएँ तथा मौसम से सम्बन्धित आँकड़ों का संग्रहण और आकलन सम्भव है।

संचार के क्षेत्र में प्रकाश तरंगों का प्रयोग प्रारम्भ होने से प्रकाशीय संचार की आधुनिक प्रौद्योगिकी का विकास हुआ है। इस विधि में ऑप्टिकल फाइबर, जो अति उत्तम शुद्धता वाले काँच के बहुत लम्बे (कई हजार किलोमीटर) पतले धागे होते हैं, का प्रयोग प्रसारण सिरे तथा ग्राहक सिरे को जोड़ने में किया जाता है। छोटे-छोटे अर्द्धचालक लेजरों के द्वारा सूचनाओं को क्रमबद्ध-प्रकाश स्पन्दन रूप में इन रेशों से गुजारा जाता है। ग्राहक सिरे पर इन प्रकाश स्पन्दनों को उपयुक्त संसूचकों

विसंकेतकों के द्वारा मूल सूचनाओं में बदला जाता है। ऑप्टिकल फाइबर संचार तकनीक का प्रयोग करके मनुष्य की आवाज़, दूरदर्शन के चित्रों तथा कम्प्यूटर के आँकड़ों को बड़ी आसानी व सुविधा से संचारित व संगृहीत किया जाता है। ऑप्टिकल फाइबर न केवल सस्ते होते हैं बल्कि वे आवर्तकों का प्रयोग किये बिना ही सन्देशों को बहुत लम्बी दूरियों तक ले जाते हैं। कई तरह के तकनीकी लाभों के अलावा इनकी चैनल क्षमता भी बहुत अधिक होती है।

इनसैट-3ई के सफल प्रक्षेपण से अपने राष्ट्र में संचार को एक नयी दिशा मिली जिसके सन्दर्भ में 'अमर उजाला' (आगरा) ने 30 सितम्बर, 2003 के सम्पादकीय में लिखा–

संचार को गति

इनसैट-3ई का सफल प्रक्षेपण

तीसरी पीढ़ी के चौथे उपग्रह इनसैट-3ई का सफल प्रक्षेपण अन्तरिक्ष में हमारी एक और छलाँग तो है ही, यह भी उतना ही उल्लेखनीय है कि इस उपलब्धि के बाद अन्तरिक्ष के क्षेत्र में हमारी तीसरी पीढ़ी की यात्रा अब लगभग सम्पन्न होने को है। अत्याधुनिक मौसम उपग्रह इनसैट-3डी के बाद, जिसका प्रक्षेपण आगामी वर्ष प्रस्तावित है, भारत चौथी पीढ़ी में पहुँच जायेगा। इनसैट-3ई का प्रक्षेपण दरअसल पिछले ही महीने होना था, लेकिन ट्रांस्पोंडरों में गड़बड़ी की सूचना के बाद इसे एक महीने के लिए टाल दिया गया था। लिहाजा रविवार सुबह फ्रेंच गुयाना के कोरु अन्तरिक्ष केन्द्र से छोड़े जाने के थोड़े बाद ही इसके सफल प्रक्षेपण की सूचना से उन अन्तरिक्ष विज्ञानियों को सचमुच राहत मिली होगी, जो इसके बारे में ही चिन्तित थे। अन्तरिक्ष विज्ञान के क्षेत्र में *कस्तूरीरंगन्* ने भारत की उपलब्धियों को शीर्ष पर पहुँचाया है, इस दौरान उनका कार्यकाल सम्पन्न हो चुका है, और इसरो के नये अध्यक्ष *जी. माधवन् नायर* के कार्यकाल की ऐन शुरुआत में ही यह उपलब्धि सचमुच बहुत स्वागत योग्य है। चूँकि डी.टी.एच. (डाइरेक्ट टू होम) को अमल में लाने के अलावा भी एकाधिक महात्वाकांक्षी परियोजनाओं पर काम चल रहा है, लिहाजा उम्मीद करनी चाहिए कि नये अध्यक्ष के कार्यकाल में इसरो अन्तरिक्ष विज्ञान के क्षेत्र में भारत को वाकई नयी ऊँचाइयों तक ले जायेगा।

इनसैट-3ई संचार उपग्रह है, जिससे दूरसंचार क्षेत्र व टेलीविजन प्रसारण को मजबूती मिलेगी। इससे गाँवों-कस्बों में सुदूर शिक्षा कार्यक्रम को गति तो मिलेगी ही, टेली मेडिसिन सेवाओं में भी सहायता मिलेगी। यानी उपभोक्ता सुविधाओं को और गति देने के अलावा भी इसके प्रक्षेपण के पीछे देश के दूरस्थ इलाकों को विकास की मुख्य-धारा में लाने की प्रतिबद्धता है। संचार-सेवाओं को मजबूती प्रदान करने के लिए संचार उपग्रह इससे पहले भी छोड़े गये हैं, लेकिन ज़ाहिर है, संचार के लिए ट्रास्पोंडरों की संख्या बढ़ने से इस क्षेत्र में भारत उत्तरोत्तर मजबूत ही होगा। इनसैट-3ई में ट्रांस्पोंडरों की कुल संख्या 36 है, जिनमें से 24सी बैंड के और 12 विस्तारित सी बैंड के हैं। इसके प्रक्षेपण के बाद संचार क्षेत्र के लिए ट्रांस्पोंडरों की कुल संख्या बढ़कर 128 हो गयी है। भारत यद्यपि अन्तरिक्ष विज्ञान के मोर्चे पर दूसरे देशों की सहायता करने की स्थिति में पहले ही पहुँच गया है, लेकिन इनसैट-2डीटी का स्थान लेने वाला यह संचार उपग्रह सिर्फ़ हमारी आवश्यकताओं की पूर्ति के लिए ही है। इसकी जीवन-अवधि पन्द्रह वर्षों की है, और 2775 किलोग्राम वजन का यह उपग्रह अब तक के सबसे वजनी उपग्रहों में से है। अब जब प्रेक्षपण सफलतापूर्वक सम्पन्न हो चुका है, तब यह उम्मीद स्वाभाविक ही है कि यह उपग्रह हमारे अन्तरिक्ष विज्ञानियों की उम्मीदों की कसौटी पर खरा उतरेगा।

संचार मॉडल (Communication Models)

संचार-प्रक्रिया के विविध तत्त्व किस प्रकार क्रियाशील रहते हैं इस तथ्य को विभिन्न विद्वानों ने अपने-अपने मॉडल द्वारा सुस्पष्ट किया है जिनमें कुछ प्रमुख मॉडलों को प्रस्तुत किया जा रहा है।

1. अरिस्टोटल मॉडल

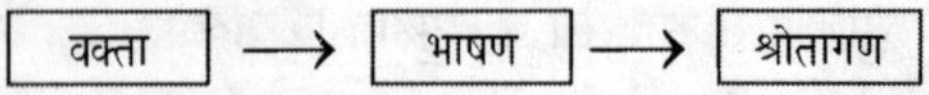

2. कैनथबुक मॉडल

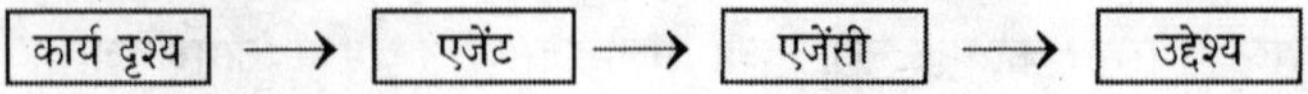

3. हेराल्ड लासवेल मॉडल

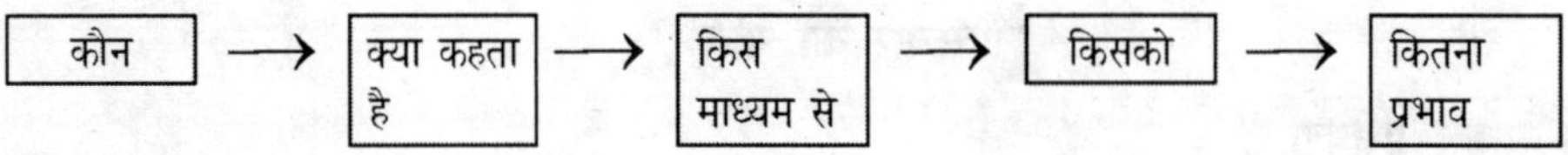

4. लीगन्स का संचार मॉडल

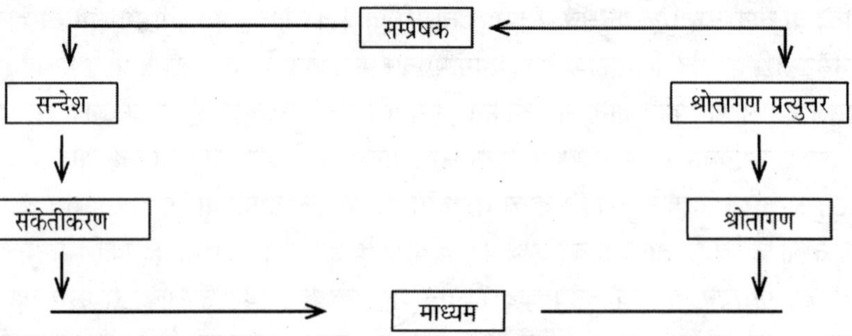

5. वेसली और मैकेलियन का विकसित मॉडल : इस मॉडल में अन्य तत्त्वों के साथ सलाहकार को सम्मिलित किया गया है। इसमें स्रोत से सन्देश सम्प्रेषक द्वारा सलाहकार को भेजा जाता है तत्पश्चात् संग्राहक को। संग्राहक सन्देश की प्रतिपुष्टि सम्प्रेषक या सलाहकार से करता है।

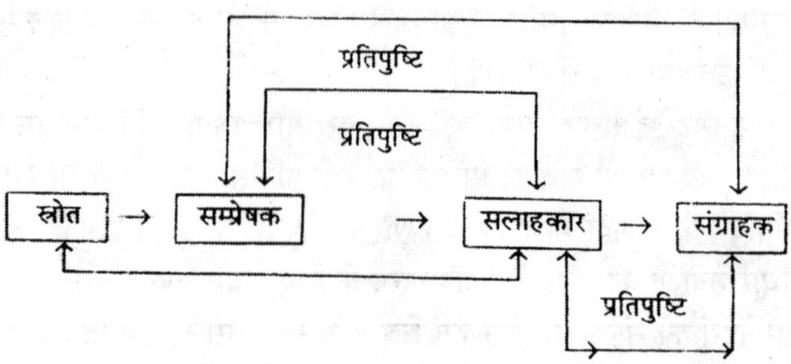

6. विल्बर श्रेम (Wilbur Schramm) : मानव संचार में *श्रेम* ने अपने मॉडल में विशेष फीडबैक को रखा है। श्रेम के इस मॉडल को चित्र के आधार पर रखा जा सकता है।

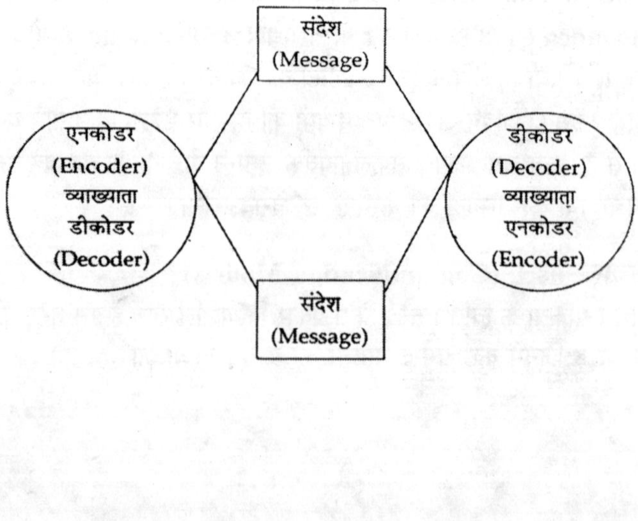

उपर्युक्त शब्दों को संचार के तत्त्वों में स्पष्ट किया जा चुका है। साथ ही संचार में फीडबैक को भी पहले चित्र में प्रस्तुत कर चुके हैं।

उपर्युक्त मॉडलों से सुस्पष्ट है कि संचार में सम्प्रेषक, स्रोत, सन्देश-सारणी तथा संग्राहक की सक्रियता होती है। प्रोफेसर *हेराल्ड डी. लासवेल* ने ठीक ही लिखा है :

'Who says what, in which Channel, to whom with what effect?'

Who, what, which, whom के पारस्परिक विचार-विनिमय से संचार क्रिया सफलता प्राप्त करती है। सन्देश का स्रोत, सन्देश की विषय-वस्तु, उद्दिष्ट, श्रोता, दर्शक-पाठक, सन्देश-संचार का माध्यम और सन्देश का प्रभाव ये पाँच संचार-प्रक्रिया के मुख्य तत्त्व हैं जिनके समन्वय से संचार सफल होता है। संचार तो विकास का पर्याय है, विकास का अभियान समाज के मन को जीतने का अभियान है, उलझनों में रास्ता खोजने का अभियान है। संचार-जगत् के विशेषज्ञ *मर्टन* और *लाजरफेल्ड* ने संचार के एक दोष की ओर सबका ध्यान आकर्षित किया है। उन लोगों के अनुसार संचार उदासीनता को बढ़ाता है। उसका प्रभाव मादक पदार्थों जैसा होता है। कभी-कभी विशेष रूप से सूचनाओं के ढेर से आक्रान्त मानव अपनी मानसिक चिन्तन शक्ति और सक्रियता गँवा बैठता है, वह निष्क्रिय हो जाता है। टी. वी. और रेडियो कभी-कभी मानव-मन को पंगु बना देते है 'इडियट बॉक्स, मूर्ख बना दे तो कोई आश्चर्य नहीं' क्योंकि कहा गया है कि 'Whenever I look at the idiot box for entertainment. It makes me look idiot.'

संचार और समाजीकरण

वही समाज सुखी है जिसने नैतिक गुणों को अपने जीवन में आत्मसात् कर लिया हो। वही समाज सुखी है जिसमें प्रत्येक व्यक्ति परस्पर सम्मान की भावना रखता हो। समाजवाद, स्वतन्त्रता, समानता, बन्धुत्व की स्थापना करता है। वह शोषणमुक्त समाज की रचना करके समाज की प्रचलित दासता, विषमता, असहिष्णुता को दूर करता है। संचार समाजीकरण का महत्त्वपूर्ण माध्यम है। समाजीकरण की सभी स्थितियों में संचार की अपनी भूमिका होती है। मानव सामाजिक प्राणी तब बनता है जब वह मौखिक, परम्परागत, मुद्रित या इलेक्ट्रॉनिक संचार-साधनों द्वारा सांस्कृतिक मूल्यों और व्यवहारों को सीखता है, उसे अपना लेता है। मौखिक संचार के चलते बालक परिवार और पड़ोस तक सीमित रहता है। लिपि-ज्ञान के कारण संस्थाओं से जुड़ता है। पत्र-पत्रिकाओं, रेडियो और टी. वी., इंटरनेट के सहारे मानव का समाज विस्तृत होता है, वह पूरे विश्व की क्रियाओं में सहभागी होता है। संचार परम्परागत मान्यता को पुष्ट करता है तथा सामाजिक गतिविधियों पर पैनी दृष्टि रखता है। संचार सामाजिक नियन्त्रण का साधन है। यह समाज का शिक्षक है तो समाज का महानिरीक्षक भी है। सहमति का वातावरण उपस्थित कर संचार सामाजिक परिदृश्य को बदलता है। नयी सूचनाओं से व्यक्ति और समाज की मानसिक क्षमता को विस्तृत बनाना, उनकी कामना को स्वस्थ रूप देना, उनकी प्रवृत्तियाँ, अभिरुचियों को समाज-हित में निर्मित करना—ये सब संचार से ही सुलभ हैं। जाग्रत जनमत समाज के लिए उपयोगी है। संचार के साधन, मनोरंजन और विकास के सन्देश देकर समाज का नवनिर्माण करते हैं। प्रेम, सौहार्द, सद्भाव, सहयोग द्वारा संचार शोषणमुक्त आदर्श समाज की संरचना में अपना स्तुत्य योगदान देता है। संचार-साधनों का बाहुल्य समाजीकरण की गति को तीव्र करता है। सामाजिक विकास का सूत्रधार संचार ही है।

संचार-प्रक्रिया को प्रभावशाली बनाने वाले कारक (Factors Responsible for Effective Communication Process)

प्रत्यक्ष अथवा परोक्ष रूप में संचार प्रक्रिया को प्रभावित करने वाले निम्नलिखित कारक हैं :

1. सन्देश प्रेषित करने के पूर्व सम्प्रेषक को स्वतः उस सूचना, तथ्य और विचार को हृदयंगम कर लेना चाहिए तत्पश्चात् श्रोताओं की पसन्द तथा संचार माध्यम पर ध्यान देना चाहिए।
2. संचार-प्रक्रिया द्विमार्गी पद्धति (Two-way Process) है। सम्प्रेषक और संग्राहक के बीच सौहार्दपूर्ण वातावरण हो। प्रश्नोत्तर पद्धति उपयुक्त होती है।
3. भौतिक वातावरण अधिक प्रभावशाली है। संग्राहकों हेतु उपयुक्त भौतिक वातावरण उपस्थित करके ही संचार में सफलता प्राप्त की जा सकती है।

4. संचार-प्रक्रिया में संलग्न सभी व्यक्तियों को प्रेरित किया जाये कि वे मनसा, वाचा, कर्मणा कार्य-सम्पादन हेतु जुटे रहें।
5. संग्राहक का मूल्यांकन भी अपेक्षित है। समय-समय पर यह अवश्य जान लेना चाहिए कि सन्देश का प्रभाव कितना पड़ रहा है।
6. उपयुक्त श्रव्य-दृश्य साधनों के प्रयोग से संचार को सफल बनाया जा सकता है। 'यदि मैं केवल सुनता हूँ तो भूल जाता हूँ, यदि मैं केवल देखता हूँ तो मैं याद रखता हूँ, पर यदि मैं करता हूँ तो सीखता हूँ' इस कहावत के अनुरूप सम्प्रेषक को ऐसा प्रयास करना चाहिए कि संग्राहक सुने, देखे, करे तथा दीर्घकाल तक लाभान्वित हो।

सारांश यह है कि संचार-स्रोत, सन्देश, संचार-माध्यम तथा संग्राहक के बीच सुगम समन्वय स्थापित कर संचार-प्रक्रिया को सफल, समाजोपयोगी और जनमानस हेतु प्रभावशाली बनाया जा सकता है।

संचार के तीन सिद्धान्त

सन्देश, माध्यम और सम्प्रेषक में कौन अधिक महत्त्वपूर्ण है इससे सम्बन्धित जनसंचार के विशेषज्ञों में संचार सम्बन्धी तीन सिद्धान्त प्रचलित हैं। प्रथम सिद्धान्त के अनुरूप संचार या प्राणतत्त्व सन्देश है। सन्देश ही समस्त जनसंचार-प्रक्रिया का केन्द्र बिन्दु है। इस सिद्धान्त के अनुसार न तो सम्प्रेषक का महत्त्व है और न माध्यम का। वे मानते हैं कि 'सन्देश' यदि उत्तम है तो वह जन-जन में प्रभावशाली सिद्ध होगा ही। 'घी का लड्डू टेढ़ो भला' के अनुरूप सन्देश को महत्त्वपूर्ण मानने वाले विशेषज्ञ 'भाव अनूठो चाहिए' पर बल देते हैं।

संचार के द्वितीय सिद्धान्त के पोषक माध्यम को ही अपरिहार्य मानते हैं। वे माध्यम को ही सन्देश कहते हैं। *मार्शल मैकलुहान* के मतानुसार सन्देश से बढ़कर सन्देश देने वाला माध्यम महत्त्वपूर्ण है। वे टी. वी. को 'शीतल' माध्यम मानते हैं क्योंकि बिना मस्तिष्क पर जोर दिये ही सन्देश का अर्थ समझ लिया जाता है। समाचार-पत्र, पुस्तक, पत्रिका को वे 'गर्म' माध्यम मानते हैं क्योंकि इनसे अर्थ निकालने में मस्तिष्क पर जोर देना पड़ता है।

तीसरे सिद्धान्त के मानने वालों ने सन्देश और माध्यम की अपेक्षा सम्प्रेषक (वक्ता) को महत्त्वपूर्ण माना है। वक्ता ही अपने मोहक, रोचक जादूगर सदृश चमत्कारपूर्ण भाषणों से जनसामान्य को प्रेरित करता है। *हिटलर* और *गोबेल्ज* अपनी वाक्पटुता से झूठ को सच में बदलने की शक्ति रखते थे। *अटल बिहारी वाजपेयी* की वक्तृत्व-कला सर्वविदित है जिससे वे जनमत को अपने पक्ष में करने की दिशा में सफल होते हैं।

संचार का क्षेत्र (Scope of Communication)

संचार के निम्नलिखित प्रमुख क्षेत्र हैं :

1. **मौखिक (Verbal) :** जनसामान्य तो लगभग 70% मौखिक संचार करते हैं। श्रवण, वार्ता, पठन-पाठन, लेखन में भाषा का प्रयोग होता है। भाषा संचार-प्रक्रिया का संकेत है जिसके द्वारा समाज में संचार स्थापित होता है।
2. **अमौखिक (Non-verbal) :** अंग-संचालन से भी संचार का कार्य होता है। चेहरे का हाव-भाव, हाथ-पैर का हिलाना—ये सभी अभिव्यक्ति के साधन हैं।
3. **व्यापक :** संचार बहुत से व्यक्तियों द्वारा बहुत से स्तरों पर, बहुत कारणों से बहुत लोगों के साथ बहुत विधियों से सम्पन्न होता है :

   "People communicate on many levels for many reasons with many people and in many ways."
4. **संचार का क्षेत्र 'प्रबन्ध' के रूप में :** उद्योगों के प्रचार-प्रसार, सेवाओं की सूचना, विज्ञापन आदि अनेक क्षेत्रों में उत्तम 'प्रबन्ध' की भूमिका निर्वहन संचार द्वारा होता है। सभा, गोष्ठी, साक्षात्कार के प्रबन्ध में इसकी महत्ता है।
5. **दृश्य :** श्रव्य माध्यमों में कार्य करने का बहुआयामी क्षेत्र संचार विशेषज्ञ को सुलभ होता है।

46

संचार-प्रक्रिया
(Communication Process)

Communication is the process of passing information and understanding from one person to another. It is the process of imparting ideas and making oneself understood by others. *–Theo Haimann*

× × ×

Communication is a process which increases commonality. *–Denis McQuail*

संचार में एक व्यक्ति या व्यक्तियों के समूह के साथ एक ऐक्य या सामान्यता की स्थापना समाहित होती है। इसी बात को और व्यापक बनाकर *ए.बी. षणमुगम्* ने लिखा–

"ज्ञान, अनुभव, संवेदना, विचार और यहाँ तक कि अस्तित्त्व में होने वाले अभिनव परिवर्तनों की साझेदारी ही संचार है और साझेदारी की यह प्रक्रिया ही संचार-प्रक्रिया कहलाती है।"

सन्देश-प्रेषण, सन्देश-प्राप्ति तथा सन्देश-विश्लेषण की प्रक्रिया संचार-प्रक्रिया है। *प्रो. लासवेल* ने कहा कि कौन क्या कहता है? किस माध्यम से कहता है? किससे कहता है और किस भाव से कहता है? इस आधार पर संचार के 6 प्रमुख घटक होते हैं :

Source – Message – Media – Audience – Result – Feedback

संचार-प्रक्रिया के चार प्रमुख स्वरूप निम्न हैं :

1. व्यक्तिगत आन्तरिक संचार (Intra Personal Communication) : यह विशुद्ध रूप से एक मनोवैज्ञानिक प्रक्रिया है। इसमें व्यक्ति स्वयं प्रश्न-उत्तर करता है। व्यक्ति का विचार परिणाम में सम्मिलित होता है। जब मानव स्वयं अपने साथ सम्भावित घटनाओं के सन्दर्भ में अन्तःनिरीक्षण, अन्तर्विवाद, आत्म-मूल्यांकन करता है तो यह व्यक्तिगत आन्तरिक संचार है। व्यक्ति अकेले में जब अपने अन्दर-ही-अन्दर कुछ सोचता है, गुनता है, तो वह अन्तःवैचारिक या स्वगत संचार है। व्यक्तित्त्व-विकास के लिए अन्तःवैचारिक संचार आवश्यक होता है। यही आत्म-विश्लेषण, आत्म-मन्थन, आत्म-प्रेरणा का रूप है। प्राचीन ऋषि-मुनियों ने इसी संचार को महत्त्व दिया। 'ऋषयो मन्त्रद्रष्टारः' 'मननात् मुनिः' के मूल में व्यक्तिगत आन्तरिक संचार है।

2. अन्तर्व्यक्ति संचार (Inter Person Communication) : यह सम्पर्क पर आधारित है, एक व्यक्ति द्वारा दूसरे व्यक्ति अथवा छोटे समूह में व्यक्तिगत रूप से उपस्थित होकर सन्देश दिया जाता है। यह आमने-सामने face to face बैठकर बातचीत करने की स्थिति है। आपसी बातचीत, गपशप, प्रेमालाप, संक्षिप्त समूह चर्चा, समिति की बैठक में होने वाले विचार-विमर्श अन्तर्व्यक्ति संचार के उदाहरण हैं।

3. समूह संचार (Group Communication) : समान हित या उद्देश्य लेकर जो समूह एकत्रित हो उसके मध्य सन्देश संचारित करना समूह संचार है। सभा, गोष्ठी, परिचर्चा, नाटक, वाद-विवाद, नृत्य इस संचरण के माध्यम हैं। व्यक्ति से समूह संचार के स्तर पर एक वक्ता होता है, सामने श्रोता होते हैं। वक्ता-श्रोता की व्यवस्था में ध्वनि विस्तारक, माइक्रोफोन, प्रोजेक्टर, टी. वी. सेट की उपयोगिता देखी जाती है।

4. जनसंचार (Mass Communication) : यत्र-तत्र बिखरे लोगों तक सन्देश पहुँचाना जनसंचार है। जन-साधारण तक सन्देश सम्प्रेषित होते हैं। परम्परागत, मुद्रित तथा इलेक्ट्रॉनिक माध्यमों की सहायता से सन्देशों का प्रेषण व्यापक जन-समूह तक होता है।

संचार-प्रक्रिया के तत्त्व
(Elements of Communication Process)

डॉ. जे. पाल लीगन्स ने संचारकर्ता, सन्देश, संचार-माध्यम, ट्रीटमेंट एवं संचार प्राप्तकर्ता का जवाब—इन सभी को संचार-प्रक्रिया का तत्त्व बताया है। मुख्यतः संचार-प्रक्रिया के निम्नलिखित तत्त्व होते हैं :

सम्प्रेषक या संचार-स्रोत (Communicator or Communications Source)

संचार-प्रक्रिया को कार्यान्वित करने वाला संचारकर्ता या सम्प्रेषक कहलाता है, जैसे—वक्ता, कार्यकर्ता, पड़ोसी, नेता, अधिकारी, विषय-विशेषज्ञ, सम्बन्धी, मित्र आदि। सम्प्रेषक 'सन्देश' की पूर्ण जानकारी रखता है। वह 'सन्देश' के परिणाम और उसके मूल्यांकन, संचार-प्रक्रिया, संचार-माध्यमों के प्रयोग के प्रति सतर्क रहता है। संचार-स्रोत के रूप में कार्यरत व्यक्तियों को विषय का सांगोपांग अध्ययन होना चाहिए। संग्राहक की दक्षता को जानकर उसे अपने वांछित उद्देश्य की सम्प्रेषणीयता की ओर ध्यान देना चाहिए। संग्राहक के प्रत्युत्तर के मूल्यांकन के साथ ही उस व्यक्ति को अपनी सम्प्रेषण-क्षमता का विश्लेषण करना चाहिए। सम्प्रेषक नयी बातों की सूचना और नये विचारों के ग्रहण करने की प्रेरणा सफलतापूर्वक तभी दे सकता है जबकि वह श्रोताओं का विश्वास प्राप्त करे, उनकी अभिरुचि, प्रवृत्ति और आवश्यकता के अनुरूप बार-बार विचार-परिवर्तन हेतु बल दे। सद्भावना, सहयोग, परस्पर विश्वास, स्मरण, निःस्वार्थ सेवा-भावना जैसी मनोवैज्ञानिक बातों को अपनाकर सम्प्रेषक अपने कार्य में सफल रहता है। वह अपने संचार-कौशल, विशद विषय-ज्ञान, सेवा-भावना तथा अपनी प्रतिष्ठा—इन चार गुणों के कारण संचार-प्रक्रिया को सफल और प्रभावकारी बनाता है।

सन्देश (Message)

'सन्देश' तो सूचना का पुलिन्दा (Information Package) है। 'सन्देश' वह सूचना है जिसे सम्प्रेषक अपने श्रोताओं द्वारा ग्रहण करने, समझने, स्वीकृत करने या उस पर क्रियान्वयन करना चाहता है। सम्प्रेषक जो कुछ संग्राहक को बताता है वह 'सन्देश' है। 'सन्देश' और विषय-सामग्री में अन्तर है। 'सन्देश' विषय-सामग्री के अनुरूप नहीं होता अपितु 'सन्देश' वह होता है जिसके बारे में विषय-सामग्री कुछ कहती है। 'सन्देश' की निम्नलिखित विशेषताएँ होती हैं :

1. 'सन्देश' उद्देश्यपूर्ण होना चाहिए।
2. इसमें सही, सन्तुलित, वैज्ञानिक दृष्टिकोण का समावेश होना चाहिए।
3. 'सन्देश' संग्राहक की आवश्यकताओं, क्षमताओं और मान्यताओं के अनुरूप होना चाहिए।

4. यह समयानुसार होना चाहिए क्योंकि 'नीकी पै फीकी लगे बिन अवसर की बात' एकदम सही है।

5. 'सन्देश' व्यावहारिक होना चाहिए ताकि संग्राहक उसका प्रयोग कर लाभान्वित हो सके।

'सन्देश' के संचारण के समय सम्प्रेषक निम्नलिखित बातों पर ध्यान देता है :

(क) सन्देश-संकेत (Message Code) : अत्यधिक स्पष्ट और सरल बनाने के लिए सम्प्रेषक सन्देश-संकेत को चुनता है। सन्देश को प्रतीकों द्वारा सार्थक बनाया जा सकता है। यदि भाषा का प्रयोग सन्देश-प्रेषण हेतु हो रहा हो तो यहाँ भाषा ही संकेत है। श्रोताओं के मानसिक धरातल के अनुरूप सुरुचिपूर्ण सरल भाषा का प्रयोग होता है जिससे श्रोतागण प्रभावित होते हैं।

(ख) सन्देश की विषय-वस्तु (Message Content) : सम्प्रेषक सन्देश की विषय-वस्तु का चयन प्रयोजन के अनुरूप करता है। विषय-वस्तु को देश-काल-परिस्थिति के अनुरूप बनाकर सन्देश को विश्वसनीय बनाया जाता है।

(ग) सन्देश-प्रतिपादन (Treatment of Message) : सन्देश-प्रतिपादन के अन्तर्गत सम्प्रेषक सन्देश को अपनाने के लिए प्रतिवेदन करता है। वह सन्देश लिखने की तकनीक, बोलने की शैली और ठीक-ठीक ढंग से संचार-सामग्री का प्रयोग करके सन्देश के बारे में प्रेरणा देता है। संचार-प्रक्रिया के लिए आवश्यक है कि जो भी सन्देश लिया जाये उसको ठीक समय पर उपयुक्त लोगों तक पहुँचाया जाये। जो भी सन्देश हो उसका सही प्रतिवेदन होना चाहिए और श्रोताओं तक सन्देश को भेजने के लिए प्रभावकारी संचार-माध्यम प्रयुक्त होना चाहिए। सम्प्रेषक सन्देश को प्रभावकारी बनाने के लिए निम्नलिखित प्रश्नों का उत्तर अच्छी तरह जान लेता है :

1. वह कौन-सा सन्देश है जो सर्वाधिक महत्त्वपूर्ण है?
2. सबसे अच्छी कौन-सी विधि है जिसके द्वारा सन्देश का प्रतिवेदन किया जा सकता है?
3. सन्देश को पहुँचाने के लिए आप क्यों प्रयास करते हैं?
4. कौन-कौन से संचार-माध्यम हैं जिनके द्वारा श्रोतागणों तक सरलता से पहुँचा जा सकता है?

उपर्युक्त प्रश्नों का उत्तर यदि किसी सम्प्रेषक के पास है तो वह जनसंचार-जगत् में सफल है। 'अन्धे' को अन्धा न कहकर 'सूरदास' कहना तथा 'नाई' को 'राजा' पुकारना सन्देश-प्रतिपादन की कुशलता है। 'को परः प्रियवादिनाम्' के अनुसार मधुरभाषियों के लिए कोई पराया नहीं है 'सत्यं ब्रूयात्, प्रियं ब्रूयात्, न ब्रूयात् सत्यमप्रियम्' का महत्त्व जानकर सम्प्रेषक सन्देश-प्रतिपादन में सफल हो सकता है।

सन्देश-संकेतीकरण और संकेत-वाचन
(Message Encoding and Decoding)

सन्देश संकेतीकरण (Message Encoding) : सम्प्रेषक जब भावों या विचारों को 'संकेत' के रूप में परिवर्तित कर रचनात्मक विधि से श्रोताओं तक पहुँचाता है तो इसे संकेतीकरण कहते हैं। उदाहरणार्थ, शब्दों का प्रयोग करके, लिखित या बोलकर, संकेतों के माध्यम से हाथ, पैर, चेहरे द्वारा, विविध चित्रों द्वारा। संचार-जगत् में शब्दों के साथ अन्य संकेत प्रयुक्त होते हैं। *डॉ. जे. पाल लीगन्स* के अनुसार, शब्द संचार-क्रिया का मुख्य माध्यम है लेकिन शब्द तभी तक प्रभावशाली होते हैं जब इनके साथ संकेत, जैसे—चित्र, आर्ट, पोस्टर, ग्राफ आदि का भी प्रयोग हो।

कोई भी शब्द तब तक सार्थक नहीं होता जब तक कि उसका सही अर्थ न ज्ञात हो। शब्द-संकेत इसी दिशा में सहायक होता है। अर्थ-अज्ञानता के कारण अच्छे-से-अच्छे शब्द निरर्थक और अनुपयोगी रह जाते हैं। शब्दों का महत्त्व श्रोताओं की समझ में निहित है, जैसे—'प्रपत्तिवाद' एक बहुमूल्य शब्द है लेकिन यदि श्रोता इसे नहीं समझता, तो वह व्यर्थ है। संचार-प्रक्रिया को सफल बनाने के लिए ऐसे संकेतों का चुनाव आवश्यक है जो विचारों को सही रूप में व्यक्त कर सकें और जिनका अर्थ सम्प्रेषक और संग्राहक दोनों एक समान ही समझते हों। संचारक सूचना देने से पहले सन्देश को अपने तरीके से परिवर्तित करता है जिसे संकेतीकरण कहते हैं।

संकेत-वाचन (Decoding) : आज अनेक समस्याओं का जन्म गलत 'संकेत-वाचन' से हो रहा है। सम्प्रेषक की योग्यता पर संकेतीकरण निर्भर है तथा संग्राहक की क्षमता पर ही संकेत-वाचन निर्भर है। संग्राहक सूचना लेने से पूर्व अपने तरीके से सूचना को समझता है तथा उसे ग्रहण करता है जिसे 'संकेत-वाचन' कहते हैं।

संचार-विघ्न (Communication Noise) : 'सन्देश' जब किन्हीं अड़चनों, बाधाओं, अवरोधों के कारण अभीष्ट तक नहीं पहुँचता अथवा संचार-क्रिया विविध कारणों से बाधित होती है तो यही संचार-विघ्न है। किसी भाषा में सभी श्रोताओं का एक साथ उपस्थित न होना, सन्देश को पढ़ने में अक्षम होना, संचार-साधनों के संचालन में त्रुटि, भौतिक बाधाओं से रुकावट, आदि अनेक ऐसे तत्त्व हैं जिनसे संचार-विघ्न की स्थिति आती है।

निर्वचन (Interpretation) : 'सन्देश', 'सूचना', 'भाव', 'विचार' को व्याख्यायित करना, सुस्पष्ट करना ही निर्वचन है। संकेत-वाचन पर ही सन्देश-निर्वचन की सफलता निर्भर है।

निर्देश तन्त्र (Frame of Reference) : प्रत्येक प्राणी किसी सन्देश का तात्पर्य अपने अनुभव के आधार पर लगाता है। वे सभी कारण या परिस्थिति निर्देश तन्त्र हैं जो अर्थानुमान में सहायक होती हैं। कई संस्थाएँ संचार-प्रक्रिया के लिए स्वनिर्मित निर्देश-तन्त्र का प्रयोग करती हैं।

संचार-ह्रास (Loss of Communication) : सम्प्रेषक जिस सन्देश को जिस अर्थ और लक्ष्य-पूर्ति हेतु भेजता है और संग्राहक उसे उसी रूप में न ग्रहण कर अलग ही अर्थ या उद्देश्य से ग्रहण करता है तो यही संचार-ह्रास है।

संचार-माध्यम या संचार-सरणियाँ (Communication Channels)

सम्प्रेषक और संग्राहक के बीच सेतु ही संचार-माध्यम है। सन्देश को जिस माध्यम से सम्प्रेषक संग्राहक के पास पहुँचाता है वही संचार-माध्यम है। वक्ता और श्रोता के बीच की सम्पर्क-कड़ी ही संचार-माध्यम है।

ज्ञानेन्द्रियों के आधार पर माध्यमों का वर्गीकरण :

1. **श्रव्य :** रेडियो, टेपरिकॉर्डर, लाउडस्पीकर, नारे, गाने।
2. **दृश्य :** पोस्टर, चार्ट, फोटोग्राफ, बोर्ड, कार्टून, स्लाइड, साहित्य।
3. **श्रव्य-दृश्य :** दूरदर्शन, चलचित्र, ड्रामा, नाच-गाना, कठपुतली।

उपर्युक्त संचार-माध्यमों को निम्नलिखित रूप में भी वर्गीकृत किया जा सकता है :

1. **परम्परागत माध्यम :** कठपुतली, लोकनृत्य, लोकनाट्य, गीत।
2. **इलेक्ट्रॉनिक माध्यम :** आकाशवाणी और दूरदर्शन।
3. **मुद्रित माध्यम :** मुद्रित साहित्य समाचार-पत्र, विज्ञापन।
4. **मौखिक संचार-माध्यम :** जनसभा, गोष्ठी, सम्पर्क।
5. **बाह्य माध्यम :** पोस्टर्स, सिनेमा, स्लाइड, होर्डिंग्स।

संचार-माध्यम के चयन के समय निम्नस्थ बिन्दुओं पर ध्यान देना चाहिए :

1. सन्देश के तत्त्व और उसके स्वभाव को ध्यान में रखकर संचार-माध्यम चुनना चाहिए।
2. श्रोताओं तक सरलता से पहुँचने वाले माध्यम ही वरेण्य हैं।
3. संचार-माध्यम श्रोताओं की एक से अधिक ज्ञानेन्द्रियों का प्रयोग करने वाला होना चाहिए। जब एक से अधिक ज्ञानेन्द्रियाँ संलग्न होती हैं तो संचार का प्रभाव उतना ही पुष्ट और प्रभावशाली होता है। चीन में यह कहावत प्रचलित है कि जब कोई व्यक्ति किसी बात को सुनता है तो कुछ समय बाद उसको भूल जाता है, यदि वह देखता है तो वह याद रखता है, जब वह करता है तो वह वस्तु अविस्मरणीय बन जाती है।
4. संचार-माध्यम सम्प्रेषक को ठीक समय पर उपलब्ध हो और वह श्रोताओं को भी समय पर सूचना पहुँचाने वाला होना चाहिए।

5. संचार-माध्यमों की प्रभावशीलता को देखते हुए अनुमानित व्यय कम-से-कम आना चाहिए।

यह विचारणीय है कि सम्यक् निदेशन तथा सम्यक् लक्ष्य-सिद्धि के हेतु प्रयुक्त संचार-माध्यम ही सफल होते हैं। चयन करते समय सम्प्रेषक संचार-माध्यम तथा उसके सम्पादन करने की क्षमता का विश्लेषण कर लेता है। संचार-सरणी श्रोताओं की आवश्यकता, उनकी परिस्थिति और उनके मानसिक स्तर पर उपयोगी होती है।

केन्द्रीय जनसंचार-तन्त्र

शासक और शासित में परस्पर विश्वास उत्पन्न करने के लिए जनसंचार-तन्त्र कार्यरत होता है। अपने देश में एक स्वतन्त्र मन्त्रालय ही इस दिशा में काम करता है जिसे सूचना एवं प्रसारण मन्त्रालय कहा जाता है। इस मन्त्रालय के अधीन निम्न 14 इकाइयाँ हैं :

1. आकाशवाणी
2. दूरदर्शन
3. प्रेस सूचना कार्यालय
4. फ़िल्म्ज डिवीजन
5. विज्ञापन तथा दृश्य प्रचार विभाग
6. प्रकाशन विभाग
7. संगीत तथा नाटक विभाग
8. क्षेत्रीय प्रचार निदेशालय
9. फोटो डिवीजन
10. सन्दर्भ और अनुसन्धान निदेशालय
11. भारतीय समाचार-पत्रों के पंजीकरण को करने वाला कार्यालय
12. फ़िल्मों से सम्बन्धित सेंट्रल बोर्ड
13. फ़िल्म उत्सवों का निदेशालय
14. भारतीय फ़िल्मों का राष्ट्रीय संग्रहालय।

सूचना एवं प्रसारण मन्त्रालय से सम्बद्ध तीन सार्वजनिक उपक्रम निम्नलिखित हैं :

(क) भारतीय चलचित्र निर्यात निगम।

(ख) फ़िल्मों के विकास का राष्ट्रीय निगम।

(ग) फ़िल्म वित्त-निगम।

भारत सरकार की सहायता से संचालित पंजीकृत तीन संस्थाएँ हैं :

1. भारतीय जनसंचार का संस्थान।
2. भारतीय फ़िल्म और टेलीविजन की संस्था।
3. चिल्ड्रेन फ़िल्म सोसायटी।

वर्तमान शासन-प्रणाली में जनसंचार की महत्त्वपूर्ण भूमिका है। आज की प्रशासनिक व्यवस्था जितनी जटिल है उतनी विशाल भी। राजनीतिक आधार और शक्तियाँ सरकार में निहित हैं। संघीय, केन्द्रीकृत, एकात्मक शासन-पद्धति की सरकारें स्थानीय, राज्यीय और केन्द्रीय स्तर पर कार्यरत हैं। कार्यपालिका, न्यायपालिका और विधायिका शक्ति पर आधारित सरकारें जनसंचार-साधनों की उपेक्षा नहीं कर सकतीं। जनसम्पर्क उनके लिए अपरिहार्य है। जनसम्पर्क प्रेरक शक्ति है और यह शक्ति जनसंचार के द्वारा ही क्रियाशील रहती है। निम्नलिखित तालिका से जनसंचार के साधन और जन-सम्पर्क के संगठन सम्बन्धी तत्त्वों पर प्रकाश पड़ता है :

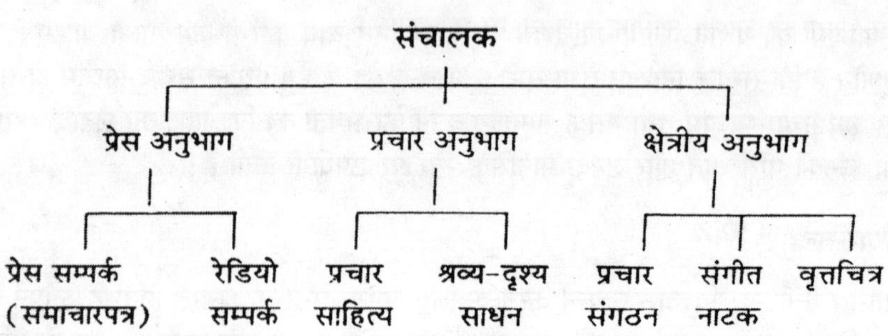

संग्राहक (Receiver)

सन्देश को प्राप्त करने वाला संग्राहक है। यह सर्वज्ञ या अल्पज्ञ है, धैर्यपूर्वक सुनने वाला या अधीर श्रोता हो सकता है, स्पष्ट रूप से सोचने-समझने वाला या भ्रामक श्रोता हो सकता है। संग्राहक स्त्री, पुरुष, युवक अलग-अलग या समुदाय के रूप में हो सकते हैं। जनसंचार-प्रक्रिया को सफल बनाने के लिए संग्राहकों के सन्दर्भ में निम्नलिखित जानकारी आवश्यक है :

1. संग्राहक की आवश्यकता और रुचि।
2. संग्राहक की परम्पराएँ, रीति-रिवाज, उसका सामाजिक मूल्य।
3. संग्राहक की आयु, उसका मानसिक स्तर।

किसी नयी वस्तु, उत्पाद की ओर जनता अधिक आकर्षित होती है। जानकारी, रुचि, मूल्यांकन, परीक्षण, स्वीकरण—इन पाँच चरणों से गुजरने के बाद ही संग्राहक किसी कार्य के प्रति एकाग्र होता है, उसे दत्तचित्त ही पूरा करता है।

प्रतिपुष्टि (Feedback)

जनसंचार-प्रक्रिया को सफल बनाने में प्रतिपुष्टि अत्यन्त महत्त्वपूर्ण है। सन्देश भेजने के बाद यह जानना आवश्यक है कि संग्राहकों ने उसे ग्रहण किया या नहीं। प्रतिपुष्टि द्विमार्गी पद्धति है :

(क) संग्राहक से सम्प्रेषक तक
(ख) सम्प्रेषक से संग्राहक तक

यह दो प्रकार की होती है। पहला धनात्मक और दूसरा ऋणात्मक। संचारित सन्देश उपयोगी हो रहा है या नहीं, संचार-प्रक्रिया में यदि कहीं कमी रह गयी तो कहाँ और उसे कैसे सुधारा जा सकता है। इन सभी आशंकाओं का उत्तर प्रतिपुष्टि से प्राप्त होता है। संचार का एकतरफा होना संचार की सबसे बड़ी रुकावट है। प्रतिपुष्टि सन्देश को श्रोतावर्ग की आवश्यकता के अनुसार एक लय बनाता है। संचार की साख के लिए प्रतिपुष्टि अपरिहार्य है। *श्री केवल जे. कुमार* के अनुसार :

"Feedback is the receivers reaction to the message whether favourable of hostile."

सार्थक संचार प्रतिपुष्टि या पुनर्निवेश की कल्पना करता है। श्रोतावर्ग की आवश्यकता के अनुरूप सन्देश को आत्मसात् करने में सहायता करता है। अपने देश में सरकारी संचार में सबसे बड़ी कमी उसमें प्रतिपुष्टि का अभाव है। 'सम्पादक के नाम पत्र', 'मत और सम्मत', 'आप और हम' ये सभी प्रतिपुष्टि के उदाहरण हैं।

मीडिया और बॉडी लैंग्वेज

कहा जाता है कि—

नजर से नजर ने मुलाकात कर ली।
रहे दोनों खामोश, मगर बात कर ली॥

बात करने में भाषा की अपेक्षा आंगिक अभिव्यक्ति महत्त्वपूर्ण है।

बॉडी लैंग्वेज एक ऐसी भाषा है, जिसके माध्यम से आप बिना कुछ कहे ही
अपना प्रभाव जमा सकते हैं। सफलता की राह में बॉडी लैंग्वेज एक सकसेस टूल है

किसी भी तरह के कम्युनिकेशन में बॉडी लैंग्वेज की भूमिका महत्त्वपूर्ण होती है। अगर ये कहा जाये कि यह आपके वर्बल कम्युनिकेशन को और ज़्यादा प्रभावी बनाती है, तो गलत नहीं होगा। कई बार ऐसा होता है कि आप जो कहना चाहते हैं उसके लिए आपके पास शब्द नहीं होते हैं, लेकिन आप अपनी बात को अपनी बॉडी लैंग्वेज के माध्यम से प्रकट कर सकते हैं।

1. प्रभावी कम्युनिकेशन के लिए आयी कॉटैक्ट बहुत ज़रूरी है।
2. दूसरी महत्त्वपूर्ण चीज फेशियल एक्सप्रेशन।
3. किसी से बात करते समय आपके सिर की पोजिशन भी बहुत मायने रखती है। अगर आपका सिर बिल्कुल सीधा है, तो लोग आपको ज़्यादा गम्भीरता से लेते हैं, क्योंकि इससे आपका व्यक्तित्त्व दायित्वपूर्ण लगता है। सिर एक साइड पर लेने का अर्थ है कि आप सामने वाले को दोस्ती के लिए प्रोत्साहित कर रहे हैं।
4. अगर आप अपने हाथों को हिला रहे हैं, तो किसी के लिए तो यह उत्साह की भावना प्रदर्शित करने वाला हो सकता है, लेकिन दूसरी तरफ यह अनसर्टेनटी और इम्मेच्योरिटी भरा व्यवहार भी हो सकता है।
5. अगर आप सीधे बैठे हैं या खड़े हैं, तो इसका मतलब यह है कि आप अपने काम को लेकर बहुत ज़्यादा सचेत हैं, लेकिन अगर आप अपनी कुर्सी पर अधलेटे से बैठे हैं, तो ऐसे में आप थके हुए से लगेंगे।
6. आपके शरीर के दूसरे अंगों की भाँति पैर भी कम्युनिकेशन में महत्त्वपूर्ण भूमिका निभाते हैं। खड़े होने पर पैरों का काँपना, बैठे-बैठे पैरों को हिलाना घबराहट का प्रदर्शन करते हैं। किसी से बातचीत के दौरान पैरों को क्रॉस करके बैठना सबसे आदर्श स्थिति है। एक पैर के पंजे को दूसरे पैर के घुटनों पर रखकर बैठना बहुत एरोगेंट लुक देता है।
7. इसके अलावा किसी से बात करते समय दोनों के बीच रहने वाली दूरी भी मायने रखती है।
8. बात करते समय सिक्के आदि को उलटना-पुलटना, उँगली में चाबी को गोल-गोल घुमाना, पेन को मेज की सतह पर टकराते रहना भी स्वभाव में एकाग्रता की कमी बताता है।
9. कपड़े से धूल झाड़ने लगना या बात करते समय बार-बार अपने दुपट्टे या टाई को सही करना भी ठीक नहीं माना जाता है।
10. बालों में हाथ चलाने का मतलब होता है, आप सामने वाले की उपस्थिति से प्रभावित हो रहे हैं।
11. बात करते समय शरीर में खुजलाने की आदत अशिष्टता की निशानी होती है।
12. पैर के ऊपर पैर रखें तो इस बात का ध्यान रहे कि जिससे बात कर रहे हों, जूता उसकी तरफ न जाये।
13. बार-बार आँखों को घुमाकर कहीं और देखने लगना एगाग्र न होने का द्योतक है। लेकिन लगातार सामने वाले को ही देखते रहना भी अशिष्टता माना जायेगा। इसीलिए उचित सन्तुलन बनाये रखें।
14. सामने वाले की बात सुनकर मुसकराना खुले दिल का द्योतक है।

भंगिमाएँ और उनके अर्थ

1. **अन्तरंगता :** व्यक्ति की तरफ झुककर बात करना, हाथ-पैर के संचालन में संकोच ना होना।
2. **ध्यान से सुनना :** बोलने वाले की ओर सिर थोड़ा झुकाना, आँखों में देखना, सिर हिलाना और पलके झपकाते हुए सुनना।
3. **ऊबना :** शून्य में देखना, कुर्सी पर ढेर होना, ढीली-ढाली चाल से चलना, किसी चीज को लगातार उलटना-पलटना।

4. **उत्सुकता :** अपनी जगह पर ही स्थान बदलना, आगे बढ़कर खड़े होना।
5. **मूल्यांकन :** पेन अपने माथे से टकराना या सीधे और फिर दायें देखना।
6. **जाने की इच्छा जाहिर करना :** दरवाजे की तरफ पैर करके बैठना, इधर-उधर देखना, जैकेट या बैग आदि को बाँधने लगना।
7. **आक्रामकता :** उँगली दिखा-दिखाकर बात करना या मुट्ठी बाँधकर बात करना।
8. **ध्यान देना :** खड़े होने पर हाथ पीछे बाँधकर बात करना, मुस्कराना और पैर के पंजों को आगे से अलग करके खड़े होना।
9. **अस्वीकृति :** पीछे की ओर झुककर बैठना, हाथ सीने पर बाँध लेना, सिर झुका लेना, भृकुटि चढ़ाकर बात करना।
10. **अवज्ञा :** खड़े होने पर कमर पर हाथ रखकर बात करना, भौंहें चढ़ाना।
11. **रक्षात्मक रवैया :** हाथ के पंजे जोड़कर बात करना।

47

जनसंचार
(Mass Communication)

''मनुष्य समाज में रहकर ही अपना विकास कर सकता है, लेकिन इसके लिए ज़रूरी है कि समय पर सूचना मिलती रहे।''

—अरस्तू

'संचार' (Communication) तथा 'माध्यम' 'जन' (Mass) से जुड़कर 'जनसंचार' (Mass-Communication) और 'जन-माध्यम' (Mass-Media) शब्द बने हैं। *ब्लूमर* ने 'जन' (Mass) के समतुल्य शब्दावलियों, जैसे—समूह (Group), भीड़ (Crowd) तथा जन-समुदाय (Public) के विविध रूपों का प्रयोग किया।

समूह (Group) के सभी सदस्य एक-दूसरे को जानते हैं। वे प्रायः आपस में मिलते रहते हैं और किसी उद्देश्य को प्राप्त करने के लिए अपने समूह की सदस्यता बनाये रखते हैं। **भीड़** (Crowd) का स्वरूप 'समूह' की तुलना में बड़ा होता है। इसका अस्तित्त्व अस्थायी होता है। यों तो 'भीड़' के सदस्य समान होते हैं और इकट्ठे होकर किसी घटना विशेष में हिस्सा लेते हैं। 'समूह' की गतिविधियाँ प्रायः भावनात्मक होती हैं। वैषम्य के रूप में *ब्लूमर* ने 'समुच्चय' का प्रयोग किया है, वह है : जनता (Public) या 'जन-समुदाय'। **जनता** बहुधा काफ़ी बड़ी, विस्तृत और स्थायी बनी रहने वाली होती है। **जन** (mass) शब्द से संस्कृति विवेक के अभाव का बोध होता है।

(1) An often large quantity of something without a definiteshape, form of order.

(2) Large number of people or things together.

(Oxford Advance Learner's Dictionary, 1996, pp 720)

तात्पर्य, (1) निश्चित आकार-प्रकार या क्रम के किसी चीज की बड़ी मात्रा।

(2) बड़ी संख्या में एकत्र लोग।

यहाँ हम मनुष्य के सन्दर्भ में ही विचार कर रहे हैं। अतः 'जन' (Mass) का अर्थ बड़ी संख्या में एकत्र लोग। यह अर्थ 'भीड़' (Crowd) के अधिक निकट है।

यह Mass शब्द जिस 'जन' का द्योतक है, वह 'लोक' है। 'जन' न तो 'जनता' (Public) है न 'समूह' (Group) और न भीड़ (Crowd); वह 'लोक' है। 'जन' के अर्थ लोक, लोग, प्रजा, समुदाय। 'लोक' शब्द के कुछ प्रसंगानुकूल अर्थ हैं : 1. जगत् या संसार, 2. विश्व का कोई विशिष्ट भाग या स्थान जिसमें कुछ अलग प्रकार के जीवन या प्राणी रहते हैं,

जैसे– जीवलोक, देवलोक, ब्रह्मलोक, मनुष्यलोक आदि।... 3. पृथ्वी की कोई विशिष्ट दिशा या प्रान्त, 4. सारी मानव-जाति, 5. किसी देश या स्थान में रहने वाले सब मनुष्यों का वर्ग, समाज, लोग।

'जन' (Mass) का विशेषण के रूप में अर्थ है– affecting or involving a large number of people, (अर्थात् बड़ी संख्या में लोगों को प्रभावित करना या सम्मिलित करना, भागीदार बनाना)।

जब संचार की प्रक्रिया बड़े पैमाने पर होती है, तो वह 'जनसंचार' कहलाता है। किसी भाव या विचार या जानकारी को दूसरों तक पहुँचाते हैं और यह प्रक्रिया सामूहिक पैमाने पर होती है, तो यही 'जनसंचार' है। जनसंचार का उद्देश्य जानकारी या विचारों को समाज के उन तमाम लोगों तक पहुँचाना है, जो इनसे सम्बन्ध रखते हैं अथवा जिनके लिए यह जानकारी पहुँचाना आवश्यक है, ताकि सभी लोग उस जानकारी से अवगत हो जायें, उससे लाभ उठा सकें।

जनसंचार

विचारों के आदान-प्रदान की सामूहिक प्रक्रिया जनसंचार कहलाती है।

Mass Communication means dissemination of information, ideas and entertainment by the communication media i.e., Radio, T.V., Press and Film.

—D.S. Mehta

× × ×

जन-जन तक व्यापक रूप में भावों के आदान-प्रदान करने की प्रक्रिया जनसंचार है। *–डॉ. अर्जुन तिवारी*

× × ×

...वह असंख्य ढंग जिनसे मानवता से सम्बन्ध रखा जा सकता है केवल शब्दों या संगीत, चित्रों या मुद्रण द्वारा, इशारों या अंग-प्रदर्शन, शारीरिक मुद्रा या पक्षियों के परों से—सभी की आँखों तथा कानों तक सन्देश पहुँचाना ही जनसंचार कहलाता है।

–एशले मॉंटगु तथा फ्लोएड मैटसन

× × ×

जनसंचार का अर्थ सूचना को एक स्थान से दूसरे स्थान तक पहुँचाना है। *–जॉर्ज ए. मिलर*

× × ×

जनसंचार ही बताता है कि राजसत्ता या शासन की व्यवस्था का आधार क्या हो? सरकार का रूप कैसा हो, स्वेच्छाचारी राजा या सैनिक अधिकारियों का शासन हो या स्वतन्त्र और लोकप्रिय सरकार हो–जनसंचार माध्यम से ही यह पता चलता है।

–डेविड ह्यूम

नये ज्ञान के सम्बन्ध में अधिकाधिक लोगों को जानकारी होना **प्रसार** है। 'प्रसार' फैलने या व्याप्त होने की क्रिया है। 'सम्प्रेषण' में सन्देश भेजने का कार्य सम्मिलित है। किसी तथ्य, सूचना, ज्ञान, विचार और मनोरंजन को व्यापक ढंग से जनसामान्य तक पहुँचाने की प्रक्रिया **जनसंचार** है। समान लक्ष्य की प्राप्ति और पारस्परिक मेल-जोल के लिए इसकी अपरिहार्यता स्वयंसिद्ध है।

जनसंचार की महत्ता

जनसंचार एक सहज प्रवृत्ति है। संचार ही जीवन है, संचार-शून्यता ही मृत्यु है। आधुनिक जनजीवन और सांस्कृतिक, आर्थिक, सामाजिक व्यवस्था का ताना-बाना जनसंचार साधनों द्वारा सुव्यवस्थित है। वे ही जनता, समाज, राष्ट्र के सजग प्रहरी हैं। संचार-व्यवस्था समाज की प्रगति, सभ्यता और संस्कृति के विकास का माध्यम है। असभ्य को सभ्य, संकीर्ण को उदार तथा नर को नारायण बनाने की अभूतपूर्व शक्ति संचार में ही निहित है। इसके बिना मानव-गरिमा की कल्पना नहीं हो सकती। संचार ही तथ्यों और विचारधाराओं के विनिमय का विस्तृत क्षेत्र है।

आहार, निद्रा, भय और मैथुन तो सभी जीवों में होते हैं, मात्र चिन्तन-मनन, कथन-श्रवण एवं आत्म-अभिव्यक्ति की क्षमता से सम्बन्धित 'संचार' कला ने ही मानव को सृष्टि में सर्वोच्च स्थान पर सुप्रतिष्ठित किया है। शिक्षा के प्रसार, जन-जागरण तथा संचार-साधनों की उपलब्धता ने मानव को सक्षम बना दिया है कि वह अधिक-से-अधिक जानकारी रखे, हर विषय की गहराई में जाये। *विलियम हेले* के अनुसार, "हर कोई जानकारी की आज़ादी पर तब तक विश्वास करता है, जब तक वह जानकारी उसके खुद के निहित स्वार्थ को पूरा करती है, भले ही वह मन्त्री हो या मजदूर नेता, किसी धर्म का मठाधीश हो या सरकार या किसी संस्था का पदाधिकारी।" कई लोगों की धारणा यह होती है कि "जो हमारे साथ नहीं है, वह हमारे ख़िलाफ़ है।"

संचार-जगत् में सन्तुलन और अंकुश न रहे तो वह अनियन्त्रित हो जायेगा। विचारों की अभिव्यक्ति पर अंकुश लगाना ठीक नहीं लेकिन उसे निरंकुश भी नहीं रहना है। विचारों को नियम, क़ानून, औचित्य, मर्यादा, देशहित और समाजहित से जुड़ा होना चाहिए। अभिव्यक्ति की आज़ादी का अर्थ स्वेच्छाचारिता नहीं है। आज जितना अधिक जानने की अदम्य इच्छा है उतनी ही जानकारी को छिपाने की भरपूर कोशिश भी। क़ानून, सेंसरशिप, प्रसारण और वितरण में अड़चन, समाचार-पत्र की अर्थ-व्यवस्था पर कुठाराघात—इन सरकारी शस्त्रों से अभिव्यक्ति की स्वतन्त्रता बाधित होती है।

समाज में व्याप्त दोहरा जीवन, दोहरी नीतियाँ, ढोंग, अन्धविश्वास, अन्धेरगर्दी मदान्धता को मिटाने में जनसंचार-साधन अहम् भूमिका निभाते हैं। योग्यता और क्षमता के स्थान पर पैरवी और पैसा के प्रभाव को समाप्त कर नैतिक और बौद्धिक ईमानदारी का वातावरण इनसे ही निर्मित हो सकता है। जनसंचार मानव की प्रगति के प्रचार-प्रसार का प्रमुख माध्यम है जो दानव को मानव बना सकता है।

'बड़ी मार कबीर की चित्त से दिया उतार', किसी को अपने चित्त से उतार देना, उससे न बोलना, उसकी बात न सुनना ही बहुत बड़ा दण्ड है। अपनी बात दूसरों तक पहुँचाने की व्यग्रता सभी में होती है। अभिव्यक्ति एक सहज प्रक्रिया है। अभिव्यक्ति पर नियन्त्रण सर्वाधिक कष्टप्रद है। 'जानने का अधिकार' और 'बताने का अधिकार' लोकतन्त्र की रीढ़ है। जानकारी प्राप्त करने की दशा में जनसंचार के माध्यम सम्पर्क सूत्र बनते हैं। जनसंचार का कार्य सूचना देना एवं जनमत तैयार करना ही नहीं अपितु प्रभावकारी ढंग से सम्पर्क बनाना एवं भ्रामक प्रचारों को निरर्थक सिद्ध करना है। प्रजातान्त्रिक व्यवस्था को सुदृढ़ और जागरूक बनाने, जन-मानस को समुन्नत करने में जनसंचार की अहम् भूमिका है।

जनसंचार-माध्यमों की जिम्मेदारी है कि जनता उचित समय पर सही जानकारी प्राप्त करे, जनता अपने सत्कर्तव्यों के महत्त्व और अपनी त्रुटियों के दुष्परिणामों से अवगत हो। शासन-सुव्यवस्था और राष्ट्रीय हित के सम्पादन में जनसंचार-माध्यम अविस्मरणीय भूमिका का निर्वहन करते हैं। आम जनता की समस्याओं के निदान और उपचार की दिशा में जनसंचार प्रभावशाली सिद्ध होते हैं। आलोचना, विरोध, असहमति के प्रकाशन से रचनात्मक सुधार की ओर जनसंचार ही उन्मुख करता है। भ्रम, विभ्रम, अविश्वास, अन्धविश्वास, कुतर्क, विद्वेष को मिटाने में इसकी भूमिका प्रमुख है। विकासशील राष्ट्र और जाग्रत् समाज की सामाजिक, सांस्कृतिक, आर्थिक, प्रशासनिक प्रवृत्तियों के शोधन में जनसंचार का योगदान अविस्मरणीय है। संचार और जनसंचार के अभाव में व्यक्ति का समाज से सम्पर्क ही नहीं बन सकता, उसका जीवन अवरुद्ध हो जाता है, रिक्तता आ जाती है। समाज के विकास में जनसंचार की महत्ता सर्वमान्य है।

जनसंचार : अर्द्धनारीश्वर के रूप में

जनसंचार को यदि अर्द्धनारीश्वर का स्वरूप समझा जाये तो कोई अत्युक्ति नहीं। अर्द्धनारीश्वर *शिव* का वह रूप है जिसमें आधा भाग *पार्वती* का होता है। पार्वती 'आधी दुनिया' है। सम्प्रति संचार क्षेत्र में महिलाओं का वर्चस्व है। *शिव* अपने महादेव हैं, मंगल, कल्याण और सुख के स्रोत हैं। 'सत्यं शिवं सुन्दरम्' के पर्याय हैं। *शिव* के सन्दर्भ में लेखक ने लिखा है :

वैभव-कथा श्री शम्भु की सुनकर न अचरज मानिये।
मृग चर्म, सर्प, कपाल, नन्दी, भस्म साधन जानिये॥

जो स्वयं आत्माराम बन जग-विषय-तृष्णा खो रहा।
ऐसे अमरवर से सदा सुर सिद्धि पाते हैं महा॥

मृगछाला, कपाल, व्याल, भस्म की सम्पदा वाले *शिव* औढरदानी माने जाते हैं। उनसे देवता भी मनोवांछित वस्तुएँ पाते रहते हैं। ठीक इसी प्रकार जनसंचार में कार्यरत पत्रकार स्वयं अकिंचन रहकर दूसरों को सर्वस्व देते हैं। 'सब प्रकार समरथ भगवान'। *शंकर* में ज्ञान, शक्ति, बल, विभव, तेज सब वर्तमान है। जनसंचार तो सामुदायिक विद्यादान का साधन है। 'ज्ञान ही शक्ति है', 'विद्या धनं सर्वधनप्रधानम्', 'विद्ययाऽमृतमश्नुते', 'ऋतेज्ञानान्मुक्तिः' की उद्घोषणा भवानीनन्दन *गणेशजी* द्वारा होती है। *गणेशजी* विघ्नविनाशक, सिद्धि-सदन, कृपा-सिन्धु, अप्रतिम ज्ञानी तथा विनायक हैं, संचारकर्ता भी इन्हीं 'गुणों' से पूर्ण होता है। वह बुद्धि-विधाता और समाज का नायक होता है। *गणेशजी व्यासजी* के आशु-लिपिक थे, संचारकर्मी तो सिद्धहस्त लिपिक होता ही है। पार्वती-नन्दन *गणेश* के सदृश एक सच्चा संचारकर्ता अणिमा (सूक्ष्मतम आकार बनाने की शक्ति), महिमा (विशाल बनाने की शक्ति *हनुमान*), गरिमा (भारी बनने की शक्ति, *अंगद*), लछिमा (हल्का होने की शक्ति, *नारद*), प्राप्त (मनोरथ-सिद्धि), प्राकाम्य (इच्छा होते ही पूर्ति हो जाने की शक्ति), ईशित्व (सर्वतः प्रभुत्व पाने की शक्ति), वशित्व (सबको वश में करने की शक्ति) अष्ट सिद्धियों से सुशोभित होता है। इस तरह जनसंचार अर्द्धनारीश्वर के रूप में मंगलमय सूचना-तन्त्र का पर्याय है।

जनमत, जनतन्त्र और जनसंचार

सभी संस्थाएँ, संगठन और सरकार जनमत पर टिकी होती हैं। सरकार चाहे निरंकुश हो फिर भी अपनी शक्ति के लिए उसे जनमत पर निर्भर रहना पड़ता है। जनमत में जन-कल्याण की भावना का अधिक महत्त्व है। जनमत-निर्माण में जनसंचार-माध्यमों की भूमिका अपरिहार्य है। समाचार-पत्र, पत्रिका, राजनीतिक दल, रेडियो, फ़िल्म, साहित्य, गोष्ठी, विविध संस्थाएँ जनमत को प्रभावित करती हैं। सम्प्रति स्वस्थ जनमत के निर्माण में अशिक्षा, गरीबी, साम्प्रदायिकता, क्षेत्रीयता और राजनीतिक गुटबाजी बाधक हैं। इन बाधाओं को जनसंचार-माध्यमों से दूर किया जा सकता है। सामाजिक, राजनीतिक, धार्मिक और आर्थिक असन्तोष को जनमत द्वारा भुनाने की प्रवृत्ति धन्धेबाज नेताओं में देखी जाती है। 'मण्डल' और 'कमण्डल' द्वारा जनमत को प्रभावित करने का उदाहरण सन् 1991 का चुनाव ही है। 'देश का गहना उत्तर प्रदेश' है तो कहीं 'फील गुड फैक्टर' से जनमत को लुभाया जाता है।

जनता द्वारा चुनी गयी, जनता के लिए, जनता की सरकार जनतन्त्र है जिसकी जड़ें अब विश्व में गहरी होती जा रही हैं। सूचना, सन्देश में सबकी भागीदारी अवश्यम्भावी है। संचार-शून्यता के कारण लोकतन्त्र विद्रूप हो जाता है। जनतन्त्र को सुव्यवस्थित रूप से पुष्ट करने के लिए जनसंचार और जन-सम्पर्क पर अधिक ध्यान अपेक्षित है।

जनसंचार के बढ़ते कदम

आदिकाल में प्राणी चीखकर, चिल्लाकर, शोर मचाकर, विविध संकेतों और मुद्राओं द्वारा अपनी भावनाओं को अभिव्यक्त करता था। सभ्यता के विकास-क्रम में ऋषियों ने अपने भावों को वैदिक ऋचाओं द्वारा प्रेषित किया। ऋषियों ने अग्नि को संचार-माध्यम माना तथा उसे 'दूत' कहा :

'अग्निदूतं पुरोदधे'

पुराणों में 'आकाशवाणी' के माध्यम से सूचना देने की परिपाटी सर्वविदित है। *गोस्वामी तुलसीदास* ने 'सुरवाणी' द्वारा सन्देश प्रसारित किया :

जौं न होत जग जनम भरत को।
सकल धरम धुर धरनि धरत को॥

कवि कुल अगम भरत गुन गाथा।
को जानइ तुम्ह बिनु रघुनाथा॥
लखन राम सिय सुनि सुर बानी।
अति सुखु लहेउ न जात बखानी॥

पुराणों के बहुचर्चित पात्र *देवर्षि नारद* घूम-घूमकर संवाद-वहन करने वालों में अग्रणी थे। उन्हें जनसंचार का आदि आचार्य कहा जा सकता है। 'बुद्धिमतां वरिष्ठम्' हनुमान जनसंचार के नायक थे। महाभारत में कुरुक्षेत्र के 18 दिनों के महायुद्ध का आँखोंदेखा हाल (Running Commentary) को सुनाने वाले *संजय* संचार-माध्यम के पुरोधा माने जाते हैं। भारतीय-साहित्य में मेघ, हंस, तोता, वायु—ये सभी संचार के माध्यम के रूप में वर्णित हैं। कबूतरों द्वारा संवाद-प्रेषण की प्रक्रिया तो सर्वथा सत्यापित है।

बाइबिल में स्वर्ग की पुष्पवाटिका में बाबा आदम और अम्मा हौवा की जो कथा है, वह एक प्रकार से संचार का प्रारम्भिक स्वरूप है। अम्मा हौवा ने कहा, "क्यों न हम वह फल खाएँ जो ज्ञान के वृक्ष पर लगता है, जिसको खाने से हमें पाप और पुण्य का ज्ञान हो जायेगा। यह फल हमारे लिए वर्जित है तो भी हमें कोई परवाह नहीं करनी चाहिए।" यही छोटी-सी वार्ता जनसंचार की एक कड़ी बन गयी।

प्राचीन काल में पठन-पाठन, श्रवण-मुद्रण के साधन के अभाव में जनसंचार के माध्यम गुरु या पूर्वज थे जो मौखिक रूप से सूचनाओं को एक पीढ़ी से दूसरी पीढ़ी तक पहुँचाते थे। लेखन के प्रचलन के बाद भोजपत्रों पर सन्देश लिखे जाते थे। गुप्त काल में शिलालेखों द्वारा धार्मिक एवं राजनीतिक सूचनाएँ जनसामान्य तक पहुँचायी जाती थीं। उसी समय वाकयानवीस (संवाददाता), खुफियानवीस (गुप्त समाचार-लेखक), संवानहनवीस (जीवनी-लेखक) तथा हरकारा (सन्देशवाहक) संचार-सम्प्रेषण के क्षेत्र में कार्यरत थे। 1550 ई. में पुर्तगालियों ने धार्मिक सामग्री के प्रचारार्थ प्रेस स्थापित किया।

विलियम बोल्ट्स का इश्तहार : भारतीय जनसंचार का आदि जनक

सितम्बर, 1768 में *विलियम बोल्ट्स* ने एक इश्तहार निकाला। *विलियम बोल्ट्स* ईस्ट इंडिया कम्पनी के एक अधिकारी थे। वे कम्पनी की अनेक नीतियों के विरोधी थे। अपने इश्तहार में उन्होंने लिखा :

"शहर में छापेखाने के अभाव में आम जनता को सूचित करने का यही तरीक़ा है। व्यापार के लिए इसकी कमी खलती है और समाज को सूचित करना भी ज़रूरी है।"

उपर्युक्त इश्तहार को हम आधुनिक भारतीय जनसंचार का आदि जनक कह सकते हैं। पोस्टरबाजी के कारण *विलियम बोल्ट्स* को जबर्दस्ती समुद्री जहाज से इंग्लैंड भेज दिया गया। 29 जनवरी, 1780 को 'बंगाल गजट ऐंड कैलकटा एडवर्टाइजर' के नाम से जेम्स *आगस्टस हिकी* ने पत्र प्रकाशित किया। पत्रों ने राजनीतिक चेतना के अग्रदूत का कार्य किया। 'उदन्त मार्तंड', 'समाचार सुधावर्षण', 'केसरी', 'मराठा', 'वन्दे मातरम्', 'सन्ध्या', 'युगान्तर', 'सर्चलाइट', 'बसुमती', 'इंडियन नेशन', 'आनन्द बाज़ार पत्रिका', 'लीडर', 'इंडियन रिव्यू', 'मॉर्डन रिव्यू', 'अभ्युदय', 'हिन्दी प्रदीप', 'प्रताप', 'आज', 'सैनिक', 'कर्मवीर', 'अधिकार', 'स्वदेश' आदि सहस्रों पत्रों ने आंग्ल शासन का प्रतिरोध किया तथा जन-मानस में विप्लव राग को गुंजायमान किया। 'गदर' के प्रथमांक में क्रान्तिकारी *करतार सिंह सराबा* की निम्नलिखित पंक्तियाँ ही सभी पत्रों की प्रवृत्तियों को दिग्दर्शित करती हैं :

जो पूछे कि कौन हो तुम,
तो कह दो बागी है नाम अपना।
जुल्म मिटाना अपना पेशा,
गदर करना है काम अपना।
नमाज सन्ध्या यही हमारी,

यही पाठ-पूजा कि सब यही है।
धरम करम सब यही है प्यारों,
यही खुदा और राम अपना।

सम्प्रति सम्प्रेषण, मुद्रण, प्रसारण की दिशा में कम्प्यूटर उपग्रह ने संचार क्रान्ति उपस्थित कर दी है तथा जनसंचार-माध्यम सर्वशक्तिशाली बना हुआ है।

जनसंचार-माध्यमों की उपयोगिता

जनसंचार के माध्यम सभ्यता और संस्कृति के प्रहरी और पोषक हैं। उनकी उपयोगिता निम्नवत् हैं :

1. सूचना : विश्व की घटनाओं, समाज की गतिविधियों और व्यक्ति के कृत्यों की सूचना को जन-जन तक पहुँचाने का कार्य जनसंचार-माध्यम का है। जनसामान्य की समस्याओं को शासन तक तथा शासन की उपलब्धियों को जनता तक पहुँचाकर पारस्परिक सद्भाव जगाने का कार्य जनसंचार-माध्यम का ही है। अद्यतन आविष्कारों, विकास सम्बन्धी सूचनाओं द्वारा जनसंचार के माध्यम पाठकों और श्रोताओं को प्रबुद्ध मानते हैं।

2. मनोरंजन : संचार के विविध माध्यम जनसामान्य का मनोरंजन और मानसिक उन्नयन करते हैं। सामाजिक तनाव, व्यक्तिगत द्वेष को मिटाकर 'सवजन हिताय' स्वस्थ मनोरंजन का प्रस्तुतीकरण जनसंचार-माध्यमों द्वारा सम्भव है।

3. अन्तरसम्बन्धों की व्याख्या : सत्य और सामयिक टिप्पणियों द्वारा जनसंचार के माध्यम समाज के विविध घटकों में सौमनस्य पैदा करते हैं। समाजीकरण और प्रवृत्तियों के शोधन में इनकी महत्त्वपूर्ण भूमिका होती है। जनता और सरकार राष्ट्रहित में उत्तम निर्णय लें, ऐसी परिस्थिति इसी के द्वारा उत्पन्न होती है।

4. गतिशीलता : राजनीतिक परिवर्तन, आर्थिक विकास और सांस्कृतिक पुनर्रचना हेतु संचार-माध्यम प्रभावकारी अभियान चलाते हैं।

5. निरन्तरता : प्राचीन और नवीन में सामंजस्य उत्पन्न कर राष्ट्रीय हितों, जैसे— एकता, साम्प्रदायिक सौहार्द जैसे तत्त्वों को प्रस्तुत कर जनसंचार-माध्यम अपनी उपयोगिता सिद्ध करते हैं।

कहा जाता है कि समय ही सम्पदा है। इस सम्पदा का 70 प्रतिशत भाग हम लोग देखने, सुनने, पूछने, लिखने, पढ़ने में व्यतीत कर देते हैं। मन्तव्य यह है कि जनसंचार-साधनों में कैद होकर मानव अपना अधिकांश समय व्यतीत करता है। सूचना, परामर्श, आज्ञा, सुझाव तथा उत्थान हेतु प्रेरणा देना ही जनसंचार साधनों का लक्ष्य है।

48

जनसंचार के सिद्धान्त
(Principles of Mass Communication)

"Principles become modified in practice by facts." – *Cooper*

संचार के सिद्धान्त पर विचार करते समय हमें पहले यह जानना होगा कि सिद्धान्त क्या है? विचार और तर्क-वितर्क द्वारा निश्चित किया गया मत सिद्धान्त है।

टालकार पारसंस ने सिद्धान्त की परिभाषा दी है कि "सिद्धान्त कुछ ज्ञात तथ्यों से निकाले गये सामान्यीकरण से बनता है और वह इस अर्थ में कि ज्ञात तथ्य समूह का औचित्य, कौन से सामान्य कथन करेंगे?" *राबर्ट के. मार्टन* ने सिद्धान्त को परिभाषित करते हुए कहा था कि "केवल उसी अवस्था में जबकि अवधारणाएँ एक योजना के रूप में अन्तःसम्बन्धित हो जाते हैं, तभी एक सिद्धान्त पनपना प्रारम्भ हो जाता है। *प्रो. पी. लूमिस* इसको निम्न प्रकार विश्लेषित करते हैं :

'एक से अधिक अवधारणाओं को एक साथ जोड़ देने से ही सिद्धान्त निर्मित नहीं हो जाता बल्कि सिद्धान्त निर्माण के लिए यह आवश्यक है कि जुड़ने वाली अवधारणाएँ आपस में तर्कसंगत रूप से अन्तःसम्बन्धित हों। इन अवधारणाओं का विकास एक वैज्ञानिक मनमाने ढंग से नहीं करता वरन् वास्तविक निरीक्षण, परीक्षण व सामान्यीकरण के आधार पर कुछ तर्क वाक्यों की सहायता से करता है।'

सिद्धान्त शब्द अंग्रेज़ी के 'थ्योरी' (Theory) का हिन्दी पर्याय है, जिसका अभिप्राय है, "समझने की दृष्टि, चिन्तन की अवस्था में प्राप्त कोई मानसिक दृष्टि।" सिद्धान्त-निर्माण की प्रक्रिया को सिद्धान्तीकरण कहा जाता है। इस प्रक्रिया में अनेक चरण होते हैं, जैसे—सामान्यीकरण, वर्गीकरण, अवधारणा, तथ्य, वस्तु अथवा विचार आदि। संचार सिद्धान्त का निर्माण वैज्ञानिकों ने संचार के संघटकों के आधार पर ही किया है।

सिद्धान्तों के कार्य

- सिद्धान्त ज्ञान को संगठित करते हैं जिससे प्रक्रिया को समझना आसान हो जाता है।
- सिद्धान्त विशेष तत्त्वों व उनके सम्बन्धों को केन्द्रित करता है।
- सिद्धान्त तथ्यों को स्पष्ट करता है जिसके द्वारा जटिल प्रक्रियाओं व सम्बन्धों को समझना व उनकी व्याख्या करना आसान हो जाता है।

- सिद्धान्त अनुसन्धानकर्ता को भविष्यवाणी करने में मदद करते हैं। यह क्षमता व्यावहारिक संचार जैसे कि विज्ञापन, जनसम्पर्क, संचार आदि में बहुत सहायक है।
- एक अच्छा सिद्धान्त अनुसन्धान को एक नया आयाम देता है और भविष्य वाले अनुसन्धान के लिए दिशा प्रदान करता है।
- सिद्धान्तों से विचार-विमर्श, समीक्षा, आलोचना तथा सकारात्मक पहलुओं को समझने में मदद मिलती है।

प्रेस के चार सिद्धान्त

अमेरिका के समाज वैज्ञानिक एवं संचार विशेषज्ञ *जी.एफ. साइबर्ट, टी. पीटर्सन* और *डब्लू. श्रेम* ने विश्व की प्रमुख राजनीतिक-सामाजिक व्यवस्था के आधार पर प्रेस के चार सिद्धान्त निरूपित किये हैं। उनका मानना है कि जिस देश की शासन-व्यवस्था जैसी होगी, वहाँ की संचार व्यवस्था का स्वरूप भी वैसा ही होगा। इस सिद्धान्त के निम्नलिखित चार स्वरूप हैं :

1. सर्वसत्तावादी सिद्धान्त (Authoritarian Theory)

इस सिद्धान्त का यह मानना है कि ऐसे राज्यों में जहाँ अधिनायकवादी शासन-व्यवस्था होती है, वहाँ पर संचार माध्यमों को स्वतन्त्रता नहीं प्राप्त होती है। समाज और जनमाध्यम एक-दूसरे के पूरक होते हैं। समाज की प्रकृति के अनुरूप ही जनमाध्यमों की प्रकृति निर्धारित होती है। जनमाध्यमों द्वारा प्रसारित सन्देश सामाजिक परिवर्तन की प्रक्रिया को प्रभावित करते हैं। संस्कृति, तकनीक, सरकारी व्यवस्था और सामाजिक विकास इन चारों तत्त्वों से समाज और जनमाध्यम दोनों प्रभावित होते हैं। जिस देश की संस्कृति, तकनीक विकसित होती है, किन्तु वह सरकारी व्यवस्था द्वारा संचालित होती है तो वहाँ सामाजिक विकास की गति तीव्र होती है। किन्तु विकास की गति पर शासकीय नियन्त्रण होने के कारण उसमें अधिनायकवादी तत्त्वों की विशेष प्रधानता रहती है। ऐसे देशों में जनमाध्यम शासन एवं सरकार के हित साधन में बँधकर रह जाते हैं। उचित-अनुचित का भेद न करके केवल सरकारी प्रचारतन्त्र के रूप में कार्य करते हैं। जनमाध्यम सरकारी व्यवस्था का अंग बन जाते हैं और उस स्थिति में जनमाध्यमों के गुण-दोष का मूल्यांकन नहीं हो पाता।

2. स्वतन्त्रतावादी सिद्धान्त (Liberterian Theory)

जी.एस. साइबर्ट ने लिबर्टेरियन सिद्धान्त का प्रतिपादन किया है। इस सिद्धान्त के अनुसार ऐसे देशों में जहाँ लोकतन्त्रात्मक शासन-व्यवस्था है वहाँ संस्कृति, तकनीक और सामाजिक विकास की स्थिति उन्नत भले ही न हो किन्तु जनमाध्यम शासकीय नियन्त्रण से पूर्णतया मुक्त होते हैं। इन देशों में नागरिकों को अभिव्यक्ति की स्वतन्त्रता का अधिकार संविधान द्वारा प्रदत्त होता है। इन देशों में जनमाध्यम व्यापक लोकहित एवं जन-कल्याण के लिए काम करते हैं। गुण-दोष का मूल्यांकन करके विकास के नये आयामों को तैयार करते हैं। ऐसे देशों के संचार माध्यम प्रायः एक स्वतन्त्र उद्योग अथवा स्वायत्तशासी संगठन के रूप में कार्य करते हैं। अभिव्यक्ति की स्वतन्त्रता क़ानून द्वारा संरक्षित होने के कारण वे गलत शासकीय नीतियों तथा दोषों की खुलकर आलोचना करते हैं।

3. साम्यवादी सिद्धान्त (Communist Theory)

इस सिद्धान्त के अनुसार, जिन देशों में साम्यवादी शासन-व्यवस्था है वहाँ पर *मार्क्स* तथा *लेनिन* के समाजवादी सिद्धान्त को अपनाया गया है। उन देशों के जनमाध्यम भी व्यवस्था के अनुरूप कार्य करते हैं। ऐसे देशों में जनमाध्यम सरकार की नीतियों और लोक कल्याणकारी कार्यों का प्रचार-प्रसार करते हैं। इन देशों के जनमाध्यम जनता के मन में सरकार के प्रति निष्ठा, आस्था और विश्वास जगाने का काम करते हैं। जनमाध्यमों के प्रसारण/प्रकाशन विकास से ओत-प्रोत रहते हैं। यहाँ के जनमाध्यम उन सूचनाओं एवं विचारों के प्रकाशन/प्रसारण से बचते हैं, जिसमें शासकीय नीतियों की आलोचना रहती है।

4. सामाजिक उत्तरदायित्व का सिद्धान्त (Social Responsbility Theory)

जनमाध्यम लोकतान्त्रिक व्यवस्था में अपने सामाजिक दायित्वों का निर्वहन करते हैं तथा अपने आपको शासकीय व्यवस्था से अलग रखते हैं। ऐसे देशों में संचार माध्यम सामाजिक विकास में सहायक सूचनाओं, समाचारों और विचारों को ही विशेष महत्त्व देते हैं। इस सिद्धान्त के अनुसार जनमाध्यम केवल समाज के दर्पण ही नहीं बल्कि उसके कुछ दायित्व भी समाज के प्रति होते हैं। विकासपरक कल्याणकारी योजनाओं की सूचनाएँ प्रचारित, प्रसारित करना तथा विकास के मार्ग में आने वाली बाधाओं को दूर करने का प्रयास करना जनमाध्यमों का प्रथम दायित्व होता है।

जनसंचार के मानक सिद्धान्त (Normative Theory of Mass Communication)

'मानक' से तात्पर्य यह है कि मीडिया का स्वरूप कैसा होना चाहिए, जनमाध्यमों से क्या अपेक्षाएँ होती हैं? और व्यवहार में क्या है? इसके साथ ही जनमाध्यमों के राजनीतिक, सांस्कृतिक और आर्थिक सन्दर्भों का भी अध्ययन करना है। इस सिद्धान्त के मूल में यह तथ्य निहित है कि जनमाध्यमों का स्वरूप राज्य के स्वरूप के अनुसार ही होता है। मानक सिद्धान्त के अन्तर्गत कुछ छ : सिद्धान्त आते हैं। अमेरिकन संचार विशेषज्ञ *जी.एफ. साइबर्ट, टी. पीटरसन* तथा *डब्लू. श्रेम* द्वारा पूर्व में प्रतिपादित प्रेस के चार सिद्धान्तों में *डेनिस-मेक्वेल* ने दो और सिद्धान्त जोड़कर इसे मानक सिद्धान्त की संज्ञा दी। *मेक्वेल* के अनुसार मानक सिद्धान्त के अन्तर्गत निम्नलिखित सिद्धान्त आते हैं :

1. सर्वसत्तावादी सिद्धान्त (Auhoritarian Theory) : ऐसे राज्य में जहाँ अधिनायकवादी शासन-व्यवस्था है वहाँ पर संचार माध्यमों को स्वतन्त्रता प्राप्त तो नहीं होती है। जनमाध्यम द्वारा प्रसारित सन्देश सामाजिक परिवर्तन को प्रभावित कर समाज की प्रकृति को निर्धारित करने में अपना बहुमूल्य योगदान करते हैं। संस्कृति, तकनीक, सरकारी व्यवस्था, सामाजिक विकास इन चारों तत्त्वों से समाज और जनमाध्यम दोनों प्रभावित होते हैं। जिस देश की संस्कृति, तकनीक विकसित होती हैं किन्तु वे सरकारी व्यवस्था द्वारा संचालित होती है तो वहाँ सामाजिक विकास की गति तीव्र होते हुए भी शासकीय नियन्त्रण के कारण उसमें अधिनायकवादी तत्त्वों की प्रधानता रहती है। ऐसे देशों में जनमाध्यम शासन एवं सरकार के हित साधन में ही जूझकर रह जाते हैं। उचित-अनुचित का परित्याग करके ये जनमाध्यम मात्र सरकारी प्रचारतन्त्र बनकर रह जाते हैं। ऐसी स्थिति में जनमाध्यमों के गुण-दोष का मूल्यांकन सम्भव नहीं हो पाता है।

2. स्वतन्त्र अभिव्यक्ति का सिद्धान्त (Free Press Theory) : *साइबर्ट* के लिबर्टेरियन थ्योरी को ही *मैक्सवेल डेनिस* ने 'फ्री प्रेस थ्योरी की संज्ञा दी है। उन देशों में जहाँ लोकतान्त्रिक शासन-व्यवस्था है वहाँ संस्कृति तकनीक और सामाजिक विकास की स्थिति उन्नत किस्म की भले न हो किन्तु जनमाध्यम शासकीय नियन्त्रण से पूर्णतया मुक्त होते हैं। इन देशों में नागरिकों को अभिव्यक्ति की स्वतन्त्रता का अधिकार संविधान द्वारा प्रदत्त होता है। इन देशों में जनमाध्यम व्यापक लोकहित और जन-कल्याण के लिए गुण-दोष का मूल्यांकन करके विकास के नये आयामों को तैयार करते हैं। ऐसे देशों में जनमाध्यम प्रायः स्वतन्त्र उद्योग अथवा स्वायत्तशासी संगठन के रूप गें काग करते हैं। ऐरो देशाों में अभिव्यवित की स्वतन्त्रता क़ानूनों द्वारा संरक्षित होती है जिससे जनमाध्यम गलत शासकीय नीतियों तथा दोषों की खुलकर आलोचना कर सकते हैं।

3. सोवियत मीडिया (साम्यवादी) सिद्धान्त (Soviet Media Theory) : इस सिद्धान्त को सोवियत मीडिया सिद्धान्त भी कहा गया है। जिन देशों में साम्यवादी शासन-व्यवस्था है और *मार्क्स, एंजिल्स* तथा *लेनिन* के समाजवादी सिद्धान्त को अपनाया गया है वहाँ के जनमाध्यम भी उसी के अनुरूप कार्य करते हैं। ऐसे देशों में जनमाध्यम सरकार की नीतियों और लोक कल्याणकारी कार्यों का प्रचार-प्रसार करते हैं। इन देशों के जनमाध्यम शासितों के मन में शासकों के प्रति निष्ठा, आस्था और विश्वास जगाने का काम करते हैं। विश्व के विभिन्न साम्यवादी-समाजवादी देशों में जनमाध्यमों के इस रूप को देखा जा सकता है। विकास तथा कल्याणकारी सूचनाओं की प्रधानता होती है और उन सूचनाओं/विचारों को भरसक दबाने का प्रयास किया जाता है, जिसमें शासन नीतियों की आलोचना होती है।

4. सामाजिक उत्तरदायित्व का सिद्धान्त (Social Responsibility Theory) : कुछ देशों में जनमाध्यम अपने आपको शासकीय व्यवस्था, उसकी नीतियों अथवा सिद्धान्तों से अलग करके मात्र अपने सामाजिक दायित्वों का निर्वाह करते हैं। ऐसे देशों में जनमाध्यम सामाजिक विकास में सहायक सूचनाओं, समाचारों और विचारों को ही विशेष महत्त्व देते हैं। इस सिद्धान्त के प्रतिपादकों का मानना है कि जनमाध्यम केवल समाज के दर्पण ही नहीं होते बल्कि उनके कुछ सामाजिक दायित्व भी होते हैं। प्रायः जनमाध्यमों पर समाज में हिंसा, अपराध जैसी बुराइयों को बढ़ावा देने का आरोप लगता रहा है। जवाब में जनमाध्यमों से सम्बद्ध लोगों का तर्क होता है कि समाज में घटित घटनाओं को ही ये ईमानदारी से पेश करते हैं। इस सन्दर्भ में अमेरिका में हिंसा के कारण और निवारण (U.S. Commission on causes and prevention of violence) कमीशन के समक्ष *आर.डी. केस्मेयर* ने कहा था कि इसमें कोई शक नहीं कि टी. वी. काफ़ी हद तक समाज का दर्पण है, साथ ही यह जनता के संस्कारों एवं प्राथमिकताओं का दर्पण होता है। *फ्रैंक स्टेंफन* का कथन है कि जनमाध्यम समाज के दर्पण के रूप में कार्य करते हैं और उसे उसी रूप में पेश करने की कोशिश करते रहते हैं। जनमाध्यमों से सम्बद्ध लोगों ने इस तथ्य को स्वीकार किया कि जनमाध्यमों का कार्य समाज में घटी घटनाओं की तस्वीर पेश करना मात्र ही नहीं है बल्कि उसके कुछ सामाजिक दायित्व भी हैं। जनमाध्यमों का यह दायित्व होता है कि अपने कार्यक्रमों के माध्यमों से समाज में व्याप्त कुरीतियों को दूर करने, शिक्षा का प्रसार, साम्प्रदायिक सद्भाव और एकता कायम करने व राष्ट्रीय हितों की रक्षा करने में समाज की सहायता करें। जनमाध्यमों को केवल जनता की इच्छा से नियन्त्रित नहीं होना चाहिए कि वह क्या देखना, सुनना और पढ़ना चाहती है बल्कि एक अच्छे पथ-प्रदर्शक के रूप में यह निर्णय करना चाहिए कि क्या देखना, सुनना और पढ़ना समाज के हित में है।

5. जनमाध्यमों का विकास-सिद्धान्त (Mass Media Development Theory) : जनमाध्यमों के इस सिद्धान्त का मुख्य आधार तीसरी दुनिया के विकासशील देशों की मूलभूत आवश्यकता है। इस सिद्धान्त के अनुसार, जनमाध्यमों को बुरी और हिंसात्मक समाचारों से परहेज रखते हुए ऐसे समाचारों को प्रकाशित प्रसारित करना चाहिए जो विकासशील राष्ट्रों के विकास में सकारात्मक भूमिका निभाते हों। ऐसे देश, जो विकास की दौड़ में विकसित राष्ट्रों से प्रतिस्पर्द्धा करते हैं, वहाँ के जनमाध्यमों को सकारात्मक प्रसारण के द्वारा विकास की गति बढ़ाने में सहयोग करना चाहिए। यह सिद्धान्त जनमाध्यमों के उस स्वरूप का पक्षधर है जो अपने देश की सांस्कृतिक और आर्थिक पहचान बनाने में सक्षम हैं। इन देशों में माध्यमों के सारे कार्य देश की सांस्कृतिक आर्थिक-परिधि में रहते हुए विकास के प्रति समर्पित रहते हैं।

6. जनतान्त्रिक सहभागिता सिद्धान्त (Democratic Participant Theory) : इस सैद्धान्तिक अवधारणा के प्रतिपादक *मैक्सवेल* का कथन है कि यह सिद्धान्त अनेक सैद्धान्तिक तत्त्वों का मिश्रण है। इस सिद्धान्त में स्वतन्त्रतावाद (Libertarianism), कल्पनावाद (Utopianism), समाजवाद (Socialism), समतावाद (Egalitarianism), क्षेत्रवाद (Localism), के साथ मानव अधिकार आदि के तत्त्वों को समाविष्ट किया गया है। लोकतान्त्रिक व्यवस्था में जनमाध्यमों द्वारा सम्प्रेषण का अधिकार समान रूप से सभी को प्राप्त हो यही सिद्धान्त की मूल अवधारणा है। यह सिद्धान्त जनमाध्यमों के स्वामित्व के केन्द्रीयकरण का विरोध करता है और दर्शक, श्रोता के मात्र ग्रहणकर्ता होने के कथन को भी अस्वीकार करता है। जनमाध्यमों को उत्तरदायी होना चाहिए, सरकारी अथवा बड़े औद्योगिक घरानों के नियन्त्रण से मुक्त रहना चाहिए।

लोकप्रिय सांस्कृतिक दृष्टिकोण (Popular Cultural View)

जनमाध्यमों के सन्दर्भ में इस अवधारणा को प्रतिपादित करने वाले विद्वान् मुख्य रूप से साहित्य से सम्बद्ध रहे हैं। इन विद्वानों का मानना था कि जनमाध्यमों विशेषकर प्रेस द्वारा सन्देश प्रसारित कर किसी समाज के सांस्कृतिक स्तर में परिवर्तन किया जा सकता है। समाजीकरण के द्वारा समाज के नये समूहों/सदस्यों को सांस्कृतिक चेतना की जानकारी प्रसारित की जाती है। जनमाध्यम इस प्रक्रिया में महत्त्वपूर्ण भूमिका निभाते हैं। जनमाध्यम समाज के अपेक्षाकृत अधिक शक्तिशाली समूह की संस्कृति को कम शक्तिशाली समूह में सम्प्रेषित कर उनका सांस्कृतिक स्तर ऊँचा कर सकते हैं।

संवेदी विस्तार सिद्धान्त (Sense Extension Theory)

इस सिद्धान्त के प्रवर्तक *हर्बर्ट मार्शल मैकलूहन* के अनुसार माध्यम ही सन्देश है। माध्यम स्वयं सम्प्रेषक है और मनुष्य एवं समाज पर बाध्यकारी प्रभाव डालता है चाहे सन्देश कुछ भी हो। *मैकलूहन* का तर्क है कि कार्यक्रम चाहे जो भी हो लोग टी. वी. अवश्य देखेंगे क्योंकि यह किसी अन्य माध्यम की तुलना में अधिक आकर्षक होता है। *मैकलूहन* के अनुसार इलेक्ट्रॉनिक मीडिया मानव जीवन के प्रत्येक क्षेत्र को परिवर्तित कर रहा है और सभ्यता की पुनर्सरचना कर रहा है। ऐसा सन्देशों की विषय-वस्तु के कारण नहीं वरन् टी. वी., सिनेमा, कम्प्यूटर और अन्य माध्यमों की प्रकृति के कारण हो रहा है। जनमाध्यम संवेदी संगठन और विचारों को बदल देते हैं और इस प्रकार वे समाज को भी बदल देते हैं। इस सिद्धान्त के अनुसार जनमाध्यम मनुष्य की क्षमताओं और संवेदनाओं का विस्तार है जो संवेदी सन्तुलन को प्रभावित करते हैं।

मैकलूहन का कहना है कि मुद्रण ने कबीलायी समाज के सशक्त मनुष्य को सामाजिक विघटन के युग में पहुँचा दिया। कबीलायी मनुष्य सुनने, सूँघने, स्पर्श करने, देखने और चखने आदि संवेगों में तालमेल रखता था। मुद्रित माध्यम के बाद इलेक्ट्रॉनिक माध्यमों ने संवेदनाओं में सन्तुलन बहाल कर पुनः कबीलायी बना दिया। *मैकलूहन* के अनुसार, माध्यमों की प्रकृति या तो गर्म Hot या शीतल Cool होती है। एक गर्म माध्यम वह है जो संवेगों का विस्तार करता है। रेडियो एक गर्म माध्यम है क्योंकि यह अत्यधिक मात्रा में श्रव्य सूचना प्रदान करता है। शीतल माध्यम में ऑडिएंस श्रव्य-दृश्य माध्यम का हिस्सा होता है। टी. वी. एक शीतल माध्यम है क्योंकि इसमें ऑडिएंस की भागीदारी की अधिक आवश्यकता होती है।

जनसंचार के सिद्धान्त (इलेक्ट्रॉनिक मीडिया)

गणितीय सिद्धान्त (Mathematical Theory of Mass Communication)

इस सिद्धान्त के प्रतिपादक *सी.ई. शेनन* और *डब्लू. वीवर* के अनुसार, जनमाध्यमों को प्राप्त सभी सन्देशों में से वांछित सन्देशों का चयन करके ही वे उसे प्रसारित करते हैं। ये दोनों ही इंजीनियर थे और टेलीफोन कम्पनी में कार्यरत थे। संचार माध्यमों का अधिकाधिक और सार्थक प्रयोग हो सके इसके लिए उन्होंने इस सिद्धान्त और इसी के आधार पर मॉडल को विकसित किया।

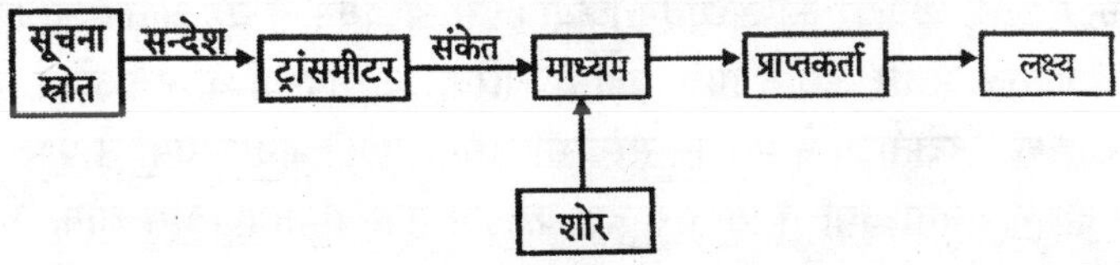

इसमें सन्देश चयन की प्रक्रिया गणितीय आधार पर की जाती है। चयनित सन्देश को ट्रांसमीटर संकेत में परिवर्तित कर जनमाध्यमों में प्रेषित किया जाता है। ऐसी स्थिति में बाहरी शोर सन्देशों को प्रभावित करते हैं। यह शोर स्वतः मशीनों द्वारा उत्पन्न होते हैं। कभी-कभी अवांछित सूचना गन्तव्य तक न पहुँचने देने के लिए भी शोर उत्पन्न किये जा सकते हैं। लक्ष्य तक पहुँचने पर सन्देश का जो प्रारूप होता है उसका आकलन गणितीय आधार पर किया जा सकता है।

संचार के विश्लेषण के आधार पर इस सिद्धान्त के प्रतिपादकों ने त्रिस्तरीय समस्या का वर्णन किया है। अ—तकनीकी स्तर, ब—अर्थ-विषयक, स—प्रभाव। *शेनन* और *वीवर* का मानना है कि यदि जनमाध्यमों के तकनीकी स्तर में सुधार होगा तो शेष दो स्वयं परिष्कृत हो जायेंगे। इस सिद्धान्त में फीडबैक जैसी अनिवार्य अवधारणा को कोई स्थान नहीं दिया गया है जबकि फीडबैक के द्वारा सन्देश और संचार की अवस्था दोनों में ही परिष्कार किया जा सकता है।

माध्यम सर्वशक्तिमान है (Media is all Powerfull)

इस सिद्धान्त के प्रणेता *कार्ल हालैंड* रहे हैं। उन्होंने सन् 1940 में इस सिद्धान्त को प्रतिपादित करते हुए व्याख्या की कि जन सम्प्रेषण में माध्यम सर्वाधिक महत्त्वपूर्ण होता है। सम्प्रेषक जनमाध्यमों के द्वारा सन्देश प्रसारित कर अपने सन्देशों का

वांछित प्रभाव ग्रहणकर्ता पर छोड़ता है क्योंकि ग्रहणकर्ता निष्क्रिय होता है। *मार्शल मैकलूहन* ने भी इस बात को 'माध्यम ही सन्देश है' के रूप में कहते हुए जनमाध्यमों की महत्ता सिद्ध की है।

कार्यसूची आधारित कार्य (Agenda Setting Function)

इस सिद्धान्त के प्रतिपादकों के अनुसार किसी भी व्यक्ति के व्यवहार में तीन स्तरों पर परिवर्तन सम्भव है।

1. वह स्तर जिस पर किसी विषय पर सूचना अथवा जानकारी मनुष्य को प्राप्त होती है।
2. वह स्तर जिस पर व्यक्ति प्राप्त सूचना का अपने अनुसार मूल्यांकन करता है।
3. वह स्तर जिस पर व्यक्ति प्राप्त सूचनाओं में से कुछ को व्यवहार में लेता है तथा उसके अनुसार कार्य करता है।

व्यवहार परिवर्तन के इन तीन स्तरों में जनमाध्यम केवल प्रथम स्तर पर ही प्रस्तुत होते हैं परन्तु व्यवहार परिवर्तन में उनकी भूमिका महत्त्वपूर्ण होती है। उदाहरणार्थ, यदि पाठक की रुचि का समाचार अख़बार में है तो वह पहले उन्हीं को पढ़ता है और शेष को नजर अन्दाज कर जाता है जबकि रेडियो, टी. वी. में जो कार्यक्रम प्रसारित होते हैं उनको प्राप्त करना दर्शक/श्रोता की मजबूरी बन जाती है, जब तक कि वह सेट को बन्द न कर दे। इस प्रकार जनमाध्यम विशेषकर रेडियो, टी. वी. एक निश्चित और निर्धारित कार्य के अनुसार कार्यक्रमों का प्रसारण कर जनता के व्यवहार में परिवर्तन लाने का प्रयास करते हैं।

जनमाध्यमों के प्रभाव का द्विस्तरीय सिद्धान्त (Two Step Flow Theory of Media Influence)

इस सिद्धान्त के प्रणेता *पॉल लेजर्सफील्ड* के अनुसार संचार एकांगी न होकर द्वि-स्तरीय प्रक्रिया है। इसमें सम्प्रेषक ग्रहणकर्ता तक सन्देश तो संचारित करता ही है। साथ ही ग्रहणकर्ता की प्रतिक्रिया में भी अपनी रुचि रखता है। उनका तर्क था कि जनप्रतिक्रिया से ही जनसंचार प्रभावी सिद्ध हो सकता है अन्यथा नहीं। उन्होंने जनसंचार की अपेक्षा व्यक्तिगत संचार को अधिक प्रभावी माना है। *पॉल लेजर्सफील्ड* और उनके सहयोगियों ने जनमाध्यमों के प्रभाव को अधिक परिष्कृत रूप से ही अपनी पुस्तक 'The People's Choice' में प्रस्तुत किया है। उन्होंने सन् 1940 के राष्ट्रपति चुनाव में आहियों के मतदाताओं के एक वर्ग के मतदान व्यवहार का अध्ययन किया। इस अध्ययन से यह ज्ञात हुआ कि कुछ ही लोगों ने अपने मतदान का निर्णय अन्तर्वैयक्तिक संचार अर्थात् मित्र, पड़ोसी, परिवार के सदस्यों या नेताओं के साथ परस्पर बातचीत के आधार पर किया। जिन थोड़े से मतदाताओं ने मतदान सम्बन्धी सूचनाओं को जनमाध्यमों से प्राप्त किया उन्होंने मित्रों तथा पड़ोसियों से बातचीत के दौरान जनमाध्यमों से प्राप्त सन्देश को उन तक पहुँचाया। ऐसे लोगों को *लेजर्सफील्ड* ने मतनेता (ओपीनियन लेजर्सडर) का नाम दिया। *लेजर्सफील्ड* का मानना है कि प्रायः सन्देश जनमाध्यमों से ओपीनियन लीडर तक और ओपीनियन लीडर द्वारा आबादी के अपेक्षाकृत कम सक्रिय हिस्से तक प्रवाहित होते हैं। इसे ही जनमाध्यमों के प्रभाव का द्विस्तरीय सिद्धान्त कहा जाता है।

बहुस्तरीय सिद्धान्त

इस सिद्धान्त के प्रवर्तकों का मानना है कि संचार एक द्विस्तरीय नहीं बल्कि बहुस्तरीय प्रक्रिया है। इस सिद्धान्त के अनुसार, व्यक्ति अपनी रुचि के अनुसार जनमाध्यमों का प्रयोग करता है। उदाहरण के लिए, कुछ लोग राजनीति, अर्थव्यवस्था, फैशन, मनोरंजन और बाज़ार-व्यवस्था में ज़्यादा रुचि रखते हैं। इन्ही क्षेत्रों की सूचना एवं जानकारी प्राप्त करने के लिए जनमाध्यमों का काफ़ी प्रयोग करते हैं। ये लोग अपने विचारों को ठोस रूप प्रदान करने के लिए आपस में संचार करते हैं। ये समाज के शीर्ष स्तर के नेता होते हैं और अपने विचारों को निचले स्तर के नेताओं तक पहुँचाते हैं। यद्यपि निचले स्तर के नेता भी जनमाध्यमों का प्रयोग करते हैं लेकिन ऊपर के नेताओं से कम। वे जनमाध्यमों से प्राप्त सूचनाओं एवं विचारों तथा मतनेताओं से प्राप्त विचारों एवं सूचनाओं का तुलनात्मक अध्ययन करने के बाद अपने विचार नीचे के स्तर के लोगों तक

पहुँचाते हैं। इस स्तर के लोग जनमाध्यमों का या तो बिल्कुल प्रयोग नहीं करते और यदि करते भी हैं तो बहुत कम। इस प्रकार की संचार प्रक्रिया में मतनेताओं की एक लम्बी शृंखला बन जाती है जो अनेक स्तरों पर सन्देश की गति बढ़ाते हुए प्राप्तकर्ता को प्रभावित करते हैं। इस प्रकार व्यक्ति-सम्प्रेषक से संग्राहक तक अनेक स्तरों पर संचार माध्यमों से प्रभावित होते हैं।

निर्भरता सिद्धान्त
(Dependency Theory)

इस सिद्धान्त के द्वारा इस बात की व्याख्या की गयी है कि ग्रहणकर्ता किस प्रकार संचार माध्यमों पर अपनी निर्भरता महसूस करते हैं। विद्वानों का मानना है कि समाज में जितनी अनिश्चितता होती है लोगों की सन्दर्भ संरचना (Frame of References) उतनी ही कम स्पष्ट होती है, जिसके कारण ग्रहणकर्ता (Audience) की माध्यमों पर निर्भरता बढ़ जाती है। माध्यम विश्लेषकों का मानना है कि जनमाध्यमों द्वारा प्रसारित सन्देशों की प्रभावोत्पादकता उस समय बढ़ जाती है जब वे कई विशिष्ट एवं केन्द्रीय सूचना प्रणालियों के रूप में कार्य करते हैं। माध्यम जगत् में सूचनाओं के जितने कम स्रोत होंगे माध्यमों द्वारा हमारे मस्तिष्क, चिन्तन, दृष्टिकोण और व्यवहार को प्रभावित करने की सम्भावना उतनी ही अधिक होगी। अतः ग्रहणकर्ता के मस्तिष्क पर विकासात्मक प्रभाव डालने में सन्देशों की गुणवत्ता महत्त्वपूर्ण होती है न कि उनकी मात्रा।

संज्ञानात्मक संरचना में माध्यमों की भूमिका निम्नलिखित मानी गयी है :

1. अस्पष्टता का समाधान और परिस्थितियों की व्याख्या के क्षेत्र को सीमित करना ताकि ऑडिएंस इसे आसानी से समझ सके।
2. दृष्टिकोण का निर्माण।
3. कार्यक्रमों का निर्धारण।
4. लोगों की आस्थाओं का विस्तार करना।
5. मूल्यों का स्पष्टीकरण।

विद्वानों का मानना है कि भावात्मक प्रभाव को समझे बिना दृष्टिकोण निर्माण के संज्ञानात्मक प्रभावों का अनुमान लगाना कठिन है। तीव्र सामाजिक टकराव के समय जनमाध्यमों के चित्रण के आधार पर शासन उन समूहों के बारे में विभिन्न दृष्टिकोणों का निर्माण कर उचित कार्यवाही कर सकता है। इसके अतिरिक्त जनमाध्यम लोगों को उनके सामाजिक लक्ष्यों की ओर सक्रिय करने अथवा निष्क्रिय करने दोनों तरह की भूमिका निभा सकते हैं।

खेल सिद्धान्त (Play Theory)

प्रो. हेराल्ड लास्वेल के अनुसार जनमाध्यमों के तीन प्रमुख कार्य हैं :

1. वातावरण की निगरानी।
2. सूचना की व्याख्या और व्यवहार-निर्धारण।
3. परम्परा का पोषण।

रीवर्स और *बिलवर श्रेम* ने जनमाध्यमों के इन तीन कार्यों के अतिरिक्त दो और कार्य बताये हैं :

1. मनोरंजन।
2. विज्ञापन।

यद्यपि जनमाध्यमों के उक्त पाँच कार्य हैं, किन्तु यह आवश्यक नहीं है कि उन्हीं के लिए जनता इनका प्रयोग करे। *विलियम स्टीफेंशन* ने अपनी पुस्तक 'The Play Theory of Mass Communication' में कहा है कि जनता जनमाध्यमों का इस्तेमाल एक खेल के रूप में करती है। उनका कहना है कि जनमाध्यमों की एक लोक सेवा आमोद-प्रमोद (Fun) है।

अतः बहुत लोगों के लिए जनमाध्यम खाली समय व्यतीत करने का उत्तम साधन हो सकता है। कुछ लोग इसका उपयोग अपनी मानसिक एवं सामाजिक आवश्यकताओं की पूर्ति के लिए कर सकते हैं अर्थात् यह व्यक्ति की इच्छा पर निर्भर करता है कि वह जनमाध्यमों का प्रयोग किसलिए करता है। *स्टीफेंशन* के अनुसार जनमाध्यम उन स्थितियों के प्रतिरोधक हो सकते हैं, जो उत्सुकता या चिन्ता पैदा करते हैं। दूसरे शब्दों में, जनमाध्यम लोगों को चिन्तामुक्त कर जीवन की कठिनाइयों को कम कर सकते हैं। खेल के साथ भी यही बात लागू होती है।

बुलेट सिद्धान्त

इस सिद्धान्त के प्रतिपादकों का यह मानना है कि जनमाध्यमों द्वारा प्रसारित सन्देश गोली की तरह ग्रहणकर्ता के दिमाग को प्रभावित करता है। इनके अनुसार प्राप्तकर्ता सदैव रक्षात्मक रहता है और जो सन्देश गोली की तरह उसकी ओर प्रसारित किया जाता है, उसे ग्रहण करने को सदैव तत्पर रहता है। इसका यह भी मतलब होता है कि मीडिया सर्वशक्तिमान साधन है और इसके उपयोगकर्ता एक सशक्त सन्देशवाहक। इस सिद्धान्त का मानना यह है कि ऑडिएंस का निर्माण भिन्न-भिन्न जनसमूहों द्वारा होता है और ऑडिएंस का प्रत्येक सदस्य प्राप्त सन्देशों की एक समान प्रतिक्रिया व्यक्त करेगा। यदि ऐसा सम्भव हो सका तो लोग युद्ध, दुर्घटना, बीमारी अथवा भयानक फ़िल्मों को देखकर मीडिया के प्रति अधिक संवेदनशील होकर भावनात्मक रूप से जुड़ जायेंगे। अनुसन्धान एवं अनुभव के आधार पर यह कहा जा सकता है कि जनसमूह का जो स्वरूप इस सिद्धान्त में स्वीकारा गया है वह प्रासंगिक नहीं है। इस प्रकार जनमाध्यमों का बुलेट सिद्धान्त अपनी उत्पत्ति के समय भले प्रभावी रहा हो किन्तु वर्तमान परिवर्तित परिवेश में संचार का यह सिद्धान्त प्रभावी नहीं रह गया है।

षड्यन्त्र सिद्धान्त (Conspiracy Theory)

इस सिद्धान्त के प्रवर्तकों का मानना है कि जनमाध्यम संगठन उन लोगों के मनोनुकूल कार्यक्रम तैयार करते हैं, जिनका उन पर स्वामित्व या नियन्त्रण होता है या जो दबाव समूह अस्तित्त्व एवं विकास के उनके लक्ष्य में सहायक होते हैं। इस प्रकार जनमाध्यम उन लोगों के प्रति एक तरह से षड्यन्त्र करते हैं, जिनका इन माध्यमों पर कोई प्रभाव नहीं होता। सन्देशों का निरूपण इस प्रकार से किया जाता है जो उच्च मध्य वर्ग या आभिजात्य वर्ग के विचारों के अनुकूल होता है तथा सम्पूर्ण समाज से उसका बहुत कम सरोकार होता है।

सामाजिक प्रभाव या एकात्म सिद्धान्त (Social Influence or Identification Theory)

यह सिद्धान्त जनमाध्यमों के परिवर्तनकारी प्रभाव से सम्बद्ध है अर्थात् ऑडिएंस अपने नायकों के महामानवीय चरित्र के साथ अपनी पहचान स्थापित करते हैं तथा पर्दे पर दिखाये गये चरित्र के अनुकूल आचरण का प्रयास करते हैं। यह अनुकरण कुछ समय के लिए ही सही श्रोता एवं दर्शक की व्यवहार शैली को प्रभावित करता है और यदि इस प्रभाव को सामाजिक व्यवस्था का समर्थन प्राप्त होता है तो वह अभिरुचि का रूप ले लेता है। एकात्मीकरण जनमाध्यमों की गतिविधियों का प्रमुख मुद्दा रहा है। एकात्मीकरण का तात्पर्य किसी मनपसन्द व्यक्ति के गुण को अपने चरित्र में शामिल करना है। *हर्बर्ट कोलमैन* ने अपनी पुस्तक 'प्रोसेस ऑफ ओपीनियन चेंज' में संचार के द्वारा होने वाले अभिरुचि परिवर्तन से सम्बद्ध सामाजिक प्रभाव की तीन प्रतिक्रियाओं का उल्लेख किया है। वे हैं :अनुपालन (Compliance), एकात्मीकरण (Identification), अन्तरीकरण (Internalisation).

अनुपालन का अर्थ किसी पुरस्कार या सम्मान की आशा अथवा किसी दण्ड से बचने के लिए प्रभावों को स्वीकार करना है जो सामान्य मानवीय प्रवृत्ति होती है।

एकात्मीकरण की प्रक्रिया तब होती है जब कोई किसी दूसरे व्यक्ति के व्यवहार को इसलिए स्वीकार करता है क्योंकि वह व्यवहार उस व्यक्ति के या समूह के स्व को सन्तुष्ट करता है। कोई प्रभाव इस बात पर निर्भर करता है कि प्रक्रिया के इन दो चरणों में उसे कितना सामाजिक समर्थन मिलता है?

परिवर्तन को अंगीकार किये जाने के बाद अन्तरीकरण की प्रक्रिया तब होती है जब व्यक्ति किसी समस्या समाधान के सन्दर्भ में उसे उपयोगी पाता है या वह उसके सामने अभिमुखिकरण (Orientation) के अनुकूल होता है क्योंकि वह उसके मूल्यों की आवश्यकता के अनुरूप होता है।

अतः माध्यमों द्वारा प्रसारित कार्यक्रमों का सांस्कृतिक एवं सामाजिक मानदण्डों पर व्यापक प्रभाव हो सकता है। यह सिद्धान्त इस बात की ओर संकेत करता है कि रचनात्मक एवं विकासात्मक पक्ष में जनमाध्यम महत्त्वपूर्ण भूमिका निभा सकते हैं। इस सिद्धान्त के अनुसार, समाज में हिंसा एवं आपराधिक गतिविधियों में वृद्धि का कारण जनमाध्यमों द्वारा ऐसे कार्यक्रमों को प्रचुरता से प्रसारित करना है। जिस समाज में जनमाध्यम सरकारी नियन्त्रण से मुक्त है। वहाँ इस प्रकार का प्रभाव अधिक दिखाई देता है।

उपयोग एवं सन्तृप्ति सिद्धान्त (Uses and Gratification Theory)

यह सिद्धान्त सामाजिक प्रभाव सिद्धान्त की अवधारणा के बहुत करीब है। इस सिद्धान्त के अनुसार, जनमाध्यम अपने ऑडिएंस को इस बात के लिए उत्प्रेरित करते हैं कि वह अपनी आवश्यकताओं की सन्तुष्टि के लिए उनका अधिकतम उपयोग करें। माध्यमों का उपयोग दो प्रकार से किया जा सकता है। क्षतिपूरक (Compensatory) और अनुपूरक (Supplementory) शिक्षा, सामाजिक स्तर या सफलता की कमी को पूरा करने के लिए जनमाध्यमों का प्रयोग क्षतिपूरक उपयोग है। अनुपूरक उपयोग में ऑडिएंस माध्यमों का प्रयोग अपने वर्तमान ज्ञान के अनुपूरक के रूप में करता है। विद्वानों के अनुसार, जनमाध्यम जिनकी सन्तृप्ति करते हैं उन्हें निम्नलिखित चार श्रेणियों में बाँटा जा सकता है :

1. **विषयान्तर (Diversion) :** भावात्मक राहत की प्राप्ति के लिए जीवन के नीरस और उबाऊ दिनचर्या से पलायन।
2. **व्यक्तिगत सम्बन्ध (Personal Relationship) :** ऐसे व्यक्तिगत सम्बन्ध जो जनमाध्यम की सामाजिक उपयोगिता के जरिये बनते हैं।
3. **व्यक्तिगत पहचान (Personal Identity) :** व्यक्तिगत पहचान की भावना की सन्तृप्ति व्यक्तिगत अभिरुचियों के पुनर्बलन से होता है।
4. **निगरानी (Surveillance) :** जनमाध्यम भावी घटनाक्रमों के बारे में ऑडिएंस को सूचित करते हैं और इस प्रकार उनका समाधान करने के लिए मानसिक रूप से तैयार करते हैं। इस प्रकार जनमाध्यम ऑडिएंस के चिन्तन के लिए पोषक का कार्य करते हैं।

इस सिद्धान्त के अनुसार, जनमाध्यम संघर्ष एवं तनाव की स्थिति में राहत प्रदान करते हैं और मूल्यों के टकराव की स्थिति में पुनर्बलन करते हैं।

परावर्ती प्रक्षेपीय सिद्धान्त (Reflective Projective Theory)

यह सिद्धान्त जनसंचार के अन्य सिद्धान्तों की तुलना में अधिक व्यापक है और इसमें जनसंचार के प्रायः सभी पक्ष सम्मिलित हैं। इस सिद्धान्त के अनुसार, जनमाध्यम जनसंचार को समाज के दर्पण के रूप में माना जा सकता है जो उसकी ऐसी छवि पेश करता है जिसमें प्रत्येक प्रेक्षक अपनी नजर से स्वयं को और समाज को देखता है। यह सिद्धान्त जनसंचार के सामाजिक एवं व्यक्तिगत महत्त्व के अन्तर को स्पष्ट करता है।

प्रसारण रूपी दर्पण किसी समाज की वास्तविक या विकृत छवि का प्रक्षेपण कर सकता है और ऐसी छवि प्रतिबिम्बित कर सकता है जो अस्पष्ट एवं अनेकार्थी हों और सुस्पष्ट भी हों। यह समाज की अनेक तस्वीरें पेश करता है। किसी कैमरे

की भाँति इस पर सीमित या व्यापक क्षेत्र में फोकस किया जा सकता है। पूर्व के सिद्धान्तों के विपरीत यह सिद्धान्त विभिन्न प्रकार के प्रसारणों की अनुमति प्रदान करता है। शैक्षणिक प्रसारण समाज के व्यापक एवं सम्पूर्ण प्रतिबिम्बन में सहायक है। इसी के साथ यह सिद्धान्त इसके लिए भी आगाह करता है कि हमें शैक्षणिक टी. वी. या लोग प्रसारणों के प्रति अधिक आशान्वित नहीं रहना चाहिए क्योंकि ये केवल परावर्तीय प्रक्षेपण कार्य ही कर सकते हैं। लोक माध्यम किसी नयी संस्कृति का निर्माण नहीं कर सकते क्योंकि वे किसी ऐसी चीज का प्रतिबिम्बन नहीं कर सकते जो समाज में मौजूद नहीं है।

परावर्ती प्रक्षेपणीय सिद्धान्त इस तथ्य के अनुरूप है कि प्रसारण सामयिक संस्कृति का महत्त्वपूर्ण अंग है। कोई देश या समाज नक्शों या भौगोलिक सीमाओं से नहीं बनता बल्कि समान हितों, विचारों एवं संस्कृति से बनता है जिसकी अपनी एक छवि एवं दृष्टि होती है किन्तु यह समान दृष्टि एवं छवि ऐसी होनी चाहिए जिसे सभी लोग स्वीकार कर सकें।

संगति या सन्तुलन सिद्धान्त (Congruence of Balance Theory)

इस सिद्धान्त के अनुसार, जब मूल्यांकन या दृष्टिकोण में परिवर्तन होता है तो यह हमेशा वर्तमान सन्दर्भ संरचना से अधिक संगति स्थापित करता है और इस धारणा की अन्य किसी व्यक्ति द्वारा पुष्टि होती है तो इसे संगति कहा जायेगा।

न्यूकोम्ब (Newcomb) ने अपनी पुस्तक 'An Approach to the Study of Communicative Act' में लिखा है कि संचार क्रिया की विशेषता यह होती है कि उसका रुझान सन्तुलन और सुसंगति की ओर होता है। इससे इस तथ्य की पुष्टि होती है कि हम उसी बात को ग्रहण करते हैं जिसे हम पसन्द करते हैं। इस अवधारणा के अनुसार, सम्प्रेषक के लिए यह आवश्यक है कि वह संचार की क्रिया में समानुभूति का ध्यान रखे।

उदारवादी लोकतान्त्रिक सिद्धान्त या स्वतन्त्रतावादी सिद्धान्त (Liberal Democratic Theory Libertarian Theory)

इस सिद्धान्त का दार्शनिक आधार व्यक्तिवादी विचारधारा है। व्यक्तिवादी राजनीतिक विचारकों के अनुसार व्यक्ति के विकास के लिए स्वतन्त्रता आवश्यक है। स्वतन्त्रता में अभिव्यक्ति की स्वतन्त्रता भी शामिल है और इसका अर्थ राज्य नियन्त्रण से मुक्ति है। इस सिद्धान्त के समर्थकों का मत है कि राज्य को व्यक्ति के कार्यों में हस्तक्षेप नहीं करना चाहिए ताकि वे निर्भय होकर स्वतन्त्रतापूर्वक अपनी क्षमताओं का प्रयोग कर सकें। व्यक्तिवाद का उदय 18वीं सदी के अन्तिम चरण में हुआ। अर्थशास्त्रियों ने उद्योग तथा व्यापार में पूर्ण स्वतन्त्रता प्राप्त करने के लिए इस सिद्धान्त का प्रबल समर्थन किया। आज विश्व के अधिकांश देशों में लोकतान्त्रिक शासन-व्यवस्था है। लोकतान्त्रिक व्यवस्था की सफलता इस बात पर निर्भर करती है कि वहाँ की जनता अपने अधिकारों एवं कर्तव्यों के प्रति कितनी सचेत है। जनता में इस प्रकार की चेतना का प्रसार जनमाध्यमों द्वारा किया जाता है। इसके अतिरिक्त लोकतान्त्रिक शासन प्रणाली में समाज बहुलवादी होता है अर्थात् एक समय में अनेक वैचारिक समूह समाज में सक्रिय रहते हैं। जनमाध्यम इस विविध वैचारिक समूहों को अभिव्यक्ति के लिए मंच प्रदान करते हैं। लोकतान्त्रिक शासन प्रणाली की सफलता के लिए आवश्यक है कि सरकार के कार्यों पर नजर रखी जाये तथा गलत नीतियों पर आलोचना के माध्यम से अंकुश लगाया जाये। जनमाध्यम इस कार्य में सजग प्रहरी की भूमिका निभाते हैं। जनमाध्यमों के इस दायित्व निर्वहन के लिए यह आवश्यक है कि वे शासकीय नियन्त्रण से मुक्त रहें। प्रायः जनमाध्यमों पर वर्ग विशेष का आधिपत्य होता है।

सांस्कृतिक उत्पादों पर आर्थिक प्रक्रियाओं के दो प्रभाव होते हैं। प्रथम, उत्पादों की विविधता कम हो जाती है क्योंकि व्यावसायिक दृष्टि से जो अच्छे नहीं होते वे दौड़ से पिछड़ते हुए समाप्त हो जाते हैं। दूसरे शब्दों में, जैसे-जैसे केन्द्रीयकरण बढ़ता जायेगा मीडिया के क्षेत्र में विचारों की विविधता कम होती जायेगी। दूसरा, जिनके पास आर्थिक शक्ति एवं संसाधन नहीं होंगे उनकी आवाज़ समाप्त हो जायेगी। माध्यमों के क्षेत्र में जो पहले से कार्यरत हैं वे उत्पादन-प्रक्रिया को योजनाबद्ध तरीके से इतना मँहगा कर देते हैं कि कम पूँजी वालों का सांस्कृतिक बाज़ार में प्रवेश कठिन हो जाता है।

अतः जनमाध्यमों के द्वारा उन्हीं लोगों की आवाज़ बुलन्द होती है जो स्थापित व्यवस्था का विरोध पसन्द नहीं करते। जो लोग इसे चुनौती दे सकते हैं वे अपने विचारों को ज़्यादा जोरदार ढंग से जनता के सामने प्रस्तुत नहीं कर पाते क्योंकि उनका उन साधनों पर नियन्त्रण नहीं होता जिनके द्वारा वे जनता के व्यापक हिस्से तक पहुँच सकें।

समय के साथ-साथ मीडिया परिदृश्य बदलने से सिद्धान्तों में अनेक परिवर्तन आते रहे। कुछ सिद्धान्तों की प्रासंगिकता कम हुई और उनकी जगह नये सिद्धान्तों का जन्म हुआ। इनमें से ज़्यादातर सिद्धान्त टेलीविजन माध्यम को ध्यान में रखकर दिये गये हैं, हालाँकि प्रभाव, उपयोगिता एवं प्रतिक्रिया की दृष्टि से लोगों के बीच आज सूचना क्रान्ति के इस वर्तमान दौर में न्यू-मीडिया जैसा एक और ऐसा अस्त्र आ गया है जो श्रोताओं पर उक्त सिद्धान्तों की प्रासंगिकता को नये रूपों में दर्शाता है।

49

संचार के मॉडल
(Model of Communication)

कोई पास न रहने पर, जन-मन मौन नहीं रहता।
आप-आपकी कहता है, आप-आपकी सुनता है॥

—मैथिलीशरण गुप्त

संचार के मॉडल (Model of Communication)

किसी सिद्धान्त, तथ्य एवं वस्तु को सरलता से प्रस्तुत करने की प्रक्रिया ही मॉडल है। संचार मॉडल संचार की प्रक्रिया को प्रदर्शित करते हैं। इसमें संचार प्रक्रिया, स्वरूप, परिणाम कैसा हो तथा संचार के विभिन्न तत्त्वों व उनके बीच आपसी सम्बन्धों को उजागर किया जाता है। अतः हम कह सकते हैं कि मॉडल संचार प्रक्रिया के व्याख्याता हैं।

विद्वानों ने संचार के प्रारूप को निम्नलिखित रूप में प्रस्तुत किया है :

1. अरिस्टॉटल मॉडल :

वक्ता → कथन → श्रोतागण

2. कैनथबुक का संचार मॉडल :

कार्य दृश्य → एजेंट → एजेंसी → उद्देश्य

3. लॉसवेल का संचार मॉडल : *प्रो. हेराल्ड डी. लॉसवेल* ने सन् 1948 में संचार प्रक्रिया के घटकों की तर्कसंगत व्याख्या की "Who says what, in which channel, is whom with what effect". उनका मॉडल निम्नवत् है :

कौन → क्या कहता है → किस माध्यम से → किसको → कितना प्रभाव

प्रो. लॉसवेल के मॉडल से स्पष्ट है कि उन्होंने भी संचार प्रक्रिया को पूर्णता प्रदान करने में पाँच तत्त्वों—स्रोत, सन्देश, माध्यम, श्रोता यानि प्रापक और प्रभाव को ही मुख्य माना है। जहाँ कौन कहता है : स्रोत, क्या कहता है? : सन्देश, किस माध्यम से—माध्यम, किससे कहता है? श्रोता और उसका प्रभाव क्या होता है? इसकी व्याख्या की गयी है।

4. ब्रैडडोक का संचार मॉडल : सन् 1956 में *ब्रैडडोक* ने उपर्युक्त लॉसवेल के संचार मॉडल में दो अन्य तत्त्वों को जोड़कर निम्नलिखित प्रारूप प्रस्तुत किया :

- किन परिस्थितियों में?
- किस उद्देश्य के लिए?

यानी *ब्रैडडोक* मॉडल इस प्रकार व्यक्त हुआ :

- कौन?
- क्या कहता है?
- किस माध्यम से?
- किससे?
- किन परिस्थितियों में?
- किस उद्देश्य से?
- प्रभाव क्या है?

5. शैनन और वीवर का संचार मॉडल : इसमें टेलीफोन के द्वारा संचार की प्रक्रिया को आसानी से समझाया गया है। जिसमें स्रोत से आरम्भ होता है, जो सन्देश की रचना करता है और उसे सम्प्रेषित करता है (जैसे— टेलीफोन स्पीकर) और एक माध्यम द्वारा (जैसे— टेलीफोन का तार और ध्वनि तरंग) सन्देश को एक प्रारूप के पास भेजता है (जैसे— टेलीफोन रिसीवर), जो सन्देश की पुनः रचना करता है, जिसे दूसरा व्यक्ति प्राप्त कर सके। शोर (Noise) जैसे तत्त्व की संकल्पना करते हुए इस पर जोर दिया गया है। यह शोर माध्यम में बाधा पहुँचाता है, जिससे स्पष्ट एवं यथार्थ सूचना नहीं मिल पाती।

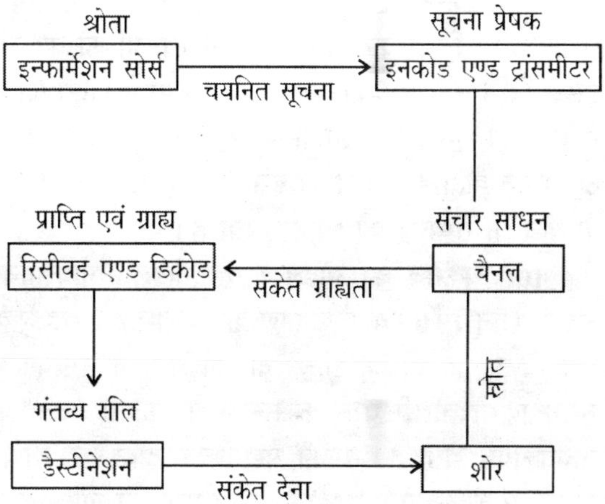

6. सी.ई. ऑसगुड का संचार मॉडल : *ऑसगुड* का मॉडल संचार प्रक्रिया की सक्रियता को दर्शाता है जिसमें संचार प्रक्रिया में प्रत्येक हिस्सेदार सन्देश भेजने और प्राप्त करने अर्थात् दोनों काम करते हैं। इस तरह उन्होंने सन्देश की एनकोड (Encode), डिकोड (Decode) के रूप में व्याख्या की है। उनका कहना है कि यह संचार की प्रक्रिया की सक्रियता का प्रमाण है, क्योंकि स्रोत तथा प्रापक के बीच इस तरह के सक्रिय सम्बन्धों के कारण एक क्षण में एक व्यक्ति स्रोत बन जाता है तथा दूसरे क्षण एक प्रापक और फिर स्रोत बन जाता है जो अन्तर्वैयक्तिक संचार का उदाहरण है।

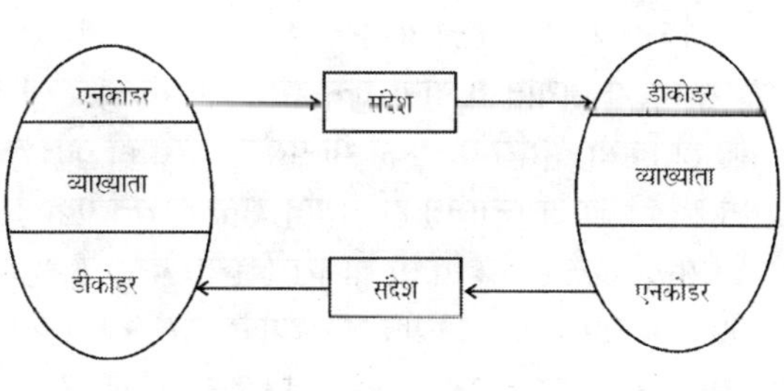

7. बी. कुप्पुस्वामी का संचार मॉडल : *बी. कुप्पुस्वामी* ने संचार प्रक्रिया को स्पष्ट करते हुए संचार को मॉडल पाँच संघटकों स्रोत, प्रेषक, सन्देश, सन्दो ग्राह्यता और गन्तव्य स्थल के रूप में विभाजित किया है।

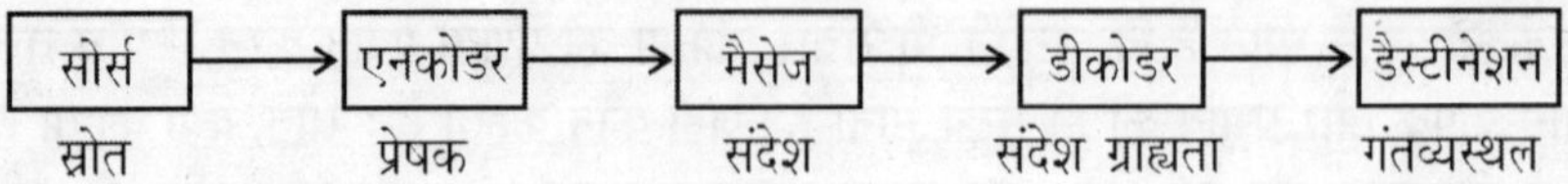

8. वेसली और मैकेनियन का संचार मॉडल : *वेसली* और *मैकेनियन* ने अपने संचार मॉडल में बताया है कि स्रोत से सन्देश सम्प्रेषक द्वारा सलाहकार तक पहुँचता है और उसके बाद संग्राहक के पास, संग्राहक सन्देश की प्रतिपुष्टि या प्रतिक्रिया सम्प्रेषक या सलाहकार से करता है। यहाँ सम्प्रेषक स्रोत, सन्देश-माध्यम तथा संग्राहक की सक्रियता आवश्यक है। इस मॉडल को पूर्ण रूप से विकसित और आधुनिक माना जाता है। यह मॉडल संचार में फीडबैक प्रक्रिया को मुख्य रूप से प्रदर्शित करता है। इस मॉडल को अन्तर्वैयक्तिक संचार के क्षेत्र में अपनाया जा सकता है।

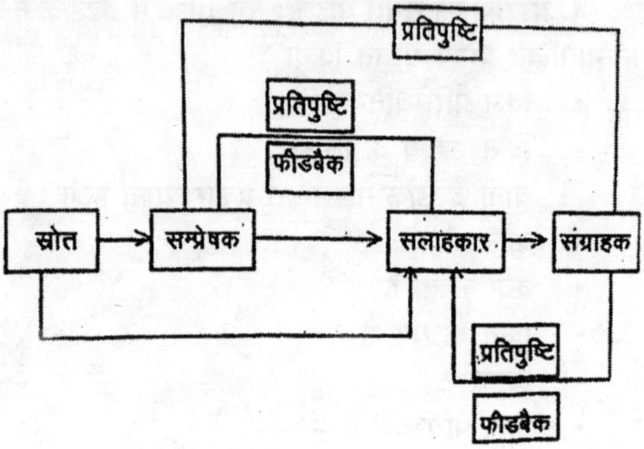

9. जार्ज गर्बनर का सामान्य संचार मॉडल : इस मॉडल को *जार्ज गर्बनर* ने सन् 1956 में प्रस्तुत किया था। *जार्ज गर्बनर* अमेरिकी संचारविद हैं। उनका उद्देश्य संचार का एक ऐसा मॉडल तैयार करना था जो संचार के व्यापक क्षेत्रों पर लागू हो। इस मॉडल की प्रमुख बात यह है कि इसमें संचार की विभिन्न स्थितियों पर निर्भर करने वाले विभिन्न स्वरूपों का वर्णन किया गया है अर्थात् किस स्थिति में किस तरह का संचार होगा, इसके विभिन्न हिस्सों को अलग-अलग रूपों में जोड़ा जा सकता है। इस मॉडल के द्वारा संचार की सरल अथवा जटिल हर प्रक्रिया को समझा जा सकता है। सन्देश की रचना किस तरह होती है और सम्प्रेषित करने वाली घटना का किस प्रकार अवबोधन होता है? आदि पर इसमें प्रकाश डाला गया है। यह मॉडल सन्देश की रचना-प्रक्रिया तथा सन्देश की अवबोधन के बीच के सम्बन्ध को स्पष्ट करता है।

10. न्यूकॉम्ब का मॉडल : यह मॉडल मनोवैज्ञानिक *हाइडेर* (सन् 1946) के दृष्टिकोण का विस्तार है। *हाइडेर* की मूल चिन्ता यह थी कि किन्हीं दो व्यक्तियों में सम्प्रेषण के समय किसी तीसरी वस्तु के सन्दर्भ में कितनी दृढ़ता एवं उतावलापन होता है। उनकी सैद्धान्तिक दृष्टि यह थी कि किन्हीं दो व्यक्तियों में एक-दूसरे की पसन्द एवं नापसन्द को लेकर विशेषकर किसी अन्य वस्तु के सम्बन्ध में, एक तरह का साम्य हो अर्थात् वे दोनों एक-दूसरे को पसन्द करते हो साथ ही किसी तीसरी वस्तु को भी पसन्द करते हों और कुछ ऐसी भी हों जो असन्तुलित हों अर्थात् दोनों व्यक्ति एक-दूसरे को पसन्द करते हों पर किसी तीसरी (अन्य) वस्तु के सन्दर्भ में दोनों में साम्य न हो अर्थात् एक व्यक्ति उसे पसन्द करता है और दूसरा उसे नापसन्द करता है। इस असन्तुलित को ज्ञान मीमांसीय धरातल पर ही सन्तुलित किया जा सकता है। यही *हाइडेर* की मुख्य चिन्ता थी।

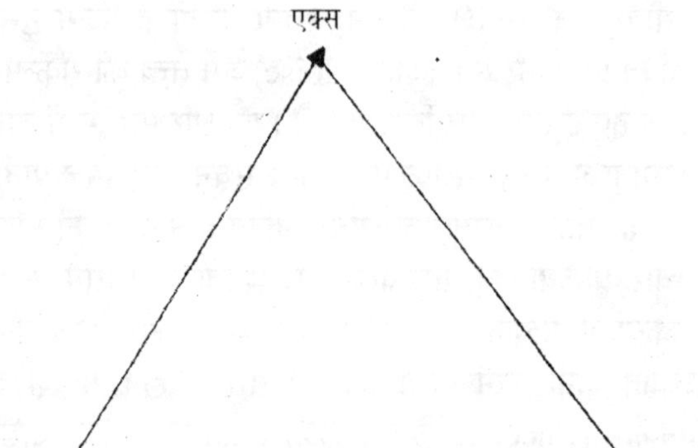

न्यूकॉम्ब का ए.बी.एक्स प्रतिरूप

न्यूकॉम्ब ने इसी सिद्धान्त को आधार मानकर दो अथवा दो से अधिक व्यक्तियों के बीच में गतिशील संचार प्रक्रिया का विश्लेषण करते हुए लिखा है कि **"संचार के कारण ही इन दो या दो से अधिक व्यक्तियों के बीच में विस्तृत क्षेत्र में**

सहमति का विकास हो पाता है।" उनका मानना है कि संचार के कारण ही ऐसे दो या अधिक व्यक्तियों जिनमें किसी तीसरी वस्तु के प्रति एक ही साथ एक जैसे व्यवहार एवं दृष्टिकोण का विकास नहीं हो पाया है, में वस्तु के प्रति आन्तरिक परिवेश तैयार होता है और एक साथ ही व्यवहार भी पैदा होता है। इस अर्थ में *न्यूकॉम्ब* ने संचार को श्रम से अर्जित प्रक्रिया कहा। साथ ही यह रेखांकित किया कि मौजूदा अनिश्चित और असमानता के दौर में ज़्यादा संचार गतिविधियों की ओर उन्मुख होते हैं। यह प्रतिरूप मुख्यतया इस अनुमान पर टिका है कि व्यवहार की दृढ़ता अर्जित करने के लिए किया गया परिश्रम और इनके बीच के सम्बन्ध को संचार वहाँ तक उत्प्रेरित करता है जहाँ तक परिस्थितियाँ अनुकूल हों।

न्यूकॉम्ब के इस मॉडल में इस तथ्य को रेखांकित किया गया है कि किसी तीसरी वस्तु के प्रति दो वस्तुओं के बीच समानान्तर सम्प्रेषण में खामी के कारण ही असन्तुलन आता है। इस असन्तुलन को संचार के माध्यम से पुनः स्थापित किया जाता है। इसे सम्बन्धों की व्यवस्था का सामान्य संसार कहा जाता है। *न्यूकॉम्ब* ने अपनी इसी दृष्टिकोण में एक वर्ष पश्चात् कुछ और नये दृष्टिकोण जोड़े। उन्होंने अपने निबन्ध 'द स्टडी ऑफ कन्सेंसस' में इस नये दृष्टिकोण का उल्लेख किया। उन्होंने लिखा कि **संचार कुछ निश्चित परिस्थितियों में ही प्रभावी होता है। ये परिस्थितियाँ इस प्रकार हैं :**

1. व्यक्तियों के बीच में गहरा आकर्षण हो।
2. किसी भी एक व्यक्ति के लिए लक्ष्य का महत्त्व हो।
3. दोनों के लिए तीसरी वस्तु का महत्त्व हो।

न्यूकॉम्ब के ए.बी.एक्स. प्रतिरूप पर टिप्पणी करते हुए *डी. मैक्वानिल* एवं *एस. विंधेल* ने लिखा है **"यह प्रतिरूप रेखांकित करता है कि लोगों में अपने व्यवहार एवं दृष्टिकोण की पुष्टि के लिए सूचना के स्रोतों की ओर मुखातिब होने की प्रवृत्ति होती है। यह सिद्धान्त चयन किये गये दृष्टिबोध पर बल देता है जो कि शायद ही संचार को प्रभावित करे।"**

समाज में कभी भी व्यक्ति या व्यक्तियों के बीच में सर्वसम्मति दृष्टि नहीं बन पाती और न ही उसकी आवश्यकता ही होती है। आवश्यकता का जन्म सदैव अन्तर्विरोधों एवं विविधतापूर्ण हितों के कारण होता है। *न्यूकॉम्ब* के प्रतिरूप के विकास के सन्दर्भ में **'सह पुनश्चर्या (Co-orientation) दृष्टिकोण'** का विकास हुआ। यह दृष्टिकोण अन्तर्वैयक्तिक सम्प्रेषण अथवा दो समुदायों के बीच में सम्प्रेषण पर जोर देता है। इसमें सम्प्रेषण दुतरफा होता है। *न्यूकॉम्ब* के इस प्रतिरूप में सम्प्रेषण के प्रमुख तीन तत्त्वों पर जोर दिया गया है। ये हैं : सम्प्रेषण स्रोत, सम्प्रेषक और ग्रहीता।

11. डांस का वर्तुल मॉडल : सन् 1967 में *एफ. ई. एक्स डांस* (F.E.X. Dance) नामक समाज वैज्ञानिक ने सर्वप्रथम इस मॉडल का प्रयोग किया। *डांस* ने माना कि आरम्भ में व्यक्ति का ज्ञान शून्य होता है, जैसे-जैसे उसके सम्बन्ध बढ़ते जाते हैं वैसे-वैसे उसके ज्ञान के स्तर में भी वृद्धि होती है। इसे *ऑसगुड* के मॉडल का विकसित रूप भी कह सकते हैं। रेखीय और चक्राकार प्रतिरूप पर हुए विवाद के प्रश्न पर *डांस* ने कहा कि **"चक्राकार दृष्टिकोण सम्प्रेषण प्रक्रिया को व्याख्यायित करने के लिए ज़्यादा सुसंगत समझ देता है।** *डांस* का मानना है कि **सम्प्रेषण अपने सर्किल पूरा करने के बाद पुनः उसी बिन्दु पर लौटता है।** उनका मानना है कि सम्प्रेषण प्रक्रिया हमेशा आगे की दिशा की ओर अग्रसर होता है।"

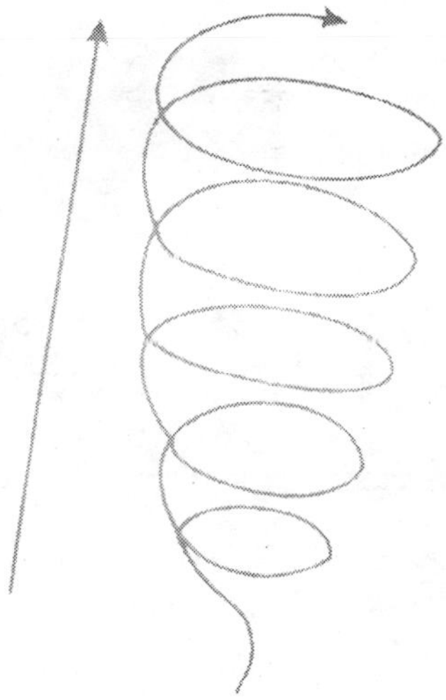

डांस का वर्तुल मॉडल

1. इस मॉडल के अनुसार नया सन्देश पुराने सन्देश की प्रवृत्ति से प्रभावित होता है। इस न्यादर्श के अनुसार व्यक्ति के ज्ञान में नये सन्देश से वृद्धि होती है।
2. सन्देश या ज्ञान में निश्चितता या शुद्धता होती है।
3. पिछले न्यादर्श के अनुसार सन्देश घूमकर वापस आ जाता है, पर *डांस* से

सन्देश प्रक्रिया को हेलिक्स (Helix) कहा। हेलीकॉप्टर के पंखों की गति तेज होने के कारण हेलीकॉप्टर ऊपर बढ़ता चला जाता है।

उदाहरण के लिए, दो व्यक्ति A और B एक बस में यात्रा कर रहे हैं। यात्रा शुरू करने के पूर्व वे एक-दूसरे से अनभिज्ञ थे। यात्रा प्रारम्भ होने पर A, B से पूछता है कि उसे कहाँ जाना है? इसी प्रकार B भी A से पूछता है। इस प्रकार दोनों को एक-दूसरे के गन्तव्य स्थल की जानकारी होती है। फिर वे एक-दूसरे के कार्य, व्यवसाय, शौक आदि के बारे में पूछते हैं। किसी विषय विशेष पर दोनों में चर्चा होती है। इस प्रकार वे दोनों एक-दूसरे के अनुभव एवं दृष्टिकोण से परिचित होते हैं। यदि वे दोनों एक ही शहर के निवासी होते हैं तो उनका एक-दूसरे के घर आना-जाना शुरू हो जाता है। यदि अलग-अलग शहर के निवासी हैं तो उनमें आपस में पत्र-व्यवहार भी शुरू हो जाता है। *डांस* ने सम्प्रेषण की इसी प्रक्रिया की सहायता से ज्ञान में वृद्धि की स्थिति को स्पष्ट किया है।

50

जनसंचार और शिक्षा

(Mass Communication and Education)

शिक्षा-जगत् में जनसंचार के माध्यम अत्यन्त उपयोगी सिद्ध हो रहे हैं। इनके मूल्यों का वर्णन निम्नलिखित प्रकार से किया जा सकता है :

1. जनसंचार के साधन विद्यार्थियों को जीवन की वास्तविकताओं से परिचित कराते हैं। टी. वी. और आकाशवाणी द्वारा प्राप्त ज्ञान छात्रों के दृष्टिकोण को विस्तृत करते हैं क्योंकि उन्हें विभिन्न क्षेत्रों से सूचना मिलती है और जीवन की ऐसी यथार्थताओं से परिचय प्राप्त होता है जो विद्यालय के बन्द कमरे में कभी प्राप्त नहीं हो सकता।
2. जनसंचार के साधन प्राथमिक सूचना देते हैं। विद्यार्थी टी. वी. द्वारा ऐसे व्यक्तियों की वाणी एवं चित्र देख लेते हैं जो देश के लिए और उनकी रुचि के लिए महत्त्वपूर्ण हैं।
3. सुनने, नोट करने एवं भाषा सम्बन्धी सुधार की दिशा में जनसंचार के साधन लाभप्रद सिद्ध होते हैं।
4. वांछित अभिवृत्तियों के निर्माण के साथ ही रुचियों के परिष्कार में ये सभी साधन सहायक सिद्ध होते हैं।
5. राष्ट्रीय एकता, साम्प्रदायिक सौहार्द और समर्पित सेवा-भावना-सम्बन्धी बातों को सरस एवं मनोरम ढंग से उपस्थित कर जनसंचार के साधन शिक्षा-जगत् में क्रान्तिकारी परिवर्तन लाने में सक्षम हैं।

संचार-प्रक्रिया के अन्तर्गत लाखों-करोड़ों की अज्ञानता, गरीबी से ऊपर उठाने तथा आर्थिक एवं सामाजिक ढाँचे को सुदृढ़ बनाने की सामर्थ्य निहित है। मानव-संसाधनों के विकास, आर्थिक विकास, शिक्षा के व्यवसायीकरण, शिक्षा के आधुनिकीकरण, सामुदायिक विकास और प्रौढ़ एवं अनौपचारिक शिक्षा के क्षेत्र में जनसंचार-माध्यम अत्यन्त उपयोगी सिद्ध होते हैं। शैक्षिक योजना और प्रशासन, संचार-साधनों की उत्पत्ति, शिक्षा-सामग्री के प्रसारण, अध्यापक वर्ग के मार्गदर्शन, विद्यार्थियों की अनुक्रिया तथा उनके मूल्यांकन कार्यों में कुशलता बढ़ाने की दिशा में जनसंचार उपयोगी है। शिक्षा ने विज्ञान को जन्म दिया है और विज्ञान ने जनसंचार-साधनों को। शिक्षा और संचार युग की अपरिहार्यता है।

राष्ट्रहित-विश्वबन्धुत्व और जनसंचार

अपि स्वर्णमयी लंका न च लक्ष्मण! मम रोचते
जननी जन्मभूमिश्च स्वर्गादपि गरीयसी।

सोने की लंका और स्वर्ग दोनों भारत के आगे तुच्छ हैं। राम और रहमान के भक्तों द्वारा 'सारे जहाँ से अच्छा हिन्दोस्ताँ हमारा' का नारा बुलन्द हुआ। 'वन्दे मातरम्', 'जय हिन्द' के पीछे मर मिटने वालों की कहानी राष्ट्र-हित में जनसंचार की

महत्त्वपूर्ण भूमिका की कहानी है। प्रसिद्ध विष्णुपुराण की पंक्तियों में बताया गया है कि भारतवर्ष सभी देशों में श्रेष्ठ है। इस राष्ट्र के सम्बन्ध में स्वयं देवताओं ने कहा–"जो लोग भारतवर्ष में मनुष्य के रूप में पैदा होते हैं, वे देवताओं से भी अधिक सुखी हैं क्योंकि वह मोक्ष के आनन्द का मार्ग है। ...उन लोगों का भाग्य अच्छा है जो पूर्ण सामर्थ्य से युक्त होकर भारत में पैदा हुए हैं।" अपने यहाँ 'माता भूमिःपुत्रोऽहं पृथिव्यां' की बात सर्वोपरि है। इसी मातृभूमि की रक्षा हेतु हमने संघर्ष किया। स्वराज्य की प्राप्ति और अन्याय, अज्ञान, प्रपीड़न को मिटाने के लिए जनसंचार के साधनों ने शक्ति और स्फूर्ति बढ़ाने के लिए शंखनाद किया। उनकी गर्जना क़ौमी आवाज़ बनकर घर-घर में पहुँची और संचार ने जन-जन में जागरण के भाव को भर दिया।

हम हैं इसके मालिक हिन्दुस्तान हमारा।
पाक वतन है क़ौम का, जन्नत से भी प्यारा॥

× × ×

हिन्दू मुसलमाँ सिख हमारा भाई-भाई प्यारा।
ये है आज़ादी का झंडा, इसे सलाम हमारा॥

शताब्दियों की परतन्त्रता से मुक्ति की व्यग्रता को जनसंचार के माध्यमों ने स्पष्ट किया। भारतमाता प्राचीन गौरव कैसे प्राप्त करे इसे बताने का कार्य जनसंचार ने किया। पूर्वजों के मुख से बातें एक पीढ़ी से दूसरी पीढ़ी तक पहुँचायी गयीं। किंवदन्ती, भोजपत्र शिलालेख के माध्यम से सन्देशों का संचरण होता था जिनसे जागृति का प्रसार होता था। व्यक्तिगत सम्पर्क से राष्ट्रीयता का संकल्प दृढ़ बनाया जाता था। *भारतेन्दु हरिश्चन्द्र, दयानन्द, मदनमोहन मालवीय, गोखले, तिलक, गाँधी* सदृश नेताओं ने एक राष्ट्र के प्रति समर्पण-भाव की सीख दी। राष्ट्रीय जीवन के विकास के लिए जिन वस्तुओं की आवश्यकता है वे सब ही प्राचीन काल में देश की संस्कृति के मुख्य माध्यम और वाहन से उपलब्ध हो जाती थीं। तीर्थयात्रा देश-प्रेम की सार्वजनिक भावना की अभिव्यक्ति है। इससे ही धार्मिक वृत्ति, भौगोलिक चेतना और राष्ट्रीय चरित्र उभरता है।

बार-बार विदेशों की दुहाई देना, उनसे अपनी तुलना करना आत्म-प्रताड़ना है, आत्मवंचना है। जनसंचार के माध्यमों ने राष्ट्र-हित में आत्मज्ञान, आत्म-विश्वास तथा आत्मोन्नति का मार्ग बताया। 'पयामे आज़ादी' का निम्नलिखित सन्देश द्रष्टव्य है :"भाइयो! दिल्ली में फ़िरंगियों के साथ आज़ादी की जंग हो रही है। खुदा की दुआ से हमने उन्हें पहली शिकस्त दी है उससे वे इतना घबरा गये हैं जितना कि पहले ऐसी दस शिकस्तों से भी न घबराते। बेशुमार हिन्दुस्तानी बहादुरी के साथ दिल्ली में आकर जमा हो रहे हैं। ऐसे मौके पर आपका आना लाजिमी है। आप अगर वहाँ खाना खा रहे हों तो हाथ यहाँ आकर धोइए। हमारा बादशाह आपका इस्तकबाल करेगा। हमारे कान इस तरह आपकी ओर लगे हैं जिस तरह रोजेदारों के कान मुआजिन के अज़ान की तरफ लगे रहते हैं। हम आपकी आवाज़ सुनने के लिए बेताब हैं। हमारी आँखें आपके दीदार की प्यासी हैं।"

उपर्युक्त पंक्तियाँ ऋग्वेद के 'यतेमहि स्वराज्ये' की पर्याय हैं। राष्ट्र-हित में जनसंचार साधनों ने उद्घोषित किया :

चहहुँ जो साँचहुँ निज कल्यान
जपहुँ निरन्तर एक ज़बान।
हिन्दी, हिन्दू, हिन्दुस्तान।

इसी भावना से उत्प्रेरित हो, अशफ़ाक साहब जेल में गुनगुनाया करते थे :

ऐ मातृभूमि! तेरी पूजा किया करूँगा
फाँसी मिले मुझे या हो जन्म कैद मेरी
बेड़ी बजा-बजाकर तेरा भजन करूँगा।

सन् 1921, 30 एवं 42 में जनसंचार के साधन पर हिन्दी पत्रों ने लिखा :

भारत के हम और हमारा भारत प्यारा।
स्वतन्त्रता है जन्मसिद्ध अधिकार हमारा॥

राष्ट्रीय चेतना का 'अभ्युदय' होते ही 'भारतमित्र', 'कर्मयोगी' बन गये। सभी ने अपनी 'मर्यादा' और 'अधिकार' की सुरक्षा हेतु 'प्रताप' दिखाया। वे 'नृसिंह' बनकर 'संसार' में 'रणभेरी' बजाते, 'शंखनाद' करते, अंग्रेज़ों के मन में 'बवंडर' उठाते फलतः 'स्वदेश' 'स्वतन्त्र' हो गया। यहाँ अब 'स्वराज्य' है जिसे 'सुराज्य' में बदलने के लिए संचार-साधनों को उत्प्रेरक का कार्य करना है। राष्ट्र के चतुर्दिक् विकास की दिशा में जनसंचार माध्यमों को निम्नलिखित पाँच रूपों में कार्यरत रहना है :

1. राष्ट्र के सतत् प्रहरी के रूप में,
2. राष्ट्र-शिक्षक के रूप में,
3. राष्ट्र-मानस के मनोरंजक एवं उन्नायक के रूप में,
4. राष्ट्रीय उत्पादन के विज्ञापन के रूप में,
5. राष्ट्र की दिव्य प्रतिमा की स्थापना हेतु देश-विदेश में मत-निर्माता के रूप में।

राष्ट्रीय विकास के लिए सात अधिकार (समता, स्वतन्त्रता, शोषण के विरुद्ध, धार्मिक, सांस्कृतिक और शैक्षिक, कुछ क़ानूनों के संरक्षण एवं संवैधानिक) और दस मूल कर्तव्यों के परिपालन हेतु संचार के साधन प्रेरणा देते हैं। राष्ट्र-ऐक्य और साम्प्रदायिक सद्‌भाव के प्रस्तुतकर्ता संचार-माध्यम ही हैं।

राष्ट्रीयता, कर्तव्य और समर्पण की भावना से सम्पृक्त सहारा मास कम्यूनिकेशन ने 15 अगस्त, 1991 को घोषित किया कि राष्ट्रीय जागरूकता हम तभी ला सकते हैं जब हम भारतीयता को अपना धर्म, अपना ईमान, अपना विश्वास, अपनी प्रेरणा समझें। राष्ट्रीय एकता का संरक्षण और उसका संवर्धन जनसंचार-माध्यमों से सुलभ होता है। बिखरे जनसमुदाय को एकता के सूत्र में बाँधने की क्षमता इसी में है। 'मिले सुर मेरा तुम्हारा तो सुर बने हमारा', 'भाति में भारतम्', 'भेद-भाव को मिटा, प्यार का मन में दीप जलाने, हमारा प्यार है अमर, हमारी एक है डगर', 'हिन्दी हैं।, हम वतन हैं, हिन्दोस्ताँ हमारा'—इन सभी गीतों से संचार-माध्यम राष्ट्र-एकता की भावना को सुपुष्ट करते हैं।

व्यक्तिगत विकास के लिए स्वाभिमान, आत्म-गौरव, आत्म-विश्वास, दृढ़ संकल्प, कर्तव्य-निष्ठा, साहस आदि की अपेक्षा है। इसी प्रकार राष्ट्र-निर्माण हेतु राष्ट्र-प्रेम, राष्ट्र-गौरव, राष्ट्र-उन्नति के प्रति लगन एवं राष्ट्र-कल्याण के लिए समर्पण और उत्सर्ग की भावना होनी चाहिए। राष्ट्र की सामूहिक चेतना के लिए राष्ट्रीय सुरक्षा और विकास के लिए हम कैसे अपने व्यक्तिगत स्वार्थ भुलायें, इसकी सीख जनसंचार के माध्यम विविध रूप में दे रहे हैं। राष्ट्र के नाम पर गर्व करना, विभिन्न भाषाओं और विविध धर्मों में अन्तर्निहित एकता की परख, वर्ग-भेद, जाति-भेद तथा स्थान-भेद को अस्वीकार कर राष्ट्र की जीवनधारा में घुल-मिलकर रहने की सीख संचार-माध्यमों से प्राप्त होती है। 'आवाज़ दो हम एक हैं', 'वन्दे मातरम्', 'जन-गण-मन अधिनायक जय हे, भारत भाग्य विधाता', 'राष्ट्रे जागृयाँ वयम्' की सद्‌भावना के प्रसारक जनसंचार माध्यम हैं। युद्ध और आपातकाल, अकस्मात् प्राकृतिक आपदा, अन्तर्राष्ट्रीय खेल-कूद प्रतियोगिता एवं किसी महान् नायक के निधन जैसी असाधारण स्थिति में जनसंचार की भूमिका उल्लेख्य होती है। दीप्त अतीत, दुर्गतिपूर्ण वर्तमान और गौरवशाली भविष्य को दिखाकर संचार-संसाधन व्यक्ति-निर्माण से राष्ट्रोत्थान का मार्ग प्रशस्त करते हैं।

सन् 1983 में नामीबिया सम्मेलन के उद्‌घाटन-भाषण में *स्व. श्रीमती इन्दिरा गाँधी* ने कहा :

'यदि सूचना शक्ति है तो यह केवल लादने वाली शक्ति नहीं है बल्कि विरोध करने वाली शक्ति भी है हमारे लिए। यह हमारे लोगों में जागरूकता बढ़ाना एवं राष्ट्रीय तथा अन्तर्राष्ट्रीय मामलों में लोगों की हिस्सेदारी के लिए एक महत्त्वपूर्ण सम्पदा का काम करती है। इससे भी ज़्यादा यह विश्व-शान्ति एवं सद्‌भाव के लिए प्रभावशाली माध्यम है।'

श्री आर.के. चटर्जी ने जनसंचार को विकास और जागरण का स्रोत बताया है :

"The activities of the mass media follow closely the developments in various fields, informing people, reacting to policies and creating the social climate in which development and nation-building programmes can take place."

देशवासियों को सूचित कर, जनहितकारी नीतियों में उनको सहभागी बनाकर, विकास हेतु सम्यक् स्थितियों के सृजन द्वारा जनसंचार राष्ट्र-निर्माण में अहम् भूमिका निभाता है। सम्प्रति अपने यहाँ विघटनकारी शक्तियाँ चारों ओर विष-वपन कर रही हैं :

इंसान की आँखों से ज़हर तैर रहा है।
वहशत के समन्दर में शहर तैर रहा है॥

ऐसी स्थिति में जनसंचार के साधन राष्ट्रीय एकता, अखण्डता और साम्प्रदायिक सद्भाव के स्वस्थ वातावरण का निर्माण करते हैं। 'सत्यं शिवं सुन्दरम्', 'बहुजन हिताय बहुजन सुखाय', 'अहर्निशं सेवामहे' के साथ संचार-माध्यम घोषित करते हैं :

लोकतन्त्रहितार्थाय विवेकालोकवर्धिनी।
उद्बोधनाय लोकस्य लोकसत्ता प्रतिष्ठिता।

अन्तर्राष्ट्रीय सद्भावना

राष्ट्र व्यक्तियों के उस समूह को कहते हैं जो किसी आन्तरिक भावना से बँधे होते हैं। प्रजातीय एकता, धार्मिक एकता, भाषाई एकता, भौगोलिक सीमा तथा राजनीतिक प्रभुत्व—इन पाँच तत्त्वों से राष्ट्र सुसंगठित होता है। राष्ट्रीय भावना या राष्ट्रीयता किसी देश के सभी नागरिकों को एकता के सूत्र में बाँधने वाली वह भावनात्मक शक्ति है जिसके अभाव में उस देश का अस्तित्त्व स्थिर नहीं रह सकता। यह एक ऐसी शक्ति है जिससे नागरिकों के पारस्परिक भेद, जैसे— जाति-भेद, वर्ण-भेद, भाषा-भेद, प्रान्त-भेद सभी समाप्त हो जाते हैं। देश के प्रति, देशवासियों के प्रति, उस देश की भाषा एवं संस्कृति के प्रति प्रेम और निष्ठा ही राष्ट्रीय भावना के प्रमुख तत्त्व हैं।

जनसंचार के विविध साधन आज राष्ट्रधर्म के विकास के साथ अन्तर्राष्ट्रीय सद्भावना के आदर्श को प्रस्तुत कर रहे हैं। विभिन्न कार्यक्रमों द्वारा अब बताया जाता है कि :

1. विश्व में शान्ति और सह-अस्तित्त्व की आवश्यकता है ताकि सबको स्वतन्त्रता, न्याय और विकास के अवसर मिल सकें।
2. तकनीकी प्रगति अन्तर्राष्ट्रीय सहयोग से ही सम्भव है।
3. प्रत्येक हृदय में मानव-मात्र सुख-शान्ति के प्रति गहरी आस्था अपेक्षित है।
4. विश्वयुद्ध छिड़ा तो मानवता का विनाश निश्चित है।
5. वर्ग, वर्ण, सम्प्रदाय, धर्म का भेद संकीर्णता का द्योतक है।

अन्तर्राष्ट्रीय सद्भाव, विश्वबन्धुत्व, विश्वमैत्री, विश्व-धर्म, विश्व नागरिकता की भावना को विकसित करने के लिए जेनेवा के 'स्कूल ऑफ ह्यूमैनिटी', अल्प-कालीन अध्ययन-यात्रा और परिचर्याओं की आवश्यकता है ताकि 'ज़ियो और जीने दो' 'विश्व का कल्याण हो', 'वसुधैव कुटुम्बकम्', 'सर्वे भवन्तु सुखिनः' के नारे सार्थक हों। स्काउट, रोटरी, लॉयंस, यूनेस्को, विश्व स्वास्थ्य संगठन की गतिविधियों के प्रचार-प्रसार द्वारा संचार-साधन राष्ट्रीयता के साथ ही अन्तर्राष्ट्रीयता की भावना को प्रबल बनाते हैं।

51

पारम्परिक जनसंचार

(Traditional Mass Communication)

'देशी भाषा का अनादर राष्ट्रीय आत्महत्या है।' —*महात्मा गाँधी*

× × ×

"जब-जब कवि-प्रतिभा मन्द पड़ जाती है, प्रजा का उत्साह क्षीण होने लगता है और शिक्षा का निर्झर सूखने लगता है, तब-तब देश के नेतागण लोक-साहित्यरूपी गंगोत्री के पास जाकर तपश्चर्या करते देखे गये हैं। चाहे शेक्सपीयर से पूछो, चाहे शिलर से–वे यही कहेंगे कि लोक-साहित्य ही तुम्हारा गुरु है।"

× × ×

"लोक-साहित्य उस निर्मल दर्पण के समान है जिसनें जनता-जनार्दन का अखिल तथा विराट स्वरूप दिखाई पड़ता है।"

× × ×

"लोक-मस्तिष्क ने अपने इतिहास की कड़ियाँ अपने गीतों में, अपनी कथाओं में जोड़ी हैं। लोक-गाथाएँ तो एक रूप से इतिहास की प्रचुर सामग्री से सम्पन्न हैं। लोक-कथाएँ तथा लोक-गीत तो मानव समाज के अनेक संस्कारों के लिए वैदिक मन्त्रों का कार्य करते हैं।"

× × ×

"The folk media are the closest to the hearts and minds of the masses and so their appeal is at a personal, intimate level." —*Keval J. Kumar*

पारम्परिक माध्यम ग्राम्य संस्कृति की देन है जिसकी मौलिकता तथा विश्वसनीयता अटूट है। जनसंचार के पारम्परिक माध्यम देशवासियों के धार्मिक, सांस्कृतिक, ऐतिहासिक एवं सामाजिक जीवन के अत्यन्त निकट होते हैं। इनकी विषय-वस्तु जनसामान्य की परम्परा, रीति-रिवाज, उत्सव और समारोह से सम्बद्ध बातें होती हैं जिसमें रोचकता एवं अपनापन होता है। 'निज कवित्त केहि लागि न नीका। सरस होहिं अथवा अति फीका' के अनुरूप अपनी बातें अपने आदिम रूप में सभी को प्रिय होती हैं।

पारम्परिक जनसंचार के माध्यम ग्राम्य संस्कृति की उपज हैं। लोक-कलाओं का उद्‌भव और विकास अनपढ़, अकृत्रिम ग्रामीण जनता के बीच हुआ। ग्रामीण परिवेश में उद्‌भूत जनसंचार के माध्यमों में पाठकों, श्रोताओं और दर्शकों से तादात्म्य की भावना स्थापित कर लेते हैं जैसा कि *मैकब्राइड आयोग* (सन् 1988) का कथन है :

"जनसामान्य के प्रति अपने व्यापक आकर्षण और लाखों निरक्षर लोगों के गहनतम संवेगों को छूने के अपने गुण की दृष्टि से गीत और नाटक का माध्यम अद्वितीय होता है।"

वस्तुतः अपनी गाथा अपनी भाषा में सबको प्रिय लगती है। गोस्वामी तुलसीदास की कृति के पीछे यही कारण है :

गीत तुलसी ने लिखे तो आरती सबकी उतारी।
राम का तो नाम है गाथा कहानी है हमारी ॥

पारम्परिक माध्यम ग्रामवासियों में नशा, निरक्षरता, अन्धविश्वास, कुपोषण, दहेज आदि सामाजिक बुराइयों के विरुद्ध जागृति पैदा करते हैं इसीलिए नूतन इलेक्ट्रॉनिक जनसंचार द्वारा पारम्परिक प्रदर्शनात्मक कलाएँ समादृत हो रही हैं।

कठपुतली

कठपुतली के खेल, गाँव-नगर, अमीर-गरीब, राजदरबार या धर्मस्थलों पर समान रूप से प्रदर्शित होते आ रहे हैं। आज सुविकसित परिवारों में गुड्डे की शादी रचायी जाती है। इन्हीं खिलौनों द्वारा बच्चे नाना प्रकार की परिस्थितियों को नाटकीय रूप देकर अपना मन बहलाते हैं। इन सब आकृतियों में कठपुतली का स्थान अत्यन्त महत्त्वपूर्ण है।

मानवीय पात्र रंगमंच पर अपनी अभिनय-कुशलता से असली होने का भ्रम पैदा करते हैं। दर्शकों का आनन्द विभोर हो जाना, रो पड़ना—ये सब अभिव्यक्ति का भ्रम है क्योंकि वे असली होते हुए भी असली नहीं हैं। कठपुतलियाँ ठीक इसके विलोम हैं। वे ऊपर-नीचे, दायें-बायें हर परिस्थिति में असल हैं। यदि कोई कठपुतली एक वृद्धा का अभिनय करती है तो वह सदा वृद्धा ही रहेगी। वह बालिका या युवती नहीं बन सकती। इसलिए कठपुतली नाट्य का अभिनय करने वाली कठपुतलियाँ वास्तविक हैं जबकि मानवीय रंगमंच पर कार्यरत पात्र झूठे हैं, नकल हैं।

कठपुतलियों के प्रदर्शन से निम्नलिखित कार्य होते हैं :

1. मनोरंजन
2. शिक्षा
3. आत्म-प्रदर्शन
4. सामाजिक कार्य।

राष्ट्रीय एकता, साम्प्रदायिक सौहार्द, स्वास्थ्य, कृषि, साक्षरता, उद्योग से सम्बद्ध विषयों को बड़े प्रभावशाली ढंग से कठपुतली द्वारा समझाया जा सकता है। कठपुतलियाँ नृत्य, गान प्रस्तुत करती हैं, दर्शकों को नया विचार देती हैं। इस प्रकार सामाजिक परिवर्तन में उनकी भूमिका महत्त्वपूर्ण है।

धागों से थिरकती मूक कठपुतलियाँ लोक-कथाओं को नृत्य और तमाशे के द्वारा अभिव्यंजित करती हैं। लोकरंजन के साथ मद्यनिषेध, परिवार-कल्याण, दहेज जैसी कुरीतियों के प्रति जन-जन को चैतन्य करने में इनकी प्रभावी भूमिका है।

कुछ विद्वानों का मत है कि नाटक की उत्पत्ति इसी भारतीय कठपुतली खेल से हुई। भारत से ही यह कला विश्व में फैली। सन् 1206 के आस-पास कुतुबुद्दीन ऐबक के जमाने में इस कला का प्रचलन था। अकबर के राज्य में इसे प्रचुर प्रतिष्ठा प्राप्त थी। राजस्थान में इसे परम्परागत हस्तशिल्प की अनूठी सौगात माना जाता है। कलात्मक चित्रांकन से युक्त कठपुतलियों के मूल निर्माता गरासिया और बंजारे जाति के लोग हैं। इनका प्रधान कार्य गाना-बजाना ही है। पूरे विश्व में उदयपुर की बनी कठपुतलियाँ स्पृहणीय होती हैं।

विदेशों में कठपुतली प्रशिक्षण केन्द्र चल रहे हैं। भारत सरकार के सांस्कृतिक विभाग द्वारा 'रूपांकन' योजना में जिसमें कठपुतली पर यदा-कदा ध्यान दे दिया जाता है। उत्तर प्रदेश के साक्षरता निकेतन, लखनऊ ने इस दिशा में कुछ कार्य किया है लेकिन उसकी सार्थकता पर प्रश्नचिह्न लगा हुआ है। केन्द्र और प्रान्त की सरकारें पारम्परिक माध्यमों को सुपुष्ट करने में सम्भवतः इसलिए कतरा रही हैं कि लोग कहीं 'लकीर के फकीर' के रूप में शासन को न समझ लें। गुजरात की सरकार

अपने प्रान्त के सभी विद्यालयों में कक्षा 8 तक कठपुतली-कला का प्रशिक्षण दे रही है। सांस्कृतिक चेतना के विकास के लिए 'कठपुतली' शिक्षा को महत्त्व देना चाहिए।

कठपुतलियाँ हास्य, रोमांच, कल्पना और उल्लास को व्यक्त करती हैं जिसमें पात्रों के चाक्षुषीकरण और नाटकीकरण पर सफलता मिलती है। कठपुतली में कौशल और कल्पना का संगम होता है। कठपुतलियों को वास्तविक जीवन-पात्रों की तुलना में संगठित करना आसान है। इसके प्रदर्शन हेतु कम पूर्वाभ्यास की आवश्यकता होती है। एक दन्त-कथा के अनुसार पार्वती ने स्वयं के लिए एक गुड़िया बनायी तथा उसे एक पहाड़ी में छिपा दिया। शिव ने छिपायी गुड़िया को देख लिया तथा उसकी अद्वितीय सुन्दरता से मन्त्रमुग्ध हो गये। शिव ने उसमें जीवन का संचार कर उसे पृथ्वी पर भेजा ताकि मानव आनन्द प्राप्त कर सके।

कठपुतलियों का प्रयोग प्राचीन चीनी त्योहारों और मिस्र के मकबरों में किया जाता था। प्राचीन इजरायली साहित्य से भी इसका उल्लेख प्राप्त होता है।

कठपुतलियों का मुख्य लक्ष्य मनोरंजन है। कठपुतली-कलाकार अपने हाथ में कठपुतलियों के काल्पनिक प्रयोग द्वारा अपनी भावनाओं को सम्प्रेषित करता है।

कठपुतलियाँ चार तरह की बनायी जाती हैं :

(क) धागेवाली कठपुतली (String Puppet) : इसकी भुजाओं, पैरों और घुटनों में जोड़ होते हैं जिससे कठपुतली लचकदार होती है। लकड़ी, काग़ज़, तार, धागा, चिथड़े और बुरादे से निर्मित कठपुतली धागों से लटकती रहती है। धागे कठपुतली के विविध अवयवों से जुड़े रहते हैं जिनका नियन्त्रण कलाकारों द्वारा होता है। इस प्रकार की कठपुतली में हस्तकौशल और अभ्यास की ज़रूरत होती है। धागे वाली कठपुतली को 'मेरियोनेट' भी कहा जाता है।

(ख) छड़ी वाली कठपुतली (Rod Puppet) : इस प्रकार की कठपुतलियाँ पश्चिम बंगाल में प्रचलित हैं। जापान और यूरोप के देशों में भी इनका प्रचलन है। आकार में बड़ी कठपुतली छड़ों की सहायता से संचालित होती है। कठपुतलियाँ कपड़े या काग़ज़ों से निर्मित होती हैं। इस प्रकार की कठपुतली के बनाने और इनके संचालन में आसानी रहती है।

(ग) दस्ताने वाली कठपुतली (Glove Puppet) : व्यक्ति के हाथों से गतिशील कठपुतलियाँ जीवन्तता से परिपूर्ण होती हैं। कठपुतली के सिर और उसके दो हाथ कलाकार के हाथों से संचालित होते हैं तथा उनके हाथ वस्त्र से आच्छादित रहते हैं। सरल और सामान्य प्रकार की कठपुतली सर्वत्र प्रचलित है। एक ही व्यक्ति दो पुतलियों को एक बार नचा सकता है : एक उसके दायें हाथ पर और दूसरी बायें हाथ पर। संचालक अपनी आवाज़ बदलकर दो कठपुतलियों में वार्तालाप करवाता है।

(घ) छाया कठपुतली (Shade Puppet) : यह कठपुतली चमड़े, प्लास्टिक या टीन से निर्मित होती है और इसकी छाया एक परदे पर पड़ती है। इस कठपुतली के अभिनय का नियन्त्रण छड़ों द्वारा होता है। आन्ध्र प्रदेश, कर्नाटक और उड़ीसा में इस छाया कठपुतली की लोकप्रियता है।

कठपुतली नाटक में रहस्य-रोमांच, प्रतिमा, हास्य, संगीत, गीत और नृत्य का पुट रहता है। कम खर्चे में भारत की सांस्कृतिक विरासत को पुष्ट करने तथा सामाजिक जागरण को बढ़ावा देने की दिशा में कठपुतलियों का योगदान उल्लेख्य है।

कठपुतली को प्रदर्शित करते समय निम्नलिखित बातों पर विशेष ध्यान दिया जाता है :

1. कठपुतली के खेल द्वारा श्रोताओं और दर्शकों के प्रतिदिन की जीवन की परिस्थितियों को प्रस्तुत करना चाहिए।
2. कठपुतली के प्रदर्शन के समय भाषा, दृश्य तथा अभिनय के अंश संक्षिप्त होने चाहिए।
3. श्रोताओं-दर्शकों की रुचि को बनाये रखने के लिए आवश्यक है कि बीच-बीच में मनोरंजक दृश्य दिखाये जायें।
4. क्षेत्रीय गानों, वाद्यों, कविताओं के प्रयोग से कठपुतली-प्रदर्शन को लोकप्रिय बनाना चाहिए।
5. जो पात्र आवाज़ के लिए चुने गये हों उनको परिस्थिति के अनुरूप आवाज़ बदल-बदलकर बोलना चाहिए।

कठपुतली-प्रदर्शन के लाभ

1. कठपुतली को बनाने और उसके प्रयोग करने में आसानी होती है।
2. इसमें व्यय कम होता है।
3. थोड़े से कार्यकर्ताओं (पात्रों) से काम चल जाता है।
4. कठपुतली-प्रदर्शन में किसी विशेष प्रशिक्षण या डिग्री प्राप्त करने की आवश्यकता नहीं होती।
5. छोटे-बड़े, शिक्षित-अशिक्षित सभी प्रकार के लोग इसमें रुचि लेते हैं।

यद्यपि समूह संचार के लिए कठपुतली बहुत उपयोगी है लेकिन इसके माध्यम से समग्र सूचनाएँ या सामग्री एक साथ नहीं दिखायी जा सकतीं। कठपुतली पात्रों की क्रिया में तो परिवर्तन किया जा सकता है लेकिन अभिनय के अनुसार चेहरा बदलना कठिन है। संचार के इलेक्ट्रॉनिक माध्यम दूरदर्शन ने 'पोटली बाबा की' के प्रदर्शन द्वारा पारम्परिक माध्यमों को लोकप्रिय बनाने का स्तुत्य प्रयास किया है।

लोक-साहित्य

जगत् की रहस्यमय पहेली को सुलझाने हेतु इतिहास के ग्रन्थ मूक हैं, शिलालेख और ताम्रपत्र मलिन हैं, ऐसी तमसाच्छन्न स्थिति में लोक-साहित्य ही दिशा-निर्देश करता है। चाहे किसी भी प्रान्त की बोली हो, सभी की दृष्टि एक है, सबका मूल स्वर एक है। तात्त्विक एकता के आधार पर अपने राष्ट्र की एकता, भावात्मक एकता, सांस्कृतिक एकता की सुदृढ़ आधारभूमि लोक-साहित्य में ही प्राप्त होती है। नारी-कंठ से निःसरित लोक-साहित्य अखण्ड एकता का परिचायक है जैसा कि *डॉ. वासुदेवशरण अग्रवाल* ने लिखा है :

"भले ही आकाश के खण्ड हो सकें, किन्तु भारतीय स्त्री का हृदय जिन आदर्शों एवं भावनाओं से प्रतिपादित हुआ है, उनका बँटवारा नहीं हो सकता। भारतीय स्त्री ही अधिकांश लोकगीतों की कवयित्री ऋषिका है। उस मंगल्यानी गँवारिन के सुरीले कंठ की अमृत ध्वनि गीतों के रूप में मूर्त है। इस मंगलमयी गीतकारिणी की भाषा के अनेक रूप हैं, किन्तु उनमें छिपे हुए अर्थों का रूप एक है।"

गाँवों में व्याप्त ग्रामीण तथा जनजातियों की संस्कृति को लोक-संस्कृति के नाम से पुकारा जाता है। यह एक ऐसी जीती-जागती वस्तु है जिसके द्वारा लोक की आत्मा खेलती है। लोक-संस्कृति गीतों, कथाओं, नृत्यों, कहावतों, रीति-रिवाजों, मेले, ऋतु-पर्वों के रूप में प्रचलित है। यह पीढ़ी-दर-पीढ़ी हस्तान्तरित होती रहती है। भारत की लोक-संस्कृति कृषि-जीवन पर आधारित है।

जनसंचार का एक उद्देश्य आनन्द या मनोरंजन है जिसकी पूर्ति में लोकवार्ता के विविध साधनों का प्रयोग होता है। अपने दैनिक कार्यों में संलग्न मानव कभी-कभी आनन्द के लिए व्यग्र हो जाता है। लोक-साहित्य में ही उसे तृप्ति प्राप्त होती है। इस तरह लोक-साहित्य एवं मनोरंजन में अटूट सम्बन्ध है। लोक-साहित्य के प्रत्येक क्षेत्र में मनोरंजन, मन-बहलाव, हँसी-खुशी आनन्द की प्रवृत्ति की प्रधानता होती है। आत्मानुभूति के लिए, श्रम-निवारण के लिए, आनन्दानुभूति के लिए लोक-साहित्य, अपरिहार्य है।

आनन्द की प्राप्ति ही मानव-जीवन का पुरुषार्थ है। मानव-जीवन में आनन्द रहे, इसलिए लोक-साहित्य अपरिहार्य है। लोक मानव को तृप्त करने और लोक-मनोरंजन के हेतु लोक-साहित्य की अभिवृद्धि आवश्यक है। जो वस्तुएँ लोक के चित्त से सीधे उत्पन्न होकर सर्व साधारण को आन्दोलित, चालित और प्रभावित करती हैं, वे ही लोक-साहित्य, लोक-शिल्प, लोकनाट्य, लोक-कथानक आदि नाम से पुकारी जाती हैं। सभ्यता से दूर रहने वाली निरक्षर जनता की आशा-निराशा, सुख-दुःख की अभिव्यक्ति जिस साहित्य में सुलभ होती है वही लोक-साहित्य है। लोक-साहित्य की निम्नलिखित विशेषताएँ हैं :

1. यह मौखिक परम्परा से विकासशील प्रक्रिया में रहता है।
2. उसकी शैली अनलंकृत होती है।
3. उसका रचयिता और रचना-काल अज्ञात रहता है।
4. प्रचार या उपदेश की प्रवृत्ति उसमें नहीं पायी जाती है।
5. लोक-साहित्य में सबके प्रति सहिष्णुता मिलती है।

लोक-साहित्य अत्यन्त विस्तृत है। सामान्य जन जिन शब्दों में गाते हैं, रोते हैं, हँसते हैं, खेलते हैं उन सबको लोक-साहित्य के अन्तर्गत रखा जा सकता है। जन्म से मृत्यु तक स्त्री, पुरुष, बच्चे, जवान, वृद्ध की गतिविधियों का यह मौलिक अभिलेख (दस्तावेज़) है।

लोकगीत और जनसंचार

'लोक' शब्द का अर्थ जन, संसार, समाज होता है। इसे अंग्रेज़ी में फोक (Folk) कहते हैं। जो लोग आडम्बर और परिष्कार से दूर रहकर अपनी पुरानी स्थिति में रहते हैं, उन्हीं को 'लोक' कहा जाता है। लोक-संस्कृतियाँ लोकवार्ता (फोकलोर) में लोक-साहित्य, लोकजीवन के रीति-रिवाज और लोक-जीवन में प्रचलित विश्वास सम्मिलित हैं। 'लोकवार्ता' के अन्तर्गत निम्नलिखित बातें आती हैं :

1. लोकगीत, लोककथाएँ, धर्मगाथा, कहावतें, पहेलियाँ आदि।
2. रीति-रिवाज, त्यौहार, पूजा-अनुष्ठान, व्रत आदि।
3. जादू-टोना, टोटके, भूत-प्रेत सम्बन्धी विश्वास आदि।
4. लोकनृत्य, लोकनाट्य तथा आंगिक अभिव्यक्ति।
5. बालक-बालिकाओं के विविध खेल, ग्रामीणों के खेल आदि।

लोकगीत लोक में प्रचलित, लोक द्वारा रचित और लोक के लिए लिखे गये गीत हैं। यह लोकजीवन की अनायास प्रवाहात्मकता की अभिव्यक्ति है जो सुसभ्य प्रभाव से दूर रहकर आदिम अवस्था में है। शास्त्रीय विधि-विधानों से हटकर मानव जब अपने आनन्द की तरंग में छन्दोबद्ध वाणी सहज ही अभिव्यक्त करता है तो वही लोकगीत है। भोजपुरी की धरती ने निम्नलिखित लोकगीत द्वारा स्वदेश प्रेम को जन-जन में भर दिया–

सुन्दर सुभूमि भैया भारत के देसवा से
मोरे प्रान बसे हिम खोह रे बटोहिया।
अपर प्रदेस देस सुभग सुघर वेस
मोरे हिन्द जग के निचोड़ रे बटोहिया॥

क्रान्ति की ज्वाला भड़काने में निम्नलिखित लोकगीत की पंक्तियाँ अविस्मरणीय बन गयीं :

सन् सत्तावन में भारत की गुस्सा गयी जवानी खाय।
झाँसी वाली रानी ने ले तेग दुधारी हाथ उठाय।
दन-दन गोला गोली छूटें धाँय-धाँय तोपें थर्राय।
कट-कट मूड़ गिरे धरती पे देख फ़िरंगी दहशत खाय॥

लोकगीतों ने लोक में प्रचलित कुरीतियों के प्रतिरोध में अपने स्वर मुखरित किये–

बाल-बिआह जनु करु मोरे बाबा हो;
बाल-बिआह दुःख के खानि हो।
बैलवा से बछिया ना जोरहु बाबा हो;
मानहु बिनती हमार हो।

इलेक्ट्रॉनिक संचार-माध्यम यदि भूले-भटके लोक में पहुँचता है तो लोक-संस्कृति की विविधता, भोले-भाले पात्रों के आकर्षण, लोकवाणी के प्रकम्पन और माधुर्य से वह सराबोर हो जाता है।

जनसंचार के माध्यम अपने देश को अन्तरिक्ष से जोड़ रहे हैं। 21वीं सदी में पैर रखने वाले भारत देश को यदि इसके पुराने लोकगीतों से भी सम्पृक्त किया जाये तो जनसामान्य के मानस का उन्नयन होगा। प्राचीन और नवीन के सामंजस्य से जनसंचार-माध्यम राष्ट्र के नागरिकों को सुशिक्षित कर सकता है, उन्हें प्रगति-पथ पर अग्रसर कर सकता है, उनका स्वस्थ मनोरंजन कर सकता है।

लोकगीत सामयिक समस्याओं को मुखर बनाते हैं। *डॉ. अमरनाथ वाजपेयी* द्वारा विरचित 'लरिकन के बजार' की निम्नलिखित पंक्तियाँ द्रष्टव्य हैं :

जइसे गाई, भईंसी, घोड़ा, ऊँट बिकै मेलन माँ
हाटन बिकात फल-फूल तरकारी है।
वइसे घर-घर माँहि लरिकन कै बजार
हँसी-खुशी बेंचि रहे बाप-महतारी हैं।
अधिकारी, डॉक्टर कतहुँ जो अभियन्ता भयो
लाखन माँ बात सुनि दाम सिर भारी है।
जिनके सपूत में कमाऊँ तिनके हैं ठाठ
पर घरु जारि निजे गेह को सँवारी है।

एक बहू जरै तो जरावौ दस दुष्ट नर
सीख देहु पापिन्ह का देर न लगाइए।
मुँह बाये परधन हेतु, जउनि लोभी जन
झाँसा दइ तिन्ह कहुँ सबक सिखाइए।
रूप गुन देखि कन्या हेतु, ख्वाजे सुभवर
सोने माँ सोहागा को संजोगु मिलवाइए।
दुलहा बिकाऊ ते न पूर होई कउनो काम
गुनी और विवेकी संग भाँवर डराइए।

मर्यादाओं के वृत्त और टीसती हुई सच्चाइयों से सन्दर्भित पंक्तियाँ द्रष्टव्य हैं :

तीतर बरनी बादरी, विधवा पान चबाय।
ऊ पानी लै आवै, ई पानी लै जाय॥

लोकगीतों में वैज्ञानिकता है, घाघ भड्डरी की बातें मौसम विज्ञान से सम्बद्ध हैं :

करिया बादर जिउ डरवावइ। भूरा बादर पानी लावइ॥
लाल पियर जब होय अकास। तब नाहीं वर्षा से आस॥

डॉ. कृष्णदेव उपाध्याय ने संस्कार, रसानुभूति, ऋतु-व्रत-पर्व, विविध जाति तथा क्रिया-विधान के आधार पर लोकगीतों का वर्गीकरण किया है। सोहर, झूमर, बारहमासा, पँवरिया, होली, चैती, कजरी, जँतसारी, राधेश्यामी, गारी, बिरहा, कीर्तन, निर्गुण, पूर्वी, आल्हा, भरथरी, लोरिकायन, छठ-गीत, डोमकच, जट्ट-जट्टिन आदि लोकधुनों में लोक की ज़िन्दगी थिरकती है।

लोकगीत बच्चों को अधिक आकर्षित करते हैं। बिल्ली मौसी, कौआ काका, सर्प, हाथी, बन्दर मामा और अनेक पशु-पक्षियों से सम्बद्ध लोकगीतों द्वारा सद्‌गुणों के प्रचार-प्रसार में सहायता होती है। पारम्परिक बालगीतों में ऐतिहासिक सत्य प्रस्तुत होते हैं। वाराणसी में *वारेन हेस्टिंग्स* को पराजित होना पड़ा जिसे बालकों के मुँह से सुना गया–

घोड़े पै हौदा औ हाथी पै जीन।
जल्दी से भाग गैल वारेन हेस्टीन॥

अवधी, ब्रज, भोजपुरी, छत्तीसगढ़ी, गढ़वाली, कुमाँऊनी, बुन्देलखण्डी बोलियों में ग्राम्य जीवन की झाँकी मिलती है। नगरों में प्रायःखड़ीबोली में पारम्परिक गीत मिलते हैं। ढोलक, तबला, मजीरा, सारंगी, डमरू, खँजड़ी, झाँझ, घट थाली, ढप, इकतारा, तुम्बी बीन, करताल, हारमोनियम जैसे वाद्यों की सहायता से लोक-गायक जन्म से मृत्यु तक पालन-पोषण, अनुष्ठान, व्रत, यात्रा, विविध क्रिया-कलापों से सन्दर्भित गीत गाते हैं। लोक में प्रचलित गीत, लोकसर्जित गीत, लोक-विषयक गीतों में लोक-मानस की लयात्मक अभिव्यक्ति, लोक-कामना की स्वतः स्फूर्तिजन्य अभिव्यक्ति एवं लोक-जीवन का प्रतिबिम्ब प्राप्त होता है। लोकगीतों में सामूहिक प्रवृत्ति अधिक व्यापक होती है। अकृत्रिमता, सामूहिक भाव-भूमि, परम्परात्मकता तथा संगीतात्मकता ही लोकगीतों की विशेषता है। समाज में लोकतन्त्र की भावना को सुपुष्ट करने में लोकगीत की रचनात्मक भूमिका है। लोकगीतों की रचना व्यक्ति नहीं, समूह करता है। यदि कोई एक व्यक्ति करता है तो वह समूह से तादात्म्य स्थापित कर लेता है। लोकगीतों में रचनाकार का नितान्त अभाव रहता है।

लोकगाथा

लोकतत्त्व, गेयता तथा कथातत्त्व का समावेश 'लोकगाथा' में रहता है। अंग्रेज़ी में बैलेड (Bailed) इसका पर्याय है। बैलेड लैटिन के 'बैलेर' से बना है जिसका अर्थ 'नाचना' होता है। बैलेड गीत गाते समय नृत्य भी होता था, अब नृत्य लुप्त हो गया है तथा कथात्मक गीत ही बैलेड के रूप में जाने जाते हैं। बैलेड छोटे पदों में रचित एक ऐसी स्फूर्तिदायक कविता है जिसमें कोई लोकप्रिय कथा हो तथा जो अत्यन्त ही सजीव रीति से कही गयी हो। भारतीय लोकगाथाओं की निम्नलिखित विशेषताएँ हैं :

1. रचनाकार तथा रचनाकाल का अज्ञात होना।
2. लोककंठ पर अवस्थित और उत्पन्न होना।
3. लोकबोली, मुहावरों, कहावतों का प्रयोग।
4. लोकछन्द जिसमें तुक की लापरवाही हो।
5. भावनात्मकता और कल्पना का आधिक्य।
6. मौखिक परम्परा और लघु या दीर्घ सूची कथा की अभिव्यक्ति।

लोकगाथाओं के तीन प्रकार हैं :

1. प्रेम कथात्मक गाथाएँ : भरथरी-चरित्र, ढोला-मारू, हीर-राँझा।
2. वीर कथात्मक गाथाएँ : आल्हा, लोरिकायन, विजयमल।
3. रोमांच कथात्मक गाथाएँ : सोरठी।

लोकगीत आकार में लघु होते हैं जबकि लोकगाथा दीर्घाकार। एक में एक ही वर्ण्य-वस्तु होती है जबकि दूसरे में विविध घटनाओं और अनुभूतियों का चित्रण मिलता है। एक लोकगीत में एक ही रस मिलता है जबकि लोकगाथा में अनेक रस एक साथ मिलते हैं। परम्परा, विषय-प्रधानता तथा व्यक्तित्त्वहीनता से पूर्ण लोकगाथाएँ प्राचीनता, कौटुम्बिकता, अलौकिकता तथा गेयता से परिपूर्ण हैं।

लोककथा (Folk Tales)

लोककथा लोक-प्रचलित उन कथानकों को कहते हैं जो मौखिक या लिखित परम्परा से क्रमशः एक पीढ़ी से दूसरी पीढ़ी को प्राप्त होते हैं। लोककथाओं के 6 वर्ग हैं।

(क) उपदेश कथा, (ख) व्रत कथा, (ग) प्रेम-कथा, (घ) मनोरंजन कथा, (च) सामाजिक कथा, (छ) पौराणिक कथा।
उपर्युक्त लोककथाओं की निम्नलिखित विशेषताएँ होती हैं :

1. प्रेम का पुट
2. मंगल-कामना की भावना
3. रहस्य, रोमांच एवं अलौकिकता की प्रधानता
4. वर्णन की सहजता
5. संयोग में कथाओं का अन्त
6. भाग्यवाद और कर्मवाद का समन्वय
7. प्रकृति-चित्रण का बाहुल्य।

जिन लोककथाओं में पशुओं की विविध प्रक्रियाओं के माध्यम से मानव को उपदेश दिया जाता है, उन्हें फेबुल (Feble) कहते हैं। 'कथा सरित्सागर', 'जातक', 'पंचतन्त्र' और 'हितोपदेश' अपने देश की ऐसी लोककथाएँ हैं जिनमें नैतिक शिक्षा और उपदेश प्राप्त होते हैं। परी कथा (Fairy Tale) मोह लेने वाले अशरीरी प्राणियों, अप्सराओं, परियों से सम्बन्धित कथा परी कथा है। किसी साधु पुरुष या धर्म के नाम पर बलिदान होने वाले वीर बाँकुड़ों की जीवन-कथा को लीजेंड कहते हैं। गोपीचन्द, भरथरी, विक्रमादित्य की कथाएँ लीजेंड की श्रेणी में आती हैं। प्राचीन काल की घटनाओं पर आधारित लोककथाओं को मिथ (Myth) के नाम से पुकारा जाता है। जन-समूह की धार्मिक आस्था, सृष्टि की घटना और जनता की अलौकिक कृतियों से इसका सम्बन्ध होता है। 'रामायण की कथा', 'महाभारत की कथा', 'सत्यनारायण की कथा' आदि कथाओं ने भारतीय संस्कृति के उज्ज्वल पक्ष को प्रस्तुत किया है जिसे आकाशवाणी, दूरदर्शन द्वारा प्रचारित किया जा रहा है।

लोक-नाट्य

लोक-नाट्य लोक-रंजन का आडम्बरहीन साधन है जो शिष्ट मंच से अपेक्षाकृत निम्न स्तर का, परन्तु जनसमूह के हर्षोल्लास से सम्बद्ध है। लोक-नाट्य निम्नलिखित 3 प्रकार के होते हैं :

1. नृत्य प्रधान लोक-नाट्य, जैसे– 'विदेसिया', 'कीर्तनिया'।
2. संगीतप्रधान लोक-नाट्य, जैसे– 'तमाशा', 'शेखावटी'।
3. स्वाँगप्रधान लोक-नाट्य, जैसे– 'भगत', 'नकल', 'बहुरूपिया'।

ऐतिहासिक, धार्मिक, सामाजिक और हास्यप्रधान लोक-नाट्यों द्वारा जनमानस में एक अद्‌भुत जीवनी-शक्ति का संचार होता है। लोकवाणी के प्रयोग, पात्रों की उल्लासपूर्ण भाव-मुद्राएँ, लोक-संगीत की लहरी, लोकगायकों की ऊँची-पैनी, स्वर-लहरी दर्शकों का मन मोह लेती है। इनके द्वारा मनोरंजन, श्रम-परिहार और प्रेम-संचार होता है। *भरतमुनि* ने ठीक ही लिखा है :

श्रमार्त्तानां, दुःखार्त्तानां, शोकार्तानां, तपस्विनाम्।
विश्राम जननं काले नाट्यमेतद्‌भविष्यति॥

लोक-नाट्यों में भारतीय आत्मा का निवास है। जनसंचार-माध्यम यदि परम्परागत लोक-नाट्यों को प्रश्रय दें तो भारत का जनसमूह पाश्चात्य भौंड़े प्रदर्शनों से विरत हो सकता है। शिल्प के आधार पर विविध जनपदों के लोकनाट्यों का वर्गीकरण निम्नलिखित रूप में किया जा सकता है :

1. धार्मिक नाटक (रामलीला)
2. ऐतिहासिक नाटक (अमरसिंह राठौर, हरिश्चन्द्र)
3. नृत्यप्रधान नाटक (रासलीला)
4. प्रेमप्रधान नाटक (नौटंकी)
5. हास्यप्रधान नाटक (बहुरूपिया, भाँड़)

लोक-नाट्य की विशेषता उसके लोकधर्मी स्वरूप में निहित है। यह मिले-जुले जन-समाज का मंच है जिससे जनसंचार सहज स्वरूप ग्रहण करता है।

यूरोप में 2500 वर्षों पूर्व यूनानी रंगमंच का प्रादुर्भाव हुआ जो जनसंचार का माध्यम बना। *एस्कीलस* और *सोफोक्लीज़* जैसे नाटककार उस समय की देन थे। अपने देश में विविध प्रान्तों में विविध लोक-नाटक प्राप्त होते हैं। नौटंकी (उत्तर प्रदेश), जाचा (बंगाल), मंच (मध्य प्रदेश), यक्षगण (कर्नाटक), थेंरुकुठु (तमिलनाडु), तमाशा (महाराष्ट्र), भवाई (गुजरात) आदि लोक-नाटक हैं जो परम्परागत जनसंचार के महत्त्वपूर्ण साधन हैं। अपने देश के प्रसिद्ध नृत्य, जैसे— कत्थक, कथकली, भरत-नाट्यम्, ओडिसी, मनीपुरी, कुचीपुड़ी आदि जनसंचार हेतु प्रयुक्त होते हैं।

सर्वश्री *विजय तेंडुलकर, हबीब तनवीर, गिरीश करनाड, उत्पल दत्त* जैसे लोक-नाटककारों ने समाज में सांस्कृतिक चेतना जगाने का प्रयास किया है। उनकी मान्यता है कि समस्त कलाओं में नृत्य सबसे महान्, सबसे अधिक प्रभावकारी सुन्दर कला है क्योंकि यह जीवन का मात्र अनुवाद या पृथक्करण ही नहीं है, यह तो स्वयं जीवन है।

रासलीला

'रसानां समूहो रासः', तात्पर्य यह कि रसों का समूह रास है। रासलीला प्रचलित अर्थ में नटनागर श्रीकृष्ण से सम्बन्धित नृत्य अभिनयात्मक विविध लीलाओं का द्योतक शब्द है। नृत्य के साथ इसमें आंशिक रूप में संवाद और संगीत का समावेश होता है। वस्तुतः श्रीकृष्ण भारतीय संस्कृति के प्राण-तत्त्व हैं। इनकी लीलाएँ अपनी लौकिक रंगमंच का विषय बनीं। रासलीला उसी परम्परा में है। रासलीला का ग्रामीण जीवन में जो महत्त्व है उसका आधार श्रद्धा और भक्ति है। लोक-नाट्यों में रास कीर्तनियाँ, जाचा और भवाई ढंग के जान पड़ते हैं।

स्वाँग

स्वाँग ऐसा लोक-नाट्य है जिसमें नृत्य, संगीत एवं कवित्व का संगम होता है। इसमें किसी विशिष्ट मंच की व्यवस्था नहीं करनी पड़ती। आसमान से नीचे कहीं भी इसका प्रदर्शन सम्भव है। जमीन, चबूतरा, मुँडेर ही दर्शकों का आसन है। स्वाँग कहीं नकल, भगत, नौटंकी, तमाशा के रूप में जाना जाता है तो कहीं भवाई, भाँड़, पाथेर, जाचा, विदेशिया, भँड़ैती के रूप में। मनोरंजन एवं प्रेम-संचार ही इसका लक्ष्य होता है। स्वाँगों की कथाओं में भारतीय संस्कृति का प्रकृत रूप प्राप्त होता है। ये ऐतिहासिक, पौराणिक, सांस्कृतिक और धार्मिक आख्यानों पर आधारित होते हैं।

सम्प्रति पत्रकारिता में स्वाँगों का विशद विवेचन हो रहा है। अनेक पत्रों ने मनोरम लोकप्रिय आख्यानों का प्रकाशन धारावाहिक रूप में किया है। अब तो इन पर टी. वी. फ़िल्में बनायी जा रही हैं। आकाशवाणी ने भी स्वाँगों की ओर मुड़ना प्रारम्भ कर दिया है। अनेक समस्याओं पर रोचक शैली में लोक-मानस को कुरेदने का प्रयास स्वाँग द्वारा ही सम्भव है।

प्राचीन काल में जनसंचार का माध्यम संगीत और नृत्य थे। संगीत का आदि-स्रोत सामवेद है। पहले धार्मिक और सामाजिक उत्सवों पर नृत्य की प्रथा थी। संस्कृत-ग्रन्थों में वैदिककालीन ब्राह्मणों द्वारा देव तथा ऋषि के रूप में स्वर्ग का स्वाँग धरती पर करने की चर्चा मिलती है। स्वाँग के सन्दर्भ में कबीर ने लिखा है :

> कथा होय तहँ स्रोता सोवे, वक्ता मूँड पचाया रे।
> होय जहाँ कहीं स्वाँग तमाशा, तनिक न नींद सताया रे॥

लोककला

गनगौर, देवोत्थानी एकादशी, लक्ष्मीपूजन, रक्षाबन्धन के अवसर पर गेरू, खड़िया से जो चित्रकारी की जाती है, वह लोक-कला का रूप है। चौक, वेदी पूरना तथा दीवारों पर चित्र बनाना ये सभी लोक-कलाएँ हमारी भारतीय संस्कृति की ही प्रतीक हैं। गोवर्द्धन-पूजा के समय गोबर थापकर अनेक चित्र बनाये जाते हैं। शरीर को गोदना, ठोड़ी का तिल, कपोल का तिल—आलेख के सुन्दर उदाहरण हैं जो लोककला के विविध रूप हैं। लौकिक ज्ञान को गलाकर साँचों में ढालना ही लोक-कला है। सींग, नारियल, शंख, कौड़ी, चर्म और शीशे से सम्बद्ध लोककलाएँ आज करोड़ों भारतीयों हेतु रोजगार के साधन हैं। कंघी, हेयरपिन,

प्याले, हुक्के, आभूषण, जूते, बैग, चूड़ियाँ, शृंगार-दान, मालाएँ आदि वस्तुओं से सन्दर्भित व्यवसाय उन्नत अवस्था में हैं। बुनकरों द्वारा प्राप्त सामग्री हैंडलूम के परिधान, कुटीर उद्योग-धन्धे—ये सभी लोक-कलाओं के प्रतिफलन हैं। आज जनसंचार के साधन ललित और उपयोगी लोक-कलाओं को घर-घर तक पहुँचाने में अपनी सार्थकता सिद्ध कर रहे हैं।

मीडिया मिक्स

माध्यम-सम्मिश्रण में पारम्परिक और नवीन माध्यमों का एक साथ प्रयोग होता है। केन्द्र में क्षेत्र प्रचार निदेशालय तथा राज्यों में क्षेत्रीय प्रचार अभियान इकाइयाँ जहाँ एक ओर लोकनृत्य, लोकगीत, द्वारा प्रचार करती हैं वहीं फ़िल्म, वीडियो दिखाकर अपने कार्यक्रमों को जन-जन तक पहुँचाती हैं। आज परम्परागत और आधुनिक दोनों शैलियाँ एक-दूसरे को प्रभावित करती हैं। वे एक-दूसरे की पूरक हैं। आकाशवाणी और टी. वी. पारम्परिक माध्यमों को विस्तार दे रहे हैं।

52

मौखिक संचार

(Verbal Communication)

गले में उसके खुदा की अजीब बरकत है।
जो बोलता है तो एक रोशनी सी होती है।

× × ×

Speech is Power : speech is to persuade, to convert, to compel.

—Emerson

× × ×

भाषण मानव के मस्तिष्क पर शासन करने की कला है। *—प्लेटो*

× × ×

भाषण मस्तिष्क का दर्पण है। *—सेनेका*

× × ×

The ability to speak is a short cut to distinction. It puts a man in the limelight, raises him head and shoulders above the crowd.

—लोवेल थॉमस

× × ×

वाणी सरस्वती है, गंगा जैसी पावन और शीतल जलधारा बहाने वाली भी, देवता उसी के अग्रभाग में विराजते हैं। रिद्धियाँ और सिद्धियाँ कंठ में विराजती हैं, नाद ब्रह्म के रूप में संगीत बनकर वाणी ही निनादित होती है। *—श्रीराम शर्मा, आचार्य*

× × ×

Words are the most potent sources of expression, words can make or mar our lives. Speech is the powerful agent of communication.

—Dr. Arjun Tiwari

× × ×

जब भी बोलना वक़्त पर बोलना।
मुद्दतों सोचना मुख़्तसर बोलना।

× × ×

विवाद तो मूर्ख भी कर सकते हैं, पर सन्तुलित विचार-विनिमय कर सकना विवेकवान् बुद्धिमानों के लिए ही सम्भव है।

—एलकाट

बात बोलेगी
हम नहीं
भेद खोलगी
बात ही

—शमशेर बहादुर सिंह

सभा, सम्मेलन, गोष्ठी, शिक्षण, भजन, प्रवचन, खेल-कूद, हास-परिहास, मनोरंजन आदि में मौखिक अभिव्यक्ति होती है। संचार का यह सहज, सरल प्रभावकारी माध्यम है जिसके दो रूप होते हैं :

1. सूक्ष्म संचार
2. स्थूल संचार

संकेतों की सहायता से जब भावाभिव्यक्ति हो तो वह संचार की सूक्ष्म स्थिति और जब भाषा का प्रयोग हो तो वह संचार की स्थूल स्थिति होती है। सूक्ष्म स्थिति में सम्प्रेषक की दक्षता की परख होती है। 'कवितावली' में एक प्रसंग आया है कि ग्राम्य वधुओं के अमृत से सने हुए सुन्दर वचनों को सुनकर जानकी जान गयीं कि ये सब बड़ी चतुर हैं, अतः उन्होंने भी नेत्रों को तिरछा कर संकेत से समझा दिया और मुस्कराने लगीं :

पूछति ग्राम बधू सिय सों, कहौ, साँवरे से सखि रावरे को हैं।

× × ×

सुनि सुन्दर बैन सुधारस साने सयानी हैं जानकी जानी भली,
तिरछे करि नैन, दै सैन, तिन्हें समुझाई कछू मुसकाई चली।

इसी तथ्य को रामचरितमानस में प्रस्तुत किया गया है :

बहुरि बदन बिधु अंचल ढाँकी। पिय तन चितै भौंह करि बाँकी।
खंजन मंजु तिरीछे नयननि। निज पति कहेउ तिन्हि सिय सयननि॥

गागर में सागर भरने वाले *'बिहारी'* ने संचार की सूक्ष्म स्थिति को दर्शाया है :

कहत, नटत, रीझत, खिजत, मिलत खिलत लजियात।
भरे भौन में करत हैं, नैनन ही सो बात॥

संकेत, प्रतीक, अंग-प्रदर्शन द्वारा अपने मनोभाव को दूसरों तक पहुँचाने में मेधावी ही सफल होते हैं।

मौखिक संचार की विधाओं में बातचीत, वार्तालाप, वार्ता, कथोपकथन, भाषण या वक्तृता, प्रवचन, वाद-विवाद, परिसंवाद आदि प्रमुख हैं।

बातचीत : परिचित वस्तुओं, कार्यों, घटनाओं पर चर्चा करना, कहना-सुनना बातचीत है जिससे जानकारी ली जाती है और जानकारी दी जाती है। बातचीत तो कथन, वचन है। यह दो या दो से अधिक व्यक्तियों के बीच विचार-विनिमय है, कानाफूसी है, गुफ्तगू है। कभी बात आती है, उठती है, उड़ती है, पचती है तो कभी लोग बात को पी जाते हैं, बात पकड़ लेते हैं, बात पढ़ाते हैं और बात मारते हैं।

बातचीत का सबसे पहला गुण स्वाभाविक है। इसमें औपचारिकता नहीं होती। जब बातचीत करने वालों में भेद-भाव नहीं रहता, वे दिल खोलकर अपनी बात कहने में हिचकते नहीं हैं, तो बातचीत सफल मानी जाती है। भाषा का माधुर्य बातचीत का प्राण है। अप्रासंगिकता से बातचीत प्रभावहीन हो जाती है क्योंकि :

नीकी पै फीकी लगै बिन अवसर की बात।
जैसे बरनत युद्ध में रस शृंगार न सोहात॥

प्रसंगानुसार कहावतें, चुटकुले, व्यंग्य-विनोद, हँसी-मजाक अच्छे लगते हैं। समय-समय पर भाषा और शैली भी बदलती रहती है। व्यंग्य-विनोद में भाषा चटपटी, कटाक्ष में तीखापन, गम्भीर बातचीत में भाषा संयत होनी चाहिए।

मनुष्य के पास भाषा की असीमित शक्ति है। एक कहता है, दूसरा सुनता है। लेकिन बोलने की कला इस बात में ही नहीं है। बोलना केवल अपनी बात कह देना-भर नहीं है। विशेष रूप से तब जब हमें रेडियो या टेलीविजन पर बोलना हो, वार्ता देनी हो, समाचार-वाचन करना हो, साक्षात्कार लेना या देना हो, परिचर्चा या सामूहिक विचार-विमर्श में हिस्सा लेना हो, भाषण देना हो, नाटक में हिस्सा लेना हो। सच तो यह है कि भाषा को बरतने की तमीज हर किसी को नहीं होती। भाषा एक ऐसी अनमोल नियामत है।

शेक्सपीयर के प्रसिद्ध नाटक 'हैमलेट' के एक अंश का हिन्दी-अनुवाद कुछ इस प्रकार है :

हैमलेट : ये पंक्तिया बोलिए, जैसा मैं बोल रहा हूँ वैसे ही बोलिए। जीभ एक संग चलाइए। चीखिए-चिल्लाइए मत। चिल्लाने की तो जैसे हमारे अभिनेताओं को छूत लग गयी है। यदि आप भी चिल्लाएँगे तो फिर मेरे लिए यही अच्छा होगा कि शहर के ढिंढोरची को बुलाऊँ और उसी से ये पंक्तियाँ कहलवाऊँ। अपने हाथ फेंकिये मत, अवश्य हिलाइए पर विवेक के साथ। यदि आपके भावावेश ने प्रचंड धारा, तूफान या बवंडर का रूप धारण कर लिया है तो भी आपको आत्मसंयम से काम लेना चाहिए, आपके आवेश में भी धीरता परिलक्षित होनी चाहिए। नकली बालों की विग्स लगाये कोई मोटा भड़भड़िया अभिनेता जब किसी भाव की धज्जियाँ उड़ाने लगता है और चुप्पे या शोरगुल पसन्द करने वाले निम्नकोटि के दर्शकों के भी कान खाने लगता है, तो मेरा जी करता है कि ऐसे उपद्रवी महानुभाव को सरेआम कोड़े लगवाऊँ। आप ऐसी नौबत न आने दें।

अभिनेता : आज्ञा सिर-माथे श्रीमान्।

हैमलेट : ऐसा भी नहीं कि आपकी आवाज़ मरी-मरी हो। आपको अपने विवेक से काम लेना चाहिए। शब्दों के अनुकूल हाव-भाव होने चाहिए और हाव-भाव के अनुकूल शब्द। प्रकृति की मर्यादा का उललंघन समीचीन नहीं, इससे नाटक का उद्देश्य भंग होता है। आपको वाणी का ऐसा दर्पण बनाना चाहिए जिसमें प्रकृति अपने गुणों और विशेषताओं को प्रदर्शित कर सके, अपना रंग-रूप दिखला सके तथा समय की रंगीनियाँ प्रतिबिम्बित कर सके। अब यदि आप अति करेंगे, बात को भोंडे ढंग से कहेंगे तो भले ही अनाड़ी उस पर हँस लें, समझदार सुनकर रोएँगे। रंगमंच के आम दर्शकों के मुकाबले सुधी दर्शक की आलोचना का अधिक महत्त्व होता है, आप उसका आदर करें। मैंने बहुत से अभिनेताओं को काम करते देखा है और लोगों से उनकी तारीफ भी सुनी है, अतिशयोक्तिपूर्ण प्रशंसा सुनी है, पर यदि आप इसे परनिन्दा न समझें तो मैं कहूँगा कि इन महानुभाव के पास न शुद्ध उच्चारण है, न सुसंस्कृत लोगों जैसी चाल ही। ये लोग ऐसा अकड़ते हैं और बोलते समय इस प्रकार चिंघाड़ते हैं कि मुझे बाध्य होकर सोचना पड़ता है कि क्या प्रकृति के कारीगरों ने भूल से ऐसे भोंड़े मानव भी बना डाले थे।

बोलने की कला का महत्त्व इस उद्धरण से सिद्ध हो जाता है।

कथोपकथन : गौखिक भाषाभिव्यक्ति में कथोपकथन महत्त्वपूर्ण है। कलम और तलवार या लेखक और सैनिक का कथोपकथन रोचक सिद्ध हो चुका है। इसी का विकसित रूप नाटक या एकांकी है जिसमें संवाद के साथ-साथ अभिनय भी सम्मिलित है।

वार्तालाप

दो प्राणियों के बीच कथोपकथन, प्रश्नोत्तर या संवाद की स्थिति ही वार्ता है। व्यवहार-व्यवसाय में सफलता के लिए वार्तालाप का कौशल अपेक्षित है। सभ्यता का श्रीगणेश वार्तालाप से ही होता है। मित्र-मित्रों के बीच, गुरु-शिष्य, पति-पत्नी, मालिक-नौकर के बीच विचार-विमर्श की प्रक्रिया ही वार्तालाप है। यह साझे का सौदा है। वक्ता श्रोता के मध्य सहमति है। वक्ता सदैव श्रोता की मनःस्थिति, अभिरुचि और इच्छा के अनुरूप अपनी बातें रखता है। श्रोता ऊबने लगे, कतराने लगे,

अनायास चुटकी लेने लगे, तो वक्ता असफल है। श्रोता से तालमेल बैठाकर ही विचार-विनिमय के मूल उद्देश्य की प्राप्ति हो सकती है।

वार्तालाप का लक्ष्य विचारधारा में यथासम्भव परिवर्तन लाना है न कि तूफानी गति से किसी पर धौंस जमाना अथवा किसी को जलील करना। वार्तालाप जिह्वा का संचालन या कवायद नहीं है। इसके मूल में व्यक्ति का समग्र व्यक्तित्त्व, चिन्तन-मनन और दृष्टिकोण है। मधुर, प्रभावी वार्ता मानवीय गरिमा के अनुरूप शालीनता के ढंग में टाल लेने, चिन्तन-चरित्र में सज्जनता के पुट देने से निखरती है। वाक्सिद्धि वाणी की अमृतमयी प्राण-प्रतिष्ठा है। *सुकरात, अरस्तू, आचार्य शंकर, दयानन्द, रामकृष्ण परमहंस* ने सामान्य वार्तालाप द्वारा अविस्मरणीय कार्य कर दिखाया। सज्जनोचित मधुरवाणी में ऐसा चुम्बक है जो अपरिचितों को ही नहीं, विरोधियों को भी अपना बना लेती है। ठीक इसके विपरीत कटुभाषी अकारण ही सबसे वैर-भाव मोल ले लेता है। विचार-परिवर्तन, चरित्र-परिवर्तन और लक्ष्य-परिवर्तन की दिशा में वार्तालाप अत्यन्त उपयोगी है। लोक-मानस का कायाकल्प वार्तालाप द्वारा ही सम्भव है। सन्तुलित और सुविचारित बोली मानव-जीवन के उत्थान की सीढ़ी है :

बोली ऐसी बोलिये, जो कोई बोले जानि।
हिये तराजू तोलकर, तब मुख बाहर आनि॥
खीरा का मुँह काटि के, मलियत लोन लगाय।
रहिमन कड़ुवे मुखन को चहियत यही सजाय॥

व्यक्तिगत सम्पर्क संचार का प्रभावकारी साधन है जिसके द्वारा समस्याओं का ज्ञान और स्थानीय नेतृत्व को विकसित करने में पर्याप्त सुविधा रहती है। अन्तर्वैयक्तिक माध्यम में विचार-विनिमय एक-दूसरे व्यक्ति से सीधे होता है। यह एक ऐसा जीवन्त और स्पष्ट रूप से प्रभावकारी माध्यम है जिसमें व्यक्ति अपने विचार को दूसरों तक पहुँचाता है। दूसरे व्यक्ति की प्रतिक्रिया तत्काल ही प्राप्त हो जाती है। यह ऐसा सामाजिक माध्यम है जो हमें एक-दूसरे के निकट लाता है। अन्तर्वैयक्तिक माध्यम सहज, प्रामाणिक और प्रभावशाली माध्यम है।

विश्ववन्द्य बापू ने व्यक्तिगत सम्पर्क स्थापित कर अपने आपको राष्ट्रीय धारा में समाहित कर दिया। उन्होंने भगवान् बुद्ध और जगद्गुरु शंकराचार्य से यह शिक्षा ली कि सीधे-सादे वेश में घूमते रहो, सरल-सहज भाव से अपनी बात कहते रहो, सत्य-अहिंसा के बल पर कर्तव्य-पथ पर अग्रसर हो, कभी-न-कभी लक्ष्य की प्राप्ति हो ही जायेगी। बापू के व्यक्तिगत सम्पर्क का ही सुपरिणाम था कि सभी भारतीय उनके अनुगामी बन गये तथा फ़िरंगी भाग खड़े हुए। उन्होंने कभी तीखे, कड़ुवे, कर्कश शब्दों का प्रयोग नहीं किया क्योंकि ये तो कमज़ोर पक्ष की निशानी हैं। बापू ने मधुर वाणी से दुर्दान्त क्रोधी को भी वश में कर लिया। वे समाजसेवियों से कहते थे कि क्षमा, दया, प्रेम, मधुर वाणी, सरल स्वभाव, नम्रता और सेवा से शत्रुओं के हृदय पर भी राज्य करना चाहिए।

मौखिक संचार के अन्तर्गत 'वार्ता', 'परिचर्चा', 'परिसंवाद', 'सन्देश', 'अपील' आदि आते हैं। दो या दो से अधिक व्यक्ति आपस में बातचीत करते हैं तो यही 'वार्ता' है जिसमें वक्ता श्रोता को प्रभावित करता है। 'परिचर्चा' किसी विषय की बहुपक्षीय गहन चर्चा है। 'वार्ता' और 'परिचर्चा' के बीच की वस्तु 'परिसंवाद' है। समय-समय पर महापुरुषों द्वारा जब राष्ट्र या समाज को उद्बोधित किया जाता है तो यही 'सन्देश' है। राष्ट्रीय संकट, राष्ट्र-पर्व पर प्रधानमन्त्री, राष्ट्रपति का सन्देश जन-मन को उद्बोधित करता है। किसी विशेष व्यवस्था की ओर जब जन-समूह से कुछ निवेदन किया जाता है तो यही अपील है। अकाट्य तर्क, आक्षेप-शून्य, संक्षिप्त, विचारोत्तेजक शब्दावली मौखिक संचार के तत्त्व हैं। लक्ष्यभेदी और सटीक अभिव्यक्ति सफल होती है। विचार-विमर्श अनौपचारिक बैठक है जिसमें किसी विषय अथवा पारस्परिक समस्या के विषय में उद्देश्यपूर्ण बातचीत होती है। जानकारी का आदान-प्रदान, दृष्टिकोण की रचना, निर्णय लेना, तनाव में न्यूनता और सिद्धान्त बोध : ये पाँच विचार-विमर्श के उद्देश्य हैं। विचार-विमर्श के विविध प्रकार निम्नलिखित हैं :

(क) डिबेट : व्याख्यान के रूप में जब वक्ता पक्ष या विपक्ष में बोलता है तो यही डिबेट है। इसमें पक्ष-विपक्ष सम्बन्धी तथ्यों का ज्ञान होता है। झिझक मिटाकर मंचीय साहस द्वारा इसमें सफलता प्राप्त की जाती है।

(ख) सिम्पोजियम : व्याख्यान की यह छोटी शृंखला है जिसमें 2 से 5 वक्ता तक भाग लेते हैं। सहयोगी विषय से सम्बद्ध प्रश्न पूछते हैं जिनका उत्तर वक्ता या सहभागियों द्वारा दिया जाता है। वक्ताओं की संख्या के अनुसार विषय को विभिन्न पहलुओं में विभक्त कर दिया जाता है।

(ग) सेमिनार : जब एक-एक व्यक्ति क्रम से समूह के समक्ष किसी निर्धारित विषय पर बोलते हैं और समूह के लोग अपनी जिज्ञासा प्रकट करते हैं, प्रश्न पूछते हैं तो यह सेमिनार विधि है।

(घ) पैनल वार्तालाप : विशेषज्ञों का छोटा समूह बड़े समूह के समक्ष वार्तालाप करता है तो उसे पैनल वार्तालाप पुकारा जाता है। संयोजक सदस्यों का परिचय देता है तथा वार्ता का सारांश प्रस्तुत करता है।

पथ-प्रदर्शक, चेयरमैन, मॉडरेटर या सभापति की दक्षता, धैर्य, क्षमता के कारण सदस्यों को सक्रिय बनाया जा सकता है। सदस्यों की अभिरुचि के अनुरूप विचारों के आदान-प्रदान को सुनिश्चित कर लक्ष्य की प्राप्ति सम्भव है। 'शत्रोरपि गुणा वाच्या दोषावाच्या गुरोरपि' (तात्पर्य कि शत्रुओं के गुण और गुरु के दोष-कथन में झिझकना नहीं चाहिए) खुले मन, आत्मीय भाव से वार्ता करने से परिणाम उत्साहजनक प्राप्त होते हैं।

भाषण

भाषण का जो रूप कक्षा में व्यवहृत होता है उसे व्याख्यान कहते हैं। इसके उपदेशात्मक स्वरूप को प्रवचन कहते हैं। जन-संचार में भाषण-कला का एक प्रमुख स्थान है।

समर्थगुरु *रामदास* ने ठीक ही कहा है कि विश्वभर में हमारे मित्र वर्तमान हैं लेकिन उन्हें प्राप्त करने की कुंजी जिह्वा के 'कपाट' में बन्द है। वाणी द्वारा ही मानव की शिक्षा, संस्कृति, कौशल, दूरदर्शिता एवं बुद्धिमत्ता का परिचय प्राप्त होता है। *एलकाट* का कथन सत्य है कि विवाद तो मूर्ख भी कर सकते हैं पर सन्तुलित विचार-विनिमय कर सकना विवेकवान् बुद्धिमानों के लिए ही सम्भव है। भगवान् *महावीर* ने अपने शिष्यों को 6 प्रकार के वचन न बोलने का निर्देश दिया था—(1) असत्य, (2) तिरस्कृत करने वाले, (3) झिड़कते हुए, (4) कठोर कर्कश, (5) अविवेक-पूर्ण, (6) कलह को भड़काने वाले। ये 6 निर्देश ऐसे हैं जिनसे बचकर मनुष्य *तुलसीदास* की पंक्तियों को सार्थक बना सकता है :

तुलसी मीठे वचन ते, सुख उपजत चहुँ ओर।
वशीकरण इक मन्त्र है, तज दे वचन कठोर॥

वाणी से वाणवृष्टि सम्भव है। जिस पर ये बौछारें पड़ती हैं वह दिन-रात व्यथा में रहता है :

मधुर वचन है औषधी, कटुक वचन है तीर।
श्रवन द्वार ते संचरै, सालै सकल सरीर॥

—*कबीर*

भाषण जैसी शक्ति जन-संचार के अन्य क्षेत्र में सुलभ नहीं। भाषणरूपी अस्त्र-शस्त्र से महान् क्रान्तियों का जन्म हुआ। भगवान् कृष्ण ने 'गीता' में भाषण का ही सहारा लिया। बुद्ध, शंकराचार्य, विवेकानन्द, दयानन्द, गाँधीजी के भाषणों से भारत उपकृत है। *ईसा, मुहम्मद साहब, अरस्तू, मार्टिन लूथर किंग, लेनिन* ने अपने भाषणों द्वारा मानवता की सेवा की। भाषण-कला जनसंचार का वह प्रभावकारी माध्यम है जो वक्ता और श्रोता के बीच की कड़ी है। प्रभावकारी भाषण के निम्नलिखित गुण हैं :

1. आत्मीयता : भाषण के द्वारा वक्ता श्रोताओं को अपने साथ बहा लेता है। भाषण केवल शब्दों के चुनाव ही में नहीं अपितु शब्दों के उच्चारण में, आँखों में और चेष्टा में होता है। सर्वोत्तम भाषण श्रोता को कायल करता है, उसका मत बदल देता है तथा उसे किसी विशेष कार्य को करने हेतु बाध्य करता है। शब्दों के मूल्य जानने वाले वक्ता सर्वप्रथम श्रोताओं की मानसिक स्थिति को समझ लेते हैं पुनः जनसमूह की अवस्था, आवश्यकता के अनुरूप व्याख्यान देते हैं। यह तो जन-मानस पर शासन करने की कला है। स्पष्टता, सरलता और प्रामाणिकता अच्छे भाषण की विशेषता है। जब तक भाषण श्रोताओं

की ज़िन्दगी की अपनी कहानी नहीं बनता, श्रोताओं की समस्याओं का समाधान नहीं करता, तब तक वह प्रभावशाली बन ही नहीं सकता। इस सन्दर्भ में *गालिब* की उक्ति स्मरणीय है :

देखना तकरीर की लज्जत कि उसने जो कहा
मैंने यह जाना कि गोया यह भी मेरे दिल में है।

2. क्रमबद्धता : भाषण में क्रमबद्धता का महत्त्व है। विचार, भावना, कल्पना, सूचना देने की प्रक्रिया तभी सफल होती है जब वक्ता क्रमश : सुव्यवस्थित रूप में विषय-वस्तु का प्रतिपादन करता है। बेतरतीब बात कहने, कहीं का रोड़ा कहीं का पत्थर जोड़ने से भाषण उपहासास्पद बन जाता है। बिना बुद्धि के, बिना क्रमबद्धता के भाषण देने का अर्थ है बिना लगाम का घोड़ा। तर्क, तथ्य, प्रमाण, सूक्ति, उदाहरण भाषण के आधार हैं।

3. अभिनेयता : भाषण की सफलता के लिए अभिनेयता अनिवार्य है। हाथ, आँख, भौंह, होठ, गर्दन, कन्धे, सबकी अपनी विशिष्ट भूमिका होती है। विषय-प्रतिपादन की सहजता के साथ अंग-संचालन प्रभावकारी होता है। आत्महीनता के भाव को मिटाकर, आत्म-विश्वास जगाकर ही झिझक को दूर भगाया जा सकता है तथा भाषण-कला में विशिष्टता प्राप्त की जा सकती है।

4. संक्षिप्तता : *मांटेस्क्यू* कहा करते थे कि वक्ता अपनी गहराई के अभाव को लम्बाई में पूरा करता है। 'थोथा चना बाजे घना' की बात भाषण में श्रेयस्कर नहीं मानी जाती। 'मितं च सारं च वचो हि वाग्मिता'—संक्षेप में सार तत्त्व को स्पष्ट करना ही वक्तृता है, यही भाषण-कला का निचोड़ है। सन्देश को संक्षेप में कहना उसे रोचक और प्रभावकारी बनाना है। सूत्र रूप में कहने से सन्देश श्रोता के मस्तिष्क में बैठ जाता है। लम्बे भाषण बोझिल होते हैं जबकि कहावत, मुहावरा से परिपूर्ण छोटा भाषण चित्ताकर्षक होता है। कहावतें तो दैनिक जीवन की अनुभूतियों की बेटियाँ हैं।

5. निर्भीकता : निःसंकोचता भाषण में आवश्यक है। व्याख्यान देने में वे ही लड़खड़ाते हैं जो अल्पज्ञ, मूर्ख, कायर और भीरु हैं। दब्बूपन, झेंपूपन, असामाजिकता, साहसहीनता जैसे दुर्गुणों से मुक्ति पाकर ही हम अच्छे वक्ता बन सकते हैं। *मार्टिन लूथर किंग* ने लिखा है :

"भाषण में सफलता मुझे तब मिली जब मंच पर यह सोच खड़ा होने लगा कि उपस्थित जन-समुदाय मिट्टी के बने निर्जीव खिलौनों का ढेर-मात्र है।"

भाषण-कला से वक्ता किसी समूह को प्रेरित करता है, सभी को रचनात्मक कार्य हेतु तत्पर करता है। जब प्रेरणा जनहितकारी होती है तो उसे सामूहिक शक्ति प्राप्त होती है। यही सामूहिकता की भावना भाषण की उपलब्धि है। युग को सन्मार्ग पर ले जाने के निमित्त आदर्श पुरुषों के विचारोत्तेजक भाषण सदैव वरेण्य रहेंगे। उनके विचार शीतल समीर की तरह सबके हृदय को छूते हैं और चाँदनी की तरह सबके नेत्र को शीतल करते हैं।

53

विकास और जनसंचार

(Development and Mass Communication)

"Development is not just a matter of having plenty of money nor it is purely an economic phenomenon. It embraces all aspects of social behaviour, the establishment of law and order, relationship between family, literacy and scrupulousness in business dealings, familiarity with mechanical gadgets and so on." *— Prof. Cairncross*

× × ×

"Upward movement of the entire social system." *— Gunnar Myrdal*

× × ×

"Development is the advancement or modification of any existing thing in a systematised and technical way so that it will provide more assistance to the society."

× × ×

"Rural Newspapers are as one of the great movers of national development." *— Wilbur Schramm*

× × ×

"Media work as a catalyst of change, reform and development."

— Dr. Arjun Tiwari

× × ×

विकास का शाब्दिक अर्थ खुलना, प्रकट होना, क्रमिक विस्तार है। प्राकृतिक क्रिया, पूर्व विद्यमानता, परिवर्तनशीलता एवं क्रमबद्धता, ये विकास के चार सोपान हैं। इन चार बिन्दुओं पर ध्यान देने से विकास की अवधारणा स्पष्ट होती है। क्रमिक प्रजाति ही विकास है। आर्थिक दृष्टि से जीवन-स्तर में सुधार ही इसका लक्ष्य है। विकास का उद्देश्य वैज्ञानिक, सामाजिक और आर्थिक उपलब्धि के साथ मानवीय अवधारणाओं, मूल्यों स्वास्थ्य, सुरक्षा और शासन में सहभागिता है। द्वितीय विश्वयुद्ध के बाद में शिक्षा, स्वास्थ्य, सामाजिक और सांस्कृतिक पक्षों की प्रगति भी उसमें जुड़ी। अब तो समग्र विकास पर जोर दिया जा रहा है।

विकास एक सतत गतिमान प्रक्रिया है। इसका लाभ जन-जन को मिले। निर्धनता से सम्पन्नता की ओर क्रमशः गतिशील होने में विकास की सार्थकता है। पश्चिम का औद्योगिकीकरण व्यक्ति को उपभोक्तावाद की ओर आकर्षित करता है। वहाँ के विकास का तात्पर्य भौतिक सुविधाओं का उत्कर्ष है। अपने यहाँ भौतिक उत्कर्ष के साथ-साथ मानवीय मूल्यों का उत्कर्ष भी विकास का एक आवश्यक अंग माना गया है। अपने यहाँ व्यक्ति समाज की इकाई है। व्यक्तिगत जीवन की समुन्नति ही सामाजिक जीवन की आधारशिला है। ब्रह्मचर्य, गृहस्थ, वानप्रस्थ और संन्यास की इन चार अवस्थाओं में धर्म, अर्थ, काम, मोक्ष की प्राप्ति से विकास पूर्णता को प्राप्त हो सकता है।

विकास चक्र में समन्वय की आवश्यकता है। हर क्षेत्र में विकसित राष्ट्रों से उपयोगी तकनीक को अपनाकर देश, काल, परिस्थिति के अनुकूल समृद्धि की ओर अग्रसर होने की दिशा में पत्रकारिता की उल्लेख्य भूमिका होती है। समृद्धि के सन्दर्भ में अविकसित निरन्न, निर्वस्त्र, निर्वाक व्यक्ति की ओर ध्यान देना आवश्यक है जैसा कि *महात्मा गाँधी* का मत है :"तुम्हें एक जन्तर देता हूँ। जब भी तुम्हें सन्देह हो। ...जो सबसे गरीब और कमज़ोर आदमी तुमने देखा हो, उसकी शकल याद करो और अपने दिल से पूछो कि जो कदम तुम उठाने का विचार कर रहे हो, वह उस आदमी के लिए कितना उपयोगी होगा। क्या उससे उसे कुछ लाभ भी पहुँचेगा।"

अपने यहाँ राष्ट्र में विकास की एक आवश्यक शर्त है 'ग्रामीण विकास'। आर्थिक, औद्योगिक प्रगति को विकास मान लेना पर्याप्त नहीं है। *इन्वर्ट* के अनुसार, "विकास का वास्तविक अर्थ तकनीकी या राष्ट्रीय उत्पादकता में वृद्धि नहीं है बल्कि ज्ञान एवं चेतना के उस विकास से है, जिसके द्वारा वह सहभागी बनता है।" मैन, मशीन, मनी और मीडिया ही चार आधारभूत तत्त्व हैं जिन पर विकास निर्भर है।

विकास सकारात्मक दिशा में संख्यात्मक एवं गुणात्मक परिवर्तन की एक निरन्तर प्रक्रिया है। विकास संचार तो सरकार एवं समाज को विकास की प्रक्रिया में भाग लेने के लिए प्रेरित करता है। आधुनिक पूँजीवादी, साम्राज्यवादी औद्योगिक व्यवस्था के उद्देश्य के साथ एक विशेष प्रकार की दृष्टि और मूल्य व्यवस्था का उदय हुआ है। असमानता ही विकास की प्रेरिका है।

विकास की गुणात्मक अवधारणा ने पुनर्वितरण के साथ आर्थिक विकास को मजबूत आधार प्रदान किया तथा आर्थिक विकास को गरीबी, असमानता और बेरोजगारी के उन्मूलन से सम्बन्धित किया। आर्थिक विकास के इस नवीन विचार को 'संयुक्त राष्ट्र संघ' ने भी मान्यता प्रदान की। उसने अपने प्रतिवेदन में कहा कि "विकास मानव की भौतिक आवश्यकताओं से ही नहीं वरन् उसके जीवन की सामाजिक दशाओं की उन्नति से भी सम्बन्धित होता है। विकास का अर्थ केवल आर्थिक वृद्धि ही नहीं वरन् उसके जीवन की सामाजिक दशाओं की उन्नति से भी सम्बन्धित होता है। विकास का अर्थ केवल आर्थिक वृद्धि ही नहीं, बल्कि इसमें सामाजिक, सांस्कृतिक, संस्थागत तथा आर्थिक परिवर्तन सभी निहित हैं।" अर्थशास्त्रियों ने आर्थिक विकास की धारणा को व्यापक बनाते हुए यह मत दिया कि राष्ट्रीय आय एवं प्रति व्यक्ति आय में वृद्धि के साथ-साथ सामान्य कल्याण में वृद्धि, आर्थिक समानता और सामाजिक न्याय जैसे महत्त्वपूर्ण पहलुओं को भी आर्थिक विकास परिक्षेत्र में सम्मिलित किया जाये। आर्थिक विकास परिवहन, विद्युत्-उत्पादन, दूरसंचार के विकास पर निर्भर है।

श्री महबूब उल हक के शब्दों में, "अब ज़रूरत इस बात की है कि हम मुख्यतया गरीबी पर ध्यान केन्द्रित करें, इस जरिये कुल राष्ट्रीय उत्पादन को अपने आप उचित महत्त्व मिल जायेगा। दूसरे शब्दों में, अब कुल राष्ट्रीय उत्पादन की वृद्धि दर पर कम और उसकी संरचना पर अधिक ध्यान देना ज़रूरी है।"

दुनिया में व्याप्त शोषण, प्राकृतिक संसाधनों के दोहन, उद्योगों में मन्दी, बेरोजगारी जैसी समस्याओं के समाधान की दिशा में विकास-पत्रकारिता की अहम् भूमिका है।

आज की विकास की पत्रकारिता यह बताती है कि तीसरी दुनिया के शोषण की कहानी ही व्यापार के विकास की कहानी है। सन् 1980 में तीसरी दुनिया के ऊपर 80 हजार करोड़ डॉलर कर्ज था जो अब 150 हजार करोड़ डॉलर प्रतिवर्ष हो गया है। यूनिसेफ की सन् 1993 की रिपोर्ट के अनुसार प्रतिवर्ष मूलधन और ब्याज मिलाकर 14,300 करोड़ डॉलर की अदायगी तीसरी दुनिया के देशों को करनी पड़ती है। बहुराष्ट्रीय कम्पनियों के माध्यम से अमीर देशों का नियन्त्रण तीसरी दुनिया पर हो रहा है।

आर्थिक विकास निवेश, उत्पादन और उपभोग में वृद्धि का पर्याय है। इनमें विसंगति ही दिख पड़ती है। जमीन का किसान-हित में न्याय संगत बँटवारा, जीवन के लिए आवश्यक खाद्य-पदार्थों का उत्पादन, स्वास्थ्य के साधनों में विसंगति है, जिससे विकास की गति धीमी है। मुट्ठीभर लोग अधिकांश लोगों की गरीबी, बेरोजगारी, बदहाली पर विकसित हो रहे हैं। विकास एकपक्षीय नहीं अपितु बहुपक्षीय होता है। सभी क्षेत्रों में सभी अंगों को गतिशील बनाना विकास लाना है। राष्ट्र के संस्थानों की व्यवस्था जैसे वित्त, उद्योग, बैंक, तकनीकी व्यवस्था को सुदृढ़ बनाना विकास का लक्ष्य है।

मानवीय श्रम से अधिक मशीनीकरण ही वर्तमान विकास-पद्धति का परिणाम है। विश्व के 30 प्रतिशत आबादी के उपभोग हेतु आधुनिक विकास के नाम पर प्रकृति को विनाश के कगार पर खड़ा कर दिया गया है।

विकास-पत्रकारिता बताती है कि जल, ज़मीन, जंगल और हवा का प्रदूषण बढ़ रहा है। विकास के नाम पर जंगल और कृषि योग्य भूमि बड़े पैमाने पर नष्ट हो रही है। आर्थिक पत्रकारिता के उन्नायक *श्री जी. श्रीनिवासन्* की निम्नलिखित बातों पर हमें ध्यान देना होगा :

यहाँ विश्व बैंक की 1994 में प्रकाशित विश्व विकास रिपोर्ट का जिक्र करना प्रासंगिक होगा जिसमें विकास के लिए बुनियादी ढाँचे को मुख्य विषय बनाया गया है। विश्व बैंक के अनुसार आधारभूत आर्थिक ढाँचे में जनोपयोगी सेवाएँ, जैसे—बिजली, दूरसंचार, पाइपलाइनों से जलापूर्ति, स्वच्छता और जल-मल निकासी, ठोस कूड़े का संग्रह तथा निपटान, गैस की सप्लाई, सड़कों, बाँधों, नहरों आदि से सम्बन्धित लोकनिर्माण कार्य, सिंचाई और वर्षा के जल की निकासी, हवाई अड्डों, बन्दरगाहों, जलमार्गों, शहरी परिवहन तथा शहरों के बीच यातायात जैसी परिवहन सेवाएँ आती हैं। दरअसल आधारभूत ढाँचा एक ऐसा विस्तृत अर्थ वाला शब्द है जिसके अन्तर्गत कई तरह की गतिविधियाँ आ जाती हैं। सुप्रसिद्ध विकास अर्थशास्त्रियों *पॉल रोजन्स्टीन रॉडन* और *राग्नर नकर्से* ने इन गतिविधियों को 'सामाजिक पूँजी' नाम दिया है। आज सभी विकास योजनाओं के बावजूद गरीबी-अमीरी का अन्तर बढ़ा है।

आठ पंचवर्षीय योजनाओं की नीतियों के फलस्वरूप सरकारी क्षेत्रों में विकास सम्बन्धी धारणाओं और नीतियों की विफलताएँ अब उभरकर सामने आ रही हैं। सरकारी नीतियों में गगनचुम्बी इमारतें, चमचमाते अन्तर्राष्ट्रीय हवाई अड्डे, लम्बी-चौड़ी सड़कें और कल-कारखाने ही विकास हैं, जबकि आम आदमी में विकास की परिकल्पना अलग है। वह चाहता है : इज्जत के साथ दाल-रोटी, सिर पर छत और बच्चों के लिए उज्ज्वल भविष्य।

अतः विकास के विषय में बहस इस बात पर आकर ठहर जाती है कि विकास की हमारी अवधारणा क्या है? हम किसे विकास मानते हैं? किसी भी दिशा में आगे बढ़ने से पहले अब यह ज़रूरी हो जाता है कि हम इस शब्द के स्वभाव एवं इसमें निहित आशय को समझें। कुछ अपवादों को छोड़कर भारत सहित प्रायः अधिकांश एशियाई देशों ने पूँजीवादी विदेशी विचारधारा से प्रभावित पश्चिमी विकास परिकल्पना को ज्यों-का-त्यों ग्रहण कर लिया जिसके अन्तर्गत सभी प्रकार की समस्याओं का समाधान तकनीक के माध्यम से ढूँढ़ा जाने लगा। ढाँचागत ऊपरी परिवर्तन और बढ़ोतरी को ही विकास का पर्याय समझा जाने लगा। नतीजा यह हुआ कि शक्तिशाली तबका और अधिक शक्तिशाली हो गया तथा लाखों गरीब निर्धनता की सीमा-रेखा पर धकेल दिये गये। धीरे-धीरे अब यह स्पष्ट होता जा रहा है कि विकास का सही अर्थ गरीबी, बेसहारा एवं शक्तिहीन समूहों के हक में शक्ति ढाँचे का झुकाव एवं उनके द्वारा निर्णय लेने की क्षमता है। यही वह मार्ग है जिस पर चलकर हम इक्कीसवीं सदी में सही अर्थों के विकास कर सकते हैं। *गाँधी जी* ने ठीक कहा है कि जब तक हमारे मार्ग में सिद्धान्तों की रोशनी नहीं है, हम अँधेरे में ही भटकते रहेंगे।

विकास की अन्तर्राष्ट्रीय अवधारणा

अन्तर्राष्ट्रीय सम्मेलन में बड़ी-बड़ी बातें व व्यवहार में अमीर देशों द्वारा गरीब देशों से समानता का व्यवहार न करने से क्या विश्व में गरीबी दूर होगी? गरीबी व बेरोजगारी से जूझ रहे देशों के लिए वैसे प्रावधान किस काम के जो अमीर देश अपने व्यापारिक हित को ध्यान में रखकर तैयार करते हैं। क्या इन प्रावधानों से विश्व अर्थव्यवस्था सुधरेगी? ये और ऐसे ही कुछ

अन्य चुभते हुए संयुक्त राष्ट्र व्यापार और विकास सम्मेलन (अंकटाड) ने उठाये हैं जिसने विश्व व्यापार संगठन (डब्ल्यू.टी. ओ.) में अल्पविकसित देशों की सीमित भागीदारी पर चिन्ता व्यक्त की है। इसके लिए बड़े विकसित देशों की भेदभावपूर्ण नीति को दोषी ठहराया है।

संयुक्त राष्ट्र व्यापार और विकास सम्मेलन (अंकटाड) के महासचिव *रूबेन्स रिकूपेरी* ने कहा है कि एक ओर तो अन्तर्राष्ट्रीय और विश्व समुदाय के सभी देशों में समन्वय व सद्भावना की लम्बी-चौड़ी बातें की जाती हैं तथा दूसरी ओर बड़े विकसित देश कमज़ोर और अल्पविकसित देशों को अपने बराबर का दर्जा देने को तैयार नहीं हैं। ऐसी स्थिति में इन देशों का मुख्यधारा से अलग-थलग रहना अस्वाभाविक नहीं है।

नोबेल पुरस्कार से सम्मानित भारतीय अर्थशास्त्री *अमर्त्य सेन* ने भी भारत और विकासशील देशों की गरीबी के अध्ययन में इसी से मिलते-जुलते विचार व्यक्त किये हैं। कई वर्षों पूर्व विश्वविख्यात अर्थशास्त्री *गुन्नार मिर्डल* ने अपनी बहुचर्चित पुस्तक 'चैलेंज ऑफ वर्ल्ड पॉवर्टी' में कहा था कि अमेरिका और उसके सहयोगी देश गरीबी की समस्या का हल अपनी शर्तों पर निकालने की योजना बनाते हैं तथा उन योजनाओं पर अमल करना गरीब देशों की मजबूरी है।

गुन्नार मिर्डल की बात आज भी कितनी प्रासंगिक है इसका सबूत अमेरिका ने इसी हफ्ते दिया है। उसने अन्तर्राष्ट्रीय मुद्रा-कोष के लिए 18 अरब डॉलर की देनदारी तब चुकता की जब कोष के संचालकों और ग्रुप-सात के देशों ने अमेरिका की सभी शर्तें मान लीं। ग्रुप-सात औद्योगिक देशों का गुट है और विश्व बैंक भी इन्हीं देशों के इशारे पर काम करता है। अमेरिका को अच्छी तरह मालूम है कि घोर आर्थिक संकट के दौर से गुजर रहे एशियाई व अफ्रीकी देशों को विश्व बैंक से कर्ज दिया जाता है और इसके बावजूद अमेरिकी कांग्रेस ने यह शर्त लगायी है कि सूद की दर बढ़ायी जाये और कर्ज की अदायगी की अवधि 10 वर्षों से घटाकर दो से ढाई वर्ष की जाये।

अल्पविकसित देशों की रिपोर्ट के अनुसार विगत कुछ वर्षों में वैसे तो विश्व आर्थिक विकास की दर में ही गिरावट आयी है मगर विकासशील देशों में वृद्धि की दर और भी तेज़ी से घटी है। रिपोर्ट के आँकड़ों के मुताबिक सन् 1995 में जो वृद्धि की दर 9 प्रतिशत रिकॉर्ड की गयी वह सन् 1997 के अन्त तक घटकर चार प्रतिशत पर आ गयी तथा अभी और घटने की सम्भावना है। रिपोर्ट में विकासशील देशों में कृषि-क्षेत्र के पर्याप्त दोहन पर बल दिया गया है क्योंकि इन देशों की अर्थव्यवस्था मुख्य रूप से कृषि पर टिकी है।

अंकटाड की ओर से जारी रिपोर्ट में भी चेतावनी दी गयी है कि मौजूदा विश्व आर्थिक नीति में अगर शीघ्र बदलाव नहीं लाया गया तो आर्थिक संकट और गहराएगा क्योंकि मुद्रास्फीति के लगातार बढ़ने की सम्भावना है। इस रिपोर्ट में एशियाई और अफ्रीकी देशों में राजनीतिक अनिश्चितता और अकाल, बाढ़ जैसी प्राकृतिक विपदाओं की स्थिति को इनके आर्थिक संकट के लिए जिम्मेदार बताया गया है।

विकास और वितरण का सांस्कृतिक पक्ष

आज विश्व औद्योगिक विकास से विविध रूप से त्रस्त है क्योंकि वह मानवीय श्रम-शक्ति को क्षीण कर प्राकृतिक सम्पदाओं को चट करता हुआ समाज को सुविधाभोगी और आकांक्षाभोगी बना रहा है जिससे समाज की नैतिकता, आस्था और मान्यताएँ नष्ट हो रही हैं।

गाँधी और विनोबा ने जन-जन को जमीन से जोड़कर विकास पर बल दिया। धर्म आधारित चिन्तन के अनुसार अर्थव्यवस्था में व्यक्ति स्वतः समाज में अपने अर्थ का बँटवारा करता था और उससे उसे सुख एवं शान्ति की अनुभूति होती थी। इस अर्थव्यवस्था की कुंजी थी जीवन के हर सुख और दुःख को, पाप और पुण्य को जोड़ देना तथा समाज के हर वर्ग को सुख और दुःख में भागी बना देना। हमारी अर्थव्यवस्था में धार्मिक, सामाजिक, पारिवारिक यहाँ तक कि व्यक्तिगत रूप से धन का बँटवारा किसी टैक्स अथवा बाध्यता से नहीं होता था, बल्कि व्यक्ति स्वतः अपने भरण-पोषण हेतु धन रखकर शेष धन समाज को लौटा देता था, केवल उस पर पाप और पुण्य की आस्था का अंकुश था। यही कारण है कि समाज के

छोटे-से-छोटे वर्ग को अवसर विशेष पर मान्य किया जाता था और अर्थ से पूरित किया जाता था। आज का बौद्धिक युग इसे नकारता है, छिद्रान्वेषण करता है।

यही स्थिति अन्न-व्यवस्था की थी। अन्न-त्याग और अन्न के बँटवारे को पूर्वजों ने व्रत और त्योहारों से जोड़ा था। अन्न का त्याग व्रत के माध्यम से होता था तो अन्न का बँटवारा हर रसोई में बनने वाले पदार्थों से। रसोई में बनने वाले व्यंजनों का हिस्सा जानवरों से लेकर मनुष्य तक लगता था। कोई भी व्यक्ति किसी भी घर से बिना कुछ खाये नहीं जाता था। अब आप सोचें अगर देश की आबादी में 20-25 लाख लोग किसी विशेष व्रत, पर्व पर उपवास करते हैं तो उतना अन्न समाज में वितरण के लिए उपलब्ध रहेगा और ऐसा अगर प्रतिदिन ही हो तो यह उपलब्धता कितनी होगी, क्योंकि पक्ष की हर तिथि किसी-न-किसी व्रत से जुड़ी है, दूसरी ओर खाने से पहले अपनी थाली में से अथवा रसोई में से समाज का हिस्सा निकालने की परम्परा के पीछे भी यही चिन्तन था कि भूखों को अन्न उपलब्ध हो। इस विधि से जहाँ समाज में अन्न की समस्या नहीं होती थी वहीं राष्ट्र का स्वास्थ्य स्वस्थ रहता था।

सूचना और ग्राम्य-जगत्

गाँवों में सही सूचना का नितान्त अभाव है। आज रोटी से भी अधिक गरीबी सूचना की है। सूचना-संचार परिवर्तन का आधार है। संचार-साधनों ने विकास को गति दी। टेलीफोन से शहर का सम्पर्क गाँव से हुआ। व्यापारियों ने गाँव की गतिविधियों की प्रतिदिन की जानकारी को महत्त्वपूर्ण माना। ग्रामीणों ने शहर और बाज़ार के भाव की जानकारी ली। टेलीफोन के चलते गाँव की प्रगति हुई। वहाँ के निवासियों की आय बढ़ी। डाकघर, बैंक, चिकित्सालय, बाज़ार के कारण गाँव का कायाकल्प हुआ।

संचार के माध्यम से हमारे देश तथा बड़े-से-बड़े विकसित देशों ने लाभ उठाया है। पूना में 'रेडियो ग्रामीण मंच' स्थापित करके विकास की दिशा में प्रशंसनीय प्रयास किये जा चुके हैं। विकसित देश 'कनाडा' का एक उदाहरण सामने है। 'कनाडा' देश के 'न्यू फाउंडलेंड' क्षेत्र में एक गाँव 'फोगो' है जो मछली पालन के लिए विख्यात है। जब इस गाँव में मछली-पालन और इससे जुड़े क्रियाकलापों में काफ़ी कमी आ गयी तो रोजी-रोटी के लिए गाँव के नौजवानों ने शहरों की ओर जाना शुरू कर दिया।

'फोगो' गाँव के कुछ लोग इस स्थिति से बहुत दुःखी हो गये। उन्होंने जनसंचार-माध्यम से गाँव के लोगों से सम्पर्क किया तथा कनाडियन ब्राडकास्टिंग कॉरपोरेशन के सहयोग से वीडियो फ़िल्म में गाँव वालों के विचार रिकॉर्ड कर लिये। हर व्यक्ति ने गाँव की इस ज्वलन्त समस्या पर अपने-अपने सुझाव दिये। पाँच घण्टे की फ़िल्म तैयार हुई जिसे पहले सभी गाँव वालों को एक स्थान पर दिखाया गया। बाद में इस फ़िल्म को छोटा करके केवल आधा घण्टे की फ़िल्म रहने दी। गाँव वालों ने फिर उसे देखा। बहस का सिलसिला गहमागहमी के साथ पूरे छह सप्ताह तक जारी रहा। बाद में उन्होंने जो नयी नीति बनाई वह बहुत सफल रही। मछली पालन उद्योग तेज़ी से फलने-फूलने लगा। ऐसा क्या कनाडा की मदद से ही किया गया? क्या इस सफलता का पूरा श्रेय ब्राडकास्टिंग कॉरपोरेशन को मिलेगा? जी नहीं, पूरा श्रेय मिलेगा गाँव वालों को लेकिन उन्होंने संचार-व्यवस्था और सरकार के आंशिक सहयोग से ही यह सब कुछ किया, यह बात अपनी जगह ठीक है।

विकास और सूचना एक-दूसरे के पूरक हैं। बिना सूचना के विकास के द्वार नहीं खुल सकते। कब, कहाँ, क्या, कितनी, किसकी आवश्यकता है, कैसे उनकी आपूर्ति होगी? इन सभी प्रश्नों के समाधान हेतु सूचना अपरिहार्य है। सूचना के माध्यम से ही जाना, पहचाना, परखा और समझा जाता है जो विकास के सोपान हैं। *एलेक्जेंडर ग्राहम बेल* तथा *थॉमस बेंस्टन* ने सूचना संचार द्वारा विश्व-विकास का मार्ग प्रशस्त किया। जो समाज सूचना को जितनी देर से प्राप्त करता है वह उतना ही विकास में पिछड़ जाता है। सूचना समाज की एक आवश्यकता है, सूचना ही जीवन का आधार है।

विकास और कृषि

विकास-पत्रकारिता की आधारभूमि कृषि पत्रकारिता है। अत्यन्त उपेक्षित कृषि के विकास हेतु नयी रणनीति अपनानी होगी। उत्पादन में वृद्धि करना, कृषि को लाभकारी उद्योग के रूप में सुप्रतिष्ठित करना, कृषि-जगत् में व्याप्त भयावह असमानता दूर करना, कृषक को स्वालम्बी बनाना ये सभी कार्य उच्च प्राथमिकता के साथ सम्पन्न हों तो विकास-पत्रकारिता सार्थक सिद्ध हो। पर्यावरण को असन्तुलित न बनाकर कृषि-उत्पादन बढ़ाने के परम्परागत साधनों को उन्नत बनाने पर भी जोर देना होगा। व्यापक भूमि-सुधार के साथ उपभोक्ता और किसान के बीच दलाल की भूमिका को हतप्रभ करना होगा। हदबन्दी क़ानून को सख्ती से लागू करने, भूमिहीनों को भूमि उपलब्ध कराने एवं सिंचाई, खाद्य-व्यवस्था को सुदृढ़ बनाने हेतु जन-चेतना जगाने का कार्य पत्रकारों को करना होगा।

कृषि-विकास की अवधारणा में उत्पादन और कृषकों की समानता ही निहित नहीं है, अपितु इसमें राष्ट्र की स्वतन्त्रता और उसका स्वाभिमान भी है। इसके अन्तर्गत 4 बातें आती हैं :

1. कृषि में विषमता घटाना,
2. खेतों की सिंचाई की व्यवस्था करना,
3. बीज-संरक्षण, कृषि उपकरणों का निर्माण, भंडारण की व्यवस्था करना,
4. ऋणमुक्त और स्वावलम्बन जीवन।

उपर्युक्त बातों के अतिरिक्त क्षेत्रीय असन्तुलन, शोषण, अशिक्षा, जाति-व्यवस्था, दलितों की बेबसी से सम्बन्धित तथ्यों पर प्रकाश डालकर विकास-पत्रकारिता की सार्थकता सिद्ध की जा सकती है।

जन-जन को सूचित, शिक्षित एवं निर्देशित कर प्रगति-कार्य को गत्वता देने की प्रक्रिया ही विकास-पत्रकारिता है। *महात्मा गाँधी* ने पत्रकारिता द्वारा विकास पर ही अधिक जोर दिया। वे प्रायः कहा करते थे कि ग्रामीणों की हस्तकला को विकसित कर जब तक कुटीर उद्योग-धन्धों का जाल नहीं बिछ जाता तब तक ग्रामीण अंचलों का बहुमुखी विकास सम्भव नहीं है। वस्तुतः भारत में विकास का तात्पर्य शहरों का विकास नहीं अपितु गाँवों का विकास है क्योंकि भारत की आत्मा गाँवों में है। राजस्थान में गाँवों के विकास से सम्बद्ध पत्रों की चर्चा करते हुए *राधेश्याम शर्मा* ने लिखा है कि राजस्थान में कहीं हरे-भरे खेत हैं तो कहीं सैकड़ों किलोमीटर तक रेगिस्तान ही रेगिस्तान। जहाँ सम्पन्नता केवल बड़े शहरों तक ही सीमित है। अलग-अलग आबादी के लिए संचार-व्यवस्था तक समुचित उपलब्ध नहीं है। सूखे का प्रकोप यह है कि एक-दो वर्ष नहीं बल्कि आठ-आठ वर्षों तक यह दैवीय प्रकोप बना रहता है लेकिन फिर भी लोग अपने श्रम और परमात्मा दोनों में से किसी एक का भी सहारा नहीं छोड़ते। सरकार के पास भी इतने साधन और शायद इच्छाशक्ति नहीं है कि वह बहुत दूर बसे लोगों के दर्द की आहट पर अपने कान लगा सके। ऐसे प्रदेश में लोगों का दर्द सुनने की जो इच्छा जगी वह है पत्रकार *कपूरचन्द* कुलिश जिन्होंने वर्ष 1975 और वर्ष 1976 के दौरान गुलाबी शहर जयपुर की चमक-धमक को नमस्कार कर दूर-दराज़ लोगों से सम्पर्क करना उचित समझा। हर रोज़ अपनी रिपोर्ट तैयार करते और अपने समाचार-पत्र को भेजते रहते। 'मैं देखता चला गया' शीर्षक में उन्होंने 'राजस्थान पत्रिका' में लेखमाला प्रकाशित की, बाद में इतनी महत्त्वपूर्ण लगी कि उसे पुस्तक के रूप में प्रकाशित किया। 'जयपुर', 'जोधपुर', 'कोटा', 'बीकानेर' और 'उदयपुर' जैसे सभी पाँच महानगरों से प्रकाशित समाचार-पत्र 'राजस्थान पत्रिका' ने वर्ष 1988 और वर्ष 1989 के दौरान एक प्रशंसनीय कार्य यह शुरू किया कि गाँव-गाँव की दशा जिसमें परेशानी, विकास, सम्पन्नता तथा परम्परा आदि सभी शामिल हैं, को लेकर लेखमाला हर रोज प्रकाशित करना शुरू किया—'आओ गाँव चलें'। कृषि-शिल्प, कुटीर उद्योग-धन्धों के व्यापक प्रचार-प्रसार से गाँवों का विकास सम्भव है। इसी से समाज में समरसता आयेगी :

> लोकरक्षिणी शक्ति उदय तब अपना आप करेगी।
> विद्या बल वैभव वितरित कर सब सन्ताप हरेगी।

विकास और कैमरा

चित्र कल्पना और विचार का मूर्तिमन्त रूप है। चित्र मूक कविता है और कविता बोलती हुई तस्वीर है। चित्र और काव्य दोनों का प्रभाव स्थायी होता है। एक अच्छा चित्र दस हजार शब्दों के बराबर माना जाता है। विकास-पत्रकारिता के क्षेत्र में फोटोग्राफी का बहुत महत्त्व है। जनसंचार के इस सशक्त माध्यम का सबसे बड़ा लाभ यह है कि इसका प्रभाव बहुत शीघ्र होता है क्योंकि एक ओर जहाँ रिपोर्ट को पढ़ने और सुनने में काफ़ी देर हो जाती है वहाँ चित्र को पलक झपकते ही देखा और समझा जा सकता है। एक ओर जहाँ पत्र-पत्रिकाओं को पढ़ने वाले लोग शिक्षित वर्ग के रहते हैं वहाँ चित्र को देखने और समझने वालों का दायरा शिक्षित लोगों के दायरे से भी अधिक है। भारत ऐसे देश में जहाँ अधिसंख्य आज भी अशिक्षित हैं वहाँ जनसंचार के माध्यम में फोटो पत्रकारिता का विशेष महत्त्व है। हर कही या पढ़ी बात को सभी लोग विश्वसनीय मानें यह आवश्यक तो नहीं है लेकिन चित्र देखकर सभी विश्वास कर लेते हैं।

विकास सम्बन्धी कोई रिपोर्ट सचित्र प्रकाशित होती है तब सबसे पहले आँखें चित्र की ओर झपटती हैं और बाद में पठनीय सामग्री की ओर। माथे पर सजी बिन्दिया जैसे नारी के सौन्दर्य को चार चाँद लगा देती है ठीक उसी तरह से अच्छी-सी तस्वीर भी छप जाये तब वह पठनीय तथा दर्शनीय भी हो उठती है। समाचार-जगत् में अब फोटोग्राफी को विशेष महत्त्व मिलने लगा है। एक समय था जब कभी-कभार ही समाचार-पत्रों में चित्रों को महत्त्व मिलता था। बाद में समाचार-पत्रों ने इधर-उधर से चित्र ख़रीदकर छापने शुरू किये लेकिन समय के बदलाव के साथ-साथ नियमित रूप से छायाकार नियुक्त हैं। *राधेश्याम शर्मा* के अनुसार, 'विकास-पत्रकारिता' के क्षेत्र में लेखनी से ज़्यादा प्रभावशाली भूमिका कैमरे का 'लेंस' निभा रहा है। लेखनी सच पर पर्दा डाल सकती है लेकिन कैमरे की आँख जो देखेगी वही अपने दर्शकों तक पहुँचाएगी। इसी सन्दर्भ में यह बात सुनी गयी कि एक बार परमात्मा ने कलाकारों का सम्मेलन आयोजित किया। संयोग से उस सम्मेलन के लिए छायाकार को नहीं बुलाया गया। सम्मेलन की समाप्ति पर जब सभी कलाकार धरती पर लौटकर आये तब उन्होंने परमात्मा की शक्ति और स्वरूप का अपने-अपने ढंग से वर्णन शुरू किया। मूर्तिकार ने जो देखा और अनुभव किया उसे अपने सुगढ़ हाथों से मूर्ति के माध्यम से लोगों के सामने उजागर किया। कविराज ने सरस्वती माँ के आशीष से कविता रच डाली। इसी प्रकार गायक और नर्तक ने अपनी-अपनी कलाओं के माध्यम से परमात्मा के स्वरूप को पृथ्वी के लोगों तक पहुँचाने का प्रयास किया। उस सम्मेलन में गये संवाददाता और सम्पादक ने भी अपनी लेखनी के माध्यम से लोगों को अवगत कराने का भरपूर प्रयास किया लेकिन दर्शक की आँखें सब कुछ ज्यों-का-त्यों स्वीकारने के लिए तैयार नहीं थीं। काश कि उस सम्मेलन में छायाकार भी गया होता तब विश्वास का संकट नहीं आता क्योंकि सुनी-कही बातों की तुलना में आँखिन देखी बात का अधिक असर रहता है। चित्र द्वारा विकास-कार्य को सम्मान मिलता है यह स्वतः सिद्ध है।

विकास-कार्यों की सूचना देकर पत्रकार जन-जन में जिज्ञासा उत्पन्न करता है कि अमुक कार्य में इतनी प्रगति या अधोगति हुई। आधुनिक वैज्ञानिक, प्रौद्योगिकी और इलेक्ट्रॉनिक्स फैलाव के साथ पत्रकारिता का दायरा और दायित्व भी बढ़ा है, विकसित हुआ है। शासन की उपलब्धियों से सन्दर्भित समाचार ही विकास-पत्रकारिता को स्पष्ट नहीं करता। इसका लक्ष्य है :

1. जीवन के सभी पक्षों के विकास की सूचना देना।
2. विकास के दौरान बाधक तत्त्वों को प्रकाशित करना।
3. विविध समस्याओं के समाधान हेतु सुझाव देना।
4. विकास के प्रति जन-जन में अभिरुचि जाग्रत् करना।

विकास एक सापेक्ष शब्द है : आज जो विकसित है वही कल पिछड़ा बन जाता है क्योंकि विकास एक सतत् प्रक्रिया है। किसी भी स्तर पर इसके मुख्य धारा से कटने पर हम पिछड़ेपन की ओर बढ़ने लगते हैं। इसलिए विकास में निरन्तर लगे रहना ही प्रगति या उन्नति का मूल मन्त्र है। इसमें कहीं विराम नहीं, विश्राम नहीं, सतत चलते रहना है।

विकास के मुख्य तीन आधार होते हैं। हम क्या थे, हमारे पास विकसित होने के कितने साधन हैं और हम कितने विकसित हुए। विकास-पत्रकारिता के लिए हर घटना समाचार, फ़ीचर, साक्षात्कार, सफलता की कहानी में इन तीन तत्त्वों का समावेश होना ज़रूरी है। इनमें से किसी एक के भी अभाव में हमारी 'स्टोरी' अधूरी रहती है और उसका वांछित प्रभाव भी पाठकों पर नहीं पड़ता।

अगर केवल उपलब्धियाँ गिनायी जाती हैं तो उनमें अतिशयोक्ति दोष आ जाता है। वे उबाऊ बन जाती हैं और आम पाठक उन्हें नहीं पढ़ता है। अगर केवल असफलताओं पर जोर दिया जाता है तो हमारा 'एप्रोच' ही नकारात्मक हो जाता है और सारी स्टोरी क्षणिक सनसनी तो ज़रूर फैला देती है पर वह पानी के बुलबुले के समान शीघ्र ही जन-चेतना से परे हो जाती है। विकास-लेखन के लिए ज़रूरी है कि उसकी पृष्ठभूमि को भली-भाँति समझा जाये और उसके प्रभाव की कल्पना भी कर ली जाये तभी उपलब्धियों को प्रस्तुत करना प्रभावकारी होता है। अधिक-से-अधिक पाठक कैसे पढ़ें। इसके लिए यह जानना ज़रूरी है कि पाठक क्या पढ़ना चाहते हैं। सबसे पहले पाठक मस्तिष्क को झकझोरने वाली घटनाओं की रिपोर्टिंग पढ़ते हैं। फिर विभिन्न क्षेत्रों के लोकप्रिय और स्थापित व्यक्तियों के समाचारों पर उनकी निगाह जाती है। राजनीति के गरम चर्चे, हत्या, कुकृत्य, बलात्कार, दुर्घटना आदि के समाचार उनका ध्यान खींचते हैं। इसके बाद ही वह विकास के समाचारों पर ध्यान देते हैं।

विकास-लेखक की यह कुशलता है कि वह पाठकों की इन आँखों को अपने मसाले पर केन्द्रित कर ले। इसके लिए ज़रूरी है कि वह अपनी स्टोरी की शुरुआत शुष्क आँकड़ों या कार्यक्रमों से न करके किसी मानवीय संवेदना से करे। ग्रामीण पत्रकारिता को विकास-विचारों और सूचनाओं पर ही अपने आपको केन्द्रित रखना चाहिए। गाँवों के जागरण के दौर में विकास-समाचारों और कृषि, परिवार-नियोजन, सहकारिता सम्बन्धी नयी जानकारियों का महत्त्व जिसके बिना ग्रामीण पत्रकारिता की कोई सार्थक भूमिका नहीं है। राजनीतिक जोड़-तोड़ पर ही सारा ध्यान केन्द्रित करने वाली पत्रकारिता ग्रामीण पाठकों की समस्याओं-खेत-खलिहान, गाँव-समाज, हाट-बाज़ार को प्रतिबिम्बित नहीं कर पाती। इन दो अतिवादों से बचकर ग्रामीण पाठक से सार्थक और जीवन्त सम्पर्क कायम रखने के लिए पत्रकारों को राजनीति और विकास-समाचारों का सृजनात्मक समन्वय करना होगा। यह ध्यान में रखना होगा कि खलिहान-चौपाल में बैठकर हमारे यहाँ अपने पूरे गाँव की ही नहीं, पास-पड़ोस के गाँवों और हाट-बाज़ार की तमाम चर्चाएँ होती रही हैं। ग्रामीण पत्रों के लिए सार्थकता और सफलता की एक कसौटी यह भी मानी जानी चाहिए कि उसमें प्रकाशित समाचार और टिप्पणियों की चर्चा खलिहानों और चौपालों में हो।

वस्तुतः विकास-समाचारों पर भी इसी दृष्टिकोण से काम होना चाहिए। विकास-पत्रकारिता करने वाले पत्रकार की दौड़ प्रशासकों की ओर नहीं, बल्कि उस मनुष्य के अनुभव को समझने के लिए होनी चाहिए जिसके लिए विकास की सारी प्रक्रिया चल रही है। नहरों-बाँधों को देखने, उनकी तारीफ के पुल बाँधने, योजनाओं पर हुए या होने वाले खर्च के आँकड़ों का जंगल खड़ा कर देने का ही नाम नहीं है विकास-पत्रकारिता। वस्तुतः यह तो नाम है विकास के बीच जी रहे मनुष्य से संवाद का, उसकी समस्याओं को सुनने, उसकी कठिनाइयों को समझने और उनकी छान-बीन करते हुए अपनी कलम और पत्र के माध्यम से विकास की अपेक्षाकृत दोषरहित प्रणाली के निर्माण में सहायता करने का। अविकसित ग्रामवासियों के दुःख-दर्द को अभिव्यक्ति देना ही विकास-पत्रकारिता के सामने एक बड़ी चुनौती सामाजिक-आर्थिक परिवर्तन के कार्यक्रमों पर सही रूप से अमल कराने की भी। उदाहरण के लिए, हरिजनों-दलितों की बस्तियों के विद्युत्तीकरण और हैंडपम्प लगाने का सरकार का निर्णय। जैसी हमारे देश में आज सार्वजनिक जीवन की स्थिति है, उसमें यह बहुत मुमकिन है कि सरकार से मिला हैंडपम्प हरिजनों की बस्तियों के बजाय सम्पन्न जाति या वर्ग से आये सरपंच के घर के आसपास लगा दिया जाये। सरकारी अभिलेखों में तो वह हैंडपम्प हरिजनों की सामाजिक-आर्थिक दशा अभिलेखों को सुधारने के प्रयास के रूप में गिनाया जाता है, जबकि वास्तव में उसका लाभ उन तक पहुँचा ही नहीं। ऐसी स्थिति में विकास-पत्रकार की क्या भूमिका हो? वह इस धाँधली का रहस्योद्घाटन करे या नहीं? रहस्योद्घाटन करने से गाँव के शक्तिशाली वर्ग का कोपभाजन बनना पड़ सकता है। अपने पाठकों

की नाराजगी भी झेलनी पड़ सकती है। यह भी तर्क दिया जा सकता है कि इस तरह की बातों को उठाने से गाँवों में तनाव की स्थिति बनती है। इसलिए ख़बरों को दबाने के साथ-साथ हरिजनों को यह सलाह तक दी जा सकती है कि वे इन छोटी-छोटी बातों को लेकर गाँव की समरसता को न तोड़ें। जो हो चुका उसे चुपचाप बर्दाश्त कर लें। स्वाभाविक ही इस तरह की पत्रकारिता प्रशासन को भी पसन्द आयेगी। क्या यह सचमुच विकास-पत्रकारिता होगी? या कि विकास-विरोधी पत्रकारिता होगी? यही ध्यातव्य है।

क्षेत्रीय समाचार-पत्र और विकास

भाषाई क्षेत्रीय पत्रों में विकास को कितना स्थान मिलता है इस पहलू पर *श्री राधेश्याम शर्मा* ने विचार किया है। उन्होंने लिखा है कि राष्ट्रीय सामचार-पत्रों की तुलना में प्रदेशों तथा वहाँ के जिला मुख़्यालयों से प्रकाशित पत्र अपने क्षेत्र के विकास-कार्यों को अधिक प्रमुखता प्रदान करते हैं। राष्ट्रीय समाचार-पत्रों पर जितनी कृपा सरकार करती है उतनी कृपा प्रदेश या जिलों से प्रकाशित समाचार-पत्रों पर नहीं रहती है। क्षेत्रीय पत्र आर्थिक तकनीकी दृष्टि से पिछड़े हुए रहते हैं। राज्य सरकारें तथा जिला प्रशासन यदि अपने क्षेत्र के समाचार-पत्रों का विज्ञापन आदि की सुविधा उपलब्ध कराके आर्थिक दृष्टि से उन्हें थोड़ा आत्मनिर्भर बना दे तब उस दशा में ऐसे पत्र विकास के क्षेत्र में महत्त्वपूर्ण योगदान कर सकते हैं। आर्थिक दृष्टि से कमज़ोर होने पर ऐसे समाचार-पत्र समाज के प्रति अपना दायित्व आसानी से नहीं पूरा कर सकते हैं।

दूसरे 'प्रेस कमीशन' की जानकारी के लिए 'ऑपरेशंस रिसर्च ग्रुप' ने व्यापक स्तर पर समाचार-पत्रों का सर्वेक्षण किया जिससे ज्ञात हुआ कि क्षेत्रीय समाचार-पत्रों ने विकास-पत्रकारिता को विशेष महत्त्व दिया है जैसे उड़िया भाषा के प्रकाशित समाचार-पत्रों ने आर्थिक विकास तथा सरकार से सम्बद्ध मामलों के लिए चालीस प्रतिशत से भी कुछ अधिक स्थान प्रदान किया। आसामी तथा तमिल भाषाओं के समाचार-पत्रों ने क्रमशः उन्तालीस और छब्बीस प्रतिशत स्थान राजनीतिक गतिविधियों के लिए दिया। आर्थिक विकास तथा अन्य सरकारी समाचारों के लिए हिन्दी भाषा के समाचार-पत्रों ने उनतीस प्रतिशत तथा अंग्रेज़ी भाषा के समाचार-पत्रों ने छत्तीस प्रतिशत से भी अधिक स्थान उपलब्ध कराया। सिन्धी भाषा के समाचार-पत्रों ने एक नयी मिसाल यह पैदा कर डाली कि क़ानून तथा व्यवस्था की स्थिति और बेचैनी फैलाने वाले समाचारों को इतना महत्त्व प्रदान किया कि उसके लिए लगभग एक चौथाई स्थान मतलब पच्चीस प्रतिशत ऐसे समाचारों को दिया। इस क्षेत्र में सिन्धी भाषा के बाद दूसरे स्थान पर हिन्दी भाषा के समाचार-पत्रों की भूमिका रही जिन्होंने साढ़े सत्रह प्रतिशत स्थान उपलब्ध कराया। जहाँ तक इस क्षेत्र में अंग्रेज़ी समाचार-पत्रों की भूमिका का सम्बन्ध है उन्होंने अपने कुल स्थान में से लगभग बारह प्रतिशत स्थान इस आशय के समाचार-पत्रों को दिया।

गुजराती भाषा के समाचार-पत्रों का अध्ययन करने से यह जानकारी मिली कि वे सांस्कृतिक तथा मनोरंजन के अन्य साधनों से सम्बद्ध सगाचारों को प्रमुखता से प्रकाशित करते हैं। गुजराती भाषा के जिन समाचार-पत्रों को इस अध्ययन के लिए चुना गया उससे पता चला कि मनोरंजन तथा सांस्कृतिक समाचार के लिए लगभग एक चौथाई (साढ़े बाईस प्रतिशत) स्थान उपलब्ध किया। ज्ञातव्य है कि दूसरे प्रेस कमीशन के लिए अध्ययन हेतु दो सौ चौतीस दैनिक समाचार-पत्र शामिल थे, जिनसे यह जानकारी मिलती है कि अधिकांश दैनिक समाचार-पत्रों ने विकास के पक्ष की उपेक्षा की है। गुजरात की मिसाल भी अपने-आप में दिलचस्प है। ठीक है कि मनोरंजन तथा सांस्कृतिक गतिविधियों को दैनिक पत्रों में महत्त्व दिया जाय लेकिन जितना महत्त्व इस पक्ष के लिए दिया गया उसका आधा भाग भी सम्बन्धी समाचारों को देते तब उससे राष्ट्रीय विकास को भी अधिक बल मिलता।

अपने यहाँ अंग्रेज़ी की तुलना में प्रादेशिक भाषाई पत्र आम लोगों के विकास से अधिक जुड़े हैं। 'इंडिया' से जुड़े लोग अपने को 'भारत' से अलग मान बैठते हैं जिसकी ओर विकास-पत्रकारिता को ध्यान देना है। विकास सम्बन्धी पत्रकारिता के लिए यह बहुत आवश्यक हो जाता है कि 'संकेत' और 'सत्य' इन दोनों की ओर बराबर ध्यान दिया जाये। अधिकांश समाचार सांकेतिक होते हैं। उन्हें पढ़ने से कुछ घटनाओं के बारे में हमें संकेत मिल जाते हैं लेकिन 'सत्य' शब्द का विशेष

ध्यान रखते हुए उन गुप्त बातों को भी प्रकाश में लाना होगा जो मात्र संकेत देने वाली ही नहीं हैं बल्कि सम्बद्ध विषय की पूरी तस्वीर पेश करती हैं। *'वाल्टर लिपमेन'* ने 'समाचार' और 'सत्य' की परिभाषा करते हुए कहा था कि घटना का संकेत ही नहीं बल्कि उस घटना से सम्बद्ध को उजागर करके ही सही रूप में पत्रकार अपनी उचित भूमिका निभा सकता है। कृषि, पशु-पालन उद्योग, शिक्षा, परिवहन, स्वास्थ्य, परिवार-कल्याण से सम्बद्ध समाचारों को छः प्रतिशत स्थान मिलना कष्टप्रद है। पत्रों को समाज-हित से जुड़ना होगा। जिम्मेदारी तथा सम्बद्धता हालाँकि दोनों अलग-अलग हैं लेकिन दोनों बातें बड़ी गहराई के साथ एक-दूसरों से जुड़ी हुई हैं। पत्रकारिता जब समाज से अपने-आपको सम्बद्ध कर लेती है तो अपनी जिम्मेदारी भी पूरी कर लेती है।

'मीडिया' के बिना लाखों और करोड़ों तक पहुँचना मुश्किल है। आर्थिक तथा सामाजिक विकास के क्षेत्र में 'मीडिया' का जो महत्त्वपूर्ण योगदान है उसका समुचित ध्यान रखते हुए विकास-पत्रकारिता की ओर ध्यान दिया जाना चाहिए। इन पत्रों पर ऐसे लोगों का अधिकार है जिनके लिए विकास का अर्थ अधिकाधिक विज्ञापन बटोरना है। सनसनीखेज समाचार प्रकाशित कर अपने पत्र के आर्थिक विकास की चिन्ता करने वालों को राष्ट्रीय विकास से क्या मतलब? बहुत से सम्पादक अपने पत्र-मालिक द्वारा बाध्य किये जाते हैं कि वे निदेशकों से मैत्री रखें, मन्त्री और सचिव के कृपा पात्र बने रहें ताकि पत्र के विकास में कोई बाधा न आये। ऐसी स्थिति में ग्रामीण-कृषि की चिन्ता की आशा क्यों की जाये?

सम्प्रति अपने यहाँ विस्थापन, विनाश और असमानता का दौर चल रहा है। झारखण्ड, झाबुआ, नीलगिरि के जंगल, कालाहाँडी, सन्थाल, छत्तीसगढ़ के गिरिजन दलित और उपेक्षित हैं। विकास के नाम पर ज़मीन, जंगल, जल जैसे संसाधनों का दोहन हो रहा है। ऐसी स्थिति में पत्रकारों को भोपाल गैस पीड़ित, हिमालय बचाओं आन्दोलन, नर्मदा बचाओं आन्दोलन, चिपको आन्दोलन को मुखरित करना होगा। जिस विकास के चलते अधिकांश लोगों के हाथ बेकार हो जायें, उदारीकरण के नाम पर 'स्वदेशी' की जगह विदेशी की महत्ता सिद्ध हो, भारतीय संस्कृति के स्थान पर पाश्चात्य नग्न शैली की सत्ता स्थापित हो जाती हो ऐसे तथाकथित विकास के विविध पहलुओं का विश्लेषण विकास-पत्रकारिता द्वारा ही सम्भव है। राष्ट्र-हित में उपयोगी, सही और न्यायपूर्ण विकास के लिए जनमत बना जनसंचार माध्यमों की प्राथमिकता होनी चाहिए। अब विकास-पत्रकारिता में कार्य करने वाले पत्रकारों को क्रान्तिकारी पत्रकार *निराला* की समाजवादी दृष्टि पर ध्यान देना चाहिए :

अमीरों की हवेली
होगी गरीबों की पाठशाला
धोबी, चमार, तेली
खोलेंगे अँधेरे का ताला।
आओ आओ टाट बिछाओ।

शासन की उपलब्धियों को गिनाने वाली धारणा पूर्णतः बदल चुकी है। विकास के प्रति जन-जन में अभिरुचि जाग्रत् करना, विकास की पूरी जानकारी देना, त्रुटियों को मुखरित करना, विकास के दौरान आने वाली कठिनाइयों को प्रकाशित करना तथा उनके समाधान को सुझाने की रचनात्मक प्रक्रिया ही विकास-पत्रकारिता है जो राष्ट्र-हित की एक अनिवार्यता है। अपने देश के कण-कण में निधि है और हर योजन पर अमृतकलश है—'पदे-पदे निधानानि योजने रसकूपिका'। शुभ संकल्प लेकर हम विकास-पत्रकारिता द्वारा उत्पादन, उपयोग, विनिमय और सहभागिता के सम्बल पर आगे बढ़ेंगे।

विकास का अर्थ है सामाजिक, आर्थिक, सांस्कृतिक, शैक्षणिक, प्रौद्योगिकी विकास द्वारा सामाजिक सुव्यवस्था में सुधार, सामाजिक-राष्ट्रीय सुरक्षा में सुधार। समूचे देश में सुख-समृद्धि में वृद्धि। हर तरह के शोषण, भेदभाव, पक्षपात, अन्याय, विषमता जैसी अमानवीय बुराइयों की समाप्ति। शिक्षा एवं ज्ञान का फैलाव, स्वास्थ्य एवं जीवन की आवश्यक सुविधाओं का विकास। सबको समान अवसर और लोक-कल्याणकारी राज्य एवं समाज की स्थापना की कोशिश। नैतिक, मानसिक, आध्यात्मिक गति के साथ-साथ जीवन-मूल्यों को जीवन में आचरण द्वारा प्रतिष्ठापित करने की कोशिश। पिछड़ापन, बर्बरता, संकुचितता, निरंकुशता, भाग्यवाद का क्रमशः अन्त, निर्धनता, विपन्नता, असहाय अवस्था, निष्क्रियता, हीनता, दिशाहीनता और अज्ञान

की जकड़न से निकलकर क्रमशः सम्पन्नता, आत्मनिर्भरता, स्वाभिमानपूर्ण व्यक्तिगत, सामाजिक-राष्ट्रीय जीवन की स्थापना और इंसानियत की प्रतिष्ठा की ओर कदम बढ़ाना ही विकास है। भौतिक उत्कर्ष के साथ-साथ मानवीय मूल्यों का उत्कर्ष है। चूँकि व्यक्ति समाज की इकाई है, इसलिए व्यक्तिगत जीवन की समुन्नति ही सामाजिक जीवन की आधारशिला है। वैसे प्रत्येक देश और समाज में विकास एवं प्रगति की अपनी-अपनी धारणाएँ होती हैं। अपनी-अपनी महत्त्वाकांक्षाएँ और वर्चस्व स्थापित करने की इच्छाएँ होती हैं जिनके कारण टकराव के हालात बनते हैं लेकिन मानव-स्वभाव है कि वह विकास की ओर बढ़ता है।

विकास सामाजिक प्रगति का एक साधन भी है। *पानसियन* के अनुसार, "विकास संकुचित अर्थ में परिवर्तन है। यह वृद्धि से सम्बन्धित है जो पहले से ही किसी वस्तु में गुप्त अवस्था में विद्यमान है। विकास का सम्बन्ध मौजूदा सांस्कृतिक संस्थाओं में वृद्धि से है, न कि इनके ईजाद से।"

रोस्टोव के अनुसार "आर्थिक विकास पूँजी और श्रम-शक्ति की वृद्धि की दर व जनसंख्या-वृद्धि के बीच ऐसा सम्बन्ध है जिससे प्रति व्यक्ति उत्पादन में वृद्धि होती है। राष्ट्रीय उत्पादन की मात्रा में वृद्धि, पूँजी से ग्रहण तथा श्रमशक्ति की मात्रा एवं स्वरूप पर आधारित होती है। येही तत्त्व सामाजिक एवं राष्ट्रीय वातावरण करने में सहायक हैं तथा आर्थिक विकास को गति प्रदान करते हैं।" *रोस्टोव* की राय में आर्थिक विकास (इकॉनॉमिक ग्रोथ) का स्वरूप इस प्रकार होता है : उच्च अवस्था, परिपक्व अवस्था, उन्नत अवस्था, उन्नत अवस्था की पूर्व स्थिति और परम्परागत अवस्था।

इन्वर्ट ने लिखा है, "विकास का वास्तविक अर्थ तकनीकी या राष्ट्रीय उत्पादकता में वृद्धि नहीं है बल्कि ज्ञान एवं चेतना के उस विकास से है जिसके द्वारा वह सहभागी बनता है। मैन, मशीन, मनी और मीडिया ये चार आधारभूत तत्त्व हैं जिन पर विकास आधारित है।"

परिवर्तन, प्रगति और विकास

वैसे केवल परिवर्तन ही विकास नहीं है। औद्योगिक क्रान्ति, संचार क्रान्ति एवं कम्प्यूटर क्रान्ति के साथ वैज्ञानिक प्रगति भी इससे जुड़ी है। इस कारण सभी ओर तेज़ी से बदलाव भी आया और विकास में भी तेज़ी आयी। सामाजिक परिवर्तन की गति वैज्ञानिक प्रगति से भी जुड़ी है। इस प्रगति की गति, जहाँ भी विज्ञान प्रगति पर है वहाँ तेज है लेकिन जहाँ लोग आदिम अवस्था में रहते हैं, ज्ञान-विज्ञान-साधन से शून्य हैं वहाँ यह प्रगति नाममात्र को होती है। सामाजिक विकास में लोगों के कार्य करने तथा विचार करने की पद्धतियों में भी बदलाव एवं तेज़ी शामिल होती है। सांस्कृतिक परिवर्तन भी सामाजिक परिवर्तन का अंग है क्योंकि समूची संस्कृति अपनी उत्पत्ति, अर्थ और प्रयोग में सामाजिक होती है। प्रत्येक समाज और उसकी संस्कृति में समयानुसार परिवर्तन निरन्तर होता रहता है। मानवीय रिश्ते, परम्परा, पारिवारिक बन्धन, वर्गहित, प्रचार-दुष्प्रचार, मानसिकताएँ, क्षेत्रवाद-प्रान्तवाद, जड़ता, अज्ञानता, शंका-आशंका, जीवनमूल्य, अन्धविश्वास, विश्वास, सामाजिक मानदण्ड, ऊँच-नीच की भावना, दबाव, आकर्षण परिवर्तन में अवरोधक बनते हैं। प्रगति व्यक्तिगत सामाजिक राष्ट्रीय प्रयत्नों से सन्दर्भित है। प्रगति की धारणा भी बदलती रहती है। प्रगति और विकास प्रयत्नों पर ही निर्भर करते हैं। प्रगति और विकास में कुल मिलाकर आर्थिक कल्याण में वृद्धि, अधिकतम लोगों की भलायी, सुख-समृद्धि में वृद्धि निहित होती है। इससे आध्यात्मिक एवं नैतिक चिन्तन में भी बदलाव आता है। विकास में तेज गति एवं व्यापक जनसमूह की लिप्तता तभी होती है जब वे आश्वस्त हों कि वह कार्य उचित है, उसमें हित निहित है। इससे उसका जीवन-स्तर सुधरेगा तथा सुख-सुविधाएँ बढ़ेंगी। प्रगति और विकास में शिक्षा का उच्च स्तर, प्रौद्योगिक उन्नति, नयी-नयी खोजें, अनुकूल भौगोलिक पर्यावरण, सामाजिक सुरक्षा, स्वतन्त्रता व समानता, सुव्यवस्था, उन्नतिशील, योग्य, प्रतिबद्ध एवं ईमानदार नेतृत्व बहुत बड़े सहायक होते हैं। विकास परिवर्तन की उस गति को दर्शाता है, जिसके अन्तर्गत एक अवस्था, दूसरी अवस्था का स्थान लेती हुई आगे बढ़ती है। विकास एक स्वाभाविक प्रक्रिया है जो कि सचेत प्रयत्नों के बिना भी सामाजिक अन्तःक्रिया के दौरान अपने आप होता रहता है जबकि प्रगति में सचेत एवं योजनाबद्ध प्रयत्नों की आवश्यकता होती है।

परिवर्तन के कारण विकास होता है और प्रगति होती है लेकिन दोनों में अन्तर है। जहाँ प्रगति इच्छित दिशा का परिवर्तन है, वहीं सामान्यतया विकास आर्थिक दशा में भौतिक सुख-सुविधा में वृद्धि का द्योतक है। एक स्वाभाविक प्रक्रिया है तो दूसरी सुनियोजित एवं तुलनात्मक स्थिति का बोध कराती है। प्रगति का एक स्वीकृत या इच्छित लक्ष्य होता है। यह समूह द्वारा सामाजिक मूल्यों, आदर्शों आदि के आधार पर निश्चित किया जाता है। प्रगति यानी इच्छित परिवर्तन। इसमें दिशा व लक्ष्य पूर्व-निश्चित होते हैं। प्रगति में परिवर्तन द्वारा एक अवस्था अन्तिम स्तर को प्राप्त करती है। इसका सम्बन्ध संस्कृति के भौतिक, आध्यात्मिक, सामाजिक, कलात्मक, साहित्यिक जैसे किसी भी पहलू से हो सकता है। प्रगति कभी अपने आप नहीं होती। इसके लिए सजग प्रयास ज़रूरी होते हैं।

हमारे देश में विकास की आवश्यक शर्त है, 'ग्रामीण अंचल का विकास।' आर्थिक और औद्योगिक प्रगति को ही विकास मान लेना भूल है। विकास सकारात्मक दिशा में संख्यात्मक एवं गुणात्मक परिवर्तन की निरन्तर चलने वाली प्रक्रिया है। विकास यानी केवल आर्थिक वृद्धि नहीं बल्कि सामाजिक, सांस्कृतिक, संस्थागत तथा आर्थिक परिवर्तन, सभी का सम्मिलित स्वरूप। यूरोपीय देशों एवं अमेरिकी अवधारणा भारत की विकास-प्रक्रिया से मेल नहीं खाती। आजकल भारत सहित अधिकांश अविकसित देशों ने पूँजीवादी विदेशी विचारधारा से प्रभावित विकास की परिकल्पना को अपने देश के अनुरूप ढालने की बजाय ज्यों-का-त्यों ग्रहण कर लिया है। वहाँ की अवधारणा में सभी प्रकार की समस्याओं का समाधान मशीन एवं तकनीक में ढूँढ़ा जाता है। ढाँचागत ऊपरी परिवर्तन और वृद्धि के ही विकास का पर्याय माना जाने लगा है। परिणामस्वरूप शक्तिशाली तबका ज़्यादा शक्तिशाली हो गया। अमीर ज़्यादा अमीर हो गये और गरीब ज़्यादा गरीब। भारत में करोड़ों गरीब, गरीबी की रेखा के नीचे आ गये। सही मायने में विकास वह है जिसमें गरीब, बेसहारा एवं कमज़ोर सब को न्याय मिले। शक्ति ढाँचे का झुकाव उनके पक्ष में हो। *गाँधी जी* ने कहा था कि पंक्ति में खड़े अन्तिम व्यक्ति को भी न्याय और हक मिलना चाहिए।

अन्तर्राष्ट्रीय एवं राष्ट्रीय सम्मेलनों में लच्छेदार भाषणों एवं पारित प्रस्तावों के बावजूद अमीर देशों का गरीब देशों के प्रति जो रवैया है, उससे गरीबी दूर नहीं होगी। इसलिए विकास अधूरा रहेगा। यहाँ जनशक्ति प्रचुर मात्रा में है, जो ज़्यादा मशीनीकरण और ज़्यादा ऑटोमेशन से बेरोजगार होती जायेगी। मशीन, तकनीक और ज़्यादा जनसंख्या के बीच सामंजस्य बिठाना विकास के लिए ज़रूरी है। वैश्वीकरण (ग्लोब-लाइजेशन) और उदारीकरण से भी देश का आर्थिक विकास तीव्र और सन्तुलित नहीं हो सका। बहुराष्ट्रीय कम्पनियों के प्रभाव से कई उद्योग ठप्प हुए। विकास के लिए इस ख़ामी को दूर करना होगा।

विकास के मानदण्ड

विकास के चार मानदण्ड हैं : 1. मात्रा में वृद्धि, 2. कार्यक्षमता में वृद्धि, 3. आपसी सहयोग एवं तादात्म्य, 4. मानवीय स्वतन्त्रता।

विकास में आर्थिक, राजनीतिक एवं सामाजिक विकास (शिक्षा, स्वास्थ्य, आवास आदि) शामिल हैं। इसका फॉर्मूला है : विकास = परिवर्तन + आर्थिक वृद्धि (Development = Change + Economic Growth)।

विचारणीय बात यह है कि आज सारा विश्व अन्धाधुँध विकास में मस्त है क्योंकि वह मानवीय श्रमशक्ति को क्षीण कर प्राकृतिक सम्पदाओं को चट करता हुआ समाज को सुविधाभोगी और आकांक्षाभोगी बना रहा है। व्यक्ति इतना भौतिकतावादी बनता जा रहा है कि इससे समाज की नैतिकता, आस्था, परम्परागत मान्यताएँ, जीवन-मूल्य सभी नष्ट हो रहे हैं। विकासशील देशों में 70 प्रतिशत आबादी गाँवों में रह रही है जबकि आय का केवल 17 प्रतिशत ही उस आबादी पर खर्च होता है। वास्तविक प्रति व्यक्ति आय कम होने का मुख्य कारण पूँजी का अभाव है। विकासशील देश मुख्यतः कृषिप्रधान हैं। वहाँ कृषि सम्बन्धी नीति दोषपूर्ण है। औद्योगिकीकरण कम है, नियति पर निर्भरता बढ़ी है, बैंकिंग सुविधाओं का भारी अभाव है, धन का असमान वितरण है। मौसमी बेरोजगारी, जनसंख्या की अधिकता, जन्म एवं मृत्यु दर ऊँची है, उत्पादक जनसंख्या में कमी, साक्षरता में कमी, रूढ़िवाद, दकियानूसीपन, अन्धविश्वास, भाग्यवाद, राजनीतिक अस्थिरता, प्रौद्योगिक विकास में कमी, परम्परागत साधनों का कम विकास भी उनके विकास में बाधक है।

भारत में विकास

पहली पंचवर्षीय योजना पर अमल करने के साथ भारत में औद्योगिकीकरण की प्रक्रिया तेज हुई। कृषि में सुधार से उत्पादन बढ़ा और देश खाद्यान्न निर्भर हुआ। दुग्ध उत्पादन भी बढ़ा। इस प्रक्रिया के चलने के साथ ही चूँकि आबादी निरन्तर बढ़ती गयी और खेती के कार्यों में जनसंख्या का बहुत अधिक अंश लगा रहा। यह अर्थव्यवस्था के पिछड़ेपन का प्रतीक है। भारत को विकसित राष्ट्र बनाने के लिए दो स्तरों पर कार्य करना होगा :

पहला : 1. सम्पत्ति, 2. श्रम, 3. विनिमय

दूसरा : 1. राजनीतिक व्यवस्था, 2. विज्ञान व प्रौद्योगिकी, 3. स्तरीकरण (stratification) के नये ढंग, 4. संगठनात्मक एवं संस्थागत परिवर्तन (organisational and institutional changes)

भारत के नियोजित तथा बहुमुखी विकास के लिए निम्नलिखित स्थितियाँ ज़रूरी होंगी–

1. उत्पादन के ढंग में परिवर्तन
2. वाणिज्यिक एवं औद्योगिक संगठनों में परिवर्तन
3. संस्थागत ढाँचे में परिवर्तन

आधुनिकीकरण (Modernisation)

मानव-समाज का निरन्तर विकास हो रहा है। औद्योगिकीकरण, मशीनीकरण, संचार क्रान्ति, सूचना क्रान्ति, कम्प्यूटर क्रान्ति, ग्लोबलाइजेशन, सांस्कृतिक विस्तारवाद जैसी परिवर्तन की प्रक्रियाओं से आधुनिक समाज का निर्माण हो रहा है; बीसवीं शताब्दी में परिवर्तन के कारण सामाजिक संरचना एवं उसके कार्यों, लोगों की सोच, आदतों, रहन-सहन के तौर-तरीक़ों, खानपान में बदलाव आया। कुछ जटिलताएँ भी आयीं। इससे परम्परागत समाज में बदलाव आया है। कई पुरानी मान्यताएँ, ढर्रे, सोच, तरीके अप्रासंगिक हो गये। उनके स्थान पर नये और आधुनिक समाज निर्मित हो रहे हैं। आज का आधुनिक समाज परम्परागत समाजों के सरल, सहज, संगठित व प्राथमिक समूहों से सर्वथा भिन्न समाज है। कहीं-कहीं तो उसके विपरीत है। आधुनिक समाज का आविर्भाव आधुनिक युग की विशेषता है। आज के समाज की विशेषता यह है कि उसका जीवन एकान्त होता है। टी. वी. ने लोगों को ड्राइंग रूम में बाँध लिया है। मोहल्ले, समाज, चौपालों की मेलजोल की गतिविधियाँ घटी हैं। बाह्य स्थल जैसे होटल, रेस्तराँ, फास्ट फूड केन्द्रों, पर्यटन-स्थलों, पार्कों में भीड़ बढ़ी है। ऐसे समाजों में सामूहिकता की कमी आयी है।

आधुनिकीकरण को कुछ लोग अच्छा मानते हैं जबकि कइयों की दृष्टि में इसके कुछ पक्षों को छोड़ दें तो इसमें बुराइयाँ भी काफ़ी हैं। जैसे इसमें मानवीयता, संवेदना, करुणा का स्थान नगण्य है। भौतिक लाभ, पद, धन, उपलब्धियाँ सुख ही प्रधान तत्त्व हो गये हैं। जिनके लिए कई बार व्यक्ति निष्ठुर, उतावला एवं हिंसक भी हो जाता है। इससे सामाजिक शान्ति व मानसिक शान्ति प्रभावित होती है। आगे बढ़ने की अस्वस्थ होड़ और आधुनिकता के दाँव-पेच से तनाव बढ़ता है। यह मासिक तनाव भी कई किस्म की समस्याओं को जन्म देता है। इसमें व्यक्ति तार्किक ज़्यादा हो गया है। उच्छृंखल भी हो गया है।

आधुनिकीकरण की विशेषताएँ

आधुनिकीकरण की विशेषताएँ हैं :

1. शहरीकरण की तेज गति, आर्थिक विकास, औद्योगिकीकरण।
2. साक्षरता का प्रसार, शिक्षा के स्तर में सुधार, पश्चिमी सभ्यता का प्रभाव।
3. शिक्षा व साक्षरता से जन जागृति, मीडिया के उपयोग में वृद्धि।
4. व्यक्ति की क्षमता में वृद्धि, देश को आर्थिक लाभ, प्रति व्यक्ति आय में वृद्धि।
5. राजनीतिक जीवन के विकास में वृद्धि में मदद।

आधुनिकीकरण से शक्ति, क्षमता, निपुणता, तार्किकता में वृद्धि होती है। वैज्ञानिक मानसिकता (Scientific Temper) पैदा होने से व्यवस्थित विकास होता है और कई समस्याएँ उत्पन्न नहीं हो पातीं।

आधुनिकीकरण की प्रवृत्तियाँ

आधुनिकीकरण सामाजिक, आर्थिक, सांस्कृतिक क्षेत्रों में स्पष्ट रूप से नजर आता है। आधुनिकीकरण की ये प्रवृत्तियाँ ध्यान देने योग्य हैं :

1. जटिलता : आधुनिकीकरण से औद्योगिकीकरण, शहरीकरण, सामाजिक वैभिन्नय, सामाजिक गतिशीलता, राजनीतिकरण, आर्थिक साम्राज्यवाद आदि प्रक्रियाएँ चलती रहती हैं। ये प्रक्रियाएँ एक-दूसरे को प्रभावित करती हैं। वे परस्पर भी परस्पर सम्बन्धित होती हैं।

2. सार्वभौमिकता : आधुनिकीकरण सार्वभौमिक प्रक्रिया है। दरअसल विज्ञान एवं तकनीक ही आधुनिकीकरण के विकास में मुख्य सहायक होते हैं। शिक्षा में विकास, यातायात, संचार-साधनों का प्रसार आपसी सम्पर्क को बढ़ाते हैं।

3. गतिशीलता : आधुनिकीकरण परिवर्तन की अग्रगामी प्रक्रिया है। इससे जीवन की दशाओं एवं दिशाओं में बदलाव आता है। इससे चमत्कारिक खोज हुई है। कई मान्यताएँ बदली हैं। आज खेती की मान्यताएँ कितना बदल गयी हैं।

4. विकासवादी प्रकृति : आधुनिकीकरण की प्रक्रिया की प्रवृत्ति क्रान्तिकारी और विकासवादी है। यह नये विचारों, नये नजरिये को जन्म देती है। इससे व्यापक बदलाव होता है। शहरीकरण से किसानों-मजदूरों के नजरिये व आदतों में बदलाव आया है।

आधुनिकीकरण आज के वैज्ञानिक युग की देन है। इसका असर बहुआयामी और व्यापक है। व्यक्तिगत, पारिवारिक, शहरी, सामाजिक और राष्ट्रीय जीवन को तथा समाजिक जीवन के सभी क्षेत्रों को प्रभावित किया है। हर क्षेत्र में नयी सोच, नयी व्याख्या व नये नजरिये का प्रादुर्भाव हुआ है।

विकास-आधुनिकीकरण-संचार (Development-Modernisation-Communication)

विकास और आधुनिकीकरण में जनसंचार-माध्यमों की महत्त्वपूर्ण भूमिका है। विकास और सूचना एक-दूसरे के पूरक हैं। बिना सूचना के विकास के द्वार नहीं खुल सकते। कब, कहाँ, क्या, कितनी आवश्यकता है और उसकी पूर्ति-आपूर्ति कैसे होगी? इन सभी प्रश्नों के समाधान के लिए सूचना अपरिहार्य है। सूचना के माध्यम से ही जाना, पहचाना, परखा जाता है। सही विकास तभी होगा, जब असन्तुलन एवं विषमता को दूर किया जाये। विकास कार्यक्रमों को निचले स्तर तक पहुँचाने में रेडियो व टी. वी., प्रेस, मुख्य हैं। *एलेक्जेंडर ग्राहम बेल* तथा *थॉमस बेंस्टन* ने सूचना के संचार द्वारा विश्व-विकास का मार्ग प्रशस्त किया। जो समाज या देश सूचना को जितनी देरी से प्राप्त करता है, वह विकास में उतना ही पिछड़ जाता है। सूचना समाज की एक ज़रूरत है, वही जीवन का आधार है।

वर्तमान युग संचार का युग है। आज व्यक्ति के जीवन के समस्त पक्षों पर संचार के प्रभाव दिखाई पड़ते हैं। वह जनसंचार के आधुनिक साधनों का ही परिणाम है। इसमें अख़बार, रेडियो, टी. वी. की महती भूमिका है। जनसंचार की प्रक्रिया द्वारा ही कोई सन्देश या जानकारी उद्गम स्थल से लक्ष्य तक पहुँचाये जाते हैं। विकास के लिए संचार एक निवेश है। विकास मुख्यत : मनुष्य के अस्तित्व से जुड़ी हुई प्रक्रिया है, जो व्यक्ति के अलावा समूह, संस्था, समाज, देश और विश्व को प्रभावित करती है। विकास की सार्थकता के लिए उसके प्रत्येक नागरिक की सहभागिता बहुत ज़रूरी है। जनसामान्य को विकास योजनाओं व कार्यक्रमों से जोड़ने तथा विकास सम्बन्धी समस्याओं के प्रति जागरूक बनाने में संचार-माध्यमों का महत्त्व है।

पत्रकारिता मात्र सूचना नहीं है, बल्कि यह सूचना के साथ-साथ सुझाव व निर्देश देने की विधा है। जनमत बनाने, विकास-कार्यक्रम के प्रति समाज को आकर्षित करने, समाज में रचनात्मक वातावरण तैयार करने में विकास-पत्रकारिता मुख्य है। विकास के प्रति जनजागरण और विकास-मार्ग की बाधाओं के निराकरण की प्रक्रिया ही विकास-पत्रकारिता है। ग्रामीण

अंचल में उन्नत खेती, साक्षरता, सामाजिक विकास से जुड़ने का भाव जगाने, पंचायत, स्वास्थ्य-रक्षा, पोषक आहार, पर्यावरण-रक्षा, सन्तुलित परिवार के प्रति जनजागृति में पत्रकारिता, रेडियो, टी. वी. की अहम् भूमिका हो सकती है। विकास-कार्यों की सूचना सबको देकर पत्रकार जन-जन में जिज्ञासा पैदा करता है कि अमुक कार्य में कितनी प्रगति या अधोगति हुई। शहरी क्षेत्र के अलावा कृषि एवं ग्रामीण विकास में भी पत्रकारिता एवं मीडिया की भूमिका महत्त्वपूर्ण है। आधुनिक वैज्ञानिक, प्रौद्योगिकी एवं इलेक्ट्रॉनिक मीडिया के फैलाव के साथ पत्रकारिता का दायरा एवं दायित्व बढ़ा है, विकसित हुआ है। विकास-पत्रकारिता ग्रामीण अंचल की ख़बरें देकर वहाँ के जनजीवन के विभिन्न पहलुओं, समस्याओं, ग्रामीणों की आकांक्षाओं के विभिन्न स्वरूपों को मुखरित करती है।

54

संविधान और अधिकार
(Constitution and Rights)

"I would rather, have a completely free Press with all dangers involved in the wrong use of the freedom than a suppressed or regulated Press."

— Pt. J.L. Nehru

× × ×

बोल कि लब आज़ाद हैं तेरे
बोल जुबाँ अब भी तेरी है।
बोल कि सच जिन्दा है अब तक
बोल जो कुछ कहना हो कह ले।

—फैज

× × ×

भारतीय नागरिकों के मौलिक अधिकार
(Fundamental Rights of Indian Citizens)

भारतीय संविधान में नागरिकों को सात मौलिक अधिकार प्रदान किये गये हैं :

1. समानता का अधिकार (अनु. 14-18) (Right of Equality)

यह अधिकार नागरिकों को क़ानून के समक्ष समानता और क़ानून का समान संरक्षण प्रदान करता है। यह अधिकार धर्म, जाति, नस्ल, लिंग, जन्म-स्थान आदि के आधार पर व्यक्ति और व्यक्ति के मध्य भेद नहीं करने का प्रावधान करता है, सार्वजनिक स्थानों का सब लोग बिना किसी भेदभाव के उपयोग कर सकते हैं। बच्चों व स्त्रियों को विशेष संरक्षण प्रदान किया गया है। समाज के पिछड़े हुए वर्गों के सामाजिक व शैक्षणिक उत्थान के विशेष प्रबन्ध किये जा सकते हैं।

2. स्वतन्त्रता का अधिकार (अनु. 19-23) (Right of Freedom)

अनुच्छेद 19 से नागरिकों को 6 प्रकार की स्वतन्त्रता प्राप्त होती है : (i) भाषण एवं अभिव्यक्ति की स्वतन्त्रता, (ii) शस्त्ररहित शान्तिपूर्ण एकत्र होने की स्वतन्त्रता, (iii) संस्था या संघ बनाने की स्वतन्त्रता, (iv) भारतीय राज्य क्षेत्र में स्वतन्त्र विचरण

एवं निवास की स्वतन्त्रता, (v) सम्पत्ति के अर्जन, धारण और व्यय की स्वतन्त्रता, (vi) कोई वृत्ति, व्यापार, आजीविका/उपजीविका या कारोबार करने की स्वतन्त्रता।

भाषण एवं अभिव्यक्ति की स्वतन्त्रता पर कुछ उचित प्रतिबन्ध लगाये गये हैं, जैसे– राज्य की सुरक्षा, विदेशी राज्यों के साथ मैत्रीपूर्ण सम्बन्ध, सार्वजनिक व्यवसाय, सदाचार व नैतिकता, न्यायालय की अवमानना, मानहानि व हिंसा को प्रोत्साहन आदि ऐसे कारण हैं जिनके लिए इस अधिकार पर राज्य का कोई सदाशयतापूर्ण बन्धन लगा रहता है। ये बन्धन स्वेच्छाचारी न होकर सार्वजनिक हित से प्रेरित होने चाहिए।

3. शोषण के विरुद्ध अधिकार (अनु. 23 व 24) (Right Against Exploitation)

अनुच्छेद 23 मानव से बेगार या जबरदस्ती से लिए गये श्रम का निषेध करना है क्योंकि हमारे प्राचीन समाज में मनुष्य द्वारा मनुष्य को दास बनाकर रखने की एक परम्परा रही है।

4. धार्मिक स्वतन्त्रता का अधिकार (अनु. 25-28) (Right to Freedom of Religion)

यह अनुच्छेद उद्‌घोषणा करता है कि समाज के प्रत्येक व्यक्ति को अन्तःकरण की स्वतन्त्रता प्राप्त होगी और वह किसी भी धर्म को मानने, उसका अनुसरण और प्रचार करने के लिए स्वतन्त्र होगा, धार्मिक मामलों का प्रबन्ध करने की स्वतन्त्रता दी गयी है। इसका उद्देश्य है कि राज्य का कोई धर्म नहीं होता। अनुच्छेद 28 द्वारा राज्य के विद्यालयों में धार्मिक शिक्षा प्रदान करने का निषेध किया गया है।

5. शिक्षा एवं संस्कृति सम्बन्धी अधिकार (अनु. 29 व 30) (Cultural and Educational Rights)

इसके अनुसार देश के प्रत्येक नागरिक को अपनी भाषा, लिपि, संस्कृति व परम्परा को बनाये रखने का प्रावधान किया गया है। इसी प्रकार राज्य के विद्यालयों में नस्ल, जाति, धर्म और भाषा या इसमें से किसी एक कारण से प्रवेश के सम्बन्ध में भेद निषिद्ध है। अनुच्छेद 30 शिक्षा सम्बन्धी अधिकार-पत्र माना जाता है। इसमें भाषाई तथा धार्मिक अल्पसंख्यकों को अपनी पसन्द की शिक्षा-संस्थाएँ स्थापित करने एवं उनका संचालन करने के साथ-साथ उन्हें धर्म तथा भाषा के अनुसार भेद किये बिना राज्य सहायता, अनुदान प्राप्त करने का अधिकार प्राप्त है।

6. सम्पत्ति का अधिकार (अनु. 31 क, ख)

इस अनुच्छेद में प्रावधान है कि किसी व्यक्ति को विधि के प्राधिकार के बिना उसकी सम्पत्ति से वंचित नहीं किया जायेगा। कोई भी चल या अचल सम्पत्ति जब क़ानूनी तरीके से राज्य द्वारा अर्जित की जायेगी तो उसके लिए उचित क्षतिपूर्ति निर्धारित की जानी चाहिए। सम्पत्ति का अधिकार मौलिक अधिकारों का सबसे अधिक विवादास्पद अधिकार है जिसको निर्धारित करने में संविधान सभा को भी सबसे अधिक कठिनाई का अनुभव हुआ था।

7. संवैधानिक उपचारों का अधिकार (अनु. 32)

इसमें कहा गया है कि मौलिक अधिकारों को प्रवर्तित कराने के लिए सर्वोच्च न्यायालय उचित कार्यवाही करेगा। ऐसी उचित कार्यवाहियों में न्यायालय जो 5 प्रकार के आदेश, निर्देश या लेख जारी करता है वे निम्न हैं :

(i) बन्दी प्रत्यक्षीकरण (Habeas Corpus)
(ii) परमादेश (Mandamus)
(iii) प्रतिषेध (Prohibition)
(iv) उत्प्रेषण (Certiorari)
(v) अधिकार पृच्छा (Quo-Warranto)

इस अधिकार के मौलिक अधिकारों में सबसे महत्त्वपूर्ण होने के कारण *डॉ. अम्बेडकर* ने संविधान सभा में एक प्रश्न का उत्तर देते हुए कहा था : यदि इस अनुच्छेद को संविधान में से हटा दिया जाये तो संविधान शून्य हो जायेगा। यह अनुच्छेद संविधान का सहृदय व आत्मा है।

वाक् एवं अभिव्यक्ति की स्वतन्त्रता (Freedom of Speech and Expression)

सर्वप्रभुत्व सम्पन्न लोककल्याणकारी राज्य की स्थापना के उद्देश्य की पूर्ति हेतु स्वीकृत भारतीय संविधान में 19 से 22वें अनुच्छेद तक स्वतन्त्रताओं के विविध पक्षों का विवेचन किया गया है। 19वें अनुच्छेद में वाक् एवं अभिव्यक्ति की स्वतन्त्रता का प्रावधान है।

संविधान में प्रेस की स्वतन्त्रता का कोई पृथक् उल्लेख नहीं है। प्रेस की स्वतन्त्रता का यह अधिकार वस्तुतः वाक् एवं अभिव्यक्ति की स्वतन्त्रता में ही समाहित है। जिस प्रकार एक आम भारतीय नागरिक इन स्वतन्त्रताओं का उपयोग करता है, उसी भाँति प्रेस को भी इन अधिकारों के उपयोग की पूरी आज़ादी है। संविधान के मूल स्वरूप में हमारी इस स्वतन्त्रता को प्रतिबन्धित करने वाली कुछ प्रमुख धाराएँ अवमान लेख, अपवंचन, मानहानि, न्यायालय की अवमानना तथा सदाचार व नैतिकता का उल्लंघन एवं राज्य की सुरक्षा एवं विद्रोह से सम्बन्धित थीं, किन्तु सन् 1951 में संविधान में किये गये प्रथम संशोधन तथा सन् 1963 में 16वें संविधान संशोधन के द्वारा प्रतिबन्धों का दायरा कुछ व्यापक कर दिया गया है। मूल रूप से भाषण एवं अभिव्यक्ति की स्वतन्त्रता पर निम्न सात प्रतिबन्ध लागू हैं :

(1) राज्य की सुरक्षा, (2) विदेशी राज्यों के साथ मैत्रीपूर्ण सम्बन्ध, (3) लोक-व्यवस्था, (4) सदाचार या नैतिकता, (5) न्यायालय की अवमानना, (6) मानहानि, (7) हिंसा को प्रोत्साहन।

स्वतन्त्रता की अवधारणा

किसी भी प्रकार के नियन्त्रण, हस्तक्षेप अथवा अवरोध का अभाव। इस स्वतन्त्रता को प्रेस के अर्थ में समझें तो हम कह सकते हैं कि किसी भी सार्वजनिक अधिकारों के दबाव में आये बिना किसी भी सामग्री के पूर्ण प्रकाशन का अधिकार।

लोकतान्त्रिक व्यवस्था का आधार अंग

यह एक महत्त्वपूर्ण व संवेदनशील अधिकार है। संयुक्त राष्ट्रसंघ ने अपने प्रस्ताव में 'संवाद-स्वतन्त्रता' को मनुष्य का मौलिक अधिकार माना था।

मानव अधिकार घोषणापत्र में भी प्रेस की स्वतन्त्रता को एक अधिकार के रूप में स्वीकार किया गया था। भारतीय न्यायपालिका ने अभिव्यक्ति-स्वातन्त्र्य तथा वाक्-स्वातन्त्र्य को हमारी व्यवस्था का आधारभूत अंग स्वीकार किया है। सर्वोच्च न्यायालय ने अपने निर्णय में स्पष्ट कहा है कि इस स्वतन्त्रता का प्रयोजन यह है कि सरकारी और सार्वजनिक अधिकारी जनता के दिमाग के अभिभावक नहीं बन सकते हैं। समाज में प्रत्येक नागरिक को जानकारी लेने-देने और अपने दृष्टिकोण को प्रसारित करने का अधिकार प्राप्त है। इसके अनुसार कोई भी व्यक्ति अपनी विचारधारा और दृष्टिकोण का प्रचार-प्रसार कर सकता है।

सरकार द्वारा समाचार-पत्रों के लिए समाचार-पत्र काग़ज़ के आवंटन में भेदभाव बरतने या पृष्ठों के अनुसार पत्र की क़ीमत रखने की बंदिश लगाने या विज्ञापन देने में विचारधारा के कारण भेदभाव बरतने आदि से अभिव्यक्ति की स्वतन्त्रता बाधित होती है। वाक्-स्वतन्त्रता में विवेकपूर्ण हस्तक्षेप करने या प्रतिबन्ध लगाने की अनुमति है।

आपातकालीन स्थिति में वाक्-स्वतन्त्रता और अभिव्यक्ति की स्वतन्त्रता पर क़ानूनी और संवैधानिक तौर पर प्रतिबन्ध लगाया जा सकता है।

प्रेस काउंसिल की स्थापना इसके व्यापक स्वरूप को परिभाषित करती है। प्रेस काउंसिल के माध्यम से प्रेस-स्वतन्त्रता और समाचार-पत्रों का स्तर ऊँचा उठाने के लिए विभिन्न कदम उठाये जा सकते हैं, जो प्रेस की स्वतन्त्रता को ठोस धरातल

प्रदान करते हैं। साथ ही जनमत-निर्माण की दृष्टि से बहुत महत्त्वपूर्ण होते हैं। इस स्वतन्त्रता के साथ गहरे राजनीतिक एवं सामाजिक दायित्व जुड़े हैं। पत्रकारों व सम्पादकों को इस दायित्व-बोध का परिचय होना चाहिए।

संविधान में प्रेस की स्वतन्त्रता का प्राविधान

विचार और अभिव्यक्ति की स्वतन्त्रता लोकतन्त्र की प्राणवायु की भाँति है। लोकतान्त्रिक शासन में इस स्वतन्त्रता का अतिशय महत्त्व है। भारत के संविधान में प्रेस की स्वतन्त्रता-जैसी शब्दावली का प्रयोग नहीं किया गया है। सम्भवतः इसलिए अनेक बार प्रबुद्ध वर्ग के द्वारा संविधान में प्रेस की आज़ादी का स्पष्ट प्राविधान करने की माँग की गयी है। इसी कारण अनेक विवाद न्यायालयों के सामने आये हैं। समय-समय पर संविधान में प्रेस की स्वतन्त्रता की स्थिति को लेकर अनेक चिन्ताएँ व्यक्त की जाती रही हैं किन्तु विचार और अभिव्यक्ति की स्वन्त्रता में प्रेस की स्वतन्त्रता स्वतः सम्मिलित है। वस्तुतः प्रेस और समाचार-पत्रिका आदि के अभाव में विचार-अभिव्यक्ति की स्वतन्त्रता का प्रकटीकरण सम्भव नहीं हो सकेगा। प्रेस और समाचार-पत्र-पत्रिका आदि मानवीय विचारों की अभिव्यक्ति का एक सशक्त माध्यम हैं।

संविधान-सभा में *डॉ. भीमराव अम्बेडकर* ने कहा था—**"समाचार-पत्र नागरिकों के विचारों की अभिव्यक्ति का एक महत्त्वपूर्ण साधन है। नागरिकों को व्यक्तिगत रूप से प्राप्त अधिकारों की तुलना में प्रेस को कोई विशेष अधिकार प्राप्त नहीं है। उदाहरणार्थ, अख़बार का सम्पादक और प्रेस का प्रबन्धक अख़बारों के ज़रिये जब अपने विचार समाज के समक्ष प्रस्तुत करते हैं तब तो वे भारतीय नागरिक होने के नाते अपने विचार-अभिव्यक्ति की स्वतन्त्रता का उपयोग करते हैं।"**

इस तर्क के कारण डॉ. अम्बेडकर ने संविधान में प्रेस की स्वतन्त्रता का पृथक् उल्लेख करने की आवश्यकता नहीं समझी। इसके पीछे कोई भी तर्क और कारण रहे हों मगर संविधान के लागू होने के बाद उच्चतम न्यायालय ने *ब्रजभूषण* बनाम दिल्ली राज्य (सन् 1950), एक्सप्रेस न्यूजपेपर्स प्रा. लि. बनाम भारत संघ (सन् 1958), एम.एस.एम. शर्मा बनाम *श्रीकृष्ण सिन्हा* (सन् 1959), साकल पेपर्स प्रा. लि. बनाम भारत संघ (सन् 1962) आदि अनेक मामलों में दिये गये निर्णयों में वाक् और अभिव्यक्ति की स्वतन्त्रता में प्रेस की स्वतन्त्रता को सम्मिलित मान लिया है। *रोमेश थापर* बनाम मद्रास राज्य (सन् 1950) के विवाद में उच्चतम न्यायालय ने, इसमें विचारों के प्रसारण की स्वतन्त्रता को भी शामिल माना है। प्रकाशन और उसके परिचालन, दोनों की स्वतन्त्रता का संविधान में पृथक् उल्लेख भले ही न किया गया हो, किन्तु इस अधिकार की सम्पूर्णता के उपयोग के लिए किसी प्रकार के संशय की गुंजाइश नहीं है।

55

प्रेस की स्वतन्त्रता
(Freedom of Press)

A free Press is to be feared more than a thousand bayonets.

—Napoleon

× × ×

A free and vibrant Press is the best safeguard for democracy and all the values it implies.

–Ramoji Rao

× × ×

A free Press is the unsleeping guardian of every other right that free men prize.

–Winston Churchill

× × ×

If I had to choose between having a government without newspaper on the one hand and newspaper without a government on the other hand, I would have no hesitation in preferring the latter.

–President Jefferson

× × ×

व्यापक अर्थों में समाचारों की स्वतन्त्रता केवल एक नारा नहीं है अपितु लोकतान्त्रिक प्रक्रिया की एक आवश्यक विशेषता है।

—पं. जवाहरलाल नेहरू

× × ×

तुम्हारे एक-एक शब्द से मैं असहमत हूँ लेकिन उन शब्दों को बघारने का तुम्हारा अधिकार कोई छीनना चाहे तो उसके लिए मैं जी-जान से लड़ूँगा।

—रूसो

प्रेस का तात्पर्य प्रिंटिंग प्रेस, छापाखाना है। मीडिया-जगत् में प्रेस शब्द का अर्थ समाचार-पत्र समझा जाता है। समाचार-पत्र जनमत प्रकट करने का साधन है। लोकतन्त्र में बातों को जानने, उन पर अपनी राय व्यक्त करने की पूरी स्वतन्त्रता होती है। सभ्य, प्रगतिशील राष्ट्रों में प्रेस की स्वतन्त्रता को नागरिकों का मौलिक अधिकार माना जाता है। शासन की पूर्व अनुमति के बिना पत्र एवं सूचना प्रकाशन करने की छूट प्रेस की स्वतन्त्रता है। प्रेस की स्वतन्त्रता विचार स्वातन्त्र्य का पर्याय है। अपने देश के संविधान में स्वातन्त्र्य अधिकार के अनुच्छेद 19 के प्रथम खण्ड के उपखण्ड (क) के अनुसार "सब नागरिकों को वाक्-स्वातन्त्र्य और अभिव्यक्ति स्वातन्त्र्य का अधिकार होगा।"

इसी मूल अनुच्छेद का उपखण्ड दो निम्न प्रकार है :

खण्ड (1) के उपखण्ड (क) की कोई बात अपमान लेख, अपमान वचन, मान-हानि, न्यायालय अपमान से अथवा शिष्टाचार या सदाचार पर आघात करने वाले अथवा राज्य की सुरक्षा को दुर्बल करने अथवा राज्य को उलटने की वृत्ति वाले किसी विषय से, जहाँ तक कोई वर्तमान विधि सम्बन्ध रखती हो वहाँ तक उसके प्रवर्तन का प्रभाव अथवा सम्बन्ध रखने वाली किसी विधि को बनाने में राज्य के लिए रुकावट न डालेगी।

पत्र-पत्रिकाओं को अपने विचार प्रकाशित करने की उतनी ही आज़ादी है जितनी की देश के किसी नागरिकों को। प्रेस आयोग ने भी अपनी रिपोर्ट में कहा है कि इसमें कोई सन्देह नहीं कि प्रेस की स्वतन्त्रता भारतीय संविधान के अनुच्छेद 19(1) के अधीन नागरिकों की प्रत्याभूत अभिव्यक्ति की स्वतन्त्रता के मूल अधिकार में सम्मिलित है।

प्रेस की स्वतन्त्रता ('वाक् एवं अभिव्यक्ति') का क़ानूनी अभिप्राय इस प्रकार है :

1. समाचारों और विचारों का मुद्रण एवं प्रकाशन।
2. मुद्रित सामग्री का जनता में प्रसारण।
3. सार्वजनिक विषयों पर खुली बहस।
4. सरकार, लोकसेवकों और सार्वजनिक प्राधिकरणों के कार्यों की समीक्षा और आलोचना।
5. सरकार के एकाधिकार व नियन्त्रण से मुक्त होकर विभिन्न और परस्पर सूत्रों से तथा स्पर्धा के आधार पर सूचनाएँ एकत्रित करना है।
6. सरकारी निर्देशन से मुक्त होकर प्रकाशन सामग्री का चयन, पत्र का प्रसार और मूल्य-निर्धारण आदि करना।
7. पत्रकारों व प्रेस से सम्बद्ध अन्य कर्मचारियों का किसी बाहरी निर्देशन या नियन्त्रण के बिना चयन करना।
8. प्रेस की स्वतन्त्रता में पुस्तिकाएँ, पत्रक और सूचना और विचारों के संवाहक हर प्रकार के प्रकाशन शामिल हैं।

वाक् और अभिव्यक्ति की स्वतन्त्रता (जिसमें प्रेस की स्वतन्त्रता शामिल है) एक मौलिक अधिकार के रूप में केवल भारतीय नागरिकों को प्राप्त है, विदेशियों को नहीं। इस प्रकार वाक् एवं अभिव्यक्ति की स्वतन्त्रता के अन्तर्गत किसी विषय पर विचार व्यक्त करने, मत बनाने, बिना सरकारी हस्तक्षेप के सूचना या समाचार प्राप्त करने और प्रकाशित करने की स्वतन्त्रता सम्मिलित है।

प्रेस और पुस्तक पंजीकरण अधिनियम, 1867 (Press and Books Registration Act, 1867)

सन् 1867 में प्रभावी प्रेस ऐंड बुक्स रजिस्ट्रेशन एक्ट आज भी विभिन्न संशोधनों के साथ जारी है। इसका उद्देश्य प्रेस की स्वतन्त्रता पर नियन्त्रण नहीं अपितु प्रिंटिंग प्रेस एवं समाचार-पत्रों के लिए पंजीकरण प्रणाली का नियमन तथा उसके साथ भारत में पुस्तकों तथा अन्य प्रकाशित सामग्री की प्रक्रिया सुरक्षित रखना था जैसा कि *पी. महापात्र* का कथन है :

"The objective of the rule is to inform to the public all the relevant details about the printer, publisher of a particular publication who would be responsible for any unlawful matter therein."

इस अधिनियम की मुख्य धाराएँ इस प्रकार हैं :

1. प्रत्येक प्रकाशित समाचार-पत्र में मुद्रक, प्रकाशक, प्रकाशन-स्थल का नाम स्पष्ट रूप से होना चाहिए।
2. वही मुद्रक पत्र छाप सकता है जिसने जिला प्रेसीडेंसी तथा सबडिविजनल मजिस्ट्रेट की अनुमति प्रेस चलाने के लिए ले रखी है।
3. समाचार-पत्र के प्रत्येक अंक पर मालिक और सम्पादक का नाम अंकित होना चाहिए।
4. किसी पत्र प्रकाशन के लिए मुद्रक और प्रकाशक को जिला, प्रेसीडेंसी अथवा सब-डिविजनल मजिस्ट्रेट के समक्ष घोषणा-पत्र पर हस्ताक्षर करने होंगे। इसके साथ ही प्रकाशन की भाषा और काल की भी जानकारी देनी होगी। मुद्रक को पत्र के मालिक का लिखित अधिकार पत्र भी अपने घोषणा-पत्र के साथ संलग्न करना ज़रूरी है।

5. पत्र के नाम, भाषा, काल, मालिक, मुद्रक आदि में होने वाले किसी परिवर्तन की सूचना सम्बन्धित अधिकारियों को देकर नया आज्ञा-पत्र प्राप्त करना आवश्यक है।
6. घोषणा-पत्र की स्वीकृति के बाद यदि कोई साप्ताहिक-पत्र छः सप्ताह तक तथा समाचार-पत्र तीन माह तक प्रकाशित नहीं हो पाता है तो आज्ञा पत्र रद्द या बेकार या अमान्य हो जायेगा।
7. यदि तीन माह की अवधि में दैनिक, साप्ताहिक, अर्द्ध साप्ताहिक और पाक्षिक पत्र अपनी नियमित संख्या के आधे से भी कम में प्रकाशित होने लगे तो उनका घोषणा-पत्र रद्द हो जायेगा।
8. एक वर्ष की अवधि तक पत्र का प्रकाशन न होने पर भी घोषणा-पत्र रद्द हो जायेगा।
9. यदि कभी गलती से किसी पत्र के अंक में उसके सम्पादक का नाम गलत छप गया है और वह यह दावा करे कि उक्त अंक का सम्पादक वह नहीं था तो उसे चाहिए कि वह सब-डिविजनल मजिस्ट्रेट के समक्ष अपना दावा प्रस्तुत करके उससे प्रमाण-पत्र प्राप्त कर ले।
10. प्रेस रजिस्ट्रार अथवा अन्य किसी व्यक्ति की माँग पर पूरी जाँच-पड़ताल का आदेश देकर मजिस्ट्रेट घोषणा-पत्र को रद्द करने का अधिकारी है।
11. घोषणा-पत्र रद्द होने पर उसकी अपील 60 दिनों के अन्दर प्रेस और रजिस्ट्रेशन अपील बोर्ड के सामने की जा सकती है।
12. प्रत्येक प्रकाशित पत्र की एक प्रति प्रेस रजिस्ट्रार को तथा दो प्रतियाँ राज्य सरकार को निःशुल्क भेजनी होगी।
13. प्रेस नियमों का उल्लंघन करने पर सम्पादक, प्रकाशक और मुद्रक को दो हजार रुपये का जुर्माना तथा छः महीने की सजा दी जा सकती है।
14. प्रेस रजिस्ट्रार और सरकार को प्रकाशित अंक की प्रतियाँ न भेजने पर प्रकाशक पचास-पचास रुपये तक का जुर्माना लगाया जा सकता है।
15. पत्र के मुद्रक, प्रकाशक या सम्पादक न रहें तो इस विषय की सूचना मजिस्ट्रेट को शीघ्र देना आवश्यक है, अन्यथा दो सौ रुपये तक जुर्माना लगाया जा सकता है।
16. पत्र का सम्पूर्ण विवरण प्रेस रजिस्ट्रार को प्रत्येक वर्ष में देना आवश्यक है और प्रेस रजिस्ट्रार के संकेत पर उस पत्र में प्रकाशन करना ज़रूरी है।
17. प्रेस रजिस्ट्रार को गलत सूचना देने पर पाँच सौ रुपये का दण्ड दिया जा सकता है।
18. यदि कोई राज्य सरकार चाहे तो केन्द्रीय सरकार की अनुमति लेकर किसी समाचार-पत्र पर प्रेस क़ानून को आंशिक अथवा सम्पूर्ण रूप से लागू न करने की विज्ञप्ति सरकारी गजट में जारी कर सकती है।
19. पत्र प्रकाशकों से प्राप्त जानकारी के आधार पर प्रेस रजिस्ट्रार प्रतिवर्ष अपनी रिपोर्ट तैयार करता है।
20. भारत के सभी भागों पर यह प्रेस क़ानून लागू होगा।

वर्नाक्यूलर प्रेस एक्ट, 1878 (Vernacular Press Act, 1878)

वर्नाक्यूलर का शाब्दिक अर्थ स्थानीय भाषा, देशी भाषा, स्वदेशी भाषा तथा बोलीगत भाषा है। स्थानीय भाषा के समाचार-पत्रों पर नियन्त्रण हेतु यह बना। *लॉर्ड नार्थबुक* के बाद सन् 1876 में *लॉर्ड लिटन* भारत के वायसराय बने। वे साम्राज्यवादी विचारधारा के लिए विख्यात थे। उन्होंने भारतीय भाषाओं के समाचार-पत्रों पर नियन्त्रण करने के लिए 1 मार्च, 1878 को विशेष अधिनियम पारित किया जो 'वर्नाक्यूलर प्रेस एक्ट, 1878' के नाम से प्रसिद्ध है।

इस अधिनियम के अन्तर्गत सरकार को उन समाचार-पत्रों पर कठोर नियन्त्रण एवं दण्डित करने का अधिकार प्राप्त हो गया जो ब्रिटिश सरकार के प्रति राजद्रोह एवं भड़काने वाले लेख लिखा करते थे। इस क़ानून के अनुसार जिलाधीशों और पुलिस कमिश्नरों को यह अधिकार दिया गया कि वे अपने क्षेत्रों से प्रकाशित समाचार-पत्रों के प्रकाशकों, सम्पादकों या मुद्रकों

से यह माँग कर सकते थे कि वे अनुबन्ध-पत्र पर हस्ताक्षर कर यह आश्वासन दे कि वे ऐसा समाचार प्रकाशित नहीं करेंगे जिससे सरकार के प्रति असन्तोष की भावना पैदा हो। यदि कोई प्रकाशक, मुद्रक या सम्पादक इस अनुबन्ध-पत्र की शर्तों को तोड़ेगा तो पहली बार उसे चेतावनी दी जायेगी। दूसरी बार वही अपराध करने पर उसके प्रेस को ज़ब्त कर लेने में सरकार स्वतन्त्र होगी। सरकार ने यह भी घोषणा कर दी कि जो इस ख़तरे से बचना चाहे वे पत्र में प्रकाशित होने से पूर्व समस्त प्रेस-सामग्री को सेंसर करा सकते हैं जिसकी व्यवस्था सरकार की ओर से कर दी जायेगी।

इस प्रकार की कार्यवाही के विरुद्ध किसी भी न्यायालय में अपील नहीं की जा सकती थी। *लॉर्ड लिंटन* ने सरकार की नीति समाचार-पत्रों को बताने के लिए एक 'प्रेस ब्यूरो की' स्थापना की और *राबर्ट बकलैंड* को सबसे पहला प्रेस कमिश्नर नियुक्त किया।

वर्नाक्यूलर प्रेस एक्ट का भारतीय पत्रकारों और शिक्षित-वर्गों ने विरोध किया और कड़ी आलोचना की। बंगाल में विशेष रूप से इस अधिनियम को कठोरता से लागू किया गया। बँग्ला भाषा की 'अमृत-बाज़ार पत्रिका' इस अधिनियम से बचने के लिए रातोरात अंग्रेज़ी भाषा में प्रकाशित होने लगी।

लॉर्ड रिपन की उदारता

सन् 1880 में *लॉर्ड रिपन* भारत के वायसराय बने। वे उदारवादी नीतियों के पोषक थे। उन्होंने यह अनुभव कर लिया कि 'वर्नाक्यूलर प्रेस एक्ट' के समान दमनात्मक क़ानून भारत और ब्रिटेन के सम्बन्धों को सदैव विषाक्त करता रहेगा। फलतः उन्होंने उसको समाप्त करने का निश्चय किया और 7 दिसम्बर, 1881 को यह घोषणा की कि 'सरकार की दृष्टि में वर्नाक्यूलर प्रेस एक्ट' की कोई आवश्यकता नहीं रही। *लॉर्ड रिपन* ने कहा कि—"मुझे बड़ा सन्तोष है कि मेरे समय में ऐसे क़ानून को रद्द किया जा रहा है।" अब केवल डाकखाने को यह अधिकार रह गया कि ऐसी सामग्री जिसमें भेदभाव अथवा अशान्ति फैलती हो, प्रसार से रोक सकता है। *रिपन* के समय में इलबर्ट बिल के समय जो वाद-विवाद चला उसमें सभी पत्रों ने भाग लिया। इस बिल के कारण देश में व्यापक प्रतिक्रिया हुई। जातिगत भेदभावों पर आधारित न्यायिक योग्यताओं को दूर करने के लिए प्रस्तावित इस बिल के कारण अंग्रेज़ों ने *लॉर्ड रिपन* का घोर विरोध किया।

इलबर्ट बिल में भारतीय जजों और मजिस्ट्रेटों को भी वही अधिकार प्रदान करने की व्यवस्था थी जो अंग्रेज़ जजों व मजिस्ट्रेटों को प्राप्त थे। इस आधार पर भारतीय जज या मजिस्ट्रेट भी किसी अपराध के लिए दोषी अंग्रेज़ों के मुक़दमों की सुनवाई कर सकते थे। अंग्रेज़ों द्वारा नियन्त्रित समाचार-पत्रों ने भी इस बिल का कड़ा विरोध किया और *लॉर्ड रिपन* को नये संशोधन में यह व्यवस्था करनी पड़ी कि कोई भी यूरोपीय अथवा ब्रिटिश अभियुक्त जिलाधीश अथवा सेशन जज के समक्ष यह माँग कर सकता है कि ऐसी ज्यूरी अदालत में उसके मुक़दमे की सुनवाई हो जिसके कम-से-कम आधे सदस्य यूरोपीय हों।

औषधि और जादूगरी उपचार (आपत्तिजनक विज्ञापन) अधिनियम, 1954
[The Drugs and Magic Remedies (Objectionable Advertisement) Act, 1954]

यह अधिनियम सन् 1954 में स्वीकृत हुआ और 1 अप्रैल, 1964 को संशोधित हुआ। इस अधिनियम का उद्देश्य लोगों को तथाकथित चमत्कारी दवाओं और उपचारों, जैसे— तन्त्र-मन्त्र, कवच और जादू-टोने के प्रयोग, सम्भावित परिणामों व दुष्प्रभावों से बचाना है। इस अधिनियम के द्वारा कुछ प्रकार के विज्ञापनों को नियन्त्रित करने और कुछ प्रयोजनों की कथित औषधियों के विज्ञापनों पर रोक लगायी गयी है :

1. ऐसी औषधियों का विज्ञापन जो महिलाओं को गर्भपात तथा गर्भ धारण का आश्वासन दें।
2. मासिक धर्म विषयक रोग के उपचार की औषधियाँ।

3. नपुंसकता, पागल, कोढ़, मिर्गी और हृदय रोग आदि 54 रोगों के उपचार (पूरी सूची अधिनियम में दी गयी है) की घोषणा करने वाली औषधियाँ।
4. मन्त्र, गंडा, तावीज, कवच आदि तान्त्रिक-मान्त्रिक साधनों, जादू व चमत्कारिक तरीक़ों से विभिन्न बीमारियों की जाँच, आराम या रोकथाम का आश्वासन।
5. यौन शक्ति की वृद्धि का आश्वासन देने वाली औषधियाँ।

इस प्रकार के विज्ञापन के लिए विज्ञापनदाता तो उत्तरदायी है ही, साथ ही विज्ञापन प्रकाशित करने वाले भी उत्तरदायी हैं।

कृतिस्वाम्य अधिनियम, 1957
(The Copyright Act, 1957)

इसे प्रतिलिप्याधिकार अधिनियम, 1957 भी कहते हैं। प्रतिलिप्याधिकार क़ानून का कार्य मनुष्य के बौद्धिक, श्रम-कौशल और रुचि के किये गये सर्जन के फल को अन्य व्यक्तियों द्वारा हड़पे जाने से रोकना है।

"The law of copyright protects the exclusive right to enjoy the fruits of the intellectual labour by the author, composer, etc., without interference from any other who may wish to deprive him of his gain in an unlawful manner."

सन् 1957 में भारतीय संसद ने वर्तमान भारतीय कृतिस्वाम्य क़ानून अधिनियम पारित किया। यह क़ानून वस्तुतः लेखकों और प्रकाशकों के हितों की रक्षा के लिए बनाया गया है। लेखकों और प्रकाशकों की पुर्वानुमति के बिना किसी भी कृति का कोई अंश या खण्ड प्रकाशित करना इस क़ानून का उल्लंघन माना गया है। इस क़ानून में साहित्य, संगीत, नाटक, चलचित्र, ग्रामोफोन, रेकॉर्ड, कला और वस्तुकला आदि में निहित लेखक अथवा सर्जक के स्वामित्व की रक्षा का प्रावधान किया गया है। कृतिस्वाम्य क़ानून लेखक के जीवन-काल और उसकी मृत्यु के 50 वर्ष बाद तक उसमें ही निहित रहता है। इसी प्रकार फोटोग्राफी, चलचित्र, रिकॉर्डों, सरकारी कृतियों में उनके प्रथम प्रकाशन के ठीक कैलेंडर वर्ष के आरम्भ से पचास वर्ष तक यह नियम अस्तित्त्व में रहेगा।

समाचार-पत्रों और पत्रिकाओं में कार्यरत पत्रकारों से अपेक्षा की जाती है कि वे जानें कि कृतिस्वाम्य क़ानून में उद्धरण अंश देने, समीक्षा, आलोचना-समालोचना की स्वतन्त्रता है लेकिन सम्पूर्ण पृष्ठ अथवा सामग्री का बिना प्रकाशन अधिकार के पुनः प्रकाशन वर्जित है। किसी भी रचना अथवा अंश को प्रकाशित करना अथवा अंश को प्रकाशित करने के लिए लेखक अथवा प्रकाशक की जिसका स्वामित्व हो अनुमति आवश्यक है।

सार्वजनिक भाषणों, घोषणाओं अथवा समाचार-वृत्त पर कृतिस्वाम्य क़ानून लागू नहीं होता। समाचारों पर भी कृतिस्वाम्य क़ानून लागू नहीं है, क्योंकि समाचार-पत्र और पत्रिकाओं का कार्य समाचार देना है। फिर भी समाचार प्रस्तुतीकरण, शैली, वाक्य आदि के द्वारा ही इस क़ानून की गिरफ़्त से बचा जा सकता है। किसी भी समाचार में साहित्यिक अथवा रचना का साधारण उपयोग भी कृतिस्वाम्य क़ानून का उल्लंघन नहीं माना जाता है।

'आपका बंटी' बनाम 'समय की धारा'

किसी भी लेखक का उपन्यास प्रायः उसकी फ़िल्म बनाते समय बहुत परिवर्तित हो जाता है। यदि ऐसे परिवर्तन लेखक की अनुमति के बिना किये गये हों, तो प्रश्न उठता है कि क्या लेखक ऐसे परिवर्तन पर आपत्ति उठा सकता है? यही प्रश्न हिन्दी की प्रसिद्ध लेखिका *श्रीमती मन्नू भंडारी* के उपन्यास 'आपका बंटी' और 'समय की धारा' फ़िल्म को लेकर उच्च न्यायालय, दिल्ली के समक्ष आया।

बम्बई की फ़िल्म-निर्माण कम्पनी कला-विकास पिक्चर्स लि. ने *श्रीमती मन्नू भंडारी* के उपन्यास 'आपका बंटी' को लेकर फ़िल्म बनाने का निश्चय किया। लेखिका और कला-विकास पिक्चर्स लि. के बीच इस विषय में अनुबन्ध भी हुआ। अनुबन्ध में अन्य बातों के अतिरिक्त यह भी था कि कथावस्तु में ऐसे परिवर्तन किये जाने की अनुमति लेखका ने दी है, जो उपन्यास को दृश्य-श्रव्य माध्यम के लिये उपयुक्त बनाने के लिए आवश्यक हो। लेखिका का कहना था कि पात्रों के चुनाव से लेकर कथानक के 'ट्रीटमेंट' तक यह फ़िल्म उपन्यास के साथ न्याय नहीं करती। अतः उपन्यास के नाम, कथा, चरित्र, उद्देश्य और अन्त की विकृत से रचना की हत्या के विरुद्ध लेखिका को अदालत की शरण लेनी पड़ी। मुक़दमा तीस हजारी कोर्ट दिल्ली के एडीशनल डिस्ट्रिक्ट जज *श्री आर.सी. चोपड़ा* की अदालत में सन् 1985 को कॉपीराइट एक्ट, 1957 की धारा 57 के अन्तर्गत दायर किया गया। इन परिवर्तनों के विषय में प्रारम्भिक क़ानूनी प्रश्न यह था कि क्या लेखक को ऐसी आपत्ति उठाने का अधिकार है? जबकि उसने अपने कॉपीराइट का हस्तान्तरण फ़िल्म-निर्माता को कर दिया है। उच्च न्यायालय, दिल्ली ने इसका उत्तर हाँ में दिया है। कॉपीराइट एक्ट की धारा 57 में इस विषय में कुछ प्रबन्ध है और उसकी ओर संकेत करते हुए उच्च न्यायालय ने यह निर्णय लिया कि अनुबन्ध के बाद भी लेखक के कुछ क़ानूनी अधिकार सुरक्षित रहते हैं।

उल्लेखनीय है कि कॉपीराइट एक्ट की धारा 57 में यह स्पष्ट प्रबन्ध है कि किसी कृति को विकृत करने, उसे खंडित करना या उसमें अन्य परिवर्तन करना वर्जित है, भले ही कॉपीराइट को हस्तान्तरित किया गया हो। फ़िल्म-निर्माता को यह अधिकार नहीं है कि उसने जिस कृति में अधिकार प्राप्त किया हो, उसमें अनुचित परिवर्तन कर दे। यह सत्य है कि दृश्य श्रव्य माध्यम की दृष्टि में परिवर्तन ज़रूरी हो सकते हैं, लेकिन ऐसे परिवर्तनों की भी सीमाएँ होती हैं और फ़िल्म-निर्माता उन सीमाओं के अन्दर रहकर ही परिवर्तन कर सकता है।

प्रेस क़ानून में लेखकों और अन्य कलाकारों के भिन्न अधिकार बताये गये हैं : 1. आर्थिक अधिकार और 2. नैतिक अधिकार। किसी भी लेख, चित्र, शिल्प, संगीत-रचना या अन्य कलाकृति के पीछे लेखक या कलाकार का परिश्रम होता है। उसकी प्रतिभा और उसका चिन्तन-मनन कृतियों में परिणित होते हैं। इस फल को क़ानून उसकी बौद्धिक सम्पत्ति मानता है। सम्पत्ति होने के कारण लेखक या कलाकार को कुछ आर्थिक अधिकार प्राप्त होते हैं। वे हैं यदि कोई अन्य व्यक्ति लेखक के लेख की प्रतिलिपि बिना उसकी अनुमति के प्रकाशित या प्रसारित करता है तो ऐसे प्रकाशन या प्रसारण से लेखक या कलाकार के आर्थिक अधिकार के अतिरिक्त, एक नैतिक अधिकार भी है, जो प्रत्येक लेखक या कलाकार के कृतित्त्व की रक्षा करता है। अपनी कृति का परिवर्तन किसी भी लेखक को स्वीकार नहीं होगा।

नैतिक अधिकार

'नैतिक' अधिकार की यह विचारधारा वास्तव में फ्रांस की देन है। फ्रेंच क़ानूनी विचारधारा में यह स्पष्ट है कि प्रत्येक लेखक को अपनी कृति के बारे में तीन प्रकार के अधिकार प्राप्त हैं : 1. उस कृति के प्रकाशन या प्रसारण का एकाधिकार, 2. उसके कृतित्त्व का दावा करने का अधिकार, 3. उस कृति की समग्रता और सम्पूर्णता को बनाये रखने का अधिकार। यह तीसरा और अन्तिम अधिकार अर्थ प्रधान न होकर लेखक की प्रतिष्ठा एवं उसके मानसिक संवेदन पर भार होता है। यह अधिकार, लेखक के कॉपीराइट के हस्तान्तरण के बाद भी अबाधित रहता है। इसी विचारधारा के बीच हमारे भारतीय कॉपीराइट एक्ट की धारा 57 में दिखाई देती है।

लेखक का यह 'नैतिक अधिकार' न केवल उसके निजी हितों की रक्षा के लिए है, अपितु समाज के विशालतम हितों की रक्षा करता है, जैसा कि उच्च न्यायालय, दिल्ली के न्यायमूर्ति *श्री एस.बी. वाड* ने अपने निर्णय में लिखा–किसी भी समाज की उन्नति का चरम-बिन्दु उसके साहित्य और कला का स्तर है और उस स्तर को बनाये रखने के लिए लेखन और कलाकृति को उचित संरक्षण देना आवश्यक है।

अनुसन्धान, समीक्षा और आलोचना

कॉपीराइट क़ानून, 1957 की धारा 52(1) ए के अनुसार अनुसन्धान, व्यक्तिगत पढ़ाई, आलोचना या समीक्षा के लिए किसी साहित्यिक, नाट्य, संगीत या कलात्मक कृति के अंशों का सही आवश्यक इस्तेमाल कॉपीराइट उल्लंघन नहीं माना जाता। यह कहना मुश्किल है कि सही या गलत उपयोग क्या है? किसी कृति की विशेषता या कमियाँ जाँचने के लिए अंशों का उपयोग किया जाये, ऐसा न हो कि मूल कृति की जगह खुद ले ले (*लारेंस* बनाम *डाना*—15 फेडरेल केसेज 261)।

अगर समीक्षा या आलोचना में प्रयोग किये अंशों से मूल कृति की माँग ही बाज़ार में कम हो जाती है तो यह माना जायेगा कि समीक्षा या आलोचना पढ़ने के बाद मूल कृति की आवश्यकता नहीं रही, यानी समीक्षा स्वयं मूल कृति की स्थापना हो गयी है। यह कॉपीराइट क़ानून उल्लंघन है। (*हिल* बनाम *हलेन* 220 फेडरेल केसेज 359)।

मूल स्रोतों से एकत्रित सामग्री के आधार पर अगर कोई पुस्तक लिखी जाये तो उसे ऐसी पुस्तक की प्रतिलिपि नहीं माना जायेगा जो उन्हीं मूल स्रोतों के आधार पर लिखी गयी हो। हो सकता है इस पुस्तक का मूल स्रोत को ढूँढ़ने के लिए ही किया गया हो। मूल स्रोतों के सन्दर्भ ढूँढ़ने के लिए किसी भी पुस्तक का उपयोग किया जा सकता है, यह कॉपीराइट का उल्लंघन नहीं।

56

मीडिया क़ानून
(Media Laws)

I know you lawyers can, with ease, twist words and meanings as you please.
– Gay

× × ×

Live and let live is the rule of common justice. *–Sir Roger L'Estrange*

भारत में पत्रकारिता का उदय ही शासकीय अंकुश, दबाव और नियन्त्रण में हुआ। शासकों की नीतियों से पत्रकारिता का विकास प्रभावित होता रहा है। जहाँ उदारवादी शासकों के कार्यकाल में अंग्रेज़ी एवं भाषाई पत्रों का द्रुत गति से विकास हुआ वहीं अनुदारवादी शासकों की नीतियाँ पत्र की स्वतन्त्रता को बाधित करती रही और उनका विकास अवरुद्ध होता रहा है। हिक्की गजट से सन् 1900 तक को प्रेस क़ानून का इतिहास इसका साथी है। इस दौर में जहाँ *वेलेजली, जान एडम्स* और *लॉर्ड लिटन* ने प्रेस की स्वतन्त्रता को सीमित किया, वहीं *लॉर्ड हेस्टिंग, विलियम बेटिंक, मैटकाफ* और लॉर्ड रिपन ने पत्रकारिता के विकास को तीव्र गति प्रदान की।

भारत में पत्रकारिता का उद्भव, विकास एवं शासकीय नीति
(Rise and Growth of Journalism in India and Rules Policy)

सृष्टि के प्रारम्भ के साथ ही संचार की प्रक्रिया शुरू हो गयी। मानव-जगत् में संचार की प्रक्रिया मानव की उत्पत्ति के साथ ही शुरू हो गयी। प्रारम्भ में लिखकर, चिल्लाकर, हँसकर गाकर, लोग अपने विचारों का आदान-प्रदान करते थे। आगे चलकर परम्परागत माध्यमों के द्वारा संचार की प्रक्रिया सम्पन्न होने लगी।

मुगलकाल में संचार के क्षेत्र में क्रान्ति हुई। वाक़यानवीसों, ख़बरनवीसों एवं क़ैफ़ियतनवीसों की नियुक्ति हुई। मुगल काल में ही 'सिराजुल' अख़बार भी प्रकाशित होता था।

सन् 1550 में पुर्तगालियों द्वारा सर्वप्रथम गोआ में मुद्रणालय स्थापित हुआ। सन् 1684 में ईस्ट इंडिया कम्पनी ने बम्बई में एक मुद्रणालय लगाया। लगभग 100 वर्ष तक कम्पनी शासित क्षेत्रों से कोई समाचार-पत्र नहीं छपा क्योंकि कम्पनी के अधिकारी और कर्मचारी यह नहीं चाहते थे कि उनके अपकर्म और निजी व्यापार का भंडाफोड़ हो। कम्पनी के कुछ असन्तुष्ट कर्मचारी इन अपकर्मों और दुष्कर्मों का भंडाफोड़ पत्र प्रकाशित करना चाहते थे। इसी अन्तर्विरोध से भारत में पत्रकारिता का उद्भव हुआ और शासन की पत्रों के प्रति दमनकारी नीतियाँ प्रारम्भ हुईं।

पत्र प्रकाशन का प्रथम प्रयास एवं सरकारी प्रतिक्रिया

भारत में पत्रकारिता पर शासकीय अंकुश और दबाव उसके जन्म के साथ ही आरम्भ हो गया। सन् 1867 में *विलियम बोल्ट्स* (William Bolts) ने जो कम्पनी का एक असन्तुष्ट कर्मचारी था, ईस्ट इंडिया कम्पनी के अपकर्मों तथा दुष्कर्मों का भंडाफोड़ करने के उद्देश्य से पत्र-प्रकाशन का प्रयास किया। कलकत्ता के काउंसिल हाल तथा अन्य सार्वजनिक स्थानों पर एक नोटिस लगा हुआ पाया गया जो इस प्रकार है : "आम जनता के लिए इस शहर में छापेखाने के अभाव में *मिस्टर बोल्ट्स* को यही एक तरीक़ा ठीक लगता है। व्यापार के लिए इसका अभाव खलता है और समाज को सूचनाएँ पहुँचाना ज़रूरी है, जैसे कि हर ब्रिटिश नागरिक के लिए उनका प्राप्त होते रहना महत्त्वपूर्ण है। *बोल्ट* किसी भी व्यक्ति या व्यक्ति समूह को जो छापेखाने का धन्धा करना चाहते हैं उन्हें प्रेस लगाने में पूरा सहयोग देने के लिए तैयार है। इस बीच वह लिखित रूप से लोगों को इस तरह सूचित करता रहेगा, जिसकी कि आवश्यकता प्रत्येक व्यक्ति अनुभव करता है। कोई भी व्यक्ति जो जिज्ञासु है *मिस्टर बोल्ट्स* के घर आकर इन सूचना-पत्रों को पढ़ सकता है या वह चाहे तो वहाँ से प्रतियाँ प्राप्त कर सकता है। कृपया वह इतना अवश्य याद रखे कि प्रातः दस बजे से बारह बजे के बीच ही घर पर आये।"

इस नोटिस ने अंग्रेज़ अधिकारियों में खलबली मचा दी। कम्पनी के निदेशक मण्डल ने *बोल्ट्स* पर निजी व्यापार का आरोप लगाते हुए उसकी निन्दा की, इस पर उसने कम्पनी से इस्तीफ़ा दे दिया। बंगाल सरकार के द्वारा उसे बंगाल छोड़ने और मद्रास जाने तथा वहाँ से यूरोप का रास्ता पकड़ लेने का निर्देश दिया गया जिससे *बोल्ट्स* की यह योजना गर्भ में ही समाप्त हो गयी।

प्रथम अंग्रेज़ी पत्र एवं शासकीय असहयोग

विलियम बोल्ट्स के प्रयास के बाद 12 वर्षों तक किसी ने भी पत्र प्रकाशन का प्रयत्न नहीं किया। लम्बे अन्तराल के बाद *जेम्स आगस्टस हिक्की* ने 29 जनवरी, 1780 को कलकत्ता में 'बंगाल गजट या कलकत्ता जनरल एडवरटाइजर' नाम से अंग्रेज़ी भाषा में भारत का पहला पत्र प्रकाशित किया। इस पत्र का सिद्धान्त वाम्य था "राजनीतिक और व्यापारिक साप्ताहिक खुला तो सब पार्टियों के लिए है, किन्तु किसी से प्रभावित नहीं है।" यद्यपि *हिक्की* ने पत्र प्रकाशन से पूर्व ही इसके परिणाम के बारे में सोच लिया था इसलिए उसने पहले ही अंक में लिखा "मुझे अख़बार छापने का विशेष चाव नहीं है, न मुझमें इसकी योग्यता है। कठिन परिश्रम करना मेरे स्वभाव में नहीं है। तब भी मुझे अपने शरीर को कष्ट देना स्वीकार है, ताकि मैं मन और आत्मा की स्वाधीनता प्राप्त कर सकूँ। *हिक्की* ने ईस्ट इंडिया कम्पनी के अधिकारियों द्वारा चलाये जा रहे निजी व्यापार और भारी लूट का भंडाफोड़ करना शुरू कर दिया। उसकी भाषा *ग़ैर-ज़िम्मेदार*, कठोर तथा निन्दात्मक रहती थी। वह लोगों के निजी जीवन पर टिप्पणी करता था, उसने तत्कालीन गवर्नर जनरल *वारेन हेस्टिंग्स*, उसकी पत्नी तथा मुख्य न्यायाधीश के बारे में चरित्र हननकारी बातें लिखी। जिसके कारण उस पर मानहानि का मुक़दमा चला, उसे पीटा गया तथा उसे जेल की सीकचों के अन्दर बन्द रहना पड़ा। उसके पत्र को डाक सुविधाओं से वंचित कर दिया गया। अन्ततः वह शासकीय दबाव और आर्थिक विपन्नता में फँसकर पूरी तरह टूट गया। इस प्रकार भारत में प्रथम प्रकाशित पत्र का दुःखद अन्त हो गया।

प्रारम्भिक दौर के अन्य पत्रों का शासन से सम्बन्ध

'हिक्की गजट' के बाद प्रकाशित पत्रों ने सरकार से बचकर चलने की नीति को अपनाया फिर भी अनेक पत्रों एवं पत्रकारों को सरकार का कोपभाजन बनना पड़ा। नवम्बर, 1780 *बी. मेसिंग* और *पीटर रीड* ने 'इंडिया गजट' का गवर्नर से सहमति लेकर प्रकाशन किया तथा लिखित रूप से यह आश्वासन दिया कि वे उनके द्वारा निर्धारित नियमों का पालन करेंगे। सन् 1784 में 'कलकत्ता गजट' का प्रकाशन सीधे सरकार के संरक्षण में शुरू हुआ। सन् 1785 में 'बंगाल जर्नल' और 'ओरिएंटल मैगजीन ऑफ कलकत्ता एम्यूज़मेंट' प्रकाशित हुआ। सन् 1786 में 'कलकत्ता क्रानिकल' का प्रकाशन हुआ।

मद्रास से सन् 1785 में सरकारी मुद्रक *रिचर्ड जॉनसन* ने 'मद्रास कूरियर' के नाम से सरकारी मान्यता प्राप्त पहला समाचार-पत्र प्रकाशित किया। सन् 1791 में 'मद्रास कूरियर' के तत्कालीन सम्पादक *वायड* ने त्यागपत्र देकर 'हरकारू' नामक पत्र निकाला, परन्तु एक साल बाद उसकी मृत्यु होने से वह पत्र बन्द हो गया। सन् 1795 में *आर. विलियम्स* ने 'मद्रास गजट' प्रकाशित किया। सेंसरशिप से पहली बार यही पत्र प्रभावित हुआ, जब इसको सरकार के सारे आम आदेश प्रकाशन से पूर्व उन्हें जाँच के लिए सेना-सचिव के समक्ष प्रस्तुत करना अनिवार्य कर दिया गया। निःशुल्क डाक सुविधा वापस ले ली गयी और उसके वितरण पर शुल्क लगाने का फैसला कर लिया गया। इसी वर्ष *हम्फ्री* नामक व्यक्ति ने 'इंडिया हेराल्ड' का प्रकाशन बिना सरकारी अनुमति लिए ही शुरू किया। परन्तु पत्र-प्रकाशन के अभियोग में उसे गिरफ्तार कर लिया गया लेकिन जिस जहाज से उसे वापस इंग्लैंड भेजा जा रहा था; वह उससे भाग जाने में सफल रहा।

बम्बई का पहला समाचार-पत्र 'बम्बई हेराल्ड' सन् 1789 में प्रकाशित हुआ। सन् 1790 में 'बम्बई कूरियर' और सन् 1791 में 'बम्बई-गजट' प्रकाशित हुआ।

आरम्भिक वर्षों में सौ-दौ सौ प्रसार संख्या वाले इन समाचार-पत्र-पत्रिकाओं का उद्देश्य यूरोपीय तथा एंग्लो-इंडियन लोगों का मनोरंजन करना था। यद्यपि उस समय के पत्र-पत्रिकाओं से लोकमत बिगड़ने का भय तो नहीं था पर ये पत्र-पत्रिकाएँ लन्दन न पहुँच जायें और वहाँ उनके दुष्कर्मों का भंडाफोड़ न हो जाये यह डर कम्पनी के अधिकारियों में व्याप्त था। इस समय भारत में कोई प्रेस सम्बन्धी क़ानून नहीं था। कम्पनी को सरकार कभी-कभी पूर्ण सेंसरशिप की नीति लागू कर देती थी और अपराधी सम्पादक को सरकार विरोधी नीतियों के कारण देश से निकाल पुनः इग्लैंड भेज देती थी।

आम आदेश (जनरल आर्डर), 1785

उन दिनों ईस्ट इंडिया कम्पनी के अधिकारी एवं कर्मचारी एक-दूसरे के विरुद्ध अन्दर की बातों को पत्रों के माध्यम से उछालते रहते थे। गवर्नर जनरल के प्रस्ताव, कार्य-विवरण तथा सैनिक गुप्त बातें भी पत्रों में प्रकाशित की जाती थीं। इसलिए कम्पनी सरकार ने अप्रैल, 1785 में 'जनरल लॉर्ड्स' जारी करके परिषद् के निर्णयों और प्रस्तावकों के प्रकाशन पर प्रतिबन्ध लगा दिया गया। इस आदेश के साथ ही भारत में प्रेस पर रोक का सिलसिला प्रारम्भ हो गया। इसके तहत सन् 1795 में पहली बार मद्रास में 'मद्रास गजट' नामक पत्र पर सेंसरशिप लगा।

वेलेजली रेग्यूलेशंस, 1799

गर्वनर जनरल *लॉर्ड वेलेजली* ने भारत का प्रेस से सम्बन्धित पहला सांविधिक विनियम 13 मई, 1799 को जारी किया। इस विनियम से पत्रों पर प्रकाशन से पूर्व ही सेंसरशिप लगा दिया। इसके अनुसार–

1. समाचार-पत्र को सम्पादक, मुद्रक और संचालक का नाम स्पष्ट रूप से छापना होगा।
2. सम्पादक और संचालक के निवास-स्थान का पूरा पता सरकार के सेक्रेटरी को लिखकर देना होगा।
3. रविवार को कोई पत्र प्रकाशित न हो।
4. जब तक सरकार का सचिव निरीक्षण न कर ले तब तक कोई पत्र प्रकाशित न किया जाये।
5. जो उपर्युक्त नियमों की अवहेलना करें उसे तत्काल देश से निष्कासित कर दिया जाये।

सचिव को सेंसर के अधिकार दिये गये और यह भी अनुमति थी कि सेना, जलपोत माल अथवा धन के आने-जाने के विषय में कोई जानकारी प्रकाशित करने की अनुमति न दे। न ही कम्पनी और अन्य भारतीय शक्तियों और आपसी सम्बन्धों के विषय में कोई जानकारी अथवा वह जानकारी जिससे कम्पनी के प्रदेश में रहने वाले व्यक्तियों में किसी प्रकार का असन्तोष अथवा भय फैले, उसको छापने दे। सन् 1807 में यह अधिनियम पत्रिकाओं, पैम्पलेट्स तथा पुस्तकों सभी पर लागू कर दिया गया।

उन्नीसवीं शताब्दी के प्रमुख प्रेस क़ानून (Important Press Laws in 19th Century)

भारतीय पत्रकारिता का आरम्भिक 37 वर्ष ग़ैर भारतीयों द्वारा प्रकाशित और सम्पादित अंग्रेज़ी भाषा के पत्रों का युग था। सन् 1818 में भारतीय भाषा का पहला पत्र 'दिग्दर्शन' बँग्ला भाषा में प्रकाशित हुआ। इसी वर्ष *राजा राममोहन राय* के नेतृत्व में 'भारतीयों का प्रवेश भी पत्रकारिता के क्षेत्र में हुआ और भारतीयों द्वारा भाषाई पत्रों के प्रकाशन का सिलसिला प्रारम्भ हुआ। भाषाई पत्रों का स्वर और तेवर अपने लिए ख़तरनाक देखकर अंग्रेज़ों ने कई कठोर क़ानून पारित किये।'

लॉर्ड हेस्टिंग्स का उदारवादी दृष्टिकोण

सन् 1813 में गवर्नर जनरल रूप में *लॉर्ड हेस्टिंग्स* की नियुक्ति हुई। *हेस्टिंग्स* अपने पूववर्ती गवर्नर जनरलों की अपेक्षा प्रेस के प्रति अधिक उदार थे। उन्होंने सन् 1813 में समाचार-पत्रों को कुछ स्वतन्त्रता भी प्रदान की और सन् 1818 में उन्होंने सेंसर के पद को समाप्त कर दिया। फिर भी सरकार ने समाचार-पत्रों के सम्पादकों के मार्गदर्शन के लिए सामान्य नियम बनाये ताकि उन विषयों की विवेचना न हो जिससे सरकार के अधिकार अथवा जनहित को क्षति पहुँचे।

अनुज्ञप्ति नियम, 1823 (The Licensing Regulation, 1823)

सरकार के मुख्य सेंसर अधिकारी के रूप में कार्य कर चुके *जॉन एडम* सन् 1823 में स्थानापन्न कार्यवाहक गवर्नर जनरल बने। प्रेस के कट्टर विरोधी *एडम* गवर्नर जनरल बनने पर 1823 में 'प्रेस अध्यादेश' (प्रेस ऑर्डिनेंस) जारी करके अख़बारों पर लाइसेंस प्रणाली लागू कर दी। इस अध्यादेश द्वारा वाणिज्यिक विषयों को छोड़कर बाकी सामग्री के प्रकाशन के लिए लाइसेंस लेना अनिवार्य कर दिया गया। ये नियम उन सभी नियमों से अधिक कठोर थे, जो उस समय तक कभी भी भारत में लागू हुए थे। इस अध्यादेश के अनुसार :

1. मुद्रक तथा प्रकाशक को मुद्रणालय स्थापित करने के लिए लाइसेंस लेना होगा।
2. लाइसेंस के बिना किसी भी साहित्य को मुद्रित अथवा प्रकाशित करने पर अधिकतम एक हजार रुपये के जुर्माने या उसके बदले छः मास के कारावास का दण्ड दिया जा सकता था और मजिस्ट्रेटों को अनुमति के बिना लाइसेंस प्राप्त मुद्रणालयों को ज़ब्त भी कर लें।
3. गवर्नर जनरल को अधिकार था कि वह किसी लाइसेंस को रद्द कर दें अथवा नया प्रार्थना-पत्र माँग लें।
4. प्रकाशन सम्बन्धी सरकारी लाइसेंस के लिए प्रार्थना-पत्र देते समय हलफ़नामा देना भी अनिवार्य कर दिया गया जिसमें पत्रिका, समाचार-पत्र या पुस्तिका के प्रकाशक का नाम तथा पूरा पता दिया गया हो।

अभिव्यक्ति की स्वतन्त्रता पर हुए इस कुठाराघात का सर्वत्र तीव्र विरोध किया गया। *चन्दर कुमार टैगोर, द्वारकानाथ टैगोर, राजा राममोहन राय,* आदि ने इसके विरुद्ध संयुक्त रूप से उच्चतम न्यायालय में याचिका दायर की जिसे अस्वीकार कर दिया गया। इस अध्यादेश के ख़िलाफ़ प्रिवी काउंसिल में भी अपील की, किन्तु अनुकूल परिणाम नहीं निकला। *राजा राममोहन राय* ने तो विरोध स्वरूप अपना साप्ताहिक पत्र 'मिरातुल अख़बार' 4 अप्रैल, 1823 को बन्द ही कर दिया। उच्चतम न्यायालय ने इन भारतीयों के विरोध को अस्वीकार करते हुए अध्यादेश का पंजीकरण कर लिया।

यद्यपि भारतीय भाषाई पत्रों का दमन करने वाला कुख्यात वर्नाकुलर-प्रेस एक्ट 1878 में बनाया गया पर उस क़ानून की नींव इस अध्यादेश द्वारा रख दी गयी थी। इस अध्यादेश का प्रयोग मुख्यतः भारतीय भाषाओं के पत्रों के विरुद्ध किया गया। अंग्रेज़ों के केवल दो अख़बारों 'कैलकटा जर्नल' तथा 'कैलकटा क्रॉनिकल' के ही लाइसेंस रद्द किये गये।

'कैलकटा जर्नल के सम्पादक *सर जेम्स सिल्फ बघिंकम* का भारतीय पत्रकारिता के इतिहास में महत्त्वपूर्ण स्थान है। *बघिंकम* का पत्र समाचारों की विविधता से परिपूर्ण रहता था। 'पत्राचार स्तम्भ' (Correspondence Column) के माध्यम से उसने आम व्यक्ति को अपनी पीड़ाओं, कठिनाइयों तथा समस्याओं को रखने का अवसर प्रदान किया। उसने ईस्ट इंडिया कम्पनी की एकाधिकारवादी प्रवृत्तियों की आलोचना की। सौभाग्य से *लॉर्ड विलियम बेंटिंक* और *सर चार्ल्स मैट्कॉफ* प्रेस की

स्वतन्त्रता के प्रति उदारवादी विचार रखते थे। *लॉर्ड विलियम बेंटिंक* ने *राजा राममोहन राय* के सहयोग से सती-प्रथा को बन्द कराने में महत्त्वपूर्ण भूमिका निभाई।

मेट्कॉफ अधिनियम, 1835

लॉर्ड विलियम बेंटिंक ने समाचार-पत्रों के प्रति उदारवादी रूख अपनाया। परन्तु यह श्रेय कार्यवाहक गवर्नर जनरल *चार्ल्स मेट्कॉफ* को ही मिला कि सन् 1823 के कुत्सित नियमों को रद्द करके वह भारतीय समाचार-पत्रों के मुक्तिदाता कहलाये। *मेट्कॉफ* ने भारतीय प्रेस के किये जाने वाले पक्षपात का सदा विरोध किया। काउंसिल के कुछ सदस्यों ने *मेट्कॉफ* की प्रेस के प्रति उदार नीति का विरोध किया। अन्नतः उसने काउंसिल के सदस्यों को समझा-बुझाकर सन्तुष्ट कर दिया तथा 3 अगस्त, 1835 को भारतीय पत्रकारिता के इतिहास का सर्वाधिक उदार प्रेस एक्ट पारित किया। इस एक्ट के प्रावधानों के अनुसार—

1. सन् 1823 के *एडम* के प्रेस नियन्त्रण एवं उसी के आधार पर सन् 1825 व सन् 1827 में बम्बई में जारी उन आदेशों को वापस ले लिया गया जिसमें यह व्यवस्था थी कि मुद्रक या प्रकाशक को गर्वनर जनरल से लाइसेंस प्राप्त करना आवश्यक था।
2. ईस्ट इंडिया कम्पनी के कर्मचारियों पर समाचार-पत्रों से सम्बन्ध रखने पर लगाये गये प्रतिबन्ध को रद्द करवाया।
3. मुद्रक अथवा प्रकाशक द्वारा समाचार-पत्र शुरू करने के लिए नाम तथा मुद्रक व प्रकाशक का पता देते हुए घोषणा-पत्र प्रस्तुत करना ही पर्याप्त था।
4. मुद्रक व प्रकाशक को नया घोषणा-पत्र पते में अथवा प्रकाशक में परिवर्तन होने पर भरना आवश्यक होगा।
5. समाचार-पत्र तथा पुस्तक पर प्रकाशक का नाम तथा पता प्रकाशित करना आवश्यक होगा।

यह क़ानून सन् 1835 से 1857 में लागू रहा। इस अवधि में भारतीय पत्रकारिता (प्रेस) का विकास तेज़ी से हुआ; विशेषकर भारतीय भाषाओं के पत्रों का। इनका ओज और प्रभाव बढ़ता गया। इस कालखण्ड में समाचार-पत्रों की प्रसार संख्या में भी बहुत वृद्धि हुई।

लाइसेंस अधिनियम, 1857

सन् 1857 विद्रोह के समय तत्कालीन समाचार-पत्र-पत्रिकाएँ जनता की भावनाओं को तथा उनकी आवाज़ और महत्त्वाकांक्षा को प्रतिबिम्बित कर रहे थे। इस दौर में ऐसे अनेक पत्रों का उदय हुआ जिन्होंने जनता की भाषा में अपनी बात कहते हुए राष्ट्रीय चरित्र ग्रहण किया। अतः भाषाई पत्रों का विकास तेज़ी से होने लगा। *लॉर्ड केनिंग* ने जो तत्कालीन गवर्नर जनरल था समाचार-पत्र-पत्रिकाओं के व्यापक प्रसार एवं प्रभाव को देखते हुए प्रेस को नियन्त्रित करने की आवश्यकता महसूस की। स्वाधीनता संग्राम के इस दौर में 13 जून, सन् 1857 को बिना पूर्व अनुमति के प्रिंटिंग प्रेस की स्थापना और उनके उपयोग पर प्रतिबन्ध लगा दिया। सरकार के पास यह अधिकार था कि वह अपने विवेक से लाइसेंस जारी कर सकती थी अथवा रद्द कर सकती थी।

लॉर्ड केनिंग के ये नियम गलाघोंटू क़ानून (Gagging Act) के नाम से प्रसिद्ध है। यह नियम गलघोंटू के नाम से इसलिए प्रसिद्ध है क्योंकि इसके प्रावधान 1823 के क़ानून से भी अधिक कठोर बना दिये गये तथा ज़्यादा कड़ाई से लागू किये गये। जिसके फलस्वरूप अनेक भाषाई पत्र बन्द हो गये। इस क़ानून से सरकार को किसी भी अख़बार-पुस्तक या अन्य कोई मुद्रित वस्तु के प्रकाशन या वितरण पर रोक लगाने का अधिकार हासिल हो गया। यह अंग्रेज़ी एवं भारतीय भाषा के पत्रों पर समान रूप से लागू किया गया था पर इसका मुख्य शिकार भारतीय पत्र बने। यह क़ानून पूरे भारत में एक वर्ष के लिए प्रभावी रहा। उसके समाप्त होने पर *मेट्कॉफ* के बनाये अधिनियम ही चलते रहे। लाइसेंस प्राप्त करने की पुरानी विधि, अप्रभावी हो गयी।

भारतीय दण्ड संहिता, 1860

लॉर्ड मैकाले द्वारा तैयार किया गया भारतीय दण्ड संहिता, सन् 1860 में लागू हुआ। यद्यपि यह संहिता प्रेस के ख़िलाफ़ नहीं थी, फिर भी अन्य बातों के अलावा मानहानि, अश्लीलता जैसी बातों से पत्रकारों को बचकर चलने की आवश्यकता थी।

गवर्नर जनरल *लॉर्ड मेयो* के कार्यकाल के दौरान 1870 में इस संहिता में धारा 124 'क' जोड़ी गयी, जिसमें विद्रोहात्मक भाषणों और लेखों के ख़िलाफ़ कार्यवाही का प्रावधान किया गया था।

भारतीय दण्ड संहिता में संशोधन

सन् 1894 में *लॉर्ड एलगिन द्वितीय* गवर्नर जनरल बने। *एलगिन* के शासनकाल में सन् 1896-97 में भारी अकाल पड़ा जिसमें हजारों लोगों के प्राण चले गये। ऐसी स्थिति में समाचार-पत्रों ने *एलगिन* के प्रशासन की खुलकर आलोचना की तथा सरकार की आर्थिक नीतियों के प्रति दुःख व्यक्त किया। इसी समय बम्बई में प्लेग का प्रकोप हुआ और स्थिति सँभालने के लिए सेना बुलायी गयी। सेना ने घर-घर में तलाशी लेनी शुरू कर दी जिससे जनता में क्रोध उत्पन्न हो गया। इसके विरोध में कई हिंसात्मक घटनाएँ हुईं जिसमें सहायता-कार्य में लगे दो ब्रिटिश सैनिकों की हत्या कर दी गयी तथा जगह-जगह प्रदर्शन किये गये। *तिलक* ने 'केसरी' के माध्यम से सरकार की कड़ी आलोचना की। बढ़ती हिंसा के लिए सरकार ने समाचार-पत्रों को उत्तरदायी ठहराया। समाचार-पत्रों के कारण बढ़ती हिंसा से निपटने के लिए तत्कालीन गवर्नर *जनरल एलगिन* ने भारतीय दण्ड संहिता में संशोधन किया तथा दण्ड प्रक्रिया संहिता में प्रवर्तन किया।

57

बीसवीं शताब्दी के प्रेस क़ानून
(Press Laws of 20th Century)

बीसवीं शताब्दी के प्रेस क़ानून (Press Laws of 20th Century)

स्वतन्त्रता पूर्व बीसवीं शताब्दी की 'भारतीय पत्रकारिता' *तिलक* की उग्र राष्ट्रवादी विचारधारा एवं गाँधी की सत्य अहिंसा पर आधारित राष्ट्रीय आन्दोलन से प्रभावित थी। *कर्जन* की बंग-भंग नीति से उत्पन्न स्वदेशी आन्दोलन, *तिलक* का 'स्वतन्त्रता हमारा जन्मसिद्ध अधिकार है' का सिंहनाद और जलियाँवाला बाग हत्याकांड से उपजा राष्ट्रव्यापी आक्रोश जहाँ भारतीय भाषा की पत्र-पत्रिकाओं को क्रान्तिकारी चेतना के संवाहन का माध्यम बनायी, वहीं *गाँधी जी* के असहयोग आन्दोलन, सविनय अवज्ञा आन्दोलन और भारत छोड़ो आन्दोलन को समाज के अन्तिम व्यक्ति से जोड़ने की भारतीय पत्रकारिता सेतु बनी। इस प्रकार बीसवीं सदी के पूर्वार्द्ध की भारतीय पत्रकारिता ने दमनकारी शासकीय नीतियों का सामना करते हुए राष्ट्रीय स्वतन्त्रता संग्राम को सफलता के द्वार तक पहुँचाया। इस शताब्दी के प्रारम्भिक वर्षों में राजनीतिक पत्रकारिता का तेज़ी से विकास हुआ।

स्वतन्त्रता के उपरान्त राष्ट्रीय नव-निर्माण, मिशन से प्रोफेशन (सातवें दशक के बाद) तथा वैश्वीकरण की प्रवृत्तियों ने भारतीय पत्रकारिता को प्रभावित किया।

भारतीय गुप्त बात अधिनियम, 1888 में संशोधन

कर्जन के शासनकाल में सन् 1889 के सरकारी गोपनीयता क़ानून में संशोधन किया गया। सन् 1903 में पारित संशोधन के अनुसार सरकार को किसी पर भी मुक़दमा चलाने के असीमित अधिकार प्राप्त हो गये। नये संशोधित क़ानून के अनुसार सैनिक तथा नौ-सैनिक सम्बन्धी गोपनीयता प्रकट करने के अतिरिक्त नागरिक या सिविल मामलों को प्रकट करना भी दण्डनीय बना दिया गया। इस प्रकार सरकार द्वारा गुप्त मानी गयी असैनिक बातें भी इस क़ानून से प्रेस के कार्यों को कुंठित करना था। इसका विरोध यूरोपीय एवं भारतीयों दोनों, धारा संचालित पत्रों और पत्रकारों ने समान रूप से किया। विरोध के बावजूद भी इस क़ानून को पास कर दिया गया। निश्चय ही यह क़ानून प्रेस की स्वतन्त्रता को पूरी तरह से समाप्त कर देने का प्रयास था। *गोपाल कृष्ण गोखले* ने प्रेस की स्वतन्त्रता पर हुए इस कुठाराघात पर टिप्पणी करते हुए कहा—"ब्रिटिश साम्राज्य में कहीं भी सरकार इतनी शक्तिशाली नहीं है जितनी भारत में। दूसरी ओर कहीं भी प्रेस का प्रभाव इतना कमज़ोर नहीं जितना कि यहाँ। प्रेस की जागरूकता ही एकमात्र बाह्य नियन्त्रण है। ...ब्रिटेन में सरकार प्रेस की स्वतन्त्रता को छूने का साहस

नहीं कर सकती चाहे उसके प्रकाशन कितने ही असन्तोषप्रद हों, उसे समन्वय करना पड़ता है। भारत में सरकार के पास असीमित शक्तियाँ है जिनके माध्यम से वह दमनकारी क़ानूनों का निर्माण करती है। यह एक कार्य उस भावना के अन्तरों को स्पष्ट करने में सक्षम है जिसके आधार पर ब्रिटेन और भारत में शासन किया जाता है।"

समाचार-पत्र (अपराध उद्दीपन) अधिनियम (1908)

लॉर्ड कर्जन की बंग-भंग नीति और *लोकमान्य तिलक* की उग्रवादी विचारधारा के गर्भ से भारत में क्रान्तिकारी आन्दोलन का जन्म हुआ। उग्रवादी दल के उत्थान से देश में अशान्ति और हिंसा में वृद्धि हुई। समाचार-पत्रों ने भी सरकार की कड़ी आलोचना की।

बाल गंगाधर तिलक, लाला लाजपत राय और *विपिन चन्द्र पाल* (बाल-लाल-पाल) के संयुक्त नेतृत्व में राष्ट्रीय आन्दोलन तेज़ी के साथ सर्वत्र फैलता रहा। 'हिन्दू पेट्रियट' ने इसे दुःखद एवं 'दुर्भाग्य पूर्ण भूल' बताया तो दूसरों ने 'गहरा ऐतिहासिक संकट' मानते हुए इसे राजनीतिक उद्देश्यों से पूर्ण बताया।

इस प्रकार दिन-प्रतिदिन 'जनआक्रोश' ब्रिटिश सरकार के ख़िलाफ़ बढ़ता ही जा रहा था। जगह-जगह पर सार्वजनिक सभाओं का आयोजन किया जाने लगा जिसमें भारी संख्या में जनसमूह भाग लेता। विदेशी वस्तुओं का बहिष्कार तथा बंगाल-विभाजन आदि समाचार-पत्रों के ऐसे प्रमुख विषय बन गये थे जिन पर प्रायः लिखा जाता रहा तथा जनमत को उनके दायित्वों और अधिकारों से परिचित कराया जाता रहा। बहिष्कार की भावना का आह्वान सर्वप्रथम *कृष्ण कुमार मिश्रा* ने अपने पत्र 'संजीवनी' में किया। *सुरेन्द्र नाथ बनर्जी* के अनुसार पटना जिले की एक सभा में इसे स्वीकार किया गया। इसमें कोई सन्देह नहीं कि प्रेस की भूमिका हमारे इस राष्ट्रीय आन्दोलन में अत्यन्त व्यापक एवं महत्त्वपूर्ण रही है।

अन्ततः *लॉर्ड कर्जन* को अपने पद से इस्तीफ़ा देना पड़ा तथा *लॉर्ड मिंटो* उसके उत्तराधिकारी बने।

सन् 1905 में कांग्रेस के कलकत्ता अधिवेशन में राष्ट्रवादियों के दो भाग हो गये–उदारवादी एवं उग्रवादी। *दादाभाई नौरोजी* की अध्यक्षता में आयोजित कलकत्ता अधिवेशन में उग्रवादियों ने तीव्र तथा बुनियादी परिवर्तन की माँग की तथा वे पण्डाल से बाहर भी आ गये। प्रेस भी इन्हीं दो विचारधाराओं के आधार पर विभाजित हो गयी। 'केसरी', 'मराठा', 'देशसेवक', 'न्यू इंडिया', 'वन्देमातरम्', 'युगान्तर', 'सन्ध्या' आदि पत्रों ने उग्रवादी विचारधारा का प्रबल समर्थन किया। इसके विपरीत 'लीडर', 'एडवोकेट', 'हिन्दुस्तान', 'रिव्यू' आदि पत्रों ने उदारवादी विचारधारा का पोषण किया। परन्तु इन उग्रवादी पत्रों ने जनमानस को बहुत प्रभावित किया। ब्रिटिश सरकार ने इन भावनाओं को कुचलने के लिए काफ़ी प्रयास किया।

जून, 1908 में *लॉर्ड मिंटो* ने समाचार-पत्र (अपराध-उद्दीपन) अधिनियम पारित किया। इसके अनुसार :

1. जो समाचार-पत्र आपत्तिजनक सामग्री जिससे लोगों को हिंसा को अथवा हत्या को प्रेरणा मिले, प्रकाशित करेगा उसकी सम्पत्ति अथवा मुद्रणालय को ज़ब्त किया जा सकता था।
2. स्थानीय सरकार 1867 के समाचार-पत्रों तथा पुस्तकों के पंजीकरण के अधिनियम के अधीन किसी मुद्रक तथा प्रकाशक की दी गयी घोषणा को रद्द कर सकती थी।
3. समाचार-पत्रों के मुद्रक तथा प्रकाशकों को मुद्रणालय ज़ब्त होने के 15 दिन के भीतर उच्च न्यायालय में अपील करने की अनुमति थी।

इस अधिनियम के अधीन सरकार ने 9 समाचार-पत्रों पर मुक़दमा चलाया और सात मुद्रणालय ज़ब्त कर लिये। 'युगान्तर', 'सन्ध्या', 'वन्देमातरम्' आदि क्रान्तिकारी पत्रों का प्रकाशन बन्द हो गया। 'केसरी' में प्रकाशित एक लेख के आधार पर *बाल गंगाधर तिलक* पर मुक़दमा चलाया गया और उन्हें 6 साल के कारावास की सजा हुई।

भारतीय मुद्रणालय अधिनियम (1910)

सन् 1909 में 'इंडियन कौंसिल एक्ट' पारित किया गया जिसे *मार्ले-मिंटो* सुधार भी कहते हैं। 'एंग्लो इंडियन' प्रेस ने जहाँ इस प्रस्ताव का समर्थन किया वहीं दूसरी ओर भारतीय प्रेस ने सन्तुलित दृष्टि अपनाने का प्रयास किया। भारतीय समाचार-पत्रों ने उग्रवादी राष्ट्रीय नेताओं को कारावास की सजा दिये जाने का कड़ा विरोध किया। जनअसन्तोष का यह स्वरूप प्रेस तथा अन्य माध्यमों द्वारा देश के विभिन्न भागों में फैलने लगा। जगह-जगह हिंसक उपद्रव होने लगे एवं ब्रिटिश नागरिकों की हत्याएँ होने लगीं। *लॉर्ड मिंटो* एवं उनकी पत्नी की भी हत्या का प्रयास किया गया। पूरे देश में आतंक की स्थिति पैदा होने लगी। इस स्थिति से निपटने के लिए सन् 1910 का भारतीय मुद्रणालय अधिनियम लागू किया गया।

इस एक्ट को लागू करने से 'वर्नाक्यूलर प्रेस एक्ट' के सभी घिनौने लक्षण पुनर्जीवित हो गये। सरकार को प्रेस तथा छापेखानों को नियन्त्रित करने का अधिकार प्राप्त हो गया। इसके अनुसार स्थानीय सरकार किसी मुद्रणालय के स्वामी अथवा समाचार-पत्र के प्रकाशक से पंजीकरण ज़मानत माँग सकती थी जो कम-से-कम 500 रूप एवं अधिक-से-अधिक 2,000 रुपये की होगी और सरकार को ज़मानत ज़ब्त करने और पंजीकरण रद्द करने का अधिकार था। अब यदि किसी मुद्रणालय का प्रोपराइटर 1867 के एक्ट के तहत पुन : पंजीकरण के लिए घोषणा-पत्र भरता है तो उसे 1,000 रु. से 10,000 रु. तक की ज़मानत देना आवश्यक कर दिया गया। यदि कोई समाचार-पत्र इस अधिनियम की धाराओं का उल्लंघन करे तो इस ज़मानत राशि को ज़ब्त करने का अधिकार भी मजिस्ट्रेट को दिया गया।

इस अधिनियम के अनुसार कस्टम तथा डाक विभाग के अधिकारियों को ऐसे समाचार-पत्रों को ज़ब्त करने के अधिकार दे दिये गये जो ज़मानत नहीं दे पाते। आपत्तिजनक या संदिग्ध प्रकाशनों की जाँच का अधिकार भी उन्हें दिया गया। मुख्य कस्टम अधिकारी को आपत्तिजनक सामग्री का प्रकाशन करने वाले समाचार-पत्र, पत्रिका, पुस्तक एवं मुद्रित दस्तावेज़ को ज़ब्त करने का अधिकार दिया गया।

इस अधिनियम के तहत व्यवस्था की गयी कि पीड़ित पक्ष उच्च न्यायालय में अपील कर सकें। ऐसी अपीलों को सुनने का अधिकार तीन न्यायाधीशों के विशेष न्यायाधिकरण को था।

यह अधिनियम अभिव्यक्ति की स्वतन्त्रता पर खुल्लम-खुल्ला आक्रमण था। इस अधिनियम के अधीन 991 मुद्रणालयों और समाचार-पत्रों के विरुद्ध कार्यवाही की गयी। इसमें 286 को कड़ी चेतावनी दी गयी तथा 705 मामलों में बड़ी-बड़ी ज़मानत ली गयी। 40,000 पौंड की माँग लगभग 300 समाचार-पत्रों से की गयी। ज़मानत की राशि की इस व्यवस्था के कारण 200 से अधिक मुद्रणालय तथा 130 समाचार-पत्र आरम्भ नहीं हो सके। न्यायाधीश *टी. वी. शेषगिरि अय्यर* के कथनानुसार "इसकी पहली घृणित व्यवस्था यह थी कि इसके द्वारा शासन विभाग की स्वेच्छापूर्ण कार्यवाही की व्यवस्था प्रकाशन, सुनवाई तथा अपील करने के अधिकार के स्थान पर कर दी गयी। द्वितीय, इसके द्वारा स्पष्ट रूप से धर्मशास्त्र के इस पहले सिद्धान्त का उल्लंघन किया गया कि अभियुक्त को निर्देश दिया गया कि वह प्रमाणित करे कि वह निरपराधी था। तृतीय, यद्यपि अपील करने की धारा रखी गयी तथापि कलकत्ता तथा मद्रास हाईकोर्टों में यह बात कही गयी कि हाईकोर्ट को अधिकार नहीं कि वह शासन विभाग के स्वेच्छापूर्ण अधिकारों को चुनौती दे सके।

1911 की रिपोर्ट के आधार पर *डॉ. सुशीला अग्रवाल* ने विभिन्न प्रान्तों में समाचार-पत्रों की स्थिति का अध्ययन किया। इस रिपोर्ट के अनुसार पंजाब में सन् 1891 में जहाँ 74 समाचार-पत्र तथा पत्रिकाएँ थीं वे सन् 1911 में 229 हो गयीं। गत 20 वर्षों में पत्रों की प्रसार संख्या 24,258 से 1,83,518 हो गयीं। बम्बई में अंग्रेज़ी पत्रों की प्रसार संख्या सन् 1891 में 11 से अब 27 हो गयी। गुजराती तथा एंग्लो गुजराती पत्रों की संख्या सन् 1891 में 31 से बढ़कर सन् 1911 में 45 तक हो गयी।

इसी तरह स्पष्ट हो जाता है कि भारत में समाचार-पत्र-पत्रिकाओं का तेज़ी से विकास हो रहा था तथा सामाजिक एवं राजनीतिक जागृति की दिशा में ये महत्त्वपूर्ण माध्यम सिद्ध हो रहे थे।

नवम्बर, 1910 में *लॉर्ड हार्डिंग* वायसराय के रूप में भारत आये। *लॉर्ड हार्डिंग* की नीतियाँ पत्रों के प्रति अनुदार थीं। इस दशक (1911-20) में भी विभिन्न समाचार-पत्रों से ज़मानतें माँगी गयीं तथा सम्पादकों को दण्डित किया जाता रहा। प्रेस एक्ट को रद्द कराने हेतु पत्र-पत्रिकाओं ने सतत संघर्ष किया किन्तु प्रेस एक्ट (1910) प्रेस की स्वतन्त्रता को बाधित एवं कुंठित करने का प्रमुख हथियार था। यह एक्ट पत्रकारिता के मुक्त एवं व्यापक विकास की दिशा में भी बाधक बना। 1910 के प्रेस एक्ट की धारा 3 ने नये प्रकाशनों के लिए अनेक बाधाएँ खड़ी कीं। प्रेस की स्वतन्त्रता में प्रेस एक्ट खुला हस्तक्षेप था जिसमें पत्रों को न्यायालय की शरण में जाने से रोककर न्याय को नकारा गया। सन् 1913 में इस क़ानून को और भी कड़ा बना दिया गया। इसका दूसरा वर्ष सन् 1914 में विश्व इतिहास की दृष्टि से विशेष महत्त्वपूर्ण है। इस वर्ष प्रथम विश्व युद्ध की आग में सम्पूर्ण संसार झुलसने लगा।

चूँकि इस समय सरकार के पास प्रेस को नियन्त्रित करने के लिए अनेक क़ानून थे फिर भी किसी आपात् स्थिति से निपटने के लिए सन् 1915 में सरकार ने भारत सुरक्षा अधिनियम जारी किया। सन् 1914 में 83 तथा सन् 1915 में 89 पत्रों को चेतावनी दी गयी। कड़ी सेंसर व्यवस्था के कारण समाचार-पत्रों को समाचार प्राप्त करने में भारी कठिनाई होने लगी।

सन् 1915 में 'प्रेस एसोसिएशन ऑफ़ इंडिया' की स्थापना हुई जिसका मुख्य उद्देश्य स्वैच्छिक क़ानूनों से प्रेस की रक्षा करना तथा क़ानूनों व व्यवस्थापिका द्वारा प्रेस की स्वतन्त्रता का हनन तथा सरकारी सत्ता द्वारा प्रेस मालिकों और पत्रकारों के स्वतन्त्र कार्यों में हस्तक्षेप को रोकना था।

सन् 1916 में लॉर्ड चैम्सफोर्ड वायसराय बने तो उन्हें भी अपने शासनकाल में उग्रवादी राष्ट्रीय आन्दोलन का सामना करना पड़ा। सन् 1918 में केन्द्रीय प्रचार ब्यूरो की स्थापना की गयी। इस ब्यूरो के माध्यम से विभिन्न प्रकार की सूचनाएँ जो युद्ध से सम्बन्धित थीं, प्रेस जगत् को दी जाती थीं।

संयुक्त प्रान्तों तथा पंजाब की सरकारों की युद्ध पत्रिकाएँ निकालने को भी इस बोर्ड ने स्वीकृति प्रदान की। आने वाले समय में प्रेस राष्ट्रीय परिस्थितियों की दर्पण बनी। विभिन्न प्रकार के आन्दोलन जो विदेशी शक्तियों को बाहर निकालने के लिए प्रारम्भ किये गये थे, प्रेस ने उनका समर्थन किया। विभिन्न प्रान्तों के समाचार-पत्र-पत्रिकाओं के प्रकाशन में तेज़ी आयी तथा प्रसार संख्या में भी वृद्धि हुई। 'लीडर', 'हरिजन', सरस्वती', 'विशाल-भारत' आदि ऐसे अनेक पत्र थे जिन्होंने राष्ट्रीयता तथा जनहित का प्रबल समर्थन किया। इन समाचार-पत्रों के माध्यम से हम तत्कालीन परिस्थिति, समाज में पनपती राजनीतिक-सामाजिक चेतना के दर्शन कर सकते हैं। राष्ट्र की विभिन्न भावनाओं के प्रति इस समय पत्र-पत्रिकाएँ पूर्णतः जागरूक थीं तथा निर्भीकता व मिशनरी भाव से अपनी बात कहती थीं। गाँधी जी के असहयोग आन्दोलन तथा सत्याग्रह का भी अनेक समाचार-पत्रों में समर्थन किया गया। 'इंडियन प्रेस' ने इन आन्दोलनों की आलोचना की।

शासकीय गुप्त बात अधिनियम (1923)

शासकीय गुप्त बात अधिनियम 1923 में पारित हुआ। यह क़ानून मुख्यतः दो भागों में है। एक, जो जासूसी या गुप्तचरी से सम्बन्ध रखता है तथा जिसका प्रावधान धारा 3 में है। दूसरा, जिनका सम्बन्ध उन बातों के प्रकटीकरण से है जिन्हें सरकार गुप्त मानती है और जिसका प्रावधान धारा 5 में है। यह क़ानून प्रेस के विरुद्ध निर्देशित नहीं है किन्तु इस क़ानून की धारा 5 का सर्वाधिक प्रभाव प्रेस पर ही पड़ता है। इस क़ानून के अनुसार कोई भी व्यक्ति निम्न परिस्थितियों में दण्ड का भागीदार बन सकता है :

1. राष्ट्रीय हित या सुरक्षा की दृष्टि से निषिद्ध स्थानों पर पूर्व अनुमति के बिना प्रवेश करना तथा उनके सन्दर्भ में प्रत्यक्ष या परोक्ष रूप से किसी भी प्रकार की जानकारी शत्रु पक्ष को देना।
2. निषिद्ध स्थानों पर जाकर वहाँ के ऐसे स्कैच, फोटो, प्लान या मॉडल बिना पूर्व अनुमति के नहीं लिए जा सकते न ही प्रकाशित किये जा सकते हैं जिनसे शत्रु पक्ष को किसी प्रकार की जानकारी मिल सके।

3. भारतीय गणतन्त्र की प्रभुसत्ता, अखण्डता तथा सार्वभौमिकता को प्रत्यक्ष अथवा अप्रत्यक्ष रूप से प्रभावित करने के प्रयास इस अधिनियम के तहत दण्डनीय हैं।
4. सरकारी मोहरों, चित्रों, गुप्त योजनाओं आदि को अनधिकृत व्यक्तियों को सौंपना।
5. स्वयं को छद्म रूप से अथवा गलत रूप से सरकारी अधिकारी बताना।

धारा 5 के अन्तर्गत गोपनीयता को बहुत अधिक व्यापकता प्रदान की गयी है। इसके अनुसार सभी गोपनीय सूचनाएँ समाविष्ट हो जाती हैं—जिनके प्रकाशन का कोई प्रभाव नहीं। गोपनीय सूचनाएँ देने वाला या इन्हें ग्रहण करने वाला दोनों ही इस एक्ट के तहत अपराधी हैं। गोपनीयता की निश्चित परिभाषा के अभाव में सरकार ही यह निर्धारित करती है कि किसे गोपनीय समझा जाये और किसे नहीं। सरकार के निर्णय का पुनरावलोकन का अधिकार न्यायपालिका को है। न्यायालय ही निर्धारित करेगी कि इस अधिनियम के तहत् किसी व्यक्ति ने अपराध किया है या नहीं।

धारा 5 के अन्तर्गत अधिकतम 3 वर्ष की जेल या जुर्माना या फिर दोनों सजाएँ दी जा सकती हैं।

भारतीय समाचार-पत्र (संकटकालीन शक्तियाँ) अधिनियम (1931)

सन् 1930 को गाँधी जी के नेतृत्व में 'सविनय अवज्ञा आन्दोलन' प्रारम्भ हो गया। इस काल में सरकार ने कई विधेयक पारित किये। सन् 1930 में प्रेस पर प्रभावी नियन्त्रण के लिए 'इंडियन प्रेस आर्डिनेंस' जारी किया गया। इसके तहत मजिस्ट्रेट को यह अधिकार दिया गया कि यदि कोई भी व्यक्ति प्रेस तथा पुस्तक पंजीकरण अधिनियम 1867 की धारा 4 के अन्तर्गत प्रिंटिंग प्रेस या समाचार-पत्र बिना घोषणा के रखता है या प्रकाशित करता है तो वह उससे पाँच सौ से दो हजार रुपये तक की ज़मानत माँग सकता है। स्थानीय प्रशासन को यह अधिकार दिया गया कि ऐसे प्रकाशनों की ज़मानतें ज़ब्त कर दी जायें जो हत्या या हिंसा के लिए उकसायें, किसी ब्रिटिश सैनिक अधिकारी या पुलिस अधिकारी की निष्ठा को बहकायें या प्रलोभन दें अथवा ब्रिटिश सरकार को अपमान या उसके प्रति घृणा अथवा जनता में असन्तोष फैलायें।

एक बार ज़मानत ज़ब्त होने पर पुनः घोषणा-पत्र भरने पर 1 से 10,000 रु. तक की ज़मानत का प्रावधान किया गया। ऐसा लग रहा था कि सन् 1910 का एक्ट फिर से लागू हो गया हो। इस अधिनियम का व्यापक विरोध हुआ।

सन् 1931 में *गाँधी* और *इरविन* का समझौता हुआ जिसकी मिश्रित प्रतिक्रिया हुई। उग्रवादी विचारधारा के समर्थक समाचार-पत्रों ने इस समझौते पर तीखी प्रतिक्रिया व्यक्त करते हुए इसे 'आत्मसमर्पण' बताया। इस समझौते के अनुरूप 'सविनय अवज्ञा आन्दोलन' भी स्थगित कर दिया गया। 6 मार्च, 1931 को यह अधिनियम वापस ले लिया गया।

अप्रैल, 1931 को *लॉर्ड विलिंग्डन* भारत के नये वायसराय बने। *विलिंग्डन* भारतीय आन्दोलन के विरोधी थे। इन्होंने गाँधीजी को लन्दन से आते ही गिरफ्तार कर जेल भेज दिया तथा कांग्रेस को अवैध घोषित कर दिया। सितम्बर, 1931 में *लॉर्ड विलिंग्डन* ने भारतीय समाचार-पत्र (संकटकालीन शक्तियाँ) अधिनियम पारित किया। गत वर्षों में पारित प्रेस नियमों की भाँति इस अधिनियम में स्थानीय प्रशासन को प्रेस को नियन्त्रित करने का असीमित अधिकार प्राप्त हो गया।

इस अधिनियम की एक धारा के अनुसार स्थानीय प्रशासन अथवा मजिस्ट्रेट के द्वारा माँगे हुए सुरक्षा धन के जमा कराये बिना मुद्रणालय चलाना अथवा समाचार ने पत्र प्रकाशित करना दण्डनीय अपराध समझा जाता था।

समाचार-पत्र जाँच समिति

मार्च, 1947 में भारत सरकार ने एक समाचार-पत्र जाँच समिति का गठन किया और उसे आदेश दिया की संविधान सभा द्वारा तैयार किये गये मौलिक अधिकारों के प्रकाश में समाचार-पत्र क़ानूनों की समीक्षा करे। इसकी सिफ़ारिशों में सन् 1931 के अधिनियम को रद्द करना, समाचार-पत्र और पुस्तकों के पंजीकरण के अधिनियम में संशोधन, भारतीय दण्ड संहिता की धारा 124 (क) और 153 (क) में परिवर्तन और 1931 के देशी राज्य (असन्तोष के विरुद्ध रहना) अधिनियम और 1934 के देशी राज्य (रहना) अधिनियम को रद्द करना सम्मिलित था।

स्वातन्त्र्योत्तर भारत के प्रेस क़ानून

15 अगस्त, 1947 को भारत ब्रिटिश दासता से स्वतन्त्र हुआ और 26 जनवरी, 1950 को सम्प्रभुता सम्पन्न भारत का अपना संविधान लागू हुआ। भारतीय संविधान में भारतीय नागरिकों को मूल अधिकार प्रत्याभूत किये गये। इन्हीं मूल अधिकारों में अनुच्छेद 19(1) (क) के अन्तर्गत वाक् एवं अभिव्यक्ति की स्वतन्त्रता भी अन्तर्निहित है। किन्तु वह अनुच्छेद 19(2) के उपबन्धों के अधीन है जिसमें प्रतिबन्ध के विषय बताये गये हैं। इसके अतिरिक्त संसदीय विशेषाधिकार और आयात-उपबन्ध भी प्रेस को प्रभावित करते हैं।

सन् 1951 में प्रेस (अशोभनीय सामग्री) अधिनियम पारित हुआ। इस क़ानून के उपबन्ध भारतीय समाचार (संकट कालीन शक्तियाँ) अधिनियम 1931 के समान थे। अन्तर केवल यह था कि इस क़ानून के तहत कार्यवाही न्यायालय द्वारा की गयी जाँच के उपरान्त होना था। यह क़ानून 1956 में निरस्त कर दिया गया।

सन् 1952 में ही न्यायमूर्ति *जी.एस. राजाध्यक्ष* की अध्यक्षता में प्रथम प्रेस आयोग का गठन हुआ। प्रेस की स्वतन्त्रता और उसके विकास की दृष्टि से प्रथम प्रेस आयोग की संस्तुतियाँ अत्यन्त महत्त्वपूर्ण थीं।

प्रथम प्रेस आयोग की संस्तुति पर 1955 में श्रमजीवी पत्रकारों एवं अन्य समाचार-पत्र कर्मचारियों की सेवा-शर्तें निर्धारित करने के लिए श्रमजीवी प्रेस क़ानून बना। सन् 1956 में आयोग की संस्तुति पर समाचार-पत्र (मूल्य एवं पृष्ठ) अधिनियम पारित हुआ और 1960 में दैनिक समाचार-पत्र (मूल्य एवं पृष्ठ) आदेश जारी हुआ।

सन् 1956 में ही संसदीय कार्यवाही (प्रकाशन संरक्षण) अधिनियम लागू हुआ। इसके द्वारा संसद की कार्यवाही की सारतः सही रिपोर्ट प्रकाशित करने पर अदालती कार्यवाही से संरक्षण प्रदान किया गया।

सन् 1957 में नया प्रतिलिप्याधिकार (कॉपी राइट) क़ानून लागू हुआ।

सन् 1961 में अपराधिक विधि संशोधन अधिनियम द्वारा राज्य की सुरक्षा और लोक व्यवस्था के आधार पर अभिव्यक्ति की स्वतन्त्रता और भ्रमण की स्वतन्त्रता पर निर्बन्धन का प्रावधान किया गया।

सन् 1962 में भारत-चीन युद्ध के समय आपातकाल लागू हुआ और भारत रक्षा अधिनियम पारित करके आपत्तिजनक सामग्री के प्रकाशन पर रोक लगा दी गयी तथा मुद्रणालयों से ज़मानत माँगने और ज़ब्त करने का प्रावधान उपबन्धित किया गया।

सन् 1965 में प्रेस की स्वतन्त्रता और उसकी गुणवत्ता बनाये रखने और पत्रों हेतु आचार संहिता बनाने के लिए प्रेस परिषद् का गठन किया गया। सन् 1971 में बाह्य आक्रमण के आधार पर पुनः आपातकाल घोषित हुआ।

सन् 1975 में आन्तरिक अशान्ति के आधार पर घोषित आपातकाल में प्रेस परिषद् भंग कर दिया गया। संसदीय कार्यवाही (प्रकाशन संरक्षण) अधिनियम निरस्त कर दिया गया और प्रेस आक्षेपणीय सामग्री अधिनियम पुनः लागू हुआ। पत्रों पर सेंसरशिप लगा दिया गया।

सन् 1978 में 44वें संविधान संशोधन द्वारा अनुच्छेद 361 (क) संविधान में जोड़कर संसदीय कार्यवाही की सारतः सही रिपोर्ट को प्रकाशित करने पर अदालती कार्यवाही से संरक्षण प्रदान किया गया।

सन् 1990 में प्रसार भारती अधिनियम पारित करके रेडियो और दूरदर्शन को स्वायत्तता प्रदान की गयी। सन् 1995 में केबिल टी. वी. नेटवर्क अधिनियम पारित करके कार्यक्रम कोड और विज्ञापन कोड बनाने का इसमें प्रावधान किया गया तथा पश्चिम की आयातित अपसंस्कृति को रोकने हेतु उपबन्ध किया गया।

देश एवं कुछ प्रदेशों में नौवें दशक में प्रेस की स्वतन्त्रता को न्यून करने के लिए मानहानि क़ानून और अश्लीलता क़ानून में संशोधन करने का सरकार ने प्रयास किया। किन्तु प्रेस और जनसामान्य के विरोध के कारण सरकार को पीछे हटना पड़ा।

इक्कीसवीं शताब्दी के प्रेस क़ानून (Press Laws of 21st Century)

इक्कीसवीं शताब्दी का प्रथम दशक भारतीय पत्रकारिता के इतिहास में अत्यधिक महत्त्वपूर्ण है। इस शताब्दी का प्रारम्भ ही अभिव्यक्ति की स्वतन्त्रता को पूर्णता प्रदान करने के साथ हुआ। सूचना स्वतन्त्रता अधिनियम और सूचना का अधिकार अधिनियम ने प्रेस स्वातन्त्र्य को अत्यधिक विस्तार प्रदान किया।

सन् 2000 में सूचना प्रौद्योगिकी अधिनियम पारित हुआ। इस अधिनियम द्वारा इलेक्ट्रॉनिक अभिलेखों को मान्यता प्रदान की गयी, साथ-ही-साथ साइबर अपराधों को रोकने के लिए दण्ड का प्रावधान किया गया।

सन् 2002 में सूचना स्वतन्त्रता अधिनियम पारित हुआ। इसके प्रावधानों के अन्तर्गत सभी नागरिकों को सूचना प्राप्त करने का अधिकार दिया गया। इसके बावजूद इस अधिनियम के अन्तर्गत सूचना प्रदान न करने पर जिम्मेदार अधिकारी को दण्डित करने का प्रावधान नहीं था। इस कमी के कारण यह क़ानून प्रभावशाली न हो सका।

सन् 2005 में पुनः सूचना का अधिकार अधिनियम पारित हुआ। इस क़ानून में सभी नागरिकों को सूचना का अधिकार प्रदान किया गया। साथ ही लोकप्राधिकारियों की बाध्यताएँ, सूचना प्राप्त करने के लिए आवेदन, आवेदनों का निपटारा, सूचना आयोग और राज्य सूचना आयोग का गठन, पदावधि और कृत्य अपील और दण्ड का प्रावधान एवं प्रकीर्ण प्रावधान उपबन्धित किया गया।

58

भारतीय दण्ड संहिता
(Indian Penal Code)

भारतीय दण्ड संहिता और प्रेस (Indian Penal Code and Press)

भारतीय दण्ड संहिता 1860 में उपबन्धित और उल्लिखित अपराधों में से कुछ का सम्बन्ध प्रेस से भी है जैसे धारा 124 क (राजद्रोह) धारा 153 क (समूहों के बीच शत्रुता और असौहार्द) धारा 153 ख (राष्ट्रीय अखण्डता पर प्रतिकूल प्रभाव डालने वाले लांछन), धारा 171 छ (चुनाव के सिलसिले में मिथ्या कथन), धारा 228 क (बलात्कार पीड़ित-व्यक्ति का परिचय प्रकट करना अपराध), धारा 292 (अश्लीलता), धारा 293 (तरुणों में अश्लील वस्तुओं का विक्रय), धारा 295 क (धार्मिक भावनाओं को आहत करना), धारा 499 से 502 (मानहानि), धारा 505 (सार्वजनिक शरारत) आदि। इनमें धारा 499 से 502 तक मानहानि से सम्बन्धित प्रावधानों का विस्तार, महत्त्व और प्रेस पर पड़ने वाले प्रभावों को देखते हुए उसके अलग पाठ के अन्तर्गत तात्त्विक और व्यावहारिक विवेचना की गयी है। अन्य धाराएँ इस पाठ के अन्तर्गत विवेचित हैं।

राजद्रोह

भारतीय दण्ड संहिता की धारा 124(क) के अन्तर्गत राजद्रोह-विषयक उपबन्ध है। इस धारा के अन्तर्गत राजद्रोह-विषयक प्रावधान इस प्रकार है :

धारा 124(क) : "जो कोई बोले गये या लिखे गये शब्दों द्वारा या दृश्यरूपण द्वारा या अन्यथा भारत में विधि द्वारा स्थापित सरकार के प्रति घृणा या अवमान पैदा करेगा, या पैदा करने का प्रयास करेगा या अप्रीति प्रदीप्त करेगा या प्रदीप्त करने का प्रयत्न करेगा, वह आजीवन कारावास से, जिसमें जुर्माना लगाया जा सकेगा या तीन वर्ष के कारावास से जिसमें जुर्माना जोड़ा जा सकेगा या जुर्माने से दण्डित किया जायेगा।"

इस धारा के अन्तर्गत राजद्रोह के क़ानूनी प्रावधान को और अधिक स्पष्ट एवं बोधगम्य बनाने के लिए तीन स्पष्टीकरण भी दिये गये हैं, जो निम्नलिखित है :

स्पष्टीकरण-1 : "अप्रीति पद के अन्तर्गत अमुक्ति और शत्रुता की समस्त भावनाएँ आती हैं।"

स्पष्टीकरण-2 : "घृणा, अवमान या अप्रीति को प्रदीप्त किये बिना या प्रदीप्त करने का प्रयत्न किये बिना सरकार के कार्यों के प्रतिविधि पूर्ण साधनों द्वारा उसको परिवर्तित कराने की दृष्टि से अनुमोदन प्रकट करने वाली टीका-टिप्पणियाँ इस धारा के अधीन अपराध नहीं हैं।"

स्पष्टीकरण-3 : "घृणा, अवमान या अप्रीति को प्रदीप्त किये बिना या प्रदीप्त करने का प्रयत्न किये बिना सरकार की प्रशासनिक या अन्य क्रिया के प्रति अनुमोदन प्रकट करने वाली टीका-टिप्पणियाँ इस धारा के अधीन अपराध नहीं कराती हैं।"

इस धारा का तात्त्विक विवेचन और व्याख्या करने पर हम देखते हैं कि किसी वैध सरकार के प्रति घृणा, अवमान या अप्रीति (Disaffection) पैदा करना अथवा पैदा करने का प्रयास, बोले गये या लिखे गये शब्दों, संकेतों या दृश्यरूपणों (Visible representations) द्वारा करना राजद्रोह करने का अपराध है। इसके लिए अपराध की गम्भीरता की मात्रा के अनुसार केवल जुर्माने से लेकर जुर्माने के साथ आजीवन कारावास तक की सजा का प्रावधान है।

महत्त्वपूर्ण प्रश्न यह उठता है कि एक लोकतान्त्रिक व्यवस्था में सरकार की आलोचना से सरकार के प्रति लोगों के मन में घृणा, अप्रीति या अवमान उत्पन्न होता हो तो इसे अपराध कैसे माना जा सकता है। लोकतान्त्रिक व्यवस्था में नागरिकों को यह अधिकार प्राप्त होता है कि वह जिस सरकार की नीतियों और कार्यक्रमों से सहमत न हो उसके विरुद्ध प्रचार करे और ऐसी सरकार को बदलने की आवश्यकता से आम जनता को अवगत कराये। लोकतन्त्र में नागरिकों को अभिव्यक्ति की स्वतन्त्रता प्राप्त है। वैध तरीके से सरकार बदलना अभिव्यक्ति स्वातन्त्र्य के अन्तर्गत आता है सत्ता परिवर्तन के लिए अवैध तरीक़ों या हिंसा का सहारा लेने का प्रचार करना या आह्वान करना स्वतन्त्रता के अधिकार का दुरुपयोग है और इसके लिए संविधान के अन्तर्गत उचित रोक लगाने का प्रावधान है।

इस धारा में उल्लिखित तीन स्पष्टीकरणों में लोकतन्त्र के सिद्धान्त को स्वीकार किया गया है। स्पष्टीकरण 2 और 3 में घृणा, अवमान या अप्रीति पैदा किये बिना या पैदा करने का प्रयत्न किये बिना सरकार के कामों को वैधानिक तरीके से बदलवाने के लिए अथवा सरकार की प्रशासनिक तथा अन्य क्रियाओं के विरुद्ध टीका-टिप्पणी करना राजद्रोह नहीं माना गया है। इन स्पष्टीकरणों की व्याख्याओं से न्यायालय ने इसे और साफ़ करते हुए सरकारी नीतियों और कार्यों की कड़ी आलोचना या प्रशासनिक, पुलिस अथवा न्यायिक अधिकारियों पर लगाया गया लांछन या संवैधानिक पदों पर आसीन पदाधिकारियों का व्यक्तिगत अपमान भी राजद्रोह नहीं है। उच्चतम न्यायालय का मानना है कि लोकतन्त्र के हित में इस धारा की अत्यन्त संकीर्ण व्याख्या की जानी चाहिए। यदि इसकी व्यापक व्याख्या की गयी तो यह धारा संविधान के अनुच्छेद 19(1)(क) पर अनुचित होगी जो असंवैधानिक मानी जायेगी।

समूहों के बीच शत्रुता एवं असौहार्द

भारतीय दण्ड संहिता की धारा 153 (क) के अधीन विभिन्न धार्मिक, मूलवंशीय, जातीय, क्षेत्रीय, भाषाई या सामुदायिक आधार पर विभिन्न समूहों के बीच शत्रुता, घृणा, वैमनस्य या असौहार्द की भावनाएँ पैदा करना या पैदा करने का प्रयास करना अपराध मानते हुए अपराधी को तीन वर्ष के कारावास से या जुर्माने से या दोनों से दण्डित किये जाने का प्रावधान है। पूजा-स्थलों पर किये गये ऐसे अपराधों के लिए पाँच वर्ष के कारावास से या जुर्माने से या दोनों से दण्डित किये जाने का प्रावधान है। यह धारा इस प्रकार है :

153 क (1) जो कोई

(क) बोले गये या लिखे गये शब्दों द्वारा या संकेतों द्वारा या दृश्यरूपणों द्वारा या अन्यथा विभिन्न धार्मिक, मूलवंशीय या भाषाई या प्रादेशिक समूहों, जातियों या समुदायों के बीच असौहार्द अथवा शत्रुता, घृणा या वैमनस्य की भावनाएँ, धर्म, मूलवंश जन्म-स्थान निवास, स्थान, भाषा, जाति या समुदाय के आधारों पर या अन्य किसी भी आधार पर सम्प्रवर्तित करेगा या सम्प्रवर्तित करने का प्रयत्न करेगा, अथवा

(ख) कोई ऐसा कार्य करेगा, जो विभिन्न धार्मिक, मूलवंशीय, भाषाई या प्रादेशिक समूहों या जातियों या समुदायों के बीच सौहार्द बने रहने पर प्रतिकूल प्रभाव डालने वाला है और जो लोक प्रशान्ति में विघ्न डालता है या जिससे उसमें विघ्न पड़ना सम्भाव्य हो, अथवा

(ग) कोई ऐसा अभ्यास आन्दोलन, कवायद या अन्य वैसा ही क्रिया-कलाप इस आशय से संचालित करेगा कि ऐसे क्रिया-कलाप में भाग लेने वाले व्यक्ति किसी धार्मिक मूलवंशीय भाषाई या प्रादेशिक समूह या जाति या समुदाय के विरुद्ध आपराधिक बल या हिंसा का प्रयोग करेंगे या प्रयोग करने के लिए प्रशिक्षित किये जायेंगे या सम्भाव्य जानते हुए संचालित करेगा।

वह कारावास से जिसकी अवधि तीन वर्ष तक हो सकेगी या जुर्माने से या दोनों से दण्डित किया जायेगा।

2. जो कोई उपधारा (1) में विनिर्दिष्ट अपराध किसी पूजा के स्थान में या किसी जमाव में जो धार्मिक पूजा या धार्मिक कर्म करने में लगा हुआ हो, करेगा, वह कारावास से, जो पाँच वर्ष तक का हो सकेगा, दण्डित किया जायेगा और जुर्माने से भी, दण्डनीय होगा।

इस धारा में सन् 1961 के पूर्व स्पष्टीकरण भी सम्मिलित था, जिसमें यह प्रावधान था कि विद्वेषरहित आशय से तथा शिकायत दूर कराने के प्रामाणिक उद्देश्य से लिखी गयी बातों पर यह धारा लागू नहीं होगी। किन्तु 1961 के संशोधन से स्पष्टीकरण हटा देने से यह क़ानून और कठोर हो गया। कथन की सत्यता भी बचाव नहीं है।

इस धारा के अन्तर्गत केन्द्रीय या राज्य सरकार की पूर्ण स्वीकृति के बिना मुक़दमा नहीं चलाया जा सकता है। अभियुक्त को बिना वारण्ट गिरफ़्तार किया जा सकता है और उसकी ज़मानत भी नहीं हो सकती है। मामले की सुनवाई प्रथम श्रेणी का मजिस्ट्रेट कर सकता है।

राष्ट्रीय अखण्डता पर प्रतिकूल प्रभाव डालने वाला लांछन

भारतीय दण्ड संहिता की धारा 153 (ख) के अधीन राष्ट्रीय अखण्डता पर प्रतिकूल प्रभाव डालने वाले लांछन को दण्डनीय अपराध बनाया गया है, जो इस प्रकार है :

"153 ख (1) जो कोई बोले गये या लिखे गये शब्दों द्वारा या संकेतों द्वारा या दृश्यरूपणों द्वारा या अन्यथा :

(क) ऐसा कोई लांछन लगायेगा या प्रकाशित करेगा कि किसी वर्ग के व्यक्ति इस कारण से कि वे किसी धार्मिक, मूलवंशीय, भाषाई या प्रादेशिक समूह या जाति या समुदाय के सदस्य हैं, विधि द्वारा स्थापित भारत के संविधान के प्रति सच्ची श्रद्धा और निष्ठा नहीं रख सकते या भारत की प्रभुता और अखण्डता की मर्यादा नहीं बनाये रख सकते हैं, अथवा।

(ख) यह प्राख्यान करेगा, परामर्श दिया, सलाह देगा, प्रचार करेगा या प्रकाशित करेगा कि किसी वर्ग के व्यक्तियों को इस कारण के वे किसी धार्मिक, मूलवंशीय, भाषाई या प्रादेशिक समूह या जाति या समुदाय के सदस्य हैं, भारत के नागरिक के रूप में उनके अधिकार न दिये जायें या उन्हें उससे वंचित किया जाये, अथवा।

(ग) किसी वर्ग के व्यक्तियों की बाध्यता के सम्बन्ध में इस कारण कि वे किसी धार्मिक, मूलवंशीय, भाषाई या प्रादेशिक समूह या जाति या समुदाय के सदस्य हैं, कोई प्राख्यान करेगा परामर्श देगा, अभिवाक करेगा या अपील करेगा अथवा प्रकाशित करेगा और ऐसे प्राख्यान, परामर्श, अभिवाक या अपील से ऐसे सदस्यों या अन्य व्यक्तियों के बीच असामंजस्य अथवा शत्रुता या घृणा या वैमनस्य की भावनाएँ उत्पन्न होती हैं या उत्पन्न होनी सम्भाव्य हैं।

वह कारावास से, जो तीन वर्ष तक का हो सकेगा या जुर्माने से अथवा दोनों से, दण्डित किया जायेगा।

(2) जो कोई उपधारा (1) में विनिर्दिष्ट कोई अपराध किसी उपासना स्थल में या धार्मिक उपासना अथवा धार्मिक कर्म करने में लगे हुए किसी जमाव में करेगा वह कारावास से, जो पाँच वर्ष तक का हो सकेगा, दण्डित किया जायेगा और जुर्माने से भी दण्डनीय होगा।"

इस धारा में राष्ट्र की अखण्डता पर प्रतिकूल प्रभाव डालने वाले लांछन को अपराध बनाया गया है। इस धारा में धारा 153 (क) की भाँति ही क़ानूनी कार्रवाई की प्रक्रिया, दण्ड का प्रावधान है। यह अपराध भी संक्षेप और ग़ैरज़मानती है तथा

प्रथम श्रेणी के मजिस्ट्रेट द्वारा सुने जा सकते हैं। वस्तुतः धारा 153 (क) तथा धारा 153 (ख) साम्प्रदायिक और अलगाववादी प्रवृत्तियों को रोकने के लिए अध्याय 8 में जोड़ दिया गया है।

'भारत की अखण्डता' मूल संविधान में उन विषयों में शामिल नहीं था जिनके आधार पर संविधान के अनुच्छेद 19(1) (क) पर युक्ति-युक्त निर्बन्धन लगाने का प्रावधान था। संविधान (16वाँ संशोधन) अधिनियम, 1963 द्वारा 'भारत की अखण्डता' को संविधान के अनुच्छेद 19(2) के उन विषयों में शामिल किया गया जिनके आधार पर 'वाक् एवं अभिव्यक्ति की स्वतन्त्रता' [19(1) (क)] पर निर्बन्धन लगाने की शक्ति राज्य को प्रदान की गयी है। इस संशोधन के उपरान्त भारतीय दण्ड संहिता में भी अपराध विधि (संशोधन) अधिनियम, 1972 द्वारा संशोधन करके धारा 153 (ख) जोड़ी गयी, जिसमें राष्ट्रीय अखण्डता पर प्रतिकूल प्रभाव डालने वाले लांछन को अपराध बनाया गया है।

चुनाव के सिलसिले में मिथ्या कथन

भारतीय दण्ड संहिता की धारा 171 (छ) में चुनाव के सिलसिले में मिथ्या कथन उपबन्धित है। इस धारा के अन्तर्गत उपबन्धित प्रावधान इस प्रकार है :

"171 (छ) जो कोई निर्वाचन के परिणाम पर प्रभाव डालने के आशय से किसी अभ्यर्थी के वैयक्तिकशील या आचरण के सम्बन्ध में तथ्य का कथन तात्पर्यित होने वाला कोई ऐसा कथन करेगा या प्रकाशित करेगा, जो मिथ्या है, और जिसका मिथ्या होना, वह जानता या विश्वास करता है अथवा जिसके सत्य होने का वह विश्वास नहीं करता है, वह जुर्माने से दण्डित किया जायेगा।

इस धारा के प्रावधान मानहानि से मिलते-जुलते हैं। दोनों में मुख्य भिन्नता यह है कि यह धारा केवल चुनाव में खड़े उम्मीदवारों पर लागू होती है जबकि मानहानि क़ानून सभी व्यक्तियों पर लागू होती है। इस धारा के अधीन कथन की सत्यता ही बचाव है जबकि मानहानि क़ानून के अधीन कथन की सत्यता तभी बचाव हो सकता है जब वह धारा 499 के किसी अपवाद से आच्छादित हो।

इस धारा के अधीन कोई व्यक्ति, जिस पर अपराध का किया जाना अभिकथित है, तभी दण्डित किया जा सकता है जब वह सिद्ध हो जाये कि कथन का प्रकाशन उस उम्मीदवार के चुनाव-परिणाम को प्रभावित करने के अभिप्राय से किया गया है। कथन किसी अभ्यर्थी (उम्मीदवार) के व्यक्तिगत चरित्र या आचरण के विषय में हो और प्रतिवादी यह जानता या विश्वास करता है कि कथन मिथ्या है या वह विश्वास नहीं करता है कि कथन सत्य है।"

बलात्कार-पीड़ित व्यक्ति का परिचय प्रकट करना

भारतीय दण्ड संहिता की धारा 228 (क) में बलात्कार पीड़ित व्यक्ति का परिचय प्रकट करना अपराध माना गया है। मूल धारा इस प्रकार है :

"228 क (1) जो कोई किसी ऐसे व्यक्ति का जिसके प्रति धारा 376, धारा 376 (क), धारा 376 (ख) अथवा धारा 376 (ग) के अन्तर्गत कोई अपराध होना अभिकथित किया गया है अथवा पाया गया है (जिसका इसके पश्चात् इस धारा में पीड़ित कहा जा रहा है), नाम अथवा कोई अन्य सामग्री जिससे उसका परिचय ज्ञात हो सके मुद्रित अथवा प्रकाशित करता है उसको किसी-न-किसी भाँति के कारावास जो दो वर्ष तक का हो सकता है, का दण्ड दिया जायेगा और वह जुर्माने के लिए भी उत्तरदायी होगा।

भारतीय दण्ड संहिता में धारा 228 (क) दांडिक विधि (संशोधन) अधिनियम 1983 द्वारा जोड़ी गयी। इसमें बलात्कार या उसी वर्ग के अपराधों से पीड़ित असहाय महिलाओं को समाज में व्यर्थ लांछन और लज्जा से बचाने के उद्देश्य से उनका परिचय प्रकट करना प्रतिबन्धित है। यह प्रावधान सदाचार या शिष्टाचार के हित में तथा मानहानि के सम्बन्ध में संविधान

के अनुच्छेद 19(2) के अन्तर्गत प्रेस की स्वतन्त्रता पर युक्तियुक्त निबन्धित ही है। इस धारा में बलात्कार (धारा 376), पृथक् रहने के दौरान किसी पुरुष द्वारा अपनी पत्नी से सम्भोग (धारा 376 क), लोक सेवकों द्वारा अपनी अभिरक्षा में किसी स्त्री के साथ सम्भोग (धारा 376 ख) तथा जेल या सम्प्रेषण गृह आदि के अधीक्षक द्वारा अपनी अभिरक्षा में किसी स्त्री से सम्भोग (धारा 376 ग) से पीड़ित का परिचय प्रकट करना अपराध है।''

अश्लीलता

भारतीय दण्ड संहिता की धारा 292 अश्लील लेखन की बिक्री को अपराध बताती है। दोषी सिद्ध होने पर अपराधी को दो वर्ष का कारावास और दो हजार रुपये तक का जुर्माना तथा पुनः दोष सिद्ध होने पर पाँच वर्ष का कारावास और पाँच हजार रुपये तक का जुर्माना इस धारा के अन्तर्गत हो सकता है। धारा 292 इस प्रकार है :

"292 (1) उपधारा (2) के प्रयोजनार्थ किसी पुस्तक, पुस्तिका, काग़ज़, लेख, रेखाचित्र, रंगचित्र, रूपण, आकृति या अन्य वस्तु को अश्लील समझा जायेगा यदि वह कामोद्दीपक है या कामुक व्यक्तियों के लिए रुचिकर है या उसका या (जहाँ उसमें दो या अधिक सुभिन्न मदें समाविष्ट हैं वहाँ) उसकी किसी मद का प्रभाव समग्र रूप से विचार करने पर ऐसा है जो उन व्यक्तियों को दुराचारी तथा भ्रष्ट बनाये जिसके द्वारा उसमें अन्तर्विष्ट या समाविष्ट विषय का पढ़ा जाना, देखा जाना या सुना जाना सभी सुसंगत परिस्थितियों को ध्यान में रखते हुए सम्भाव्य है।

'अश्लील' क्या है? यह अत्यन्त कठिन प्रश्न है जिसका सीधा सम्बन्ध मनोविज्ञान से है। सामान्यतः शील और शालीनता के विरुद्ध जो कुछ भी प्रस्तुत या अभिव्यक्त किया जाता है वह अश्लील हो सकता है। अश्लीलता की स्पष्ट परिभाषा प्रस्तुत करना बहुत जटिल है। विभिन्न देशों में वहाँ की परिस्थितियों और सामाजिक मान्यताओं के अनुसार 'अश्लीलता' की व्याख्या में विभिन्नता दिखायी देती है। भारत के सर्वोच्च न्यायालय ने अपने कुछ निर्णयों में अश्लीलता को परख के कुछ मापदण्ड बनाये हैं जिसका सार संक्षेप *डॉ. नन्द किशोर त्रिखा* ने अपनी पुस्तक 'प्रेस विधि' में प्रस्तुत किया है, जो इस प्रकार है :

- जिस कृति के अश्लील होने की शिकायत हो उसे सम्पूर्ण रूप में देखकर निर्णय किया जाना चाहिए, कुछ अंशों के आधार पर नहीं। यह देखना चाहिए कि पूरी कृति का सामान्य व्यक्ति के भावों पर क्या प्रभाव पड़ता है।
- यह भी देखना चाहिए कि कृति के किस वर्ग के लोगों के हाथों में पड़ने की सम्भावना है या उनकी सहज पहुँच में है। जैसे, यदि कोई अश्लील पत्रिका का प्रसार युवा-वर्ग में होता हो या परिवारों में पढ़ी जाने वाली पत्र-पत्रिकाओं में ऐसे चित्र या लेख हों जिनसे बच्चों या युवा वर्ग पर दुराचारी और भ्रष्ट बनाने वाला प्रभाव पड़ता हो तो इन्हें आपत्तिजनक करार दिया जायेगा। किसी एक व्यक्ति पर नहीं, व्यक्तियों के वर्ग पर पड़ने वाले सम्भावित प्रभाव पर विचार किया जाना चाहिए।
- निर्णय करते समय अदालतों को समाज के समकालीन नैतिक मानकों का ध्यान रखना चाहिए। उन्हें यह देखना चाहिए कि बदलते हुए मानकों के सन्दर्भ में क्या सम्बद्ध कृति में ऐसी कोई बात है जो उन तरुणों में, जिनके हाथों में यह जा सकती है, गुप्त काम-वासना उत्पन्न करने की प्रवृत्ति रखती है।
- इस तर्क से बचाव नहीं हो सकता कि दूसरी कृतियों में भी ऐसी ही बातें लिखी गयी हैं या उनमें अश्लील चित्रादि छापे गये हैं।

धार्मिक भावनाओं को आहत करना

भारतीय दण्ड संहिता की धारा 295 (क) के अधीन किसी वर्ण की धार्मिक भावनाओं को आहत करने के आशय से किये गये कार्यों के लिए दण्ड का प्रावधान है, जो इस प्रकार हैं :

"295 (क) जो कोई भारत के नागरिकों के किसी वर्ग की धार्मिक भावनाओं को आहत करने के विमर्शित और विद्वेषपूर्ण आशय से उस वर्ग के धर्म या धार्मिक विश्वासों का अपमान उच्चारित या लिखित शब्दों द्वारा या संकेतों द्वारा या दृश्यरूपणों द्वारा या अन्यथा करेगा या करने का प्रयत्न करेगा, वह दोनों में से किसी एक भाँति के कारावास से, जिसकी अवधि तीन वर्ष तक की हो सकेगी, या जुर्माने से या दोनों से दण्डित किया जायेगा।"

इस धारा के अधीन धार्मिक भावनाओं को जानबूझकर विद्वेषपूर्ण ढंग से आहत करने के तथा अपमानित करने के प्रयास को दण्डित करने का प्रावधान है। विद्वेषरहित या असावधानी से या अनजाने में लिखी गयी बातों के सिलसिले में कार्रवाई नहीं की जा सकती है।

59

मीडिया आचार संहिता
(Codes of Conduct for Media)

पत्रकारिता कला भी है, वृत्ति भी और जनसेवा भी है। पत्रकारिता का सम्बन्ध सभी क्षेत्रों एवं वर्गों के मध्य होता हुआ अत्यन्त विस्तृत है और इसके साथ ही दायित्वों का दायरा भी बढ़ा है। पत्रकार कलम का धनी होता है। वह कलम से जहाँ निर्माण का आह्वान कर सकता है, वहीं विद्रोह की अग्नि भी प्रज्ज्वलित कर सकता है। वह अपनी कलम की ताकत से समाज को सुनहरे उद्यान में ले जा सकता है तो दूसरी ओर विनाश के गर्त में भी धकेल सकता है।

आज समाचार-पत्र जनमानस को दिशा निर्देश देने के लिए सशक्त साधन के रूप में उभरा है। पत्रकारिता व्यवसाय से जुड़े लोगों के प्रयासों से जनता यह जान पाती है कि विश्व रंगमंच पर कहाँ, क्या, कैसे घटित हो रहा है। इस सशक्त साधन के उपयोग से न सिर्फ़ पत्रकारिता का स्वस्थ विकास होता है वरन् राष्ट्र का हित भी इसी में निहित है। इसलिए यह अनुभव किया गया कि इस सशक्त साधन का किसी प्रकार का दुरुपयोग न हो। पत्रिकाओं का निष्पक्ष एवं तटस्थ होना अत्यन्त आवश्यक है।

चिकित्सकों, वकीलों तथा अन्य व्यवसायों के सदस्यों की तरह पत्रकारों के व्यावसायिक आचरण के लिए भी कतिपय नियम और मर्यादाएँ स्थापित एवं स्वीकृत की गयी हैं ताकि पत्रकारिता अपने पथ से उच्छृंखल व दायित्वहीन न हो। इन नियमों को ही आचार-संहिता कहा जाता है। प्रमुख आचार संहिता प्रस्तुत है :

अखिल भारतीय समाचार-पत्र सम्पादक सम्मेलन की आचार संहिता

1950 में आयोजित अखिल भारतीय समाचार-पत्र सम्पादक सम्मेलन के अन्तर्गत पत्रकारों के लिए निम्न आचार संहिता निर्धारित की गयी :

1. प्रेस जनमत तैयार करने का मुख्य साधन है अतः पत्रकारों को अपनी वृत्ति और पेशे को पुनीत कर्तव्य मानकर समाचार देते समय निष्ठावान एवं न्याय-निष्ठ होना चाहिए। मूल मानवीय और सामाजिक अधिकारों को उचित आदर देते हुए लोकहित की रक्षार्थ एवं सेवाएँ पत्रकार को सदैव तत्पर रहना चाहिए।
2. जातीय, धार्मिक और आर्थिक भेदों से उत्पन्न सामाजिक विवादों और खिंचावों का समाचार देते समय पत्रकारों को ख़ासतौर से अपने ऊपर नियन्त्रण रखना चाहिए अर्थात् पत्रकार को किसी भी प्रकार के पक्षपात से पृथक् रहकर समाचार देना चाहिए ताकि समाचार निष्पक्ष हो।

3. पत्रकार यह देखे कि जो कुछ छप रहा है उस तथ्य में कोई गलती न हो, कोई हक़ीक़त न तो तोड़ी-मरोड़ी जायें और न कोई आवश्यक तथ्य छिपाया जाये। जो कुछ भी गलत या सही प्रकाशित हो उसकी पूरी जिम्मेदारी पत्रकार स्वयं ले और अगर वह जिम्मेदारी लेने में असमर्थ है तो उसका विशेष रूप से उल्लेख करे।
4. अफ़वाह और अपुष्ट समाचारों को अफ़वाह और अपुष्ट समाचार ही लिखा जाये।
5. वित्तीय गोपनीयता पत्रकारों का गुण है और उनकी प्रतिष्ठा इसी पर निर्भर है। एक अच्छे पत्रकार को विश्वासघात न करके, पत्रकारिता सम्बन्धी शिष्टाचार की रक्षा करनी चाहिए अर्थात् पत्रकार पर विश्वास करके जिस व्यक्ति या संस्था ने ख़बर बतायी है उसका नामोल्लेख पत्रकार न करे। विशेषकर तब जब नामोल्लेख से उस व्यक्ति या संस्था का अहित होता हो तथा किसी जब अपने नामोल्लेख की मनाही की हो। ऐसा करने पर न केवल पत्रकार ख़ुद को अपितु समाचार-पत्र व न्यूज़ एजेंसी को भी नुकसान पहुँचाता है।
6. गलत समाचारों का तुरन्त एवं स्वेच्छापूर्ण खण्डन किया जाये। यदि ऐसे खण्डन की माँग कहीं से की जाये तो गलत बातों का प्रतिवाद प्रकाशित होना ही चाहिए।
7. जिनका सम्बन्ध पत्रकारिता से नहीं है, ऐसे उद्देश्यों के लिए इस व्यवसाय की सहायता लेना, पत्रकारिता का दुरुपयोग है।
8. किसी बात को प्रकाशित करने या न करने के लिए घूस माँगने या घूस स्वीकार करने से बढ़कर पत्रकार के लिए और कोई बुरी बात नहीं है। समाचारों का संकलन और प्रकाशन की स्वतन्त्रता तथा उचित टीका-टिप्पणी करने का अधिकार ऐसे सिद्धान्त हैं जिनकी रक्षा के लिए हर पत्रकार को तत्पर रहना चाहिए।
9. पत्रकार का सम्पर्क समाज से प्रभावशाली लोगों से भी होता है अतः पत्रकार को कभी भी अपने पद का उपयोग या दुरुपयोग ग़ैर-पत्रकारी कामों के लिए नहीं करना चाहिए क्योंकि यह पूर्णतया अवांछनीय है।
10. व्यक्तिगत हितों का पत्रकारिता में पोषण नहीं होना चाहिए अर्थात् किसी व्यक्ति विशेष के लिए समाचार या टिप्पणी देना अनुचित है।
11. पत्रकार को अनुचित उपायों से अपने सहयोगियों की नौकरी छुड़ाने का प्रयास नहीं करना चाहिए अर्थात् सहयोगियों की वृत्ति खराब नहीं करनी चाहिए और न ही पत्रकार को अपने अधिकार का गलत प्रयोग करना चाहिए।
12. अपने सहयोगी पत्रकारों और सार्वजनिक कार्यकर्ताओं का पत्रकारों को हमेशा विशेष सम्मान करना चाहिए।
13. व्यक्तिवाद, विवाद समाचार-पत्रों में जारी रखना अपनी वृत्ति की प्रतिष्ठा के लिए हानिकारक माना जाना चाहिए अर्थात् ऐसे वाद-विवाद जो पूर्णतः व्यक्तिगत हैं तथा जिससे समाज का कुछ भी हित नहीं होता उसे बिना कारण सार्वजनिक महत्त्व का नहीं बनाया जाना चाहिए।
14. किसी के व्यक्तिगत जीवन के सम्बन्ध में निराधार बातें तथा अफ़वाहें छापना कर्तव्य के प्रतिकूल है। जनहित में यदि आवश्यक हो तभी निजी मामलों का प्रकाशन प्रामाणिक रूप से किया जाना चाहिए।

सम्पादकों का चार्टर : भारतीय समाचार-पत्र सम्पादक सम्मेलन

भारतीय समाचार-पत्र सम्पादक सम्मेलन द्वारा सम्पादकों के चार्टर में कहा गया है :

1. सम्पादकीय नीति लागू करने में सम्पादक को पूर्ण स्वतन्त्रता होगी।
2. सम्पादक के साथ विचार-विमर्श करके प्रबन्ध बोर्ड वार्षिक बजट बनायेगा।
3. सम्पादकीय स्टाफ और विषय-वस्तु के सम्बन्ध में सम्पादक का निर्णय अन्तिम होगा।
4. सम्पादकीय विभागों से सम्बन्धित सभी मामलों में सम्पादक बोर्ड से सीधा सम्पर्क रखेगा।
5. सम्पादक-पत्र की नीति या संचालन, उच्च मानदण्डों की स्थापना, दबावों का प्रतिरोध सम्पादकीय विभाग में सामुदायिक भावना का विकास एवं सामाजिक हितों की निष्पक्षता से रक्षा करेगा।

6. सरकार और मालिकों के आपसी सम्बन्ध में सम्पादक को सम्पादकीय नीति के सन्दर्भ में कार्य-निर्वहन की स्वतन्त्रता होगी।
7. प्रबन्ध मण्डल से मतभेद होने पर सम्पादक त्याग-पत्र दे या हटाया जाये तो वह 6 माह की ग्रेच्युटी और वेतन का हकदार होगा।

सत्रह सम्पादकों की समिति द्वारा तैयार आचार संहिता

17 सम्पादकों की समिति ने पत्रों और पत्रकारों के लिए आचार संहिता तैयार की जो निम्नलिखित है :

1. कर्तव्य-निवर्हन में पत्रकारों को मानवीय और सामाजिक अधिकारों को महत्त्व देना होगा। पत्रों एवं पत्रकारों और सरकार एवं जनता गतिविधियों को प्रमुखता देनी होगी और साथ ही राष्ट्रीय एकता तथा आर्थिक, सामाजिक प्रगति को प्रोत्साहित करना होगा। हिंसा की खुली शब्दों में निन्दा की जानी चाहिए।
2. पत्रों और पत्रकारों को यह विश्वास दिलाना होगा कि प्रकाशित सामग्री पूर्णतः सत्य एवं तथ्यपूर्ण है। अनुमान पर आधारित कोई उत्तेजक रिपोर्ट नहीं छापी जायेगी। विश्वास का सदैव सम्मान करना होगा और पेशे की गोपनीयता बनाये रखनी होगी। तथ्यों को तोड़ा-मरोड़ा नहीं जायेगा और कोई समाचार या टिप्पणी सही नहीं पायी गयी तो मूल सुधार प्रमुखता से छापना होगा।
3. पत्रकार पेशेगत आचारण पर निजी स्वार्थों को महत्त्व नहीं देंगे। अपने अधिकारों का प्रयोग घूस लेने में नहीं करेगा।
4. किसी व्यक्ति की निजी ज़िन्दगी को प्रभावित करने वाले समाचार को महत्त्व नहीं देगा न ही ऐसे वैयक्तिक विवादों में पड़ेगा जिसमें जनहित की रुचि न हो।
5. अश्लीलता, अपराध, दुराचरण एवं अवैध गतिविधियों को प्रोत्साहित करने वाले समाचार प्रकाशित नहीं करेंगे।
6. पत्रकार एवं समाचार-पत्र लोकतन्त्र धर्म-निरपेक्षता एवं समाजवाद के राष्ट्रीय उद्देश्यों को बढ़ावा देंगे और उनको प्रतिबिम्बित करेंगे। ऐसी किसी सूचना या टिप्पणी का प्रकाशन नहीं करेंगे जिससे राष्ट्र की एकता, अखण्डता, सुरक्षा और विदेशों से हमारे मैत्रीपूर्ण सम्बन्ध पर आँच आये।
7. जाति, समुदाय, वर्ग, क्षेत्र या भाषा-समूहों से जुड़ी गड़बड़ियों के समाचारों को निष्पक्ष छापना होगा।

राष्ट्रीय पत्रकार संघ का घोषणा-पत्र

राष्ट्रीय पत्रकार संघ की घोषणा में पत्रकारों से यह अपेक्षाएँ की गयी हैं कि :

"हम, भारत के श्रमजीवी पत्रकार जो अपने व्यवसाय को ट्रस्ट समझते हुए स्वतन्त्र तथा निष्पक्ष ढंग से समाचारों तथा टिप्पणियों को प्रकाशित कर जनहित की सेवा में विश्वास रखते हैं, यह मत व्यक्त करते हैं कि प्रेस की स्वतन्त्रता तथा जानने का अधिकार अहरणीय है तथा लोकतान्त्रिक प्रक्रिया में अन्तर्निहित है, यह महसूस करते हैं कि प्रेस तथा समाज तभी विकास कर सकते हैं जब प्रत्येक व्यक्ति स्वतन्त्र रूप से मौलिक अधिकारों का उपयोग करे।

× × ×

हम किसी भी क़ीमत पर तथ्यों को संकलित करने, प्रकाशित करने तथा निष्पक्ष टिप्पणी एवं आलोचना के अधिकार की रक्षा करेंगे। आवश्यक तथ्यों को दबाना नहीं। न ही हम किसी सेंसरशिप को स्वीकार करेंगे और न ही लगाने का प्रयास करेंगे। मानवीय मौलिक अधिकारों और जनहित की रक्षा करेंगे। व्यक्तिगत स्वार्थों के लिए हम अपने पद द्वारा न तो किसी का शोषण करेंगे और न ही स्वयं का शोषण होने देंगे। व्यावसायिक आचरण को व्यक्तिगत मामलों से प्रकाशित नहीं होने देंगे। समाचार-पत्र प्रकाशन में रिश्वत लेने को हम गम्भीर व्यावसायकि अपराध मानेंगे। प्रेस पर पड़ने वाले दबाव का हम सामूहिक एवं व्यक्तिगत स्तर पर विरोध करेंगे। हम विश्वास का सम्मान करेंगे तथा व्यावसायिक गोपनीयता की रक्षा करेंगे। व्यावसायिक गोपनीयता स्तर के उन्नयन के लिए हम प्रयत्नशील रहेंगे। साम्प्रदायिक उन्माद या सामाजिक तनाव की घटनाओं

के समय हम पक्षपातरहित, आत्मनियन्त्रण एवं विवेक से काम लेंगे। हम अपने साथी पत्रकार के आर्थिक हित की रक्षा करते हुए बेहतर वेतन और सेवा-शर्तें प्राप्त करने का प्रयत्न करेंगे।"

प्रथम प्रेस आयोग के सुझाव

भारत के प्रथम प्रेस आयोग ने अपनी संस्तुतियों में कहा था कि समाचार-पत्र का स्तर उसके उत्पादन से जुड़े लोगों तथा सिद्धान्तों के प्रति उनकी आस्था पर निर्भर है। आयोग का मत है कि पत्रकारों को एक आचार संहिता का पालन करना चाहिए। आयोग ने आचार संहिता तैयार करने का कार्य प्रेस परिषद् को सौंपा। पत्रकार जगत् के विभिन्न संगठनों द्वारा तैयार की गयी आचार-संहिता का अवलोकन कर आयोग ने इस दृष्टि से कुछ महत्त्वपूर्ण सुझाव भी दिये जैसे—प्रेस जनहित की रक्षा और सेवा के लिए तत्पर रहे। अपने व्यवसाय को 'ट्रस्ट' समझे। समाचारों और टिप्पणियों से हिंसा या तनाव न फैले। विश्वास का सम्मान एवं वित्तीय गोपनीयता की रक्षा, व्यक्तिगत हितों का पोषण न हो। गलत रिपोर्ट को सुधार कर प्रकाशित किया जाये। समाचार देने या न देने के लिए किसी भी तरह का घूस लेना निकृष्ट कार्य है। व्यक्ति की व्यक्तिगत गोपनीयता भंग न हो। आरोप लगाना गम्भीर व्यावसायिक अपराध है। साहित्यिक चोरी भी गम्भीर व्यावसायिक अपराध है। समाचार, रिपोर्ट और फोटोग्राफ प्राप्त करने के लिए ऐसा कोई कार्य न किया जाये जिससे निर्दोष, सन्तप्त और पीड़ित लोगों को कष्ट हो। पत्रकार अपने व्यवसाय की गरिमा बनाये रखते हुए जनविश्वास कायम रखेगा। तथ्यों की सत्यता और प्रामाणिकता का ध्यान रखा जाये। सभी प्रकाशित सूचनाओं और टिप्पणियों की जिम्मेदारी पत्रकार की है।

इंग्लैंड के पत्रकारों के राष्ट्रीय संघ की आचार-संहिता

1. सहयोगी पत्रकारों से वैसा ही व्यवहार किया जाये जैसा आपको उनसे अपेक्षित है।
2. मानहानि पूर्ण लेख छापने का अधिकार, अदालत की अवज्ञा और प्रतिलिप्याधिकार (कॉपीराइट) का हमेशा ध्यान रखें।
3. अदालती कार्यवाही को छापते समय भी सब पक्षों के साथ न्यायोचित व्यवहार होना चाहिए।

आस्ट्रेलियन पत्रकारों की आचार-संहिता

1. समाचार प्रकाशित करने और टीका-टिप्पणी करने में पूर्ण ईमानदारी बरतिए।
2. आवश्यक तथ्यों को छिपाइए मत और उल्लेख न करके या गलत बात पर जोर देकर सत्य को मत तोड़िए-मरोड़िए।
3. किसी भी दशा में विश्वासघात न कीजिए।
4. सहयोगियों से मैत्रीपूर्ण व्यवहार कीजिए। उनका अनुचित उपयोग गत कीजिए।
5. घूस मत लीजिए। न्याय-बुद्धि पर व्यक्तिगत स्वार्थ को कभी भी प्रभावी न होने दीजिए।
6. समाचार-चित्र या दस्तावेज़ प्राप्त करने के लिए सदैव उचित मार्ग का अवलम्बन लीजिए।
7. कोई व्यक्तिगत बातचीत अथवा चित्र प्रकाशित करने से पूर्व उसके देने वाले पर यह स्पष्ट कर लीजिए कि उसका उपयोग समाचार-पत्र में किया जा रहा है। अपने आचरण से अपने व्यवसाय की प्रतिष्ठा एवं पूर्णता के प्रति जनता का विश्वास प्राप्त कीजिए।

अन्तर्राष्ट्रीय आचार संहिता

श्रमजीवी पत्रकारों के अन्तर्राष्ट्रीय तथा क्षेत्रीय संगठनों ने यूनेस्को के तत्त्वाधान में प्राग और पेरिस में (1983) आयोजित चौथी सलाहकार समिति की बैठक निम्नलिखित सिद्धान्तों के आधार पर पत्रकारिता की अन्तर्राष्ट्रीय स्तर पर व्यावसायिक आचार-संहिता का निर्माण किया जो निम्न है :

सिद्धान्त (i) सत्य सूचना जानने का अधिकार : जनसंचार में किसी भी माध्यम से पूर्ण तथा तथ्यात्मक जानकारी प्राप्त करने का अधिकार जनता को है।

सिद्धान्त (ii) उद्देश्यात्मक वास्तविकता के प्रति पत्रकार का समर्पण : पत्रकार सत्य तथा प्रामाणिक सूचना प्रेषण के अधिकार का पूर्ण ईमानदारी एवं उद्देश्यात्मक वास्तविकता के साथ निर्वाह करे। जहाँ तक सम्भव हो वहाँ तक तथ्यों को बिना तोड़े-मरोड़े पूरी सजगता से इस तरह प्रस्तुत किया जाये जिससे वे स्पष्ट रूप से समझ में आ सकें।

सिद्धान्त (iii) पत्रकार का सामाजिक दायित्व : पत्रकारिता में सूचना एक सामाजिक शुभ है, वस्तु नहीं, जिसका अर्थ है कि पत्रकार सूचना सम्प्रेषित करने के दायित्व का वहन करता है जिसके लिए वह अन्ततः उत्तरदायी है, न कि संचार माध्यमों के नियन्त्रकों के प्रति।

सिद्धान्त (iv) पत्रकार की व्यावसायिक निष्ठा : पत्रकार की सामाजिक भूमिका उससे व्यावसायिक निष्ठा के उच्च स्तर को बनाये रखने की अपेक्षा करती है। उसकी व्यावसायिक निष्ठा उसे किसी भी प्रकार की रिश्वत लेने तथा जनकल्याण के प्रतिकूल निजी स्वार्थों को प्रोत्साहित करने की अनुमति नहीं देती।

सिद्धान्त (v) जनता तक पहुँच तथा सहभागिता : इस व्यवसाय की यह माँग है कि पत्रकार सूचना तक जनता की पहुँच तथा संचार माध्यमों में उसकी सहभागिता को संशोधन के आधार सहित बढ़ावा दे।

सिद्धान्त (vi) गोपनीयता और मानवीय प्रतिष्ठा के प्रति सम्मान : पत्रकार व्यक्तिगत गोपनीयता और मानवीय प्रतिष्ठा के प्रति राष्ट्रीय व अन्तर्राष्ट्रीय क़ानूनों के प्रावधानों के अन्तर्गत प्रदत्त अधिकारों को दृष्टिगत रखते हुए तथा अपवचन, मिथ्यावाद, अपलेख और मानहानि से बचते हुए सम्मान भाव रखता है।

सिद्धान्त (vii) सार्वजनिक हितों के प्रति सम्मान : पत्रकार का व्यावसायिक स्तर राष्ट्रीय समुदाय और इसकी प्रजातान्त्रिक संस्थाएँ तथा जनता के आदर्शों के प्रति सम्मान भाव रखने की अपेक्षा रखता है।

सिद्धान्त (viii) शाश्वत मूल्यों तथा सांस्कृतिक विविधता के प्रति सम्मान : प्रत्येक संस्कृति का सम्मान तथा सांस्कृतिक, सामाजिक, राजनीतिक, आर्थिक व्यवस्थाओं को चुनने तथा विकसित करने के प्रत्येक व्यक्ति के अधिकार का सम्मान करते हुए एक सच्चे पत्रकार को मानवीय शाश्वत मूल्यों और इससे भी ऊपर शक्ति, प्रजातन्त्र, मानव अधिकार, सामाजिक प्रगति और राष्ट्रीय स्वतन्त्रता के प्रति वचनबद्ध होता है।

सिद्धान्त (ix) मानवता विरोधी प्रमुख बुराइयों तथा युद्ध का निवारण : पत्रकारों की नैतिक निष्ठा इस बात का आह्वान करती है कि वे युद्ध, हथियारों की दौड़, विशेषकर आणविक हथियारों के क्षेत्र में तथा हिंसा के अन्य सभी रूपों घृणा, भेदभाव विशेषकर जातिवाद एवं रंगभेद तानाशाही शासन द्वारा दमन, उपनिवेशवाद व नवउपनिवेशवाद तथा अन्य बुराइयों को प्रोत्साहन न दें।

सिद्धान्त (x) नयी विश्व सूचना व संचार को प्रोत्साहन : पत्रकार का यह विशेष दायित्व है कि वह सूचना के क्षेत्र में अन्तर्राष्ट्रीय सम्बन्धों के लोकतन्त्रीकरण की प्रक्रिया विशेषकर जनता व राष्ट्रों के मध्य शान्ति, सद्भाव तथा मैत्रीपूर्ण सम्बन्धों के रक्षण तथा प्रोत्साहन को विकसित करें।

अमेरिकन सोसाइटी ऑफ़ न्यूज़ पेपर एडीटर्स

अमेरिकन समाचार-पत्र समिति ने 23 अक्टूबर, सन् 1975 को जो सैद्धान्तिक वक्तव्य स्वीकार किया वह 1922 की आचार संहिता का रूप लेता है :

प्रस्तावना : किसी भी क़ानून द्वारा प्रथम संशोधन अभिव्यक्ति की स्वतन्त्रता को कम न करने की सुरक्षा प्रदान करते हुए जनता को संवैधानिक अधिकार की गारण्टी देता है और इस प्रकार से समाचार-पत्र के लिए काम करने वालों पर विशेष प्रकार का दायित्व सौंपता है।

पत्रकारिता पत्रकारों से व्यवसाय तथा ज्ञान एवं सत्यनिष्ठा की भी माँग करती है।

अमेरिकी समाचार-पत्र सम्पादक समिति अपने सैद्धान्तिक वक्तव्य में नैतिकता तथा व्यवसायिकता के मापदण्डों को उत्साहित करती है।

धारा 1 उत्तरदायित्व : समाचार और विचार के संग्रह तथा प्रसार का प्राथमिक उद्देश्य जनता को सूचना देकर सार्वजनिक हितों की सेवा करना तथा सामयिक समस्याओं के बारे में जनता को निर्णय लेने योग्य बनाना है। पत्रकारिता को अपने स्वार्थ के लिए प्रयोग करने वाले पत्रकार जनता से विश्वासघात करते हैं।

अमेरिका की प्रेस को केवल सूचना देने के लिए नहीं बनाया गया है बल्कि वह इसलिए स्वतन्त्र है कि वह समाज में सरकार के प्रत्येक स्तर पर राजकीय शक्ति के प्रयोग की स्वतन्त्र रूप से संवीक्षा कर सके।

धारा 2 प्रेस की स्वतन्त्रता : स्वतन्त्रता सारी मानवता का जन्मसिद्ध अधिकार है और पत्रकार इस अधिकार का निडर एवं सतर्क रक्षक है।

धारा 3 स्वतन्त्रता : पत्रकार को अपनी सत्यनिष्ठा से समझौते करने वाली गतिविधि को न तो स्वीकार करना चाहिए और न ही उसे बढ़ावा देना चाहिए।

धारा 4 सत्य और शुद्धता : पत्रकारिता की नींव पाठकों का विश्वास है। समाचार की शुद्धता, निष्पक्षता तथा सम्पूर्णता के लिए पत्रकार को सदा प्रयत्नशील रहना चाहिए।

धारा 5 निष्पक्षता : निष्पक्षता का अर्थ यह नहीं है कि प्रेस निर्विवाद रहे अथवा सम्पादकीय अभिव्यक्ति नहीं करे। पाठक की दृष्टि से समाचार एवं विचार में स्पष्ट अन्तर होना चाहिए।

धारा 6 न्याय-व्यवहार : पाठकों के समाचार में निहित अधिकार का पत्रकारों को सम्मान करना चाहिए, शिष्टता के सामान्य मानकों का ध्यान रखना चाहिए तथा समाचारों की वस्तुनिष्ठता व शुद्धता के लिए उसे जनता के प्रति उत्तरदायी होना चाहिए।

सार्वजनिक रूप से आरोपित व्यक्ति को अपनी बात कहने का अवसर अवश्य देना चाहिए। गोपनीयता की रक्षा किसी भी क़ीमत पर की जानी चाहिए। यदि गोपनीयता बनाये रखने की आवश्यकता नहीं हो तो सूचना सम्बन्धी सूत्र बता देना चाहिए।

ये सिद्धान्त अमेरिकी पत्रकार एवं जनता के बीच विश्वास और सम्मान बनाये रखने के लिए हैं।

सिनेमैटोग्राफ अधिनियम 1952

फ़िल्म प्रदर्शन के लिए प्रमाण-पत्र जारी करने तथा उसे विनियमित करने के उद्देश्य से अंग्रेज़ों ने सिनेमैटोग्राफ अधिनियम, 1918 जारी किया। सन् 1949 में इसे संशोधित किया गया, किन्तु आज़ादी के बाद देश की बदली हुई परिस्थितियों की आवश्यकता अनुकूल 1952 में नया क़ानून बनाया गया जो वर्तमान में प्रवर्तन में है।

परिभाषाएँ

प्रारम्भिक : “धारा 1 के अन्तर्गत नाम तथा विस्तार दिया गया है।
धारा 2 के अन्तर्गत विविध पदनामों की परिभाषा दी गयी है।

वयस्क : वह व्यक्ति जो अठारह वर्ष का हो।

बोर्ड : धारा 3 के अन्तर्गत केन्द्रीय सरकार द्वारा फ़िल्म प्रमाणन हेतु गठित बोर्ड।

सर्टिफिकेट : धारा 5A के अन्तर्गत बोर्ड द्वारा दिया जाने वाला प्रमाण-पत्र।

सिनेमैटोग्राफ : चलचित्र से जुड़ी कोई सामग्री।

फ़िल्म : सिनेमैटोग्राफ फ़िल्म इसके अन्तर्गत आती है।

विहित : इस विधि के अन्तर्गत बनाये गये नियमों द्वारा विहित।

स्थान	:	हाउस, बिल्डिंग, टेंट और समुद्र, ज़मीन, आसमान में परिवहन की कोई भी फ़िल्म।
रिज़नल ऑफिसर	:	एडिशनल एवं असिस्टेंट रिज़नल ऑफिसर।
ट्रिब्यूनल	:	धारा 5D के अन्तर्गत गठित अपीलेट ट्रिब्यूनल।

लोक प्रदर्शन के लिए फ़िल्म प्रमाणन

धारा 3(1) के अन्तर्गत सार्वजनिक प्रदर्शन के लिए फ़िल्म स्वीकृति के उद्देश्य से केन्द्रीय सरकार सरकारी गजट में अधिसूचना जारी करके एक बोर्ड गठित करेगी जो फ़िल्म प्रमाणन बोर्ड के नाम से जाना जायेगा जो केन्द्रीय सरकार द्वारा नियुक्त एक अध्यक्ष और कम-से-कम 12 सदस्य और अधिक-से-अधिक 25 सदस्यों से मिलकर बनेगी।

धारा 3(2) के अन्तर्गत बोर्ड का अध्यक्ष वेतन एवं भत्ता प्राप्त करेगा जो केन्द्रीय सरकार द्वारा निर्धारित होगा तथा अन्य सदस्यों को बोर्ड की बैठक में भाग लेने पर विहित भत्ता या फीस देय होगा।

धारा 3(3) के अन्तर्गत बोर्ड के सदस्यों की अन्य सेवा शर्तें वैसी ही होंगी जैसी विहित की जायेगी।

फ़िल्म का परीक्षण

धारा 4(1) के अन्तर्गत कोई भी व्यक्ति किसी फ़िल्म के प्रदर्शन के लिए प्रमाण-पत्र हेतु बोर्ड के समक्ष विहित रीति से आवेदन कर सकता है तथा बोर्ड परीक्षण के उपरान्त विहित रीति से बिना किसी प्रतिबन्ध के सार्वजनिक प्रदर्शन हेतु फ़िल्म की स्वीकृति, परन्तु फ़िल्म में किसी सामग्री के सम्बन्ध में यदि बोर्ड की दृष्टि में 12 वर्ष से कम आयु के बच्चों के लिए कोई आवश्यक चेतावनी देना हो तो फ़िल्म के सार्वजनिक प्रदर्शन की स्वीकृति के साथ ही उसके प्रभावों को पृष्ठांकित कर दिया जाता है ताकि बच्चों के माता-पिता या संरक्षक उस पर ध्यान दें।

धारा 4(2) के अन्तर्गत फ़िल्म को मात्र वयस्कों के लिए सार्वजनिक प्रदर्शन की स्वीकृति या फ़िल्म की प्रकृति के और वर्ण्य विषय के आधार पर किसी व्यवसाय विशेष के सदस्यों या किसी वर्ग विशेष के सदस्यों के लिए फ़िल्म का सार्वजनिक प्रदर्शन की स्वीकृति या (i) पूर्वोक्त खण्डों के अधीन सार्वजनिक प्रदर्शन के लिए फ़िल्म को स्वीकृति प्रदान करने के पूर्व आवेदक को फ़िल्म में संशोधन या काँट-छाँट का निर्देश देना या (ii) सार्वजनिक प्रदर्शन के लिए फ़िल्म को अस्वीकृत कर देना।

फ़िल्म का प्रमाणीकरण

धारा 5A के अन्तर्गत फ़िल्म परीक्षण के बाद यदि बोर्ड मानता है कि फ़िल्म जो प्रदर्शन के लिए अप्रतिबन्धित होने के योग्य है अथवा पृष्ठांकित चेतावनी के साथ योग्य है तो "U" प्रमाण-पत्र या "UA" प्रमाण-पत्र देगा या फ़िल्म मात्र वयस्कों के लिए सार्वजनिक प्रदर्शन के योग्य है अथवा फ़िल्म किसी व्यवसाय के सदस्यों या किसी वर्ग विशेष के लिए प्रदर्शन योग्य है तो "A" या "S" प्रमाण-पत्र जारी करेगा। प्रमाण देने या अस्वीकार करने का प्रमाण-पत्र भारत के गजट में प्रकाशित होगा। बोर्ड द्वारा प्रदत्त प्रमाण-पत्र पूरे भारत में 10 वर्षों के लिए वैध होगा।

फ़िल्म प्रमाणन में पथ-प्रदर्शन हेतु सिद्धान्त

धारा 5(B) के अन्तर्गत ऐसे फ़िल्म को लोक प्रदर्शन के लिए प्रमाण-पत्र नहीं दिया जायेगा जो सक्षम प्राधिकारी की राय में फ़िल्म या उसका कोई भाग भारत की सम्प्रभुता और अखण्डता, राज्य की सुरक्षा, विदेशी राज्यों के साथ मित्रतापूर्ण सम्बन्ध, लोक-व्यवस्था, सदाचार या शिष्टाचार के विरुद्ध हो।

अपील

धारा 5(C) के अन्तर्गत बोर्ड के किसी निर्णय से पीड़ित व्यक्ति को यदि प्रमाण-पत्र देने से इनकार कर दिया गया है या "A" प्रमाण-पत्र दिया गया है या "S" प्रमाण-पत्र दिया गया है या "UA" प्रमाण-पत्र दिया गया है या संशोधन और काँट-छाँट

का निर्देश दिया गया है तो ऐसे आदेश के 30 दिन के भीतर न्यायाधिकरण में अपील कर सकता है। यदि न्यायाधिकरण सन्तुष्ट हो जाये तो अपील के विरुद्ध अपील के लिए कारण का संक्षिप्त विवरण संलग्न होगा तथा विहित शुल्क जो एक हजार से अधिक नहीं होगा, अदा करना होगा।

अपील न्यायाधिकरण का गठन

धारा 5(D) के अन्तर्गत बोर्ड के आदेश के विरुद्ध अपील की सुनवाई के उद्देश्य से केन्द्रीय सरकार शासकीय गजट में अधिसूचना जारी करके अपील न्यायाधिकरण का गठन करेगी। इसका मुख़्यालय नयी दिल्ली में होगा या ऐसे अन्य स्थान पर जहाँ केन्द्रीय सरकार शासकीय गजट में अधिसूचित करेगी।

प्रसार भारती एक्ट 1990

सार्वजनिक प्रसारण सेवा के रूप में तथा जनसंचार माध्यमों रेडियो, टी. वी. को अपने नियन्त्रण में रखने के लिए प्रसार भारती का गठन किया। जिसका मुख्य उद्देश्य राष्ट्रीय एकता को बढ़ावा देना, शिक्षा और साक्षरता का प्रसार करना, जनमाध्यमों के द्वारा समाजोपयोगी कार्यक्रमों का निर्माण करना और वो सभी कृत्य जिससे जनता का विश्वास सरकार पर बना रहे।

1977 में जनता पार्टी की सरकार ने रेडियो, टेलीविजन को स्वायत्तता प्रदान करने के लिए वर्गीस कमेटी का गठन किया। वर्गीस कमेटी ने अपनी रिपोर्ट में आकाशवाणी और दूरदर्शन को पूर्ण स्वायत्तता देने की बात कही किन्तु इस रिपोर्ट को ठण्डे बस्ते में डाल दिया गया।

1990 में गुजराल सरकार ने प्रसार भारती अधिनियम पारित कर दिया। परन्तु इस उपक्रम का गठन 23 नवम्बर, 1992 को हुआ। प्रसार भारती क़ानून में भारतीय प्रसारण निगम पर तीन तरह से नियन्त्रण रखने का प्रावधान है। जिसमें पहला नियन्त्रण प्रसारण परिषद्, दूसरा संसदीय समिति तथा तीसरा केन्द्र सरकार का होगा।

इस एक्ट में चार भाग हैं। पहला भाग एक्ट की परिभाषाओं के विषय में है। दूसरे भाग में स्वायत्तता कॉरपोरेशन के गठन, बोर्ड की संरचना, कार्यप्रणाली, कार्यक्षेत्र, कर्मचारियों का स्थानान्तरण एवं उनकी अन्य सेवा शर्तों को व्याख्यायित किया गया है।

तीसरा भाग वित्त व्यवस्था तथा चौथे भाग में सरकार की भूमिका, प्रसार भारती के कार्य-क्षेत्र की सीमाएँ तथा इस पर नियन्त्रण या निगरानी कैसे रखी जाय स्पष्ट किया गया है।

देश की अखण्डता, एकता और संविधान में वर्णित मूल्यों को बनाये रखना। राष्ट्रीय एकता को बढ़ावा देना। सूचनाओं के सन्तुलित प्रवाह के द्वारा नागरिकों के अधिकार की रक्षा करना तथा उनके प्रति उन्हें सूचित करना।

शिक्षा और साक्षरता का प्रसार करना, आधुनिक विज्ञान से लोगों को संज्ञानित कराना। कृषि, ग्रामीण विकास, स्वास्थ्य और परिवार-कल्याण के लिए विशेष कार्यक्रमों को आयोजित करना।

कार्य एवं शक्ति

प्रसार भारती अधिनियम में यह व्यवस्था दी गयी है कि भर्ती बोर्ड की सलाह के बाद प्रसार भारती आकाशवाणी व दूरदर्शन के लिए नये महानिदेशक की नियुक्ति करेगा। बोर्ड को यह अधिकार दिया गया है कि वह निगम में कार्य करने वाले लोगों के लिए सेवा-शर्तों का निर्धारण करें। अधिनियम में यह प्रावधान किया गया है कि निगम का मुख्य कार्य देश में प्रसारण सेवा को संगठित तथा संचालित करने का होगा। साथ ही समय-समय पर बैठकें करके मुद्दों पर विचार करना तथा उनके अनुसार कार्य करने के लिए अधिकारियों को निर्देश देना भी होगा। वैसे यह माना जाता है कि बोर्ड पर सरकार का कोई नियन्त्रण नहीं होगा। अधिनियम के प्रावधान के अनुरूप समय-समय पर जब भी ऐसा अवसर उत्पन्न होगा तो केन्द्रीय सरकार ऐसा निर्देश जारी कर सकती है जिसे वह कुछ सन्दर्भों में उचित समझे। देश की सम्प्रभुता, सुरक्षा तथा क़ानून एवं व्यवस्था

की स्थापना आदि के लिए आवश्यक सूचनाओं के प्रसारण को रोकने का निर्देश जारी करने सम्बन्धी केन्द्र सरकार को खुली छूट है।

नियन्त्रण का प्रावधान

प्रसार भारती क़ानून में प्रसारण निगम पर तीन तरह से नियन्त्रण स्थापित करने का प्रावधान किया गया है। इसमें पहला नियन्त्रण प्रसारण परिषद् का होगा। प्रसार भारती के अध्यक्ष प्रसारण परिषद् के सदस्य होंगे। यह परिषद् आकाशवाणी और दूरदर्शन के बारे में लोगों की शिकायत सुनेगी।

दूसरा नियन्त्रण संसदीय समिति का होगा और यह समिति प्रसार भारती के कार्यों की निगरानी करेगी।

तीसरा और आखिरी नियन्त्रण केन्द्रीय सरकार का होगा।

नियम बनाने की शक्ति

धारा 32 के अन्तर्गत केन्द्रीय सरकार को कुछ नियम बनाने की शक्ति प्रदान की गयी है। प्रसार भारती के अध्यक्ष, पूर्णकालिक एवं अंशकालिक सदस्यों और कर्मचारियों के वेतन, भत्ते, छुट्टी पेंशन और अन्य विषयों के सन्दर्भ में सेवा-शर्तों को तय करने का अधिकार केन्द्रीय सरकार को है।

केबल टी. वी. एक्ट 1995

विगत कुछ वर्षों में घरेलू मनोरंजन की दौड़ में जो तकनीक तेज़ी से उभरकर सामने आयी है उसका नाम है केबल टी. वी. , जिसके माध्यम से मनोरंजन की हमारी सभी आवश्यकताएँ पूरी हो रही हैं। केबल टी. वी. जैसा कि नाम से ही स्पष्ट है कि यह एक ऐसा माध्यम है, जिसमें टेलीविजन सेटों को घर में लगे टी. वी. सेटों तक, छत पर लगे एंटीना की बजाय एक केबल के द्वारा पहुँचाया जाता है।

भारत में केबल टी. वी. का 1992 में जी.टी. वी. के प्रसारण के साथ हुआ। आधुनिक समय में सामान्य केबल इंटरनेट से जोड़ दिया गया है। आज केबल माध्यम से भारत में विदेशी चैनलों की भरमार होने लगी है। सभी प्रमुख शहर केबल से जुड़े हैं।

टी. वी. चैनल पर प्रसारित होने वाले सभी कार्यक्रमों अधिकांश मनोरंजन हेतु निर्मित कार्यक्रमों का प्रसारण अधिकाधिक होता है।

संचार क्रान्ति के वर्तमान युग में पूरा विश्व एक गाँव के रूप में बदल चुका है तथा सूचना के अबाध प्रवाह के लिए दूरी अब कोई समस्या नहीं रह गयी है। भारतीय दर्शक की केबल टी. वी. के माध्यम से विश्व में प्रतिक्षण, प्रतिपल घट रही घटनाओं तथा भिन्न-भिन्न संस्कृतियों तक पहुँच हो गयी है। जहाँ एक ओर इसके कई फायदे हैं, वहीं दूसरी ओर सूचना के उन्मुक्त प्रवाह से अपसंस्कृति को बढ़ावा मिल रहा है जिसके परिणामस्वरूप नग्नता, हिंसा, बलात्कार, भ्रष्टता आदि समस्याएँ भारतीय समाज में बढ़ी हैं।

भारत सरकार द्वारा प्रकाशित गजट में 6 नवम्बर, 2007 में अधिसूचना के जरिये केबल ऑपरेटरों को यह निर्देश दिया गया है कि अपने केबल नेटवर्क में लोक सभा टेलीविजन चैनल और डीडी राज्य सभा चैनलों को अनिवार्य रूप से शामिल करें।

60

पत्रकार और प्रेस
(Journalist and Press)

भारत में प्रेस की आज़ादी का स्वरूप स्पष्ट है। संविधान की धारा 19 में वाक्स्वातन्त्र्य आदि विषयक कुछ अधिकारों के संरक्षण की बात कही गयी है। इस धारा के खण्ड (1) की उपधारा (क) में वाक्स्वातन्त्र्य और अभिव्यक्ति-स्वातन्त्र्य का उल्लेख है। कुल मिलाकर, संविधान इतना ही कहता है किन्तु इस अभिव्यक्ति-स्वातन्त्र्य में एक व्यापक भाव समाहित है और इसके अनेक माध्यमों साहित्य, कला, चित्र (व्यंग्य), अभिनय आदि के परिवेश में पत्रकारिता तथा प्रेस भी आ जाता है। चूँकि अभिव्यक्ति का सबसे मुखर माध्यम समाचार-पत्र-पत्रिकाएँ हैं अतः उनके प्रकाशन, उनके लिए समाचार-संकलन, व्यंग्य, तथ्यगत आलोचनात्मक टिप्पणी आदि इस अभिव्यक्ति के माध्यम बन जाते हैं। यही कारण है कि भारतीय प्रेस अपनी आज़ादी का आधार निर्मित कर लेते हैं।

परम्परागत प्राप्त अधिकार

यद्यपि संविधान ने प्रेस को अधिकार के रूप में कुछ भी नहीं प्रदान किया था तथापि भारत में प्रेस ने स्वतन्त्रता-संग्राम के समय ब्रिटिश प्रेस की परम्परा को जो ग्रहण किया था, उससे भारतीय प्रेस को अधिकारों का एक उच्चकोटि का आधार मिल जाता है, जिसके अन्तर्गत प्रेस का कार्य मूलतः 4 वर्गों में विभाजित किया जा सकता है :

(1) रामाचार या सूचना सम्बन्धी तथ्यों का संग्रह

(2) संगृहीत तथ्यों के आधार पर जनहित में समाचार-लेखन और प्रकाशन

(3) स्वास्थ्य और जनहित में ओलाचनात्मक टिप्पणी

(4) व्यंग्यचित्रों तथा अन्य माध्यमों से जनता को तथ्यों की सूचना देना।

समाचार या सूचना सम्बन्धी तथ्यों का संग्रह

समाचार-पत्र के आधुनिकीकरण के साथ-साथ यह कार्य बहुत अधिक सरल हो गया है और पी. टी. आई., यू. एन. आई. की अंग्रेज़ी-सेवाएँ तथा इन एजेंसियों से सम्बद्ध अन्तर्राष्ट्रीय समाचार-सेवाएँ जैसे—रॉयटर, यू.पी.आयी., ए.पी. तास, डी.पी. ए., ए. वी. सी., तांजुग, इरना आदि सेवाएँ अन्तर्राष्ट्रीय और राष्ट्रीय सूचनाएँ संग्रह करने में सहायक सिद्ध होती हैं। उपग्रह-सेवाओं की सहायता से यह कार्य और भी सरल हो गया है इसलिए बड़े-बड़े समाचार-पत्रों को समाचार-संकलन की वह असुविधा अब नहीं झेलनी पड़ती, जो आज़ादी की लड़ाई के दिनों में झेलनी पड़ती थी। इन सेवाओं के साथ-साथ कुछ

और समस्याओं ने भी जन्म ले लिया है। इनमें सबसे बड़ी समस्या सूचनाओं की एकात्मकता और लगभग सभी समाचार-पत्रों की वाणी में समानता का ख़तरा है। अतः हर समाचार-पत्र अपनी आवाज़ को अलग ढंग से मुखर करने का प्रयास करता है।

गोपनीयता का प्रश्न

संविधान द्वारा प्रदत्त मौलिक अधिकारों में धारा 19 के उपखण्ड (2) में कहा गया है, "खण्ड (1) के उपखण्ड (क) की कोई बात उक्त उपखण्ड द्वारा दिये गये अधिकार के प्रयोग पर भारत की प्रभुता और अखण्डता, राज्य की सुरक्षा, विदेशी राज्यों के साथ मैत्रीपूर्ण सम्बन्धों, लोक-व्यवस्था, शिष्टाचार या सदाचार के हित में अथवा न्यायालय अवमान मानहानि या अपराध, उद्दीपन के सम्बन्ध में युक्ति-युक्त निबन्धन जहाँ तक उसके प्रवर्तन पर प्रभाव नहीं डालेगी या वैसे निबन्धन अधिरोपित करने वाली कोई विधि बनाने से राज्य को निवारित नहीं करेगी।"

अब प्रश्न यह उठता है, भारत की प्रभुता, अखण्डता, राज्य की सुरक्षा, विदेशी राज्यों के साथ मैत्रीपूर्ण सम्बन्ध, लोक-व्यवस्था, शिष्टाचार और सदाचार, न्यायालय- अवमानननना, अपराध-उद्दीपन के सम्बन्ध में कौन-सा समाचार दोषी होता है और किस सीमा तक ये सारी बातें प्रतिबन्धित करती हैं, इसके बारे में सत्तापक्ष और समाचार संग्रहकर्ताओं में मतभेद है। चूँकि समाचार-पत्र को ऐसे-ऐसे कार्य, जो जनहित में हों और किसी सम्बद्ध अधिकारी या सत्ताधारी की गलतियों को उद्घाटित करते हों, को जनता के समक्ष प्रस्तुत करके भविष्य में उसके दुष्परिणामों से अवगत कराने का अधिकार है। अतः यह इन समाचारों को प्रकाशित करने और उनके माध्यम से अधिकारियों, मन्त्रियों या अन्य भ्रष्ट व्यक्तियों को जनता की अदालत में सत्ताधारियों से विमुख होने लगता है और इस कार्य को सत्ताधारी कभी देश-द्रोह, कभी सुरक्षा, कभी अपराध-उद्दीपक, कभी लोक-व्यवस्था में बाधक, कभी प्रशासनिक गोपनीयता के उद्घाटक के रूप में प्रस्तुत करता है और इस तरह प्रेस के अधिकार को चुनौती देता है।

ब्रिटिश काल से जो परम्परा चली आ रही है, उसके अन्तर्गत यदि कोई समाचार-पत्र उपर्युक्त दोषों से युक्त समाचार प्रकाशित करता है तो उसके विरुद्ध न्यायालय में चुनौती दी जाती है और पत्र के सम्पादक को यह सिद्ध करना पड़ता है : **उसके ऊपर अधिरोपित आपत्तियाँ निरर्थक हैं और उसने जो कुछ भी किया है, वे सार्वजनिक हित में हैं और व्यक्तिगत आक्षेप से परे हैं। ऐसा करके उसने न तो किसी की मानहानि की है, न तो देश की सुरक्षा या अखण्डता के विरुद्ध कोई कार्य किया है।** प्राय : ये प्रमाण न्यायालयों में ही प्रस्तुत किये जाते हैं। न्यायालय की प्रक्रिया में विलम्ब होने से अभियोक्ता का उद्देश्य निष्फल हो जाता है। अगस्त, 1988 में जो मानहानि विधेयक प्रस्तुत किया गया था, उसका उद्देश्य अभियोक्ता की इसी समस्या का निराकरण करना था इसलिए निम्नलिखित 3 धाराएँ ऐसी थीं, जो समाचार-पत्र के सम्पादक को समाचार प्रकाशित होने के तत्काल बाद कटघरे में खड़ा कर देने की स्थिति में थीं :

1. कोई भी समाचार छापने के पहले उनकी तथ्यात्मक प्रस्तुति की जाये।
2. किसी भी व्यक्ति द्वारा लगाये गये आरोपों को छापने वाला सम्पादक उतना ही दोषी है जितना आरोपकारी और यदि वे अविलम्ब आरोप के आधार नहीं प्रस्तुत करते तो उन्हें 3 से 5 सालों तक का कठोर कारावास दिया जा सकता है।
3. इस तरह के मुक़दमों की सुनवाई के लिए विशेष फ़ौजदारी अदालतें गठित हों और उनको सत्र-न्यायाधीश का पूरा अधिकार मिले।
4. इस तरह यदि यह विधेयक अधिनियम बनता है तो कोई भी समाचार सम्भावनाओं के आधार पर प्रकाशित नहीं किया जा सकता था और सरकारी गोपनीयता के आधार पर कभी प्रमाण-प्रस्तुति सम्भव नहीं हो पाती और सत्तापक्ष को निर्द्वन्द्व रूप में अपने स्वेच्छाचारी काले-सफेद कारनामों को गुप्त रखने का पूरा-पूरा अवसर मिल जाता। विपक्ष या जनता का कोई भी व्यक्ति अपनी आँखों से देखे हुए तथ्य को प्रमाणों के अभाव में औरों के समक्ष नहीं ला सकता था। यही कारण रहा कि न केवल समाचार-पत्रों ने इसका विरोध किया था अपितु जनता ने भी इसे अपनी अभिव्यक्ति के अधिकार पर आघात माना और विधेयक राज्यसभा में विचारार्थ प्रस्तुत नहीं हो सकता था।

खण्डन या खेद व्यक्त करने का अधिकार

ब्रिटिश भारत में प्रेस को जो आज़ादी प्राप्त थी, उसके स्वरूप में ग्रेट ब्रिटेन की सरकारों के परिवर्तन के साथ-साथ अन्तर आ जाया करता है। उदाहरण के लिए, जब लिबरल पार्टी की सरकारें रहीं या लेबर पार्टी ने सरकार बनायी तब प्रेस के अधिकार व्यापक हो गये; जैसे कि *लॉर्ड विलियम बैंटिंक* और *लॉर्ड रिपन* के समय में, किन्तु जब कभी अनुदार दल की सरकारें बनीं; जैसे—*लॉर्ड लिटन* और *लॉर्ड कर्जन* के कार्य-काल में तब प्रेस पर नियन्त्रण बढ़ा दिये गये थे। इसी परम्परा में समाचार-पत्र-सम्पादकों को समाचारों के खण्डन करने और उससे व्यक्ति-विशेष की मानहानि होने पर खेद व्यक्त करने का अधिकार प्राप्त हुआ, जो आज भी भारतीय लोकतन्त्र में प्रायः प्रचलित है।

समाचार-लेखन और प्रकाशन

कोई भी समाचार-लेखन के 3 आधार होते हैं :(1) तथ्य, (2) सम्भावना, (3) अभिव्यक्ति का स्वरूप।

भाषा के अन्तर्गत तथ्य को पिरोते समय उसके प्रभाव और परिणाम को दृष्टिगत रखते हुए प्रारम्भिक या अन्तिम वाक्य लिखा जाता है और शीर्षक निर्धारित करते समय भी यह बात दृष्टि में रखी जाती है। अतः विभिन्न समाचार-पत्रों में एक ही समाचार विभिन्न प्राथमिकताओं के साथ प्रस्तुत होता है। यह लेखक या पत्रकार के विवेकाधीन (Descretion Power) होता है। यही कारण है कि नयी पत्रकारिता 'पीत-पत्रकारिता' (Yellow Journalism) का जन्म हुआ था। पीत-पत्रकारिता के अन्तर्गत कुछ ऐसे तथ्यों, सम्भावनाओं और शब्द-विन्यासों का प्रयोग होता है, जिससे कि किसी व्यक्ति के गुण-दोषों की ऐसी ध्वनि उभरती है, जो कभी तो उसकी चाटुकारिता को प्रश्रय देती है और कभी उसकी बुराइयों का एक संकलन-सा जान पड़ता है। ऐसा कहा जाता है कि इस तरह की पत्रकारिता करने वाले भ्रष्ट माध्यमों से निहित स्वार्थ की पूर्ति करते हैं और पत्रकारिता की पवित्रता और गरिमा को धूमिल और लांछित करते हैं।

समाचार-लेखन स्वयं में एक नया अधिकार है, जो प्रत्येक पत्रकार की अपनी लेखनी का चमत्कार होता है। इसके स्वरूप में निरन्तर परिवर्तन उसी तरह स्वाभाविक है जिस तरह प्रत्येक व्यक्ति का दूसरे से भिन्न होना स्वाभाविक है। यह भी एक अधिकार की परम्परा है, जो ब्रिटिश काल से ही व्यवहृत होती आ रही है।

आलोचनात्मक उल्लेख या टिप्पणियाँ

यह माध्यम मूलतः किसी विषय-विशेष पर समाचार-पत्र का नीतिगत दृष्टिकोण हुआ करता है। इसके अन्तर्गत विषय-विवेचन, गुण-दोष निवारण, सुझाव या दृष्टिबोध का कार्य किया जाता है। प्रायः समाचार-पत्र की मूल अवधारणा का निर्धारक आधार भी यही माना जाता है और प्रेस की स्वतन्त्रता में चतुर्थ स्तम्भ (Fourth Estate) की परिकल्पना यहीं से आरम्भ होती है। वह चतुर्थ स्तम्भ ब्रिटिश शासन-परम्परा का एक अंग है। **हाऊस ऑफ़ कॉमन्स, हाऊस ऑफ़ लार्ड्स, चर्च** और **प्रेस**—ये ग्रेट ब्रिटेन के शासन में क्रमशः 4 आधार हैं और इनके विशेषाधिकार आज भी वहाँ पर पूर्ववत् सुरक्षित हैं। इसी आधार पर वहाँ के समाचार-पत्र-सम्पादक देश की विभिन्न स्थितियों, उसके आन्तरिक, वैदेशिक, आर्थिक, सामाजिक और राजनीतिक विषयों की आलोचना, दिशा-निर्देश और जनहित के आधारों की विवेचना करते हैं। भारत में इस परम्परा को पूर्ण रूप से निभाने का अवसर नहीं मिल पा रहा है। यहीं पर भारतीय प्रेस ब्रिटिश प्रेस की अपेक्षा विचार-अभिव्यक्तिकरण के प्रकरण पर अधिक नियन्त्रित हो जाता है। ग्रेट ब्रिटेन में आलोचना का इतना व्यापक अधिकार है और उसका इतना सम्मान है कि छोटे-छोटे आक्षेपों के सिद्ध होते ही मन्त्री तक अपने पद से तत्काल इस्तीफ़ा दे देते हैं। **क्रिस्टीन किलर कांड** की चर्चा इतिहास में बराबर आयी है। इसी प्रकार संयुक्त राज्य अमेरिका या जापान तथा अन्य कई यूरोपीय देशों में भी प्रेस की आज़ादी को महत्त्व देते हुए, तथ्यों के उजागर होने के साथ ही बड़े-से-बड़ा पदधारी सत्ता से अलग हो जाता है। **वाटर गेट** कांड में संयुक्त राज्य अमेरिका के राष्ट्रपति रिचर्ड निक्सन का इस्तीफ़ा तथा **लाकहीड कांड** में जापानी महामन्त्री तनाका का पद-त्याग इतिहास में प्रसिद्ध उदाहरण है।

भारत में ऐसे आरोपों के तथ्यगत विवरण प्रकाशित होने के बावजूद किसी भी सम्बन्धित व्यक्ति ने अपनी कुर्सी नहीं छोड़ी है प्रत्युत पत्र-प्रकाशक और सम्पादक को विभिन्न रूपों में जैसे—नियमित विज्ञापन में कटौती, न्यूज़ प्रिण्ट पेपर के कोटे में कमी, फेरा के अन्तर्गत विभिन्न आरोपों और आयकर की धाराओं के तहत आर्थिक क्षति, मानसिक प्रताड़ना आदि के माध्यम से सबक सिखाने का कुत्सित प्रयास किया गया है।

व्यंग्यचित्र अथवा कार्टूनों के माध्यम से सूचना

न केवल भारत में अपितु समूचे विश्व में कार्टूनों के माध्यम से जनता के समक्ष कुछ ऐसे तथ्य उद्घाटित कर दिये जाते हैं, जो शब्दों के माध्यम से व्यक्त नहीं किये जा सकते। इसका सम्मान भी किया जाता है किन्तु भारत में अब इसकी परम्परा धीरे-धीरे प्रतिबन्धित-सी होती जा रही है। एक ओर तो ध्वन्यात्मक कार्टूनों के चित्रांकन की कला कुछ सीमित हाथों में ही है और दूसरी ओर, विभिन्न रूपों में नियन्त्रणों के कारण लोगों की अभिरुचि भी व्यापक नहीं बन पा रही है।

अधिकारों पर प्रतिबन्ध के नये आयाम

भारत में प्रेस प्रायः निम्नलिखित रूपों में हमारे समक्ष आते हैं :

1. सत्तारूढ़ दल के समर्थक
2. सत्तारूढ़ दल के प्रतिरोधी और विपक्ष के समर्थक
3. सत्ता और विपक्ष के प्रति तटस्थ, निष्पक्ष स्वतन्त्र पत्र।

पहले वर्ग के अन्तर्गत जो अख़बार आते हैं, उनमें प्रेस की आज़ादी उसी तरह से नियन्त्रित होती है जिस तरह आकाशवाणी और दूरदर्शन। **दूसरे वर्ग** के अन्तर्गत वे पत्र आते हैं, जहाँ प्रेस की आज़ादी कभी-कभी पीत-पत्रकारिता की परिधि में प्रवेश कर लेती है। **तीसरे वर्ग** के पत्रों में तथ्यपरक, सूचनासंग्रह, विषय-विवेचन, ख़ोजपरक सूचनाएँ, लेख इत्यादि प्रकाशित होते हैं। ऐसे अख़बारों में ही भारतीय लोकतन्त्र में प्रेस की स्वतन्त्रता का सही स्वरूप दृष्टिगोचर होता है।

सहकारी रूप से संचालित समाचार-पत्रों में भी 2 कोटियाँ हैं :

1. उद्योग की मानसिकता से संचालित पत्र/प्रेस
2. किसी विशेष उद्देश्य या राजनीतिक सिद्धान्त पर आधारित पत्र।

पहली कोटि के सहकारी समाचार-पत्र स्थितियों के परिवर्तन के साथ सत्ता के हस्तान्तरण के तहत अपनी नीतियों, सिद्धान्तों, उद्देश्यों और आदर्शों को परिवर्तित करते रहते हैं। अतः यहाँ पर प्रेस की आज़ादी भी कोई स्थायी स्वरूप नहीं ग्रहण कर पाती। कई समाचार-पत्र-उद्योग करोड़ों रुपये प्रतिमाह इसी कारण अर्जित कर रहे हैं। लोकतन्त्र और प्रेस की आज़ादी का कोई भी सम्बन्ध उनसे नहीं है बल्कि इसका वे दुरुपयोग करते हैं। इसमें दूसरी कोटि की दलील अख़बारों की है। उदाहरण के लिए—पैट्रियाट और नेशनल हेराल्ड ग्रुप के प्रकाशनों को लिया जा सकता है।

लघु समाचार-पत्रों के भी 3 वर्ग माने जा सकते हैं :

1. प्रकाशक, सम्पादक तथा कुछ उप-सम्पादकों के माध्यम से निकलने वाले पत्र
2. सम्पादक और प्रकाशक के माध्यम से निकलने वाले पत्र
3. प्रकाशन, सम्पादन और मुद्रण में एक ही व्यक्ति की अस्मिता वाले पत्र।

इसमें प्रथम कोटि के पत्र कुछ अंशों में स्वाधीन होते हैं किन्तु साथ-ही-साथ ये अनेक प्रभावों, आर्थिक दबावों, राजनीतिक हस्तक्षेपों और सामाजिक प्रतिबन्धों से ग्रस्त होते हैं। अतः प्रेस की आज़ादी इनकी विवशता के कारण अपेक्षित हो जाती है। आर्थिक अभावों में सम्पादक तथा उसके सहयोगी प्रलोभित भी हो जाते हैं और कभी-कभी पीत-पत्रकारिता का घिनौना स्वरूप दृष्टिगोचर होता है। इसमें दूसरी कोटि का प्रकाशक यदि आदर्शवादी होता है और सम्पादक कार्य को मिशन की भावना से करता है तो वह सही रूप में प्रेस की आज़ादी का सदुपयोग करता है किन्तु यदि दोनों में से कोई या दोनों आर्थिक लाभ

की दृष्टि से अख़बार को संचालित करते हैं तो विभिन्न दबावों, प्रलोभनों और नियन्त्रणों में वे प्रेस की आज़ादी को जकड़ लेते हैं और उसका खुला दुरुपयोग करते हैं। ग्रामीण अंचलों से निकल रहे अनेक साप्ताहिक और दैनिक अपने-अपने क्षेत्र में इसके प्रत्यक्ष उदाहरण के रूप में देखे जा सकते हैं। जहाँ सम्पादक स्वयं प्रकाशक और मुद्रक होता है वहाँ पर व्यक्तिगत चरित्र की छाप स्पष्टतया समाचार-पत्र पर पड़ती है। यदि व्यक्ति सच्चरित्र होता है तो समाचार-पत्र जनहित का ध्यान रखकर निकाला जाता है किन्तु यदि वह व्यक्ति दुश्चरित्र हुआ तो वह प्रेस की आज़ादी को लांछित और कलंकित करता रहता है।

इस प्रकार हम देखते हैं कि भारत में प्रेस की आज़ादी स्थूल रूप में कुछ भी न होते हुए भी एक व्यापक परिवेश को स्वयं में समेटे हुए है।

संक्षेप में, हम कह सकते हैं कि भारतीय लोकतन्त्र में प्रेस की स्वतन्त्रता न केवल सूचना-संग्रह, संवाद-लेखन, आलोचना, जनहित-रक्षण और अभिव्यक्तिकरण की परम्परा को निर्बाध रूप से संचालित करती है अपितु इसके माध्यम से व्यक्ति, समाज, देश की अक्षुण्ण साधना का नया मार्ग भी प्रशस्त हो रहा है। एक ऐसे देश में, जहाँ विपक्ष की स्थिति नगण्य है, प्रेस अपनी स्वायत्तता, स्वतन्त्रता, अधिकार और विवेक का उपयोग कर समर्थ विपक्ष की भूमिका का निर्वहन कर रहा है। यदि भारतीय प्रेस इतने सतर्क, सशक्त, समर्थ और स्वतन्त्र न होते तो आज भारत में लोकतन्त्र की निरन्तर दृढ़तर होती आधारशिला कभी की ढह गयी जाती और पड़ोसी राष्ट्रों की भाँति तानाशाही का नग्न-नृत्य भारतीय जनमानस को पूर्णरूप से परित्रस्त कर चुका होता।

ऐसी स्थिति में, भारतीय जनतन्त्र में प्रत्येक नागरिक का यह उत्तरदायित्व है कि लोकतन्त्र के इस चतुर्थ-स्तम्भ को और सशक्त बनाने के लिए निरन्तर प्रयासरत रहे तभी भारतीय आज़ादी के स्वप्न लोकतन्त्र के इस उन्मुक्त परिवेश में पल्लवित-पुष्पित हो सकेंगे।

प्रेस-स्वतन्त्रता के सन्दर्भ में आवश्यक निर्णय

उच्चतम न्यायालय ने प्रेस की स्वतन्त्रता के सन्दर्भ में, 1994 में लिए एक ऐतिहासिक फ़ैसले में कहा था कि सरकार अथवा उसके अधिकारी बदनामी की आशंका से किसी भी प्रकाशन पर रोक नहीं लगवा सकते। इसके अलावा सरकारी दायित्त्वों का निर्वाह करते समय किये गये काम अथवा आचरण के लिए सरकारी अधिकारियों को गोपनीयता और क्षतिपूर्ति-उपाय का अधिकार ही नहीं मिला है।

यदि प्रकाशन झूठे तथ्यों और वक्तव्यों पर आधारित हो तब भी उस पर यह नियम लागू नहीं होगा जब तक कि अधिकारी साबित नहीं करता कि प्रकाशन पूर्णतः झूठा और सत्य से कोसों दूर है लेकिन ऐसे मामलों में भी प्रेस के सदस्य को सिर्फ़ यह साबित करना होगा कि उसने तथ्यों की पर्याप्त जाँच के बाद काम किया है। उसे यह साबित करने की आवश्यकता नहीं है कि जो कुछ उसने लिखा है वह सत्य ही है।

न्यायमूर्ति *बी.पी. जीवन रेड्डी* और न्यायमूर्ति *सुहास सी. सेन* ने अक्टूबर, 1994 के शुरू में लिए इस फैसले में कहा था कि प्रकाशन के बाद ही और उसके झूठे तथा दुर्भावना अथवा व्यक्तिगत दुश्मनी से प्रेरित होने की बात साबित होने पर ही मुआवजे की बात उठेगी।

अनुच्छेद 19 में सभी नागरिकों को दिये गये अधिकारों का उल्लेख है। इनमें पहला अधिकार है विचार एवं अभिव्यक्ति की स्वतन्त्रता। प्रत्येक नागरिक को अभिव्यक्ति, मत देने, विश्वास एवं अभियोग लगाने की लिखित या मौखिक रूप में स्वतन्त्रता देता है। उच्चतम न्यायालय ने बोलने एवं अभिव्यक्ति की स्वतन्त्रता में निम्न व्यवस्था दी है :

1. किसी के विचारों को प्रसारित करने का अधिकार
2. छापने की स्वतन्त्रता
3. व्यावसायिक विज्ञापन की स्वतन्त्रता
4. फोन टैपिंग के ख़िलाफ़ अधिकार

5. प्रसारित करने का अधिकार इसीलिए सरकार का इलेक्ट्रॉनिक मीडिया पर एकाधिकार नहीं है
6. सरकारी गतिविधियों की जानकारी का अधिकार
7. शान्ति का अधिकार
8. किसी अख़बार पर पूर्व प्रतिबन्ध के ख़िलाफ़ अधिकार
9. प्रदर्शन एवं विरोध का अधिकार लेकिन हड़ताल का अधिकार नहीं

हालाँकि राज्य बोलने एवं अभिव्यक्ति की स्वतन्त्रता पर उचित प्रतिबन्ध लगा सकता है। यह प्रतिबन्ध लगाने के आधार हैं : भारत की एकता एवं सम्प्रभुता, राज्य की सुरक्षा, विदेशी राज्यों से दोस्ताना सम्बन्ध, सार्वजनिक आदेश, नैतिकता बनाने, न्यायालय की अवमानना, किसी अपराध में संलिप्तता आदि परिस्थितियों में।

61

अवमानना
(Contempt of Court)

पत्रकारों को मुख्य रूप से संसद की कार्यवाही की रिपोर्टिंग करते समय संसद के विशेषाधिकार के उल्लंघन के मामलों में या विधानसभा, विधान-परिषद् की कार्यवाही की रिपोर्टिंग करते समय इन सदनों में सम्बन्धित टिप्पणी या वक्तव्य के प्रकाशन पर संसद की अवमानना का दोषी होना पड़ता है। संसद को यह अधिकार है कि वह अपने सदस्यों या अधिकारियों के अतिरिक्त किसी अज़नबी को सदन में प्रवेश की अनुमति दे अथवा नहीं या उसका नियमन करे। सदन की विभिन्न दीर्घाओं, जिनमें प्रेस दीर्घा भी शामिल है, में प्रवेश के लिए संसद प्रवेशपत्र जारी करती है। स्पीकर या सभापति इस प्रवेशपत्र को कभी भी बिना कारण बताये रद्द कर सकता है या वापस भी ले जा सकता है। जानबूझकर इसका उल्लंघन करने पर अध्यक्ष या सभापति द्वारा ऐसे व्यक्ति को बलपूर्वक भी बाहर निकाला जा सकता है। आदेश का उल्लंघन संसद की अवमानना मानी जायेगी। गुप्त अधिवेशन के दौरान समाचार-पत्रों के प्रतिनिधि सहित किसी भी अजनबी को प्रवेश की अनुमति नहीं दी जा सकती।

संसद की कार्यवाही का प्रकाशन

संसद की कार्यवाही के प्रकाशन के प्रबन्ध में भारत के *फिरोज गाँधी* एक्ट के नाम से प्रसिद्ध संसदीय कार्यवाही (प्रकाशन का संरक्षण) अधिनियम, 1956 (Paliamentary Proceeding of Publication Act) अस्तित्त्व में हैं, जिसके द्वारा समाचार-पत्र, रेडियो द्वारा प्रकाशन/प्रसारण के निम्न अधिकार हैं :

1. प्रकाशन सत्य और तथ्यात्मक हो,
2. संसद की कार्यवाही की रिपोर्ट का ही प्रकाशन हो,
3. प्रकाशन जनहित में हो,
4. प्रकाशन दुर्भावना पर आधारित हो।

आपातकाल के दौरान अधिनियम को राष्ट्रपति के अध्यादेश द्वारा 8 दिसम्बर, 1975 को रद्द घोषित कर दिया गया था जबकि इस अध्यादेश को जनवरी, 1975 में क़ानूनी रूप भी दे दिया गया था। जनता पार्टी ने सत्ता में आने के बाद इसे पुनर्जीवित किया। इस संसदीय कार्यवाही (प्रकाशन का संरक्षण) अधिनियम (1977 का 15वाँ) की विशेष बातें 1956 के क़ानून की तरह ही हैं।

जनता सरकार ने संविधान (44वाँ संशोधन) अधिनियम, 1978 द्वारा संविधान में अनुच्छेद 361(अ) जोड़कर राज्य विधानसभा, विधान-परिषद् की कार्यवाही के प्रकाशन का भी संसद की कार्यवाही के प्रकाशन की तरह नियमन कर दिया।

इससे संसद या विधानमण्डलों की खुली कार्यवाही के कदाशय रहित प्रकाशन के लिए प्रेस को पूर्ण संवैधानिक संरक्षण प्रदान किया गया है। इस प्रकार संसद या विधानमण्डलों में कही गयी किसी बात के सदाशयपूर्ण प्रकाशन पर किसी अदालत में मुक़दमा नहीं चलाया जा सकता है। इस साविधिक प्रावधान के कारण ऐसे फ़ौजदारी और दीवानी मामले चलाये जाने के भारतीय दण्ड संहिता की धारा 499 को विधिक प्रावधानों से मुक्ति मिल गयी है। इस संवैधानिक संशोधन से विधायिका की कार्यवाही के प्रकाशन के मामले में विद्रोह के क़ानून, शासकीय गोपनीयता क़ानून, धोखाधड़ी के षड्यन्त्र, अवमानना क़ानून, भारतीय दण्ड संहिता के तहत अन्य अपराधों से भी मुक्ति मिल गयी है, इस मामले में केस लॉ मौन है कि क्या इससे अदालत की अवमानना अधिनियम, 1971 के प्रावधानों से भी छूट मिली हुई है क्योंकि सर्वोच्च न्यायालय या उच्च न्यायालय के शक्ति के स्रोत संविधान के अनुच्छेद 129 और 215 हैं।

विधायिका के पीठासीन अधिकारियों को सदन की कार्यवाही के आपत्तिजनक शब्द या अंश कार्यवाही से निकालने के अधिकार हैं।

प्रेस द्वारा संसद की अवमानना

जब स्वतन्त्र भारत का संविधान बना तब उसके अनुच्छेद 105(3) में भारतीय शासन अधिनियम (Govt. of India Act) 1935 की धारा 28(3) (4) के प्रावधान समाप्त कर दिये गये और यह प्रावधान किया गया है कि जब तक संसद अपने कोई क़ानून नहीं बनाती, उसके विशेषाधिकार ब्रिटेन की सामान्य सभा की तरह ही रहेंगे और उसे तथा अन्य राज्य विधानमण्डलों को विशेषाधिकार भंग के लिए दण्ड देने के भी ब्रिटेन सामान्य सभा की तरह अधिकार रहेंगे। 42वें तथा 44वें संविधान संशोधनों के बाद अभी भी यही स्थिति है।

डंकन हेराल्ड (1938) के मामले में संसद की प्रवर समिति ने कहा था कि कोई भी कार्य जो भले ही सदन के किसी सदस्य के उसके सदस्य की हैसियत से प्राप्त विशेषाधिकार का वास्तव में अतिक्रमण न करे, पर उसके कर्तव्य-निर्वहन में यदि बाधा डालता हैं या उससे ऐसे परिणाम की आशा है और यह कार्य यद्यपि क़ानूनसम्मत है, फिर भी वह सदन की अवमानना माना जायेगा।

मुख्य रूप से निम्न मामले संसद की अवमानना हो सकते हैं :

1. ऐसा प्रकाशन हो कि संसद या उसकी किसी समिति के सम्मान को ठेस पहुँचाता हो (भले ही इसे सदन के किसी विशेषाधिकार का उल्लंघन न हो या ऐसे अपराध का कोई परम्परागत दृष्टान्त न हो)।
2. सदन के आचरण, व्यवहार या कार्यवाही पर प्रभाव डालने वाले शब्दों का प्रकाशन।
3. किसी सदस्य के सदन का सदस्य होने की हैसियत से किये जाने वाले कार्य पर टिप्पणी सम्बन्धी प्रकाशन, जैसे—ऐसा कोई लेख जिसमें किसी ऐसे सदस्य की नशे, रिश्वत या ऐसे अन्य प्रभाव में होना बताया गया हो।
4. किसी सदस्य का सदन में किया गया वक्तव्य या भाषण किसी अन्य सदस्य के नाम पर प्रकाशित करना।
5. किसी सदस्य के बारे में आपत्तिजनक तरीके से की गयी ऐसी टिप्पणी का प्रकाशन जिसके यह आभास हो कि किसी मामले में उसने सदन के पक्ष या विपक्ष में वोट किस कारण दिया।
6. सदन की किसी कार्यवाही, अव्यवस्था, आचरण को लेकर सदन की अवमानना करने विषयक किसी टिप्पणी का प्रकाशन या अध्यक्ष को अपमानजनक पत्र लिखना।
7. सदन या किसी कमेटी की बहस या कार्यवाही के सम्बन्ध में कोई गलत या झूठी रिपोर्ट का प्रकाशन।
8. किसी सदस्य के भाषण को जानबूझकर प्रकाशन से रोकना।
9. किसी जाली दस्तावेज़ को संसद का दस्तावेज़ मानकर प्रकाशित करना।
10. कार्यवाही से लोप किये गये शब्द, अंश या उद्धरण का प्रकाशन।

11. किसी कमेटी की रिपोर्ट विचारधारा तक मामले, उसके पक्ष-विपक्ष में प्रस्तुत राय या टिप्पणी या सदन में प्रस्तुत किये जाने के पूर्व प्रकाशन।
12. अध्यक्ष या विशेषाधिकार समिति के विचाराधीन किसी मामले पर टिप्पणी या राय का प्रकाशन।
13. संसद के दोनों सदनों के सार्वजनिक हित के किसी मामले की जाँच करने, लोगों की गवाही लेने, पत्रकार सहित किसी भी व्यक्ति से पूछताछ करने का अधिकार है इसलिए ऐसी किसी जाँच के दौरान उपर्युक्त उत्तर या जानकारी नहीं देना, समाचार का स्रोत बनाने से इनकार करना, अपने आधिपत्य में होने के बाद भी दस्तावेज़ नहीं देना या धोखा देने के उद्देश्य से जाली दस्तावेज़ देना भी संसद की अवमानना है।

पत्रकारों के मामले में आपत्तिजनक टिप्पणी को बिना शर्त वापस ले लिया जाना और गलती के लिए खेद व्यक्त करना या क्षमा-याचना एक ऐसा नियम-सा बन गया है जिसे विशेषाधिकार समिति या सदन द्वारा स्वीकार कर लिया जाता है।

संसद की अवमानना पर दण्ड

संविधान के अनुच्छेद 105(3) और 194(3) में संसद एवं विधानमण्डलों की अवमानना पर दण्ड की अवमानना का उल्लेख है।

1. चेतावनी और प्रताड़ना : जब चेतावनी (Admoniation) दी जानी होती है तब संसद की अवमानना करने वाले को सदन के बार (Bar) के सामने उपस्थित होने को कहा जाता है और स्पीकर उस व्यक्ति की निन्दा करता है। प्रताड़ना भी एक तरह की चेतावनी है जिसे देने के लिए सम्बन्धित व्यक्ति को बलपूर्वक सदन में लाया जाता है।

पहली बार साप्ताहिक ब्लिट्ज के सम्पादक *श्री आर.के. करंजिया* को संसद द्वारा अगस्त, 1961 को प्रताड़ित किया गया। ब्लिट्ज के 15 अप्रैल, 1961 के अंक में भूतपूर्व सांसद *जे.बी. कृपलानी* का भाषण बड़े अपमानजनक ढंग से प्रकाशित किये जाने पर संसद की विशेषाधिकार समिति ने इसे विशेषाधिकार भंग का गम्भीर मामला माना। इसे सदन ने स्वीकार करते हुए प्रताड़ना की तारीख तय की। सदन में अदालत की तरह व्यवस्था की गयी। स्पीकर के सामने लकड़ी के कटघरे बनाये गये। बाकायदा पुकार हुई और *आर.के. करंजिया* ने वहाँ पहुँचकर सिर झुकाकर स्पीकर के प्रति आदर व्यक्त किया, सिर झुकाकर सम्मान व्यक्त करते हुए *श्री करंजिया* सदन से बाहर आये। प्रताड़ित किये जाने के पूर्व *श्री करंजिया* ने संविधान के अनुच्छेद 32 के तहत सुप्रीम कोर्ट में मामला ले जाने का विफल प्रयास भी किया था।

2. कारावास : संसद और विधानमण्डलों ने संसद की अवमानना के लिए कई बार कई व्यक्तियों को 15-15 दिनों तक की सजा भी दी है।

3. प्रेस गैलरी से हटाना : कतिपय ऐसे मामलों में संसद या विधानमण्डल की अवमानना पर सम्बन्धित समाचार-पत्र के प्रेस प्रतिनिधि का प्रेस कार्ड भी रद्द कर दिया जाता है।

4. क्षमादान : कई मामलों में संसद की अवमानना पर सम्बन्धित समाचार-पत्र या उसके सम्बन्धित व्यक्ति को बिना शर्त माफ़ी माँगने पर क्षमा कर दिया जाता है।

अवमानना के रूप (Nature of Contempt)

यह अवमानना दो प्रकार की हो सकती है : (i) दीवानी (सिविल) तथा (ii) फ़ौजदारी।

दीवानी अवमानना से तात्पर्य जानबूझकर अदालत के निर्णय, डिक्री, निर्देश, आदेश, रिट अथवा अदालती प्रक्रिया की अवज्ञा या अदालत में दी गयी शपथ का उल्लंघन किया जाये। फ़ौजदारी या दण्डिक अवमानना से तात्पर्य ऐसे प्रकाशन से है, जो न्याय-प्रकाशन में बाधा पहुँचाता हो या उसकी बाधा पहुँचाने की प्रवृत्ति हो, जिससे न्यायालय की गरिमा और प्रतिष्ठा पर प्रतिकूल प्रभाव पड़ता है।

न्यायालय की अवमानना का दोषी पाये जाने पर छह माह की कैद या 2000 रु. जुर्माना अथवा दोनों सजाएँ हो सकती हैं। यदि दण्डित व्यक्ति न्यायालय से क्षमा-याचना करता है तो उसे क्षमादान अथवा दण्ड में कुछ छूट दी जा सकती है।

न्यायालय की अवमानना के क्षेत्र

सूचना देने या महत्त्वपूर्ण कार्य प्रेस द्वारा ही होता है। अतः न्यायालय के निर्णयों को जन-जन तक इसी माध्यम के द्वारा पहुँचाया जा सकता है। प्रेस को न्यायालय की रिपोर्टिंग करते समय विशेष सावधान रहना चाहिए। कोई व्यक्ति तब तक दोषी नहीं माना जा सकता, जब तक उसका अपराध अदालत में सिद्ध न हो जाये। इसलिए प्रेस से सतर्कता से कार्य करने की अपेक्षा की जाती है क्योंकि जनहित में जहाँ उसे एक ओर सार्वजनिक जीवन में व्याप्त विसंगतियों, भ्रष्टाचार तथा गलत कार्यों आदि का पर्दाफ़ाश करना पड़ता है वहीं आपराधिक गतिविधियों में लिप्त व्यक्तियों को भी बेनकाब करना होता है। प्रेस की अभिव्यक्ति की स्वतन्त्रता के अपने मौलिक अधिकारों के साथ-साथ न्यायालय की अवमानना के क़ानून की परिपालना भी करनी चाहिए। निम्नलिखित परिस्थितियों में कोई व्यक्ति न्यायालय की अवमानना का दोषी हो सकता है।

1. न्यायालय के न्यायाधीश पर अनौचित्य और अयोग्यता का आरोप लगाया जाये अथवा उसके चरित्र-हनन का प्रयास किया जाये।
2. न्यायापालिका की प्रतिष्ठा, गरिमा, अधिकार अथवा निष्पक्षता पर सन्देह प्रकट किया जाये।
3. न्यायालय में विचाराधीन मामलों पर टिप्पणियाँ प्रकाशित की जायें, जिनमें उन मामलों के सन्दर्भ में आम जनता भ्रमित हो या किसी प्रकार से पूर्वग्रह से ग्रस्त हो।
4. विचाराधीन मामलों से सम्बन्धित जज, जूरी, पक्षकारों तथा साक्षियों को प्रभावित करने का प्रयत्न किया जाये अथवा उन पर किसी प्रकार के आक्षेप लगाये जायें।
5. न्याय-प्रशासन में किसी प्रकार का हस्तक्षेप करना या उसमें बाधा पहुँचाना।
6. गवाहों को किसी प्रकार की धमकी देना।
7. पुलिस की पूछताछ में रुकावट डालने का प्रयास किया जाये।
8. न्यायाधीश की आज्ञा के विरुद्ध अदालत की कार्यवाही का अथवा अभियुक्त के चित्र का प्रकाशन।
9. चोरी-चुपके अदालत की कार्यवाही की रिपोर्ट प्रकाशित करना।
10. अदालत की कार्यवाही का गलत एवं तथ्यों का तोड़-मरोड़ कर भ्रामक रूप से प्रकाशन।

62

मानहानि
(Defamation)

किसी भी व्यक्ति की प्रतिष्ठा को ठेस पहुँचाना 'मानहानि' है। समाज में हर एक व्यक्ति को अपनी पूँजी की तरह ख्याति को सुरक्षित रखने का क़ानूनी अधिकार है जिसे बाधित नहीं किया जा सकता। इसलिए यह अबाधित अधिकार (Absolute Right) है।

मानहानि के लिए उत्तरदायी व्यक्ति इस आधार पर नहीं बच सकता है कि उसका इरादा बदनाम करने का नहीं था या उसकी नीयत वादी को बदनाम करने की नहीं थी। पीड़ित व्यक्ति को उससे जो उसकी ख्याति को हानि पहुँचाता है या जिसके अपकृत्य से हानि पहुँच सकती है, दावा करने पर मुआवजे में रकम प्राप्त कर सकता है। यदि उसमें अपकृत्य की वे सभी बातें हों जो भारतीय दण्ड संहिता की धारा 499 में अपराधी साबित करती हो तो उसको धारा 500, 501, 502 में कारावास या जुर्माने की सजा अथवा दोनों प्रकार की सजा भी मिल सकती है।

मानहानि के निम्नलिखित आधार होते हैं :

1. वक्तव्य को आवश्यक रूप से मानहानिजनक होना चाहिए।
2. वक्तव्य में वादी का आवश्यक रूप से उल्लेख होना चाहिए।
3. वक्तव्य को आवश्यक रूप से प्रतिवादी द्वारा प्रकाशित होना चाहिए।
4. वक्तव्य आवश्यक रूप से झूठा होना चाहिए।

मानहानि अपराध के तत्त्व (Elements of Defamation Crime)

ये निम्नांकित हो सकते हैं :

1. किसी व्यक्ति के बारे में कोई दोषारोपण या उसका प्रकाशन करना। ऐसा दोषारोपण आवश्यक रूप से निम्न प्रकार किया गया हो :

   (i) शब्दों को बोलकर, (ii) संकेत से, (iii) दृष्टिगत प्रदर्शन द्वारा।
2. चित्र व अभिनय से।
3. कोई लांछन कष्ट पहुँचाने के इरादे से किया गया हो या जानबूझकर ऐसा मानने के कारण हों कि इससे जिस व्यक्ति के बारे में यह किया गया हो उसकी प्रतिष्ठा को ठेस पहुँचेगी।

1. लांछन

जब तक लांछन नहीं हो तब तक अपराध नहीं बन सकता। लांछन के लिए किसी अपराध का आरोप लगाना आवश्यक नहीं है। कुछ भी जिससे किसी व्यक्ति का अवमान हो, मानहानिकारक लांछन है। केवल अपमान करना लांछन नहीं है। एक की तारीफ़ दूसरों के लिए लांछन नहीं है। अनुकल्प के रूप में अथवा व्यंग्योक्ति के रूप में अभिव्यक्ति लांछन भी मानहानि की कोटि में आ सकता है। कोई लांछन किसी व्यक्ति की ख्याति की अपकृति करने वाला तब तक नहीं कहा जा सकता जब तक वह लांछन दूसरे की दृष्टि में प्रत्यक्षतः या अप्रत्यक्षतः उस व्यक्ति के नैतिक या बौद्धिक स्वरूप को नहीं गिराये। उस व्यक्ति की जाति के या उसकी आजीविका के सम्बन्ध में उसके शील को नहीं गिराये। ऊपर से निर्दोष दिखने वाला कथन सन्दर्भ और आशय से लांछन हो सकता है। उस व्यक्ति की ख्याति कम है अथवा ज़्यादा यह जाँच का विषय नहीं है। ख्याति जितनी भी हो किन्तु यह सिद्ध करना आवश्यक है कि आरोपित लांछन से कम होती है।

2. नैतिक अथवा बौद्धिक स्वरूप

किसी व्यक्ति का नैतिक अथवा बौद्धिक स्वरूप बहुत व्यापक अर्थों में उसके सामाजिक स्तर के सन्दर्भ में ही समझना चाहिए। क़ानून में किसी प्रतिबन्धित कार्य का दोषारोपण करना ही लांछन नहीं है। ज़रूरी है कि समाज के सद्विचारवान् लोगों की निगाह में पीड़ित व्यक्ति को नीचा दिखाना जैसे किसी नारी के सतीत्व पर लांछन लगाना, किसी को किसी की अवैध सन्तान कहना, किसी को धोखेबाज़, झूठा या काला धन्धा करने वाला कहना, किसी को भ्रष्ट, पापी, बेईमान कहना, मन्त्रियों पर भ्रष्टाचार और भाई-भतीजावाद का दोष लगाना, लांछन है जो मानहानि का कारण हो सकता है। किसी को अशिष्ट, अभद्र, चिड़चिड़ा, अव्यवस्थित, पिछड़ा व अनाड़ी कहना लांछन नहीं है।

3. जाति और व्यवसाय के सम्बन्ध में

किसी वैदिक ब्राह्मण के लिए कहना कि वह धर्मशास्त्रों से अनभिज्ञ है या किसी को 'कोरी-चमार' कहना उसकी जाति के सम्बन्ध में लांछन है।

4. साख को गिराने वाला लांछन

चार गायकों की सूची में एक प्रसिद्ध गायिका का नाम तीसरे स्थान पर समाचार-पत्रों में छापा गया। वह यह सिद्ध करने में सफल हो गयी कि ऐसी सूची में बीच का स्थान छोटे दर्जे के गायकों को दिया जाता है। इसको लांछन नहीं माना गया और यदि वह यह सिद्ध करने में सफल भी हो जाती कि इससे समाचार-पत्र ने उसे जानबूझकर बेइज़्ज़त किया तो वह लांछन की कोटि में भी आ सकता था।

5. काया के सम्बन्ध में

किसी लड़ाई-झगड़े के दौरान गाली-गलौज हो और यह सिद्ध हो जाये कि यह सब उसकी ख्याति को नुकसान पहुँचाने की गरज से किया गया है तो यह लांछन हो सकता है। किसी अभिनेत्री की वास्तविक आयु को अधिक बताना भी लांछन हो सकता है।

6. किसी व्यक्ति से सम्बन्धित

यह लांछन व्यक्तिगत ही हो यह आवश्यक नहीं है। यह किसी कम्पनी अथवा व्यक्तियों व क्लब-सोसाइटी के सम्बन्ध में भी हो सकता है। (धारा-2) पटना के एक मामले में 'वकील लोगों' का वर्ग ऐसा समूह नहीं माना गया। किसी आवेदना आश्रम के सदस्य आश्रम के मुखिया के प्रति लगाये हुए लांछन से लांछित नहीं होते हैं।

7. अभिप्राय, आशय की सिद्धि

किसी की ख्याति को हानि पहुँचाने का आशय सिद्ध करना आवश्यक है। यदि आशय सिद्ध न हो तो अपराध नहीं बनता अर्थात् यदि यह सिद्ध कर दिया जाये कि अभियुक्त ने अभियोगी के प्रति जानबूझकर लांछन प्रकाशित किया है तो उससे भी उसका अभियोगी की ख्याति को दूसरों की निगाह में नीचा गिराने का आशय सिद्ध होना मान लिया जायेगा।

किसी लांछन का सद्भावनापूर्वक होना सिद्ध करने के लिए अभियुक्त को यह सिद्ध करना आवश्यक होगा कि उसने लांछन प्रकाशित करने से पूर्व पर्याप्त सावधानी से उसकी जाँच कर ली थी और वह उसकी सत्यता से सन्तुष्ट हो गया था, यहाँ सावधानी और सन्तुष्टता पर ज़ोर है न कि उसकी सत्यता पर। जन-कल्याण का प्रश्न तथ्यात्मक प्रश्न है। सद्भावना को परखने के लिए उच्चतम न्यायालय ने निम्नलिखित बातों पर ध्यान देने की आवश्यकता बताई है :

(1) परिस्थितियाँ, (2) दुर्भावना की कमी, (3) लांछन के पूर्व की गयी जाँच, (4) जाँच करने में सावधानी और (5) सद्भावनाएँ होने की सम्भावनाएँ अधिक होना।

मानहानि के लिए दण्ड (Punitive for Defamation)

निम्नलिखित धाराओं में मानहानि हेतु दण्ड की व्यवस्था की गयी है :

धारा 500 : यदि कोई व्यक्ति किसी की मानहानि करता है तो उसे आई.पी.सी. की इस धारा के अन्तर्गत दो वर्षों तक की अवधि का सादा कारावास या अर्थदण्ड दोनों दिये जा सकते हैं।

धारा 501 : कोई भी व्यक्ति मानहानि की कारक सामग्री छापता है यह जानते हुए कि यह अपकृत्य है या मानहानि का विषय हो सकती है तो वह अधिकतम दो वर्षों तक की सादी सजा या अर्थदण्ड या दोनों प्रकार के दण्ड से दण्डित किया जायेगा।

धारा 502 : कोई भी व्यक्ति जानबूझकर मुद्रित मानहानि की सामग्री बेचता है या बिक्री के लिए देता है तो अधिकतम दो वर्षों तक की सादी सजा या अर्थदण्ड या दोनों प्रकार के दण्ड से दण्डित किया जा सकेगा।

धारा 505 : किसी बयान, अफ़वाह या रिपोर्ट की

(अ) इस आशय या सम्भावना से कि भारत की सेना, जलसेना या वायुसेना का कोई पदाधिकारी, सैनिक, नाविक या वायुसेनाकर्मी विद्रोह करने के लिए प्रेरित हो या अपनी वैसी हैसियत में कर्तव्य का पालन न करने या असफलता के लिए प्रेरित हो, या

(ब) वह इस आशय से या जिससे कि सम्भावना है कि जनता का कोई भाग ऐसा भयभीत या त्रस्त हो जिससे कि व्यक्ति राज्य के विरुद्ध या लोक-शान्ति के विरुद्ध अपराध करने के लिए उत्प्रेरित हो, या

(स) इस आशय से या जिससे कि सम्भावना हो कि उससे व्यक्ति का कोई वर्ग या समुदाय किसी दूसरे वर्ग या समुदाय के विरुद्ध अपराध करने के लिए उत्तेजित किया जाये, रचता है, प्रकाशित करता है या प्रसारित करता है तो वह कारावास से, जो दो वर्षों तक का हो सकता है, जुर्माने से या दोनों से दण्डित किया जायेगा।

अपवाद (Exceptions)

जबकि ऐसे किसी बयान, अफ़वाह या विवरण को रखने वाले, प्रकाशित करने या प्रसारित करने वाले व्यक्ति के पास इस विश्वास के लिए विवेकपूर्ण आधार है कि ऐसा बयान, विवरण या अफ़वाह सत्य है और उपर्युक्त के अनुसार किसी इरादे के बिना वह इसे रचता या प्रसारित करता है तब वह इस धारा के अर्थ के अन्तर्गत अपराध नहीं है।

युवकों के लिए (हानिप्रद प्रकाशन) क़ानून, 1956

यह क़ानून 1 फरवरी, 1957 को लागू हुआ। इस क़ानून का मुख्य उद्देश्य था कि बालकों और किशोरों को हानिकारक प्रकाशनों के सम्भावित दुष्परिणामों से बचाया जाये। 'यंग परसंस' से तात्पर्य बीस वर्ष या इससे कम आयु के बच्चों से है।

देश के बालक यदि बाल्यकाल में अपराध और हिंसा के शिकार होने लगेंगे तो युवावस्था कैसी होगी। निश्चित रूप से उक्त स्थिति अत्यन्त ख़तरनाक होगी। ऐसी विषम स्थिति से बालकों की सुरक्षा हेतु संसद द्वारा पारित इस क़ानून के अनुसार 'हानिकारक प्रकाशन' का तात्पर्य उस पत्रिका, पम्पलेट, लीफ, समाचार-पत्र या ऐसे ही किसी अन्य प्रकाशन से है जो चित्रों अथवा बिना चित्रों की सहायता से या सम्पूर्ण रूप से चित्रों द्वारा ही मुख्यतः यह भावना चित्रित करे :

1. अपराधों की आज्ञप्ति (Permission of Offences)
2. हिंसा या क्रूरता के कार्य (Act of Violence)
3. घृणित एवं भयानक प्रकृति की घटनाएँ (Incidents of a horrible Nature)।

इस प्रकार का प्रकाशन बालकों या किशोरों के संवेदनशील मानस को प्रभावित कर उन्हें अपराध, हिंसा तथा क्रूर कार्यों के लिए प्रोत्साहित कर सकता है। अतः हिंसा तथा अपराध प्रवृत्तियों को भड़काने वाली सामग्री पर प्रतिबन्ध समाज एवं राष्ट्र के जीवन में स्वच्छता कायम रखने के लिए आवश्यक ही नहीं अपितु अपरिहार्य भी है। ऐसे किसी भी प्रकाशन को राज्य सरकार क़ानून विशेषज्ञों से विचार-विमर्श करने के पश्चात् प्रतिबन्धित या दण्डित कर सकती है। ऐसे कदम उठाने के लिए उचित कारण बताने आवश्यक हैं। प्रभावित व्यक्ति यदि चाहे तो साठ दिनों के भीतर उच्च न्यायालय में इस आदेश के विरुद्ध अपील दायर कर सकता है।

ऐसे हानिकारक प्रकाशक की सन्दिग्ध स्थान पर खोज कराने हेतु प्रथम श्रेणी का मजिस्ट्रेट, सब-इंस्पेक्टर या इससे ऊँचे पद के किसी पुलिस ऑफिसर को यह अधिकार दे सकता है। ऐसे प्रकाशन को नष्ट करने का आदेश भी अदालत द्वारा दिया जा सकता है। यदि कोई भी व्यक्ति इस प्रकार के हानिकारक प्रकाशन की बिक्री करता है, किराये पर देता है, वितरण करता है, या अन्य किसी माध्यम से प्रसारित करता है अथवा बिक्री, किराये, वितरण, सार्वजनिक प्रदर्शन या वितरण हेतु इनका मुद्रण या निर्माण करता है या सभी को इनका परिचय देने हेतु विज्ञापन करता है तो उसे छह माह की क़ैद या जुर्माना या दोनों सजाएँ दी जा सकती हैं।

63

श्रमजीवी पत्रकार
(Working Journalist)

यह अधिनियम प्रथम प्रेस-आयोग (1954) की सिफ़ारिश और देश के पत्रकारों की चिरकालीन माँग के फलस्वरूप संसद में 1955 में पारित किया गया था। इसका उद्देश्य समाचार-पत्रों और संवाद समितियों में काम करने वाले श्रमजीवी पत्रकारों तथा अन्य व्यक्तियों के लिए कतिपय सेवा-शर्तें निर्धारित व नियमित करना है।

परिभाषाएँ

श्रमजीवी पत्रकार की क़ानूनी परिभाषा पहली बार इस अधिनियम ने की। इसके अनुसार श्रमजीवी पत्रकार वह है जिसका मुख्य व्यवसाय पत्रकारिता हो और वह किसी समाचार-पत्र स्थापन में या उसके सम्बन्ध में पत्रकार की हैसियत से नौकरी करता हो। इसके अन्तर्गत सम्पादक, अग्रलेख-लेखक, समाचार सम्पादक, उपसम्पादक, फ़ीचर-लेखक, प्रकाशन विवेचक (कॉपी टेस्टर), रिपोर्टर, संवाददाता, व्यंग्य चित्रकार, समाचार फोटोग्राफर और प्रूफरीडर आते हैं। अदालतों के निर्णयों के अनुसार पत्रों में काम करने वाले उर्दू-फ़ारसी के क़ातिब, रेखा चित्रकार और सन्दर्भ सहायक भी श्रमजीवी पत्रकार हैं।

कई पत्रों के लिए अंशकालिक कार्य करने वाला पत्रकार भी श्रमजीवी पत्रकार है, यदि उसकी आजीविका का मुख्य साधन अर्थात् मुख्य व्यवसाय पत्रकारिता है।

किन्तु ऐसा कोई व्यक्ति जो मुख्य रूप से प्रबन्ध या प्रशासन का कार्य करता है या पर्यवेक्षकीय हैसियत से नियोजित होते हुए या तो अपने पद से जुड़े कार्यों की प्रकृति के कारण या अपने में निहित शक्तियों के कारण ऐसे कृत्यों का पालन करता है जो मुख्यतः प्रशासकीय प्रकृति का है, तो वह श्रमजीवी पत्रकार की परिभाषा में नहीं आता है। इस तरह एक सम्पादक श्रमजीवी पत्रकार है यदि वह मुख्यतः सम्पादकीय कार्य करता है और सम्पादक के रूप में नियोजित है। पर यदि वह सम्पादकीय कार्यक्रम और मुख्य रूप से प्रबन्धकीय या प्रशासकीय कार्य करता है तो वह श्रमजीवी पत्रकार नहीं रह जाता है।

गैर-पत्रकार समाचार-पत्र कर्मचारी वह है जो किसी समाचार-पत्र स्थापन में या उसके सम्बन्ध में किसी काम को करने के लिए नियोजित किया जाता है, जैसे— मशीनमैन, मेकअपमैन, कम्पोजिटर, लिपिक, लेखा सहायक आदि। श्रमजीवी पत्रकार और मुख्य रूप से प्रबन्धकीय या प्रशासकीय हैसियत से नियोजित और प्रबन्धक प्रकृति का कार्य करने वाला कर्मी इस परिभाषा में नहीं आता।

समाचार-पत्र स्थापन (न्यूज़पेपर एस्टेबलिशमेंट) से किसी व्यक्ति या व्यक्तियों के नियन्त्रणाधीन कोई ऐसा स्थापन अभिप्रेत है जो एक या अधिक समाचार-पत्रों के उत्पादन या प्रकाशन के लिए अथवा कोई समाचार-पत्र एजेंसी या सिंडीकेट चलाने के लिए हो, भले ही वह नियमित हो या न हो।

समाचार-पत्र से अभिप्राय ऐसी छपी हुई नियतकालिक कृति से है, जिसमें राजनीतिक समाचार या सार्वजनिक समाचारों पर टीका-टिप्पणियाँ हों। इसके अन्तर्गत छपी हुई नियतकालिक कृति की ऐसी अन्य श्रेणी भी आती है जिसे सरकार इस निमित्त राजपत्र में अनुसूचित करे।

प्रेस और पुस्तक रजिस्ट्रीकरण अधिनियम और श्रमजीवी पत्रकार क़ानून में 'समाचार-पत्र' की जो परिभाषा की गयी है वह मूलतः समान है। किन्तु श्रमजीवी पत्रकार क़ानून में केन्द्रीय सरकार को इस क़ानून के प्रयोजन से सार्वजनिक समाचारों और उन पर टिप्पणियाँ करने वाली ही नहीं, अन्य श्रेणियों के पत्रों को भी 'समाचार-पत्र' घोषित करने का अधिकार दिया गया है।

इस क़ानून में प्रयुक्त अन्य सब शब्दों या पदों की वही परिभाषाएँ लागू होती हैं जो औद्योगिक विकास अधिनियम, 1947 में दी गयी है।

अन्य क़ानून

अधिनियम की धारा 3(1) में श्रमजीवी पत्रकारों के सम्बन्ध में वे सब उपबन्ध लागू किये गये हैं जो औद्योगिक विकास अधिनियम, 1947 में कर्मकारों पर लागू होते हैं किन्तु धारा (3)2 के जरिये पत्रकारों की छँटनी के विषय में यह सुधार कर दिया गया है कि छँटनी के लिए सम्पादक को छह मास की और अन्य श्रमजीवी पत्रकारों को तीन मास की सूचना देनी होगी। अन्य कर्मकारों के लिए सूचना की यह अवधि एक मास की होती है। सम्पादकों और अन्य श्रमजीवी पत्रकारों को इस सुधार के साथ-साथ वे सभी अधिकार और विशेषाधिकार प्राप्त हैं जो औद्योगिक विकास क़ानून के अन्तर्गत अन्य कर्मकारों को सुलभ हैं।

कर्मचारी भविष्य निधि और प्रकीर्ण उपबन्ध अधिनियम, 1952, बोनस अदायगी अधिनियम, 1965 और औद्योगिक कर्मचारी स्थायी आदेश अधिनियम, 1943 भी पत्रकारों और ग़ैर-पत्रकार, समाचार-पत्र कर्मियों के सम्बन्ध में लागू होते हैं।

ग्रेच्युटी

श्रमजीवी पत्रकारों की ग्रेच्युटी की अदायगी के बारे में श्रमजीवी पत्रकार क़ानून में विषय उपबन्ध किये गये हैं। धारा 5 में यह प्रावधान है कि किसी समाचार-पत्र स्थापन में लगातार तीन वर्षों तक कार्य करने वाले श्रमजीवी पत्रकारों को अनुशासन की कार्रवाई के तौर पर या सेवानिवृत्ति की आयु हो जाने पर, उसके सेवानिवृत्त होने पर या सेवाकाल के दौरान उसकी मृत्यु हो जाने पर या दस वर्षों तक नौकरी के बाद किसी कारणवश स्वेच्छा से इस्तीफ़ा देने पर उसे मालिक द्वारा सेवाकाल के हर पूरे किये वर्ष या उसके छह मास से अधिक के किसी भाग पर 15 दिनों के औसत वेतन के बराबर धनराशि दी जायेगी। स्वेच्छा से इस्तीफ़ा देने वाले श्रमजीवी पत्रकार को अधिकाधिक साढ़े बारह मास के औसत वेतन के बराबर ग्रेच्युटी मिलेगी।

यदि कोई श्रमजीवी पत्रकार कम-से-कम तीन वर्षों की सेवा के बाद अन्तःकरण की आवाज़ के आधार पर इस्तीफ़ा देता है तो उसे भी इसी हिसाब से ग्रेच्युटी दी जायेगी।

काम और विश्राम

इस नियम के अन्तर्गत बनाये गये नियमों के अध्याधीन रहते हुए लगातार चार सप्ताहों की किसी अवधि के दौरान (भोजन के समयों को छोड़कर) 144 घण्टों से ज़्यादा काम नहीं लिया जा सकता है। न ही उसे इससे अधिक काम करने की अनुमति दी जा सकती है।

हर श्रमजीवी पत्रकार को लगातार सात दिनों की अवधि के दौरान कम-से-कम लगातार 24 घण्टों का विश्राम दिया जाना चाहिए। सप्ताह शनिवार की मध्य रात्रि से आरम्भ समझा जाता है। धारा (6)

श्रमजीवी पत्रकारों के लिए दो प्रकार की छुट्टियाँ—उपार्जित छुट्टी और चिकित्सा छुट्टी का स्पष्ट प्रावधान इस क़ानून में कर दिया गया है। शेष छुट्टियों के सम्बन्ध में नियम बनाने का उपबन्ध है। उपार्जित छुट्टी काम पर व्यतीत अवधि की 1/11 से कम नहीं होगी और यह पूरी तनख़्वाह पर मिलेगी। चिकित्सा प्रमाण-पत्र, चिकित्सा छुट्टियाँ कार्य कर व्यतीत अवधि की 1/18 से कम नहीं होगी। यह आधी तनख़्वाह पर दी जायेगी। इसका अर्थ मोटे तौर पर यह है कि श्रमजीवी पत्रकार को वर्ष में एक मास की उपार्जित छुट्टी और चिकित्सा प्रमाण-पत्र के आधार पर आधी तनख़्वाह पर चार सप्ताह की छुट्टी दी जानी चाहिए। धारा (7)

क़ानून की धारा 20 में केन्द्रीय सरकार को उपदान (ग्रेच्युटी), काम के घण्टों, छुट्टियों तथा विभिन्न अन्य विषयों पर नियम बनाने की शक्तियाँ दी गयी हैं। इसके अन्तर्गत बनाये गये नियम 27 मई, 1957 से लागू हैं। इन नियमों में उपदान, काम के घण्टों और छुट्टियों के विषय में किये गये मुख्य प्रावधान इस प्रकार हैं :

1. ग्रेच्युटी की अदायगी कर्मचारी के सेवानिवृत्त होने, इस्तीफ़ा देने, हटाए जाने या सेवाकाल के दौरान मृत्यु हो जाने पर देय होने के तीन महीनों के अन्दर की जानी चाहिए।
2. काम के घण्टों का प्रावधान सम्पादकों पर लागू नहीं होता।
3. संवाददाताओं, रिपोर्टरों और समाचार फोटोग्राफरों को किसी दिन काम शुरू करने के बाद उस समय तक काम पर समझा जायेगा जब तक वह पूरा नहीं कर लेते हैं, किन्तु यदि उनसे पूरे सप्ताह में 36 घण्टों से ज़्यादा काम लिया गया है तो दूसरे सप्ताह में एक या अधिक बार तीन घण्टे या उससे अधिक का विश्राम देकर इसकी क्षति-पूर्ति करनी पड़ेगी।
4. अन्य श्रमजीवी पत्रकारों के लिए सामान्य कार्य के दिन, दिन की पारी में छह घण्टे और रात की पारी में साढ़े पाँच घण्टे से जयादा समय का नहीं होगा। रात को 11 बजे से सुबह 5 बजे तक के समय को रात्रि की पारी में माना जायेगा। दिन की पारी में लगातार चार घण्टे के काम के बाद एक घण्टे का और रात्रि की पारी में लगातार तीन घण्टे के कार्य के उपरान्त आधे घण्टे का विश्राम दिया जाना चाहिए।
5. श्रमजीवी पत्रकारों को लगातार दूसरे सप्ताह में रात्रि पारी में काम करने को नहीं कहा जा सकता है। उसे चौदह दिनों में एक सप्ताह से ज़्यादा रात्रि पारी में नहीं लगाया जा सकता है। एक रात्रि पारी से दूसरी रात्रि पारी में बदले जाने के बीच चौबीस घण्टों का अन्तराल होना चाहिए। दिन की एक पारी से दिन की दूसरी पारी में बदले जाने के लिए यह अन्तराल 12 घण्टों का होना चाहिए।
6. श्रमजीवी पत्रकार को वर्ष में 10 सामान्य छुट्टियों का अधिकार है। यदि वह छुट्टी के दिन काम करता है तो उसे उसकी पूर्ति किसी ऐसे दिन छुट्टी देकर करनी होगी जिस पर नियोजक और पत्रकार दोनों सहमत हों। छुट्टियों और साप्ताहिक अवकाश की मज़दूरी श्रमजीवी पत्रकारों को दी जायेगी।
7. काम पर गुजरे, ग्यारह मास पर एक मास की उपार्जित छुट्टी दी जायेगी। किन्तु 10 उपार्जित छुट्टियाँ एकत्र हो जाने के बाद और छुट्टियाँ उपार्जित नहीं मानी जायेंगी। सामान्य छुट्टियाँ, आकस्मिक छुट्टियाँ और टीका छुट्टी की अवधि को काम पर व्यतीत अवधि माना जायेगा।
8. प्रत्येक 18 मास में एक मास की छुट्टी चिकित्सक के प्रमाण-पत्र पर दी जायेगी। यह छुट्टी आधे वेतन पर होगी।
9. ऐसी महिला श्रमजीवी पत्रकारों को, जिनका सेवाकाल एक से अधिक वर्ष का हो, तीन मास तक की प्रसूति छुट्टी दी जायेगी। यह छुट्टी गर्भपात होने पर भी सुलभ की जायेगी।
10. संक्रामक रोग की दशा में औरों से अलग रहने के लिए 21 दिनों तक की टीका छुट्टी दी जायेगी। असाधारण मामले में यह कारन्तीत (क्वैरंटाइन) छुट्टी 30 दिनों तक की हो सकती है।

11. यदि कर्मचारी को कोई छुट्टी देय न हो तो नियोजक की इच्छा पर उसे असाधारण छुट्टी दी जायेगी। इस छुट्टी की न्यूनतम या अधिकतम अवधि नियमों में निर्धारित नहीं की गयी है।
12. नियोजक की इच्छा पर उस स्थिति में अग्रिम छुट्टी दी जा सकती है, जब पत्रकार की कोई छुट्टी देय न हो। इसे बाद में अर्जित छुट्टी में समायोजित किया जायेगा। इसे अनर्जित छुट्टी (लीव नॉट ड्यू) कहा गया है।
13. ऐसे अध्ययन के लिए जो पत्रकार के कार्य में व्यवहार हो, नियोजक की इच्छा पर अध्ययन छुट्टी दी जायेगी।
14. नियोजक की इच्छा पर वर्ष में 15 दिनों की आकस्मिक छुट्टी दी जायेगी। पाँच दिनों से अधिक समय के लिए एक साथ आकस्मिक छुट्टी नहीं ली जा सकती है। आकस्मिक छुट्टी को अन्य किसी छुट्टी के साथ नहीं जोड़ा जा सकता है।

नियम 38 में यह व्यवस्था की गयी है कि यदि किसी अन्य नियम, समझौते या अनुबन्ध का कोई भाग श्रमजीवी पत्रकारों के लिए इन नियमों से अधिक लाभकारी हो तो उन पर वह लागू होगा। ऐसा कोई नियम श्रमजीवी पत्रकारों पर लागू नहीं किया जायेगा जो इन नियमों से कम फायदेमन्द हो।

64

पर्यावरण संचार
(Environment Communication)

पृथ्वी सगन्धाः सरसास्तथापः, स्पर्शी च वायुर्ज्वलितं च तेजः।
नभः सशब्दः महता सहैव, कुर्वन्तु सर्वे मम सुप्रभातम्।
(गन्धयुक्त पृथ्वी, रसयुक्त जल, स्पर्शयुक्त वायु, प्रज्वलित तेज़, शब्द सहित आकाश एवं महत्त्व–ये सभी मेरे प्रातःकाल को मंगलमय करें।)

पर्यावरण सृष्टि का मूल तत्त्व है। इसकी समृद्धि संसार की समृद्धि है। धरती के सभी तत्त्व चर-अचर एवं जीव-निर्जीव पर्यावरण की ही देन हैं। पर्यावरण शब्द 'परि' एवं 'आवरण' के मिलकर बना है। 'परि' का तात्पर्य 'चारों तरफ' और 'आवरण' का तात्पर्य है घेरा, अर्थात् पृथ्वी के चारों तरफ़ के घेरे को 'पर्यावरण' कहा जाता है। 'पर्यावरण' शब्द समस्त परिस्थितियों की सम्पूर्णता है, जो जीवों के जीवन को प्रभावित करती है। पर्यावरण का तात्पर्य उस परिवेश से होता है जो जीवमण्डल को चारों तरफ़ से घेरे हुए है। इसके अन्तर्गत वायुमण्डल, स्थलमण्डल तथा जलमण्डल के समस्त भौतिक घटकों एवं रासायनिक तत्त्वों को सम्मिलित किया जाता है। प्रकृति के दो महत्त्वपूर्ण घटक 'वंशानुक्रम एवं पर्यावरण' ऐसे हैं जो 'जीवों एवं उनकी क्रियाओं' को सबसे अधिक प्रभावित करते हैं। इस कारण से पर्यावरण की वस्तुस्थिति को समझने के लिए वायुमण्डल, स्थलमण्डल, जलमण्डल एवं जीवमण्डल की संरचना एवं क्रियाकलापों को समझना आवश्यक है। किसी जीव अथवा उसके अजैविक एवं जैविक परिवेश के बीच आपसी क्रिया केवल परिवेश अथवा सूक्ष्म पर्यावरण को ही नहीं, बल्कि जीवों के क्रियाकलापों को भी प्रस्तुत करती है।

परिभाषाएँ (Definitions)

पर्यावरण को अनेक विद्वानों द्वारा अपने-अपने विचार से परिभाषित किया गया है, उनमें से कुछ परिभाषाएँ इस प्रकार हैं :

1. "पर्यावरण उन समस्त बाहरी दशाओं एवं प्रभावों का योग है, जो पृथ्वी पर जीव-जगत् के जीवन एवं विकास पर प्रभाव डालते हैं।" *(पर्यावरणविद् एम.जे. हर्सकोविट्ज)*
2. "जीव-जगत् के पारिस्थितिकी कारकों का योग ही पर्यावरण है।" *(भूगोलवेत्ता एच. फिटिंग)*
3. "प्रभावकारी दशाओं का वह सम्पूर्ण योग जिसमें जीव रहते हैं, पर्यावरण कहलाता है।" *(प्रमुख पर्यावरणविद् ए.जी. टांसले)*

4. “भू-पृष्ठ तथा उसके सभी प्राकृतिक अवयव, प्राकृतिक संसाधन (जैसे– ज़मीन, जल, पर्वत, खनिज, वनस्पतियाँ एवं जन्तु आदि) और प्राकृतिक शक्तियाँ जो पृथ्वी पर विद्यमान रहकर मानव जीवन को प्रभावित करती हैं, पर्यावरण के अन्तर्गत आती है।”

(समाजशास्त्री आर.एम. मेकाइवर)

5. शब्दकोष (Dictionary) के अनुसार पर्यावरण का सामान्य अर्थ भौतिक परिवेश (Physical Setting) से है। पर्यावरण शब्द दो शब्दों (परि + आवरण) से मिलकर बना है जिसका अर्थ है चारों ओर से घेरने वाली दशाएँ। इसमें मानव, पेड़-पौधों व जन्तुओं के विकास तथा वृद्धि को प्रभावित करने वाली बाह्य दशाएँ सम्मिलित हैं।
6. पार्क (C.C. Park, 1980) के अनुसार, “किसी निश्चित स्थान व काल में मानव को घेरने वाली दशाओं का कुल योग ही पर्यावरण कहलाता है।”
7. सोरोकिन (P. Sorokin) के अनुसार, “भौगोलिक पर्यावरण का तात्पर्य ऐसी दशाओं और घटनाओं से है जिनका अस्तित्त्व मानव के कार्यों से स्वतन्त्र है, जो मानवरचित नहीं हैं, और जो बिना मानव के अस्तित्त्व और कार्यों से प्रभावित हुए स्वतः परिवर्तित होती रहती हैं।”
8. जैव वैज्ञानिकों (biologists) ने भी पर्यावरण को इसी अर्थ में प्रयुक्त किया है। अतः पर्यावरण भौतिक तत्त्वों, दशाओं व प्रभावों का दृश्य और अदृश्य समुच्चय है और जीवधारियों को परिवृत्त कर उनकी अनुक्रियाओं को प्रभावित करता है और स्वयं भी उनसे प्रभावित होता है।

   वह स्थान जहाँ जीवधारी रहते हैं, आवासय (Habitat) कहलाता है। इस स्थान को ‘milieu’ भी कहा जाता है जिसका आशय समस्त परिवृत्ति (Total set of surroundings) से है।
9. “पर्यावरण चारों ओर की उन बाहरी दशाओं का सम्पूर्ण योग है, जिसके अन्दर एक जीव अथवा समुदाय रहता है या कोई वस्तु उपस्थित रहती है।”

(वैज्ञानिक एवं तकनीकी शब्दावली आयोग, भारत सरकार, परिभाषा कोश)

पर्यावरण की विविध परिभाषाओं के आधार पर स्पष्ट है कि मनुष्य पृथ्वी पर निवास करता है और उसे प्राकृतिक अवयव चारों ओर से घेरे हुए हैं। ये अवयव जीवन के क्रियाकलापों को प्रभावित करते हैं और इसके प्रभाव से मानव क्रियाकलापों में परिवर्तन हो जाता है। मनुष्य अपने विवेक एवं क्षमता का उपयोग कर इन तत्त्वों में बदलाव ला देता है।

पर्यावरण का अर्थ अलग-अलग समयों में अलग-अलग समझा जाता रहा है। पहले प्रकृति को ही पर्यावरण समझा जाता था, क्योंकि इसी में वे सभी चीज़ें मौजूद हैं जो जीवन के विकास एवं संचालन के लिए आवश्यक हैं। विकास की दौड़ में हमारी प्रकृति भी प्रभावित हुई, उसमें अवनति होने लगी और तदनुरूप परिभाषाएँ भी बदलने लगीं। पिछली शताब्दी के उत्तरार्द्ध से प्रकृति में अवनति इतनी अधिक होने लगी कि सभी विवेकवान मनुष्यों का ध्यान उस पर केन्द्रित होने लगा। तत्पश्चात् प्रकृति की अवनति को रोकने हेतु प्रयास प्रारम्भ करने की दिशा में कार्य होने लगा। प्रकृति की व्यापकता को ध्यान में रखते हुए ‘पर्यावरण’ आज जन-जन के दिमाग में बैठ चुका है। इसके अन्तर्गत वे सभी चीजें आती हैं, जो पृथ्वी पर मौजूद हैं और जीवन के लिए आवश्यक हैं।

पर्यावरण के सन्दर्भ में यह कहा जा सकता है कि यह चारों ओर की इन परिस्थितियों, प्रभावों और शक्तियों का योग है जो मनुष्य के क्रियाकलाप, सामाजिक व सांस्कृतिक जीवन को प्रभावित करता है। पर्यावरण की एक प्रमुख विशेषता यह भी है कि यह अपने कारकों एवं तत्त्वों को प्रभावित करता रहता है और उससे स्वयं भी प्रभावित होता रहता है।

पर्यावरण एक बहुविषयी विज्ञान है। इसका सम्बन्ध उन सभी मुद्दों से है जो जीवित जीवन को प्रभावित करते हैं। यह एक ऐसा सामाजिक, वैज्ञानिक एवं सांस्कृतिक अध्ययन का क्षेत्र है जो प्राकृतिक जगत् और जीवित जगत् पर उसके प्रभावों की समझदारी एवं चिन्तन की ओर अग्रसर करता है। वस्तुतः आज यह एक प्रमुख व्यावहारिक विज्ञान की शाखा के रूप में स्थान बना चुका है और इसका अध्ययन-क्षेत्र दिन-प्रतिदिन बढ़ता ही जा रहा है। आज इसका सम्बन्ध ज्ञान-विज्ञान की समस्त शाखाओं, जैसे– विज्ञान, कला, सामाजिक विज्ञान, प्राच्य विज्ञान, कृषि, प्रौद्योगिकी, चिकित्सा, क़ानून, वाणिज्य,

प्रबन्धन, पत्रकारिता व मीडिया जगत् से प्रगाढ़ होता जा रहा है। अध्ययन के ये सभी विषय भी पर्यावरण के क्षेत्र में कुछ-न-कुछ योगदान करने की तरफ़ तत्पर हो चुके हैं और अनेक महत्त्वपूर्ण कार्य सम्पादित भी किये हैं।

जनसंचार व पत्रकारिता के क्षेत्र को ही उदाहरण के रूप में ले, तो पता चलता है कि पर्यावरण, प्रदूषण, प्रदूषण नियन्त्रण आदि के बारे में आज से लगभग दो-तीन दशक पूर्व जनसामान्य में इसकी न तो जानकारी ही थी और न ही इस तरफ़ किसी का ध्यान ही जा रहा था। प्रकृति और उसके विभिन्न अंगों का अन्धाधुँध दोहन किया जा रहा था। ऐसे में कुछ वैज्ञानिक निष्कर्ष जो मात्र प्रयोगशाला एवं शोधपत्रों तक सीमित रह गये थे, उन्हें समाज और सरकार के सामने रखने का कार्य मीडिया जगत् ने किया। प्रिण्ट मीडिया ने इस तरह की वैज्ञानिक सूचनाओं को सरल भाषा में परिवर्तित कर, जनसामान्य के समझने योग्य बनाकर, समाचार-पत्रों, साप्ताहिक, पाक्षिक व मासिक पत्रिकाओं में स्थान देना प्रारम्भ किया। यह कार्य दिन-प्रतिदिन बढ़ता गया और परिणामस्वरूप पर्यावरण के बारे में सामान्यजन का ज्ञान बढ़ने लगा। लोगों की पर्यावरण के प्रति रुचि बढ़ाने में प्रिण्ट एवं इलेक्ट्रॉनिक मीडिया ने बहुत बड़ा योगदान किया है।

भारतीय धर्मशास्त्र में पर्यावरण का अर्थ 'ब्रह्माण्ड को आवृत्त' करने वाले तत्त्वों से जोड़ा गया है। ये तत्त्व पाँच प्रकार के हैं, अर्थात् पंचतत्त्व और इनके नाम हैं :पृथ्वी तत्त्व, जलीय तत्त्व, अग्नि तत्त्व, आकाशीय तत्त्व एवं वायु तत्त्व। इन्हीं तत्त्वों के आधार पर सम्पूर्ण सृष्टि, जो वर्तमान में दृश्यमान है, का निर्माण होता है, और यही भविष्य में अदृश्य रूप को भी प्राप्त करता है। इन्हीं तत्त्वों के नियामक को हम 'प्रकृति' के नाम से सम्बोधित करते हैं। प्रकृति द्वारा स्थापित कार्य अपने समय के अनुसार सम्पन्न होते रहते हैं।

पिछली शताब्दी के उत्तरार्द्ध से लेकर वर्तमान समय तक (जिसमें विकास को काफ़ी महत्त्व दिया गया और अधिक-से-अधिक विकास किया गया) जनसंख्या एवं ऊर्जा उपभोग (जैसे– जीवाश्म ईंधनों के प्रयोग में वृद्धि) में विशाल वृद्धि के कारण पर्यावरण में विनाशक परिवर्तन होते जा रहे हैं। इसके परिणामस्वरूप पर्यावरण पर संकट बढ़ता जा रहा है। स्थिति यहाँ तक पहुँचने वाली है जहाँ से जीवन के अस्तित्त्व पर संकट उत्पन्न हो जाता है। इन कारणों से विश्व भर के राष्ट्रों ने पर्यावरण की समस्याओं पर ध्यान देना प्रारम्भ कर दिया है। आज आवश्यक हो गया है कि हम सर्वप्रथम स्थानीय पर्यावरण, उसके बाद राष्ट्रीय पर्यावरण और फिर वैश्विक स्तर पर मानवजनित पर्यावरणीय परिवर्तनों को अच्छी प्रकार से समझ लें। वर्तमान समय में जो समस्याएँ विशेष रूप से उभरकर सामने आयी हैं, वे हैं : जनसंख्या वृद्धि, प्रदूषण वृद्धि, जैव विविधता की अवनति एवं जलवायु परिवर्तन। इन सभी समस्याओं के गुणों-अवगुणों का अध्ययन किया जाना आवश्यक है, तभी पर्यावरण संरक्षण के लिए कुछ महत्त्वपूर्ण कार्य किया जा सकता है। इसके साथ ही पर्यावरण की संरचना एवं उसके क्रियाकलापों को समझना भी आवश्यक है।

पर्यावरण भौगोलिक अध्ययन का आभारी पक्ष है, क्योंकि यह जैव जगत् का नियामक है। पर्यावरण के ही कारण पृथ्वी को जीवित जगत् होने का गौरव प्राप्त है। समस्त और मण्डल में केवल पृथ्वी पर ही पौधों व प्राणियों के विकास के लिए अनुकूल पर्यावरण विद्यमान है। मानवसहित सभी जीवधारी (पेड़-पौधे और जीव-जन्तु) इसी पर्यावरण की देन हैं। मानव सृष्टि की सर्वोत्तम कृति है। उनकी समस्त अनुक्रियाएँ तथा आधारभूत आवश्यकताएँ (भोजन, वस्त्र एवं गृह), प्रमुख व्यवसाय, उच्च स्तरीय आवश्यकताएँ आदि पर्यावरण से प्रत्यक्षतः सम्बन्धित हैं। पर्यावरण भौतिक तत्त्वों, शक्तियों तथा प्रक्रमों का ऐसा समुच्चय है जो पृथ्वी को जीवनयुक्त बनाये हुए है।

भूगोल में पर्यावरण का अध्ययन विषय के उदयकाल से ही विद्यमान रहा है, क्योंकि इसी के सन्दर्भ में मानवीय अनुक्रियाओं का अध्ययन किया जाता रहा है। स्ट्राहलर (A.N. Strahler & A.H. Strahler, 1976) के अनुसार सभी भूगोलवेत्ता, मूलतः मानव के पर्यावरण से ही जुड़े रहे हैं किन्तु मानव के जीवन के अन्य रूपों (पेड़-पौधों व जीव-जन्तु) से पृथक् नहीं किया जा सकता। बीसवीं शताब्दी के उत्तरार्द्ध में भूगोल में मात्रात्मक क्रान्ति (Quantitative Revolution) के कारण पर्यावरणीय अध्ययन की ओर झुकाव बढ़ने लगा। मानव जीवन की गुणवत्ता के ह्रास तथा पर्यावरण प्रदूषण की विभीषिका

ने पर्यावरणीय भूगोल (Environmental Geography) को एक अन्तरानुशासनिक विज्ञान (Inter-disciplinary Science) के रूप में विकसित होने का अवसर प्रदान किया।

आधुनिक सन्दर्भ में पर्यावरणीय अध्ययन के तीन आधारी पक्ष हैं, (i) ज्ञानात्मक पक्ष, (ii) सुरक्षात्मक पक्ष तथा (iii) व्यावसायिक पक्ष।

1. ज्ञानात्मक पक्ष : पर्यावरण अध्ययन की ज्ञानात्मक आवश्यकता मानव की जिज्ञासा में उत्पन्न हुई। मानव सदैव प्रकृति के रहस्यों को समझने के लिए उत्सुक रहा है। प्राचीन काल में भारतीय ऋषि-मुनियों ने प्रकृति के गूढ़ रहस्यों का पता लगाया तथा प्रकृति से समायोजन के लिए लोगों को प्रेरित किया। यही नहीं, प्राकृतिक शक्तियों को देवी-देवताओं के रूप में मानकर उसकी पूजा प्रचलित की गयी। इस प्रकार प्रकृति और मानव के अन्तर्सम्बन्धों को आध्यात्मिक रूप दिया गया। कालान्तर में पश्चात्य यूनानी, रोमन और जर्मन दार्शनिकों ने भी पर्यावरण की व्याख्या की।

2. सुरक्षात्मक पक्ष : प्राचीन तथा मध्य युग में पर्यावरण अध्ययन का यह पक्ष गौण रहा। पर्यावरणवाद (Environmentalism) में संशोधन द्वारा सम्भववाद (Possibilism) का जन्म हुआ, जिसने मानव के सोच तथा आचरण में भारी परिवर्तन किया। मानव को सर्वशक्तिमान प्राणी समझा जाने लगा, जिस पर प्रकृति का कोई अंकुश नहीं था। इस मानसिकता से मानव और प्रकृति की अन्तर्क्रिया असन्तुलित हो गयी जिससे पर्यावरण का पतन होना शुरू हुआ। प्रकृति की गुणवत्ता के घटने से विविध प्रकार के पर्यावरणीय संकट उत्पन्न होने लगे। इन संकटों से चिन्तित होकर पर्यावरण के रक्षात्मक अध्ययन पर बल दिया जाने लगा।

3. व्यावसायिक पक्ष : पर्यावरण अध्ययन का व्यावसायिक पक्ष औद्योगिक देशों की आवश्यकता से उपजा है। अधिकाधिक संसाधन दोहन, अधिक ऊर्जा उपयोग, कृत्रिम रसायनों व नवीनतम प्राविधिकी के उपयोग से अधिकतम लाभ के लिए नये-नये उत्पादन किये जाने लगे हैं।

पर्यावरण अध्ययन की प्रासंगिकता (Relevance of Environmental Studies)

भूगोल वह समन्वित (integrated) विज्ञान है जो पृथ्वी की सतह के सभी घटकों का अध्ययन करता है। पर्यावरण अनेक तत्त्वों एवं दशाओं का संगठन है जिसका अध्ययन भूगोल में समन्वित दृष्टिकोण एवं उपागम (Approach) द्वारा किया जाता है। इसी परिप्रेक्ष्य में मानवीय अनुक्रियाओं का भी अध्ययन भूगोल का परम लक्ष्य है। चूँकि भूगोल में सभी प्राकृतिक घटकों (Components) का समन्वित अध्ययन किया जाता है। अतः भूगोल में पर्यावरणीय अध्ययन की व्यावहारिक क्षमता तथा प्रासंगिकता है। पर्यावरण भूगोल तथा पर्यावरण प्रबन्ध इसके नये आयाम हैं।

पर्यावरण का विषय-क्षेत्र (Scope of Environment)

पर्यावरण का जीव-जगत् से गहरा सम्बन्ध है। इनके मध्य निरन्तर क्रिया-प्रतिक्रिया चलती रहती है। इसके अन्तर्गत एक तरफ़ जहाँ हम जल सम्पदा, भू-सम्पदा, खनिज-सम्पदा, वन-सम्पदा, पर्वत एवं झीलों का अध्ययन करते हैं वहीं दूसरी तरफ पर्यावरण पर प्रभाव डालने वाले एवं उससे स्वयं प्रभावित होने वाले जीव-जगत् और वनस्पति-जगत् का भी अध्ययन करते हैं। दूसरे शब्दों में कहा जा सकता है कि पर्यावरण का विषय-क्षेत्र बहुत ही व्यापक है और ज्ञान-विज्ञान की समस्त विधाओं से इसका सीधा सम्बन्ध है।

आज पर्यावरण विज्ञान का क्षेत्र इतना विस्तृत हो चुका है कि इसे मात्र जीव विज्ञान की विभिन्न शाखाओं के अन्तर्गत ही सीमित नहीं किया जा सकता। इसमें ज्ञान-विज्ञान की अन्य शाखाओं का ज्ञान भी पर्यावरण को भलीभाँति समझने में आवश्यक है। इसमें भौतिक शास्त्र, रसायन शास्त्र, भू-भौतिकी, भू-गर्भशास्त्र, भूगोल विज्ञान, जीवाश्म विज्ञान, समुद्र विज्ञान एवं मौसम विज्ञान की जानकारियों का विशेष योगदान है। इसके साथ ही सांख्यिकी, अर्थशास्त्र, गणित, समाज विज्ञान, मानव विज्ञान, जैव प्रौद्योगिकी, जैव रसायन, चिकित्सा विज्ञान, कृषि विज्ञान, वाणिज्य, प्रबन्धन एवं प्राच्य विद्या का ज्ञान भी बहुत

सहायक है। इतना ही नहीं इसमें मानव मनोविज्ञान, विधिशास्त्र, राजनीतिशास्त्र एवं धर्मशास्त्र की जानकारियाँ भी बहुत ही कारगर सिद्ध होंगी। पर्यावरण मानवीय सोच, समझ, उपस्थिति, आचरण, क्रिया-प्रतिक्रिया एवं परिवेशों में बदलाव का अध्ययन करता है। यह पर्यावरणीय नियमों व सिद्धान्तों के साथ ही मानवता, सामाजिक विज्ञान एवं विज्ञान के विविध आयामों की तरफ ध्यान आकर्षित करता है एवं इसे जोड़ता भी है।

जन-जागरण की आवश्यकता (Need of Public Awareness)

मनुष्य जिस क्षेत्र में निवास करता है वह पूर्व में प्राकृतिक भू-दृश्य (जैसे– जंगल, पहाड़, रेगिस्तान, जलाशय इत्यादि) था। ये भू-दृश्य मनुष्यों द्वारा अपनी आवश्यकतानुसार परिवर्तित कर गाँवों, उपनगरों एवं नगरों में बदल दिये गये। जो लोग नगर में निवास करते हैं उनके लिए खाद्य-सामग्रियों की आपूर्ति उसके चारों तरफ़ बसे गाँवों से सटी होती है। हमारे ग्रामीण क्षेत्र भी खेती के लिए आवश्यक सामग्रियों के लिए प्राकृतिक भू-संसाधनों पर निर्भर रहते हैं। प्रकृति पर हमारी निर्भरता इतनी अधिक है कि हम पृथ्वी पर विद्यमान संसाधनों के उपयोग के बिना जीवित नहीं रह सकते। इसलिए इन संसाधनों का न्यूनतम उपयोग एवं संरक्षण भी आवश्यक है। प्रकृति में उपलब्ध संसाधन हमारे लिए इतने उपयोगी हैं कि हमारी संस्कृति में प्रकृति की तुलना माँ से की गयी है। प्रकृति और माँ का कार्य एक जैसा है।

पर्यावरण संरक्षण

पर्यावरण क्षय और प्रदूषण की समस्याएँ विश्वव्यापी हो गयी हैं। फलतः प्राकृतिक संसाधनों की कमी और प्रदूषण, वन एवं वन्य जीवों का ह्रास, जैव विविधता का विनाश, ओजोन क्षय, भू-तापन, हरित वन प्रभाव और जलवायु-परिवर्तन आदि ऐसी समस्याएँ हैं जो किसी एक क्षेत्र तक सीमित नहीं रह गयी हैं। अतः पर्यावरण क्षय और विनाश को रोकने के लिए पर्यावरण संरक्षण की आवश्यकता पहले से कहीं अब ज़्यादा है। औद्योगिक रूप से सम्पन्न देशों में उच्च रहन-सहन और उपभोगवादी जीवन शैली ने पर्यावरण क्षय को उत्प्रेरित किया है। वहीं विकासशील देशों में बढ़ती जनसंख्या, निर्धनता इसके लिए कम उत्तरदायी नहीं है। ऐसी स्थिति में विकसित और विकासशील दोनों समाजों को पर्यावरण संसाधनों का उपयोग संयमित करने की आवश्यकता है।

व्यापक अर्थ में, पर्यावरण संरक्षण पर्यावरणीय संसाधनों का सम्यक् या मितव्ययतापूर्ण उपयोग है। मनुष्य को अपनी ज़रूरतें इस ढंग से पूरी करनी चाहिए कि पर्यावरणीय संसाधन एकदम नष्ट-भ्रष्ट न हो जायें। *अलान गिल्पिन* द्वारा सम्पादित पर्यावरणीय शब्दकोश में पर्यावरण संरक्षण को परिभाषित किया गया है : 'पर्यावरण संरक्षण संसाधन प्रबन्धन का वह भाग है जिसका सम्बन्ध रासायनिक तथा प्राणिशास्त्रीय अपशिष्ट पदार्थों के निस्तारण और भौतिक प्रभावों (जैसे– ध्वनि तथा रेडियोधर्मिता) से है तथा इसका उद्देश्य किसी समुदाय द्वारा माने गये मूल्यवान प्राकृतिक संसाधनों से उन लाभकारी उपयोगों के प्रति हस्तक्षेप, क्षति या विनाश के विरुद्ध सुरक्षा प्रदान करता है' अतः पर्यावरणीय संरक्षण को प्राकृतिक संसाधनों के कुशलतापूर्वक या दक्षतग और हितकारी उपयोग के रूप में समझा जा सकता है।

पर्यावरण जागरूकता

अब पर्यावरण क्षय की समस्या किसी देश या क्षेत्र तक सीमित नहीं रही। जल, जंगल, ज़मीन और जलवायु की समस्याएँ विश्व के सभी देश महसूस कर रहे हैं। प्राकृतिक संसाधनों के विनाश और प्रदूषण से विकसित और विकासशील देश सामान्य रूप से प्रभावित हो रहे हैं। अतः विगत कुछ दशकों में पर्यावरण संरक्षण और सतत् विकास पर अन्तर्राष्ट्रीय मंचों से गम्भीर चिन्तन हुआ। इसी परिप्रेक्ष्य में पर्यावरणीय जागरूकता और शिक्षा के महत्त्व को प्रतिपादित किया। पर्यावरण शिक्षा पर सम्पन्न एक राष्ट्रीय संगोष्ठी (नयी दिल्ली 30-31 जुलाई, 1979) में पर्यावरण के सम्बन्ध में दो बुनियादी तथ्यों को रखा था :

1. पर्यावरण अविभाज्य है : इसकी कोई भौगोलिक या वैचारिक सीमा नहीं है और इससे भी बढ़कर यह सभी जीवधारियों, मनुष्यों, जन्तुओं और पौधों के लिए सामान्य है।

2. पर्यावरणीय समस्याओं का कोई शुद्ध वैज्ञानिक-प्रौद्योगिकीय हल नहीं है। कोई सार्थक हल आवश्यक रूप से वस्तुओं की प्रकृति विशेष में, विज्ञान और प्रौद्योगिकी के क्षेत्र से परे हैं। इस तरह के हल का मानवीय (या नैतिक) आयाम एक आवश्यक घटक है।

पर्यावरणीय जागरूकता का आशय पर्यावरण के घटकों, प्रक्रियाओं और घटनाओं के बारे में जागरूकता से है। पर्यावरणीय जागरूकता के सन्दर्भ में पर्यावरणविद् *निकलास पालुनिन* (Nicklas Polunin) का मत है :"एक मानवीय प्राणी के लिए अपने पर्यावरण की विवेकपूर्ण समझ उसे बचाने की एक पूर्व शर्त है।" इसके अलावा प्रत्येक व्यक्ति को पर्यावरणीय रूप से जागरूक होना इसलिए आवश्यक है कि हममें से प्रत्येक व्यक्ति सूक्ष्म स्तर पर पर्यावरणीय विनाश की सम्भावनाओं से परिपूर्ण हैं। यही कारण है कि भारत में राष्ट्रीय शिक्षा नीति (1986) में पर्यावरणीय जागरूकता है। इस सम्बन्ध में कहा गया है :"पर्यावरणीय चेतना जाग्रत करने की सर्वोच्च आवश्यकता है। यह शिशु से लेकर समाज के सभी आयु वर्गों के लिए होना चाहिए। पर्यावरणीय चेतना स्कूलों और महाविद्यालयों में शिक्षण के अन्तर्गत होना चाहिए। यह पक्ष समग्र शैक्षणिक प्रक्रिया में एकीकृत किया जाये। पर्यावरणीय जागरूकता के निम्न आधार हो सकते हैं जिन्हें शिक्षा, सूचना और संचार (EIC) के सन्दर्भ में समझा जा सकता है।

पर्यावरणीय सूचना

आज का युग जनसंचार माध्यमों का है। जनसंचार माध्यमों के द्वारा पर्यावरण के प्रति जागरूकता पैदा की जा सकती है। समाज के लोगों में सूचनाओं के द्वारा उनके व्यवहार में वांछित परिवर्तन लाया जा सकता है। इस दृष्टि से संचार माध्यम अत्यन्त उपयोगी है। पर्यावरणीय सूचनाओं के प्रसारण में परम्परागत तथा मुद्रित संचार माध्यमों के साथ-साथ इलेक्ट्रॉनिक माध्यम अत्यन्त उपयोगी सिद्ध हो सकते हैं। पर्यावरण मन्त्रालय द्वारा 1982 में पर्यावरण सूचना प्रणाली का गठन किया गया जिसका उद्देश्य जनसामान्य के लिए पर्यावरण सूचना के संग्रह, भण्डारण प्राप्ति तथा प्रसार करना है। देश में इस प्रणाली का पूरा नेटवर्क है जो विभिन्न क्षेत्रों में स्थापित अपने 21 केन्द्रों के माध्यम से कार्य करता है। इन केन्द्रों को पर्यावरण सूचना प्रणाली केन्द्र कहा जाता है। ये केन्द्र देश के विभिन्न संगठनों तथा संस्थाओं में स्थापित हैं। सभी केन्द्र पर्यावरणीय क्षेत्रों की प्राथमिकता, पर्यावरण की दृष्टि से समग्र तथा उपर्युक्त प्रौद्योगिक अपशिष्टों के जैविक ह्रास, मरुभूमिकरण, नदी का मुहाना, मैग्रोव, प्रवाल तथा समुद्री झीलों, जनसंचार तथा पर्यावरण, पर्यावरण शिक्षा, ठोस अवशिष्ट पदार्थों के निपटाने पशु परिस्थितिकीय, हिमालय पारिस्थितिकीय आदि प्राथमिकता वाले क्षेत्रों में स्थापित किये जाते हैं।

पर्यावरणीय शिक्षा

विकासशील देशों में पर्यावरणीय समस्याओं का एक बड़ा कारण जनसंख्या वृद्धि, निर्धनता और निम्न जीवन स्तर की समस्याएँ तो हैं ही लेकिन पर्यावरण के प्रति जागरूकता एवं शिक्षा का अभाव, निरक्षरता और अज्ञानता भी कम नहीं हैं। इन समस्याओं से पर्यावरण प्रदूषण और क्षय को सतत रूप से बल मिल रहा है। जनसामान्य पर्यावरण साक्षरता जो लगभग अनभिज्ञ है जबकि मानव जाति का अस्तित्त्व पर्यावरणीय संसाधनों के नियोजित उपभोग पर ही टिका है। इस दृष्टि से मनुष्य के जीवन में शुद्ध वायु, जल, जंगल, ज़मीन और अन्य प्राकृतिक संसाधनों के महत्त्व को प्रतिपादित किया जाना चाहिए। विभिन्न मानवीय गतिविधियों से उत्पन्न पर्यावरणीय प्रदूषण के बारे में चेतना, ज्ञान और समझ के विकास में सहायक शिक्षा सामान्य रूप से पर्यावरण शिक्षा है।

पर्यावरण शिक्षा के प्रकार

पर्यावरण शिक्षा को अनौपचारिक, औपचारिक तथा औपचारिकेतर रूप से प्रदान किया जा सकता है। जिनका विवरण निम्नवत् है :

(क) अनौपचारिक रूप से पर्यावरणीय शिक्षा व्यक्ति के परिवार, पड़ोसियों, मित्रों एवं अन्य सहयोगियों के मध्य वैचारिक आदान-प्रदान से सम्भव है। इसके अलावा प्रभावी संचार माध्यमों के द्वारा व्यक्ति में पायी चेतना जाग्रत की जा सकती है। आकाशवाणी और दूरदर्शन के अलावा विभिन्न पत्र-पत्रिकाएँ औपचारिक पर्यावरण शिक्षा के महत्त्वपूर्ण उपकरण हैं।

(ख) औपचारिक शिक्षा के सबसे बड़े अभिकरण स्कूल, विद्यालय और उच्च शिक्षा संस्थाएँ हैं। अतः इनके माध्यम से शिक्षा के विभिन्न स्तरों पर शिक्षार्थियों की रुचि, आवश्यकता और ज्ञान के स्तर के अनुसार पर्यावरण पर विभिन्न पाठ्यक्रमों का संचालन किया जा सकता है। इसके अलावा पाठ्येतर गतिविधियों का समावेश, पर्यावरण के विभिन्न पक्षों पर व्याख्यान, संगोष्ठियाँ, कार्यशालाएँ प्रशिक्षण कार्यक्रम, प्रतियोगिताएँ, चित्रांकन, प्रशिक्षण कार्यक्रम, पारिस्थितिक शिविर, श्रव्य-दृश्य प्रदर्शन आदि के माध्यम से किया जा सकता है।

(ग) शिक्षा का जनसामान्य के मध्य सबसे ज़्यादा प्रभावी स्वरूप औपचारिकेतर है। राष्ट्रीय सेवा योजना, प्रौढ़ शिक्षा, राष्ट्रीय कैडिट कोर एवं औपचारिकेतर शिक्षा से जुड़ी संस्थाओं के माध्यम से पर्यावरणीय जागरूकता कार्यक्रम से उस वर्ग तक पहुँचाए जा सकते हैं जो वास्तव में पर्यावरण साक्षरता के हक़दा र हैं। ग्रामीण एवं जनजातीय समुदायों में अनौपचारिक शिक्षा के बाद यही स्वरूप प्रचलित है।

पर्यावरण मन्त्रालय द्वारा जुलाई, 1986 से एक राष्ट्रीय पर्यावरण चेतना कार्यक्रम चलाया जा रहा है। इसके अन्तर्गत प्रतिवर्ष 19 नवम्बर से 18 दिसम्बर तक राष्ट्रीय पर्यावरण माह का आयोजन किया जाता है। वर्ष में इस अभियान का मुख्य विषय—'महिला और पर्यावरण' था। पर्यावरण एवं वन मन्त्रालय द्वारा पर्यावरण पर फ़िल्म-निर्माण और स्कूलों में पर्यावरण क्लब चलाने हेतु वित्तीय सहायता उपलब्ध करायी जाती है। इसके अलावा पर्यावरणीय चेतना जागृति सम्बन्धी कायक्रमों के लिए भी मन्त्रालय द्वारा वित्तीय सहयोग प्रदान किया जाता है।

आल्विन टॉफलर (Alvin Tofler) ने अपनी पुस्तक 'द थर्ड वेव' (The Third Wave) में उल्लेख किया है कि पहली लहर कृषि क्रान्ति थी, दूसरी लहर औद्योगिक क्रान्ति थी तथा तीसरी लहर सूचनाकृत समाज के माध्यम से एक नयी सभ्यता के बारे में होगी। मानव समाज परिवर्तन की इस देहलीज पर बैठा है। प्रौद्योगिकी विकास ने जनसंचार माध्यमों को अत्यधिक सक्षम और विस्तृत बना दिया है जिससे सूचना संग्रह और हस्तान्तरण में एक नयी क्रान्ति आ गयी है। *आल्विन टॉफलर* के इन विचारों में तथ्य यह है कि आज का युग सही अर्थों में संचार का युग है।

भारत में सूचना और प्रसारण मन्त्रालय के अन्तर्गत विभिन्न माध्यमों, जैसे— आकाशवाणी, दूरदर्शन, क्षेत्रीय प्रचार निदेशालयों, विज्ञापन और दृश्य प्रचार निदेशालय, गीत और नाटक प्रभाग आदि की सहायता से पर्यावरणीय संचार को व्यापक आधार प्रदान किया जा सकता है। स्वयंसेवी संगठनों और शैक्षिक संस्थाओं की भागीदारी से पर्यावरणीय ख़तरों, प्रदूषण और पर्यावरणीय समस्याओं के सम्बन्ध में जानकारी सम्प्रेषित करने में काफ़ी सहायता मिल सकती है। जनसामान्य के बीच पर्यावरण के प्रति संवेदनशील मुद्दों पर फ़िल्मों तथा दूरदर्शन कार्यक्रमों के माध्यम से सूचनाओं का सम्प्रेषण अधिक प्रभावी ढंग से किया जा सकता है।

पर्यावरणीय शिक्षा पर्यावरण के बारे में ज्ञान, चेतना और समझ विकसित करने की एक प्रक्रिया है। व्यापक अर्थ में पर्यावरणीय शिक्षा का आशय ऐसी शिक्षा से है जो पर्यावरण के विविध पक्षों के बीच अन्तःक्रियात्मक सम्बन्धों का ज्ञान कराती है तथा पर्यावरणीय समस्याओं के एकीकृत बोध और निराकरण के उद्देश्य से व्यक्ति को व्यावहारिक कौशल प्रदान करती है। *डॉ. ए.वी. सक्सेना* ने पर्यावरण शिक्षा को परिभाषित करते हुए लिखा है : 'पर्यावरण शिक्षा पर्यावरण सम्बन्धी जानकारी व समझ उत्पन्न करने की प्रक्रिया है। इसका सम्बन्ध मानव और उसकी क्रियाओं से है। इसका उद्देश्य पर्यावरण या इसके घटकों के संरक्षण, सुरक्षा तथा संवर्धन हेतु उत्तरदायी गतिविधियों के विकास से भी है।'

इसी तथ्य को संयुक्त राज्य अमेरिका के पर्यावरणीय शिक्षा अधिनियम 1970 में कहा गया है : 'पर्यावरण शिक्षा का अर्थ उस शैक्षणिक प्रक्रिया से है जो मानव के प्राकृतिक तथा मनुष्यकृत परिवेशों से सम्बन्धित है। इसमें जनसंख्या वृद्धि, प्रदूषण, संसाधनों का विनियोजन एवं क्षय, संरक्षण, यातायात प्रौद्योगिकी तथा सम्पूर्ण मानव पर्यावरण के नगरी एवं ग्रामीण नियोजन का सम्बन्ध निहित है।'

पर्यावरण शिक्षा के उद्देश्य

ब्लूम अपनी पुस्तक 'टेक्सोनॉमी ऑफ एजुकेशनल ऑब्जेक्टिव्ज' में शैक्षिक उद्देश्यों को ज्ञानात्मक उद्देश्य (Cognitive Objectives), प्रभावात्मक उद्देश्य (Effective Objectives) और क्रियात्मक उद्देश्य (Psychomotor Objectives) में विभक्त किया है। पर्यावरणीय शिक्षा के उद्देश्य भी इन उद्देश्यों से भिन्न नहीं हैं। पर्यावरणीय शिक्षा के उद्देश्यों का निर्धारण विभिन्न राष्ट्रीय और अन्तर्राष्ट्रीय अभिकरणों द्वारा निर्धारित किया गया है। पर्यावरणीय उद्देश्यों में जहाँ सार्वभौमिक पर्यावरणीय मूल्यों को स्थान दिया है, वहीं राष्ट्रीय पर्यावरणीय नीतियों के अनुरूप भी कुछ मूल्यों को समाविष्ट किया जा रहा है। पर्यावरण शिक्षा का मुख्य उद्देश्य छात्रों में पर्यावरणीय बोध, समझ और जागरूकता का विकास करना है। इससे वे अपने आसपास के पर्यावरण के बारे में न केवल जानकारी प्राप्त कर सकते हैं बल्कि पर्यावरण के संरक्षण एवं संवर्धन हेतु अपना यथोचित योगदान भी दे सकते हैं। वस्तुतः पर्यावरण शिक्षा का सम्बन्ध केवल छात्रों या युवकों से नहीं है। वर्तमान परिस्थितियों में पर्यावरणीय शिक्षा और पर्या-साक्षरता (Geo-literacy) की आवश्यकता प्राप्त व्यक्ति को है।

यूनेस्को ने पर्यावरण शिक्षा के उद्देश्यों के बारे में निम्न तथ्यों को प्रस्तुत किया :

1. जागरूकता : समग्र पर्यावरण और इससे जुड़ी समस्याओं के प्रति व्यक्तियों और सामाजिक समूहों में एक जागरूकता और संवेदनशीलता जाग्रत् करने में सहायता करना।

2. ज्ञान : समग्र पर्यावरण और इससे जुड़ी समस्याओं के प्रति मान्यता का उत्तरदायित्व और इसमें योगदान की बुनियादी समझ प्राप्त करने में व्यक्तियों को सामाजिक समूहों की सहायता करना।

3. दृष्टिकोण : पर्यावरण के प्रति व्यक्तियों तथा सामाजिक समूहों द्वारा सामाजिक मूल्य एवं तीव्र भावनाओं को अर्जित करने में सहायता करना तथा इससे संरक्षण और संवर्द्धन में सक्रिय रूप से सहभागिता हेतु अभिप्रेरित करना।

4. कौशल : पर्यावरणीय समस्याओं के निराकरण हेतु लोगों तथा समूहों में कौशल उत्पन्न करने में सहायता करना।

5. पर्यावरणीय योग्यता : पारिस्थितिक, राजनीतिक, आर्थिक, सामाजिक, सौन्दर्यात्मक तथा शैक्षिक कारकों के सन्दर्भ में पर्यावरणीय उपायों तथा शैक्षिक कार्यक्रमों के मूल्यांकन में लोगों तथा सामाजिक समूहों की सहायता करना।

6. सहभागिता : पर्यावरणीय समस्याओं को हल करने हेतु उचित कार्यवाही सुनिश्चित करने के लिए व्यक्तियों एवं समूहों में उत्तरदायित्व तथा शीघ्र कार्य करने की समझ के विकास में सहायता करना।

पर्यावरणीय शिक्षा की आवश्यकता

आज प्रत्येक व्यक्ति को पर्यावरण शिक्षा की आवश्यकता विविध कारणों से है। वस्तुतः प्रत्येक व्यक्ति शिक्षा और संस्कारशीलता के अभाव में पर्यावरण विनाश की अनेक सम्भावनाओं से परिपूर्ण है। वर्तमान समय में पर्यावरणीय क्षय और प्रदूषण की समस्याओं से तब तक नहीं निपटा जा सकता है जब तक कि व्यापक रूप से लोगों को पर्यावरण के प्रति जागरूक नहीं बनाया जाता है। मृदा क्षरण, वनों की कटाई, अवशिष्ट और मल-प्रबन्धन, वन जीवन का ह्रास, जैविक विविधता का विनाश, बाढ़, तूफान, सूखा एवं अन्य प्राकृतिक आपदाओं से निपटने के लिए पर्यावरण शिक्षा का महत्त्व स्पष्ट है। यहाँ पर्यावरण शिक्षा की आवश्यकता निम्न कारणों से विशेष महत्त्व रखती है :

(i) पर्यावरणीय प्रदूषण का नियन्त्रण

(ii) प्राकृतिक संसाधनों का संरक्षण

(iii) ग़ैर परम्परागत ऊर्जा के स्रोतों का उपयोग

(iv) वृक्षारोपण एवं सामाजिक वानिकी

(v) प्राकृतिक आपदाओं एवं संकटों के निवारण हेतु

(vi) पर्यावरणीय क़ानूनों की जानकारी

(vii) सतत् विकास के लक्ष्यों की प्राप्ति हेतु

समाजों में यह मान्यता प्रचलित है कि उनके अस्तित्त्व की रक्षा के लिए प्रकृति का सम्मान करना अपरिहार्य है। अतीत में ऐसे क्रियाकलाप निर्धारित किये गये हैं जिन्होंने प्राकृतिक संसाधनों के संरक्षण में सहायता दी है और हमारी परम्परागत संस्कृति भी संरक्षित हुई है। हमारी अनेक परम्पराएँ प्रकृति एवं जीवित प्राणियों के संरक्षण के लिए समर्पित हैं।

परन्तु आज के उपभोक्तावादी समाज के लिए आवश्यक पदार्थों की आपूर्ति करने वाले औद्योगिक विकास और गहन कृषि के लिए बड़ी मात्रा में जल, खनिज, पेट्रोलियम पदार्थ और लकड़ी आदि का अत्यधिक उपयोग किया जा रहा है। पेट्रोलियम एवं खनिज पदार्थों जैसे अनवीकरणीय संसाधन ऐसे हैं कि यदि हम उसका विवेकपूर्ण उपयोग नहीं करेंगे तो वे भविष्य में समाप्त हो जायेंगे।

इस प्रकार से हम देखते हैं कि धरती के प्राकृतिक संसाधन काफ़ी तेज़ी से घटते जा रहे हैं। मानवीय गतिविधियों के कारण पर्यावरण लगातार बिगड़ता जा रहा है। इनके समाधान के लिए कुछ करना आवश्यक हो जाता है। सामान्यतः लोग सोचते हैं कि पर्यावरण के लिए जितने भी कार्य हैं, वे सभी सरकार द्वारा किये जाने चाहिए। परन्तु ऐसा है नहीं, इसके लिए आम आदमी की भूमिका बहुत ही महत्त्वपूर्ण है। आम आदमी अपनी भूमिका तभी निभा सकता है जब उसे पर्यावरण की जानकारी, पर्यावरण के सिद्धान्तों, उसकी संरचना, उसके क्रियाकलाप तथा उसका मानव समाज एवं स्वयं के लिए लाभ का ज्ञान है।

इस प्रकार के कार्यों को सम्पादित करने के लिए जन-जागरूकता की आवश्यकता पड़ती है। पर्यावरण की क्षति की रोकथाम हमारे सामान्य जीवन का अंग होना चाहिए। जिस प्रकार किसी व्यक्ति के इलाज से बेहतर उसकी रोकथाम होती है, उसी प्रकार पर्यावरण को नुकसान पहुँचाने के बाद उसका भरण करने की तुलना में पर्यावरण का संरक्षण करते रहना अधिक उपयुक्त होता है। पर्यावरण प्रबन्धन में हमारी भूमिका महत्त्वपूर्ण हो सकती है। हम संसाधनों के दुरुपयोग को रोक सकते हैं और एक ऐसे सजग प्रहरी की भूमिका निभा सकते हैं जिससे निरन्तर घटते पर्यावरणीय संसाधनों की रक्षा हो सके। प्रदूषणकारी स्रोतों की जानकारी सरकार एवं उसकी सम्बन्धित प्राधिकरणों तक पहुँचाकर पर्यावरण संरक्षण में विशेष योगदान किया जा सकता है। यह कार्य केवल जनजागरूकता के माध्यम से होना सम्भव है।

हमारे पारम्परिक एवं आधुनिक जनसंचार माध्यम जनमत पर गहरा प्रभाव डालते हैं। इनके माध्यम से पर्यावरण के विविध मुद्दों पर जागरूकता अभियान चलाया जा सकता है। यदि समाज के कुछ लोग भी पर्यावरण के प्रति संवेदनशील हो जायें तो जनसंचार माध्यम उनके प्रयासों को और गति प्रदान करने में अग्रणी भूमिका निभाते हैं। वह लोगों को अभियान से जुड़ने एवं पर्यावरण संरक्षण के कार्यों को आगे बढ़ाने की प्रेरणा देता है। हम एक ऐसे ग्रह (अर्थात् पृथ्वी) के निवासी हैं जो एक अन्तरिक्षयान की भाँति ब्रह्माण्ड में गतिशील है और जिसके पास सभी आवश्यक संसाधन सीमित मात्रा में हैं। हम पर यह निर्भर है कि इन संसाधनों को अपने गन्तव्य तक सुरक्षित रखें। हम सभी का यह उत्तरदायित्व बनता है कि यह सन्देश अधिक-से-अधिक लोगों तक पहुँचाया जाये और यह जनजागरूकता के माध्यम से ही किया जा सकता है।

आज पर्यावरण की चुनौतियों का सामना करने के लिए समुचित प्रयास किये जा रहे हैं। ये प्रयास जनसाधारण, स्वयंसेवी संगठनों एवं सरकारी अभिकरणों द्वारा किये जा रहे हैं। पर्यावरण की शिक्षा (इन्विरांमेटल एजुकेशन) के लिए जनमानस में जागरूकता पैदा करने की तत्काल आवश्यकता है। इसमें प्रत्येक व्यक्ति को पर्यावरण के भौतिक, सामाजिक एवं सौन्दर्यबोधक पहलुओं के बारे में जागरूक बनाना सम्मिलित करना है। जनता के बीच इसकी जानकारी प्राथमिक पाठशाला, निम्न माध्यमिक पाठशाला, उच्चतर माध्यमिक विद्यालय, महाविद्यालय तथा विश्वविद्यालय स्तर पर होनी चाहिए। प्राथमिक स्तर पर बच्चों को

पर्यावरण के प्रति बोध कराने के प्रयास किये जाने चाहिए। निम्न माध्यमिक स्तर पर वास्तविक जीवन की स्थितियों, संरक्षण तथा टिकाऊ विकास के बारे में जानकारी दी जानी चाहिए। उच्चतर माध्यमिक विद्यालय स्तर पर छात्रों में संरक्षण अधिगम, ज्ञान के स्वांगीकरण, समस्या की पहचान और क्रिया-कौशल पर अधिक बल दिया जाना चाहिए। महाविद्यालय स्तर पर अनुमान के आधार पर स्वार्थहित विकास से सम्बन्धित ज्ञान पर ध्यान दिया जाना चाहिए। परास्नातक स्तर पर पर्यावरणीय स्वास्थ्य, पर्यावरणीय प्रौद्योगिकी संरक्षण तथा प्रबन्धन और सामाजिक पारिस्थितिकी पर विशेष बल दिया जाना चाहिए। स्नातक और परास्नातक स्तर पर पाठ्यक्रम में व्यावहारिक कार्य के रूप में इन्हें आस-पास के विद्यालयों एवं गाँवों में जाकर पर्यावरण जागरूकता के लिए कार्य करने को सम्मिलित किया जाना चाहिए। विद्यालय जाने वाले बच्चों तथा महिलाओं (जो आबादी के लगभग 50% भाग का निर्माण करते हैं) पर विशेष ध्यान दिये जाने चाहिए। उन्हें स्वास्थ्य, पोषण, परिवार-नियोजन, ग्रामीण विकास, मलिन बस्तियों का सुधार, सफाई, जल तथा भोजन के सन्दूषण, चारा, ईंधन की लकड़ी आदि के बारे में जानकारी दी जानी चाहिए। जनसंख्या नियन्त्रण के लिए महिलाओं को साक्षर किया जाना बहुत ही आवश्यक है, क्योंकि जनसंख्या वृद्धि को प्रदूषण एवं पर्यावरण ह्रास का प्रमुख कारण माना जा रहा है।

पर्यावरण जागरूकता अभियान लक्षित समूह के अनुरूप होना चाहिए। इसका निर्धारण बच्चों, महिलाओं, अशिक्षितों, बेरोजगारों व निर्धनों को केन्द्र में रखकर किया जाना चाहिए। पर्यावरण जागरूकता कार्यक्रम को शिक्षा के विभिन्न स्तरों पर लागू करने के साथ-साथ, अशिक्षितों एवं ग्रामीण युवकों के विकास कार्यक्रमों, प्रौढ़ शिक्षा के पाठ्यक्रमों एवं महिला साक्षरता के अन्तर्गत भी सम्मिलित किया जाना चाहिए। प्रत्येक व्यक्ति को पर्यावरण के क्षेत्र में एक स्वप्रेरित हितैषी की भाँति कार्य करना चाहिए जो इसकी रक्षा कर सके। पर्यावरण जागरूकता अभियान का लक्ष्य व्यक्तिगत एवं सामाजिक जागरूकता, ज्ञानार्जन, आचरण, बुद्धि एवं योग्यता का विकास करना होना चाहिए। यह पर्यावरण की समस्याओं के समाधान की समझ व समाधान में साझीदार बनाना होना चाहिए। इसे एकीकृत बहुविषयी एवं न्यायपूर्ण प्रकृति की होनी चाहिए। पर्यावरण के विकास, संरक्षण व प्रबन्धन में आम नागरिक की सक्रिय भागीदारी की अनिवार्यता लागू की जानी चाहिए। उसके अच्छे कार्यों को पुरस्कृत किया जाना चाहिए, क्योंकि आमजन के सहयोग के बिना इन समस्याओं का समाधान सम्भव नहीं है।

पर्यावरणीय जनजागरूकता के निम्नलिखित प्रमुख उद्देश्य होने चाहिए :

1. प्राकृतिक एवं कृत्रिम पर्यावरण तथा वैश्विक परिप्रेक्ष्य में पर्यावरणीय समस्याओं की जानकारियाँ और मानव एवं उसका पर्यावरण से सम्बन्ध के बारे में समझदारी का विकास करे।
2. ऐसे उपाय करना जो उच्च शिक्षा स्तर के विद्यार्थियों को पर्यावरण के क्षेत्र में भविष्य सँवारने के बारे में चिन्तन पैदा करे।
3. भूल पारिस्थितिक अवधारणाओं की समझदारी विकसित करे।
4. वर्तमान पर्यावरण की समस्याओं से परिचित कराये।
5. खोजपूर्ण एवं गहन चिन्तन में अनुभवों का उपयोग करे।
6. पर्यावरण की समस्याओं का समाधान करने की क्षमता प्रदान करे।
7. जनजागरूकता विकसित करे और प्राकृतिक व सामाजिक पर्यावरण की प्रशंसा करे।
8. हमारी पर्यावरण शिक्षण योजनाएँ भाषा, सामाजिक व आर्थिक स्थिति तथा स्थानीय तथ्यों पर आधारित होनी चाहिए।

पर्यावरण के प्रति जागरूक व्यक्ति की भूमिका (The Role of Conscious Man for Environment)

समाज में पर्यावरण के प्रति जागरूक व्यक्तियों की आवश्यकता है। उनकी जागरूकता ही पर्यावरण को बचाने में महत्त्वपूर्ण भूमिका निभा सकती है। परन्तु, पर्यावरण के प्रति जागरूक बनने के क्रम में आवश्यक है कि व्यक्ति स्वयंसेवी, त्यागी एवं परोपकारी प्रवृत्ति का हो। ऐसे लोग जब समाज में निकलकर पर्यावरण जागरूकता का नेतृत्व करेंगे, तो लोग उनके साथ बेहिचक जुड़ते जायेंगे, जिसका लाभ पर्यावरण संरक्षण को निश्चित तौर पर मिलेगा।

पर्यावरण के प्रति एक जागरूक नागरिक निम्नलिखित भूमिका निभायेगा :

1. वह पर्यावरण की समस्याओं को उत्पन्न करने वाले वैज्ञानिक अवधारणाओं एवं वस्तु-स्थिति को समझ सकेगा और प्रकृति की संरचना से उसका सम्बन्ध स्थापित कर सकेगा।
2. वह मानव समाज की गतिविधियों द्वारा पर्यावरण को प्रभावित करने वाले पक्षों को समझ सकेगा।
3. वह इन समस्याओं की परिस्थितियों के आर्थिक, विधिक एवं राजनीतिक पक्षों को भी समझने में सक्षम हो सकेगा।
4. वह पर्यावरणीय सन्दर्भों में अपने नैतिक मूल्यों को खोजने में सक्षम हो सकेगा और प्राकृतिक एवं सामाजिक सन्दर्भों में यह निश्चय कर सकेगा कि उन मूल्यों का पालन जारी रखा जाये अथवा परिवर्तित किया जाये।
5. वह सभी प्रकार की पर्यावरणीय गुणवत्ता एवं प्राकृतिक संसाधनों को पुनर्भंडारित करने, अनुरक्षण करने एवं उत्थान करने की गतिविधियों में सक्रिय रूप से जुड़ सकेगा।

वस्तुतः केवल क़ानूनों के बल पर ही पर्यावरण की सुरक्षा नहीं की जा सकती। सरकार क़ानून तो बना सकती है, और उसे लागू भी कर सकती है, परन्तु उसकी भी एक सीमा है। मुख्य बात जनमानसिकता की है। जब तक आमजन के मन में यह बात नहीं बैठायी जायेगी कि पर्यावरण सुरक्षा में उसका दायित्व सरकारी दायित्व से अधिक है, तब तक इस दिशा में सुधार करना बहुत कठिन मालूम पड़ता है। अतः पर्यावरण सुरक्षा के प्रश्न को हमें जनजागरूकता का रूप देना होगा। बच्चों के मन में प्रकृति के प्रति मोह पैदा करने का प्रयास करना होगा तथा उन्हें पर्यावरण के प्रति संवेदनशील बनाना होगा।

आज आवश्यक हो गया है कि हम 'वैश्विक सोच एवं स्थानिक कार्य' (Think Globally and Act Locally) के सिद्धान्त का पालन कर अपने आसपास के पर्यावरण संरक्षण में योगदान करें। यह प्रयास सम्मिलित रूप से राष्ट्रीय व अन्तर्राष्ट्रीय पर्यावरण सुधारने की दिशा में एक सर्वोत्तम कदम होगा।

जनजागरूकता में युवा वर्ग (Youths in Public Awareness)

पर्यावरणीय नीतियों का पालन सुनिश्चित करना जन-सहयोग के बिना असम्भव है। इन नीतियों के लोग सैद्धान्तिक रूप से स्वीकार तो करते हैं, परन्तु व्यवहार में उनका पालन नहीं करते। अधिकांशतः लोग अपने आसपास के परिवेश के प्रति उदासीन बने रहते हैं और अपेक्षित कदम भी नहीं उठाते। इसलिए जनमानस को जागरूक करने में युवा वर्ग की भूमिका महत्त्वपूर्ण है। इतिहास गवाह है कि आज तक जहाँ कहीं भी नवनिर्माण अथवा सृजन कार्य हुआ है, वह युवा हाथों से ही सम्भव हो सका है। युवा शक्ति का महत्त्व इतना अधिक है कि इसके बारे में स्वामी विवेकानन्द जी ने कहा था कि "यदि मुझे सौ समर्पित युवक मिल जायें तो मैं देश का कायाकल्प पर सकता हूँ।"

यदि हमारा युवा वर्ग संगठित होकर सार्वजनिक स्थलों पर वृक्षारोपण, सार्वजनिक स्थलों की सफाई और पर्यावरणीय बोध कार्यक्रम चलाये तो इसमें बड़ी सफलता मिल सकती है। युवा वर्ग के निःस्वार्थ सेवा से प्रेरित होकर अनेक लोग अपनी गलती महसूस करेंगे तथा प्रदूषणकारी गतिविधियों में कमी लायेंगे। वे अपने घर-आँगन आदि में पेड़-पौधे व बागवानी भी लगाएँगे। ऐसे उद्यमी जो लाखों-करोड़ों रुपये का उद्योग स्थापित करते हैं, और उसके साथ शुद्धिकरण संयन्त्र नहीं लगाते हैं, ऐसे उद्यमियों के लिए बदले में वृक्षारोपण की शर्त रखी जा सकती है। युवाओं को मिलकर पर्यावरण वाहिनी अथवा पर्यावरण संरक्षण दल आदि का गठन कर सामूहिक कार्य करना चाहिए। उत्तम कार्य करने वाले दलों को पुरस्कृत एवं प्रोत्साहित भी किया जाना चाहिए। यदि देश के युवा संगठित हो जायें तो यह एक आन्दोलन का रूप धारण कर सकता है। पर्यावरण सुरक्षा के लिए चलाया गया 'चिपको आन्दोलन' इसका एक ज्वलन्त उदाहरण है।

पर्यावरण हेतु समर्पित संस्थाएँ (Dedicated Organisation for Environment)

पर्यावरणीय जागरूकता बढ़ने के साथ-साथ अनेक संस्थाएँ भी अनुसन्धान एवं प्रसार हेतु कार्य कर रही हैं। इसमें अनेक राष्ट्रीय एवं अन्तर्राष्ट्रीय संगठन, अभिकरण तथा कार्यक्रम पर्यावरण के विभिन्न क्षेत्रों में सक्रिय भागीदारी मिल रही है। कुछ महत्त्वपूर्ण

अन्तर्राष्ट्रीय संस्थाएँ निम्नलिखित हैं : अर्थस्कैन (Earthscan), साइट्स (Cites), (कन्वेंसन ऑन इंटरनेशनल ट्रेड ऑन द इंडेंजर्ड स्पीसीज़), ई.पी.ए. (एन्वायरॉनमेंटल प्रोटेक्शन एजेंसी), आई.यू.सी.एन. (IUCN-इंटरनेशनल यूनियन फॉर कन्जर्वेशन ऑफ़ नेचर ऐंड नेचुरल रिसोर्सेज), यूनेस्को (UNESCO–यूनाइटेड नेशंस एजुकेशनल साइंटिफिक ऐंड कल्चरल ऑर्गेनाइजेशन), यूनेप (UNEP-यूनाइटेड नेशंस इन्विरामेंट प्रोग्राम), डब्लू.सी.ई.डी. (W.C.E.D.–वर्ल्ड कमीशन ऑन इन्विरामेंट ऐंड डेवलपमेंट) आदि। अनेक अन्तर्राष्ट्रीय स्तर के संचालित कार्यक्रमों में कुछ प्रमुख हैं : अर्थवाच प्रोग्राम (Earth Watch Programme) (यूनेप द्वारा समन्वित), प्रोजेक्ट अर्थ (Project Earth) (यूनेप), अर्थ वाक (Earth Walk) (यूनेप), मैन ऐंड बायोस्फीयर प्रोग्राम (MAB Programme) यूनेस्को।

भारत में पर्यावरण विभाग की सहायता से कुछ संस्थान चलाये जा रहे हैं जो पर्यावरण के विभिन्न क्षेत्रों में शिक्षा एवं प्रशिक्षण प्रदान कर रहे हैं। ये हैं : सी.ई.ई. (C.E.E. = सेंटर फॉर एन्वायरॉनमेंट एजुकेशन, अहमदाबाद), इंडियन इंस्टीट्यूट ऑफ़ फॉरेस्ट मैनेजमेंट, भोपाल तथा इन्दिरा गाँधी नेशनल फारेस्ट एकेडेमी, देहरादून। इनके साथ नेचुरल सोसाइटी, बम्बई; डब्लू.डब्लू.एफ.-आयी. वर्ल्ड वाईड फंड फ़ॉर नेचर-इंडिया, दिल्ली, भारती विद्यापीठ इंस्टीट्यूट ऑफ़ एन्वायरॉनमेंट एजुकेशन ऐंड रिसर्च, पुणे; सलीम अली सेंटर फ़ॉर आर्निथोलॉजी ऐंड नेचुरल हिस्ट्री, कोयम्बटूर; वाइल्ड लाइफ इंस्टीट्यूट ऑफ़ इंडिया, देहरादून, वाटेनिकल सर्वे ऑफ़ इंडिया, कोलकाता इत्यादि पर्यावरणीय अनुसन्धान एवं संरक्षण के लिए समर्पित हैं।

पर्यावरण संरक्षण प्रयासों के लिए समर्पित दिवस
(Dates dedicated to Environmental Conservation Efforts)

वैसे तो पर्यावरण संरक्षण प्रयासों के लिए सभी दिन उपयुक्त हैं। जब चाहे इसके प्रयास किये जा सकते हैं, किसी दिवस की बाध्यता नहीं है। फिर भी हमें पर्यावरण के महत्त्व को याद दिलाने, अपने पर्यावरणीय कर्तव्यों के प्रति सचेष्ट करने, पर्यावरण संरक्षण के पक्ष में जागरूकता विकसित करने और हम सभी को सम्मिलित रूप से मिलकर कार्य करने के लिए कुछ महत्त्वपूर्ण दिवस निर्धारित किये गये हैं। उनकी सूची निम्नलिखित है :

14-30 जनवरी	पशु कल्याण पखवारा
02 फरवरी	विश्व नम भूमि दिवस
22 मार्च	विश्व जल दिवस
23 मार्च	विश्व मौसम दिवस
05 अप्रैल	विश्व जल दिवस
22 अप्रैल	पृथ्वी दिवस, जल संसाधन दिवस
28 अप्रैल	विश्व धरोहर दिवस
05 जून	विश्व व्यापार दिवस
17 जून	विश्व मरुस्थलीय एवं सूखा प्रतिरोध दिवस
01 जुलाई	वन महोत्सव दिवस
06 अगस्त	हिरोशिमा दिवस
16-18 सितम्बर	क्लीन अप द वर्ल्ड कम्पेन
01-07 अक्टूबर	वन्य प्राणी सप्ताह
02 अक्टूबर	अन्तर्राष्ट्रीय प्राकृतिक आपदा दिवस
04 अक्टूबर	विश्व पशु कल्याण दिवस
05 अक्टूबर	विश्व आवासीय दिवस
24 नवम्बर	विश्व जैन विविधता संरक्षण दिवस

19 नवम्बर से 15 दिसम्बर	राष्ट्रीय पर्यावरण माह
01 दिसम्बर	विश्व एड्स दिवस
02 दिसम्बर	भोपाल दिवस
03 दिसम्बर	विश्व संरक्षण दिवस
10 दिसम्बर	मानवाधिकार दिवस
29 दिसम्बर	अन्तर्राष्ट्रीय जैविक विविधता दिवस

मानव संसाधन विकास, विज्ञान एवं प्रौद्योगिकी तथा महासागर विकास मन्त्री के पद से 11 मई 2000 को 'राष्ट्रीय प्रौद्योगिकी दिवस' पर जो *मुरली मनोहर जोशी* ने कहा :

मुझे **'भगवद्गीता'** के दसवें अध्याय का वह श्लोक स्मरण आता है जिसमें श्रीकृष्ण कहते हैं कि अचल वस्तुओं में मैं हिमालय हूँ: **"स्थावरांणां हिमालयः"**। वृक्षों में मैं अश्वत्थ हूँ: **"अश्वत्थः सर्ववृक्षाणाम्"** तथा वे आगे कहते हैं कि पशुओं में मैं सिंह और नभचरों में वनिता का पुत्र गरुड़ हूँ: **"मृगाणाम् च मृगेन्द्रोहम, वैनतेयश्च पक्षिणाम"**। जलचरों में मैं मकर हूँ और नदियों में मैं गंगा हूँ: **"झषांणाम् मकरश्चास्मि, स्रोतसामास्मि जाह्नवी"**।

भगवान् कृष्ण का यह कथन हिमालय की पवित्रता को व्यक्त करता है और हम आज हिमालय की पूजा-अर्चना तथा कैलाश पर्वत व अमरनाथ की तीर्थ-यात्रा करते हैं। पूरे भारतवर्ष में पीपल वृक्ष को काटा नहीं जाता और इसकी पूजा की जाती है। सिंह की प्रजातियाँ लुप्त हो रही हैं किन्तु हम इनकी रक्षा का प्रयास कर रहे हैं। निःसन्देह गंगा पवित्रतम् नदियों में से एक है, किन्तु हमारी परम्परा में समस्त नदियाँ पवित्र हैं और प्रत्येक भारतीय प्रतिदिन यह संकल्प लेता है कि :

गंगे च यमुनेश्चैव गोदावरी सरस्वती
नर्मदे सिन्धु कावेरी जलेस्मिन् सन्निधिंकुरु।

यजुर्वेद में कहा गया है : **"नमो वृक्षेभ्यः"** तथा एक अन्य मन्त्र में **"नमो वन्याय च"** अथवा **"अरण्यानां पतये नमो नमः"** इत्यादि, अर्थात् मैं सभी वृक्षों, वनों और ब्रह्म को नमन करता हूँ क्योंकि वे समस्त वनों के पालक हैं।

'वायुपुराण' का एक सुन्दर श्लोक मेरे मन में उभर रहा है। यह श्लोक उपभोग के नियम की व्याख्या करता है और इससे पता चलता है कि पोषणक्षम उपभोग के प्रति हमारी कैसी गहन लालसा रहती है। इच्छाएँ कभी समाप्त नहीं होतीं और उनकी पूर्ति से भी सन्तोष प्राप्त नहीं होता। दूसरे शब्दों में, मात्र उपभोग सन्तोष प्रदान नहीं करता क्योंकि इच्छाओं की पूर्ति करने से वे और अधिक बढ़ती चली जाती हैं, बिल्कुल वैसे ही जैसे अग्नि में घी अथवा अन्य वस्तुएँ डालने से अग्नि और अधिक प्रचण्ड हो जाती है :

न जातु कामः कामनाम् उपभोगेन शाम्यति।
हविषा कृष्णवर्त्मेव भूय एवाभिवर्धते॥

पृथ्वी को बचाने की चुनौती

प्राकृतिक संसाधनों के दोहन को गम्भीर ख़तरे के रूप में *श्री हृदयनारायण दीक्षित* ने देखा है। उनकी चिन्तनधारा को दैनिक जागरण ने 22 अप्रैल, 2005 के अंक में प्रकाशित किया जो मननीय है :

धरती माता दुःखी है। उनके अंगभूत जल, वनस्पति, गगन और समीर प्रदूषण के शिकार हैं। बाज़ारवादी शक्तियों ने मुनाफे के लोभ में धरती माता के अंगों को व्यापारिक वस्तु बनाया है। पृथ्वी की इस विपदा पर संयुक्त राष्ट्र का 'सहस्राब्दि का पर्यावरण आकलन' आया है। दुनिया के 95 देशों के 1360 परिश्रमी विद्वानों द्वारा तैयार यह दस्तावेज़ धरती पुत्रों के लिए चेतावनी है। विश्व आज (22 अप्रैल) पृथ्वी दिवस मना रहा है। भारत सनातन काल से 'माताभूमि पुत्रो अहमं पृथ्विया :' का उद्घोषक है। भारत और सारी दुनिया के लिए पृथ्वी की सुरक्षा, संरक्षा एक गम्भीर चुनौती है।

संयुक्त राष्ट्र आकलन के अनुसार दुनिया की प्रमुख नदियों में पानी की मात्रा घट रही है। चीन की यलो, अफ्रीका की नील और उत्तरी अमेरिका की कोलराडो नदियाँ एक चौथाई वर्ष समुद्र तक नहीं पहुँचतीं। भारत की गंगा, यमुना आदि सदानीरा नदियाँ पहले से ही सूख रही हैं। रिपोर्ट के मुताबिक पृथ्वी की प्राण ऊर्जा को पुनर्नवा शक्ति देने वाले प्राकृतिक घटक अव्यवस्थित हो गये हैं। भूगर्भ जल स्तर नीचे चला गया है। प्यासे मरने की स्थिति अतिशीघ्र आने वाली है। 12 प्रतिशत पक्षी, 25 प्रतिशत स्तनपायी और एक तिहाई मेंढक प्रजाति के प्राणी नष्टप्राय हैं। वनस्पति जगत् में भी यही स्थिति है। दुनिया के अधिकांश राष्ट्रराज्य बहुराष्ट्रीय कम्पनियों के सहायक हैं। वे प्राकृतिक संसाधन लूटती हैं। राज्य-व्यवस्थाएँ उन्हें सुविधा देती हैं। पृथ्वी परत दर परत घायल है। जल हिंसा का शिकार है। वायु और आकाश रासायनिक प्रदूषण से आहत हैं। जीव-जन्तु एवं वनस्पतियाँ रो रही हैं। शोषक कॉरपोरेट जगत, बहुराष्ट्रीय कम्पनियों के मठाधीश और इस लूटपाट के सहायक राजनेता आनन्दमग्न हैं। बाकी सब आहत हैं। असल में प्रकृति के अधिकतम शोषण से अधिकतम सुखोपभोग यूरोप के देशों की जीवन दृष्टि है। वन, पर्वत, नदियाँ, समुद्र वनस्पतियाँ, वायु और जल उनके लिए उपभोक्ता माल हैं। मार्क्सवादी दृष्टि में मनुष्य आदिमकाल से ही प्रकृति से संघर्षरत है। प्रकृति शत्रु है। उससे संघर्ष ज़रूरी है, लेकिन भारत की दृष्टि में वन देवता है। वनस्पतियाँ पोषणीय हैं। नदियाँ और जल माताएँ हैं। वायु देवता है। पृथ्वी माँ है, आकाश पिता है। देवी-देवताओं और माता-पिता का पूजन, संरक्षण, संवर्द्धन तथा कण-कण में दिव्यदेवत्व की अनुभूति प्रतीति भारत का सांस्कृतिक राष्ट्रदर्शन है। भारत में सांस्कृतिक राष्ट्र दृष्टि से अलगाव को धर्म की ग्लानि कहा गया।

रामचरित मानस में भी पृथ्वी की आज जैसी अकुलाहट की प्रीतिकर कथा है। तुलसी ने लिखा, 'अतिशय देखि धर्म कै ग्लानी। परम सभीत धरा अकुलानी।' वैदिक संस्कृति की छीजन से आहत पृथ्वी देवताओं के पास जाकर रोई 'निज सन्ताप सुनाएसि रोई।' तब सारे देवता ब्राह्मा के पास गये। शिव ने पार्वती से कहा कि इस शिष्टमण्डल में वे स्वयं भी थे, 'तेहि समाज गिरिजा मैं रहेऊ।' ब्रह्मा ने कहा, 'हे धरती धीरज रखो और परमतत्त्व का स्मरण करो।' ब्रह्मा ने परमतत्त्व को पुकारा। तुलसी लिखते हैं, 'गगन गिरा गम्भीर भई, हरनि शोक सन्देश।' आकाश से वाणी हुई, 'सूर्यवंश में आऊँगा और भूमि का भार खत्म करूँगा।' कथा में प्रतीक पदार्थ सौन्दर्य है। यहाँ पृथ्वी है, देवता और ब्रह्मा हैं। परमतत्त्व अदृश्य है, वह आकाश से बोलता है। देवता है। देवता संघर्ष नहीं करते। वे अर्जी लेकर भागते ही दिखाई पड़ते हैं। ब्रह्मा सर्जक हैं, पर सर्वशक्तिमान नहीं हैं। वे लोक जागरण करते हैं। परमतत्व सूर्यवंश में आता है। यूनानी दार्शनिक *ध्टालमी* ने ईसा की दूसरी सदी में पृथ्वी को ब्रह्माण्ड का केन्द्र बताया। आगे उसकी बात कट गयी। *कॉपरनिकस* ने 'डी रिवोलुशनिबस आरबियम सोयलेसटियम' में सूर्य को सम्पूर्ण ब्रह्माण्ड को केन्द्र सिद्ध किया। विश्व प्रसिद्ध गायत्री मन्त्र में वही भूर्भुवः स्वः (तीनों लोक) हैं। पश्चिमी जीवन दृष्टि ने पृथ्वी को घायल किया है। संयुक्त राष्ट्र रिपोर्टों ने बेशक ख़तरे का भयानक चित्र प्रस्तुत किया है, पर निदान क्या होगा? सन् 2000 में पेरिस में 'अर्थचार्टर कमीशन' में भी पृथ्वी संकट पर दुनिया के प्रतिष्ठित वैज्ञानिकों का तीन दिवसीय सम्मेलन हआ। प्रथम दो दिन की बैठक में पृथ्वी की रक्षा के 22 सूत्र छाँटे गये। सम्मेलन के आखिरी दिन भारतीय प्रतिनिधियों ने ऋग्वेद की पृथ्वीसूक्त की चर्चा की। अचरज था कि वैज्ञानिक तमाम माथापच्ची के बाद 22 सूत्र खोज पाये। ऋग्वेद में पृथ्वी रक्षा के सारे सूत्र पहले से मौजूद थे।

पृथ्वी संकट से निबटने के लिए भी सारी दुनिया को आज ऋग्वेद की आवश्यकता है। आदिम की जीवनपद्धति इतिहास और समाज की खोज में संलग्न दुनिया के सभी विद्वानों के सामने केवल ऋग्वेद ही प्राचीनतम ज्ञानस्रोत है। ईरान का 'अवेस्ता' ऋग्वेद के बाद का है, लेकिन भारत यूरोपीय दृष्टि का नकलची हो गया। हम सांस्कृतिक राष्ट्रभाव से हट गये। वन-उपवन कट गये। पक्षी गीत नहीं गाते। ऋतुएँ खपा हो गयीं।

वैदिक ऋषि पर्यावरण के आधारभूत तत्त्वों के जानकार थे। ऋग्वेद के पहले का आर्यावर्त प्रकृति की शक्तियों का खोजी था। उन्होंने वायु को पिता, भाई और मित्र बताया। वायु का अमरतत्त्व ऑक्सीजन है। ऋषि ने इसे नष्ट न करने की प्रार्थना की। ऋग्वेद के दसवें मण्डल में पृथ्वी की रक्षा के लिए वायु और जल के साथ औषधियों, नदी, वन, पर्वत की सुरक्षा का आह्वान

है। ऋग्वेद में ओजोन परत के लिए स्थविर 'महतउल्ब' शब्द है। यह परत पृथ्वी की संरक्षक है। 'पृथ्वी माता आकाश पिता' यह स्थापना ऋग्वेद, यजुर्वेद और अथर्व में भी है। चेतावनी है कि इन संरक्षकों को आदर दें। पृथ्वी माँ दुःखी न हों, हमें कष्ट न दें। ऋग्वेद की परम्परा आगे भी चली। यजुर्वेद में 'हे पृथ्वी समुद्र तेरा वध न करे' कहकर पर्यावरण प्रदूषण की सुनामी जैसी आपदाओं से बचने की प्रार्थना की हैं। जल संरक्षण, नदी प्रार्थना और वन संरक्षण ऋग्वेद से भरा पड़ा है। मसलन वनस्पतियाँ उपकार हैं। पीपल देवसदन है। वनस्पतियों का संरक्षण कर्तव्य है। ये नहीं तो जीवन नहीं। वैदिक वैज्ञानियों ने द्युलोक (आकाश) प्रसन्न करने के लिए यज्ञ विधि खोजी। द्युलोक वर्षा करते हैं। पृथ्वी (माँ) तृप्त होती है। यज्ञ अग्निहोत्र एक विशेष रासायनिक तकनीकी है। प्रकृति एक स्वचलित व्यवस्थ है कि प्रत्येक तत्त्व विघटित होकर अपने मूल में लिता है। ऋग्वेद के अनुसार मर जाने के बाद मनुष्य का आकाशतत्त्व आकाश में, प्राणतत्त्व वायु में, तेजतत्त्व अग्नि मं, जल तत्व जल में और पृथ्वीतत्त्व पृथ्वी में मिलता है। अग्निहोत्र के जरिये वायुमण्डल की ख़तरनाक गैसों के मध्य ऑक्सीजन और कार्बन डाईऑक्साइड का सन्तुलन बनाया जाता है।

विश्व का प्रत्येक व्यक्ति शान्ति चाहता है। शान्ति प्रकृति से लड़कर नहीं मिलती। भारत के प्रत्येक मंगल मुहूर्त में पढ़ा जाने वाला शान्ति मन्त्र पृथ्वी के संगठक तत्त्वों के प्रति सचेत श्रद्धाभाव की अभिव्यक्ति है। यजुर्वेद में प्रार्थना है, 'पृथ्वी और अन्तरिक्ष शान्त हों, जल शान्त हो, औषधियाँ और वनस्पतियाँ शान्त हों। सर्वत्र सब कुछ शान्त हो।' आज पृथ्वी अशान्त है। जल अशान्त है। वन-उपवन अशान्त हैं। पर्यावरण पर आगे बनने वाली विश्व नीति में भारत और सिर्फ़ भारत ही योग दे सकता है। शान्ति मार्ग की चर्चा भारत के पास है, लेकिन तब क्या किया जाये, जब भारत की चाभी विश्व व्यापार संगठन के पास हो।

गौरवपूर्ण एवं सन्तुलित विकास को समर्पित 'योजना' सूचना और प्रसारण मन्त्रालय के प्रकाशन विभाग की पत्रिका है। इस बहुभाषी पत्रिका के प्रधान सम्पादकीय सलाहकार *प्रो. उमाकान्त मिश्र* एवं प्रधान सम्पादक *महादेव पत्रासी* हैं। जून 2004 में प्रकाशित सम्पादकीय में पर्यावरण के प्रति जागरूकता द्रष्टव्य है :

"एक प्रसिद्ध अमेरिकी कहावत है :'पृथ्वी हमें पूर्वजों से विरासत में नहीं मिली है; इसे हमने अपने बच्चों से उधार लिया है।' आज के सन्दर्भ में यह कहावत कितनी तर्कसंगत एवं सटीक प्रतीत होती है। सच ही तो है अपनी आने वाली पीढ़ी को एक स्वच्छ, स्वस्थ और सुन्दर वातावरण देना आज हमारा पहला कर्तव्य है, क्योंकि आज हमारा पर्यावरण इतना दूषित हो चुका है कि हमारी आने वाली पीढ़ी के लिए हर कदम पर एक नयी स्वास्थ्य समस्या खड़ी होगी और यही स्थिति बरकरार रही तो मानव-समुदाय एवं अन्य जीवों का अस्तित्त्व ही संकट में पड़ जायेगा। इमारतों, सड़कों, भवनों, कारखानों आदि के बनने से एवं लगातार प्राकृतिक संसाधनों के अविवेकपूर्ण दोहन से प्रकृति में असन्तुलन पैदा होने का ख़तरा बढ़ता जा रहा है। अतः हमें पर्यावरण को प्रदूषित करने वाले कारकों पर ही अंकुश लगाना होगा ताकि आने वाली पीढ़ियाँ स्वस्थ और स्वच्छ वातावरण में पल-बढ़ सकें।

'पर्यावरण प्रदूषण' की इसी ख़तरे की घण्टी को सुनकर इस बार हमने भी 'योजना' को पर्यावरण अंक बनाया है ताकि विश्व का हरेक नागरिक ख़तरे के प्रति सावधान हो जाये और इससे बचाव के प्रयास करे एवं उपाय सोचे।

इस क्रम में आज एक और नयी समस्या खड़ी हो गयी है : **इलेक्ट्रॉनिक कूड़े-कबाड़ की। साइबर क्रान्ति की देन 'ई वेस्ट' आज पर्यावरण के लिए किसी गन्दे पानी या रसायन से भी ज़्यादा ख़तरनाक सिद्ध हो रहा है।** आई. टी. के क्षेत्र में हो रही दिन दूनी-रात चौगुनी तरक्की यो तो कल्याणकारी है, लेकिन अब ज़रूरत है इससे उत्पन्न ख़तरे की तरफ़ ध्यान देने की; यानी इलेक्ट्रॉनिक प्रदूषण से बचाव की।

हमारे वेदों में भी पर्यावरण सन्तुलन एवं महत्त्व के बारे में चर्चा मिलती है। वेदों में जल, पृथ्वी, वायु, अग्नि, वनस्पति, अन्तरिक्ष, आकाश आदि के प्रति असीम श्रद्धा प्रकट करने पर अत्यधिक बल दिया गया है। अंक में इस पर विस्तार से चर्चा की जाती है जिससे जंगली झींगी और मछली की नस्लों को नुकसान पहुँचता है और मछुआरों के जीवनयापन पर प्रतिकूल

प्रभाव पड़ता है। कुछ लोगों का मानना है कि इसके आसपास की भूमियों की उत्पादकता खारेपन के कारण कम हो रही है तथा झींगापालन से परम्परागत मछुआरे बेघर हो रहे हैं। झींगापालन के पर्यावरणीय परिणाम के बारे में अंक में रोचक जानकारी है।

हमारे देश में बहुत से ऐसे औषधीय पौधे हैं जिनका दवाइयाँ बनाने में उपयोग किया जाता है लेकिन कई औषधीय पौधों का अस्तित्त्व या तो संकट में है या वह विलुप्तावस्था के कगार पर पहुँच चुका है। ऐसी स्थिति में यह आवश्यक है कि इस धरोहर को बचाने के लिए प्रयास किये जायें। औषधीय पौधों एवं दवाओं में होने वाले इसके उपयोगों की दिलचस्प गाथा इस बार पाठक हमारे 'विज्ञान' स्तम्भ के तहत पढ़ सकेंगे।"

65

आपदा प्रबन्धन
(Disaster Management)

कई दिनों तक चूल्हा रोया, चक्की रही उदास
कई दिनों तक कानी कुतिया सोयी उनके पास
कई दिनों तक लगी भीत पर छिपकलियों की गश्त
कई दिनों तक चूहों की भी हालत रही शिकस्त
दाने आये घर के अन्दर कई दिनों के बाद
धुआँ उठा आँगन से ऊपर कई दिनों के बाद
चमक उठी घर भर की आँखें कई दिनों के बाद
कौए ने खुजलायी पाखें कई दिनों के बाद।

—नागार्जुन

आपदा चाहे प्राकृतिक हो या मानव जनित, सभी का प्रभाव एक ही होता है और वह है बड़े पैमाने पर जान-माल की हानि तथा विनाशकारी लीला जिसमें मकान, सड़क, रेल-सेवा आधारभूत संरचनाएँ (बिजली, टेलीफोन), कल-कारखाने तथा विकास आदि सभी विनाश के मुख में समा जाते हैं जिनकी भरपायी किसी भी प्रकार से सम्भव नहीं है। इनमें कुछ ऐसी आपदाएँ हैं। जिन्हें चाहकर भी नहीं रोका जा सकता। परन्तु यदि उचित प्रबन्धन किया जाये तथा लोग समय रहते सचेत हो जायँ तो इनके प्रभाव को एक सीमा तक कम किया जा सकता है। आपदा के सम्भावित क्षेत्रों की पहचान, आपदा की सम्भावना होने पर व्यापक सूचना का प्रसारण तथा ख़तरे के विषय में लोगों को अवगत कराना तथा उन सभी एजेंसियों को समय रहते सतर्क कर देना ही आपदा प्रबन्धन है। बचाव और राहत-कार्य के बीच समन्वय स्थापित करना, समय-समय पर सम्बद्ध अधिकारियों को प्रशिक्षण देना, बराबर रिहर्सल की व्यवस्था करना तथा अपराधों के विषय में जन-जागरण पैदा करना भी प्रबन्धन के अन्तर्गत आवश्यक हैं। बच्चों के पाठ्यक्रम में इन आपदाओं के कारण, प्रभाव तथा उनसे बचने के उपाय शामिल किया जाना भी आवश्यक है। इसे भी प्रबन्धन का ही कार्य माना जा सकता है।

सभी आपदाएँ एक जैसी नहीं होतीं। उनके प्रभाव भी अलग-अलग होते हैं तथा उसके लिए किये जाने वाले राहत और बचाव-कार्य भी अलग-अलग होते हैं। अतः इन सभी पहलुओं को ध्यान में रखते हुए पूर्व की जाने वाली तैयारी की अत्यन्त आवश्यकता है। इसके लिए प्रशासन को सदा सचेत तथा तैयार रहना चाहिए। राष्ट्रीय स्तर पर इसके लिए कार्य-योजना

का निर्माण आवश्यक है। देश के कई राज्यों में आपदा प्रबन्धन प्लान तथा सम्बन्धित नीति-निर्धारण किया गया है, परन्तु उसकी सक्षमता पर प्रश्नचिह्न उठाये जाते रहे हैं। राष्ट्रीय स्तर पर ऐसी योजना तथा नीति इन कमियों को दूर कर सकते हैं।

तैयारी एवं शमन (Preparedness and Mitigation)

आपदा कभी भी सूचना देकर नहीं आती। अकस्मात् आपदा आने पर प्रशासन यह तय नहीं कर पाता कि उसे क्या करना है। अतः आपदा प्रबन्धन का प्रथम चरण आपदा से बचने तथा निपटने की तैयारी तथा ऐसे प्रयास जो आपदा की प्रभाविकता को यथासम्भव कम कर सकें। उसके लिए निम्नलिखित कदम उठाये जा सकते हैं :

आपदा मानचित्रण (Disaster Mapping)

आपदा प्रबन्धन का यह महत्त्वपूर्ण कदम है। यह सही है कि आपदा कहीं भी आ सकती है। पर कुछ आपदाएँ ऐसी होती हैं जिनका सम्भावित क्षेत्र लगभग निश्चित होता है। उदाहरण के लिए, बाढ़ मैदानी भाग में तथा नदियों के कछारी क्षेत्र में आ सकती है। भूकम्प के नवीन पर्वतीय क्षेत्रों में या प्लेटों के सीमान्त पर या ज्वालामुखी क्षेत्र में आने की सम्भावना अधिक रहती है। सुनामी का प्रभाव द्वीपों तथा देश के तटीय भाग में ही हो सकता है। पर्वतीय भाग या पठारों के तीव्र ढाल वाले क्षेत्र में भू-स्खलन की सम्भावना अधिक होती है। अतः इनके सम्भावित क्षेत्रों की पहचान तथा उस क्षेत्र का विस्तृत मानचित्रण अत्यावश्यक है। आपदा आने पर चित्र की सहायता से आपदा सम्बन्धी सूचनाओं से काफ़ी मदद मिलने की सम्भावना होती है। इसकी सहायता से बचाव तथा राहत-कार्य तरीके से किये जा सकते हैं।

आपदा मानचित्रण एक ऐसा साधन (Tool) है जिससे आपदा सम्बन्धी सूचनाओं का मूल्यांकन (Assessment), एकीकरण (Storing) तथा सूचना-प्रसारण सम्भव है। साथ ही इससे यह भी पता चल सकता है कि आपदा से कितने क्षेत्र प्रभावित हो सकते हैं। भारत जैसे देश में प्रत्येक वर्ष आपदाएँ किसी-न-किसी रूप में आती रहती हैं, जैसे— बाढ़-चक्रवाती तूफ़ान, जिनकी बारम्बारता बहुत अधिक है, भूकम्प आदि। मानचित्र की सहायता से ऐसी आपदा वाले क्षेत्र की पहचान तथा उस क्षेत्र की सारी सूचनाएँ मानचित्र द्वारा प्रदर्शित की जा सकती हैं। समय-समय पर उनके द्वारा होने वाली हानि (Damage), प्रभावित जनसंख्या तथा भविष्य में इसकी सम्भावना आदि का ज्ञान भी मानचित्र के द्वारा सम्भव है। इससे न केवल आपदा की सम्भावना की पूर्व तैयारी बल्कि बचाव और राहत-कार्य में तेज़ी लायी जा सकती है।

आपको यह विदित होना चाहिए कि आँकड़े/सूचनाएँ एकत्रित कर उन्हें सुरक्षित स्थान एवं समय-समय पर उनमें सुधार (Retrieval) की तकनीकी एवं वैज्ञानिक विधि तेज़ी से विकसित हुई है जैसे GIS, इन विधियों का उपयोग कर मानचित्र का निर्माण अत्यन्त लाभकारी सिद्ध हो रहा है।

भविष्य, पुर्वानुमान एवं चेतावनी (Prediction, Forecasting and Warning)

विभिन्न लक्षणों तथा सूचनाओं के आधार पर आपदाओं की भविष्यवाणी तथा पूर्वानुमान किया जाता रहा है तथा इन्हीं के आधार पर चेतावनी भी दी जाती रही है। हमेशा तो नहीं, पर कभी-कभी भविष्यवाणी या पूर्वानुमान सही भी पाया गया है, जबकि आज विश्व में तकनीकी एवं वैज्ञानिक ज्ञान तेज़ी से बढ़ा है, आपदाओं के विषय में अधिक सही भविष्यवाणी तथा पूर्वानुमान किया जा सकता है। ऐसा होने पर लोग समय रहते सचेत किये जा सकते हैं तथा बचाव की तैयारी की जा सकती है। आपदा आने के उपरान्त भी तेज गति से राहत और बचाव-कार्य किया जा सकता है। अतः इन प्रणालियों को और अधिक विकसित करने की आवश्यकता है। सजग तथा सचेत रहने पर न केवल प्राकृतिक आपदा बल्कि मानवजनित आपदा के प्रभाव को भी कम किया जाना सम्भव है।

आपदा से निपटने के लिए निरन्तर मॉक ड्रिल (Mock Drill), रिहर्सल तथा बचाव एवं राहत-कार्य के लिए उपकरणों का आधुनिकीकरण एवं कार्य-प्रणाली के सुधार में निरन्तरता अत्यावश्यक है।

आपदा प्रबन्धन में एक ओर जहाँ भविष्यवाणी महत्त्वपूर्ण है, उससे अलग कदम पूर्वानुमान है। पूर्वानुमान ठोस वैज्ञानिक सिद्धान्तों (Sound Scientific Principles) और प्रचलित प्रामाणिक तकनीकों (Operationally Proved Technique) पर आधारित होना चाहिए। यह कार्य किसी प्राधिकृत संस्थाओं (Authorised Institutions) या उन प्राधिकृत व्यक्तियों की सहायता से किया जा सकता है जो न केवल ऐसे कार्यों में दक्ष (Competent), विश्वसनीय तथा उत्तरदायी (Responsible and Accountable) हैं। पूर्वानुमान प्रभावी हो इसके लिए पूर्वानुमान की सूचना साफ़ शब्दों में होनी चाहिए तथा उसका सम्बन्धित अधिकारियों के पास प्रेषण तीव्र गति से होना चाहिए ताकि त्वरित कार्रवाई की जा सके।

एक बार जब किसी आपदा का पूर्वानुमान उपलब्ध होता है तो उसकी गम्भीरता को समझकर निश्चित क्षेत्र (Specific Area) में निश्चित समय (Specific Time) पर चेतावनी देना आवश्यक है। यह चेतावनी शीघ्रातिशीघ्र उन तक पहुँचना आवश्यक है जिन्हें उस पर कार्य (User-specific) करना है। चूँकि चेतावनी के आधार पर कार्य करने वालों का क्षेत्र अलग-अलग होता है अतः उसके लिए इसका महत्त्व भी अलग-अलग है। उदाहरण के लिए, जनता के लिए सामान्य चेतावनी (General Warning) पर्याप्त है। परन्तु जिन्हें इस चेतावनी पर कार्रवाई करनी है उन्हें चेतावनी के साथ निर्देश (Warning with Direction) भी दी जानी चाहिए। सामान्य जनता इस प्रकार की चेतावनी का लाभ उठाकर सतर्क हो सकती है। आपदा से निपटने के लिए तैयार हो सकती है तथा सुरक्षित स्थानों पर जाकर शरण ले सकती है। बाढ़, चक्रवाती तूफान, सुनामी आदि की चेतावनी से सैकड़ों लोगों, मवेशियों आदि की जान बचायी जा सकती है। यह समझ लेना चाहिए कि चेतावनी का कोई महत्त्व नहीं है यदि यह सही लोगों तक सही समय तक नहीं पहुँचती। अतः चेतावनी अवस्था (Warning Stage) में सूचनाओं का द्रुत-संचार गति (Quick communication) से पहुँचना अत्यावश्यक है।

आपदा उपक्रम योजना (Disaster Preparedness Plan)

आपदा प्रबन्धन में आपदा से निपटने के लिए तैयारी का होना अत्यावश्यक है परन्तु ऐसी तैयारी सुनियोजित तथा योजनाबद्ध तरीके से होनी चाहिए और तभी यह लाभकारी हो सकता है। आपदा योजना की अवधि कम तथा लम्बे (Short term and Long term) दोनों हो सकती है जो उद्देश्यों की पूर्ति सही ढंग से कर सके। इसके अन्तर्गत उपयुक्त संस्थात्मक संरचना (Organisational Structure) का संगठन जो आपदा का प्रभावी ढंग से सामना (Tackle Effectively) करना, तैयारी का मापदण्ड (Preparedness Measurement), संचार प्रणाली (Communication System), चेतावनी की व्यवस्था (Warning Arrangement), सामुदायिक आपदा संचालन (Community Disaster Operation), योजनाओं का कार्यान्वयन (Inplementation of Plans), आपदा के बाद की समीक्षा (Post Disaster Review), प्रशिक्षण तथा लोगों में जागरूकता (Training and Public Awareness) को सम्मिलित किया जाता है।

यह सर्वविदित है कि आपदा सामान्य जीवन को बुरी तरह अस्त-व्यस्त कर देती है। इससे जान-माल की इतनी अधिक हानि होती है कि लोगों का सामान्य आर्थिक एवं सामाजिक जीवन अशान्त हो उठता है। इसमें लोग तथा प्रशासन दोनों इतने घबरा जाते हैं कि वे उचित कदम उठाने में असमर्थ हो जाते हैं। परिणामस्वरूप राहत-कार्य में असावधानी और देरी होने लगती है। ऐसी दशा में पूर्व नियोजित एवं योजनाबद्ध तरीके से किये जाने वाले कार्य बहुत लाभकारी होते हैं। प्रशासन के अन्तर्गत अनेक संस्थाएँ होती हैं जो उनके निर्देश पर तुरन्त हरकत में आकर सही दिशा में कार्य कर सकती हैं। इससे राहत और बचाव-कार्य न केवल सुचारू रूप से होता है बल्कि पीड़ित लोगों का मनोबल भी बढ़ता है।

आपदा प्रबन्धन की योजना आपदा के पूर्व की दशाओं में भी हितकर होती है। ऐसी योजना अधिकारियों के लिए दिशा-निर्देश का काम करती है तथा बहुमूल्य समय की बचत होती है। ऐसी योजना नहीं होने पर उच्च अधिकारियों से विचार-विमर्श कर दिशा-निर्देश प्राप्त करना पड़ता है तथा तब तक काफ़ी हानि हो चुकी होती है।

राष्ट्रीय तथा अन्तर्राष्ट्रीय स्तर पर ऐसा देखा गया है कि जहाँ पूर्व-नियोजित योजनाएँ नहीं हैं या योजनाएँ अपर्याप्त हैं। वहाँ आपदा से अधिक हानि हुई है। पूर्व-निर्धारित योजनाओं से बहुत सारे लोगों की जीवन-रक्षा सम्भव हुई है और इसके

अनेक प्रमाण मिलते रहे हैं। आपदा उपक्रम योजना वास्तव में ऐसे निर्देश हैं जिनका आपदा के पूर्व, आपदा के दौरान तथा आपदा के बाद भी पालन किया जाना चाहिए। इसमें उन वस्तुओं की सूची होती है जिनकी आवश्यकता आपदा के समय पड़ती है। इसमें यह भी स्पष्ट होता है कि कौन-सी वस्तुएँ एवं उपकरण किनके संरक्षण में हैं तथा उसके उपयोग करने तथा उपलब्ध कराने का दायित्व किन पर है। यह अस्थायी, शरणास्थली (Shelter) की स्थिति से भी अवगत कराता है तथा समय पड़ने पर यहाँ किन-किन संस्थाओं से सहायता पहुँच सकती है। इससे किसी तरह की अनिश्चितता नहीं होती तथा अधिकारी इसके आधार पर काम कर सकते हैं। ऐसी योजनाओं में कुछ लम्बी अवधि की योजनाएँ भी होती हैं जैसे नदी के तटीय भाग में बाँध का निर्माण, घरों का पुनर्निर्माण, संचार प्रणाली को व्यवस्थित करना, राहत-शिविरों का निर्माण इत्यादि। इसके लिए यह आवश्यक है कि ऐसी योजनाएँ आवश्यकता को ध्यान में रखकर बनायी जानी चाहिए।

आपदा प्रबन्धन के लिए भूमि उपयोग का क्षेत्रीकरण (Land use Zoning for Disaster Management)

आपदा प्रबन्धन के लिए भूमि-उपयोग का क्षेत्रीकरण अत्यावश्यक है। भूमि उपयोग की सही योजना तथा क्षेत्रीय अधिनियम (Regulation) सही ढंग से पालन न केवल आपदा को रोकने में सहायक होता है, बल्कि उससे होने वाली जान-माल की हानि को भी कम करता है।

सम्भावित आपदा क्षेत्र में तेज़ी से बढ़ती जनसंख्या तथा उनका क्षेत्रीय फैलाव के कारण दिन-प्रतिदिन आपदा से उत्पन्न संकट में वृद्धि की आशंका बढ़ती जा रही है। इसमें कोई शक नहीं है कि आपदा आने पर घने बसे क्षेत्र में जान-माल की सबसे अधिक हानि होती है। जीविका के लिए यहाँ लोग विभिन्न प्रकार के व्यवसाय में लगे रहते हैं, कल-कारखानों एवं छोटे-बड़े उद्योगों को स्थापित करते हैं तथा आवास के लिए बड़े-बड़े भवनों का निर्माण करते हैं। इससे सम्भावित आपदा क्षेत्र की समस्या और भी गम्भीर हो जाती है। अतः आवश्यक है कि आपदा की गम्भीरता को ध्यान में रखते हुए भूमि-उपयोग का निर्णय लिया जाना चाहिए। दूसरे शब्दों में, सम्पूर्ण क्षेत्र को खण्डों में विभाजित कर अलग-अलग खण्डों के लिए सही उपयोग का निर्णय लिया जाय।

समाज में जागरूकता (Awareness in Community)

आपदा से जो प्रभावित होते हैं वही आपदा के प्रभाव को कम करने में भी सहायक होते हैं। अतः इस बात की आवश्यकता है कि लोगों को तीन बातों से अवगत कराया जाय—(i) सही सूचना (Information), (ii) शिक्षा (Education) तथा (iii) संचार (Communication)। इसे संक्षेप में IEC कहा जाता है।

(i) सही सूचना (Information) : आपदा निवारण के लिए सूचना का भारी महत्त्व है। सूचना का अर्थ है लोगों को आपदा के आँकड़ों का ज्ञान जिनके आधार पर सही दृष्टिकोण अपना सकें तथा सही ढंग से आपदा का पूर्वानुमान कर उससे लड़ने के लिए अपने को तैयार कर सकें। यदि लोगों को सही सूचना रहेगी तो वे आसानी से समझ सकेंगे कि आपदा कब, कहाँ, कैसे और कितनी प्रभावी होगी। ये आपदाओं की सम्भावना से भी परिचित हो सकेंगे तथा यह जान सकेंगे कि उन्हें कितना ख़तरे का सामना करना पड़ेगा। इस तरह सूचना से लोगों को वास्तविकता का ज्ञान होता है।

(ii) शिक्षा (Education) : आपदा की सूचना ही लोगों के लिए पर्याप्त नहीं होती, शिक्षा भी इसके लिए अत्यन्त आवश्यक है शिक्षा लोगों में जागृति (Awakening) पैदा करता है। शिक्षा केवल ख़तरे की जानकारी नहीं देती बल्कि यह सिखाती है कि आपदा के समय एक व्यक्ति विशेष तथा व्यक्ति समूहों को क्या करना चाहिए। आपदा के समय एक व्यक्ति विशेष की क्या भूमिका होनी चाहिए तथा वे दूसरे लोगों को आपदा का सामना करने के लिए किस प्रकार प्रेरित करें। शिक्षा आपदा को समझने में सहायक होते हैं तथा उससे लोगों को इस बात का ज्ञान होता है कि आपदा की उत्पत्ति के क्या कारण हैं। आपदा के समय उन्हें क्या करना चाहिए या फिर क्या नहीं करना चाहिए। शिक्षा या शिक्षण की विधि लक्ष्य समूहों

(Target Groups) पर निर्भर करता है। अंतः शिक्षा की रूपरेखा-शिक्षण-सामग्री तथा शिक्षण-विधि आदि स्थानीय आवश्यकताओं को ध्यान में रखकर उपलब्ध कराया जाना चाहिए, जो सभी लोगों को मान्य हो, लोग समझ सके, आकर्षक हो तथा लोगों में प्रेरणा तथा भाईचारे का संचार कर सकें। ऐसा होने पर ही शिक्षा को पूर्ण माना जा सकता है।

(iii) संचार (Communication) : संचार का अर्थ व्यक्ति विशेष या दो या दो से अधिक समूहों में सूचना का आदान-प्रदान। यह शिक्षा या फिर आकस्मिक प्रबन्धन (Education as well as emergency management) दोनों पर लागू होता है। शिक्षा तथा तैयारी के सन्दर्भ में संचार समुदायों में आपदा से उत्पन्न ख़तरे के विषय में ज्ञान का आदान-प्रदान का माध्यम है। यह विधि एक ऐसी प्रणाली है जिसमें सूचना-प्रवाह (Flow of Information) किसी ज्ञान स्रोत (Knowledgeable source) से लोगों तक निरन्तर पहुँचता रहता है। उस विधि से आपदा के पूर्वानुमान में सहायता मिलती है तथा लोग समय से पूर्व सचेत हो जाते हैं।

एक बार आपदा आ गयी तो ऐसी अवस्था में संचार की भूमिका अहम् हो जाती है और यह खोज तथा बचाव कार्यों में सहायता प्रदान करता है। यह अधिकारी तथा आपदा क्षेत्र में कार्यरत लोगों के बीच समन्वय स्थापित करता है। यह लोगों के राहत के विषय में जैसे, भोजन, दवाइयाँ, कपड़े आदि की जानकारी पहुँचाता है। किस क्षेत्र में क्या-क्या कार्य हो रहे हैं इसकी जानकारी संचार विधि से आसानी तथा शीघ्रता से सम्बन्धित अधिकारियों तक पहुँचती है। बाहर से सूचना के आदान-प्रदान की अपेक्षा यह अधिक सरल तथा द्रुतगामी होता है। अतः आवश्यक है कि आपदा प्रबन्धन के लिए संचार व्यवस्था का सुदृढ़ होना अति आवश्यक है। संचार व्यवस्था में मीडिया की भी भूमिका अहम् मानी जाती है।

आपदा न्यूनीकरण (शमन) (Disaster Mitigation)

इसके अन्तर्गत वे सारे उपाय आते हैं जो आपदा से उत्पन्न संकट की गम्भीरता को कम करते हैं। यह सर्वविदित है कि आपदा चाहे वह प्राकृतिक हो या मानवजनित दोनों के कारण बड़े पैमाने पर जान-माल की हानि होती है। आपदा सामान्य जीवन प्रणाली तथा आवश्यक सेवाओं को ध्वस्त कर देती है। मानवीय दुःखों में वृद्धि करती है, नयी-नयी कठिनाइयाँ उत्पन्न करती है तथा देश के आर्थिक ढाँचे को तहस-नहस कर देती है।

आपदा प्रबन्धन का मुख्य उद्देश्य उन उपायों से है जिनसे आपदा के प्रभाव को कम किया जा सके। इसके अन्तर्गत आपदा आने के पूर्व की तैयारी निहित है तथा ऐसे उपायों से है जो लम्बे समय तक इससे उत्पन्न संकट को घटाने में सहायक हो सकता है। तैयारी के फलस्वरूप आपदा आने पर त्वरित कार्रवाई की जा सकती है तथा प्रभाव को कम किया जा सकता है। आपदा के प्रभाव को कम करने के लिए प्रभावित क्षेत्र के आधार पर योजना बनाने की आवश्यकता है।

आपदा न्यूनीकरण (Mitigation) के अन्तर्गत ख़तरे का मूल्यांकन तथा वैज्ञानिक विश्लेषण (Scientific Analysis) सामाजिक, आर्थिक, वैधानिक तथा तकनीकी प्रक्रियाओं का मूल्यांकन और प्रशासनिक और राजनीतिक क्रियाएँ आती हैं।

आपदाएँ अलग-अलग प्रकार की होती हैं तथा सभी में जान-माल की क्षति होती है। पर उनकी प्रकृति एक जैसी नहीं होती। हानि के कारण भी अलग-अलग होते हैं। उदाहरण के लिए, भूकम्प में 90 प्रतिशत तक मरने वालों की संख्या मकान के गिरने से होती है जबकि बाढ़ में मरने वालों की संख्या डूबने से होती है। अतः आपदा को कम करने के प्रयास में इन बातों पर ध्यान देना आवश्यक है। किसी भी आपदा में मानव जीवन की सुरक्षा को प्राथमिकता दी जानी चाहिए और इसके बाद मवेशियों और जानवरों की। इसके बाद ही फसलें, मूल-भूत संरचना और अन्य बातों पर ध्यान देने की आवश्यकता है। परन्तु प्राथमिकता तय करने में इस बात पर ध्यान देने की आवश्यकता है कि आपदा से सबसे अधिक क्षति किसे पहुँचती है।

आपदा न्यूनीकरण के कई उद्देश्य हैं जिनमें निम्नलिखित प्रधान हैं :

(i) लोगों के बीच आपदा से उत्पन्न संकट से परिचित कराना।

(ii) ऐसे संकट को कम करने के लिए स्थानीय क्रियाएँ जो लोगों के सामूहिक भागीदारी से ही आवश्यक है।

(iii) आपदा सम्भावित क्षेत्र के लिए राष्ट्रीय और प्रादेशिक नियोजन में ऐसे उपायों को शामिल करना जो आपदा के प्रभाव को कम कर सके।

(iv) ऐसे अधिकारियों को (राजनीतिक एवं प्रशासनिक) जिन्हें निर्णय लेने का अधिकार है उन्हें सहायता प्रदान करना ताकि वे आपदा के विभिन्न पहलुओं से ठीक तरह से परिचित हों तथा समय आने पर उपयुक्त कार्रवाई कर सकें।

(v) अधिकारियों तथा व्यक्ति-समूहों को प्रयोग द्वारा प्रशिक्षित करना कि आपदा आने पर किस प्रकार कार्य किये जा सकते हैं तथा उचित निर्णय लिये जा सकते हैं।

(vi) आपदा को कम करने के विभिन्न उपायों का, जो आपदा योजनाओं में निर्धारित है उन्हें कारगर ढंग से लागू करना ताकि हानि कम हो और लोगों का आत्म-विश्वास बढ़े।

संक्षेप में आपदा के न्यूनीकरण में समाज, समुदाय, प्रशासक, राजनीतिज्ञ और निर्णय लेने वाली संस्थाओं की भागीदारी अति आवश्यक है। आपदा न्यूनीकरण के सम्बन्ध में बनायी गयी योजनाओं का राष्ट्रीय तथा प्रादेशिक योजनाओं में शामिल किया जाना आवश्यक है।

राहत-कार्य (Relief Measures)

यह आपदा प्रबन्धन का दूसरा चरण है। किसी भी आपदा के उपरान्त राहत-कार्य का महत्त्व सबसे अधिक बढ़ जाता है। इस चरण में खोज, बचाव प्रभावित क्षेत्र से लोगों को निकालना, आपदा पीड़ितों के लिए आश्रय की व्यवस्था, मवेशियों और अन्य जानवरों के लिए राहत की व्यवस्था, मलबों को हटाने का काम, मृत लोगों और जीवों के निष्पादन, अग्नि-शमन तथा हानि का मूल्यांकन आवश्यक हो जाता है।

खोज, बचाव तथा निष्पादन (Search, Rescue and Execution)

किसी भी आपदा के तुरन्त बाद सबसे महत्त्वपूर्ण कार्य राहत-कार्य होता है विशेषकर उस अवस्था में जब प्रभावित लोगों की संख्या बहुत अधिक हो तथा प्रस्तावित क्षेत्र के विषय में पूर्ण ज्ञान नहीं हो ऐसी अवस्था में तीन कदम काफ़ी महत्त्वपूर्ण हैं जैसे– वैसे लोगों की खोज जो मलबे आदि में दब गये हैं या फँस गये हैं जिनसे वे आसानी से नहीं निकल सकते। दूसरा जो घटना के कारण प्रभावित हुए हैं, उन्हें बचाना, सुरक्षित स्थान पर पहुँचाना, भोजन एवं चिकित्सा की व्यवस्था करना आदि। तीसरा कदम यह है कि आपदा प्रभावित क्षेत्र से लोगों को निकालकर सुरक्षित स्थान पर पहुँचाना जहाँ उन्हें भोजन, पेयजल तथा अन्य आवश्यक वस्तुएँ उपलब्ध हों। एक समाचार-पत्र में प्रकाशित तथ्य ध्यातव्य है :

बाढ़ के पानी से चौतरफा घिरे लोगों को बचाव के लिए उम्मीद की कोई मंजिल मिलती नज़र नहीं आती। एक तरफ़ सैलाब का संकट तो दूसरी तरफ़ अंतड़ियों को मरोड़ती पेट की भूख। सूखते कंठ को तर करने के लिए पानी की एक बूँद भी नसीब नहीं। आसमान में उड़ते उड़नदस्तों से रोटियों की जगह सफेद टोपियाँ नजर आती हैं। ऊपर से आश्वासनों की बोरियाँ टपकती भी हैं तो भूखे पेट के हिस्से एक निवाला तक नहीं आता। उन्हें इस प्रलय से सुरक्षित निकालने की मुकम्मल व्यवस्था तक नहीं हो सकी है। राहत व बचाव का सरकारी इन्तजाम 5वें दिन भी नाकाफ़ी है। छतों और ऊँचे स्थानों पर शरण लेकर लोग प्रकृति के प्रकोप से पनाह माँग रहे हैं।

पीड़ितों के लिए आश्रय (Shelter for Victims)

आपदा के उपरान्त पीड़ितों के लिए सही तथा सुरक्षित आश्रय अत्यावश्यक है जहाँ प्रभावित लोगों को रखा जा सके। इसके लिए कई बातों का होना आवश्यक है। आश्रय सुरक्षित स्थान पर होना चाहिए जहाँ पीड़ित लोग सुरक्षा महसूस कर सकें। इन आश्रयों में भोजन की व्यवस्था सुरक्षित, पेयजल, आवश्यक वस्त्र, दवाइयाँ, शौचालय तथा सोने की उचित व्यवस्था होनी चाहिए। इसके साथ यह भी आवश्यक है कि ऐसे आश्रय आसानी से पहुँचाये जा सकें। यूँ तो आश्रय मुख्यतः अस्थायी होते

हैं पर ज्यों ही आपदा का प्रकोप कम होता है, लोग अपने घरों को लौटने लगते हैं। पर कभी-कभी स्थायी आश्रयों की भी ज़रूरत पड़ सकती है। अतः आपदा प्रभावित क्षेत्र में दोनों की व्यवस्था आवश्यक है।

मवेशियों के लिए राहत (Relief for Livestock)

भारत जैसे देश में मवेशी अर्थव्यवस्था के आधार माने जाते हैं। अतः आपदा के उपरान्त उनके लिए भी राहत उतनी ही महत्त्वपूर्ण है जितनी मनुष्य के लिए। मवेशियों के लिए भी उन्हें सुरक्षित स्थान पर पहुँचाना तथा उनके लिए चारा की व्यवस्था अत्यावश्यक है। उनके लिए पशु-चिकित्सक की सेवा ज़रूरी है। ग्रामीण जीवन के आर्थिक आधार होने के कारण इनकी सुरक्षा, राहत और बचाव उतना ही आवश्यक है जितना मानव प्राणी के लिए।

मलबों की सफाई तथा मृत जीवों का निष्पादन (Clearance of Debris and Disposal of the Dead)

आपदा का मुख्य प्रभाव जान-माल की हानि है। इसके कारण अनेक मकान नष्ट हो जाते हैं तथा सभी जगह मलबे बिखर जाते हैं। इन मलबों के कारण राहत और बचाव कार्य बुरी तरह प्रभावित होता है। सड़कों पर मलबों के भर जाने से वाहन घरों तक नहीं पहुँच पातें। पीड़ितों को निकालकर सुरक्षित स्थानों तक पहुँचाना कठिन हो जाता है। मलबों के हटाये बिना राहत और बचाव सम्भव नहीं है। अतः इनके हटाने का काम प्राथमिकता के आधार पर होना चाहिए।

आपदा के बाद दूसरी बड़ी समस्या मृतकों के शव का निष्पादन है। मृतकों में लोगों के अतिरिक्त मवेशियों और जानवारों की भी भारी संख्या होती है। मृतक का शव कुछ ही घण्टों में सड़ने-गलने लगता है यदि इसका तुरन्त निष्पादन नहीं किया गया तो दुर्गन्ध के साथ-साथ अनेक बीमारियाँ फैलने लगती हैं जो महामारी का रूप धारण कर सकती हैं। अतः बचाव और राहत-कार्य के साथ-साथ शवों का निष्पादन उतना ही ज़रूरी है। आपदा प्रबन्धन में इसकी समुचित सुविधा अत्यावश्यक है।

अग्नि दुर्घटना पर नियन्त्रण (Control of fire)

प्रायः यह देखा गया है किसी भी प्रकार की आपदा आने पर आग लगने की समस्या भी उत्पन्न हो जाती है। अगर चाहे तो बिजली के तारों के लघुपथन (Short Circuit) के कारण, गैस के रिसाव के कारण, विस्फोट के कारण या फिर अन्य कारणों से भी आग लग सकती है। अगर इस पर नियन्त्रण नहीं पाया गया तो समस्या और गम्भीर हो सकती है। अतः बचाव और राहत-कार्य के साथ अग्नि-शमन की उचित व्यवस्था भी ज़रूरी है। अलग-अलग कारणों से लगने वाली आग साधारण तथा परम्परागत तरीके से नहीं बुझाई जा सकती है। अतः अग्नि-शमन दस्तों का आधुनिकीकरण बहुत ज़रूरी है। आज इस दिशा में ऐसी-ऐसी तकनीकों का विकास हो चुका है जिससे आग पर काबू पाया जा सके। आपदा प्रबन्धन में इसकी व्यवस्था अन्य की भाँति अत्यन्त ज़रूरी है। अग्नि-शमन दस्ते को हमेशा सतर्क (Alert) रहना चाहिए तथा सूचना मिलते ही कार्य में जुट जाना चाहिए।

क्षति का मूल्यांकन (Assessment of Damage)

ऐसा माना गया है कि आपदा के बाद अगले 2-3 दिनों में बचाव तथा राहत-कार्य महत्त्वपूर्ण होते हैं। उसके तुरन्त बाद आपदा से होने वाली क्षति का मूल्यांकन आवश्यक है जिससे आपदा प्रभावित क्षेत्रों का जनजीवन तथा आर्थिक कार्य-कलाप सामान्य हो सके। इसके लिए कोई भी योजना नहीं बनायी जा सकती जब तक हानि का मूल्यांकन नहीं हो जाता। मूल्यांकन दो बातों के लिए आवश्यक है :

(i) आकस्मिक राहत कार्यों के लिए उसका तुरन्त मूल्यांकन होना चाहिए ताकि उचित मात्रा में भोजन तथा दवाइयों आदि की व्यवस्था की जा सके।

(ii) क्षतिग्रस्त क्षेत्रों में पुनर्निर्माण तथा पुनर्वास की व्यवस्था की जा सके। इसके लिए विस्तृत मूल्यांकन ज़रूरी है जिसमें कई दिनों का समय लग सकता है।

क्षति के मूल्यांकन का मुख्य उद्देश्य निम्नलिखित है :

(i) शीघ्रता से मूल्यांकन जिससे आपदा के प्रभाव का सही ज्ञान हो सके तथा उसी के अनुसार बचाव और राहत-कार्य सम्पादित करने में सुविधा हो सकती है।

(ii) इसके आधार पर ही राहत-कार्य का निर्णय लिया जाता है तथा इसके लिए ख़र्च का सही आकलन तैयार करने में सुविधा होती है।

(iii) लम्बी अवधि की पुनर्निर्माण तथा पुनर्वास की योजना तैयार करने में इससे सहायता मिलती है।

(iv) इससे फोकस क्षेत्र (Focus Area) की पहचान में सहायता मिलती है ताकि वहाँ राहत और बचाव कार्य तेज़ी से किया जा सके।

संक्षेप में, क्षति का मूल्यांकन एक महत्त्वपूर्ण अस्त्र है जिसके द्वारा यह निश्चित होता है कि कितने क्षेत्र इससे प्रभावित हुए हैं तथा उनका प्रभाव जनजीवन पर कितना पड़ा है। आपदा प्रबन्धन के लिए यह एक महत्त्वपूर्ण आधार प्रदान करता है। परन्तु यह अत्यन्त आवश्यक है कि मूल्यांकन की विधि ऐसी हो जिसमें त्रुटि की सम्भावना कम-से-कम हो, अन्यथा सारा प्रयास बेकार हो जायेगा तथा कार्य करने और योजना बनाने में कठिनाई उत्पन्न होगी। इसके लिए निम्नलिखित बातों पर ध्यान दिया जाना चाहिए :

(i) सूचना की आवश्यकता और उसकी पहचान तथा विश्वसनीय आँकड़ों के स्रोत,

(ii) आँकड़ों के एकत्रीकरण (Collection of Data)

(iii) आँकड़ों की व्याख्या (Interpretation) तथा विश्लेषण (Analysis)

(iv) रिपोर्ट तैयार करना (Report Writing)

(v) निष्कर्ष (Conclusion), तथा

(vi) योजना पदाधिकारी तथा निर्णय लेने वाले पदाधिकारी (Planners & Decision Maker) के लिए की गयी अनुशंसा (Recommendation)

सामुदायिक स्वास्थ्य एवं दुर्घटना प्रबन्धन (Community Health and Casualty Management)

आपदा के कारण बहुत सारे लोग हताहत हो जाते हैं तथा स्वास्थ्य से सम्बन्धित अनेक समस्याएँ उत्पन्न हो जाती हैं। अतः राहत और बचाव-कार्य के अतिरिक्त आपदा के कारण हताहत लोग तथा लोगों की स्वास्थ्य सम्बन्धी समस्याओं पर तुरन्त ध्यान देना राहत और बचाव-कार्य से कम महत्त्वपूर्ण नहीं है। इसको सम्पादित कर हजारों लोगों की जानें बचायी जा सकती हैं। इसमें निम्नलिखित बातों पर ध्यान देना आवश्यक है :

1. आपदा की अवधि में सामुदायिक व्यवस्था (Community Planning During Disaster)

आपदा की घटना आकस्मिक होती है। यदि सम्भावित आपदा की तैयारी पहले से नहीं की गयी तो मनुष्यों और जानवरों के जीवन को भारी क्षति पहुँच सकती है। इससे कहीं अधिक लोग घायल हो जाते हैं जिन्हें तुरन्त चिकित्सा की आवश्यकता पड़ती है, अनेक घर ध्वस्त हो जाते हैं तथा सम्पत्ति का भी भारी नुकसान होता है।

आपदा किसी प्रकार की क्यों न हो, सभी में लोगों को ही इसकी विभीषिका को झेलना पड़ता है। आपदा के प्रथम कुछ घण्टे या दिन सबसे अधिक कठिन होते हैं तथा जब तक राहत नहीं पहुँचती लोग लाचारी का अनुभव करते हैं। कुछ लोगों की मृत्यु हो जाती है जिन्हें समय पर चिकित्सा की व्यवस्था होने पर बचाया जा सकता था।

आपदा के कारण भारी संख्या में लोगों की जानें जाती हैं। इसके मुख्य कारण, घायल होना, डूब जाना, बिजली का आघात आदि होता है। बहुत सारे लोग सफाई की उचित व्यवस्था न होने के कारण जैसे स्वच्छ जल आपूर्ति, मल-मूत्र-निष्पादन प्रणाली, भोजन की कमी, विद्युत् आपूर्ति में बाधा, दूर-संचार की अव्यवस्था और सड़क तथा रेल-मार्ग के बाधित होने से लोग रोगग्रस्त

हो जाते हैं। कभी-कभी सरकारी तथा निजी सम्पत्ति की भी भारी हानि होती है। मरे हुए मवेशी, घरेलू जानवर (Pets) और वन्य प्राणी समस्या में भारी वृद्धि करते हैं। अतः आवश्यकता इस बात की है कि ऐसी समस्याओं के विषय में पूरी जानकारी हो तथा इन्हें यथासम्भव रोका या कम किया जा सकता है।

2. आकस्मिक स्वास्थ्य चिकित्सा (Emergency Health Treatments)

किसी भी प्रकार की आपदा क्यों न हो, वह अपने पीछे डर, आतंक, अपंगता, बीमारी तथा मृत्यु छोड़ जाती है। इससे होने वाली मृत्यु तथा रोग का अनुपात आपदा के परिणाम तथा प्रभाविकता पर निर्भर करता है। आपदा से होने वाली क्षति कई बातों पर निर्भर करती है, जैसे—यह स्थान आपदा प्रभावित क्षेत्र से कितनी दूरी पर है, जनसंख्या का घनत्व, दुर्घटना का समय (Time of Occurrence) तथा उस क्षेत्र में आपदा प्रबन्धन की तैयारी की अवस्था इत्यादि। आपदा के कारण लगने वाली चोट (Injury) की गम्भीरता एवं प्रकार, अपंगता, रोग तथा मृतकों की संख्या आपदा की प्रकृति पर निर्भर करती है। अतः इस बात की आवश्यकता है कि तैयारी आपदा के अनुरूप ही की जानी चाहिए। इसके लिए लोगों को प्रशिक्षित करना आवश्यक है जिससे इससे उत्पन्न होने वाले विभीषिका को कम किया जा सके। विशेष प्रकार की आपदा से उत्पन्न होने वाली बीमारियों के लिए विशेष प्रकार की दवाओं और उपचारों की आवश्यकता पड़ती है जिसकी समुचित व्यवस्था पहले से ही होनी चाहिए।

3. पेयजल (Drinking Water)

कहा जाता है कि जल ही जीवन है। यह सही है क्योंकि लोगों तथा विभिन्न जीवों को जीवित रहने के लिए जल आवश्यक है। पेड़-पौधों को भी इसकी ज़रूरत पड़ती है। अतः पर्याप्त मात्रा में जल की आपूर्ति तथा उसकी शुद्धता पर जीवन आश्रित है। यह अत्यन्त आवश्यक है कि जल जिसका मानव द्वारा उपयोग किया जाता है, उन तत्त्वों से मुक्त हो जो जल को अशुद्ध करते हैं। इनमें किसी भी रसायन पदार्थों का सम्मिश्रण तथा हानिकारक बैक्टीरिया से भी मुक्त होना चाहिए। लोगों के लिए पर्याप्त मात्रा में स्वच्छ जल उपलब्ध हो सके उसके लिए जल-आपूर्ति की उपयुक्त योजना बनाने की आवश्यकता है। जल-आपूर्ति प्रणाली को इस प्रकार डिजाइन करना चाहिए जिससे वे प्रतिकूल प्रभावों से प्रभावित न हों तथा विभिन्न प्रकार की आपदाओं के समय लोगों के लिए स्वच्छ जल को निश्चित रूप से उपलब्ध करा सकें।

किसी भी आपदा के घटित होने के उपरान्त सबसे अधिक आवश्यकता इस बात की है कि प्रभावित लोगों के पास जल पर्याप्त मात्रा में उपलब्ध हो। इससे न केवल लोग विभिन्न प्रकार की बीमारियों से बच सकते हैं बल्कि इससे अनेक महामारियों की रोकथाम भी हो सकती है। अतः इस बात की आवश्यकता है कि जल-आपूर्ति पर अन्य बातों की भाँति विशेष ध्यान देना चाहिए। ऐसा न हो कि दूषित जल के कारण आपदा के साथ-साथ अन्य समस्याओं में वृद्धि हो जाये।

4. भोजन एवं पोषण (Food and Nutrition)

जल की भाँति भोजन भी जीवन का महत्त्वपूर्ण आधार है। यह मानव शरीर को पोषण प्रदान करता है जो उसके शारीरिक विकास तथा स्वास्थ्य के लिए आवश्यक है। भोजन को अन्न (Cereals), दलहन (Pulses) तथा तेलिहन (Oil seeds); तीन वर्गों में रखते हैं। इनके अतिरिक्त फल-सब्जियाँ, दूध तथा दूध से बने पदार्थ, मांस-मछलियाँ आदि भोजन के अन्य स्वरूप हैं। मानव शरीर के विकास तथा स्वस्थ रहने के लिए प्रोटीन, वसा (Fat), कार्बोहाइड्रेट विटामिन, खनिज (Minerals), लवण और जल की भी पर्याप्त मात्रा में ज़रूरत होती है। अधिकतर भोजन में अधिक या कम मात्रा में इन तत्त्वों का समावेश होता है। तेल और घी में बड़ी मात्रा में वसा होती है जबकि गन्ना तथा स्टार्च में कार्बोहाइड्रेट की मात्रा अधिक होती है। इन तत्त्वों के आधार पर किसी भोजन को प्रोटीनयुक्त, विटामिनयुक्त या वसायुक्त आदि के नाम से पुकारते हैं।

प्रोटीन, वसा और कार्बोहाइड्रेट को प्रायः 'समीपस्थ मूल तत्त्व' (Porximate Principles) के नाम से पुकारते हैं। जल के साथ जो जीवन का एक आधार है से मिलकर समीपस्थ मूल तत्त्व सर्वाधिक मुख्य भोजन का निर्माण करते हैं। यह शरीर

में जाकर जल जाते हैं या ऑक्सीकरण के द्वारा शरीर में ऊर्जा का संचार करते हैं जिसके कारण लोग विभिन्न प्रकार के शारीरिक और मानसिक कार्य करने में सक्षम हो पाते हैं। फलस्वरूप अलग-अलग आयु समूहों के लिए भोजन की अलग-अलग मात्रा की ज़रूरत पड़ती है।

विटामिन तथा खनिज लवण (Mineral Salts) ऊर्जा तो प्रदान नहीं करते परन्तु शरीर के द्वारा किये जाने वाले विभिन्न कार्य (Various body functions) में उनकी भूमिका अहम् होती है। कुछ खनिज शरीर की रचना में सहायक होते हैं, जैसे कैल्शियम हमारी हड्डी तथा दाँत को मजबूत बनाता है।

जब हम आपदा के परिप्रेक्ष्य में भोजन की बात करते हैं तो यह महत्त्वपूर्ण होता है कि आपदा के समय भोजन अधिक पोषक (Nutritious) हो। यहाँ छोटे बच्चों, गर्भवती महिलाएँ, सेवा करने वाली माँ (Nursing Mother) तथा वृद्ध व्यक्तियों पर विशेष ध्यान देने की आवश्यकता है।

5. स्वास्थ्य एवं साफ़ सफ़ाई (Hygiene and Sanitation)

साफ़-सफ़ाई का सम्बन्ध उन दशाओं से है जो अस्वास्थ्यकारी दशाओं को जन्म देती है, जैसे– धूल, गर्द, कचरे आदि जो विभिन्न प्रकार की बीमारियों को जन्म देते तथा फैलाते हैं। गन्दी नालियाँ, मलमूत्र का बहाव भी गन्दगी फैलाते हैं जिनसे मलेरिया, कालाजार, डेंगू, डायरिया जैसे अनेक संक्रामक रोग उत्पन्न होते हैं। विश्व स्वास्थ्य संगठन (World Health Organization–WHO) के अनुसार साफ़-सफ़ाई का अर्थ कूड़ों-कचरों, मल-मूत्रों (Excreta) तथा ऐसे जलयुक्त गन्दे पदार्थों (Liquid Waste) को जमा करना तथा उसका निष्पादन जिसमें किसी प्रकार की बीमारी न फैले तथा किसी व्यक्ति के स्वास्थ्य के लिए हानिकारक न हो, ही साफ-सफाई का उद्देश्य है। अतः साफ़-सफ़ाई के कार्यक्रम का मुख्य उद्देश्य उन सभी कार्यों से है जो लोगों के लिए स्वस्थ वातावरण को जन्म दे जिससे लोग विभिन्न प्रकार की बीमारियों से बचे रहें तथा स्वस्थ जीवन व्यतीत करें। हम यह जानते हैं कि जिस प्रकार दिनोदिन जनसंख्या तेज़ी से बढ़ती जा रही है, गन्दगी का उसी गति से बढ़ना कोई आश्चर्य की बात नहीं है। धन का अभाव, प्रशिक्षित व्यक्तियों की कमी तथा लोगों का आधुनिक तकनीक से अवगत न होना साफ़-सफ़ाई के कार्य को सीमित करते हैं। उपर्युक्त सभी कारणों से आज साफ़-सफ़ाई का स्तर दिनोदिन गिरता जा रहा है।

पहले से ही अपर्याप्त साफ़-सफ़ाई से उत्पन्न समस्या और गम्भीर हो जाती है जब किसी प्रकार की आपदा आ पड़ती है। अतः आवश्यकता इस बात की है कि साफ़-सफ़ाई तथा स्वच्छता के लिए विशेष कदम उठाये जायें जिससे आपदा के उपरान्त किसी प्रकार के संक्रामक रोग तथा महामारी न फैले जिनकी सामान्यतः बाढ़, चक्रवात, भूकम्प आदि के बाद फैलने की सम्भावना होती है।

स्वच्छता बनाये रखने के लिए कई उपाय किये जाने आवश्यक हैं, जैसे :

(i) **खुले स्थानों में मलमूत्र-त्याग** (Open Defication) को यथासम्भव अनुत्साहित किया जाना आवश्यक है, जो भारत जैसे देश में सभी ग्रामीण तथा कहीं-कहीं नगरीय क्षेत्रों में देखने को मिलता है।

(ii) **कम गहरे शौचालय** (Shallow Pits Latrines) भी वातावरण को अस्वच्छ बनाते हैं। अतः शौचालय के लिए गहरे गड्ढे खोदे जाने चाहिए जिससे मलमूत्र का रिसाव गड्ढे से बाहर न हो। इन गड्ढों के निकट कुछ मिट्टी जमा रखनी चाहिए तथा प्रत्येक शौच के बाद उसमें कुछ मिट्टी डाल देनी चाहिए।

(iii) **साधारण गहरे शौचालय** (Simple Pit Latrines) का निर्माण कम खर्च पर किया जा सकता है। इसके लिए 2 मीटर के गड्ढे पर्याप्त होते हैं। इन गड्ढों पर एक तख़्ता (Slab) जिसमें कम-से-कम 6-8 इंच व्यास का छिद्र हो तथा ईंटों पर बैठाया गया हो। प्रयास यह होना चाहिए कि यदि मिट्टी छिद्दार (Porus) नहीं हो तो उसमें कम-से-कम पानी जाये। बिहार में इस प्रकार के शौचालय का विकास किया गया है तथा इसे सुलभ-शौचालय के नाम से जाना जाता है।

वर्तमान समय में कुछ ऐसे शौचालयों का निर्माण किया गया है जो अधिक विकसित हैं। कुछ शौचालयों में गैस और महक निकलने के लिए 3"-4" व्यास के पाइप का इस्तेमाल किया जाता है। कुछ शौचालयों को टंकी के साथ जोड़ा गया है जिसमें पहुँचकर मल-मूत्र अपघटित (Decompose) होकर मिट्टी में बदल जाते हैं। ऐसे शौचालयों की आयु लम्बी होती है। ऐसे शौचालयों के निर्माण में सरकारी सहयोग बहुत ही आवश्यक है।

पुनर्निर्माण एवं पुनर्वास (Reconstruction and Rehabilitation)

किसी आपदा के उपरान्त जो क्षति एवं बर्बादी होती है उसका व्यापक असर जनजीवन पर पड़ता है। अतः पुनर्निर्माण तथा लोगों के पुनर्वास की समस्या जटिल हो जाती है। उसमें वर्षों का समय लग जाता है तथा स्थिति सामान्य होने में काफ़ी समय लगता है। पुनर्निर्माण तथा पुनर्वास की योजना बनाते समय यह देखना आवश्यक है कि भविष्य में यदि किसी प्रकार की आपदा आयी तो उससे कम-से-कम क्षति हो और लोग अपने को अधिक सुरक्षित महसूस करें। इन योजनाओं में जिन बातों पर विशेष ध्यान देने की आवश्यकता है वह है स्वास्थ्य, शिक्षा, आधारभूंत सुविधाओं को पुनः स्थापित करना। इस क्रम में ऐसे भवनों का निर्माण किया जाता है जो विभिन्न प्रकार की आपदाओं, जैसे— बाढ़, भूकम्प, सुनामी अथवा चक्रवातों को झेल सकें। इसमें पुराने तथा ध्वस्त हुए मकानों की मरम्मत, जल-आपूर्ति प्रणाली तथा बिजली, टेलीफोन तथा संचार प्रणाली का पुनर्संचालन भी शामिल है। इन सभी के साथ कृषि तथा सिंचाई के साधनों पर जो असर पड़ा है उनका पुनः उद्धार भी उतना ही आवश्यक है इसके कई आयाम हैं : जो निम्नलिखित हैं :

1. पुनर्वास : सामाजिक तथा आर्थिक पक्ष (Rehabilitation : Social and Economic Aspects)

विशेष भौगोलिक तथा भौगर्भिक परिवेश के कारण भारतीय उपमहाद्वीप, विशेषकर भारत में लगभग सभी वर्ष किसी-न-किसी प्रकार की आपदा आती रहती है। कुछ आपदाएँ अधिक भयानक होती हैं, जैसे— बाढ़, चक्रवात, भूकम्प, सूखा, भू-स्खलन आदि जिससे लोग परिचित हैं। अतः इन्हें देखते हुए यह आवश्यक हो जाता है कि राष्ट्रीय आय का एक अंश बचाव तथा राहत-कार्य तथा आपदा प्रबन्धन में लगाया जाये तथा आपदा से उत्पन्न समस्याओं का उचित समाधान हो सके। इसमें राहत सामग्रियों का वितरण, पुनर्वास की व्यवस्था भी शामिल है। इसका विकासशील देशों, जिन्हें विकास के लिए अत्यधिक धन की आवश्यकता है, की आर्थिक व्यवस्था पर प्रतिकूल असर पड़ता है। अतः यह अत्यावश्यक हो जाता है कि वे लोग जो योजना बनाते हैं तथा जिन्हें निर्णय लेने का अधिकार है और नीति-निर्धारण करते हैं वे उपलब्ध संसाधनों को ध्यान में रखकर नीतिगत निर्णय से जिससे विकास-कार्य भी न रुके तथा लोगों को पर्याप्त राहत भी मिल सके। लोग सुरक्षा का अनुभव करें तथा इन आपदाओं का जमकर मुकाबला कर सकें।

किसी प्रकार की आपदा प्रबन्धन के कार्यों को तीन अवस्थाओं (Stages) में बाँट सकते हैं :

(i) आपदा के पूर्व की अवस्था (Pre-Disaster Stage)

(ii) आकस्मिक या आपदा के समय की अवस्था (Emergency or During Disaster Stage)

(iii) आपदा उपरान्त लम्बी अवधि की अवस्था (Long Term Post Disaster Stage)

आपदा के पूर्व की अवस्था में वे सभी उपाय सम्मिलित हैं जो तैयारी की अवस्था मानी जाती है। जिससे आपदा के प्रभाव को कम किया जा सके तथा उसका मुकाबला योजनाबद्ध तथा समन्वित तरीक़ों (Planned and Coordinated Manner) से किया जा सके।

दूसरी अवस्था अर्थात् आपदा आने पर बचाव तथा राहत-कार्य को प्राथमिकता दिया जाना आवश्यक है। इस अवस्था में आपदा में फँसे लोगों की जान की रक्षा, चिकित्सा-सुविधा आदि सबसे महत्त्वपूर्ण हैं।

आपदा के कहर की समाप्ति पर तीसरी अवस्था प्रारम्भ होती है। यह सबसे महत्त्वपूर्ण अवस्था है। यह पुनर्वास तथा पुनर्निर्माण कार्य की अवस्था है जिसमें काफ़ी समय लग सकता है। इस अवस्था में किये गये कार्य से देश की सामाजिक

एवं आर्थिक क्षति को फिर से पटरी पर लाने में सहायता मिलती है। ये तीनों अवस्थाएँ आपस में जुड़ी हुई हैं तथा एक-दूसरे पर निर्भर (Interconnected and Inter-dependent) हैं।

2. पुनर्निर्माण तथा पुनर्वास : विकास का माध्यम (Reconstruction and Rehabilitation : Medium of Development)

उन क्षेत्रों में जहाँ आपदा को कम करने के प्रयासों के उपरान्त भी आपदाएँ भयानक रूप लेती हैं, वहाँ भारी क्षति के परिणामस्वरूप पुनर्निर्माण तथा पुनर्वास आवश्यक हो जाते हैं। यह मान लेना चाहिए कि आपदा एक प्रकार से विकास का सुनहरा अवसर प्रदान करती है। इसके कारण सामाजिक-आर्थिक (Socio-Economic) के साथ ही भौतिक संरचनाएँ (Physical Structure) भी वर्तमान अवस्थाओं के अनुरूप सुदृढ़ होती हैं। आपदा के उपरान्त पुनर्निर्माण और पुनर्वास को केवल आपदा प्रबन्धन की दिशा में कार्य के रूप में देखा नहीं जाना चाहिए बल्कि उसे विकास-कार्य के रूप में भी देखा जाना चाहिए। यह उपागम (Approach) आपदा पूर्व की तैयारी की अवस्था पर लागू होता है। आपदा के प्रभाव को कम करने का प्रयास कभी विकास की दिशा में एक कदम मानना अधिक उपयुक्त होगा। इस उपागम का मुख्य उद्देश्य पुनर्वास के प्रक्रम (Rehabilitation Process) को सम्पूर्ण विकास-कार्य से समन्वित (Integrate) करना है।

आपदा आने के उपरान्त किये जाने वाले कार्य मुख्यतः दो दिशाओं में होते हैं : पहला बचाव-कार्य तथा दूसरा लोगों के भोजन, पेयजल की व्यवस्था। अगर आपदा से भारी नुकसान हुआ है, अथवा आपदा की पुनरावृत्ति की सम्भावना है तो एक लम्बी अवधि की पुनर्वास योजना बनायी जा सकती है। ऐसी योजनाएँ उस क्षेत्र के सम्भावित विकास के परिप्रेक्ष्य में होनी चाहिए।

3. कृषि एवं सिंचाई (Agriculture and Irrigation)

मौसम की दशाओं में हल्का बदलाव या भौतिक दशाओं में हल्का परिवर्तन होने पर प्रायः कृषि-कार्य बुरी तरह प्रभावित होता है। यदि कोई प्राकृतिक आपदा आ गयी तो यह समस्या और भी गहन हो जाती है तथा उसका प्रभाव अधिक बड़े क्षेत्र में व्यापक रूप से पड़ता है। तीन प्रकार की प्राकृतिक आपदाओं से फसलों को भारी नुकसान पहुँचता है। ये हैं : चक्रवात, बाढ़ तथा सूखा। चक्रवात के कारण तेज हवाएँ चलती हैं तथा भारी वर्षा होती है। इसके परिणामस्वरूप फसलें उखड़ जाती हैं या गिर जाती हैं तथा वर्षा से उसके दाने सड़ जाते हैं। इससे सबसे अधिक प्रभाव तटीय भागों पर पड़ता है। बाढ़ दूसरी प्राकृतिक आपदा है। जब नदियों के जल ग्रहण क्षेत्र (Catchment Area) में भारी वर्षा होती है तो नदियों में पानी की मात्रा इतनी बढ़ जाती है कि वह तटबन्धों को पार कर आसपास के क्षेत्र में फैल जाता है। इसके कारण फसलें डूब जाती हैं तथा नष्ट हो जाती हैं। सूखा भी कम भयानक नहीं होता। यदि सिंचाई की स्थायी तथा पर्याप्त व्यवस्था नहीं हो, तो फसलें लगाना सम्भव नहीं होता और यदि फसलें लगी हुई हैं तो वे सूख जाती हैं।

ऐसे क्षेत्रों में जहाँ वर्षा अपर्याप्त है या उसका वितरण सम्भव नहीं है तो सफल कृषि के लिए सिंचाई आवश्यक हो जाती है। परन्तु प्राकृतिक आपदा के आने से सिंचाई-व्यवस्था भी प्रभावित हो जाती है जिसके फलस्वरूप कृषि-कार्य में बाधा पहुँचती है। प्राकृतिक या मानव द्वारा विकसित सिंचाई साधन प्राकृतिक आपदा के कारण ध्वस्त हो जाते हैं तथा उसे सुधारने में वर्षों लग सकता है। इससे फसल-उत्पादन बाधित होता है। उत्पादन बहुत गिर जाता है तथा कृषक द़ाने-दाने के लिए मोहताज हो जाते हैं। सैकड़ों ग़रीब किसानों की भूख से मृत्यु तक हो जाती है। केवल व्यक्ति विशेष की ही नहीं, बल्कि सरकार द्वारा किये जाने वाले विकास-कार्यों में भी बाधा पहुँचती है। इतना ही नहीं बल्कि सारी अर्थव्यवस्था चरमरा जाती है।

कृषि एवं सिंचाई साधनों का पुनर्निर्माण तथा पुनर्वास का कार्य दो दिशाओं में होता है। कम अवधि के उपायों (Short Term Measures) के अन्तर्गत किसानों को राहत पहुँचाने का काम किया जाता है जैसे खाद्यान्नों का वितरण, काम के चलते अनाज तथा वैकल्पिक कार्य की व्यवस्था। ग़रीबी रेखा से नीचे वाले लोगों के बीच लाल-कार्ड वितरण किया जाता है।

लम्बी अवधि की उपायों (Long Term Measures) में सिंचाई साधनों की मरम्मत, नयी सिंचाई योजनाओं का कार्यान्वयन, कृषि पद्धति में परिवर्तन, ऐसी फसलों की खेती जिसमें अपेक्षाकृत कम जल की आवश्यकता होती है इत्यादि। इसके लिए मृदा संरक्षण (Soil Conservation), वाटरशेड प्रबन्धन (Watershed Management) तथा वन-रोपण (Afforestation) आदि कार्य किये जाते हैं जिनसे इन आपदाओं की प्रभाविकता को कम किया जा सके। चारागाह का विकास, मवेशी-पालन, फार्म वानिकी आदि कार्यों को प्रोत्साहित कर आपदा के प्रभाव को कम किया जा सकता है। लघु और कुटीर उद्योगों को विकसित कर कृषि पर निर्भरता को कम किया जा सकता है।

4. आपदानुसार गृहनिर्माण एवं मरम्मत (Housing and Repair According to Disasters)

प्राकृतिक आपदाओं के कारण बहुत सारे लोगों की जानें तो जाती हैं, साथ-साथ निजी और सरकारी सम्पत्तियों को भी भारी क्षति पहुँचती है। लोगों के सिर से साया उठ जाता है तथा लोग बेघर हो जाते हैं। ऐसी आपदा जो सम्पत्तियों को नुकसान पहुँचती हैं वे हैं : बाढ़, चक्रवात, भूकम्प, सुनामी लहरें इत्यादि। ऐसी क्षति किसी-न-किसी रूप में प्रायः हर साल होती रहती है। सघन जनसंख्या वाले राज्यों, जैसे– उत्तर प्रदेश, बिहार, पश्चिम बंगाल, असम आदि प्रत्येक वर्ष किसी-न-किसी आपदा के शिकार होते हैं। चाहे वह बाढ़ हो, चक्रवात हो या भूकम्प, सुनामी की लहरें हो। देश के उत्तरी, मध्य और पूर्वी भाग में भारी बाढ़ की सम्भावना अधिक बनी रहती है। चक्रवातीय तूफ़ान से सबसे प्रभावित क्षेत्र आन्ध्रप्रदेश, उड़ीसा, पश्चिम बंगाल, गुजरात तथा तमिलनाडु हैं।

आपदा नियन्त्रण की आधुनिक गतिविधियाँ

आपदा नियन्त्रण हेतु निम्न आधुनिक गतिविधियाँ सहायक हैं :

डिजास्टर मैनेजमेंट में एम.बी.ए.

इस क्षेत्र में एक नया कोर्स शामिल हुआ है, वह है 'एम. बी. ए. इन डिजास्टर मैनेजमेंट'।

क्या है डिजास्टर मैनेजमेंट

इस कोर्स को इमरजेंसी मैनेजमेंट भी कहते हैं। किसी भी प्रकार की कठिन परिस्थितियों में काम कर, प्राकृतिक आपदा में फँसे लोगों को बचाने की कला है डिजास्टर मैनेजमेंट। यह माना जाता है कि यह दुआ और दाम दिलाने वाला काम है जिसमें अपार सम्भावनाएँ भी हैं।

क्षमता विकसित करें

इस क्षेत्र में कदम रखने के पहले यह निश्चय कर लेना काफ़ी ज़रूरी है कि दुर्घटनाएँ कभी कहकर नहीं आतीं। इसलिए सदैव तैयार रहना होता है। रिस्क लेने की क्षमता को अपने में बेहतर ढंग से विकसित करें।

कौन से हैं कोर्स

इस क्षेत्र में हालिया एक नया कोर्स शामिल हुआ है, वह है 'एम. बी. ए. इन डिजास्टर मैनेजमेंट'। इसमें सर्टिफिकेट कोर्स भी है।

इसके लिए किसी भी उम्मीदवार का बारहवीं पास होना ज़रूरी है। अगर सर्टिफिकेट कोर्स की बात की जाये, तो इसका चयन छात्र और कामकाजी दोनों लोग कर सकते हैं। एम. बी. ए. इन डिजास्टर मैनेजमेंट कई संस्थान ऑनलाइन भी कराते हैं।

नौकरी की सम्भावनाएँ

यह सोचना कि डिजास्टर मैनेजमेंट में एम. बी. ए. करना कुछ ख़ास फायदेमन्द नहीं है, यह गलत है। इस डिग्री को करने के बाद इससे सम्बन्धित सरकारी नौकरियाँ, इमरजेंसी सर्विसेज और स्थानीय अधिकारियों के साथ नौकरियाँ शामिल होती हैं। यह डिग्री लिए हुए उम्मीदवार ग़ैर-सरकारी संस्थानों, रिलीफ़ एजेंसी और अन्तर्राष्ट्रीय एजेंसी में भी काम कर सकते हैं। ये सिविल सर्वेंट्स, पुलिस, फ़ायर फाइटर्स, डिफेंस पर्सनल और प्रोटेक्टिव सर्विसेज के लोगों को असिस्ट (Assist) करते हुए भी काम कर सकते हैं। प्राइवेट कम्पनियाँ भी इस क्षेत्र में काम करती हैं। उन्हें इस प्रकार की डिग्री होल्डर्स की सख़्त आवश्यकता रहती है। वे उन्हें अच्छा पे भी करते हैं। डिजास्टर मैनेजमेंट किये हुए छात्रों के लिए सिर्फ़ यह ही एकमात्र क्षेत्र नहीं है, जिसमें वे काम कर सकते हैं। इसके अलावा वे इन्वायरॅमेंटल एक्सपर्ट, रिहेबिलिटाइजेशन वर्क्स, मेडिकल एक्सपर्ट, इंजीनियर्स सोशल वर्क्स के रूप में काम कर सकते हैं।

संस्थान

निम्नलिखित संस्थान इस क्षेत्र में कोर्स कराते हैं :

- स्काइलाइन बिज़नेस स्कूल, दिल्ली
- एडुवे इंस्टीट्यूट ऑफ़ मैनेजमेंट ऐंड टेक्नोलॉजी, मुम्बई, महाराष्ट्र
- इंदिरा गाँधी नेशनल ओपन यूनिवर्सिटी, नयी दिल्ली
- डॉ. वीएन बेडेकर इंस्टीट्यूट ऑफ़ मैनेजमेंट स्टडीज, थाणे, महाराष्ट्र।

आपदा नियन्त्रण की नयी नीति

आपदा नियन्त्रण को काफ़ी अरसे तक सिर्फ़ आपदा राहत तक सीमित किया जाता रहा है। भारतीय आयोजना नीति में आपदा नियन्त्रण की जगह आपदा के बाद उस पर कार्यवाही करने और लोगों को राहत पहुँचाने पर बल दिया जाता रहा है, लेकिन पिछले दशक में इस नीति में परिवर्तन आया है। अब सरकार आपदा के बाद राहत पहुँचाने तक सीमित न रहकर आपदा के नियन्त्रण, इसके प्रभाव को कम करने और सतत् तैयारी के सिद्धान्त पर काम कर रही है। भारत में आपदाओं से निपटने के लिए प्रधानमन्त्री की अध्यक्षता में एक नेशनल डिजास्टर मैनेजमेंट अथॉरिटी बनायी गयी है। इसमें केन्द्र से लेकर स्थानीय स्तर तक के प्रतिनिधियों को शामिल किया गया है। आपदाओं से निपटने के लिए एक डिजास्टर रिसपांस फोर्स का भी गठन किया गया है। यह फोर्स देश के विभिन्न स्थानों पर तैनात की गयी है।

नयी नीति के तहत भारत में आपदा के बचाव कार्य तक सीमित रहने के बजाय आपदा को एक सम्भावित घटना मानकर उसके लिए एक समग्र नीति तैयार की गयी है। इसमें जहाँ एक ओर आपदा से बचाव को शामिल किया गया है। वहीं आपदा से निपटने के लिए सतत् तैयारी और आपदा के बाद पुनर्वास और पुनर्निर्माण जैसे तत्त्वों को भी शामिल किया गया है।

डिजास्टर मैनेजमेंट अथॉरिटी

भारत में विभिन्न प्राकृतिक आपदाओं से निपटने के लिए एक एकीकृत निकाय की आवश्यकता के मद्देनजर सन् 2005 में नेशनल डिजास्टर मैनेजमेंट एक्ट पारित किया गया। इस एक्ट के तहत नेशनल डिजास्टर मैनेजमेंट अथॉरिटी (एन. डी. एम. ए.) का गठन किया गया। इस एक्ट के तहत राज्य स्तर पर स्टेट डिजास्टर मैनेजमेंट अथॉरिटी के गठन का भी प्रावधान किया गया। राज्य के मुख्यमन्त्री को इसका अध्यक्ष बनाया गया है। इसी तरह से जिला स्तर पर भी एक प्राधिकरण के गठन की बात की गयी। एन. डी. एम. ए. जैसे निकाय की आवश्यकता 2001 में आये बड़े भूकम्प के बाद काफ़ी महसूस की जाने लगी। 2001 में इस दिशा में सुझाव देने के लिए एक राष्ट्रीय समिति का गठन किया गया। 2004 के सुनामी के बाद

इस पर तत्परता से विचार करते हुए इस एक्ट को पारित किया गया। इससे पहले दसवीं पंचवर्षीय योजना में पहली बार आपदा प्रबन्धन पर एक विस्तृत अध्याय को शामिल किया गया था। 12वें वित्त आयोग ने भी आपदा प्रबन्धन से जुड़े पक्षों को अपनी सिफ़ारिशों में जगह दी थी, अभी तक एन. डी. एम. ए. ने सभी प्राकृतिक आपदाओं से निपटने के लिए नीति-निर्देश जारी कर दिये हैं। प्राकृतिक आपदाओं के अलावा मानव द्वारा निर्मित आपदाओं से निपटने के लिए नीतियाँ बनाना भी अथॉरिटी के जिम्मे है।

–सूत्र–*प्रभात ख़बर 13-10-2010*

बिहार सरकार का आपदा प्रबन्धन विभाग, **'बिहार का शोक : कोसी'** के कहर के समय रात-दिन रिलीफ़ में लगा रहता है, प्राण-पण से समाज-सेवा में जुटा रहता है। छोटी-छोटी बातों पर भी बिहार के नागरिकों को यह प्रशिक्षित करता है, उन्हें जागरूक बनाता है। दैनिक जागरण (16 अप्रैल, 2010) में प्रकाशित 'जनहित में जारी' विज्ञापन द्रष्टव्य है।

आगजनी से बचाव हेतु उपाय

आगजनी से बचाव में निम्न तथ्य सहायक होते हैं।

क्या करें

- स्टोव या लकड़ी, गोइठा आदि के जलों वाले चूल्हे पर खाना बनाते वक़्त सावधानी बरतें। खाना बनाने के बाद चूल्हे को बन्द कर दें एवं पानी छिड़क दें। हमेशा सूती वस्त्र पहनकर ही खाना बनायें।
- गेहूँ दवनी आसनी का काम हमेशा रात में तथा गाँव के बाहर खलिहान में जाकर करें।
- घर व खलिहान पर समुचित पानी व बालू की व्यवस्था रखें।
- खाना पकाते समय रसोईघर में वयस्क मौजूद रहें, बच्चों को अकेला न छोड़ें।
- खिड़की से स्टोव के बर्नर तक हवा न पहुँच पाये, इस बात की पूरी तसल्ली कर लें।
- तौलिए या कपड़े का इस्तेमाल सावधानी से गर्म बर्तन उतारने के लिए करें।
- तैलीय पदार्थ से लगी आग पर पानी न डालें। सिर्फ़ बेकिंग सोडा, नमक डालें या उसे ढक दें।
- खिड़की के बाहर कोई चादर या तौलिया लटका दें ताकि बाहर लोगों को पता चल सके कि आप कहाँ हैं और आपको मदद चाहिए।
- पछुआ हवा चलने के पूर्व एवं बन्द हो जाने पर ही झोंपड़ी एवं फूस वाले मकान में खाना बनायें।
- फूस के मकान के रसोईघर पर मिट्टी एवं गोबर से आवश्यक लेप करें। यह अग्नि-निरोध का कार्य करता है।

क्या न करें

- बच्चों को माचिस या आग फैलाने वाले एवं अन्य सामानों के पास न जाने दें।
- बीड़ी, सिगरेट, हुक्का आदि पीकर जहाँ-तहाँ न फेंकें, उसे पूरी तरह बुझने के बाद ही फेंकें।
- चूल्हा, ढिबरी, मोमबत्ती, कपूर इत्यादि जलाकर न छोड़ें।
- अनाज के ढेर, फूस या खपरैल की झोंपड़ी के निकट अलाव व डीजल इंजन नहीं चलायें।
- सार्वजनिक स्थलों, ट्रेनों एवं बसों आदि में ज्वलनशील पदार्थ न ले जायें।
- आपके कपड़े में अगर आग लग जाये तो दौड़ना नहीं चाहिए बल्कि ज़मीन पर लेटकर लुढ़क-लुढ़ककर आग बुझावें।
- खाना बनाते समय ढीले-ढाले कपड़े न पहनें।
- थ्रेसर का उपयोग फूस एवं अनाज के ढेर एवं झोंपड़ी के निकट न करें।

मीडिया और आपदा (Media and Disaster)

सूचना एवं शिक्षा का माध्यम मीडिया आपदा प्रबन्धन का सर्वाधिक महत्त्वपूर्ण भाग है। संकट के समय अहर्निश सेवा का यही प्रबल स्तम्भ है :

"The more you sweat in peace, the less we bleed in war". This can be reworded for disaster :

> "The more we find solutions and systems for disaster management during peace, the less will be the loss of life during disaster."
>
> ...The media forms a bridge between the victims and the government or its nodal agencies.
>
> ...a media report is like a candle light whose job is to enlighten the readers, not set off fires of speculation.

आपदा के समय प्रबन्धन के समस्त कार्यों में मीडिया पूरी सावधानी दिखाता है :

Media people should draw a boundary line for themselves while covering disaster. Disaster prevention, disaster mitigation, disaster preparedness, emergency management, disaster recovery are five phases in disaster management, journalists should ensure the accuracy and level of news to be reported in each of these phases. For the entire disaster coverage, media people can ensure the truth, instead of blaming the rescue operation.

Media is an inevitable part of the community. Single voice, positive stories, level of accuracy, self regulation and above all, bypassing all the difference will have to be followed by the media. This self-cimposed regulation will raise the morality of the journalists.

आपदा, संकट, मुसीबत तथा प्राकृतिक प्रकोप के समय कुछ कराहते हैं तो कुछ के पौ बारह हो जाते हैं। नेता, मन्त्री के लिए कुछ ख़ास बात आपदा के समय दिखते हैं जिसके लिए द्रष्टव्य है :

आपदा प्रबन्धन पर चर्चा

एक पत्रकार की बड़े नेता से चर्चा हुई जो इस प्रकार है :

पत्रकार : श्रीमान् आप आपदा प्रबन्धन समिति में हैं। आपने मुम्बई की आपदा निवारण के लिए क्या किया?

नेता : पहले आपदा का सही-सही आकलन करेंगे। उसकी रिपोर्ट तैयार होगी जिसकी समीक्षा करने के बाद ऐसी स्थिति में किये जाने वाले उपायों और उन पर आने वाले ख़र्च का अनुमान लगाया जायेगा। फिर इसे बजट में शामिल करेंगे।

पत्रकार : इसमें बहुत समय लगेगा।

नेता : आपदा में धैर्य नहीं खोना चाहिए। देखिए, हम कितने धैर्य के साथ बैठे हैं। आपदा में ही धैर्य की परीक्षा होती है, उतावलेपन से कुछ नहीं होता।

पत्रकार : जन, धन की अपार हानि हुई है यह सब कुप्रबन्ध के कारण हुआ है? मुम्बई का बेतरतीब तरीके से फैलाव हुआ है। बरसात के पानी की निकासी का बन्दोबस्त ही नहीं है।

नेता : हाँ, हमने इससे सबक सीखा है। बगैर अनुभव के आदमी कुछ नहीं सीखता। आपने भी पहली बार इस तरह की आपदा का अनुभव किया होगा। अनुभव से हम, आप और जनता सभी परिपक्व होंगे।

पत्रकार : अनुभव की बात मत कीजिए। यह बताइए कि आपदा प्रबन्धन के लिए कौन-से ठोस उपाय करने जा रहे हैं।

नेता : राज्यों में जिस तरह हेलमेट अनिवार्य किया, वैसे ही हर व्यक्ति के लिए लाइफ़ जैकेट और हर घर में लाइफ़ बोट रखना अनिवार्य कर देंगे। सभी को तैरने की ट्रेनिंग कम्पलसरी कर देंगे। कश्मीर के समान यहाँ भी कुछ शिकारे या हाउसबोर्ड की व्यवस्था कर देंगे। लोकल ट्रेन रुक जाती है इसलिए स्काई बस चालू कर सकते हैं। डूबने की बजाय अधर में लटकना अच्छा।

पत्रकार : निचले इलाकों में रहने वालों की परेशानी भी तो समझिए।

नेता : हम समझते थे तभी तो वहाँ रहना पसन्द नहीं किया। सीधे राजनीति के रास्ते से बढ़कर मलावार हील की ऊँचाई पर रहने लगे।

पत्रकार : मुम्बई में पानी जमा होने की समस्या का क्या निदान है?

नेता : यहाँ से पानी का निकलना तो दूर, ज्वार आता है तो समुद्र का पानी भीतर घुस जाता है। समुद्र का मिजाज दो लोगों ने दुरुस्थ किया था। अगस्त्य मुनि ने समुद्र का पानी चुल्लू से पी लिया था और राम के धनुष के चढ़ाने से समुद्र डर गया था।

पत्रकार : हम समझ गये। आपका सारा काम रामभरोसे है।

66
प्रचार
(Publicity)

“Propaganda is a good word gone wrong.”

× × ×

“Propaganda, in the broadest sense, is the techniques of influencing human action by the manipulation of representation. *—Lowell*

× × ×

यदि झूठ को बार-बार दुहराया जाये तो वह सत्य प्रतीत होता है। *—गोयबल्स*

× × ×

ख़लक ख़ुदा का हुकुम बादशाह का
हर ख़ासो आम को इत्तला दी जाती है कि...

× × ×

मनुष्य को नियन्त्रित करने वाली शक्तियों में प्रचार का महत्त्वपूर्ण स्थान है। यह युद्ध के अस्त्र के रूप में अणुबम से अधिक घातक है और शक्ति के संयम के रूप में संयुक्त राष्ट्रसंघ से अधिक प्रभावशाली है। *—क्रच और क्रचफील्ड*

'प्रचार' के लिए अंग्रेज़ी में प्रोपागंडा (Propaganda) शब्द प्रयुक्त होता है जो लैटिन के प्रोपैगेयर (Propagare) से बना है जिसका अर्थ किसी कृत्रिम वातावरण में पौधे को वांछित ढंग से बढ़ाना होता है। रोमन कैथोलिकों ने धर्म-परिवर्तन की प्रक्रिया में इस शब्द का प्रयोग किया। आजकल प्रभावात्मक विधियों द्वारा व्यक्ति के मतों में परिवर्तन लाने के अर्थ में प्रचार का प्रयोग हो रहा है। किसी बात को बढ़ाकर प्रस्तुत करने के कारण प्रचार शब्द बदनाम हो गया है। वस्तुतः इसका अर्थ बढ़ाना, फैलाना, विकसित करना, पुनः प्रस्तुत करना होता है।

जनसंचार माध्यम का एक विशिष्ट रूप प्रचार है। प्रचार-कार्य के लिए जनसंचार-माध्यमों का उपयोग होता है। जनमत-निर्माण और जन-समर्थन के लिए प्रचार और संचार की आवश्यकता होती है। प्रचार एक सूचनावृत्ति है जिसमें जनहित के साथ-साथ प्रचारक के हितों का सम्पादन होता है। कुछ विचारकों ने प्रचार को निम्नलिखित रूप में परिभाषित किया है :

> ''प्रचार वही सर्वोत्तम होता है जिसमें अधिकांश जनता की अधिक आवश्यकताएँ अधिकाधिक काल तक सामाजिक तथा आर्थिक दृष्टि से परितुष्ट होती रहें।'' *—क्रेचफील्ड*

"प्रचार मूलतः संकेतों तथा अन्य सम्बन्धित मनोवैज्ञानिक प्रविधियों द्वारा प्रतीक का सुनियोजित एवं सुव्यवस्थित प्रयोग है जिसका पहला उद्देश्य मतों एवं प्रचारों और मान्यताओं को परिवर्तित करना है और अन्ततोगत्वा पूर्णतः निश्चित आधार पर बाह्य क्रियाओं में परिवर्तन लाना है।" *—किम्बल यंग*

"प्रचार के द्वारा साधारणतः लोगों की अभिवृत्तियों, मतों और उनके द्वारा क्रियाओं को एक इच्छित दिशा में प्रभावित करने का एक प्रयास है। विशेषतः यह निर्देशन द्वारा किया जाता है न कि तथ्यों या तर्क द्वारा।"

("Propaganda is simply an attempt to influence people's attitudes and opinions, and thereby their action, in a desired direction. Typically this is done through suggestion rather than by means of facts and logic.") *—सार्जेंट*

"प्रचार समाचार और शिक्षा का साधन है। यह समाज और व्यक्तियों के व्यवहार को नियन्त्रित करता है। यह अभिवृत्तियों का निर्माण और नियन्त्रण करता है।" *—हुलयालकर*

"प्रचार वह क्रिया है जो अपना प्रभाव व्यक्ति के मन, मस्तिष्क और संवेगों पर डालती है तथा उससे किसी व्यक्ति, समूह अथवा दल के विचारों, भावनाओं, योजनाओं आदि को दूसरे तक पहुँचाया जाता है।" *—के.के. सक्सेना*

प्रचार तथ्य और सत्य की सूचना ही नहीं देता अपितु वह सूच्य विषय-वस्तु के व्यापक प्रसार की ओर भी ध्यान देता है। यह एक ऐसी प्रक्रिया है जिससे नीति, विचार सम्बन्धी तथ्यों को परिचित कराया जाता है, जनसामान्य में उनके प्रति विश्वसनीयता उत्पन्न की जाती है और परिणाम-प्राप्ति की ओर उन्मुख हुआ जाता है। दृष्टिकोण में परिवर्तन, पथ-प्रदर्शन, ज्ञान-वर्द्धन तथा शिक्षण के निमित्त प्रचार युग की एक अनिवार्यता है।

प्रचार, सम्प्रचार (प्रोपागेंडा), प्रकाशन (पब्लिकेशन) विज्ञापन, सूचना (इंफॉर्मेशन) को पर्यायवाची मानना उचित नहीं है। इन सभी का अपना-अपना महत्त्व है। प्रचार के द्वारा उत्पादन की सूचना उपभोक्ताओं तक पहुँचायी जाती है।

प्रचार के प्रकार

(क) **परिवर्तनात्मक प्रचार :** प्रचार पहले तो अपनी बात समझाता है और फिर— उसके व्यवहार में परिवर्तन करने का प्रयास करता है।

(ख) **विभेदात्मक प्रचार :** 'फूट डालो और राज्य करो' की नीति पर ऐसा प्रचार होता है।

(ग) **संगठनात्मक प्रचार :** विशिष्ट विचारों और मूल्यों को सुदृढ़ करने हेतु सुगठित अभियान चलाया जाता है।

प्रचार के लक्ष्यों की दृष्टि से खुला प्रचार और गुप्त प्रचार—ये दो भेद किये जाते हैं। जिस प्रकार के लक्ष्यों को जनता भलीभाँति जानती है वह खुला प्रचार है, जैसे— परिवार-कल्याण। जिस प्रचार को सामान्यतः आम जनता नहीं जान पाती वह गुप्त प्रचार है। युद्धकालीन स्थितियों में इस प्रकार के प्रचार को देखा जा सकता है।

मनोवैज्ञानिकों ने प्रकट प्रचार, विलम्बित प्रकट प्रचार तथा अप्रकट प्रचार जैसे शब्दों का प्रयोग किया है। गुणों के आधार पर प्रकट प्रचार किया जाता है। विलम्बित प्रकट प्रचार में प्रचारक अपने लक्ष्य से सन्दर्भित पृष्ठभूमि तैयार कर देता है तथा परोक्ष रूप में अपने लक्ष्य की ओर बढ़ता है। अप्रकट प्रचार में जनता के सम्मुख अपने उद्देश्य नहीं रखे जाते हैं।

प्रचार का मनोविज्ञान : रुचि, प्रलोभन, संवेग, नैराश्य, प्रेरणा, ध्यान, सुझाव, पुरस्कार, दण्ड आदि कुछ ऐसे मनोवैज्ञानिक तत्त्व हैं जिनसे प्रचार-कार्य प्रभावित होता है। रुचि के अनुकूल प्रचार होने पर वह सफल होता है और प्रतिकूल होने पर असफल। प्रचार और प्रलोभन एक-दूसरे के पूरक हैं। अमुक विचार अपनाने से जनता को अमुक लाभ मिलेगा। अमुक दल या प्रत्याशी से क्षेत्र का उत्थान होगा, युवकों को नौकरी मिलेगी, इन बातों से प्रचार-कार्य सफल होता है। मानव के संवेगों को स्पर्श कर उसके व्यवहार को बदला जा सकता है। 'अब तुम्हारे हवाले वतन साथियों' द्वारा युवकों, सिपाहियों को मर-मिटने

हेतु प्रेरित किया जाता है। जनता की निराशा, पीड़ा के समय उसका साथ देकर प्रचारक उसका दिल जीतता है, उसे अपना बना लेता है। नैराश्य के क्षेत्र में विश्वास जीता जा सकता है।

प्रत्येक प्रचार का कुछ उद्देश्य होता है। प्रचार व्यक्ति की आवश्यकता पर बल देता है, उसका ध्यान उसके ही उद्देश्यों की पूर्ति की ओर रहता है। प्रचारक भरसक प्रयास करता है कि व्यक्ति यह न जान पाये कि प्रचारक अपनी स्वार्थ-पूर्ति के लिए ही यह सब कर रहा है। प्रचार से जनता की आवश्यकताएँ तृप्त होती हैं। 'कामधेनु डिपॉजिट', गोपी वनस्पति, जैसे—प्रचारात्मक प्रतीकों के प्रयोग के समय ध्यान देना चाहिए कि :

1. प्रचारात्मक प्रतीक जिन लोगों में प्रचार किया जा रहा है उनकी इच्छाओं और आवश्यकताओं से जुड़े हों।
2. प्रचार जिस वर्ग में हो रहा हो, प्रतीक उनके संवेगों को जाग्रत करने में सफल हो।
3. प्रतीक सुस्पष्ट, सरल, सुबोध हो।
4. प्रचारात्मक प्रतीक जनता-जनार्दन के आदर्शों के अनुरूप हो।

प्रचार में सुझाव का महत्त्व है। *क्लिनबर्ग* के कथनानुसार बिना सोचे-समझे दूसरे व्यक्तियों की बात की स्वीकृति के आधार पर की गयी क्रियाएँ ही सुझावात्मक व्यवहार हैं। प्रतिष्ठा सुझाव बड़ा ही प्रभावशाली सिद्ध होता है। प्रतिष्ठित नेता, खिलाड़ी तथा समाज-हितैषी के सहारे जो प्रयास किया जाता है उसका स्थायी प्रभाव पड़ता है। संवेगात्मक सुझाव तथा तर्क सुझाव के बल पर किसी भी व्यक्ति को मनोनुकूल बनाया जा सकता है।

प्रचार के सिद्धान्त (Principles of Propaganda) : प्रचार के सिद्धान्त अथवा नियम प्रचार-मनोविज्ञान का ही एक भाग है जिसकी विवेचना *प्रो. डूब* ने निम्नलिखित रूप में की है :

1. **प्रचारक के अभिप्राय का सिद्धान्त** (Principles of Intention of Propagandist) : प्रत्येक प्रचार का विशिष्ट उद्देश्य होता है, यह जानबूझकर किया जाता है। अपनी योजनाओं, लक्ष्यों तथा अभीष्ट सिद्धियों को ध्यान में रखकर ही प्रचारक जब कार्यरत होता है तो उसे सफलता मिलती है।

2. **प्रत्यक्षीकरण का सिद्धान्त** (Principle of Perception) : जिस समाज में प्रचार होता है, उस समाज के व्यक्ति प्रचार का प्रत्यक्षीकरण जिस रूप में करते हैं उसी रूप में प्रचार-सामग्री का प्रभाव दीख पड़ता है। जनता यदि प्रचार को रचनात्मक, लाभकारी मानती है तो वह प्रभावशाली है अन्यथा नहीं। प्रधान नेता का फोटो छपवाना जनता में प्रचार-सामग्री का प्रत्यक्षीकरण है।

3. **सम्बन्धित अभिवृत्तियों का सिद्धान्त** (Principle of Related Attitudes) : जनता की अभिवृत्तियों को प्रभावित कर प्रचारक अपने लक्ष्य को प्रस्तुत करता है तथा अपने कार्य में सफल होता है।

4. **वांछित संगठन का सिद्धान्त** (Principle of Desired Organisation) : प्रचार की योजना को सुसंगठित कर जनता को प्रभावित किया जाता है। साइनबोर्ड, इश्तहार, पत्र-विज्ञापन देकर प्रचार को प्रभावशाली बनाया जाता है।

5. **विरोधी प्रचार का सिद्धान्त** (Principle of Counter Propaganda) : विरोधियों द्वारा बाधा पहुँचने पर जब सफल प्रचार नहीं हो पाता तो प्रचारक प्रतिद्वन्द्वियों की जमकर निन्दा करता है और अपने को सर्वांगीण दोषमुक्त, गुणयुक्त बताता है।

प्रचार की प्रविधियाँ : *(विचारक) किम्बल यंग* और *क्लाइड मिलर* ने निम्नलिखित सात प्रकार की प्रचार प्रविधियों को बताया है :

1. **नामकरण विधि** (Name Calling Device) : अपने मुँह मियाँ मिट्ठू बनने तथा विरोधियों को समाज की दृष्टि से गिराने के लिए विचित्र शब्दों, मुहावरों का प्रयोग होता है। विरोधियों को गद्दार, देशद्रोही, लीगी, फ़िरकापरस्त आदि कहकर उनकी छवि धूमिल करना प्रचार में आम बात है। 'बम बोल, कम तौल', 'भूरा बाल साफ़ करो', 'चीनी दलाल' जैसे शब्द विरोधियों को हतप्रभ करते हैं।

2. **प्रमाण-पत्र विधि** (Testimonial Device) : इस प्रकार की विधि में महान् नायकों, समाजसेवियों, कलाकारों तथा ख़्यातिलब्ध विचारकों की सम्मतियों को जोड़ा जाता है। जनता उच्चकोटि के नायकों से प्रभावित रहती है और उसके विचार

को शीघ्र ही स्वीकार कर लेती है। व्यवसाय के क्षेत्र में ऐसी बातें अधिक दीख पड़ती हैं। कपिल के चलते 'बूस्ट', 'एक्शन शूज़', 'हजमोला' का खूब प्रचार हो रहा है। आजकल हर प्रचार में गाँधी, विवेकानन्द, तिलक की बातें इसलिए लिख दी जाती हैं ताकि जनता उन्हें हृदयंगम कर ले।

3. **लुभावक शब्द विधि** (Glittering Generality Device) : स्वतन्त्रता, समता, न्याय, एकता, बन्धुत्व, मित्रता जैसे लुभावने शब्दों को सुनकर मानव-मन आकर्षित होता है। ऐसे शब्दों में संवेग जग उठते हैं, प्रेरणा तथा आवश्यकता की पूर्ति का आश्वासन मिलता है, सुनहरे भविष्य के प्रति आशा जगती है एवं आनन्दानुभूति होती है। प्रचारक लुभावने शब्दों से श्रोताओं के दिलों को जीतता है, उन्हें अपना अनुयायी बना लेता है।

4. **सरल जनसमूह विधि** (Plain Folk Device) : समाजसेवकों का हरिजनों के साथ भोजन, मन्त्रियों का ग़रीबों के बीच जाना—ये सब क्रिया-कलाप ऐसे हैं जिससे सरल स्वभाव वाली जनता प्रचारक को अपना समझती है। प्रचारक के ऐसे व्यवहार से लोग मान लेते हैं कि यह हमारा सहयोगी है, हितैषी है, अपने ही स्तर का है, अपने ही समूह का है। अपनी नीति को जन-जन के अनुरूप बताकर लोगों को प्रभावित किया जाता है। 'झोंपड़ी', 'दीपक', 'हलधर' ये सभी चिह्न आम जनता को प्रभावित करते हैं। भैंस चराने, ढाबे में भोजन करने की बात द्वारा जनता एवं सामान्य व्यक्ति तक नेता अपनी पहुँच बनाता है।

5. **छद्म विज्ञापन विधि** (Card Staking Device) : धोखा देकर, भ्रम में डालकर, गलत बातों के आधार पर भी प्रचार-कार्य होता रहता है। इस विधि द्वारा प्रचारक वास्तविकता को छिपाता है, गलत बातों का प्रचार करता है ताकि उसके उद्देश्य पूरे हो जायें। राजनीतिक पार्टियाँ ऐसी विधि अपनाती हैं जिनमें सत्य छिप जाता है, भ्रम उत्पन्न होता है और धोखा-छल-छद्म का बाज़ार गर्म रहता है। एकांगी मिथ्या बातों का प्रचार कुछ ही समय तक प्रभावकारी होता है।

6. **सार्वभौमिकता विधि** (Bandwagon Device) : सामान्यतः व्यक्ति की प्रवृत्ति होती है कि वह बहुमत की ओर झुका रहता है। प्रायः चुनाव में कहा जाता है कि वह कमज़ोर है, अल्पमत वाला है, उसका समर्थन करना अपना मत-बर्बाद करना है : इस तरह की बातों से लोग बहुमत की ओर आकृष्ट हो जाते हैं।

7. **स्थानान्तरण विधि** (Transfer Device) : प्रचारक अपनी नीतियों को सार्वभौमिक रूप से सम्मानित प्रतीक जैसे—क्रॉस, देवता, देवी, अलौकिक शक्ति के साथ सम्बन्धित करता है तथा इस प्रकार हस्तान्तरण से अपनी नीतियों को जनता तक पहुँचाकर उनसे समर्थन प्राप्त कर लेता है। असंगत लेकिन प्रभावपूर्ण विचारों को अपने कथन से सम्बद्ध कर प्रचार करना उत्तम होता है। प्रिय विचारों के साथ सम्बद्ध अप्रिय विचार भी ग्राह्य हो जाते हैं।

प्रचार के उपकरण—प्रचारक को निम्नलिखित उपकरणों का सहारा लेना पड़ता है :

(क) सम्बोधन-उपकरण : माइक्रोफोन, एम्प्लीफायर, लाउडस्पीकर, मोबाइल।

(ख) दृश्यात्मक उपकरण : फ़िल्म प्रोजेक्टर, जेनरेटर, स्लाइड प्रोजेक्टर, वी.सी.पी., टी. वी.।

(ग) प्रचारात्मक उपकरण : मुद्रित साहित्य, पोस्टर्स, सूचनात्मक निर्देश।

प्रचार के आधार : प्रचार-कार्यक्रम को सफलता उसी समय प्राप्त होती है जबकि वह निम्नलिखित आधारों का आश्रय लेता है :

(क) व्यक्तिगत सम्पर्क

(ख) सन्देश प्रेषण

(ग) साहित्य-वितरण

(घ) फ़िल्म-प्रदर्शन

(ङ) प्रदर्शनी-आयोजन

(च) शिविर-आयोजन

प्रचार के मुख्य तथ्य : प्रचार के आवश्यक तथ्य निम्नवत् हैं :

1. सामाजिक चेतना का विकास।
2. राष्ट्रीयता, सद्भावना, साम्प्रदायिक सौहार्द का विस्तार।
3. कला, साहित्य तथा सांस्कृतिक धरोहर के प्रति आत्मीय भावना का जागरण।
4. कृषि-उत्पादन, हरित क्रान्ति, श्वेत क्रान्ति का प्रचार।
5. वृक्षारोपण, वन संरक्षण एवं पर्यावरण का प्रचार।
6. परिवार-कल्याण का प्रचार।
7. कमज़ोर वर्ग, अल्पमत वर्ग, महिलाओं हेतु कल्याण कार्यक्रमों की सूचना।
8. जन प्रतिक्रिया, संकलन एवं विश्लेषण।
9. जनसंचार-साधनों द्वारा सम्पर्क-विस्तार।

प्रभावशाली प्रचार के सम्बन्ध में *क्रच-क्रचफील्ड* ने निम्नलिखित बातें बताई हैं :

1. प्रचार सुझाव से बहुत अधिक प्रभावित होता है। प्रभावशाली प्रचार के लिए प्रचारकर्ता को चाहिए कि वह व्यक्तियों, आवश्यकताओं और प्रेरणाओं को सन्तुष्ट करने वाले सुझाव देकर प्रचार करे। प्रचार द्वारा यदि व्यक्तियों की आवश्यकताओं की सन्तुष्टि होती है तो प्रचार और प्रभावशाली हो जाता है।
2. प्रभावशाली प्रचार करने के लिए अथवा प्रचार को अधिक फलदायक बनाने के लिए यह आवश्यक है कि प्रचारकर्ता प्रचार की परिस्थितियों का अध्ययन करके प्रचार करे। यह देखा गया है कि अस्पष्ट तथा अनिश्चित परिस्थितियों में प्रचार अधिक प्रभावशाली सिद्ध होता है।
3. प्रभावशाली प्रचार के लिए यह भी आवश्यक है कि प्रचारकर्ता जिस समूह में प्रचार कर रहा है वह प्रचार उस समूह के विश्वासों, मूल्यों और मान्यताओं के अनुसार या इनका सहारा लेकर प्रचार करें।
4. जब जनता को यह मालूम नहीं होता है कि प्रचार का उद्देश्य क्या है अथवा जनता को यह न ज्ञात हो कि उनमें प्रचार किया जा रहा है तो प्रचार अधिक प्रभावशाली सिद्ध होता है। अतः अप्रत्यक्ष प्रचार अधिक प्रभावशाली होता है।
5. प्रभावशाली प्रचार के लिए आवश्यक है कि सामाजिक समर्थन के आधार पर प्रचार हो। जनता जब जान जाती है कि उन्हीं के विचारों को व्यक्त किया जा रहा है तो प्रचार का प्रभाव अधिक पड़ता है।
6. प्रचारक की प्रस्तुति, उसके बोलने का ढंग, उसकी प्रभावशाली भाषा जनसामान्य के दिल को जीत लेती है।
7. जब इच्छित फल की प्राप्ति में विरोधी बाधा पहुँचाये तो प्रचारक को विरोधी प्रचार का सहारा लेना चाहिए। चुनाव-काल में प्रायः सभी प्रत्याशी अपने प्रतिद्वन्द्वी की निन्दा करते हैं और उसके आरोपों का खण्डन कर अपनी बातों का मण्डन करते हैं।
8. राष्ट्रीय स्तर का प्रचार झूठी आशा, प्रलोभन एवं बाह्य आडम्बर से ऊपर होना चाहिए। अतिरिक्त प्रचार और आश्वासन के चलते ही अनेक राष्ट्रों में क्रान्ति की बात देखी गयी है। वे कहते हैं 'इन्दिरा हटाओ, मैं कहती हूँ ग़रीबी हटाओ', चुनिये आप क्या चाहते हैं? इसके चलते जनता ने भारी बहुमत से जिताया, ग़रीबी ज्यों की त्यों बनी रही फलतः जनता आक्रोश में आ गयी और अगले चुनाव में परिणाम अच्छा नहीं हुआ।
9. प्रचारकर्ता को समूह की घटनाओं और जनता की चिन्तनधारा, सोच, प्रवृत्ति का ज्ञान होना चाहिए।
10. प्रचार योजनाबद्ध होना चाहिए।

67

विज्ञापन (Advertising)

A dvertising is essentially a thing to induce consumption, to make people buy things they do not want. *—Pt. J.L. Nehru*

× × ×

The Newspaper is a collection of advertisements that are sold with the help of the reading matter. *—Anonymous*

× × ×

Advertisement may be defined as publicity which call attention to the existence and merits of certain goods and services. *—R.W. Houstan*

× × ×

Advertising is the dissemination of information concerning an idea service or product to compel action in accordance with the interest of the advertisers.

—American Journal 'Advertising Age'

× × ×

"विज्ञापनबाजी एक ऐसा विज्ञान है जिसके द्वारा इन्सान की बुद्धि को उस समय तक जकड़ा जाता है जब तक कि उसकी जेब से पैसे न निकाल लिये जायें।" *—स्टीफन ली काक*

× × ×

"विज्ञापन मनमोहिनी विक्रय कला है जो विलासिता की वस्तु को अपरिहार्य बनाती है।"

—डॉ. अर्जुन तिवारी

आज औद्योगिक क्रान्ति के फलस्वरूप उपभोग्य वस्तुओं का उत्पादन बड़ी मात्रा में हो रहा है, जिनके विपणन हेतु विज्ञापन ही सहारा है। फ़िल्म, रेडियो, टेलीविजन, पोस्टर्स, हैंडबिल, साइनबोर्ड, सिनेमा स्लाइड और बैलून आदि अनेक माध्यमों से विज्ञापन होता है परन्तु समाचार-पत्र ही सर्वाधिक सक्षम एवं उपयोगी सिद्ध होता है और वस्तु-विशेष के प्रति ध्यान केन्द्रित

हो जाता है। अंग्रेज़ी में विज्ञापन के लिए 'Advertising' शब्द प्रयुक्त होता है जो लैटिन के 'Advertere' से बना है जिसका अर्थ 'to turn to' या 'मस्तिष्क का केन्द्रीभूत होना' है। वास्तव में, विज्ञापन द्वारा जनसामान्य के ध्यान को किसी सामग्री अथवा सेवा की ओर आकर्षित किया जाता है। यह आर्थिक विकास और सामाजिक परिवर्तन का सशक्त उपकरण है।

फ्रैंक जेफकिंस ने क्रय और विक्रय योग्य वस्तुओं को जनता तक पहुँचाने के माध्यम को विज्ञापन माना है। उन्होंने सस्ती दर पर उत्पादित सामग्रियों एवं सेवाओं के उचित ढंग से प्रभावकारी प्रस्तुतीकरण को विज्ञापन कहा है। विज्ञापन के अन्तर्गत किसी प्रकार का वह कार्य सम्मिलित है जिसमें विक्रय योग्य वस्तुओं या सेवाओं के विक्रय को प्रोत्साहन देने हेतु सूचना का प्रसार किया जाता है। विज्ञापन एक जटिल प्रक्रिया है। विज्ञापन अब प्राप्त नहीं किया जाता। विज्ञापन की जगह बेची जाती है या उसका विपणन किया जाता है। विज्ञापन और बिक्री दोनों का एक ही लक्ष्य है, दोनों एक-दूसरे के पूरक हैं। दोनों ख़रीदने हेतु प्रेरक हैं। विज्ञापन विक्रय कला है।

'इनसाइक्लोपीडिया ब्रिटानिका' के अनुसार किसी वस्तु के विक्रय अथवा किसी सेवा के प्रसार हेतु मूल्य चुकाकर की गयी घोषणा ही विज्ञापन है। वास्तव में, यह प्रचार का एक प्रभावशाली साधन है जिसके द्वारा वस्तुओं और सेवाओं के विक्रय का विकास होता है। विक्रय-व्यवस्था में विज्ञापन-वस्तु का परिचय कराने, उसकी विशेषताएँ तथा उसके लाभ बताने का कार्य सम्पादित कर ग्राहकों को आकृष्ट करता है। उत्पादित वस्तु के ब्रांड को लोकप्रिय बनाना तथा कम्पनी के नाम को जनता के मन-मस्तिष्क में जमाने का कार्य विज्ञापन ही करता है। विचारप्रधान विज्ञापन अब सामाजिक विकास के माध्यम से बनते जा रहे हैं। भूतकाल में जिस वस्तु को लोग विलासिता की वस्तु समझते थे, आज वही विज्ञापन के कारण ज़रूरत की वस्तु हो चली है, भविष्य में कहीं अनिवार्य न बन जाये। इस परिवर्तन के मूल में विज्ञापन है।

1932 में अमेरिकी पत्रिका 'एडवरटाइजिंग एज' ने एक प्रतियोगिता आयोजित की जिसमें विज्ञापन की सर्वोत्तम परिभाषा निर्धारित की गयी :

Advertising is the printed, written, spoken of pictured representation of a person, product, service or movement sponsored by the advertiser and at his expense for the purpose of influencing sales, use, vote or endorsement.

तात्पर्य यह कि किसी व्यक्ति, वस्तु, सेवा या आन्दोलन को प्रस्तुत करने वाली मुद्रित सामग्री, लिखित शब्द, बोले गये शब्द या चित्रांकन विज्ञापन हैं जिसे विज्ञापनदाता अपने ख़र्च पर बिक्री, प्रयोग, वोट या अन्य प्रकार की सहमति प्राप्ति के लिए खुल्लमखुल्ला प्रस्तुत करें। विज्ञापन उद्योग का जीवन-रक्त है तथा संचार-माध्यमों हेतु यही पुष्ट आधार है।

विज्ञापन के गुण

पत्र-पत्रिकाओं में प्रकाशित विज्ञापनों में निम्नलिखित विशेषताओं का होना आवश्यक है :

1. विज्ञापन में ध्यान आकर्षित करने की क्षमता हो।
2. अभिनव एवं मौलिक साज-सज्जा हो।
3. विज्ञापित वस्तु की मुख्य विशेषता पर बल हो।
4. साक्षर और विद्वान् सभी के लिए विज्ञापन सुबोध हो।
5. तथ्यों की तर्कपूर्ण प्रस्तुति हो।
6. विज्ञापन में गतिशीलता हो।
7. चित्र, लिखित तथ्य ट्रेडमार्क और शीर्षक आदि सभी में समन्विति हो। सबका मिला-जुला प्रभाव दर्शक और पाठक पर पड़े।
8. विज्ञापन इस कौशल से प्रस्तुत हो कि वह रुचिकर हो, मनोरम लगे, बार-बार स्मृति को प्रभावित करे एवं ख़रीदने अथवा अपनाने हेतु सबको विवश कर दे।

विज्ञान के प्रकार

समाचार-पत्रों में प्रकाशित होने वाले विविध विज्ञापनों को निम्नलिखित चार रूपों में बाँटा जा सकता है :

(क) **स्थानीय विज्ञापन :** जहाँ पत्र का प्रकाशन होता है उस स्थल के आस-पास के नागरिकों को स्थानीय विज्ञापन द्वारा सन्देश पहुँचाया जाता है। सिनेमा, होटल, नाटक, मनोरंजन, रेस्तराँ और स्टोर्स सम्बन्धी विज्ञापनों का इसमें समावेश रहता है। स्थानीय विज्ञापनों के लिए कुछ रियायत देने की प्रथा है।

(ख) **राष्ट्रीय विज्ञापन :** ऐसे विज्ञापन पूरे राष्ट्र के बाज़ारों को ध्यान में रखकर दिये जाते हैं। चाय, साबुन, बीमा, बैंकों की सेवा, सिगरेट और साइकिल का विज्ञापन अत्यन्त वैज्ञानिक ढंग से किया जाता है। ऐसे विज्ञापनों के आलेख के लिए राष्ट्रीय भाषा का प्रयोग होता है। अधिक प्रसार वाले पत्र जिनकी राष्ट्रीय स्तर पर लोकप्रियता होती है वैसे ही पत्र इस प्रकार के विज्ञापन पाते हैं।

(ग) **वर्गीकृत विज्ञापन :** टेंडर नोटिस, कम्पनी की सूचनायें, विद्यालयों के प्रवेश सम्बन्धी विज्ञापन और नौकरी-पेशे की सूचनाएँ वर्गीकृत विज्ञापनों के अन्तर्गत आते हैं। 'क्लासीफाइड' और 'वांटेड विज्ञापन' भी इसके अपर नाम हैं। अंग्रेज़ी पत्रों में शीर्षक के अनुसार विज्ञापनों का विभाजन होता है, जैसे– Situation Vacant, Situations Wanted, To Let, Lost, Found, Hotels, Hill Stations, Sports, Books, etc.

(घ) **प्रदर्शन विज्ञापन** (Display Advertisement) : किसी सिद्धान्त, नीति, कार्यक्रम, संस्था एवं संगठन के प्रचार के सन्देश ऐसे विज्ञापनों द्वारा प्रसारित होते हैं। राष्ट्र की भावात्मक एकता, अल्प बचत, परिवार-नियोजन, स्वच्छता अभियान, वृक्षारोपण को सफल बनाने के निमित्त विज्ञापन प्रायः पत्रों में छपते हैं। बड़ी-बड़ी कम्पनियों, समाजसेवी संस्थाओं की प्रतिष्ठा की वृद्धि में प्रदर्शन-विज्ञापन अहम् भूमिका का निर्वाह करते हैं।

प्रभाविकता की दृष्टि से विज्ञापन के निम्नलिखित दो प्रकार हैं :

1. **विधेयात्मक विज्ञापन :** 'पौ फटी, सुबह हुई, बन्दर छाप काला दन्त मंजन प्रयोग कीजिए', 'विक्स की गोली लो, खिचखिच दूर करो।'

2. **निषेधात्मक विज्ञापन :** 'फेराडाल ने लेंगे तो शरीर कमज़ोर होगा।'

विधि की दृष्टि से विज्ञापन के दो प्रकार हैं :

1. **तर्कयुक्त विज्ञापन :** वस्तु को अपनाने, ख़रीदने के पक्ष में तर्क दिया जाता है। '...दामों में है किफ़ायती, पानी में रहकर भी ये कम गले, ढेरों कपड़ा धोये और ज़्यादा चले।'

2. **निर्देशयुक्त विज्ञापन :** बौद्धिक पक्ष के स्थान पर हृदय को प्रभावित किया जाता है। विलासिता सम्बन्धी वस्तुएँ 'लक्स', 'पांड्स' के सन्दर्भ में प्रसारित विज्ञापन इस श्रेणी में आते हैं।

सरस, संक्षिप्त, आकर्षक एवं जीवन्त आलेख, विज्ञापन का स्थान, प्रकाशन-तिथि, ये सब कुछ ऐसे महत्त्वपूर्ण तत्त्व हैं जिनसे विज्ञापित वस्तु के प्रति आकर्षण उत्पन्न होता है।

विज्ञापन के कार्य

विज्ञापन के निम्नलिखित कार्य हैं :

1. नयी वस्तुओं और सेवाओं की सूचना देना।
2. उपयोगिता एवं श्रेष्ठता बलातकर वस्तु की ओर व्यक्तियों का ध्यान आकर्षित करना।
3. ग्राहकों में वस्तु के प्रति रुचि, विश्वास उत्पन्न करना तथा उसकी स्मृति को प्रभावित करना।
4. विशेष छूट और मूल्य परिवर्तन की जानकारी देना, उपभोक्ता माँग में वृद्धि करना।
5. ख़रीदने और अपनाने की प्रेरणा।

सफल विज्ञापन एजेंसी पाठकों तथा ग्राहकों की मानसिक प्रक्रियाओं, प्रेरणा, ध्यान, रुचि, स्मृति तथा सुझाव के अनुरूप विज्ञापन छापती हैं। आकार, रंगों की गहराई, गति, नवीनता एवं पुनरावृत्ति के मनोवैज्ञानिक आधार पर प्रस्तुत विज्ञापन में प्रभावोत्पादकता होती है जिसे लोग ख़रीदने के लिए उन्मुख होते हैं। चित्र शीर्षक, आलेख, व्यवसाय छाप तथा व्यवसाय नाम विज्ञापन के प्रमुख अंग हैं जो आकर्षण के आधार हैं।

विज्ञापन और आर्थिक पहलू

समाचार-पत्र का जीवन-रक्त विज्ञापन ही है। लोकतन्त्रीय राष्ट्रों के पत्र इसी के कारण आर्थिक दृष्टि से सुसम्पन्न होते हैं। प्राय : पत्रों के विक्रय से प्राप्त धन और विज्ञापन की आय में 1:2 का अनुपात हो, तो पत्र की आर्थिक स्थिति अच्छी मानी जाती है। प्रेस कमीशन की संस्तुति के अनुरूप पत्रों में पाठ्य-सामग्री और विज्ञापन में 60:40 का अनुपात होना चाहिए। आयोग ने कहा, "...इससे यह सुनिश्चित हो जायेगा कि पाठक को समुचित मात्रा में समाचार एवं विचार प्राप्त हो रहे हैं और विज्ञापनों का प्रभाव बहुत अधिक विज्ञापन ठूँसे जाने के कारण कम नहीं हो रहा है।... विज्ञापनों की अधिकतम सीमा 40 प्रतिशत निर्धारित करने के लिए हमने केवल तात्कालिक प्रथा को ही दृष्टि में नहीं रखा है वरन् इस भावी मनोवृत्ति को ध्यान में रखा है जिसकी हमें प्रति पृष्ठ मूल्य निर्धारण होने पर उभरने की आशा है। हमें इस बात की भी आशा है कि जब समाचार-पत्रों की पृष्ठ संख्या कम करने या प्रति का मूल्य बढ़ाने पर बाध्य होना पड़ेगा तब समाचारों व सम्पादकीय अंशों का संक्षेप में प्रस्तुत करने का आकर्षण गम्भीर रूप से बढ़ जायेगा ताकि सभी आरक्षित विज्ञापन समाचार-पत्र में समा सकें। इसके फलस्वरूप विज्ञापन और पाठ्य-सामग्री के स्थान का अनुपात बढ़ जायेगा। इसीलिए राय है कि इसको हमारे द्वारा प्रतिपादित सीमा तक ही रखा जाये।"

पत्र की आर्थिक स्थिति में सुधार लाने, व्यापार या नौकरी की सूचना पाठकों तक पहुँचाने तथा पत्रों के पृष्ठों को आकर्षक बनाने के लिए समाचार-पत्रों में विज्ञापन का प्रकाशन अपरिहार्य है। आदर्श विज्ञापन में तथ्यों का ईमानदारी से सरल शब्दों में प्रस्तुतीकरण होता है। आजकल यौन, वासना एवं अवांछित वस्तुओं से भरपूर विज्ञापन पाठकों की नैतिकता पर प्रभाव डालते हैं। यही कारण है कि पूज्य बापू ने अपने पत्र 'नवजीवन' और 'यंग इंडिया' में विज्ञापन स्वीकार नहीं किया। परिवार-नियोजन, कृषि, स्वास्थ्य सम्बन्धी स्वस्थ विज्ञापनों द्वारा समाज के प्राणियों की रुचियों, प्रवृत्तियों और संस्कारों में परिवर्तन लाया जा सकता है जिससे राष्ट्र का हित सम्भव है। इस प्रकार अर्थ-प्राप्ति के साथ ही विचार-परिवर्तन में विज्ञापनों का सहयोग उल्लेखनीय है।

विज्ञापन के माध्यम

केन्द्रीय सूचना मन्त्रालय के अधीन डी.ए.वी.पी. (डायरेक्टोरेट ऑफ़ एडवरटाइजिंग ऐंड विजुअल पब्लिसिटी) है जो प्रेस, रेडियो, फ़िल्म, फोटो एवं दृश्य-श्रव्य के अन्य माध्यमों द्वारा विज्ञापन प्रसारण का कार्य करता है। प्रसार संख्या, प्रकाशन की नियमितता, पत्रकारिता की रीति-नीति के परिपालन सम्बन्धी बातों पर विचार करने के बाद विज्ञापन देने का निर्णय लिया जाता है। आई. ई. एन. एस. (I. E. N. S.), इंडियन ऐंड ईस्टर्न न्यूजपेपर सोसाइटी द्वारा मान्यता प्राप्त संस्थाएँ विविध क्षेत्रों में विज्ञापन के कार्य कर रही हैं। विज्ञापन सम्बन्धी सभी जानकारियों के लिए ABC (ऑडिट ब्यूरो ऑफ सर्कुलेशन), एडवर्टाइजिंग कौंसिल ऑफ इंडिया, इन्फा प्रेस ऐंड एडवरटाइजिंग इयर बुक की सहायता उपयोगी सिद्ध हो रही है। सम्प्रति अनेक विज्ञापन संस्थान हैं जो अनुसन्धान एवं अनुसन्धान, माध्यम का चयन एवं विज्ञापन-सामग्री का निर्माण कर रहे हैं। निदेशक, कॉपीराइटर, विजुअलाइज़र तथा ले-आउट मैन—ये सभी विज्ञापन-जगत् के प्रमुख स्तम्भ हैं जिनसे व्यवसाय उन्नत होता है।

विज्ञापन का मनोवैज्ञानिक आधार

विज्ञापन वस्तुतः औद्योगिक मनोविज्ञान की विषय-वस्तु है। उपभोक्ता मनोविज्ञान को समझकर ही प्रभावकारी ढंग से विज्ञापन किया जा सकता है। विज्ञापन की सफलता के मूल में मुख्यत : निम्नलिखित मनोवैज्ञानिक आधार हैं :

1. **ध्यान** (Attention) : उपभोक्ता का ध्यान आकृष्ट करना विज्ञापनदाता का प्रथम लक्ष्य होता है जिसके लिए निम्नस्थ उपाय हैं :

(क) **आकार :** छोटे की अपेक्षा बड़े आकार वाले विज्ञापन ध्यान आकर्षित कर लेते हैं। यही कारण है कि सड़कों और पत्रों में बड़े आकार के विज्ञापन निकलते हैं, जैसे– टायर और टी. वी. वाले विज्ञापन।

(ख) **स्थिति :** पत्रों के प्रथम पृष्ठ या अन्तिम पृष्ठ पर स्थित विज्ञापन अधिक प्रभावशाली होते हैं।

(ग) **तीव्रता :** हल्के रंग की अपेक्षा गाढ़े रंग, हल्के स्वर की अपेक्षा तीव्र स्वर वाले विज्ञापन उपभोक्ताओं का ध्यान शीघ्र खींच लेते हैं।

(घ) **गति :** स्थिर वस्तुओं की तुलना में गतिमान वस्तुएँ ध्यानाकर्षण के निमित्त अधिक उपयोगी होती हैं। बिजली के नियोसाइन वाले विज्ञापन उत्तम हैं जिसमें शब्द और चित्र गतिशील होते हैं।

(ङ) **आवृत्ति :** विज्ञापन की बार-बार आवृत्ति ध्यान के आकर्षण हेतु उपयुक्त होती है।

(च) नवीनता : पुराने की अपेक्षा नये आसानी से ध्यान आकर्षित करते हैं। विज्ञापन में हर बार कोई नवीनता, विचित्रता प्रस्तुत कर उपभोक्ता के ध्यान को बरबस खींचा जाता है।

2. **प्रेरणा तथा आवश्यकताएँ** (Motivation and Needs) : किसी विज्ञापन के कारण यदि उपभोक्ताओं की प्रेरणा और आवश्यकता जाग्रत हो तो वह विज्ञापन प्रभावकारी सिद्ध होता है। 'ख़तरे से रक्षा', 'जान है तो जहान है', 'पूरा आराम, पूरी सुरक्षा' जैसे वाक्य उपभोक्ताओं को सदैव प्रेरित करते रहते हैं। *सी.एन. एलेन* ने प्राथमिक और गौण आवश्यकताओं की सूची प्रस्तुत की है जिनके आधार पर प्रभावशाली विज्ञापन किया जा सकता है :

प्राथमिक आवश्यकताएँ

(क) सुस्वादु भोजन
(ख) स्वादिष्ट पेय
(ग) सुखमय वातावरण
(घ) पीड़ा और ख़तरे से सुरक्षा
(ङ) कामवासना की तृप्ति
(च) सामाजिक मान्यता
(छ) खेल

गौण आवश्यकताएँ

(क) स्वास्थ्य
(ख) कार्यपटुता
(ग) सुविधा
(घ) आर्थिक लाभ
(ङ) जिज्ञासा
(च) सूचना तथा शिक्षा

3. **रुचि :** रुचि और ध्यान में अन्योन्याश्रय सम्बन्ध है। रुचिकर वस्तुओं की ओर शीघ्र ही ध्यान चला जाता है। उपभोक्ताओं की पसन्द, नापसन्द की जानकारी द्वारा विज्ञापन उत्तम ढंग से किया जा सकता है।

4. **सुझाव :** सुझाव ही विज्ञापन का केन्द्रीय तत्त्व है। प्रत्यक्ष सुझावों की अपेक्षा अप्रत्यक्ष सुझाव अधिक प्रभावकारी होते हैं जैसे 'मर्ज़ी है आपकी, आख़िर सिर है आपका।' 'जो जीवन से करे प्यार, वह प्रेस्टिज को कैसे करे इनकार' तथा हाजमोला और कपिल का विज्ञापन सुझाव में अनुपम हैं।

5. **स्मृति :** स्थायी प्रभाव के लिए विज्ञापन की बारम्बारता आवश्यक है जिससे स्मृति प्रभावित होती है। गद्य की अपेक्षा पद्य के रूप में जब कोई विज्ञापन होता है तो उसकी स्मृति अपेक्षाकृत स्थायी होती है। 'निरमा डिटर्जेंट टिकिया', 'वाशिंग पाउडर निरमा' तथा 'वीडियोकॉन वाशिंग मशीन' का विज्ञापन स्मृति को अधिक प्रभावित करते हैं।

विज्ञापन के अंग : विज्ञापन-निर्माण के समय निम्नलिखित 6 अंगों पर ध्यान दिया जाता है :

1. **चित्र**–ध्यानाकर्षण, रुचि एवं स्मृति प्रभावित करने के लिए विज्ञापन में चित्र का होना अपरिहार्य है। चित्र विज्ञापित वस्तु के यथार्थ रूप को बलाते हैं तथा विज्ञापन को सुन्दर और आकर्षक बनाते हैं। चित्र तो जीते-जागते विचार हैं जिनके प्रति सभी का रुझान होता है। चित्र वह शब्दरहित कविता है जिसको सुनने-देखने के लिए सभी लालायित रहते हैं। विज्ञापन प्रति में चित्र की निम्नलिखित तीन स्थितियाँ होती हैं :

(क) **यथार्थपूर्ण स्थिति :** मशीनों, यन्त्रों, कार्यालय भवनों, वाहनों और उत्पादनों से सम्बद्ध उपकरणों के चित्रों द्वारा उपभोक्ता के समक्ष यथार्थ रूप प्रस्तुत होता है। ये चित्र उपभोक्ता की स्मृति को प्रभावित करते हैं तथा उनमें उत्पादनों के प्रति विश्वास जगाते हैं।

(ख) **यथार्थपूर्ण किन्तु असंगत स्थिति :** कुछ विज्ञापन प्रतियों में ऐसे चित्र प्रयुक्त होते हैं जिनका उत्पादन से कोई ताल-मेल या संगति नहीं रहती। असंगत चित्र आकर्षण का केन्द्र होता है। यन्त्रों के साथ अभिनेता, अभिनेत्रियों के चित्र उत्पादन के प्रति उपभोक्ता की रुचि को बढ़ाते हैं।

(ग) **सौन्दर्यवर्द्धक स्थिति :** आभूषण, वस्त्र, साबुन, पाउडर आदि सौन्दर्य प्रसाधनों के विज्ञापन में सुन्दरियों के चित्रों का प्रयोग बड़ा सार्थक होता है।

(घ) **कार्टून चित्र :** विज्ञापन को कार्टून चित्रों द्वारा आकर्षक बनाया जाता है जो उपभोक्ता की स्मृति को प्रभावित करते हैं।

2. **रंग :** श्वेत-श्याम विज्ञापन की अपेक्षा रंग-बिरंगे विज्ञापन उपभोक्ताओं के ध्यान को शीघ्रता से और अधिक समय तक खींचते हैं। पुरुष नीले, स्त्री लाल चटकीला, बच्चे गाढ़े और प्रौढ़ हल्के रंग के प्रति आकर्षित होते हैं।

3. **विषय-वस्तु :** संक्षिप्तता, रोचकता, सत्यता, विश्वसनीयता, क्रय-प्रेरक शक्ति से सम्पन्न विषय-वस्तु वाला विज्ञापन बड़ा ही प्रभावकारी होता है। विज्ञापन-प्रति तैयार करते समय ध्यान दिया जाता है कि :

(क) विज्ञापन किसका, किस स्तर के लिए और किसके लिए है?

(ख) कथ्य रुचिकर, लाभप्रद, विश्वसनीय और सन्तोषप्रद हो।

(ग) क्रय करने हेतु प्रेरित करता हो।

(घ) कथ्य संक्षिप्त, सरल, सुस्पष्ट तथा सत्यता से परिपूर्ण हो।

4. **व्यवसाय नाम :** डालडा, ह्वील, टाटा, गोदरेज, लिप्टन जैसे व्यवसाय उपभोक्ता को अधिक विश्वसनीय लगते हैं। उत्पादनों के व्यापार-चिह्न जैसे खजूर छाप डालडा अधिक विश्वसनीय होते हैं।

5. **शीर्षक :** सरल, संक्षिप्त, आकर्षक और रुचिकर शीर्षक जनसामान्य पर अमिट छाप छोड़ते हैं। शीर्षक में निम्नलिखित तत्त्वों को समावेश होना चाहिए :

(क) विज्ञापन का लक्ष्य।

(ख) जनसामान्य हेतु विज्ञापित वस्तु की आवश्यकता।

(ग) विज्ञापित वस्तु का परिचय, उसकी प्रकृति।

(घ) शीर्षक का रंग और शब्दों के आकार। सम्प्रति चार प्रकार के शीर्षक विज्ञापन-जगत में प्रचलित हैं :

(अ) सन्देश शीर्षक : श्वाबे : दृष्टि की शक्ति आँखों की रक्षा।

(ब) परिचय शीर्षक : 'इंडिया टुडे' साहित्य वार्षिकी श्रेष्ठ साहित्य की उत्कृष्ट परम्परा।

(स) प्रश्न शीर्षक : ओनिडा।

(द) उत्तेजक शीर्षक : ओनिडा के-वाई सिरीज विश्व की ईर्ष्या, भारत की शान।

विन्यास : चित्र, रंग, शीर्षक, विषय-वस्तु, ट्रेडमार्क आदि का सन्तुलित ढंग से विनियोजन करना आवश्यक है। इस विज्ञापन-विन्यास के लिए ध्यातव्य है कि :

1. विज्ञापन में कम और आकर्षक चित्र हों।
2. विषय-वस्तु लघु और सरल हो।
3. उत्पादन के प्रति अपील, सन्देश और नारे को विशेषतः उभरना चाहिए।
4. विन्यास में मौलिकता, सन्तुलन और नूतनता होनी चाहिए।
5. व्यवसाय-नाम उपयुक्त स्थान पर प्रदर्शित होना चाहिए।

विज्ञापन में आकर्षण

निम्नलिखित तथ्य विज्ञापनों में आकर्षण के आधार होते हैं :

(क) मूल्य और मितव्ययिता।

(ख) समय और शक्ति की बचत।

(ग) उत्पाद की गुणवत्ता, शुद्धता और उसका टिकाऊपन।

(घ) शारीरिक, मानसिक स्वास्थ्य हेतु आश्वासन।

(ङ) रंग-रूप का दिखावा तथा फैशन की अनुरूपता।

(च) सामाजिक अनुमोदन।

विज्ञापन में भाषा की संरचना

विचारों की अभिव्यक्ति भाषा द्वारा होती है। भाषा में अद्‌भुत प्रेरक शक्ति निहित है। किसी को समझाने, बुझाने, मनाने एवं अपने अनुकूल बनाने में भाषा रामबाण है। चुस्त-दुरुस्त मनोरम भाषा द्वारा किसी को भी अपनी मुट्ठी में किया जा सकता है। किसी वस्तु से परिचित कराना, उसके प्रति अभिरुचि जाग्रत करना, उसे अपनाने हेतु सुझाव देना—यह सब भाषा की क्षमता पर ही निर्भर है। विज्ञापन की भाषा साहित्य से अलग एक ऐसी भाषा है जो उपभोक्ता की मानसिकता के अनुकूल होती है, उसे प्रभावित करने में सक्षम होती है। विज्ञापन में लिखित, वाचिक, मौखिक-लिखित भाषा का प्रयोग होता है। क्षेत्रविशेष के कारण भाषा का स्वरूप भी बदलता रहता है जैसे व्यापार जगत् में चाँदी चमकी, चीनी कड़वी मूल्य-वृद्धि का सूचक है, चाँदी ठहरी, सोना स्थिर मूल्य स्थिरता का बोधक है तो चीनी मीठी, चाँदी लुढ़की मूल्य गिरने की स्थिति का बोधक है।

अभिधा, लक्षणा, व्यंजना नामक शैलियों का प्रयोग विज्ञापन-जगत् में दीख पड़ता है। सीधी, सुस्पष्ट, सपाट शब्दों में अभिधात्मक शैली का प्रयोग द्रष्टव्य है :

अब आयेगा असली मजा
नया
तुलसी मिक्स
जर्दायुक्त पान-मसाला

लक्षणात्मक भाषा का निम्नलिखित रूप में प्रयोग होता है :

बिजली बचत
अर्थ है
बिजली का उत्पादन

व्यंजनात्मक शैली का उदाहरण प्रस्तुत है :

मर्ज़ी है आपकी
आख़िर
सिर है आपका
सुरक्षा के लिए हेलमेट आवश्यक।

विज्ञापन की भाषा की विशिष्टताएँ

1. **विज्ञापन की भाषा और काव्यात्मकता :** काव्य सृष्टि का सौन्दर्य है। काव्य ही सृष्टि का सुख है। यही जीवन का मूल तत्त्व है। कविता का बाना पहनकर सत्य और भी चमक उठता है। काव्य से ही यश, अर्थ, व्यवहार-कुशलता की प्राप्ति होती है। कान्ता के समान मनोरम सुझाव देने में काव्य अप्रतिम है इसीलिए विज्ञापन में काव्यात्मक भाषा का अपना महत्त्व है। आकर्षण-क्षमता और तुकबन्दी के कारण उपभोक्ता वर्ग को वश में करने की कुंजी काव्यात्मक भाषा में है। उदाहरणार्थ :

रंगों का संसार
खुशियों की बहार।

× × ×

ये ललचायी लुभावनी अँखियाँ
देख रही हैं किसका सपना

× × ×

अब गंगा की गोद से एक नया गंगा जो कम गले, ज़्यादा चले :

गंगा से नहाना
तो दिन बने सुहाना।

× × ×

ये हैं मिस्टर दीपक सेठ
पर कहलाते मिस्टर लेट

इनको सुझाव एक उपाय :

झटपट एक लूना ले आये
चल मेरी लूना
लूना करती पक्का वादा।
क़ीमत कम मजबूती ज़्यादा॥

लोकोक्तियों और मुहावरों के प्रयोग से विज्ञापन अधिक मनोरम हो जाता है :

लक्स की नयी खुशबू तो
जैसे दिल दिमाग पर जादू कर देती है।

2. **प्रभावोत्पादकता :** विज्ञापन आलेख में भाषा की प्रभावोत्पादकता का विशेष महत्त्व है। शब्द, स्वर, रंग और गुणवत्ता को प्रदर्शित करने वाले चित्र बड़े प्रभावशाली होते हैं। जैसे—

स्वाद लाजवाब

सुगन्ध, वाह जनाब।

धुलायी के रणक्षेत्र में एक और धमाका

नयी रिन शक्ति

धुली क़मीज़ से भी मैल निकाले।

3. **विक्रयशीलता :** विक्रय ही विज्ञापन का मूलाधार है। विज्ञापन की भाषा ऐसी होती है कि उपभोक्ता के सामने उसके क्रय के अतिरिक्त कोई विकल्प नहीं होता। आज्ञार्थक, निश्चयार्थक, विस्मयादिबोधक, प्रश्नात्मक, व्याख्यात्मक, गुणवत्ताबोधक वाक्यों द्वारा विक्रय के लिए प्रोत्साहित करना विज्ञापन की सार्थकता है :

पढ़ना न भूलिए

× × ×

कौन देगा मुझे नौकरी

...कमजी भी साफ़ नहीं।

× × ×

धूम मचा दे, रंग जमा दे।

4. **विश्वसनीयता :** विज्ञापन प्रति यदि उपभोक्ताओं को आश्वस्त-विश्वस्त नहीं करती तो दो कौड़ी की होती है। निम्नलिखित वाक्य विश्वसनीयता के पर्याय बन चुके हैं :

ज़्यादा रोशनी दे

ज़्यादा दिन चले।

× × ×

टायरों में सिकन्दर

× × ×

ये हाथ जीवन बीमा के हैं।

× × ×

ये सुरक्षा के प्रतीक हैं।

× × ×

बुलन्द भारत की बुलन्द तस्वीर

हमारा बज़ाज़।

विज्ञापन माध्यम के विविध रूप

1. **बाह्य विज्ञापन :** भित्ति विज्ञापन, मार्ग पट्टिका, स्तम्भ विज्ञापन।
2. **विंडो (खिड़की) विज्ञापन :** दुकान शोरूम, सिनेमाघर, बस स्टैंड, रेलवे स्टेशंस, खेल मैदान, मिल्क बूथ्स, बस, टेम्पों
3. **प्रेस विज्ञापन :** दैनिक, साप्ताहिक, मासिक पत्र, स्मारिका, बुलेटिंस
4. **उपहार विज्ञापन :** कैलेंडर, डायरी, पेन सेट्स पैड, कीचेंस, स्टिकर्स।
5. **डाक विज्ञापन :** सूचीपत्र, आदेशपत्र, पोस्टकार्ड मुद्रण, अन्तर्देशीय पत्र-मुद्रण।
6. **इलेक्ट्रॉनिक विज्ञापन :** रेडियो, टी. वी., फ़िल्म, स्ट्रिप्स, वीडियो स्ट्रिप्स।

विज्ञापन प्रति

विज्ञापन द्वारा जन-जन तक प्रेषित होने वाले सन्देश के लिखित प्रारूप को प्रति कहते हैं। विज्ञापन प्रति ही विज्ञान का सर्वस्व है, निचोड़ है, आत्मा है जिसके द्वारा पाठकों, दर्शकों का हृदय जीता जाता है। विज्ञापन-अभियान का यह मूल आधार है। विज्ञापन-जगत् में पूरे विवरण को 'कॉपी' तथा इसे तैयार करने या लिखने वाले को 'कॉपीराइटर' कहते हैं। उत्तम विज्ञापन-प्रति की निम्नलिखित विशेषताएँ होती हैं :

1. **सरलता :** उत्तम विज्ञापन प्रति की पहली विशेषता यह है कि सरल हो, सामान्यतः अनायास ही सबकी समझ में आ जाये। अमेरिकी विद्वान् *श्री हर्बट स्पेन्सर* की उक्ति ध्यातव्य है कि 'भाषा विचारों के प्रवाह की बाधा है तो भी विचार-अभिव्यक्ति का यह आवश्यक माध्यम है।' छोटे-छोटे, सरल शब्दों में लिखित विज्ञापन विक्रय सम्भावना को बढ़ाता है जबकि पांडित्यपूर्ण शब्दावली बोझिल होती है तथा ग्राहकों के मन पर इसका दुष्प्रभाव पड़ता है।

2. **समग्रता :** उत्पादन के बारे में ग्राहक अधिकाधिक जानकारी चाहता है ताकि सोच-समझकर क्रय हेतु वस्तु का चयन हो सके। सबसे सफल विक्रय वार्ता वही है जो स्वाभाविक ढंग से ग्राहकों को सभी आवश्यक जानकारी दे सके। विज्ञापन किसके लिए है, इसमें क्या कहा गया है, इसकी सभी विशेषताओं से पूर्ण आलेख ही वरेण्य होते हैं। विज्ञापन का सन्देश ऐसा हो जो आकर्षक हो, कोई जानकारी दे, आशा जगाये, विश्वासोत्पादक हो तथा जिस पर सबकी दृष्टि गड़ जाये।

3. **संक्षिप्तता :** विज्ञापन प्रति यदि विशद हो, लम्बी हो तो पाठक या तो पढ़ना ही नहीं चाहेगा अथवा पढ़ते-पढ़ते ऊब जायेगा। वस्तुतः संक्षिप्तता ही विज्ञापन की आत्मा है। बेकार की भूमिका न देकर यदि प्रतिलेखक तथ्यों के निचोड़ को सुबोध ढंग से प्रस्तुत कर दे तो वह विज्ञापन सर्वग्राह्य सिद्ध होगा।

4. **ईमानदारी :** भ्रामक बातें, गलत तथ्य तथा विसंगत उल्लेखों के कारण विज्ञापनकर्ता की प्रतिष्ठा, उसकी विश्वसनीयता और साख कम हो जाती है। उत्तम विज्ञापन प्रति में ऐसी कोई बात नहीं छोड़ी जाती जिससे विज्ञापित वस्तु के बारे में पाठक की राय पर प्रभाव पड़ता है। अतिरंजित बातें विज्ञापन प्रति के लिए उपयुक्त नहीं हैं। सिडनी के एक स्ट्रीट में जूतों की तीन फर्मों ने भयंकर स्पर्धा दिखायी। एक ने अपनी दुकान के सामने लिखवाया कि "हम सारे देश में सबसे अच्छे जूते बेचते हैं।" पड़ोसी फर्म-मालिक पीछे क्यों रहे? उसने लिखवाया कि "हम सारे विश्व में सबसे अच्छे जूते बेचते हैं।" तीसरा सीधा-सादा था उसे अतिरंजित बातें पसन्द नहीं थीं। उसने लिखवाया कि "हम इस स्ट्रीट में सबसे अच्छे जूते बेचते हैं।" अपनी ईमानदारी, सीधेपन तथा बुद्धि-कौशल के बल पर तीसरा फर्म मालिक बाज़ी मार ले गया।

5. **शीर्षक और नारा :** आकर्षक और प्रेषक शीर्षक विज्ञापन के पूरे सन्देश को पढ़ने के लिए उत्साहित करते हैं। शीर्षक में ही यदि आवश्यक सन्देश सम्मिलित हों तो उत्तम विज्ञापन प्रति लम्बी होने पर उपशीर्षक दिये जायें :

सेवानिवृत्ति का जश्न मनाइए
एल. आई. सी. का जीवन अक्षय

सेवानिवृत्ति पर बचत को जीवनभर मासिक आय में बदलने के लिए अत्यन्त उपयुक्त। भारतीय जीवन बीमा निगम विज्ञापन में छोटी, सरल, लयपूर्ण बातों को बार-बार दुहराने से वह नारा बन जाता है। जैसे 'छोटा परिवार खुशियाँ अपार' और 'दो ही फूल खिलायेंगे', 'धारा-धारा शुद्ध धारा' आदि से ग्राहकों का ध्यान आकर्षित होता है।

6. **चित्र और पेटेंट ब्रांड नाम :** बहुरंग आकर्षक चित्रों द्वारा विज्ञापित वस्तु की ओर ग्राहक में रुचि पैदा की जाती है। वस्तु की विशेषताओं, उपयोगिताओं को बताकर विज्ञापन को अत्यधिक प्रभावकारी बनाया जाता है। प्रचलित लोकप्रिय ब्रांड, ट्रेडमार्क के माध्यम से विज्ञापित उत्पादन की विशिष्टता परिलक्षित होती है। वैद्यनाथ आयुर्वेद, हिन्दुस्तान लीवर, भारतीय जीवन बीमा निगम के ब्रांड नाम (प्रतीक) बहुत ही प्रभावोत्पादक हैं।

विज्ञापनों द्वारा राष्ट्र-चेतना का प्रसार

विज्ञापन केवल उद्योग, व्यवसाय और आर्थिक विकास हेतु ही प्रयुक्त नहीं होते हैं अपितु उनसे राष्ट्र-मानस भी उद्वेलित होता रहता है। देशवासियों में नये-नये विचारों, आदतों और अभिरुचियों के प्रचार-प्रसार में इसकी अहम् भूमिका है। परिवार-कल्याण, कृषि, स्वास्थ्य से सन्दर्भित विज्ञापनों ने परम्परागत चिन्तन-धारा को परिवर्तित कर दिया तथा नये दृष्टिकोण को अपनाने में सशक्त भूमिका का निर्वहन किया।

परतन्त्र भारत में पत्रों द्वारा एक विज्ञापन (**साथ भाग निकला**) शीर्षक के अधीन छपता था। यह विज्ञापन जहाँ रहस्यपूर्ण था वहीं फिरंगियों की नपुसंकता तथा भारतीयों की मर्दानगी का परिचाभीक था। अंग्रेज़ अधिकारियों की औरतें जब भारतीयों के साथ भाग जाती थीं तो ऐसा विज्ञापन छपता था। विज्ञापनों द्वारा समय-समय पर राष्ट्रीय जागरण का सन्देश भी प्रसारित किया गया। बंगाल केमिकल और फार्मास्यूटिकल वर्क्स ने 'भारतीय वस्तुओं की श्रेष्ठता' और 'भारतीय उत्पादन' पर बल दिया। हिन्दू बिस्कुट कम्पनी ने उद्घोषित किया–

'वे ताजे हैं, पूर्ण हैं और फिर भी विदेशी माल से बहुत सस्ते हैं।'

धारीवाल ने 'भारत के लिए भारत में बने', आगरा के *स्टुअर्ट फैक्ट्री* ने 'पूर्ण भारतीय परन्तु आयातित बूटों के समान' लिखा। सर्वश्री *लाला लाजपत राय, सी.आर. दास, सुभाषचन्द्र, महात्मा गाँधी, डॉक्टर राजेन्द्र प्रसाद, टैगोर* आदि राष्ट्रीय नेताओं के प्रमाण-पत्र से सुसज्जित विज्ञापन राष्ट्र-चेतना के प्रसारक ही सिद्ध हुए। आजकल 'बुश' टी. वी. तकनीकी श्रेष्ठता और सर्वमान्य उत्कृष्टता को सिद्ध करने के लिए लिखता है कि 'भारत में बना, दुनिया ने माना'। आज तो अनेक विज्ञापन राष्ट्र-चेतना को चारों ओर प्रसारित कर रहे हैं।

विज्ञापन एक बल है जो अमीर-गरीब, बाल-वृद्ध सबके मन पर गहरा असर डालता है। आधुनिक विश्व में व्यापार, वाणिज्य और उद्योग का मूलाधार विज्ञापन है। विज्ञापन को एक 'सामाजिक संस्था, कला का एक रूप, व्यवसाय प्रबन्धन का एक साधन, रोज़गार का एक क्षेत्र और एक व्यवसाय के रूप में' मान्यता प्राप्त है। यह बिक्री करने अथवा बिक्री करने में सहायता देने का एक उपक्रम है, यह एक विक्रय-प्रस्ताव है।

विज्ञापन जनसंचार का एक विशिष्ट रूप है। उत्पादों और सेवाओं का सन्देश विभिन्न माध्यमों, समाचार-पत्रों, रेडियाक, टी. वी. के द्वारा या सीधे ही भेजकर दिया जाता है। यह दत्त शुल्क सम्प्रेषण है जिसमें विज्ञापन निर्धारित शुल्क चुकाता है तथा सन्देश को जन-जन तक पहुँचाता है। संचार के रूप में विज्ञापन का व्यवहार वस्तु की बिक्री को बढ़ावा देने, जनमत को प्रभावित करने, राजनीतिक, सामाजिक समर्थन प्राप्त करने के लिए किया जाता है। विज्ञापन निर्माता और ग्राहकों के बीच बिचौलिए का काम करता है और उपभोक्ताओं के साथ तुरन्त और प्रभावकारी सम्पर्क स्थापित करता है। इस सन्दर्भ में *डेविड पीटर* का कथन महत्त्वपूर्ण है :

"मन में नयी आवश्यकताओं का भाव भरने, उपभोक्ता के रूप में व्यवहार करने के लिए, लोगों को सीख देने, मनुष्य के मूल्यों को बदलने और इस प्रकार सम्भावित प्राचुर्य के साथ उनके सामंजस्य में शीघ्रता लाने का विज्ञापन ही एकमात्र साधन है।"

विज्ञापन की आचार-संहिता (Code of Conduct in Advertisement)

कार्य को सुरुचिपूर्ण एवं नियोजित तरीके से करने के लिए सामाजिक तथा क़ानूनी तौर पर मान्य प्रक्रियाएँ 'आचार-संहिता' कहलाती है। विज्ञापन-प्रस्तुतीकरण के सन्दर्भ में भी यही बात लागू होती है। वर्तमान समय में प्रचलित विभिन्न क़ानूनों, अधिनियमों के अतिरिक्त विज्ञापन के लिए इंडियन न्यूज़पेपर सोसायटी, एडवरटाइजिंग स्टैंडर्स कौंसिल ऑफ इंडिया, डी.ए. वी.पी. एडवरटाइजिंग एजेंसीज एसोसिएशन ऑफ इंडिया आदि संस्थाओं व समितियों ने कुछ आचार-संहिताएँ बनायी हैं।

प्रचार-माध्यमों, जैसे– रेडियो, टी. वी. हेतु भी आचार-संहिताएँ नियत की गयी हैं। उन्हीं के अन्तर्गत इन माध्यमों से प्रसारित होने वाले विज्ञापन भी आते हैं।

उपर्युक्त सभी संस्थानों की आचार-संहिताओं के प्रमुख बिन्दु निम्नलिखित हैं :

1. विज्ञापन में दिखायी गयी जानकारी की सत्यता को सुनिश्चित कर उपभोक्ता को भ्रामक व झूठे दावों तथा गुमराह करने वाली स्थितियों से मुक्ति दिलाना।
2. यह निश्चित करना कि सामाजिक व पारिवारिक मान्यताओं की अवहेलना न हो और 'सेक्स' का विकृत रूप सामने न आये। साथ ही व्यक्ति द्वारा नारी-सम्मान की गरिमा बनाये रखना।
3. ऐसी वस्तुओं के विज्ञापन में जो सार्वजनिक स्वास्थ्य व व्यक्तिगत तौर पर हानिप्रद हैं। के लिए 'चेतावनी' निश्चित करना व विज्ञापन के बेतहाशा उपयोग के विरुद्ध सुरक्षा प्रदान करना।
4. यह निश्चित करना कि गलाकाट प्रतिस्पर्धा के इस युग में विज्ञापन ईमानदारी बरतें और उपभोक्ता को उसकी ज़रूरत की सही जानकारी के साथ सटीक सामग्री मिल सके।

यदि उपभोक्ता महसूस करता है कि उसे कहीं किसी रूप में ठगा गया है तो वह अपनी शिकायत 'एडवरटाइजिंग स्टैंडर्ड कौंसिल ऑफ़ इंडिया' को भेज सकता है। प्राप्त शिकायतों के अनुसार, विज्ञापनदाता पर उचित कार्रवाई की जाती है। इन शिकायतों की सुनवाई के लिए कई सदस्यों की एक कमेटी है जो आपत्तिजनक विज्ञापन के विरुद्ध कार्रवाई करती है। इस प्रकार की शिकायतें 'जिला उपभोक्ता फोरम' या 'उपभोक्ता मंच' में की जा सकती हैं।

टी. वी., रेडियो तथा फ़िल्मों में विज्ञापन हेतु आचार-संहिता
(Code of Conduct for Advertisement in Television, Radio, Films)

टी. वी., रेडियो तथा फ़िल्मों जैसे सशक्त माध्यम के लिए जो आचार-संहिता लागू है उसके कुछ प्रमुख प्रावधान इस प्रकार हैं :

1. विज्ञापन इस प्रकार निर्मित किये जायें कि वह देश की धार्मिक मान्यताओं, क़ानूनों, नैतिकता आदि के विपरीत न हों।
2. जाति, व्यक्ति, रंगभेद, राष्ट्र-निन्दा, संविधान के प्रतिकूल आचरण व टिप्पणी वाले विज्ञापन स्वीकार्य व प्रसारित नहीं होंगे। साथ ही वे विज्ञापन जो अपराध, हिंसा या दंगों की पैरवी करते हों, दूसरे देशों से मैत्री सम्बन्ध को प्रभावित करते हों, राष्ट्रीय चिह्न, राष्ट्रीय नेता या राष्ट्रीय प्रतीक की अवमानना करते हों, जिन विज्ञापनों का प्रबन्ध नशीले पदार्थों के सेवन व धूम्रपान आदि से हो उन्हें पूरी तरह नकारा जायेगा।
3. नारी की गरिमा व पुरुष, नारी के बीच भेदभाव को दर्शाने वाले विज्ञापन स्वीकार्य नहीं होंगे।
4. धर्म व राजनीति से सम्बन्धित विज्ञापन भी स्वीकार्य नहीं होंगे।
5. जुआ व लॉटरी के विज्ञापन ग्राह्य नहीं हैं।
6. जादुई इलाज, भविष्यवाणी, सम्मोहन, घुड़दौड़ जैसी सामाजिक बुराइयों वाले विज्ञापन भी स्वीकार्य नहीं हैं।
7. द्विअर्थी व अश्लील विज्ञापन प्रसारित नहीं होंगे।
8. एक विज्ञापन, दूसरे निर्माता के उत्पाद या सेवाओं की अवमानना नहीं करेगा। विज्ञापन में प्रामाणिक व तथ्यात्मक जानकारी आवश्यक है।
9. हिंसा, बर्बरता, अपराध दर्शाने वाले विज्ञापन स्वीकार्य नहीं हैं।
10. बच्चों की मानसिकता पर बुरा प्रभाव डालने वाले या हीनभावना पैदा करने वाले विज्ञापन प्रतिबन्धित हैं।
11. जिन विज्ञापनों में नकल हो या तथ्यों को तोड़-मरोड़कर प्रस्तुत किया गया हो वे भी स्वीकार्य नहीं होंगे।

ऐसे विज्ञापनदाता जो अनैतिक रूप से विज्ञापनों के माध्यम से उपभोक्ता को गुमराह करना चाहते हों उसके लिए आज का उपभोक्ता जागरूक है। उसे बहुत लम्बे समय तक भ्रम में नहीं बाँधा जा सकता है। वह यदि गलती से एक बार धोखे में आ जाता है तो भी वह ऐसे निर्माता की वस्तु को दुबारा नहीं ख़रीदेगा साथ ही वह अपने घर-परिवार, मित्रों एवं पास-पड़ोस में जनचेतना के माध्यम से उस उत्पाद की साख को डुबो देगा। इसीलिए अच्छा निर्माता जानता है कि झूठ के सहारे पर व्यापार चलाना बहुत कठिन है। अतः अच्छे विज्ञापनकर्ता के लिए उपभोक्ता का हित सबसे ऊपर है। जो एजेंसियाँ विज्ञापन का निर्माण करती हैं वे भी उपभोक्ता की संरक्षक हैं। उपभोक्ता-हितों के विरुद्ध विज्ञापन बनाने से वे भी कतराती हैं।

68

जनसम्पर्क
(Public Relation)

Public Relation is the conscious attempt to create a favourable sales climate for a compUny and its products by communicating the company's message in the right way, as the right audiences without using advertising.

—Burt Zolo

× × ×

The planned effort to influence opinion through socially responsible and acceptable performance based on mutually satisfactory two way communication.

सम्प्रति पत्रकारिता-जगत् में जनसम्पर्क की महत्ता बतायी जाती है परन्तु भारत में जनसम्पर्क की कला बहुत पहले से देखी जा सकती है। आदिवासी पिछड़े क्षेत्रों में जाकर मर्यादापुरुषोत्तम *राम* ने आर्य संस्कृति का प्रचार किया तथा अपने अनुकूल जनमत तैयार करने का प्रयास किया। सम्राट् *अशोक* के शिलालेख और आदि *शंकराचार्य* द्वारा स्थापित मठ सिद्धान्तों और आदर्शों के प्रचार-प्रसार के सक्षम माध्यम हैं। जनसम्पर्क का ही एक विशिष्ट रूप है 'गाँधीजी की दाण्डी-यात्रा'। वे प्रार्थना-सभाओं, प्रवचनों तथा अपनी यात्राओं के दौरान जनसामान्य से मिलते, उसे विश्वास में लेते और सत्कर्म हेतु प्रेरणा देते थे। 'भारत यात्रा एक प्रयासः जन-जन में जागे विश्वास' के ध्येय से जो अभियान चलाया जाता है वह जनसम्पर्क ही है जिसके मूल में 'एक हृदय हो भारत जननी' है। वास्तव में जन-जन से सम्पर्क स्थापित कर अनुकूल जनमत-निर्माण के लिए सुव्यवस्थित प्रयत्न को जनसम्पर्क कहते हैं। *वेबस्टर* की New International Dictionary के अनुसार "कोई उद्योग, यूनियन, कॉर्पोरेशन, व्यवसाय, सरकार या अन्य संस्था जब अपने ग्राहकों, कर्मचारियों, हिस्सेदारों या जनसाधारण के साथ स्वस्थ और उत्पादक सम्बन्ध स्थापित करने या उन्हें स्थायी बनाने के लिए प्रयत्न करें, जिनसे वह अपने आपको समाज के अनुकूल बना सके अथवा अपना उद्देश्य समाज पर व्यक्त कर सके, उसके इन प्रयत्नों को जनसम्पर्क कहते हैं।" *एडवर्ड एल. बर्नेज* की परिभाषा के अनुसार, जनमत के अभियन्त्रण का प्रयास ही जनसम्पर्क है।[1]

ए.ए. रॉलमैन के अनुसार जनसम्पर्क 'जन-इच्छा' को प्रभावित करता है :

---

1. The attempt by information, persuasion and adjustment to engineer public support for an activity, cause, movement or institution. *—Edward L. Bernays*

"जनसम्पर्क द्विपक्षीय है जिसमें सह अभिमति का आधार सम्पूर्ण सत्य, ज्ञान तथा सम्पूर्ण सूचनाएँ होती हैं जिनसे तनाव कम होता है और आपसी सौहार्द पैदा होता है।"[1]

जनमत की इंजीनियरिंग ही जनसम्पर्क है।[2] इसे जनमत के निर्माण का विज्ञान भी कहा जाता है। सूचना, प्रचार और जनसम्पर्क, ये तीनों शब्द परस्पर सम्बद्ध हैं। जनसम्पर्क को व्याख्यायित करने के लिए इन शब्दों में मर्म को जानना होगा। तथ्यों का प्रकाशन सूचना है। सूचना को दिशापरक और प्रभावी रूप देना प्रचार है एवं प्रचार का सुव्यवस्थित, सुसंस्कृत एवं संवर्द्धित रूप जनसम्पर्क है। उदाहरणार्थ, किसी पत्र में सेना की भर्ती का समाचार प्रकाशित हुआ तो इसे सूचना समझा जा सकता है। यदि देश-सेवा, बुढ़ापे में पेंशन, परिवार को आर्थिक सुरक्षा पहुँचाने के सन्दर्भ में कई प्रेरक बातें हों तो वह प्रचार हुआ। सेना सम्बन्धी विविध आशंकाओं, पूर्ण धारणाओं को दूर कर, सेना की सेवाओं में पर्याप्त सुधार के प्रचार द्वारा जनता में साख बढ़ाना, सेना के प्रति श्रद्धा-भाव जगाना ही जनसम्पर्क हुआ।

जनसम्पर्क को निम्नलिखित रूप में परिभाषित किया जा सकता है :

1. अनुकूल जनमत-निर्माण हेतु सुव्यवस्थित प्रयत्न ही जनसम्पर्क है।
2. जनमत के निर्माण का विज्ञान ही जनसम्पर्क है।
3. जनसम्पर्क-प्रवृत्ति-नियन्त्रण विज्ञान है।
4. 'ना' को 'हाँ' में बदलना ही जनसम्पर्क है।
5. जनसम्पर्क छवि बनाने की प्रभावी कला है।
6. जनसम्पर्क आधुनिक मानवीय विज्ञान है।
7. जनसम्पर्क का लघु रूप ज.स. यानी जस या यश है। जिस कार्य में यश की प्राप्ति हो वही जनसम्पर्क है।
8. अंग्रेज़ी में 'Public Relations' जनसम्पर्क का पर्याय है।

PR	=	Public Relations
"	=	Policy Recognition
"	=	Performance Recognition
"	=	Popularity Receipt

हँसते-मुस्कराते सुन्दर चेहरों को पेश कर स्वागत करना ही जनसम्पर्क है। लेकिन बदलते समय के साथ यह विचारधारा अब पुरानी पड़ गयी है। सूचना तकनीकी के इस दौर में जनसम्पर्क की उपर्युक्त धारणा उसके महत्त्व को कम करके आँकना है। एक पेशेवर पीआरओ की छवि अब केवल एक मुस्कराने वाले 'होस्टेस' (मेज़बान) की नहीं रह गयी है बल्कि उसकी पहचान तो अब एक जिम्मेदार सॉफिस्टिकेटेड कम्युनिकेटर के रूप में होने लगी है जो एक स्वस्थ माहौल के निर्माण में सहायक है। अब इसे कम्युनिकेशन मैनेजमेंट के महत्त्वपूर्ण अंग के रूप में स्वीकारा जा रहा है। जनसम्पर्क को अनेक संस्थानों एवं संगठनों में अन्य नामों से भी जाना जाता है जैसे जनसूचना, निवेश सम्पर्क, कर्मचारी सम्पर्क, मार्केटिंग उत्पाद प्रचार, लोकहित मामले, विशेषज्ञ, ग्राहक सेवा सम्पर्क आदि। जनसम्पर्क का सबसे आधुनिक नामकरण कॉरपोरेट कम्युनिकेशन है और इस प्रचलन में पी. आर. ओ. को स्पिन डॉक्टर्स कहा जाता है क्योंकि अब संगठन के सभी स्तरों के व्यक्तियों से निरन्तर सम्पर्क में रहने के कारण उनकी भूमिका केन्द्रीय मानी जाने लगी है।

---

1. The Establishment of two way communication to resolve conflicts of interest by seeking common ground or area of mutual interest and the establishment of understanding based on truth knowledge and full information.
—*A.A. Rollman*
2. Public Relation is a Human Engineering.

शासक और शासित में तालमेल स्थापित कर किसी नीति या कार्यक्रम का मार्ग प्रशस्त करने के कार्य को जनसम्पर्क कहा जाता है। जनता के समर्थन से दल-विशेष को बहुमत प्राप्त होता है, सरकारें बनती हैं। सरकार सिद्ध करती है कि जनहित में उसने क्या-क्या किया? परराष्ट्र सम्बन्धी नीतियों का निरूपण करना, आलोचकों को सन्तोषप्रद उत्तर देना, जनता की आकांक्षाओं की पूर्ति में सतत सन्नद्ध रहना एवं जनहित में किये गये कार्यों को प्रकाश में लाने के प्रभावकारी कदमों को जनसम्पर्क के रूप में जाना जा सकता है। *मार्क ट्वेन* ने पूँजीपतियों के विरुद्ध आवाज़ उठायी। 'Public be Dammed' के स्थान पर 'Public be Informed' को वरेण्य माना गया। जन-स्वर को दबाओ नहीं अपितु जनता को जवाब दो। जनता की आवाज़ ही ईश्वर का आदेश है, इस प्रकार लोक-निर्णय को सर्वोपरि मानना जनसम्पर्क का मुख्य रहस्य है।

सारांश यही है कि संस्था या व्यक्ति के लिए सार्वजनिक अनुकूलता अथवा सार्वजनिक अनुमोदन प्राप्त करने की कला ही जनसम्पर्क है।

जनसम्पर्क के कार्य

1. प्रतिपाद्य विषय की ओर मनोरम ढंग से ध्यान आकृष्ट करना।
2. आँकड़ों, चित्रों एवं विश्वसनीय उदाहरणों द्वारा जनता को अपेक्षित मन्तव्य समझाना।
3. चंचल, उच्छृंखल, निरंकुश तथा दिग्भ्रान्त जनसमुदाय पर परोक्ष या प्रत्यक्ष विधि से ऐसा प्रभाव डालना ताकि सभी मनसा, वाचा और कर्मणा निर्दिष्ट मार्ग पर अग्रसर हो सकें।
4. मानवीय पक्ष को पुष्ट कर समाज-हित को प्रधान बताना।
5. अधिकाधिक संख्या में लोगों का विश्वास जीतना, उनकी स्वीकृति प्राप्त करना एवं कल्याणकारी कार्यों को सम्पन्न कराने हेतु उन्हें आश्वस्त करना जनसम्पर्क के लक्ष्य हैं।

दूसरे शब्दों में, कहा जा सकता है कि विचारों में परिवर्तन लाने के लिए उत्प्रेरित करना, विकास हेतु उपर्युक्त वातावरण बनाना, प्रवृत्ति और परम्परा को प्रभावित करना, कृषकों, उद्योगकर्मियों, शिक्षकों, विकास कार्यकर्ताओं और अधिकारियों को शिक्षित-प्रशिक्षित करना जनसम्पर्क के मुख्य कार्य हैं।

जनसम्पर्क एक योजनाबद्ध, सुचिन्तित तथा सतत प्रयास है, जो संगठन और लक्षित जनसमूह के बीच सद्भाव/साख, आपसी समझ एवं अच्छे पारस्परिक सम्बन्ध बनाता है। वस्तुतः जनसम्पर्क-कर्म किसी कार्यक्रम की तरह संगठित एवं निरन्तर जारी रहने वाला क्रियाकलाप है। उल्लेखनीय है कि 'लक्षित जनसमूह' के अन्तर्गत ग्राहक, सेल्समैन, प्रेस एवं मीडिया, यूनियन, राजनीतिज्ञ, प्रबन्धक, ग़ैर-सरकारी संगठन आदि सभी का समावेश है।

जनसम्पर्क किसी संगठन तथा उससे जुड़े लोगों के बीच एक ऐसी कारगर संचार-प्रक्रिया है जो एक उपयुक्त माध्यम द्वारा आपसी समझ, विश्वास, सद्भाव और साख बढ़ाने के लिए कार्यान्वित की जाती है, जिसके फलस्वरूप संगठन की समष्टि-छवि न केवल बनती है अपितु उसमें आशातीत वृद्धि भी होती है। 'छवि' का तात्पर्य है 'व्यक्ति या वस्तु की प्रतिष्ठा, सामान्य प्रभाव'। इसमें प्रतीक चिह्न, मुद्रण-कला, रंग-विन्यास आदि का समावेश होता है। संगठन की सकारात्मक, स्वस्थ एवं स्वच्छ छवि उभारना जनसम्पर्क का दायित्व है।

भूमण्डलीकरण की प्रक्रिया में हर क्षण हो रहे परिवर्तनों से सतत सम्पर्क बनाये रखना नितान्त आवश्यक है। नवीनतम प्रौद्योगिकी, नये विचार, नयी स्थितियाँ, नये नियम-क़ानून और भिन्न-भिन्न प्रकार के लोगों से रूबरू होना लाज़िमी है। समय-समय पर लोगों से किसी विषयविशेष पर उनके आइडिया भी लेते रहना चाहिए। इसके लिए जनसम्पर्क-अधिकारी का संवेद्य और सारग्राही होना अत्यन्त आवश्यक है।

जनसम्पर्क एक व्यावहारिक विज्ञान है। मनोविज्ञान और समाजशास्त्र से इसका निकट सम्बन्ध है। जनसम्पर्क के दायरे में न केवल नयी-नयी संकल्पनाओं से जुड़ना होता है और अद्यतन जानकारी हासिल करनी होती है वरन् उन सभी लोगों से भी अन्तर्क्रिया करनी होती है जिनका सामाजिक, आर्थिक और मानसिक स्तर भिन्न होता है। जनसम्पर्क को समझाने-बुझाने

की कला के रूप में भी परिभाषित किया जाता है। विज्ञापन और जनसम्पर्क कभी एक ही सिक्के के दो पहलू हैं। जनसम्पर्क पूरे संगठन के समूचे संचार से सम्बद्ध होता है, जबकि विज्ञापन कुछ अपवादों को छोड़कर मुख्यतः विपणन कार्यों तक सीमित होता है। हाँ, यह कहना उचित है कि बाज़ार और विज्ञापन एक-दूसरे के पूरक हो गये हैं। किन्तु लोगों के नजरिये एवं विचारों में बदलाव लाना, मानव-पहलुओं को आकर्षण का बिन्दु बनाना, अपने उत्पादों और सेवाओं की ओर लोगों का ध्यान आकर्षित करना तथा उनके बारे में बेहतर समझ विकसित करना जनसम्पर्क के महत्त्वपूर्ण उद्देश्य हैं। बुनियादी तौर पर शैक्षणिक, सूचनात्मक और समस्याओं के समाधानात्मक कार्य जनसम्पर्क की परिधि में आते हैं।

जनसम्पर्क-अधिकारी

जनसम्पर्क-अधिकारी का कार्य जितना ग्लैमर से भरा होता है उतना ही चुनौतीपूर्ण भी। वह अपने संगठन के लिए हाथ, कान, नाक, मुँह और मस्तिष्क की भूमिका निभाता है। जनसम्पर्क-अधिकारी अपने संगठन के उद्दिष्ट सन्देश पर लोगों का ध्यान केन्द्रित कर सही समय पर और सही तरीके से उसका सम्प्रेषण करके संगठन के निर्धारित लक्ष्यों को हासिल करने में केन्द्रीय भूमिका अदा करता है।

सम्प्रेषण जनसम्पर्क का महत्त्वपूर्ण तत्त्व है। संस्था का अपेक्षित सन्देश ग्राहकों, कर्मचारियों, आम जनता तथा अन्य सम्बन्धित व्यक्तियों तक पहुँचाया जाता है। सम्प्रेषण स्वाभाविक, तर्क सुसंगत एवं योजनाबद्ध हो और उसकी प्रस्तुति प्रभावशाली हो। सम्प्रेषण में देह-भाषा का विशेष महत्त्व है। जिस बात को एक लाख शब्द भी व्यक्त नहीं कर पाते, उसी बात को भंगिमा कह देती है। जब किसी की बात पर विश्वास पैदा न हो रहा हो, तो उसकी देह-भाषा को समझने की कोशिश करनी चाहिए, क्योंकि देह-भाषा कभी झूठी नहीं होती। देह की यह मूक भाषा अत्यन्त मुखर होती है। देह-भाषा का ज्ञान रखने वाले निर्णय लेते समय ज़्यादा समझदार सिद्ध होते हैं।

सम्प्रेषण के आन्तरिक और बाह्य दो रूप हैं। आन्तरिक से आशय सम्बन्धित संस्था के स्टाफ से है। स्टाफ के पास अपनी बात पहुँचाने के तरीके इस प्रकार हैं : गृह पत्रिका/न्यूज़लेटर, अनौपचारिक मिलन-गोष्ठी, प्रोत्साहन, प्रेरणा, पुरस्कार, हौसला-अफजाई, प्रशिक्षण इत्यादि। बाह्य से मतलब है : ग्राहक। ग्राहकों तक अपनी बात कई माध्यमों से पहुँचायी जा सकती है, जैसे— सीधे सम्प्रेषण द्वारा, न्यूज़लेटर/विवरणिका द्वारा, प्रेसनोट एवं विज्ञापन द्वारा, विभिन्न दृश्य-श्रव्य माध्यमों द्वारा आदि।

एक अच्छा जनसम्पर्क तथ्यात्मक, निष्पक्ष और आत्मप्रशंसा से मुक्त होता है। किसी तरह की क़ानूनी और सरकारी कार्रवाइयों से अपने संगठन का यथासम्भव बचाव करने के लिए कुशल एवं अच्छे जनसम्पर्क की ज़रूरत होती है। वस्तुतः संगठन और उसकी सहयोगी संस्थाओं तथा बाज़ार के बीच कारगर सम्प्रेषण एवं बेहतर तालमेल बैठाना जनसम्पर्क-अधिकारी का कार्य है।

जनसम्पर्क-अधिकारी लोगों को अपनी संस्था के साथ व्यवसाय करने के लिए अधिकाधिक उत्सुक बनाता है। अपनी प्रतिस्पर्धी कम्पनी की भावी योजनाओं के बारे में जानकारी रखता है। जनसम्पर्क के कार्यों के अन्तर्गत मीडिया एवं लक्षित जनसमूह के साथ बेहतर सम्बन्ध बनाना, मीडिया को संगठन की भावी योजनाओं की जानकारी मुहैया कराना, स्वागत-समारोह एवं पत्रकारवार्ता आयोजित कराना, विज्ञापन, प्रेस-विज्ञप्ति, छायाचित्र, फ़ीचर लेख आदि जारी करना, प्रेस की सूची संकलित करना, प्रबन्धन के लिए प्रेस, टी. वी. एवं रेडियो में साक्षात्कारों की व्यवस्था करना, संस्था की उपलब्धियों का समुचित लेखा-जोखा तैयार कराना, अनुसन्धान तथा आँकड़े एकत्र करना, देश में हो रहे आर्थिक परिवर्तनों पर दृष्टि रखना और उन्हें समझना, ग्राहकों को अपने उत्पादों एवं सेवाओं की ओर आकर्षित करना, विपणन के कामों में हाथ बँटाना, उत्पादों एवं सेवाओं की जानकारी देने के लिए प्रदर्शनियाँ, उत्सव, मेले आदि आयोजित कराना, छायाचित्रकारों को अपनी संस्था-संगठन की गतिविधियों के बारे में समझाना एवं चित्रों की लाइब्रेरी कायम करना, कार्यक्रम प्रायोजित कराना, प्रबन्धन एवं कर्मचारियों के बीच निरन्तर संवाद एवं अन्तर्क्रिया की परिस्थितियाँ पैदा करना, गृह पत्रिका का सम्पादन करना आदि समाहित हैं।

विशेषज्ञता की दृष्टि से आवश्यक होने पर इनमें से कुछ कार्यों को सुव्यवस्थित एवं सुचारु ढंग से सम्पादित करने के लिए किसी जनसम्पर्क एजेंसी की मदद भी ली जा सकती है। जनसम्पर्क-अधिकारी के कामकाज पर संस्था की प्रतिष्ठा टिकी होती है।

जनसम्पर्क-अधिकारी का व्यक्तित्त्व अत्यन्त प्रभावशाली एवं आत्मविश्वास से भरा होना चाहिए। जनसमूह के बीच उसकी स्वयं की छवि महत्त्वपूर्ण भूमिका अदा करती है। उसमें ऊँचे दर्जे की व्यावसायिक सामर्थ्य, संस्था के हित में निरन्तर प्रगति के लिए नये-नये तरीके ढूँढ़ने की क्षमता, दबाव की परिस्थितियों में संयम एवं सन्तुलन बनाये रखने की कला, उपाय-कुशलता, व्यावहारिक समझदारी अर्थात् किसी व्यक्ति को नाराज किये बिना अपनी बात कह देने की योग्यता आदि का होना आवश्यक है। उसमें ज्ञानार्जन की ललक तथा अन्य व्यक्तियों के तर्कसंगत एवं तथ्याधारित विचारों एवं भावों को विनम्रता एवं गरिमामय ढंग से स्वीकार करने का बड़प्पन होना चाहिए। इसके अलावा उसमें मौलिकता, दूरदर्शिता, विवेकशीलता, दक्षता, सतत अध्ययनशीलता और लेखन-क्षमता जैसे गुण भी होने चाहिए। जनसम्पर्क-अधिकारी को प्रत्युत्पन्नमति, मृदुभाषी, विदग्ध, व्यवहारकुशल होने के साथ-साथ उसमें चीजों को शीघ्र एवं यथार्थ रूप में समझने की क्षमता का होना भी ज़रूरी है। उसका दृष्टिकोण प्रगतिशील होना चाहिए और उसकी कार्य-पद्धति की समुचित समझ तथा संस्था के उत्पादों, सेवाओं आदि की विस्तृत जानकारी होनी चाहिए।

जनसम्पर्क-कार्य के पाँच स्तर

जनसम्पर्क का विकास सामाजिक नीतिज्ञता के रूप में होता है। जनसम्पर्क कर्तागण अपनी संस्था की गतिविधियों का अध्ययन करते हैं, इस बात का पता लगाते हैं कि उनके सामाजिक परिणाम क्या होते हैं और सभी कार्रवाइयों को जनहित के अनुकूल कैसे बनाया जा सकता है। *डॉ. रामचन्द्र तिवारी* ने जनसम्पर्क-कार्य के निम्नलिखित पाँच स्तरों का उल्लेख किया है :

1. **गवेषणा**–इसमें जनता की सामाजिक, आर्थिक तथा राजनीतिक स्थितियों का सर्वेक्षण किया जाता है।
2. **योजना-निर्माण :** इसके द्वारा जनसम्पर्क के लक्ष्य निर्धारित होते हैं, इसकी नीतियाँ तय होती हैं और यह सुनिश्चित किया जाता है कि किस समय कौन, किस माध्यम से जनसम्पर्क-कार्य करेगा और इस मद में कितना व्यय होगा।
3. **समन्वय :** किसी संस्था, विभाग या दल के प्रमुख लोगों के साथ सम्पर्क कर सूचना का आदान-प्रदान किया जाता है। जनसम्पर्क में लोगों के मत एवं लोकमत से उन्हें अवगत कराया जाता है।
4. **प्रबन्ध :** जनसम्पर्क-कार्य के सुसंचालन हेतु आवश्यक व्यवस्था-विषयक कार्य होता है।
5. **उत्पादन :** इसके अन्तर्गत जनसम्पर्क सम्बन्धी सामग्री निम्नलिखित रूपों में तैयार की जाती है :

प्रचार-सामग्री तैयार करना, पत्रकार-सम्मेलनों का आयोजन, प्रकाशनार्थ विज्ञप्तियाँ निकालना, रेडियो, टेलीविजन एवं पत्र-पत्रिकाओं के सम्पादकों से सम्पर्क रखकर उनकी आवश्यकतानुसार सामग्री तैयार करके देना और समाचार-पत्रों एवं पत्रिकाओं को सामग्री भेजना, स्वयं अपनी पत्रिकाएँ निकालना, पुस्तिकाएँ छपवाना, शीर्षस्थ अधिकारियों के भाषणों की प्रतियाँ रखना, वार्षिक या अन्तरिम रिपोर्ट रखना, पोस्टर, इंसर्ट आदि की व्यवस्था, नीति-विषयक निर्देशिकाएँ तैयार करना, मेले या उत्सवों के अवसर पर प्रदर्शनियों का आयोजन और भाषण-माला की व्यवस्था करना।

जनसम्पर्क के साधन

सम्प्रति प्रत्येक संस्था द्वारा जनसम्पर्क की आवश्यकता पर बल दिया जा रहा है। जनसम्पर्क-अधिकारी तो एक विशिष्ट व्यक्ति के रूप में उभर रहा है। जनसम्पर्क हेतु इन साधनों एवं 'टारगेट ग्रुप' का सामंजस्य नितान्त आवश्यक है :

1. बोला हुआ शब्द : भाषण, कॉन्फ्रेंस इत्यादि।
2. जनसंचार के साधन : प्रेस, टेलीविजन, उपग्रह, रेडियो आदि।
3. मुद्रित शब्द : सीधी डाक, पुस्तिकाएँ आदि।
4. दृश्य-श्रव्य माध्यम, फोटोग्राफी, स्लाइड्स इत्यादि।
5. प्रदर्शनी और मेले।
6. विज्ञापन।

7. फ़िल्म।

8. इलेक्ट्रॉनिक मीडिया के अन्य साधन।

जनसम्पर्क के उपर्युक्त साधनों का समय और परिस्थितियों के अनुरूप कब, कहाँ और कैसे उपयोग किया जाये, यह निर्णय आज जनसम्पर्क की मुख्य धुरी है।

समाचार-पत्र और जनसम्पर्क

पत्र जनसामान्य के शिक्षक तथा उत्प्रेरक हैं साथ ही शासकीय नीतियों और कार्यक्रमों के महानिरीक्षक भी हैं। इन पदों की गरिमा के अनुरूप यदि पत्र सदाचरण करें, अपने उत्तरदायित्व-बोध का निर्वाह करें तो जनसम्पर्क को स्वस्थ दिशा प्राप्त हो सकती है। सरकार की त्रुटियों की ओर ध्यान आकर्षित करने का कार्य पत्र ही करते हैं। अपने पाठकों से समाचार-पत्र संवाद-स्तम्भों तथा सम्पादकीय लेखों के माध्यम से वार्तालाप करता है। सार्वजनिक विषयों पर वाद-विवाद का माध्यम समाचार-पत्र ही है। पत्र के संवाददाता जनमानस पर पड़े सामाजिक, सांस्कृतिक और आर्थिक प्रभावों से सुपरिचित होकर समाज को स्वस्थ दिशा प्रदान करते हैं। कभी-कभी राजनेताओं, शासन और औद्योगिक प्रतिष्ठानों की ओर से प्रेस कॉन्फ्रेंस बुलायी जाती है। इनमें पत्र-प्रतिनिधियों से बातें होती हैं। देखा जाता है कि यदा-कदा पत्रकारों की आवभगत अति विशिष्ट ढंग से होती है ताकि मेजबान की त्रुटियों पर किसी की दृष्टि न जाये पर नीर-क्षीर विवेकी पत्रकार गुणवत्ता, कार्यकुशलता और मूलभूत तत्त्वों के आधार पर ही मूल्यांकन करते हैं। उनके लिए बाह्याडम्बर महत्त्वहीन सिद्ध होता है।

संस्था पत्रिका (House Journal)

औद्योगिक प्रतिष्ठान, व्यापारिक संस्थान, सार्वजनिक सेवा एवं व्यापार संघ द्वारा अपने सदस्यों, कर्मचारियों और ग्राहकों के हित में प्रकाशित पत्रिका 'संस्था पत्रिका' के रूप में जानी जाती है। ऐसी पत्रिकाओं का प्रकाशन आर्थिक लाभ के लिए नहीं अपितु संस्था से सम्बद्ध सभी में सौमनस्य स्थापित करने के उद्देश्य से होता है। टाटा, बिड़ला, डालमिया, मोदी आदि के विविध प्रतिष्ठानों से प्रकाशित पत्रिकाएँ, जीवन बीमा निगम, खाद निगम की पत्रिकाएँ इसी श्रेणी में आती हैं।

भारत में कर्मचारियों का मनोबल बढ़ाने और संस्था को सुप्रतिष्ठित करने के लिए 'भारतीय औद्योगिक सम्पादक संस्था' की स्थापना हुई जो इस विशिष्ट पत्रकारिता की अभिवृद्धि में लगी हुई है।

सम्प्रति प्रत्येक विकसित राष्ट्र जनसम्पर्क पर अधिक ध्यान दे रहा है। जनमत तैयार करने की दिशा में *डॉ. बलदेवराज गुप्त* के नौ सुझाव अत्यन्त उपयोगी हैं :

1. सार्वजनिक कारखानों में काम करने वाले विभिन्न समुदायों, धर्मों, जातियों और भाषाओं के लोगों में संगठन की प्रतिष्ठा स्थापित कर सबको उत्पादन-प्रक्रिया में लगाना, उनकी कठिनाइयों को प्रबन्धकों तक पहुँचाना और उनके कल्याण-कार्य में सहयोग देना।
2. स्कूल, पंचायत एवं सार्वजनिक कार्यक्रमों में सक्रिय भूमिका निभाना।
3. निकटवर्ती जन-प्रवृत्ति का सर्वेक्षण कर उपयुक्त दृष्टिकोण अपनाना।
4. छात्रवृत्ति, दातव्य औषधालय द्वारा सहायता-कार्य पूरा करना।
5. समय-समय पर गोष्ठियाँ, सभाओं एवं मेले का आयोजन करना।
6. विविध प्रतियोगिताओं का आयोजन करना।
7. प्रदर्शनी, उपहार से सम्बन्धित रोचक कार्यक्रम पूरा करना।
8. संस्था पत्रिका के प्रकाशन एवं उसका वितरण करना।
9. सार्वजनिक स्थानों की सजावट द्वारा अपनी संस्था को सुप्रतिष्ठित किया जा सकता है।

69

जनसम्पर्क-अधिकारी
(Public Relations Officer)

"माननीय पत्रकार बन्धुओं, देश को मेरे बारे में बताने की उतनी ज़रूरत नहीं है और न ही इस बात की भी कोई ख़ास ज़रूरत है कि हम यहाँ बैठकों में क्या विचार व्यक्त करते हैं। जानना यह ज़रूरी है कि जनता मेरे अथवा मेरी सरकार के बारे में क्या सोचती है तथा उसकी अपेक्षाएँ क्या हैं?"

—अमेरिकी राष्ट्रपति निक्सन

× × ×

Public Relations professionals are image builders. *—Dr. Arjun Tiwari*

× × ×

PR profersionals are 'gin and tonic brigade'.

राम ने आदिवासी क्षेत्रों की यात्रा की थी। शंकराचार्य ने भारत-भ्रमण कर चार मठों की स्थापना की। आजकल सभी लोग भारत-यात्रा की महत्ता पर बल दे रहे हैं। 'भारत-यात्रा एक प्रयास : जन-जन में जागे विश्वास'—ये सभी यात्रा के क्रम वस्तुतः जनसम्पर्क ही हैं। जनसम्पर्क अपने पक्ष में जनमत बनाने की एक अद्‍भुत कला है जिससे 'ना' को 'हाँ' में बदला जाता है।

लोकतन्त्र में हमारे जन-प्रतिनिधियों ने सत्ता सँभाली है, देश ने प्रगति की है, पर जन-प्रतिनिधि सत्ता की कुर्सी से इतना गहरा लगाव अनुभव करता है कि उसका अपने क्षेत्र की जनता से सम्पर्क टूट जाता है। ऐसी स्थिति में सम्पर्क-साधनों के विविध माध्यम अपनाये गये हैं जो सत्ता और जनता के बीच अपने विकास-कार्यक्रमों की कड़ी का उल्लेख करते हैं तथा एक-दूसरे की चिन्ता करते रहने का विश्वास दिलाते हैं। ऐसी स्थिति में जनसम्पर्क की प्रतिष्ठा एवं महत्ता स्वयं बढ़ गयी है। सत्ता या शासन को जनता तक पहुँचाने के यान्त्रिक माध्यमों के बीच जनसम्पर्क और जनसम्पर्क-अधिकारी की विशिष्ट भूमिका आज भी अपनी उपयोगिता प्रकट करने में सक्षम है।

जनसम्पर्क एवं जनसम्पर्क-अधिकारी

"स्वपक्ष के गुणदोष और जनता से परस्पर सम्बन्धों के आधार पर अनुकूल लोकमत के निर्माण के लिए सुव्यवस्थित जनसंचार का सशक्त माध्यम मानकर *सी.डब्लू. प्लेट्स* ने स्पष्ट किया है :

"जनसम्पर्क से अभिप्राय प्रबन्ध वर्ग द्वारा किये जाने वाले उस कार्य से है जिसके अन्तर्गत वह :

1. किसी विषय के सम्बन्ध में जनरुचि एवं जनसंव्यवहार का विश्लेषण करता है।
2. जनता को अपने संगठन की नीति और कार्यक्रम समझाता है, तथा
3. संगठन के प्रति जनता में सद्भावना उत्पन्न करने का कार्य पूरा करता है।

जनसम्पर्क एक द्विमुखी प्रक्रिया है जिसके अन्तर्गत एक ओर तो सुनियोजित ढंग से जनमत को प्रभावित करने और उसे अनुकूल बनाये रखने के लिए कार्य किया जाता है और दूसरी ओर सम्बन्धित संगठन के सम्बन्ध में जनमत का निर्धारण करके संगठन की नीति-रीति में आवश्यक परिवर्तन का सुझाव दिया जाता है। जनसम्पर्क अब विज्ञान की स्थिति में अपना विशिष्ट विधात्मक रूप ग्रहण कर चुका है। यह किसी संगठन या संस्थान के सन्दर्भ में ही अपनी व्यापकता उद्घाटित करता है सत्ता या प्रशासन में भी जनसम्पर्क का महत्त्व स्वीकार किया गया है किन्तु यह विधा पूर्णकालिक श्रम और अध्यवसाय की साधना है। जनसम्पर्क-अधिकारी जनसम्पर्करूपी भवन की आधारशिला है। कोई भी विचार कितना ही महत्त्वपूर्ण हो पर, उसे जनता तक जिस सम्प्रेषण के रूप में पहुँचाने के लिए उचित माध्यम की आवश्यकता है तथा जो सुन्दर रूप से उसे प्रस्तुत कर सकता है, वह जनसम्पर्क-अधिकारी ही हो सकता है। वह समूह-मनोविज्ञान से परिचित तथा अभिव्यक्ति की सच्चाई और ईमानदारी का पोषक होता है। वह सम्पर्क अधिकारी दोनों पक्षों (सत्ता व जनता अथवा सत्ता और विरोध पक्ष) के बीच ऐसे सेतु का काम करता है जो विकास कार्यों एवं जनता के लाभ के कार्यों को योग देता है तथा स्वपक्ष एवं विरोधपक्ष में सन्तुलन भी उत्पन्न करता है। जनसम्पर्क के क्षेत्र में कार्य करने वाला व्यक्ति 'जनसम्पर्क-अधिकारी' है। जनसम्पर्क-अधिकारी शासकीय सेवाओं में रहते हुए भी राजनीतिक लोगों से निकट सम्पर्क रखकर ऐसा अशासकीय व्यक्तित्त्व धारण कर लेता है कि लोग कुछ समय तक यह अनुमान नहीं लगा पाते कि वह कहाँ और किस पद पर कार्य कर रहा है। ऐसी स्थिति में वह शासकीय पद पर कार्यरत ऐसा सामाजिक कार्यकर्ता होता है जो सत्ता के हितों का प्रचार-प्रसार करते हुए सत्ता के प्रति लोकमत-निर्माण की भूमिका का निर्वाह करता है।

जनसम्पर्क-अधिकारी सत्ता और जनता का विश्वास प्राप्त करता है। सत्ता की विचारधारा जनता तक पहुँचाना उसका प्रथम संकल्प है। जनता उसे अपने में से एक व्यक्ति मानती है। संस्थान में कार्यरत जनसम्पर्क-अधिकारी भी दुहरे कार्य का सम्पादन करता है। संस्थान के साथ-साथ अपने स्थान के प्रति जनसामान्य की विश्वसनीयता स्थापित करने और लोकरुचि जगाने का दायित्व भी पूरा करता है। यह कहा जा सकता है कि जनसम्पर्क-अधिकारी जनता में सत्ता के प्रति लोकरुचि का विस्तार और सत्ता में जनता के प्रति अभिज्ञान जगाकर दोनों पक्षों की सबलता में एक कड़ी जोड़ने का काम करता है, पर उसके इस व्यक्तित्त्व में दोनों ही पक्षों की गहरी विश्वसनीयता और सन्तुलन-क्षमता बढ़ाने में ही उसकी सर्वोच्च उपलब्धि है, तभी तो उसे जासूस की भूमिका में नहीं देखा जाता है। जनता के गहरे विश्वास को स्थापित करके श्रेष्ठ जनसम्पर्क-अधिकारी सत्ता के प्रति उच्च लोकमत का सही निर्माता होता है।

महत्ता

जनसम्पर्क-कार्य जीवनगत मूल्यों के निर्माण, मानव समाज के प्रति संवेदना और सहानुभूति के साथ ही मानव जाति की विविध समस्याओं को सुलझाने की ऐसी विश्वसनीयता का केन्द्र है जिसका कोई विकल्प हो ही नहीं सकता है। जनसम्पर्क-अधिकारी जन-समाज के बीच अपने आपको जनधारा से जोड़ने में सफल होता है। वह अपनी सूक्ष्म दृष्टि, लोकमान्यताओं एवं विश्वासों की गहरी जानकारी के आधार पर लोक-समुदाय की जीवनधारा के निकट पहुँच जाता है। जनसम्पर्क-अधिकारी का एक महत्त्व यह भी है कि वह अपनी गहरी सूझ-बूझ और विश्लेषणात्मक बुद्धि के कारण भविष्य में होने वाली घटनाओं का अनुमान लगाकर उसके अनुरूप अपने कार्य को करने और अपने दायित्व को पूरा करता है।

जनसम्पर्क-अधिकारी या सम्पर्क-अधिकारी

जनसम्पर्क-अधिकारी (पब्लिक रिलेशन ऑफिसर) और सम्पर्क-अधिकारी (लॉइजन ऑफिसर) में एक मौलिक अन्तर है। जनसम्पर्क-अधिकारी सत्ता या प्रशासन की एक इकाई के रूप में जनमानस के बीच भी अधिकारी कम, अपितु जनमानस के सख्य-भाव या मित्र-भाव का प्रेरक अधिक होता है। ऐसी स्थिति में एक श्रेष्ठ जनसम्पर्क-अधिकारी की योग्यता का मापदण्ड जनमानस में उभरी हुई उसकी छवि से आँका जा सकता है।

प्रतिष्ठानों या प्रबन्धकवर्गीय संस्थानों में सम्पर्क-अधिकारी (लॉइजन ऑफिसर) की अनिवार्य भूमिका संस्थान के प्रति पूर्ण निष्ठावान रहकर भी एकपक्षीय रूप लिए रहता है, क्योंकि वह जनमानस से प्रायः दूर रहता है और जिन सूत्रों एवं संस्थाओं या व्यक्ति विशेष से उनके संस्थान का कार्य अधिक रहता है : उससे सम्पर्क साधे रखना ही उसका एकमात्र उद्देश्य होता है। सम्पर्क अधिकारी का हित इसी सीमा तक रहता है कि वह अधिकारी से या उन व्यक्तियों से सम्पर्क साधता रहे जो उसके संस्थान के कार्य अथवा योजनाओं को सुगमता से पूरा करा देते हैं। अतः कहा जा सकता है कि जनसम्पर्क-अधिकारी द्विमुखी भूमिकाओं में अपने व्यक्तित्त्व का विकास करता है। एक ओर सत्ता या प्रशासन के अधिकारियों से भी उसका निरन्तर सम्बन्ध रहता है तथा उनके विचार या सन्देश जनता तक पहुँचाना उसका कर्तव्य होता है, वहीं दूसरी ओर उस जन को भी विस्मृत नहीं करता जिसके बीच यह सेतु बना हुआ है। उनकी विविध समस्याओं से परिचित होकर उनके समाधान के मार्ग को खोज पाने की चेष्टा उसका धर्म होता है तभी वह अपने जनसम्पर्क के कर्तव्य-निर्वाह के साथ सत्ता द्वारा प्रदत्त अधिकारों का प्रयोग करते हुए जनता की बात भी सत्ता या सरकार तक पहुँचाता है।

जनसम्पर्क-अधिकारी की अर्हता

एक श्रेष्ठ जनसम्पर्क-अधिकारी की योग्यता का मूल्यांकन मात्र विश्वविद्यालय द्वारा प्रदत्त प्रथम श्रेणी या स्वर्णपदक से नहीं किया जा सकता। इसी प्रकार व्यावसायिक प्रशिक्षण भी किसी व्यक्ति को जनसम्पर्क के सैद्धान्तिक पक्ष का अध्ययन तो करा सकता है, पर व्यावहारिक पक्ष को तो साधना, श्रम और अध्यवसाय से ही प्राप्त किया जा सकता है। जनसम्पर्क-अधिकारी के व्यावहारिक ज्ञान एवं योग्यता का कोई भी भौतिक मापदण्ड नहीं है, यह मापदण्ड तो जनता जनप्रतिनिधियों एवं कार्यालयों में उसकी विकसित लोकप्रियता एवं उसके व्यावहारिक कौशल से जाना जा सकता है। जनसम्पर्क-अधिकारी किसी भी सत्ता की ऐसी महत्त्वपूर्ण इकाई है, जिसके माध्यम से किसी भी राज्य, प्रान्त के जनसम्पर्क-निदेशालय की प्रतिष्ठा एवं गरिमा का परिचय मिलता है। एक श्रेष्ठ जनसम्पर्क-अधिकारी की योग्यताएँ निम्न प्रकार होती हैं :

(क) सैद्धान्तिक एवं शैक्षिक उपाधियाँ,

(ख) व्यावहारिक कर्तव्य-बोध;

व्यावहारिक पक्ष में जनसम्पर्क-अधिकारी का यह कर्तव्य-बोध है, जो उसकी शैक्षिक योग्यताओं को व्यावहारिक रूप में विकसित करने का राजपथ प्रशस्त करता है। अस्तु, इस राजपथ पर निरन्तर गतिशील और प्रतिष्ठित बने रहने के लिए किसी भी श्रेष्ठ जनसम्पर्क-अधिकारी में निम्नांकित योग्यताएँ भी अपरिहार्य हैं :

1. अध्यवसायी,
2. विश्वसनीय,
3. प्रशासन की रीति-नीति का मर्मज्ञ,
4. जन-व्यवहार का विश्लेषक,
5. लोकमत-निर्माता
6. बहिर्मुखी व्यक्तित्त्व,
7. मृदुभाषी एवं सहनशील,

8. सर्वपक्ष का हितैषी,
9. आतिथ्य सत्कार,
10. प्रत्युत्पन्नमति वाला सच्चा मित्र,
11. अभिव्यक्ति कौशल।

अध्यवसायी

श्रेष्ठ जनसम्पर्क-अधिकारी की सबसे बड़ी योग्यता उसका अध्यवसाय है। निरन्तर अपने क्षेत्र में काम करने के लिए उसे सदैव आत्मशिक्षा की आवश्यकता पड़ती है, क्योंकि उसे अब सेवारत रहकर स्वयं ही शिक्षित करना होता है, अतः निरन्तर अध्यनशील प्रवृत्ति श्रेष्ठ जनसम्पर्क-अधिकारी के आत्मशिक्षण की पूर्ति करती है। इसके साथ ही मात्र अध्ययन ही पर्याप्त नहीं है, अपितु अध्यवसाय की भी उतनी ही आवश्यकता उसे होती है। बिना अध्यवसाय के वह जीवन में विकास नहीं कर सकता।

विश्वसनीय

श्रेष्ठ जनसम्पर्क-अधिकारी में आत्मविश्वास तो आवश्यक गुण या योग्यता है ही, पर इसके साथ-साथ उसमें यह योग्यता भी हो कि स्वपक्ष में जितना विश्वास वह अपने प्रति उत्पन्न कर सका है उतना ही वह जनता का विश्वास भी अर्जित कर सके। जनसम्पर्क-अधिकारी निश्चित ही अपने में उत्पन्न आत्म-विश्वास के कारण पत्रकारों, अधिकारियों, समाचार-पत्रों तथा जनप्रतिनिधियों तथा जनता में अपने व्यक्तित्त्व की पहचान बनाता है। अपने आत्म-विश्वास के कारण ही वह स्वपक्ष एवं विरोधपक्ष के बीच श्रेष्ठ बनाये रखता है तथा जनता उसे अपने बीच का व्यक्ति मानकर सहज रूप से उससे अपनी बात कहती है। यह विश्वसनीयता देकर जहाँ जनता उसमें आत्मगौरव के गुण का विकास करती है वहीं स्वपक्ष भी यह विश्वास कर लेता है कि यह अधिकारी अपने पक्ष का विश्लेषण सहज रूप में बड़ी योग्यता से करता है और तब उस पर स्वप्क्ष अपने प्रचार का दायित्व डालकर निश्चिन्त हो जाता है।

प्रशासन की रीति-नीति का मर्मज्ञ

जनसम्पर्क-अधिकारी की यह योग्यता भी अत्यन्त महत्त्व रखती है कि वह सच्चाई एवं ईमानदारी के साथ प्रशासन की रीति-नीति को अच्छी तरह समझकर उसका प्रचारक बने। जनसम्पर्क-अधिकारी जिस पक्ष के लिए कार्यरत है, उसे पहले भलीभाँति स्वयं समझ ले और उसके सभी गुण-दोषों का विश्लेषण करके भी गुणों का उल्लेख उसी प्रकार करे जैसे एक वकील अपने मुवक्किल का केस जानकर मुक़दमा तैयार करता है। जब वह अध्यवसायी और विश्लेषक होगा तो स्वपक्ष का समर्थन सबलता के साथ कर सकता है। यदि अध्ययनवृत्ति नहीं है उसमें तो बिना नीति समझे वह कुछ भी कहकर प्रचार नहीं कर सकता है। श्रेष्ठ जनसम्पर्क-अधिकारी की स्वपक्षविषयक रीति-नीति के प्रचारक होने की स्थिति का ही यह परिणाम है कि पत्रकार-समुदाय यह जानता है कि जनसम्पर्क-अधिकारी उसके लिए समाचार-स्रोत है। जनसम्पर्क-अधिकारी ही स्वपक्ष के प्रचार का एकमात्र माध्यम होता है अतः बिना नीति को गहराई से समझे वह समाचार-पत्रों के लिए विज्ञप्तियाँ, सूचनाएँ और समाचार तैयार करने तथा अन्य प्रसार के साधनों की जानकारी देने का काम अच्छी तरह नहीं कर सकता है।

जनव्यवहार का विश्लेषक

श्रेष्ठ जनसम्पर्क-अधिकारी जहाँ अपने पक्ष के प्रचार के लिए अपने कौशल का प्रयोग करता है, वहीं उसकी यह योग्यता भी है कि वह जनता की रुचि एवं व्यवहार का विश्लेषण करता रहता है। यहीं नहीं, जनसम्पर्क-अधिकारी ही स्वपक्ष की नीतियों का प्रचार लेकर जनता तक पहुँचने वाली इकाई होता है। अतः जनता की रुचियों का विश्लेषण करके किस ढंग से उसे

अपना या सत्ता का पक्ष प्रस्तुत करना है, इस पर विशेष ध्यान देना होता है। यही नहीं, जनता किसी कार्य या योजना के प्रति अपनी क्या प्रतिक्रिया व्यक्त करती है, उसका द्रष्टा एवं श्रोता मात्र ही नहीं रहता, अपितु जनता के व्यवहार का विश्लेषण करते हुए सत्ता को जनता से परिचित कराने के दायित्व का निर्वाह भी करता है।

लोकमत-निर्माता

समूह की प्रतिक्रिया जान लेने के बाद व्यक्ति मनोविज्ञान की जानकारी को भी समझकर निष्कर्षात्मक बिन्दु पर पहुँचता है कि किस ढंग से स्वपक्ष को जनता के समक्ष प्रस्तुत किया जाये। जहाँ एक ओर जनसम्पर्क-अधिकारी जनसमाज में स्वपक्ष का प्रचार करता है, वहाँ दूसरी ओर स्वपक्ष के प्रति लोकमत-निर्माण की भूमिका का भी निर्वाह करता है। यद्यपि स्वपक्ष अपने विचार, मन्तव्य, घोषणा के प्रचार के उद्देश्य की पूर्ति ही चाहता है, पर जनसम्पर्क-अधिकारी अपने दृष्टिकोण और अभिव्यक्ति की विशिष्टता से उसे जनसमाज के समक्ष इस प्रकार प्रस्तुत करता है कि जनमत को सन्तोष हो। वह जनसमाज की मानसिकता का दिशा-निर्देश करते हुए लोकमत-निर्माता की श्रेष्ठ भूमिका का निर्वाह करता है। यह कहना अनुचित न होगा कि लोकमत की शक्ति को सभी पक्ष स्वीकार करते हैं और समाज के विभिन्न घटकों में संघर्ष एवं विरोध की समस्याएँ भी उठ खड़ी होती हैं, परन्तु श्रेष्ठ एवं चतुर जनसम्पर्क-अधिकारी अपने विवेक द्वारा उन्हें सुलझाने का यत्न करता रहता है।

बहिर्मुखी व्यक्तित्त्व

बिना बहिर्मुखी व्यक्तित्त्व के कोई भी जनसम्पर्क-अधिकारी अपने लक्ष्य में सफल नहीं हो सकता। जब तक जनसम्पर्क-अधिकारी का व्यक्तित्त्व बहिर्मुखी नहीं होता तब तक वह स्वयं आगे बढ़कर लोक-सम्पर्क नहीं बढ़ा सकता। सत्तापक्ष में जनसम्पर्क-अधिकारी की अहम् भूमिका सरकार द्वारा संचालित अभियानों में जनता के सहयोग की अपेक्षा सत्ता द्वारा निर्धारित नियमों और सत्ता की नीतियों की जनता द्वारा समर्थन के लिए प्रचार करने में निहित होती है। जनसम्पर्क-अधिकारी ऐसी स्थिति में दो पाटों के बीच होता है : एक सत्ता पक्ष, जिसके नियोजन में वह है और दूसरा, विरोध पक्ष जो सरकार की नीतियों का प्रबल विरोधी एवं आलोचक है। विरोध पक्ष जनसम्पर्क-अधिकारी पर भी सन्देह दृष्टि रखता है तथा उसकी गतिविधियों का विरोध भी करने लगता है। ऐसी स्थिति में चतुर जनसम्पर्क-अधिकारी दोनों ही पक्ष और विरोध पक्ष के सदस्यों के साथ अपने खुले व्यवहार के कारण ही सफल होता है।

मृदुभाषी एवं सहनशील

श्रेष्ठ जनसम्पर्क-अधिकारी वही कहा जा सकता है जो हर समय मृदुल स्वभाव एवं सहनशील प्रवृत्ति बनाये रख सके और अपने स्वाभिमान को सुरक्षित रखे। मृदुभाषी, सहनशील व्यक्तित्त्व से सम्पन्न जनसम्पर्क-अधिकारी बातचीत, व्यवहार तथा अहंरहित स्वाभिमान की संगति के कारण सभी को सन्तुष्ट करने में सफल रहते हैं। कभी-कभी इच्छानुसार काम में गतिरोध होने पर भी किसी को असन्तुष्ट करना जनसम्पर्क-अधिकारी के विकास में घातक होता है, इसलिए व्यावहारिक जीवन में जनसम्पर्क-अधिकारी को अपने मृदुल व्यवहार, सहनशील तथा निरभिमानी स्वभाव के माध्यम से विरोधी पक्ष के साथ भी सन्तुलन बनाये रखने में सफलता मिलती है।

स्वपक्ष का हितैषी

जनसम्पर्क-अधिकारी अपने पक्ष का ध्यान चौबीस घण्टे रखता है और स्वपक्ष के हितचिन्तन में वह कार्यालय में निर्धारित कार्यावधि से अधिक अवधि तक कार्यालय से बाहर रहकर भी कार्य करता है। जनसम्पर्क के कार्य में व्यस्त मित्र को पत्नी और परिवार के चिन्तन से अधिक चिन्तन अपने उस पक्ष के हितों का करना पड़ता है, जिसके पक्ष में जनसम्पर्क का कार्य वह कर रहा होता है। एक सम्पर्क अधिकारी को स्वपक्ष के हित का इतना ध्यान होता है कि वह अपने जीवन के संकुचित

एवं संकीर्ण उद्देश्यों तथा प्रलोभनों से विमुख होकर स्वपक्ष के प्रति लोकमत का निर्माण करने में समस्त पीड़ा और वेदना सहने के लिए तत्पर रहता है। एक सच्चा और श्रेष्ठ जनसम्पर्क-अधिकारी तभी अपने कृत्य से सन्तुष्टि पाता है जब उसके पक्ष की लक्ष्य-सिद्धि होती है।

आतिथ्य-सत्कार

एक अच्छा जनसम्पर्क-अधिकारी निश्चित ही एक अच्छा आतिथेय होता है। वह अपने कार्यालय में विभिन्न प्रकार के लोगों का स्वागत करता है और उनसे विनम्रता, शालीनता और हार्दिकता का व्यवहार करता है। जनसम्पर्क-अधिकारी अपने अतिथियों के समक्ष उदासीनता, अनासक्तता और स्वार्थपरता की भावना की अभिव्यक्ति नहीं करता है। अच्छा जनसम्पर्क-अधिकारी अपने सम्पर्क में आने वाले विरोध पक्ष के साथ भी उतनी ही उदारता, हार्दिकता, सदाशयता का ध्यान रखता है, जितना वह स्वपक्ष के सदस्यों का। किसी भी श्रेष्ठ जनसम्पर्क-अधिकारी के रूप में पत्रकारों, समाचार-संग्राहकों, अधिकारियों, कर्मचारियों तथा जनता के साथ विनम्र व्यवहार के साथ-साथ आतिथ्य-सत्कार करना भी उसके कर्तव्यों के अन्तर्गत आता है।

प्रत्युत्पन्नमति वाला सच्चा मित्र

जनसम्पर्क-अधिकारी की श्रेष्ठता में उसकी प्रत्युत्पन्नमति मूलाधार होती है क्योंकि कठिन और विषम परिस्थितियों में उसका कठोर उत्तर विग्रह बढ़ा सकता है। अतः वह संयमशील एवं हाज़िर जवाब बनकर हँसी-मज़ाक़ में स्थिति को टाल देने वाले उत्तर देता है। जनसम्पर्क जनसंचार-व्यवसाय का एक श्रेष्ठ अंग है क्योंकि वह लोकमत का निर्माण करने का सबसे बड़ा माध्यम है। अतः जनसम्पर्क-अधिकारी जन-जन में ऐसा विश्वास जगाता है कि उसे वे एक सच्चा मित्र एवं पथ-प्रदर्शक मानते हैं। श्रेष्ठ जनसम्पर्क-अधिकारी सदैव समाज में सहयोग, सामंजस्य और सद्‌भावना का माध्यम बनकर जनसामान्य के समक्ष आता है और उन्हें अपनी कर्तव्यपरायणता, विवेकशीलता तथा विश्वसनीयता का परिचय देकर ऐसी स्थिति उत्पन्न कर देता है कि जनसामान्य स्वतः यह अनुभव करने लगता है कि यह जनसम्पर्क-अधिकारी उनका मित्र, पथ-प्रदर्शक एवं परामर्शदाता है।

अभिव्यक्ति कौशल

जनसम्पर्क-अधिकारी का सम्बन्ध समाज के सभी वर्गों से रहता है। राजनीतिक विरोध पक्ष तथा विभिन्न वादों से जुड़ी मानसिकता के लोगों के बीच उसे अपना पक्ष, अपना विचार और अपनी बातें बहुत ही सुस्पष्ट रूप में व्यक्त करनी होती है ताकि श्रोता-वर्ग को थोपा हुआ प्रभाव प्रतीत न हो। एक श्रेष्ठ जनसम्पर्क-अधिकारी के लिए आवश्यक तो यह है कि वह चाहे किसी भी दृष्टिकोण का पोषक हो, अपने जनसम्पर्क-अधिकारी के पद के अनुरूप बड़े ही आत्मविश्वास के साथ अपने पक्ष को प्रस्तुत करने में किसी प्रकार की झिझक या संकोच नहीं करता। वह अपने कथन में सुस्पष्टता, कथनवक्रता के साथ सुस्पष्ट सहजता, बोधगम्यता को महत्त्व देता है। यह आत्माभिव्यक्ति किसी भी जनसम्पर्क-अधिकारी में तभी आ सकती है जब उसमें कुछ-न-कुछ साहित्यिक प्रतिभा भी हो, कुछ लिखने-पढ़ने की प्रवृत्ति हो तथा अपने विचारों एवं दृष्टिकोण को स्पष्ट, सरल, सुगम और सुबोध शैली में प्रस्तुत करने की क्षमता हो। आत्माभिव्यक्ति की सुस्पष्टता में अपेक्षित निपुणता तभी सम्भव है जब जनसम्पर्क-अधिकारी अपने में असाधारण बुद्धि एवं विवेक का विकास करे।

एक श्रेष्ठ जनसम्पर्क-अधिकारी में मंच के कलाकार की भाँति विविध भूमिकाओं के निर्वाह का वह कौशल समाहित है जो उसे समय और सन्दर्भ के अनुरूप अपना पक्ष, जिसके लिए कार्यरत है, प्रस्तुत करने के लिए इस प्रकार प्रस्तुत करता है जिससे श्रोता को सब-कुछ अपनत्व की सीमा में ही प्रतीत हो। जनसम्पर्क-अधिकारी अपने व्यक्तित्त्व के एक छोर पर अपने पक्ष से जुड़ा रहता है तो दूसरे छोर पर अपने श्रोता पक्ष से जिनमें, पत्रकार, समाचार-संग्राहक, ग्रामीण क्षेत्रों के कार्यकर्ता, जनप्रतिनिधि आदि होते हैं।

जनसम्पर्क-अधिकारी के क्रिया-कलाप

जनसम्पर्क-अधिकारी का उद्देश्य स्वपक्ष में लोकमत निर्माण करना है। यह लोकमत किसी भी राष्ट्र की संस्कृति के प्रति दृष्टिकोण ही होता है। जनसम्पर्क-अधिकारी लोकमत के निर्माण एवं उसके सुदृढ़ संस्थापन के लिए स्वपक्ष या सत्ता पक्ष द्वारा संचालित कार्य एवं योजनाओं को सक्षम माध्यमों से दिशा देने में बहुत बड़ी भूमिका का निर्वाह करता है तथा लोकमत के प्रत्यक्ष रूप पर जनसम्पर्क-अधिकारी अपनी योग्यता एवं बुद्धि-कौशल का यथेष्ट प्रभाव छोड़ता है। जनसम्पर्क-अधिकारी जब लोकमत निर्माता बनकर हमारे सामने आता है तो उसके निम्नलिखित कर्तव्य स्पष्ट होते हैं :

1. समस्या की समझ,
2. सन्देश की रचना,
3. सन्देश का प्रसार,
4. प्रचार-उपकरणों का प्रयोग,
5. मूल्यांकन।

समस्या की समझ

किसी भी जनसम्पर्क-अधिकारी को अपने पक्ष को भलीभाँति समझना होता है क्योंकि स्वपक्ष की नीति, कार्यक्रम एवं अपेक्षाओं को बिना जाने जनसम्पर्क-अधिकारी अपने पक्ष की पैरवी अच्छी तरह नहीं कर सकता। विरोध होने पर तर्कपुष्ट निष्कर्मों के अभाव में स्पष्ट ढंग से जनसमाज को नहीं समझा सकता है।

समस्या संस्थापना हेतु जनसम्पर्क-अधिकारी को प्रायः निम्नलिखित कार्य सम्पादित करने होते हैं :

(क) सम्बद्ध सभी तथ्यों एवं आँकड़ों का संकलन,

(ख) उपलब्ध आँकड़ों का यथार्थ परिप्रेक्ष्य में विश्लेषण,

(ग) समस्या का क्रमबद्ध अध्ययन तथा पक्षों के मतों का संग्रह,

(घ) समस्या सम्बन्धी विविध विरोधी व समस्यापरक गुण-दोषों का विवेचन।

उपर्युक्त बिन्दुओं के आधार पर जनसम्पर्क-अधिकारी केवल समस्या का अध्ययन कर उसके सभी तथ्यों और तत्सम्बन्धी आँकड़ों का संकलन करते हैं। तत्कालीन यथार्थ परिप्रेक्ष्य में उसका क्रमबद्ध अध्ययन करते हुए उसके विरुद्ध विरोधपक्ष की राय या मत का संग्रह कर उस समस्या के निराकरण का प्रयास होता है।

सन्देश रचना

सन्देश-रचना जनसम्पर्क-अधिकारी के मुख्य कार्य हैं। सन्देश रचना करते समय जनसम्पर्क-अधिकारी को यह देखना आवश्यक होता है कि समस्या सम्बन्धी प्रचार कार्य या लोकमत निर्माण की प्रक्रिया अल्पकालीन है या दीर्घकालीन। तब सन्देश रचना हेतु समस्या के सम्बन्ध में अनुकूल जनवातावरण तैयार करने के लिए विचारधाराओं का अनुगमन करना होता है। इस दिशा में जनसम्पर्क-अधिकारी के निम्नलिखित कार्य हैं :

(अ) प्रचारात्मक दृष्टि के अनुसार सन्देश-निर्माण,

(ब) जनसमुदाय की पृष्ठभूमि के अनुरूप ही सन्देश रचना,

(स) सन्देश का सुस्पष्ट अर्थज्ञापन,

(द) भाषा की सुगमता, स्पष्टता, सार्थकता एवं सहजता।

यदि जनसम्पर्क अधिकारी कुशल है तो क्षेत्रीय संस्कारों, रीति-रिवाजों तत्कालीन वातावरण और समाज में प्रचलित मान्यताओं के सन्दर्भ प्रासंगिकता में ही सन्देश रचना करता है। उसे यह देखना भी है कि सन्देश रचना की प्रक्रिया के तीनों

अंग-सन्देशदाता, सन्देश और सन्देश-संग्राहक की एकसूत्रता है या नहीं। जब तक सन्देशदाता, सन्देश और सन्देश-संग्राहक एकसूत्र में विद्यमान नहीं रहेंगे तब तक कोई भी सन्देश चाहे किसी भी प्रकार का क्यों न हो, चाहे उसमें कितनी जन (लोक) समाज की चिन्ता की गयी हो, जनता द्वारा स्वागत एवं सत्कार नहीं पा सकता। अतः जनसम्पर्क-अधिकारी का काम यह है कि अपने क्षेत्र की जनता की भावनाओं एवं मनोग्रन्थियों को समझे तथा उसके अनुरूप ही सन्देश की रचना करे।

सन्देश रचना और प्रचार-सामग्री के माध्यम अपनाते समय जनसम्पर्क-अधिकारी को सन्दिष्टा के परिवेश का ध्यान रखना पड़ता है। इसका ज्ञान होते ही जनसम्पर्क-अधिकारी जो भी सन्देश या प्रचार-सामग्री तैयार करता है जिसमें वह निम्नलिखित बातों का ध्यान रखता है :

1. कथ्य सरल, स्पष्ट भाषा में हो।
2. सामग्री को जनता बिना किसी कठिनाई के उसे समझ सके।
3. सन्देश सारगर्भित और संक्षिप्त हो।
4. जो भी बात कही जाये अथवा जनसंचार माध्यमों से कही जाये वह सुसंगत हो।
5. सन्देश-रचना ऐसी होनी चाहिए जो सन्देशदाता और सन्दिष्टा में सीधा सम्पर्क कर सफलता के सोपान पर जा सके।

सन्देश प्रसार

जनसम्पर्क-अधिकारी का यह परम कर्तव्य है कि परस्पर विरोधी राजनीतिक दलों के मध्य लोकमत निर्माण के अभियान का अधिकाधिक प्रसार करे। इसके लिए जनसम्पर्क-अधिकारी को प्रचार माध्यम के सकारात्मक और नकारात्मक दोनों ही रूपों को स्वीकार करना होता है। जनसम्पर्क-अधिकारी अपने विवेक एवं कौशल से स्वपक्ष के सन्देश के प्रसार हेतु इनमें से अनेक आधार ग्रहण करता है। अस्तु, जनसम्पर्क-अधिकारी विवेक और सूझबूझ के कारण कभी-कभी सन्देश के व्यापक प्रचार हेतु प्रतीकों, लोकाचारों, लेखों, परिसंवादों का उपयोग करता है।

प्रचार उपकरणों का प्रयोग

जनसम्पर्क-अधिकारी को यह निश्चित करना होता है कि स्वपक्ष के विचार एवं सन्देश के प्रचार के लिए वह किन प्रचार उपकरणों का प्रयोग करे? सामान्यतः आजकल प्रचार माध्यम अत्यन्त वैज्ञानिक एवं यान्त्रिक उपकरणों के रूप में उपलब्ध है। जनसम्पर्क-अधिकारी अपने प्रचार-अभियान के लिए जिन माध्यमों का प्रयोग करते हैं, वे प्रायः निम्नलिखित हैं :

मुद्रित : अ. मुद्रित साहित्य-पत्र-पत्रिका, सूचना-पत्र
मौखिक : आ. चलचित्र एवं दृश्य-श्रव्य उपकरण,
इ. रेडियो, टेलीविजन, वीडियो।
ई. प्रदर्शनियाँ, झाँकियाँ

इन तीनों उपकरणों में से किसकी उपयोगिता सर्वाधिक है, इसका निश्चय क्षेत्र विशेष के आधार के साथ-साथ समय एवं स्थान शब्द के अनुरूप तय करना जनसम्पर्क-अधिकारी का ही कार्य है। प्रचार-माध्यम की हर विशिष्टता का उपयोग जनसम्पर्क-अधिकारी निम्न रूप से करते हैं :

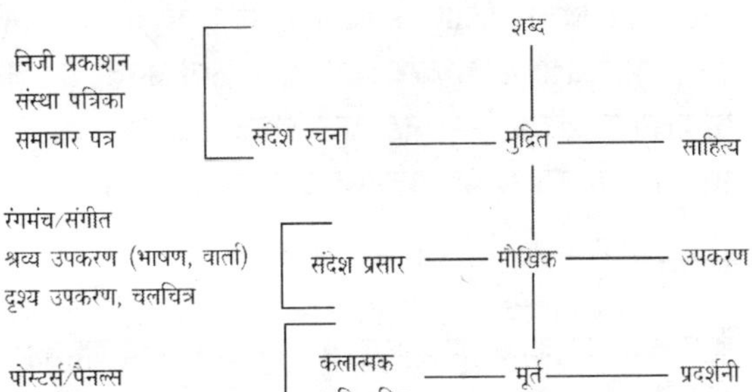

मूल्यांकन

समस्या की संस्थापना, सन्देश रचना और उसके प्रसार में व्यस्त होकर जनसम्पर्क-अधिकारी अपनी सफलता का निरन्तर

मूल्यांकन करता रहता है। समय व आवश्यकतानुसार प्रचार की दिशा बदलकर अपने कार्यक्रम में अधिक तीव्रता लाता है। स्वपक्ष की योजना उसके प्रचार तथा उससे उत्पन्न प्रभाव का मूल्यांकन सदैव प्रचार-कार्य की निरन्तरता में ही श्रेष्ठ ढंग से किया जा सकता है।

अपने निर्धारित क्षेत्र में स्वपक्ष द्वारा सुनिश्चित कार्यक्रम या अभियान की प्रतिक्रिया के सम्बन्ध में जब तक वह अपने कार्य का मूल्यांकन नहीं करेगा तब तक उसके अभियान के परिणामों का ज्ञान भी नहीं हो सकेगा और न त्रुटियों में सुधार सम्भव होगा।

जनसम्पर्क-अधिकारी के कार्य एवं उत्तरदायित्व

जनसम्पर्क-अधिकारी दो पक्षों में सेतु का कार्य करता है, एक ओर वह अपने पक्ष की जिम्मेदारियों का निर्वाह करता है तो दूसरे पक्ष के साथ अपने सहज मधुर सम्बन्ध विकसित करने के लिए सदैव सचेष्ट रहकर दोनों पक्षों में सन्तुलन स्थापित करता है। इस दृष्टि से जनसम्पर्क-अधिकारी के दायित्वों की विशिष्टता का ज्ञान होता है।

जनसम्पर्क-अधिकारी के दायित्वों का निरूपण निम्नवत् है :

1. जनमत का दिग्दर्शन,
2. अध्ययन,
3. व्यावसायिक प्रतिष्ठा अर्जन,
4. सत्कार भाव,
5. समसामयिक घटनाओं से सरोकार,
6. सन्देश प्रचार के लिए प्रचार उपकरणों का सुव्यवस्थित उपयोग,
7. समाचार संकलन, वितरण एवं प्रकाशन व्यवस्था,
8. गृह पत्रिका का प्रकाशन,
9. क्षेत्रीय प्रचार व्यवस्था,
10. प्रशासन एवं संस्थान को समय-समय पर जनमत से अवगत रखना,
11. प्रचार अभियान के फलों का मूल्यांकन।

जनमत का दिग्दर्शन

जनसम्पर्क-अधिकारी का प्रथम दायित्व है कि वह स्वपक्ष, विरोध पक्ष तथा अन्य संविदा समितियों तथा पत्रकारों के बीच मध्यस्थता का आधार बने। जब कोई जनसम्पर्क-अधिकारी की नियुक्ति करता है तो उसका उद्देश्य एवं दृष्टि मात्र प्रचार कार्य तक ही सीमित नहीं होती है अपितु वह अपने जनसम्पर्क-अधिकारी को विभिन्न संस्थानों के बीच मध्यस्थता का दायित्व सौंपकर निश्चिन्त हो जाता है। इस प्रकार सत्तापक्ष भी अपनी योजनाओं के प्रचार एवं प्रसार के क्षेत्र में जनसम्पर्क-अधिकारी जनता और सत्ता के मध्यस्थ के रूप में कार्य करता है। जनसम्पर्क-अधिकारी अपने इस मध्यस्थता के दायित्व को केवल कार्यालय में बैठकर पूरा नहीं कर सकता। इसके लिए उसे निरन्तर उस जनता तक पहुँचना अनिवार्य होता है, जिसके प्रतिनिधि के रूप में वह सत्तापक्ष प्रशासन में आया है।

अध्ययन

बिना अध्ययन के न तो जनसम्पर्क-अधिकारी प्रचारित की जाने वाली नीति के सम्बन्ध में ही सही दिशा का प्रतिपादन कर पाता है और न जनता के सामने स्पष्ट ढंग से नीति की व्याख्या ही कर सकता है। इसलिए जनसम्पर्क-अधिकारी के लिए यह योग्यता विकसित करना उसके प्रथम दायित्व के अन्तर्गत प्रमुख स्थान रखता है अन्यथा उस नीति के सम्बन्ध में तर्कपूर्ण

दृष्टिकोण से विरोध या प्रतिपक्ष को भी नहीं समझा जा सकता है। इसी प्रकार यह कहना भी उचित है कि एक जनसम्पर्क-अधिकारी अपने इसी प्रथम दायित्व के अन्तर्गत अपने सम्पर्क में आने वाले अनेक संवाददाताओं और पत्रकारों को केवल समाचार वितरण ही नहीं करता बल्कि बड़े कौशल और प्रत्यक्ष प्रचार विधि के माध्यम से स्वपक्ष की नीति का सहयोगी भी बना लेता है।

व्यावसायिक प्रतिष्ठा का अर्जन

ईमानदारी के कारण ही कोई भी जनसम्पर्क-अधिकारी स्वपक्ष एवं जनता, संवाददाताओं, पत्रकारों, नेताओं के बीच अपने विवेक का प्रयोग करके भी तटस्थ रह सकता है। उसे इसके लिए जनसम्पर्क क्षेत्र में प्रचलित आचार संहिता का भी परिपालन करना होता है, साथ ही अपने चरित्र बल को भी दिखाना होता है। यह कहना उचित होगा कि मानव में अनेक कमज़ोरियाँ होती हैं, पर जनसम्पर्क-अधिकारी के रूप में व्यावसायिक प्रतिष्ठा हेतु इस प्रकार की किसी भी कमी या कमज़ोरी से ऊपर उठना ही उसका काम है। अपनी भावनाओं से ऊपर उठकर ही वह ईमानदारीपूर्वक अपने व्यवसाय की प्रतिष्ठा स्थापित कर सकता है।

सत्कार भाव

जनसम्पर्क-अधिकारी की दिनचर्या का अंग आतिथ्य-सत्कार भी है। इसके साथ ही विषम से विषम परिस्थितियों में भी जनसम्पर्क-अधिकारी अपने पद-दायित्व के अनुरूप विनम्रता और संयम का पूरी तरह निर्वाह करता है। उसका काम तो नियोजक या स्वपक्ष की योजनाओं के प्रति जनमत तैयार करना तथा अपने प्रचारोद्देश्य की पूर्ण सफलता ही है। ऐसी स्थिति में किसी विवाद या मत-भिन्नता से दूर रहकर विरोध पक्ष के लोगों के साथ भी आदर, सत्कार, विनम्रता के व्यवहार से वह अपने कथित उद्देश्य की पूर्ति करने में पूर्ण सफल होता है। जनसम्पर्क-अधिकारी के सामान्य व्यवहार एवं उसके लोकाचरण की मर्यादा और दायित्वपरक दृष्टि का विवेचन करते हुए इसी बात पर बल दिया जा सकता है कि वह सभी का आदर-सत्कार करे, उनकी बातें और प्रतिक्रिया ध्यान से सुने तथा अपना पक्ष विनम्रतापूर्वक उनके समक्ष रखे तथा अपनी वाकूपटुता का परिचय देते हुए यथा अवसर अपने पक्ष को प्रस्तुत करे।

समसामयिक घटनाओं से सरोकार

जनसम्पर्क-अधिकारी समसामयिक घटना क्रमों का विधिवत ज्ञान रखता है तथा तार्किक ढंग से मनन भी करता है। इस दृष्टि से प्रत्येक जनसम्पर्क-अधिकारी अपने व्यक्तित्त्व का विकास करता है तथा अपनी सर्जनात्मक शक्तियों को उजागर करने का अवसर पाता है। सत्तापक्ष में नियोजित जनसम्पर्क-अधिकारी को केन्द्रीय, प्रान्तीय एवं स्थानीय राजनीतिक गतिविधि के साथ सरोकार रखना आवश्यक होता है। इस दृष्टिकोण को अपनाकर सत्तापक्ष की दलीय राजनीति का विवेकपूर्ण बिश्लेषण, विरोध पक्ष की भूमिका, सरकारी और औद्योगिक संस्थानों की मशीनरी की योग्यता और कुशलता के प्रति उसका सरोकार, निरन्तर बना होना आवश्यक है। वह किसी एक पक्ष की ओर से आँख बन्द करके नहीं रह सकता है। जनसम्पर्क-अधिकारी की आचार संहिता उसे बाध्य करती है कि वह सरकारी या संस्थानों की रीति-नीति के अनुसार कार्य करते हुए अपने निजी विचारों और विवेचनों से दूर रहे। फिर भी वह राजनीतिक दलों की हित-साधना, वैचारिक स्थितियों, दलगत स्वार्थों को तात्कालिक सन्दर्भ में देखने और उससे अपने प्रचारतन्त्र की दिशा निर्मित करने का उपयुक्त अवसर पा सकता है। आवश्यक है कि वह सबसे पहले नियोजक या सत्तादल का विश्वासपात्र बने तथा उनमें अपने दायित्व के प्रति विश्वसनीयता उत्पन्न करे और समसामयिक घटनाओं की परिणतियों से भविष्य के अपने अनुमानों में भी अपने नियोजक या सत्तापक्ष को अवगत करा सकता है।

सन्देश प्रचार के लिए प्रचार-उपकरणों का प्रयोग

जनसम्पर्क-अधिकारी का यह दायित्व है कि सत्तापक्ष की आवश्यकता के अनुसार वह समय-समय पर संवाददाता सम्मेलन और पत्रकार गोष्ठियों तथा अन्य प्रचार साधनों को समाचार प्रदान करने का आयोजन करता रहे। इसी प्रकार व्यावसायिक संस्थान में नियोजित जनसम्पर्क-अधिकारी को भी सामान्य जनता के अतिरिक्त अपने संस्थान के अंशधारियों (शेयर होल्डर्स) तथा उपभोक्ताओं के लिए भी प्रचारार्थ संवाददाता सम्मेलन और पत्रकार गोष्ठी आहूत करना आवश्यक होगा। जनसम्पर्क-अधिकारी एकरूप मध्यस्थ का दायित्व रखता है। संवाददाताओं और पत्रकारों एवं अन्य प्रचार साधनों से घनिष्ठ सम्बन्धों का आधार पारस्परिक विश्वसनीयता और सम्मान ही है। यह एकपक्षीय स्थिति नहीं है, जनसम्पर्क-अधिकारी, संवाददाता एवं पत्रकारों की पारस्परिक मैत्री में ही यह सम्भव है। अपने काम एवं व्यवहार के माध्यम से ही जनसम्पर्क-अधिकारी प्रेस के साथ अच्छे एवं प्रभावोत्पादक सम्बन्ध बनाने के लिए समय-समय पर आवश्यकता के अनुरूप संवाददाता-सम्मेलन और कभी पत्रकार गोष्ठियों का आयोजन करते हैं तथा विश्वसनीय सम्बन्धों के परिप्रेक्ष्य में अपना उद्देश्य स्पष्ट करते हैं तथा उनकी शंकाओं का निराकरण कर प्रेस-प्रचार पाने में सफलता प्राप्त करते हैं।

जनसम्पर्क-अधिकारी द्वारा इस प्रकार के आहूत सम्मेलन और गोष्ठियों में समाचार पर एकाधिकार रहने के कारण प्रेस प्रतिनिधि इनमें सम्मिलित होना भी पसन्द नहीं करते हैं। इसलिए जनसम्पर्क-अधिकारी को इन सब बातों का उत्तरदायित्व वहन करना होता है कि समाचार समय से पहले प्रकट न हो जाये और यह भी कि कौन क्या कहेगा और कैसे कहेगा तथा कुछ सम्भावित प्रश्नों के उत्तर तो पहले से ही तैयार कर रख लेना उचित होता है। विशिष्ट आधिकारिक व्यक्ति द्वारा जो वक्तव्य दिया जाता है उसकी साइक्लोस्टाइल प्रतियाँ पहले से ही तैयार कराना भी जनसम्पर्क-अधिकारी का ही दायित्व है।

समाचार संकलन, वितरण एवं प्रकाशन-व्यवस्था

सत्तापक्ष की सूचनाओं और लेखों को प्रचलित करने और समाचार के रूप में प्रसारित करते समय प्रचार का मुख्य उद्देश्य 'जनहित के लिए समाचार संकलन' को ही स्मरण रखना जनसम्पर्क-अधिकारी का दायित्व है। अनेक बार मन्त्री अथवा उच्चाधिकारी का व्यक्तिगत प्रचार अधिक होने की सम्भावना होती है, जनहित से समाचार का सरोकार का। ऐसी स्थिति में असन्तुलित समाचार प्रेषण का ख़तरा बना रहता है। इसलिए जनसम्पर्क-अधिकारी को और अधिक सजगता से समाचार संकलन में अपना दायित्व स्वीकार करना होता है कि प्रेस और अन्य प्रचार साधनों में प्रमुखता समाचार को मिले जो ठोस काम या परिणाम के द्योतक हैं और व्यक्तिगत प्रचार को कम स्थान समाचार में मिले।

स्थानीय स्तर पर संकलित समाचारों को बाहर भेजने और स्थानीय रूप में वितरण की व्यवस्था का दायित्व भी जनसम्पर्क-अधिकारी का होता है तथा उससे यह अपेक्षा की जाती है कि ऐसे सभी समाचार समय पर स्थानीय प्रेस को उपलब्ध करा दिये जाते रहें। अतः जनसम्पर्क-अधिकारी आवश्यकतानुसार सूचनाओं का वितरण कराने का दायित्व सँभालते हैं। समाचार वितरण से पूर्व उन्हें अपने आपको पूरी तरह आश्वस्त कर लेना आवश्यक होता है कि उसमें कोई विवादास्पद बात तो नहीं जा रही, जिसके लिए आलोचना हो या फिर उसका प्रतिवाद भी देना पड़े।

गृह पत्रिका का सम्पादन, प्रकाशन

जनसम्पर्क-अधिकारी का यह भी दायित्व होता है कि समय-समय पर वह गृह पत्रिका एवं विभागीय पुस्तिकाओं आदि का प्रकाशन करे और इन प्रकाशनों के माध्यम से संस्थान या सत्तापक्ष की छवि का और अधिक उभार हो सके। निजी विभागीय प्रकाशनों के साथ-साथ प्रकाशनार्थ सचित्र सामग्री का वितरण भी करना आवश्यक होता है। इसके लिए जनसम्पर्क-अधिकारी का ही यह दायित्व होता है कि उसके लिए चित्र या फोटो तैयार कराये और ब्लॉक बनवाकर समाचार-पत्रों या समाचार समितियों को भेजे। यहाँ यह स्पष्ट करना अधिक समीचीन लगता है कि जनसम्पर्क-अधिकारी को ऐसे प्रकाशन से बचना

चाहिए जो लोकमत के निर्माण में अधिक सार्थक सिद्ध न होता हो। ऐसी सामग्री प्रकाशित करना भी जनसम्पर्क-अधिकारी का दायित्व है जो जनता में जागृति उत्पन्न करती हो तथा उनमें उत्साह और निष्ठा उत्पन्न करती हो। प्रकाशित सामग्री का वितरण निःशुल्क किया जाता है।

क्षेत्रीय प्रचार

लोकमत का निर्माण लोक में जाकर ही किया जा सकता है। जनसम्पर्क-अधिकारी इस दायित्व को पूरा करने के लिए क्षेत्रीय प्रचार उपकरणों का आश्रय लेता है तथा समय-समय पर निर्धारित कार्यक्षेत्र में वह दृश्य-श्रव्य उपकरणों के माध्यम से विकास सम्बन्धी वृत्तचित्र, सूचनावृत्त के साथ-साथ भावी योजनाओं के परिचय से सम्बन्धित या योजनाओं के क्रियान्वयन से सम्बन्धित लघु या मनोरंजक कार्टून दिखाने की व्यवस्था करता है। प्रचारवाहन के माध्यम से यह कार्यक्रम संचालित किये जाते हैं। क्षेत्रीय मेलों या सार्वजनिक रूप में मनाये जाने वाले सांस्कृतिक पर्वों पर मात्र फ़िल्म प्रदर्शन न करके जनसम्पर्क-अधिकारी विकास प्रदर्शनियों के आयोजन का दायित्व भी पूरा करते हैं। इन प्रदर्शनियों में राज्य के विकास सम्बन्धी चित्रों तथा योजनाविषयक नवीन सूचनाओं को चित्र रूप में प्रस्तुत किया जाता है।

प्रशासन को जनमत से अवगत रखना

जनसम्पर्क-अधिकारी की कुशलता इसी से आँकी जाती है कि वह कितनी निपुणता से जनमत को अपने पक्ष से प्रभावित कर सका है। साथ ही, यह भी आवश्यक है कि वह जनमत की गतिविधियों का अध्ययन करता रहे और उनका विश्लेषण करके प्रशासन और संस्थान को उनसे अवगत कराता रहे। नीति-निर्धारण में इसका बहुत महत्त्व है जो प्रशासन और संस्थान जनमत की गतिविधियों से अवगत रहे, इससे उसकी नीतियाँ और कार्य-प्रणाली ज़्यादा सफल रहती हैं। जनमत की प्रतिक्रियाओं को जानने से नीतियाँ बनाने में ही नहीं बल्कि बनी हुई नीतियों में समय से सुधार लाने में जनसम्पर्क-अधिकारी एक महत्त्वपूर्ण भूमिका निभा सकता है।

प्रचार-अभियान के परिणामों का मूल्यांकन

प्रत्येक प्रचार-अभियान का उद्देश्य निर्धारित रहता है। अभियान के फलस्वरूप कितनी सफलता मिली, किन कठिनाइयों का सामना करना पड़ा और अभियान की दिशा में क्या परिवर्तन करने की आवश्यकता है, इस सबको जानना अनिवार्य है। इसको जानने के बाद ही यह फैसला किया जा सकता है कि सन्देश-रचना और प्रचार-साधनों के नियोजन में किन त्रुटियों को ठीक करने की आवश्यकता है। इसका मूल्यांकन करने के अब अनेक वैज्ञानिक और यान्त्रिक तरीके उपलब्ध हैं। जनसम्पर्क-अधिकारी इन तरीक़ों का प्रयोग करके मूल्यांकन की विधि द्वारा अपने प्रचार-अभियान को और सार्थक बनाता है।

70
कॉरपोरेट जन सम्पर्क
(Corporate Public Relations)

कॉरपोरेट का अर्थ

कॉरपोरेट शब्द समूह या संगठन को प्रतिध्वनित करता है जो व्यावसयिक गतिविधियों में संलग्न हो। ऑक्सफोर्ड शब्दकोश में इसे एक बड़े समूह एवं संयुक्त व्यक्तियों (A corporate body/organization या United in a group) के रूप में स्पष्ट किया गया है। कॉरपोरेट से ही कॉरपोरेशन शब्द का निर्माण हुआ है जिसका आशय व्यापार में संलग्न संगठन से है।

इस आधार पर हम कॉरपोरेट क्षेत्र को एक बड़े समूह में संयुक्त या समूह के सभी सदस्यों की समान भागीदारी वाले व्यापारिक संगठन के रूप में स्पष्ट कर सकते हैं। विभिन्न अंशधारक मिलकर कॉरपोरेट समूह का निर्माण करते हैं और भागीदारी के आधार पर दायित्वों/लाभों का बँटवारा सुनिश्चित होता है। कॉरपोरेट क्षेत्र प्रबन्धन के सिद्धान्तों से संचालित होता है और सामान्य तौर पर सामूहिक अथवा निर्वाचित नेतृत्व के अनुसार कार्य करता है।

व्यवसाय के परम्परागत प्रतिरूप से कॉरपोरेट संगठन की शुरुआत होती है जो एक कम्पनी के रूप में विकसित होता है। कम्पनी विकास कर बहुराष्ट्रीय निगम के रूप में परिवर्तित हो सकती है तथा उसका विकास वैश्विक निगम (Conglomerate) के रूप में भी हो सकता है। कॉरपोरेट संगठन अपने समय की बाज़ार आवश्यकताओं की पूर्ति करने में सक्षम होता है।

कॉरपोरेट संगठन के विकास में तीन कारक सर्वाधिक महत्त्वपूर्ण होते हैं :

(i) लाभार्जन

(ii) नियन्त्रित खर्च या लागत नियन्त्रण

(iii) व्यवसायगत ख़तरों का न्यूनीकरण

लाभार्जन किसी भी कॉरपोरेट संगठन का मुख्य कार्य होता है। उसका अस्तित्त्व तथा विकास लाभार्जन की उसकी क्षमता पर निर्भर करता है। लाभार्जन के उद्देश्य से ही विविध मार्केटिंग व प्रबन्धन रणनीतियाँ विकसित की जाती हैं। एक कॉरपोरेट संगठन अपने अंशधारक, निवेशक, संचालक, कर्मचारियों, डीलरों, विक्रेताओं आदि के लिए यह लाभ अर्जित करता है।

कॉरपोरेट संगठन की पहचान उसकी लागत कम करने की क्षमता से भी बनती है। संगठन के लाभ प्रतिशत में वृद्धि तथा उत्पादन लागत में कमी की सामर्थ्य हर कॉरपोरेट संगठन में होती है। इसके लिए वह नयी तकनीकों व प्रौद्योगिकियों तथा रणनीतियों का सहारा लेता है।

कॉरपोरेट संगठन की एक अन्य पहचान उसकी लाभ पर संकटों को कम करने की भी है। विभिन्न व्यावसायिक समझौतों, विलय, कार्य-व्यापार बँटवारा आदि के माध्यम से यह अपने बाज़ार का विस्तार करता है तथा प्रतिस्पर्धा का सामना करता है। यह रणनीति उसे लाभ का स्तर बनाये रखने और समृद्ध करने में मददगार सिद्ध होती है।

वैश्वीकरण-उदारीकरण के युग में कॉरपोरेट संगठन अधिकांश संगठित व्यवसाय पर नियन्त्रण स्थापित किये हुए है। माइक्रोसॉफ्ट, आई. बी. एम., जनरल मोटर्स, जनरल इलेक्ट्रिक, सीएनयेन, टोयोटा, सोनी, कैनन, सुजुकी, जॉनसन ऐंड जॉनसन आदि वैश्विक कॉरपोरेट निगमों के कुछ उदाहरण हैं। भारत में भी टाटा, बिड़ला, रिलायंस, इन्फोसिस, विप्रो, बजाज, महिन्द्रा ऐंड महिन्द्रा आदि कॉरपोरेट निगमों के उदाहरण हैं। ये निगम व्यापार के अनेक क्षेत्रों में दखल रखते हैं तथा आन्तरिक एवं बाह्य पूँजी प्रवाह की निरन्तरता इनकी बाज़ार पर पकड़ तथा लाभ का स्तर बनाये रखने में कारगर होती है। ये निगम समाज को प्रभावित करने की सामर्थ्य भी रखते हैं तथा सामुदायिक कार्यों को भी संचालित करते हैं।

कॉरपोरेट जनसम्पर्क

हर कॉरपोरेट संगठन में आन्तरिक एवं बाह्य कॉरपोरेट जनसम्पर्क की आवश्यकता पड़ती है। कम्पनी की आन्तरिक एवं बाह्य जनता से सम्पर्क स्थापना, कम्पनी की साख निर्माण एवं व्यावसायिक आवश्यकताओं की पूर्ति हेतु किया जाने वाला सम्पर्क कॉरपोरेट जनसम्पर्क के रूप में स्पष्ट किया जा सकता है।

अन्तर्राष्ट्रीय जनसम्पर्क विश्वकोश में कॉरपोरेट जनसम्पर्क को निम्नलिखित रूप में परिभाषित किया गया है : 'किसी कम्पनी के लिए जनसम्पर्क, अपने किसी प्राथमिक कार्य के बजाय समग्र रूप से कम्पनी द्वारा पूर्व में अर्जित साख को बनाये रखने तथा कम्पनी के लिए अतिरिक्त साख अर्जित करने की प्रक्रिया है।'

उपर्युक्त परिभाषा कॉरपोरेट जनसम्पर्क को दो पक्षों—रक्षात्मक व आक्रामक को स्पष्ट करती है।

कॉरपोरेट जनसम्पर्क एक नियोजित तथा संयोजित गतिविधि है जो कम्पनी की छवि को उसकी जनता के बीच स्थापित करने का कार्य करती है। यह एक संवादमूलक प्रक्रिया है जो प्रबन्धन के एक अंग के रूप में शीर्ष प्रबन्धन से सीधे जुड़ी रहती है तथा संगठन की जनता के समक्ष उसकी सम्पूर्ण छवि प्रस्तुत करती है।

आज कोई भी कम्पनी केवल पूँजी प्रबन्धन और प्रौद्योगिकी तथा संसाधन के आधार पर सफलता नहीं प्राप्त कर सकती। उसमें काम करने वाले लोग, उससे जुड़े लोग, उससे प्रभावित होने वाले लोग भी कम्पनी के काम-काज को प्रभावित करते हैं। यदि कम्पनी का कोई एक अंग ठीक से काम नहीं कर रहा है अथवा कम्पनी के लक्ष्यों से उसकी सम्बद्धता में कमी आती है तो कम्पनी के अन्य हिस्से भी उससे प्रभावित होते हैं। अतः कम्पनी के सभी अंग सुचारु रूप से काम करें और उसमें काम करने वाले लोगों का दृष्टिकोण व कार्यप्रणाली कम्पनी के उद्देश्यों के अनुरूप हो, इसके लिए नियमित सम्पर्क की व्यवस्था एक अनिवार्य निवेश होती है।

कॉरपोरेट जनसम्पर्क किसी कम्पनी में संचार सम्बन्धी योजनाओं के प्रबन्धन, संयोजन, क्रियान्वयन का कार्य करता है। कम्पनी की संचार सम्बन्धी आवश्यकताओं की पूर्ति इसका दायित्व होती है। कॉरपोरेट जनसम्पर्क अपनी कम्पनी की विज्ञापन सम्बन्धी आवश्यकताओं, जैसे—विज्ञापन योजना, विज्ञापन वितरण, विज्ञापन मूल्यांकन आदि की पूर्ति करता है। विपणन सम्बन्धी संचार का दायित्व भी उसे निर्वहन करना होता है। सरकार से सम्पर्क, दबाव समूहों से सम्बन्ध, मीडिया सम्बन्ध आदि विविध संचार सम्बन्धी आवश्यकताओं की पूर्ति उसका दायित्व होता है।

कॉरपोरेट जनसम्पर्क का क्षेत्र

कॉरपोरेट संचार की अवधारणा में संगठन की समस्त संचारमूलक गतिविधियाँ सम्मिलित की जाती हैं। प्रबन्धन के एक अंग के रूप में वह प्रबन्धन के अन्य अंगों का सहयोग करता है, संगठन की आन्तरिक तथा बाह्य जनता के सम्पर्क की देखरेख करता है तथा विभिन्न छवि-निर्माण व प्रचारात्मक कार्यों को संचालित व संयोजित करता है।

हम संक्षेप में कॉरपोरेट जनसम्पर्क के क्षेत्र को निम्नलिखित रूप में स्पष्ट कर सकते हैं :

(i) कर्मचारी सम्बन्ध

(ii) अंशधारक सम्बन्ध

(iii) ग्राहक सम्बन्ध

(iv) डीलर/फ्रेंचाइजी/आपूर्तिकर्ता सम्बन्ध

(v) सामुदायिक सम्बन्ध

(vi) मीडिया सम्बन्ध

(vii) संकटकालीन सम्बन्ध

(viii) व्यावसायिक सम्बन्ध

कर्मचारी किसी भी संगठन का महत्त्वपूर्ण अंग होते हैं। कम्पनी की कार्यकुशलता उसके कर्मचारियों की दक्षता और प्रदर्शन पर निर्भर करती है। कम्पनी के चरणबद्ध तरीके से अपने लक्ष्यों को प्राप्त करने, लाभ की स्थितियों को बरकरार रखने, माँग और आपूर्ति के सम्बन्ध को कायम रखने तथा अपनी विस्तार राजनीति को अमली जामा पहनाने में कर्मचारियों के सहयोग और समर्थन की आवश्यकता पड़ती है। कर्मचारी सम्बन्ध के दायरे में कम्पनी के सभी कर्मचारी, कर्मचारी संगठन तथा उनके पारिवारिक सदस्य सम्मिलित किये जाते हैं।

अंशधारक भी किसी कॉरपोरेट संगठन के लिए महत्त्वपूर्ण स्थान रखते हैं। अंशधारक कम्पनी के संचालन, उसके प्रबन्धन का स्वरूप निर्धारित करने तथा उसकी विस्तार योजनाओं को फलीभूत करने में महत्त्वपूर्ण भूमिका निभाते हैं। अंशधारकों से बेहतर सम्पर्क बनाये रखना कम्पनी के लिए बहुत ज़रूरी होता है। अंशधारकों में छोटे, बड़े, संस्थागत और व्यक्तिगत सभी प्रकार के निवेशक सम्मिलित किये जाते हैं।

ग्राहक किसी कॉरपोरेट के लाभ पक्ष का निर्धारक होता है। ग्राहक को आकर्षित करने में सफल होकर ही कम्पनी अपनी सफलता सुनिश्चित कर सकती है। ग्राहकों को हम नियमित ग्राहक, नये ग्राहक और सम्भावित ग्राहक की श्रेणियों में वर्गीकृत कर सकते हैं। ग्राहक संगठन की बाह्य जनता का ऐसा रूप होता है जो आपस में एक-दूसरे से परिचित नहीं होते। उससे सम्पर्क की कोई सम्भावित जगह नहीं होती तथा जो संगठन से उसकी सेवाओं या उत्पाद के उपभोक्ता के रूप में जुड़ता है।

डीलर, फ्रेंचाइजी और आपूर्तिकर्ता किसी कम्पनी के नेटवर्क का निर्माण करते हैं। कम्पनी का व्यवसाय इन्हीं की मदद से संचालित होता है। ग्राहक और कम्पनी के मध्य डीलरों और फ्रेंचाइजी की मदद से ही सम्बन्ध स्थापित होता है। आपूर्तिकर्ता कम्पनी की उत्पादन क्षमता को बरकरार रखने में मददगार होता है।

कॉरपोरेट संगठन की सकारात्मक छवि निर्मित करने में उसके सामुदायिक कार्यों का महत्त्वपूर्ण स्थान होता है। ये जनता का समर्थन प्राप्त करने में अत्यन्त सहायक होते हैं।

कम्पनियाँ अपने कर्मचारियों के परिवारों, अपनी इकाइयों के आस-पास की जनता, गृहनगर, गृह-प्रदेश और राष्ट्रीय स्तर पर सामुदायिक कार्यक्रमों के माध्यम से सम्बन्ध विकसित करती हैं। स्कूल-कॉलेजों की व्यवस्था, सामाजिक अनुसन्धान, चिकित्सा सुविधाएँ, पर्यावरण संरक्षण सम्बन्धी कार्य, जन-जागरूकता सम्बन्धी कार्य, अन्य सामाजिक सशक्तीकरण सम्बन्धी कार्य, सामुदायिक सम्बन्धों के रूप में स्पष्ट किये जा सकते हैं।

मीडिया सम्बन्ध के अन्तर्गत विभिन्न प्रिंट व इलेक्ट्रॉनिक मीडिया संगठनों से सम्बन्ध किया जाता है। व्यावसायिक सम्बन्ध के क्षेत्र में विपणन सम्बन्धी सम्बन्ध, अन्य कम्पनियों से सम्बन्ध, आर्थिक व वित्तीय समितियों जैसे बैंक आदि से सम्बन्ध आते हैं।

कॉरपोरेट जनसम्पर्क के कार्य

कॉरपोरेट छवि-निर्माण तथा संगठन और उसकी जनता के बीच सम्बन्धों का विकास कॉरपोरेट जनसम्पर्क का प्रमुख कार्य होता है। कॉरपोरेट जनसम्पर्क विभिन्न प्रवृत्तियों के कार्यों का सम्पादन करता है। कॉरपोरेट जनसम्पर्क मुख्य रूप से निम्नांकित तीन प्रवृत्तियों के कार्यों का सम्पादन करता है :

(i) संगठन के अंशधारकों और उसकी जनता को प्रभावित (Influence) करने सम्बन्धी कार्य।

(ii) बिक्री में बढ़ोतरी के लक्ष्यों की पूर्ति के लिए मार्केटिंग संचार।

(iii) संगठन से सीधे जुड़े व्यक्तियों व समूहों, जैसे—कर्मचारी, निवेशक तथा आपूर्तिकर्ताओं से सम्पर्क की स्थापना।

कॉरपोरेट जनसम्पर्क का दायरा संगठन के सम्पर्क सम्बन्धी सभी कार्यों तक विस्तारित होता है। कम्पनी का शीर्ष प्रबन्धन अपने जनसम्पर्क तन्त्र से यह अपेक्षा रखता है कि वह संगठन के लक्ष्यों की प्राप्ति में सक्रिय रूप से मददगार हो। हम संक्षेप में कॉरपोरेट जनसम्पर्क के कार्यों को निम्नलिखित रूप में स्पष्ट कर सकते हैं :

(i) छवि निर्माण

(ii) उत्पाद/सेवाओं का प्रचार

(iii) कॉरपोरेट साख निर्माण

(iv) मीडिया सम्बन्ध

(v) आन्तरिक संचार

(vi) लॉबिंग सम्बन्धी कार्य

(vii) सलाहकार भूमिका

(viii) मार्केटिंग सहयोग

(ix) अनुसन्धान एवं मूल्यांकन

(x) विज्ञापन प्रबन्धन

(xi) आयोजन सम्बन्धी कार्य

(xii) प्रवक्ता सम्बन्धी कार्य

(xiii) प्रचार एवं सम्प्रचार सम्बन्धी कार्य

(xiv) जनसम्पर्क प्रशिक्षण

कॉरपोरेट संगठन के लिए छवि महत्त्वपूर्ण कारक होती है। एक कॉरपोरेट संगठन की छवि निरन्तर लाभार्जन में सक्षम, मार्केटिंग की ज़रूरतों को पूरा करने वाला, सामाजिक प्रतिबद्धताओं को पूर्ण करने वाली होनी चाहिए। कॉरपोरेट जनसम्पर्क का यह महत्त्वपूर्ण दायित्व होता है कि वह कॉरपोरेट की सशक्त, सहयोगी और विकासोन्मुख छवि प्रस्तुत करे।

छवि-निर्माण के कार्य में विविध प्रचारात्मक गतिविधियाँ सहायक होती हैं। ये कम्पनी, उसकी सेवाओं और उत्पादों का प्रचार साख निर्माण व कम्पनी की स्वीकार्यता में वृद्धि करने में सहायक होती हैं। इसके लिए विभिन्न मीडिया और आयोजनों का सहारा लिया जाता है। कॉरपोरेट जनसम्पर्क कॉरपोरेट साख निर्मित करने का कार्य करता है। जनसम्पर्ककर्मी को अपने संगठन और उसकी जनता के मानसिक स्तर की बेहतर समझ होती है। वह विभिन्न तकनीकों की मदद से कम्पनी के लाभार्जन, विस्तार व नवोन्मेषों से जनता को सूचित करके अपनी कम्पनी की मज़बूती को स्थापित करता है और उसकी साख को बेहतर करता है।

मीडिया सम्बन्ध कॉरपोरेट जनसम्पर्क का प्रमुख कार्य होता है। एक कुशल जनसम्पर्ककर्मी संगठन की सकारात्मक कवरेज पाने के प्रति हमेशा सतर्क रहता है। वह मीडिया व मीडियाकर्मियों से बेहतर सम्बन्ध विकसित कर अपने और अपने संगठन के लिए सकारात्मक मीडिया दृष्टिकोण अर्जित करता है।

कॉरपोरेट संगठन के सुचारु संचालन के लिए आन्तरिक संचार भी महत्त्वपूर्ण होता है। जनसम्पर्क तन्त्र कम्पनी की विभिन्न इकाइयों के मध्य संयोजन स्थापित कर उनके मध्य अन्तर-संवाद की बहाली करता है। शीर्ष प्रबन्धन और उसके कर्मचारी तन्त्र के मध्य बेहतर आपसी समझ विकसित करने में यह सम्पर्क अत्यन्त कारगर भूमिका निभाता है। प्रबन्धकीय सम्बोधन, प्रबन्धन-कर्मचारी बैठकें, बुलेटिन बोर्ड, न्यूज़ लेटर का प्रकाशन, कार्यशालायें, अनौपचारिक मुलाकातों आदि के माध्यम से जनसम्पर्क तन्त्र कॉरपोरेट संगठन में आन्तरिक संचार को बेहतर रूप से संचालित-सम्पादित करता है।

कॉरपोरेट संगठनों के लिए लॉबिंग का विशेष महत्त्व है। लॉबिंग के माध्यम से ही संगठन सरकार में अपने लिए समर्थन अर्जित करता है। भौतिक विस्तार की बाधाओं के न्यूनीकरण में भी लॉबिंग मददगार होती है। विभिन्न दबाव समूहों और ओपीनियन लीडर से समर्थन प्राप्त करने के लिए भी लॉबिंग महत्त्वपूर्ण होती है। जनसम्पर्ककर्मी इन लोगों से सम्पर्क विकसित कर संगठन के लिए समर्थन जुटाने का काम करता है।

कॉरपोरेट जनसम्पर्क से शीर्ष प्रबन्धन सलाहकार की भूमिका की भी अपेक्षा रखता है। सलाहकार के रूप में कॉरपोरेट सम्पर्क संगठन की छवि, जनता के दृष्टिकोण, मीडिया के दृष्टिकोण, उपयुक्त सम्पर्क रणनीति आदि के विषय में सलाह देता है। वह संगठन की जनता की भावनाओं से शीर्ष प्रबन्धन को अवगत कराता है तथा उसकी नीतियों के प्रभाव से भी उसे परिचित कराता है। संगठन की जनता से प्रबन्धन का सम्बन्ध कैसा हो तथा वह किस प्रकार से सम्बन्ध स्थापित करने की प्रक्रिया में भागीदारी करके इसमें जनसम्पर्क तन्त्र विशेषज्ञ सलाह उपलब्ध कराता है।

मार्केटिंग कॉरपोरेट गतिविधियों में महत्त्वपूर्ण स्थान रखती है। किस प्रकार प्रभावी तरीके से बाज़ार में उपस्थिति दर्ज करायी जाये, बाज़ार अनुसन्धान, विज्ञापन की आवश्यकता का आकलन, उपभोक्ताओं की पहचान तथा ध्यानाकर्षण, डीलर व फ्रेंचाइजी से सम्पर्क, प्रतिस्पर्धा परिस्थितियों से मुकाबला आदि में बेहतर संचार कौशल की ज़रूरत पड़ती है जिसकी दायित्वपूर्ति कॉरपोरेट जनसम्पर्क करता है।

अनुसन्धान एवं मूल्यांकन सम्बन्धी कार्यों के अन्तर्गत कॉरपोरेट जनसम्पर्क, जनसम्पर्क अभियानों का मूल्यांकन, विज्ञापन अभियानों का मूल्यांकन, विज्ञापन व जनसम्पर्क प्रभाव मूल्यांकन, मीडिया मूल्यांकन आदि कार्य करता है। अनुसन्धान सम्बन्धी कार्यों में सर्वेक्षण, दृष्टिकोण अध्ययन, अवबोध अध्ययन, बेंचमार्क अध्ययन, प्रतिपुष्टि आकलन आदि आते हैं। कॉरपोरेट गतिविधियों का संगठन की जनता पर क्या प्रभाव पड़ रहा है, जनता की दृष्टि में संगठन की छवि कैसी है, संगठन की जनता की इच्छाएँ व आकांक्षाएँ क्या हैं, आदि बातों का पता लगाने में जनसम्पर्क की अनुसन्धान-विधियाँ कारगर सिद्ध होती हैं।

कॉरपोरेट संगठन छवि निर्माण मार्केटिंग, उपभोक्ता सम्बन्ध एवं उत्पाद/ सेवाओं के प्रचार-प्रसार के लिए विज्ञापनों का सहारा लेते हैं। कॉरपोरेट जनसम्पर्क विज्ञापनों की आवश्यकता का आकलन, विज्ञापन बजट निर्माण, विज्ञापन निर्माण, विज्ञापन का क्रियान्वयन तथा विज्ञापन अभियान के मूल्यांकन सम्बन्धी कार्य करता है। विशेषज्ञ सेवाओं के लिए विज्ञापन सलाहाकारों व विज्ञापन एजेंसियों की भी मदद ली जाती है। कॉरपोरेट संगठन विविध प्रकार के कार्यक्रमों का आयोजन, प्रयोजन करते रहते हैं। इन आयोजनों के संयोजन की जिम्मेदारी कॉरपोरेट जनसम्पर्क की होती है। वस्तुतः ये आयोजन जनसम्पर्क का एक उपयोगी जरिया होते हैं तथा अनेक कार्यक्रमों की रूपरेखा स्वयं जनसम्पर्क तन्त्र द्वारा ही तैयार की जाती है। ये आयोजन जनसम्पर्क के लिए महत्त्वपूर्ण अनौपचारिक माहौल का सृजन करते हैं। डीलर्स मीट, इन्वेस्टर्स मीट, उपभोक्ता मंच, पुरस्कार योजनाएँ व पुरस्कार वितरण समारोह, उत्पाद कार्यशाला, रोड शो, राष्ट्रीय पर्वों का आयोजन, खेल स्पर्धाएँ, रचनात्मक प्रतियोगिताएँ, मीडिया विजिट, किसान-गोष्ठियाँ आदि आयोजन के कुछ उदाहरण हैं। वस्तुतः वर्तमान समय में 'इवेंट मैनेजमेंट' एक आकर्षक शब्द के रूप में उभरा है तथा प्रबन्धकीय कौशल के रूप में जनसम्पर्क से यह अपेक्षा की जाती है कि वह दक्षतापूर्वक इवेंट मैनेजमेंट कार्य को सम्पन्न कराये।

कॉरपोरेट जनसम्पर्क को अपने संगठन के मुखर प्रवक्ता की भूमिका निभानी होती है। यह भूमिका रक्षात्मक तथा आक्रामक रणनीति का संयोजन होती है। वह मीडिया के समक्ष संगठन का पक्ष रखता है तथा संगठन की ओर से अधिकृत प्रेस विज्ञप्तियाँ जारी करता है। संगठन की जनता के समक्ष कम्पनी को सकारात्मक रूप से रखना और कम्पनी की विशेषताओं

को वरीयतापूर्वक सामने लाने का कार्य जनसम्पर्क तन्त्र करता है। वह किसी भी आगन्तुक को कम्पनी से परिचित कराने का भी कार्य करता है तथा यह प्रयास करता है कि कम्पनी की सकारात्मक छवि व्यक्ति के दिमाग में स्थापित हो। प्रवक्ता के रूप में नकारात्मक प्रचारों का जवाब देना तथा आक्रामक प्रचार का संचालन भी कॉरपोरेट जनसम्पर्क करता है। कई बार नीतिगत मामलों का स्पष्टीकरण देने में वह शीर्ष प्रबन्धन का प्रतिनिधित्व भी करता है।

प्रचार एवं सम्प्रचार सम्बन्धी अनेक कार्यक्रमों का संचालन भी वर्तमान कॉरपोरेट जनसम्पर्क की रणनीति के रूप में स्थान पा रहे हैं। प्रतिस्पर्धी माहौल में ऐन्द्रजालिक प्रभाव उत्पन्न करने के लिए प्रचार (publicity) तथा सम्प्रचार (Propoganda) की सहायता ली जाती है। प्रचार कार्य के रूप में संगठन की विभिन्न सूचनाओं को जनता के बीच में वितरित करने का दायित्व कॉरपोरेट जनसम्पर्क निभाता है। सम्प्रचार का उपयोग जनता के मत में मनोनुकूल परिवर्तन तथा अपने विचार से जनता को प्रेरित करने के उद्देश्य से किया जाता है। प्रतिस्पर्धी माहौल में आश्रम सम्प्रचार की रणनीति एक अक्सर प्रयोग की जाने वाली तकनीक बनती जा रही है तथा इसे उत्पाद व सेवाओं की श्रेष्ठता को प्रतिस्पर्धी उत्पाद पर साबित करने के लिए इस्तेमाल किया जा रहा है। हालाँकि व्यावसायिक लक्ष्यों को प्राप्त करने की होड़ में सम्प्रचार की अधिकता कई बार व्यवसाय के नैतिक मानदण्डों का उल्लंघन कर देती है जिससे बचना चाहिए।

एक कम्पनी के लिए उसका हर कर्मचारी जनसम्पर्क-अधिकारी होता है। व्यक्ति आचरण से भी कॉरपोरेट प्रतिष्ठा बनती-बिगड़ती है। हर सदस्य अपने संगठन की छवि निर्मित कर सकता है। यदि कम्पनी से जुड़ा हर व्यक्ति संगठन की छवि के प्रति संजीदा हो तथा प्रयत्नशील हो तो इससे जनसम्पर्क के लक्ष्यों को सबसे बेहतर तरीके से प्राप्त किया जा सकता है। अतः जनसम्पर्क का एक महत्त्वपूर्ण दायित्व संगठन के कर्मचारियों को जनसम्पर्क सम्बन्धी प्रशिक्षण देना भी है। एक विशेषज्ञ के रूप में जनसम्पर्ककर्मी सटीक प्रशिक्षण के माध्यम से हर कर्मचारी को जनसम्पर्क कार्य में प्रवीण कर सकता है। बहुत सारी छोटी-छोटी बातें भी जनसम्पर्क की दृष्टि से अत्यन्त महत्त्वपूर्ण होती हैं। जैसे कम्पनी में आने वाले आगन्तुकों से मृदु व्यवहार कम्पनी के प्रति सकारात्मक दृष्टि पैदा करने की शुरुआत करता है। कार्यालय का बेहतर प्रबन्ध, पोशाक नियमावली का पालन, स्वच्छता तथा सुन्दरता बनाये रखने में व्यक्तिगत रूप से योगदान देना, आयोजनों में सौम्य व एकजुट व्यवहार का प्रदर्शन, सूचनाएँ व मार्गदर्शन प्रस्तुत करने का आत्मीय तरीक़ा आदि कुछ ऐसे तत्त्व हैं जो देखने में भले ही छोटे लगते हैं लेकिन बेहतर सम्पर्क स्थापित करने की प्रक्रिया में महत्त्वपूर्ण होते हैं।

जनसम्पर्क प्रशिक्षण कार्यक्रम के रूप में कार्यशालाओं का आयोजन, चिह्नित व्यवहारों का फ़िल्म आदि के माध्यम से प्रशिक्षण, मुद्रित सामग्री वितरण, पुरस्कार व प्रोत्साहन घोषणाएँ जैसे सर्वाधिक स्वच्छ विभाग, सर्वाधिक दक्ष कर्मी आदि के माध्यम से जनसम्पर्क में कर्मचारियों को प्रशिक्षित करने की व्यवस्था की जाती है।

कॉरपोरेट जनसम्पर्क का महत्त्व

जैसे–जैसे कॉरपोरेट जगत् का विस्तार होता जा रहा है और मानवीय तत्त्वों, बेहतर सम्बन्ध की अहमियत सफलता के लिए महत्त्वपूर्ण होती जा रही है, जनसम्पर्क गतिविधियों की अनिवार्यता भी महसूस की जाने लगी है। आज कॉरपोरेट जनसम्पर्क केवल गुलाबी शर्ट में लीपा-पोती तथा प्रचार करने की संक्षिप्त सी गतिविधि नहीं रह गयी है जिसे कम्पनियाँ अपने स्वर्णकाल में विलासिता के रूप में प्रयोग करें और संकटकाल में त्याग दें। आज संकट तथा समस्याओं से बचे रहने के लिए तथा संगठन की लोकप्रियता और समर्थन को निरन्तर बनाये रखने के लिए कॉरपोरेट जनसम्पर्क की अनिवार्यता को सभी कम्पनियाँ महसूस कर रही हैं। आज जनसम्पर्क व्यवस्थापन प्रबन्धन के एक प्रमुख अंग के रूप में अपना स्थान बना चुका है तथा जनसम्पर्क गतिविधियों का नियमित क्रियान्वयन कॉरपोरेट संगठनों के लिए एक लाभदायक निवेश के रूप में देखा जा रहा है।

आज एक कॉरपोरेट जनसम्पर्क अपने संगठन के लिए विविध रूपों में उपयोगी है। हम संक्षेप में इसकी उपयोगिता निम्नांकित बिन्दुओं के अन्तर्गत स्पष्ट कर सकते हैं :

(i) कॉरपोरेट जनसम्पर्क संगठन के आन्तरिक एवं बाह्य पर्यावरण का विश्लेषण करता है तथा संगठन के बारे में व्याप्त धारणाओं का पता लगाता है।

(ii) संगठन की जनता की सोच संगठन के प्रति उसके रुख तथा संगठन की क्रियाओं पर जनता की प्रतिक्रिया का मापन करने का कार्य कॉरपोरेट जनसम्पर्क करता है।

(iii) कम्पनी और उसके अंशधारकों के बीच में ज़रूरी आपसी समझ विकसित करने में सहयोग करता है। इससे एक बेहतर संवाद कायम होता है जो प्रत्येक स्तर पर संगठन के लिए लाभदायक होता है।

(iv) ओपीनियन लीडर तथा दबाव समूहों के बीच कम्पनी की साख निर्मित करता है जो व्यवसाय की सफलता की बुनियादी शर्त है।

(v) संगठन के बारे में उठने वाली अनावश्यक चर्चाओं को कम करता है तथा जनता को अभिप्रेरित कर उनके व्यवहार में सकारात्मक परिवर्तन लाने के लिए उन्हें प्रेरित करता है।

(vi) नकारात्मक अवधारणाओं को खण्डित करके जनमत को संगठन के पक्ष में विकसित करता है। यह प्रक्रिया साख के संकट को बेहतर छवि में (ill-will to goodwill) परिवर्तित करती है।

(vii) मल्टीमीडिया प्रयोग के माध्यम से सूचनाओं का प्रभावशाली वितरण कर कम्पनी के उत्पाद तथा सेवाओं के लिए जागरूकता व आकर्षण पैदा करने का कार्य करता है।

(viii) संगठन की नीतियों और कार्यक्रमों के लिए प्रतिपुष्ट तन्त्र का विकास करता है और शीर्ष प्रबन्धन को समयबद्ध रूप से जनांकाक्षाओं (Public Mood) के बारे में अवगत कराता है।

(ix) संगठन के विभिन्न अंगों को विशेषज्ञ सेवाएँ प्रदान कर संचार सम्बन्धी समस्याओं का निराकरण करता है।

इस प्रकार कहा जा सकता है कि वर्तमान समय में कॉरपोरेट जनसम्पर्क संगठन की संचार आवश्यकताओं को पूरा करने के लिए महत्त्वपूर्ण है। संगठन के प्रबन्धतन्त्र के लिए प्रबन्धन के अंग के रूप में कॉरपोरेट जनसम्पर्क का महत्त्व सिद्ध हो चुका है।

71

संचार अनुसन्धान
(Communication Research)

मनुष्य स्वभावतः एक जिज्ञासु प्राणी है। आदिकाल से ही वह प्रकृति, देश, दुनिया, समाज एवं ब्रह्माण्ड के बारे में जानने को उत्सुक रहा है। अपना, अपने समाज का, अपने व्यवहार का या सामाजिक घटनाओं का अध्ययन मानव के लिए रोचक होता है। यह अध्ययन मनमाने ढंग से नहीं किया जा सकता है। निरीक्षण-परीक्षण के प्रयोग पर आधारित वैज्ञानिक पद्धति का उपयोग करने पर ही सत्य को खोजा जा सकता है। सामाजिक घटनाओं पर संचार के प्रभाव के सम्बन्ध में सत्य की खोज ही संचार अनुसन्धान है।

अनुसन्धान का अर्थ

मानव क्रिया के सभी क्षेत्रों में अनुसन्धान का अर्थ ज्ञान तथा बोध की निरन्तर खोज है। संचार भी एक मानवीय क्रिया है। इसी ज्ञान एवं बोध को वैज्ञानिक अनुसन्धान का रूप देने के लिए दो तत्त्वों की आवश्यकता होती है।

1. **निरीक्षण :** इसके द्वारा हम प्रत्यक्ष रूप से देखकर किसी भी विषय के सम्बन्ध में ज्ञान प्राप्त करते हैं।
2. **कारण :** इसके द्वारा हम प्राप्त तथ्यों का अर्थ, उनका पारस्परिक सम्बन्ध एवं विद्यमान वैज्ञानिक ज्ञान से उसका सम्बन्ध स्थापित करते हैं।

उपर्युक्त दोनों तत्त्व यदि संचार के सामाजिक तथ्यों के सम्बन्ध में किये गये अनुसन्धान में विद्यमान हैं तो उसे संचार अनुसन्धान कहते हैं।

अतः यह कहा जा सकता है कि संचार अनुसन्धान वह क्रमबद्ध एवं वैज्ञानिक अध्ययन विधि है जिसके आधार पर संचार से सम्बद्ध घटनाओं के सम्बन्ध में हम नवीन ज्ञान प्राप्त करते हैं या विद्यमान ज्ञान को विस्तृत एवं परिष्कृत करते हैं। विभिन्न घटनाओं के पारस्परिक सम्बन्धों की तथा उपलब्ध सिद्धान्तों की पुनः परीक्षा करते हैं। संचार अनुसन्धान वैज्ञानिक नियमानुसार उस मानवीय क्रियाकलाप की ओर संकेत करता है, जिसके द्वारा सामाजिक जीवन के सन्दर्भ में हमारे ज्ञान की वृद्धि सम्भव होती है। वस्तुतः यह ज्ञान प्राप्ति की वह विधि है जो निरीक्षण, वर्गीकरण, प्रयोग तथा निष्कर्षीकरण की सामान्य वैज्ञानिक पद्धति पर आधारित होती है। इस पद्धति से न केवल अज्ञात सामाजिक घटनाओं को खोजा जा सकता है बल्कि ज्ञात सामाजिक घटनाओं का भी विश्लेषण किया जा सकता है। संचार अनुसन्धान सामाजिक जीवन के सम्बन्ध में सत्य की खोज करने की एक वैज्ञानिक विधि है।

अनुसन्धान की परिभाषा

वस्तुतः अनुसन्धान या रिसर्च मूलतः विज्ञान की संकल्पना है, भारतीय ज्ञान और साहित्य में इसका आधुनिक प्रयोग पाश्चात्य साहित्य और चिन्तन से ग्रहण किया गया है। पाश्चात्य विज्ञान और मानविकी साहित्य में अनुसन्धान के सैद्धान्तिक पक्ष पर प्रचुर साहित्य प्रकाशित हुआ है, जिसमें इसके विभिन्न पक्षों पर पर्याप्त प्रकाश पड़ता है। इस प्रसंग में पाश्चात्य विद्वानों ने अनुसन्धान की जो परिभाषाएँ दी हैं उनमें से कुछ परिभाषाओं का यहाँ निरूपण किया गया है।

(क) पाश्चात्य मत

ग्रिफिथ थोम्पसन-अनुसन्धान : एक प्रकार की जाँच पड़ताल है। यह विषय के सम्बन्ध में पता लगाता है और परिणामों को लिपिबद्ध करता है। यह गम्भीर तथा अध्यवसायपूर्ण और सोद्देश्य परिपृच्छा है, तथ्यों का पता लगाना है, उपकल्पना का सूत्रीकरण करना है, यह वर्तमान सैद्धान्तिकी को प्रमाणित करता है और एक प्रतिष्ठित दृष्टिकोण पर नया प्रकाश डालता है, और ऐतिहासिक अन्तर्दृष्टि को प्राप्त करता है। यह महत्त्वपूर्ण तथ्यों की प्रतिस्थापना है, भौतिक प्रघटनाओं का सम्बोध प्राप्त करना है, अथवा उपसंहार की परिपुष्टि के लिए दूसरे (व्यक्तियों द्वारा प्रस्तुत) के तथ्यों की उपलब्धियों को व्यवस्थित और समन्वित करके व्याख्या करना है।

इनसाइक्लोपीडिया ऑफ़ सोशल साइंस : अनुसन्धान वस्तुओं का संयोजन, तथ्यों के सामान्यीकरण के लिए संकल्पनाओं अथवा प्रतीकों का विस्तार करना है, ज्ञान का संशोधन या सत्यापन करना है, चाहे वह ज्ञान सैद्धान्तिकी की रचना में सहायता करता हो अथवा कला के व्यवहार में।

जेम्स हार्वे रॉबिन्सन : अनुसन्धान और कुछ नहीं है केवल यह एक अध्यवसायपूर्ण खोज है, जिसमें आदिम युगीन मनुष्यों के आखेट के समान आनन्द की प्राप्ति होती है।

टीरस हिलवे–अनुसन्धान एक उपकरण है, जिसका मानव जाति ने कई शताब्दियों तक बहुत मन्दगति से (अध्यवसाय करके) पूर्ण परिष्कार किया। वर्तमान समय में यह हमारे ज्ञान की प्रगति का अत्यधिक विश्वसनीय साधन प्रतीत होता है, अन्य विधियों की तरह इसका भी उद्देश्य उन तथ्यों एवं विचारों को खोजना है जो पहले से मनुष्य को ज्ञात नहीं थे।

श्रीमती पी.वी. यंग : सामाजिक अनुसन्धान की परिभाषा हम नये तथ्यों की खोज, पुराने तथ्यों के सत्यापन, उनकी क्रमबद्धता तथा अन्तर्सम्बन्धों, कार्यकारण व्याख्याओं तथा उन्हें नियन्त्रित करने वाले स्वाभाविक नियमों की विधिवत खोज के रूप में कर सकते हैं।

एच.पी. फेयर चाइल्ड द्वारा सम्पादित डिक्शनरी ऑफ़ सोशियोलॉजी : किसी सामाजिक अवस्थिति में किसी समस्या के समाधान के उद्देश्य से या नयी प्रघटना की खोज के लिए या विभिन्न प्रघटनाओं के उद्घाटन के लिए निश्चित क्रिया विधि का उपयोग सामाजिक अनुसन्धान कहलाता है। ये क्रिया-विधियाँ स्वीकृत वैज्ञानिक मानदण्डों के अनुरूप होनी चाहिए।

भारतीय मत

डॉ. गुलाबराय : "अनुसन्धान एक व्यापक शब्द है। अनुसन्धान वैज्ञानिक विषयों का भी होता है और साहित्यिक विषयों का भी, किन्तु दोनों की पद्धति और स्वरूप में विशेष अन्तर नहीं है। अन्तर यदि है तो विषय की आवश्यकताओं और पद्धतियों का। दोनों में ही सूक्ष्म और सोद्देश्य निरीक्षण के साथ परीक्षण और प्रयोग के पश्चात् गम्भीर विवेचन होता है, जिसमें विपक्षीय घटनाओं, उदाहरणों और विचार बिन्दुओं का उतना ही स्वागतपूर्ण विवेचन होता है जितना कि सपक्षीय घटनाओं, उदाहरणों तथा विचार बिन्दुओं का।"

श्री परशुराम चतुर्वेदी : "अनुसन्धान की प्रक्रिया के अन्तर्गत केवल किसी वस्तु-विषयक तात्त्विक चिन्तन का ही समावेश नहीं रहता है, बल्कि उसके सूक्ष्म निरीक्षण और विश्लेषण का भी उचित स्थान पर समावेश किया जाता है। इसमें उनके संश्लेषण द्वारा किसी महत्त्वपूर्ण निश्चय तक पहुँचने की भी प्रधानता रहती है।"

डॉ. भगीरथ मिश्र : "अनुसन्धान के भीतर नवीन तथ्यों, नवीन विचारों, निष्कर्षों, नियमों, दृष्टियों, परम्पराओं, कारणों आदि का उद्घाटन आवश्यक है।"

डॉ. नगेन्द्र : "सन्धान का अर्थ है दिशा और अनु का अर्थ है पीछे। इस प्रकार अनुसन्धान का अर्थ हुआ कि किसी लक्ष्य को सामने रखकर दिशा विशेष में बढ़ना-पश्चात् गमन अर्थात् किसी तथ्य की प्राप्ति के लिए परिपृच्छा परीक्षण आदि करना।"

अनुसन्धान की परिभाषा

एक उत्तम परिभाषा में क्या, क्यों और कैसे इन तीन प्रश्नों का उत्तर अवश्य प्राप्त होना चाहिए, जैसे—अनुसन्धान क्या है? क्यों किया जाता है? और कैसे किया जाता है? अनुसन्धान की जिस किसी परिभाषा में इन तीनों प्रश्नों का सुनिश्चित उत्तर प्राप्त नहीं होता; वह परिभाषा आंशिक या एकांगी है। इस दृष्टि से यदि हम अनुसन्धान की परिभाषा करना चाहें तो कह सकते हैं कि अनुसन्धान मूलतः किसी विषय के अध्ययन या अनुशीलन की सुनिश्चित क्रिया पद्धति है, जिसमें अनुसन्धानकर्ता तटस्थ भाव से या पूर्वग्रह रहित होकर प्रयोग, सूक्ष्म पर्यवेक्षण, तथ्यों के वर्गीकरण और विश्लेषण द्वारा किसी यथा तथ्य को निष्कर्ष पर पहुँचाने का प्रयास करता है, जिसका लक्ष्य उस विषय के सम्बन्ध में सापेक्ष सत्य का उद्घाटन करना, भ्रमों का निवारण करना या उस सम्बन्ध में उपलब्ध तथ्यों को सुनियोजित करके व्याख्या करना, पुराने तथ्यों को नव्य परिप्रेक्ष्य प्रदान करना, किसी नये नियम की प्रतिष्ठा या ज्ञात तथ्य को प्रामाणिकता प्रदान करना है।

संचार अनुसन्धान का क्षेत्र

सामान्य रूप से अनुसन्धान का क्षेत्र अत्यन्त व्यापक है। अनुसन्धान-कार्य प्रत्येक विषय में होता है। विज्ञान, इतिहास, भूगोल, हिन्दी, अंग्रेज़ी, समाजशास्त्र, पत्रकारिता, संचार, राजनीति, संस्कृति, वाणिज्य आदि सभी विषयों में अनुसन्धानकार्य होते हैं। यह कहना ज़्यादा उपयुक्त होगा कि ज्ञान-विज्ञान की विभिन्न शाखाओं में पठन-पाठन एवं मानव व्यवहार के समस्त कार्य अनुसन्धान के क्षेत्र में आते हैं। ज्ञान के क्षेत्र में उठी हुई आशंकाओं के समाधान के लिए अनुसन्धान किया जाता है। अनुसन्धानकर्ता प्रयास के द्वारा असंख्य नवीन तथ्यों की खोज करके अपने क्षेत्र अथवा क्षेत्रेतर ज्ञान की उपलब्धि करता है। अतः उसकी दृष्टि अत्यन्त व्यापक होती जाती है और इस प्रकार अनुसन्धान-क्षेत्र का मार्ग प्रशस्त होता है और उसका महत्त्व निरन्तर बढ़ता जाता है।

संचार के प्रमुख माध्यमों में पत्रकारिता, रेडियो, टी. वी. समाचार एजेंसियों से सम्बन्धित कार्य अनुसन्धान के विषय हैं। संचार के निम्नलिखित क्षेत्र अनुसन्धान विषय के रूप में वर्गीकृत किये जा सकते हैं :

1. सम्प्रेषक/स्रोत

सम्प्रेषक की विशेषताएँ और स्रोत की प्रभाव क्षमता संचार के शोधार्थियों को ज़्यादा आकर्षित करते हैं। सम्प्रेषक समाज का अंग होता है। समाज में घटित हो रही घटनाओं से वह भी प्रभावित होता है। इस प्रभाव की झलक उसकी सम्प्रेषण प्रक्रिया में स्पष्ट दिखाई देती है। किसी भी मीडियाकर्मी में चाहे वह रिपोर्टर हो, सम्पादक हो, अथवा अन्य कर्मी, कुछ विशेष गुणों का होना अनिवार्य होता है। सम्प्रेषक किस प्रकार सम्प्रेषण करे कि उसका अधिकाधिक प्रभाव प्राप्तकर्ता पर पड़े यह अनुसन्धान का विषय हो सकता है। कोई अच्छा प्रभावशाली सम्प्रेषक का व्यक्तित्त्व एवं कृतित्त्व भी अनुसन्धान के विषय के रूप में ग्रहण किया जा सकता है। सम्प्रेषण प्रक्रिया में सम्प्रेषक की निष्पक्षता अथवा पक्षपातपूर्ण व्यवहार पर भी अनुसन्धान किया जा सकता है।

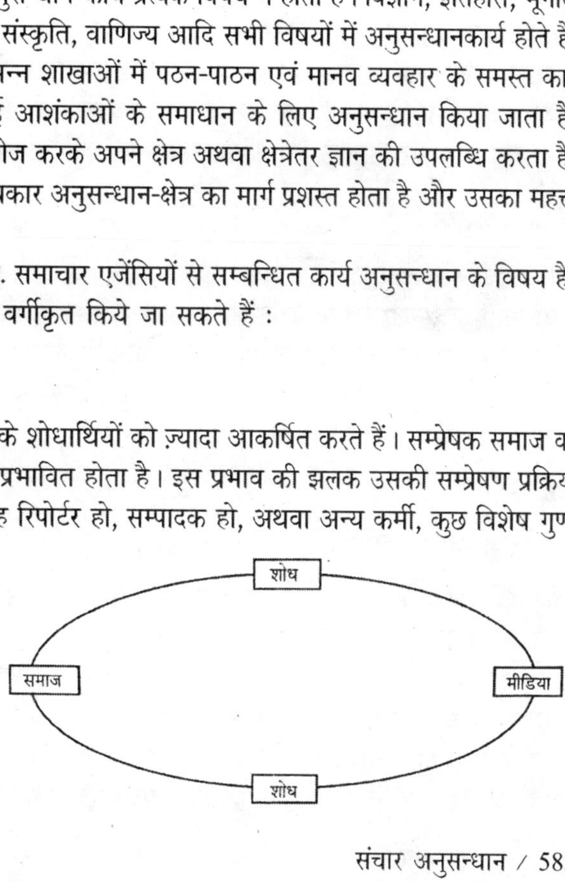

समाज में ही मीडिया कार्यरत रहती है। अतः सम्प्रेषक का समाज पर और सामाजिक घटनाओं का सम्प्रेषक पर क्या प्रभाव पड़ता है? यह भी अनुसन्धान का विषय हो सकता है।

2. सन्देश

सन्देश की गुणवत्ता एवं प्रकार भी अनुसन्धान का विषय हो सकता है। समाज में कब कौन-सा सन्देश किस रूप में प्रसारित किया जाये कि उसका सर्वाधिक प्रभाव प्राप्तकर्ता पर पड़े, अनुसन्धान के द्वारा इसका आकलन कर सम्प्रेषण प्रक्रिया में उपयोग किया जा सकता है। सन्देश के संचार का अन्य तत्त्वों से क्या सम्बन्ध है? मानव व्यवहार को कब और कैसे परिवर्तित किया जा सकता है? इसका निर्धारण भी अनुसन्धान द्वारा किया जा सकता है। मानव मूल्यों, दृष्टिकोणों में कब कैसे परिवर्तन होता है : इसका आकलन कर तदनुरूप सन्देश प्रसारित किये जायें ताकि किसी घटना, योजना, अभियान अथवा विचारधारा के पक्ष-विपक्ष में जनमत निर्माण किया जा सके। इस तरह के अनुसन्धान लोकतान्त्रिक व्यवस्था में राजनीतिक दलों द्वारा प्रायः कराये जाते हैं।

3. माध्यम

संचार के जितने भी प्रचलित माध्यम हैं सबकी अपनी अलग उपयोगिता, महत्ता एवं प्रभाव क्षमता होती है। इसलिए सम्प्रेषक को इस बात का ज्ञान होना आवश्यक हो जाता है कि वह किस माध्यम का चुनाव करे जिससे कि वह अधिकाधिक लोगों तक प्रभावी ढंग से अपनी बात पहुँचा सके। प्रसिद्ध संचारविद् *मैकलूहन* का मानना है कि सन्देश की अपेक्षा माध्यम सम्प्रेषण में प्रभावशाली भूमिका निभाता है। उनका मानना है कि माध्यम ही सन्देश है। उन्होंने माध्यम को गर्म और शीतल दो रूपों में व्यक्त किया है। उनका यह भी मानना है कि माध्यम प्राप्तकर्ता पर प्रभाव अवश्य डालता है। यह प्रभाव सकारात्मक भी हो सकता है और नकारात्मक भी। प्रभाव का सकारात्मक और नकारात्मक होना पूर्णरूप से माध्यम पर निर्भर करता है। इसलिए माध्यम की संरचना, क्रिया-विधि, प्रसारण क्षमता आदि का विस्तृत विवेचन करके ही प्रभावी माध्यम का प्रयोग करना चाहिए। अतः माध्यमों के संरचनात्मक एवं प्रक्रियात्मक स्वरूप को अनुसन्धान का विषय बनाया जा सकता है।

4. श्रोता/दर्शक

संचार का अन्तिम लक्ष्य प्राप्तकर्ता तक सन्देश पहुँचाना होता है। प्राप्तकर्ता पाठक, श्रोता अथवा दर्शक तीनों में से कोई एक, दो या तीनों हो सकता है। प्राप्तकर्ताओं के आकार, संगठन, भौगोलिक संरचना, हित, दृष्टिकोण, विचार एवं व्यवहार का सम्यक् ज्ञान सम्प्रेषक को होना चाहिए। अनुसन्धान के द्वारा यह पता लगाया जा सकता है कि विशेष वर्ग के प्राप्तकर्ता को किस प्रकार से प्रभावित किया जा सकता है। कैसे किसी विचार के पक्ष-विपक्ष में उनका दृष्टिकोण परिवर्तित किया जा सकता है। इन सब बातों की जानकारी होने पर प्राप्तकर्ता को अधिक आसानी से प्रभावित किया जा सकता है। संचार क्षेत्र में प्राप्तकर्ता के व्यवहार का अध्ययन सम्प्रेषक और माध्यम दोनों के लिए उपयोगी और महत्त्वपूर्ण होता है।

5. प्रक्रिया और प्रभाव

संचार एक प्रक्रिया है जिसमें कई तत्त्व एक साथ मिलकर काम करते हैं। संचार के इन विभिन्न तत्त्वों का एकमात्र लक्ष्य प्राप्तकर्ता को प्रभावित करना होता है। संचार प्रक्रिया के विभिन्न तत्त्वों का अलग-अलग अध्ययन करके यह सुनिश्चित किया जा सकता है कि किस तत्त्व का किस रूप में प्रयोग करने पर यह प्राप्तकर्ता को अधिक प्रभावित कर सकेगा और तदनुसार संचार की प्रक्रिया सुनिश्चित की जा सकती है।

प्रक्रिया के साथ-साथ प्राप्तकर्ता पर पड़ने वाले प्रभाव का भी ज्ञान आवश्यक हो जाता है। अनुसन्धान के द्वारा यह पता लगाया जा सकता है कि आयु, धर्म, शिक्षा, भाषा आदि के आधार पर प्राप्तकर्ता कितना और कैसे प्रभावित होता है। इस

बात का सम्यक् ज्ञान हो जाने पर वर्ग विशेष को प्रभावित करने वाली संचार प्रक्रिया अपनायी जा सकती है ताकि प्रेषित सन्देशों का वांछित परिणाम प्राप्त हो सके।

संचार अनुसन्धान की पद्धति

अनुसन्धान-पद्धतियों के निर्माण का आधार प्राच्य वैज्ञानिक अनुसन्धानों को माना जा सकता है। अनुसन्धान एक विशिष्ट विज्ञान है, जिसके सम्यक् विश्लेषण हेतु उसकी विभिन्न शाखाओं को भिन्न-भिन्न रूपों में विवेचित करना पड़ता है। इस वैविध्य के कारण समस्त ज्ञान-क्षेत्रों के अनुसन्धान हेतु विशिष्ट पद्धतियों का निर्माण आवश्यक प्रतीत होता है, क्योंकि पद्धतिविहीन अनुसन्धान की स्थिति में विषय कल्पना बन जाता है। इसलिए पद्धतियों का निर्माण अनुसन्धानयिक एकरूपता, क्रमबद्धता एवं उदात्तता के लिए अपरिहार्य है। वैज्ञानिक परिदृष्टि के अन्तर्गत विषय स्वतः पद्धति को प्रश्रय देता है। उदाहरणार्थ प्रायोगिकी के किसी सैद्धान्तिक मानदण्ड द्वारा कार्य नहीं हुए अपितु सामान्य दृष्टि ही क्रियान्वयन में सार्थक हुई। इसके विपरीत शास्त्रीय अनुसन्धान प्रतिभा की अपेक्षा बौद्धिकता एवं तर्कना को महत्त्व देता है, जिसके अन्तर्गत पद्धति शास्त्र की एक निश्चित सैद्धान्तिक अनिवार्यता मानी जाती है।

विषयों के आधार पर अनुसन्धान पद्धतियों को पाँच वर्गों में विभाजित किया जा सकता है :

1. ऐतिहासिक अनुसन्धान पद्धतियाँ

इतिहास संस्कृति की विकास यात्रा से सम्पृक्त है। इसलिए पुरातन समय से ही इतिहास को अध्ययन के एक स्वतन्त्र विषय के रूप में मान्यता प्राप्त हुई है। इतिहास का सम्बन्ध अतीत से है, उसके आलेखन में यथार्थ घटनाओं को ही प्रमुखता दी जाती है। सम्प्रति इतिहास शब्द को इतने व्यापक अर्थ में प्रयुक्त किया जाता है कि उसके अन्तर्गत अतीत की प्रत्येक परिस्थिति, घटना, प्रक्रिया एवं प्रवृत्ति की व्याख्या का सन्निवेश हो जाता है। ऐतिहासिक अनुसन्धान की अवधारणा को ध्यान में रखते हुए उसे निम्न प्रकार से वर्गीकृत किया जा सकता है :

(i) तथ्यात्मक पद्धति : अनुसन्धान की पद्धतियों के प्रवृत्तिगत विवेचन के अन्तर्गत ऐतिहासिक अनुसन्धान को एक विधि माना गया है, किन्तु क्षेत्रीय आधार पर जब विषयगत वर्गीकरण किया गया तो इतिहास को एक विषय माना गया और उसकी पद्धतियों को पृथक् रूप में वर्गीकृत किया गया। इतिहास मूलतः तथ्य का संकलन है। ऐसी स्थिति में ऐतिहासिक अनुसन्धान के अन्तर्गत अतीत के विश्लेषण के लिए तथ्यानुसन्धान की प्रवृत्ति विकसित हुई।

(ii) प्रवृत्यात्मक पद्धति : ऐतिहासिक अनुसन्धान के अन्तर्गत इस प्रवृत्यात्मक पद्धति का उपयोग कृति के आन्तरिक तत्त्वों के विवेचन हेतु किया जाता है। कोई भी कृति बाह्य एवं आभ्यान्तर दो रूपों में प्रभावित होती है। आन्तरिक तत्त्वों के निर्माण में रचनाकार की मानसिक प्रक्रिया का विशेष योगदान होता है इसके अतिरिक्त परम्परा एवं युगीन परिवेश भी प्रवृत्यात्मक व्याख्या के आधार माने जाते हैं। ऐतिहासिक अनुसन्धान की प्रवृत्यात्मक पद्धति का दूसरा पक्ष अनुसन्धानकर्ता का होता है। अनुसन्धानकर्ता, रचनाकार की मानसिक प्रक्रियाओं एवं परम्परा तथा परिवेश का अध्ययन तो करता ही है साथ ही वह अपने युग की संचेतना से भी अनुप्राणित होकर कृत्यानुशीलन करता है।

(iii) रूपात्मक पद्धति : किसी भी कृति की रूपात्मक व्याख्या के लिए हमें उसके बाह्य तत्त्वों पर विचार करना पड़ता है। रूपात्मक व्याख्या के अन्तर्गत रचनाकार की अपेक्षा उसके कृतित्त्व का अनुशीलन उपयोगी होता है, क्योंकि बाह्य तत्त्व व्यक्तित्त्व की अपेक्षा साहित्यिक सन्दर्भों से अनुस्यूत होते हैं। प्राय : देखा जाता है कि एक ही युग में विभिन्न प्रकार की रचनाएँ प्रकाश में आती हैं। ऐसी स्थिति में अनुसन्धानकर्ता उनके बाह्य कलेवर के आधार पर कृतियों का वर्गीकरण करता है।

(iv) तुलनात्मक पद्धति : ऐतिहासिक अनुसन्धान-पद्धतियों में तुलनात्मक पद्धतियों का प्रयोग, विकास सर्वथा मौलिक एवं नवीन है। वस्तुत : प्राचीन काल से ही मानव बौद्धिक चिन्तन एवं आत्मिक चेतना के आधार पर पाशविक वृत्ति से मुक्ति

पाकर एक नवीन जैविक स्थिति प्राप्त करने में सफल हुआ। बुद्धि ने उसे विज्ञान और दर्शन के बीच में अप्रतिम बनाया तथा आत्मा के माध्यम से मानव भाव की सर्जना में सफल हुआ। मानव-ज्ञान की परख तुलनाश्रित है। किसी रचनाकार का मूल्यांकन अकेले नहीं हो सकता। मूल्यांकन के लिए उसे पूर्ववर्ती रचनाकारों के साथ रखना होता है। प्रायः देखा जाता है कि एक ही युग में तथा एक ही कथावस्तु पर आधारित अनेक रचनाओं में कोई एक कृति ही कालजयी एवं सार्वजनीन बनती है। इस कालजयी कृति के प्रदेय का निर्धारण तुलनात्मक अनुसन्धान पद्धति के आधार पर ही किया जा सकता है।

2. भौतिक विज्ञान की अनुसन्धान पद्धतियाँ

विज्ञान की पद्धति के उपयोग की दृष्टि से वैज्ञानिक आविष्कारों ने भिन्न-भिन्न पद्धतियों का उपयोग किया है। इन वैज्ञानिकों ने विभिन्न आविष्कारों द्वारा यह सिद्ध किया कि मिथ्याग्रहों से मुक्त स्वतः सम्भूत एक समीक्षात्मक परीक्षण से प्राप्त ज्ञान ही विज्ञान है।

विज्ञान की अधोलिखित पद्धतियाँ अनुसन्धान के क्षेत्र में व्यवहृत होती रही हैं तथा इनका प्रयोग साहित्यानुसन्धान के क्षेत्र में भी हो सका है :

(i) परिकल्पनात्मक पद्धति : पूर्व चिन्तन की प्रक्रिया को परिकल्पना कहा जाता है। वैज्ञानिक अनुसन्धान के अन्तर्गत यद्यपि पूर्वानुभवों, अनुभवों एवं प्रयोगविहीन सिद्धान्तों को महत्त्वहीन माना जाता है, किन्तु कतिपय असम्भाव्य परिस्थितियों के कारण किन्हीं नवीन तथ्यों का ज्ञान प्राप्त होता है तो उसे परिकल्पना कहा जाता है। परिकल्पना में तथ्योद्घाटन तो हो जाता है किन्तु उसकी परिभाषिकी का निर्धारण उसके प्रायोगिक परीक्षणों के उपरान्त किया जाता है।

(ii) प्रयोगात्मक पद्धति : प्रयोगात्मक पद्धति का विकास ज्ञान-विज्ञान के क्षेत्र में होने वाले अनुसन्धानों को नियन्त्रित करने के लिए किया जाता है। इस पद्धति के द्वारा वस्तु के कार्य कारण सम्बन्धों को पूर्व निश्चित विनियमों के आधार पर समीक्षित करते हुए निष्कर्ष निकाले जाते हैं।

मानविकी के क्षेत्र में यद्यपि प्रत्यक्ष रूप से प्रायोगिकी का महत्त्व गौण है किन्तु कृति की समीक्षा हेतु अनुसन्धानकर्ता के लिए वह पद्धति परोक्ष रूप से विशेष उपादेय है, क्योंकि अनुसन्धान की चार प्रमुख विशेषताओं का ज्ञान इस विधि द्वारा सम्भव है। (a) वस्तुनिष्ठता, (b) सत्यापन क्षमता, (c) निश्चयात्मकता, (d) भविष्यकथन क्षमता।

(iii) विकासात्मक पद्धति : विकासवादी सिद्धान्त मूलतः नृतत्त्वशास्त्र से सम्बन्धित है, क्योंकि इसमें प्रागैतिहासिक काल से लेकर आधुनिक काल तक की मानवीय गतिविधियों का विश्लेषण किया जाता है, किन्तु नृवंशेतर प्राणियों के जातीय संस्कारों का विश्लेषण करने के कारण इसका प्रयोग जीव-विज्ञान के समग्र सिद्धान्तों के निर्धारण के लिए भी विकास की गति पर आधारित विज्ञान है। साहित्य की प्रवृत्तियाँ परम्परा एवं परिस्थितियों के प्रभाव में ही परिचालित होती है, इसलिए जैविकी की इस प्रमुख पद्धति को साहित्येतिहास की मीमांसा हेतु प्रयुक्त न केवल समीचीन अपितु अपरिहार्य है, इसलिए विकासवादी वैज्ञानिक पद्धति को ऐतिहासिक अनुसन्धान पद्धति के अन्तर्गत विश्लेषित किया गया है।

(iv) सांख्यिकीय पद्धति : प्रायोगिक के माध्यम से वस्तु विशेष का निर्माण किया जाता है : किन्तु सांख्यिकीय पद्धति के द्वारा उन प्रयोगों के नियोजन एवं विश्लेषण की व्याख्या की जाती है जो अत्यन्त मधुर एवं सुस्वाद वस्तु भिन्न-भिन्न अभिरुचि सम्पन्न व्यक्तियों के लिए आस्वादन में भिन्न दिखाई पड़ती है। प्रायोगिक परीक्षण उसके माधुर्य का अभिपोषण करेंगे, किन्तु साख्यिकीय सिद्धान्त के द्वारा प्रयोग बाहुल्य के आधार पर उसकी आस्वादन क्षमता को सत्यापित किया जायेगा। वस्तुत : विज्ञान तर्क एवं कल्पना की अपेक्षा प्रमाण को प्रधानता देता है। बिना प्रमाण के विज्ञान किसी परीक्षण को ग्राह्य नहीं मानता।

उपर्युक्त विवेचन से स्पष्ट हो जाता है कि सांख्यिकीय पद्धतियों के द्वारा प्रायोगिक अभिकल्पों का प्रत्यावर्तन होता है। मास मीडिया-विषयक अनुसन्धान में सांख्यिकीय पद्धति का महत्त्व असन्दिग्ध है।

3. समाज विज्ञान की अनुसन्धान पद्धतियाँ

मनुष्य द्वारा अर्जित सम्पूर्ण ज्ञान मुख्य रूप से दो भागों में विभाजित किया जा सकता है। (a) विज्ञान, (b) कला। इन दोनों भागों के अनेक भेद किये गये हैं। इसमें विज्ञान को दो अनुभागों में विभक्त किया जा सकता है। (a) प्राकृतिक विज्ञान तथा (b) सामाजिक विज्ञान एवं मानविकी। प्राकृतिक विज्ञान के अन्तर्गत भौतिकी, रसायनशास्त्र एवं प्राणीशास्त्र आदि आते हैं तथा सामाजिक विज्ञान के अन्तर्गत अर्थशास्त्र, मानवशास्त्र, राजनीतिशास्त्र, समाजशास्त्र, जनसंचार, पत्रकारिता एवं मनोविज्ञान आदि आते हैं। प्रयोग एवं पर्यवेक्षण के द्वारा यह सिद्ध किया जा सकता है कि प्राकृतिक विज्ञान की अनुसन्धान पद्धतियाँ सभी विषयों पर लागू नहीं होतीं। ऐसी स्थिति में सामाजिक विज्ञान के अध्ययन के लिए पृथक् अनुसन्धान पद्धतियों के निर्माण की आवश्यकता पड़ी और सामाजिक विज्ञान की छः पद्धतियाँ प्रकाश में आयीं :

(i) गुणात्मक पद्धति : इन पद्धतियों के अन्तर्गत विभिन्न तथ्यों का अध्ययन गुणात्मक रूप से किया जाता है। प्राचीन काल में केवल गुणात्मक पद्धतियों का ही प्रयोग होता था। तर्कशास्त्र इन पद्धतियों का आधार है।

(ii) संख्यात्मक पद्धति : इस पद्धति को सांख्यिकी पद्धति भी कहा जाता है। इसकी चर्चा पूर्व में की जा चुकी है।

(iii) पुस्तकालय तथा कार्य-स्थल अध्ययन पद्धति : अनुसन्धान पुस्तकालयों में पूर्व प्राप्त एकत्रित सूचना के आधार पर किया जा सकता है अथवा घटना-स्थल पर विशेष रूप से तथ्यों का संकलन करके किया जा सकता है। दोनों पद्धतियों में विभाजन की रेखा पूर्णतया स्पष्ट नहीं है प्रायः दोनों ही विधियों का उपयोग एक साथ किया जा सकता है। विषय का पूर्व ज्ञान करने तथा उपकल्पना का निर्माण करने में सैद्धान्तिक अथवा पुस्तकीय ज्ञान अतिआवश्यक है।

(iv) सर्वेक्षण पद्धति : अनुसन्धान की विधियों के दो और वर्गीकरण किये जा सकते हैं। प्रायोगिक विधि तथा सर्वेक्षण विधि-प्रायोगिक विधि में अनुसन्धान भौतिक विज्ञान की भाँति कृत्रिम रूप से प्रस्तुत परिस्थितियों में किया जाता है। इसलिए इसे प्रयोगशाला विधि भी कहते हैं।

सर्वेक्षण पद्धति में अनुसन्धानकर्ता स्वयं घटना-स्थल पर पहुँचता है तथा उसके स्वाभाविक स्थल पर ही अध्ययन करता है। अधिकांश सामाजिक घटनाएँ प्रायोगिक अध्ययन के उपयुक्त होती हैं। अतएव यहाँ सर्वेक्षण विधि का ही उपयोग किया जाता है।

(v) विकासवादी पद्धति : विकासवादी पद्धति को ऐतिहासिक पद्धति भी कहते हैं। इस पद्धति के द्वारा किसी घटना के विकास का इतिहास जानने का प्रयत्न किया जाता है। इस पद्धति की विस्तृत व्याख्या पूर्व में की जा चुकी है।

(vi) तुलनात्मक पद्धति : यह पद्धति विकासवादी पद्धति से बहुत कुछ मिलती-जुलती है तथा कहीं दोनों का उपयोग एक-दूसरे के स्थान पर भी होता है। परन्तु वास्तव में, दोनों प्रणालियाँ एक-दूसरे से भिन्न हैं। विकासवादी प्रणाली में अनुसन्धानकर्ता किसी तथ्य के विकास का ऐतिहासिक अध्ययन करता है। इस प्रकार उसमें होने वाले परिवर्तनों तथा उस पर पड़ने वाले प्रभाव का पता उसे लग जाता है। इसी आधार पर वह अध्ययन में होने वाले परिवर्तनों के लिए किसी, नियम का निर्माण कर सकता है। तुलनात्मक विधि में विभिन्न वर्गों के साथ उसकी तुलना भी की जाती है। उदाहरण के लिए किसी जाति में पायी जाने वाली परम्पराओं के ऐतिहासिक अध्ययन से उनके मूल स्वरूप का पता लग जाता है।

4. मनोवैज्ञानिक अनुसन्धान पद्धति

मनोविज्ञान में अनुसन्धानकर्ता काव्य-सृजन की चार अवस्थाओं का अध्ययन करता है, जो कवि और उसके काव्य से सम्बन्धित है। (i) काव्य सृष्टि के मूल में निहित भाव, (ii) सामाजीकरण, (iii) कवि की अनुभूति और कल्पना का मिश्रण, (iv) अभिव्यंजना व्यापार (शब्द तत्त्व का समावेश)। इन चार तत्त्वों का सम्बन्ध मनोविश्लेषणवादी विचारधारा से है जो काव्य या साहित्य अनुसन्धान के क्षेत्र में एक नवीन विचारधारा प्रस्तुत करता है। मनोवैज्ञानिक अनुसन्धान की साहित्य में आवश्यकता इसलिए पड़ती है, क्योंकि हम यह मानकर चलते हैं कि साहित्य सृजन या उसकी रचना प्रक्रिया मन : व्यापार

से सम्बन्धित है। कोई भी काव्य-कृति सामान्य रूप से कलाकार की अचेतन, अवचेतन या अर्द्धचेतन कल्पना शक्ति का परिणाम है। इसलिए अनुसन्धान के क्षेत्र में मनोवैज्ञानिक अनुसन्धान की अनिवार्यता स्वयंसिद्ध है।

समग्र विवेचन के आधार पर मनोवैज्ञानिक अनुसन्धान की अधोलिखित पद्धतियों का निर्माण किया जा सकता है :

(i) संरचनात्मक पद्धति, (ii) प्रयोजनात्मक पद्धति, (iii) प्रयोगात्मक पद्धति, (iv) मनोविश्लेषणात्मक पद्धति।

5. दार्शनिक अनुसन्धान पद्धति

दर्शन शब्द का व्युत्पत्तिमूलक अर्थ है : 'दृश्यते अनेन इति दर्शनम्' अर्थात् जिसे देखा जाये। जब प्रश्न उठता है कि कौन पदार्थ देखा जाये? दर्शनशास्त्र इसका उत्तर देता है कि वस्तु का सत्य भू पक्ष देखा जाये। इस प्रकार अनुमति, तर्क और युक्तिसंगत व्याख्याओं के द्वारा किसी वस्तु का यथार्थ (पारमार्थिक) ज्ञान प्राप्त करना दार्शनिक चिन्तन का उद्देश्य है। अनुभूतियाँ द्विविध होती हैं : ऐन्द्रिय और अतीन्द्रिय। इन दोनों का अध्ययन दर्शन के अन्तर्गत आता है। परन्तु वस्तु की वास्तविक सत्ता का हस्तामलकवत अपरोक्ष ज्ञान अतीन्द्रिय (आध्यात्मिक) अनुभूति के द्वारा ही सम्भव है। केवल ऐन्द्रिय अनुभूति भ्रमात्मक एवं यथार्थरहित होती है। दर्शन का लक्ष्य एकांगी न होकर बहुमुखी होता है। दर्शन की अपनी अध्ययन और अनुसन्धान की विशिष्ट पद्धति होती है। इसकी पद्धति में विभिन्न विज्ञानों के उच्चतम निष्कर्षों का समाहार रहता है तथा उनमें सामंजस्य स्थापित करता है।

तथ्य संकलन के स्रोत

अनुसन्धान की सफलता इसी बात पर निर्भर रहती है कि अनुसन्धानकर्ता अपने अनुसन्धान विषय के सन्दर्भ में कितना वास्तविक सूचनाओं और तथ्यों को संकलित करने में सफल होता है। यह सफलता सूचना प्राप्त करने के स्रोतों की विश्वसनीयता पर निर्भर करती है। सूचनाएँ या तथ्य एक ही प्रकार के नहीं होते इनमें भी भेद हैं और इन भेदों/प्रकारों का ज्ञान अनुसन्धानकर्ता के लिए आवश्यक होता है। किस स्रोत से किस प्रकार की सूचना प्राप्त हो सकती है इस बात का स्पष्ट ज्ञान न होने पर अनुसन्धानकर्ता को भटकना पड़ सकता है। संचार अनुसन्धान में विभिन्न प्रकार की सूचनाओं या तथ्यों की आवश्यकता होती है। उन्हें मोटे तौर पर निम्न दो भागों में विभाजित किया जा सकता है :

प्राथमिक तथ्य–प्राथमिक तथ्य में मौलिक सूचनाएँ एवं आँकड़े होते हैं जो अनुसन्धानकर्ता को प्रकाशित एवं अप्रकाशित प्रलेखों, रिपोर्ट, पाण्डुलिपि आदि से प्राप्त होते हैं।

द्वितीयक तथ्यों–की विशेषता यह होती है कि तथ्य, सूचनाएँ, आँकड़े अनुसन्धानकर्ता स्वयं अपने कार्य में उपयोग करने के लिए एकत्र कर लेता है। द्वितीयक तथ्य दो रूप में प्राप्त होते हैं। एक–व्यक्तिगत प्रलेख, जैसे– आत्मकथा, डायरी, पत्र आदि। दो–सार्वजनिक प्रलेख, जैसे– रिकॉर्ड, पुस्तक, प्रकाशित रिपोर्ट, समाचार-पत्र-पत्रिकाओं में प्रकाशित सूचनाएँ आदि।

तथ्य संकलन की विधि

अनुसन्धान-सामग्री-संग्रह की कार्यविधि सामग्री-संकलन की पद्धतियाँ कहलाती हैं। सामग्री संकलन की पद्धतियों को प्रधान रूप से दो भागों में विभाजित किया जा सकता है :

1. आसन-कार्य-पद्धति

इस पद्धति में आसन पर बैठकर एक ही स्थान से एकाधिक पुस्तकों से सामग्री-संग्रह का कार्य किया जाता है। वैज्ञानिक, समाजशास्त्री, मनोवैज्ञानिक, भाषावैज्ञानिक, लोकसाहित्यिक, पाठअनुसन्धान तथा जनसंचार-विषयक अनुसन्धान कार्यों को छोड़कर अन्य विषयों में अधिकांश अनुसन्धान कार्य आसन पर बैठकर ही किये जाते हैं। इस प्रकार की सामग्री संग्रह की

कार्यविधि में अनुसन्धानकर्ता विभिन्न प्रकार की सामग्री को एक स्थान पर संगृहीत करके आसनारूढ़ होकर उसका विधिवत् वर्गीकरण-विश्लेषण करता है। आसन-कार्य-पद्धति दो सामग्री स्रोतों से सम्बन्धित है :

पुस्तकालय–सम्पन्न तथा विस्तृत पुस्तकालय अनुसन्धान कार्य में सबसे अधिक सहायक होते हैं। साहित्य तथा अन्य ज्ञान-विषयों से सम्बन्धित समस्त प्रकाशित तथा हस्तलिखित सामग्री सम्पन्न पुस्तकालयों में उपलब्ध हो जाती है। पुस्तकालयों से लिखित सामग्री का ही संकलन किया जा सकता है।

संग्रहालय : हस्तलिखित ग्रन्थों का केन्द्र-स्थल संग्रहालय है। अधिकांश महत्त्वपूर्ण नगरों में संग्रहालय पाये जाते हैं। इन केन्द्र-स्थलों से आसन-कार्य-पद्धति से पाठानुसन्धान सम्बन्धी अनुसन्धान-सामग्री का संग्रह किया जा सकता है।

सामग्री संकलन की आसन-कार्य-पद्धति में दो कार्यविधियों का प्रयोग किया जाता है :

(i) कार्ड कार्य-विधि : भाषा वैज्ञानिक, पाठानुसन्धान, शैली वैज्ञानिक तथा कोष वैज्ञानिक, अनुसन्धान कार्यों में प्रधान रूप से कार्ड-विधि का प्रयोग किया जाता है। पत्रकारिता, साहित्य-अनुसन्धान-कार्यों के जीवनवृत्तीय, ऐतिहासिक तथा तुलनात्मक अनुसन्धान कार्यों में भी इस विधि का प्रयोग किया जाता है। क्षेत्रीय भाषा विज्ञान, लोकगीतों का संग्रह और शब्द संग्रह आदि कार्यों में यह पद्धति सर्वाधिक उपयोगी है।

(ii) रजिस्टर कार्य-विधि : अनेक अनुसन्धानकर्ता कार्ड विधि के उपयोग से अनभिज्ञ होने के कारण रजिस्टर कार्य-विधि ा का अनुसन्धान-सामग्री संग्रह में प्रयोग करते हैं। एक या एक से अधिक बड़े आकार के रजिस्टरों पर अनुसन्धेय कृति की सामग्री का संकलन करते हैं। क्षेत्रीय कार्य-पद्धति में रजिस्टर कार्य-विधि का प्रयोग नहीं किया जा सकता है। केवल साहित्यिक अनुसन्धान में ही इसका उपयोग किया जा सकता है। कार्ड कार्य-विधि का सर्वाधिक प्रभावी प्रयोग क्षेत्रीय अनुसन्धान की सामग्री संग्रह करने में किया जा सकता है।

2. क्षेत्रीय कार्य-पद्धति

अनुसन्धान तथ्य संग्रह की दूसरी पद्धति क्षेत्रीय कार्य-पद्धति है। लोक साहित्य जनसंचार तथा लोक भाषा सम्बन्धी अनुसन्धान कार्यों के लिए क्षेत्रीय कार्य-पद्धति सबसे अधिक उपयोगी है।

क्षेत्रीय अनुसन्धान-सामग्री के संग्रह की उक्त कार्य-विधियों के अतिरिक्त निम्नलिखित कार्य-प्रणालियों को और अपनाना होगा–

(i) सर्वेक्षण पद्धति (ii) प्रश्नावली (iii) साक्षात्कार।

उपर्युक्त तीनों अनुसन्धान-सामग्री संकलन की पद्धतियों का प्रयोग पत्रकारिता, मनोविज्ञान, समाजशास्त्र तथा भाषाविज्ञान के क्षेत्रों में सबसे अधिक किया जाता है। साहित्यशास्त्र तथा साहित्य सम्बन्धी अनुसन्धान कार्यों की सामग्री का संकलन उक्त पद्धतियों में भी किया जा सकता है।

सर्वेक्षण में अनुसन्धानकर्ता विभिन्न संग्रहालयों, पुस्तकालयों और स्थानों का सर्वेक्षण कर उपयोगी सामग्री का संकलन करता है।

प्रश्नावली डाक से भेजकर या स्वयं व्यक्तियों को देकर अनुसन्धान-विषयक जानकारी प्राप्त की जा सकती है। अनुसन्धानकर्ता प्रश्नावली का निर्माण अपने निर्देशक की सहायता से विषय से सम्बद्ध सूचनाओं और ज्ञानार्जन के लिए करता है। समाजशास्त्र, मनोवैज्ञानिक एवं जनसंचार-विषयक अनुसन्धान कार्यों हेतु सामग्री संकलन की प्रश्नावली पद्धति सर्वाधिक मूल्यवान है।

साक्षात्कार की प्रक्रिया आज अनुसन्धान का महत्त्वपूर्ण उपादानकारक है। संचार सम्बन्धी अनुसन्धान कार्य में साक्षात्कार का महत्त्व सबसे अधिक है। साक्षात्कार अनायास नहीं किया जाता है। अनुसन्धानकर्ता को साक्षात्कार करने वाले व्यक्ति के पास पूर्व में अपने प्रश्न भेजने होते हैं और उसे समय तय करना होता है। कभी-कभी दूसरे व्यक्तियों द्वारा किये गये साक्षात्कार पत्र-पत्रिकाओं में प्रकाशित होते हैं तथा रेडियो-दूरदर्शन से प्रसारित भी। यदि ऐसा कोई साक्षात्कार अनुसन्धान-विषय

से सम्बन्धित है तो उसका उपयोग भी अनुसन्धानकर्ता को कर लेना चाहिए। अन्यथा स्थिति में अनुसन्धानकर्ता को व्यक्ति (राजनेता, साहित्यकार, पत्रकार आदि) विशेष से स्वयं साक्षात्कार पूर्ण तैयारी के साथ करना चाहिए।

निदर्शन

'कुछ' को देखकर या परीक्षा कर 'सब' के बारे में अनुमान लगा लेने की विधि को निदर्शन कहते हैं। यह प्रविधि की आधारभूत विशेषताओं का उचित प्रतिनिधित्व करती है यदि 'कुछ' का चुनाव ठीक से किया जाये। निदर्शन प्रविधि का प्रयोग अत्यन्त लोकप्रिय है और वह इस अर्थ में कि रोज के जीवन में एक अनाड़ी आदमी भी इसका डटकर प्रयोग करता है। बाज़ार से गेहूँ, चावल या दाल ख़रीदते समय उनकी बोरियों को खुलवाकर उनका एक-एक दाना कोई नहीं परखता बल्कि बोरी या ढेर में से एक मुट्ठी भरकर दाने निकालकर उनकी जाँच कर लेते हैं और फिर उस मुट्ठी भर दाने का जो मूल्यांकन होता है वही सम्पूर्ण बोरे या ढेर का होता है। पर एक मुट्ठी दानों को लेने में वे सावधानी बरतते हैं। वे बोरे या ढेर को हिला कर दानें लेते हैं ताकि दुकानदार द्वारा सजाकर धोखा देने के लिए रखे गये अनाज का पता चल सके और सही माल क्रय किया जा सके। यदि इस प्रकार की सावधानी न रखी जाय तो मुट्ठी भर दाना पूरे बोरे या ढेर का उचित प्रतिनिधित्व नहीं करेगा। इसमें जितनी अधिक सावधानी उतना ही कम धोखा होगा। यही व्यावहारिक जीवन की निदर्शन प्रविधि है जिसका प्रयोग प्रशुद्ध रूप से वैज्ञानिक अनुसन्धान में किया जाता है।

निदर्शन की परिभाषा

सामान्य रूप से हम कह सकते हैं कि समग्र में से चुने गये ऐसे 'कुछ' को जो कि समग्र का उचित प्रतिनिधित्व करता है निदर्शन कहते हैं। इस परिभाषा से यह स्पष्ट है कि निदर्शन किसी भी चीज़ या समूह का सम्पूर्ण भाग या समस्त इकाइयाँ नहीं होती हैं अपितु उस समग्र का एक छोटा भाग या केवल कुछ इकाइयाँ ही होती हैं, पर समग्र की कोई भी इकाई निदर्शन नहीं, जब तक कि ये कुछ इकाइयाँ समग्र की आधारभूत विशेषताओं का उचित प्रतिनिधित्व न करें। इस अर्थ में समग्र का प्रतिनिधित्व करने वाली कुछ इकाइयों को निदर्शन कहा जाता है। सर्वश्री *गूड* एवं *हाट* ने लिया है, 'एक निदर्शन जैसा कि नाम से स्पष्ट है किसी विशाल समूह या सम्पूर्ण भाग का छोटा प्रतिनिधित्व है।'

श्रीमती *यंग* के अनुसार 'एक सांख्यिकीय निदर्शन उस सम्पूर्ण समूह अथवा योग का एक अतिलघु चित्र है, जिसमें से कि निदर्शन लिया गया है।'

श्री *फ्रेंक याटोनी* के अनुसार, 'निदर्शन शब्द का प्रयोग केवल समग्र चीज़ की इकाइयों के एक सेट या भाग के लिए किया जाना चाहिए जिसे इस विश्वास के साथ चुना गया है कि वह समग्र का प्रतिनिधित्व करेगा।'

निदर्शन प्रविधि के लाभ

निदर्शन प्रविधि की लोकप्रियता दिनोदिन बढ़ती जा रही है क्योंकि इस प्रविधि के काफ़ी लाभ होता है जो इस प्रकार हैं :

1. समय की बचत : निदर्शन प्रविधि का तात्पर्य ही यह है कि हम सम्पूर्ण जनसंख्या की सभी इकाइयों का अध्ययन न करके उनमें से केवल कुछ प्रतिनिधित्वपूर्ण इकाइयों का ही अध्ययन करते हैं। जिससे समय की काफ़ी बचत होती है। यही इस प्रणाली का गुण है।

2. धन की बचत : समय की बचत का परिणाम धन की बचत भी होता है। जब कम संख्या में अध्ययन करना है तो स्वाभाविक स्टेशनरी आदि की बचत होगी, यात्रा व्यय में बचत होगी, कार्यकर्ताओं के वेतन पर कम ख़र्च होगा आदि। इस प्रकार इस प्रविधि में धन की काफ़ी बचत होती है।

3. अधिक गहन अध्ययन की सम्भावना : निदर्शन प्रविधि में इकाइयों की संख्या काफ़ी कम होने के कारण अधिक समय तक एवं अधिक सूक्ष्म रूप से उनका अध्ययन एवं विवेचन किया जा सकता है। आधुनिक समाज में सामाजिक घटनाएँ अधिक जटिल होती हैं उन्हें समझने के लिए सूक्ष्म अध्ययन की आवश्यकता होती है। इसकी पूर्ति इस प्रविधि में होती है।

4. निष्कर्षों की परिशुद्धता : इस प्रविधि में अनुसन्धानकर्ता का ध्यान कुछ निश्चित इकाइयों पर केन्द्रित होने के कारण वह उनके सम्बन्ध में गहन अध्ययन करके अधिक यथार्थ निष्कर्षों को निकाल सकता है। यदि निदर्शन का चुनाव ठीक से किया गया तो उसके आधार पर होने वाले अध्ययनों का निष्कर्ष भी अधिक यथार्थ होता है।

5. प्रशासनिक सुविधा : इस प्रविधि में अनुसन्धान कार्य को संगठित करने में काफ़ी सुविधा होती है। यह सुविधा दो कारणों से हमें प्राप्त होती है : प्रथम तो हमें कम संख्या में कार्यकर्ताओं को नियुक्त करना पड़ता है, जिससे उनके नियन्त्रण और प्रशासन में सुविधा होती है। द्वितीय हमें अल्पसंख्यक लोगों से सूचना एकत्रित करनी पड़ती है इसलिए सूचना एकत्रित करने की परेशानियों से हमें काफ़ी हद तक राहत मिलती है।

6. अन्य लाभ : कभी-कभी ऐसा होता है कि जिनके बारे में हमें अध्ययन करना पड़ता है उनमें से सबका पता हमें मालूम नहीं हो पाता है, जैसे किसी वस्तु के उपभोक्ताओं के नाम व पते। ऐसी स्थिति में निदर्शन प्रविधि के द्वारा ही अध्ययन किया जा सकता है।

निदर्शन के प्रकार : निदर्शन प्रविधि का तात्पर्य उस विधि से है जिसकी सहायता से प्रतिनिधित्वपूर्ण निदर्शन का चुनाव किया जाता है। अध्ययन-निष्कर्षों की यथार्थता के लिए यह आवश्यक है कि निदर्शन समग्र का उचित प्रतिनिधित्व कर सके। इसलिए निदर्शन का चुनाव मनमाने ढंग से नहीं किया जा सकता। इसके लिए सुनिश्चित प्रविधियों को अपनाना आवश्यक है। निदर्शन के चुनाव की ये प्रविधियाँ निम्नलिखित हैं :

1. दैव निदर्शन

दैव निदर्शन वे निदर्शन हैं जिन्हें दैव प्रणाली या संयोग प्रणाली से चुना जाता है, अर्थात् समग्र की किसी भी इकाई को वांछनीय या अवांछनीय न मानते हुए एवं सभी को चुने जाने का समान अवसर प्रदान करते हुए जब लाटरी निकालने जैसे तरीक़ों से निदर्शन का चुनाव किया जाता है तो उसे दैव निदर्शन कहते हैं। इस प्रणाली से निदर्शन का चयन अनुसन्धानकर्ता की अपनी इच्छा या निर्णय से परे होता है और समग्र की सभी इकाइयों को निदर्शन के रूप में चुने जाने का समान अवसर प्राप्त होता है क्योंकि इस पद्धति में सबको समान महत्त्व का मान लिया जाता है। इस पद्धति में कौन-सी इकाइयों को निदर्शन में स्थान मिलेगा, वह अनुसन्धानकर्ता के विशिष्ट झुकाव, इच्छा या निर्णय पर नहीं अपितु पूर्णतया संयोग पर निर्भर करता है। इस प्रकार इस पद्धति में निदर्शन का चुनाव मनुष्य के हाथ से निकालकर दैवयोग द्वारा होता है।

2. उद्देश्यपूर्ण निदर्शन

जब अनुसन्धानकर्ता किसी विशेष उद्देश्य को सामने रखकर जानबूझकर समग्र में कुछ इकाइयों का चुनाव करता है तो उसे उद्देश्यपूर्ण या सविचार निदर्शन कहते हैं। इस प्रकार के निदर्शन के चुनाव का मुख्य आधार यही है कि इसमें अनुसन्धानकर्ता समग्र की इकाइयों के लक्षणों से पूर्व परिचित होकर सविस्तारपूर्वक निदर्शनों का चुनाव करता है। चुनाव का आधार अध्ययन का उद्देश्य होता है और उद्देश्यों को सामने रखते हुए उसी के अनुरूप अनुसन्धानकर्ता सम्पूर्ण क्षेत्र से सर्वाधिक प्रतिनिधित्वपूर्ण इकाइयों का चुनाव करता है। इस प्रकार अध्ययन के उद्देश्य को अपना मार्गदर्शन मानते हुए उद्देश्य की पूर्ति के उपयुक्त निदर्शनों का विचारपूर्वक चुनाव करने के कारण इसे उद्देश्यपूर्ण या सविचार निदर्शन कहते हैं।

3. संस्तरित अथवा वर्गीकृत निदर्शन

संस्तरित अथवा वर्गीकृत निदर्शन का अर्थ है समग्र में से उन निदर्शन को लेना जिनकी कि समान विशेषताएँ हैं, जैसे– खेती के प्रकार, खेतों के आकार, भूमि का स्वामित्व, शिक्षा का स्तर, आय, लिंग, सामाजिक वर्ग आदि। इस प्रकार निदर्शन का चुनाव करने के लिए अनुसन्धानकर्ता सर्वप्रथम समग्र की सभी विशेषताओं के बारे में एक प्राथमिक जानकारी प्राप्त करता है। इस जानकारी के आधार पर वह समग्र को कुछ वर्गों या उप-निदर्शनों में विभक्त कर लेता है जिससे प्रत्येक वर्ग समग्र के केवल एक ही गुण (जैसे– शिक्षा-स्तर, आय, धर्म, सामाजिक वर्ग, लिंग आदि) का प्रतिनिधित्व करे। दूसरे शब्दों में, समान लक्षण या विशेषताओं के आधार पर समग्र की इकाइयों को विभिन्न उप-विभागों या वर्गों में विभाजित करके सर्वप्रथम समग्र में एकरूपता लाने का प्रयत्न किया जाता है। समग्र को इस प्रकार वर्गों में विभाजित कर लेने के बाद दैव निदर्शन को चुन लिया जाता है। प्रत्येक वर्ग से उतनी ही इकाइयाँ चुनी जायें जिस अनुपात में वर्ग की कुल इकाइयाँ समग्र में हैं। उदाहरणार्थ यदि एक समग्र में शिक्षक 120, इंजीनियर 10, डॉक्टर 30 और वकील 50 हैं और यदि हमें 10 प्रतिशत निदर्शन चुनना है तो 12 शिक्षक, 1 इंजीनियर, 3 डॉक्टर तथा 5 वकीलों को हम निदर्शन के लिए चुन सकते हैं। इस प्रकार इस विधि में दैव निदर्शन की किसी प्रणाली की सहायता ली जाती है इसीलिए इसे प्रायः संस्तरित दैव निदर्शन (Stratified Random Sampling) कहते हैं।

संस्तारित निदर्शन के चयन में ध्यान रखने योग्य बातें–

1. जिन वर्गों का निर्माण किया जाये उसका आकार पर्याप्त होना चाहिए जिससे कि उसमें से दैव प्रणाली द्वारा इकाइयों का चुनाव किया जा सके।
2. समग्र विषय में अनुसन्धानकर्ता का सामान्य ज्ञान कम-से-कम इतना अवश्य हो कि उसे यह पता लग जाये कि समग्र में कौन-कौन से गुण हैं जिनके आधार पर समग्र का वर्गीकरण विभिन्न वर्गों में या उप-विभागों में किया जा सकता है।
3. वर्गों का निर्माण इस प्रकार करना चाहिए कि एक वर्ग के अन्तर्गत आने वाली सभी इकाइयों में एकरूपता हो और वे समग्र के केवल एक ही गुण का प्रतिनिधित्व करें।
4. जहाँ तक सम्भव हो प्रत्येक वर्ग से उतनी इकाइयाँ चुनी जायें जिस अनुपात में वर्ग की कुल इकाइयाँ समग्र में हैं।
5. वर्ग स्पष्ट तथा सुनिश्चित होने चाहिए जिससे कि समग्र की समस्त इकाइयाँ किसी-न-किसी वर्ग में अवश्य आ जायें तथा कोई भी इकाई एक से अधिक वर्ग में न आने पाये।
6. विभिन्न वर्गों के निर्माण का आधार, अध्ययन विषय की प्रकृति होनी चाहिए। जैसी समस्या या विषय है उसी के अनुसार समग्र को विभिन्न उप-विभागों में बाँट देना चाहिए।

अन्तर्वस्तु विश्लेषण (Content Analysis)

भौतिक घटनाओं की तुलना में सामाजिक घटनाएँ अधिक जटिल, परिवर्तनशील, अमूर्त तथा गुणात्मक होती हैं, जिनके कारण सामाजिक विज्ञानों के लिए अपना निष्कर्ष निकालने व नियमों को प्रतिपादित करने में कठिनाई को कम करने की दिशा में अन्तर्वस्तु विश्लेषण प्रविधि ने महत्त्वपूर्ण योगदान किया है क्योंकि इसकी सहायता से गुणात्मक तथ्यों का परिमाणात्मक व वस्तुनिष्ठ वर्णन सम्भव होता है।

परिभाषाएँ एवं विशेषताएँ

"अन्तर्वस्तु विश्लेषण प्रविधि की परिभाषा देते हुए *सर्वरी वैपिल्स* तथा *बेरेल्सन* ने लिखा है, सुव्यवस्थित अन्तर्वस्तु विश्लेषण प्रविधि सामग्री के विवरण मात्र को प्रस्तुत करने के स्थान पर उससे अधिक स्पष्ट व्याख्या करने का प्रयास करती है जिससे

कि पाठकों या श्रोताओं को प्रदान की जाने वाली प्रेरणाओं की प्रकृति सापेक्षिक सत्य को वस्तुनिष्ठ रूप में प्रकट करना सम्भव हो।"

श्री *बर्नाड बेरेल्सन* ने अपने संचार अनुसन्धानों में अन्तर्वस्तु विश्लेषण की एक अति उत्तम परिभाषा को विकसित किया है। उसके अनुसार, 'अन्तर्वस्तु विश्लेषण संचार के प्रकट अन्तर्वस्तु का वस्तुनिष्ठ, क्रमबद्ध तथा परिमाणात्मक वर्णन के लिए करते हैं जो कि अन्तर्हित (Latent) न होकर प्रकट (Manifest) हो अर्थात् बाह्य तौर पर निरीक्षण योग्य हो।

श्रीमती *यंग* के शब्दों में, 'अन्तर्वस्तु विश्लेषण साक्षात्कारों, प्रश्नावलियों, अनुसूचियों तथा अन्य लिखित या मौखिक भाषागत अभिव्यक्तियों द्वारा प्राप्त अनुसन्धान तथ्यों के अन्तर्वस्तु का क्रमबद्ध, वस्तुनिष्ठ तथा परिमाणात्मक वर्णन के लिए अपनायी जाने वाली एक अनुसन्धान प्रविधि है।'

उपर्युक्त परिभाषाओं से ही अन्तर्वस्तु विश्लेषण प्रविधि की मुख्य विशेषताएँ स्पष्ट हो जाती हैं। वे इस प्रकार हैं :

1. इस प्रविधि का सम्बन्ध संचार के अथवा भाषागत अभिव्यक्तियों द्वारा प्राप्त तथ्यों की अन्तर्वस्तु से होता है।
2. इस प्रविधि में उस अन्तर्वस्तु का अध्ययन और विश्लेषण किया जाता है जो कि प्रकट हो अर्थात् वैज्ञानिको के लिए बाहरी तौर पर निरीक्षण योग्य हो।
3. इस प्रविधि द्वारा हम उन अनुसन्धान तथ्यों की अन्तर्वस्तु का विश्लेषण करते हैं जिन्हें कि संचार के किन्हीं साधनों या भाषागत अभिव्यक्तियों, चाहे वे लिखित हों या मौखिक, के माध्यम से प्राप्त किया जाता है।
4. इस प्रविधि का उद्देश्य इस अन्तर्वस्तु का वस्तुनिष्ठ, क्रमबद्ध तथा परिमाणात्मक वर्णन प्रस्तुत करना होता है। इस प्रकार यह प्रविधि अपने को तथ्यों के गुणात्मक वर्णन से दूर रखती है।
5. इस रूप में इस प्रविधि का आधार वैज्ञानिक है और यह ऐसे परिणामों को खोज निकालता है जिसकी सत्यता के विषय में परीक्षा और पुन : परीक्षा सम्भव है।

अन्तर्वस्तु विश्लेषण की श्रेणियाँ (Categories of Content Analysis)

इसके लिए उन निश्चित श्रेणियों का निर्धारण ज़रूरी है जिनके आधार पर विषय सामग्री का वर्गीकरण करके उसका विश्लेषण किया जाना है। इस प्रकार विभेद या वर्गीकरण के कुछ उदाहरण निम्नलिखित हैं :

1. विषय-वस्तु और उसके स्वरूप के अन्तर के आधार पर विभेदीकरण।
2. स्तर भेद–नैतिक एवं अनैतिक, बलशाली तथा दुर्बल, समाज के अनुकूल और समाज विरोधी।
3. मूल्य भेद–धन सम्बन्धी मूल्य, प्रेम सम्बन्धी मूल्य, जीवन सम्बन्धी मूल्य, यौन सम्बन्धी मूल्य।
4. व्यक्तित्त्व भेद–अहमवादी व परार्थवादी व्यक्तित्त्व, अन्तर्मुखी व बहिर्मुखी व्यक्तित्त्व आदि।
5. सामग्री का स्रोत–हिन्दी लेखकों व उर्दू लेखकों की रचना, बँग्ला साहित्य व अंग्रेज़ी साहित्य, कांग्रेस पार्टी के सिद्धान्त व कम्यूनिस्ट पार्टी के सिद्धान्त आदि।
6. पात्र–मुख्य पात्र व सहायक पात्र, नायक व खलनायक, नायिका व पार्श्व नायिका।
7. कथनों के भेद–प्रत्यक्ष कथन व अप्रत्यक्ष कथन, सकारात्मक कथन व नकारात्मक कथन, तथ्य कथन व अभिज्ञान कथन।
8. विपरीत श्रेणियाँ–सुखवाद व दुःखवाद, लौकिक व पारलौकिक, सकारात्मक व नकारात्मक, अध्यात्मवादी संस्कृति व भौतिकवादी संस्कृति।
9. वर्ग-भेद–श्रमिकों के लिए, विद्यार्थियों के लिए, प्रशासकों के लिए, राजनीतिक पार्टियों के लिए, श्रमिक नेताओं के लिए, पूँजीपतियों के लिए, उपभोक्ताओं के लिए लेख, पुस्तक, भाषण, सम्पादकीय आदि।
10. कहानियों का वर्गीकरण–प्रेम कहानी, शिकार कहानी, सत्य कथा, यात्रा कहानी, लोक कथा आदि।
11. विद्यालय व विश्वविद्यालय से सम्बन्धित शिक्षा प्रणाली में भेद–शिक्षा दर्शन, शिक्षा प्रशासन, शिक्षा पाठ्यक्रम, शिक्षा विधि, पाठ्योत्तर क्रियाएँ, शिक्षा संस्थाओं का नियन्त्रण आदि।

अन्तर्वस्तु विश्लेषण के चरण

अन्तर्वस्तु विश्लेषण की रूपरेखा के निर्माण में प्रमुख चरण निम्नवत् हैं :

1. विषय से सम्बन्धित तथ्यों का चुनाव (Collection of Data About the Topic)

अन्तर्वस्तु विश्लेषण कार्य प्रारम्भ करने से पहले सर्वप्रथम आवश्यकता इस बात की होती है कि अध्ययन विषय से सम्बन्धित जिन तथ्यों की अन्तर्वस्तु का हमें विश्लेषण करना है उन तथ्यों को हम चुन लें। उदाहरणार्थ, *शरतचन्द्र* के उपन्यासों की संख्या बहुत ज़्यादा है तो निदर्शन प्रविधि द्वारा उनकी संख्या को कम किया जा सकता है।

2. अध्ययन की इकाइयों को चुनना

प्राप्त सामग्री का भली-भाँति अध्ययन करने के बाद इकाइयों का चुनाव करना आवश्यक होता है। वे इकाइयाँ शब्द, वाक्य, प्रसंग, पात्र, स्थान व समय की माप कुछ भी हो सकती हैं। उदाहरणार्थ, *शरतचन्द्र* के उपन्यासों को विश्लेषण का विषय चुनने के बाद हम यह निश्चित कर सकते हैं कि उन उपन्यासों में केवल नारी पात्रों या नारी चरित्रों को ही हम अध्ययन की इकाइयाँ मानेंगे।

3. अन्तर्वस्तु के श्रेणियों का विभाजन

इकाइयों के चुनाव कर लेने के बाद सबसे महत्त्वपूर्ण कार्य यही होता है कि इन इकाइयों को कुछ निश्चित श्रेणियों में विभाजित कर लिया जाय। उदाहरणार्थ–उपन्यासों के नारी पात्रों को हम मुख्य नायिका, खलनायिका, पार्श्वनायिका आदि श्रेणियों में विभाजित कर सकते हैं।

4. श्रेणियों का परीक्षण

अन्तर्वस्तु विश्लेषण पूर्णतया वस्तुनिष्ठ हो सके इसके लिए यह ज़रूरी है कि हम इस बात का परीक्षण कर लें कि जिन श्रेणियों का निर्धारण हमने किया है, वैज्ञानिक अध्ययन के सन्दर्भ में वे विश्वसनीय व सार्थक हैं भी अथवा नहीं। इसके लिए यह आवश्यक हो जाता है कि हम श्रेणी निर्धारण के कुछ मान्य मानकों को अपनायें और फिर कहीं श्रेणियों को अन्तिम रूप प्रदान करें।

5. पद्धति का सही उपयोग

किसी भी वैज्ञानिक विश्लेषण के लिए केवल पद्धति का निर्धारण ही पर्याप्त नहीं है अपितु यह ध्यान रखना भी ज़रूरी है कि सम्पूर्ण अध्ययन में समान प्रणाली का उपयोग हो भी रहा है कि नहीं। यह भी ज़रूरी है कि प्रणाली का प्रयोग अध्ययन की रूपरेखा के अनुसार हो।

6. अध्ययन की रूपरेखा तैयार करना

उपर्युक्त प्रक्रिया निश्चित हो जाने के बाद अध्ययन की एक रूपरेखा तैयार की जाती है जिससे कि यह निश्चित हो सके कि हमें किन-किन विषयों पर ध्यान केन्द्रित करना है। इससे अध्ययन-कार्य का फैलाव इधर-उधर नहीं हो पाता।

7. अन्तर्वस्तु की इकाइयों को मापना

इसके बाद वास्तविक अध्ययन का कार्य निर्धारित विधि के अनुसार प्रारम्भ किया जाता है और अन्तर्वस्तु की इकाइयों को सांख्यिकीय प्रणाली द्वारा मापने या गिनने का काम किया जाता है। यह स्तर सबसे महत्त्वपूर्ण होता है क्योंकि इस परिमाणात्मक माप के आधार पर ही अन्तर्वस्तु का सही विश्लेषण एवं मूल्यांकन सम्भव हो पाता है।

8. विश्लेषणात्मक व्याख्या

अन्तर्वस्तु की इकाइयों की उचित व परिमाणात्मक माप कर लेने के बाद उनकी विश्लेषणात्मक व्याख्या करनी होती है। परिमाणात्मक माप कर लेने से तथ्यों का उचित वर्गीकरण व सारणीयन सम्भव होता है और इन सारणियों से तथ्यों में पायी जाने वाली समानताएँ व भिन्नताएँ स्पष्ट हो जाती हैं और उनके आधार पर उनकी विश्लेषणात्मक व्याख्या करनी भी सम्भव होती है।

9. रिपोर्ट तैयार करना

अन्तर्वस्तु की विश्लेषणात्मक व्याख्या कर लेने के बाद सम्पूर्ण अध्ययन के सम्बन्ध में एक क्रमबद्ध रिपोर्ट को तैयार किया जाता है ताकि विश्लेषणों व निष्कर्षों को वैज्ञानिक विवरण व व्याख्या, सारणी, ग्राफ, चित्र आदि के माध्यम से प्रस्तुत किया जा सके एवं उसे पढ़कर दूसरे लोग भी उससे लाभ उठा सकें और 'ज्ञान की वृद्धि हो।'

संचार अनुसन्धान में सांख्यिकी

अन्य सामाजिक विज्ञानों की भाँति संचार अनुसन्धान में भी सांख्यिकी का प्रयोग आवश्यक हो जाता है। वस्तुतः प्राप्त आँकड़ों का सारणीयन, वर्गीकरण एवं इसके आधार पर सांख्यिकीय विधियों का प्रयोग करके उनके परिणाम प्राप्त किये जाते हैं। सांख्यिकीय विधियों से प्राप्त परिणाम यथार्थ के बिल्कुल करीब रहते हैं। एक सामान्य अनुसन्धानकर्ता को सांख्यिकी का न्यूनतम प्रयोग करने का ज्ञान अवश्य होना चाहिए। इस अध्याय में हम सांख्यिकीय विधि माध्य, माध्यिका, बहुलक एवं सह-सम्बन्ध के बारे में चर्चा करेंगे। सामान्यतया अनुसन्धान में इन विधियों का प्रयोग बहुलता से किया जाता है।

माध्य

सामाजिक अनुसन्धान के दौरान जो सांख्यिकीय तथ्य एकत्रित किये जाते हैं उनसे किसी निष्कर्ष पर पहुँचा नहीं जा सकता। इसके लिए उन तथ्यों का वर्गीकरण तथा सारणीयन करना आवश्यक होता है। इसके बाद भी उन्हें और सरल और बोधगम्य बनाने के लिए चित्रों तथा ग्राफों की सहायता ली जाती है। तथ्यों या आँकड़ों को, वर्गीकरण तथा सारणीयन के बाद भी और अधिक संक्षिप्त रूप में प्रस्तुत करना सम्भव है। यदि हमें तथ्यों की एक श्रेणी में से कोई ऐसा अंक या संख्या का पता लग जाये जो कि उस श्रेणी का उचित प्रतिनिधित्व कर सके तो विभिन्न श्रेणियों का तुलनात्मक अध्ययन करना हमारे लिए वास्तव में सरल हो जायेगा। यह स्वीकार किया जाता है कि ये अनुसन्धानकर्ता को जो आँकड़े प्राप्त होते हैं उनके मूल्य भिन्न-भिन्न होते हैं, फिर भी सभी आँकड़ों में से एक ऐसी योग्यता, मूल्य अथवा अंक प्राप्त किया जा सकता है जो कि सभी व्यक्तिगत आँकड़ों या तथ्यों का प्रतिनिधित्व कर सके। ऐसी योग्यता या मूल्य को ही माध्य प्रवृत्ति कहा जाता है। माध्य प्रवृत्ति अलग-अलग आँकड़ों या तथ्यों या व्यक्तियों की योग्यता या गूल्य पर प्रकाश नहीं डालती बल्कि वह सामूहिक रूप से सम्पूर्ण वर्ग या श्रेणी की योग्यता का प्रतिनिधित्व करती है और इस प्रकार वह पूरे समूह की प्रवृत्ति या मूल्य की ओर संकेत करती है। उदाहरणार्थ यदि किसी परीक्षण में पाँच छात्रों को क्रमशः 7, 9, 5, 6 और 8 अंक प्राप्त होते हैं तो ऊपरी तौर पर यही कहा जा सकता है कि पाँच छात्रों की योग्यता एक-दूसरे से भिन्न है। परन्तु इन प्राप्तांकों को ध्यानपूर्वक देखने से मालूम होगा कि 7 एक ऐसा अंक है जिसके आस-पास अन्य अंक स्थित हैं। दो अंक 7 से छोटे और दो अंक 7 से बड़े हैं। अतः यह कहा जा सकता है कि 7 इस समूह का प्रतिनिधित्व करने वाला अंक है। वह मूल्य जो हमें समूह की योग्यता संक्षिप्त रूप से एक अंक में ही बता देता है केन्द्रीय प्रवृत्ति की माप कहलाता है। इन मूल्यों को सांख्यिकी माध्य कहते हैं।

माध्य एक ऐसी अकेली सरल अभिव्यक्ति है जिसमें एक जटिल समूह अथवा विशाल संख्याओं का वास्तविक परिणाम या सार केन्द्रित हो।

माध्य सम्पूर्ण श्रेणियों का प्रतिनिधित्व करने वाला और केन्द्रीय मूल्य को प्रकट करने वाला एक अंक होता है जो कि उन श्रेणियों के न्यूनतम एवं अधिकतम मूल्य के बीच की एक स्थिति में होता है। इस प्रकार माध्य को देखकर ही सम्पूर्ण श्रेणियों की केन्द्रीय विशेषता या मूल्य का पता लगाना हमारे लिए सरल होता है। इस अर्थ में माध्य विशाल संख्याओं का संक्षिप्तीकरण करने का एक साधन है।

माध्यों की उपयोगिता एवं उद्देश्य

सामाजिक अनुसन्धान में तथ्यों की विवेचना, विश्लेषण या निष्कर्षीकरण में माध्यों की उपयोगिता उल्लेखनीय है। निम्नलिखित विवेचना से माध्यों की उपयोगिता एवं उद्देश्य और भी स्पष्ट हो जायेंगे।

1. माध्यों का सर्वप्रथम उद्देश्य जटिल श्रेणियों तथा अंकों की श्रेणियों का संक्षिप्तीकरण करना है। माध्य द्वारा बिखरे हुए विभिन्न गुणों वाले तथ्यों को संक्षिप्त रूप प्रदान किया जा सकता है। अंकों के ढेरों से कुछ भी पता नहीं चलता किन्तु माध्य से सम्पूर्ण ढेर के केन्द्रीय गुण और मूल्य को प्रकट किया जा सकता है।
2. माध्यों का एक और उद्देश्य या उपयोगिता है उसके द्वारा तथ्यों की तुलना अत्यधिक सरल हो जाती है। अनेक अंकों वाली श्रेणियों की तुलना बहुत कठिन होती है परन्तु यदि उन्हें एक अंक का रूप प्रदान कर दिया जाये तो तुलना का काम स्वतः सरल हो जायेगा। वास्तव में, जटिल व विशाल संख्याओं की तुलना करने के उद्देश्य से ही माध्य निकाले जाते हैं।
3. जैसा कि घोष और चौधरी ने लिखा है कि विशाल समूह का एक संक्षिप्त चित्र प्रदर्शित करना है जिससे विश्लेषण व विवेचना का काम हमारे लिए सरल हो जाये। वास्तविकता तो यह है कि विशाल समूह का एक संक्षिप्त रूप प्रकट करके विश्लेषण व व्याख्या के कार्य को सरल बनाना माध्य का एक उल्लेखनीय उद्देश्य है।
4. माध्य द्वारा अंकों की दो या अधिक श्रेणियों या समूहों के बीच पाये जाने वाले सम्बन्धों तथा अनुपात का अनुमान लगाया जाता है। वैज्ञानिक विश्लेषण व व्याख्या के लिए इस प्रकार के सम्बन्धों व अनुपात की जानकारी आवश्यक होती है। माध्य इस कार्य में हमारी मदद करता है।
5. माध्यों की एक उपयोगिता यह भी है कि ये हमारे अध्ययन-कार्य को संक्षिप्त बनाने में सहायक सिद्ध हो सकते हैं। एक समुदाय की समग्र इकाइयों का अध्ययन हमारे लिए सम्भव नहीं होता और इसलिए हम निदर्शन प्रणाली के द्वारा कुछ इकाइयों से सम्बन्धित तथ्यों को एकत्रित करते हैं। इन तथ्यों को और आगे संक्षिप्त करने के लिए माध्यों का उपयोग किया जा सकता है। इस प्रकार निदर्शन तथ्यों की सहायता से माध्य सम्पूर्ण समूहों का चित्र उपस्थित करने में सहायक होते हैं।

प्रमुख रूप से माध्यों के निम्नलिखित प्रकारों का उल्लेख किया गया है :

1. स्थिति माध्य (Averages of Position)

(i) बहुलक

(ii) मध्यांक

2. गणितीय माध्य (Mathematical Averages)

(i) समान्तर माध्य (Arithmetic Average of Mean)

(ii) ज्यामितीय या गुणोत्तर माध्य (Geometric Mean)

(iii) हरात्मक माध्य (Harmonic Mean)

(iv) समीकरण माध्य (Quadratic Mean)

3. अन्य व्यावहारिक माध्य (Other of Business Averages)

(i) भ्रमित माध्य (Moving Mean)

(ii) प्रगतिशील माध्य (Progressive Mean)

माध्यिका (Median)

माध्यिका या मध्यांक किसी पद शृंखला में वह बिन्दु होता है जो सम्पूर्ण शृंखला व श्रेणी को दो बराबर भागों में विभाजित कर देता है। इस प्रकार 50 प्रतिशत पद मूल्य मध्यांक के ऊपर तथा शेष 50 प्रतिशत नीचे होते हैं। परन्तु ऐसा होने के लिए यह आवश्यक है कि सभी पद मूल्यों या चल राशियों के मानों को आरोही या अवरोही क्रमों में रखा जाये। इस सन्दर्भ में यह स्मरणीय है कि मध्यांक कभी कोई विशिष्ट पद नहीं होता बल्कि मध्य पद का परिणाम अथवा माप ही मध्यांक है।

मध्यांक का अर्थ व विशेषताएँ

यदि एक श्रेणी के पदों को उनके परिणामों के आधार पर आरोही अथवा अवरोही क्रम में लगाया जाये तो बिल्कुल बीच वाली राशि के मान या माप को माध्यिका या मध्यांक कहते हैं।

मध्यांक श्रेणी में उस पद का मूल्य है जो कि श्रेणी को दो बराबर भागों में बाँटता है जिसमें से एक भाग में मध्यांक से कम और दूसरे भाग में मध्यांक से अधिक मूल्य होते हैं।

उपर्युक्त परिभाषाओं से यह स्पष्ट है कि मध्यांक दी हुई चलराशि के मानों के बीच वाली राशि का मान होता है। उदाहरणार्थ, किसी कक्षा के 31 विद्यार्थियों को उनकी ऊँचाई के अनुसार एक पंक्ति में खड़ा करने पर 16वाँ विद्यार्थी बिल्कुल बीच का विद्यार्थी होगा क्योंकि ऊँचाई यहाँ पर चल राशि है। स्मरण रहे कि 16वाँ विद्यार्थी यद्यपि बीच का विद्यार्थी है पर यह 16 संख्या या राशि मध्यांक नहीं है बल्कि इस 16वीं राशि के मान या माप को मध्यांक कहेंगे। इस प्रकार बीच वाला पद या राशि स्वयं मध्यांक नहीं होता, उसे तो मध्यांक का मापदण्ड समझना चाहिए।

उपर्युक्त विवेचना के आधार पर मध्यांक की निम्नलिखित विशेषताएँ प्राप्त होती हैं :

1. मध्यांक बिल्कुल बीच वाला पद नहीं होता है बल्कि उस पद का मान या मूल्य होता है।
2. मध्यांक सम्पूर्ण श्रेणी को दो भागों में विभाजित कर देता है जिसमें से एक भाग में इससे कम और दूसरे भाग में इससे अधिक मूल्य होते हैं।
3. मध्यांक निकालने के लिए पदों को आरोही अथवा अवरोही क्रम से सजा लेना ज़रूरी होता है।

बहुलक (Mode)

किसी पदमाला या श्रेणी शृंखला में जिस मूल्य की आवृत्ति सबसे अधिक होती है उसी मूल्य को बहुलक कहते हैं। इस प्रकार बहुलक पदमाला का सर्वाधिक सामान्य मूल्य होता है। यह पदमाला का ऐसा मूल्य या परिणाम है जिसके आस-पास पदमाला के मूल्य अधिक बार एकत्रित रहते हैं। बहुलक का सबसे सरल अभिप्राय यह है कि उस मूल्य को प्राप्त करने वाले सबसे अधिक व्यक्ति हैं। उदाहरणार्थ, यदि किसी परीक्षा में 10 विद्यार्थियों को क्रमशः 7, 9, 7, 5, 8, 12, 7, 6, 8 अंक प्राप्त हुए हों तो 7 बहुलक कहलाएगा क्योंकि यह संख्या सबसे अधिक बार प्राप्त की गयी है या इसे प्राप्त करने वाले बालकों की संख्या सबसे अधिक है। निम्नलिखित परिभाषाओं से बहुलक का अर्थ और भी स्पष्ट हो जायेगा :

बहुलक की परिभाषा

श्री *गिलफोर्ड* ने बहुलक की परिभाषा इस प्रकार दी है : 'बहुलक माप के पैमाने पर वह बिन्दु है जहाँ कि एक वितरण में सर्वाधिक आवृत्ति होती है।'

डॉ. चतुर्वेदी ने लिखा है कि बहुलक को चल का वह आकार जो सर्वाधिक बार आया है या सर्वाधिक आवृत्ति की बिन्दु अथवा सर्वाधिक घनत्व की बिन्दु कहकर परिभाषित किया जाता है, किसी श्रेणी का बहुलक उस पद का मूल्य है जो कि सबसे अधिक विशिष्ट या सामान्य है।

अपने दैनिक जीवन में हम लोगों को कहते सुनते हैं कि एक भारतीय की औसत ऊँचाई 5'6" है; भारतीयों का रंग काला होता है; औसतन आदमी ईमानदार होता है; औसतन पृष्ठ में 300 शब्द होते हैं; इत्यादि। इन सभी वाक्यों में औसत शब्द वास्तव में बहुलक को ही प्रदर्शित करते हैं। उदाहरणार्थ, जब हम यह कहते हैं कि भारतीयों की औसत ऊँचाई 5 फीट 6 इंच है अर्थात् इस ऊँचाई के लोग अधिक संख्या में रहते हैं अर्थात् उक्त संख्या की आवृत्ति अधिक है।

बहुलक की विशेषताएँ

उपर्युक्त विवेचना के आधार पर बहुलक की निम्नलिखित विशेषताएँ होती हैं :

1. बहुलक श्रेणी के सभी पदों पर आधारित होता है। अतः उस पर पदमाला की बहुत छोटी या बहुत बड़ी संख्या का कोई प्रभाव नहीं पड़ता।
2. बहुलक आवृत्ति पर निर्भर है। इसीलिए पदों की अपेक्षा आवृत्ति का अधिक महत्त्व बहुलक ज्ञात करने में होता है।
3. बहुलक पदमाला का सबसे अधिक मूल्य वाला पद नहीं होता, अपितु वह पद मूल्य होता है जिसकी आवृत्ति या बारम्बारता अधिक हो। अतः यह सबसे छोटा पद मूल्य भी हो सकता है।
4. एक पदमाला में अधिकतम समान आवृत्ति वाले कई पद मूल्य होने पर बहुलक ज्ञात करना कठिन होता है। ऐसी स्थिति में एक से अधिक बहुलक का उल्लेख करना पड़ता है, जैसे– 1, 3, 4, 4, 6, 7, 6, 10, 7, 4, 7 में दो बहुलक 4 तथा 7 हैं।

सह/सम्बन्ध (Correlation)

माध्य, मध्यांक तथा बहुलक तथ्यों की माध्य प्रवृत्तियों को सही-सही तौर पर मापता है और साथ ही उनको एक अत्यन्त संक्षिप्त रूप दे देता है। परन्तु केवल एकत्रित तथ्यों को संक्षिप्त कर देने से ही विश्लेषण और निष्कर्षीकरण हमारे लिए सरल नहीं हो जाता है क्योंकि इसके द्वारा केवल निरपेक्ष परिणाम प्राप्त होते हैं जो अधिक उपयोगी नहीं होते हैं। इन्हें अधिक उपयोगी बनाने के लिए यह आवश्यक है कि तथ्यों की विभिन्न श्रेणियों के बीच पाये जाने वाले पारस्परिक सम्बन्ध को भी स्पष्ट किया जाये। यह सम्बन्ध की प्रविधि इस उद्देश्य की पूर्ति करती है।

सह-सम्बन्ध क्या है?

सह-सम्बन्ध के अर्थ को स्पष्ट करते हुए प्रोफेसर कटारिया ने लिखा है कि हम प्रायः यह जानना चाहते हैं कि दो पद-श्रेणियों के बीच क्या सम्बन्ध है। प्रायः यह देखा जाता है कि किसी वस्तु की माँग में वृद्धि होने पर उसके मूल्य में भी वृद्धि होती है; वर्षा अधिक होने पर उत्पादन अधिक होता है; मुद्रा की मात्रा में वृद्धि होने से मूल्यों में भी वृद्धि होती है; ...इन उदाहरणों से यह स्पष्ट है कि वस्तु की माँग तथा उसके मूल्य, वर्षा अधिक होने का उत्पादन पर; मुद्रा की मात्रा और वस्तु के मूल्य ... में कुछ-न-कुछ सम्बन्ध अवश्य है क्योंकि एक में परिवर्तन होने पर दूसरे पर उसका प्रभाव पड़ता है। इसलिए यह कहा जा सकता है कि कभी-कभी तथ्यों की दो श्रेणियों में परस्पर अन्तःनिर्भरता रहती है। अतः जब दो पद श्रेणियाँ परस्पर इस प्रकार सम्बन्धित हों कि एक पद श्रेणी में होने वाले परिवर्तनों की सहानुभूति में दूसरी श्रेणी में भी परिवर्तन हो जाये अर्थात् उनमें कार्य-कारण सम्बन्ध हो तो वे सह-सम्बन्धी कहलाएँगी।

इससे यह ज्ञात होता है कि दो पद श्रेणियों में सम्बन्ध होने के लिए उनमें परस्पर परिवर्तन ही पर्याप्त नहीं है बल्कि यह परिवर्तन एक-दूसरे के कारण होना आवश्यक है। यदि ऐसा न हो तो चलों अथवा श्रेणियों के परिवर्तन सम्बन्धित प्रतीत होते हुए भी उनमें सह-सम्बन्ध नहीं होगा। अन्य शब्दों में कहा जा सकता है कि यदि एक चल के मूल्य में परिवर्तन होने से दूसरे चल के मूल्य में परिवर्तन हो तो कहा जा सकेगा कि दोनों में सह-सम्बन्ध है। उदाहरण के लिए, यदि घासलेट के भावों में वृद्धि होने से पेट्रोल के भावों पर प्रभाव पड़ेगा तो कार्य कारण सम्बन्ध होने से ये दोनों सह-सम्बन्धित कहलाएँगे।

किन्तु यदि घासलेट के भावों में वृद्धि होने के साथ-साथ चावल के मूल्यों में भी वृद्धि हो जायें तो यहाँ कार्य-कारण सम्बन्ध के अभाव में ये दोनों सह-सम्बन्धित नहीं कहलाएँगे क्योंकि दोनों में मूल्य-वृद्धि के कारण अलग-अलग हैं।

इसीलिए प्रोफेसर *एलहान्स* ने लिखा है कि सह-सम्बन्ध दो पक्षों में ऐसे सम्बन्ध का संकेत करता है जिसके अन्तर्गत किसी एक चल के मूल्यों में परिवर्तन होने पर दूसरे चल के मूल्यों में भी परिवर्तन होता है। इस सह-सम्बन्ध का अर्थ निम्नलिखित परिभाषाओं से और अधिक स्पष्ट हो जायेगा।

सह-सम्बन्ध की परिभाषाएँ

प्रोफेसर *किंग* के अनुसार, 'दो पद-मालाओं अथवा समूहों के बीच पाये जाने वाले कार्य-कारण सम्बन्ध को सह-सम्बन्ध कहते हैं।' इन्होंने एक अन्य स्थान पर सह-सम्बन्ध को दूसरे ढंग से परिभाषित किया है कि यदि यह सच प्रमाणित हो कि अधिकांश क्षेत्रों में दो चल सदैव एक ही दिशा में या विपरीत दिशा में घटते-बढ़ते हैं तो हम मानते हैं, कि तथ्य निर्धारित हो गया और उनमें सम्बन्ध विद्यमान है। इस सम्बन्ध को ही सह-सम्बन्ध कहते हैं।

प्रोफेसर *बाउले* के अनुसार, 'जब दो परिणाम इस प्रकार सम्बन्धित हो कि एक का परिवर्तन दूसरे के परिवर्तन की सहानुभूति में पाया जाता हो, ताकि एक की वृद्धि या कमी या विपरीत के सम्बन्ध में हों, और एक के परिवर्तन की मात्रा जितनी अधिक हो उतनी ही दूसरे की हो, तब दोनों परिणाम सह-सम्बन्धित कहलाते हैं।'

श्री *कॉनर* ने लिखा है कि, 'जब दो या अधिक परिणाम सहानुभूति में परिवर्तित होते हैं ताकि परिवर्तन के परिणामस्वरूप दूसरे में भी परिवर्तन होता है तो वे सह-सम्बन्धित कहलाते हैं।

सह-सम्बन्ध के प्रकार

सह-सम्बन्ध के प्रकारों का उल्लेख हम निम्नलिखित दो तरह से कर सकते हैं :

1. धनात्मक तथा ऋणात्मक सह-सम्बन्ध : प्रोफेसर कटारिया के अनुसार, 'जब दो चलों या पद-श्रेणियों का परिवर्तन एक ही दिशा में होता है तो वह प्रत्यक्ष या धनात्मक सह-सम्बन्ध होता है। उदाहरण के लिए, यदि किसी वस्तु के मूल्य में वृद्धि के साथ-साथ उस वस्तु की पूर्ति में भी वृद्धि होती है तो उसके बीच के सम्बन्ध को धनात्मक सह-सम्बन्ध कहते हैं। इसी बात को दूसरे शब्दों में समझाते हुए प्रोफेसर *एलहान्स* ने लिखा है कि 'जब दो चलों के मूल्य एक ही दिशा में घटते या बढ़ते हैं, जैसे किसी चल के मूल्य में वृद्धि का सम्बन्ध दूसरे चल के मूल्य में वृद्धि से हो तो अन्य किसी चल मूल्य ह्रास का सम्बन्ध दूसरे चल के मूल्य में कमी से स्थापित हो तो सह-सम्बन्ध धनात्मक कहा जायेगा। इसके विपरीत यदि दो चलों के मूल्य विपरीत दिशाओं में घटते-बढ़ते हैं, जैसे किसी चल के मूल्य में कमी का सम्बन्ध दूसरे चल में मूल्य में वृद्धि से स्थापित होता है तो सह-सम्बन्ध ऋणात्मक होता है।' दूसरे शब्दों में, यदि दो पद-श्रेणियों के परिवर्तन एक ही दिशा में न होकर विपरीत दिशाओं में होते हैं तो उनका सह सम्बन्ध अप्रत्यक्ष या ऋणात्मक कहलाता है। उदाहरणार्थ, वस्तु के मूल्य में वृद्धि के साथ-साथ उसकी माँग में कमी होती है। इस प्रकार माँग और मूल्य में ऋणात्मक सह-सम्बन्ध होता है।

2. रेखीय और अरेखीय सह-सम्बन्ध (Linear and Non-linear Correlation) : प्रोफेसर *एलहान्स* ने इनके अर्थ को समझाते हुए लिखा है कि जब दो चलों के मूल्यों में विचरण स्थिर अनुपात (Constant ratio) में होता है, तो उसे रेखीय सह-सम्बन्ध कहा जाता है अर्थात् यदि प्रत्येक बार मूल्य में 10 प्रतिशत वृद्धि हो तो पूर्ति में 20 प्रतिशत वृद्धि रेखीय सम्बन्ध का प्रमाण देगी। इसे एक सीधी रेखा के रूप में दिखाया जा सकता है। आर्थिक व सामाजिक आँकड़ों में ऐसे सम्बन्ध बहुत कम देखने को मिलते हैं। अतः उनके परिवर्तन को वक्ररेखीय या अरेखीय कहा जायेगा। संक्षेप में *प्रो. एलहान्स* के अनुसार, रेखीय सह-सम्बन्ध उसे कहते हैं जहाँ सम्बन्धित चलों में विचरणों के अनुपात स्थिर होते हैं और अरेखीय सह-सम्बन्ध वे हैं जहाँ ऐसे अनुपात घटते-बढ़ते रहते हैं।

सह-सम्बन्ध माप करने की विधियाँ

सह-सम्बन्ध निम्न विधियों द्वारा मालूम किया जा सकता है :

1. प्रकीर्ण या विक्षेप आरेख (चित्र)

इसमें सह-सम्बन्ध चित्रों की सहायता से प्रदर्शित किया जाता है, परन्तु इसमें सह-सम्बन्ध संख्यात्मक रूप में न होकर अनुमान के रूप में प्राप्त होता है। इसके बनाने की विधि ठीक बिन्दु रेखीय विधि की भाँति है। इसके लिए एक ओर x श्रेणी और दूसरी ओर y श्रेणी का पैमाना मान लिया जाता है। इसके बाद x श्रेणी के प्रत्येक पद-मूल्य और y श्रेणी के प्रत्येक पद-मूल्य को बिन्दुओं के रूप में दिखाया जाता है। एक पद के दोनों मूल्यों (x और y) के लिए एक-एक बिन्दु होता है। इस प्रकार जितने पदयुग्म (Pairs of items) होते हैं उतने ही बिन्दु हो जाते हैं।

2. सह-सम्बन्ध बिन्दु-रेखीय चित्र

सह-सम्बन्ध के बारे में जानने के लिए बिन्दु-रेखीय चित्रों का भी प्रयोग किया जाता है। इस विधि में दोनों पद श्रेणियों (x और y) की कोटि (Ordinate) अथवा खड़ी रेखा (Vertical line) पर तथा संख्या, समय अथवा स्थान को पड़ी रेखा (Horizontal line) पर अंकित किया जाता है। यदि दोनों श्रेणियों के बिन्दु रेखा एक ही दिशा में आगे बढ़ती हैं तो धनात्मक तथा विपरीत दिशा में बढ़ती है तो ऋणात्मक सह-सम्बन्ध होता है। यदि दोनों श्रेणियों में अधिक अन्तर न हो तो दोनों बिन्दु रेखाएँ एक ही पैमाने और आधार रेखा पर खींची जा सकती हैं। यदि उनमें बहुत अधिक अन्तर हो तो दोनों के लिए अलग-अलग पैमानों का प्रयोग आवश्यक है।

3. सह-सम्बन्ध का गुणांक

दो चलों के बीच सह-सम्बन्ध का परिमाण अथवा विस्तार जानने के लिए सह-सम्बन्ध के गुणांक की गणना की जाती है। सह-सम्बन्ध के गुणांक की गणना कई विधियों के द्वारा की जा सकती है, पर उनमें *कार्ल पियर्सन* का सूत्र सबसे अच्छा और लोकप्रिय है। यहाँ हम उसी के सम्बन्ध में विवेचना करेंगे।

कार्ल पियर्सन का सह-सम्बन्ध का गुणांक

दो सम मालाओं के बीच सह-सम्बन्ध का परिणाम मालूम करने के लिए प्रसिद्ध जीवशास्त्री *श्री कार्ल पियर्सन* द्वारा प्रस्तुत सूत्र सबसे उत्तम माना जाता है। इससे सह-सम्बन्ध की दिशा व मात्रा का केवल अनुमान ही नहीं अपितु उनकी अंकात्मक माप भी प्राप्त हो जाती है। इस सूत्र के अनुसार दो चलों का सह-सम्बन्ध गुणांक उनके माध्यों से लिये गये विचलनों के गुणनफल के योग को निरीक्षण के युग्मों की संख्या और उनके मानक विचलनों के गुणनफल से विभाजित करके प्राप्त होने वाली संख्या है।

मुख्य लक्षण : *कार्ल पियर्सन* के सह-सम्बन्ध गुणांक के निम्नलिखित लक्षणों का उल्लेख *प्रो. के.एन. नागर* ने किया है :

1. दिशा का आभास : *श्री कार्ल पियर्सन* के सह-सम्बन्ध गुणांक से सह-सम्बन्ध की दिशा ज्ञात हो जाती है। गुणांक धन (+) का चिह्न धनात्मक सह-सम्बन्ध तथा ऋण (–) का चिह्न ऋणात्मक सह सम्बन्ध प्रदर्शित करता है।

2. मात्रा और सीमाएँ : इससे सह-सम्बन्ध की मात्रा की अंकात्मक माप प्राप्त हो जाती है। इस गुणांक की माप सदा +1 और –1 के बीच रहती है। +1 होने पर पूर्ण धनात्मक तथा –1 होने पर पूर्ण ऋणात्मक सह-सम्बन्ध पाया जाता है। यदि गुणांक 0 है तो सह-सम्बन्ध बिल्कुल नहीं है। जैसे–जैसे गुणांक की माप 0 से 1 की ओर बढ़ती जाती है, सह-सम्बन्ध की मात्रा बढ़ती जाती है।

3. आदर्श माप : यह गुणांक सह-सम्बन्ध की आदर्श माप है क्योंकि यह समान्तर माध्य और मानक विचलन पर आधारित है जो अनेक बीजगणितीय गुणों के कारण उच्चतर सांख्यिकीय रीतियों के लिए सर्वोपयुक्त माप है।

4. सह-विचरण की मात्रा : इस गुणांक को ज्ञात करने के लिए प्रत्येक सम अंकमाला में समान्तर माध्य से विचलनों की मात्रा ज्ञात करनी पड़ती है। फिर दोनों मालाओं के तत्सम्बन्धी विचलनों की गुणा करके गुणनफलों के जोड़ को मूल्यों की संख्या से भाग दिया जाता है। इस प्रकार दोनों श्रेणियों के सह-विचरण की मात्रा ज्ञात हो जाती है।

भारतीय सन्दर्भ में संचार अनुसन्धान की उपयोगिता

भारत ही नहीं बल्कि भारत जैसे अन्य किसी भी विकासशील देश के लिए संचार के क्षेत्र में अनुसन्धान का व्यापक महत्त्व है। ग्रामीण विकास, परिवार-कल्याण, गरीबी उन्मूलन, शिक्षा का प्रसार, प्रौढ़ शिक्षा आदि ऐसे कार्यक्रम हैं जिनसे विकास की गति बढ़ायी जाती है। इन कार्यक्रमों का प्रचार-प्रसार संचार के द्वारा ही सम्भव है। कार्यक्रमों के क्रियान्वयन में आने वाली बाधाओं की जानकारी संचार माध्यमों के द्वारा सरकार तक पहुँचती है और सरकार उन बाधाओं को दूर करने का प्रयास करती है।

भारत में अब तक संचार के क्षेत्र में जितने भी अनुसन्धान कार्य हुए वे वर्णनात्मक ही हैं। किसी समाचार-पत्र की ऐतिहासिक विकास यात्रा, किसी पत्रकार विशेष का व्यक्तित्त्व एवं कृतित्त्व, प्रेस की स्वतन्त्रता और स्वायत्तता, स्वतन्त्रता आन्दोलन में पत्रकारिता आदि कुछ ऐसे विषय हैं जो वर्तमान भारतीय परिवेश में पूर्णतया अप्रासंगिक हो चुके हैं किन्तु इन्हीं के इर्द-गिर्द संचार अनुसन्धान की धुरी घूम रही है। किन्तु संचार क्रान्ति ने संचार की जो उपयोगिता बढ़ायी है उसके कारण अब संचार अनुसन्धान के क्षेत्र का भी तेज़ी से विस्तार हो रहा है। पहले से चले आ रहे सिद्धान्तों का वर्तमान परिवेश में मूल्यांकन भी अब होने लगा है। श्रोताओं/दर्शकों के व्यवहार का मूल्यांकन तथा माध्यम विशेष के प्रति लगाव अब अनुसन्धान के विषय बनते जा रहे हैं। विज्ञापन, जनसम्पर्क आदि क्षेत्रों का भी विस्तार करके इन पर गम्भीर व्यवहारिक अध्ययन किया जा रहा है। विभिन्न समाचार-पत्र प्रसार संख्या बढ़ाने के लिए पाठकों की अभिरुचि का सर्वेक्षण कराने लगे हैं। बाज़ारवाद का अंग बन चुकी मीडिया अब प्राचीन रूढ़ियों से बाहर निकलकर अनुसन्धान के नये आयाम स्थापित कर रही है।

भारत में संचारअनुसन्धान की व्यापक आवश्यकता है। किस प्रकार के सन्देशों का प्रसारण किस माध्यम से किया जाये कि विकास और कल्याणकारी कार्यक्रमों का सफल क्रियान्वयन सम्भव हो सके और वा(+)ँछित परिणाम प्राप्त कर विकास का लक्ष्य निर्धारित किया जा सके आदि के साथ ही विकास योजनाओं के सफल क्रियान्वयन में संचार माध्यमों की महत्त्वपूर्ण भूमिका होती है। अनुसन्धान के माध्यम से हम इनका सफल प्रयोग कर विकास का लक्ष्य प्राप्त कर सकते हैं। भारत सरकार ने भी इस दिशा में अनेक प्रयास किये हैं। भारत में दूरदर्शन की लोकप्रियता में निरन्तर वृद्धि के उद्देश्य से दर्शक अनुसन्धान एकांश स्थापित किये हैं। दूरदर्शन के राभी प्रगुख केन्द्रों में स्थापित इन एकांशों के अनुसन्धान कार्य का समन्वय दूरदर्शन निदेशालय द्वारा किया जाता है। दर्शक अनुसन्धान एकांश का मुख्य कार्य दूरदर्शन नेटवर्क को अनुसन्धान सम्बन्धी सहयोग प्रदान करता है। प्रत्येक एकांश में व्यावसायिक प्रशिक्षण प्राप्त लोग नियुक्त किये जाते हैं। डार्ट रेटिंग्स (दूरदर्शन ऑडिएंस रिसर्च टेलीविजन रेटिंग्स) अर्थात् दूरदर्शन कार्यक्रमों की लोकप्रियता के आँकड़े उपलब्ध कराने का कार्य 1993 में दूरदर्शन के राष्ट्रीय, मेट्रो और क्षेत्रीय नेटवर्क पर प्रारम्भ किया गया। इस प्रणाली को अनेक प्रमुख नगरों में लागू किया गया। प्रत्येक नगर के पैनल के सदस्य उस नगर में विभिन्न वर्गों के टेलीविजन दर्शकों का प्रतिनिधित्व करते हैं। डार्ट के आँकड़ों का व्यापक प्रचार-प्रसार किया जाता है।

72

मीडिया अनुसन्धान का व्यावहारिक पक्ष
(Practical Aspects of Media Research)

मीडिया अनुसन्धान के व्यावहारिक पक्ष को समझने के पूर्व शोध, खोज के मर्म को जानना आवश्यक है :

खोज की उत्पत्ति संस्कृत के 'खुज्' धातु से हुई है, 'खुज्' का अर्थ चुराना, छीनना और लूटना है। खोज का अर्थ खोयी, चोरी हो गयी या छिपी हुई को ढूँढ़ना है। किसी ऐसी वस्तु को ढूँढ़ निकालना भी खोज है, जो पहले से मौजूद हो, लेकिन किसी कारणवश जिसे लोग नहीं जानते हों; जैसे—कोलम्बस ने अमेरिका की खोज की थी। वैज्ञानिक क्षेत्र में नये-नये आविष्कार को भी खोज से कहते हैं। खोज 'खोजी' शब्द बना है। खोजी पत्रकार की आजकल खूब चर्चा होती है। जो खोज करने वाला अथवा खोज करने में सफल हो, वह खोजी है।

अनुसन्धान का मूल अर्थ किसी वस्तु का दोष दूर कर उसे शुद्ध कर देना है। यह त्रुटियों को दूर कर उसे दुरुस्त करने, अशुद्ध को शुद्ध करने और गलत को सही करने की क्रिया है। अशुद्धि और गन्दगी दूर कर साफ़-सुथरा कर देना अनुसन्धान है। इस प्रकार यह शुद्धि है, सफ़ाई है और संस्कार भी है। अनुसन्धान का विस्तृत अर्थ जाँच-पड़ताल करना और छानबीन करना है। आधुनिक युग में इसका प्रयोग वैज्ञानिक, साहित्यिक आदि क्षेत्रों में किसी नयी बात का पता लगाकर किसी व्यक्ति द्वारा अपने दृष्टिकोण के अनुसार अपना मत प्रकट किये जाने के अर्थ में किया जाता है। जिस प्रकार खोज की क्रिया खोजने के समान उसी प्रकार अनुसन्धान की क्रिया अनुसन्धान के समान है। अनुसन्धान निबन्ध ऐसा निबन्ध है, जिसमें विचारणीय विषय के सभी अंगों की भली-भाँति छानबीन कर उसके सम्बन्ध में कोई मत या विचार स्थिर किया गया हो।

खोज किसी छिपी हुई चीज को उसी रूप में प्राप्त कर लेना है, जबकि अनुसन्धान में किसी वस्तु को ढूँढ़ निकालने के बाद उसमें संशोधन-परिवर्द्धन भी किया जाता है। अनुसन्धान में खोज कम तथा जाँच और शुद्धीकरण अधिक है। अनुसन्धान केवल खोज नहीं, बल्कि सुधार भी है।

मीडिया अनुसन्धान सामाजिक अनुसन्धान का ही एक रूप है। सामाजिक अनुसन्धान के दो शब्द सामाजिक और अनुसन्धान हैं। सामाजिक का साधारण अर्थ मानवीय सम्बन्धों और समझदारियों पर आधारित उन व्यवहारों से है जो जीवन जीने की अवधि में मनुष्य, अन्य प्राणी या वस्तु तथा विश्वासों से प्रभावित होता है या उन्हें प्रभावित करता है। जब ऐसे सामाजिक तथ्यों का अध्ययन करते समय हम अनुसन्धान की वैज्ञानिक विधि का प्रयोग करते हैं तो उसे सामाजिक अनुसन्धान कहते हैं। सामाजिक अनुसन्धान वैज्ञानिक विधियों के प्रयोग से मानव व्यवहारों को समझने, उसकी व्याख्या और विश्लेषण करने का वह प्रयत्न है जो तर्कपूर्ण ढंग से आगे बढ़ाया जा रहा है। *पी.वी. यंग* के अनुसार सामाजिक अनुसन्धान एक वैज्ञानिक योजना है जिसका उद्देश्य तार्किक तथा क्रमबद्ध पद्धतियों के द्वारा नवीन तथ्यों का अन्वेषण अथवा पुराने तथ्यों

की पुनः परीक्षा एवं उनमें पाये जाने वाले अनुक्रमों, अन्तःसम्बन्धों की कारण सहित व्याख्याओं तथा उनको संचालित करने वाले स्वाभाविक नियमों का विश्लेषण करना है। सामाजिक अनुसन्धान मानव और मानव समूह के व्यवहारों और सम्बन्धों का अध्ययन है। मीडिया अनुसन्धान अन्य सामाजिक अनुसन्धानों की तरह व्यक्ति और उसके व्यवहारों के अध्ययन से सम्बद्ध है। मीडिया में मुख्यतः तीन प्रकार के अनुसन्धान प्रचलित हैं :

(क) जनमाध्यमों द्वारा प्रस्तुत कार्यक्रमों से समाज में पड़ने वाले प्रभाव के अध्ययन से सम्बन्धित शोध।

(ख) जनमाध्यमों की विषय-वस्तु का विश्लेषण और व्याख्या करने वाले शोध।

(ग) जनमाध्यमों की विषय-वस्तु और उसके सकारात्मक प्रभावों को कैसे और बेहतर बनाया जा सकता है इससे सम्बन्धित अध्ययन या शोध।

मीडिया अनुसन्धान के विविध रूप

मीडिया अनुसन्धान सामाजिक अनुसन्धान का ही एक प्रकार है। इसके कुछ प्रमुख रूप निम्नलिखित हैं :

1. शुद्ध या मौलिक अनुसन्धान या सैद्धान्तिक उद्देश्य वाले अनुसन्धान : जब जनमाध्यमों से सम्बन्धित अनुसन्धान सामाजिक जीवन घटना, तथ्य, समस्या सबके विषय में खोज करता है और कार्य-कारण सम्बन्ध का पता लगाता है और मानव के ज्ञान में वृद्धि करता है और इसी के आधार पर नये नियमों की खोज या नये नियमों को स्थापित करता है तो उसे शुद्ध या मौलिक अनुसन्धान कहते हैं।

2. क्रियात्मक या उपचारात्मक अनुसन्धान : क्रियात्मक अनुसन्धान उस कार्यक्रम का अंश होता है जिसका लक्ष्य विद्यमान अवस्थाओं को परिवर्तित करना है। दूसरे शब्दों में, प्रयोगशालाओं से दूर मानव समूह के बीच किये जाने वाले अनुसन्धान क्रियात्मक या उपचारात्मक अनुसन्धान कहलाते हैं।

3. उद्देश्य प्रेरित अनुसन्धान या व्यावहारिक अनुसन्धान : जब सामाजिक समस्याओं को सुलझाने में और समझने में अनुसन्धान-निष्कर्षों का सहारा लिया जाता है तो उसे उद्देश्य प्रेरित अनुसन्धान कहा जाता है।

मीडिया अनुसन्धान की गतिविधि

भारत में जनमाध्यमों को आधार बनाकर अनुसन्धान करने का इतिहास बहुत पुराना नहीं है। विश्व में भी संचार हो या मीडिया इनको आधार बनाकर अन्य विषयों में तो अनुसन्धान हुए हैं, लेकिन संचार और मीडिया को ज्ञान की एक पृथक् शाखा मानकर अनुसन्धान कार्य पिछले 50 वर्षों से ही सम्पादित किये जा रहे हैं।

डेनियल लर्नर (1958) ने मध्य पूर्व में किये गये अपने अनुसन्धान-निष्कर्षों के आधार पर यह प्रतिपादित किया कि परम्परागत समाजों में जनमाध्यम परिवर्तन ला सकते हैं और तब से मैन, मशीन, मनी के साथ मीडिया को भी विकास का प्रमुख कारक स्वीकार किया जाने लगा। इस दिशा में सुप्रसिद्ध संचार विज्ञानी *विल्बर श्राम* (1965) और *एवरेट रोजर्स* ने *डेनियल लर्नर* के अनुसन्धान-निष्कर्षों की पुष्टि करते हुए कहा कि परम्परागत समाज में जनमाध्यम तेज़ी से परिवर्तन कर सकते हैं। पाश्चात्य विद्वानों की तरह ही भारत के अनेक संचार वैज्ञानिक ने मीडिया और विकास को जोड़कर अध्ययन किये और महत्त्वपूर्ण निष्कर्षों का प्रतिपादन किया। जिनमें भारतीय संचार विशेषज्ञ *प्रो. यशपाल, डॉ. पी.सी. जोशी, प्रो. वाई.एल. राव, प्रो. जे.एस. यादव, प्रो. एन.एल. चावला, प्रो. एम.एन. श्रीनिवास, प्रो. वी. शनमुगन, श्री जी. पार्थसारथी, प्रो. देवेश किशोर* आदि प्रमुख हैं। संचार और विकास से सम्बन्धित महत्त्वपूर्ण अनुसन्धान सन्दर्भ प्रस्तुत हैं :

लासवेल (1948) ने कौन कहता है, क्या कहता है, किस माध्यम से कहता है, किससे कहता है और किस प्रभाव से कहता है उक्त प्रश्नों द्वारा संचार प्रक्रिया को विस्तार से समझाया है और संचार प्रक्रिया में मानवजनित और भौतिक कारकों में विभेद किया है। *कार्टस और लेज़रफील्ड* (1955) ने अमेरिका में राष्ट्रपति के चुनाव के दौरान अपने अध्ययन के आधार पर संचार के द्वि-सोपानी (Two Step flow) सिद्धान्त का प्रतिपादन किया। जिसमें यह स्पष्ट किया कि सूचना और संचार

पहले उन लोगों तक पहुँचते हैं जो उनमें ज़्यादा रुचि लेते हैं। बाद में उनकी सहायता से अन्य लोगों तक पहुँचते हैं जो अपेक्षाकृत कम रुचि लेते हैं अर्थात् संचार पहले उन लोगों तक पहुँचता है जो उसे प्राप्त करने के लिए प्रयत्नशील रहते हैं और बाद में उन लोगों के जरिये अन्य लोगों तक पहुँचता है। *न्यूरथ* (1960) ने पाया कि रेडियो के द्वारा श्रोताओं के ज्ञान का औसत स्तर प्रसारण के पूर्व जहाँ 6.4 प्रतिशत था वहीं यह प्रसारण के बाद बढ़कर 12.3 प्रतिशत हो गया। *शर्मा और सक्सेना* (1963) ने पाया कि संचार के माध्यमों की प्रभावशीलता उपयोग के आधार पर भिन्न-भिन्न होती है। उन्होंने यह भी पाया कि सामान्य रूप से जहाँ जनमाध्यम संचार के कम प्रभावशाली माध्यम हैं, वहीं फ़िल्म, रेडियो और प्रदर्शनी अधिक प्रभावशाली माध्यम है। *काल्डरवुड* (1964) ने पाया कि माध्यमिक विद्यालय के छात्रों में रेडियो प्रसारण के प्रभाव से शिक्षा का स्तर बढ़ा है। *श्राम* (1964) ने अपने अध्ययन में पाया कि "Social change of great magnitude is required. To achieve it, people must be informed, persuaded, educated. Information must flow, not only to them but also from them, so that their needs can be known, and they might participate in the acts and decisions of the nation-building; and informaion must also flow vertically so that decision may be made. Works should be organized, and skills should be learned at all levels of society for better utilization of the resources of society. Here is where the mass communication enters the calculus - the required amount of information and learning is so vast that only be making effective use of the great information multipliers, the mass media, can the developing countries hope to provide information at the rates their time tables for development demand". *मिल* (1965) ने किये गये अपने अध्ययन में पाया कि टेलीविजन के माध्यम से शिक्षण की प्रभावशीलता बढ़ाई जा सकती है। किन्तु यह शिक्षक का विकल्प नहीं बन सकता। *खान* (1965) ने अपने अध्ययन में यह पाया कि :

1. अपनाने की प्रक्रिया के भिन्न-भिन्न स्तरों पर अलग-अलग संचार माध्यम उपयोगी होते हैं।
2. प्राथमिक स्तर और मूल्यांकन स्तर पर व्यक्तिगत सम्पर्क सबसे प्रभावशाली माध्यम होता है।
3. रुचि बढ़ाने और जागरूकता बढ़ाने के स्तर पर समूह संचार प्रभावी होता है।
4. अपनाये जाने के उच्च स्तरों पर संचार की परोक्ष विधियाँ अधिक उपयोगी होती हैं।
5. जनमाध्यम जागरूकता बढ़ाने का सबसे प्रभावशाली माध्यम है।

लाइनबर्जन (1966) ने अपने अध्ययन में पाया कि जागरूकता के स्तर पर जनमाध्यम, जैसे– समाचार-पत्र, पत्रिकाएँ, रेडियो, टेलीविजन इत्यादि नये विचारों एवं अभ्यासों से सम्बन्धित जानकारियों के लिए महत्त्वपूर्ण एवं त्वरित माध्यम होते हैं। *बेलसन* (1967) ने अपने अध्ययन में यह पाया कि गाँवों में टेलीविजन की अपेक्षा रेडियो प्रसारण का अधिक प्रभावी और गहन माध्यम है। *गैबनर* (1967) ने अपने अध्ययन में यह पाया कि मीडिया विशेषकर टेलीविजन का समाज पर बहुत प्रभावी असर होता है। उन्होंने इस प्रक्रिया को Cultivation of dominant image pattern का नाम दिया। *शाहकरीह* (1969) ने दो गाँवों का तुलनात्मक अध्ययन किया जिसमें से एक प्रगतिशील और दूसरा परम्परागत था। अध्ययन में संचार प्रवाह और समाजार्थिक स्तर के मध्य सार्थक सह-सम्बन्ध पाया। *सन्धू* (1970) ने अपने अध्ययन में यह पाया कि कृषि इत्यादि से सम्बन्धित कार्यक्रमों में यदि श्रोताओं की रुचि के गीतों का समावेश कर दिया जाता है तो ऐसे कार्यक्रमों की प्रति श्रोताओं की रुचि बढ़ जाती है। *गुप्ता* (1970) ने पाया कि कम उम्र के किसान अधिक शिक्षा प्राप्त उत्तरदाताओं की अपेक्षा नयी तकनीकी के लिए ज़्यादा उत्सुक होते हैं। *डिफ्लेयर* (1970) ने अपने अध्ययन के आधार पर साइको डायनेमिक मॉडल का प्रतिपादन किया और स्पष्ट किया कि प्रभावी अनुगामी संचार के लिए व्यक्ति की आन्तरिक मनोवैज्ञानिक संरचना में परिवर्तन ज़रूरी है। *सिंह* (1972) ने पाया कि अधिकतर श्रोता प्रतिदिन आधे या एक घण्टे तक ही रेडियो सुनते हैं। *कटियार* (1973) ने अपने अध्ययन में पाया कि श्रवण व्यवहार और उपयोग व्यवहार के बीच सकारात्मक सह-सम्बन्ध होता है। *रोजर्स* (1973) ने अपने अध्ययन में विकास संचार के प्रति जो दृष्टिकोण प्रतिपादित किया वह जो कई मायनों में *डेनियल लर्नर* द्वारा

प्रतिपादित दृष्टिकोण के समान ही था परन्तु उन्होंने जिस पक्ष को ज़्यादा महत्त्वपूर्ण समझा उसमें भिन्नता थी। उन्होंने अपने अध्ययन में पाया कि "the diffusion of the new ideas and their practice as a crucial component of the modernization process. According to him "the mass communication influence appears to operate by a 'two step flow' process through awareness of the mass media, development of favourable attitudes and adaptation by inter-personal channels, particularly, opinion leaders. *साइट* (1975) सेटेलाइट इंस्ट्रेक्शनल टेलीविजन एक्सपेरिमेंट (SITE) टेलीविजन के ग्रामीण विकास में पड़ रहे प्रभाव के अध्ययन के लिए प्रारम्भ किया गया एक बृहद् अध्ययन था, जिसमें छः राज्यों के 2400 गाँवों को अगस्त, 1975 से जुलाई, 1976 तक टेलीविजन से सम्प्रेषण उपलब्ध कराया गया और उसके प्रभाव का मापन किया गया। अध्ययन में पाया गया कि अधिकांश दर्शकों ने टेलीविजन को शिक्षा और विकास का माध्यम समझने के बजाय मनोरंजन का साधन अधिक समझा। साइट कार्यक्रम का मूल्यांकन योजना आयोग और स्पेस एप्लीकेशन सेंटर, अहमदाबाद द्वारा किया गया। *खेड़ा संचार परियोजना* (1975) गुजरात के खेड़ा ग्राम में टेलीविजन के प्रभाव का अध्ययन करने के लिए प्रारम्भ किया गया। जिसमें दो आदिवासी बहुल जिलों में 607 सामुदायिक टेलीविजन सेट, 483 गाँवों में लगाये गये जिनका रख-रखाव राज्य सरकार के हाथ में था। यह एक सफल परियोजना रही जिसमें माना गया कि ज्ञान एवं जागरूकता के प्रसारण में संचार माध्यमों की महत्त्वपूर्ण भूमिका है। इस परियोजना के मूल्यांकनकर्ताओं का मानना था कि संचार विकास प्रक्रिया को गति प्रदान करने में महत्त्वपूर्ण सहयोगी की भूमिका निभा सकता है। *मैकब्राइड* (1978) ने संयुक्त राष्ट्र संघ ने तीसरी दुनिया के देशों में सूचना एवं संचार की समस्याओं का अध्ययन करने के लिए एक अध्ययन दल का गठन किया था। जिसने *मेनी वाइस वन वर्ल्ड* नाम से जारी अपनी रिपोर्ट में स्पष्ट किया कि "विकासशील राष्ट्र सूचना और संचार को विकास के एक उपकरण के रूप में उपयोग कर सकते हैं। इसके लिए उन्हें अपास में और अपने देशों में संचार की विषमताओं को यथासम्भव कम कर संचार के प्रजातन्त्रीकरण (Democratization of Communication) पर बल देना होगा। अपने सुझाव में अध्ययन दल ने कहा कि विकासशील राष्ट्रों को संचार माध्यमों की दृष्टि से दूसरों पर निर्भरता कम-से-कम कर अपनी क्षमता बढ़ानी चाहिए। संचार का व्यवसायीकरण बन्द करना चाहिए और संचार के मार्ग में आने वाली बाधाओं को दूर करना चाहिए। *पवार* और *गुंजाल* (1999) ने अपने अध्ययन में यह पाया कि ग़ैर-संस्थागत अन्तरवैयक्तिक माध्यम जागरूकता और अनुकूलन (Adoption) के स्तर पर अधिक प्रभावी होते हैं जबकि इलेक्ट्रॉनिक मीडिया जागरूकता और रुचि के स्तर पर प्रभावी होते हैं। समूह संचार मूल्यांकन और पूर्ण अनुकूलन की स्थिति में श्रेष्ठ होते हैं। समग्र अनुकूलन प्रक्रिया में अन्तरवैयक्तिक संचार सबसे महत्त्वपूर्ण भूमिका निभाता है इसके बाद प्रिंट मीडिया का स्थान आता है। *मानदे, नन्दपुरकर, पिम्परीकर* (1999) ने अपने अध्ययन में यह पाया कि संचार अन्तराल (Communication Gap) को न्यूनतम करने के लिए प्रशिक्षण तकनीक का प्रयोग संचार प्रविधि में करना उपयोगी होता है। *आर्या* और *जमाल* (1999) ने अपने अध्ययन में यह पाया कि जहाँ शैक्षणिक स्तर कम हो वहाँ जनमाध्यमों के बजाय अन्तरवैयक्तिक संचार अधिक प्रभावी होता है। *पांडेय* (2003) ने हरियाणा के घिराय गाँव का अध्ययन कर अपने निष्कर्ष में बताया है कि ग्राम समाज में आज भी मौखिक परम्परा हावी है और ग्रामीण समाज के अन्तर्गत अन्तरवैयक्तिक संचार सर्वाधिक महत्त्वपूर्ण संचार है। रेडियो और टेलीविजन की निरन्तर उपस्थिति से गाँव में उपभोक्तावाद का एक नया वातावरण पनपने लगा है। *त्रिपाठी* और *नैय्यर* (2003) ने इंटरनेट को ग्रामीण विकास के लिए महत्त्वपूर्ण उपकरण निरूपित करते हुए इस तकनीकी को गाँव-गाँव तक पहुँचाने की बात कही है। *वीरशेखरन, पेरूमल* और *सेमलैन* (2003) ने अपने अध्ययन में स्पष्ट किया है कि सम्प्रेषण को प्रभावी बनाने के लिए जिस विचार को सम्प्रेषित किया जाना है वह सबसे पहले सम्प्रेषक के मस्तिष्क में स्पष्ट होना चाहिए और दिया जाने वाला सन्देश लोगों के शैक्षणिक स्तर के अनुरूप होना चाहिए। *सिंघल* (2003) ने एड्स से सम्बन्धित अपने अध्ययन में पाया कि व्यवहार परिवर्तन के लिए किया जाना वाला सम्प्रेषण यदि संस्कृति से जुड़ा हुआ हो तो बहुत प्रभावी होता है। *Roberge* (2003) Development communication, yes, of course, but not as it was defined so far in what I have called "the development communication discourse." In that discourse, the development agents have defined unilaterally both development and communication. What is advocated in this essay is another form of communication for another form of development, i.e., another development communication; one that fosters the unfolding of harmony among people.

आधुनिक सन्दर्भ में मीडिया अनुसन्धान बाज़ार की व्यवस्था का ही परिणाम है, क्योंकि ज़्यादातर अनुसन्धान उपभोक्ता पर प्रभाव और उपभोक्ता व्यवहार के अध्ययन के लिए ही होते हैं, ऐसी स्थिति में मीडिया अनुसन्धान को एक पृथक् विषय के रूप में उभरना होगा।

मीडिया और विकास

विकास एक जटिल और गत्यात्मक, गुणात्मक प्रत्यय है। मात्र आर्थिक अवयवों से इसे जोड़कर देखना, इस अवधारणा को सीमित करना होगा। सभ्यता और संस्कृति, मानव और मूल्य, व्यक्ति और परिवार, प्रकृति और पर्यावरण, मानवाधिकार और जीवन स्तर आदि लम्बी विकास यात्रा के अनिवार्य पड़ाव हैं। स्वतन्त्रता के बाद अस्तित्त्व में आयी लोककल्याणकारी सरकारों ने नियोजित आर्थिक विकास का मार्ग चुना। सीमित और वैकल्पिक उपयोग वाले संसाधनों से असीमित लक्ष्यों की प्राप्ति के अनेक मॉडल बने। योजनाएँ बनीं, किन्तु अन्तिम व्यक्ति तक विकास के लाभ को पहुँचाने का महत्त्वाकांक्षी स्वप्न 'आकाश कुसुम' साबित हुआ। विदेशी अवधारणाओं के विकास बीज देशी मिट्टी में नहीं जम पाये। फल नहीं मिले। पचास वर्षों बाद भी देश का विकास न तो वाँछित गति से हो रहा है और न अभीष्ट दिशा में विचारणीय प्रश्न है। विकास का मूलभूत अभिप्राय पूर्ण मानवीय विकास से है : विशेषकर उसके अस्तित्त्व और गुणवत्ता से। प्रसिद्ध विद्वान् इन्वर्ट के अनुसार, "विकास का वास्तविक अर्थ तकनीकी अथवा राष्ट्रीय उत्पादकता में वृद्धि से नहीं बल्कि ज्ञान और चेतना के उस विकास से है, जिसके द्वारा वह सहभागी बनता है।" विकास के लिए सहभागिता का भाव जनमाध्यम पैदा कर सकते हैं।

संक्रमणकाल से गुजरता भारतीय समाज आज निर्णायक दौर में है। पश्चिम की नकल से अपने विकास मॉडलों की विफलता हमारे सामने है। यही नहीं इस एकपक्षीय विकास अवधारणा ने सांस्कृतिक विखण्डन, मूल्यहीनता, पर्यावरण प्रदूषण और आय के असमान वितरण की गम्भीर समस्याएँ उत्पन्न कर दी हैं। हम ऐसे मॉडल, ऐसी प्रणाली के विकास की चुनौती से रूबरू हैं जो देश को उसकी संस्कृति और संसाधनों के अनुरूप परिवर्तन का मार्ग दिखाये। परिवर्तन प्रकृति का शाश्वत नियम है। इसका क्रम निरन्तर चलता रहता है। इसे दो आधारों पर देखा जा सकता है : परिस्थिति परिवर्तन और मनःस्थिति परिवर्तन। प्रारम्भ में अवधारणा थी कि व्यक्ति बदलने से समाज बदलता है। दूसरे शब्दों में, मनःस्थिति परिवर्तन से परिस्थिति परिवर्तित हो जाती है। इस विचार का आधार धर्म था। बाद में प्रयोग हुए और कहा गया कि परिस्थिति परिवर्तन से मनःस्थिति स्वतः बदल जायेगी। यह परिवर्तन राजनीति के माध्यम से सम्भव हुआ। किन्तु उपर्युक्त दोनों प्रयोग असफल हुए। आज मान्यता है कि परिस्थिति परिवर्तन और मनःस्थिति परिवर्तन साथ-साथ होते हैं। परिस्थिति के परिवर्तन में समाजार्थिक कारक महत्त्वपूर्ण होते हैं किन्तु मनःस्थिति परिवर्तन में जनमाध्यम काम कर सकते हैं। विकास में उनकी यही भूमिका है।

विकासशील राष्ट्रों की अपनी विशेषताएँ एवं विवशताएँ होती हैं। भारत जैसे देश में जहाँ शौच के बाद हाथ धोने जैसी मूलभूत जानकारी देना भी जनमाध्यमों की ज़रूरत हो वहाँ पश्चिम के प्रचार तन्त्रों का अन्धानुकरण विकास के लिए आवश्यक वातावरण पैदा करने के स्थान पर कुंठा और हताशा को जन्म देगा। हमारे मीडिया भगीरथों को सूचना-शिक्षा-मनोरंजन की त्रिवेणी बहानी होगी। विकसित देशों की मान्यता कि समाचार सिर्फ़ वाइन, वैल्थ और वूमन के आसपास होते हैं, हमारे लिए उपयुक्त नहीं। हमें ऐसे माध्यम ऐसे कार्यक्रम चाहिए जो साहस, सम्बल और सामर्थ्य का सृजन जनमानस में कर सके। विकासशील देशों में विकास के लिए आवश्यक वातावरण के निर्माण के लिए विकास-पत्रकारिता के संचार की आवश्यकता है।

मीडिया के क्षेत्र में ऐसे अनुसन्धान-कार्यों को प्रोत्साहित करने की आवश्यकता है जो विकास में आम आदमी को जोड़ सकें। देश की आवश्यकता के अनुरूप परिस्थितियों का निर्माण कर सकने में सहायक साबित हो सकें।

भावनात्मक एकीकरण

दूसरे विश्वयुद्ध के बाद देश की सीमाओं का निर्धारण जातिगत एकता अथवा समान सांस्कृतिक पृष्ठभूमि के आधार पर न होकर विजित राष्ट्रों की लाभ और सुविधा की दृष्टि से किया गया। जिसके फलस्वरूप आज अनेक नवस्वतन्त्र देश जाति, भाषा और क्षेत्र के अलगाववाद का सन्त्रास झेल रहे हैं। इन देशों में भौगोलिक एकता तो स्थापित कर दी गयी किन्तु भावनात्मक एकता का अभाव है। जनमाध्यम इन देशों में 'राष्ट्र-निर्माण' की प्रक्रिया में योगदान दे सकते हैं। मीडिया को लोगों को इस बात का अहसास दिलाना चाहिए कि सभी व्यक्ति चाहे वे किसी भी भाषा, धर्म अथवा जाति के हों राष्ट्ररूपी मशीन के कलपुर्जे हैं। सबके समन्वित प्रयास से ही राष्ट्र एकता और अखण्डता के सूत्र में बँधकर विकास कर सकते हैं। हाल ही में घटित कारगिल प्रकरण इसका जीवन्त उदाहरण है कि कैसे जनमाध्यम अस्थिरता से जूझते राष्ट्र को 'भावनात्मक एकता' के सूत्र में जकड़ सकता है। जितनी बार हम अनेकता को रेखांकित करेंगे एकता प्रभावित होगी। इसलिए ऐसे अनुसन्धान-विषय न रखे जायें जिनके निष्कर्ष भावनात्मक एकीकरण के मार्ग में बाधक साबित हो सकते हैं।

विकास-पत्रकारिता और मीडिया शोध

विकास-पत्रकारिता का लक्ष्य विकास से सम्बन्धित समाचारों को ऐसे ढंग से देना है, जिन्हें जनता रुचिपूर्वक पढ़े। विकास से सम्बन्धित समाचारों को सही एवं रुचिकर ढंग से प्रस्तुत किया जाये तो सुपरिणाम की प्राप्ति हो सकती है और इससे विकास-समाचारों के उपभोक्ताओं की संख्या में वृद्धि हो सकती है। विकास-पत्र के द्वारा जनता को जागरूक किया जाता है। समाज में व्याप्त समस्याओं के प्रति इसके द्वारा हम जनता को उसके अधिकारों एवं कर्तव्यों का बोध कराते हैं। विकासशील पत्र द्वारा सरकार की नीतियों, कार्यक्रमों, योजनाओं और समाज में हो रहे अन्य विकासात्मक कार्यों को जनता तक पहुँचाया जा सकता है लेकिन प्रचार के रूप में नहीं बल्कि जनता को शिक्षित करने के उद्देश्य से।

विकास-पत्रकारिता का उद्देश्य यह नहीं है कि केवल विकास की बात ही लिखी जाये वरन् आवश्यक है कि इसके अतिरिक्त उन सभी पहलुओं के परिवर्तन पर भी नजर रखी जाये जो व्यक्तियों के लिए आवश्यक है। इन सभी बातों के लिए मीडिया अनुसन्धान बहुत आवश्यक है।

मीडिया अनुसन्धान पर आधारित विकासशील रिपोर्टिंग निम्नांकित उद्देश्यों की पूर्ति में सहायक हो सकती है

1. जनता में विकास कार्यक्रम के प्रति सक्रिय भागीदारी की भावना को जगाना।
2. विकास कार्यों में रत लोगों के विचारों को अधिक महत्त्व देना।
3. नवीन योजनाओं, खोजों, आधुनिकीकरण प्रक्रिया की विस्तृत जानकारी क्या है। इससे क्या लाभ है आदि बातों को जनता तक पहुँचाना ताकि परिवर्तन और आधुनिकीकरण की प्रक्रिया से पाठक जुड़े।
4. विभिन्न सफल कार्यक्रमों की जानकारी जनता तक पहुँचाना।
5. पिछड़े भागों की स्थिति (दुर्दशा) को पत्र के माध्यम से सरकार की दृष्टि में लाना, जिससे वहाँ विकास हो सके। विकास-पत्रकारिता का एक उद्देश्य अपनी रिपोर्टिंग द्वारा जहाँ विकास नहीं हुआ उस ओर सरकार का ध्यान दिलाकर वहाँ भी विकास प्रक्रिया शुरू करवाना।
6. विकास-पत्रकारिता द्वारा विकास प्रक्रिया में हो रहे भ्रष्टाचार तथा भ्रष्ट अधिकारियों की करतूतों को भी जनता के सामने लाना।
7. समाज के व्यावसायिक सम्बन्धों को प्रोत्साहन देना।
8. सम्भावित समाधानों की ओर संकेत करना।

रिपोर्टिंग की आधुनिक प्रवृत्तियाँ

आज का संवाददाता सिर्फ़ घटनाओं का सीधा-साधा प्रस्तुतिकरण कर चुप नहीं बैठ जाता बल्कि वह उसके कारण, उसके आसपास के संयोगों की छानबीन भी करता है। वह पर्दे के पीछे की भूमिका भी साथ-ही-साथ समझता है। कारणों की खोज करता है, उन्हें दूर करने का संकेत देता है और दोषी पद्धति या व्यक्ति को आड़े हाथों लेता है। प्रारम्भिक काल में समाचार लेखन का क्षेत्र बहुत ही सीमित था। इस बारे में यह मान्यता थी कि समाचार को संवाददाता उसकी वास्तविक दशा और सही आँकड़े देकर प्रस्तुत करे। उसे न तो भूतकाल उखाड़ना है और न ही भविष्य का अनुमान प्रस्तुत करना है। किसी प्रकार की राय देना भी उचित नहीं।

उद्देश्य

1. समाचार के उद्देश्यों से परिचित करना।
2. तर्कों के आधार पर तथ्यों की व्याख्या।
3. विषय/घटना का विशद विवेचन।
4. तथ्यों और घटनाओं के बारे में जागरूकता पैदा करना।
5. स्थिति की समीक्षा/नीति/घटना का प्रस्तुतिकरण।
6. जनमत-निर्माण।
7. जनता का मार्गदर्शन कराना।
8. जटिल/बोझिल और अति तकनीकी विषयों पर जनता को जानकारी देना और उसे ग्राह्य बनाना।
9. भविष्यवाणी या अनुमान लगाना।

रिपोर्टिंग की आधुनिक प्रवृत्तियाँ

1. यह पाठक को सिर्फ़ क्या हुआ की जानकारी से बढ़कर क्यों हुआ से भी अवगत कराती है।
2. सभी पक्षों को समाहित करते हुए संकलित और सुपठित रूप से तर्कपूर्ण ढंग के सम्पूर्ण समाचार को प्रस्तुत करना।
3. उच्चस्तरीय रिपोर्टिंग जो सही व व्याख्यात्मक हो।
4. चित्रों, साक्ष्यों और प्रदर्शन के अन्य तत्त्वों द्वारा सम्पूर्ण समाचार के विकास की क्रमबद्ध रिपोर्टिंग।
5. विवेचन तथ्यों की न कि मतों की।
6. उस सम्बन्ध में (विषय/ घटना पर) पाठक की कोई जिज्ञासा अनुत्तरित नहीं रह जाती। व्यापक सम्पूर्णता।
7. सतही जानकारी से नीचे जाकर जो ऊपरी तौर से नहीं दिखाई पड़ती लेकिन समाचार को समझने के लिए आवश्यक।
8. गहराई और व्याख्या का अर्थ समाचार के बड़े आकार से कदापि नहीं है।

व्याख्यात्मक पत्रकारिता और मीडिया शोध

समाचार-जगत् में अत्यधिक स्पर्द्धा का परिणाम है :1. व्याख्यात्मक रिपोर्टिंग। 2. खोजी रिपोर्टिंग-मुद्रित माध्यमों के पास स्थान सीमित है और इलेक्ट्रॉनिक माध्यमों के पास समय। अतः जहाँ इलेक्ट्रॉनिक माध्यमों के लिए समाचारों को और सूचनाओं को तत्काल प्रस्तुत करना उनकी सबसे बड़ी विशेषता बन गयी है उसी प्रकार मुद्रित माध्यमों को लोग क्या हुआ से बढ़कर क्यों हुआ की जानकारी लेने के लिए पढ़ते हैं। विश्लेषण और खोज की रिपोर्टिंग में मीडिया अनुसन्धान का बहुत महत्त्वपूर्ण स्थान है। दरअसल व्याख्या और खोज की पत्रकारिता अलग-अलग नहीं वरन् एक ही सिक्के के दो पहलू हैं। ऐसी कोई रिपोर्टिंग नहीं होती जिसमें लिखने के लिए तथ्यों को ढूँढ़ना या खोजना न पड़े। तो दूसरी ओर ऐसी भी कोई रिपोर्टिंग नहीं

होती जहाँ तथ्य उपलब्ध हों और जनसामान्य के लिए उनका विश्लेषण न करना पड़े। जिस रिपोर्टिंग में तथ्यों को खोजना अपेक्षाकृत अधिक महत्त्वपूर्ण होता है उसे खोजपूर्ण रिपोर्टिंग और जहाँ ज्ञात तथ्यों का विश्लेषण अधिक महत्त्वपूर्ण होता है उसे व्याख्यात्मक रिपोर्टिंग कहा जाता है। दोनों ही रिपोर्टिंग प्रारूप वर्तमान समय में इलेक्ट्रॉनिक माध्यमों की चकाचौंध की चुनौती झेल रहे मुद्रित माध्यमों के लिए महानायक हैं। इन दोनों ही प्रारूपों को ईमानदारी से प्रस्तुत करने के लिए मीडिया अनुसन्धान बहुत आवश्यक है। यही कारण है कि जनमाध्यमों द्वारा विज्ञापन और जनसम्पर्क को छोड़कर सामान्य रिपोर्टिंग के विषयों में भी गहराई और व्यापकता के लिए मीडिया अनुसन्धान का उपयोग किया जा रहा है।

समाचारों की व्याख्या की आवश्यकता

- प्रथम विश्वयुद्ध के बाद अमेरिकी जनता को झटका लगा कि इतनी महत्त्वपूर्ण ख़बर पहले क्यों नहीं जान पाये।
- रिपोर्टिंग की मान्यताएँ बदलने की ज़रूरत पर बल।
- 1930 की विश्वव्यापी मन्दी से भयंकर आर्थिक अव्यवस्था। समाचार-पत्रों के दायित्व पर प्रश्नचिह्न।
- वी. स्कोनसीन युनिवर्सिटी में अपने भाषण में *स्व. मेनार्ड ब्राउन* ने सामाजिक संस्थान के दायित्व के बारे में टिप्पणी करते हुए लिखा था—"एसोसिएटिड प्रेस ने राजकीय और अन्य प्रवाहों के सम्बन्ध में सूचना प्रधान और पूर्ण पीठिकायुक्त सामाजिक सूचनाएँ भेजने के लिए अपने संवाददाताओं को रोका है। ऐसा लगता है सिर्फ़ क्या हो रहा है इसके साधारण समाचार भेजकर उन्होंने अपना दायित्व समाप्त मान लिया।"
- प्रथम विश्वयुद्ध और मन्दी के कारण विवेचनात्मक समाचार लेखन की माँग बढ़ी।
- 'टाइम्स' और न्यूज़ वीक पत्रिकाओं की बिक्री में एकाएक वृद्धि। रीडर्स डायजेस्ट को भी लाभ मिला।

विवेचनात्मक समाचार लेखन के पक्षधर 'न्यूयार्क टाइम्स' के *लिस्टर मार्क्स* विवेचनात्मक सामाजिक संवाददाता विरोधी कहते हैं कि समाचार सिर्फ़ सत्य पर आधारित होना चाहिए। लेकिन सत्य है। वास्तव में कोई भी विवरण निरपेक्ष हो ही नहीं सकता। जिस प्रकार क़ानून की व्याख्या करने का अधिकार सुप्रीम कोर्ट को है उसी तरह समाचार की व्याख्या करने का अधिकार समाचार समिति और सम्पादक को है।

इस व्याख्या को समग्र रूप में प्रस्तुत करने के लिए मीडिया अनुसन्धान बहुत उपयोगी उपकरण हो सकता है।

खोजपरक पत्रकारिता और मीडिया शोध

खोजी पत्रकारिता वस्तुपरक तथ्यों की जाँच करती है जो आम आदमी की जानकारी में नहीं होती या आम आदमी से छिपाकर रखी जाती है। साथ ही यह जनसंचार माध्यमों में भी जनसाधारण को नहीं मिल पाती। बदलते नैतिक मूल्यों एवं सामाजिक परिवर्तन के परिप्रेक्ष्य में स्वस्थ समाज और राष्ट्र-निर्माण के लिए खोजी पत्रकारिता की भूमिका अत्यन्त महत्त्वपूर्ण है। अमेरिका के समाचार-पत्र *'न्यूज़ डे'* के पत्रकार *बॉबग्रीन* के अनुसार—"खोजी पत्रकारिता का अभिप्राय ऐसे खोजपूर्ण संवाद लेखन से है जिसके माध्यम से अनउद्‌घाटित महत्त्वपूर्ण मामलों को स्वयं के लेखन तथा प्रयत्न या पहल द्वारा प्रकाश में लाया जाता है। जिसे कुछ लोग या समूह छिपाना चाहते हैं।" खोजपूर्ण संवाद लेखन के तीन महत्त्वपूर्ण तत्त्व हैं—

1. सम्बन्धित विषयक की जाँच-पड़ताल संवाददाता द्वारा स्वयं की जाती है।
2. उसी महत्त्वपूर्ण जानकारी का प्रकाशन किया जाये जो जनता के लिए महत्त्वपूर्ण हो।
3. खोजी पत्र में वे ही समाचार लिखे जाते हैं जो सम्बन्धित व्यक्तियों द्वारा लोगों से छुपाये जा रहे हैं।

खोज की पत्रकारिता में भी वैज्ञानिक विधि की तरह कार्यकारण में युक्ति-युक्त सम्बन्ध खोजना पड़ता है और इस दिशा में मीडिया अनुसन्धान महत्त्वपूर्ण होते हैं। पूरे तथ्यों, पूरी सच्चाई और पूरी विश्वसनीयता के साथ प्रस्तुत रिपोर्ट पर कभी पक्षपात या तथ्यों को तोड़-मरोड़कर प्रस्तुत करने का आरोप नहीं लगता, किन्तु ऐसी रिपोर्ट के निर्माण में मीडिया अनुसन्धान के विभिन्न चरण उपयोगी हो सकते हैं और रिपोर्टिंग को नयी दिशा और ऊँचाई दे सकते हैं।

मीडिया अनुसन्धान पर आधारित खोजी रिपोर्टिंग में निम्नलिखित बातों का ध्यान रखना आवश्यक है :

1. उचित सच्चाई बताएँ जितनी आवश्यक है।
2. उद्देश्यपूर्ण और तथ्यपरक हो।
3. रिपोर्टर की नैतिकता झलकनी चाहिए।
4. अन्याय क्यों हुआ इसका विस्तार से खुलासा हो।
5. प्रेस स्वतन्त्रता का दुरुपयोग न करें।
6. फीडबैक प्राप्त करते रहें।
7. स्वयं के गलत होने पर जिम्मेदारी स्वीकारें।
8. गहरी जाँच करे वास्तविकता की जाँच करे।
9. स्कूप के पीछे नहीं सत्य के पीछे।
10. डेडलाइन नहीं होती है।

उपर्युक्त तथ्यों को आत्मसात् कर पत्रकार यशस्वी हो सकता है।

73

सूचना-जगत्

(Information World)

आज के युग को सूचना का युग कहा जाता है। हम सब एक तेज गति वाले सूचना महामार्ग के राही हैं। सूचनाओं ने हमें हर समय, हर जगह घेर रखा है। आपकी नींद खुलती है और आपके हाथों में अख़बार होता है। घर में टी. वी. या रेडियो चल रहा होता है। सूचनाएँ ख़बरों और विज्ञापन के रूप में आप तक पहुँचना शुरू हो जाती हैं। आप स्कूल या दफ़्तर के लिए निकलते हैं और बड़े-बड़े बैनर और होर्डिंग आपका स्वागत करने के लिए तैयार होते हैं। वे आपको किसी वस्तु, विचार या व्यक्ति का सन्देश देते हैं। आप इन सन्देशों से बचने के लिए शायद मोबाइल फोन के इयरफोन को अपने कानों में लगा लेते हैं। एक बार फिर आपके कानों के सहारे आप तक फिर सूचनाएँ पहुँचने लगती हैं। आप दफ़्तर में अपना कम्प्यूटर ऑन करते हैं और आपका इंटरनेट फिर सूचनाओं के महासागर के साथ आपके सामने प्रकट हो जाता है। आप दरअसल ऐसे किसी समय की कल्पना कर ही नहीं सकते, जब आपकी आँखें खुली हों और किसी-न-किसी रूप में आप तक सूचनाएँ न पहुँच रही हों। यानि आप सूचनाओं की कैद में हैं। सूचनाओं का सैलाब आपके ऊपर से हर रोज़ गुजर जाता है और आप उसे आने से रोकने के लिए कुछ नहीं कर सकते हैं। आप शायद ऐसे किसी दिन के बारे में सोच ही नहीं सकते। जब आपके पास मोबाइल फोन न हो, अख़बार न हो, किताबें न हों, टी. वी. और इंटरनेट न हो। यानि सूचनाओं के साथ जीना हमारी मजबूरी है। मजबूरी इसलिए क्योंकि आप तक जितनी सूचनाएँ पहुँच रही हैं, उनमें से बहुत ही मामूली हिस्सा शायद महासागर की बूँद जितनी सूचनाएँ ही आपके काम की हैं। लेकिन आप पर हर रोज़ पूरा महासागर ही उड़ेला जा रहा है।

इंटरनेट, टी. वी., रेडियो, मोबाइल फोन, समाचार-पत्र, कॉपैक्ट डिस्क, किताबें, सड़क पर लगे होर्डिंग आदि विभिन्न स्रोतों से हर क्षण काफ़ी तेज़ गति से सूचनाओं का प्रवाह हो रहा है। विश्लेषकों के अनुसार आधुनिक जीवन की रफ़्तार 2, 3 शब्द प्रति सेकंड या एक लाख शब्द प्रतिदिन है। इनमें आपसी बातचीत में इस्तेमाल हुए शब्द शामिल नहीं हैं। इस प्रकार जब से मनुष्य जागता है, तब से उसके मन-मस्तिष्क पर शब्दों की बौछार शुरू हो जाती है। कई विशेषज्ञ सूचनाओं के इस सैलाब को इंसानों के लिए नुकसानदेह मानते हैं। उनके अनुसार इसने लोगों में पढ़ने की क्षमता को कम कर दिया है, अधिकतर मामलों में लोग सूचनाओं पर सरसरी निगाह ही रखते हैं। वहीं एक-दूसरे अध्ययन में कहा गया है कि अगर टी. वी., कम्प्यूटर, मोबाइल वगैरह से मिले दृश्यों को शामिल कर लिया जाये तो लगभग 34 गीगाबाइट्स का डाटा हर रोज़ हमारे दिमाग तक पहुँचता है। ये सूचनाएँ न केवल हमारे पास तेज़ी से पहुँच रही हैं, बल्कि पूरे विश्व में तेज़ी से इनको डिजिटलाइज किया जा रहा है।

1930 के दशक में वैज्ञानिकों ने अनुमान लगाया था कि विश्व में सूचनाओं के प्रवाह में हर 30 वर्ष में दोगुनी बढ़ोतरी होती जायेगी। इस अनुमान का आधार यह मान्यता थी कि हर 30 वर्ष में एक पीढ़ी बदल जाती है। लेकिन वर्ष 1970 के आते-आते यह धारणा बदल गयी। अब कहा जाने लगा कि प्रत्येक सात वर्ष के अन्तराल में नये लोगों में सूचनाएँ ग्रहण करने की क्षमता दोगुनी होती जा रही है। लेकिन 1970 में कही गयी बातें भी आज पुरानी हो गयी हैं। अनुसन्धान के आधार पर अब कहा जाने लगा है कि वर्तमान समय में प्रत्येक 11 घण्टे के अन्तराल में ही सूचना प्रवाह की गति दोगुनी होने लगी है। इस प्रकार सुबह जब आप सोकर उठ रहे होंगे, तब आपके आसपास सूचनाएँ बढ़कर दोगुनी हो जा रही हैं। प्रत्येक व्यक्ति को स्वयं को अपडेट रखने के लिए रोज़ की घटनाओं पर नज़र रखनी होती है। इस प्रकार प्रति व्यक्ति के पास 24 घण्टे का समय ही होता है। दिन के समय में बढ़ोतरी नामुमकिन है। इस प्रकार लोगों के सामने सूचनाओं का अथाह भण्डार जमा होने लगा है।

जीवन की सार्थकता 'सच का सामना करने' में है। चुप बैठना, मूक हो जाना, 'जाहि विधि राखे राम वाही विधि रहिए' को ब्रह्म वाक्य मानना उचित नहीं। प्रतिरोध ही ईमानदार संवाद है : इस पर अमल करेंगे तो सफल होंगे। *श्रीवर्द्धन* की निम्नलिखित बातें ध्यातव्य हैं :

जीवन ईमानदारी से जीने का नाम है। प्रतिरोध के बिना जीवन मुश्किल हो जायेगा। गलत बातों को सहते जाने से आपका व्यक्तित्त्व निखरेगा नहीं, बल्कि मन में दबी बातें उसे और बिगाड़ देंगी। प्रतिरोध कीजिए, पर संवाद के रूप में। यदि आप संवाद नहीं रखते तो आपके मन में भी गन्दगी जमा होती जायेगी और एक दिन आप फट पड़ेंगे, गन्दे नाले की तरह। उस वक़्त आप दुनिया के सबसे बुरे आदमी के रूप में जाने जायेंगे। तब आपको लगेगा मैं पहले चुप क्यूँ रहा।

अपने घर के एक कोने में हम कचरा पटकते जाते हैं। कुछ दिनों बाद वो कोना इतना गन्दा हो जाता है कि हम उसके पास नहीं जाते। ऐसा ही ज़िन्दगी और रिश्तों में है। कई दिनों तक यदि हम बातों को मन में रखेंगे तो एक दिन वह कूड़ा घर बन जायेगा। बिना संवाद के जितने अधिक विचार बनायेंगे, भावनाएँ महसूस करेंगे उतनी ही दूरी हमारे रिश्तों से बढ़ती जायेगी। एक खरोंच का इलाज पहले ही दिन कर लिया जाये तो वो कभी तकलीफ़ नहीं देगी। वरना एक दिन वह इतना बड़ा घाव बन जायेगी कि हमें शरीर के उस हिस्से को हमेशा के लिए अलग करना पड़ेगा। ऐसे ही चुप रहने से रिश्ते हमेशा के लिए टूट जाते हैं।

हमें सच का सामना करना सीखना चाहिए। यदि सच आहत करता है तो भी। आप अक्सर ये सोचकर सच नहीं कहते कि सामने वाला आहत हो जायेगा। पर ये मत सोचिए अपनी भावनाएँ तत्काल कहिए। किसी सही वक़्त का इन्तजार मत करिए। सच के लिए हर वक़्त सही ही है। यदि सामने व्यक्ति बातें समझ जाता है तो मानिए आप ज़िन्दगी में सफल हो गये। यदि ऐसा नहीं होता है तो समझ जायें आप किसके साथ खड़े हैं। फिर जो सच्चाई है उसे स्वीकार करिए। खुद को लगे आघात को भुला दें, और आगे बढ़ जायें। आपको अब कुछ भी साबित नहीं करना है।

सूचना की अवधारणा (Concept of Information)

सूचना किसी भी राष्ट्र के विकास के लिए एक आवश्यक तत्त्व है। जो सूचना का सृजन करते हैं, उपयोग करते हैं और उसका प्रसार करते हैं, वे विकसित राष्ट्र जाने जाते हैं। आज सूचना किसी भी राष्ट्ररूपी शरीर में रीढ़ की हड्डी के समान है। प्रत्येक मानवीय गतिविधि के लिए सूचना एक आवश्यक अंग है। बिना सूचना के कोई भी मानवीय गतिविधि अच्छी प्रकार से नहीं की जा सकती है। सूचना व्यक्ति को बेहतर जीवन जीने में समर्थ बनाती है।

किसी भी रूप में कोई भी सामग्री, जिसमें निम्नलिखित सम्मिलित हो, 'सूचना' कहलाती है :

दस्तावेज़, ज्ञापन, अभिलेख, नमूने, काग़ज़ात, संविदाएँ, परिपत्र, ई-मेल, सलाह, लॉबुक, ज्ञापन, मॉडल, रिपोर्ट, प्रेस विज्ञप्ति, आदेश तथा इलेक्ट्रॉनिक रूप में रखी गयी।

सूचना का अधिकार अधिनियम 2005 में 'सूचना' को धारा-2(च) में परिभाषित किया गया है :

'सूचना' से किसी भी रूप में कोई सामग्री, जिसमें अभिलेख, दस्तावेज़, ज्ञापन, ई-मेल, राय, सलाह, प्रेस विज्ञप्ति, परिपत्र, आदेश, लॉग बुक, संविदाएँ, रिपोर्ट, काग़ज़ात, नमूने, मॉडल, किसी इलेक्ट्रॉनिक रूप में धारित महत्त्वपूर्ण डाटा शामिल होते हैं और किसी प्राइवेट निकाय से सम्बन्धित सूचना अभिप्रेत है, जिस तक तत्समय प्रवृत्त किसी अनरू विधि अधीन लोक प्राधिकारी द्वारा पहुँचा जा सकता है।

जी. देवराज के अनुसार—'सूचना अर्थ एक प्रदत्त परिस्थित की घटनाओं के बारे में ज्ञान का सम्प्रेषण है। दूसरे शब्दों में, अवलोकन और प्रयोगों द्वारा अर्जित, अभिलिखित सूचना अथवा सम्प्रेषित ज्ञान।'

शैनन एवं *वेवर* के अनुसार—'सूचना एक उद्दीपन है, जो कि अनिश्चितता को कम करता है।'

एन्थोनी ए. डीबोन्स के अनुसार—'सूचना प्रतीक और आँकड़ा के स्वरूप में वातावरण में ऊर्जा की अनुभूति के बाद जीवों की दशा का प्रतिनिधित्व करती है। रूपान्तरण, जो कि आँकड़ा और परिणाम दशा के मध्य होता है, जो सभी जीवों के कार्यों का एक भाग है, यह केन्द्रीय तन्त्रिका तन्त्र की गतिविधियों के माध्यम से सभी मानवों में उच्च स्तरीय ज्ञात क्षमताओं को प्राप्त करती है।'

सूचना के उपरोक्त अर्थों से यह पता चलता है कि वास्तव में, सूचना वह ज्ञान है, जिसे अध्ययन, अनुभव, प्रयोग, अनुदेश के द्वारा एक व्यक्ति प्राप्त करता है अथवा सम्प्रेषित करता है।

सूचना एक मानवीय विचार है और मनुष्य एक सामाजिक प्राणी है। सामाजिक प्राणी होने के कारण वह बहुत-सी सामाजिक गतिविधियों में लगा रहता है। जब मानव अनुभूति करता है, तो उससे कई कल्पनाएँ जन्म लेती हैं और इन कल्पनाओं पर तर्कयुक्त ढंग से चिन्तन-मनन किया जाता है, तो कुछ विचार जन्म लेते हैं, जिन्हें सूचना भी कहा जाता है। आज सूचना प्रत्येक मानवीय गतिविधि का अभिन्न अंग है। यह कहा जा सकता है कि कोई भी गतिविधि सूचना के बिना नहीं की जा सकती है।

सूचना शब्द में प्राइवेट निकाय अथवा व्यक्ति से सम्बन्धित वह सूचना भी सम्मिलित है, जो लोक प्राधिकारी द्वारा किसी क़ानून के अनुपालन में अभिलिखित की जाती है। गोपनीयता के नियमों के अधीन रहते हुए क़ानून के प्रावधानों के अनुसार आयकर अधिकारी से किसी प्राइवेट निकाय के लेखों के सम्बन्ध में कोई भी नागरिक सूचना की माँग कर सकता है। वह सूचना, जो अधिनियम के प्रावधानों के अन्तर्गत अभिलिखित नहीं है और जो अप्रकाशित रही है, वह भी इस शर्त के अन्तर्गत सूचना ही कही जायेगी और ऐसी सूचना अवमुक्त की जा सकती है, यदि लोक सूचना अधिकारी का यह निर्णय होता है कि सूचना का ऐसा प्रकटन व्यापक सार्वजनिक हित को पूरा करता है।

समाचार स्वयं में कोई सूचना नहीं है। नागरिक किसी सूचना अधिकारी से यह नहीं पूछ सकते कि समाचार क्या है। परन्तु जनसम्पर्क अधिकारियों द्वारा निर्गत किये गये विवरण-पत्र और सूचना-पत्र निश्चित रूप से सूचना है। अन्य प्रकार से प्रकट और उपलब्ध सूचना, कतई सूचना नहीं है। कोई व्यक्ति सूचना अधिकारी से रेलवे अथवा हवाई मार्ग के कालमापन के सम्बन्ध में नहीं पूछ सकता है। तथापि, जनता को उन्हें भी जानने का अधिकार है, यदि सम्बन्धित मामला ऐसा हो, जिसका सम्बन्ध प्रशासन से हो। यथार्थतः यह केवल वही सूचना होती है जिसका सम्बन्ध प्रशासन से है और जिसे अधिनियम के अन्तर्गत प्राधिकारी प्रकाशित करने के लिए बाध्य होते हैं अथवा जिसे अभिलेख में रखे जाने की बाध्यता हो। ऐसी सूचना ही इस अधिनियम के प्रयोजन के लिए सूचना है और इसे ही केवल उस नागरिक को उपलब्ध कराना होता है, जो इसके लिए आवेदन करता है।

एक लोकतान्त्रिक संरचना में नागरिकों को सूचना का स्वतन्त्र प्रवाह बना रहना न केवल आवश्यक ही है, वरन् यह समुचित कार्य-संचालन, विशेष रूप से उन मामलों के लिए, सभी प्रकार के सम्प्रेषणों का एक अनिवार्य तथा अभिन्न अंग भी है, जो सार्वजनिक अभिलेख की माँग बनते हैं। वाणी और अभिव्यक्ति के अधिकार में सूचना को प्राप्त करने और देने का अधिकार भी सम्मिलित है।

सूचना का सम्बन्ध एक कही गयी बात, जानकारी अथवा जानकारी के विषयों से होता है। 'सूचना' शब्द ज्ञान अथवा जागरूकता के साथ समानार्थक है। सूचना तथ्यों की अथवा क़ानून की भी हो सकती है। यह बाहरी स्रोतों से अथवा अभिलेख में पहले से ही उपस्थित सामग्री ले सकती है अथवा यह नवीन तथ्यों के नये एवं महत्त्वपूर्ण मामले की खोज से भी निकाली जा सकती है।

इन्फॉर्मेशन टेक्नोलॉजी एक्ट, 2000, 'सूचना' में डेटा, मूलपाठ, प्रतिकृति, आवाज़, वाणी, संकेत, कम्प्यूटर कार्यक्रम, सॉफ्टवेयर एवं डेटाबेस अथवा माइक्रोफ़िल्म या कम्प्यूटरजनित माइक्रोचिप सम्मिलित हैं।

आर.टी.आयी. अधिनियम ने सूचना की परिभाषा किसी सरकारी संगठन द्वारा व्यवहार किये जाने वाले लगभग किसी भी रूप में की है। यह किसी भी सामग्री को किसी भी रूप में परिभाषित करता है, जिसमें अभिलेख, ई-मेल, प्रेस-विज्ञप्तियाँ, लॉगबुक, प्रपत्र, दस्तावेज़, आदर्श, परिपत्र, अनुबन्ध, नमूने, मेमो, परामर्श, आदेश रिपोर्ट और किसी इलेक्ट्रॉनिक तरीके से रखी कोई भी डेटा सामग्री सम्मिलित है।

धारा 2(1) के अन्तर्गत परिभाषा के प्रथम भाग में 'सूचना' की परिभाषा, कोई भी सामग्री, किसी भी रूप में की गयी है। उन विभिन्न रूपों को, जिनमें सूचना प्राप्त हो सकती है, उसके बाद में बताया गया है। 'सामग्री' का सम्बन्ध विवेचना वाली विषय-वस्तु से है, उसके स्वरूप से नहीं। चैम्बर्स डिक्शनरी के अनुसार 'सामग्री' का आशय स्वरूप के विपरीत सम्बन्धित विषय-वस्तु से है। इसके आगे, 'विषय-वस्तु' का अर्थ है, विचार, वाणी, लेखन, विवाद इत्यादि का विषय अथवा सामग्री। इसलिए कोई भी सामग्री जो कोई ज्ञान समाविष्ट करती है अथवा प्रदान करती है, सूचना होती है।

'सूचना' की परिभाषा के दूसरे भाग में किसी प्राइवेट संस्था अथवा व्यक्ति से सम्बन्धित कोई भी वह सूचना आती है जो किसी लोक प्राधिकारी द्वारा किसी क़ानून के प्रवर्तन में प्राप्त अथवा अभिलिखित की जाती है। उदाहरणस्वरूप, आयकर क़ानून के अन्तर्गत किसी प्रक्रिया के दौरान एक आयकर अधिकारी द्वारा किसी करदाता के लेखों से सम्बन्धित प्राप्त की गयी सूचना को इस अधिनियम के प्रावधानों के अनुसार माँगा जा सकता है।

सूचना के विभिन्न स्वरूप निम्नलिखित हैं :

अभिलेख : इन्फॉर्मेशन टेक्नोलॉजी एक्ट, 2000 ने 'इलेक्ट्रॉनिक अभिलेख' की परिभाषा इस प्रकार की है :जिसका आशय है वह सामग्री जो अभिलेख या आँकड़ेजनित हो, एक इलेक्ट्रॉनिक तरीके से संचित, प्राप्त अथवा भेजी गयी प्रतिकृति अथवा आवाज़ हो या माइक्रोफ़िल्म अथवा कम्प्यूटरजनित माइक्रोचिप हो। इसके अतिरिक्त, उसमें 'इलेक्ट्रॉनिक तरीके' की सूचना के सन्दर्भ में परिभाषित किया गया है। जिसका आशय उस सूचना से है जो चुम्बकीय, प्रकाशीय मीडिया में कम्प्यूटर मेमोरी, माइक्रोफ़िल्म, कम्प्यूटरजनित साधन से भेजी, प्राप्त अथवा संचित की गयी हो।

'अभिलेख' शब्द की परिभाषा 'एक रजिस्टर किसी तथ्य या कार्रवाई के औपचारिक लेखन; ऐसे लेखन की एक पुस्तिका; विगत इतिहास; एक साक्ष्य; एक स्मरणपत्र; स्मृति, यादगार; किसी न्यायालय की सूची में अंकित की गयी चीज, विशेष रूप से किसी वाद में पक्षों के कथन अथवा तर्क; सम्बन्धित क्षेत्रों का कोई समूह जो सूचना को एक पूर्ण रचना बनाता है, जैसे नाम एवं पता और किसी डेटाबेस के मूल तत्त्वों में से एक का गठन करने वाले के रूप में की गयी है।' –चैम्बर्स डिक्शनरी।

इसी तरह ऑक्सफोर्ड डिक्शनरी ने 'अभिलेख' शब्द की परिभाषा लिखित रूप में, विशेष रूप से प्रामाणिक विधिक साक्ष्य के रूप में, अभिलिखित अथवा संरक्षित किये जाने की अवस्था के रूप में; न्यायालय के समक्ष वाद में कार्रवाइयों तथा निर्णय की शासकीय रिपोर्ट, अभिवचनों की प्रतिलिपि इत्यादि जिसके आधार पर न्यायालय द्वारा मामला निर्णीत किया जाता है; अभिलिखित साक्ष्य अथवा सूचना का भाग, स्थायी रूप से संरक्षित तथ्य के लेख, इसको संरक्षित करने वाले दस्तावेज़ अथवा स्मारक; व्यक्ति के अतीत के सम्बन्ध में ज्ञात तथ्यों के रूप में किया है।

वस्तुत : कोई अभिलेख किसी तथ्य अथवा कार्रवाई का एक औपचारिक लेखन है। यह किसी कार्य, न्यायालयी कार्यवाही, लेन-देन अथवा उपकरण का एक लिखित लेखा-जोखा है, जो किसी क़ानून अधिकार के अन्तर्गत एक उपयुक्त अधिकारी

द्वारा तैयार होता है और जिसे उन मामलों के लिए स्मारक अथवा स्थायी साक्ष्य के रूप में अभिकथित किया जाता है, जिनसे यह सम्बन्धित होता है।

दस्तावेज़ : कोई 'दस्तावेज़' एक ऐसे लिखित या उत्कीर्णित विलेख का संकेत करता है जो किसी कार्य अनुबन्ध अथवा किसी कार्रवाई या कतिपय तथ्यों का साक्ष्य प्रस्तुत करता है। 'दस्तावेज़' का आशय एक प्रपत्र से है, विशेष रूप से जो शासकीय संवाद का है, जो किसी चीप की सूचना, प्रमाण अथवा साक्ष्य उपलब्ध कराने वाला होता है।

आर.टी.आयी. अधिनियम की धारा 2(i) (a) के अन्तर्गत यथा परिभाषित अभिलेख के एक भाग होते हुए अहस्ताक्षरित दस्तावेज़, यहाँ तक अहस्ताक्षरित दस्तावेज़ों की प्रतियाँ भी, यह प्रमाण-पत्र देते हुए उपलब्ध करायी जा सकती हैं कि वास्तव में वे अहस्ताक्षरित दस्तावेज़ हैं।

स्मरणपत्र : स्मरणपत्र में सहायता करने वाला एक पत्र; भविष्य के प्रयोग के लिए घटनाओं, इत्यादि का अभिलेख; अनुबन्ध इत्यादि की शर्तों को अभिलिखित करने वाला विधिक दस्तावेज़, बिना हस्ताक्षर इत्यादि वाला अनौपचारिक पत्र होता है। चेम्बर्स डिक्शनरी के अनुसार, एक स्मरणपत्र का आशय याद की जाने वाली किसी चीज़ से; स्मृति में संक्षिप्त टिप्पणी; किसी प्रश्न (कूटनीति) की स्थिति के सारांश से होता है।

ई-मेल : इलेक्ट्रॉनिक मेल (या ई-मेल) दो लोगों के बीच इंटरनेट के माध्यम से होने वाले किसी पत्राचार की ओर संकेत करता है। इलेक्ट्रॉनिक मेल का अर्थ होता है, किसी इलेक्ट्रॉनिक साधनों के माध्यम से सन्देशों का भेजा जाना और प्राप्त करना।

अभिमत : 'अभिमत' का अर्थ है, प्रमाणहीन आधारों पर आश्रित कोई निर्णय या विश्वास, अन्तरिम धारणा सम्भाव्य-आधारित विचार; जिस बात पर कोई व्यक्ति सोचता है अथवा किसी विशेष प्रश्न पर सोचता है, एक विश्वास, एक धारणा। विशेषज्ञ द्वारा औपचारिक कथन जब उससे यह परामर्श लिया गया हो कि वह तथ्य अथवा सही मार्ग होना किसे मानता है, व्यावसायिक परामर्श, अनुमान।

परामर्श : 'परामर्श' का अर्थ है कार्य के लिए दिया गया अथवा प्रस्तावित अभिमत, मन्त्रणा; दी गयी सूचना, समाचार; किसी दूर स्थान से किया गया सम्प्रेषण; पत्र-व्यवहारों की औपचारिक सूचना। इस प्रकार 'परामर्श' का अर्थ है मन्त्रणा; सूचना; किसी बात के सम्बन्ध में औपचारिक सरकारी ख़बर; विशेष रूप से कुशल परामर्श, जैसे– चिकित्सक अथवा वकील का परामर्श।

प्रेस विज्ञप्तियाँ : प्रेस विज्ञप्ति प्रेस को आपूर्ति किये गये कोई शासकीय विवरण अथवा रिपोर्ट है। एक प्रेस विज्ञप्ति का अर्थ सामान्यतः प्रेस (समाचार के व्यक्तियों) के लिए सरकारी कार्यालय द्वारा किसी औपचारिक संसूचना अथवा दस्तावेज़ से होता है; जिसका उद्देश्य उनके समाचार-पत्र में प्रकाशित करना अथवा इलेक्ट्रॉनिक मीडिया में प्रसारित करना होता है।

परिपत्र : एक परिपत्र किसी दस्तावेज़, पत्र अथवा टिप्पणी की ओर संकेत करता है जो लोगों के किसी एक क्षेत्र को सम्बोधित करता है, जैसे– ग्राहक, एक संस्था के सदस्य और एक विभाग में सेवक वर्ग इत्यादि।

आदेश : कोई बात किये जाने के निर्गत आदेश, निषेधादेश, साधिकार निर्देश अथवा अनुदेश से है। एक आदेश किसी प्राधिकारी से भेजा गया संचारण है, जिसके अनुसार प्रेषित से कोई कार्रवाई करने की अपेक्षा की जाती है। चैम्बर्स डिक्शनरी के अनुसार एक 'आदेश' का अर्थ है, 'एक समादेश; धन भुगतान करने के लिए एक लिखित अनुदेश; सामान आपूर्ति करने या कार्य करने के सम्बन्ध में एक ग्राहक का निर्देश'। बोर्ड ऑफ़ एडीटर्स के मतानुसार इसमें सम्मिलित है, एक निर्धारण आदेश, दण्ड आदेश, एक न्यायाधिकरण द्वारा अपीलीय आदेश और न्यायालय का आदेश। यह निर्णय किया गया है कि क़ानून की सही और यथार्थ स्थिति भी सूचना में सम्मिलित होगी, जो या तो आयकर अधिकारियों के अथवा दूसरे न्यायालयों के सुसंगत न्यायिक निर्णयों से प्राप्त की जायेगी।

लॉगबुक : चैम्बर्स डिक्शनरी के अनुसार 'लॉगबुक' का अर्थ एक ऐसी पुस्तिका से है, जिसमें एक जहाज की प्रगति का तथा जहाज पर की गयी कार्रवाइयों का अथवा एक हवाई जहाज या कार द्वारा सम्पन्न की गयी यात्रा का, अथवा किसी

अन्य प्रगति का; उन उपस्थितियों, विद्यालय की घटनाओं इत्यादि से सम्बन्धित प्रधान अध्यापक का विवरण; किये गये कार्य, सम्पादित अध्ययन इत्यादि का रिकॉर्ड; एक मोटर वाहन के पंजीकरण दस्तावेज़ों का अधिकाधिक विवरण सम्मिलित होता है।

अनुबन्ध-पत्र : सामान्यतया 'अनुबन्ध-पत्र' कुछ किये जाने का एक समझौता होता है। एक अनुबन्ध-पत्र का आशय है, पक्षों, स्टेटस इत्यादि के बीच किया गया समझौता; माल की आपूर्ति अथवा एक निर्धारित मूल्य पर कार्य-निष्पादन के लिए व्यापारिक समझौता; क़ानून द्वारा लागू होने वाला समझौता; कुल करने अथवा वहन करने का स्वीकृत वादा; ब्याह के लिए औपचारिक सहमति; सम्पत्ति का हस्तान्तरण।

चैम्बर्स डिक्शनरी के अनुसार अनुबन्ध का अर्थ है, निर्धारित शर्तों पर कोई समझौता; एक वचनपत्र। सूचना का अधिकार अधिनियम के सम्बन्ध में, बोर्ड ऑफ़ एडीटर्स के मतानुसार, 'अनुबन्ध' किन्हीं दो पक्षों अथवा किसी एक व्यक्ति तथा लोक प्राधिकारी के बीच होने वाली संविदा की शर्तों को सम्मिलित करने वाले किसी दस्तावेज़ की ओर संकेत करता है।

प्रतिवेदन : 'प्रतिवेदन' किसी जाँच अथवा विचार के उपरान्त औपचारिक रूप से व्यक्त अभिमत अथवा प्रदत्त लेखा-जोखा, किसी दृश्य या भाषण अथवा क़ानूनी मामले के विवरण या निष्कर्ष अथवा प्रतिकृति का ध्यान करता है।

चैम्बर्स डिक्शनरी के अनुसार 'प्रतिवेदन' का अर्थ है, तथ्यों का विवरण; कोई औपचारिक अथवा आधिकारिक विवरणपत्र, जैसे किसी जाँच अथवा सन्दर्भित मामले के परिणाम; समाचार के किसी विषय का लेखा-जोखा, विशेष रूप से किसी भाषण के शब्द; रिपोर्टिंग गवाही।

सूचना के पर्याय कथन और संज्ञान हैं। सूचना अभिव्यक्ति, ज्ञान, परिज्ञान, संसूचना, समाचार तथा हैंडबिल का समानार्थी है। इसका तात्पर्य आगाही, इत्तला, खबर, जानकारी, विज्ञप्ति और परिज्ञान से है। संसूचना के अन्तर्गत अभिसूचना, आख्याति, कम्युनिकेशन, ज्ञप्ति, विज्ञप्ति, संज्ञप्ति आते हैं। सूचना में वक्तव्य का महत्त्वपूर्ण स्थान है जिसका अर्थ कथन, बयान, वक्तृता, स्टेटमेंट होता है। घोषणा भी सूचना का अंग है जिसका अर्थ अधिसूचना, अनाउंसमेंट, आख्यापन, उद्घोष, ऐलान होता है। मुनादी भी सूचना ही है जिसमें उद्घोषणा, आम ख़बर, ऐलान-ए-आम, जन-सूचना, डुगडुगी, डौड़ी, ढिंढोरा तथा सार्वजनिक सूचना सम्मिलित है।

कोई भी रिकॉर्ड, दस्तावेज़, मेमो, ई-मेल, सुझाव, मत, सम्मत, प्रेस विज्ञप्ति, परिपत्र, आदेश, लॉग बुक, करार, दस्तावेज़, रिपोर्ट, पत्रक, प्रारूप तथा इलेक्ट्रॉनिक उपकरण में उपलब्ध आँकड़े ही सूचना हैं। सूचना का महत्त्व स्वयं-सिद्ध है।

सूचना के प्रकार (Types of Information)

सूचना की विभिन्न विशेषताओं के आधार पर सूचना के प्रकारों का समूहीकरण किया जा सकता है, क्योंकि सूचना विभिन्न गुणों के आधार पर उत्पन्न होती है। सूचना के प्रकार हैं :

1. संकल्पनात्मक सूचना : इसमें किसी समस्या के अस्थिर क्षेत्रों से उत्पन्न होने वाले विचार, धारण, सिद्धान्त और संकल्पना आदि आते हैं।

2. निर्देशिक सूचना : बिना निर्देश के सामूहिक गतिविधियाँ प्रभावशाली ढंग से आगे नहीं बढ़ती हैं। वास्तव में, निर्देशिका सूचना ही सामूहिक प्रयत्नों में सहयोग एवं सामंजस्य स्थापित करती है।

3. प्रेरक सूचना : मानव को प्रभावित करने वाले मुख्य दो तत्त्व हैं : वह स्वयं तथा वहाँ का वातावरण।

4. अनुभव सिद्ध सूचना : इस प्रकार की सूचना में अनुभव या प्रयोग से प्राप्त सूचना सम्मिलित की जाती है, जैसे–प्रयोगशालाजनित साहित्यिक खोज अथवा अनुसन्धान के लिए स्वयं के अनुभवों से प्राप्त तथ्य या आँकड़े आते हैं।

5. क्रिया-विधिक सूचना : इस प्रकार की सूचना के अन्तर्गत आँकड़े सामान्य व्यवहार में प्रयोग किये जाते हैं, उनका परीक्षण किया जाता है। यह एक प्रक्रिया विधि है, जिसमें सम्पूर्ण सूचना वैज्ञानिक मनोवृत्ति से प्राप्त की जाती है।

6. नीति सूचना : इस प्रकार की सूचना में निर्णय निर्धारण की प्रक्रिया से सम्बन्धित सूचना आती है।

भारतीय प्राचीन ग्रन्थों में सूचना

सूचना एक सतत् प्रक्रिया है। बिना इसके सृष्टि का विकास सम्भव नहीं है। यह एक ऐसी प्रक्रिया है जो न केवल मनुष्य को मनुष्य बने रहने की क्षमता प्रदान करती है बल्कि यह उत्थान की ऐसी अजस्र धारा है जो व्यापकता का संवरण करके एक समुदाय को दूसरे समुदाय से, एक मनुष्य को दूसरे मनुष्य से, एक राष्ट्र से दूसरे राष्ट्र को जोड़ती हुई चलती है। यह किसी एक काल या समाज की उपज नहीं है। इसमें कालातीत एवं समय निक्षेपता का आभास होता है। वास्तविकता तो यह है कि परिस्थितियों के अनुरूप इसमें नये-नये पहलू जुड़ने लगते हैं। सूचना ज्ञान का प्रमुख घटक है और ज्ञान शक्ति है। यह मत सभ्यता के सभी चरणों में स्वीकार किया गया है। सूचना के बिना ज्ञान का न तो विस्तार सम्भव है, न ही उसको शासन-व्यवस्था में प्रमुखता से अपनाया गया है। सभ्यता का प्रारम्भ, ज्ञान विज्ञान का प्रसार, तकनीकी का विस्तार ज्ञानरूपी यह शृंखला सूचना के ही कारण है।

कल्याणकारक न दबने वाले, पराभूत न होने वाले, उच्चता को पहुँचाने वाले शुभ कर्म चारों ओर से हमारे पास आवें। प्रगति को न रोकने वाले, प्रतिदिन सुरक्षा करने वाले देव हमारा सदा संवर्द्धन करने वाले हों। हमारे प्राचीन भारतीय दर्शन को व्यक्त करती है, जिसमें एक आदर्श समाज, अनुशासन-व्यवस्था, व्यक्तियों की स्वतन्त्रता का विशाल दर्शन देखने को मिलता है।

जब हम प्राचीन भारतीय वाङ्मय में सूचना के अधिकार की जड़ों को खोजने का प्रयास करते हैं तो इस अधिकार से सम्बन्धित अनेक प्रसंगों में सूचना के अधिकार की अवधारणा विभिन्न सिद्धान्त, इसकी प्रयोज्यता, उपयोगिता के साथ इसके परिणामों का उल्लेख प्राप्त होता है। प्राचीन वाङ्मय में सूचना के अधिकार के सम्बन्ध में एक बात प्रमुखता से प्रतिपादित अनेक स्थलों पर यह भी देखा गया है कि समाज के प्रबुद्ध वर्ग, जैसे— ऋषि, मुनि, महात्माओं को लोकहित से सम्बन्धित कर गयी है कि इस काम में सूचना का अधिकार व्यक्तिगत अधिकारों के रक्षार्थ ही प्राप्त कर सकता था। प्राचीन वाङ्मय में अनेक स्थलों पर यह भी देखा गया है कि समाज के प्रबुद्ध वर्ग जैसे ऋषि, मुनि, महात्माओं को लोकहित से सम्बन्धित सूचनाओं की जानकारी सम्बन्धित शासन-व्यवस्था से प्राप्त करने तथा उनके द्वारा दी गयी जानकारी शासन प्रमुखों द्वारा प्रमुखता से दिये जाने के अनेक उद्धरण मिलते हैं। धर्मग्रन्थों एवं उपनिषदों में आया है कि प्राचीन भारतीय शासन-व्यवस्था में राजागण अपने शासन एवं प्रशासन के कार्यों को जनता तक बिना किसी माँग के स्वतः उद्घोषित करते थे। इससे शासन एवं प्रशासन में पारदर्शिता को बढ़ावा मिलता था। उनकी ऐसी घोषणाओं से जहाँ उनका आत्मबल बढ़ता था वहीं नागरिकों के शासन-व्यवस्था से सम्बन्धित जानकारी स्वतः प्राप्त हो जाती थी। प्राचीन भारतीय राजाओं के शिलालेख हमारी इस बात को और भी पुष्ट करते हैं।

इतिहासकारों ने अधिकारों के प्रति संघर्ष का प्रारम्भ मैग्नाकार्टा से माना है। जिसे *किंग जॉन* ने 1215 में जारी किया। विभिन्न अधिकारों की माँग के साथ-साथ सूचना के अधिकार को लोकतन्त्र की देन माना है। उनका यह कहना है कि विश्व में स्वीडेन पहला देश है, जिसने 240 साल पहले सूचना के अधिकार को अपनी शासन प्रणाली में अपनाया।

प्रो. सूर्य प्रसाद दीक्षित ने सूचना-संचार व्यवस्था पर लिखा है कि हमारा देश संचार शक्ति का युगयुगीन केन्द्र रहा है। भारतीय पौराणिक कथाओं में नारद मुनि और संजय इन दोनों को प्रमुख समाचारवाहक माना जाता है। नारद मुनि देवताओं एवं मनुष्यों के बीच सन्देश लाने ले जाने का कार्य सम्पादित करते थे। नारद जी को समाज में एक प्रकार की पत्रकारिता सुरक्षा प्राप्त थी, अतः न्याय और सत्य के पक्ष में में वे सत्य को तोड़-मरोड़कर भी प्रस्तुत कर देते थे।

संजय एक पौराणिक युद्ध संवाददाता के रूप में प्रसिद्ध हैं उन्होंने महाभारत युद्ध का आँखों देखा वर्णन अन्धे कुरुराज धृतराष्ट्र को सुनाया था। इस कथा से इस प्रकार का आभास होता है कि उस काल में भी कुछ इलेक्ट्रॉनिक यन्त्र संचार के लिए प्रयुक्त होते थे।

इन पौराणिक मिथकीय कथाओं के अतिरिक्त भारतीय इतिहास में ऐसे अनेक दिग्गज हुए हैं, जिन्होंने संचार के क्षेत्र में अभूतपूर्व योगदान किया है। इनमें से सर्वप्रमुख थे—कौटिल्य, चन्द्रगुप्त मौर्य के प्रसिद्ध मन्त्री, जिन्होंने सूचना प्रसारण एवं

गुप्तचरी की एक विशद व्यवस्था स्थापित की थी, जो तत्कालीन बड़े राजतन्त्रों के अनुकूल थी। उन्होंने ही प्रथमतः प्राचीन भारत में संचार तन्त्र का सूत्रपात किया।

कौटिल्य के अर्थशास्त्र में वर्णित है कि किस प्रकार समाचार वाहक, गुप्तचरों के माध्यम से सूत्र संवाद एकत्र किया जाता था। इन गुप्तचरों की दो श्रेणियाँ थीं—चर और संचर। कौटिल्य गुप्तचरी के लिए संन्यासियों, व्यापारियों, सेवकों, नर्तकों, गायकों, ज्योतिषियों आदि तक का उपयोग करते थे।

कई राज्यों में प्रायः भाट, मालिनें इत्यादि भी समाचारवाहक होते थे। हरकारे, दूत, सन्देशवाहक तो समाचार एवं सन्देश लाने-ले जाने का कार्य करते थे। बाद में कबूतर, हंस, काग़ज़ आदि पक्षी भी सन्देशवाहक हो गये। दन्त कथाओं में बादल, पवन, भ्रमर और सरिता का भी सन्देशवाहकों के रूप में वर्णन मिलता है। महाकवि कालिदास का काव्य 'मेघदूतम्' को सन्देशवाहक के रूप में प्रस्तुत किया गया है।

सम्राट अशोक के काल में जनसम्पर्क के लिए शिलालेखों का प्रयोग होने लगा था। आशोक ने जनता तक अपनी बात पहुँचाने के लिए तथा लोगों को धर्म आदि विषयों में अवगत कराने के लिए शिलाओं तथा स्तम्भों पर कई धार्मिक तथा सामाजिक निर्देशों को उत्कीर्ण कराया था।

जनजातियों में समाचार के प्रचार-प्रसार के लिए अलग-अलग तरीके प्रचलित थे, जैसे विद्रोह की सूचना एक रस्सी से गाँठ बाँधकर दी जाती थी। अलग स्थानों पर भेजे जाने पर उस रस्सी में वहाँ और गाठें बाँधी जाती थीं।

इस प्रकार के मानव-वायरलेस-प्रसारण भी देश के कुछ हिस्सों में प्रचलित थे। इसमें चिल्लाकर सूचनाएँ दूसरी जगह तक पहुँचायी जाती थीं। इसी प्रकार हर मौखिक समाचार गन्तव्य तक पहुँच जाता था, उत्तर भी। 1857 के गदर की सूचना जिस प्रकार कमल और रोढ़ी द्वारा पहुँचायी गयी, वह एक विशिष्ट प्रयोग है।

इस देश में वेद, पुराण और शास्त्र का वाचन निरन्तर मनीषियों द्वारा बिना किसी लिखित माध्यम के होता रहा है। हजारों वर्षों तक मुख का वाचन ही जनसंचार का मूल माध्यम रहा था। भ्रमणकारी संन्यासियों, जैसे—बुद्ध, महावीर, शंकराचार्य, नानक और रामदास आदि ने इसी माध्यम का सहारा लेते हुए पदयात्राओं के माध्यम से अपने-अपने सन्देशों का प्रसार किया है। जनसंचार के इन्हीं तरीक़ों का इस्तेमाल भारतीय इतिहास में अन्यान्य संन्यासियों, सन्तों, सूफियों, फ़क़ीरों द्वारा किया जाता रहा है। बापू ने भी स्वतन्त्रता संग्राम के दौरान राजनीतिक जागृति के लिए तथा बाद में देश में क़ौमी एकता लाने के लिए लोगों से सीधे सम्पर्क साधा एवं वाचिक माध्यम से लोगों तक अपनी बात पहुँचाई। इसी प्रकार भाषण, सम्मेलन, बहस, वार्ता आदि का प्रयोग मनीषी, सन्तों ने समय-समय पर संचार के लिए किया है।

प्राचीन भारत में कुम्भ मेले जनसंचार के सबसे प्रसिद्ध माध्यम थे। इनमें तीर्थयात्रियों और व्यापारियों का भारी संख्या में आवागमन होता था। ये मेरे वस्तु-विनिमय का केन्द्र होने के साथ ही विचार-विनिमय तथा सूचना एवं समाचार विनिमय के केन्द्र भी थे।

भारत की विविधतापूर्ण जनसंख्या के अनुरूप अनेकानेक मेले, त्योहार, बाज़ार और मंडियाँ सम्पूर्ण देश में वर्षपर्यन्त आयोजित होते रहते हैं। इन मौकों पर लोग न केवल एकत्रित होते हैं, नये सम्बन्ध स्थापित करते हैं अथवा पुराने सम्बन्धों का नवीनीकरण करते हैं। सामूहिक क्रियाकलाप, जैसे— गाना-बजाना, नृत्य, संगीत, खेलकूद आदि में भाग लेते हैं, वरन् सूचनाओं एवं समाचारों का आदान-प्रदान भी करते हैं।

नदियों और तालाबों के घाट, चौपाल, धार्मिक-स्थल आदि भी प्राचीन काल में संचार के प्रमुख स्रोत रहे हैं। ये स्थल सूचना के आदान-प्रदान के प्रमुख स्थल थे और साथ ही जनता की प्रतिक्रिया तक फीडबैक प्राप्त करने के प्रमुख स्रोत भी थे।

साधु-सन्तों, तीर्थयात्रियों, व्यापारियों, कारीगरों और अन्य अनेक पर्यटकों के एक स्थान से दूसरे स्थानों तक आवागमन ने जो भूमि और जल-मार्गों के द्वारा सुलभ हो गया था, न केवल संचार एवं व्यापार को बढ़ावा दिया, वरन् देश की सांस्कृतिक एकता को भी सुगठित किया।

नवम्बर, 1858 में *महारानी विक्टोरिया* ने भारत के प्रशासन को 'ईस्ट इंडिया' कम्पनी से अपने हाथ में ले लिया। *लॉर्ड कैनिंग* को भारत का वायसराय बनाया गया। प्रेस और सरकार के बीच बेहतर सम्बन्ध बनाने के लिए, *लॉर्ड कैनिंग* ने 'सम्पादक कक्ष' की स्थापना की, जहाँ आकर पत्रकार सरकारी अभिलेखों को देख-परख सकते थे। ऐसा प्रेस के साथ बेहतर सम्बन्ध बनाने के उद्देश्य से किया गया। दूसरा महत्त्वपूर्ण कदम, 1880 में, अर्थात् 1780 में भारत के प्रथम समाचार-पत्र के प्रकाशन के ठीक सौ वर्ष बाद, प्रथम प्रेस आयुक्त की नियुक्ति के रूप में उठाया गया। यह सरकार और समाचार-पत्रों के बीच सम्पर्क-सूत्र के रूप में कार्य करने के लिए सूचना-सेवाओं की भूमिका के प्रारम्भ को चिह्नित करता है।

20वीं शताब्दी में संचार मीडिया के रूप में फ़िल्म और रेडियो के प्रादुर्भाव तथा समाचार-पत्रों की प्रगति ने भारत सरकार को बहुत अधिक प्रभावित किया। सरकार ने जनसूचना के प्रसार के लिए मीडिया की उपयोगिता सीख ली। उसने मीडिया के साथ ऐसे बर्ताव के लिए नियामक एजेंसी के रूप में किसी सूचना एवं जनसम्पर्क मशीनरी की स्थापना किये जाने की आवश्यकता भी महसूस की।

भारत सरकार का औपचारिक सूचना क्रियाकलाप समाचार-पत्रों को प्रथम विश्वयुद्ध से सम्बन्धित सूचना के प्रसार के प्रयोजनार्थ प्रेस प्रचार और अधिप्रचार का अंग बन गया। 1941 में, सरकार ने पूरे देश में कई प्रचार पार्षदों का और नयी दिल्ली में केन्द्रीय प्रचार बोर्ड का गठन किया।

1919 में, भारत सरकार ने केन्द्रीय सूचना ब्यूरो का गठन किया जिसने सरकार और प्रेस के बीच सम्पर्क सूत्र के रूप में काम किया। ब्यूरो के निम्नलिखित प्रमुख कार्य थे :

- लोकहित के विषयों को चिह्नित करने तथा उनके सम्बन्ध में और अधिक सूचना प्राप्त करने के उद्देश्य से अंग्रेज़ी एवं भारतीय भाषाओं के प्रेस में मौजूदा रुझानों को परखना;
- जहाँ सरकारी कार्रवाई की आलोचना की गयी हो उनका पता लगाना। 1938 में, केन्द्रीय सूचना ब्यूरो का पुनर्गठन कर उसे जनसूचना ब्यूरो का नाम दिया गया तथा पायनियर, लखनऊ के जे. *नटराजन* को इसका उपमुख्य सूचना पदाधिकारी नियुक्त किया गया। जनसूचना ब्यूरो ने सरकारी विज्ञापन के उपयोग के लिए 1938 में एक नीति निर्धारित की।

1939 में द्वितीय विश्वयुद्ध छिड़ जाने पर, जनसूचना ब्यूरो तथा आकाशवाणी को, बेहतर समन्वय और प्रभावकारी प्रचार के लिए, सूचना एवं प्रसारण निदेशालय नामक नये संगठन के अन्तर्गत ला दिया। अक्टूबर, 1941 में, पृथक् सूचना और प्रसारण मन्त्रालय का सृजन किया गया तथा विभिन्न प्रचार एजेंसियों को इसके नियन्त्रण में ला दिया गया। जन-सूचना के लिए तथा मीडिया के साथ सम्पर्क बनाये रखने के लिए सरकार द्वारा पृथक् विभाग का सृजन किया जाना भारत में सुव्यवस्थित सूचना और जनसम्पर्क ढाँचा खड़ा करने की दिशा में एक और कदम था। यह स्वतन्त्रता-प्राप्ति के समय तक बना रहा, उसके बाद, सूचना एवं प्रसारण मन्त्रालय का गठन किया गया।

मास मीडिया की प्रगति आवश्यक तत्त्व है। समाचार-पत्रों तथा आवधिक प्रेस के निरन्तर विस्तार के साथ साथ सिनेमा, रेडियो, टेलीविजन तथा जनसंचार के अन्य माध्यमों का भी विकास हुआ। ये माध्यम सूचना-प्रसार के मुख्य वाहक हैं। जनमत को इच्छित दिशा देने तथा उन्हें अनुकूल बनाने में वे प्रभावी साधन भी हैं। इन माध्यमों के साथ सम्बन्ध बनाने के लिए सरकार को बहुत सतर्कतापूर्वक नीति का परिष्कार और संचालन करना होता है। सरकार को प्रचार के प्रयोजनों के लिए तथा उचित ढंग से जनता के समक्ष अपनी नीतियों को प्रस्तुत करने के लिए उनकी आवश्यकता होती है। सरकार में प्रेस सम्पर्क मुख्यतः निम्नलिखित बातों से सम्बन्ध रखता है :

1. सरकारी विज्ञप्तियों तथा प्रेस रीलिजों के लिए समाचार-पत्रों में पर्याप्त मुफ़्त स्थान की उपलब्धता; और

2. अपने कार्यों के प्रति उचित टिप्पणी सुनिश्चित करना तथा मिथ्या आलोचनाओं का निवारण करना। प्रेस, आकाशवाणी, दूरदर्शन, फ़िल्म तथा अन्य माध्यमों के साथ अपने व्यवहार के लिए सरकार के पास ऐसी एजेंसी होनी चाहिए जो सरकार और मीडिया के साथ सम्पर्क-सूत्र के रूप में काम कर सके। इन व्यवहारों में सरकार का प्रतिनिधित्व मुख्यतः आधिकारिक सूचना और जनसम्पर्क सेवा, अर्थात् सूचना और जनसम्पर्क विभाग, द्वारा किया जाता है।

पंचवर्षीय योजना और विकास : केन्द्र और राज्य दोनों स्तरों पर, सूचना सेवा के गठन और विस्तार के लिए जिम्मेवार दूसरा प्रमुख तत्त्व पंचवर्षीय योजनाओं की शुरुआत है। लोगों के समग्र विकास के लिए अभिलक्षित विकास परियोजनाएँ तभी सफल हो सकती हैं जब लाभार्थियों को ऐसी स्कीमों के बारे में जानकारी हो और अपने आर्थिक विकास के लिए वे उनका उपयोग कर सकें। ऐसा कहा जाता है कि "योजना की व्यापक समझदारी से ही उसकी उपलब्धि हो सकती है।" इससे योजनाओं तथा आर्थिक विकास की स्कीमों के बारे में लोगों को पर्याप्त एवं प्रभावकारी जानकारी देने की आवश्यकता परिलक्षित होती है। इसलिए, सामाजिक बुराइयों के उन्मूलन के निमित्त नयी-नयी युक्तियों एवं प्रचलनों को स्वीकार करने हेतु जनसामान्य को अभिप्रेरित करने के उद्देश्य से सूचना तन्त्र के उत्तरोत्तर विकास की आवश्यकता उत्पन्न हुई। इसके लिए, विकास-योजनाओं के उद्देश्यों के बारे में लक्ष्य समूहों को सम्प्रेषित करने की आवश्यकता थी।

'नौकरशाही से अविश्वास पनपता है।' महान् समाजशास्त्री, *मैक्स बेवर* ने नौकरशाही का विश्लेषण करते हुए कहा है कि "गोपनीयता की चिन्ता से बँधे रहना प्रशासनिक संस्थाओं की अन्तर्निहित विशेषता होती है। अक्सर ऐसी गोपनीयता से न केवल सरकार और शासितों के बीच ही अविश्वास का वातावरण बनता है बल्कि सरकार के ही विभिन्न अंशों और स्तरों के बीच भी अविश्वास का वातावरण बन जाता है।"

74

सूचना का अधिकार
(Right to Information)

"सूचना लोकतन्त्र की ऑक्सीजन है, अगर लोग यह नहीं जान सकते कि समाज में क्या कुछ हो रहा है, तो वे समाज में अपना महत्त्वपूर्ण योगदान नहीं दे सकते हैं। यदि भ्रष्ट कर्मों को रोकना है, तो सूचना के अधिकार का क़ानून बनाना ही होगा।" —*डॉ. ऐल्मो पेरेरा*

× × ×

मत कहो, आकाश में कुहरा घना है,
यह किसी की व्यक्तिगत आलोचना है।

—*दुष्यन्त कुमार*

× × ×

तुम्हारे एक-एक शब्द से मैं असहमत हूँ लेकिन उन शब्दों को बघारने का तुम्हारा अधिकार कोई छीनना चाहे तो उसके लिए मैं जी-जान से लड़ूँगा। —*रूसो*

× × ×

"Information means any material in any form including records, documents, memos, e-mails, opinions, advices, pressreleases, circulars, orders, log books, contracts, reports, papers, samples, models, data material, held in electronic form and information related to any private body which can be accessed by public authority under any other law for the time being enforced."

—*Mr. Wajahat Habibullah*
Chief Information Commisoner

× × ×

"यदि मुझे अपना जन्म-स्थान चुनने की स्वतन्त्रता होती तो मैं ऐसा समाज पसन्द करता जिसका विस्तार मनुष्य की आन्तरिक शक्तियों की सीमाओं के अनुपातानुकूल होता यानि जिसके सुशासित होने की सम्भावना होती। जहाँ प्रत्येक व्यक्ति अपने व्यवसाय के उपयुक्त होने के कारण, अपने उत्तरदायित्व को दूसरों पर डालने की कोशिश न करता, एक ऐसा राज्य, जिसमें सब एक-दूसरे से ऐसे सुपरिचित होते कि न तो पाप की गुप्त मन्त्रणाएँ और न सदाचार की

विनम्रता जनसाधारण की दृष्टि एवं निर्णय से छिपी रह सकती और जिसमें एक-दूसरे को देखने तथा जानने की रुचिकर रीति, देशप्रेम को, धरती के मोह से नागरिकों के पारस्परिक प्रेम परिणित कर देती।"

—विचारक रूसो

अधिकांश जनता अशिक्षित-अकुशल और आत्मकेन्द्रित है। उसे प्रशिक्षित करने में सूचना के अधिकार का उपयोग करना होगा। उसे *महात्मा गाँधी* के इन शब्दों का अर्थ समझाना होगा कि, "कुछ मुट्ठीभर स्वार्थी लोगों के हाथों सत्ता सौंप देने से सच्चा स्वराज नहीं आने वाला। सच्चा स्वराज तो तब आयेगा जब लोगों के हाथों में सत्ता के दुरुपयोग का विरोध करने की सामर्थ्य प्राप्त होगी।"

सूचना की अवधारणा

सूचना के पर्याय कथन और संज्ञापन हैं। सूचना अभिव्यक्ति, ज्ञान, परिज्ञान, संसूचना, समाचार तथा हैंडबिल का समानार्थी है। इसका तात्पर्य आगाही, इत्तला, ख़बर, जानकारी, विज्ञप्ति और परिज्ञान है। संसूचना के अन्तर्गत अभिसूचना, आख्याति, कम्यूनिकेशन, ज्ञप्ति, विज्ञप्ति, संज्ञप्ति आते हैं। सूचना में वक्तव्य का महत्त्वपूर्ण स्थान है जिसका अर्थ कथन, बयान, वक्तृता, स्टेटमेंट होता है। घोषणा भी सूचना का अंग है जिसका अर्थ अधिसूचना, अनाउंसमेंट, आख्यान, उद्घोष, ऐलान होता है। मुनादी भी सूचना ही है जिसमें उद्घोषणा, आम ख़बर, ऐलान-ए-आम, जन-सूचना, डुगडुगी, डौंड़ी, ढिंढ़ोरा तथा सार्वजनिक सूचना सम्मिलित है।

कोई भी रिकॉर्ड, दस्तावेज़, मेमो, ई-मेल, सुझाव, मत, सम्मत, प्रेस विज्ञप्ति, परिपत्र, आदेश, लॉग बुक, करार, दस्तावेज़, रिपोर्ट, पत्रक, प्रारूप तथा इलेक्ट्रॉनिक उपकरण में उपलब्ध आँकड़े ही सूचना हैं। सूचना का महत्त्व स्वयं-सिद्ध है। आज का समाज Information Haves और Information Haves Not—सूचना समृद्ध और सूचना दरिद्र—इन दो वर्गों में बँटा हुआ है। सूचना के अधिकार को समझने के लिए हमें अंग्रेज़ी शासन के दौरान जारी अधिनियम को जानना होगा—

प्रशासकीय गोपनीयता का अधिनियम, 1923

अंग्रेज़ भारत का आर्थिक दोहन करने के लिए उपयोगी क़ानून बनाया करते थे। भारत के लोग उनके काले कारनामों की जानकारी न ले सकें, इसलिए उन्होंने सन् 1923 में प्रशासनिक गोपनीयता का क़ानून बनाया। यह क़ानून सम्पूर्ण भारत के सरकारी कर्मचारियों, भारत और भारत के बाहर रहने वाले भारतीय नागरिकों पर समान रूप से लागू था। गोपनीयता भंग करने वाले व्यक्तियों और संस्थाओं को इस क़ानून के तहत सजा दी जाती थी। जब भारत स्वतन्त्र हो गया तो भी यह क़ानून बदस्तूर जारी था। इसकी ओट में कार्यालयीन अधिकारी और कर्मचारी जनता के शोषण के लिए तरह-तरह के हथकण्डे अपनाते रहे हैं। सरकारों द्वारा चलायी गयी विभिन्न लोक कल्याणकारी योजनाओं का धन भ्रष्टाचारी लोगों की तिजोरियों में जाता रहा है। 10 दिसम्बर, 1948 को संयुक्त राष्ट्रसंघ की आम सभा ने मानव अधिकारों की सार्वभौम घोषणा को स्वीकृति प्रदान की। उसमें सभी नागरिकों के समानाधिकार, समान वेतन, विचार और धर्म की आज़ादी के अधिकार के साथ सूचनाधिकार को भी मानव का मूलभूत अधिकार माना गया। तदनन्तर अनेक देशों ने इससे सम्बन्धित अपने-अपने क़ानून लागू किये। हमारे अपने देश में अनेक बार न्यायालयों ने विभिन्न सन्दर्भों में ऐसे फैसले दिये हैं जहाँ इस अधिकार का स्पष्ट उल्लेख किया है। सन् 1982 में सुप्रीम कोर्ट ने एक फैसले में लिखा कि अपवादात्मक रूप में ही गोपनीयता का पालन करना चाहिए। जयपुर नगरपालिका के विरुद्ध *श्री ए.के. कुलवाल* का, फैसला देते हुए राजस्थान हाईकोर्ट ने स्पष्ट लिखा कि सूचना का अधिकार नागरिकों का मूलाधिकार है। इस सन्दर्भ में श्रीमती *अरुणा राय* के नेतृत्व में किसान-मजदूर संघटन का आन्दोलन और महाराष्ट्र में *अण्णा हजारे* द्वारा चलाये गये आन्दोलनों का भी महत्त्वपूर्ण योगदान है। सन् 1996 में मध्य प्रदेश के एक विभागीय आयुक्त *श्री हर्ष मंडर* ने स्वयं प्रेरणा से सार्वजनिक वितरण व्यवस्था और रोजगार कार्यालय के सभी काग़ज़ात

सार्वजनिक रूप से देखने को रख दिये। *अण्णा हजारे* के आन्दोलनों के परिणामस्वरूप महाराष्ट्र सरकार ने सन् 2002 में सूचनाधिकार का क़ानून बनाया।

अधिनियम 2005

जून, 2005 में भारतीय संसद ने यह अधिनियम पारित किया और 12 अक्टूबर, 2005 में इसे लागू किया गया। जम्मू-कश्मीर राज्य को छोड़कर यह अधिनियम सम्पूर्ण भारत में समान रूप से लागू है। इसके साथ ही 'प्रशासनिक गोपनीयता का अधिनियम, 1923' अपने आप ही निरस्त हो गया है। इस अधिनियम से कुछ अत्यन्त महत्त्वपूर्ण सन्दर्भों को छोड़कर सामान्य नागरिकों के व्यक्तिगत और सार्वजनिक कार्यों से सम्बन्धित सरकारी दफ़्तरों के क्रिया-कलापों को पारदर्शी बनाया जा सकता है। संक्षिप्त में इस अधिनियम की रूपरेखा इस प्रकार है :

लोकसूचना अधिकारी : इस अधिनियम के द्वारा जानकारी देने के लिए केन्द्रीय सरकार या संघ राज्य क्षेत्र द्वारा स्थापित गठित उसके स्वामित्वाधीन, नियन्त्रणाधीन या उसके द्वारा प्रत्यक्ष रूप से या अप्रत्यक्ष रूप से उपलब्ध करायी गयी निधियों द्वारा पूर्णतः या आंशिक रूप से वित्त पोषित, संस्थाओं-कार्यालयों में केन्द्रीय लोकसूचना अधिकारी का पद निर्देशित किया गया है। इस अधिकारी की नियुक्ति अलग से नहीं की जाती है, बल्कि किसी वरिष्ठ एवं जानकार अधिकारी/ कर्मचारी को ही लोक सूचना अधिकारी के पद पर निर्देशित किया जाता है।

सहायक लोकसूचना अधिकारी : सूचना अधिकारी की सहायता के लिए सहायक लोकसूचना अधिकारी नियुक्त किया जाता है।

अपीलीय अधिकारी : सूचना अधिकारी जो जानकारी देता है उस जानकारी से यदि प्रार्थी सन्तुष्ट नहीं होता और उसे लगता है कि जानकारी अधूरी है या सही नहीं है तो वह अपील कर सकता है। इस कार्य के लिए एक अपीलीय अधिकारी की नियुक्ति भी उसी विभाग में की जाती है।

केन्द्रीय या राज्य सूचना आयोग : लोकसूचना अधिकारी सन्तुष्ट नहीं होता और वह व्यथित होता है तो वह सूचना आयोग के समक्ष अपील कर सकता है। यदि मामला केन्द्र सरकार से सम्बन्धित है तो केन्द्र आयोग के समक्ष, यदि वह राज्य सरकार से सम्बन्धित है तो राज्य लोकसूचना आयोग के समक्ष अपील कर सकता है।

सूचना अधिकार के अन्तर्गत जानकारी हासिल करने की कार्यवाही

जिसे जानकारी हासिल करनी है वह निम्नलिखित आवेदन दस रुपये की न्यायालय मुद्रांक फीस के साथ करेगा।

सेवा में :
राज्य लोकसूचना अधिकारी
(कार्यालय का नाम और पता)
(1) आवेदक का पूरा नाम
(2) पता
(3) सूचना जिस विषय में चाहिए उसका वर्णन

1. सूचना का विषय
2. जिस कालावधि की सूचना चाहिए वह कालावधि
3. सूचना का वर्णन
4. सूचना डाक से चाहिए या व्यक्तिगत उपस्थिति
5. डाक से चाहिए तो

(सर्व साधारण, रजिस्ट्री या स्पीडपोस्ट)

(4) आवेदक ग़रीबी की रेखा से नीचे है? या नहीं (अगर है तो छायांकित काग़ज़ात साथ जोड़ने हैं।)

स्थान :

दिनांक : आवेदक के हस्ताक्षर

सूचना प्राप्त करने की पद्धति

जो कोई व्यक्ति इस अधिनियम के अधीन कोई सूचना प्राप्त करना चाहता है वह फीस के साथ सम्बन्धित लोकसूचना अधिकारी या सहायक लोकसूचना अधिकारी को आवेदन करेगा। उसके बाद उसे जिस दिन उसने आवेदन किया, उस दिन से तीस दिन तक सूचना या उसने जो जानकारी माँगी है वह मिल सकती है।

उसमें महत्त्वपूर्ण बातें निम्नलिखित हैं :

(1) सूचना जिस भाषा में कार्यालय में है उसी भाषा में मिलेगी। या अनुवाद के लिए आवेदन करना पड़ेगा।

(2) आवेदक को अगर तीस दिन के अन्दर सूचना दी जाती है तो उसे सूचना पाने के लिए निम्न शुल्क भरना पड़ता है :

शुल्क

1. हर पन्ने के लिए 2 रु. + डाक खर्च
2. और किसी विभाग ने किसी दस्तावेज़ की क़ीमत पहले से तय की है तो वह क़ीमत + डाक खर्च
3. फ्लॉपी या डिस्केटर पर सूचना देने के लिए पचास रुपये + डाक खर्च
4. आवेदक अगर खुद सूचना/जानकारी लेकर जाना चाहता है तो डाक खर्च नहीं लिया जाता।
5. कोई आवेदक अगर कार्यालय में आकर अभिलेख देखना चाहता है तो देख सकता है। अभिलेख देखने के लिए शुरू के एक घण्टे के लिए कोई शुल्क नहीं लिया जाता। एक घंटा पूरा होने के बाद हर पन्द्रह मिनट के लिए पाँच रुपये शुल्क लिया जाता है।

आवेदक ने सूचना जिस तरह माँगी है उसी तरह अर्थात् रजिस्ट्री से या स्पीड पोस्ट; सर्वसाधारण डाक से भेजी जाती है या हस्तदेय भी दी जाती है।

अपील

आवेदक सूचना अधिनियम द्वारा मिली जानकारी से सन्तुष्ट नहीं हुआ या व्यथित हुआ, या उसे अगर निर्दिष्ट दिनों में (30 दिन तक) सूचना प्राप्त नहीं हुई तो वह बीस रु. फीस के साथ जहाँ के सूचना अधिकारी की सूचना से व्यथित हुआ था, वहाँ के अपीलीय अधिकारी के पास अपील कर सकता है। यह अपील उसे तीस दिन के अन्दर करनी होती है।

दूसरी अपील

अपीलीय अधिकारी के पास आवेदन देने पर भी आवेदक अगर व्यथित हुआ, तो वह पहली अपील का आदेश मिलने के बाद उसके नब्बे दिन से पहले राज्य/केन्द्र सूचना आयोग से दूसरी अपील करेगा। साथ-साथ उसे जिस सूचना के ख़िलाफ़ अपील करनी है उस आदेश की प्रति संलग्न करना ज़रूरी है।

सूचना अधिनियम द्वारा प्राप्य अभिप्रेत-अभिलेख

1. कोई भी दस्तावेज़, पाण्डुलिपि और फाइल
2. किसी दस्तावेज़ की कोई माइक्रो फ़िल्म

3. ऐसी माइक्रोफ़िल्म में सन्निविष्ट प्रतिबिम्ब या प्रतिबिम्बों का पुनरुत्पादन

4. किसी संगणक द्वारा उत्पादित सामग्री

सूचना अधिकार के अधीन निम्नलिखित सूचना पाने का अधिकार

1. कृति, दस्तावेज़ों, अभिलेखों का निरीक्षण

2. दस्तावेज़ों या अभिलेखों के टिप्पणी, उदाहरण या प्रमाणित प्रतिलिपि लेना;

3. सामग्री के प्रमाणित नमूने लेना;

4. डिस्केट, फ्लॉपी, टेप, वीडियो कैसेट के रूप में या किसी अन्य इलेक्ट्रॉनिक रीति में या प्रिंटआउट के माध्यम से सूचना को जहाँ ऐसी सूचना किसी कम्प्यूटर या किसी अन्य युक्ति से भण्डारित है, अभिप्राप्त करना।

उपर्युक्त सारी सूचना सूचना अधिकार अधिनियम द्वारा आप पा सकते हैं। इसमें आप बीस वर्ष पूर्व की सूचनाओं के बारे में जानकारी हासिल कर सकते हैं।

सूचना अधिकार अधिनियम के द्वारा आवेदक को सूचना दी जाती है मगर इस अधिनियम में अन्तर्विष्ट किसी बात के होते हुए भी, व्यक्ति को निम्नलिखित सूचना देने की बाध्यता नहीं होगी—

सूचना को प्रकट किये जाने से छूट

1. जिसके प्रकटन से भारत की प्रभुता और अखण्डता, राज्य की सुरक्षा, रणनीति, वैज्ञानिक या आर्थिक हित, विदेश से सम्बन्धों पर प्रतिकूल प्रभाव पड़ता हो या किसी अपराध को करने की उत्तेजना होती हो;
2. जिस सूचना को न्यायालय ने प्रकाशित करने के लिए मना किया है, या जिसके प्रकटन से न्यायालय का अपमान होता है।
3. जिस सूचना के प्रकटन से संसद या किसी राज्य के विधानमण्डल के विशेषाधिकारों का हनन होता हो।
4. वाणिज्यिक विश्वास, व्यापार, गोपनीयता या बौद्धिक सम्पदा ऐसी सूचनाएँ।
5. किसी विदेशी सरकार से विश्वास में प्राप्त सूचना।
6. सूचना, जिसके प्रकट करने से किसी व्यक्ति के जीवन या शारीरिक सुरक्षा को ख़तरा हो या सुरक्षा प्रयोजन या विधि प्रवर्तन के लिए विश्वास में दी गयी किसी सूचना या सहायता के स्रोत की पहचान हो।
7. सूचना जिससे अपराधियों के अन्वेषण पकड़े जाने या अभियोजन की क्रिया में अड़चन पड़े।
8. सूचना जो व्यक्तिगत सूचना से सम्बन्धित है। जिसका प्रकटन किसी लोक क्रियाकलाप या हित से सम्बन्ध नहीं रखता है जिससे व्यक्ति की एकान्तता पर अनावश्यक अतिक्रमण होगा।
   परन्तु ऐसी सूचना के लिए जिसको यथास्थिति, संसद या किसी विधानमण्डल को देने से इनकार नहीं किया जा सकता है। किसी व्यक्ति को इनकार नहीं किया जा सकेगा।
9. मन्त्रिमण्डल के काग़ज़पत्र, जिससे मन्त्रिपरिषद् सचिवों और अन्य अधिकारियों के विचार-विमर्श के अभिलेख सम्मिलित हैं :

परन्तु विषय के पूरा या समाप्त होने के पश्चात् जनता को उपलब्ध कराये जायें।

इस तरह उपर्युक्त कारणों से सूचना देने के लिए सूचना अधिकारी इनकार कर सकता है लेकिन आवेदक को सूचना देनी पड़ती है कि जानकारी क्यों नहीं दी जा सकती है और साथ में यह भी कि आवेदक किसके पास अपील कर सकता है।

सूचना अधिकार अधिनियम, 2005 की कतिपय महत्त्वपूर्ण बातें

1. कभी-कभी आवेदक को यह पता नहीं होता कि सूचना किस कार्यालय से प्राप्त की जाये? इस स्थिति में यदि वह किसी एक कार्यालय में आवेदन करता है तो वहाँ का लोकसूचनाधिकारी उस आवेदन को सम्बन्धित कार्यालय के लोकसूचनाधिकारी के पास पहुँचाएगा तथा इसकी सूचना आवेदक को भी देगा। आवेदन का यह हस्तान्तरण (ट्रांसफर) पाँच दिन में होना आवश्यक है। आवेदक उस सम्बन्धित कार्यालय से सम्पर्क कर अपेक्षित जानकारी ले सकता है।
2. इस अधिनियम के अन्तर्गत अब आवश्यक है कि सभी कार्यालय अपनी कार्यालयीन जानकारी, संगठन विशेषताएँ, अपने अधिकारियों-कर्मचारियों की शक्तियाँ और कर्तव्य, दस्तावेज़ों का विवरण, सभी योजनाओं और कार्यकलापों का विवरण, प्रस्ताविक बजट व्यय, लोकसूचना अधिकारियों के नाम, पदनाम और अन्य विशिष्टियाँ आदि की जानकारी वेबसाइट पर जनता के लिए खुली करना आवश्यक है। साथ ही इन सारी सूचनाओं को हर साल अद्यतन करते रहना भी आवश्यक है।
3. यदि कोई लोकसूचना अधिकारी बेवजह सूचना को अस्वीकृत करता है, जानबूझकर अधूरी या गलत या भ्रामक जानकारी देता है, अपेक्षित जानकारी को नष्ट कर देता है और सूचना प्राप्त करने में कोई भी बाधा उपस्थित करता है तो सत्यापन हो जाने पर लोकसूचना आयुक्त सम्बन्धित अधिकारी पर 250रु. से 25,000 रु. तक का दण्ड लगा सकता है।

अक्टूबर, 2005 में सूचना पाने के अधिकार को जब लागू किया गया तो 'दैनिक हिन्दुस्तान' ने 14-10-2005 को अपनी सम्पादकीय टिप्पणी द्वारा इस तोहफ़े पर प्रसन्नता व्यक्त की–

सूचना का तोहफ़ा

"देश में जनता को सूचना पाने का अधिकार देना एक महत्त्वपूर्ण कदम है। इससे जहाँ एक ओर सरकारी कामकाज में पारदर्शिता लाने और भ्रष्टाचार मिटाने की उम्मीद बाँधी जा सकती है, वहीं दूसरी ओर सूचनाओं से लैस जनता को अपनी समस्याओं से निजात पाने में मदद भी मिलेगी। लेकिन यह तभी सम्भव है, जब इस क़ानून को ईमानदारी से लागू किया जाये और जनता जागरूक होकर इस नये हथियार का उपयोग करें। लोकतान्त्रिक भारत में जनता को यह अधिकार बहुत पहले मिल जाना चाहिए था पर 'देर आयद, दुरुस्त आयद' के अन्दाज में यही माना जाना चाहिए कि देश में लोकतन्त्र की जड़ें निरन्तर मजबूत हो रही हैं। अब तक अक्सर सरकारी गोपनीयता क़ानून के बहाने विभिन्न सरकारी विभागों की सामान्य जानकारियाँ दबाई-छिपाई जा सकती थीं। *लाल फीताशाही* के इस बोलबाले से जनता परेशान थी। लेकिन, अब सूचनाओं को जबरन हर बार छिपाया नहीं जा सकेगा। इस क़ानून के दायरे से जम्मू-कश्मीर, देश के रक्षातन्त्र व खुफिया तन्त्र को अवश्य बाहर रखा गया है, लेकिन केन्द्रीय व राज्यों के प्रशासन, पंचायत, स्थानीय निकाय और सरकारी धन पाने वाली गैर-सरकारी संस्थाओं से जुड़ी सूचनाएँ आम नागरिक एक छोटी-सी राशि (10 रु.) के भुगतान द्वारा सहज हासिल कर सकेगा। चाहे सार्वजनिक फंड्स का उपयोग हो या मौजूदा परियोजनाओं की स्थिति या फिर राज्य के सर्कुलर व ठेके, यदि मामला किसी की ज़िन्दगी और आज़ादी से जुड़ा है तो इनके बारे में मनचाही सूचना पाना सम्भव होगा। इस प्रक्रिया से सरकारी अधिकारियों की मनमानी निश्चय ही कम होगी और वे एक हद तक अपने आचरण में ईमानदारी और पारदर्शिता बरतने को बाध्य होंगे।

भारत इस तरह का क़ानून लागू करने वाला 55वाँ देश है। अन्य देशों के सकारात्मक अनुभव को देखते हुए इसे हमारे यहाँ भी लागू किया गया, पर, अमेरिका के पहले राष्ट्रपति *अब्राहम लिंकन* ऐसे प्रसंग में बहुत पहले लाख टके की बात कह गये थे कि सतत जागरूकता ही आज़ादी की क़ीमत होती है। मतलब यह कि यदि आप अपनी आज़ादी को बचाये-बनाये

रखना चाहते हैं तो जानकारी पाने की इच्छुक जनता को खुद जागरूक होना पड़ेगा। नये क़ानून के तहत सरकार ने सेवानिवृत्त व सेवारत नौकरशाहों को मुख्य सूचना आयुक्त और सूचना आयुक्तों के पदों पर नियुक्त कर दिया है। इससे इस क़ानून के पैरोकारों में गलत सन्देश जा रहा है। केन्द्र सरकार ने मुख्य सूचना आयुक्त के पद पर अभी से सेवानिवृत्त हुए वरिष्ठ सचिव *वजाहत हबीबुल्लाह* और चार में से एक आयुक्त पद पर कार्मिक मन्त्रालय के सचिव *ए.एन. तिवारी* के नामों को तो मंजूरी दे दी है, पर पर्सनल विभाग अभी उनके लिए समुचित दफ़्तरी व्यवस्था के नाम पर अपर्याप्त फंड का रोना रो रहा है।

यदि वाकई यह सिलसिला चलता रहा तो इस समाज व जनहितैषी क़ानून को लोग अविश्वास से ही देखेंगे। बात घूम-फिरकर बड़े फैसलों के हर क्षेत्र में नौकरशाहों के हावी होने पर पुन : पहुँच जाती है। यदि फैसलों पर प्रश्न उठते हैं तो पुराने अफसरों से यह आशा नहीं रखी जा सकती कि वे अपनी विगत की, या अपनी बिरादरी के लोगों की ख़ामियाँ उजागर करेंगे। इसीलिए, कुछ सामाजिक व जनसंगठनों की यह माँग जायज है कि उक्त पदों पर यथासम्भव निष्पक्षता व ईमानदारी के लिए प्रख्यात रहे सेवानिवृत्त जजों, क़ानूनविदों, अकादमिक हस्तियों और समाजसेवियों को नियुक्त किया जाये। अतः ताजा क़ानून के अमल के बारे में सरकार को सावधानीपूर्वक और ईमानदारी से आगे बढ़ना होगा और जनसेवी संगठनों को भी क़ानून के उपयोग के बारे में जनता को पर्याप्त रूप से जागरूक बनाना होगा।"

सूचना पाने का अधिकार अधिनियम, 2005 सूचना की स्वतन्त्रता अधिनियम, 2002 के स्थान पर लाया गया है। सूचना की स्वतन्त्रता अधिनियम, 2002 एक कमज़ोर तथा निष्प्रभावी क़ानून साबित हुआ। इस सम्बन्ध में नये अधिनियम में कुछ प्रावधानों को जोड़कर इसे पूर्णता प्रदान करने के प्रयास किये गये हैं, जो इस प्रकार हैं :

1. सभी नागरिकों को सूचना पाने का अधिकार स्पष्टतः प्रदान करना।
2. सभी लोक अधिकारियों के लिए इस प्रकार की सूचना के प्रसार को एक बाध्यता बनाया जाना।
3. केन्द्र और राज्य स्तर पर एक उच्चस्तरीय स्वतन्त्र निकाय के रूप में सूचना आयोगों की स्थापना करना। ये आयोग सूचना प्राप्त करने के अधिकार को प्रोन्नत करेंगे तथा अधिनियम के प्रावधानों को लागू करेंगे। ये निकाय अपीलीय अधिकरण के रूप में कार्य करेंगे तथा इन्हें दीवानी न्यायालय के अधिकार भी प्राप्त होंगे। (अधिनियम में सूचना आयोग को ऐसी शक्तियाँ प्रदान की गयी हैं, जो लोक अधिकारियों को सूचना देने से मना करने से हतोत्साहित करेंगी।)
4. इस अधिनियम के अधिकार-क्षेत्र में केन्द्र एवं राज्य सरकारों के सभी मन्त्रालय तथा विभाग (सुरक्षा एवं इंटेलीजेंस संगठनों को छोड़कर), पंचायती राज संस्थाएँ तथा स्थानीय नगर निकाय, सरकार से वित्तपोषित ग़ैर-सरकारी संगठन, केन्द्र एवं राज्य सरकारों के स्वामित्व वाले निगम तथा कम्पनियाँ रखे गये हैं।
5. सूचना प्राप्त करने के अधिकार में अभिलेखों की जाँच-पड़ताल तथा आँकड़ों की प्रति प्राप्त करना भी शामिल है।
6. अधिकारियों को सूचना प्राप्त करने सम्बन्धी आवेदन प्राप्त होने के 48 घण्टे के भीतर इस पर कार्रवाई करनी होगी।
7. सूचना प्रदान करने में आना-कानी करने वाले अधिकारियों के विरुद्ध प्रशासनिक कार्रवाई की जायेगी तथा दोषी अधिकारी दण्डित होंगे।
8. इस अधिनियम के कतिपय प्रावधान इस अधिनियम के लागू होने के साथ ही लागू हो जायेंगे। शेष प्रावधान अधिनियम लागू होने के 120 दिनों के भीतर लागू हो सकेंगे। 120 दिन की अवधि के भीतर केन्द्र एवं राज्य सरकारों के अधिकारियों को सूचना प्रदान करने के लिए एक तन्त्र बनाना ही होगा।
9. जनसूचना अधिकारियों को नागरिकों द्वारा माँगी गयी सूचना (यथासम्भव) 30 दिन के भीतर देनी होगी।
10. सूचना प्राप्त करने के लिए किसी नागरिक द्वारा दिये गये आवेदन को लेने से मना करना, समय से सूचना न देना या अधूरी सूचना देना, गलत सूचना देना, वांछित सूचना को नष्ट करना या भ्रामक सूचना देना आदि के लिए कठोर दण्ड का प्रावधान है।

11. यदि किसी स्तर पर सूचना पाने के अधिकार अधिनियम, 2005 तथा ऑफिशियल सीक्रेट्स अधिनियम, 1923 के प्रावधानों के बीच टकराव की स्थिति आती है तो सूचना पाने के अधिकार अधिनियम, 2005 के प्रावधानों को ही प्रमुखता प्राप्त होगी।

इस क़ानून के लागू होने पर प्रधानमन्त्री *डॉ. मनमोहन सिंह* की त्वरित प्रतिक्रिया आयी। उन्होंने कहा था : यह क़ानून भ्रष्टाचार एवं अक्षमता से लड़ने वाले कारगर अस्त्र के रूप में है।

इसी प्रसंग से जुड़ी हुई एक-दूसरी अन्य महत्त्वपूर्ण बात को भी याद रखना होगा, जिसमें हमें 21वीं सदी में भारत को संचार प्रौद्योगिकी एवं कम्प्यूटर युग के द्वार तक पहुँचाने वाले, हमारे तत्कालीन प्रधानमन्त्री *स्वर्गीय राजीव गाँधी जी* का वह कथन, जिसे उन्होंने सहजता से दिल्ली में लालकिले की प्राचीर से प्रधानमन्त्री पद पर पदासीन रहते हुए प्रकट किया था कि दिल्ली (केन्द्र) से चलने वाली एक रुपये की कोई योजना में से सम्बन्धित व्यक्ति तक मात्र 12 पैसे ही पहुँच पाते हैं। यह प्रसंग एक ओर तो भारत जैसी लोकप्रिय लोकतन्त्रीय व्यवस्था के प्रहरी हमारे देश के वर्तमान प्रधानमन्त्री जो कि स्वयं भारतीय रिजर्व बैंक के गवर्नर जैसे देदीप्यमान पद को सुशोभित कर चुके हैं, उनकी चिन्ता को स्वयमेव उनके विचारों के रूप में हमारे सामने रेखांकित करता है और वहीं दूसरी ओर तत्कालीन प्रधानमन्त्री की वेदना को भी अनदेखा नहीं किया जा सकता। ऐसे में इस क़ानून का सचमुच हमारे देश और प्रदेशों में लागू होना कितना कारगर सिद्ध हो पायेगा; यह देखना होगा।

जिस मक़सद से अमेरिका और ब्रिटेन के बाद इस क़ानून को भारत में लागू किया गया, वह सच में अपने उद्देश्यों को प्राप्त करने में सफल हो पायेगा? क्या सचमुच समाज के शोषित, पीड़ित एवं दुःखी व्यक्ति को इस क़ानूनरूपी हथियार से न्याय मिलना आसान हो सकेगा? क्या यह क़ानून सही मायने में अपनी उपयोगिता सिद्ध कर सकेगा या इस क़ानून का हमारे जागरूक व्यक्तियों एवं जनप्रतिनिधियों द्वारा फिर से दुरुपयोग आरम्भ हो जायेगा?

सूचना के अधिकार अधिनियम की ख़ास बातें

- यह अधिकार देश के किसी भी नागरिक को प्राप्त होगा।
- न्यायालय, विधानमण्डल, पब्लिक सेक्टर, नगरीय निकाय, पंचायत जैसी सभी संस्थाएँ (जो संविधान के अन्तर्गत बनी हैं) जानकारी देने के लिए बाध्य होंगी।
- कोई भी विभाग इसके लिए निर्धारित 17 बिन्दुओं पर जानकारी तैयार रखेंगे।
- उक्त जानकारी उपलब्ध कराने के लिए अधिकतम अवधि 30 दिन (कार्यदिवस) होगी।
- आवेदक यदि जानकारी प्राप्त करने के लिए निर्धारित आवेदन-पत्र को भरने में किसी प्रकार की परेशानी का अनुभव करता है अथवा असक्षम है तो सूचना के अधिकार को उसकी मदद करने के लिए भी विशेष रूप से इस क़ानून में मदद करने की बात समाहित है।

लोकतन्त्र में शासन जनता का होता है और उसे जनता के लिए, जनता द्वारा संचालित किया जाता है। भारतीय संविधान *सहभागी लोकतन्त्र* के सिद्धान्त पर आधारित है। शासन-व्यवस्था में अपनी सहभागिता सुनिश्चित करने के लिए नागरिकों द्वारा चुनाव के माध्यम से अपने प्रतिनिधि का चयन किया जाता है परन्तु पिछले काफ़ी समय से नागरिकों की सहभागिता केवल मताधिकार का प्रयोग तक ही सीमित होकर रह गयी है। इसके पीछे आवश्यक सूचनाओं के अभाव में नागरिकों की निष्क्रियता एक प्रमुख कारण रहा है।

संविधान की यह मान्यता है कि जनता के चुने हुए प्रतिनिधि जनता की इच्छा व आकांक्षा के अनुरूप संविधानसम्मत शासन-व्यवस्था का संचालन, नीतियों का निर्धारण इस प्रकार करें कि प्रत्येक व्यक्ति को उसका अधिकतम लाभ प्राप्त हो सके। इस प्रकार शासन का ग्राम स्तर से लेकर केन्द्र स्तर तक जवाबदेह होना आवश्यक होता है ताकि सार्वजनिक धन के माध्यम से जनकल्याण का उद्देश्य प्राप्त किया जा सके। वर्तमान समय में सार्वजनिक धन के दुरुपयोग, गबन और लापरवाह

उपयोग के चलते यह धारणा बहुत हद तक झूठी होती चली जा रही है। इस पर रोक लगाने के लिए ज़रूरी है कि सार्वजनिक मामलों में सम्पूर्ण पारदर्शिता बरती जाये। इससे सार्वजनिक धन को सावधानी से प्रयोग करने का दबाव बनेगा।

क़ानूनी प्रावधान

संविधान के भाग 3 में नागरिकों को प्रदत्त मौलिक अधिकारों की घोषणा की गयी है जिसके अनुच्छेद 19(क) में अभिव्यक्ति-स्वातन्त्र्य तथा वाक्-स्वातन्त्र्य का अधिकार नागरिकों को प्रदान किया गया है। अनुच्छेद 39(क) नागरिकों को सम्मानपूर्वक जीने का अधिकार देता है। सुप्रीम कोर्ट ने भी अनेक मामलों में यह स्पष्ट किया है कि सूचना-प्राप्ति का अधिकार अपने आप में पारदर्शी एवं सक्षम शासन-व्यवस्था को चलाने के लिए आवश्यक और सम्मानपूर्वक जीने के अधिकार का ही अभिन्न अंग है तथा यह अभिव्यक्ति की स्वतन्त्रता में निहित है।

संयुक्त राष्ट्र महासभा द्वारा 10 दिसम्बर, 1945 को मानवाधिकारों की सार्वभौमिक घोषणा की गयी। मानवाधिकारों के इस सार्वभौमिक घोषणा-पत्र के अनुच्छेद 19 में उल्लेख है कि प्रत्येक व्यक्ति को मत तथा अभिव्यक्ति की स्वतन्त्रता का अधिकार प्राप्त है। चूँकि भारत द्वारा इस अनुबन्ध पर हस्ताक्षर किया गया है, सो अब भारत के लिए नागरिकों को जानकारी का अधिकार देना बन्धनकारी हो गया है।

सूचना के अधिकार का सम्पूर्ण भारतवर्ष में एक अनूठा प्रयोग है : इलेक्शन वॉच। अगस्त 2002 में माननीय उच्चतम न्यायालय ने एक ऐतिहासिक निर्णय (ए.डी.आर. बनाम यूनियन ऑफ़ इंडिया) देते हुए कहा कि चुनाव लड़ रहे प्रत्याशियों की आय, सम्पत्ति, शिक्षा और आपराधिक पृष्ठभूमि के बारे में जानकारी प्राप्त करना प्रत्येक मतदाता का अधिकार है, यह इसके सूचना-प्राप्त के अधिकार से जुड़ा मामला है। इसके बाद चुनाव आयोग ने एक आदेश जारी कर कहा कि चुनाव लड़ने वाले सभी प्रत्याशियों को मतदाताओं के सूचनार्थ एक *शपथ-पत्र* के माध्यम से अपने तथा अपने आश्रितों की आय, सम्पत्ति, शिक्षा तथा अपनी आपराधिक पृष्ठभूमि के बारे में सारी जानकारियाँ प्रस्तुत करनी होंगी।

अधिकार के फलितार्थ

सूचना का अधिकार प्राप्त होने से नागरिक न केवल शासन में अपनी भागीदारी सुनिश्चित कर सकते हैं बल्कि शासन में पारदर्शिता, खुलापन और जवाबदेहिता लाकर अपने लिए सुशासन की परिकल्पना को भी साकार कर सकते हैं। शासन-व्यवस्था में व्याप्त भ्रष्टाचार को कम करने के लिए तथा शासकीय प्रक्रियाओं के अनावश्यक बोझ से बचने में सूचना का अधिकार एक कारगर अस्त्र है।

सूचना का अधिकार : विश्व परिदृश्य

विश्व परिदृश्य पर दृष्टिपात करने से इसकी महिमा स्पष्ट हो जाती है। संसार में स्वीडन पहला देश है, जिसने सबसे पहले अपने नागरिकों को सूचना का अधिकार उपलब्ध कराया— सन् 1776 में। यही कारण है आज स्वीडन ही विश्व में वह पहला राष्ट्र है, जहाँ सबसे कम भ्रष्टाचार है। सन् 1948 में संयुक्त राष्ट्र संघ ने सूचनाधिकार को मानव का मूलभूत अधिकार स्वीकार किया। अब तक विश्व के छप्पन देशों ने अपने नागरिकों के लिए सूचना के अधिकार का क़ानून लागू किया है। जहाँ-तहाँ यह क़ानून लागू है, वे देश ही अपेक्षाकृत सामाजिक, आर्थिक, औद्योगिक आदि की दृष्टि से अधिक प्रगत और जनतान्त्रिक हैं। इसके विपरीत जहाँ-जहाँ राजशाही, तानाशाही और सैन्यशासन है, वहाँ की जनता आर्थिक-राजनीतिक दृष्टि से अपेक्षाकृत पिछड़ी हुई है, वहाँ सूचनाधिकार का अभाव है और वहीं भ्रष्टाचार का बोलबाला है।

75

स्टिंग ऑपरेशन
(Sting Operation)

"किसी सम्पादक, पत्रकार या समाचार-पत्र का उत्तरदायित्व किसी देश के शासन के प्रति नहीं बल्कि उस देश के लोगों के प्रति होता है। हमारे समाज में जिसमें ऐसे लोग नहीं हैं जो अपने विचार आग्रहपूर्वक रख सकें या पर्याप्त शक्तिशाली जनमत नहीं है, समाचार-पत्रों का दायित्व बढ़ जाता है और हममें से (पत्रकारों) प्रत्येक का यह दायित्व हो जाता है कि हम जनमत का प्रतिनिधित्व ही न करें बल्कि उसके अग्रणी हों।"

—फ्रैंक मोरेस

× × ×

शूली का पथ ही सीखा हूँ, सुविधा सदा बचाता आया।
मैं बलि पथ का अंगारा हूँ, जीवन-ज्वाल जलाता आया॥

—पं. माखनलाल चतुर्वेदी

स्टिंग की अवधारणा

स्टिंग का अर्थ डंक, दंश, पौधों का शूल, डंक की पीड़ा, मर्म, वेदना, स्फूर्ति, तीव्रता और उत्तेजन होता है। इसकी क्रिया के रूप का मन्तव्य चुभोना, पीड़ा देना, डंक मारना है। स्टिंगर (Stinger) डंक मारने वाला, पीड़ा पहुँचाने वाला होता है। डंक मारने वाला बिच्छू है जिसकी पीड़ा जीवन में असह्य है :

बिच्छू मारे, रवि तवै, औ कपूत रिसियाय।
भादो रात में घर चुवै ये दुःख सहा न जाय॥

डंक कलम और जीभ दोनों में है। दंश, विषदंश से पीड़ित समाज आज मीडिया से भयाक्रान्त है। डंक मारक घाव है, मर्म पर गहरा आघात है। घात-प्रतिघात से पूर्ण पत्रकारिता काटने, नोचने, लताड़ने, डँसने, ठुकराने तथा मर्मान्तिक पीड़ा पहुँचाने का प्रभावी माध्यम हो चुकी है।

'स्टिंग' शब्द 1930 के अमेरिकन स्लेंग से निकलकर आया है जिसका अर्थ है, चोरी या धोखेबाजी की क्रिया, जिसकी योजना पहले ही तैयार कर ली गयी हो। 1970 के आसपास यह शब्द अमेरिकन उपयोग में आने लगा जिसका अर्थ था, पुलिस के द्वारा डिजाइन गुप्त ऑपरेशंस जो किसी अपराधी को फँसाने के लिए किये जाते थे। धीरे-धीरे स्टिंग किसी अपराधी

को पकड़ने के लिए जाल बिछाने का पर्याय बन गया। अपराधियों को धोखे में रखकर की जाने वाली इस क्रिया में कई प्रकार से काम किया जा सकता है। किसी ड्रग सप्लायर को पकड़ने के लिए अवैध दवाएँ ख़रीदना, रिश्वतखोर को ख़ास तरह की पेशकश या किसी वेश्या अथवा दलाल को पकड़ने के लिए ग्राहक बनाकर भेजना जैसे काम जो ख़ुफिया पुलिस अपने मिशन के लिए करती थी वह पत्रकारिता ने अपना लिया है।

डंक मारना (स्टिंग) मनोभावों को आहत करता है। उग्र मानसिक पीड़ा को स्टिंग कहते हैं। आज की पत्रकारिता प्राणघातक है। छपे हुए अक्षर भाले की तरह कार्य करते हैं :

जख्म तलवार के गहरे भी हों मिट जाते हैं।
लफ्ज तो दिल में उतर आते हैं भालों की तरह ॥

आज के कुछ पत्रकार स्टिंगर (Stinger) डंक मारने वाला, उग्र पीड़ा देने वाला, पीड़ाप्रद प्रहारक हैं। उनकी पत्रकारिता Stinging (डंक मारने) का उपकरण है।

स्टिंग ऑपरेशन : विविध आयाम

इलेक्ट्रॉनिक स्नूपिंग, ऑपरेशन पिन बनाम इंटरनेट हमला, एजेंट प्रोवोकेटर, कास्टिंग काउच, बेट कार, कॉप्स इन शॉप्स, एबस्केम ये स्टिंग ऑपरेशन टर्मिनोलॉजी है। दुनिया भर में कई सालों से इनका उपयोग किया जा रहा है।

2005 में इंडिया टी. वी. द्वारा बॉलीवुड में चलाया गया *शक्ति कपूर* का चर्चित स्टिंग ऑपरेशन 'कास्टिंग काउच'। कास्टिंग काउच में यूरोपियन ख़ुफिया विभाग के हनी ट्रेप स्टिंग ऑपरेशन की तकनीक का इस्तेमाल हुआ था। हनी ट्रेप में आपराधिक और अनैतिक काम करने वालों को धोखे से स्वयं को पुलिस संगठन के हवाले करने का प्रलोभन दिया जाता है। जहाँ पर स्टिंग ऑपरेशन का लक्ष्य कोई सन्दिग्ध व्यक्ति होता है और उसे किसी विशिष्ट अपराध की स्वीकृति करते हुए पकड़ने के लिए जाल बिछाया जाता है। जासूसी भाषा में हनी ट्रेप का इस्तेमाल सोवियत और ईस्टर्न यूरोपियन इंटेलिजेंस सर्विसेज के द्वारा किया जाता रहा है, जिसमें महिलाएँ व्यापारियों और अधिकारियों के अवैध सम्बन्धों को उजागर करने में मदद करती थीं। इसका सबसे प्रसिद्ध मामला है जब 1980 में यूएस *मैराइन कार्प सार्जेंट क्लेटॉन जे. लोनट्री* एक महिला सोवियत अधिकारी के द्वारा पकड़ी गये थी।

इलेक्ट्रॉनिक स्नूपिंग : इलेक्ट्रॉनिक स्नूपिंग का प्रयोग सरकारी एजेंसियाँ अपराधियों को पकड़ने के लिए करती हैं। इलेक्ट्रॉनिक स्नूपिंग के जरिए आपकी बातचीत आपसे चुरायी जा सकती है। जिस किसी से आप मिलने जा रहे हों, हो सकता है उसने बॉडी माइक पहन रखा हो। या अपने बीफ्रकेस में छिपा हुआ रिकॉर्डर रख रखा हो और फिर उस बातचीत को सार्वजनिक किया जा सकता है। ऐसा आपके अपने वकील, बैंक या सरकारी एजेंसियों से की गयी बातचीत का खुलासा किये जाने के लिए किया जा सकता है।

आपके टेलीफोन वायर्स आपके घर के नजदीकी खम्भे से जुड़े होते हैं, जिसमें एक जंक्शन बॉक्स होता है जहाँ इन्हें मेन केबल से जोड़ा जाता है। टेप करने वाला खम्भे पर चढ़कर जंक्शन बॉक्स को खोलता है, जहाँ पर टर्मिनल के करीबन 20 सेट होते हैं। फिर वह अपना छोटा हैंडसेट फोन निकालता है। उनमें से दो तारों को फोन में प्लग करता है। फिर वह आपका नम्बर मिलाता है और तारों को अपनी उँगलियों से छुआये रखता है। अगर कुछ नहीं होता है तो इसका अर्थ है कि उसने गलत नम्बर डायल किया है। फिर दूसरे जोड़े को आजमाता है अगर उँगलियों में हल्का-सा झटका लगता है तो वह जान जाता है कि उसने आपका नम्बर डायल किया है और तुरन्त फोन काट देता है। अगर गलती से आप उठा भी लेते हैं तो वह चतुराईपूर्वक उत्तर देता है *रिपेयर सर्विस जस्ट टेस्टिंग!* अब वह आपकी फोन कॉल्स को सुन सकता है और आपके द्वारा की जाने वाली या फिर रिसीव की जाने वाली कॉल्स को रिकॉर्ड कर सकता है। उसके पास एक ऐसा गैजिट भी हो सकता है जो उसे बता दे कि आपने कौन-सा नम्बर डायल किया है। इस तरह निजी बातचीत आसानी से सार्वजनिक हो सकती है।

एबस्केम : एबस्केम 1980 का यूएस स्कैंडल है। एफ. बी. आई. द्वारा चलाया गया स्टिंग ऑपरेशन जिसे कांग्रेस के सदस्यों को रिश्वत लेते रँगे हाथों पकड़ने के लिए किया गया था। एफ. बी. आई. ने 1978 में अब्दुल एंटरप्राइजेज लिमिटेड नाम की कम्पनी बनायी। अपने कर्मचारियों को उसमें मिडिल ईस्टर्न बिजनेसमैन के रूप में नियुक्त किया, जहाँ सरकारी अधिकारियों से उनकी बातचीत वीडियोटेप में रिकॉर्ड की गयी। अधिकारियों को एक काल्पनिक शेख के राजनीतिक समर्थन के लिए पैसा दिये जाने का प्रस्ताव रखा गया। इस प्रकरण में *मेल्विन वेनबर्ग* नाम के एक *कॉन* आर्टिस्ट ने भूमिका निभायी जिसे एफबीआई ने किराये पर लिया था। कॉन आर्टिस्ट ही किसी भी व्यक्ति को आर्थिक फायदे या फिर अन्य फायदों के लिए बहकाते हैं। फँसने वाले व्यक्ति मार्क के नाम से जाने जाते हैं। 'एबस्केम' एफ. बी. आई. के द्वारा किया जाने वाला बड़ा ऑपरेशन था, जिसमें *हैरीसन ए. विलियम्स, जॉन जेनरेट, रिचर्ड कैली, रेमंड लेडरर* जैसे अनेक वरिष्ठ पकड़े गये। एफ. बी आई. पर भी एनट्रेपमेंट का आरोप लगा। इस केस का रोचक पहलू था। जहाँ एक-एक करके बड़े नेताओं की पोल खुल रही थी, वहीं इसमें यूएस सीनेटर *लैरी प्रेसलर* साफ बच निकले। ऑपरेशन के दौरान उन्हें भी रिश्वत देने की कोशिश की गयी थी लेकिन *लैरी* ने रिश्वत लेने से इन्कार कर दिया।

कॉप्स इन शॉप्स : यह अमेरिका में एल्कोहल क़ानून प्रवर्तन प्रोग्राम है, जिसका उद्देश्य 21 साल से कम उम्र के लोगों में शराब की प्रवृत्ति को कम करना है। साधारण वेशभूषा में पुलिस अधिकारी शराब की दुकानों पर तैनात होते हैं ताकि धोखे से युवाओं को पकड़ा जा सके।

ऑपरेशन पिन : ऑपरेशन पिन एफ. बी. आई., इंटरपोल, रॉयल कैनेडियन पुलिस और आस्ट्रेलियन हाई टेक क्राइम सेंटर द्वारा तैयार किया गया है, जिसका उद्देश्य चाइल्ड पोर्नोग्राफी में लिप्त लोगों के काले कारनामों को उजागर करना था। इस ऑपरेशन में ऐसी वेबसाइटों की रचना और संचालन शामिल था जो अवैध तस्वीरों का बहकावा देती थीं। उन्हें इस तरह से डिजाइन किया गया था ताकि ज़्यादा-से-ज़्यादा अपराधियों को इस बहकावे में फँसाया जा सके। वेबसाइटों के इस नेटवर्क को हनीपॉट कहा जाता था।

बेट कार : बेट कार का उपयोग वाहन-चोरों के लिए किया जाता है। इस ऑपरेशन में उपयोग होने वाली कार को बेट कार कहा जाता है। इस वाहन की विशेषता होती है कि उसमें बुलेटप्रूफ ग्लास, वीडियो कैमरा जिनमें ऑडियो, टाइम और तारीख़ रिकॉर्ड हो जाते हैं और इंजन को ख़राब करने व दरवाजों को रिमोट के साथ लॉक करने की क्षमता होती है। बेट कार दरअसल वाहन-चोरों को प्रलोभन देकर पकड़ने का तरीक़ा है।

एजेंट प्रोवोकेटर : एजेंट प्रोवोकेटर एक ऐसा व्यक्ति होता है जो हिंसा, वाद-विवाद, बहस या अन्य अराजक माहौल बनाने का काम करता है। दरअसल यह व्यक्ति खुफिया विभाग या पुलिस का आदमी होता है जो अपराध में लिप्त होकर अपराधियों तक पहुँचता है।

स्टिंग ऑपरेशन–तरुण तेजपाल की नज़र में

'अहा! ज़िन्दगी' पत्रिका में प्रकाशित *मीतू माथुर* और *तरुण तेजपाल* के बीच बातचीत के अंश से स्टिंग ऑपरेशन के महत्त्वपूर्ण पहलुओं पर प्रकाश पड़ता है जिसे अविकल रूप में प्रस्तुत किया जा रहा है :

आप भारत में स्टिंग ऑपरेशन के अगुवा हैं। इसका विचार कैसे आया?

लम्बे समय से पत्रकारिता से जुड़ा हूँ। इसलिए व्यवस्था में व्याप्त भ्रष्टाचार को बहुत क़रीब से देखा है। जब क्रिकेट में मैच फिक्सिंग के बारे में पता लगा तो बहुत धक्का लगा। भारत में क्रिकेट एक धर्म है, जुनून है। लोग क्रिकेट के दीवाने हैं और खिलाड़ियों को अपना आदर्श मानते हैं। जब ड्रेसिंग-रूम में होने वाली धाँधलियों के बारे में मालूम हुआ तो चुप बैठना मुश्किल हो गया। बस दिमाग़ में यही था कि भोली-भाली जनता के विश्वास का मख़ौल उड़ाने वालों को बेनकाब करना है। तब स्टिंग ऑपरेशन एक विकल्प के रूप में सामने आया। इससे ज़्यादा कुछ नहीं।

स्टिंग ऑपरेशन में पत्रकार पूरी प्रक्रिया का हिस्सा बन जाता है, किसी कहानी में एक पात्र की तरह। तब क्या उससे पूरी तटस्थता की उम्मीद की जा सकती है?

सिर्फ़ स्टिंग ऑपरेशंस ही क्यों, रोज़मर्रा की रिपोर्टिंग में भी पत्रकारों की तटस्थता पर सवाल उठते रहते हैं। आप कितने भी कोड ऑफ़ कंडक्ट बना लीजिए, कोई फ़ायदा नहीं होने वाला। यह सब पत्रकारों के निजी मूल्यों पर निर्भर करता है। जो पत्रकार अपनी जिम्मेदारी और सीमाएँ जानते हैं, वे समझते हैं कि उनका काम जनता को सच से रू-ब-रू करवाना है न कि किसी को फँसाने के लिए बिसात बिछाना और चाल चलना। हाँ! पत्रकारों के व्यक्तिगत मूल्यों की दलील देकर समाचार संस्थाएँ अपना पल्ला नहीं झाड़ सकतीं। समाचार चैनलों को अपनी जिम्मेदारी समझनी चाहिए और अपने पत्रकारों पर कुछ नियन्त्रण रखना चाहिए।

क्या आपने तहलका के पत्रकारों के लिए कोई कोड ऑफ़ कंडक्ट बनाया है?

ज़रूर! जब भी कोई स्टिंग ऑपरेशन करना होता है तो तहलका के सम्पादकों की टीम उस पर विचार-विमर्श करती है और रूपरेखा बनाती है। इसमें आपसी सहमति से पत्रकारों की सीमाएँ तय की जाती हैं। यह किसी लिखित दस्तावेज़ के रूप में नहीं है लेकिन हम इस पक्ष पर पूरा ध्यान देते हैं।

स्टिंग ऑपरेशंस में अधिकतर पहले लोगों को लालच दिया जाता है। फिर जब वे अपराध करने को तैयार हो जाते हैं तो उन्हें कैमरे में कैद कर लिया जाता है। इस तरह तो आप सिर्फ़ अपराध करने की इच्छा का सुबूत ही जुटा पाते हैं। आपराधिक वारदातों का प्रत्यक्ष स्टिंग क्यों नहीं करते?

ऐसा नहीं है। हमने कई मामलों में अपराधों की कवरेज के लिए स्टिंग किये हैं। लेकिन यह सच है कि लोगों को सनसनीखेज मुद्दों के प्रति ज़्यादा रुचि रहती है। बड़ी मछली को जाल में फँसते देखने पर ज़्यादा मज़ा आता है। इसलिए मीडिया भी ऐसे मुद्दों को भुनाने में कोई कसर नहीं छोड़ता। मीडिया की सकारात्मक शक्ति का फ़ायदा उठाने के लिए नागरिकों को भी जागरूक होना होगा। बहुत हद तक हो भी रहे हैं। यही जनतन्त्र की बुनियाद है। उम्मीद है कि भविष्य में सकारात्मक सोच के साथ स्टिंग ऑपरेशन होंगे।

खोजी पत्रकारिता के नाम पर किसी की निजी ज़िन्दगी में किस हद तक दखल दिया जा सकता है? आप खोजी पत्रकारिता और नैतिकता के बीच कैसे सामंजस्य स्थापित करते हैं?

हमेशा सचेत रहना पड़ता है। हालाँकि पब्लिक फिगर्स की निजी और सार्वजनिक ज़िन्दगी के बीच बहुत धुँधली सीमा होती है, लेकिन उसे पहचानना और उसका सम्मान करना बेहद ज़रूरी है। तहलका किसी की निजी ज़िन्दगी में ताक-झाँक में यकीन नहीं करता। हमारे पास अमरसिंह के टेप प्रसारित करने का प्रस्ताव था, लेकिन उसका जनहित से सरोकार नहीं होने के कारण हमने उसमें दिलचस्पी नहीं ली। स्वस्थ पत्रकारिता जनहित के मुद्दों से जुड़ी होती है। किसी की निजी ज़िन्दगी में दखल देने का हक किसी को नहीं। जिम्मेदार पदों और जनता के पैसे का दुरुपयोग रोकना ही हमारा मक़सद है। यही पत्रकारिता का मूल ध्येय भी है।

इस प्रक्रिया में सुबूत अवैध तरीक़े से जुटाये जाते हैं। क्या ये अपराधियों को सजा दिलाने में क़ानून की सहायता कर सकते हैं?

मीडिया का काम सच को बेपर्दा करना है, किसी को सजा दिलाना नहीं। यह काम पुलिस और अदालत का है। हमारा उद्देश्य पुलिस के लिए सुबूत जुटाना नहीं बल्कि लोगों की आँखों में धूल झोंककर मलायी खाने वालों की सच्चाई सामने लाना है।

आपको नहीं लगता कि स्टिंग ऑपरेशंस को अन्तिम विकल्प के रूप में प्रयोग में लाना चाहिए, जबकि किसी के ख़िलाफ़ केस चल रहा हो तो अन्तिम साक्ष्य जुटाने के लिए।

यह सच है कि स्टिंग ऑपरेशन का इस्तेमाल हर स्थिति में नहीं किया जाना चाहिए। सच को सामने लाने के बहुत से तरीक़े हैं, सिर्फ़ स्टिंग नहीं। लेकिन मुख्य बात इसके उपयोग से जुड़ी जिम्मेदारी समझने की है। अगर पत्रकार अपनी

सीमाएँ समझता हो और मुद्दा आम आदमी से जुड़ा हो तो किसी भी चरण में इसका इस्तेमाल करने में संकोच नहीं होना चाहिए। फिर चाहे किसी मुद्दे की शुरुआती पड़ताल करनी हो या अन्तिम साक्ष्य जुटाने हों।

आई.पी.सी. के सेक्शन 416 में चीटिंग बाई क्रिमिनल इम्पर्सोनेशन अपराध है। क्या आपको अनुचित साधनों से गुरेज नहीं है?

हमने निजी स्वार्थ के लिए तो कुछ नहीं किया। हमारा एकमात्र उद्देश्य भ्रष्टाचार को उजागर करना था। अगर हमारे पत्रकार मीडिया प्रतिनिधि के तौर पर काम करते तो क्या वे भ्रष्ट नेताओं की पोल खोल पाते? तहलका ने स्टिंग ऑपरेशन का सहारा ज़रूर लिया लेकिन उसके पीछे एक मक़सद था, जिसका सीधा सम्बन्ध जनहित से था। लेकिन सरकार ने जिस तरह से हमारा मुँह बन्द करने की कोशिश की, उसकी आशा हमें नहीं थी।

तहलका ने वेश्याओं का इस्तेमाल किया। क्या कहेंगे?

इस बात का मुझे दुःख है। मैं पहले ही इस बात के लिए माफ़ी माँग चुका हूँ। मुझे अपने पत्रकारों द्वारा वेश्याओं का इस्तेमाल करने की बात पता नहीं थी। लेकिन आपको परिस्थिति के अनुसार निर्णय लेना होता है। *अनिरुद्ध* और *सैम्युअल* आर्म्स डीलर के रूप में वहाँ गये थे। इसलिए उन्हें एक आर्म्स डीलर जैसा ही व्यवहार करना ज़रूरी था। फिर आप यह क्यों भूल जाते हैं कि तहलका ने ये सब जनहित के लिए किया था। मुझे लगता है कि स्टिंग ऑपरेशंस के नतीजों पर ज़्यादा ध्यान दिया जाना चाहिए। हालाँकि ऑपरेशन वेस्ट ऐंड के दौरान हमने बहुत-कुछ सीखा है। वेश्याओं का इस्तेमाल भारी भूल थी। हम भविष्य के लिए सतर्क हुए हैं।

आपका यह तरीक़ा भ्रष्टाचार की जड़ों पर चोट कर सका? क्या कोई फ़ायदा हुआ?

तहलका सरकार में व्याप्त भ्रष्टाचार का एक अनछुआ पक्ष सबके सामने लाया। भले ही भ्रष्टाचार कोई नया मुद्दा न हो लेकिन इससे मुँह नहीं फेरा जा सकता। यह जानना जनता का हक है कि जिन लोगों पर पूरा भरोसा करके वे देश की चाबी सौंप रहे हैं, वे आख़िर क्या कर रहे हैं। जो भी कुछ हो रहा था, वह जनता के साथ छल था। रहा सवाल फ़ायदे का तो हमने अपना काम किया है। सब कुछ हमारे हाथ में नहीं है। जनता को पहल करनी ही होगी। उसके सहयोग और साझेदारी के बिना कुछ भी सम्भव नहीं। अकेला चना भाड़ नहीं फोड़ सकता।

आप सरकार से सीधी टक्कर लेने जा रहे थे। ऑपरेशन वेस्ट ऐंड से पहले मन में किसी तरह का कोई डर, कोई शंका?

इस बारे में ज़्यादा नहीं सोचा था। अगर सोचते तो शायद यह कभी नहीं हो पाता।

इन दिनों सनसनीखेज पत्रकारिता काफ़ी हो रही है। आपका क्या मानना है?

ऐसा नहीं है कि दुनिया में अच्छे पत्रकारों की कमी है। फिर अगर बात ही चौंका देने वाली हो तो चर्चा तो होगी ही। ख़बर का उद्देश्य ही सनसनी फैलाना हो तो गलत है, लेकिन सनसनी नतीजे के तौर पर आये तो इसमें क्या ख़राबी है? सनसनी कोई नकारात्मक शब्द नहीं है। लेकिन टी.आर.पी. बढ़ाने या सुर्खियों में आने की मंशा से ऐसा करना बिल्कुल गलत है। देश को सच का साथ देने वाले, निर्भीक पत्रकारों की ज़रूरत है।

आपने मनोज प्रभाकर को खिलाड़ियों के पास एक साथी के तौर पर बात करने भेजा। क्या यह अनौपचारिक बातचीत की गरिमा और गोपनीयता पर प्रहार नहीं है?

पूरी नैतिकता के साथ पूरी जाँच-पड़ताल सम्भव नहीं है। खिलाड़ियों से सच उगलवाने के लिए किसी ऐसे व्यक्ति की ज़रूरत थी जिस पर वे विश्वास कर सकें। किसी रिपोर्टर के सामने पूरा सच बयान करने की उम्मीद नहीं की जा सकती थी।

सूचना के अधिकार की परिधि में स्टिंग ऑपरेशंस को कहाँ पाते हैं?

सत्ता और सूचना का सम्बन्ध समझना ज़रूरी है। सत्ता का दुरुपयोग करने वाले पत्रकारों को चुप रखना चाहते हैं ताकि जनता को गुमराह कर सकें। असली पत्रकारिता वही है जो सच्चाई को, चाहे वह कितनी भी कड़वी क्यों न हो, लोगों तक पहुँचाये। स्टिंग ऑपरेशंस इसका एकमात्र जरिया नहीं लेकिन असरदार ज़रूर है। पत्रकारों और पाठकों में आपसी समझ ज़रूरी है।

तनाव के लम्बे दौर से गुजरे हैं आप। क्या कभी सब कुछ छोड़ देने की इच्छा नहीं हुई?

कभी नहीं। मैं बहुत ही सकारात्मक सोच रखता हूँ। हालाँकि ऑपरेशन वेस्ट ऐंड के बाद का दौर काफ़ी मुश्किल था। सरकार अपनी पूरी भड़ास निकाल रही थी। मेरे सहयोगियों को हवालात में डाल दिया गया था। स्टाफ में 135 से 4 लोग रह गये थे। लेकिन वह समय मेरे लिए ख़ुद को परखने का था। आत्मशक्ति से रू-ब-रू होने का था। इस दौरान बहुत से अपने दूर होते दिखाई दिये लेकिन जनता का भरपूर प्यार और साथ मिला। इतना ज़रूर है कि चार-पाँच साल के इस मुश्किल दौर ने मेरा चीज़ों के प्रति नजरिया बदल दिया। जब आप संघर्ष करते हैं तो अन्तःप्रेरणा ही आपकी सबसे बड़ी शक्ति होती है। अच्छे काम का इनाम अच्छाई की जीत होती है। खुश हूँ कि ऑपरेशन वेस्ट ऐंड मेरे जीवन की सबसे बड़ी चुनौती था और मैंने इसका सामना पूरी हिम्मत के साथ किया।

ख़ुद से कितनी मर्तबा बात करते हैं?

अक्सर! अपना वैचारिक दायरा बढ़ाने के लिए ख़ुद से बात करना बहुत ज़रूरी है। यह न सिर्फ़ दुनिया को बल्कि ख़ुद को समझने का भी सबसे अच्छा तरीक़ा है। यह स्व-शिक्षण की एक प्रक्रिया है, जो मुझे लगता है कि ताउम्र चलनी चाहिए।

आपने एक किताब भी लिखी है। वह भी तब जब सरकार हाथ धोकर आपके पीछे पड़ी थी। कैसे कर पाये यह सब?

शुरू से ही लिखने का शौक रहा है। देश-दुनिया की बहुत-सी किताबों में लिखता भी रहा हूँ। बहुत समय से किताब लिखने की सोच रहा था लेकिन न विषय मिल पा रहा था, न माहौल। कठिन समय में मन के भाव ख़ुद ही काग़ज़ पर आ गये। शायद इसीलिए सुख-दुःख की अभिव्यक्ति कविता बन जाती है। मुझे लगता है कि जब व्यक्ति दुःखी होता है तो उसकी मानसिक और आत्मिक शक्ति खुद को प्रकट करती है। संघर्ष के उस दौर में किताब पर काम करते समय बहुत सुकून मिलता था। शायद इसीलिए मैं सब कठिनाइयों का आसानी से सामना कर पाया।

आपकी किताब, एल्केमी ऑफ़ डिजायर को वी.एस. नायपॉल ने उम्दा किताब कहा। कैसा लगा?

बहुत अच्छा। उनके मुँह से किसी किताब की प्रशंसा कम ही सुनने को मिलती है। वे स्वयं बीसवीं सदी के महान् लेखकों में से हैं। उन्होंने मेरी किताब की सराहना की, यह मेरे लिए गौरव की बात है।

एक बार फिर स्टिंग ऑपरेशंस पर आते हैं। क्या आप इस अवधारणा से पूरी तरह सन्तुष्ट हैं?

देखिए। बुराई विचार में नहीं होती। आप उसकी व्याख्या कैसे करते हैं और किस उद्देश्य से उसे काम में लेते हैं। सब कुछ इस पर निर्भर करता है। मैं स्टिंग ऑपरेशंस को सार्वजनिक हित के हथियार के रूप में देखता हूँ। यह आपको लोगों का असली चेहरा दिखाता है। इतना ज़रूर कहूँगा कि इसका सहारा तभी लेना चाहिए जब अन्य सभी तरीक़े नाकाम हो जायें। हर सिक्के के दो पहलू होते हैं। स्टिंग ऑपरेशन पत्रकार के हाथ में एक बड़ी बन्दूक की तरह है। इसलिए इसे थामने वाले का समाज के प्रति उत्तरदायित्व भी बढ़ जाता है। अगर इसके इस्तेमाल में लापरवाही बरती जाये तो ब्लैकमेलिंग जैसी समस्याएँ भी पैदा हो सकती हैं। यह ध्यान में रखना ज़रूरी है कि टी. वी. पर जो भी दिखाया जाता है, लोग उस पर आसानी से विश्वास कर लेते हैं। इसलिए यदि हर छोटे-बड़े मुद्दे पर स्टिंग होने लगे तो न केवल ये अपना असर खो देंगे बल्कि विजुअल मीडिया पर भी लोगों का विश्वास कम हो जायेगा।

क्या कोई मुद्दा ऐसा है जिस पर स्टिंग ऑपरेशन करने की तमन्ना हो?

ऐसा कुछ सोचा नहीं है। मेरी प्राथमिकता अपने अख़बार का अगला अंक तैयार करने की रहती है। बस! तहलका अपना काम बखूबी करता रहे। मैंने पहले भी कहा कि स्टिंग जानकारी जुटाने के बहुत से तरीक़ों में से एक तरीक़ा है। इससे ज़्यादा कुछ नहीं।

क्या पत्रकारों को राजनीति में जाना चाहिए? आपकी भविष्य में ऐसी कोई योजना है?

क्यों नहीं? इसमें हर्ज ही क्या है? आख़िर *विंस्टन चर्चिल* और *महात्मा गाँधी* भी पत्रकार थे। यह व्यक्तिगत पसन्द की बात है। राजनीति में कोई बुराई नहीं है। यह तो सिर्फ़ एक व्यवस्था है। पत्रकार व्यवस्था के बाहर रहकर काम कर सकते हैं तो अन्दर रहकर क्यों नहीं? लेकिन मेरा राजनीति में जाने का कोई इरादा नहीं है। मैं पत्रकार के रूप में ही खुश हूँ।

ख़रीद-फ़रोख्त तो इन दिनों पत्रकारों की भी हो रही है। स्टिंग ऑपरेशन करेंगे?

जब सभी जगह भ्रष्टाचार का बोलबाला है तो मीडिया भला इससे अछूता कैसे रह सकता है। पत्रकार हर मर्ज की दवा नहीं होता। जनता को जागरूक होना होगा। आमजन सामने आयें और पत्रकारों को बेनकाब करें।

यानी आप स्टिंग ऑपरेशन नहीं करेंगे?

हमारे पास इसके सिवाय और भी बहुत से काम हैं, जो इससे ज़्यादा महत्त्वपूर्ण हैं। पूरी दुनिया को बदलने की जिम्मेदारी हमारी नहीं है।

महत्त्वपूर्ण स्टिंग

विदेशों से उधार ली गयी परम्परा आज भारतीय बाज़ार पर भी अच्छा-ख़ासा असर डाल रही है। नये न्यूज़ चैनल जिनका नाम तक दर्शक ठीक से जानते नहीं थे, उन्होंने धड़ाधड़ स्टिंग ऑपरेशन से बाज़ार में अपनी पैठ बना ली। *शक्ति कपूर* से जुड़े कास्टिंग काउच ऑपरेशन के प्रसारण के समय भारतीय टी.आर.पी. में 'इंडिया टी. वी.' ने पहले स्थान पर अपनी जगह बना ली। *टैम मीडिया रिसर्च इंडिया* द्वारा उपलब्ध कराये गये आँकड़ों के अनुसार यह सफलता पूरे सप्ताह बनी रही।

विज्ञापन से जुड़े विशेषज्ञ कहते हैं कि टी.आर.पी. रेट बढ़ने का सीधा-सीधा मतलब है, विज्ञापनों से प्राप्त होने वाला लाभ भी बढ़ना। इन कार्यक्रमों के बीच में दिखाये जाने वाले विज्ञापनों की क़ीमत, चैनल पर दिनभर चलने वाले समाचार कार्यक्रमों से कहीं ज़्यादा होती है। ऐसे ऑपरेशन प्रसारित करने के बाद कई बार चैनल विज्ञापन दिखाने के लिए दाम भी बढ़ा देते हैं। इसलिए, विभिन्न चैनल उन अवसरों की तलाश में रहते हैं, जिनसे वे रेटिंग युद्ध जीत सकें और दर्शकों को अपनी ओर खींच सकें।

अक्सर चैनल द्वारा स्टिंग ऑपरेशन के लिए सुनिश्चित बजट नहीं बनाया जाता है, आमतौर पर स्टिंग ऑपरेशन पर दो महीने से लेकर सालों तक समय लग सकता है। ऐसे में स्टिंग ऑपरेशन पर लगने वाले खर्च का अनुमान लगाना मुश्किल है। दरअसल ऑपरेशन की लागत उसके प्रकार, स्तर, उससे जुड़े लोगों की संख्या और तकनीकी पर निर्भर करती है। फिर इस काम में लगे व्यक्तियों के समय, उनके खर्च 'रिश्वत' की राशि और व्यवस्थाओं पर बहुत-सा खर्च आता है। इसके अलावा ऑडियो-वीडियो रिकॉर्डिंग के लिए काम आने वाले आश्चर्यजनक तकनीकी साधनों, जैसे– अतिसूक्ष्म स्पायीकैम और वॉइस रिकॉर्डर की क़ीमत 4,000 से 25,000 लाख रुपये तक पड़ती है। स्टिंग मिशन में सबसे महत्त्वपूर्ण भूमिका निभाती है। तकनीकी बिना इन अतिसूक्ष्म साधनों के इतने बड़े उद्देश्य पाना असम्भव होता है। टेलीविजन चैनल को दुनिया के सामने सच्चाई की साफ तस्वीरें दिखाना बहुत व्ययसाध्य है।

वॉशिंगटन पोस्ट के अनुसार भारत के लगभग सभी टी. वी. न्यूज़ चैनल भ्रष्टाचार का पर्दाफाश करने के लिए स्पायी कैमरे का इस्तेमाल करते हैं। ट्रांसपेरेंसी इंटरनेशनल विश्वभर में चलाये जा रहे स्टिंग ऑपरेशनों को *बिहेवियरल टेस्ट* या *ऑनेस्टी टेस्ट* (ईमान की परख) के रूप में देखता है और इसे भ्रष्टाचार को उजागर करने का अच्छा साधन मानता है।

दुर्योधन, कास्टिंग काउच, घूस महल, चक्रव्यूह जैसे कार्यक्रमों की बढ़ती लोकप्रियता ने दो सवाल पैदा किये हैं। पहला यह कि इन कार्यक्रमों को देखता कौन है? दूसरा क्या इसका फ़ायदा जनता को सीधे होता है? पहले सवाल का जवाब टैम रिसर्च के आँकड़े देते हैं। इसके अनुसार अक्सर प्राइम टाइम पर दिखाये जाने वाले इस तरह के कार्यक्रम के दर्शकों में बड़ों से लेकर बच्चे तक शामिल होते हैं। जनता को चैनल द्वारा भ्रष्टाचार को उजागर करने का यह आइडिया ज़रूर पसन्द आ रहा है। जनता भ्रष्टाचार से लड़ने के तरीक़ों को बहुत गहराई से अपनी प्रतिक्रिया के रूप में महसूस करती है।

ऑपरेशन दुर्योधन

'चिड़िया चुनती है दानों को, पर हम चुनते नादानों को।'

ऑपरेशन दुर्योधन से हुआ खुलासा पूरे देश को शर्मसार कर देने वाला है। *अनिरुद्ध बहल* ने अपने पत्रकारों *(कोबरापोस्ट.कॉम और आजतक)* को *'नॉर्थ इंडियन स्मॉल मैन्यूफैक्चरर्स एसोसिएशन'* (निस्मा) नामक एक काल्पनिक संस्था के नुमाइन्दों के रूप में कुछ सांसदों के पास भेजा। उनके सामने संसद में सवाल उठाने के एवज़ में रिश्वत का प्रस्ताव रखा गया, जिसे उन्होंने थोड़ी-सी हील-हुज्जत के बाद मान लिया। *निस्मा* को मुरादाबाद से कुछ दूर स्थित, लघु उद्योगों के कल्याण के लिए काम करने वाली संस्था बताया गया।

सांसदों ने *निस्मा* की ओर से संसद में पूछने के लिए कुल 60 सवाल जमा किये। इनमें से करीब 25 सवाल संसद की जटिल लॉटरी प्रक्रिया से गुजरकर बाकायदा सदन में पूछे जाने के लिए चुने गये। कुछ सवालों को बिचौलियों ने नये सिरे से लिखा था तो कुछ अपने मूलरूप में ही सदन में रखे गये जबकि कुछ सवाल आंशिक तौर पर ही पटल तक पहुँच सके। पैसा किस्तों में दिया गया। दस लोकसभा और एक राज्यसभा सदस्य को कुल मिलाकर पाँच लाख दिये गये। दिलचस्प बात यह है कि इस ऑपरेशन के दौरान सांसदों ने बिचौलियों के जरिये या निजी सहायकों की मौजूदगी में नक़दी लेने से गुरेज नहीं किया। शायद उनका मानना था कि ऐसा करने से उन्हें किसी तरह का क़ानूनी बचाव मिल जायेगा। हो सकता है कि उन्होंने सोचा हो कि वे अपने बचाव में मीडिया से कम-से-कम इतना तो कह सकेंगे, 'उस गोरखधन्धे में मैं नहीं बल्कि मेरा सचिव लिप्त था।'

जम्हूरियत वह तर्जे हुकूमत है
जिसमें बन्दों को गिना करते हैं, तौला नहीं करते।

उपर्युक्त तथ्य को सुस्पष्ट कर *अनरुिद्ध बहल* का कोबरा पत्रकारिता की दुनिया में बहुचर्चित है। जनतन्त्र की ज़मीन अब कितनी खोखली हो चुकी है कि उसे भेदने के लिए एक छोटा-सा लेंस ही काफ़ी है।

रेडीमेड स्टिंग ऑपरेशन

समाचार की दुनिया में रेडीमेड स्टिंग ऑपरेशन की ख़रीद-फ़रोख्त की परिपाटी भी शुरू हुई है। बने-बनाये माल ने बड़े समाचार संगठनों को काफ़ी लुभाया है। शुरुआत में जहाँ समाचार-पत्र या चैनल स्वयं स्टिंग ऑपरेशन को अंजाम देते थे, वहाँ आजतक बड़े समाचार चैनल पैसे के बलबूते पर स्टिंग क्लिपिंग की बोलियाँ लगाने लगे हैं। आजकल वेबसाइट, छोटे-छोटे स्थानीय समाचार चैनल और अख़बार और कुछ एंटरप्राइज जर्नलिस्ट व्यक्तिगत फंड से स्टिंग ऑपरेशन चलाते हैं। जब उन्हें किसी बड़े मुद्दे और व्यक्तित्त्व को इस ऑपरेशन से कैमरे में कैद करने में सफलता मिल जाती है तो वे बड़े मीडिया ग्रुप को अपनी कहानी और सबूत अच्छे दामों पर बेच देते हैं। चर्चा थी कि कोबरा पोस्ट के सम्पादक *अनिरुद्ध बहल* द्वारा तैयार किये गये स्टिंग ऑपरेशन दुर्योधन को ख़रीदने के लिए कई बड़े समाचार चैनलों ने लाखों की रक़म ऑफर की थी।

भ्रष्टाचार तो देश में है और जीवन का कोई भी पहलू उससे अछूता नहीं है। इस तरह के खुलासे से क्या भ्रष्टाचार पर अंकुश लग जायेगा? भारतीय लोकतन्त्र का चौथा स्तम्भ मीडिया, इलेक्ट्रॉनिक मीडिया कहीं राह तो नहीं भटक गया है? तहलका फेम रिपोर्टर *अनिरुद्ध बहल* और उनकी सहयोगी *सुहासिनी राज* की लगातार आठ महीने की मशक्कत के बाद देश को क्या मिला और मीडिया के खाते में इससे कौन-सी उपलब्धि दर्ज हुई?

संसद में सवाल पूछने की एवज़ में रिश्वत लेना अपने कर्तव्य को बेचने की हरकत है, इसलिए कम-से-कम 'सम्माननीय' सांसदों से तो यह देश आशा करता ही नहीं था कि वे भी पुलिस विभाग के अधिकारियों, कर्मचारियों या अन्य सरकारी अमलों की तरह अपना कर्तव्य बेचकर लोकतन्त्र का चीरहरण करेंगे। जिन लोगों ने भी यह कुकर्म किया वे धिक्कार के पात्र हैं, सजा के पात्र हैं और व्यवस्था ऐसी हो कि ऐसे लोग कम-से-कम राजनीति के क्षेत्र में तो रह ही न सकें। लोकतान्त्रिक व्यवस्था में मीडिया की भूमिका इतनी उथली नहीं होती जितनी कि आजकल के स्टिंग ऑपरेशंस में सामने आ रही है। हम किसी भी स्टिंग ऑपरेशन की बात करें, लेकिन उनमें से एकाध को छोड़कर किसी में भी खोजी पत्रकारिता के मापदण्डों का पालन नहीं हुआ।

एक काल्पनिक रक्षा सौदे का आयोजन कर तहलका भंडाफोड़ हुआ था। फिर एक टी. वी. चैनल की रिपोर्टर ने *शक्ति कपूर* को सेक्स का लालच दिया और उन्हें मुम्बई के एक होटल में बुलाया। फिर उनकी वीडियो क्लिपिंग्स बनाकर पूरे देश को दिखा दी। *अनिरुद्ध बहल* के इस तर्क कि हमारा उद्देश्य घटना दिखाना नहीं, दुष्प्रवृत्तियों को उजागर करना था, के आधार पर भी तो इस तरह भंडाफोड़ को खोजी पत्रकारिता नहीं माना जा सकता, क्योंकि खोजी पत्रकारिता का उद्देश्य प्रवृत्तियों को उजागर करना कभी नहीं रहा। उसका एकमात्र लक्ष्य समाज में हो रही समाज-विरोधी घटनाओं को उजागर करना होता है।

बोफोर्स तोप सौदे की दलाली का भंडाफोड़ भ्रष्टाचार की प्रवृत्ति या रक्षा सौदों में दलाली खाने की प्रवृत्ति को उजागर करने के लिए नहीं किया गया था। उसका लक्ष्य बोफोर्स तोप सौदे में की गयी दलाली को उजागर करना था। कमला की कहानी भी पुरुषों में स्त्री को ख़रीदने की प्रवृत्ति उजागर करने के लिए नहीं, बल्कि इस वास्तविकता को उजागर करने के लिए की गयी थी कि उड़ीसा में किस प्रकार स्त्रियों की ख़रीद-फ़रोख्त होती है और किस प्रकार ग़रीब माँ-बाप अपनी गुजर-बसर के लिए अपनी युवा लड़कियों को बेचते हैं। हाँ, यह बात अलग है कि जब घटना उजागर होती है, तो उसके साथ दुष्प्रवृत्तियाँ अपने आप उजागर हो जाती हैं।

आज *गणेशशंकर विद्यार्थी* के वंशजों की पूछ नहीं है। उनके स्थान पर अधकचरी समझ वाले स्वनामधन्य बन्दरों के हाथ में उस्तरा थमाया जा रहा है। पत्रकारिता और षड्यन्त्रकारिता एक-दूसरे के पर्याय हो चले हैं जिस पर 'हिन्दुस्तान' का अग्रलेख ध्यातव्य है :

पत्रकारिता और षड्यन्त्रकारिता

अन्देशा तो यह था कि ब्रॉडकास्टिंग बिल और कंटेंट कोड पर सरकार और मीडिया प्रतिनिधियों के बीच होने वाली बैठक पर एक लांछित टी. वी. चैनल की विवादित रिपोर्ट हावी हो जायेगी और सूचना प्रसारण मन्त्री जनभर्त्सना के मौजूदा शोर का फ़ायदा उठाते हुए मीडिया की नकेल सरकार के हाथ में देने वाली कोई व्यवस्था बिठा ले जायेंगे। लेकिन शुक्र है कि सप्ताहान्त में हुई इस बैठक में ऐसा नहीं हुआ, एक गन्दी मछली की वजह से सारे तालाब को गन्दा मानने की जल्दबाजी नहीं दिखायी गयी और अन्ततः इस बात पर सहमति उभरी कि एक साल के भीतर टी. वी. चैनल और केबल वाले खुद ही अपने लिए आचार संहिता गढ़ेंगे। लेकिन इस पूरे घटनाक्रम के बाद इलेक्ट्रॉनिक मीडिया की अपनी जिम्मेदारी पहले से कहीं ज़्यादा बढ़ गयी है। चैनल प्रमुखों को अब और गहराई से विचार करना होगा कि वे कौन-सी कमज़ोर नसें हैं, जिनकी दुहाई देकर सरकारें अपने ब्रॉडकॉस्टिंग बिल जैसे दख़लन्दाज़ी-भरे इन्तजामों को उचित ठहरा सकती हैं। कहाँ जाकर उनके तथाकथित स्टिंग ऑपरेशन कुरुचिपूर्ण, अनैतिक हस्तक्षेपों में बदल जाते हैं? किस बिन्दु पर खोजपरक पत्रकारिता बेख़बरों को लुभाकर फाँसने की षड्यन्त्रकारिता बन जाती है? और कहाँ जाकर उनके अभियान साध्य के साथ-साथ साधन की भी शुचिता सुनिश्चित करने की डगर से भटकते हैं। आत्मानुशासन के आयने से देखें तो इस नौसिखिये चैनल का यह तथाकथित स्टिंग ऑपरेशन जुगुप्सा ही पैदा करता है, जो अन्ततः स्टिंग नहीं, विशुद्ध क्राइम साबित हो रहा है।

इस शर्मनाक लापरवाही ने सिर्फ़ खोजी पत्रकारिता की एक उपयोगी विधा को भी बदनाम नहीं किया, उसने उस स्कूल टीचर की निजता और गरिमा पर भी वार किया, जिसे सारे देश ने उन्मादी भीड़ के हाथों पिटते और बेइज़्ज़त होते देखा। मीडिया के सिपहसालारों को देखना होगा कि टीआरपी की अन्धी दौड़ कहाँ हमारे सम्पादकों और संवाददाताओं को मनोरोगी बना रही है, जिससे सनसनीखेज न्यूज़ की आउटसोर्सिंग, जैसे— सस्ते, मगर जोखिम-भरे कमर्शियल शॉर्टकट उभर रहे हैं। और यह भी, कि क्यों पत्रकारों की जगह अधकचरी समझ वाले उन स्वनामधन्य बन्दरों को उस्तरे थमाये जाने लगे हैं, जिन्हें समाचार-संग्रह की सावधानियों और नैतिक मापदण्डों का ही आइडिया नहीं होता। ज़रूरत शायद सिटीजन जर्नलिस्टों और ब्लॉगरों की भूमिका पर भी नये सिरे से विचार करने की है। *उमा खुराना* और उनसे जुड़े स्कूल के सम्मान को जो नुकसान चैनल के इस ड्रामे से हुआ, उसकी भरपायी किस हद तक हो पायेगी, कहना मुश्किल है, लेकिन इस बहाने से भारतीय मीडिया

पर आत्मपरिष्कार का जो दायित्व आया है, उसका निर्वहन ज़रूर होना चाहिए। याद रहे सूचना व प्रसारण मन्त्री ने ब्रॉडकास्टिंग बिल वापस नहीं लिया है, उसे नये रूप में पेश करने के लिए स्थगित भर किया है।

बाज़ार में मुनाफ़ा कमाने की होड़ लगती रहती है। बाज़ार से 100 कदम आगे अपना इलेक्ट्रॉनिक मीडिया है जो धन्धे की मर्यादा लाँघने में अग्रसर है। स्टिंग ऑपरेशन के सन्दर्भ में पत्रकार *प्रभाष जोशी* के विचार द्रष्टव्य हैं :

"लाइव इंडिया के अवतार में प्रकट हुए चैनल जनमत पर भारत सरकार के सूचना और प्रसारण मन्त्रालय ने महीने भर की पाबन्दी लगायी है जो बीस अक्टूबर को उठेगी। आप जानते हैं कि यह पाबन्दी एक झूठा स्टिंग ऑपरेशन दिखाने पर लगायी गयी और जिस देश में प्रेस की स्तन्त्रता पर कोई दख़ल मंजूर नहीं की जाती वहाँ भी इस सरकारी कार्रवाई का कोई विरोध नहीं हुआ। दरियागंज के सर्वोदय कन्या विद्यालय में गणित पढ़ाने वाली अध्यापिका *उमा खुराना* के ख़िलाफ़ दिया गया यह स्टिंग ऑपरेशन इतना झूठा और ऐसी जालसाजी का था कि इसके प्रसारण का कोई पत्रकारीय बचाव हो नहीं सकता था।

जिस तथाकथित पत्रकार *प्रकाश सिंह* ने यह स्टिंग किया वह दौलत और शोहरत पाने की जल्दी में था, यह तो अब ख़ूब अच्छी तरह से सार्वजनिक जानकारी में आ गया है। उसे साधनों की कोई चिन्ता क्या, अहसास तक नहीं था। अपराध और पत्रकारिता में सच और झूठ का अन्तर होता है इसकी भी उसे कोई समझ नहीं थी। अपने नाम से एक स्टिंग प्रसारित करवाने में वह सम्बन्धों और विश्वास को मजे में तोड़-जोड़ सकता था। उसने स्टिंग जैसे विवादास्पद पत्रकारीय औज़ार को एक छोटे-मोटे धन्धेबाज *वीरेन्द्र अरोड़ा* के आपराधिक इरादे को पूरा करने में लगा दिया। यह उसकी नासमझी थी या टी. वी. पत्रकारिता में आ रही एक घातक वृत्ति, इस पर विचार करने को अभी कोई तैयार नहीं है। टी. वी. वाले अभी ऐसी बदहवास होड़ में लगे हुए हैं कि रुककर विचार करने का न उनके पास समय है न अपने अन्दर देखने को वे तैयार हैं। उसमें *प्रकाश सिंह* जैसे नौजवान झारखण्ड से आते हैं और मुम्बई के फ़िल्मी संसार की तरह रातोंरात मशहूर और रईस हो जाना चाहते हैं। उन्हें कड़ी मेहनत से अपना हुनर सीखने और उसकी जिम्मेदारियाँ समझने का सब्र नहीं है। उन्हें लगता है कि टी. वी. पत्रकारिता में गोट बैठाने और किसी भी तरह मौका पाने से सब कुछ रातोरात पाया जा सकता है।

मुझे लगता है कि झूठा स्टिंग करके उसके प्रसारण से रातोरात मशहूर और रईस होने की जल्दी में जितना नया रंगरूट *प्रकाश सिंह* था उतनी ही जल्दी में लाइव इंडिया के नाम से अवतरित हुआ जनमत चैनल था। दोनों को ही साधनों की कोई चिन्ता नहीं थी। दोनों ही पत्रकारिता की नैतिकता और जिम्मेदारी की कोई समझ नहीं रखते थे और वे अपनी नासमझी को लेकर कोई झिझक-हिचक के चक्कर में भी पड़ने वाले नहीं थे। उन्हें रातोरात शोहरत और दौलत चाहिए थी जो एक अध्यापिका के अपनी छात्राओं से वेश्यावृत्ति करवाने की सनसनीखेज स्टिंग से मिल सकती थी। इसके लिए दोनों को ही सत्य और लोकहित की गवाही की कोई ज़रूरत नहीं थी। जनमत सरकार से अनुमति लिये बिना लाइव इंडिया के नाम से चल रहा था। चेतावनी के बावजूद वह पुराने नाम पर नहीं गया, क्योंकि लाइव इंडिया के नये और बिकाऊ अवतार में उसे तेज़ी से टी.आर.पी. पानी थी और टी.आर.पी. तो छात्राओं से वेश्यावृत्ति करवाती अध्यापिका को दिखाने और खुफिया कैमरे और माइक से पकड़े गये दृश्य और जुमले सुनाने से ही मिलती है। टी.आर.पी. के लिए भूत-प्रेत, नाग-नागिन, तन्त्र-मन्त्र, शनि महाकाल, कॉरपोरेट चकाचौंध, राखी-मीका सब दिखाने के लिए उधर बैठे टी. वी. के पास समय कहाँ है कि पत्रकारिता की सामाजिक जिम्मेदारी ही नहीं, क़ानून और अभिव्यक्ति की आज़ादी की थोड़ी-बहुत समझ दिखाये। आसानी से कमाई और राजनीतिक पव्वा हथियाने के लिए लायी गयी बड़ी पूँजी बहुत उतावली में हो या नहीं, वे तथाकथित् पत्रकार ज़रूर हैं जो मुख्य कार्यकारी अधिकारी और सम्पादक बनकर कमाई में से हिस्सा लेने के लिए सब किये-धरे का जायज बताने को तैयार हैं और वे चैनल भी खुले बाज़ार के जमाने में ऐसी कोई आचार संहिता बनाने या मानने को तैयार नहीं हैं जो उन्हें समाज के प्रति जिम्मेदार बना सकती है। इसलिए किसी चैनल ने अपनी कोई आचार संहिता बनाकर सार्वजनिक दस्तावेज़ के नाते प्रकाशित नहीं की है जिससे कि दर्शक उन्हें जिम्मेदार बना सकें। खुले व्यापार में भी मुनाफ़ा कमाने की कुछ मर्यादाएँ हैं। लेकिन हमारी टी. वी. पत्रकारिता या उद्योग या धन्धे की कोई मर्यादा हो तो बताओ। नहीं तो जब दर्शक पाबन्दी लगाने पर सरकार को मजबूर करेंगे तो कौन आयेगा बचाने? टी. वी. बाज़ार के प्रति जिम्मेदार तो है दर्शकों के प्रति क्यों नहीं?"

मीडिया के लिए दिशा-निर्देश

मीडिया द्वारा कुछ सनसनीखेज स्टिंग ऑपरेशनों की पृष्ठभूमि में एक सरकारी समिति ने प्रसारण मीडिया के लिए कुछ व्यापक दिशा-निर्देश बनाये हैं जिनमें मीडिया से जुड़े लोगों के लिए कोई भी अभियान चलाने से पहले सम्बद्ध व्यक्ति को अपनी पहचान बताना ज़रूरी होगा। सूचना व प्रसारण मन्त्रालय द्वारा गठित प्रसारण संहिता एवं दिशा-निर्देश उप समिति द्वारा तैयार किये इन दिशा-निर्देशों में समाचार और सामयिक विषयों पर एक अलग अध्याय है जिसमें इस बात का विस्तार से ज़िक्र है कि प्रसारण पत्रकारों को स्टिंग ऑपरेशन सहित अपना कामकाज किस तरह से करना चाहिए। यह मसौदा पुरानी कार्यक्रम व विज्ञापन संहिता का स्थान लेता है।

निजता के उल्लंघन पर दिशा-निर्देशों में कहा गया है कि मीडिया जब कोई स्टिंग ऑपरेशन चलाये तो उसे अपने इस गुप्त अभियान को जनहित के लिए ज़रूरी साबित करना होगा। इसमें मीडिया के लिए हिदायतें जारी करते हुए स्पष्ट किया गया है कि चैनलों को व्यक्ति के निजी जीवन से जुड़ी ऐसी सामग्री का इस्तेमाल तभी करना चाहिए जब उनके पास उस सामग्री को प्रसारित करने के पक्ष में जनहित से जुड़े उचित कारण हों। इसकी ज़रूरत शब्द की व्याख्या करते हुए इसमें कहा गया है कि अगर कोई लाइसेंसधारक किसी उल्लंघन को ज़रूरी ठहराना चाहे तो उसे बताना होगा कि विशेष परिस्थिति में यह क्यों ज़रूरी है। लाइसेंसधारक को यह बताने में सक्षम होना चाहिए कि जनहित निजता के अधिकार पर भारी है। इनमें कहा गया है कि कोई प्रसारक किसी अन्य पक्ष से फोन पर बातचीत रिकॉर्ड कर सकता है बशर्ते इसने अपनी पहचान बतायी हो, काल करने का उद्देश्य बताया हो और यह भी बताया हो कि यह रिकॉर्डिंग सम्भावित प्रसारण के लिए की जा रही है। पहचान, उद्देश्य व सम्भावित प्रसारण की बात का खुलासा न करना तभी सही माना जायेगा जब ऐसा करना उचित व ज़रूरी हो। दिशा-निर्देशों में कहा गया है कि अगर बाद में स्पष्ट होता है कि फोन पर रिकॉर्ड की गयी बातचीत प्रसारित की जायेगी (लेकिन बातचीत के समय दूसरे पक्ष को यह बात न बतायी गयी हो) तो प्रसारण से पहले दूसरे पक्ष की अनुमति लेनी होगी। समाचार आधारित या इससे सम्बन्धित कार्यक्रम बनाने में निजता का कोई भी उल्लंघन व्यक्ति या संगठन की सहमति से होना चाहिए अथवा यह ज़रूरी एवं उचित ठहराने योग्य होना चाहिए। मसौदा दिशा-निर्देशों में कहा गया है कि अगर किसी व्यक्ति या संगठन की निजता का उल्लंघन किया जा रहा हो और ये फ़िल्मांकन रिकॉर्डिंग या सीधे प्रसारण को रोकने के लिए कहें तो प्रसारक को यह बात माननी चाहिए।

76

पीत पत्रकारिता
(Yellow Journalism)

ज़ख़्म तलवार के गहरे भी हों, मिट जाते हैं,
लफ़्ज़ तो दिल में उतर जाते हैं, भालों की तरह॥

× × ×

भयादोहन, पगड़ी उछाल और उत्तेजनापूर्ण अतिरंजित प्रकाशन ही पीत पत्रकारिता है।

–डॉ. अर्जुन तिवारी

गीता, बाइबल, कुरान बनकर पत्रकारिता ने जन-जन को जगाया, स्वतन्त्रता, समानता, बन्धुत्व को बढ़ाया। अब कुछ कलियुगी पत्रकार दुराचरण, सेक्स, 'लेग, पेग, एग', झूठ, फ़रेब की आँधी बहा रहे हैं। पीत पत्रकारिता बहुचर्चित है। जिस पत्रकारिता में सभी तथ्य पी लिये जाते हैं, घोंट लिए जाते हैं, सच्चाई से दूर कल्पना पर आधारित पत्रकारिता ही पीत पत्रकारिता है। भारतीय संस्कृति में पीला शुभ, ब्रह्मचर्य, मंगल का प्रतीक है जबकि पत्रकारिता में पीला मनगढन्त, भ्रमोत्पादक, प्रतिष्ठाविहीन क्रिया-कलाप है।

कुकृत्यों से सम्बद्ध उत्तेजनात्मक एवं विस्मयकारी समाचारों को प्रकाशित करने की वृत्ति को पीत पत्रकारिता कहते हैं। *ओस्वाल्ड गैरीसन विलाड* ने ऐसी पत्रकारिता को 'गटर पत्रकारिता' एवं सम्पादक *चार्ल्स ए. डाना* ने 'येलो प्रेस'[1] की संज्ञा दी है। 'गटर' का अर्थ 'गन्दा जीवन' या नाली या 'सामाजिक अधःपतन' है। ऑक्सफोर्ड के *कम्पैनियन* के अनुसार–

Yellow Journalism, a name given to the sensational journalism of America which developed about 1880. The term of a number of the 'New York World' in which a child in a yellow dress (The yellow kid) was the central figure of the cartoon, this being an experiment in colour-printing designed to attract purchasers. The Yellow Press in a term applied in England to sensational periodicals.

1. Yellow Press : Newspapere abouding in sensational article and prone to reckless exaggeration.

Amid that Press of Yellow hue
One sheet was yellower yet
It was (Great Heavens!)

—*The Oxford University Gazette*
(A.D. Godley, In a Strange Land)[1]

जोसेफ पुलिट्ज़र (1847-1911) अमेरिका में उत्तेजना और स्फुरण से परिपूर्ण पत्रकारिता के मुख्य जनक थे। सामाजिक और आर्थिक विषमता को दूर करने हेतु प्रखरता के साथ बुराइयों का पर्दाफाश करना ही उनका लक्ष्य था। *पुलिट्ज़र* के पत्र 'दि वर्ल्ड' में 'येलो किड' तथा हर्स्ट के 'जनरल' में आश्चर्यचकित करने वाले समाचारों की भूमिका में ही पीत पत्रकारिता का बीजवपन हुआ। बाद में अनेक पत्रकारों ने उस पत्रकारिता के अतिरंजित स्वरूप में रुचि दिखायी। ऐसी पत्रकारिता में अब तो समाज-हित गौण हो गया है, आधारहीन उत्तेजक बातों को प्रकाशित कर पाठकों को भ्रम में डालने, पत्रों का प्रसार बढ़ाने एवं अर्थोपार्जन का यह घिनौना रूप हो चला है।

पत्रकारिता के पावन दायित्वों से विलग होकर जब पाठकों को आकर्षित करने के लिए भड़कीले समाचार विशिष्ट रोचक चटपटी शैली में प्रस्तुत होने लगे तब ही पीत पत्रकारिता ने छिछली आधारहीन बातों पर ध्यान दिया। चरित्र-निर्माण का आदर्श जाता रहा। अब तो यौन, हिंसा, अपराध, कुकृत्य, अनैतिकतापूर्ण, पेचीले, रसीले, नशीले और फड़कते हुए चक्करदार मामलों की नदी हरहराती है, किस्से का झरना झर्राता है और पाठक आनन्द एवं भ्रम के भँवर में डूबने-उतराने लगते हैं। पीत पत्रकारिता ऐसी विचित्र पत्रकारिता है जिसमें और सभी तत्त्व होते हैं परन्तु उसकी आत्मा ही नहीं होती। तथ्यों को तोड़-मरोड़कर ऐसे उत्तेजक नशीले समाचार छापे जाते हैं जिससे पाठकों का समूह उस पर टूट पड़ता है। ऐसे समाचार पाप, यौन तथा हिंसा से सम्बद्ध होते हैं जैसा कि *एडविन एमरी* ने लिखा है :

"Yellow Journalism, at its worst, was the new journalism without a soul... There was a shrieking, gaudy, sensation loving, devil-may care kind of journalism which lured the reader by any possible means... It made the high drama of a life a cheap melodrama, and it twisted the facts of each day into whatever form seemed best suited to produce sales for the howling newsboy. Worst of all, instead of giving its readers effective leadership, it offered a palliative of sin, sex and violence."[2]

पीत पत्रकारिता का इतिहास

सन् 1893 में 'दि वर्ल्ड' पत्र में रंगीन मुद्रण की व्यवस्था हुई। बड़े टाइप से मुद्रित शीर्षक एवं रंगीन चित्रों के कारण पाठकों का पत्र के प्रति आकर्षण बढ़ा। देखा गया कि कॉमिक ड्राइंग के छपने पर पत्र की बिक्री अधिक बढ़ने लगी। 'दि वर्ल्ड' में प्रकाशित प्रत्येक कार्टून का मुख्य पात्र दन्तहीन छोटा बालक था जो गोल-मटोल ढीला वस्त्र पहने रहता था। मुद्रकों द्वारा उसके वस्त्र को गोल-पीले धब्बे से सुशोभित किया गया और वही 'येलो किड' बहुचर्चित हो गया। यही 'येलो किड' संवेदनात्मक, उत्तेजनात्मक और सनसनीखेज पत्रकारिता का प्रतीक हो गया जिसे दूसरे शब्दों में 'येलो जर्नलिज़्म' के नाम से जाना जाता है।

जोसेफ पुलिट्ज़र ने पत्र की लोकप्रियता और प्रसार हेतु जिन विधियों को अपनाया उसमें समाचार, सम्पादकीय टिप्पणी, बौद्धिक लेख, उच्चस्तरीय मनोरंजन की सामग्री के साथ-साथ अपराध, हिंसा सम्बन्धी उद्दीप्त करने वाली बातें थीं। *विलियम रेन्डोल्फ हर्स्ट* एक-दूसरे महत्त्वाकांक्षी व्यक्ति थे जो अपने पत्र को 'दि वर्ल्ड' से बहुत आगे बढ़ाने की चिन्ता में थे। उन्होंने अपने पत्र 'एकजामिनर' के लिए पर्याप्त वेतन देकर 'दि वर्ल्ड' के कुशल पत्रकारों को बुला लिया। उनका लक्ष्य था कि सनसनी

1. Sir Paul Harvey : The Oxford Companion to English Literature.
2. Edwin Emery : The Press and America, p. 415-16.

फैलाने वाले समाचार प्रमुख स्थान पावें। हर्स्ट ग्रुप के लेखकों ने लीड पैराग्राफ़ में प्रेम, वासना, अपराध और घृणा से सम्बद्ध मामलों को ढंग से प्रस्तुत किया है जैसा कि *आर्थर मैकइवन* ने स्पष्ट किया।

"What we're after is the Gee Whiz' emotion, We run our paper so that when the reader opens it, he says Gee-Whiz."

हर्स्ट ने मोटे सुपाठ्य टाइप के प्रयोग, रमणीय साज़-सज्जा, मनोहारी रंग-बिरंगे चित्रों एवं आकर्षक शीर्षक के उपयोग द्वारा 'एक्जामिनर' को दैनिकों का 'सम्राट्' बना दिया।

यद्यपि यौन अपराध, हिंसा, अपमान एवं अन्य दूषित सामग्रियों को मनोरम एवं उत्तेजक ढंग से प्रस्तुतीकरण की प्रतिस्पर्धा से *पुलिट्ज़र* और *हर्स्ट* ने पीत पत्रकारिता को अपनाया परन्तु इसके अवगुणों एवं कुपरिणामों से अवगत हो *पुलिट्ज़र* द्वारा बाद में इस प्रवृत्ति को तिलांजलि दे दी गयी जैसा कि *ओस्वाल्ड गैरिसन विलॉर्ड* की उक्ति है :

'Like many another' he deliberately stopped for success, and then, having achieved it, slowly put on garments of righteousness![1]

इस प्रकार पुलिट्ज़र ने अपनी दूरदर्शिता द्वारा पत्रकारिता की आत्मा को सुरक्षित रखा जबकि हर्स्ट यह नहीं विचार कर सके कि पीत पत्रकारिता से जनता का विश्वास पत्र से उठ सकता है और पत्र की गरिमा एवं उसके स्थायित्व को ख़तरा उत्पन्न हो सकता है। सम्प्रति पीत पत्रकारिता का रोग संक्रामक हो चुका है तथा पत्रकारिता-जगत् के लिए यही ज्वलन्त समस्या है।

भ्रमोत्पादक शीर्षक, पक्षपातपूर्ण भाव-लेखन एवं गौण बात पर अत्यधिक जोर देकर समाचार के साथ व्यभिचार करना, सनसनी, उत्तेजना फैलाना पीत पत्रकारिता की प्रवृत्ति है। व्यवसायवाद के कारण पत्रकारिता में ब्लैकमेल की बातें देखी जाती हैं। भारतीय शास्त्रों में पीला रंग लोभ का प्रतीक है। वस्तुतः पीत पत्रकारिता अर्थलिप्सा का पर्याय है।

पाश्चात्य राष्ट्रों के पत्रों में इस बात की स्पर्धा लगी हुई है कि ताज़ा, नया, रोमांचक और सनसनीखेज ख़बरों को पाठकों के समक्ष प्रस्तुत करने में कौन आगे बढ़ जाता है? किसी घिनौने समाचार को चटखारेदार भाषा में बदलना, सनसनी फैलाना ही उन पत्रों की दैनन्दिनी है। सोमालिया की भुखमरी और लाखों की मौत का समाचार नगण्य है क्योंकि उनमें सनसनी नहीं है। हॉलीवुड फ़िल्म-निर्माता *वूडी* और *प्रियी* के सम्बन्ध में ये पत्र दृष्टि लगाये हुए हैं। प्रतिदिन पन्ने के पन्ने रँगे जा रहे हैं। भाषाई कर्मकाण्ड और लफ़्फ़ाजी के सम्बल पर सनसनी फैलाने का सत्कर्म किया जा रहा है।

पाश्चात्य पत्रकारिता के नेत्रों पर विचित्र चश्मा लगा है। उसके शीशे हर वस्तु में सनसनी ढूँढ़ ही लेते हैं। *अकबर इलाहाबादी* ने लिखा–

'तुझे अठखेलियाँ सूझी हैं, हम बेजार बैठे हैं।' यदि कोई मजबूरी में बर्फ पर नंगे पाँव खड़ा हो, हाथ-पाँव चला रहा हो, तड़पता हो, चीखता हो तो पश्चिमी पत्रकारिता मानवीय वेदना, पीड़ा को पीड़ा न समझकर कोई अदा समझती है। मन्तव्य यह है कि हमारी जान जाये और आपके लिए यह अदा है।

सूचनाओं के विशाल भण्डार में से कुछ तथ्यों को तोड़ना, मरोड़ना और बेचे जाने वाले समाचारों की तरह अच्छी पैकिंग तथा सुगन्ध प्रदान करना पीत पत्रकारिता है जिसमें मूल तत्त्व गायब रहता है। वस्तुतः प्रोपेगंडा, पत्रकारिता और व्यापारिक स्वार्थों के गठजोड़ से पीत पत्रकारिता पनपती है। बाज़ार की होड़ में चरित्रहनन, आक्षेप, बलात्कार, हिंसा, नग्नता एवं सनसनीखेज ख़बरों द्वारा पाठकों को आकर्षित किया जा रहा है।

राजकुमारी डायना, फर्गी तथा *ऐंड्रूज, राष्ट्रपति बुश* और *क्लिंटन* के निजी जीवन को अश्लीलता के साथ बेपर्दा करना पश्चिमी पत्रकारिता की हॉबी बन चुकी है। अर्द्धनग्न, पूर्ण नग्न चित्रों को बेचकर पौण्ड और डॉलर कमाना पत्रकारिता को कलंकित करना ही है। पत्रकारिता के पीछे जो सौदेबाजी है उससे मर्यादा, नैतिकता और शालीनता की धूल उड़ायी जा रही

---

1. Edwin Emery : The Press and America, p. 445.

है। आन्तरिक जीवन में झाँककर किसी को विद्रूप करने की यह प्रवृत्ति अब भारतीय पत्रकारिता में भी पनप रही है, जो चिनतनीय है।

पत्रकारों का एक छद्‌म वर्ग क्षेत्रीय स्तर पर अनेक समीकरण बनाता-बिगाड़ता है। छोटे-से-छोटे और बड़े-से-बड़े नेताओं की ख़बर रखने वाला पत्रकार बन्धु अपने स्वार्थ साधने के अनुपात में सभी का यथोचित गुणगान करते हैं। दलाली वसूलना, अधिकारियों का मान-मर्दन करना, 'चोर-चोर मौसेरे भाई' की शैली में सभी जगह चोंच मारना ही उनका कार्य है। ज़मीन-जायदाद हथियाते-बिकवाते, ठेके लेते-दिलवाते, कभी-कभी यदि विरोधी पक्ष सबल रहा तो ऐसे पत्रकारों की हड्डियाँ भी तोड़ी जाती हैं। समाचार-पत्र का शीर्षक एक बार रजिस्टर्ड करा लेने पर कभी निरस्त नहीं होता, अतः प्रकाशकों को नियमित पत्र-प्रकाशन की चिन्ता नहीं रहती। कभी-कभी तो एक ही दिन में कई महीनों के अंक छाप दिये जाते हैं। फाइल रखने और विज्ञापनदाताओं के पास भेजने के लिए ही कुछ संख्या में ही पत्र निकाले जाते हैं, पाठकों में प्रसार का लक्ष्य नहीं रहता।

भारत में अनेक साप्ताहिक-पत्र हैं जिनकी पत्रकारिता विचित्र है। भयादोहन, अपमान, पगड़ी-उछाल एवं उत्तेजनापूर्ण प्रकाशनों के कई उदाहरण पत्रों में सुलभ हैं। देखा गया है कि कई बार पत्रों ने खेद प्रकट किया है, माफ़ी माँगी है। यदि निर्भीक उच्चस्तरीय पत्रकारिता करती है तो खेद प्रकट क्यों? बार-बार ऐसी कार्यवाहियों द्वारा सुस्पष्ट है कि पत्र आदर्शच्युत हैं। सुना गया है कि 'ब्लिट्ज' ने पण्डित कमला त्रिपाठी पर लेखनी चलायी और पुन : अपनी गलतियों के लिए माफ़ी माँगी। उत्तर प्रदेश विधानसभाध्यक्ष *श्री नफीसुल हसन* के साथ भी ऐसी ही बात हुई। कुछ पत्रकारों को घुड़काते-घीघी मारते कहीं भी परखा जा सकता है। सच को झूठ और झूठ को सच सिद्ध करने में ऐसे पत्रकार सिद्धहस्त हैं।

राष्ट्र की विषमताओं, विसंगतियों और विकृतियों को उछाल-उछालकर ये सफेदपोश पत्रकार अपने कलुषित तन-मन से दुर्गन्ध फैला रहे हैं। 'उत्तिष्ठत जाग्रत् प्राप्यवरान्निबोधत' वाले पत्रकारों का बहुरूपिया गिरोह लोकतान्त्रिक स्वतन्त्रता के नाम पर सड़ाँध फैलाने वाले तत्त्वों को हतप्रभ करने का कार्य अब चरित्रवान पत्रकारों को ही करना होगा ताकि पीत पत्रकारिता छू-मन्तर हो जाये।

विदेशों में पीत पत्रकारिता का जो भी रूप है उससे भिन्न अपने देश में दृष्टिगत होता है। पीत पत्रकारिता की न तो एक सर्वमान्य व्यवस्था है और न ही उसका स्वरूप ही। पत्र में प्रकाशित किसी विशेष बिन्दु से आक्रोश में आकर कोई पूरे पत्र को ही पीत कह बैठता है। किसी मन्त्री के कुकृत्यों का पर्दाफ़ाश होता है तो वह व्यक्ति विशेष के लिए पीत पत्रकारिता है जबकि सामान्य वर्ग हेतु वही आदर्श पत्रकारिता है।

आज बाज़ार की ताकतें हावी हैं, समाचार-पत्र अब मिशन नहीं रहे। मिशनरी भावना के स्थान पर व्यावसायिकता आ गयी। सम्पादकों के लिए स्वस्थ चिन्तन, निष्पक्षता, उनके अन्तिम फैसले की स्थिति अब नहीं रही। अख़बार व्यापार एवं मुनाफ़े का साधन है। बाज़ारी ताकतें अख़बार चला रही हैं। विज्ञापन और आमदनी के दूसरे तौर-तरीके पत्र की नीति को बनाते-बिगाड़ते हैं। किसी भी क़ीमत पर सर्कुलेशन चाहने वालों के लिए आदर्श, नैतिकता दूर की बात हो गयी है। व्यावसायिकता, ग्लैमर, मार्केटिंग की ताकतें पत्र को अपनी अँगुलियों पर नचा रही हैं।

लोकमान्य तिलक (1856-1920) की टिप्पणी अब विस्मृत है :

"हमने सत्ताधीशों के लिए नहीं लिखा, बल्कि इसलिए लिखा है कि पाठक हमारी भावना को हृदयंगम करें और हमारे विचारों, सन्तापों और आक्रोश को समझें।"

वस्तुतः अप्रिय सत्य को सुनने की शक्ति शासक-वर्ग में होनी चाहिए। यदि नहीं तो वह अपनी जड़ स्वयं खोदता है। आपातकाल में सेंसर था, चौकसी रखने वाला प्रेस पंगु था, परिणामस्वरूप लोकतन्त्र अन्धी दुनिया में भटक रहा था।

77

सन्त्रस्त अभिव्यक्ति
(Suppressed Expression)

A Free Press is the unsleeping guardian of every other right that free men prize.
—*Winston Churchil*

× × ×

"It is the great journalists that create public veracity."
—*Karl Jaspers*

× × ×

अब अभिव्यक्ति के
सारे ख़तरे
उठाने ही होंगे। तोड़ने होंगे ही मठ
और गढ़ सब।
—*मुक्तिबोध*

× × ×

"To my mind, the freedom of the Press is not just a slogan from the larger point of view but it is an essential attribute of the democratic process. I have no doubt that even if the government dislikes the liberties taken by the Press and considers them dangerous, it is wrong to interfere with the freedom of the Press. I would rather have a completely Free Press with all the dangers involved in the wrong, use of the freedom than a suppressed or a regulated Press."
—*Jawahar Lal Nehru*

× × ×

"To those few broadcasters and their professional associates who would evade the nations's needs by crying, "Censorship! Oh, where will it end?" I ask, "Responsibility! when it will begin?"
—*Newton Minow*

भारतीय संविधान में अनुच्छेद 19 (1) (अ) के अन्तर्गत अभिव्यक्ति की स्वतन्त्रता सम्मिलित है। यह अभिव्यक्ति की स्वतन्त्रता शासक या जनता को अच्छी लगने वाली ख़बरों तक सीमित नहीं है अपितु उसे नाराज करने, झकझोरने, उसकी

नींद हराम करने वाली ख़बरें या विचार देने की भी स्वतन्त्रता है। लोकतन्त्र में शासकों के सत्ता-दुरुपयोग, मनमानी, भ्रष्टाचार, भाई-भतीजावाद का भंडाफोड़ प्रेस ही करता है। वही लोगों के हितों का प्रहरी है। कुशासन खत्म करने का सबसे बड़ा हथियार भंडाफोड़ है। इंग्लैंड की एक अदालत में बहुचर्चित 'स्पायी कैचर केस' में कहा गया—"सरकार के घोटालों का पर्दाफ़ाश करने में प्रेस की विधिसम्मत भूमिका है। एक खुले लोकतान्त्रिक समाज में ऐसा ही होना चाहिए।" स्वतन्त्रता के महान् प्रवक्ता *टॉमस जेफर्सन* ने कहा—

"अगर मुझे यह फैसला करना हो कि हमें बिना अख़बार की सरकार चाहिए या बिना सरकार का अख़बार तो मुझे दूसरा विकल्प चुनने में एक क्षण भी नहीं लगेगा।"

लोकतन्त्र की तन्दुरुस्ती का सच्चा पैमाना प्रेस ही होता है। सरकार के आचरण का आईना अख़बार ही होते हैं। लोकतन्त्र में सार्वभौम सत्ता 'लोक' की होती है जिसकी अभिव्यक्ति उस देश के संविधान में होती है। व्यक्ति को सत्ता या देश का पर्याय बना देना तानाशाही की ओर बढ़ाया गया कदम है। आजकल प्रेस की स्वतन्त्रता की नींव में कहीं-कहीं दीमक लग रहा है। कुछ पत्र राजनीतिक पार्टियों के मुखपत्र हैं। कुछ को शासन और सत्ता से दरबारी संरक्षण प्राप्त है, कुछ आर्थिक हितों के दायरे में कैद पूँजीवादी व्यवस्था के गुलाम हैं। ऐसी स्थिति में वे स्वतः प्रतिबन्ध के घेरे में हैं। ऊपर से सरकार मानहानि विधेयक लाकर उन्हें और श्रीहत करने का प्रयास करती है। मानहानि विधेयक, 1966 प्रेस की स्वतन्त्रता को समाप्त करने की साजिश थी। इस विधेयक का सहारा लेकर सरकार ने पत्रकारों, सम्पादकों, अख़बार-मालिकों को क़ानूनी बेड़ियों में जकड़ना चाहा। बोफोर्स, पनडुब्बी, तेल कमीशन जैसे घोटालों का भंडाफोड़ करने वाले साहसी पत्रकारों के लिए यह धमकी का संकेत था। मानहानि विधेयक पर *शरद जोशी* की टिप्पणी उल्लेखनीय है :

"यह सादर आमन्त्रण है यारो

वे सब निःशंक हों, निर्भय रहें जिनकी काली कथा उजागर होने का भय अब तक बना रहता था। यदि वे विदेश में हों तो भारत आ जायें। हमारा भारत हर भ्रष्टाचारी का प्यारा भारत हो गया है। अब यहाँ बेखटके काला कारोबार करो। तुम पर अँगुली उठाने वालों की अँगुली ख़तरे में पड़ेगी। तुम पर कोई आँच नहीं आएगी। निःसंकोच रहो। तुम्हारे चरित्र पर धब्बा नहीं लगेगा। मजाल है अब यहाँ कोई चोर को चोर कह सके। अब हर चोर मोर है। मोर की तरह चोर अब राष्ट्रीय पक्षी है। उसका कोई कुछ नहीं बिगाड़ सकता। बेफिक्र रहो। अपने पंख खोलकर नाचो। राष्ट्र का मयूर तुम्हारा है। समीक्षक को हम गेट आउट कर रहे हैं। कुकर्मों की स्वाधीनता तुम्हें मिल गयी है। बदमाशों, हम चालाक लोग तुम्हारे साथ हैं। हम तुम्हारी नीचता को ऊँचाई देंगे। जब तुम्हारे ख़िलाफ़ एक लफ्ज भी लिखा जायेगा, हम उसे जेल में ठूँसकर उसकी कलम तोड़ देंगे। जब वह माँग लेकर सड़क पर आयेगा, हमारी पुलिस डंडे लिए तैयार खड़ी है। निश्चिन्त रहो राष्ट्र के दुष्टों, नेताओं और उनका हिस्सा देने के बाद कोई आर्थिक अपराध अब अपराध नहीं रहेगा। भ्रष्टो, खाओ कमाओ और हमें खिलाओ। हम तुम्हारे रक्षक हैं, अख़बार के तक्षक हैं, निश्चिन्त रहो। हमने मानहानि क़ानून का फन्दा बनाया है। जो तुम्हारे विरुद्ध बोलेगा उसे हम लटका देंगे। बस एक नोटिस देने वाला वकील तैयार रखो। शायद कभी ज़रूरत पड़ जाये। हमने पुख़्ता इन्तज़ाम कर लिया है तुम्हारे लिए। अब कोई चिन्ता नहीं। लानत है इस बहुमत पर यदि हम तुम्हारे लिए इतना भी नहीं कर सके। अब हम तुम्हारे काले कर्मों के शेयरहोल्डर। तुम कुकर्मी, हम हैं तुम्हारे सहधर्मी। हम इधर से बचाते हैं तुम उधर से जारी रखो। क़ानून इतना बढ़िया बना रहे हैं कि गुण्डे को गुण्डा और बलात्कारी को बलात्कारी कहना मुश्किल हो जायेगा। ...इस देश में सच बोलने वाले की ऐसी-तैसी करके न धर दी जाये तो हमारे राज का कोई मतलब नहीं। सबके मुँह बन्द करेंगे।... ला, जो माल तू बेचेगा हम उसकी ज़रूरत पैदा करते हैं। घबरा मत। क़ानून ऐसे हैं कि देश इस समय पॉकेट में है अपने। अख़बार की बोलती बन्द है। कोई इशारा भी करेगा तो मानहानि में फँसा देंगे। न हिन्दू, न स्टेट्समैन, अफ़सर अपने हैं। बेफ़िक्र रहे, काम जारी रखे। हम तेरे साथ हैं।"

वस्तुतः मानहानि विधेयक, 1988 पारित हो जाता तो पीत प्रशासन को बढ़ावा मिलता। पत्रकारों की अभूतपूर्व एकता एवं उनके प्रबल प्रतिरोध के कारण विधेयक राज्यसभा में पारित न हो सका। पत्रकारों ने स्पष्ट कहा कि सरकार को पत्रकारिता

पर अंकुश लगाने के स्थान पर अपने आचरण पर अंकुश लगाना चाहिए। मानहानि विधेयक से अन्वेषी पत्रकारिता पर कुठाराघात होता। यों तो पत्रकारिता के दुर्गुणों पर रोक लगाने के लिए वर्तमान क़ानून ही सक्षम है। संविधान में प्रेस पर लगाम लगाने का अधिकार प्राप्त है। संविधान के अनुच्छेद 19(2), 105(3), 194(3), 358, 350(1) के द्वारा प्रेस को नियन्त्रित किया जा सकता है। अनुच्देद 19(2) के अन्तर्गत तो भारतीय प्रेस को कठघरे में खड़ा किया जा सकता है। श्री *गिरिलाल जैन* तथा *आर.के. करंजिया* को जो सजा सुनायी गयी वह इन्हीं विधानों के अन्तर्गत। नये विधान से पत्रकार की कलम पर आतंक का भूत सवार होता।

लोकतान्त्रिक राष्ट्रों में प्रेस की स्वतन्त्रता को मौलिक अधिकार माना गया है। कहीं-कहीं तो प्रमाण प्राप्त करने का भी अधिकार प्रेस को दिया गया है। भारत में सबूत पाने के अधिकार के बिना भी भारतीय प्रेस ने बोफोर्स काण्ड, पनडुब्बी कांड के कारण सरकार को व्यग्र कर दिया। एक तरफ़ सरकार जब खण्डन करती है तो दूसरी ओर प्रेस तथ्यों सहित समाचार छापता है। स्वीडेन में *अमिताभ बच्चन* के द्वारा फ्लैट ख़रीदने का सरकार द्वारा जब खण्डन हो रहा था उसी समय 'इंडियन एक्सप्रेस' ने उसे फोटो प्रमाण के साथ छाप दिया।

आज चाहे बिहार हो या जम्मू-कश्मीर, सर्वत्र पत्रों के मुँह में लगाम लगाने का प्रयास चल रहा है। शासन के लोग अपनी कमज़ोरियों को लाल स्याही से रेखांकित कर रहे हैं। प्रेस बिल का सुरक्षा कवच धारण करने की दिशा में एक अजीब व्यग्रता देखी जा रही है। लगता है अब ख़बरों के चयन का अधिकार सम्पादक के हाथ से निकालकर सत्ता के छुटभैयों को सौंपने की साजिश चल रही है।

पत्रकार-प्रताड़ना

पत्रकारों की प्रताड़ना सत्ताधारियों की हॉबी है। वे पत्रों को दरबे में बन्द रखना चाहते हैं। 20 दिसम्बर, 1985 के पूर्व किये गये सर्वेक्षण से स्पष्ट है कि पत्रकारों पर हमले की गति बढ़ रही है। विगत वर्षो की तुलना में इस वर्ष दुगुनी घटनाएँ हुईं जिसमें 30 पत्रकार मारे गये, 13 बन्धक बनाये गये, 70 घायल हो गये एवं 109 पत्रकारों को जेल में बन्द कर दिया गया। 'फ्रीडम हाउस' संगठन ने अपने एक प्रतिवेदन में बलाया कि 1987 में 12 देशों में 34 पत्रकार मारे गये। अमेरिकी मानवाधिकार संस्थान की वार्षिक रिपोर्ट में कहा गया कि प्रेस पर नियन्त्रण के लिए कठोर कदम उठाकर भी पत्रकारों को पीड़ित किया गया।

पत्रकारों को प्रताड़ित करना आज कुछ राजनेताओं की आदत हो गयी है जैसा कि पत्रकार श्री *खुशवन्त सिंह* ने 27 मार्च, 1987 को 'आज' में लिखा :

"पत्रकार कुत्तों जैसे होते हैं। 'दि टाइम्स' (लन्दन) का फिलिप हावर्ड लिखता है कि जब एक भौंकता है तो सब मिलकर गुर्राने लगते हैं और एक या दो सप्ताह तक लगता है कि दुनिया में जैसे और कोई चीज़ नहीं है। हावर्ड पत्रकारों को गालियाँ देने में अकेला नहीं है। बहुत से ऐसे लोग हैं जिनका अख़बार वालों के बारे में उतने ही घटिया विचार हैं जैसे कि उसके। उन सब में ज़्यादातर वे हैं जो राजनेता हैं। मैं हाल में ही हुई अनगिनत घटनाएँ बता सकता हूँ जब एक पत्रकार ने कोई ख़बर उजागर की तो दूसरे ने उसे फौरन उठा लिया और उसे ऐसा दिखाया कि जैसे उस वक़्त दुनिया में उससे ज़्यादा किसी और विषय से उन्हें लगाव नहीं है। बिहार में जेल में कैदियों को अन्धा करने का मामला (संडे और टेलीग्राफ के *एम.के. अकबर* द्वारा उद्घाटित), *अब्दुल रहमान अन्तुले* के तथाकथित धर्मार्थ ट्रस्ट का मामला (इंडियन एक्सप्रेस के *अरुण शौरी* द्वारा उद्घाटित), पाकिस्तान में आतंकवादियों का प्रशिक्षण तथा उड़ीसा के मुख्यमन्त्री *जे.बी. पटनायक* के पापकर्म (इलेस्ट्रेटेड वीकली ऑफ़ इंडिया में *प्रीतीश नन्दी* द्वारा उजागर), न्यूक्लियर हथियारों का विकास कर लेने का पाकिस्तानी दावा (*कुलदीप नैय्यर* द्वारा उजागर) ये सब कुछ ऐसे उदाहरण हैं जिनके कारण पत्रकारों को पीड़ित किया गया।"

ख़िलाफ़ लिखिए, पुलिस के डण्डे खाइए

'एडिटर्स गिल्ड ऑफ़ इंडिया' की रिपोर्ट के अनुसार सरकार के विरोध में लिखने वाले पत्रकारों को पीटा जाता है, हथकड़ियाँ लगायी जाती हैं, सड़कों पर घुमाया जाता है और सरकारी घरों से निकाल दिया जाता है। 'गिल्ड' ने सन् 1988 में ओड़िसा में प्रेस के सन्दर्भ में जानकारी हेतु सर्वश्री *के.आर. मलकानी, कुलदीप नैय्यर* और *एस. सहाय* को भेजा। इन वरिष्ठ पत्रकारों ने अपने सर्वेक्षण में स्पष्ट किया कि मुख्यमन्त्री *जानकीवल्लभ पटनायक* ने ऐसी स्थिति बना रखी है कि पत्रकार सत्य लिखने के पूर्व उसके नतीजे पर कई बार सोचने को विवश होते हैं। 'गिल्ड' ने "लालच और दण्ड : ओड़िसा में पत्रकारों की दुर्दशा" के अन्तर्गत लिखा है कि 'समाज' के सम्पादक *राधानाथ रथ* पर हमला, 'न्यूजटाइम्स' के संवाददाता *प्रशान्त पटनायक* को सरकारी आवास से निकालना, 'इंडियन एक्सप्रेस' के संवाददाताओं *नागेश्वर राव* और *रुबेन बनर्जी* को मान्यता नहीं देना, 'धारित्रि' के संवाददाता *रमेशचन्द्र* को हथकड़ी लगाकर सड़क पर घुमाना पत्रकारों को पीड़ित करना है। रिपोर्ट में आगे लिखा गया है कि सरकार के पक्ष में लिखने वाले पत्रकारों को शराब की दुकान, होटल खोलने के लिए परमिट, रुपया और जमीन देना आम बात है। एक प्रेस कॉन्फ्रेंस में उत्पाद मन्त्री ने एक पत्रकार से कहा कि आप तो कम-से-कम चुप रहिए, आपने शराब का लाइसेंस माँगा, हमने आपको खुश किया अब क्या चाहते हैं?

सन् 1989 में बिहार के धनबाद नगर में ओजस्वी पत्रकारों को अधमरा बना दिया गया। प्रेस का गला घोंटना और पत्रकारों की प्रताड़ना ये दो कार्य शासकों के मौलिक अधिकार बन गये हैं। आज यदि निष्पक्ष होकर सहानुभूति के साथ देखा जाये तो पत्रकार ही सर्वाधिक पीड़ित, शोषित दृष्टिगत होगा। जो समाज के शोषकों की धज्जी उड़ाता है, शोषितों पर आँसू बहाता है वही निरीह पत्रकार शोषण का शिकार बना हुआ है। जितनी कुंठा, निराशा, भग्नाशा के वातावरण में कुछ पत्रकार अपने जीवन के दिन काटते हैं उतना और कोई वर्ग नहीं है। तनाव, संघर्ष, मानसिक प्रताड़ना, भविष्य के प्रति अनिश्चितता तथा पारस्परिक ईर्ष्या-द्वेष का ही परिणाम है कि आज के अधिकांश पत्रकार किसी-न-किसी रूप में रुग्ण हैं। पंजाब में 1985-86 में किये गये एक सर्वेक्षण में यह तथ्य उजागर हुआ जो 'हिन्दुस्तान दैनिक' में प्रकाशित है :

पत्रकारिता और रोग

पटियाला (हि. सं.)। पंजाब में एक सर्वेक्षण से पाया गया कि एक वर्ग ऐसा भी है जिसे यदि रोगी वर्ग कहा जाये तो अतिशयोक्ति न होगी। इसके 60 प्रतिशत व्यक्ति किसी-न-किसी रोग से पीड़ित हैं।

यह वर्ग है पत्रकारों का जो आर्थिक पक्ष के साथ-साथ शारीरिक पक्ष से भी रोगग्रस्त हैं। गत दिनों जालन्धर के पत्रकारों के परिवारों के 1200 सदस्यों की डॉक्टरी जाँच से विदित हुआ कि लगभग 800 व्यक्ति किसी-न-किसी रोग से पीड़ित हैं। कुछ ऐसे भी हैं जिन्हें रोगी होने पर भी अपने कार्य में संलग्न रहना पड़ता है। एक महाशय ऐसे पाये गये जो हृदय रोग से पीड़ित थे लेकिन इससे स्वयं वे अनभिज्ञ थे। इस वर्ग में खून की कमी तो प्रायः पायी जाती है।

रोगी पत्रकारों की कलम अब बन्दूक से संघर्षरत है। पंजाब के सरकारी-पत्रों की राजधानी जालन्धर मौन, चिन्तित एवं तनावग्रस्त है जिसके पत्र-सम्पादकों की हत्या हो रही है। 1981 में हिन्द समाचार-पत्र समूह के संस्थापक सम्पादक *लाल जगतनारायण* की हत्या की गयी। अब समूह के सभी पत्रों को बन्द करवाने की धमकी दी जा रही है। 1984 में *रमेश चन्द्र* की हत्या के बाद भी आये दिन बन्दूकप्रेमी कलम के सिपाहियों को दागने में शान दिखला रहे हैं।

लोकपाल

लोकपाल स्वीडिश भाषा के 'ओम्बड्समैन' का हिन्दी पर्याय है जिसका अर्थ ऐसी स्वायत्तशासी व्यवस्था से है जो सरकारी एजेंसियों के विरुद्ध नागरिकों की शिकायतों की जाँच-पड़ताल कर सके। सर्वप्रथम 1909 ई. में स्वीडन के अख़बारों में

लोकपाल की नियुक्ति हुई। अमेरिका के 'कूरियर जनरल' ने 1967 में लोकपाल नियुक्त किया। ब्रिटेन, जापान, स्पेन तथा इज़रायल में लोकपाल नियुक्त हुए। अमेरिका और कनाडा के दूरदर्शन केन्द्रों पर सम्प्रति लगभग 38 लोकपाल कार्यरत हैं।

भारत में *'टाइम्स ऑफ इंडिया'* समूह के अध्यक्ष *श्री अशोक जैन* द्वारा लोकपाल की नियुक्ति 7 जनवरी, 1989 को की गयी। उन्होंने लोकपाल की भूमिका के सन्दर्भ में कहा :

"यदि अख़बार में छपी किसी ख़बर के बारे में किसी को कोई एतराज हो तो सबसे पहले सम्पादक से शिकायत की जाये। यदि दस दिनों के भीतर शिकायत पर कार्रवाई न हो या कार्रवाई से उसे सन्तोष न हो तो सीधे लोकपाल से शिकायत की जा सकती है, सम्पादक स्वयं भी किसी उलझी हुई शिकायत को लोकपाल के हवाले कर सकता है। लोकपाल शिकायत को असरदार समझने पर प्रबन्धकों से राय-मशविरा करेंगे।"

श्री जैन ने समाचार-पत्र को जन-मानस के प्रति उत्तरदायी बनाने के लिए लोकपाल की नियुक्ति की। इससे पत्रकारों में जिम्मेदारी की भावना बढ़ेगी और पाठकों को समाचार पर भरोसा होगा। सन्तुलित, निष्पक्ष, निर्भीक एवं उत्तरदायित्वपूर्ण समाचार-पत्र पाठकों के लिए विश्वसनीय होता है और ऐसा ही पत्र लोकतन्त्र की जड़ है। आज आकाशवाणी और दूरदर्शन पूर्णतया सरकारी नियन्त्रण में हैं। समाचारों को सरकारपरक बनाने की ओछी बात देखी जा रही है। इलेक्ट्रॉनिक माध्यम सत्ता के भोंपू बन चुके हैं। ऐसी स्थिति में समाचार-पत्रों पर ही जनता का 'योगक्षेम' आधारित है। प्रथम लोकपाल *पी.एन. भगवती* सम्पादकों की स्वेच्छाचारिता और आधे-अधूरे अनर्गल समाचारों के प्रकाशन पर अंकुश लगायेंगे। समाचार-पत्र को विश्वसनीय और प्रामाणिक बनाना उनका कार्य होगा।

लोकपाल की नियुक्ति से समाचार-पत्रों की प्रतिष्ठा में वृद्धि होगी। पत्रकारों में उत्तदायित्वपूर्ण भावना का संचार होगा। वे किसी भी समाचार को लिखने के पूर्व उसके गुण-दोष का विवेचन करेंगे तथा निष्पक्ष भाव से सत्य और सुन्दर समाचार ही लिखेंगे।

भारत के प्रत्येक समाचार-पत्र सत्य हरिश्चन्द्र के पुतले नहीं हैं। दो-एक ऐसे भी पत्रकार हैं जो ख़बरों को तोड़ते, मरोड़ते, दबाते और उछालते हैं। दो-एक के बहाने सम्पूर्ण पत्र-जगत् का गला घोंटना हर हिन्दुस्तानी के ख़बर पाने के अधिकार को समाप्त करना है। ऐसी कार्रवाई राष्ट्र-हित में नहीं है अपितु वह शासन हेतु आत्मघाती भी होती है।

78

खोजी पत्रकारिता

(Investigation Journalism)

Its not just that old watchdog function, it's an aggressive digging its reality. The Newspaper then becomes an independent outside check on the system and stands apart from Government and all other seat of power, ready and able to expose lies, wrong doing and injustics. *—Bruce Locklin*

× × ×

अन्याय का प्रतिरोध बनने में, नवविचारों और कल्पनाओं का वाहन बनने में, नवरचना के सन्देश का अग्रदूत होने में तथा अन्ततः जीवन-सागर में उठने वाली लहरियों, हिलोरों, तरंगों तथा तूफ़ानों का प्रतिनिधित्व करने में पत्रकार-कला की सजीव प्रतिभा के रूप में आधुनिक पत्र अपनी सानी नहीं रखते। *—पं. कमलापति त्रिपाठी*

× × ×

"Investigative Journalism which can be of great value exposing waste and corruption, is less held back by law than by laziness, the prevailing ethics and dykes in the flow of information." *—Harold Evans*

× × ×

"The freedom of the Press illustrates common place that if we are to live progressively we must live dangerously."

—The Hutchins Report on Freedom of the Press.

× × ×

अन्वेषी पत्रकारिता धमाका, अटकलबाजी या तहलका नहीं अपितु सत्यान्वेषण की एक सशक्त विधा है। *—डॉ. अर्जुन तिवारी*

एक जागरूक पत्रकार मात्र सूचना ही नहीं देता है, किसी घटना की इतिवृत्ति ही नहीं प्रस्तुत करता है बल्कि वह किसी सूचना, ख़बर की तह में प्रवेश कर रहस्यपूर्ण तथ्यों को उद्‌घाटित करता है। दबी हुई सच्चाइयों को उजागर करने एवं छिपायी जाने वाली घटनाओं के पर्दाफ़ाश करने वाली शक्तिशाली विधा अन्वेषी पत्रकारिता है जिससे जनमानस चैतन्य होता है। अन्वेषी पत्रकारिता ऐसी मानसिक प्रक्रिया है जिसके द्वारा तथ्यों का संकलन, विकल्पों का विश्लेषण, तर्कयुक्त विचारों एवं पुष्ट निष्कर्षों का प्रस्तुतीकरण होता है।

अंग्रेज़ी का 'इन्वेस्टीगेट' शब्द लैटिन के 'वेस्टीजियम' से बना है जिसका अर्थ है, 'पदचिह्नों'। अन्वेषी पत्रकार किसी सूचना की गहराई तक जाता है : पद चिह्न पर आगे बढ़ते हुए—वह एक सफल शिकारी की भाँति अपने शिकार के पीछे पड़ा रहता है। 'काकचेष्टा' और 'वकोध्यान' के सम्बल पर अध्यवसायी पत्रकार दूर की कौड़ी छान लेता है। *अहर्निश जूझकर* वह ऐसे तथ्यों को प्रकाशित करता है जिससे सभी भौचक्के हो जाते हैं।

पत्रकारिता में बहुचर्चित शब्द 'रिपोर्ट' है जिसका सामान्य अर्थ है शीघ्रता के साथ सही सूचना देना। सूक्ष्म विवेचन करने पर ज्ञात होता है कि 'रिपोर्टिंग' शब्द 'रिपोर्टेयर' से निकला है जिसका तात्पर्य है 'अन्य स्थान से कुछ पीछे ले जाना।' वास्तव में रिपोर्टिंग भी सूचना की गहराई में ले जाने का भाव व्यक्त करता है। अमेरिका के अन्वेषी पत्रकार *बॉब ग्रीन* ने अन्वेषणपरक रिपोर्टिंग में दो बातों पर बल दिया :

1. ऐसी महत्त्वपूर्ण सामग्री या जानकारी प्रकाशित करना जिसे निहित स्वार्थ वाले छिपाना चाहते हों।
2. जो अपनी स्वयं की खोज हो, पहले से जिसका रहस्योद्घाटन न हुआ हो।

अन्वेषी पत्रकारिता में गोपनीयता का वेधन होता है। इसमें ऐसी महत्त्वपूर्ण सूचनाएँ प्राप्त की जाती हैं जिसे सरकारी अथवा ग़ैर-सरकारी संस्थाएँ गोपनीय रखना चाहती हैं।

अन्वेषी पत्रकारिता ऐसी सच्ची पत्रकारिता है जो समाजोपयोगी तथ्यों को पूर्ण निर्भीकता और निष्पक्षता के साथ प्रकाशित करती है। प्रसिद्ध यूनानी दार्शनिक *सुकरात* ने एक बार कहा था कि आवश्यक यह नहीं कि हम उत्तर दें, आवश्यक यह है कि हम सही सवाल करें। पत्रकारिता का कार्य यह बताना है कि सड़ाँध कहाँ से आ रही है और इसका पता पाने के लिए पत्रकारिता को जासूसी और वकालत का पर्याय बनना होगा। आधे-अधूरे, अप्रामाणिक तथ्यों, काल्पनिक सन्दर्भों, अधकचरी भेंट-वार्ताओं आदि के कारण पत्रकारिता कलंकित होती है। पत्रकारिता के दिव्य भाल पर लगे ऐसे धब्बे को मिटाने में अन्वेषी पत्रकारिता सक्षम है। यह एक ऐसी विशेषज्ञ पत्रकारिता है जो सामान्य पत्रकारिता की अपेक्षा अधिक श्रमसाध्य और व्ययसाध्य है। अन्वेषी पत्रकारिता द्वारा समसामयिक विषय, घटना तथा स्थिति का वैज्ञानिक ढ़ग से अध्ययन, सर्वेक्षण तथा निष्कर्ष-प्राप्ति होती है। भारतीय पत्रकारिता को समाजोन्मुखी एवं सत्योन्मुखी बनाने का वरेण्य माध्यम ही अन्वेषी पत्रकारिता है।

अन्वेषी पत्रकारिता के लक्ष्य

अन्वेषी पत्रकारिता क़ानून-व्यवस्था की त्रुटियों को प्रकाशित करती है तथा शासन को सुव्यवस्थित कर उसे लोकहितकारी बनाती है। भ्रष्ट तन्त्र को चौकन्ना बनाना, विपथगामी को सन्मार्ग पर लाना तथा असामाजिक तत्त्वों पर कड़ी नज़र रखना, ये सब कार्य अन्वेषी पत्रकारिता द्वारा ही सम्पादित हो सकते हैं। आर्थिक, सामाजिक, राजनीतिक, सांस्कृतिक और धार्मिक क्षेत्रों में परदे के अन्दर होने वाले कुकृत्यों, अन्यायों और दुराचारों का पर्दाफ़ाश करके ही अन्वेषी पत्रकार समाज में स्वस्थ मानक स्थापित कर सकते हैं। अन्वेषी पत्रकारिता से पत्र की प्रतिष्ठा बढ़ती है, उसका प्रसार बहुगुणित होता है तथा उसे अधिक विज्ञापन मिलता है। इस तरह पत्र को आर्थिक दृष्टि से पुष्ट बनाने में ऐसी पत्रकारिता वरेण्य होती है। सम्प्रति अन्वेषी पत्रकारिता ही पत्र-जगत् के लिए गौरव-प्रतीक है। पत्रकारिता के प्रति जन-जन में आस्था के भाव इसी के कारण हैं। लोकतन्त्र इसी से बल पाता है। सार्वजनिक सम्मान के साथ अर्थ-लाभ सुलभ कराने में अन्वेषी पत्रकारिता उल्लेख्य है।

अन्वेषी पत्रकार : उल्लू, कुत्ता, बिल्ली

सच्चा अन्वेषी पत्रकार उल्लू, कुत्ता, बिल्ली का पर्याय माना जा सकता है। उल्लू को अँधेरे में ही सूझता है। वह दिन में निष्क्रिय रहता है, रात में उसकी सक्रियता बढ़ जाती है। वस्तुतः प्रकाश में मौन रहकर अन्वेषी पत्रकार अँधेरे में उन तमाम घोटालों को अच्छी तरह से देख लेता है जिन पर किसी की नज़र नहीं पड़ती। परदे के अन्दर अँधेरे में किये जा रहे कुकृत्यों को देखकर अन्वेषी पत्रकार व्यवस्था की कालिमा को उजागर करता है।

सदैव पीछे लगे रहना यह कुत्ते का प्रकृति-प्रदत्त स्वभाव है। घटनाओं के पीछे लगे रहने वाले पत्रकार जरा-सी आहट पाकर चैतन्य हो जाते हैं, वाँछित सूचना प्राप्त करने हेतु दुम हिलाते हैं और जैसे ही उन्हें सफलता मिलती है वे दुम दबाकर भाग जाते हैं। कुत्तों में घ्राण-शक्ति प्रबल होती है, अन्वेषी पत्रकार संवाद सूँघने में भी दक्ष होते हैं।

बिल्ली को मौसी कहा जाता है जो आत्मीयता का प्रतीक है। बिल्ली दबे पाँव आती है, शिकार करके भाग जाती है। अन्वेषी पत्रकार चोरी-छिपे आते हैं और गोपनीय समाचार उड़ा ले जाते हैं। ऐसे कार्य सम्पादित कर वे बिल्ली मौसी की भाँति सबके आत्मीय बन जाते हैं।

अन्वेषी पत्रकार धैर्य, एकाग्रचित्तता, साहस एवं निष्ठा की प्रतिमूर्ति होता है जिसकी थाती होती है निर्भीकता, विश्वसनीयता तथा विचार-स्वतन्त्रता। अनुशासन, आत्म-संयम और सौहार्दपूर्ण सहयोग के बल पर वह अपने लक्ष्य में सफल होता है। एक सफल पत्रकार एक सफल गुप्तचर है और कभी-कभी तो सिंहासन को झकझोर देता है। अमेरिकी पत्रकार *जैक ऐंडर्सन* ने 29 फरवरी, 1972 को भारत-पाकिस्तान युद्ध पर अमेरिकी सरकार के रवैये पर कहा :

"हमारे राष्ट्रपति ने झूठ बोला है। राष्ट्रपति के बारे में यह कहना अच्छा नहीं लगता पर 'झूठ' के अलावा और कोई उपयुक्त शब्द है भी नहीं। मैं फिर आपसे स्पष्ट कहना चाहता हूँ—राष्ट्रपति ने झूठ बोला है और बहुत बड़ा झूठ बोला है। यह झूठ सोच-समझकर, जानबूझकर बोला गया और इससे संयुक्त राज्य के संविधान का उल्लंघन हुआ है।"

डंके की चोट पर ऐसी बातें कहने की शक्ति उसी में हो सकती है, जो सफल पत्रकार हो, सफल गुप्तचर हो, सफल अधिवक्ता हो। साम्प्रतिक पत्रकारिता में ख़बर, व्यावसायिक उत्पाद (प्रोडक्ट) है जिसकी सीमा बेचने और ख़रीदने वालों के स्वार्थों के द्वारा निश्चित होती है। इसलिए आज पत्रकार का काम केवल ख़बर बेचना है तथा इसकी उपयोगिता तभी तक है जब तक वह ख़बरें बरामद कर सके। ख़बरों को बरामद करने में पत्रकार समाज-विरोधी लोगों से साँठ-गाँठ करता है, भ्रष्ट नेताओं से सम्बन्ध रखता है ताकि घटनाओं का सुराग मिलता रहे। राजनेताओं और पत्रकारों के बीच साँप तथा नेवले का सम्बन्ध रहता है फिर भी वे एक ही तालाब में तैरते बत्तखों के जोड़े सदृश हैं। झूठे प्रचार, अनर्गल धोखेबाजी और छद्म गुहार का सूक्ष्म निरीक्षण-परीक्षण कर अन्वेषी पत्रकार श्रीमानू सत्यवादी की यशस्वी भूमिका निभाता है।

त्रिदेवात्मक पत्रकार

अन्वेषी पत्रकारों में समाचार सूँघने और समाचार खोदने की अद्भुत क्षमता होती है। उसकी घ्राणशक्ति का सभी लोहा मानते हैं। ग़बन हो या भ्रष्टाचार, चोरी हो या डाका, जालसाज़ी हो या रिश्वतख़ोरी, सभी की ओर उसकी दृष्टि दौड़ जाती है। उसके समाचार का आधार अन्धकार है। अन्धकार में ही सभी छद्मवेषी बनते हैं और अनधिकृत व्यवसाय में लगते हैं। अन्धकार में ही काले कारनामे होते हैं। अन्धकार दुष्कर्म और अनधिकृत कार्यों का आधार है जिस ओर पत्रकार की दृष्टि दौड़ जाती है। कभी जुए के अड्डे की ओर, कभी नकली नोट बनाने वाले गिरोह की ओर, कभी नवनिर्मित सेतु और बाँधों की दरार की ओर उसकी पैनी दृष्टि लगी रहती है। जेठ की दुपहरी हो या माघ की आधी रात, घोर वर्षा हो या घना कुहरा, समाचार की खोज में उसे निकल जाने में तनिक भी आलस्य नहीं। तमाम तनावों, संघर्षों और पारिवारिक परेशानियों के रहते हुए भी अन्वेषी पत्रकार समाचार की गन्ध लगते ही अजीब स्फूर्ति के साथ निकल पड़ता है, हवा में बातें करता है। सचमुच वह पवनसुत है, प्रेतात्मा है। विरोधाभासों का अनोखा संगम अन्वेषी पत्रकार होता है। योजनाओं के अरबों-खरबों के आँकड़े उसकी जुबान पर होते हैं परन्तु अपने चाय-सिगरेट का हिसाब वह भूल जाता है, अदना दुकानदार उससे पैसे ऐंठ लेते हैं। वह दूर की कौड़ी बीन लेता परन्तु अपने परिवार की बात नहीं जान पाता। वह पक्का योगी है लेकिन मन्त्रियों और सांसदों से प्रशंसा के कुछ शब्दों को सुनकर राजयोग का स्वप्न देखता रहता है, मृगमरीचिका में फँसा रहता है।

अन्वेषी पत्रकार 'बोरडम', 'मोनोटनी' घिसीपिटी ज़िन्दगी का आदी नहीं होता। वह भूत के आदर्शों को याद दिलाता है, वर्तमान को दोषमुक्त करता है और भविष्य को आदर्श से परिपूर्ण बनाने की चेष्टा करता है। वह नवीनता का साधक और मौलिकता का सर्जक होता है। प्रत्येक दिन नयी बात सोचता है, रहस्यों की खोज करता है। वस्तुतः अन्वेषी पत्रकार नूतन

कल्पना का 'ब्रह्मा', कल्याणकारी संस्थाओं का 'विष्णु', कुरीति, कालिमा, कदाचार, कुकृत्य और कल्मष का विध्वंसक एवं अन्तिम सत्य स्वरूप साक्षात् 'शिव' है। त्रिदेवात्मक अन्वेषी पत्रकार सदैव स्तुत्य है।

उल्लेख्य अन्वेषी पत्रकार

'माई लायी काण्ड' को प्रकाशित करने में अन्वेषी पत्रकार *मार्टिन गर्शेन* का हाथ था। 1968 में घटित इस काण्ड में दमन और क्रूर हत्याओं का पर्दाफाश किया गया। पत्रकार *गर्शेन* की निष्ठा, श्रम एवं साधना के बल पर ही यह रहस्योद्घाटन सम्भव हुआ। 1970 के वाटरगेट काण्ड (*वुडवर्ड* और *बर्नस्टीन*) को अन्वेषी पत्रकारिता का चमत्कार माना जा सकता है जिसके कारण सर्वाधिक समर्थ राष्ट्रपति *निक्सन* को अपने पद से हाथ धोना पड़ा। जैसा *ऐंडर्सन* ने वियतनाम में अमेरिकी नीति को बेपर्दा करने के लिए 'पेंटागन पेपर्स' को प्रकाशित किया जिससे अन्वेषी पत्रकारिता गौरवान्वित हुई।

अपने देश में *अश्विनी सरीन, अरुण शौरी, कुलदीप नैय्यर, जोगाराव, चाँद जोशी, कुमार आनन्द, उमेश जोशी, एम.के. अकबर, प्रीतीश नन्दी एवं डॉ. भँवर सुराणा* ऐसे यशस्वी पत्रकारों ने अन्वेषी पत्रकारिता का उदाहरण प्रस्तुत किया है। 'नानावती केसे', 'डॉ. हरिओम गौतम हत्याकाण्ड', 'कमला काण्ड', 'क्रूड आयल', 'सीमेंट घोटाला काण्ड', 'माया त्यागी काण्ड', 'तहलका काण्ड' के रहस्य-भेदन द्वारा अन्वेषी पत्रकारों ने शासन-तन्त्र के खोखलेपन को प्रदर्शित किया।

अनेक घोटालों, देशद्रोही गतिविधियों, असामाजिक कार्रवाइयों, हत्या, बलात्कार सम्बन्धी संवादों को प्राप्त करने में पत्रकार को कंटकाकीर्ण मार्ग पर चलना होता है। भ्रष्ट व्यक्तियों से संघर्ष मोल लेना महँगा पड़ता है। इसीलिए पत्रकार-प्रताड़ना एवं हत्या की बात सुनाई पड़ती है। अनेक प्रलोभनों, आतंकों के बीच अन्वेषी पत्रकार का कार्य 'तलवार की धार पै धावनो' जैसा है। अनेक संघर्षों से जूझने वाला पत्रकार क्रान्तिकारी मूल्यों का सर्जक होता है। उसकी लेखनी की सतत जागरूकता और रचनाधर्मिता द्वारा इतिहास निर्मित होता है। बिहार में जेल-कैदियों को अन्धा करने का मामला (संडे और टेलीग्राफ), खालिस्तान आतंकवादियों के प्रशिक्षण (इलस्ट्रेटेड वीकली ऑफ़ इंडिया), न्यूक्लियर हथियारों के विकास के मामलों को उद्घाटित कर पत्रकारों ने अपनी अन्वेषण-शक्ति का परिचय दिया।

अन्वेषी पत्रकारिता तथा क़ानून

समाचार-पत्र कोई ऐसा अभयारण्य नहीं है जहाँ छिपकर पत्रकार क़ानून-भंग करने के बाद भी सुरक्षित बचा रहे। एक सामान्य लेखक की अपेक्षा पत्रकार को कोई विशेषाधिकार प्राप्त नहीं होता। वह भी विधि-विधान, आचार-व्यवहार, लोक-मर्यादा की सीमाओं में बँधा है। अपने राष्ट्र का संविधान पत्रकारों के लिए स्वतन्त्रता की बात अलग से नहीं व्यक्त करता। सब नागरिकों को वाक्-स्वातन्त्र्य और अभिव्यक्ति-स्वातन्त्र्य का अधिकार है। यह स्वतन्त्रता स्वच्छन्दता या मनमानी का पर्याय नहीं है। वही व्यक्ति स्वतन्त्र है जो आत्मसंयमी और अनुशासित हो। वस्तुतः स्वतन्त्रता का मूल्य निरन्तर सावधानी है। एक अन्वेषी पत्रकार निम्नलिखित क़ानूनी पेंचीदगियों को अच्छी तरह समझकर लेखनी चलाता है :

1. अपमान लेख तथा मानहानि।
2. न्यायालयों की अवमानना।
3. संसदीय विशेषाधिकारों के प्रति दायित्व।
4. कृति-स्वाम्य।
5. सरकारी रहस्य अधिनियम।
6. प्रेस सम्बन्धी क़ानून।
7. शिष्टाचार और सदाचार की मर्यादा।

प्रत्येक पत्रकार को Official Secret Act, 1923 की जानकारी होनी चाहिए, जिसमें गुप्त रचनाओं के अनुचित संचार को रोकने की व्यवस्था है। इस एक्ट के सेक्शन 3 के अनुसार वर्ज्य स्थान में जाना तथा उसका निरीक्षण करना बिल्कुल मना

है। वहाँ का कोई स्केच, प्लान, मॉडल या चित्र लेना प्रतिबन्धित है। इसकी अवज्ञा करने पर ज़मानत भी नहीं होती जैसा कि Cr. P.C. की धारा 498 में प्रावधान है।

भारतीय दण्ड संहिता (1860) की धारा 499 मानहानि की स्थिति भी पत्रकारों हेतु माननीय है। इस धारा में मानहानि इस प्रकार परिभाषित है :

"यदि कोई व्यक्ति किसी के सम्बन्ध में कोई आरोप या लांछन लगाये या प्रकाशित करे और यह जानता हो या जानने की स्थिति में हो कि यह आरोप या लांछन उसकी प्रतिष्ठा को हानि पहुँचाएगा तो वह उस व्यक्ति की मानहानि करता है।"

डिफेंस ऑफ़ इंडिया एक्ट, सिविल डिफेंस, पब्लिक सेफ्टी, मेंटीनेंस ऑफ़ द पब्लिक ऑर्डर, मेंटीनेंस ऑफ़ एसेंशियल सप्लाइज़ ऐंड सर्विसेज़ आदि विधि-विधानों पर गम्भीरतापूर्वक विचार करने के बाद ही अन्वेषी पत्रकारों को कहानी प्रकाशित करनी चाहिए। इंडियन प्रेस (ऐमर्जेंसी पॉवर्स) एक्ट 1931, फॉरेन रिलेशंस एक्ट 1932, इंडियन पेनल कोड की धाराओं–124-A, 153-A, 153-B, 292, 293, 295-A, 500, 501, 502, 505 के अतिरिक्त यंग पर्सस (हार्मफुल पब्लिकेशंस) एक्ट, 1993 पर सम्यक् ध्यान देकर ज़मानत, प्रकाशन-अवरोध एवं प्रेस की ज़ब्ती जैसे दण्ड से बचा जा सकता है।

उपर्युक्त सभी विधि-विधानों में सत्य, सार्वजनिक हित और सद्भावना निहित है। किसी भी व्यक्ति, संस्था या समूह की प्रतिष्ठा पर आघात न हो, स्वार्थप्रेरित ग़लतबयानी न हो, ग़लतफ़हमी फैलाकर समाचार को विचलित न किया जाये ऐसी ही अपेक्षा पत्रकारों से समाज को रहती है। यदि पत्रकार दुर्भावना से प्रेरित होकर कलम चलाने लगे तो वह सार्वजनकि हितों पर कुठाराघात करने लगता है। असत्य या अर्धसत्य का सहारा लेने वाला अन्वेषी पत्रकार न केवल क़ानून का दोषी है अपितु वह पावन पत्रकारिता की परम्परा का सत्यानाश करता है। क़ानून, निषेध, प्रतिबन्ध तो अश्लील, अवैध, अनुचित और आपत्तिजनक सूचनाओं के प्रकाशन को रोकते हैं। सामाजिक दायित्व की पूर्ति में अन्वेषी पत्रकार पूरी सत्यनिष्ठा, निर्भीकता, उत्तरदायी स्वातन्त्र्य और लोकसेवा की भावना के साथ विधि-विधानों का सम्यक् परिपालन करता है।

अन्वेषी पत्रकार एवं पुलिस

पुलिस एवं पत्रकारों की एक राशि है। दोनों एक-दूसरे के प्रेरक और पूरक हैं। पुलिस का कार्य अपराधों का अन्वेषण और अपराधियों को पकड़ना है जबकि पत्रकारों का कार्य अपराधों की जानकारी और पुलिस की कार्रवाई को जनता तक सम्प्रेषित करना है। पत्रकार चाहता है कि अपराध सम्बन्धी सभी तथ्यों को पुलिस बता दे। पुलिस के समक्ष संकट उपस्थित रहता है कि वह पत्रकार को कितना बताये, क्या बताये ताकि भविष्य में जाँच-पड़ताल पर कोई बुरा असर न पड़े। पत्रकार गोपनीयता के पर्दे को हटाता है और पत्र-पाठकों को वस्तु-स्थिति की जानकारी देता है।

आजकल पूँजीवादी बाज़ार-संस्कृति पाठक-दर्शक वर्ग को उपभोक्ता मानती है। जाने-माने चर्चित व्यक्ति की जीवन-शैली को चटखारेदार, लुभावना 'माल' बनाकर प्रस्तुत करना प्रेस की हॉबी है। खोजी पत्रकारिता का तर्क है कि सार्वजनिक जीवन से जुड़े हर व्यक्ति का जीवन खुला हुआ विश्लेषण-विवेचन योग्य है। 'की होल पत्रकारिता', 'ताक-झाँक पत्रकारिता' ने तहलका डॉट काम द्वारा पत्रकारिता-जगत् में तहलका मचा दिया।

मत कहो आकाश में कुहरा घना है।
यह किसी की व्यक्तिगत आलोचना है॥

–दुष्यन्त कुमार

किसी भी व्यक्ति के व्यक्तिगत जीवन में झाँकने, हस्तक्षेप करने, बिना अनुमति के फोटो खींचने, फोन टेप करने, डाक (पत्र) खोलने का अधिकार किसी पत्रकार को प्राप्त नहीं है लेकिन साधन सम्पन्न वर्ग की गोपनीयता का अधिकार सामान्यजन को सूचना के अधिकार से वंचित करता है। पत्रकार *निखिल चक्रवर्ती* ने कहा कि भारत में 'खोजी पत्रकारिता' नहीं होती है। जो स्कैंडल अख़बार में छपते हैं वे प्रायः राजनीतिक मतभेद के कारण प्रकाश में आते हैं या सरकार या उससे जुड़े लोगों द्वारा छपवाये जाते हैं। जब तक अख़बार पूँजी-नियन्त्रित है तब तक खोजी पत्रकारिता सम्भव नहीं है।

खोजी पत्रकारिता के छोटे से इतिहास में पत्रकारों की एक लम्बी कतार खड़ी है जिसने एक के बाद एक बड़े काण्डों का पर्दाफ़ाश किया है। कश्मीर या पंजाब का आतंकवाद हो या मुम्बई, बिहार और उत्तर प्रदेश का अण्डरवर्ल्ड, भ्रष्ट राजनेताओं के कारनामे हों या फिर अफसरों की मानमानी, धाँधली, लेखनी ने हर ऐसे ख़तरे को खूब झेला है। पत्रकारिता में रचे-बसे सबके सब अपनी जीवन-रेखा की लम्बाई के हिसाब से ही साँसें लेते रहे हैं। *पारितोष पांडेय* या *शिवानी, विश्वदीप घोष* या फिर *तरुण तेजपाल,* ग्लैमर की चकाचौंध में या फिर मौके का पूरा फ़ायदा उठाने के फेर में पत्रकारिता के चौराहे से उस मोड़ पर मुड़ जाते हैं जहाँ से स्कैंडल या जरायम की दुनिया शुरू होती है। अंग्रेज़ी का एक प्रसिद्ध उपन्यास है 'आलमाइटी' जिसमें एक अख़बार का मालिक प्रतिस्पर्धा को पछाड़ने के चक्कर में जरायम-पेशा लोगों का एक गैंग बनाकर सनसनीखेज अपराध करवाता है और फिर अख़बार में सबसे पहले ख़बर छापकर उसका प्रसार बढ़ाता है। यहाँ फर्क बस इतना है कि पत्रकारिता की सरहदें कुछ लोग सिर्फ़ अपने निजी स्वार्थों के लिए लाँघते हैं।

भारतीय प्रेस परिषद् ने एक मामले का निपटारा करते हुए खोजी पत्रकारिता के लिए नौ दिशा-निर्देश जारी किये। इस मामले में 'मारुति उद्योग लिमिटेड' के अध्यक्ष एवं प्रबन्ध निदेशक *आर.सी. भार्गव* ने अंग्रेज़ी दैनिक 'स्टेट्समैन' में छपी एक ख़बर पर आपत्ति करते हुए प्रेस परिषद् को शिकायत की थी। परिषद् ने इस शिकायत को इस तर्क के आधार पर ख़ारिज कर दिया कि इसके पीछे कोई गलत मक़सद नहीं था। परिषद् ने अपने फैसले में खोजी पत्रकारिता के तीन मूल तत्त्वों का भी उल्लेख किया। ये हैं, एक तो यह संवाददाता का काम होना चाहिए, दूसरा यह दूसरों की रिपोर्टिंग पर आधारित न हो तथा खोज का विषय जनहित से जुड़ा होना चाहिए तथा ऐसा सत्य सामने लाना चाहिए जिसे जनता से छुपाने का प्रयास किया गया है। दरअसल अख़बार उद्योग में आयी अभूतपूर्व तकनीकी क्रान्ति के साथ-साथ अख़बारनवीसों के समक्ष दिनोदिन नयी चुनौतियाँ खड़ी होती जा रही हैं। इसके अलावा हमारे समाज में सफ़ेद-पोश आर्थिक अपराधों की संख्या भी बढ़ती जा रही है। ऐसे में एक आम पाठक अगर प्रतिदिन नयी और खोजपूर्ण सूचनाएँ चाहता है तो इसे अस्वाभाविक नहीं माना जा सकता। खोजी पत्रकारिता के नाम पर पाठकों को मनगढन्त किन्तु रोचक सामग्री परोस दी जाती है। इसे पत्रकारिता और समाज के स्वस्थ विकास के लिए अच्छा नहीं माना जा सकता। खोजी पत्रकारिता बकवास, धमाका, अटकलबाज़ी नहीं है। यह 'हवा रुख़' तथा 'टुमारोज़ न्यूज़ टुडे' की उद्घोषिका है।

79

हिन्दी बनाम हिंग्लिश
(Hindi vs. Hinglish)

शब्दों की अधोगति समाज की चारित्रिक गिरावट का सबूत है। —*विनोबा भावे*

× × ×

देशी भाषा का अनादर राष्ट्रीय आत्मकथा है। —*महात्मा गाँधी*

× × ×

हिन्दी स्वयं अपनी ताकत से बढ़ेगी। —*पंडित नेहरू*

× × ×

भारत में संस्कृत माँ है, हिन्दी बहूरानी और अंग्रेज़ी नौकरानी। —*कामिल बुल्के*

अभिव्यक्ति का साधन भाषा है। भाषा एक ऐसी शक्ति है जो मानव को मानवता प्रदान करती है। भाव, विचार की यही साधिका है। अपने देश के विस्तृत भूभाग में बोली और समझी जाने वाली हिन्दी है जो *जायसी* के अनुसार सभी भाषाओं में वरेण्य है। *कबीर* हिन्दी को ही भाषा कहते थे–

संस्कीरत है कूप जल, भाषा बहता नीर।

हिन्दी मानव के बुद्धि-कौशल, विवेक, चिन्तन, आचार-व्यवहार तथा संस्कृति की भाषा है। इसी में रचनात्मक, व्यवहारधर्मिता एवं गतिमयता है। *राजाराम मोहनराय* ने हिन्दी को 'मुक्तिदायिनी', *बंकिमचन्द्र चटर्जी* ने इसे 'ऐक्य बन्धन' का आधार तथा *दयानन्द* ने हिन्दी को 'सर्वस्व' कहा। *मुहम्मद इकबाल* के अनुसार–

'हिन्दी है हम वतन है, हिन्दोस्ताँ हमारा।'

हिन्दी अपने राष्ट्र के विराट व्यक्तित्व का अनमोल स्वर है; समन्वय सूत्र है। यह भारतीय जन-मानस की जाह्नवी, प्रेम की मन्दाकिनी है। यही राष्ट्र की केन्द्रीय शक्ति है। युगीन भाव-बोध, लोक-रुचि-परिष्कार एवं साहित्य-संवर्द्धन में हिन्दी अनुपमेय है। विश्व में सबसे अधिक बोली जाने वाली 10 भाषाओं में हिन्दी को दूसरा स्थान प्राप्त है।

सौभाग्य से पूर्वजों द्वारा संरक्षित, परिवर्द्धित, पोषित एवं संस्कारित हिन्दी भाषा हमें प्राप्त हुई है। इस भाषा में भारत के धर्म, दर्शन, ज्ञान-विज्ञान तथा सामाजिक जीवन की समग्र चेतना निहित है। अनेक उतार-चढ़ाव को सहन करती हुई हिन्दी भाषा भारतीय आत्मा के मूल तत्त्वों को आत्मसात् कर पुष्पित एवं पल्लवित हुई है। सम्पूर्ण भारत में राष्ट्रीय-चेतना की संवाहिका विभिन्न भाषा-भाषी भारतीयों को परस्पर जोड़ने वाली सम्पर्क भाषा हिन्दी की क्षमता से आज भी सुपरिचित हैं।

यह सम्पूर्ण प्रभुत्व सम्पन्न, समाजवादी, धर्मनिरपेक्ष, लोकतन्त्रात्मक, भारतीय गणतन्त्र की संवैधानिक रूप से राजभाषा भी है। अनेक राज्यों एवं केन्द्रीय सरकार की शासकीय कार्य-प्रणाली में हिन्दी भाषा का प्रयोग व्यापक रूप से हो रहा है।

स्वतन्त्रता प्राप्ति के बाद भारत की भावी आकांक्षाओं के अनुरूप इस भाषा का गुणात्मक विकास किसी से छिपा नहीं है। वर्तमान में यह भाषा राष्ट्रीय दायित्वों का भली-भाँति निर्वाह कर रही है। औद्योगिक-क्रान्ति तथा वैज्ञानिक-प्रगति द्वारा ज्ञान-विज्ञान के दिन-प्रतिदिन जिस गति से नये-नये द्वार खुल रहे हैं, उस गति से हिन्दी उन गुरुतर दायित्वों का भर वहन करने के लिए आगे बढ़ रही है।

आधुनिक युग में सैन्य-विज्ञान, अन्तरिक्ष-विज्ञान, भूगर्भ-विज्ञान, समुद्र-विज्ञान के साथ तकनीकी ज्ञान के समग्र विषय हिन्दी भाषा की व्यापक परिधि में सिमट गये हैं। मुद्रण-कला, प्रसारण और सम्प्रेषण के क्षेत्रों में दिन-प्रतिदिन हो रहे आविष्कारों, बहुउद्देश्यीय उपग्रहों, समुद्री तारों, कम्प्यूटरों, रेडियो, टी. वी. तथा लेजर-किरणों की अन्तर्महाद्वीपीय प्रतिकृति नेहिन्दी को अनेक सुविधाएँ दी हैं। इन सुविधाओं के बढ़ने से इस पर उत्तरदायित्व भी बढ़ गया है। संसार में अनेक ऐसे राष्ट्र हैं जो भूभाग तथा जनसंख्या की तुलना में भारत से बहुत छोटे होते हुए भी अभिव्यक्ति एवं संवाद के प्रत्येक क्षेत्र में अपनी-अपनी राजभाषा में सफलतापूर्वक कार्य कर रहे हैं। उन्हें अंग्रेज़ी भाषा अपने मोह बन्धन में कभी नहीं बाँध सकी है। विश्व के मानचित्र में उन राष्ट्रों की अलग पहचान है जो अपनी राष्ट्र भाषा में कार्य करते हुए कला-कौशल, ज्ञान-विज्ञान तथा तकनीकी क्षेत्र में अन्य विकसित राष्ट्रों से किंचित पीछे नहीं है। फ्रांस, जर्मन, जापान तथा इज़राइल इस बात के प्रत्यक्ष उदाहरण हैं। यह सब वहाँ के निवासियों की सांस्कृतिक-एकता एवं भाषायी जागरूकता का परिणाम ही तो है।

प्राचीन भारत के इतिहास का सिंहावलोकन करने पर हमें ज्ञात होता है कि अन्तरिक्ष-विज्ञान के क्षेत्र में *आर्यभट्ट* चिकित्सा-विज्ञान के क्षेत्र में *चरक, धनवन्तरि* आदि भारतीयों ने तकनीकी ज्ञान के जटिलतम रहस्यों को भारतीय भाषा में ही व्यक्त करते रहे थे। तकनीकी क्षेत्र में हिन्दी का जो स्वरूप आज है उसमें कुछ व्यावहारिक कठिनाईयाँ हो सकती हैं, जिन्हें थोड़े से प्रयास द्वारा हल किया जा सकता है। हिन्दी में कार्य करने में सबसे बड़ी बाधा मनोवैज्ञानिक संकोच है। भ्रान्तिवश अंग्रेजी में कार्य करने में सबसे बड़ी बाधा मनोवैज्ञानिक संकोच है। भ्रान्तिवश अंग्रेज़ी में कार्य करने में लोग गर्व का अनुभव करते हैं, जिससे हिन्दी की प्रगति बाधित होती है। कुछ जटिल तकनीकी शब्दावलियाँ जो अंग्रेज़ी में प्रचलित हैं, उनके अनुवाद में दुरुहता के चलते मौलिकता लुप्त होती जाती है, वह कठिन और बोझिल हो जाता है। हिन्दी भाषा को प्रयोजनमूलक बनाने पर बल देना आवश्यक है।

1947 में भारत में भारतीय भाषाओं के 250 दैनिक समाचार-पत्र निकलते थे जिनकी संख्या 1977 में साढ़े तीन गुना से अधिक 842 हो गयी। सन् 2003 तक भारतीय भाषाओं के पत्रों की बाढ़ आ गयी और भारतीय भाषाओं के लगभग 4928 दैनिक प्रकाशित होने लगे। सप्ताह में 2 या 3 बार छपने वाले 280 पत्र, लगभग 16000 साप्ताहिक, लगभग 5500 पाक्षिक निकलने लगे। इनके अलावा क़रीब 9500 मासिक पत्र-पत्रिकाएँ निकल रही हैं तो लगभग 1800 त्रैमासिक, लगभग 700 द्विमासिक व अर्द्धवार्षिक तथा 300 से ज़्यादा भारतीय भाषाओं के वार्षिक जर्नल प्रकाशित हो रहे हैं। अंग्रेज़ी भाषाओं के दैनिक साप्ताहिक, पाक्षिक, मासिक, त्रैमासिक आदि लगभग 8000 पत्र-पत्रिकाएँ हैं जो इस बात का द्योतक है कि तेज़ी से और अन्य संचार माध्यमों की तरह प्रिंट मीडिया ने भी देश में अपने पाँव पसेरे हैं। प्रिंट मीडिया की क्षेत्रीय पत्रकारिता को बहुत बढ़ावा मिला है पहले राष्ट्रीय समाचार पत्रों की अपनी एक पहचान हुआ करती थी एक ही जगह से समाचार-पत्र छपकर पूरे देश में प्रसारित होते थे। लोगों के मन में तेज़ी से राष्ट्रीय समाचार जानने के साथ-साथ क्षेत्रीय ताज़े समाचार देने में असमर्थ रहने लगे जिसके कारण क्षेत्रीय समाचार-पत्रों ने अपने पैर फैलाने शुरू कर दिये और इसरो पाठक को नये ताजे समाचार समय से जानने की इच्छा भी पूरी हुई। अब यह स्थिति है कि राष्ट्रीय समचार-पत्रों के ग्रुप में भी जगह-जगह से अपने समाचार-पत्र निकालने शुरू कर दिये और राष्ट्रीय नेटवर्क प्रिंट मीडिया में लगभग लुप्त सा होता जा रहा है। क्षेत्रीय समाचार-पत्रों में दैनिक भास्कर ऐसा पत्र है जो देश में 17 से ज़्यादा स्थानों से प्रकाशित होता है। एक करोड़ से भी अधिक प्रसार संख्या वाले इस समाचार-पत्र ने पाठकों के मन में ऐसी कुछ तेज़ी से पैठ बनाई कि 16 साल पहले इसके मात्र 3 संस्करण ही प्रकाशित होते थे। इसके अलावा क्षेत्रीय पत्रकारिता में पंजाब केसरी, दैनिक जागरण, अमर उजाला अग्रणी पत्र हैं जिनकी प्रसार संख्या लगभग 5 लाख से 7 लाख के बीच है।

हिन्दी हमारी राष्ट्रभाषा है, राजभाषा है, सम्पर्क भाषा है। भारत के अधिसंख्य स्त्री-पुरुष अपनी रोज़मर्रा की ज़िन्दगी में जिस भाषा का व्यवहार बोलने तथा लिखने में करते हैं—'राजभाषा' से कोसों दूर है। आम जनता 'राजभाषा' को 'साहब लोगों' की भाषा मानती है और भारतीय 'साहब लोग' जनभाषा को 'गँवारों' की भाषा कहकर उसका उपहास और तिरस्कार

करते हैं। गणतन्त्र भारत के साहब लागों की समझ में करोड़ों स्त्री-पुरुषों की 'जनभाषा' नहीं आती है तथा आम स्त्री-पुरुष साहब लोगों की 'राजभाषा' को समझ नहीं पाते हैं। परिणामस्वरूप स्वतन्त्र भारत की अब तक की सरकारों के शासनतन्त्र से आम भारतीय स्त्री-पुरुष का जुड़ाव नहीं हो पाया है।

आज मीडिया का क्षेत्र समाचार और सूचनाएँ एकत्र करने, टिप्पणियाँ तथा अग्रलेख लिखने और समीक्षाएँ तथा रिपोर्ट प्रस्तुत करने तक ही सीमित नहीं रहा वरन् ज्ञान-विज्ञान, सभ्यता-संस्कृति, देश-विदेश, कला-साहित्य, खेल-कूद-संगीत, अर्थ-व्यवसाय, उद्योग-प्रौद्योगिकी, प्रकृति-ब्रह्माण्ड आदि सम्बन्धी शायद ही कोई ऐसा विषय हो जिसके सम्बन्ध में पत्र-पत्रिकाओं में लेख, तथ्य, विवरण आदि नहीं छपते हों। पत्रकारिता का जुड़ाव कुछ अंशों में पाठकों के साथ-साथ दर्शकों और श्रोताओं से भी हो गया है। पत्रकारिता अपने पाठकों से दो माध्यमों से जुड़ती है—विषय और भाषा। विषय का प्रस्तुतिकरण तथा विवेचन भाषा पर ही अवलम्बित है। इस प्रकार भाषा का महत्त्व द्विगुणित हो जाता है। कोई पत्रिका या समाचार-पत्र अपने उद्देश्य में कितना सफल हुआ इसके जानने का आधार अन्तोगत्वा उसकी भाषा ही होती है। यदि किसी पत्रकार की भाषा पर पकड़ दृढ़ नहीं तो वह अपनी बात उस रूप में नहीं कह पायेगा जिस रूप में वह वस्तुतः कहना चाहता है।

प्रत्येक व्यक्ति के मन में यह भाव छिपा रहता है कि मैं जो कुछ कहूँ या लिखूँ वह समाज के स्तर से घटकर न हो। वह यह समझता है कि स्तर से ऊपर उठने पर मुझे प्रतिष्ठा मिलेगी। यही कारण है कि संसार के सभी महान लेखक लिखते समय अपनी भाषा के प्रति अधिक जागरूक रहते हें। कुछ ऐसी मर्यादाएँ होती हैं जिनका वे पालन करते हैं। भाषा के सम्बन्ध में एक महत्त्वपूर्ण तथ्य यह भी है कि वही सदा बदलती रहती है। हर युग में उसके महान लेखक उसे विशिष्ट स्वरूप प्रदान करने में सफल होते हैं। इसी विशिष्ट रूप को भाषा का मानक रूप कहते हैं। भाषा के मानक रूप का अनुकरण करने से समय, स्थान तथा शक्ति की बचत तो होती है। साथ-ही-साथ अनिश्चय, अस्थिरता तथा भ्रम के अभिशाप से भी मुक्ति मिलती है। *रामचन्द्र वर्मा* ने लिखा है—

''जब हम अपने यहाँ के समाचार-पत्रों की भाषा के क्षेत्र में निगाह दौड़ाते हैं तब वहाँ हमें बहुत बड़ी अराजकता फैली हुई दिखाई देती है। अधिकांश समाचार-पत्रों की भाषा देखते हुए हमें विवश होकर यही कहना पड़ता है कि भाषा के गौरव पर दृष्टि रखने वाले पत्रकार बहुत ही थोड़े हैं। शायद नहीं के बराबर।''

इलेक्टॉनिक मीडिया ने हिन्दी को मुस्कान दी है जैसा कि राजेन्द्र यादव का कथन है। 'दैनिक जागरण' में 11 अप्रैल 2004 को प्रकाशित तथ्य ध्यातव्य है—

सिसकती हिन्दी को मुस्कान दी चैनलों ने

नयी दिल्ली, आज़ादी के पाँच दशकों के बाद भी अंग्रेज़ी की छाया में सिसक रही हिन्दी के दिन अब फिरने लगे हैं और सरकारी कामकाज से लेकर मीडिया तक में हिन्दी की तूती बोलने लगी है। हिन्दी के मशहूर साहित्याकार और हमेशा चर्चा में रहने वाले *राजेन्द्र यादव* ने विशेष बातचीत में हाल के वर्षों में हिन्दी की हालत में आई सुधार की चर्चा करते हुए कहा कि हिन्दी और अंग्रेज़ी को सामान्य सम्पर्क भाषाओं के तौर पर देखा जाता है, लेकिन अंग्रेज़ी जहाँ है 'क्लास' की भाषा है वहीं हिन्दी 'मांस' की भाषा है। उन्होंने ज़ोर देकर कहा कि हिन्दी की व्यापक पैठ के कारण ही अंग्रेज़ी समाचार चैनलों को हिन्दी में समाचार चैनल शुरू करने पर मजबूर होना पड़ा और आज हालत यह है कि हिन्दी के कई नये समचार चैनल लाँच हो रहे हैं और दर्शकों के सामने कई विकल्प हैं। एक दशक पहले तक दूरदर्शन पर कृषि दर्शन से लेकर शास्त्रीय संगीत तक के कार्यक्रम बड़े मनोयोग से देखने वाले दर्शक आज हाथ में रिमोट लेकर जितने चाहे उतने चैनल बदल सकते हैं और जिसे चाहें देख सकते हैं।

अंग्रेज़ी समाचार चैनलों को हिन्दी में समचार चैनल शुरू करना पड़ा। व्यवसाय बढ़ाने के लिए चैनलों ने हिन्दी को अपनाया। साइबर जंगल का टार्जन *बिल गेट्स* भारत में हिन्दी की मार्केट देख रहे हैं फलतः हिन्दी के प्रति अब अनुराग बढ़ रहा है लेकिन हिन्दी को अंग्रेज़ी साँचे में ढालने का उपक्रम भी देखा जा रहा है।

कभी आकाशवाणी से प्रसारित समाचारों में शुद्ध, परिशुद्ध टकसाली हिन्दी की छवि देखी जाती थी। अब तो 'प्रसार भारती' भाषा के साथ कैसा खिलवाड़ कर रही है इसकी शिकायत श्री *हेमन्त जोशी* ने 25 अक्टूबर, 2004 के 'हिन्दुस्तान' में की है—

हिन्दी की वाट लगाते प्रसारणकर्ता

टेलीविजन ने फैसला कर लिया है कि हिन्दी को हिन्दी, अंग्रेज़ी को अंग्रेज़ी, तमिल को तमिल नहीं रहने देगा। उदाहरण तो अन्य भाषाओं के कल्याण के भी दिये जा सकते हैं लेकिन यहाँ हम बात हिन्दी की ही करेंगे। कई बार आपको लग सकता है कि मैं बिना वजह बाल की खाल उतारता रहता हूँ लेकिन सच मानिए तो भाषा प्रयोग में सिद्धहस्त होने का अगर कोई सार्थक और सरल तरीक़ा है तो अपनी भाषा में सर्वाधिक प्रचलित अभिव्यक्तियों के सामान्य अर्थों के अलावा उनके निहितार्थ को विभिन्न छटाओं पर विचार करना ही है।

किसी समय में रेडियो और दूरदर्शन में सही और शुद्ध भाषा के प्रयोग पर इतना अधिक ध्यान दिया जाता था कि लोग उसकी आलोचना करते हुए कहते थे कि वह समाचारों में हिन्दी सुनाते है। अनेक भीषण अंग्रेज़ीदाँ पत्रकार या विद्वान उनकी तुलना में मुम्बई या फ़िल्मी हिन्दी को हिन्दी के प्रसार के लिए आदर्श माना करते थे।

आज निजी चैनलों और उन पर बाज़ार के दबाव की बात तो अलग है लेकिन लोकसेवा प्रसारण का एकमात्र बड़ा संस्थान 'प्रसार भारती' भी गाँवों, कस्बों और शहरों की भाषा अपनाने के बजाय महानगरों और वहाँ भी केवल विश्वविद्यालयों आदि की मिली-जुली भाषा में हिन्दी के समाचार दे रहा है। कुछ नमूने देखिए। महाराष्ट्र में मुख्यमन्त्री किसका हो उस दिन की दिलचस्प ख़बर थी। एंकर महोदय के पास राष्ट्रीय कांग्रेस दल के नेता थे, जो दस जनपथ और पवार साहब के घर के बाहर दो संवाददात्रियाँ। पहली ने कहा, ''कंस्टीट्यूशनल क्राइसिस नहीं है लेकिन कांग्रेस का कोई रिप्लाई नहीं आया है न कोई सजेशन्स आये हैं'', ''अभी तो वेट ऐंड वाच का गेम चल रहा है।'' इसी संवाददात्री ने 'लॉजिक', 'फॉर्मूला', 'इंडिविज्युअल' और 'अलाइज' जैसे शब्दों का प्रयोग किया। उधर दूसरी ने दस जनपथ ने कहा ''एंटी इंकबेंसी फैक्टर प्रीवेल नहीं कर पाया है इसलिए पार्टी लाइन ले रही है कि चीफ मिनिस्टर उसी का होगा।'' शब्दों की छूट लेते-लेते यह लोग पूरे के पूरे वाक्य ही अंग्रेज़ी में बोलने लगे हैं। अब आप ही बताइये कि इसे हिन्दी का बुलेटिन क्यों कर कहा जाये। वैसे 'संवैधानिक संकट', 'जवाब' और 'सुझाव' 'सरकार में होने का नुकसान होना या न होना' 'मुख्यमन्त्री' जैसे शब्द और पद भी इतने बुरे या जटिल नहीं हैं कि उनका उपयोग न हो सके।

हिंग्लिश : हिन्दी की विचित्र शैली

परतन्त्र भारत में अंग्रेज़ी भाषा को साम्राज्यवादी शोषकों की भाषा माना जाता था। स्वतन्त्र भारत में अंग्रेज़ी को अपनाने की होड़ है। 'अरबी न फ़ारसी भैयाजी बनारसी' की तरह हिन्दी अंग्रेज़ी की खिचड़ी हिंग्रेजी की वकालत श्री *सुधीश पचौरी* ने की है—

आगे जाना है तो थोड़ी अंग्रेज़ी भी चाहिए। हिन्दी समाज की कम-से-कम दो पीढ़ियाँ ऐसा सोचती हैं। दो पीढ़ी से मतलब पन्द्रह-बीस साल तक के युवा और उनके माता-पिता दोनों से है। माता-पिता जानते हैं कि सिर्फ़ हिन्दी के आगे बढ़ना मुश्किल होगा। ग्लोबल होना है तो अंग्रेज़ी भी चाहिए, सिर्फ़ अंग्रेज़ी से भी काम नहीं चलने वाला। सो अंग्रेज़ी चाहिए जो हिन्दी वाले को थोड़ा अधिक संचार क्षम बना दे।

हिन्दी समाज में विकास की अकुलाहटें, उसके अंग्रेज़ी के प्रति दोस्ताना रवैये में महसूस की जा सकती है। पचास वर्ष के आसपास माता-पिता अपने बचपन में 'अंग्रेजी हटाओ', 'अंग्रेज गये अंग्रेज़ जाये' इत्यादि नारों को देखते-सुनते बड़े हुए। पैंसठ-सत्तर के दशक में ऐसे अंग्रेज़ी विरोधी आन्दोलन भी हुए जिन्होंने अंग्रेज़ी विरोधी वातावरण बनाया। इस 'अंग्रेज़ी विरोध' में 'साम्राज्यवाद विरोध' का अंश था तो साथ ही हिन्दी के पिछड़ेपन का गहराता अहसास भी था और यह भी कि अंग्रेज़ी भाषा की अनिवार्यता जाती है, प्रशासन में उसका वर्चस्व खत्म होता है तो उसकी जगह हिन्दी को लेकर हुआ उसमें हिन्दी भाषा की वर्चस्वकारी इच्छाएँ भी व्यक्त हुई जो तमिलनाडु में उग्र हिन्दी विरोध का कारण बनीं। 1967 के राजभाषा अधिनियम का निर्माण इसी पृष्ठभूमि में हुआ। 'त्रिभाषा फॉर्मूला' झटके खाने लगा, फिर भी किसी तरह जारी रहा।

फिर, इतने बरस गुजर गये। हिन्दी क्षेत्रों में भी कोई खास भाषा सम्बन्धी आन्दोलन या उपद्रव नहीं हुए। हाँ, इस दौरान मीडिया और मार्केट को बढ़त हुई और देखते-देखते हिन्दी स्पर्धा के ऐसे मुकाम पर आ गयी कि हिन्दी को लेकर चलने वाली बहसें बेकार हो गईं। रोना-धोना बेकार हो गया। हिन्दी क्षेत्रों मे नितान्त नयी पीढ़ी सामने आ गयी जो बचपन से अंग्रेज़ी को हिन्दी की शत्रु भाषा की तरह देखने की आदी नहीं रही। सातवें दशक के घोर अंग्रेजी विरोध ने कब क्यों अचानक 'अंग्रेज़ी के

संग दोस्ती' का भाव प्रचलित कर दिया कोई नहीं बता सकता। हिन्दी-अंग्रेज़ी ननद-भौजाई की तरह थोड़ा तनातनी में रहने लगीं फिर एक ही घर में रहने वाली बहनें-सी बन गयीं। हिन्दी समाज के बदलते समाजशास्त्र में शायद इस निर्णायक घटनाक्रम के उत्तर छिपे हों। शायद अंग्रेजी के 'सत्ता' और 'पत्ता' की भाषा होने, उसके जरिये ताकत और पैसा कमाने का अहसास साधारण जनता को पहले हुआ। अंग्रेज़ी पढ़ने की चाहत बढ़ी, अच्छे-बुरे पब्लिक स्कूल और रैपिडैक्स ने मिलकर हिन्दी माध्यम से अंग्रेज़ी को हिन्दी के बीच बिठा दिया। हिंग्रेजी हिन्दी की एक नयी शैली बन उठी। आज यही हिंग्रेजी हिन्दी की एक व्यापक शैली है।

कुछ लोग इसमें हिन्दी के लिए ख़तरा देखते हैं। ऐसे लोग वही हैं जो अंग्रेज़ी को उसी तरह विदेशी भाषा मानते हैं जिस तरह कुछ लोग कभी उर्दू को म्लेच्छ भाषा मानकर चलते थे। ये हिन्दी के शुद्धतावादी होते हैं। वे नहीं जानते कि भाषा शुद्ध होकर नहीं जी पाती। अशुद्ध होकर ही फैला करती है। मिलावट उसका जीवन है क्योंकि संचार उसका जीवन है। जो भाषा संचार करती है वही मिलावट कर सकती है। विद्वान इस तत्त्व को भूल गये हैं। हिन्दी भाषी जनता ने इसे जाना है। हिन्दी के सवाल पर विद्वान किसी ब्राह्मणवादी की तरह सोचा करते हैं, लेकिन हिन्दी जनता उनके विपरीत और व्यावहारिक ढंग से सोचती है। उसी ने 'हिंग्रेजी' शैली को बनाया है।

आज़ादी का आधे से ज़्यादा हिस्सा जिस 'हिंग्रेजी' में रहता है जिसे मूलतः 'हिन्दी' ही कहा जाना चाहिए, 'हिंग्रेजी' उसकी एक शैली मात्र है, उसे समझे बिना हिन्द के नये पाठ्यक्रम भी भला कैसे तय होंगे। शुद्ध हिन्दी की जगह यह बाज़ारी, मिलावटी हिन्दी को एक नया और अद्भुत रूप दे रहा है। इसे टी. वी. पर, अख़बारों, एफएम से लेकर एस. एम. एस. और इंटरनेट पर देखा-पढ़ा-सुना जा सकता है। युवा आबादी इसी में रहती है। इतनी बड़ी आबादी जिस हिन्दी में संचार करती है उसे कब तक आप धकिया कर रखेंगे?

युवा वर्ग को 'हिंग्रेजी', 'हिंग्लिश' से सम्पृक्त करने हेतु प्रिंट मीडिया ने अब कमर कस ली है। 'अमर उजाला' समाचार-पत्र 'हॉट स्पॉट', N.R.I. 'सेलेब कार्नर', 'ट्रेंड', 'फंडा', 'हॉट वेब', 'स्तम्भों' द्वारा मिश्रित चालू हिन्दी का प्रयोग किया जाता है। हिन्दी पत्र में प्रकाशित 'Good Morning' का यह रूप भाषा को किस तरफ़ ले जा रहा है इसका निर्णय पाठकवृन्द कर सकते हैं।

साइबर सेसम के माथे की बिन्दी अपनी हिन्दी को यूनिकोड ने वैश्विक बना दिया है। अब यह लोकल नहीं ग्लोबल हिन्दी है।

महज़ एक मोबाइल में पूरी दुनिया सिमट गयी है और वह भी अपनी भाष हिन्दी में। शुरुआती मोबाइल फोन के दौर में हिन्दी में सरल मोबाइल सन्देशों ने तो महज़ बुनियादी तौर पर हिन्दी की महत्ता को स्वीकारा था मगर आज विश्व के सभी प्रमुख मोबाइल ब्रांड हिन्दी भाषा को सपोर्ट करते हैं। अब हिन्दी भाषा की जगह पाठक को शब्द की जगह छोटे वाक्य नहीं बल्कि पूरी हिन्दी की सामग्री मिलती है। स्मार्ट फोन में अब वह सब उपलब्ध हैजो हिन्दी भाषी क्षेत्र में उसे सफल ब्रांड बना सकता है। आख़िरकार विश्व बाज़ार में हिन्दी की यही ग्राह्यता ही इसकी वैश्विक सफलता है।

सोशल मीडिया में छायी हिन्दी

सोशल मीडिया की दुनिया में अब किसी भाषा का वर्चस्व नहीं रह गया है। कभी सिर्फ़ अंग्रेज़ी ही साइबर संसार में सम्पर्क की भाषा थी। अब अंग्रेज़ी, चीनी, रशियन, हिब्रू, जर्मन, कोरियन, जापानी, वियतनामी या कोई भी भाषा नहीं जिसे चुटकियों में हिन्दी में बदल कर पढ़ा न जा सके। ग्लोबल बाज़ार में भाषाओं की बाध्यता को ख़त्म कर अब सोशल मीडिया भी यूनिकोड को स्वीकार कर भाषा परिवर्तन का विकल्प दे रहा है। फिर चाहे वह फेसबुक हो या ट्विटर हो सभी भाषाओं के लोग अपनी निज भाषा में प्रयोग कर सकते हैं और दूसरी भाषाओं को भी आसानी से पढ़ सकते हैं। फेसबुक की ओर से कई प्रमुख भाषाओं के सन्देश 'सी ट्रांसलेशन' के साथ उपलब्ध हैं। जिसे अंग्रेज़ी में कर आसानी से भाषा परिवर्तन के जरिये हिन्दी में कर सकते हैं। यही सेवा ट्विटर और उसी तरह अन्य सेवा प्रदाता या तो देने लगे हैं या देने की तैयारी में हैं।

हिन्दी की वैश्विक ताकत

गूगल पर हिन्दी के महान लेखक और लमही के लाल प्रेमचन्द को जब गूगल डूडल बनाकर श्रद्धांजलि देता है तो यह हिन्दी की शक्ति ही है। डूडल में न सिर्फ़ प्रेमचन्द बल्कि उनकी कथाओं के पात्र भी शामिल होने लगे हैं। आख़िरकार हिन्दी भले

ही यूएन की आधिकारिक भाषा न हो मगर विश्व की उन भाषाओं में ज़रूर शामिल हैं जिसकी गरिमा को दुनिया भी अब सलाम करने लगी है।

ऐप की दुनिया में हिन्दी का गान

हिन्दी में लिखिये हिन्दी तो आपको गूगल प्ले स्टोर में विकल्प मिलेगा—हिन्दी शायरी, हिन्दी स्टेटस, हिन्दी व्याकरण, हिन्दी, हिन्दी समाचार। वहीं सर्च-विकल्प पर क्लिक करते ही हिन्दी कविता, हिन्दी में कुरान, महामृत्युंजय मन्त्र आदि एप्लीकेशन सामने दिखेंगे। यदि रोमन में हिन्दी लिखा तो हिन्दी वॉयस, टाइपिंग टूल, हिन्दी की-बोर्ड, हिन्दी शायरी, हिन्दी-टू-इंग्लिश ट्रांसलेशन, हिन्दी स्टेटस, हिन्दी-टू-इंग्लिश, डिक्शनरी आदि विकल्प अपने आप सामने आ जाते हैं। सरकारी नौकरी का मामला हो या भारतीय संविधान की जानकारी चाहिए ऐप की दुनिया में हिन्दी का विकल्प कोई नहीं। हिन्दी टाइपिंग टूल विकल्प के जरिये लोग अपने मोबाइल में की-बोर्ड भी प्रयोग करते हैं।

'वाणी फाउंडेशन' के प्रबन्ध निदेशक *अरुण माहेश्वरी* की उक्ति सर्वग्राह्य है—भारतीय भाषाएँ सहोदर बहने हैं। इन्हें लड़ाने के प्रयास किये गये। रियासतों ने झगड़े किये, विकास के लिए राजभाषा विभाग बनाये और हिन्दी भाषा ने ही *जयशंकर प्रसाद*, महाकवि *निराला, रामधारी सिंह दिनकर, मैथिलीशरण गुप्त, महादेवी वर्मा, धर्मवीर भारती* और मुक्तिबोध जैसे हिन्दी के पुरोधा लेखक दिये। हिन्दी के बारे में मैथिलीशरण गुप्त की पंक्तियाँ हैं :

है कौन ऐसी बात जो इसमें न जा सकती कही?
किस अर्थ की, किस समय, इसमें, कौन सी त्रुटि है रही?
सब विषय-वर्ण्य-योग्य इसमें विपुल शब्द भरे पड़े
हैं गद्य-पद्य समान इसमें सरस बन सकते बड़े॥

हिन्दी का फ़लक विशाल है गौरतलब है कि भारतीय भाषाओं में जो भी श्रेष्ठ लिखा गया वो हिन्दीमय हो गया। बाँग्ला से *शरद, बंकिम चन्द्र* रहे हों, *रवीन्द्रनाथ टैगोर, महाश्वेता देवी, विमल मित्र, समशेर बसु* रहे हों या उड़िया से *प्रतिभा राय, सीताकान्त महापात्रय* असमिया से *भूपेन हजारिकाय;* मैथिली भाषा में *नागार्जुन* दक्षिण भारत से *तकषी शिवशंकर पिल्लै* या मराठी से *शिवाजी सावन्त*—इन लेखकों ने भाषाओं के भेद को समाप्त किया है। इनके लेखन को भाषाओं में बाँटना कठिन होता है।

राष्ट्र की राजधानी से प्रकाशित हिन्दी के एक पत्र ने अपनी नामपट्टिका अंग्रेज़ी में ही रखने का शुभ संकल्प कर लिया है। वहीं से प्रकाशित एक अन्य पत्र भी दृष्टि में हिन्दी दरिद्र अकिंचन भाषा है। 'गैलेक्सी', 'एराउंड द वर्ल्ड' के पर्याय हिन्दी में नहीं हैं। 'राजस्थान पत्रिका' समाचार-पत्र की 'एजुकेशन गाइड', 'Scholarship', 'Training', 'Research', 'Guidance' को ही महत्त्वपूर्ण मानती है इन शब्दों के हिन्दी स्वरूप से उसे परहेज़ है।

हिन्दी के प्रतिष्ठित दैनिक 'आज' ने हिन्दी जगत को अनेक शब्द दिये, लेकिन 'अपार्चुनिटी' की हिन्दी उसे नहीं मिल पायी। 'हिंग्रेजी' का मोहक रूप द्रष्टव्य है—

प्रदेश में पावर आॅफ़,
क्राइम टॉप,
डेवलपमेंट फ्लॉप।

× × ×

प्योर भी पूरा भी

बड़ा आफर : छोटा व्यापार

गौरवमयी भारतीय संस्कृति का पोषक हिन्दी 'दैनिक जागरण' के स्तम्भों के नाम भी अंग्रेज़ी में दृष्टिगत होते हैं, जैसे— 'अराउंड द वर्ल्ड', 'फिटनेस', 'राइट डाइट', 'गुड न्यूज़', 'बैड न्यूज़', 'न्यूट्रीशन', 'वर्ल्ड वाच', 'स्किन केयर', 'म्यूज़िक', 'फंड का फंडा', 'लांच पैड', 'सेलिब्रिटी फाइल' आदि।

भारतीय भाषा के पत्रों ने अंग्रेज़ी शब्दों को अन्धाधुन्ध अपनाकर यह सिद्ध कर दिया है कि भाव-अभिव्यक्ति के लिए उनकी भाषाएँ अक्षम हैं। हिन्दी को दरिद्र समझने वालों को 'बी.बी.सी. वर्ल्ड सर्विस' का 'हिन्दी अनुष्ठान' सुनना चाहिए। 'झंकार', 'जीवन और स्वास्थ्य', 'नयी पीढ़ी', 'हमसे पूछिये', 'आपसे मिलें', 'विवेचना' जैसे कार्यक्रमों द्वारा देश-विदेश की ताज़ा ख़बरों, सामाजिक समस्याओं और आज के प्रश्नों पर बी.बी.सी. की हिन्दी सेवा पैनी नज़र डाल रही है। शुद्ध हिन्दी प्रयोग, मनोरम शैली, आरोह-अवरोह का मनोरम रूप हिन्दी देश के हिन्दी मीडिया वालों हेतु अनुकरणीय है।

मीडिया का 'अन्दाज़-ए-बयाँ और'

पत्रकारिता संचार और सम्प्रेषण का सबसे चुनौती भरा भाषिक व्यवहार है। हर रोज़ ऐसी हजारों अभिव्यक्तियाँ गढ़ना उसका दायित्व है जिन्हें लोग चुन कर पढ़ें या सुनें। हमारे बोलने का ढंग कैसा भी हो हमारे मित्र हमें अन्यान्य कारणों से पढ़ते सुनते हैं, लेकिन समाचार-पत्र, रेडियो और टेलीविजन से सन्देश देते समय उनका एक व्यावसायिक सन्दर्भ भी होता है। दो या उससे अधिक समाचार-पत्र या टेलीविजन चैनल हों तो पाठकों और श्रोताओं तक पहुँचने की होड़ में होते हैं। ऐसे में समाचार लिखने की भाषा में भी बहुत परिवर्तन हुए हैं। आज कल राजनीतिक पत्रकारिता में कुश्ती, युद्ध, क्रिकेट, रंगमंच या किसी भी अन्य क्षेत्र के सन्दर्भ में समाचार लिखे जा रहे हैं और उसी तरह उनके शीर्षक भी दिये जा रहे हैं। हाल ही में हुए आम चुनावों के नतीजों की ख़बरों को देखें तो 'सिंहासन का फाइनल' या 'अटल आउट' और 'इंडिया शाइनिंग की टीम क्लीन बोल्ड' जैसे शीर्षक भी ऐसी ही अभिव्यक्तियों के उदाहरण हैं। अख़बारों को भी आजकल अपने अन्दाज़-ए-बयाँन की फ़िक्र रहती है।

हैं और भी दुनिया में सुखनवर बहुत अच्छे
कहते हैं कि ग़ालिब का है अन्दाज़-ए-बयाँ और।

राजनीतिक प्रश्नों, समस्याओं के समाधान में मीडिया की भाषा विशिष्ट होती है जिसमें सम्प्रेषणीयता का प्राचुर्य रहता है जैसे—

भावनाओं के उड़नखटोले पर
बहू को दिल्ली भेजेगी—रायबरेली।

× × ×

'युवराज' के 'ताज' को
ख़ास चुनौती नहीं।

× × ×

ए-टू-जेड घोटालों से सराबोर
आयी-गयीं सरकारें

× × ×

दावे-प्रतिदावे नदारद
आरोप-प्रत्यारोप हावी।

× × ×

सपा-बसपा पर भारी पड़
रही कांग्रेस की सेंधमारी

× × ×

राष्ट्रीय मुद्दे हवा
स्थानीय मुद्दे हावी

× × ×

फूल हो या हाथी।
जात वाला ही साथी।

❑❑